国家社会科学基金重大项目

走向共同繁荣

——新形势下推动民族地区经济社会全面发展研究

郑长德　单德朋　何雄浪　钟海燕
田钒平　蒋　彬　蓝红星　赵　兵　著

科学出版社
北　京

内 容 简 介

本书是国家社会科学基金重大项目最终成果。研究的主题是：新形势下推动民族地区经济社会全面发展。本书从“民族地区包容性绿色发展”“增强民族地区发展能力的长效机制和政策”“产业转移与民族地区经济发展”“民族地区空间结构优化与区域协调发展”“民族自治地方经济发展的宪法保障”“促进民族地区文化产业发展”“新时期民族地区反贫困问题”“推动公共服务均等化供给，显著加快民族地区保障和改善民生进程”“民族地区低碳经济发展模式”九个方面，对推动民族地区经济社会全面发展的若干重大问题从理论和实证角度进行了全面深入的分析研究。

本书适合从事中国少数民族经济、区域经济研究的研究人员，大专院校的本科生、研究生，各级地方政府，特别是西部地区各级政府机构，以及其他对民族地区感兴趣的读者研读学习。

图书在版编目(CIP)数据

走向共同繁荣：新形势下推动民族地区经济社会全面发展研究/郑长德等著.—北京：科学出版社，2021.6

ISBN 978-7-03-060097-4

Ⅰ.①走… Ⅱ.①郑… Ⅲ.①民族地区经济-经济发展-报告-中国②民族地区-社会发展-研究-中国 Ⅳ.①F127.8

中国版本图书馆 CIP 数据核字 (2018) 第 283106 号

责任编辑：张 展 莫永国 / 责任校对：彭 映
责任印制：罗 科 / 封面设计：陈 敬

科学出版社出版
北京东黄城根北街16号
邮政编码：100717
http://www.sciencep.com

四川煤田地质制图印刷厂印刷
科学出版社发行 各地新华书店经销
*
2021年6月第 一 版 开本：787×1092 1/16
2021年6月第一次印刷 印张：50 1/2
字数：800 000

定价：350.00 元
（如有印装质量问题，我社负责调换）

序　一

一个崭新的伟大时代正向我们招手。对于我国西部广大民族地区来说，如何以焕然一新的容貌迎接新时代，是生于斯、长于斯的亿万人民的共同期盼。西南民族大学郑长德教授的新书《走向共同繁荣——新形势下推动民族地区经济社会全面发展研究》，从深入的研究出发，提出了民族地区可持续发展的若干重大问题，为探索民族地区共同繁荣与发展之路，绘出了一幅瑰丽的画卷。

我们的祖国是一个拥有 960 万 km^2 土地的大国，2017 年总人口将近 14 亿。同时，我国又是一个多民族共同组成的大家庭，少数民族人口主要分布在西部的八个省区。在与汉族的长期共同发展中，形成了各具特色、多姿多彩的民族文化和生活方式，为中华民族大家庭的共同繁荣，做出了卓越的贡献。

然而，西部民族地区的八个省区在经济发展上明显落后于东部沿海地区，这里是我国西部大开发的主体地区，更是经济社会发展潜力巨大的地区。根据习近平总书记和党中央战略部署，2020 年全面建成小康社会，西部民族地区要与全国同步。正如本书作者在书中所描述的：2020 年实现小康，一是 14 亿人口、56 个民族、960 万 km^2 土地，一个都不能少；二是政治、经济、社会、文化、生态一项都不能少；三是发达地区、欠发达地区，特别是其中贫困落后地区同步实现小康，一个都不能少。

面对实现全面小康的历史责任，提出一条优化发展的路径，精炼出若干重要的关键性问题，是制定长期战略规划的需要，更是具体实施的抓手。西南民族大学郑长德教授在完成国家社会科学基金重大项目的基础上形成了《走向共同繁荣——新形势下推动民族地区经济社会全面发展研究》。该书在这方面做了十分有益的探索，提出了具有重大影响的若干问题，形成了一套民族地区经济社会发展的完整的体系和框架，这在当前对民族地区发展的研究中，是真正的佼佼者。我认为，郑长德教授在该书中提出的九个重大问题，切中时弊，具有高瞻远瞩的性质。这九个重大问题是："民族地区包容性绿色发展研究""增强民族地区发展能力的长效机制和政策研究""产业转移与民族地区经济发展研究""民族地区空间结构优化与区域协调发展研究""民族自治地方经济发展的宪法保障研究""促进民族地区文化产业发展研究""新时期民族地区反贫困问题研究""推动基本公共服务均等化供给，显著加快民族地区保障和改善民生进程研究""民族地区低碳经济发展模式研究"。每一个问题都是一篇大文章，该书作者对这九个问题的回答，突出显示了作者把握民族地区重大问题研究的能力，也为我们开拓出了一片研究民族地区发展问题的新境界。

民族地区发展研究是一项意义深远、难度很大的研究课题，民族地区的发展问题与生态问题的交织，发展问题与反贫困问题的共存，在很大程度上影响着民族地区的正常发展道路，干扰发展的环境。如何克服这些困难，从维护国家统一、人民民主富强、社会和谐进步的大目标出发，寻求一条共同繁荣之路，是几代中华儿女的奋斗与追求。“路漫漫其修远兮，吾将上下而求索。”衷心希望通过该书的出版，能够有更多的人关心民族地区发展，投身民族地区进步，把我们的事业推向一个新的高峰。

我与郑长德教授相识多年，对郑教授的学识与人品一直是推崇备至。通读该书，更为郑教授扎根民族地区、研究民族问题，全心全意做学问的精神所感动。我认为，该书十分适合研究民族发展问题的专家学者和政府官员参考。值出版之际，郑重向各位读者推荐该书。让我们为我国民族地区的共同繁荣而不懈奋斗！

是为序。

孙久文

中国人民大学经济学院教授、博士生导师

全国经济地理研究会会长

国务院扶贫开发领导小组专家咨询委员会委员

2018年5月13日

序　二

我国是统一的多民族国家，多民族是我国的一大特色，也是我国发展的一大有利因素。中华人民共和国成立以来，特别是改革开放以来，少数民族和民族地区得到了快速发展，发展进入了一个新的阶段；但与发达地区比较，发展不足，发展水平低，依然是民族地区面临的最主要问题，而且一些民族地区群众困难多，困难群众多，同全国一道实现全面建成小康社会目标难度较大，因此，民族地区必须加快发展，实现跨越式发展。“发展是解决民族地区各种问题的总钥匙。”民族地区在与全国同步实现全面建成小康社会进而基本实现现代化的征程中，如何实现加快发展和跨越式发展？由郑长德教授领衔完成的新书《走向共同繁荣——新形势下推动民族地区经济社会全面发展研究》，是国家社会科学基金重大项目“新形势下推动民族地区经济社会全面发展的若干重大问题研究”（批准号：09&ZD011）的最终成果。该书运用多学科的理论与方法，在系统分析历史与现状的基础上，得出了一系列新的研究结论和观点，提出了一系列针对性很强的政策建议。

推动民族地区经济社会全面发展，就是要全面推进民族地区社会主义经济建设、政治建设、文化建设、社会建设和生态文明建设，维护各族人民根本利益，让各族人民共享改革发展成果。《走向共同繁荣——新形势下推动民族地区经济社会全面发展研究》以此为逻辑框架，选择事关民族地区经济社会发展的九大问题，进行了深入研究，而这九大问题也是对应课题的九个子课题，分别是：“民族地区包容性绿色发展研究”“增强民族地区发展能力的长效机制和政策研究”“产业转移与民族地区经济发展研究”“民族地区空间结构优化与区域协调发展研究”“民族自治地方经济发展的宪法保障研究”“促进民族地区文化产业发展研究”“新时期民族地区反贫困问题研究”“推动基本公共服务均等化供给，显著加快民族地区保障和改善民生进程研究”“民族地区低碳经济发展模式研究”。这九个子课题既独立成题，又相互联系。子课题一（民族地区包容性绿色发展研究）构成了全书的总纲，其余子课题是对子课题一的进一步深化和具体化。这些问题都是民族地区经济社会发展中的重大问题，是中国经济研究和民族问题研究的重大理论课题和实践课题。

《走向共同繁荣——新形势下推动民族地区经济社会全面发展研究》是中国少数民族经济和区域经济理论研究的一部力作，在民族经济和区域经济理论及研究方法领域进行了重要的创新，书中的一些理论主张和观点丰富和发展了民族经济和区域经济理论，促进了民族经济理论与区域经济理论的交融，促成了经济学新的研究领域与研究维度的形成。例如，基于对民族地区的发展位和生态位的认识，民族地区的跨越式发展应紧扣民生，实现包容性绿色发展；民族地区空间结构呈现低水平核心边缘形态，具有非经济性，制约了经济社会发展，提出按照集中均衡文明发展模式优化民族地区空间结构；基于民族地区的发展阶段和所处区位，提出要构建包容性绿色发展的考核体系，综合考核经济发展、民生改善、生态服务功能的提升；等等。这些观点和主张都具有重要的创新意义，但更重要的是提出了“包容性绿色发展”的新的研究维度。同时，书中提出的 22 条推动民族地区发展的政策建议，每条都具有坚实的理论基础，且实践性、针对性很强。例如，书中提出的“持续加大对民族地区的援助和支持力度，实施发展促进型的区域援助政策，且政策力度必须达到和超过临界值”“高度重视和加强各级地方政府和组织中少数民族干部人才队伍建设，为包容性绿色发展提供人才支撑”等政策建议，是实现民族地区跨越式发展的关键。书中提出的进入 21 世纪以来，民族地区产业结构演进过程中出现的逆向的“去工业化”趋势、在就业人口方面的 “逆向调整”趋势，应引起相关部门高度重视。

《走向共同繁荣——新形势下推动民族地区经济社会全面发展研究》一书，内容全面、分析深入、资料翔实、治学严谨，解释了民族地区经济发展、政治建设、文化发展、社会发展与生态文明建设间的内在联系，揭示了各民族之间、各民族地区之间和民族地区与其他地区之间相互依存的内在机理，阐释了各民族共同奋斗、共同繁荣发展、共享发展成果、实现“五位一体”全面发展，与实现民族地区跨越式发展之间的逻辑关系。该书所涉成果的研究水平居于国内同类研究的前列，是民族经济和区域经济研究中的又一大硕果，可作为民族经济研究和区域经济研究的重要参考书。

安虎森

教育部马克思主义理论研究和建设工程重点教材《区域经济学》首席专家

南开大学经济研究所教授、博士生导师

2018 年 6 月 10 日于南开园

前　　言

本书是国家社会科学基金重大项目“新形势下推动民族地区经济社会全面发展的若干重大问题研究”（批准号：09&ZD011）的最终成果。

民族地区的经济社会发展，事关全国民生问题和长远发展，事关生态保护，事关民族团结、边疆巩固与社会和谐稳定，是我国国民经济与社会发展中具有重要的战略意义的前瞻性问题，是中国经济研究和民族问题研究的重大理论课题和实践课题。1949 年以来，特别是改革开放以来，民族地区的跨越式发展，取得了世所瞩目的发展成绩，经济发展进入了新的更高的发展阶段。这为下一步民族地区经济社会全面发展打下了良好的基础。同时也应该看到，民族地区经济社会发展依然相对滞后，与发达地区存在多重发展差距，而且差距处于不断扩大之中，民族地区内部的差距也很大。总体上，中国的少数民族地区的经济依然很不发达，依然是发展中转型大国经济中的不发达经济。因此，“民族地区要同全国一道实现全面建成小康社会目标，必须加快发展，实现跨越式发展”。推动民族地区经济社会跨越式发展和全面发展，就是要全面推进民族地区社会主义经济建设、政治建设、文化建设、社会建设和生态文明建设，实现“五位一体”的全面发展，让各族人民共享改革发展成果。

民族地区的经济社会发展，既有一般欠发达地区的共性，同时其经济文化又表现出很大的特殊性。在推动民族地区经济社会发展中，如何把普通的发展理论和少数民族地区的特殊区情结合起来，这既是一个实践问题，又是一个重要的理论问题。本书对此进行了有益的探讨。本书的研究目的在于综合运用经济学、民族学、地理学、社会学等学科的理论与方法，探讨新形势下推动民族地区经济社会全面发展的新思路，探索完善和增强民族地区发展能力的长效机制，提出实现民族地区跨越式发展的政策建议。

本书对应项目的研究工作开始于 2010 年，经历了开题论证、实地调研、中期检查及结题等几个阶段，于 2014 年底完成，后根据全国哲学社会科学工作办公室的鉴定专家提出的修改意见进行了修改，并于 2017 年 8 月结项。

“发展是解决民族地区各种问题的总钥匙。”[①]本书对应项目的总体框架和子课题设计就是按此展开的。本书对应项目在侧重民族地区经济发展研究的同时，对推动民族地区经济建设、政治建设、文化建设、社会建设和生态文明建设的某一个或两个方面的重大问题进行了研究。最初设计了十个子课题，后根据项目开题和鉴定专家的意见，整合为九个子课题，分别是：民族地区包容性绿色发展研究；增强民族地区发展能力的长效机制和政策研究；产业转移与民族地区经济发展研究；民族地区空间结构优化与区域协调发展研究；

① 习近平总书记《在中央民族工作会议上的讲话》(2014 年 9 月 28 日)，中央民族工作会议暨国务院第六次全国民族团结进步表彰大会在京举行，http://cpc.people.com.cn/n/2014/0929/c64094-25762843.html。

民族自治地方经济发展的宪法保障研究；促进民族地区文化产业发展研究；新时期民族地区反贫困问题研究；推动基本公共服务均等化供给，显著加快民族地区保障和改善民生进程研究；民族地区低碳经济发展模式研究。这九个子课题既独立成题，又相互联系。在某种程度上，子课题一是综合研究，其余子课题是对子课题一的深化和专门化。

相对于本领域已有研究成果，本书的主要贡献是：学术思想方面体现在中国少数民族经济理论和区域经济理论两个方面，在中国少数民族经济理论方面，本书认为：中国少数民族地区是世界上最大的发展中转型经济体内部的欠发达地区，基于其在全国的发展位和生态位，通过对增长—不平等—贫困和增长—不平等—环境的理论分析，提出民族地区要走包容性绿色发展之路，给出了包容性绿色发展的概念框架，构建了包容性绿色发展指数，该指数反映了经济增长的收入效应、机会效应和环境效应。自我发展能力的构建是新时期实现民族地区包容性绿色发展的重要着力点。成果提出了分析自我发展能力的框架及自我发展能力指数。在区域经济理论方面，本书在坚持新经济地理学基本观点的基础上，如贸易自由度与产业集聚的关系、集聚力与分散力的关系，发展了新经济地理学的理论观点，提出了一些新的思想：生产要素成本与贸易自由度的提高会削弱本地市场效应的作用；消费品的替代弹性与工业品支出份额存在相互依赖的关系；虽然人们预期的变化对经济活动存在影响，但不足以逆转区域的内生均衡。

本书提出的主要理论观点有以下方面。

观点 1：中国民族地区面临的最重大问题是发展不足的问题。发展是解决民族问题的关键。民族地区要全面建成小康社会宏伟目标，必须进一步加快以经济建设为中心的发展，实现新的跨越式发展。基于对民族地区的发展位和生态位的认识，民族地区的跨越式发展应紧扣民生，实现包容性绿色发展。通过高速、有效以及可持续的经济增长最大限度地创造就业与发展机会；确保人们能够平等地获得机会，提倡公平参与；完善社会保障制度，为贫困人口提供最低经济福利；确保环境质量的稳定和提升，是实现包容性绿色发展的四大支柱。

观点 2：应持续加大对民族地区的援助和支持力度，实施发展促进型的区域援助政策，且政策力度必须达到和超过临界值。研究表明，第一，单纯的旨在增加不发达地区居民收入的转移支付政策虽然会使区域间收入差距有所缩小，但会影响整体经济的增长率，而如果转移支付被用于增加不发达地区的人力资本投资活动或研发（R&D）活动，那么不仅会缩小区域收入差距，而且会使总体经济的增长率提升。第二，投资于不发达地区的基础设施。如果单纯改善不发达地区与发达地区间的交易成本，实际上提高了发达地区的产业集聚度，而不利于不发达地区。相反，投资于降低不发达地区内部的交易成本的基础设施，实现不发达地区内部经济一体化，显著有利于不发达地区的发展。第三，支持不发达地区的区域政策的目标若在于提升不发达地区的创新能力，不仅会缩小区域差距，而且整体经济的增长率会得到提升。第四，向不发达地区进行产业转移的政策对于促进不发达地区的发展和缩小区域差距是有用的，但对总体经济增长的效应取决于不发达地区经济的相对权重。

观点 3：进入 21 世纪以来，民族地区产业结构处于逆向调整的“去工业化”趋势，资源型产业比重高，而制造业和高新技术产业比重低且不断下降；从在业人口的产业结构与职业结构看，少数民族在业人口处于一种“逆向调整”，即趋向于“低端化”状态，这应引起相关部门高度重视。

观点 4：来自发达地区产业“北上”和“西进”的“渐式”产业战略转移为民族地区的产业发展提供了机会。在民族地区吸引沿海产业转移的过程中，在条件大体相同的地区相互竞争中，产业配套能力成为越来越重要的因素。提高产业配套能力的一个基本形式是发展产业集聚，特别是创新型的产业集聚。现阶段，创新型产业集聚及产业园区是民族地区承接产业转移的重点选择区域和有效途径。

观点 5：民族地区空间结构呈现低水平核心边缘形态，具有非经济性，制约了经济社会发展。按照“集中均衡文明发展模式”（包容性区域发展模式）重塑民族地区空间格局。实施空间集中化战略，以产业集聚促进民族地区经济发展与经济空间优化，引导人口和经济活动向重点开发区域集聚，形成“一横一纵二核八区”的城镇化战略格局；实施基本公共服务均等化战略，促进社会空间优化；实施生态文明发展战略，以主体功能区规划为指导，关注问题区域的生态问题，实现生态空间优化。

观点 6：实现“人的全面发展”是推动民族自治地方经济发展的根本目的，而每一个现实的个人是否有能力实现其宪法赋予的公民权利，则是这一目的能否实现的根本前提。在资源状况、经济结构、市场环境与市场能力等因素既定的前提下，完善市场与政府权力运行的规则及其实施机制，充分发挥制度在经济发展中的作用，是营造良好的区域经济发展环境，将民族自治地方拥有的市场发展潜力大、自然资源丰富等比较优势转化为真正的经济和财政优势，进而推动其经济社会全面发展，提升公民权利实现的可行能力的关键。

观点 7：“立足资源搞开发”是民族地区文化产业发展的基本模式和战略。应促进民族文化产业由原始粗放型向规模化集约型转变，由数量扩张型向质量取胜型转变，由低附加值向高附加值转变，实现民族文化资源的资本化和产业化，发展文化产业为民族地区支柱产业。同时，对民族地区多元文化进行空间整合，在集中连片的文化聚落中，需要明确少数民族文化聚落的核心保育区；加快精品文化聚落的建设，集中展现各少数民族文化的璀璨成果，推动少数民族文化的传播，促进外部世界更加便捷地认识民族文化特色，更加自觉地尊重少数民族文化；以交通、通信等基础设施带动少数民族文化走廊和文化产业带建设，加快形成民族文化品牌，积累人文旅游资源。

观点 8：基本公共服务供给均等化作为包容性发展的重要基础构建，是实现包容性增长的重要公共政策手段，也是民族地区全面建成小康社会的关键。西部大开发战略实施以来，民族地区基本公共服务供给取得显著进展，但不均等现象依然很突出，基本表现是政府的“供给不均”和社会成员的“享受不均”，特别是一些政策设计不当，如“中小学布局调整”政策及基础公共服务融资政策，使得民族地区基本公共服务供给出现了新的排斥现象。因此，必须进一步提高对基本公共服务战略地位的认识，做到规划优先、投入优先和资源配置优先，基本公共服务设施规划要结合居民空间分布实际进行合理布置，到 2020 年民族地区要总体实现基本公共服务均等化。

观点 9：基于对民族地区贫困的多维视角分析，认为民族地区反贫困工作的重心，一方面是通过改善民族地区的生存空间、社会环境，从而提高民族地区的自我发展能力，摆脱贫困的“空间陷阱”；另一方面，更为重要的是通过实施以“第二代”为中心的发展式扶贫开发等政策措施，提升民族地区下一代人口的自我发展能力，降低贫困代际传递的风险。最后，政府在设计反贫困政策时，亟须纳入社会性别视角，只有通过建立更加有效的基于性别平等视角的少数民族妇女扶贫开发，才能有助于更好地实现中国广大少数民族地区的减贫目标。

观点 10：发展低碳经济，是民族地区实现包容性绿色发展的重大战略。民族地区要着力于引导低碳经济发展，实现经济发展与碳减排的良性循环；建立“低碳经济试点区”和“国家生态文明试验区”；加强低碳经济制度建设。

观点 11：要构建包容性绿色发展的考核体系，综合考核经济发展、民生改善、生态服务功能的提升等。近期可用地区国民收入代替地区生产总值，作为一个区域经济总量的核算单位，这样能够更全面和准确地核算一个地区居民所创造的价值，也可对地方政府产生激励作用；从长期看，要构建地区生态系统总值，充分考虑民族地区的生态服务价值。

在具体政策建议方面，本书提出了推动民族地区经济社会全面发展的 22 条政策建议。

本书是集体成果，研究人员来自西南民族大学、内蒙古大学、西藏社会科学院、四川农业大学、西南科技大学、长江师范学院等高校和科研机构。下面为具体名单。

西南民族大学：郑长德、单德朋、姜太碧、何雄浪、涂裕春、刘晓鹰、钟海燕、李皓、文华林、陈华艳、王允武、田钒平、蒋彬、任萍、张力尹、杨田华、廖桂蓉、潘小军、蒲成毅、王太鹏、吴敏娜、赵兵、马江、张小兰、毛瑞华。

内蒙古大学：赵海东、王岩、郭晓川、秦志宏、孟慧君、李笑春、茶娜、王建军、包广才、王峰正。

西藏社会科学院：倪帮贵、多庆。

四川农业大学：蓝红星。

西南科技大学：彭诚。

长江师范学院：熊正贤。

四川长虹集团：杨艳辉。

本书对应项目最终的结题报告的执笔人分别为：郑长德(民族地区包容性绿色发展研究)；郑长德、单德朋(增强民族地区发展能力的长效机制和政策研究)；何雄浪(产业转移与民族地区经济发展研究)；钟海燕、郑长德、李皓、文华林、陈华艳(民族地区空间结构优化与区域协调发展研究)；田钒平(民族自治地方经济发展的宪法保障研究)；蒋彬、郑长德、熊正贤、任萍、张力尹、杨田华(促进民族地区文化产业发展研究)；蓝红星、单德朋、廖桂蓉(新时期民族地区反贫困问题研究)；郑长德、吴敏娜、蒲成毅、潘小军(推动基本公共服务均等化供给，显著加快民族地区保障和改善民生进程研究)；赵兵、马江、张小兰、毛瑞华(民族地区低碳经济发展模式研究)。项目首席专家郑长德教授根据项目总体框架的逻辑关系对每个子课题进行了修改和数据更新。需要特别致歉的是内蒙古大学赵海东教授主持的子课题“资源和环境约束下的民族地区资源型产业集群的转型和升级：一个承接产业转移视角的分析”，根据鉴定专家的意见，没有纳入最终结项报告中。项目首席专家对本书对应课题组全体成员的努力和付出表示最诚挚的感谢！

在项目开展过程中，得到了很多专家和机构的支持。特别感谢著名社会学家、中国人民大学郑杭生教授，著名民族学人类学家中国社会科学院的郝时远教授、北京大学马戎教授，著名边疆史研究专家、中国社会科学院边疆史地研究中心(2014 年改名为：中国边疆研究所) 厉声研究员，中国社会科学院荣誉学部委员、著名区域经济学家陈栋生教授，著名区域经济学专家、中国社会科学院工业经济研究所陈耀教授，长期工作在民族工作第一线的国家民委民族问题研究中心的陈乐齐同志、中央民族干部学院的杨胜勇同志，中国人民大学孙久文教授，南开大学安虎森教授，浙江大学赵伟教授，吉林大学赵儒煜教授，中国科学院赵作权教授、金凤君研究员，四川大学朱方明教授、蒋永穆教授，四川省社会科学院杜受祜教授，感谢这些专家对项目开展提供的指导。特别感谢全国哲学社会科学工作办公室各位领导和匿名鉴定专家，他们提出的修改意见，对于课题的完善起到了非常重要的作用。在本书对应课题调研过程中，内蒙古自治区、广西壮族自治区、贵州省、云南省、西藏自治区、青海省、宁夏回族自治区、新疆维吾尔自治区、重庆市、四川省、甘肃省等地的政府部门和民族研究机构提供了特别重要的帮助和支持，在此一并表示感谢！特别感谢首席专家所供职的单位——西南民族大学的领导、科技处和经济学院的领导，对本书对应课题的开展提供了重要的支持；特别感谢罗晓芹教授、范钛教授、涂裕春教授、曹正忠同志、石川同志、冯筱同志、李道凤同志对首席专家工作的支持。

本书的部分内容在很多国际和全国性学术会议上宣读，主要有：中国·空间经济学学术年会、中国区域科学协会、全国经济地理研究会、中国经济学年会、中国金融学年会、中国区域经济学会、中国民族学学会、空间经济学国际研讨会等。感谢会议的组织者的邀请和会议评论人对本书成果提出的意见和建议。

本书对应项目和本书的完成，离不开本书对应课题组成员的艰辛努力，更离不开本书对应课题组成员家人的支持，在此表示诚挚的感谢！

主要限于首席专家的知识和能力局限，本书尚存在诸多问题，热诚欢迎各位读者批评指正。谢谢！

首席专家：郑长德

2017 年 10 月 1 日

目　录

第1章 绪　论

1.1 导　论

1.1.1 研究背景

(1)民族地区的经济社会发展，事关全国民生问题和长远发展，事关生态保护，事关民族团结、边疆巩固与社会和谐稳定，是我国国民经济与社会发展中具有重要的战略意义的、前瞻性的问题，是中国经济研究和民族问题研究的重大理论课题和实践课题。目前，民族地区经济社会发展面临新的形势，发展进入了一个新的阶段。

首先，民族地区经济社会发展面临的外部环境发生了重大变化。一方面，经过 70 多年的发展，尤其是改革开放 40 多年的快速发展，中国经济社会发展成就显著，创造了“中国奇迹”。目前，中国经济社会发展处于历史上的重要时期，这为作为全国总体经济社会发展的一个重要组成部分的民族地区的经济社会发展提供了很好的发展机遇。另一方面，改革开放以来，中国经济社会的全球化进程快速发展，实现了全方位开放经济的历史转折，形成了从沿海到沿江沿边、从东部到中西部区域梯次开放的格局，实现了从贸易到投资、从货物贸易到服务贸易领域不断拓展的开放格局，呈现了从数量小到数量大、从质量低到质量高的开放新趋势。在全国经济全球化的同时，民族地区也实现了全方位的对外开放，全球化进程在加快。

其次，中华人民共和国成立以来，特别是改革开放 40 多年来，民族地区经济社会发展取得了举世瞩目的伟大成就。据统计，民族八省区(内蒙古自治区、广西壮族自治区、西藏自治区、宁夏回族自治区、新疆维吾尔自治区、贵州省、云南省和青海省)经济总量由 1952 年的 57.9 亿元增加到 1978 年的 323.79 亿元，再到 2000 年的 8700 多亿元，再到 2014 年 70773.77 亿元。民族八省区地区生产总值占全国的比重在 2014 年达到了 11.13%(图 1.1)。按可比价格计算，2000～2014 年民族八省区地区生产总值年均增长率超过 9%。这为下一步民族地区经济社会全面发展打下了好的基础。同时也应该看到，民族地区经济社会发展依然相对滞后，与发达地区存在多重发展差距，而且差距还处于不断扩大之中，民族地区内部的差距也很大。总体上，中国的少数民族地区的经济依然很不发达，依然是发展中转型大国经济中的不发达经济。

最后，中国区域经济发展的新格局正在逐步形成。根据《中华人民共和国国民经济和社会发展第十一个五年规划纲要》，我国区域经济的发展可概括为“14484”：①一个目标——促进区域协调发展。②四个广域政策覆盖区——“坚持实施推进西部大开发，振兴东北地区等老工业基地，促进中部地区崛起，鼓励东部地区率先发展的区域发展总体战略，健全区域协调互动机制，形成合理的区域发展格局”。③四类主体功能区——要“根据资源环境承载能力、现有开发密度和发展潜力，统筹考虑未来我国人口分布、经济布局、国土利用和城镇化格局，将国土空间划分为优化开发、重点开发、限制开发和禁止开发四类主体功能区，按照主体功能定位调整完善区域政策和绩效评价，规范空间开发秩序，形成合理的空间开发结构”。④八类问题区，包括限制开发区、禁止开发区、民族地区、革命老区、边疆地区、集中贫困地区、三峡库区、资源枯竭型矿区。⑤四个机制——要健全区域协调互动机制、合作机制、互助机制、扶持机制。

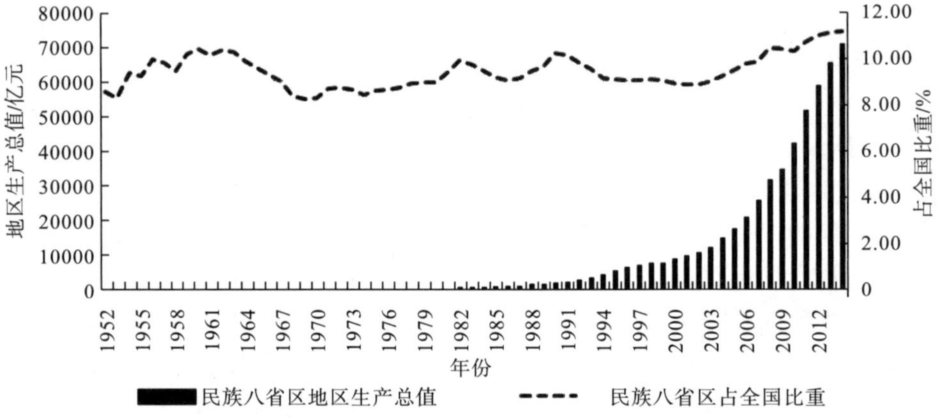

图 1.1 民族八省区地区生产总值及占全国比重的变化（1952～2014 年）

资料来源：《新中国六十年统计资料汇编》，《中国统计年鉴》（2011 年，2015 年）。

据此，民族地区是广域政策覆盖区的西部，在四类主体功能区中，民族地区主要是限制开发和禁止开发区，在八类问题区中，民族地区集民族地区、革命老区、边疆地区、集中贫困地区于一体。另外，民族地区部分地区属于三峡库区，有的属于资源枯竭型矿区。

《中华人民共和国国民经济和社会发展第十三个五年规划纲要》提出，推动区域协调发展，要“以区域发展总体战略为基础，以‘一带一路’建设、京津冀协同发展、长江经济带发展为引领，形成沿海沿江沿线经济带为主的纵向横向经济轴带，塑造要素有序自由流动、主体功能约束有效、基本公共服务均等、资源环境可承载的区域协调发展新格局”。

(2) 在全国区域发展的总体格局中，民族地区机遇与挑战并存。①在机遇方面，民族地区具有重要战略意义的地缘政治、地缘经济和地缘生态区位，无疑本身就是重要的发展机遇；在“十二五”及以后相当长时期里，“一带一路”倡议及作为国家宏观区域发展战略的西部大开发战略和加快少数民族地区经济社会发展的战略，是民族地区发展的长期机遇；从全球的视角看，民族地区具有重要的全球区位优势。这无疑也是民族地区重要的发展机遇。②在挑战方面，一方面，民族地区蕴藏着丰富的资源，当地政府也正是出于“资源优势”这样的考虑制定着各种发展规划。然而，基于资源优势提出的各种经济发展设想并未如预期的那样达到目标，资源优势并没有完全转化为发展优势，有的地区甚至陷入了“荷兰病”[①]状态。另一方面，民族地区，尤其其中的限制开发区和禁止开发区所提供的生态产品，具有很大的外部性，与主要提高外部性低的私人产品的其他地区相比，在现代环境产权和资源产权没有建立之前，民族地区的发展会受到较大的抑制。

胡锦涛同志在第五次民族团结进步表彰大会上的讲话要求“实现共同进步，就是要把加快少数民族和民族地区发展作为现阶段民族工作的主要任务，采取更加有力的措施，显著加快民族地区经济社会发展，显著加快民族地区保障和改善民生进程，全面推进民族地区社会主义经济建设、政治建设、文化建设、社会建设和生态文明建设，维护各族人民根本利益，让各族人民共享改革发展成果”。2014 年中央民族工作会议指出“民族地区要同全国一道实现全面建成小康社会目标，必须加快发展，实现跨越式发展”。

基于此，对新形势下如何以科学发展观、习近平新时代中国特色社会主义思想为指导，推动民族地区经济社会全面发展，进行多学科、综合研究，不仅具有重要的现实意义，而且具有深远的理论意义。

1.1.2　研究意义和价值

“加快少数民族和民族地区经济社会发展，是现阶段民族工作的主要任务”(胡锦涛，2005)，“民族工作的关键是帮助自治地方发展经济、改善民生”(中央民族工作会议，2014)。本书综合运用经济学、民族学、地理学、金融学、社会学等学科的理论与方法，以科学发展观、习近平新时代中国特色社会主义思想为指导，探讨新形势下推动民族地区经济社会全面发展的新思路，探索完善和增强民族地区发展能力的长效机制，构建显著加快少数民族地区经济社会发展的发展援助政策体系，这不仅是民族地区也是全中国亟待思索和解决的课题之一，有着非常重要的现实和理论意义。

(1) 民族地区的经济社会发展，既有一般欠发达地区的共性，同时其经济文化又表现出很大的特殊性。在推动少数民族和民族地区经济社会发展中，如何把普通的发展理论和少数民族地区的特殊区情结合起来，这既是一个实践问题，又是一个重要的理论问题，值得深入研究。本书希望在这方面进行一个尝试。

(2) 在理论上，本书运用发展学、空间经济学、区域经济学、民族学的理论和方法，在对已有的成果进行梳理的基础上，对改革开放以来，特别是西部大开发战略实施以来民族地区的经济社会发展进行深入的理论分析和实证研究，这对于丰富中国少数民族经济理论、促进民族经济理论与中国式发展理论的发展，有重要的学术价值。

(3) 在实际意义方面，本书既重视理论研究，更重视这些理论的实际运用。本书研究的目的和归宿是为推动民族地区经济社会全面发展提供具体的实用性强、操作性强的措施和建议，为民族地区的经济社会建设实践提供决策参考。因此具有重大的实践意义。

(4) 从维护社会公平，促进民族关系和谐和全体人民共同富裕，维持生态的稳定性与平衡性，有效利用资源的角度出发，本书研究如何推动民族地区经济社会全面发展，实现各民族共同繁荣、共同进步，对于推动全国经济社会全面、协调、可持续地发展具有重要意义。

---

① 荷兰病是指一国(特别是指中小国家)经济的某一初级产品部门异常繁荣而导致其他部门衰落的现象。

1.1.3 研究方法

在方法论上，本书以马克思主义的唯物辩证法、认识论特别是邓小平理论和习近平新时代中国特色社会主义思想为指导，从民族地区的实际情况出发，研究这一地区经济发展的现状及影响因素。坚持理论与实践相结合的原则，把发展经济学、民族学、社会学、地理学、环境科学、区域经济学和空间经济学的理论与民族地区的现实相结合，实证分析与规范研究相结合，定性分析方法与计量方法相结合。在研究中采用的主要方法有以下方面。

(1) 文献检索和阅读。研究即是探寻和发现的过程。文献检索和阅读是从事研究工作的第一步。目前关于民族地区经济发展的研究成果很多，既有公开出版的学术专著和公开发表的学术论文，又有博士学位论文和硕士学位论文，还有大量的调研报告和新闻资料。通过对这些文献的检索和阅读，本书对应课题组对所研究的课题已取得的进展、存在的问题和课题的复杂性、研究难度有了进一步的认识。

(2) 实地(田野)调查。实地(田野)调查是民族学，也是经济学行之有效的研究方法。在研究过程中，本书对应课题组整合其他课题资源，组织了“中国西部民族经济调查”，深入民族地区和调查地区的政府相关部门负责人座谈交流，召开座谈会，到这些地区的典型乡村和村民交流，到相关部门收集资料。此外，本书对应课题组还利用西南民族大学为民族地区举办“少数民族干部研讨班”的机会，召开座谈会，与研讨班的学员就民族地区经济社会发展座谈讨论。通过实地调查，本书对应课题组收集到大量的资料和数据，为研究工作的顺利进行打下了良好的基础。

(3) 计量经济学方法。运用计量经济学手段和工具，本书对收集到的数据进行分析处理，建立模型，从中得到研究变量间的内在联系和变化规律，这是目前国际经济学界进行实证分析时用到的最主要的方法。本书在研究过程中，也大量使用这一研究方法。本书对应课题组进行计量经济分析使用的相关统计数据，除了课题组实地采集的外，其余来自相关统计部门，主要是国家统计局公布并公开出版的统计年鉴。在对这些数据进行分析处理时，使用的统计软件是 SPSS11.0、EViews 6.0 和 Excel。

(4) 案例研究。案例研究是管理学和民族学研究常用的方法，在发展经济学最近的教学研究中也受到重视。本书对应课题组在研究过程中，也采用了案例研究方法，通过对田野调查取得的典型材料进行分析研究，以期对典型地区的经济社会发展进行深入的分析和总结。

1.1.4 研究过程

本书对应课题经历了开题论证、实地调研、中期检查及结题等几个阶段。

2010 年 3 月 27 日，项目举行了开题论证会。来自国内相关领域的 8 位专家对课题总体设计和各子课题的研究计划进行了评议，建议缩减子课题数，就课题展开研究要注意的问题提出了意见和建议，同时介绍了相关经验。

2010～2012 年，本书对应课题组赴民族地区开展调研，调研地区包括四川省凉山彝族自治州、阿坝藏族羌族自治州、甘孜藏族自治州，内蒙古自治区，贵州省，湖北省鄂西土家族苗族自治州，湖南省湘西土家族苗族自治州，广西壮族自治区，新疆维吾尔自治区，云南省，甘肃省，青海省，重庆市黔江区。调研中对相关地区经济社会发展情况进行了详细的考察，搜集了相关资料和数据。

2012 年 1 月 6 日，本书对应课题组在西南民族大学举行了中期报告会，各子课题负责人及主要研究人员 30 余人参加了会议。报告会上各子课题负责人报告了各子课题的进展情况、取得的成果、存在的问题及下一步研究的计划，就如何按时优质地完成课题研究，进行了热烈的讨论。

2012 年 12 月 29 日，本书对应课题组在西南民族大学举行了结题检查会议，会上各子课题负责人汇报了结题报告的撰写情况，考虑到一些子课题研究中出现的数据问题(主要是第 6 次人口普查数据尚未出版及田野调查中的问题)，会议决定整合相关资源，开展“中国西部民族经济调查”，并要求各子课题抓紧时间，完成研究报告的撰写。

2014 年底各子课题相继完成研究报告，首席专家根据子课题研究报告，撰写总报告，并提交结题。

2015年底，接到全国哲学社会科学规划办公室关于国家社会科学基金重大项目最终成果《新形势下推动民族地区经济社会全面发展的若干重大问题研究》鉴定意见，随即召开课题组会议，要求课题组研究人员高度重视，严格按照鉴定意见提出的修改意见进行修改。各子课题在 2016 年 3 月提交了修改稿，首席专家再对每个子课题进行了完善，并撰写总报告。

1.2　核心概念的界定

1.2.1　研究范围：民族地区

本书研究的民族地区是中国少数民族地区的简称，指的是少数民族聚居地区，截至 2014 年，在行政区划上，包括 5 个自治区、30 个自治州和 120 个自治县。此外，云南省、贵州省和青海省三个省的非自治地方，在经济社会发展方面享受和自治地方相同的民族政策，因此，也包括进民族地区。这样，内蒙古自治区、广西壮族自治区、西藏自治区、宁夏回族自治区和新疆维吾尔自治区 5 个自治区和贵州省、云南省及青海省三个多民族省份，再加上分布于上述八个省(自治区)之外的民族自治地方，就构成了中国的少数民族地区(表 1.1)。此外，分布于民族自治地方之外的民族乡(镇)和少数民族村，根据《中华人民共和国宪法》和《中华人民共和国民族区域自治法》的规定，不属于民族自治地方，但其经济发展也具有特殊性，也得到相关政策的扶持和支持。由于内蒙古自治区、广西壮族自治区、西藏自治区、宁夏回族自治区和新疆维吾尔自治区 5 个自治区和贵州省、云南省及青海省三个多民族省份面积大，是我国少数民族的集中聚居区，因此通常又用这八个省区代表中国少数民族地区。在本书的研究中，考虑到资料的完整性和可得性，研究涉及的空间范围以上述八个省区为主，同时也兼顾了其他民族自治地方。

表 1.1　中国的少数民族地区(2014 年)

地区	地级/个			县级/个			人口/万人		少数民族人口占自治地方总人口比重/%
	区划数	地级市	自治州	区划数	县级市	自治县(旗)	总人口	少数民族人口	
全国	77	31	30	705	72	120	18315.96	9017.70	49.23
河北省				6		6	209.10	125.92	60.22
内蒙古自治区	12	9		102	11	3	2498.00	547.81	21.93
辽宁省				8		8	331.28	176.18	53.18
吉林省	1		1	11	6	3	326.42	112.75	34.54
黑龙江省				1		1	24.81	5.16	20.80
浙江省				1		1	17.34	1.94	11.16
湖北省	1		1	10	2	2	465.94	265.05	56.88
湖南省	1		1	15	1	7	524.01	403.98	77.09
广东省				3		3	49.85	18.52	37.15
广西壮族自治区	14	14		110	7	12	4719.00	2004.00	42.47
海南省				6		6	179.66	92.99	51.76
重庆市				4		4	275.44	205.65	74.66
四川省	3		3	51	1	4	769.55	469.20	60.97
贵州省	3		3	46	4	11	1753.73	951.95	54.28
云南省	8		8	78	10	29	2271.56	1285.69	56.60
西藏自治区	7	1		74	1		312.00	304.04	97.45
甘肃省	2		2	21	2	7	283.73	163.13	57.49
青海省	6		6	35	3	7	371.97	218.95	58.86
宁夏回族自治区	5	5		22	2		668.57	258.24	38.63
新疆维吾尔自治区	14	2	5	101	22	6	2264.00	1406.57	62.13

资料来源：《中国统计年鉴》(2015 年)表 25-19。

1.2.2　新形势

形势指的是事务的发展状况，在其周围环境中所处的情形或在一定时间内各种情形的相对的或综合的境况。新形势，就是事务新的发展状况。本书所指的新形势，指的是我国少数民族地区经济社会发展所面临的国际国内环境发生了根本性的变化及少数民族地区经济社会发展具有新的阶段性特征。具体有以下方面。

1)经济全球化有了新的态势

开放是区域经济发展的重要引擎。改革开放以来我国的发展得益于开放。经过了 40 多年的开放发展，民族地区融入全球化的程度有了根本性的提高。民族地区未来的发展必须站在经济全球化的高度。需要充分认识到的是，从世界经济格局来看，我们处于全球化进程快速发展的时代。而此次全球化浪潮不同于以前的全球化浪潮。历史地看，由地理大发现开启的全球化过程，现在进入了“包容和共享”的新时代。在新的经济全球化时代，以中国为代表的新兴的发展中大国经济体，以强劲的经济增长和全方位的对外开放态势深度融入全球化格局之中，正在重塑着世界经济地理格局，并成为经济全球化进入新时代的强大推动力。

在全球化的新时代，特别是“一带一路”的建设进程中，区域总体战略会发生重大变化，形成新的区域经济格局，给民族地区带来前所未见的历史机遇。民族地区要以“一带一路”建设为契机，以全方位开放为着力点，拓展区域发展空间，实现发展动力转换、结构的转型升级和共享发展。

2) 全面建成小康社会进入关键时期

21 世纪的第二个十年(2011～2020 年)是全面建成小康社会的关键期和决胜阶段。党的十八大报告明确提出到 2020 年，要全面建成小康社会。全面小康，核心就在全面。这个“全面”，体现在覆盖的人群是全面的。它是不分地域的全面小康，是不让一个人掉队的全面小康。“全面实现小康，一个民族都不能少。”这个“全面”，也体现在涉及的领域是全面的，着眼的是发展中国特色社会主义事业五位一体总体布局。从地域上看，是全国所有地区的全面小康(图 1.2)。民族地区是全面建成小康社会的短板、难点和重点。民族地区要与全国同步实现小康，任务最艰巨。

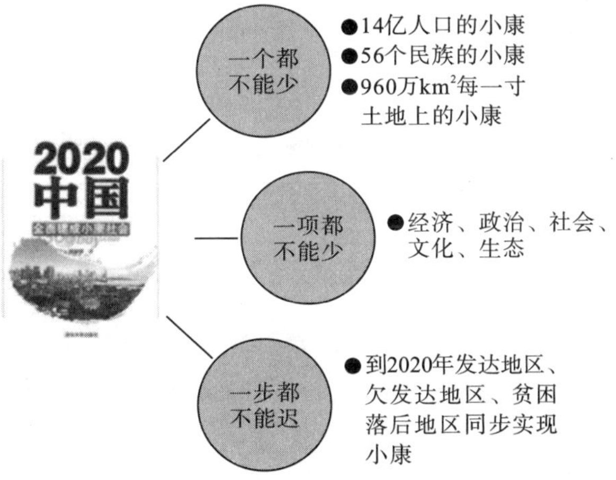

图 1.2　全面小康

资料来源：作者制作。

3) 中国经济发展进入“新常态”

2014 年 5 月，习近平总书记在河南省考察时指出，我国发展仍处于重要战略机遇期，我们要增强信心，从当前我国经济发展的阶段性特征出发，适应新常态，保持战略上的平常心态。这是新一代中央领导首次以“新常态”来描述新周期中的中国经济。2014 年 11 月 9 日，国家主席习近平在亚太经合组织(APEC)工商领导人峰会的主旨演讲《谋求持久发展　共筑亚太梦想》中，提出了中国经济新常态的 3 个主要特点：①从高速增长转为中高速增长；②经济结构不断优化升级，第三产业消费需求逐步成为主体，城乡区域差距逐步缩小，居民收入占比上升，发展成果惠及更广大民众；③从要素驱动、投资驱动转向创新驱动。

我国地域辽阔，经济发展的时间-空间差异显著。如图 1.3 所示，从时间上看，1978～2014 年我国人均 GDP 年均增长率接近 9%，但年际差异较大，最高时超过 13%，最低时只有 2.3%。从空间上看，各地区经济增长率的差异显著。从全国看，经过 40 多年的高速和超高速增长，经济体量已经今非昔比。2014 年一年中国经济的增量就相当于 1994 年全年的经济总量。随着经济体量跃居全球第二，经济增速再要保持 9%以上的高速和超高速，难度大，成本高。因此主动转变经济发展方式，实现经济中高速增长下的结构升级、质量效率提高(图 1.4)。不过，考虑到我国经济活动的区域差异，各地区“新常态”的表现形式也有显著不同(图 1.5)，特别是少数民族聚居地区，虽然改革开放以来也实现了与全国基本同步的增长，但只是在西部大开发战略实施以来才实现了持续时间较长的高速增长(增长速度超过全国平均水平)，这点可以从表 1.2 看出，表 1.2 揭示的是 1978～2014 年民族八省区人均地区生产总值年增长率超过或低于全国水平的年数。更重要的是，民族地区经济发展水平依然较低，发展不足，发展水平低依然是民族地区面临的最主要的问题。“发展是解决民族地区各种问题的总钥匙。”在“新常态”下如何实现比全国平均水平要高的发展速度，并在快速发展中实现结构转变和发展方式转型，是民族地区今后一个长时期的关键任务。

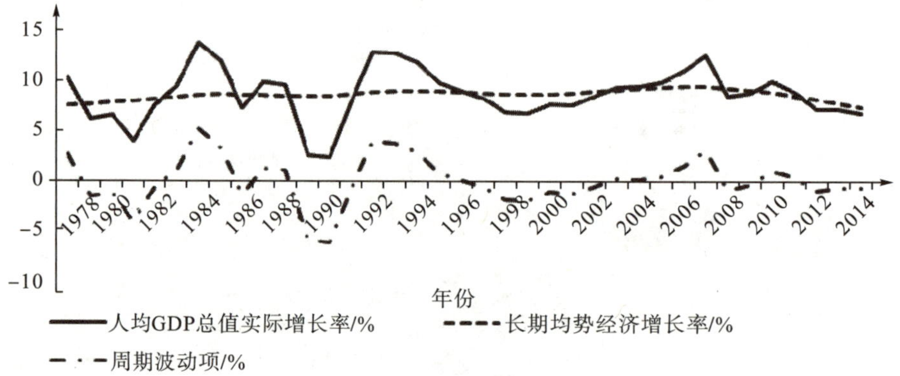

图 1.3 中国人均 GDP 的增长率

资料来源：作者根据《中国统计年鉴》(2015 年)数据计算绘制；香港、澳门、台湾资料暂缺。

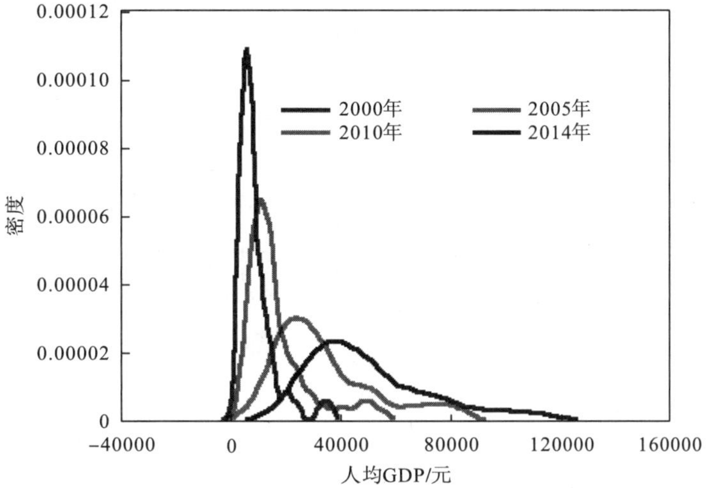

图 1.4　中国人均 GDP 的 Kernel 密度图(见彩图版)

资料来源：作者根据《中国统计年鉴》(2015 年)数据计算绘制。

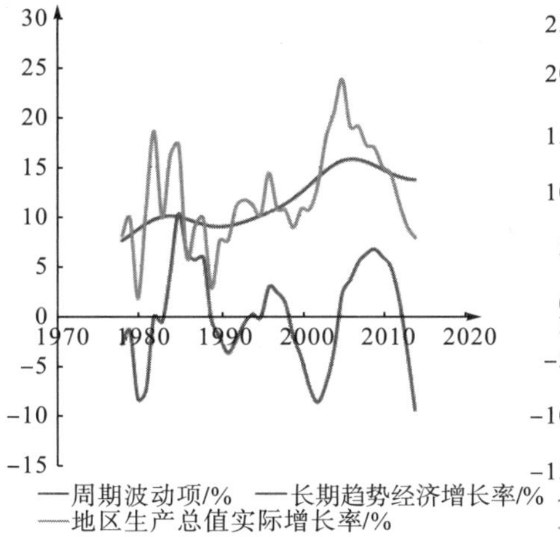

(a)内蒙古自治区

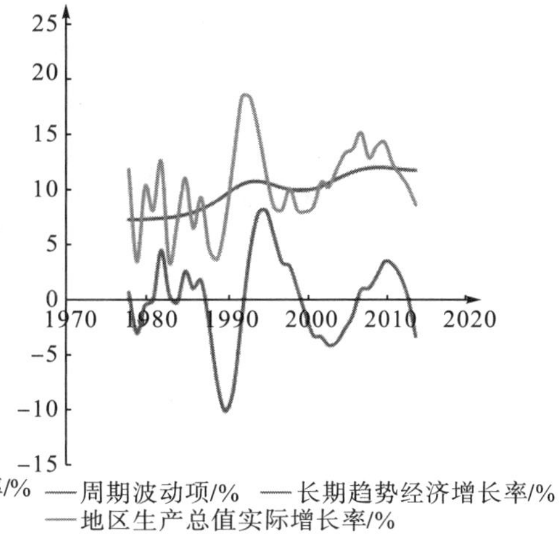

(b)广西壮族自治区

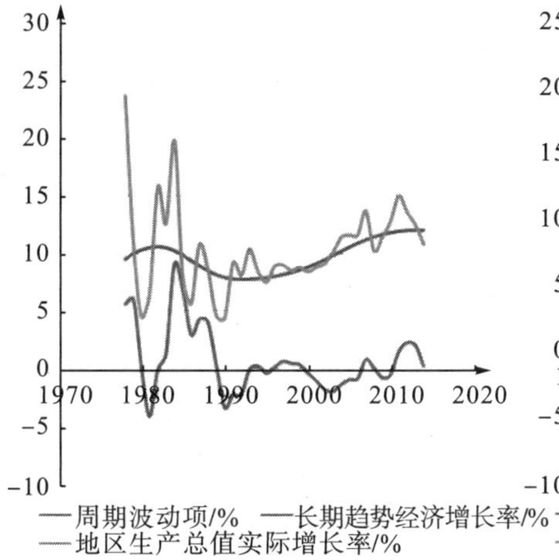

(c)贵州省

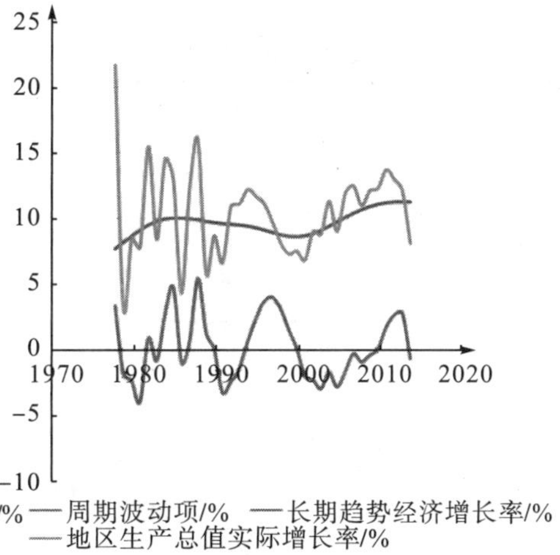

(d)云南省

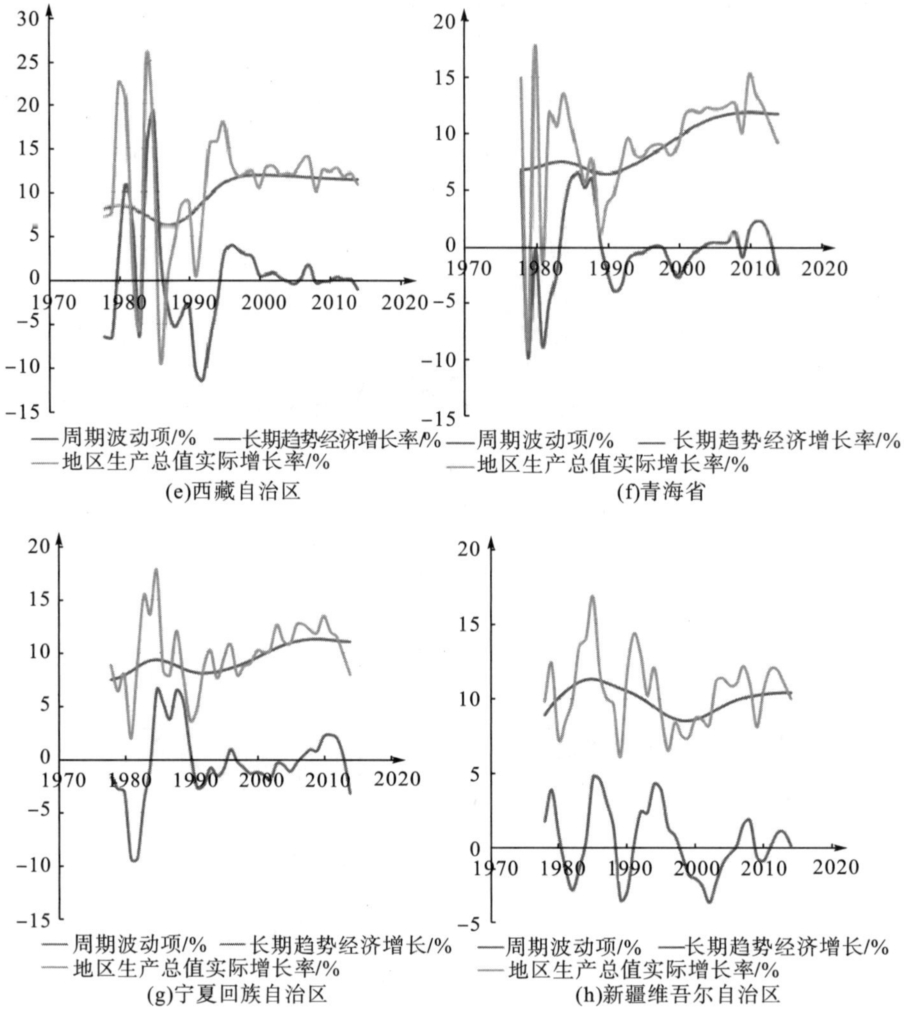

(e)西藏自治区　(f)青海省

(g)宁夏回族自治区　(h)新疆维吾尔自治区

图 1.5　民族八省区经济增长的 HP 滤波分解(见彩图版)

资料来源：作者根据《新中国六十年统计资料汇编》和《中国统计年鉴》(各年)数据计算绘制。

表 1.2　民族八省区人均地区生产总值增长率与全国比较(1978～2014 年)

		内蒙古自治区	广西壮族自治区	贵州省	云南省	西藏自治区	青海省	宁夏回族自治区	新疆维吾尔自治区
超过全国水平	年数	25	24	19	18	26	17	19	16
	占比/%	67.57	64.86	51.35	48.65	70.27	45.95	51.35	43.24
低于全国水平	年数	12	13	18	19	11	20	18	21
	占比/%	32.43	35.14	48.65	51.35	29.73	54.05	48.65	56.76

资料来源：作者根据《新中国六十年统计资料汇编》和《中国统计年鉴》(2015 年)数据计算。

4) 西部大开发进入了第二个十年

1999 年 6 月，中共中央按照邓小平关于我国现代化建设“两个大局”的战略宏伟构想，提出“加快中西部地区发展步伐的条件已经具备，时机已经成熟，要‘抓住世纪之交历史机遇，加快西部地区开发步伐’”。一个影响西部发展面貌、改善西部制度环境、刺激西部经济发展、实现区域间平衡发展的重大战略——西部大开发战略正式出台。十余年来，在中央一系列有力政策的支持下，西部迎来了“增长速度最快、发展质量最好、城乡面貌变化最大、人民群众受惠最多”的黄金发展时期。作为西部地区主体的民族地区，经济社会保持平稳快速发展，经济总量不断扩大，资源开发和综合利用步伐加快，为民族地区经济社会发展打下了良好的基础。在本书对应课题研究进行时，西部大开发正处于第二个十年，2010 年 7 月，中共中央、国务院召开了西部大开发工作会议，并下发《关于深入实施西部大开发战略的若干意见》，明确了今后 10 年深入实施西部大开发的总体目标、战略思路、重点任务和具体政策措施，由此掀起了新一轮西部大开发的高潮。新一轮西部大开发的总体目标是：到 2020 年西部经济社会发展要“上三个大台阶”，即西部地区综合经济实力上一个大台阶、人民生活水平和质量上一个大台阶、生态环境保护上一个大台阶。

5) 民族地区在中国宏观区域经济新格局中的地位发生了重要变化

《中华人民共和国国民经济和社会发展第十三个五年规划纲要》提出，推动区域协调发展，要“以区域发展总体战略为基础，以‘一带一路’建设、京津冀协同发展、长江经济带发展为引领，形成沿海沿江沿线经济带为主的纵向横向经济轴带，塑造要素有序自由流动、主体功能约束有效、基本公共服务均等、资源环境可承载的区域协调发展新格局”。

据此，我国区域发展总体战略可概括为“3448”。①“3”即是三大地带引领：推动京津冀协同发展；推进长江经济带发展；推进“一带一路”建设。②“4”即是四大板块：深入推进西部大开发；大力推动东北地区等老工业基地振兴；促进中部地区崛起；支持东部地区率先发展。③“4”即是大特殊类型地区(政策扶持区)：支持革命老区开发建设；推动民族地区健康发展；推进边疆地区开发开放；促进困难地区(资源枯竭、产业衰退、生态严重退化等)转型发展。④“8”即是 8 大城市群：优化提升东部地区城市群，建设京津冀、长三角、珠三角世界级城市群，提升山东半岛、海峡西岸城市群开放竞争水平；培育中西部地区城市群，发展壮大东北地区、中原地区、长江中游、成渝地区、关中平原城市群，规划引导北部湾、山西中部、呼包鄂榆、黔中、滇中、兰州-西宁、宁夏沿黄、天山北坡城市群发展，形成更多支撑区域发展的增长极；促进以拉萨为中心、以喀什为中心的城市圈发展。

这一区域总体发展战略既继承了“十二五”时期的区域发展战略，又有重大的创新。据此，民族地区是“一带一路”建设的核心区和重要依托，内蒙古自治区及河北省的民族地区毗邻京津冀，既是京津冀地区重要的生态屏障、可靠的能源保障基地，又是京津冀地区最便捷的国际合作陆路通道。西南民族地区地处长江中上游，是长江经济带的重要组成部分，长江经济带的建设必将推动这些地区的绿色发展。同时，民族地区集民族地区、革命老区、边疆地区、集中贫困地区于一体。全国区域发展总体战略的实施，为民族地区提供了重要的跨越式发展机遇。

6) 民族地区经济社会发展进入新阶段，民族工作面临一些新的阶段性特征

中华人民共和国成立 70 多年来，中央政府和各民族地区地方政府高度重视民族地区经济社会发展，采取了一系列发展援助政策，支持民族地区经济社会发展，民族地区经济社会发展取得了很大的成绩，为下一步“显著加快民族地区经济社会发展，显著加快民族地区保障和改善民生进程”奠定了良好的发展基础。

中央民族工作会议指出，“我们的民族工作也面临着一些新的阶段性特征”，其主要表现为“五个并存”：改革开放和社会主义市场经济带来的机遇和挑战并存；民族地区经济加快发展的势头和发展低水平并存；国家对民族地区支持力度持续加大和民族地区基本公共服务能力建设仍然薄弱并存；各民族交往交流交融趋势增强和涉及民族因素的矛盾纠纷上升并存；反对民族分裂、宗教极端、暴力恐怖斗争成效显著和局部地区暴力恐怖活动活跃多发并存[①]。

根据第六次人口普查数据，我国少数民族人口发生了重大变化，形象一点说：①民族工作“进城”了，工作重点从边疆和农村牧区延伸到城市和东部。2010 年人口普查表明，少数民族人口的城镇化水平为 32.84%，比 2000 年 23.36%提高了 9.48 个百分点(表 1.3)。其中有 12 个少数民族人口城镇化水平超过50%。而且，少数民族人口城镇化进程正处于加速阶段。②民族工作“下海”了，体制环境从计划经济变为市场经济，2010 年少数民族在业人口中第一产业占比为 69.42%，第二产业占比 12.15%，第三产业占比 18.43%。虽然总体上第一产业比重还很高，但非农就业与 2000 年的 21.15%比较，2010 年的非农就业提高到 30.58%，提高了近 10 个百分点(表 1.4)。③民族工作“入世”了，少数民族人口的国际化程度有了大幅度提高，国际因素与国内因素密切交织在一起。④民族工作“上网”了，网络世界对现实生活的影响日益增大，2014 年 7 月 21 日，中国互联网络信息中心(CNNIC)在京发布第 34 次《中国互联网络发展状况统计报告》显示，截至 2014 年 6 月，中国网民规模达 6.32 亿，其中，手机网民规模 5.27 亿，互联网普及率达到 46.9%。若按人口比例计算，少数民族网民规模在 5000 万人左右[②]。此外，少数民族人口老龄化程度在加速提高，中国各少数民族人口随全国人口一起进入了持续老龄化的状态，且表现为老年人口规模及其占总人口的比例增长快，75 岁以上的高龄老年人增速快，老年人口规模大，老年负担系数大，老龄化族际差异大的“两快三大”的特征。各少数民族进入老龄化社会比预期早，与经济发展水平比较，人口呈现出典型的“未富先老”的特征(表 1.5)。少数民族人口结构的这些变化必然带来民族经济方面的新特征。

① 《中央民族工作会议暨国务院第六次全国民族团结进步表彰大会在京举行》，[2014-09-29]，http://news.xinhuanet.com/politics/2014-09/29/c_1112683008.htm。

② 中国互联网络发展状况统计报告，[2016-01-20]，http://d.wanfangdata.com.cn/Periodical/hlwtd201407016.

表 1.3　中国各民族人口城镇化的变化(1990～2010 年)(%)

地区	1990 年			2000 年			2010 年		
	全国	汉族	少数民族	全国	汉族	少数民族	全国	汉族	少数民族
城市	18.68	19.47	9.70	23.55	24.64	11.81	30.29	31.62	15.84
镇	7.51	7.59	6.65	13.37	13.54	11.55	19.98	20.25	17
乡村	73.80	72.94	83.64	63.08	61.83	76.64	49.73	48.13	67.16
总体城镇化率	26.2	27.06	16.36	36.92	38.17	23.36	50.27	52.87	32.84

资料来源：作者根据《中国 1990 年人口普查资料》《中国 2000 年人口普查资料》《中国 2010 年人口普查资料》计算得到。

表 1.4　中国人口产业结构的变化(%)

民族	1990 年			2000 年			2010 年		
	第一产业	第二产业	第三产业	第一产业	第二产业	第三产业	第一产业	第二产业	第三产业
全国	72.24	15.3	12.46	64.38	16.81	18.81	48.36	24.15	27.49
汉族	71.34	15.99	12.67	62.99	17.70	19.31	46.42	25.26	28.32
少数民族	83.36	6.83	9.81	78.85	7.57	13.58	69.42	12.15	18.43

资料来源：作者根据《中国 1990 年人口普查资料》《中国 2000 年人口普查资料》《中国 2010 年人口普查资料》计算。

表 1.5　中国人口年龄结构(%)

年龄	总人口			汉族人口			少数民族人口		
	1990 年	2000 年	2010 年	1990 年	2000 年	2010 年	1990 年	2000 年	2010 年
0～14 岁	27.69	22.9	16.61	27.13	22.46	16.07	34.03	27.66	22.43
＞14～64 岁	66.74	70	74.47	67.2	70.3	74.83	61.54	66.77	70.58
＞64 岁及以上	5.57	7.1	8.92	5.67	7.25	9.1	4.44	5.58	6.99
老龄化指数	20.12	31.00	53.70	20.90	32.28	56.63	13.05	20.17	31.16
年龄中位数	25.26	30.77	34.93	25.54	31.08	36.36	21.92	26.94	30.87

资料来源：作者根据《中国 1990 年人口普查资料》《中国 2000 年人口普查资料》《中国 2010 年人口普查资料》计算。

1.2.3　全面发展

“发展”(development)是当代基本问题之一，也是我们这个时代的主题。“发展”一词来自拉丁语词根，是舒展、展开的意思。发展是指生物演变、成长的阶段，并不含有任何价值判断的因素。发展，从哲学层面可理解为事物由小到大、由简单到复杂、由低级到高级的变化。也可理解为一种变化趋势，一种连续不断变化的过程。其既有量的变化，又有质的变化；有正向的变化，也有负向变化。从经济学上理解发展，发展是一个社会或社会体系向着更加美好和更加以人为本的生活的持续前进。发展是一个综合的多维度的过程，涉及经济、政治、文化、社会和环境等方面，而且这些方面是相互联系的和相互依赖的，“经济的成功不可能与社会、政治和文化的成就相分离”(阿玛蒂亚·森，2002)。

“发展是解决民族地区各种问题的总钥匙。”根据习近平总书记系列讲话精神，发展就是推进五个建设。如图 1.6 所示，推动民族地区经济社会全面发展，就是要全面推进民族地区社会主义经济建设、政治建设、文化建设、社会建设和生态文明建设，维护各族人民根本利益，让各族人民共享改革发展成果。

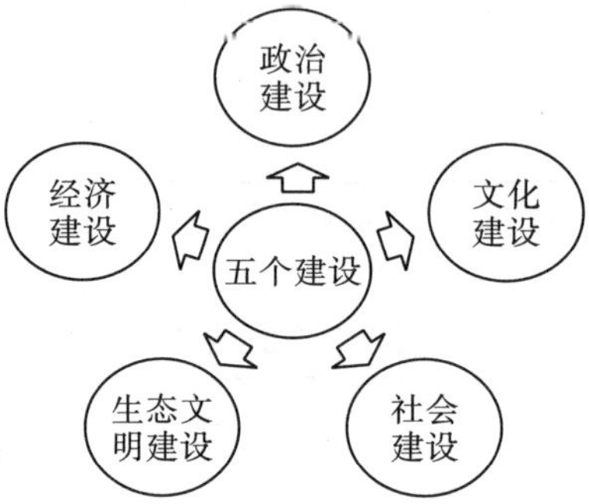

图 1.6 全面发展的“含义”

资料来源：作者制作。

经济上，要实实在在没有水分地增长，不能简单以增长率论英雄，发展经济的根本目的就是要让各族群众过上好日子；政治上，发展更加广泛、更加充分、更加健全的人民民主，全力推进法治中国建设；文化上，坚守社会主义核心价值观，广泛传播正能量；社会上，创新社会管理，托底社会政策；生态文明建设上，要摆在更加突出的位置，经济要发展，但不能以破坏生态环境为代价。基于这一认识，本书的总体框架结构如图 1.7 所示。

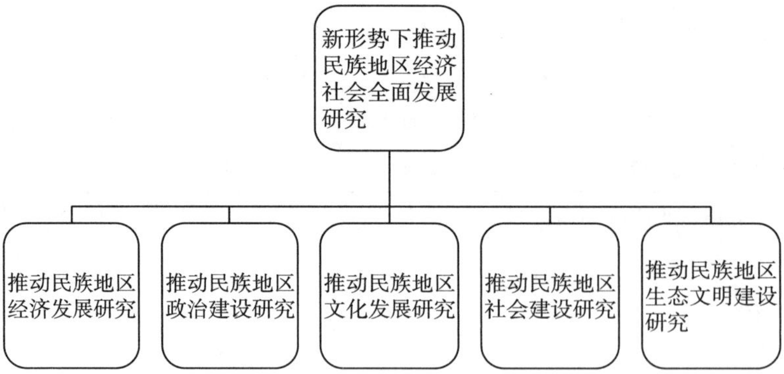

图 1.7 本书总体框架结构

资料来源：作者制作。

1.2.4　若干重大问题

推动民族地区经济社会全面发展，涉及民族地区经济发展、政治建设、文化发展、社会建设及生态文明建设等多方面，是一项复杂的系统工程。本书一方面对这几个方面都有所涉及，同时也把侧重点放在民族地区经济发展方面，这是因为发展的任务千头万绪，经济发展是中心任务。“解决民族地区的困难和问题，缩小民族地区与其他地区的差距，归根到底要靠发展经济”，“帮助自治地方发展经济、改善民生”①，是民族工作的关键任务。在侧重民族地区经济发展的同时，本书把民族地区其他方面的发展放在重要位置，不过只侧重于深入研究民族地区经济建设、政治建设、文化建设、社会建设和生态文明建设的某一个或两个方面的重大问题。即使是对新形势下民族地区经济发展的研究，也不是面面俱到，更不是以前研究的简单重复，而是对新形势下民族地区经济发展面临的若干重大前沿问题进行研究。具体地，本书选择了如下几个重大问题进行研究。

(1) 关于推动民族地区经济发展的研究。本书选择的问题包括：民族地区包容性绿色发展研究、增强民族地区发展能力的长效机制研究、产业转移与民族地区经济发展研究，民族地区空间结构优化与区域协调发展研究等。

(2) 关于推动民族地区政治建设的研究。民族区域自治，是中国解决民族问题的基本政策，也是中国的一项基本政治制度。本书集中于研究在民族区域自治这一基本政治制度下，如何为民族地区经济社会全面发展提供宪法保障。

(3) 关于推动民族地区文化建设研究。本书集中于研究民族地区文化产业发展的问题。

(4) 关于推动民族地区社会建设的研究。本书选择了两个重大问题进行深入研究：①民族地区基本公共服务的供给；②新形势下民族地区的贫困与反贫困问题。

(5) 关于推动民族地区生态文明建设的研究。基于民族地区在全国区域经济新格局中的分工地位，本书选择了民族地区发展低碳经济问题进行深入研究。

这样，本书形成了除第 1 章绪论之外的如下 9 章：第 2 章，民族地区包容性绿色发展研究；第 3 章，增强民族地区发展能力的长效机制和政策研究；第 4 章，产业转移与民族地区经济发展研究；第 5 章，民族地区空间结构优化与区域协调发展研究；第 6 章，民族自治地方经济发展的宪法保障研究；第 7 章，促进民族地区文化产业发展研究；第 8 章，新时期民族地区反贫困问题研究；第 9 章，推动基本公共服务均等化供给，显著加快民族地区保障和改善民生进程研究；第 10 章，民族地区低碳经济发展模式研究。

这 9 章既独立成题，又相互联系。第 2 章民族地区包容性绿色发展研究：从民族地区在全国的地理区位和发展位出发，提出民族地区的发展要处理好经济增长—贫困减缓—缩小不平等—环境质量稳定与提升的关系。第 2 章对这些关系进行了理论研究，指出包容性绿色发展理念能同时兼顾这几个方面。第 2 章对民族地区包容性绿色发展进行了静态和动态评估，提出了民族地区实现包容性绿色发展的政策建议。

在某种程度上，第 2 章是综合研究，其余章节是对第 2 章的深化和专门化。包容性绿

① 《中央民族工作会议暨国务院第六次全国民族团结进步表彰大会在京举行》，[2014-09-29]，http://news.xinhuanet.com/politics/2014-09/29/c_1112683008.htm.

色发展要求提高民族地区的内生动力，第 3 章(增强民族地区发展能力的长效机制和政策研究)对此进行了专题研究。包容性绿色发展要求产业结构能够带来城乡居民特别是贫困人口收入的快速增长，而民族地区产业结构的变化必须考虑全国产业转移的趋势，第 4 章(产业转移与民族地区经济发展研究)利用中国经济普查数据对民族地区的产业转移进行了初步的研究。发展有两个基本维度，一个是时间维度，另一个是空间维度，而且这两个维度上的发展是同时实现的。关于民族地区空间维度的发展，研究相对较少。第 5 章(民族地区空间结构优化与区域协调发展研究)从空间结构的角度对民族地区区域协调发展进行了深入研究，提出了包容性绿色发展的空间模式——集中均衡的空间模式。包容性绿色发展实际上要求实现“人的全面发展”，实现“人的全面发展”是推动民族自治地方(民族地区)经济社会发展的根本目的，而每一个现实的个人是否有能力实现其宪法赋予的公民权利，则是这一目的能否实现的根本前提，第 6 章(民族自治地方经济发展的宪法保障研究)对此进行了深入的讨论。民族传统优秀文化的保护和文化产业的发展是包容性绿色发展的一个重要方面，第 7 章(促进民族地区文化产业发展研究)专门研究了民族地区文化产业的发展。民族地区的贫困是全面建成小康社会的短板，减贫也是包容性绿色发展的核心要义，第 8 章(新时期民族地区反贫困问题研究)分析了新阶段民族地区贫困的特点和致因，提出了反贫困的政策建议。基本公共服务的供给不足，是民族地区包容性绿色发展的重要制约因素，第 9 章(推动公共服务均等化供给，显著加快民族地区保障和改善民生进程研究)专门对此进行了深入研究。民族地区的生态位决定了其在全国绿色发展中的特殊地位。同时，绿色发展是包容性绿色发展的要件之一，绿色发展内容很丰富，第 10 章(民族地区低碳经济发展模式研究)专门从碳排放视角研究民族地区低碳经济的发展。

1.3 研究状况

1.3.1 文献检索的总体情况

改革开放以来，对民族地区经济社会发展的研究，从来就没有间断过，早期的研究有施正一先生主编的《中国西部民族地区经济开发研究》(民族出版社，1988 年)、田广等著的《选择与发展——中国不发达地区经济振兴断想》(时事出版社，1987 年)，等等。西部大开发战略实施以来，民族地区的经济社会发展更是受到学者们的高度关注。就研究机构而论，这些研究大体上可以划分为高等院校(其中国家民族事务委员会主管的六大民族院校都把研究民族地区经济社会发展问题作为自己的重点)、中国社会科学院及地方社会科学院、国家民族事务委员会及地方民委所属的民族研究机构这样三类。从事民族地区经济发展研究的学者就学术背景而论，也可以划分为三类，一类是民族学者，另一类是经济学者，这两类是主体，还有一类是其他学者，如地理学者、历史学者、政治学者等。就研究成果而言，也主要有三种类型：学术著作、研究论文和研究报告。据本书对应课题组的不完全统计，改革开放以来出版的和民族地区经济社会发展相关的学术专著有近千部；据对中国学术期刊网的检索，1980～2014 年，与少数民族地区经济社会发展相关的学术论文上万篇(表 1.6)；国家民族事务委员会和地方民委基本上每年都要组织相关机构和人员撰写调研报告，国家民族事务委员会每年还要对报送的研究报告进行评奖，近年获奖的研究报告中，50%以上与民族地区经济社会发展问题相关，不过，由于绝大多数研究报告不公开出版和发行，具体数据难以统计。这些成果涉及面广，包括经济社会发展的各个方面，既有专题研究，又有综合分析。其一方面为相关政府部门提供决策参考和决策依据，对民族地区的经济社会发展有所贡献；另一方面正是基于对民族地区经济社会发展的深入研究，从事民族地区经济发展研究的民族学者创立了“中国少数民族经济”学科[施正一先生主编的《中国西部民族地区经济开发研究》是“中国少数民族经济”学科初创时期最重要的著作。对“中国少数民族经济”学科的发展的介绍见龙远蔚主编的《中国少数民族经济研究导论》(民族出版社，2004 年)]，目前这门学科正在发展壮大。

表 1.6　对学术期刊网的检索

年份	检索项目	检索词	检索范围	检索结果/篇
1980～2014	主题	少数民族地区	全部期刊	18573
1980～2014	主题	少数民族地区	中文核心期刊	4295
1980～2014	主题	少数民族地区	CSSCI	2419
1980～2014	关键词	少数民族地区	全部期刊	9851
1980～2014	关键词	少数民族地区	中文核心期刊	2154
1980～2014	关键词	少数民族地区	CSSCI	1143
1980～2014	篇名	少数民族地区经济社会发展	全部期刊	28
1980～2014	篇名	少数民族地区经济社会发展	中文核心期刊	8
1980～2014	篇名	少数民族地区经济社会发展	CSSCI	7

资料来源：作者整理。检索时间：2015 年 1 月 1 日。

表 1.7 列出了 1999～2014 年逐年的文献检索情况。结合表 1.6，发现关于少数民族地区经济社会发展问题的研究，期刊论文有如下一些特点：①西部大开发战略实施以来，相关研究论文增多；②发表在高水平期刊上的论文的比例不高。

表 1.7　1999～2014 年相关文献检索情况

年份	少数民族地区(主题)			少数民族地区(关键词)			少数民族地区经济社会发展(篇名)		
	全部期刊	中文核心期刊	CSSCI	全部期刊	中文核心期刊	CSSCI	全部期刊	中文核心期刊	CSSCI
1999	378	101	97	246	60	54			
2000	419	105	71	265	61	39	2		
2001	380	109	73	235	72	46			
2002	460	110	62	262	54	33			
2003	474	132	73	258	70	39	1		
2004	516	165	81	283	80	37	1		
2005	605	169	88	301	89	42			

续表

年份	少数民族地区(主题)			少数民族地区(关键词)			少数民族地区经济社会发展(篇名)		
	全部期刊	中文核心期刊	CSSCI	全部期刊	中文核心期刊	CSSCI	全部期刊	中文核心期刊	CSSCI
2006	651	207	126	338	94	49	1		
2007	856	212	119	435	101	55	3	1	1
2008	933	240	196	471	107	91	1		
2009	1115	258	195	561	126	96	2	1	1
2010	1196	313	233	599	151	104	2	1	1
2011	1288	309	203	664	121	91	5	3	1
2012	1425	285	224	685	121	102	2		1
2013	1511	296	248	725	137	111	3	2	2
2014	1437	297	219	678	140	93			

资料来源：作者整理。

1.3.2 代表性论著和观点评述

下面根据掌握的不完全材料，对近年来学界关于民族地区经济社会发展的研究进行简要的综述和评论。

1)对民族地区经济社会发展的综合研究

西部大开发战略实施以来，学术界掀起了一股研究西部经济的热潮，出版了大量的学术专著，发表了数千篇学术论文。其中，直接以民族地区为研究对象，对其经济发展进行综合研究的专著和论文也很多，比较重要的有以下方面。

(1)民族出版社2001年出版的“西部开发战略研究丛书”，该丛书包括《战略重心的西移》《世界不发达地区开发史鉴》《中国西部开发史话》《中国西部的对外开放》《西部生态经济》《西部特色经济开发》《兴边富民》《西部大开发中的法律保障》等。该丛书着眼于民族视点，把西部大开发定位于中国少数民族地区开发，认为“西部大开发的实质，在某种意义上说就是西部民族地区大开发”。该丛书提出：东西部的差距本质上是“内地”与民族地区的差距；“大开发”必须定位于让西部少数民族地区真正得到“实惠”。该丛书把历史与现实相结合，揭示出今天的西部是历史上西部发展的延续，今天开发西部，绝不能割裂历史，必须认真研究总结过去的西部开发，吸取历史的经验。该丛书从历史的视觉、从经济全球化和世界各国对不发达地区开发及我国经济发展的宏观区域视野，全面深入研究了西部地区经济发展的诸多方面，如生态经济、特色经济、对外开放等。该丛书由于独特的视角和撰稿作者深厚的学术功底，在学术界产生了较大的影响。

(2)四川民族出版社2002年出版的“西部大开发与民族地区研究丛书”(该丛书包括《西部民族地区大开发与政策支持》《西部民族地区大开发与经济发展》《西部民族地区大开发与人力资源》《西部民族地区大开发与科技创新》《西部民族地区大开发与资本市场》《西部民族地区大开发与可持续发展》《西部民族地区大开发与宗教习俗》《西部民

族地区大开发与社会稳定》《西部民族地区大开发与共同富裕》等 9 册），是一套专门研究西部民族地区经济社会发展的丛书，其内容涉及政策支持、经济发展、人力资源开发、科技创新、资本市场、可持续发展、宗教习俗、社会稳定和共同富裕。该丛书认为，西部大开发为西部民族地区的发展带来了重大的历史机遇，但如何抓住这个机遇，实现民族地区的跨越式发展，则是需要我们认真思考和深入研究的。因为西部各少数民族都拥有自己独特的思维方式和行为方式，有自己独特的宗教信仰和生活习俗，而且少数民族地区在政策、法律、制度、经济等诸方面都形成了自己的特点，表现出一定的特色，不能与西部其他地区同一而语，采取相同的处理办法。西部民族地区的大开发不仅涉及民族区域自治、民族经济、民族文化、民族发展等多个方面的重要问题，而且关系到民族稳定和民族团结，需要从法律、政策、行政、市场、社会等角度全方位给予解决。为此，对西部大开发中可能出现的民族问题和民族地区的大开发的问题进行探讨，研究宜制定的法律、法规和政策，探索适当有效的方法措施，无论对于政府部门还是国内外投资者，都是十分必要的，是必不可少的决策依据和行动参考。该丛书主编和作者们正是基于这样的认识，以马克思主义发展观为指导，运用发展经济学、区域经济学、金融学、管理学、政治学、宗教学等相关学科的理论和方法，把理论分析和实证研究相结合，对西部民族地区经济社会发展进行了多学科综合研究，所提出的一些政策建议受到相关部门的高度重视。

(3)在对民族地区经济社会发展研究中，温军博士的专著《民族与发展：新的现代化追赶战略》(清华大学出版社 2004 年 1 月出版)一书在学界和政策界产生了较大的影响。该书认为伴随着中国参与全球化发展进程的不断加快，未来社会转型面临的一大挑战，就是各民族崛起意识的日益强化，这将有可能使民族问题发展演化成为 21 世纪中国面临的最为突出、最为敏感而又波及面最为广泛的一大社会问题，因而必须高度重视少数民族聚居地区发展战略的选择问题。基于这一判断，该书主要回答了以下几个问题：①中国少数民族聚居地区最基本的矛盾和挑战是什么？面对这些矛盾和挑战应采取的基本应对策略是什么？②中国少数民族聚居地区传统现代化追赶战略的形成原因及其社会、经济、政治影响后果是什么？③中国少数民族聚居地区新的现代化追赶战略的理论内涵是什么？如何加快缩小少数民族聚居地区与内地汉族聚居地区之间的发展差距？该书通过对发展理论的国际比较分析，运用新增长理论“路径依赖”的基本方法，全面系统地分析了中国少数民族聚居地区发展问题的多维特征，解释了少数民族聚居地区发展不平衡性的内在机理。该书作者认为以往少数民族聚居地区现代化的追赶是一个单一经济目标的追赶，其主要问题是将民族问题经济化，将经济问题绝对化，并首次提出少数民族聚居地区与内地汉族聚居地区之间发展的不平衡性主要表现在经济发展差距、人类发展差距和社会发展差距三个方面的新观点。该书作者指出，少数民族聚居地区现代化追赶是一个长期的历史过程，缩小发展差距的优先次序应该是“社会发展差距→经济发展差距→人类发展差距”，由此提出应改变少数民族聚居地区过去 50 年以追求地区生产总值增长为核心、以开发自然资源为中心的传统现代化追赶战略，实施“以人为本，社会发展优先，投资于人民”的新的现代化追赶战略。该书提出的民族地区“社会发展优先论”在学术界产生了一定的影响。不过，这一观点受到一些学者的质疑，郑长德(2009a)认为，社会发展和经济发展从供给角度看，前者主要涉及政府对公共产品的供给，后者主要涉及对私人产品的供给，民族地区由于政府财力的限制，社会发展长期滞后于经济发展，因此，目前阶段，民族地区的社会发展实际上是补偿性发展，而非优先发展。民族地区与发达地区的差距主要还是体现在经济发展差距上，认为优先缩小的依然是经济发展差距。

(4)“科学发展观与民族地区发展研究丛书”(经济日报出版社，2004 年)(该丛书包括《统筹城乡发展研究》《统筹区域经济发展研究》《统筹国内发展和对外开放研究》《统筹人与自然和谐发展研究》《统筹经济社会发展研究》等)是对民族地区经济社会发展研究的又一部力作。该丛书立足于民族地区的特殊性和重要性，研究在西部大开发中，如何坚持以人为本，全面、协调、可持续发展的科学发展观，其对科学发展观的五个重要方面，即五个统筹进行了深入的研究和分析，就民族地区如何全面贯彻落实科学发展观提出了许多富有建设性的意见和政策建议。

(5)龙远蔚主编的《中国少数民族经济研究导论》(民族出版社，2004 年)是国家社会科学基金项目“中国少数民族经济研究的深化及其理论构架”的最终研究成果。该书以少数民族经济与民族地区经济的相互关系及其逻辑变化的轨迹为主线，从微观到宏观探讨了中国少数民族经济的不同层面及其内在联系。该书从家庭这一基本的社会组织形式入手逐渐扩展，探讨了少数民族文化与经济行为特征、家庭结构与劳动组织、经济行为、乡村和牧区经济等微观层面的特征及其相互联系；在县域经济层面，该书探讨了县域经济的内在运行特征、少数民族经济与县域经济的分离、城镇化进程及其都市经济的民族特征。从宏观层面探讨了民族地区的经济结构、增长方式、知识经济和可持续发展等民族地区经济发展的主要方面。该书从“小”到“大”，从微观到宏观，试图以一个新的视野来探讨中国少数民族经济研究的理论框架。该书的出版在从事“中国少数民族经济”研究和教学的学者中产生了较大的影响。

(6)四川人民出版社 2005 年出版的“民族研究文库”，包括《中国少数民族自治地方立法研究》《中国少数民族地区全面建设小康社会研究》《中国少数民族地区对外贸易研究》《中国少数民族地区旅游经济研究》《中国少数民族地区发展循环经济研究》《中国少数民族地区新型工业化道路研究》《中国少数民族地区资本形成研究》《中国少数民族地区发展财政研究》《中国少数民族地区国土资源开发研究》等。该文库从法学、民族学、经济学、经济人类学、金融学等多学科的视界，站在全球化和中国经济整体发展的高度，对我国少数民族地区，主要是西部民族地区，经济社会发展的前沿问题进行了有益的探讨，内容涉及民族自治地方立法问题、全面建设小康社会问题、对外贸易、旅游经济、循环经济、新型工业化、资本形成、发展财政和国土资源开发等。

(7)郑长德(2009b)由科学出版社出版的《中国西部民族地区的经济发展》一书，是国家社会科学基金项目“西部民族地区的经济发展问题研究”的最终成果。该书是研究西部民族地区经济发展的又一部力作。该书从宏观的、综合的、联系的和实证的角度研究西部民族地区的经济发展，试图构建一个比较完整的分析框架。首先，该书把西部民族地区经济作为全国经济的一个重要组成部分，从全国改革开放和经济发展的大背景下展开研究；其次，该书综合运用经济学、金融学、地理学、环境科学、经济人类学等多学科的理论和方法，展开对西部民族地区经济发展的多维视角的研究，研究的综合性强；再次，该书不是孤立地研究西部民族地区经济发展，而是从相互联系的角度展开研究，包括与全国的经济联系、与其他地区的经济联系、区内的经济联系等；最后，该书在研究中，把实证研究与规范分析有机地结合起来。该书提出了一系列有创新意义的观点，得到学界的好评（陈栋生，2005；周兴维，2002）。

(8) 对民族地区经济发展进行综合研究。除了上面列举的外，近几年出版的相关论著还有如《民族经济发展论纲》（杜发春主编，中国物价出版社，2000 年）；《起飞——西部民族地区大开发的新思维》（黄健英著，民族出版社，2003 年）；《西部民族经济可持续发展研究》（杨维军、李文瑞著，民族出版社，2005 年）；《西部少数民族聚居区经济发展及机制研究》（吴映梅，人民出版社，2006 年）；《转型与跨越——民族地区经济结构研究》（李皓，民族出版社，2006 年）；等等。

2) 对民族地区经济社会发展的专题研究

民族地区由于其区位的特殊性和发展的重要性，经济社会发展涉及诸多问题，有大量的论著就其中的某个问题进行了专题研究，如以下方面。

(1) 资源开发与生态补偿：李锦和罗凉昭 (2001)、邓艾 (2005)、曲木史哈和唐勇智 (2004)、郭旭红 (2007)、马林 (2004) 等对民族地区生态经济的研究；杨明洪 (2002) 对退耕还林利益补偿机制的研究；丁任重 (2006) 对西部地区（包括民族地区）资源承载力的研究；赵海东 (2007) 对资源型产业集群与中国西部经济发展的研究；郑长德 (2006b)、庄万禄 (2008) 对民族地区资源开发、生态保护的补偿机制的研究；钟大能 (2008a) 从财政政策角度研究了民族地区的生态补偿问题；王岩和赵海东 (2008) 以内蒙古自治区西部地区的典型案例为例，研究了矿产资源型产业发展循环经济的问题；马江 (2005，2009) 研究了民族地区发展循环经济的相关问题；王来喜 (2006) 对西部民族地区资源优势转换进行了经济学分析；陈秀山 (2006) 从区域经济学的视角研究了南水北调、西气东输、西电东送、青藏铁路和退耕还林五大工程的实施效应，从理论层面探讨了评价大型资源调配与生态恢复工程区域效应的方法；等等。

(2) 民族地区人力资源开发研究：李红和罗晓芹 (2002) 对民族地区人力资源开发的研究；郑长德 (2003a)、杨明洪 (2005) 对民族地区贫困问题的研究；李澜 (2006) 对民族地区女性人力资源开发的研究；李澜 (2007) 对人口较少民族经济发展的研究；杨军 (2006) 对西北少数民族地区基础教育均衡发展的研究；陈达云 (2007) 对民族地区高等教育发展进行了研究；赵曦 (2002，2004) 比较深入研究了西部地区的贫困问题；等等。

(3) 民族地区金融发展研究：时光 (2004) 对民族地区资本形成及资本市场发展的研究；郑长德 (2006b，2007) 对民族地区金融发展与经济发展关系进行了系统的研究，提出了西部民族地区最优金融结构的构想；钟大能 (2008b) 对民族地区财政问题的研究；等等。

(4) 产业结构和新型工业化道路研究：刘秀兰 (2005)、郑长德 (2002) 对民族地区产业结构的研究；张海翔 (2005) 对多民族地区新型工业化道路的研究；黄毅 (2005) 对民族地区新型工业化道路、安果 (2005) 对新疆维吾尔自治区新型工业化道路的研究；吴建国 (2004)、朱文 (2004)、曾庆芬 (2006) 对民族地区非公有制经济发展的研究；等等。

(5) 民族地区城市化问题研究：刘晓鹰 (2008) 对中国西部欠发达地区城镇化道路和小城镇的发展进行了比较系统的研究；江曼琦等 (2009b) 从一个新的视角——空间经济学，

对少数民族经济发展与城市化问题进行了深入的研究，提出了相关的政策建议；等等。

(6)民族地区新农村建设问题研究：南文渊(2007)、沈茂英(2007)、张文秀(2007)、郑长德(2009a)对民族地区社会主义新农村建设的目标模式进行了有益的探讨；等等。

(7)民族地区政策研究：荣仕星(2009)对民族地区公共政策的研究；唐新民(2008)对民族地区农村社会保障问题的研究；中央民族大学的金炳镐(2009)对中华人民共和国成立以来，我国的民族经济政策进行了系统的总结，张冬梅(2006)研究了少数民族经济发展的财政政策；郑长德(2009c)对改革开放以来我国实施的民族经济政策的效应进行了系统分析；曹霞(2009)对西部民族地区城乡差距的研究；等等。

此外，张丽君和王玉芬(2008)对民族地区边境贸易发展进行了深入的研究；周兴维(2006)、罗莉(2004)对西藏自治区宗教经济的研究；马艳霞和范钛(2005)对民族地区旅游经济发展的研究；等等。

这些专题研究，从某个问题切入，深入分析了民族地区在某个方面发展的现状，阐释了其原因，并提出了相关政策建议。但这些研究，总体上，研究方法以描述性分析为主，只有少数研究者利用了规范的经济学分析方法，利用的数据资料以时点为主，长时间系列数据利用相对较少，而且理论分析深度有待提高。

3)区域研究

民族地区地域辽阔，内部差别显著，有大量的研究涉及民族地区内部的某一地区，特别是民族地区社科研究机构对本地区经济社会发展进行了大量有深度的研究。例如：欧泽高和冉光荣(2000)对四川省藏族聚居区的经济开发的研究；冉光荣(2003)对西部开发中西藏自治区及其他藏族聚居区特殊性的研究；潘乃谷和马戎(2000)对西部边区开发模式从人类学视角进行了有益的探讨；李锦(2002)、杨明洪(2002，2005)对四川省民族地区经济发展的研究；陈丽新(2004)对甘肃省民族地区经济发展的研究；赵曦(2004)、狄方耀等(2006)对西藏自治区经济发展的研究；王来喜(2008)对内蒙古自治区经济发展的研究；安果(2005)对新疆维吾尔自治区经济发展的研究；吴海鹰等(2005)对宁夏回族自治区经济发展的研究；罗崇敏(2006)对边疆经济发展的研究；丁任重(2006)对大香格里拉经济圈的研究，等等。还有大量的对某一民族聚居区经济发展的研究，如国家民族事务委员会(2008)组织的对 22 个人口较少民族聚居区经济发展的调查研究。郑长德(2008)、郑长德和刘晓鹰(2008)、郑长德和周兴维(2008)对民主改革以来四川省彝族聚居区、羌族聚居区和藏族聚居区的经济发展进行了全面深入的研究，受到 2009 年世界民族学人类学大会相关与会学者的高度评价。林大泽等(2007)对青藏高原矿产资源开发与区域可持续发展的研究；等等。这些区域性的研究所提出的政策建议，有大量被各级政府部门所采纳。

另外，近年来，中国少数民族地区的发展问题也受到国外学者的关注，不过据检索，国外学者的研究主要是从人类学、政治学等视角展开的，基于经济学的视角的研究不多，而且研究的地域范围要么是整个西部地区，要么是某个省(自治区、直辖市)，例如，Luo(2004)对中国西部基础设施投资作用的研究；Luo(2010)对中国省级行政区经济增长溢出效应的研究。受所得资料的限制，这里就不对国外的研究进行综述了。

4) 总结性评述

纵观目前对民族地区经济社会发展的研究，可谓成果丰硕。不过尚有许多问题需要进一步深入，例如：构建提升民族地区发展能力的长效机制的问题；民族地区资源型经济转型、承接东部产业转移与产业结构升级问题；民族地区空间结构优化与区域协调发展问题；民族地区资源开发中的利益分配关系调整问题；新时期民族地区贫困与反贫困问题；民族地区基本公共服务均等化供给与社会保障问题；民族地区低碳经济发展问题；等等。对这些重大问题进行深入的理论研究和实证分析，弄清楚其形成机理和原因，提出操作性强的对策建议，有重要的理论意义和实践价值。

另外，在研究方法上，现有的研究多以定性描述为主，即使利用了大量的统计数据，也仅仅是数据的罗列，缺乏对数据的深入分析，迫切需要利用相关计量方法对数据进行处理，揭示它们之间的内在逻辑联系；在研究的时间段选择上，已有的研究主要是静态研究，集中于某一年，即使是动态研究，选择的时间段也很短。

1.4　研 究 内 容

推动民族地区经济社会全面发展，涉及民族地区经济发展、政治建设、文化发展、社会建设及生态文明建设等多方面，是一项复杂的系统工程，涉及内容多，综合性强。根据研究基础和本书的目的，本书分别安排了：民族地区包容性绿色发展研究；增强民族地区发展能力的长效机制和政策研究；产业转移与民族地区经济发展研究；民族地区空间结构优化与区域协调发展研究；民族自治地方经济发展的宪法保障研究；促进民族地区文化产业发展研究；新时期民族地区反贫困问题研究；推动基本公共服务均等化供给，显著加快民族地区保障和改善民生进程研究；民族地区低碳经济发展模式研究。各章的主要内容如下。

1.4.1　民族地区包容性绿色发展研究

在新时期，民族地区在全国的发展位(development niche)要求其必须“后发赶超”和“发展转型”(没有民族地区的全面小康，就没有全国的全面小康)；民族地区在全球和全国的生态位(ecological niche)，要求其必须加快生态文明建设，走可持续发展之路。因此，在新时期，民族地区的发展必须转变发展模式，使发展的结构基础更加广泛、更加包容、更加平衡、更加可持续、更加安全，实现包容性的、平衡性的、可持续的和安全的发展，走包容性绿色发展之路(inclusive green growth，IGG)。

第 2 章从地缘政治、地缘经济、地缘文化和地缘生态等方面分析了民族地区在全国发展格局中所具有的特殊重要的战略地位。基于增长-不平等-贫困和增长-不平等-环境的理论分析，给出了包容性绿色发展的概念框架；对民族地区包容性绿色发展进行了评估；提出了民族地区走包容性绿色发展之路，实现全面小康的政策建议。其主要结论有以下方面。

(1)要实现民族地区的跨越式发展，必须充分认识民族地区所具有的特殊重要的战略地位。从地缘政治关系看，在国际政治上，民族地区地处“亚欧大陆心脏地带”；在军事上，民族地区是中国最重要的国防安全的前沿阵地和军事战略纵深区，是中国国家安全的军事战略屏障区；在国内政治上，民族地区革命老区多，对中国革命做出了重要贡献；同时，民族地区民族构成复杂，内部发展差距明显，是中国社会和谐发展的关键区域。在地缘经济上，民族地区是中国重要的战略资源储备与保障区，同时也是中国贫困地区集中分布的地区，是中国反贫困的重点地区和难点地区，也是“丝绸之路经济带”的核心地区和重要依托，是中国对外开放新格局的前沿地带。在地缘文化上，民族地区地处欧亚大陆之间，历史上多种文化在此交流与融合，是多元文化的交汇区；是中国文化多样性最典型的区域，是中国原生态民族文化发源地和传承地。在地缘生态上，民族地区是中国最重要的生态平衡与保障区，是生物多样性的典型区域。

(2)无论是从全球角度看，还是从全国看，民族地区都处于欠发达状态。在新形势下民族地区的经济发展面临多重任务，主要有：对发达经济的赶超；在赶超过程中实现经济发展方式的转型；扶贫对象大幅度减少；等等。从各地区全面小康社会建设进程看，民族地区是全面建成小康社会宏伟目标的难点地区，也是今后 10 年全面小康社会建设的重点地区。民族地区要实现全面建成小康社会宏伟目标，必须进一步加快以经济建设为中心的发展，实现新的跨越式发展。只有推动民族地区经济持续快速健康发展，才能筑牢后发赶超、发展转型和全面减贫的物质基础，才能构筑民族地区和国家繁荣富强、人民幸福安康、社会和谐稳定的物质基础。必须坚持发展是硬道理的战略思想，绝不能有丝毫动摇。

(3)包容性绿色发展要求既要有持续的经济增长，又要考虑机会公平，特别是穷人应从增长过程中获益和收入差距的缩小，还要保持环境质量的稳定并有所提升，因此一个综合性的测度包容性绿色发展的指数要同时考虑到这几个方面。本书借助于类似科布-道格拉斯的函数形式，构造了包容性绿色发展指数(inclusive green development index，IGDI)，该指数反映了经济增长的收入效应、机会效应和环境效应。然后选取了相关的代理指标，计算了全国和民族地区的包容性绿色发展指数，以全国当年水平为基准，分析了民族地区经济增长的包容性和绿色程度；以全国 2000 年为基准，分析了全国和民族八省区经济增长包容性和绿色程度的变化。主要结论有以下方面。

第一，进入 21 世纪以来，在中央政府及各地方政府的大力支持下，经过民族地区各级政府和各族人民的努力，民族地区生产总值实现了高速持续的增长，带来了城乡居民收入的快速增长，但是地区生产总值高速增长的效应并未全部体现在城乡居民收入的增长上。

第二，从经济机会看，2000年以来，民族地区的教育、医疗卫生(健康)和道路交通、电力供应、通信设施等经济基础设施得到了重大改进，民族地区的经济机会迅速扩大。但与其他地区比较，涉及民生的教育、健康和相关的经济基础设施依然是制约这些地区发展的重要因素，进一步改进空间很大，特别是农村基础设施，如 2014 年村庄集中供水的行政村比例，全国为 62.5%，其中内蒙古自治区为 55.5%，广西壮族自治区为 48.1%，贵州省为 57.8%；供水普及率，全国为 61.55%，内蒙古自治区为 50.95%，广西壮族自治区为 52.05%，贵州省为 57.87%；燃气普及率，全国为 20.58%，内蒙古自治区为 4.68%，贵州省为 1.89%，云南省为 3.52%，青海省为 1.68%，宁夏回族自治区为 7.02%，新疆维吾尔自治区为 1.80%。全国 10%的行政村对生活污水进行处理，而内蒙古自治区为 2.4%，广西壮族自治区为 4.8%，贵州省为 4.5%，云南省为 5.7%，青海省为 1.0%，宁夏回族自治区为 1.2%，新疆维吾尔自治区为 7.4%。还有农村道路普遍面临着路面硬化率低，通村道路普遍存在“最后一公里”现象。农村教育和农村医疗卫生还面临一些根本性的问题。

第三，民族地区资源富集，资源开发成为推动最近 10 多年来经济高速增长的主要动力。但是资源开发利用效率低，各种污染物，特别是二氧化碳排放高。资源开发成为破坏环境的最主要因素。因此，在资源开发中，如何实现资源开发利益的共享、如何确保环境质量的稳定和提高，是民族地区发展中必须认真面对的问题，这不仅关系到民族地区的发展，更关系到全国的发展。

(4) 民族地区要达成包容性绿色发展，需要持续扩大经济机会、使经济机会均等分布、提供最低经济福利和确保环境质量的提升。

第一，经济机会最大化：通过高速、有效以及可持续的经济增长最大限度地创造就业与发展机会。为此，必须实施禀赋结构升级战略，提升民族地区的禀赋结构；必须实施产业结构升级战略，鼓励国有资源型企业把企业总部迁移到民族地区，延伸产业链，提升产品附加值，寻找和发展具有潜在比较优势的产业，做好承接国际和国内产业的转移，把对口支援和产业转移相结合，构建基于开发银行和商业银行(尤其中小银行)的金融体系，为民族地区发展提供最优金融支持；走包容性绿色城镇化之路，按照集中均衡的开发模式重塑民族地区经济地理格局。

第二，确保平等获得经济机会：通过高强度的人力投资，提升贫困人群获得经济机会的能力。必须更加重视民族地区教育、卫生健康等基础公共服务和经济基础设施的更全面、更惠及中低收入阶层和贫困人口的供给，把人力资本投资作为赶超和转型的最优先战略。始终把教育摆在优先发展的战略地位，把党政一把手作为推进教育优先发展的第一责任人，把教育发展作为政府考核的重要的、不可替代的和具有否决权的指标，这样优先发展教育，才能做到规划优先、投入优先和资源配置优先；实施民族地区卫生发展十年行动计划，推进卫生事业发展。

第三，确保最低经济福利：坚持广覆盖、保基本、多层次、可持续的方针，以社会保险、社会救助、社会福利为基础，以基本养老、基本医疗、最低生活保障制度为重点，以慈善事业、商业保险为补充，建立覆盖城乡居民的社会保障体系；建立健全农村养老保险、医疗保险、最低生活保障等社会保障制度，推进城乡社会保障接轨并行，促进城乡公共服务便利共享。实施积极的就业政策，把劳动者自主择业、市场调节就业与政府促进就业结合起来，多渠道推进城乡各类群体就业。大力发展劳动密集型产业、服务业、中小企业和个体私营经济，积极开发就业岗位，扩大就业规模，改善就业结构。完善就业扶持政策，建立健全面向所有困难群众的就业援助制度，营造有利于自主创业的社会环境。

第四，确保环境质量的稳定和提升：包容性绿色发展意味着促进经济增长和发展时要确保自然资产继续提供人类赖以所依的资源和环境服务：一是要加大生态建设与保护力度，国土开发必须严格执行国家和各省区的主体功能区规划；二是根据民族地区的生态优势和在全国的生态地位，以稀缺的生态资源为基础，以市场需求为导向、以现代商业模式为载体、以社会资本为驱动力，大力发展绿色生态产业(生态农业、生态旅游、生态工业)，实现增长—减贫—生态的“三赢”；三是实施综合治理，保护生态环境；四是建立和完善生态与资源补偿政策，推动资源共享；五是建立和完善适合民族地区的考核机制。

(5)作为全国宏观经济的重要组成部分的民族地区，其发展状态对全国经济社会发展具有决定性作用。要充分认识民族地区在全国重要的战略地位，并考虑民族地区发展的阶段和区情，持续加大对民族地区的援助和支持力度，实施发展促进型区域援助政策，要实现民族地区的跨越发展，政策力度必须达到和超过临界值。

1.4.2 增强民族地区发展能力的长效机制和政策研究

发展不足，自我发展能力不强，是民族地区经济社会发展中的突出问题。因此，要“显著加快民族地区经济社会发展”，就要采取更加有力的措施增强民族地区的发展能力，特别是建立和完善增强民族地区发展能力的长效机制，以增强民族地区自身的造血功能。我国在统筹区域协调发展过程中，对东部发达地区提出了增强其自主创新能力，对西部地区和民族地区提出了增强其自我发展能力的指导政策。民族地区如何增强其自我发展能力，如何建立和完善增强民族地区自我发展能力的长效机制，是推动民族地区经济社会全面发展所面临的重要问题，也是需要理论界和实际工作部门进行更深层次的研究的重要问题。同时在民族地区实现跨越发展的新阶段，民族地区要实现基于自我发展能力的“追赶”甚至“赶超”，首先必须充分认识到自己的发展缺口在哪里？离发展前沿有多远？哪些缺口是民族地区实现发展的关键？

第 3 章以科学发展观、习近平新时代中国特色社会主义思想为指导，从区域经济学(空间经济学)、发展经济学、经济政策学的视角出发，首先提出了一个分析自我发展能力的框架，然后基于这一分析框架，对民族地区自我发展能力进行了评估；并基于这一评估，提出了增强民族地区自我发展能力的战略措施和相关政策建议。本章的研究表明，改革开放以来，民族地区的自我发展能力虽有所增强，但总体上仍是不足的，与全国比较存在较大的“能力缺口”；与发达地区比较，“能力缺口”更大。目前，民族地区的发展已经站在了新的历史起点上。在新阶段，加快民族地区的发展必须着力于提升区域自我发展能力。增强民族地区自我发展能力主要应当靠民族地区自己的努力，同时离不开全国和东部地区的援助和支持。主要的政策建议有以下方面。

(1)必须持续加大对民族地区的发展援助力度。国家和东中部对民族地区的支援和帮助应更多地着眼于授之以“渔”，着力增强民族地区的自我发展能力。例如，在中央政府的政策支持上，赋予民族地区优先发展的机会，完善和制定支持民族地区发展的政策体系，实行比东部地区更有力的政策倾斜，或者政策倾斜的力度至少要和东部地区一致。在资金援助上，除了关注对西部地区有利的资源开放型项目(如直接的资源开发和利于资源运输的跨区域通道建设)外，应更多地帮助民族地区发展有市场潜力和带动能力的项目，同时对资源型产品输出较多的地区实行相应的、有利于当地发展的税收政策。又如推动教育发展适当向民族地区倾斜，提高人力资源素质。在对口支援政策上，一方面适当加大支持力度，另一方面在援助目标上要定位于提升民族地区的自我发展能力上，着力于扩大民族地区产品的市场范围；同时通过多方面努力，激励东中部企业的进入，帮助民族地区建立和完善市场经济体制和机制。

(2) 民族地区必须加大能力建设力度。自我发展能力的获取，不可能主要由外部推动，更主要的要靠民族地区自身的努力。①要进一步持续加强人力资本投资，优先提升民族地区个人的发展能力。②要进一步改善投资环境，加强企业管理，提升企业发展能力。③要进一步转变政府职能，改善治理，努力提升政府供给公共产品的能力。④要进一步加大科技投入，改革科技创新体制，提升区域学习与创新能力。⑤必须进一步扩大开放和解放思想：向全国开放，积极而有选择地承接东部产业转移；主动融入“一带一路”建设，向世界开放，在引进来、走出去的过程中学习、提高，完成必要的积累。提升民族地区自我发展能力，加快民族地区经济社会发展步伐，还必须进一步解放思想。

1.4.3 产业转移与民族地区经济发展研究

一个地区产业的发展，既可以基于本地区原发性比较优势来实现，包括来自供给方的比较优势和来自需求方的比较优势；也可以通过吸引外地企业进行区位转移，由此带来的产业转移实现。对于后发地区，承接区外的产业转移，是实现发展转型和追赶的重要途径，因为通过吸引区外企业迁移到本地区，在促进本地区产业发展的同时，还会产生技术溢出、市场溢出等，这既会带来后发地区的技术进步，也会带来市场范围的扩大，从而增强后发地区的内生动力。

产业转移，又称产业区域转移，是指一个国家或地区的某些产业由于资源供给或需求条件发生变化而向其他国家或地区转移的现象或过程。它既是一个具有时间和空间维度的动态过程，又是一个包含区域间投资与贸易活动的综合过程；既是区域间产业分工形成的重要因素，又是转出地和转入地产业结构调整和产业优化升级的重要途径。作为我国后发地区的民族地区，承接国内外的产业转移，不仅可以优化民族地区的产业结构，加快民族地区的经济发展；还能加速区域经济一体化，缩小地区发展差距。第 4 章从产业转移的理论基础出发，对产业转移与民族地区经济发展进行了系统研究。首先，对产业转移的理论基础和产业转移的效应进行了较为深入的研究，然后依据中国经济普查数据重点分析了民族地区产业转移的现状和工业结构的逆向调整，最后分析了民族地区承接产业转移的能力和思路。其主要结论和政策建议有以下方面。

(1) 西部大开发战略实施以来，民族地区的工业在全国的地位有所提升：从全国看，存在着从东部到中部的工业产业转移，也确有部分工业转移到了民族地区；民族地区在承接工业转移中，主要承接的是采矿业的转移，制造业的转移比重很低。

(2) 民族八省区工业产业转移的态势各有不同，不过按行业大类看，主要转入的产业是采矿业。

(3) 关于采矿业的产业转移，研究表明，2004 年以来我国东、中、西、东北四大板块产业转入、转出明显，西部地区作为主要的产业转入承接地区，产业转入规模较大，采矿业工业销售产值占全国的比重上升了 10.62%，其中民族八省区上升了 7.79%；东部地区和东北地区的产业转出效应明显，采矿业工业销售产值占全国的比重分别下降 7.56%和

5.76%；中部地区产业转移规模较少，有一定程度的产业转入。

(4) 关于制造业产业转移，全国制造业产业转移的基本态势为：由东部地区向中部地区和西部地区转移。民族八省区承接制造业产业转移的基本情况是：2004～2008 年，根据就业转移测度，民族八省区有 8 个行业转入，20 个行业转出。根据销售产值转移测度，民族地区有 18 个行业转入，10 个行业转出。2008～2013 年，根据就业转移测度，民族八省区有 20 个行业转入，8 个行业转出。根据销售产值转移测度，民族地区有 21 个行业转入，4 个行业转出。因此，2008 年以来，民族地区主要是制造业产业的转入地。

(5) 民族地区无论是国有控股企业还是非国有控股企业，企业数、销售产值和就业占全国比例 2004 年以来均呈现出上升的态势。这表明在产业转移过程中，国有控股企业和非国有控股企业均在向中西部和民族地区转移。

(6) 西部大开发战略的实施，极大地改进了民族地区与中部、东部地区联系的交通通信条件，降低了包括运输成本在内的区际的交易成本，加强了民族地区与全国和东中部地区的经济联系，全国的经济一体化程度得到了很大的提升。另外，伴随着民族地区与东中部地区经济联系的加强，全国经济一体化程度进一步提高：民族地区产业结构呈现出逆向调整(即去工业化，deindustrialization)的态势，突出表现为工业发展中，采掘工业与原材料工业等资源型工业比重大，高技术产业比重下降。

(7) 虽然民族地区产业承接的综合能力较低，但是民族地区可以利用自身的资源优势和相对比较特别的地缘优势，来发展特色产业，实现民族地区经济跨越式发展。我国东部地区，作为跨国公司向我国进行产业转移的主要地区，随着东部沿海产业集聚过度和经济发展水平的提高，逐渐出现了土地、原材料供应紧张和劳动力成本上涨的现象，东部沿海地区的一些产业已经失去了比较优势，为了保持东部的竞争优势，东部沿海也需要进行产业转移。民族地区合理地承接东部地区的产业转移能够促进西部的经济发展和增加就业，促进民族地区产业结构调整和升级，改善承接产业的环境，从而带动更多产业转移到西部，实现区域经济的协调和可持续发展。

(8) 民族地区产业结构调整要遵循以下原则：①正确处理政府、企业和市场的关系；②产业结构的调整要与所有制结构调整相结合；③产业结构调整要突出区域特色，形成区域竞争优势；④正确处理产业进入和退出的关系；⑤资源开发要以生态环境保护为前提。其基本思路是：为促进民族地区产业结构的升级，中央政府应在政策上给予支持，政策支持的中心在于在民族地区保持住制造业份额，为此可供选择的政策包括：鼓励国有资源型企业把企业总部迁移到民族地区，这将伴随资本和劳动向民族地区的流动，增加了民族地区的支出份额，从而增加民族地区制造业份额；大力加强民族地区内部基础设施的建设，理论与实践证明，旨在强化民族地区与东中部地区联系的区域间基础设施建设会加快产业向核心区的集聚，而区域内的基础设施建设，对于提高民族地区的支出份额是有益的；对民族地区企业实施投资补贴，对于延迟其去工业化和再工业化有重要作用。在此基础上，要从发展民族地区的教育、培育区域核心竞争力、扶植区域主导产业、改善企业治理、促进企业技术进步、发挥民族地区的中心城市的带动作用、加强地区间人才交流与合作、增强民族地区的市场潜力、降低空间交易成本、促进国内外市场的贸易联系与民族地区的沿边开放、减少民族地区的无效投资、继续实施对民族地区的资本与金融扶持政策等方面促进民族地区承接产业转移，达到产业结构调整与升级的目的。

1.4.4 民族地区空间结构优化与区域协调发展研究

优化空间结构是区域经济社会发展中的重大问题，新一轮西部大开发中应当关注民族地区经济社会发展中被长期忽视的空间因素。本章运用空间经济学和空间计量经济学相关理论和方法，研究在西部大开发新阶段如何优化民族地区空间结构，实现区域协调发展。首先，分析研究背景，空间结构与区域发展的研究进展、理论框架。其次，分析民族地区空间结构的现状、优化的总体思路，接着针对民族地区空间结构优化的几个重要方面，分别研究经济空间优化、社会空间优化、生态空间优化、文化空间优化，探讨性地提出空间优化战略，最后将落脚点放在实现空间优化与协调发展的政策建议。

第 5 章研究指出，民族地区空间结构呈现低水平核心边缘形态，具有非经济性，制约了经济社会发展，低密度、远距离与区域分割是造成其区域空间差距的主要原因，需要优化空间结构，以“集中均衡文明发展模式”构建包容性绿色空间结构，重塑民族地区经济地理格局。第 5 章提出：实施空间集中化战略，以产业集聚促进民族地区经济发展与经济空间优化，加快城镇化的进程，培育新的经济增长极，引导人口和经济活动向重点开发区域集聚，形成“一横一纵二核八区”的城镇化战略格局；实施基本公共服务均等化战略，促进社会空间优化；实施生态文明发展战略，以主体功能区规划为指导，关注问题区域的生态问题，实现生态空间优化；区域现代化进程中进行民族地区文化多样性保护、调适与发展，进行民族地区文化发展的空间整合，发展民族文化产业成为民族地区支柱产业。

1.4.5 民族自治地方经济发展的宪法保障研究

实现“人的全面发展”是推动民族自治地方经济发展的根本目的，而每一个现实的个人是否有能力实现其宪法赋予的公民权利，则是这一目的能否实现的根本前提。在现实社会中，公民权利实现的可行能力的获得取决于个人努力和学习与成长环境两个因素的共同作用。对有主观意愿和客观努力的人而言，由区域性的经济、文化和社会发展状况等诸多因素构成的学习与成长环境的好坏，决定了一个人通过学习过程培育和提升权利的可行能力的效果。而外部环境的塑造要受到来自政府和社会或市场两个方面的影响，公民的基本权利是否得到社会的尊重，政府对其权利的维护又是否有效，构成了公民权利能否实现以及权利实现的可行能力能否有效提升的决定性因素。因此，能否有效协调政府与市场的关系，充分发挥二者的积极功能，提高民族自治地方经济发展水平以及由此制约的文化和社会的发展程度，是决定公民权利实现能力大小的重要因素。

在资源状况、经济结构、市场环境与市场能力等因素既定的前提下，完善市场与政府权力运行的规则及其实施机制，充分发挥制度在经济发展中的作用，是营造良好的区域经济发展环境，将民族自治地方拥有的市场发展潜力大、自然资源丰富等比较优势转化为真正的经济和财政优势，进而推动其经济社会全面发展，提升公民权利实现的可行能力的关键。从总体上讲，当下制约民族自治地方经济发展的制度问题主要表现在两个方面：①统一的市场运行制度与传统的习俗制度之间的冲突和矛盾；②中央或上级政府与民族自治地方政府的职责和权力之间的界限模糊不清。为此，政府在研究和解决民族自治地方经济发展的制度变迁时，需要注意并重点解决以下几个方面的问题。

(1) 充分发挥各级政府尤其民族自治地方政府在制度变迁中的作用，以宪法规则为核心，通过不同层次的规则制定者在其职权范围内制定相应的规则，妥善处理正式规则与非正式规则、宪法规则与一般规则、上位阶规则与下位阶规则的关系，构建一个有利于经济发展的内在和谐一致的规则体系及相应的实施机制。①以政府提供的正式规则作为评价非正式规则的合理性与合法性的标准；非正式规则能否成为经济发展的制度构成要素，应接受正式规则的检验。②重视规则的逻辑结构对规则的可实施性的影响，从微观层面解决制度变迁的有效性。③为维护由不同层次的规则构成的规则体系的内在协调与一致，必须将一般性规则和政策置于宪法的约束之下，建立以宪法规则为依据的规则冲突解决机制。④注意规则的公正性对制度变迁的有效性的制约。一般性规则的公正性应接受宪法规则的检验；对为一般规则提供公正标准的宪法规则进行修改时，必须遵循协商民主和一致同意规则的要求。

(2) 中央和民族自治地方政府应改变以缩小区域间经济发展的总量差距作为经济发展和制度变迁的价值目标的传统观念，以保障公民的充分就业、收入改善和收入能力提升为重点，引导经济活动的安排和相应的制度变革。①确立适度的区域经济发展规模，妥善协调与处理政治民主、传统文化、教育发展等非经济因素与经济发展之间的相互制约，以及各民族自治地方内部的发展差距及环境与资源约束下的民生改善等相关问题。②制定在公有制之下有效保障公民就业的政策措施，在私有制之下保障公民就业稳定性的制度机制；建立与产值结构变化相协调的就业岗位供给制度、农民工真正退出农村的制度，缓解第一产业的就业负担。③建立解决自然环境恶劣、经济基础薄弱的农村地区农业规模化的相关制度；将生态问题作为经济发展的内生因素，使生活在限制开发或禁止开发区的民众能获得应有的经济收益；构建一个合理评价不同层级的劳动者的贡献大小、资本和劳动对物质生产的贡献大小的标准体系，保证分配的公平性；对国家政策和行业垂直管理造成的公民收入的过大差距，应确定一个合理标准，既能体现一定优惠，又不会引致行业之间或内部的过大差距。④改善劳动者参与社会组织决策形成与实施的权利保障，加强市场运行法制教育，加强教育质量建设，赋予和保障具有传统语言文字的少数民族成员自主选择教学语言的权利，而不是一体化地推行双语或民族语言教学，将环境治理和维护作为享受相关优惠政策的基本条件，加强公民的宪法意识与法律能力的培育，使其能够运用法律权利与程序维护其利益。

(3) 以加强宪法实施改革为核心，修改与完善宪法及其相关法，合理划分中央或上级政府与民族自治地方政府的权力界限，明确界定各级政府为推动民族自治地方经济发展应承担的责任，建立和完善宪法规则实施机制，将各级政府的职权行为纳入法制轨道。①在权力结构的完善方面，修改设置民族自治地方政府享有双重权力、行使自治权必须报经批准的宪法规则，慎重对待垂直管理体制改革可能对自治权造成的分割；完善民族自治地方行政或司法机关的双重领导或监督体制；妥善处理民族自治地方政府自治权与上级政府帮助职责的关系，由中央或上级政府行使最终的决策权，由地方行使决策的请求权和执行权，以维护中央或上级政府决策与民族自治地方需求的适应性。②在自治权的有效行使方面，以《中华人民共和国宪法》(简称《宪法》)和《中华人民共和国民族区域自治法》及其他相关法为依托，修改和完善界定自治权的规则，使其在微观结构上具有完整性、明确性，对其他法律中不符合宪法原则和规则要求的具体规定予以修改，减少规则之间的冲突。赋予民族自治地方政府启动立法解释、违宪审查和争议裁决的程序权利，消解其与上级政府发生争议时的被动困境。③在帮助职责的有效履行方面，修改《宪法》及其相关法界定特别措施的规则体系，明确帮助职责的合理限度，合理区分有关政府承担的具体职责，妥善解决上级政府严格按照规则要求履行职责的维护机制；改革和完善民族自治地方政府的公共决策机制，使民族自治地方政府在做出请求上级政府履行帮助职责和执行帮助政策的公共决策时，能够真正反映当地的发展特点和客观需要；改变以“历史补偿”或“现实补偿”作为支撑上级政府履行帮助职责的正当理由的现状，以尊重与保障生存权与发展权为依托，通过宪法规则与实施机制将接受帮助者与上级政府的权力行使限定在合理限度以内。

1.4.6　促进民族地区文化产业发展研究

第 7 章首先对西部大开发战略实施以来民族地区文化产业的发展进行了系统和全面的研究，然后以羌族地区和四川省甘孜藏族自治州(简称甘孜州)为例，对文化与经济、民族文化产业的发展进行了调查分析。研究认为，民族地区文化资源丰富，文化产业发展优势突出。西部大开发战略实施以来民族地区结合自己的文化资源、文化消费市场和文化产业发展的条件，加大了文化产业的投资，推动了文化产业的快速发展。现在，文化产业已成为民族地区具有比较优势的产业，正逐步成为国民经济的支柱性产业。但由于起步晚，民族地区文化产业规模还比较小，发展面临市场、人才、资本及体制等方面的约束，发展方式上主要还属于依靠文化产品的低端生产、低技术含量、低附加值的数量扩张的粗放式发展。第 7 章认为民族地区文化资源丰富，“立足资源搞开发”是其文化产业发展的基本模式和战略。据此提出：要促进民族文化产业由原始粗放型向规模化集约型转变，由数量扩张型向质量取胜型转变，由低附加值向高附加值转变，并提出了一系列加快民族地区文化产业发展的相关政策建议，主要有以下方面。

(1) 文化资源的开发与保护。民族地区在实施资源产业化时一定要处理好文化资源开发和保护的关系，选择恰当的发展方向和发展目标，在发展中保护，在保护中发展，走可持续发展的道路，形成开发、利用、保护的完整体系，防止“片面化的产业化”和“表面化的产业化”。具体而言，目前迫切需要做的是，加大对文化资源的清理，明确民族文化资源保护与开发的相应规划，从发展的角度，构建系统的民族文化资源评估指标，理清不同类型的民族文化资源，包括非物质文化遗产、自然遗产、生态遗产、历史文化街区、民族民间工艺等文化资源开发的准入和退出机制，为民族文化资源的保护与开发创造严肃的、具有法律效应的政策措施。

(2) 文化市场的培育与拓展。民族地区文化市场的培育与拓展必须以开放的视角，立足本土市场，充分利用区内外、国内外两种文化资源、两个市场，形成适应民族地区城乡经济社会与本土、外来文化消费需求的文化市场体系。一方面，发展地方经济，切实增加各族居民的收入，通过税收和补贴等手段鼓励和引导文化消费，提高城乡居民的文化消费倾向，扩大本地市场范围；另一方面，大力加强区域营销，积极开拓区外和国外市场。同时，在供给方面，应加快发展各类文化产品和要素市场。

(3)特色文化产业体系的构建。依托旅游产业，充分发挥资源优势，推动以民族文化产业为龙头的特色文化产业、传统文化产业、新兴文化产业快速协调发展，是民族地区文化产业的发展路径。近年来，许多民族地区依托旅游市场、旅游景区和中小民族文化创意城市，挖掘不同地区、不同民族的文化资源，培育中小创意城市、民族文化村镇、特色文化街区、特色民族文化消费市场，已成为民族地区文化产业发展的重要模式。今后，应继续完善这一发展模式，突出发展文化旅游业、民族民间演出业、民族民间工艺美术业、会展广告与民族节庆业，培育一批骨干文化企业，延长产业链，增强品牌意识，推动这些产业形成民族地区的特色文化产业群。

(4)文化产业金融支持体系的构建。必须切实加大金融业支持民族地区文化产业的力度，建立健全文化产业投融资体系，推动文化产业与金融业的对接。现有金融机构应大力创新和开发适合文化企业特点的信贷产品，探索适合文化产业项目的多种贷款模式，为民族地区文化产业的发展提供有效的信贷支持；支持民族地区组建多种形式的文化产业创业、风险投资基金，充分发挥文化产业投资基金的引导作用；充分利用多层次的资本市场，鼓励民族地区具备条件的文化企业上市融资和通过债券市场融资，吸引金融资本和其他社会资本进入文化产业；积极培育和发展民族地区文化产业保险市场，提高保险在文化产业中的覆盖面和渗透度，有效分散文化产业的项目运作风险；加强和改善对民族地区文化企业，特别是中小微文化企业的金融服务；积极开发民族地区文化消费信贷产品，不断满足文化产业多层次的消费信贷需求。

(5)文化产业人才的培养和引进。解决民族地区文化产业人才短缺的问题：①要大力发展文化艺术教育，完善人才培训机制；②要重视发现和培养扎根基层的乡土文化能人、民族民间文化传承人特别是非物质文化遗产项目代表性传承人，鼓励和扶持群众中涌现出的各类文化人才和文化活动积极分子，促进他们健康成长、发挥积极作用；③根据不同地区文化产业人才的特点、规律和需求，制定相应的人才引进和智力引进的措施和办法；④实施对口支援，通过发达地区和大城市的文化企业和机构，对口支援民族地区相应的文化企业和机构，形成互利共赢的机制。

(6)构建文化产业发展成果的共享机制。以政府为主导，以公共财政为支撑，以城乡基层为重点，加强公共文化基础设施建设，形成比较完备的覆盖城乡的公共文化设施网络。通过实施重大文化惠民工程，优先安排涉及群众切身利益的文化建设项目，扩大公共文化产品和服务的有效供给。对于文化产业发展而言，除了中心城市发展文化产业生产、复制、储存、分配外，民族地区文化产业发展有相当一部分要依托散布于乡村的文化资源，走社会化、小规模产业发展模式。

(7)推动文化产品和服务出口，实施“走出去”战略。①民族地区应深入挖掘民族文化资源，充分运用高新技术手段提升文化产品的表现形式和质量，开发国外受众易于接受的文化产品和服务，积极扩大文化产品和服务出口规模，推动开拓周边国家市场和国际市场。②根据民族地区文化产业的比较优势，培育一批具有国际竞争力的外向型文化企业和中介机构，形成一批有实力的文化跨国企业和著名品牌。③加强沿边文化市场的培育和建设，鼓励沿边地区发展跨境文化交流、搭建文化市场和文化服务平台。

1.4.7 新时期民族地区反贫困问题研究

由于区位条件、资源禀赋以及历史原因，民族地区历来是我国贫困减缓工作的重点和难点所在。从 1986 年国务院扶贫开发领导小组办公室成立以来，各项反贫困政策均将民族地区作为重点瞄准区域。随着扶贫政策、《国家八七扶贫攻坚计划(1994～2000 年)》、《中国农村扶贫开发纲要(2001～2010 年)》等政策的实施，民族地区贫困现象得到了极大缓解。但横向比较，民族地区贫困形势依然严峻：民族地区因灾因病返贫人口依然较多，返贫率较高；民族地区贫困深度和广度均高于同期全国整体水平；并且民族地区贫困人口自我发展能力不足，既往减贫成果对政策性扶贫、转移支付的倚重较大。在经济增长减贫效应趋于下降的背景下，民族地区有陷入慢性贫困和空间贫困陷阱的风险。如何实现民族地区可持续减贫，完成 2020 年全面建成小康社会奋斗目标，是民族地区在 21 世纪第二个十年面临的艰巨任务。因此，无论是基于保证人最基本权利的构建性目标，还是基于现实的工具性需要，都需要对民族地区的贫困问题给予更多关注，通过寻找和实施更有效的减贫政策措施，实现民族地区的全面彻底脱贫。

基于厘清民族地区贫困发展趋势及寻找有效减贫措施的目的，本书的主要内容包括四个方面：①对民族地区的贫困减缓的经济社会背景进行全面回顾；②对民族地区城乡贫困状况进行量化测度，并对贫困演化进程进行横纵向比较分析；③对民族地区特殊贫困现象进行理论和实证分析，包括贫困的空间集聚、慢性贫困与贫困代际传递和妇女贫困；④对民族地区反贫困政策进行系统回顾，并结合民族地区贫困现状和特殊表现从四个维度给出民族地区反贫困的政策建议。

在民族地区减贫历程的分析中，首先从民族地区经济发展、产业结构演变、贫困人口收入、各收入组的收入、消费差异等方面，对影响民族地区贫困减缓的经济背景进行描述；然后构建贫困测度指数，从贫困发生率、贫困距指数、平方贫困距等方面对民族地区贫困进行量化测度，并分阶段详细分析了贫困演化趋势和规律。

在民族地区贫困空间集聚的分析中，对中国贫困空间分布的总体趋势进行了判定，总体呈现出相对聚集，在民族地区贫困空间集聚现象明显；并对民族地区的四个主要空间集聚类型集中连片特困地区、人口较少民族地区、边境地区、牧区进行了各自的空间分布研究。贫困空间集聚的现象主要表现为：第一，从全国来看，贫困人口主要集聚在中西部地区，尤其是西部民族地区；第二，贫困人口空间集聚于扶贫开发重点县；第三，“十一五”期间，贫困人口空间分布上向民族地区集聚的趋势没有得到根本的扭转；第四，民族地区贫困呈现出空间贫困的特征，边缘化地理区位特征明显；第五，民族地区的贫困人口空间分布呈现出与国家重点生态功能区的高度耦合现象。

在对民族地区慢性贫困与贫困代际传递的研究中，针对我国民族地区的慢性贫困现象，结合贫困代际传递的突出现实，以民族地区典型田野调查为依托，借鉴国外慢性贫困研究的分析框架，对民族地区的慢性贫困问题进行分析。同时重点强调了贫困代际传递在慢性贫困家庭中的表现。结合本书对应课题组在大小凉山彝区的调研，对样本的村级贫困的决定因素和慢性贫困与贫困代际传递进行了相应的实证分析。

在进行民族地区妇女贫困的研究中，首先，从多维贫困的视角对民族地区妇女贫困现状进行了分析，当前民族地区妇女贫困主要体现在五个方面，包括：妇女的收入贫困、妇女参与社会发展的能力贫困、妇女地位的贫困、妇女生存健康的贫困和主体性缺失下的民族地区妇女贫困。其次，分析了民族地区妇女贫困的三个原因，包括：政府的反贫困行动对社会性别问题敏感度较低、政府实施的反贫困项目很难关注到女性的利益和愿望以及针对少数民族妇女的扶贫行动缺乏文化敏感性和适应性。最后，基于性别视角，从产业扶贫政策、小额信贷扶贫政策、劳动力转移培训政策等方面给出了民族地区妇女反贫困的政策建议。

在民族地区反贫困政策分析时，首先对民族地区五类特殊反贫困政策的实施情况和实施效果进行了分析。然后，基于反贫困战略转型的视角、摆脱空间贫困陷阱的视角、阻断贫困代际传递的视角、民族地区反贫困的社会性别视角等不同视角对民族地区反贫困政策设计进行了政策分析。

以下为主要的政策建议。①反贫困战略转型的视角：推进机制上由政策扶贫向制度扶贫转型；传递方式上由纵向扶贫向横向扶贫转型；扶贫目标上由扶持地区向扶持人口转型。②摆脱空间贫困陷阱的视角：立足国家主体功能区规划，创新和完善开发式扶贫；立足民族地区生态屏障和脆弱性现实，统筹优化贫困人口的空间分布；打破行政壁垒，做好少数民族集中连片特殊困难地区的扶贫攻坚；摆脱“扶贫陷阱”，对扶贫开发重点县进行动态管理。③阻断贫困代际传递的视角：实施“第二代”发展式扶贫政策；充分重视妇女在反贫困中的特殊作用，对民族地区女童教育实施“优先”发展计划；加强民族地区的卫生健康教育，实施学龄前儿童营养和健康干预计划。④民族地区反贫困的社会性别视角：努力将社会性别意识纳入少数民族地区的扶贫政策的制定与实施过程；将民族地区妇女发展改善状况纳入扶贫项目评估重要指标；提升少数民族妇女的反贫困政策的文化适应度；从社会性别角度论证和评估少数民族地区实行的反贫困项目；扶贫项目应该建立一套以性别为口径的统计指标和数据。

1.4.8 推动基本公共服务均等化供给，显著加快民族地区保障和改善民生进程研究

实现基本公共服务均等化供给是民族地区全面建成小康社会的关键。本章在对基本公共服务进行界定的基础上，首先对民族地区基本公共服务的供给进行总体分析和评估，然后分别就基本公共教育、基本医疗卫生进行了专题研究。相关主要结论有以下方面。

(1)对民族地区基本公共服务的评估表明，现阶段民族八省区基本公共服务的主要短板在于：①内蒙古自治区为居住环境、公共教育；②广西壮族自治区为公共文化、社会保险；③贵州省为基本社会服务、居住环境；④云南省为基本社会服务、居住环境；⑤西藏自治区为基本社会服务、居住环境；⑥青海省为居住环境、基本社会服务；⑦宁夏回族自治区为基本社会服务、居住环境；⑧新疆维吾尔自治区为基本社会服务、居住环境。

(2) 西部大开发已进入了一个新的阶段，新阶段的西部大开发以增强自我发展能力为主线，而教育的优先发展是增强自我发展能力的一个核心支柱。第 9 章对民族地区基础教育的发展及其存在的问题进行了深入的分析，并对四川省凉山彝族自治州的基础教育现状进行了专题调查。本书对应课题组得出的主要结论是：改革开放以来，民族地区基础教育实现了快速发展，取得了令人瞩目的教育成果，但依然存在很多挑战，与地区区域经济和社会发展的要求还不完全适应；与全国平均水平和发达地区平均水平相比，差距还很大。基础教育供给能力的不足，影响了民族地区自我发展能力的增强和经济社会的协调快速发展。因此，要实现民族地区的跨越式包容性绿色发展，必须切实确保基础教育的优先发展。①要进一步强化对基础教育的战略地位的认识，把党政一把手作为推进基础教育优先发展的第一责任人，把基础教育发展作为政府考核的重要的不可替代和具有否决权的指标，这样优先发展基础教育，才能做到规划优先、投入优先和资源配置优先。②切实增加教育投入，建成覆盖城乡的基本公共教育服务体系，逐步实现基本公共教育服务均等化，缩小城乡区域差距。③加强教师队伍建设，促进教师资源的合理优化配置。建立政府加大对民族地区师资队伍建设的财政投入力度，并设立相关专项补助基金，提高教师的工资和福利待遇，使之高于城市和同级公务员的工资和福利待遇，持续坚持艰苦工作津贴制度，设定农村教师工资稳定增长机制，使农村教师工资待遇比城市教师高出 25%左右；健全农村教师成长的成效激励机制，加大对教师素质培养的投入，提高教师学历层次，优化教师队伍结构，在职称评定和评优等锦标赛中给予优先考虑。通过提高薪酬和非薪酬激励水平，做到激励相容，这样才能让教师安心工作，扎根于民族地区，并持续吸引优秀人才到艰苦地区从事教育事业。④加快发展民族教育事业。⑤学校布局调整应充分考虑民族地区特殊的地理环境。⑥借鉴对口支援机制，全面实行对民族地区基础教育的对口援教机制。同时，加快互联网基础设施建设，大力发展远程教育，构建民族地区共享教育发达地区资源的可持续发展机制。

(3) 民族地区乡村医疗卫生服务是我国医疗卫生服务体系中的重要组成部分，是建设社会主义新农村的重要内容。第 9 章通过对现有卫生统计数据的对比分析，发现我国民族地区乡村医疗卫生服务在乡村卫生资源、基本医疗保障、基层医疗卫生服务等方面快速发展，政府卫生费用支出也不断增长。但与国内其他地区相比，民族地区乡村医疗卫生事业仍然存在基础设施差、卫生技术人员匮乏、卫生支出不足、新型农村合作医疗的逆向选择及卫生服务区域差异等问题。针对这些问题提出国家应继续加大扶持力度，加强卫生人员的培养，提高乡镇和村卫生室人员的补助，并全面推进新型农村合作医疗制度等相关政策建议。①要继续加大扶持力度，国家在卫生经费投入中坚持“民族地区倾斜政策”，建立专门的“民族地区乡村医疗卫生基金”；②要采取切实措施加强卫生人员的培养，建议保护民族乡村地区的“赤脚医生”，兴办民族地区的医学院校，实施好对民族乡村地区卫生人员的定向培养；③要提高乡镇和村卫生室人员的补助；④要全面推进新型农村合作医疗制度；⑤发展流动医院，同时加快互联网基础设施建设，大力发展网络医院，构建民族地区共享发达地区医疗卫生资源的可持续发展机制。

1.4.9 民族地区低碳经济发展模式研究

在全面建成小康社会的过程中，民族地区由于其特殊的地缘生态区位，生态保护与经济社会的协调发展极为重要。第 10 章从民族地区能源消费、碳排放与经济增长相关关系研究入手，对民族地区的碳排放变化的驱动因素、分解模型与实证研究进行了构建和验证，提出了民族地区低碳产业发展的基本思路和建立路径。

本书对碳排放、碳经济及碳驱动等基本概念进行梳理和分析，特别是对民族地区碳排放的特征进行探索性研究，认为民族地区各地和各产业的碳排放强度都呈现出下降的趋势，这个趋势总的来说较平稳。从碳排放驱动因素分析，人均 GDP 是碳排放增加的最大拉动因素，人口仅有微弱的拉动作用，能源强度对碳排放具有较强的抑制作用，产业结构对碳排放量具有一定的作用，但其作用方向尚不稳定。

本书通过对区域低碳经济发展战略经验的借鉴研究，提出新形势下加快民族地区低碳经济发展的战略重点，对于以民族地区低碳基地、低碳项目建设为突破口发展低碳工业的路径进行了论证分析，在明确低碳经济发展的战略定位与奋斗目标前提下，提出了民族地区相关省区低碳经济发展战略研究的基本框架。

本书对民族地区能源消费碳排放量、不同产业的碳排放量和碳排放强度进行估算，运用 LMDI 分解模型对民族地区碳排放驱动因素进行分析，对民族地区发展低碳经济面临的诸多新问题进行探讨，最后提出民族地区构建低碳经济发展体系的措施和对策。

第 10 章的主要结论与政策建议是：针对民族地区发展阶段和发展基础及资源禀赋的特殊性，决定了“发展是第一要务”。发展不足，发展水平低是目前民族地区面临的最主要问题，因此发展是解决民族地区各种问题，包括碳排放问题的关键和“总钥匙”。坚持“共同而有区别的责任原则”，给予民族地区适当的碳排放空间；在产业转移的背景下，要统筹安排民族地区碳减排与经济增长；要加大对民族地区发展低碳经济的政策扶持力度，实现低碳经济发展转型。

(1)民族地区要把发展放在第一位，在发展中减排。不同发展水平地区在减排中应遵循“共同而有区别的责任原则”，在碳排放指标的分配中应当给予民族地区适当的碳排放空间，支持民族地区适度发展具有资源、能源优势的清洁载能产业，促进民族地区资源优势转化为经济优势。

(2)建立有利于民族地区发展的公平的生态利益共享与责任分担机制和生态补偿机制。国家应利用碳汇林的概念，在对森林生态服务价值进行科学计量和评估的基础上，按照“开发者付费、受益者补偿、破坏者赔偿”的原则，在完善政府财政转移支付制度的同时，应逐步完善生态环境产权机制、交易机制、价格机制，发挥市场机制对生态环境资源供求的引导作用，建立公平、公开、公正的生态利益共享及相关责任分担机制，允许民族地区新增森林固碳容量置换地区碳排放指标。根据“开发者付费、受益者补偿、破坏者赔偿”的原则，从国家、区域、产业三个层面，通过财政转移支付、项目支持等措施，建立生态补偿机制。

(3)进一步优化民族地区能源生产和能源消费结构。内蒙古自治区、新疆维吾尔自治区适合发展风能；西藏自治区、内蒙古自治区、新疆维吾尔自治区适合发展太阳能；广西壮族自治区、云南省、贵州省则适合发展生物质能、水能，如“西电东送”工程。

(4)低碳经济发展的产业选择：建设低碳产业体系。在具有优势的矿产品的精深加工、农牧产品精深加工、水能资源有序开发、中医药业等产业，构造具有上、下游关系的合理的低碳产业价值链，扩大优势低碳产业的规模，使低碳产业所形成的价值得以在产业间不断传递和增值，发挥低碳产业的辐射和带动作用，实现民族地区经济发展和生态环境保护双重目标。

(5)大力发展低碳技术。东部发达地区要帮助和扶持民族地区改善能源经济效率，对民族地区实行对口技术援助，积极宣传和传授先进的节能办法和管理经验。同时，民族地区也应大力开展低碳技术创新。

(6)发展低碳金融，加大对民族地区低碳经济的金融支持。

1.5　推动民族地区经济社会全面发展的 22 条政策建议

本书各章均提出了与之相关的推动民族地区经济社会发展的政策建议，这一节把这些建议进行了归纳，大体上有 22 条。

建议 1：“十三五”规划编制要特别关注民族地区跨越式发展。党的十八大确定了我国在 2020 年全面建成小康社会的目标。全面建成小康社会，重点和难点在少数民族和民族地区。“十三五”时期是全面建成小康社会的最后一个规划期，尤其要加大对民族地区实现跨越式发展的支持力度。为了把支持民族地区跨越式发展落到实处，建议在制定“十三五”规划时，把支持民族地区实现跨越式发展单列一章，同时继续编制和实施其他专项规划。

建议 2：确保经济增长速度高于全国平均水平。民族地区面临赶超和发展转型双重发展任务。到 2020 年地区生产总值和城乡居民人均收入比 2010 年翻一番，与全国同步进入全面小康，到 2050 年要实现中华民族伟大复兴，必须要实现比全国平均水平高的经济增长速度。

建议 3：“新常态”为民族地区经济增长动力机制的转换提供了很好的机遇。民族地区的经济增长动力：从供给方看，从要素驱动、投资驱动转向效率驱动和投资驱动，有条件的地区推进创新驱动，现阶段主要通过提高要素生产率和资源利用效率实现经济的快速持续增长，从需求方看，在新常态下，除了继续加强公共基础设施建设外，重要的是激发民间投资的活力，转变政府职能，改善经济环境，降低交易成本是主要选择。

建议 4：必须持续加大对民族地区的发展援助力度。国家和东中部对民族地区的支援和帮助应更多地着眼于授之以“渔”，着力增强民族地区的自我发展能力。在中央政府的政策支持上，赋予民族地区优先发展的机会，完善和制定支持民族地区发展的政策体系，实行比东部地区更有力的政策倾斜，或者政策倾斜的力度至少要和东部地区一致。在资金援助上，除了关注对东部地区有利的资源开放型项目(如直接的资源开发和利于资源运输的跨区域通道建设)外，应更多地帮助民族地区发展有市场潜力和带动能力的项目，同时对资源型产品输出较多的地区实行相应的、有利于当地发展的税收政策。在对口支援政策上，一方面适当加大支持力度；另一方面在援助目标上要定位于提升民族地区的自我发展能力上，着力于扩大民族地区产品的市场范围；同时通过多方面努力，激励东中部企业的进入，帮助民族地区建立和完善市场经济体制和机制。

建议5：升级禀赋结构，把人力资本投资作为赶超和转型的最优先战略。通过高强度的人力投资，升级人力资本。在“十三五”时期，民族地区的教育投资要在稳定实现普及九年义务教育基础上，保证实现普及高中教育，特别是要重视教师队伍的建设，确保教师队伍的稳定和质量的稳定并有所提升，加强适应市场需求的职业技术教育，在提高劳动者平均素质的同时，重视劳动力的技能水平，把技能劳动力的比例提高到15%以上；特别重视留守儿童的教育问题。

建议6：升级禀赋结构，完善基础设施，升级社会先行资本。民族地区的交通建设既要打通对内对外联系的“大通道”，也要畅通与“大通道”联系的“静脉”“最后一公里”。社会先行资本升级除了交通基础设施建设外，与民生紧密相关的基础设施，如农村水利设施、医疗卫生设施等，也应放在重要位置。

建议7：通过全面深化改革，升级制度资本。贯彻好、落实好民族区域自治制度，充分发挥民族区域自治制度在民族地区发展中所体现的“自治红利”；执行好已有的与民族地区相关的发展的政策措施，因地制宜，分类指导，有针对性地出台新的政策，进一步提高政策的精细化水平；推动相关制度改革和建立，如十八届三中全会决议中提出的与资源相关的制度、生态补偿的制度。

建议8：为促进民族地区产业结构的升级，中央政府应在政策上给予支持。政策支持的中心在于在民族地区保持住制造业份额，为此可供选择的政策包括以下方面。①资源型产业升级：鼓励国有资源型企业把企业总部迁移到民族地区，在民族地区建立资源加工企业，这将伴随资本和劳动向民族地区的流动，增加了民族地区的支出份额，从而增加民族地区制造业份额。同时对民族地区企业实施投资补贴，对于延迟其去工业化和再工业化有重要作用。②产业链延伸：要延伸农牧业产业链，大力发展以农业资源为基础的加工工业；在资源型工业的发展中，特别注意资源型工业的深加工，加强与高校和科研单位的合作，建立工业园区、工业集中区，加快制造业的发展；要特别重视旅游资源开发和旅游业的发展，充分发挥旅游业的产业关联效应和乘数效应，提升产业集聚力。③潜在比较优势产业的发展：一个地区的比较优势不是静态的，而是动态的，目前具有比较优势的，不一定未来依然是比较优势；目前不具有比较优势的，经过禀赋结构升级，未来就会成为具有比较优势。例如，高技术产业，根据目前民族地区禀赋结构，确实不具有比较优势，但随着人力资本水平的提高和结构的改善，随着地方创新环境的优化，某些高技术产业在民族地区就具有发展的比较优势。因此，民族地区各级政府应该认真研究，找出自己具有潜在比较优势的产业，制定政策(组合)促进它们的发展。④依靠“互联网+”，促进产业结构转型升级。民族地区，特别是偏远山区、农村和交通困难地区，信息闭塞，对这些地区产品的市场扩大有严重的阻碍作用。加强互联网基础设施建设，依靠“互联网+”，扩大产品市场，对于产业结构转型升级，意义重大。

建议9：充分利用国际和国内的发展机遇，做好承接国际和国内产业的转移。特别是国内所实施的对口支援战略，为民族地区承接国内发达地区的产业转移提供了最好的平台，把对口支援和产业转移相结合，不仅促进民族地区禀赋结构的快速升级，更会促进其产业结构的升级。

建议10：坚持开放引领发展的原则，以推进“一带一路”建设为统领，实施更加积极主动的开放战略。整体提高开放的总体水平，构建陆海内外联动、东西南北四向开放的全方位开放新格局，把民族地区建设成为我国向西、向北、向南开放的重要基地和充满活力的沿边开发开放经济带。坚持对外开放与对内开放相结合、“走出去”与“引进来”相结合，完善沿边开发开放空间布局，将沿边地区建设成为人流、物流、资金流、信息流的汇集之地、畅通之地、兴旺之地。充分利用民族地区临边的独特区位优势和现有的合作基础，把中心地区建设成为我国沿边开放的高地。以跨境通道和口岸建设为重点，加快铁路、公路、航空、水运、管道交通基础设施建设，形成对接中亚、俄罗斯、南亚和东南亚，内联国内腹地的综合交通运输体系，建设功能配套、衔接紧密、快速便捷的国际大通道。加快对外贸易转型升级，建设自由贸易区，促进沿边地区对外贸易从边境小额贸易向综合性多元化贸易转变，实现一般贸易和加工贸易协调发展，货物贸易和服务贸易相互促进。最终，使一些沿边地区成为我国沿边的重要经济增长区域，为未来进一步打造沿边经济带打下坚实的基础。

建议11：按照集中均衡开发模式重塑民族地区空间经济格局。引导人口和经济活动向重点开发区域及区域性中心城镇集聚，而基本公共服务产品的供给大幅度向边远地区和贫困地区倾斜，显著增强民族地区基本公共服务产品供给能力，让各族人民享有基本均等的基本公共服务，共享经济社会发展成果。实施空间集中化战略，以产业集聚促进民族地区经济发展与经济空间优化，推进包容性绿色城镇化进程，培育新的经济增长极，引导人口和经济活动向重点开发区域集聚，形成“一横一纵二核八区”的城镇化战略格局；实施基本公共服务均等化战略，促进社会空间优化；实施生态文明发展战略，以主体功能区规划为指导，关注问题区域的生态问题，实现生态空间优化；区域现代化进程中进行民族地区文化多样性保护、调适与发展，进行民族地区文化发展的空间整合，发展民族文化产业成为民族地区支柱产业。

建议12：建立和完善适合民族地区的考核机制。民族地区基于其发展阶段和在全国的地位，决定了对这些地区地方政府的政绩考核，不宜把经济指标，特别是地区生产总值作为最重要的甚至唯一的考核指标，要综合考核经济发展、民生改善、生态服务功能的提升等。主要的建议是：①从地区生产总值到地区国民收入。地区生产总值是地理概念，强调在某个地区内的经济活动获得的增加值。而地区国民收入是一个经济概念，强调一个地区的居民从事的经济活动创造的经济价值，而不管是在哪个地区创造的。民族地区特别是其连片特困地区和农村地区，常住人口小于户籍人口，特别是劳动力人口在区域外从事经济活动，获得收入后，一部分汇回，另一部分在工作地消费等。而现在考核地区经济发展的最重要指标——地区生产总值，只计算区域内经济活动的价值，没有包括在区域外工作户口在这些区域的劳动者创造的收入。还有一个重要方面是，民族地区由于环境、技术和市场的限制，不能大规模发展工业，而选择在区域外的地区建立工业园，如阿坝藏族羌族自治州(简称阿坝州)在成都建立的“阿坝工业园”，如按地区生产总值核算，是不能算在阿坝州的经济总量中的。因此，建议启用地区国民收入作为一个区域经济总量的核算单位，其能够更全面和准确地核算一个地区居民所创造的价值，也可对地方政府产生激励作用。

②从长期看，从地区生产总值到生态系统生产总值(gross ecosystem production，GEP)。民族地区生态功能特别重要，在核算中，要充分考虑这些地区的生态服务价值。党的十八大明确提出要把资源、环境、生态纳入经济社会发展评价体系。因此从长远考虑，应建立一套与地区生产总值相对应的、能够衡量生态良好的统计与核算体系。由世界自然保护联盟(IUCN)提出的GEP，旨在建立一套与地区生产总值相对应的、能够衡量生态良好的统计与核算体系，主要指标是生态供给价值、生态调节价值、生态文化价值和生态支持价值。另外，尚需进一步研究的是如何构建包容性绿色发展核算体系。初步想法是设计一个广义地区生产总值指标，不仅包括经济活动，而且把贫困与环境的改善、不平等的下降折算成产值，计入地区生产总值中。

建议13：坚持两轮驱动，把整体推进和把握精准相结合、扶贫开发和农村最低生活保障制度相结合，实现贫困家庭和困难群众稳定脱贫。①反贫困战略转型的视角：推进机制上由政策扶贫向制度扶贫转型；传递方式上由纵向扶贫向横向扶贫转型；扶贫目标上由扶持地区向扶持人口转型。②摆脱空间贫困陷阱的视角：立足国家主体功能区规划，创新和完善开发式扶贫；立足民族地区生态屏障和脆弱性现实，统筹优化贫困人口的空间分布；打破行政壁垒，做好少数民族集中连片特殊困难地区的扶贫攻坚；摆脱“扶贫陷阱”，对扶贫开发重点县进行动态管理。③阻断贫困代际传递的视角：实施“第二代”发展式扶贫政策；充分重视妇女在反贫困中的特殊作用，对民族地区女童教育实施“优先”发展计划；加强民族地区的卫生健康教育，实施学龄前儿童营养和健康干预计划。④反贫困的社会性别视角：努力将社会性别意识纳入少数民族地区的扶贫政策的制定与实施过程；将民族地区妇女发展改善状况纳入扶贫项目评估重要指标；提升少数民族妇女的反贫困政策的文化适应度；从社会性别角度论证和评估少数民族地区实行的反贫困项目；扶贫项目应该建立一套以性别为口径的统计指标和数据。

建议14：紧扣民生抓发展，大力加强基本公共服务建设。必须进一步提高对基本公共服务战略地位的认识，做到规划优先、投入优先和资源配置优先，基本公共服务设施规划要结合居民空间分布实际进行合理布置，到2020年民族地区要总体实现基本公共服务均等化。

建议15：确保基础教育的优先发展。①把党政一把手作为推进基础教育优先发展的第一责任人，把基础教育发展作为政府考核的重要的不可替代和具有否决权的指标，这样优先发展基础教育，才能做到规划优先、投入优先和资源配置优先。②切实增加教育投入，形成以政府投入为主、多渠道筹措教育经费的机制，确保财政教育拨款增长高于财政经常性收入增长，确保按在校学生人数平均的教育费用逐年增长，确保教师工资和学生人均公用经费逐年增长，保证教育经费占地区生产总值的比例稳定在4%以上的水平。③加强教师队伍建设，促进教师资源的合理优化配置。政府应加大对师资队伍建设的财政投入力度，并设立相关专项补助基金，提高教师的工资和福利待遇，持续坚持艰苦工作津贴制度，设定农村教师工资稳定增长机制，使农村教师工资待遇比城市教师高出25%左右；健全农村教师成长的成效激励机制，加大对教师素质培养的投入，提高教师学历层次，优化教师队伍结构，在职称评定和评优等锦标赛中给予优先考虑。通过提高薪酬和非薪酬激励水平，做到激励相容，这样才能让教师安心工作，扎根于民族地区，并持续吸引优秀人才到艰苦地区从事教育事业。④建成覆盖城乡的基本公共教育服务体系，逐步实现基本公共教育服务均等化，缩小城乡区域差距。⑤加快发展民族教育事业。⑥借鉴对口支援机制，全面实行对民族地区基础教育的对口援教机制。同时加快互联网基础设施建设，大力发展远程教育，构建民族地区共享教育发达地区资源的可持续发展机制。

建议16：实施民族地区卫生发展十年行动计划，推进卫生事业发展。加强各级各类医疗卫生机构基础设施建设和基本设备配置，健全地(州、盟)、县(市)、乡(镇)、村四级医疗卫生服务体系，特别要加强基层医疗卫生机构医疗服务能力建设，逐步配齐专业技术人员，完善机构运行成本补偿机制；国家在卫生经费投入中坚持“民族地区倾斜政策”，建立专门的“民族地区乡村医疗卫生基金”；采取切实措施加强卫生人员的培养，建议保护民族乡村地区的“赤脚医生”，兴办民族地区的医学院校，实施好对民族乡村地区卫生人员的定向培养；要提高乡镇和村卫生室人员的补助；要全面推进新型农村合作医疗制度。发展流动医院，同时加快互联网基础设施建设，大力发展网络医院，构建民族地区共享发达地区医疗卫生资源的可持续发展机制。

建议17：坚持广覆盖、保基本、多层次、可持续的方针，构建和完善社会保障体系。以社会保险、社会救助、社会福利为基础，以基本养老、基本医疗、最低生活保障制度为重点，以慈善事业、商业保险为补充，建立覆盖城乡居民的社会保障体系；建立健全农村养老保险、医疗保险、最低生活保障等社会保障制度，推进城乡社会保障接轨并行，促进城乡公共服务便利共享。

建议18：实施积极的就业政策。把劳动者自主择业、市场调节就业与政府促进就业结合起来，多渠道推进城乡各类群体就业。大力发展劳动密集型产业、服务业、中小企业和个体私营经济，积极开发就业岗位，扩大就业规模，改善就业结构。完善就业扶持政策，建立健全面向所有困难群众的就业援助制度，营造有利于自主创业的社会环境。

建议19：“立足资源搞开发”是民族地区文化产业发展的基本模式和战略。应促进民族文化产业由原始粗放型向规模化集约型转变，由数量扩张型向质量取胜型转变，由低附加值向高附加值转变，实现民族文化资源的资本化和产业化，发展文化产业为民族地区支柱产业。同时，对民族地区多元文化进行空间整合，在集中连片的文化聚落中，需要明确少数民族文化聚落的核心保育区；加快精品文化聚落的建设，集中展现各少数民族文化的璀璨成果，推动少数民族文化的传播，促进外部世界更加便捷地认识民族文化特色，更加自觉地尊重少数民族文化；以交通、通信等基础设施带动少数民族文化走廊和文化产业带建设，加快形成民族文化品牌，积累人文旅游资源。

建议20：坚持“共同而有区别的责任原则”，在发展中减排。在碳排放指标的分配中应当给予民族地区适当的碳排放空间，支持民族地区适度发展具有资源、能源优势的清洁载能产业，促进民族地区资源优势转化为经济优势。

建议21：建立有利于民族地区发展的公平的生态利益共享与责任分担机制和生态补偿机制。国家应利用碳汇林的概念，在对森林生态服务价值进行科学计量和评估的基础上，按照“开发者付费、受益者补偿、破坏者赔偿”的原则，在完善政府财政转移支付制度的同时，应逐步完善生态环境产权机制、交易机制、价格机制，发挥市场机制对生态环境资源供求的引导作用，建立公平、公开、公正的生态利益共享及相关责任分担机制，允许民族地区新增森林固碳容量置换地区碳排放指标。根据开发者付费、受益者补偿、破坏者赔偿的原则，从国家、区域、产业三个层面，通过财政转移支付、项目支持等措施，建立生态补偿机制。

建议22：建设低碳产业体系。在具有优势的矿产品的精深加工、农牧产品精深加工、水能资源有序开发、中医药业等产业，构造具有上、下游关系的合理的低碳产业价值链，扩大优势低碳产业的规模，使低碳产业所形成的价值得以在产业间不断传递和增值，发挥低碳产业的辐射和带动作用，实现民族地区经济发展和生态环境保护双重目标。

第2章　民族地区包容性绿色发展研究*

在新时期，民族地区在全国的发展位要求其必须“后发赶超”和“发展转型”(没有民族地区的全面小康，就没有全国的全面小康)；民族地区在全球和全国的生态位，要求其必须加快生态文明建设，走可持续发展之路。因此，新时期，民族地区的发展必须转变发展模式，使发展的结构基础更加广泛、更加包容、更加平衡、更加可持续、更加安全，实现包容性的、平衡性的、可持续的和安全的发展，走包容性绿色发展之路。

本书从地缘政治、地缘经济、地缘文化和地缘生态等方面分析了民族地区在全国发展格局中所具有的特殊重要的战略地位。基于增长-不平等-贫困和增长-不平等-环境的理论分析，给出了包容性绿色发展的概念框架；对民族地区包容性绿色发展进行了评估；提出了民族地区走包容性绿色发展之路，实现全面小康的政策建议。主要结论有以下方面。

(1)要实现民族地区的跨越式发展，必须充分认识民族地区所具有的特殊重要的战略地位。从地缘政治关系看，在国际政治上，民族地区地处“亚欧大陆心脏地带”；在军事上，民族地区是中国最重要的国防安全的前沿阵地和军事战略纵深区，是中国国家安全的军事战略屏障区；在国内政治上，民族地区革命老区多，对中国革命做出了重要贡献；同时，民族地区民族构成复杂，内部发展差距明显，是中国社会和谐发展的关键区域。在地缘经济上，民族地区是中国重要的战略资源储备与保障区，同时也是中国贫困地区集中分布的地区，是中国反贫困的重点地区和难点地区，也是“丝绸之路经济带”的核心地区和重要依托，是中国对外开放新格局的前沿地带。在地缘文化上，民族地区地处欧亚大陆之间，历史上多种文化在此交流与融合，是多元文化的交汇区；是中国文化多样性最典型的区域，是中国原生态民族文化发源地和传承地。在地缘生态上，民族地区是中国最重要的生态平衡与保障区，是生物多样性的典型区域。

(2)无论是从全球角度看，还是从全国看，民族地区都处于欠发达状态。在新形势下民族地区的经济发展面临多重任务，主要的有：对发达经济的赶超；在赶超过程中实现经济发展方式的转型；扶贫对象大幅度减少；等等。从各地区全面小康社会建设进程看，民族地区是全面建成小康社会宏伟目标的难点地区，也是今后10年全面小康社会建设的重点地区。民族地区要全面建成小康社会宏伟目标，必须进一步加快以经济建设为中心的发展，实现新的跨越式发展。只有推动民族地区经济持续快速健康发展，才能筑牢后发赶超、发展转型和全面减贫的物质基础，才能构筑民族地区和国家繁荣富强、人民幸福安康、社会和谐稳定的物质基础。必须坚持发展是硬道理的战略思想，绝不能有丝毫动摇。

(3)包容性绿色发展要求既要有持续的经济增长，又要考虑机会公平，特别是穷人应从增长过程中获益和收入差距的缩小，还要保持环境质量的稳定并有所提升，因此一个综合

---

* 本章研究截止时间为2016年。

性的测度包容性绿色发展的指数要同时考虑到这几个方面。本书借助于类似科布-道格拉斯的函数形式，构造了包容性绿色发展指数(IGDI)。该指数反映了经济增长的收入效应、机会效应和环境效应。然后选取了相关的代理指标，计算了全国和民族地区的包容性绿色发展指数，以全国当年水平为基准，分析了民族地区经济增长的包容性和绿色程度；以全国2000年为基准，分析了全国和民族八省区经济增长包容性和绿色程度的变化。相关主要结论有以下方面。①进入21世纪以来，在中央政府及各地方政府的大力支持下，经过民族地区各级政府和各族人民的努力，民族地区生产总值实现了高速持续的增长，带来了城乡居民收入的快速增长，但是地区生产总值高速增长的效应并未全部体现在城乡居民收入的增长上。②从经济机会看，2000年以来，民族地区的教育、医疗卫生(健康)和道路交通、电力供应、通信设施等经济基础设施得到了重大改进，民族地区的经济机会迅速扩大。但与其他地区比较，涉及民生的教育、健康和相关的经济基础设施依然是制约这些地区发展的重要因素，进一步改进空间很大，特别是农村基础设施，如2014年村庄集中供水的行政村比例，全国为62.5%，其中内蒙古自治区为55.5%，广西壮族自治区为48.1%，贵州省为57.8%；供水普及率，全国为61.55%，内蒙古自治区为50.95%，广西壮族自治区为52.05%，贵州省为57.87%；燃气普及率，全国为20.58%，内蒙古自治区为4.68%，贵州省为1.89%，云南省为3.52%，青海省为1.68%，宁夏回族自治区为7.02%，新疆维吾尔自治区为1.80%。行政村对生活污水进行处理：全国为10%，内蒙古自治区为2.4%，广西壮族自治区为4.8%，贵州省为4.5%，云南省为5.7%，青海省为1.0%，宁夏回族自治区为1.2%，新疆维吾尔自治区为7.4%。还有农村道路普遍面临着路面硬化率低，通村道路普遍存在“最后一公里”现象。农村教育和农村医疗卫生还面临一些根本性的问题。③民族地区资源富集，资源开发成为推动最近十多年来经济高速增长的主要动力之一。但是资源开发利用效率低，各种污染物，特别是二氧化碳排放高。资源开发成为破坏环境的最主要因素。因此，在资源开发中，如何实现资源开发利益的共享、如何确保环境质量的稳定和提高，是民族地区发展中必须认真面对的问题，这不仅关系到民族地区的发展，更关系到全国的发展。

(4)民族地区要实现包容性绿色发展，需要持续扩大经济机会、使经济机会均等分布、提供最低经济福利和确保环境质量的提升。

第一，经济机会最大化：通过高速、有效以及可持续的经济增长最大限度地创造就业与发展机会。为此，必须实施禀赋结构升级战略，提升民族地区的禀赋结构；必须实施产业结构升级战略，鼓励国有资源型企业把企业总部迁移到民族地区，延伸产业链，提升产品附加值，寻找和发展具有潜在比较优势的产业，做好承接国际和国内产业的转移，把对口支援和产业转移相结合，构建基于开发银行和商业银行(尤其中小银行)的金融体系，为民族地区发展提供最优金融支持；走包容性绿色城镇化之路，按照集中均衡开发模式重塑民族地区经济地理格局。

第二，确保平等获得经济机会：通过高强度的人力投资，提升贫困人群获得经济机会的能力。必须更加重视民族地区教育、卫生健康等基础公共服务和经济基础设施的更全面、更惠及中低收入阶层和贫困人口的供给，把人力资本投资作为赶超和转型的最优先战略。始终把教育摆在优先发展的战略地位，把党政一把手作为推进教育优先发展的第一责任人，把教育发展作为政府考核的重要的不可替代和具有否决权的指标，这样优先发展教育，才能做到规划优先、投入优先和资源配置优先；实施民族地区卫生发展十年行动计划，推进卫生事业发展。

第三，确保最低经济福利：坚持广覆盖、保基本、多层次、可持续的方针，以社会保险、社会救助、社会福利为基础，以基本养老、基本医疗、最低生活保障制度为重点，以慈善事业、商业保险为补充，建立覆盖城乡居民的社会保障体系；建立健全农村养老保险、医疗保险、最低生活保障等社会保障制度，推进城乡社会保障接轨并行，促进城乡公共服务便利共享。实施积极的就业政策，把劳动者自主择业、市场调节就业与政府促进就业结合起来，多渠道推进城乡各类群体就业。大力发展劳动密集型产业、服务业、中小企业和个体私营经济，积极开发就业岗位，扩大就业规模，改善就业结构。完善就业扶持政策，建立健全面向所有困难群众的就业援助制度，营造有利于自主创业的社会环境。

第四，确保环境质量的稳定和提升：制定“绿色发展规划”，明确绿色发展的目标、步骤；根据“绿色发展规划”，制定、完善和修订相关政策，这些政策既要能够促进经济的快速持续增长，又要能够改善收入分配，增加穷人和低收入阶层的收入，同时抑制和抛弃资源和排放密集型的发展模式。此外，还要实施绿色工业化战略。

(5)作为全国宏观经济的重要组成部分的民族地区，其发展状态对全国经济社会发展具有决定性作用。要充分认识民族地区在全国重要的战略地位，并考虑民族地区发展的阶段和区情，持续加大对民族地区的援助和支持力度，实施发展促进型区域援助政策，要实现民族地区的跨越发展，政策力度必须达到和超过临界值。

2.1　民族地区在全国发展格局中的特殊战略地位

自 1999 年中央提出实施西部大开发战略以来，有关部门先后制定实施了一系列的规划和政策措施。在国家政策的有力支持下，民族地区各项工作稳步推进，经济社会发展成效显著。目前，西部大开发已进入新的发展阶段，民族地区经济社会也已进入加速发展阶段。在新阶段的西部大开发中，要更加注重民族地区的发展，积极支持民族地区实现跨越式发展。为此，必须弄清楚民族地区在全国发展中的战略定位，同时要充分认识民族地区在全国发展中的重要战略地位，这是实现民族地区跨越式发展的基本前提，也是制定民族地区发展战略的重要依据。

民族地区，地域辽阔。据统计，全国民族自治地方总面积约 611.73 万 km^2，占全国陆地面积的 63.72%；民族八省区陆地面积为 5645920km^2，占全国陆地面积的 58.74%①。从地理分布看，民族地区主要分布于我国西部地区，全国的 5 个自治区全在西部，30 个自治州中有 29 个属于西部，120 个自治县(旗)中西部有 83 个②。

民族地区地理位置重要，自然条件和人文环境复杂多样，生物多样性和文化多样性突

① 根据《中国区域经济统计年鉴 2014》数据计算。
② 财政部、国家税务总局、海关总署财税〔2001〕202 号文规定：西部地区包括重庆市、四川省、贵州省、云南省、西藏自治区、陕西省、甘肃省、宁夏回族自治区、青海省、新疆维吾尔自治区、新疆生产建设兵团、内蒙古自治区和广西壮族自治区(上述地区以下统称“西部地区”)。湖南省湘西土家族苗族自治州、湖北省恩施土家族苗族自治州、吉林省延边朝鲜族自治州，可以比照西部地区的税收优惠政策执行。

出，在政治上、经济上、文化上和生态上都具有极其重要的战略地位。这里地质类型多样，形成年代久远，成矿条件优良，蕴藏有丰富的矿产资源；地形复杂多变，地势西高东低呈阶梯状展布，是中国主要大江大河的发源地；人类文明历史源远流长，是元谋人、蓝田人等中华远古人类文明的发源地；民族类别多样，是中国众多少数民族的发源地和世居地，民族文化丰富多彩。多元文化和多种民族的交融使得民族地区成为中国社会发展类型最为多样，社会结构最为复杂的社会多元交错发展区域。与中国接壤的14个陆上邻国，接壤地区全为民族地区，因此中国与相邻国家存在陆界领土争端的地区全部是民族地区。因此，从区域特征来看，民族地区在整个中国的发展格局中具有极为重要的政治、经济、生态、民族、文化和社会发展战略意义。

2.1.1 民族地区的地缘政治地位

(1) 从国际地缘政治关系看，民族地区独特而优越的空间区位和地形地势，成为重要的战略高地，是中国最重要的国防安全的前沿阵地和军事战略纵深，为中国中、东部地区提供了重要的战略屏障和战略依托。西北民族地区位置突出，阿尔泰山脉、内蒙古高原拱卫于北部边境，喀喇昆仑山脉、帕米尔高原屹立于西部边境，是所谓“亚欧大陆心脏地带”(哈·麦金德，1985) 的一部分；西南民族地区，世界最高高原青藏高原、云贵高原矗立其间，喜马拉雅山脉、横断山脉横亘于西南边境。

(2) 民族地区地处中国陆地边疆的国防要冲地区，地缘战略位置非常重要。我国陆地国界线从东北的鸭绿江起，北至黑龙江省、内蒙古自治区，西经甘肃省、新疆维吾尔自治区，西南至西藏自治区、云南省，南抵广西壮族自治区，全长22000多km，与15个国家为邻。其中，民族地区陆地国界线占90%以上，有邻国14个。在55个少数民族中，有30多个民族聚居于陆地边疆地区，其中近30个民族跨界而居，形成跨界民族。如蒙古族、哈萨克族、苗族、哈尼族、布依族等都跨国界而居。仅云南省就有13个跨界民族。沿边居住的各少数民族，自古就是环绕在中华版图周围维护祖国统一和领土完整的坚固长城。历史上，聚居于中国陆地边疆地区各族人民，为维护祖国的尊严和领土完整做出过可歌可泣的、无法替代的特殊贡献。边境线长、地理位置的多边关系、跨界民族多及国际政治局势的复杂多变决定了民族地区在国家总体国防战略中的重点地位。特别是中国北部和西部地缘政治态势的演化及中国周边面临的复杂态势，加上多年来国内外敌对势力一直利用民族和宗教问题对我国进行颠覆和分裂活动，不能不使我们在西部大开发战略实践中更多地关注国防建设的现实需要和长远意义(赵曦，2010)。

(3) 民族地区的革命老区。民族地区也是革命老区分布较多的地区。例如，内蒙古自治区全区有25个老区旗县区；广西壮族自治区老区涉及84个县市区；贵州省有19个老区县；云南省有5个县属革命老区，都是少数民族聚居的边远贫困山区；宁夏回族自治区有6个老区县；甘肃省有7个老区县；新疆维吾尔自治区的革命老区系指新疆维吾尔自治区三区，包括伊犁、塔城和阿勒泰3个地区[①]。位于民族地区的革命老区有这样一些特点：

① 中国革命老区，[2016-01-20]，http://dangshi.people.com.cn/GB/151935/164962。

①老区大都处于几省(自治区、直辖市)的接合部。例如，川滇黔边区革命根据地地处云贵川三省八县接合部，系云贵高原向四川盆地过渡边沿。又如，滇桂黔边区革命根据地位于两国三省区交界地，南与越南交界，东与广西壮族自治区接壤，北连贵州省。②革命老区大都是少数民族聚居区。如川滇桂黔边区革命根据地内居住着彝、苗、回、白、壮、傈僳等 10 个少数民族。滇黔桂边区革命根据地境内居住着壮、瑶、苗、彝、回、蒙古、仡佬等民族。③老区都是贫困地区。一些民族地区的老区，长期以来一直处于交通相对闭塞、文化相对落后、生产力水平相对低下、人民生活水平相对贫困的状况。革命老区为中华民族独立和解放事业做出了巨大贡献。但由于多方面原因，一些革命老区经济发展滞后。而老区建设对全国经济建设、社会事业、国防建设都具有重要的意义。

2.1.2　民族地区的地缘经济地位

民族地区在地缘经济上的重要性首先是关系到国家的资源安全。从资源安全角度看，民族地区是中国重要的战略资源储备与保障区。

资源是一个国家综合国力的重要组成部分。资源经济学认为，资源安全是资源供给与需求相互均衡的状态。资源安全既要保障资源稳定地供给又要足量地满足资源需求，它是资源供给与需求相互作用的结果。从供给方看，在特定的时间和技术经济水平条件下，如果资源开发不能保障国家或地区生存与发展的供应，就会导致资源供给不安全；同样地，从需求方看，如果国民经济和社会发展对资源使用与消耗的需求，出现了不稳定状态或者对人类的生存与发展构成一定的损害，就会导致资源需求不安全。国家资源安全是国家安全的重要组成部分。所谓国家资源安全，是指一个国家因其经济社会发展所需要的自然资源不能获得持续、稳定、及时、足量的供给而受到的威胁状态，它通常用国家自然资源保障程度、稳定性和均衡性来表示(成升魁等，2003)。

中国既是发展中国家，又是资源生产与消费大国。从资源供给的空间分布看，各类资源的空间分布不均衡，民族地区由于独特的地质地理条件，蕴藏有丰富的矿产资源、水能资源和生物资源，是中国重要的战略资源储备与保障区。据统计，民族自治地方总面积 611.73 万 km^2，占全国的 63.72%；牧区、半农半牧区草原面积 30000 万 hm^2，占全国的 75%；森林面积 5648 万 hm^2，占全国的 42.2%；森林蓄积量 52.49 亿 m^3，占全国的 51.8%；水力资源蕴藏量 4.46 亿 kW，占全国的 66%[①]。图 2.1 绘出了中国耕地资源、水资源、森林资源、湿地资源、矿产资源和水能资源在东部地区、中部地区、西部地区和东北地区的地理分布情况，可以看出西部地区在全国资源地理格局中的重要地位。在西部地区中，自然资源又主要分布于民族八省区(图 2.2)。例如，民族八省区耕地资源占全国的 23.44%，占西部地区的 62.29%；可开发水能资源占全国的 59.55%，占西部地区的 69.42%。

① 根据《中国统计年鉴 2015》数据计算。

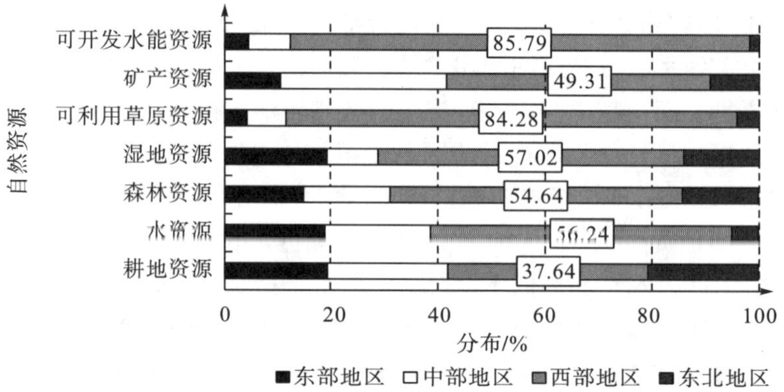

图 2.1 中国自然资源的地理分布情况

资料来源：作者根据《中国统计年鉴》（2015 年）（光盘版）、《中国地理图集》和《中国区域经济：数量分析与对比研究》相关数据计算绘制。

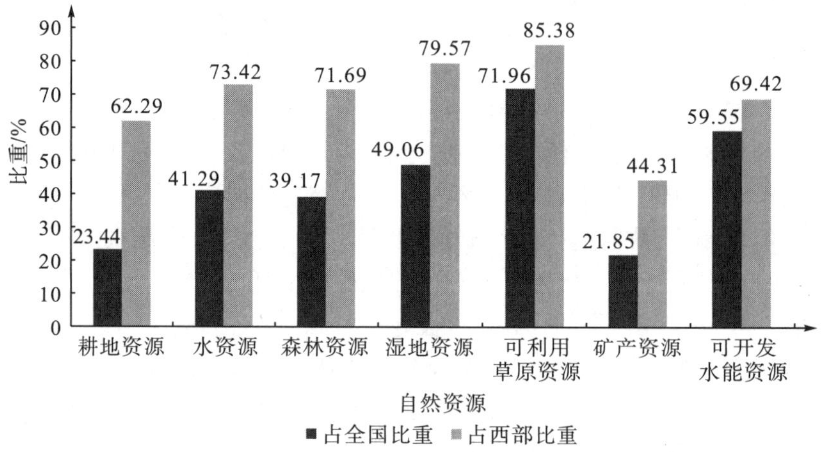

图 2.2 民族八省区自然资源

资料来源：同图 2.1。

在各种矿产资源中，民族地区由于独特的地质历史和成矿条件，是中国主要能矿资源的储备地。表 2.1 给出了 2014 年中国主要能矿资源的分布情况，如民族八省区石油储量占全国的 22.43%，天然气储量占全国的 39.60%，煤炭储量占全国的 35.56%，锰矿储量占全国的 70.90%，铬矿储量占全国的 65.25%，等。蒙晋陕三角地区、攀西-六盘水地区、黄河上游地区（兰西金银地区）、乌江干流地区、红水河流域、澜沧江-怒江-金沙江三江地区、格尔木地区、新疆维吾尔自治区三大盆地地区、西藏自治区一江两河地区等地区是民族地区主要的能矿富集地区，蕴藏着极其丰富的能矿资源。有许多地区，如西藏自治区、横断山区、滇西北“三江并流”区，由于通达性、生态环境以及现有技术条件的限制，现有开发程度还较低，更多地区还处于未开发阶段。在世界传统能源供应日趋紧张、中国能矿资源对外依存度逐年增大的大背景下，这些地区丰富的资源赋存将是整个中国未来发展的重要战略资源储备库。因此，此类地区可定位于中国长远发展的重要战略资源储备库，尤其是其能矿资源应以储备为主，开发为辅。

表 2.1 2014 年中国主要能矿资源分布（%）

能矿资源类型	东部地区	中部地区	西部地区	民族八省区	东北地区	海域	合计
石油	19.11	1.87	39.72	22.43	23.07	16.24	100
天然气	1.98	0.31	85.04	39.60	4.39	8.29	100
煤炭	5.90	46.01	43.95	35.56	4.14	0	100
铁矿	22.33	16.77	33.57	17.03	27.33	0	100
锰矿	1	12.09	80.43	70.90	6.48	0	100
铬矿	1.11		98.89	65.25		0	100
钒矿	2.06	4.95	92.99	19.16		0	100
原生钛铁矿	4.95	4.88	90.17	0.23		0	100
铜矿	6.84	36.03	51.45	43.14	5.68	0	100
铅矿	12.22	10.47	75.37	62.76	1.94	0	100
锌矿	10.62	5.68	81.43	65.37	2.28	0	100
铝土矿	0.19	30.75	69.06	62.49		0	100
菱镁矿	14.47		0.22	0.05	85.32	0	100
硫铁矿	14.41	30.86	53.22	23.69	1.51	0	100
磷矿	6.7	30.13	60.53	45.04	2.64	0	100
高岭土	23.6	9.62	65.8	62.34	0.98	0	100

资料来源：作者根据《中国统计年鉴》(2015 年)(光盘版)表 8-5、表 8-6 相关数据计算得到。

上面描述的是已探明的储量，实际上民族地区还是中国主要能矿资源的理论蕴藏地，随着地质勘探技术的发展，预计中国能矿资源新增储量将主要分布于民族地区和海域。

随着中国经济的快速增长，能矿资源对外依存度逐年加大，能矿资源的安全供给越来越成为影响中国经济稳定发展的最重要的潜在因素。在国际局势风云变幻、领土领海主权争端众多、能源通道面临多重威胁的国际国内政治格局下，能否保障能矿资源安全供给将在很大程度上影响中国崛起和国家统一的大局，而民族地区丰富的能矿资源储备在关键时刻不容置疑地将承担起保障国家能矿资源安全供给的功能。

除了常规资源外，民族地区还蕴藏着极为丰富的太阳能、风能、地热能等新(低碳)能源资源。据对全国 31 个省区市的可再生能源资源潜力、开发利用等情况的定量分析和排序，太阳能资源丰富的地区有内蒙古自治区、新疆维吾尔自治区、甘肃省、西藏自治区、青海省等；风能资源比较丰富的地区有新疆维吾尔自治区、内蒙古自治区、福建省、黑龙江省、广东省和浙江省等；小水电资源比较丰富的地区有四川省、贵州省、云南省、广东省、湖南省等。由此可见，民族地区低碳资源潜力巨大，是中国低碳能源的主要储藏地区。

民族地区在地缘经济上的另一个重要方面是贫困。民族地区贫困面大，贫困程度深，返贫率高，扶贫难度大，一直是中国贫困人口、贫困地区集中分布的地区。虽然西部大开发战略实施以来，民族地区的扶贫取得了显著的进展。但由于民族地区大部分处于自然环境恶劣、基础设施落后、社会发育程度较低的地区，少数民族地区的贫困状况依然非常严峻。在全国 592 个国家扶贫开发工作重点县中，西部地区有 375 个，占 63.3%。根据国家民族事务委员会发布的 2015 年民族自治地方农村贫困监测结果，按年人均收入 2300 元(2010 年不变价)的国家农村扶贫标准测算，2015 年民族八省区农村贫困人口为 1813 万人，比 2014 年减少 392 万人。民族八省区农村贫困人口占全国的比重为 32.5%，比 2014 年(31.4%)略有增加，高 1.1 个百分点。民族八省区减贫率为 17.8%，全国同期减贫率为 20.6%，民族八省区减贫速度慢于全国。民族八省区农村贫困人口占乡村人口的比重，即贫困发生率为 12.1%，比全国(5.7%)高 6.4 个百分点(图 2.3)。按照新的贫困标准，2010～2015 年，民族八省区农村贫困人口占同期全国农村贫困人口的比重分别为 38.5%、32%、31.5%、31.1%、31.4%、32.5%，可以看出，2010～2015 年民族八省区贫困人口占全国贫困人口的比重呈降低的趋势。

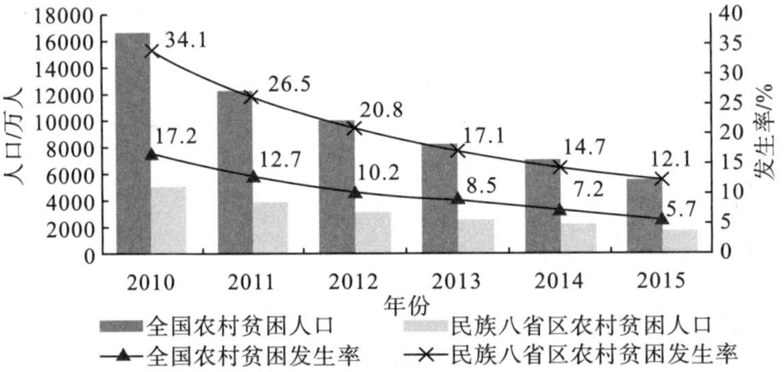

图 2.3　2010～2015 年民族八省区和全国农村减贫情况(见彩图版)

资料来源：国家民族事务委员会网站。

全国共划分了 11 个集中连片特殊困难地区，加上实施特殊扶持政策的西藏自治区、四省藏族聚居区、新疆维吾尔自治区南疆三地州，共 14 个片区，是我国“十三五”时期扶贫攻坚的主战场，其中有 11 个片区全部或部分位于民族八省区。因此，“打好扶贫攻坚战，民族地区是主战场”。民族地区的贫困，既有因地理不利形成的成片的“空间贫困”，同时在一些地区也存在插花式贫困。要把精准扶贫与区域开发有机地结合起来。要创新思路和机制，把整体推进与精准到户结合起来，加快推进集中连片特殊困难地区区域发展与扶贫攻坚，提高扶贫效能。

民族地区是中国对外开放新格局的前沿地带。民族地区地处我国沿边地带，相邻众多国家，国界线两侧位置接近，彼此经济结构、技术结构和资源结构存在着明显的互补性，同时又有因民族关系、宗教信仰心理而形成的历史联系渠道。在和平与发展的大趋势下，边界的接触功能大，在中国积极构建新型开放格局的情势下，民族地区是向西开放的前沿地带，是推动西部地区与周边国家全面合作的核心地区。

沿边地区是我国陆路开放的前沿和国家安全的重要屏障。加快沿边地区开发开放，对于形成全方位开放新格局、促进区域协调发展、构建和谐稳定边疆，具有重大战略意义。党的十八届三中全会强调，加快沿边开放步伐；2013 年 9 月 7 日，中国国家主席习近平在哈萨克斯坦纳扎尔巴耶夫大学做重要演讲，提出共同建设“丝绸之路经济带”；2013 年 10 月 3 日，中国国家主席习近平在印度尼西亚国会发表重要演讲时强调中国愿同东盟国家共建 21 世纪“海上丝绸之路”；2013 年 11 月 12 日中国共产党第十八届三中全会通过的《中共中央关于全面深化改革若干重大问题的决定》提出，加快同周边国家和区域基础设施互联互通建设，推进丝绸之路经济带、海上丝绸之路建设，形成全方位开放新格局。2013 年 12 月，国务院出台了《关于加快沿边地区开发开放的若干意见》。2014 年 7 月，国务院又印发了《沿边地区开发开放规划(2014—2020 年)》，对进一步提升沿边地区开发开放水平、促进沿边地区经济社会持续健康发展和长治久安，做出了全面规划和部署。民族地区是建设丝绸之路经济带的核心地区和重要依托(表 2.2)，丝绸之路经济带的建设为民族地区的跨越式发展提供了前所未有的发展机遇，“丝绸之路经济带”的发展将改变民族地区传统意义的内陆封闭型区位条件，使之成为我国向西向南开放的重要枢纽和桥梁，甚至可能改变民族地区传统的经济发展模式。同时，丝绸之路经济带发展将促进民族地区内部的经济交流，也将加强民族地区各省区与东部发达地区沿陆路和海路的经济往来。民族地区应充分利用这一发展机遇，主动充分地参与到丝绸之路经济带建设中，全面提升对外开放水平，加快沿边开放特区建设，以实现互联互通为重点，通过政府主导、企业主体，互利互惠，推动要素、资本、商品、能源的合作交流，逐步形成区域大开放、大合作格局。

表 2.2　丝绸之路经济带与民族地区

丝绸之路经济带		相关民族地区	拟议中的经济圈或走廊
陆上“丝绸之路经济带”	北方草原丝绸之路经济带	内蒙古自治区、东北少数民族地区	东北国际经济合作圈；中俄经济走廊、中蒙经济合作带、鸭绿江中朝经济合作带
	中部陆上丝绸之路经济带	宁夏回族自治区、青海省、新疆维吾尔自治区及甘肃省	西北国际经济合作圈；中国-中亚经济走廊、中-巴经济走廊
	南方陆上丝绸之路经济带	贵州省、云南省、西藏自治区及四川省少数民族地区	西南国际经济合作圈；孟中印缅经济走廊、环喜马拉雅经济合作带
海上丝绸之路		广西壮族自治区	泛北部湾经济圈发展

2.1.3　民族地区的地缘文化地位

文化(culture)这个词的含义相当广泛，根据英国人类学家爱德华·B. 泰勒(E. B. Tylor，1832～1917)的说法，“文化或文明，就其广泛的民族学的意义来说，是包括全部的知识、信仰、艺术、道德、法律、风俗以及作为社会成员的人所掌握和接受的任何其他才能和习惯的复合体”。因此，文化的内容十分广泛，大体上可将其分为三类：物质文化、制度文化和精神文化。①物质文化是指人们的物质生产及其产品的总和，如饮食文化、服饰文化、建筑文化、交通文化等。②制度文化是指解决个人与他人、个体与群体之间的各种关系而制定的各种规范、准则、法律等。具体如政治制度、经济制度、法律制度、军事制度等。③精神文化是指人们在社会实践中所形成的文化，具体包括价值观念、思维方式、道德情操、审美趣味、宗教情感、民族性格等。

中国地域辽阔，地理环境复杂多样，民族文化多姿多彩，中国民族文化的多元性主要表现在：多元的语言和文字；多元的宗教信仰；多元的艺术形式；多元的民族科技。少数民族聚居的民族地区，在地缘文化上，是中国文化多样性的传承与创新区。

(1)在宏观层面，民族地区地处欧亚大陆之间，历史上阿拉伯文化、地中海文化、南亚文化、东方文化在此交流与融合，是伊斯兰文化、汉文化和佛教文化三大文化的交汇区(玛丽-弗朗索瓦·杜兰等，2007)。

(2)民族地区是我国文化多样性最典型的区域。在2005年10月第33届联合国教科文组织大会上通过的《保护和促进文化表现形式多样性公约》中，“文化多样性”被定义为各群体和社会借以表现其文化的多种不同形式。这些表现形式在他们内部及其间传承。文化多样性不仅体现在人类文化遗产通过丰富多彩的文化表现形式来表达、弘扬和传承的多种方式，也体现在借助各种方式和技术进行的艺术创造、生产、传播、销售和消费的多种方式。文化多样性是人类社会的基本特征，也是人类文明进步的重要动力①。

民族地区，是中国原生态民族文化发源地和传承地，其民族文化的保护和发展对于中国民族文化的多样性有着极为重要的战略意义。在千百年的历史发展中，各个民族都形成了属于自己的特有文化形态和文化个性，如藏族的藏文化、云南省丽江纳西族的东巴文化、云南省大理白族的南诏大理文化、彝族的虎文化以及傣族的贝叶文化、千顷池文化等民族地域文化，尤其是一些人口较少民族如怒族、德昂族、基诺族、门巴族等民族文化更是中国多元文化瑰宝的重要组成部分，这种特有的文化形态和文化个性已经成为民族亲和力和凝聚力的重要源泉，它既是一个民族的历史遗产，又是其前进发展的动力。因此，民族地区是中国多种原生态民族文化的发源地与传承区。王恩涌等编著的《中国文化地理》把全国划分为7个文化区、24个文化亚区，涉及少数民族文化的有内蒙古文化亚区、八桂文化亚区、宁夏文化亚区、新疆维吾尔自治区文化亚区、黔贵文化亚区、滇云文化亚区和藏文化亚区等7个文化亚区(王恩涌等，2008)。在各文化(亚)区内部，由于民族起源、民族传承各异又形成了更具特色的多元地域文化类型。如云南省就是15个特有世居民族的聚居地，各民族在其历史发展过程中形成了独具民族特色的文化类型，如纳西族的东巴文化、傣族的贝叶文化、哈尼族的哀牢文化等。各地域文化与民族文化既相互交融又保持其相对的独立性，因而成为中国文化多样性的传承与创新区域。

对待文化多样性的正确态度应是：既要认同本民族文化，又要尊重其他民族文化，相互借鉴，求同存异，尊重世界文化多样性，共同促进人类文明繁荣进步。其原因则是：尊重文化多样性是发展本民族文化的内在要求；尊重文化多样性是实现世界文化繁荣的必然要求。对待文化多样性应遵循的原则是：各民族文化一律平等。

各个民族的文化是在与其他民族文化不断趋同和趋异的过程中发展的。但是，今天在经济全球化的背景下，世界文化多样性和各民族的文化遗产受到前所未有的严峻挑战，尊重多元文化，保护文化多样性已成为世界大多数国家的共识。联合国教科文组织于2001年通过的《世界文化多样性宣言》指出，“文化多样性是交流、革新和创作的源泉，对人类来讲就像生物多样性对维持生物平衡那样必不可少。从这个意义上讲，文化多样性是人类

① 《保护和促进文化表现形式多样性公约》(2006年12月29日第十届全国人民代表大会常务委员会第二十五次会议通过)，http://baike.baidu.com/view/2712004.htm。

的共同遗产，应当从当代人和子孙后代的利益考虑予以承认和肯定”[①]，呼吁世界各国像保护生物多样性一样保护文化多样性。实际上，从人类学的角度考察，生物多样性与文化多样性两者之间在很大程度上紧密相关、相辅相成。随着人类科学技术的发展，人类在地球生命圈的作用越来越具有能动性，防止人类能动性的误用，自然成了确保地球生物物种并存延续的关键。而防止误用的手段只有一种，那就是维护民族文化的多元并存，维护民族文化多元化传承，就是维护民族认同、民族特性、民族情感和民族团结。因此，少数民族地区的发展应高度重视其民族文化的保护与发展，最主要的是保护各民族的宗教信仰、风俗习惯、文学艺术、工艺技术等。大力开发与发展地域特色产业、民族医药产业、民族文化产业等民族特色产业，以民族特色产业的发展促进民族文化的保护与发展，逐步发展成为富有多元民族特色的民族文化区，促进整个中华文化的多样性与繁荣发展，真正把少数民族文化多样性的保护与传承放在民族地区发展战略的重要位置。

2.1.4　民族地区的地缘生态地位

从地缘生态角度分析，民族地区是中国最重要的生态平衡与保障区。

(1)首先，民族地区地处一、二、三级阶梯地形的交汇地带，位于湿润-半湿润-半干旱-干旱气候的过渡区域，位居江河发源地区或国际性河流上游地区，长江、黄河、珠江、黑龙江、雅鲁藏布江等中国的主要河流以及额尔齐斯河、印度河、恒河、伊洛瓦底江等中亚、南亚、东南亚等地区的国际性河流均发源于此。从这个角度来说，民族地区不仅是中国重要的生态平衡和生态保障区，也事关亚洲部分地区的生态平衡与生态保障。

(2)民族地区大多地处“生态环境脆弱带”，如少数民族集中分布的云贵高原、青藏高原、内蒙古高原等，它们或者是地势台阶的交汇区，或者是干湿交替带或者地处沙漠边缘，总之这里是两种或两种以上的物质体系、能量体系、结构体系、功能体系之间所形成的“界面”，以及围绕该界面向外延伸的“过渡带”，具有生态上的脆弱性，稳定性差，抗干扰的能力弱，可以恢复原状的机会小(郑长德，2009c)。西部大开发战略实施以来，国家投入了大量的资金用于西部地区的生态建设，取得了一定的成绩，但生态系统面临的严峻形势没有得到根本改变，有的地方甚至反而有恶化加剧的兆头，生物多样性锐减，自然灾害不断加剧，生态系统呈现由“结构性破坏”到“功能性紊乱演变”的发展态势。特别是，在全球气候变暖的背景下，民族地区气温波动性增高和部分地区降雨减少，在某种程度上加剧了生态退化的进程，不过人为破坏依然是主要原因。例如，粗放型经济增长方式与有限生态环境承载能力之间的矛盾；人口增长及对生态环境质量要求不断提高与生态环境日渐恶化之间的矛盾；生态环境退化与自然资源短缺导致的局部与全局、眼前与长远利益之间的矛盾；对自然生态环境的脆弱性、复杂性认识滞后与经济开发利用的迫切性之间的矛盾；国家对生态环境保护监管水平要求越来越高与实际监管能力严重滞后之间的矛盾(赵曦，2010)。

(3)从主体功能区角度看，《全国主体功能区规划》和各地区主体功能区规划基于不

---

① 联合国教科文组织《世界文化多样性宣言》，联合国教科文组织 2001 年 11 月 2 日第二十次全体会议根据第Ⅳ委员会的报告通过的决议。

同区域的资源环境承载能力、现有开发强度和未来发展潜力，以是否适宜或如何进行大规模高强度工业化、城镇化开发为基准，把国土空间划分为优化开发区域、重点开发区域、限制开发区域和禁止开发区域。如表 2.3 所示，民族地区主体功能区中没有优化开发区域，而且重点开发区域（包括国家层面和省域层面）面积小，而限制开发区域和禁止开发区域面积大。其中，国家层面的限制开发区域中的重点生态功能区共 25 个，其中西部 12 省（自治区、直辖市）就有 23 个，占了 92%，绝大多数属于民族地区①。根据规划，国家重点生态功能区是保障国家生态安全的重要区域，是人与自然和谐相处的示范区。而且，如滇、黔、桂等喀斯特石漠化防治区，川滇干热河谷生态功能区，甘南黄河重要水源补给生态功能区，四川省若尔盖高原湿地生态功能区，藏西北羌塘高原荒漠生态功能区等生态脆弱与国家生态保障区域，同时是贫困人口集中分布的地区。此类贫困地区生态环境脆弱、经济发展的资源环境承载能力不强、大规模集聚经济和人口条件不够好并关系到全国或较大区域范围的生态安全。因此，此类贫困地区发展的功能定位是要坚持保护优先、适度开发、点状发展，因地制宜发展资源环境可承载的特色产业，加强生态修复和环境保护，引导超载人口逐步有序转移，逐步成为全国或区域性的重要生态功能区。

表 2.3　民族地区的主体功能区

地区	重点开发区		限制开发区域（农产品主产区）		限制开发区域（重点生态功能区）		禁止开发区域	
	面积/万 km^2	占比/%	面积/万 km^2	占比/%	面积/万 km^2	占比/%	面积/万 km^2	占比/%
内蒙古自治区	15.69	13.1	19.33	16.14	84.75	70.76	18.57	15.27
广西壮族自治区	6.83	28.8	9.61	40.5	7.29	30.7	6.29	26.6
贵州省	4.39	24.93	8.33	47.26	4.90	27.81	1.79	10.15
云南省	8.57	21.8	15.9	40.3	14.93	37.9	7.68	19.5
西藏自治区	6.04	5.02	32.91	27.38	81.24	67.58	44.66	37.15
青海省	7.3	10.18	0.34	0.48	41.05	57.22	23.04	32.11
宁夏回族自治区	1.03	15.4	1.19	17.9	3.81	57.3	0.62	9.3
新疆维吾尔自治区	6.91	4.15	41.43	24.89	118.15	70.97	23.37	14.03

资料来源：作者根据各地区主体功能区规划计算整理，规划中有部分重复计算，占比之和不一定等于 100%，下同。

依据《全国主体功能区规划》，民族地区除了限制开发区外，还有大量的各级各类自然保护区，属于禁止开发区域。其自然保护区面积占全国自然保护区面积的 68.76%，国家级自然保护区面积占全国国家级自然保护区面积的 79.73%（表 2.4）。自然保护区是生物

① 《全国主体功能区规划》（2010-12-21），http://www.gov.cn/zwgk/2011-06/08/content_1879180.htm。

多样性地区[①]，必须实行强制性保护，控制人为因素对自然生态的干扰，严禁不符合主体功能定位的开发活动。

表 2.4　民族八省区自然保护区统计表(截至 2014 年底)

地区	自然保护区/个		自然保护区面积/万 ha	
	合计	国家级	合计	国家级
全国	2729	428	14699.2	9651.6
内蒙古自治区	182	29	1264.3	428.4
广西壮族自治区	77	22	142.1	38.9
贵州省	124	8	89.0	24.4
云南省	157	20	283.2	150.3
西藏自治区	47	9	4136.9	3715.3
青海省	11	7	2166.5	2073.4
宁夏回族自治区	14	9	53.3	46
新疆维吾尔自治区	31	11	1971.2	1218.9
民族八省区合计	643	115	10106.6	7695.5
民族八省区占全国比重/%	23.56	26.87	68.76	79.73

资料来源：《中国统计年鉴》(2015 年)(光盘版)表 8-29。

可见，包括限制开发区域和禁止开发区域在内，民族地区保护脆弱生态环境，使之成为全国或区域重要生态功能区的任务十分艰巨。

2.1.5　小结

国家实施西部大开发战略已经走过了 20 多个年头。10 多年来，西部经济在快速增长的同时，西部大开发战略也站到了新的历史起点。考虑西部地区是中国少数民族和民族地区集中分布的地区，新形势下深入实施西部大开发战略，必须积极支持民族地区实现跨越式发展。要实现民族地区的跨越式发展，必须充分认识民族地区所具有的特殊重要的战略地位。根据本书的分析，民族地区在整个中国的发展中所具有的地缘战略位置体现在以下方面。

(1) 从地缘政治关系看，在国际政治上，民族地区地接“亚欧大陆心脏地带”；在军事上，民族地区是中国最重要的国防安全的前沿阵地和军事战略纵深，是中国国家安全的军事战略屏障区；在国内政治上，民族地区革命老区多，对中国革命做出了重要贡献；同时，民族地区民族构成复杂，内部发展差距明显，是中国社会和谐发展的关键区域。

(2) 在地缘经济上，民族地区是中国重要的战略资源储备与保障区，同时也是中国贫困人口和贫困地区集中分布的地区，是中国反贫困的重点地区和难点地区，也是中国对外

① 生物多样性(biodiversity)是指一定范围内多种多样活的有机体(动物、植物、微生物)有规律地结合构成稳定的生态综合体。这种多样性包括物种多样性、遗传多样性及生态系统多样性。其中，物种的多样性是生物多样性的关键，它既体现了生物之间及环境之间的复杂关系，又体现了生物资源的丰富性。

开放新格局的前沿地带。

(3) 在地缘文化上，民族地区地处欧亚大陆之间，历史上多种文化在此交流与融合，是多元文化的交汇区；是中国文化多样性最典型的区域，是中国原生态民族文化的发源地和传承地。

(4) 在地缘生态上，民族地区是中国最重要的生态平衡与保障区，是生物多样性的典型区域。

民族地区这样的区位关系，既要求加快发展，而且要跨越式发展，发展的速度和结构变迁与发展质量提升的速度要快于全国平均水平，这样到 2020 年才能实现与全国的同步全面小康；同时，在发展中要处理好经济增长—环境质量稳定—贫困减缓的关系，实现经济—社会—环境的可持续发展，走包容性绿色发展之路。

2.2 包容性绿色发展的含义、测度和分析框架

2.2.1 引言

包容性绿色发展是通向可持续发展之路。包容性绿色发展理念的提出是基于这样的背景：在过去几十年，一些发展中经济体实现了快速增长，使数以千万计的人口摆脱了贫困，实现了收入的快速提高；但与此同时，这种高速的增长也产生了一系列的问题，最主要的是收入差距扩大和环境退化严重。

(1) 经济增长与不平等的扩大。世界银行增长与发展委员会(2008)的《增长报告：持续增长和包容性发展的战略》称，1950 年以来，有 13 个经济体在 25 年或更长时间内年均经济增长率达到或超过 7%。近 20 年来，亚洲发展中国家在经济增长方面也取得了令人瞩目的成绩。据统计，1990～2005 年，以 2000 年不变价格计算的人均 GDP 从 424 美元增加到了 1030 美元，平均每年以 6%的速度增长。其中，中国的增长速度尤为显著，平均每年达到了 9%(世界银行增长与发展委员会，2008)。经济增长导致了贫困人口的大幅度下降。根据亚洲开发银行的一份报告，以平均每人每天 1 美元的国际贫困线计算，亚洲发展中国家的全部贫困人口从 1990 年的 9.5 亿下降到了 2005 年的 6 亿；如果以平均每人每天 2 美元计算，贫困人口则由 1990 年的 20.5 亿减少到了 2005 年的 17.4 亿。

另一方面，许多经济体内部，不同阶层、不同地区、城乡间居民收入和福利水平的差距在不断恶化，很多经济体的基尼系数达到或者超过了所谓的临界水平。无论从全球看，还是从各地区和国家看，经济增长的成果并没有被绝大多数人(特别是穷人)分享，国家间和国家内的不平等在上升，如图 2.4 所示，全世界范围内收入不平等现象加剧的国家的数量令人吃惊。在亚洲发展中国家，用基尼系数测定的不平等，除了少数几个受亚洲金融危机冲击的国家(印度尼西亚、马来西亚、泰国)和蒙古外，其余国家在 1990～1995 年的收入不平等程度都提高了(表 2.5)。特别是用人口中平均消费最高的阶层与最低阶层的差衡量的绝对差距在上升，1999～2005 年人口中最富的阶层与最穷的阶层的支出增长比率：中国是 2.1，印度是 2.3，斯里兰卡是 6.9，孟加拉国是 4.8。

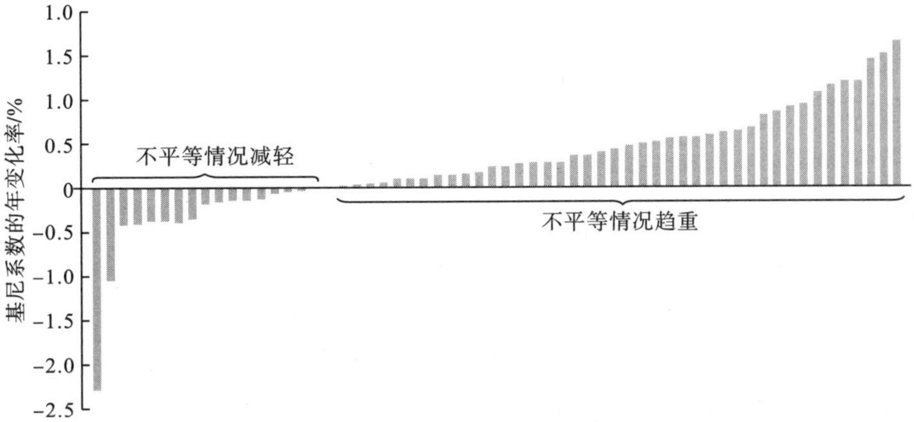

图 2.4　基尼系数年变化率

资料来源：The Growth Report：Strategies for Sustained Growth and Inclusive Development。

表 2.5　亚洲发展中国家收入/支出不平等变化趋势(基尼系数)(%)

经济体	期初	基尼系数	期末	基尼系数
孟加拉国	1991	28.3	2005	34.1
柬埔寨	1993	31.8	2004	40.7
中国	1993	40.7	2004	45.5
印度	1993	32.9	2004	36.2
印度尼西亚	1993	34.4	2002	34.3
老挝	1992	30.4	2002	34.7
马来西亚	1993	41.2	2004	40.3
蒙古	1995	33.2	2002	32.8
尼泊尔	1995	37.7	2003	47.3
巴基斯坦	1992	30.3	2004	31.2
菲律宾	1994	42.9	2003	44.0
斯里兰卡	1995	34.4	2002	40.2
泰国	1992	46.2	2002	42.0
越南	1993	34.9	2004	37.1

资料来源：“Ifzal Ali and Juzhong Zhuang，Inclusive Growth toward a Prosperous Asia: Policy Implications”。

除了收入差距的扩大外，非收入方面的差距也在扩大，这主要表现在享受基础教育、基本医疗卫生服务以及其他基本社会服务等方面。重要的还在于收入和非收入不平等的上升是和机会利用的不平等相联系的。亚洲开发银行的报告显示，在亚洲发展中国家的劳动力市场上，经济的高速增长并没有带来就业的相应增长；相反，近年来就业增长率一直很低；而且在过去几十年里，城市劳动力市场上顶层和底层劳动力的真实工资差距，无论在相对意义上还是绝对意义上，都有很大的扩大；同时真实工资的城乡差距也在扩大；在生产率水平和工资水平都很低的非正规部门就业人数上升或持续走高；历史上与规范的合同和工作安全相关联的正规部门，就业的性质正在朝向非正规部门变化。这些研究表明市场、制度和政策失灵限制了对机会的利用。

如果上升的不平等趋势继续下去而得不到抑制，会产生严重的不良经济和社会效益。如改革会受阻并停顿下来，结果增长率下降、不平等会更高，消除绝对贫困的任务就难以完成，到2020年还有很多人口处于极端贫困水平。对亚洲发展中国家的情景分析表明，如果人均GDP保持2002～2006年的年均增长水平，且保持中性分配（各阶层的人均GDP的增长率相等），亚洲发展中国家的极端贫困比例将从2005年的18.0%下降到2020年的2.3%，极端贫困人口从60400万下降到9200万。然而，如果增长率降低，比如说只有2002～2006年年均增长率的40%，且分配利于富人（人口中最富的40%，其消费增长高于平均水平5个百分点），则到2020年极端贫困发生率只降到9.9%，极端贫困人口的总数是39100万（表2.6）。如果按每人每天2美元的贫困线，即使是中性分配，按目前增长率，到2020年贫困只下降到25.7%，在低增长率假设下，只下降到36.8%。如果分配是利于富人的，收入不平等程度要提高，在现有增长率下，贫困只下降到29.3%，如果增长率低，就只下降到39.8%[①]。

表2.6　亚洲发展中国家贫困的变化趋势（每人每天1美元）

经济体	1990年贫困率/%	2005年贫困率/%	2020年贫困率					
			基准增长率			低增长率		
			益贫式分配/%	中性分配/%	益富式分配/%	益贫式分配/%	中性分配/%	益富式分配/%
东亚	32.5	7.1	0	0	0	0	0	0
南亚	42.4	31.9	4.2	4.8	9.8	11.2	12.7	19.6
东南亚	23.8	7.2	0.3	0.6	2.3	1.0	1.2	5.2
整个地区	34.6	18.0	2.0	2.3	4.9	5.3	6.1	9.9
贫困人口（100万）	945	604	78	92	195	211	240	391

资料来源："Ifzal Ali and Juzhong Zhuang，Inclusive Growth toward a Prosperous Asia: Policy Implications"。

此外，穷人与富人间收入和消费的绝对差距拉大会触发社会和政治紧张关系，在极端情况下，这些紧张关系有可能导致社会冲突，威胁社会和政治稳定，乃至国家的分裂。

上面的分析表明，目前许多国家，特别是发展中国家进入了一个新的社会、政治和经济发展阶段。一方面，为了追赶发达国家，各国必须保持在高增长轨道上；另一方面，发展议程必须扩大到不仅包括消除绝对贫困，而且要改善最大多数人口的生活水平，尤其是那些因机会不平等上升而处于劣势的贫困人口的生活水平。这就要求分配是中性的或者是益贫的。

（2）经济增长与环境退化。过去几十年有些地区的经济增长是以牺牲环境为代价的。由于各种市场失灵、政策失灵和制度失灵，地球上的自然资本以经济上无效率和浪费的方

① Ifzal Ali and Juzhong Zhuang，[2016-01-20]. Inclusive Growth toward a Prosperous Asia: Policy Implications，www.adb.org/economics。

式被利用，没有有效考虑资源开发的真实社会成本，对其他形式的财富投资不足。结果，近几十年来，环境问题在不同层次上都在恶化。在最宏观层面(全球角度)看，二氧化碳排放所导致的气候暖化，已经和正在引起一系列环境问题，如海平面上升、极端天气频发等；在区域和地方层面上，恶性环境污染事件频发。环境污染带来的福利水平下降抵消了经济增长所带来的福利水平提高。以中国为例，据原环境保护部环境规划院统计，2010 年绿色国民经济核算(绿色 GDP)结果显示，2010 年，全国生态环境退化成本达到 15389.5 亿元，占 GDP 的比重为 3.5%左右。其中，环境退化成本 11032.8 亿元，占 GDP 比重为 2.51%，比 2009 年增加 1322.6 亿元，增长了 13.7%；生态破坏损失(森林、湿地、草地和矿产开发)4417 亿元，占 GDP 比重为 1.01%。2010 年环境退化成本增速超过了 GDP 增速，前者为 13.7%，后者则为 10.4%①。

(3)经济增长与安全、就业。过去的高速增长对就业的吸纳非常有限，可以说是无就业的增长(jobless growth)；而且，虽然有增长所得，但到 2010 年，边远地区和山区尚有许多人口没有用上电，没有医疗卫生，缺乏安全清洁的饮用水，这些人群被排斥在增长之外。此外，过去的高速增长，安全程度低，各种安全事故不停地发生。

在这样的背景下，世界银行和一些国际组织的学者根据大量的调查和对传统发展理论的反思，先后提出了“广泛基础的增长”(broad-based growth)、“益贫式增长”(pro-poor growth)、包容性增长(inclusive growth，IG)和包容性绿色发展(inclusive green growth)。世界银行 2006 年发展报告的主题就是“公平与发展”(equity and development)，提出广泛分享经济和政治机会对经济增长和发展具有至关重要的作用。世界银行增长与发展委员会的《增长报告》，主题就是可持续增长和包容性发展的战略。“广泛基础的增长”的定义是不清晰的，只是被宽泛地理解为增长的劳动密集度(the labor-intensity of growth)、增长的区域及分配效应(the regional and distributional effects of growth)或增长的部门模式(the sectoral pattern of growth)；益贫式增长考虑了增长对减贫的作用，关注的是穷人的收入增长，而不考虑收入分配的变化；包容性增长内容很丰富，大体上包括了四个方面的意义：①可持续的和公平的增长(sustainable and equitable growth)；②社会包容(social inclusion)；③赋予权能(empowerment)；④安全(security)。但“广泛基础的增长”“益贫式增长”“包容性增长”都没有特别关注增长对环境的影响及环境对增长的作用。包容性绿色发展理念是对包容性增长理念的发展，涵盖的内容除了包容性增长外，更加关注环境保护和自然资源的有效利用。

2.2.2 机会均等与经济发展

(1)机会的不平等与结果的不平等。长期以来，人们对经济发展主要采取的是一种功利主义的态度，表现在经济发展的测度上，用人均收入测度一个国家的经济发展水平，用人均收入增长率测度经济发展速度。实际上，人均收入及其增长仅仅是经济发展的一个方面，经济发展还包括经济资源(如财富、预期寿命、受教育水平及生产力等)的分配。因此，

① 《2010 年中国生态环境成本达 1.5 万亿》，《21 世纪经济报道》，2013 年 1 月 15 日。

对经济发展的测度既要考虑人均收入及其增长这种技术层面的指标，更要考虑经济资源分配的公平程度及社会福利。

Roemer(2006)提出经济发展就是机会的均等化，认为经济发展应被看成是经济体实施有效和公正的经济资源的分配的程度。他把经济资源分配的不平等的原因划分为两类：①超出了个人的控制能力、不能由个人负责的；②由个人控制和负责任的。个人背景和所处的环境属于第一类，包括家庭财富与权势、社会关系、宗教信仰、肤色、性别、所处的地理环境、所工作的行业等诸多因素。由这些因素造成的收入差距反映的大多是机会的不平等，是社会不公的表现，它们通常是由制度、市场与政策的不完善与失灵所造成，必须通过公共政策手段来加以处置。个人的努力与勤奋程度(efforts)属于第二类，这是由个人选择决定的，由个人努力和勤奋程度的不同所造成的收入差距反映的则是市场机制的酬勤罚懒，是良好的激励机制起作用的表现。这样的激励机制鼓励创业与创新，是促进经济增长所必不可少的。这样，个人在社会中所处的生态位或者取得的成就水平可以看成是环境、努力及政策的函数，令u代表成就水平，可以想象成是收入水平或其他能够反映成就的指标，c是环境向量，e是个人的努力或者选择向量，φ是政策变量($\varphi\in\Phi$，Φ是政策空间)，因此有：

$$u=u(c,e,\varphi)$$

给定c和φ，u是e的增函数，即$\partial u/\partial e>0$，而且$\dfrac{\partial^2 u}{\partial e\partial c}>0$。

假设u就是个人的生产能力或者收入，其分配的不平等取决于环境和政策及努力程度。给定环境和政策，u的分配的不平等完全由个人的努力决定，这样的不平等被认为是“好的”不平等，或者称之为机会平等。换言之，机会均等是一种状态，其中个人成就的不同唯一地归因于努力，而非环境和政策。相反，如果给定努力，u的分配的不平等完全归因于环境和政策，这样的不平等是“坏的”不平等，这就是机会不平等。

如在前文所阐明的，包容性增长理念的提出与不断上升的收入差距密切相关。导致收入差距及其变化的原因很多，且不同的国家有不同的国情。基于对机会均等的认识。World Bank(2006a)区分了“机会的不平等”和“结果的不平等”，“从平等的角度看，机会的分配要比结果的分配更为重要”。机会(包括就业机会、受教育的机会、接受基本医疗服务的机会等)的不平等通常是由个人背景或所处环境不同所造成的，反映的是社会的不公，它最终会造成结果的不平等；而结果(如收入)的不平等，除了一部分反映机会的不平等，还有一部分反映的是个人努力和勤奋程度的差异。假设公共政策能够成功地把机会不平等完全排除，那么结果不平等反映的完全是个人努力与勤奋程度的差异，这样的结果不平等是任何国家都不可避免的。正如World Bank(2006b)报告所指出的，“虽然更公平的竞争环境往往可以缩小学习成绩、健康状况和收入方面的结果不平等，但政策的目标并不在于保证结果平等。相反，即使有真正的机会平等，由于喜好、天赋、努力和运气的不同，结果总是存在一些差别”。

因此，u的分配的不平等可能部分归因于环境与政策，部分归因于努力。至于有多大的不平等归因于机会不平等，有多大的不平等归因于努力，2006 年世界发展报告的计算表明，发展中国家的收入分配中的总的不平等，15%～30%是由机会不平等引起的。

Roemer (2006) 对中国的地区收入差距的计算表明，机会不平等的贡献率是 35.6%。所以重要的是要缩小机会不平等，或者说使机会均等化。

考虑一个人口为 P 的经济体，可以根据某些环境特征进行分类，如父辈受教育程度、民族、居住地(城市还是农村)等，称环境向量为类型，记类型为 $t=1,2,\cdots,T$ 。$u^t(e,\varphi)$ 是给定政策 φ ，类型为 t 的个人当选择努力向量 e 时的平均成就水平。为简单起见，假设成就水平就是收入。如果人们面临的政策是 $\varphi\in\Phi$，继而就有每种类型的努力的分布，记努力的概率分布的分布函数为 $G_{\varphi}^{t}(\cdot)$ ，为了使属于不同类型的人的努力程度进行比较，可以用个人在其分布 G_{φ}^{t} 中的排位测度其努力程度。这样当政策是 φ ，个人在其类型中的努力分布的排位为 π^{th} (注：th 为排序)，其收入的平均值为

$$v^t(\pi,\varphi)=u^t\left[(G_{\varphi}^{t})^{-1}(\pi),\varphi\right]$$

因此，给定 π ，属于不同类的人的收入的差异不是由于努力，而是由于环境。所以，政策的目标应是尽可能消除由环境的差异引起的不平等，即实现机会均等化。为此，要特别关注的是那些努力程度相差不大，但因环境因素而使其处于低收入水平，即选择政策，实现 $\max\limits_{\varphi\in\Phi}\min\limits_{t\in T}v^t(\pi,\varphi)$ ，即机会均等化应寻求使处于社会最底层的人的平均收入水平最大。

(2) 机会均等与经济发展。从机会均等的角度看，经济发展的测度应该反映一个社会达到利益的合意分布的程度，这种合意性要同时考虑效率和公平。而目前用于测度经济发展的最普遍的指标是人均 GDP，是基于功利主义伦理观，人均 GDP 把社会福利水平看成是人口中效用的平均，而效用被认为是与收入成比例。

实际上，如何修正人均 GDP 测度经济发展所表现出的偏差，有很多学者和研究机构做出了许多努力，其中最有代表性的是人类发展指数(human development index，HDI)。人类发展指数不是某种利益按人口平均，因此不是功利主义的。人类发展指数是三种利益按人口平均的凸组合，这 3 个指标是人均收入(消费)、文化程度和预期寿命。不过这些测度经济发展的替代指标没有一个对环境与努力的区别敏感。它们只是一个经济体运行的结果主义指标。然而，机会均等观集中于环境和努力的差异，因此要计算和评估经济体发展的合意性，不仅需要结果的数据，而且需要每个人类型的知识。功利主义关注的是结果的不平等，而机会平等观关注由环境引起的不平等的程度。不平等的来源很重要，只考虑结果的不平等，忽略了不平等的来源。考虑到这点，Roemer (2006) 提出用社会中处于最不利环境的人的平均收入及其增长率作为测度经济发展的指标，定义为

$$\hat{W}^{\text{EO}}=W^{\text{EO}}(\varphi^*)$$

式中，φ^* 为政策现状。

(3) 公平与发展。通常认为公平与效率是相互竞争的目标，要获得公平，必须牺牲效率。一方面，通过再分配税收获得公平，就要牺牲帕累托效率，因为工人和企业面临不同的有效工资；另一方面，再分配税收要降低总产出。公平与效率存在权衡的认识是用总产出测度效率的，因此说公平与效率间存在权衡等价于说公平与功利主义发展指标间存在冲突。若从机会均等化角度理解经济发展，即经济发展应该被解释为社会福利的增长，而非简单的技术发展；机会平等是社会福利的正确的概念，而非功利主义；经济发展水平是那些处于最不利环境中的人获得高收入的状态的程度，经济发展速度是这些

人收入增加的速度。按此理解，“公平的改进就是效率的提高”。机会均等化既提高生产率，又增加国民收入。令 $\mu_t(\varphi)$ 为在政策 φ 下 t 类的平均收入，按机会均等的看法，应该求解：

$$\max_{\varphi\in\Phi}\left(\sum_{t=1}^{T} f_t\left(\mu_t(\varphi)\right)^r\right)^{1/r}$$

式中，f_t 为社会属于 t 类的比例；r 为介于 $-\infty$ 和 1 之间的参数。

如果 $r=1$，就退化为功利主义；如果 $r=-\infty$，就是机会平等。随着 r 递减，对机会不平等的关注就增大。显然，选择 r 就意味着测度经济发展的一种方法。

2.2.3 包容性绿色发展的要义

(1)益贫式增长的各种观点。最不容易分享到增长红利的是贫困人群，因此，经济发展的机会均等观把重点放在贫困人群的福利改善上。所以，机会均等的发展是益贫式发展。2000 年以来，有大量的研究关注增长与不平等间的联系及其对减贫的最终影响。对此问题的争论包括经济增长的利益是否被社会中广大成员包括穷人共享；减贫战略是否应该有增长倾向；促进增长的战略(pro-growth strategies)与益贫增长战略(pro-poor growth strategies)间是否存在权衡；促进增长型政策(pro-growth policies)是否也是最优的减贫政策。这些争论目前尚未有大的一致性结论。

联合国(UN，2000)和 World Bank(2000)认为益贫式增长产生了重要的贫困减缓，从而有利于穷人并改善了穷人对机会的利用。但是，贫困减缓多少才算益贫式增长、如何监测？在这一定义中都是不清楚的。怀特和安德森则把益贫式增长定义为贫困人群的收入增长高于社会平均收入增长。Klasen(2003)简单地把益贫式增长定义为穷人从经济增长中得益较多的增长。卡拉尼和佩尼亚的定义则不但要求贫困状况有所改善，还要求收入分配更为均等才能算作益贫式增长。佩尼亚后来进一步提出，益贫式增长是这样一种增长类型，它使穷人能积极参与经济活动，并从总体收入增长中的得益超过了非穷人。他认为益贫式增长定义的关键是同时考虑增长及其分配。应该强调的是，尽管事前和事后分配本身是贫困减缓的中心，益贫式增长本质上是关于事后分配的，即馅饼增量的分配，而非现成馅饼的分配。而且，益贫式增长主要是关于增长在低收入集团和高收入集团间的分配，而不是集团内的分配。他还构造了一个测度增长益贫程度的指标——益贫式增长指数(PGI)，等于贫困弹性与纯增长减贫效应的比率。马丁·拉瓦雷和达特的研究把益贫式增长等同于穷人对增长的弹性高。马丁·拉瓦雷和陈的研究还引入了“穷人的平均增长率”(mean growth rate of the poor)概念。在这种定义下，除非贫困人群的收入不变或下降，否则都应该认为是益贫式增长。菲利普则主张和谐发展的关键是使低收入的“穷人”的收入增长速度快于“富人”，以缩小贫富差距。因为穷人赖以获取收入的手段只有其自身劳动力，而富人获取收入的手段主要是资本。因此，要使穷人收入增长速度比富人快，就应该使只有劳动力的穷人充分就业，并使工资增长速度高于资本报酬增长速度。

(2)增长，不平等和贫困的概念框架。一个经济体的贫困程度取决于两个因素：该经济体的平均收入水平和收入不平等程度。形式上有

$$P = P(Y, L(p))$$

式中，P 为贫困指标；Y 为人均收入；$L(p)$ 为洛伦兹曲线，测度的是相对收入分配，$L(p)$ 为人口中底层 $100\times p$%的人口的收入比例。

为简单起见，贫困指标利用的是托尔贝克(1984)提出的指标：

$$P_\alpha = \int_0^z \left[\frac{z-x}{z}\right]^\alpha f(x)\mathrm{d}x$$

式中，α 为不平等厌恶参数；z 为贫困线；x 为收入。

贫困的变化可分解为两部分：①增长部分，与 Y 到 P 的变化相关；②不平等部分，与贫困与不平等的变化相关。一般地，平均收入增加(增长)将降低贫困。因而，记贫困的增长弹性为 γ，可以写成

$$\gamma = \frac{\partial P}{\partial Y}\frac{Y}{P}$$

测度不平等的贫困效应稍微复杂些，因为不平等可以以无限的方式变化。虽然直观上，积极型的分配变化可能减贫，这一结论如果没有额外的假设是不能一般化的。例如，考虑一种转移，从首富向第二富进行转移，这将会改善不平等水平但不影响贫困。为使不平等变化对贫困的影响有意义，一种可能是假设收入服从对数正态分布。在这一假设下，可把贫困的不平等弹性 φ 表示为贫困对基尼系数 G 的弹性：

$$\varphi = \frac{\partial P}{\partial G}\frac{G}{P} > 0$$

有了这些，由政策 X 引起的贫困变化可表示为

$$\frac{\partial P}{\partial X}\frac{X}{P} = \frac{\partial Y}{\partial X}\frac{X}{Y}\frac{\partial P}{\partial Y}\frac{Y}{P} + \frac{\partial G}{\partial X}\frac{X}{G}\frac{\partial P}{\partial G}\frac{G}{P}$$

利用前面的关系有

$$\frac{\partial P}{\partial X}\frac{X}{P} = \frac{\partial Y}{\partial X}\frac{X}{Y}\times\gamma + \frac{\partial G}{\partial X}\frac{X}{G}\times\varphi$$

这个方程表明，政策 X 的变化对贫困的影响将取决于：①该政策对增长的影响；②增长如何转换成贫困减少；③政策对不平等的影响(用基尼系数测度)；④不平等变化如何转换成贫困减缓。

原则上，γ 和 φ 是独立于所考虑的政策的，取决于特定的收入分配、初始的人均收入 Y、贫困线和初始的不平等 G。表 2.7 给出了贫困指标对增长的弹性和对不平等的弹性，计算是假设收入服从对数正态分布，这些弹性是根据不同的基尼系数(从 0.3 到 0.6)和不同的发展水平(用人均收入/贫困线代表)计算的。

表 2.7　贫困指标与理论弹性

贫困发生率的理论弹性(对数正态分布假设)

人均收入/贫困线	增长弹性				不平等弹性			
	0.3	0.4	0.5	0.6	0.3	0.4	0.5	0.6
6	−6.05	−3.25	−1.95	−1.22	12.34	7.38	5.10	3.89
3	−3.94	−2.18	−1.33	0.86	6.17	3.78	2.42	1.97
2	−2.80	−1.60	−1.01	−0.66	2.48	1.70	1.35	1.18
1.5	−2.06	−1.23	−0.80	−0.54	1.20	0.92	0.81	0.77
1	−1.16	−0.78	−0.55	−0.39	0.18	0.24	0.29	0.35

贫困缺口的理论弹性(对数正态分布假设)

人均收入/贫困线	增长弹性				不平等弹性			
	0.3	0.4	0.5	0.6	0.3	0.4	0.5	0.6
6	−6.45	−3.59	−2.22	−1.44	14.08	9.01	6.64	5.38
3	−4.45	−2.57	−1.64	−1.09	6.70	4.69	3.73	3.22
2	−3.37	−2.02	−1.32	−0.90	3.82	2.92	2.49	2.27
1.5	−2.68	−1.67	−1.12	−0.77	2.36	1.98	1.81	1.73
1	−1.83	−1.23	−0.86	−0.62	1.03	1.05	1.08	1.13

贫困平方缺口的理论弹性(对数正态分布假设)

人均收入/贫困线	增长弹性				不平等弹性			
	0.3	0.4	0.5	0.6	0.3	0.4	0.5	0.6
6	−6.79	−3.85	−2.41	−1.59	15.58	10.34	7.83	6.46
3	−4.84	−2.85	−1.84	−1.24	7.98	5.80	4.71	4.11
2	−3.80	−2.32	−1.53	−1.05	4.92	3.88	3.34	3.05
1.5	−3.12	−1.97	−1.33	−0.92	3.31	2.81	2.55	2.42
1	−2.27	−1.52	−1.06	−0.76	1.73	1.69	1.68	1.70

资料来源：Lopez J H, Servén L. 2006. A normal relationship? poverty, growth, and inequality[R]. World Bank Policy Research Working Paper 3814.

表 2.7 分别给出了贫困发生率、贫困缺口、贫困平方缺口的增长与不平等弹性。例如，表 2.7 说明，给定发展水平，贫困发生率的增长弹性绝对值随不平等的提高而下降，意味着经济增长的减贫效果会被高不平等抵消。给定收入分配不平等程度，随着人均收入/贫困线的比例下降，贫困发生率的不平等弹性下降。还说明，初始不平等水平高，可能代表了减贫的障碍，因为增长的贫困效应和积极型的分配变化的贫困效应将远远低于那些收入分配更平等的国家。另外，初始贫困程度高也可能是减贫的障碍。例如，考虑一个国家，基尼系数为 0.4，如果人均收入水平是贫困线的 6 倍，贫困的增长弹性是−3.25，如果该国的人均收入水平只有贫困线的 1.5 倍，贫困的增长弹性就只有−1.23。因而，这第二个国家(更穷的国家)的增长率就必须要超过第一个国家(更富的国家)的 2 倍，才能获得相同的贫困减缓率。类似地，基尼系数下降 1%，在基尼系数为 0.4、贫困线是人均收入的 66%时，能降低贫困 0.9%，而贫困线是人均收入的 16%时，不平等下降有更高的减贫效应(7.7%)。

(3) 包容性增长。包容性增长理念是在对“机会的不平等”与“结果的不平等”的认识基础上提出来的。目前，关于包容性增长主要有如下一些界定。

世界银行在 2006 年关于印度包容性增长的报告中，提出要达到包容性增长，可以通过“集中于扩大经济增长的区域范围，扩大资产利用，繁荣市场，为下一代印度居民扩大机会公平，不管他们是谁或者他们生活在哪里”。森的研究认为包容性增长的必要条件是农业和非农业的工人人均收入间的差距不扩大。贝斯利等的研究利用增长贫困弹性作为测度估计增长过程中穷人的包容性指标。印度计划委员会主席阿鲁瓦利亚对包容性增长的解释是：包容性增长是这样一个增长过程，其中不同生活水平的人们都从增长过程中得到了重要利益。维塔尔则认为理解包容性增长的一种方法是考虑那些在贫困线下的人们，另一个方法是观察就业，并只考虑那些在原始部门工作的人。联合国开发计划署 (UNDP，1993) 定义的包容性增长，强调的是 GDP 的生产和收入方面，“经济中所有人参与增长的组织并公平地获得增长的利益的过程和结果。因而包容性增长代表的是一个方程——组织在左边，利益在右边”。Siddhartha (2007) 把包容性增长定义为经济增长率的加速，且为经济体所有主要部门 (社区) 分享。

对包容性增长较早展开研究的是亚洲开发银行。该行 2007 年的一个报告中提到包容性增长，强调保证增长创造的经济机会要尽最大可能为所有人可得——特别是穷人。其认为增长过程所创造的新的经济机会的分布是不均等的。穷人一般要受到环境的约束或者由于市场失灵的原因，而不能获得这些机会。结果，穷人从增长中的获益比非穷人少。因而，如果完全凭市场，增长一般将是不益贫的。然而，政府能制定政策和计划促进穷人充分参与到新经济机会中来。基于这一认识，该行把包容性增长界定为机会平等的增长。当增长允许社会的全部成员参与并平等地做出贡献而与他们的环境无关，增长就是包容性的。也就是说，包容性增长既强调通过经济增长创造就业机会与其他发展机会，又强调发展机会的平等。机会平等对所有人的重要性在于机会的内在价值和工具作用。机会的内在价值是基于这样的信念：机会平等是基本的人权。机会的工具作用来自平等利用机会会增加增长潜力，而机会不平等会降低增长潜力并使增长不可持续。

该行进一步认为包容性增长的根本结果是：①可持续的和平等的增长；②社会包容；③赋予权能；④安全。其认为，经济增长的确是包容性增长的基本要求。若增长是快速且可持续的，它就应该建立在广泛的部门和区域基础上，包容大部分劳动力，包括人口中的穷人和易受伤害的人群。社会包容是要排除制度障碍，提升社会所有成员对发展机会的利用的激励。赋予权能是提升不同个体和人群运用和参与增长过程的资产和能力。安全包含由发展干预产生的社会风险管理的改进。他们提出，要达到包容性增长的成果，有多个措施，其中最重要的有三个：创造就业机会和促进生产率提高；通过对教育和健康等基本社会服务的充分投资开发人类能力；提供社会安全网和目标干预，帮助那些易受伤害和剥夺的人群。

总结一下，包容性增长是机会平等的增长。包容性增长有四个属性，它们是机会 (opportunity)、能力 (capability)、增长或获得 (access) 和安全 (security)。①机会：为人民创造越来越多的机会，增加他们的收入。②能力：为人民提供创造或提升其能力的方式，以利于可得的机会。③增长或获得：提供将机会和能力结合的方式。④安全：为人民提供免遭暂时或持久的生计损失的方法(图 2.5)。

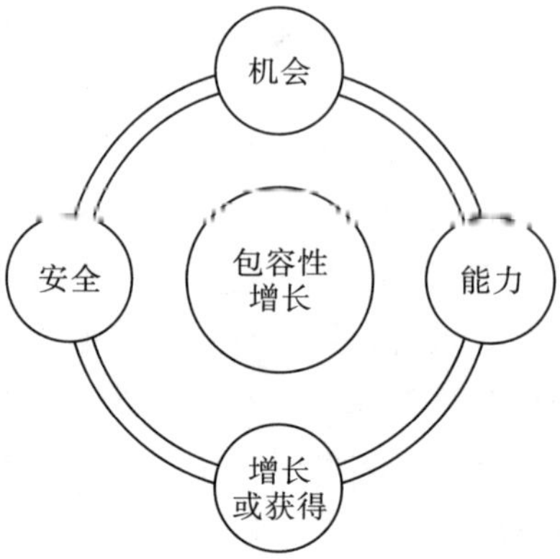

图 2.5 包容性增长的四个属性

资料来源：作者绘制。

(4)绿色增长。绿色增长是可持续发展的基本组成要素。绿色增长的目的在于，获得坚实的增长，而不陷入不可持续的模式。绿色增长是使得增长过程中资源高效、清洁和更有弹性(复原)而不必降低增长。绿色增长要求经济增长必须考虑生态环境容量和资源承载力。

绿色增长有三个要素：效率(efficient)、清洁(clean)和能复原(弹性)(resilient)。①效率：要求自然资源的利用要有效率。②清洁：污染和环境影响最小化。③能复原(弹性)：说明自然灾害及环境管理和自然资本在防止自然灾害中的作用(图 2.6)。

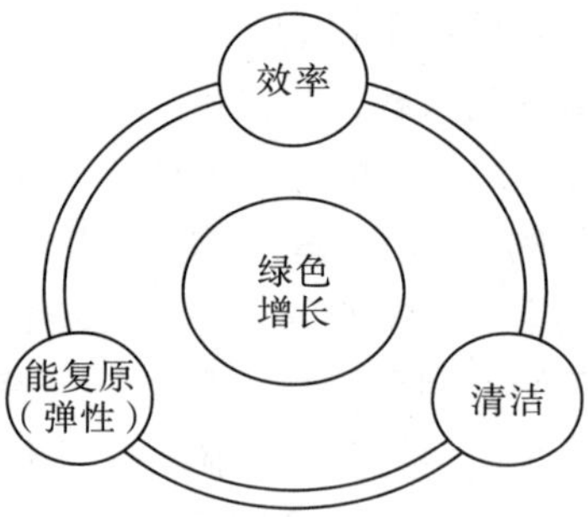

图 2.6 绿色增长的属性

资料来源：作者绘制。

绿色增长并非必然是包容性的。绿色增长的结果可能对穷人有利，也可能对穷人不利，这取决于政府制定的以确保穷人不被排斥在绿色增长的利益之外的特殊政策。如果制定并实施包容性的政策，绿色增长的福利效应就更大。

(5)包容性绿色发展。包容性绿色发展是包容性增长和绿色增长两个发展理念的整合(图 2.7)。包容性绿色发展是可持续的和包容性的增长(sustainable and inclusive growth)，强调经济发展轨迹在“改进人类福利和社会公平同时降低环境风险和生态不足”（UNEP）方面的必要性和机会，旨在实现经济、社会和环境可持续之间相辅相成的“三赢”。

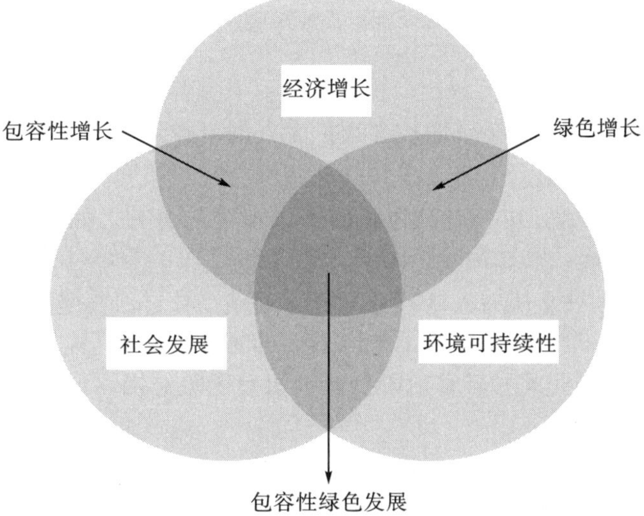

图 2.7　包容性绿色发展

资料来源：作者整理。

2.2.4　包容性增长的测定

关于包容性增长的测度问题，近年来也有讨论。主要有两种方法：①亚洲开发银行的阿里和松提出的社会机会函数方法；②印度的 Suryanarayana(2008)提出的基于剥夺的测度方法。

1. 社会机会函数方法

首先，阿里和松提出了一个类似于社会福利函数的测度方法。他们认为包容性增长可以用社会机会函数思想测度。因此，包容性增长实际上就是使社会机会函数最大化。社会机会函数的增加由两个要素决定：①人群可获得的平均机会；②机会在人群中的分布。这个社会机会函数赋予穷人享有的机会更大的权重：一个人越穷，权重越大。此种权重计划将保证为穷人创造的机会比为那些非穷人创造的机会重要，即如果一个人享有的机会被转移给社会中更穷的人，那么社会机会必须增加，因而使增长更具有包容性。

假设人群中有 n 个人，收入分别为 x_1，x_2，…，x_n，其中 x_1 是最穷的人，x_n 是最富的人，社会福利函数定义为

$$W = W(x_1, x_2, \cdots, x_n)$$

它是其变量的增函数。类似于这一社会福利函数的思想，可以定义社会机会函数

$$O = O(y_1, y_2, \cdots, y_n)$$

式中，y_i 为第 i 个人享有的机会，该人的收入为 x_i。

机会可以定义为各种服务，如健康或教育服务的利用、劳动力市场工作机会的利用等。y_i取 0 和 100 的二进制。如果第i个人被剥夺了某个机会，就取 0；如果第i个人有某个机会，就取 100。人群的平均机会于是定义为

$$\overline{y}=\frac{1}{n}\sum_{i=1}^{n}y_i$$

它是享有给定机会的人的百分比。机会函数是其变量的增函数。如果人的机会增加，那么社会机会函数必定增加。经济增长必须扩大人群可得的平均机会。这是获得包容性增长的必要条件但绝非充分条件。穷人在获得这些机会时一般要受限制。因此包容性增长应该不仅仅是平均机会扩大，更应是改进机会在人群中的分布。如果发展模型完全集中于式(2.3)定义的$\overline{y}$最大化，就完全忽略了机会的分布。为了考虑机会的分布，需要社会机会函数满足转移原则：机会从穷人转移给富人必须减少社会机会函数。不失一般性，假设t量的机会从收入为x_1的穷人转移给了收入为x_2的富人；转移后，穷人的机会为y_1-t，富人的机会为y_2+t。因此此种转移应降低社会机会函数。沿这一思想，社会机会函数必须满足下面的要求：

$$O(y_1-t,y_2+t,y_3,\cdots,y_n)\leqslant O(y_1,y_2,y_3,\cdots,y_n) \tag{2.1}$$

它对所有非负t值均成立。

令机会分布向量为$Q(t)$，则

$$Q(t)\approx(y_1-t,y_2+t,y_3,\cdots,y_n) \tag{2.2}$$

由式(2.1)，可以说对所有非负t值，向量$Q(0)$是机会优于向量$Q(t)$，即向量$Q(0)$总提供等于或者大于社会机会向量$Q(t)$。$Q(t)$的累积分布为

$$Q^C(t)\approx\left(y_1-t,\frac{y_1+y_2}{2},\frac{y_1+y_2+y_3}{3},\cdots,\frac{y_1+y_2+\cdots+y_n}{n}\right) \tag{2.3}$$

这是个人根据其收入的升序排列时$Q(t)$的累积均值的分布。$Q^C(t)$代表分布$Q(t)$的集中曲线。类似地，分布$Q(0)$的集中曲线为

$$Q^C(0)\approx\left(y_1,\frac{y_1+y_2}{2},\frac{y_1+y_2+y_3}{3},\cdots,\frac{y_1+y_2+\cdots+y_n}{n}\right) \tag{2.4}$$

比较式(2.3)和式(2.4)，对所有的$t>0$，集中曲线$Q^C(0)$总高于集中曲线$Q^C(t)$。因而，就证明了如果分布y表示机会优于分布y^*，那么分布y总有更高的集中曲线。类似地，如果分布y有比y^*高的集中曲线，那么分布y总有更高的社会机会函数。因而，通过观察两个分布的集中曲线，就能判断他们两个谁会提供更高的社会机会，假定两个集中曲线不相交。

为使上面的思想可操作，假定连续分布是有用的。假如根据其收入按升序排列，进一步假设$\overline{y}_p$是人群中最下面的p%的人享有的平均机会，p从 0 到 100，$\overline{y}$是全部人口获得的平均机会，于是当$p=100$（覆盖了全部人口），$\overline{y}_p$将等于$\overline{y}$。

因为$\overline{y}_p$随p而变化，可以对不同的p值画出$\overline{y}_p$曲线。即事实上，当个人根据其收入按升序排列时就是机会集中曲线，称此曲线为机会曲线：曲线越高，社会机会函数越大。因而如果在所有点机会曲线上移，增长就是包容性的。如果全部机会曲线上移，这意味着

社会中的每个人，包括穷人，正在分享的机会在增加，因此可以称此增长过程明确是包容性的。然而，包容性的程度将取决于：①机会曲线上移多少；②收入分布中哪部分转移发生了。

如果机会曲线向下倾斜，就说明穷人获得的机会比非穷人获得的机会多(即机会分布公平)。类似地，如果曲线向上倾斜，分布就是不均等的(不利于穷人)。图 2.8 画出了两条均值($\bar{y}$)相同的机会曲线：①向上倾斜(*AB*)，②向下倾斜(*CB*)。曲线 *CB* 表示机会公平的分布，意味着在分布底端的穷人的机会大于顶端非穷人的机会。另外，向上倾斜的曲线 *AB*，意味着相反：穷人享有的机会少于非穷人。

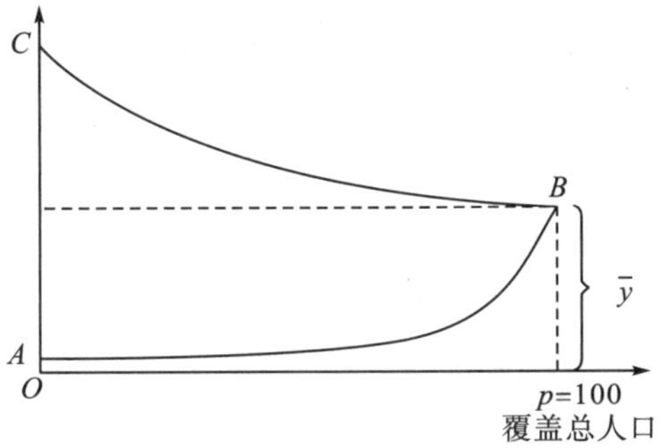

图 2.8　机会曲线

资料来源：ALI I, SON H H, 2007. Defining and measuring inclusive growth:application to the philippines[J]. ERD Working Paper No. 98.

机会曲线在评估增长形式方面是有用的，根据人群中可得的机会的利用和机会公平程度进行评估，而无须阐明社会机会函数。然而，不能精确定量估计变化的大小，即不能得出结论，有多少机会变化随时间而发生。在这方面，机会曲线只提供了机会分布的局部排序。

为了能抓住机会分布中变化的大小，使用的社会机会函数形式要做出更强的假设。一个简单的社会机会函数可通过计算机会曲线下区域的指数得到：

$$\bar{y}^* = \int_0^1 \bar{y}_p \mathrm{d}p \tag{2.5}$$

这就是机会指数(OI)。$\bar{y}^*$越大，人群可得的机会就越大。包容性增长的发展目标应该是最大化$\bar{y}^*$值。

如果人群中的每个人完全享有相同的机会，$\bar{y}^*$等于$\bar{y}$。如此，$\bar{y}^*$对$\bar{y}$的偏离，提供了机会在人群中分布的指示。如果$\bar{y}^*$大于$\bar{y}$，那么机会分布是公平的(益贫的)。类似地，如果$\bar{y}^*$小于$\bar{y}$，那么机会分布就是不公平的(反贫)。因而可以定义机会公平指数(EIO)

$$\varphi = \frac{\bar{y}^*}{\bar{y}} \tag{2.6}$$

这意味着如果φ大于(小于)1，机会是公平的(不公平)。由式(2.6)，立即得到

$$\bar{y}^* = \varphi \bar{y} \tag{2.7}$$

它说明 OI 是 EIO 和人群可得的平均机会水平的乘积。为了获得包容性增长，就需要增加$\bar{y}^*$，这可通过：①增加平均机会水平$\bar{y}$；②增加机会公平指数φ；③同时增加平均机

会水平和机会公平指数。为了理解包容性增长的动态，对式(2.7)两边求微分

$$\mathrm{d}\bar{y}^{*}=\varphi\mathrm{d}\bar{y}+\bar{y}\mathrm{d}\varphi \tag{2.8}$$

式中，$\mathrm{d}\bar{y}^{*}$为增长包容性程度的变化。

如果$\mathrm{d}\bar{y}^{*}>0$，增长就变得更加具有包容性。方程(2.8)右边第一项是机会相对分布不变时增加社会中平均机会对增长包容性的贡献；第二项是当平均机会不变时机会分布变化的贡献。两个贡献都有重要的政策含义：它们告诉我们政府政策或者发展战略如何影响增长的包容性。考虑方程(2.8)右边第二项大于第一项的情况。在这种情况下，其发展战略集中于为穷人创造机会，而不是扩大所有人的平均机会。在$\bar{y}$和φ间存在权衡，这在方程中是显然的：如果$\bar{y}$增加，φ就减少，反之则反。如果第一项为正，而第二项为负，社会整体获得的平均机会越高，就要减少机会的公平利用。类似地，如果第一项为负，而第二项为正，那么公平目标的获得是以社会平均机会的放弃为代价的。增长的包容性取决于哪个贡献大。应该注意的是，$\bar{y}$和φ间并非总是权衡：一个增加(减少)协同地另一个减少(增加)。如果两项都为正($\mathrm{d}\bar{y}>0$，$\mathrm{d}\varphi>0$)，增长总是包容性的。类似地，如果两项都为负($\mathrm{d}\bar{y}<0$，$\mathrm{d}\varphi<0$)，增长总是非包容性的。

另外，有趣的是，当φ的初始值大于1时(即机会分布公平，且有利于穷人)，如果平均机会$\bar{y}$增加一单位，增长包容性程度增加会超过一单位。因而，机会的初始分布在决定包容性增长中起着重要作用：初始分布越公平，扩大所有人的平均机会对增长包容性的影响越大。类似地，$\bar{y}$的初始水平也能提升公平对增长包容性的影响。这些结论表明，$\bar{y}$和φ是重要的政策工具，在达到包容性更强的增长中彼此强化。

2. 基于剥夺的测度方法

Suryanarayana(2008)在“Inclusive growth：what is so exclusive about it?”一文中给出了另一个测度包容性增长的方法。

他认为目前很少有清晰的概念界定和经验证据，阐明观察到的增长过程是否是基础广泛的和包容性的。因此，他提出了包容性增长的事后观点；并认为，在一个理想的环境中，基础广泛的增长过程的特征是：生产、收入和支出这三个宏观经济变量的全方位改进(all-round improvement)。因此，应该根据如中位数这样的平均指标测度全面改善。据此，他定义的包容性增长是这样一种增长过程，它有利于那些物质资产和人力资产禀赋被剥夺、一般属于收入分配底层且无力参与和从增长过程得益的人。因此，他的定义预先设定了剥夺环境，在这样的环境中，不能有效参与生产过程，不能根据产生的收入得益，没有经历用消费测定的福利改进。同时，为了阐明这一剥夺环境是否有利于参与项目并得利，重要的是要保证用于识别的标准和某些经济绩效指标相关，因此明确说明他们在过程中的参与状态。如果这样，识别穷人的绝对标准可能不是恰当的方法。相反，应该是一个相对于平均经济绩效或者经济水平的相对标准，可以用基于等级-次序的中位数测定以保持鲁棒性(robustness)。他把剥夺环境定义为

$$\theta=F(\delta\xi_{0.50})=\int_{0}^{\delta\xi_{0.50}}f(x)\mathrm{d}x \tag{2.9}$$

式中，θ为剥夺发生率；$0<\delta<1$(选择0.6为δ的值，遵循国际惯例为相对贫困)。

$\xi_{0.50}$ 使得

$$\int_0^{\xi_{0.50}} f(x)\mathrm{d}x = \frac{1}{2} = \int_{\xi_{0.50}}^{\infty} f(x)\mathrm{d}x \tag{2.10}$$

式中，F 为累积分布函数；$f(x)$ 为相关变量的密度函数。

其特征和意义是：θ 位于开区间(0，0.5)：①当分布的下半部在区间变得集中，θ 趋近于 0，这是“包容性带”，由$[\delta\xi_{0.50},\xi_{0.50}]$给出；②当集中在区间，接近 0.5，这可被称为“排斥带”，由$[0,\delta\xi_{0.50})$给出。

从概念看，情形①代表的状态是增长过程是包容性的，穷人参与了增长过程，因此经历了经济福利的改进；当增长过程是排斥的，穷人很少参与使得其经济地位下降，情形②就出现了。因此，经济过程是包容性的还是排斥的，可以用分布的集中度测定，是集中于包容性带$[\delta\xi_{0.50},\xi_{0.50}]$里还是外，这反映了 θ 的变化。

给定这一概念框架，苏亚娜分别给出了简单社会和复合社会的包容性指标。

1) 简单社会的包容性

简单社会中处于收入分配底端的 1/2 人口是单一的齐次社会集团。定义的“包容性系数”(inclusive co-efficient，IC) ψ 为

$$\psi = 1 - 2\int_0^{\delta\xi_{0.50}} f(x)\mathrm{d}x \tag{2.11}$$

式中，$0<\delta<1$；$\xi_{0.50}$ 同式(2.10)；$0<\psi<1$。

设 $\delta = 0.6$，于是有下面相关特性：①当“相对穷的人的数目”参与，因此，主要经济过程的利益为 0 时，ψ 就趋于 0；当受益的穷人的集合趋于所有相对穷人的集合，ψ 就接近 1。②$\psi > 1/2$ 的任何值，表明了这样的状态，人口中 1/2 的底层人口中在包容性带的比例或者主流超过了相对剥夺带的比例，意味着是一种包容性景观。③ψ 的累积改进及其与中位收入/消费的正的协方差表明是包容性增长；常数 ψ 意味着状态永存，ψ 下降和中位收入/消费有负的协方差是排斥的证据。④基于等级-次序的测度，反映了人口中 1/2 底层人口满意度的恶化/改善。然而，因为特征非常类似，局限是测度不是可加的，因此是不可分的。

进一步考虑到在缺乏综合和相关的生产和收入会计的情况下，难以估计基于顺序的平均和包容性系数，因此苏亚娜提出根据收入和消费增长间的协方差，测度消费的包容性。相关测度情况如下所示。

(1) 平均消费对平均收入的弹性(η)，表明从经济观点看，收入增长是否真的基础广泛和包容性，因为如果增长集中于顶端，即使平均消费也不会以对应速率增加，η 将小于 1。平均消费对平均收入的弹性是

$$\eta = \frac{\partial\mu_{\mathrm{c}} / \mu_{\mathrm{c}}}{\partial\mu_{\mathrm{y}} / \mu_{\mathrm{y}}}$$

式中，μ_{c} 和 μ_{y} 为平均消费和平均收入。

(2) 中位消费与平均消费的弹性(ε)

$$\varepsilon = \frac{\partial \xi_{0.50} / \xi_{0.50}}{\partial \mu_c / \mu_c}$$

式中，$\varepsilon > 1$，意味着接近基础广泛的增长的景观。这将进一步使基于η估计的包容性增长结论更坚固。

(3)消费分布的包容性系数(ψ)，从式(2.11)。

2)复合社会的包容性

苏亚娜认为对于像印度这样的复合社会，由不同的相关集团组成。不同的社会集团，其经济福利的平均值和分布都不同。因此经济增长的包容性指标和单一社会有差异。他认为，复合社会的包容性有两个维度：集团间的和集团内的。集团间可用社会集团间收入/消费支出的中位水平的差测定，而集团内的可根据IC确定。

(1)集团间包容性，用亚集团中位($\xi_{0.50}^{S}$)对(总/主流人口，即所有子集团包容性由$\xi_{0.50}^{M}$给出)总中位数代表测度。对于给定的$\delta(0<\delta<1)$，有两种情况：$\xi_{0.50}^{S} < \xi_{0.50}^{M}$意味着亚集团排斥；$\xi_{0.50}^{S} \geqslant \xi_{0.50}^{M}$，意味着相关亚集团是包容性的。

(2)集团内包容性：给定社会集团i，其包容性要么根据自己的中位$\xi_{0.50}^{S}$提供测度ψ_i^S，(即IC亚集团)要么由总中位$\xi_{0.50}^{M}$提供测度ψ_i^M(即IC主流)。这两个指标在存在集团间排斥时是显然不同的状态；在进取集团间包容性是收敛的：IC亚集团ψ_i^S测定的是亚集团下半部包容性范围，考虑的是自己的进步。IC主流ψ_i^M测定的是子集团下半部包容性范围，考虑的是国家或者社会作为整体的进步。IC主流ψ_i^M的界限是：$\psi_i^M=(-)$意味着子集团完全排斥；$\psi_i^M=1$意味着整个子集团是完全包容性的。

(3)复合社会的IC指数：给定社会亚集团i，IC主流ψ_i^M与IC亚集团ψ_i^S的比率(ω_i)从一体化观点看，包容性的指标定义为

$$\omega_i = \frac{\psi_i^M}{\psi_i^S} \tag{2.12}$$

式中，ψ_i^M是集团中位数$\xi_{0.50}^{M}$，ψ_i^S是S集团中位数$\xi_{0.50}^{S}$定义的。

IC 指数(ω)的界限是：$\omega=-\infty$代表完全的内外排斥；$\omega=\infty$代表完全的集团内排斥和整个亚集团间的包容性。

(4)对于状态，$\xi_{0.50}^{S} < \xi_{0.50}^{M}$，主流中整个(和下半部比较)社会亚集团$i$人口的包容性综合指标由$\beta$指标测定

$$\beta_i = \frac{1}{2}(1+\psi_i^M) \tag{2.13}$$

式中，β指标测定了增长过程中参与和包括的亚集团人口的比例，反映了如消费支出分布的结构测定；其取值为0～1，整个社会亚集团被排除在主流外时为0，否则为1；且$0 \leqslant \beta_i \leqslant 1$。

2.2.5　包容性增长的分析框架：HRV 方法

1. HRV 框架

Hausmann 等(2005)提出的增长诊断分析框架是研究包容性增长问题的恰当框架。他们的框架是建立在标准的经济理论基础上的。从最简单的拉姆塞式最优增长模型开始描述 HRV 方法。理论上，该模型假定家庭有完全的预见性，需要决定把多少劳动和资本租给企业，多少用于储蓄或消费，以最大化其个人效用：

$$U_s = \int_s^{\infty} u(c_t)\exp\left(-z(t-s)\right)\mathrm{d}t \tag{2.14}$$

预算约束是

$$c_t + \frac{\mathrm{d}k_t}{\mathrm{d}t} + nk_t = f(a_t,\theta_t,x_t,k_t) \tag{2.15}$$

式中，c 为人均消费；n 为人口增长率；k 为劳均资本；a 为技术进步；θ 为外部性指数；x 为可用的互补性生产要素(比如基础设施或人力资本)；z 为时间偏好率。

企业在每个时点最大化利润，利用式(2.15)的生产函数生产单一商品。在他们的生产函数中，技术是外生的，互补性生产要素和外部性指数亦如此。最大化利润的一阶条件是：

$$f'(a_t,\theta_t,x_t,k_t) = r_t(1-\tau_t) \tag{2.16}$$

$$f(a_t,\theta_t,x_t,k_t) - k_t f'(a_t,\theta_t,x_t,k_t) = w_t \tag{2.17}$$

假定政府支出是固定的和外生的，政府对资本的租金价格征税，因此资本的税后收益是 $r(1-\tau)$。在式(2.15)、式(2.16)、式(2.17)约束下最大化式(2.14)，建立汉密尔顿方程，并求解得到下面的条件：

$$\frac{\dot{k}_t}{k_t} = \frac{\dot{c}_t}{c_t} = \sigma(c_t)\left(r_t(a_t,\theta_t,x_t)(1-\tau_t)-\rho\right) \tag{2.18}$$

该条件在平衡增长均衡时成立。该方程中，σ 是边际效用弹性的负的倒数，$\rho = z + n$ 是真实利率。式(2.18)就是周知的“欧拉方程”或“凯恩斯-拉姆塞法则”，是分析增长的“有约束力”的抑制因素的起点，因为它抓住了许多影响短期经济增长的重要因素，也抓住了那些对未来可持续增长重要的因素。如果给定投资收益，ρ 高，投资就低，经济就被认为是受到流动性约束；给定资本成本，如果 r 低，投资就低，经济被认为是无效率的。

2. HRV 框架与包容性增长

包容性增长要求在高速可持续的增长中实现可持续的减贫。因为增长是减贫的主要驱动力。包容性增长主张，要实现减贫，增加贫困人口的收入，主要通过生产性就业而非简单的收入再分配。因此识别出抑制经济增长和生产性就业的因素就很重要，而这正是 HRV 方法要做的。包容性增长分析框架把 HRV 的诊断方法和用于时间序列、企业和家计调查数据及跨国基准比较的各种技术综合，回答关于增长的趋势、抑制因素、可持续的基础广泛的增长的源泉。

包容性增长分析框架中的经济代理人是个人而非企业，但个人受雇于企业——要么是自我雇用，要么是工资雇用——获得雇用收益。分析不仅仅限定于穷人，但可从不同的劳动者视角进行分析。如果定义个人 i 的收入为

$$y_i \equiv w_1 E_1 \omega_{i1} + \cdots + w_j E_j \omega_{ij} \tag{2.19}$$

式中，w_j 为价格；E_j 为每国的 j 要素的雇用量；ω_{ij} 为个人 i 拥有的第 j 个要素的份额。

于是，某类劳动者，比如

$$\psi_P = \lambda_1 \omega_{P1} + \cdots + \lambda_j \omega_{Pj} \tag{2.20}$$

式中，ψ_P 为某类劳动者得到的收入份额；λ_j 为总收入中要素 j 的份额；ω_{Pi} 为该类劳动者拥有的要素 j 的份额。

可持续和包容性增长的主要工具是假定生产性就业。就业增长给个人创造新的岗位和收入——来自工资或自我雇用，而生产性增长具有提升那些受雇人员的工资和自我雇用的收益的潜力。毕竟，在许多低收入国家，问题不仅是失业，还有就业不足。因此，包容性增长不仅仅是关于就业增长，更是关于生产性就业的增长。个人被生产性雇用的能力取决于充分利用可用资源的机会。因此要分析观察个人在劳动力供给方面提升其生产性资源和能力的方法，以及在劳动力需求方面开辟新的生产性就业机会的方法。如果问题是某个阶层因某类劳动技能供给的限制而缺乏就业机会，抑制因素就是和生产性资源和个人的能力相关，而非他们利用这些资源的环境。这种局势要求对可雇性进行深度分析，以了解个人的资源，如个人的教育、健康和他们用于工作的其他生产性属性。如果主要问题是个人因为劳动需求有限，劳动生产率低或者缺乏就业机会，商业环境中的瓶颈分析就是必要的。

包容性增长分析区分了自我雇用和工资雇用，进一步可以观察就业在不同部门、不同规模企业、城乡、正式和非正式部门间的分布，和其他相关特征。包容性增长分析框架的主要目的是识别增长在不同收入阶层间的发生率和个人生产性就业的瓶颈，因此进行分类观察是必要的。例如，如果焦点在穷人，在自我雇用情况下，就将主要集中于透过小型和微型企业进行商业环境分析(图 2.9)；在工资雇用情况下，就将主要集中于透过代表性企业和潜在受雇的穷人进行可雇性分析以及商业环境分析(图 2.10)。

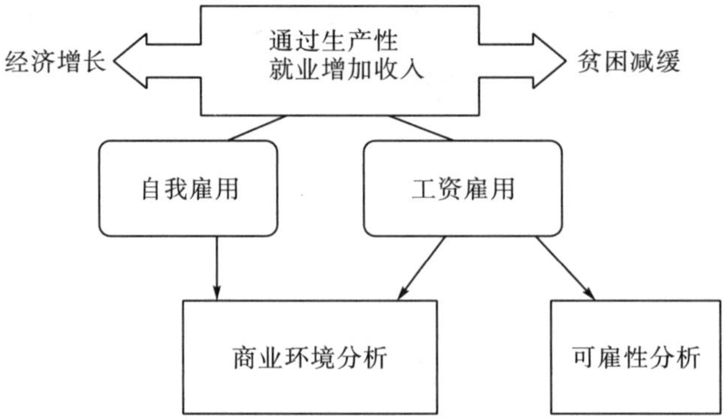

图 2.9 包容性增长分析框架

资料来源：Hausmann 和 Velasco (2004)

商业环境分析的组织框架的决策树图如图 2.10 所示。在这一分析中，主要的问题是如何为投资和企业家活动筹资，这是由经济活动的私人收益和融资成本间的关系决定的。私人收益由社会收益决定，社会收益取决于互补的要素或投入，如地理、技术、基础设施和人力资本，和这些收益的私人专属权。私人专属权反映了社会收益被转换成私人收益的范围，受到政府失灵和/或市场失灵的消极影响。

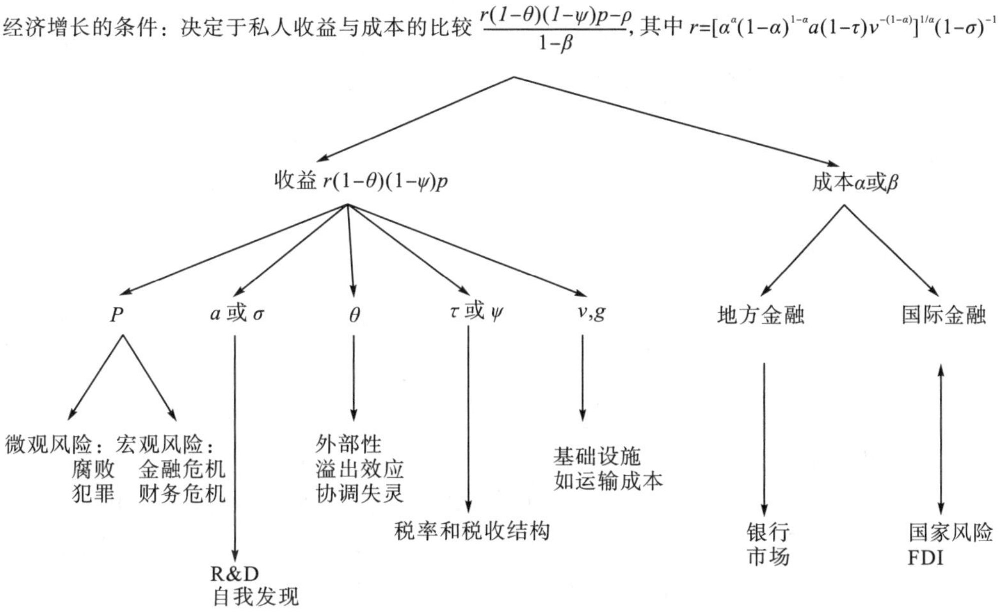

图 2.10　商业环境分析的决策树图

资料来源：豪斯曼(2004)

一个重要的问题是个人当前的就业地位在多大程度上对未来收入增长有潜在影响力，或者是摆脱低收入地位是否意味着找到另一类就业或在另一个部门就业。因此包容性分析考察解释国家增长和减贫形式、国家总生产率动态、主要挑战和机会、经济转型和多元化的可能性的外部因素。包容性分析也考虑那些有生产性就业机会的部门的抑制因素，考虑影响在这些部门获得就业能力的因素，考虑影响劳动力在部门间和区域间流动的因素。

包容性增长的重点在于改善个人的生产性能力，创造有利于就业的环境，而非把收入再分配作为增加受排斥集团的收入的手段。因此，包容性增长分析采取的是长期的视界。有了这一长期视界，重要的是要认识到改革和结果之间的时滞。一个好的例子就是，进行教育投资的时间与劳动力技能改善的时间之间的时滞。这意味着分析必须识别未来的增长抑制因素，可能不是今天的抑制因素，但这些因素可能在今天出现了，以便确保可持续的包容性增长。包容性增长分析是关于应在短期实行但针对的是未来可持续包容性增长的政策。概括起来，包容性增长分析框架主要有以下三个步骤。

(1)第一个涉及背景分析，包括理解解释国家过去增长和减贫趋势及趋势突变的主要因素，国家的总生产率和就业动态，面临的主要挑战和机会，经济转型和多元化的可能性。

(2)第二个是整合经济行为者的组合，特别关注受排斥集团，包括描述自我雇用或工资雇用的赚取收入的活动，以及在部门间、不同规模企业间、地理区域间的分布(如乡村、城市)，在亚国家单位(如省、州和其他)、类型(如正式部门和非正式部门)的分布，和其他相关特征。用这两个阶段发现的结论就可能得到特定集团从事什么活动、这些活动对增长有多大潜力，或者是否迁移到其他部门在短期和长期是可能的图景。

(3)第三个是找到包容性增长的抑制因素。我们用图 2.9 和图 2.10 提出的组织框架识别来自不同经济行为者观察的抑制因素。

2.2.6 小结

本章讨论包容性绿色发展理论的内涵及包容性增长的测度方法。包容性绿色发展理论的政策含义是明确的。按照 Ali 和 Zhuang(2007)，包容性增长集中于经济机会的创造并保证这些机会的平等利用，因此有效的包容性增长战略有两个支柱：①高速可持续的经济增长，以创造生产性和体面的就业机会；②实现社会包容，以保证机会被所有人平等利用，也就是说，包容性增长要求通过减少与消除机会不平等来促进社会的公平与增长的包容性性。这两个方面是相辅相成的：没有经济增长就没有机会，如果没有机会，机会平等也就成为空中楼阁；而如果机会不平等，社会不公，增长缺乏包容性，经济就不可能保持高速而持续的增长。绿色发展的政策含义更明确，要求在发展中，一是要将环境资源作为社会经济发展的内在要素；二是要把实现经济、社会和环境的可持续发展作为绿色发展的目标；三是要把经济活动过程和结果的“绿色化”“生态化”作为绿色发展的主要内容和途径。这样，持续扩大经济机会、使经济机会均等分布、提供最低经济福利和确保环境质量的提升，这就是包容性绿色发展的四大政策支柱。

就发展中国家和落后经济体而言，为了促进增长的包容性和实现绿色发展，政府需要在以下四个方面进行努力：①增加对基础教育、基本医疗卫生，以及其他基本社会服务的投入，来提高民众特别是弱势群体的基本素质与能力。②加强政策与制度的公平性，消除社会不公，完善市场机制，创造平等竞争的条件。③建立社会风险保障机制以防止与消除极端贫困。不健全的社会风险保障机制可能使得本来是转型过程中的临时性贫困转化为长期持续性的贫困，从而丧失发展的机会。很显然，把包容性增长界定为机会平等的增长，可以避免通过依赖政府再分配手段来改善收入分配的倾向。④加强对环境保护的投资，消除由环境退化带来的贫困和分配不公，稳定并提高环境质量。

世界银行 2006 年的发展报告提出，从公平角度出发分析问题，在发展政策制定方面提供了三个新的视角，至少是三个往往被忽视的视角：①最好的减贫政策应涉及对主导群体的影响力、特权或补贴进行再分配；②这种提高公平程度的(权力、政府开支受益权和市场准入权)再分配往往能够提高效率，但是在政策设计上也需要评估各种可能的取舍方案；③将增长政策和具体旨在实现公平的政策割裂开来是错误的。机会分配和增长过程，两者不是孤立的关系。影响一个人的政策也会影响另一个人。其关键在于总体的一揽子政策和相关程序的公平性。

包容性绿色发展对我国构建和谐社会有重要的启示。从理论上讲，包容性绿色发展理念和我国决策层提出的“构建和谐社会”“转变发展方式，实现经济又好又快发展”及建设“资源节约型和环境友好型”社会的设想有很多共同之处。从政策选择看，包容性绿色发展是构建和谐社会的有效途径：①和谐社会需要我国经济保持高速和可持续的增长，因为只有高速的经济增长，才能创造大量的就业与其他发展机会。②高速的经济增长并不一定能保证机会的公平分享。因为中国经济仍处于向市场经济体制的转型中，市场、体制和政策的不完善会造成经济增长过程中机会的不平等，并导致收入差距的扩大。因此，构建和谐社会需要消除各种各样的机会不平等，从而促进增长的包容性。

对于我国未来的政策制定而言，根据包容性绿色发展理念，重要的是要避免两个倾向：①只顾高速度的经济增长而忽视了增长的包容性和对环境的友好性；②过度依赖政府再分配的手段来实现收入的均等化。

2.3　增长—不平等—环境：理论框架

2.3.1　引言

包容性绿色发展是通向可持续发展之路。包容性绿色发展理念要求，增长必须是包容性的和公平的，是可持续的，必须是对环境无害的。为实现可持续发展，需要设计良好的包容性绿色发展政策，改进所有人的社会福利，促进自然资源的良好管理，尊重地球脆弱的平衡。可持续发展包含了经济的可持续发展、社会的可持续发展和环境的可持续发展。这三者构成了可持续发展的三根支柱。它们之间相互联系、相互影响，存在彼此的溢出效应(图 2.11)。

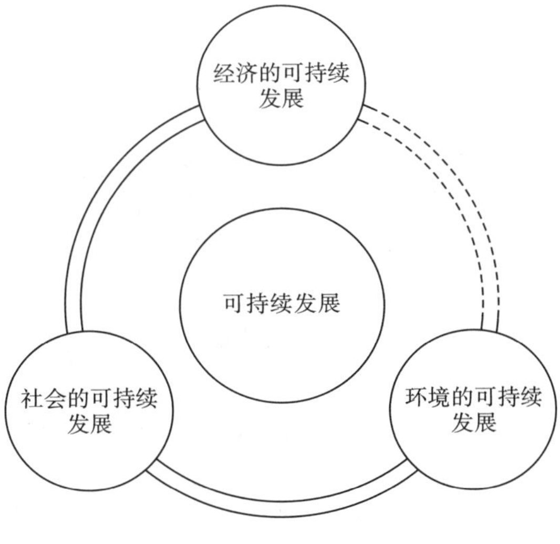

图 2.11　可持续发展的三个支柱及彼此的溢出效应

资料来源：作者绘制。

对于发展中经济体，特别是发展中经济体中的发展滞后的部分，存在着两个发展三角：①增长—减贫—公平；②增长—减贫—环境（图 2.12）。这两个三角在空间上的映射一般都是耦合的（图 2.13）。

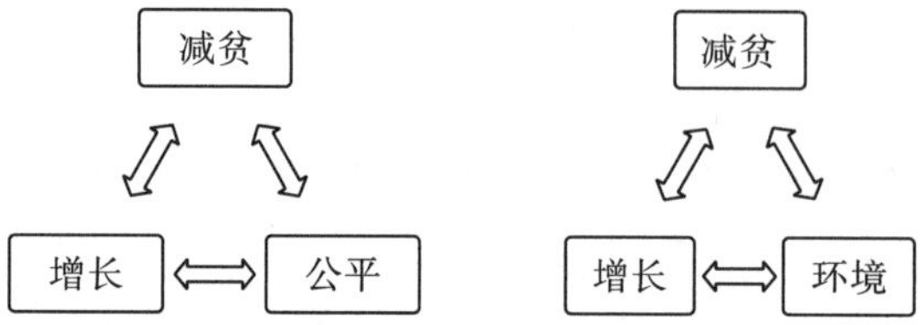

图 2.12　发展三角

资料来源：作者绘制。

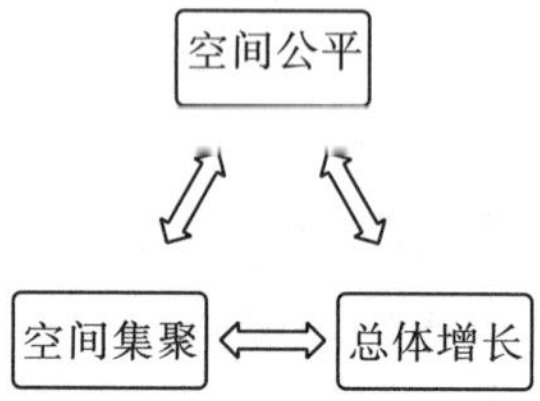

图 2.13　发展三角的空间映射

资料来源：作者绘制。

在发展经济学中，这些三角关系被概括为几条库兹涅茨曲线：①经济增长与公平间的库兹涅茨曲线。这是传统的库兹涅茨曲线，反映了经济增长和收入分配间的倒 U 形关系，说的是，随着人均收入水平的提高，在发展的初期，收入分配会恶化，基尼系数会上升，当人均收入水平提高到某个门槛值时，收入分配恶化达到最高水平；随后，随着人均收入水平的提高，收入分配会改进，基尼系数会下降。②经济增长与区域差距间的库兹涅茨曲线，又称为威廉姆斯曲线，是传统的库兹涅茨曲线在空间上的反映，讲的是总体经济增长与区域差距间的倒 U 形关系。③经济增长与环境间的环境库兹涅茨曲线，反映的是经济增长与环境污染间的倒 U 形关系，指出了污染与人均收入间的关系为“污染在低收入水平上随人均 GDP 增加而上升，高收入水平上随 GDP 增长而下降”。此外，增长与减贫间、贫困与环境间的关系很复杂。

本节主要讨论经济增长与收入分配间的关系、经济增长与环境退化、增长—平等—环境间的关系。这些关系构成了包容性绿色发展的理论基础。

2.3.2　经济增长与收入分配：库兹涅茨曲线

包容性发展要求同时实现经济增长—平等—减贫。实际上，在增长、平等和减贫间存在某些权衡关系。①经济增长与平等间存在一定程度的冲突，在文献中，通常称之为“库兹涅茨假说”（Kuznets hypothesis）；②经济增长是否对贫困减缓有促进作用，取决于增长实现的方式，一般而言，经济增长是贫困减缓的必要条件，但已有的研究证明，增长的减贫效益是递减的；③在平等与贫困之间，一般地讲，平等是有利于减贫的，特别是机会平等的实现，减贫的效果很显著。本节主要讨论经济增长与平等间的关系。

1955 年，美国经济学家西蒙·库兹涅茨（Simon Kuznets）通过对 18 个国家经济增长与收入差距实证资料的分析，得出“收入分配的长期变动轨迹呈现出先恶化后改善”的结论，据此提出了著名的“倒 U 假说”：在经济发展的早期，国民收入总体水平在由低到高上升过程中，国民收入的差距会扩大；随着经济发展，到经济增长的后期，国民收入的差距逐渐缩小，达到比较公平的状态。

大量的文献研究了不平等与经济增长间的关系，结论是复杂的和混合的。根据这些文献，可以绘出理解不平等、再分配与增长间关系的渠道(图 2.14)。

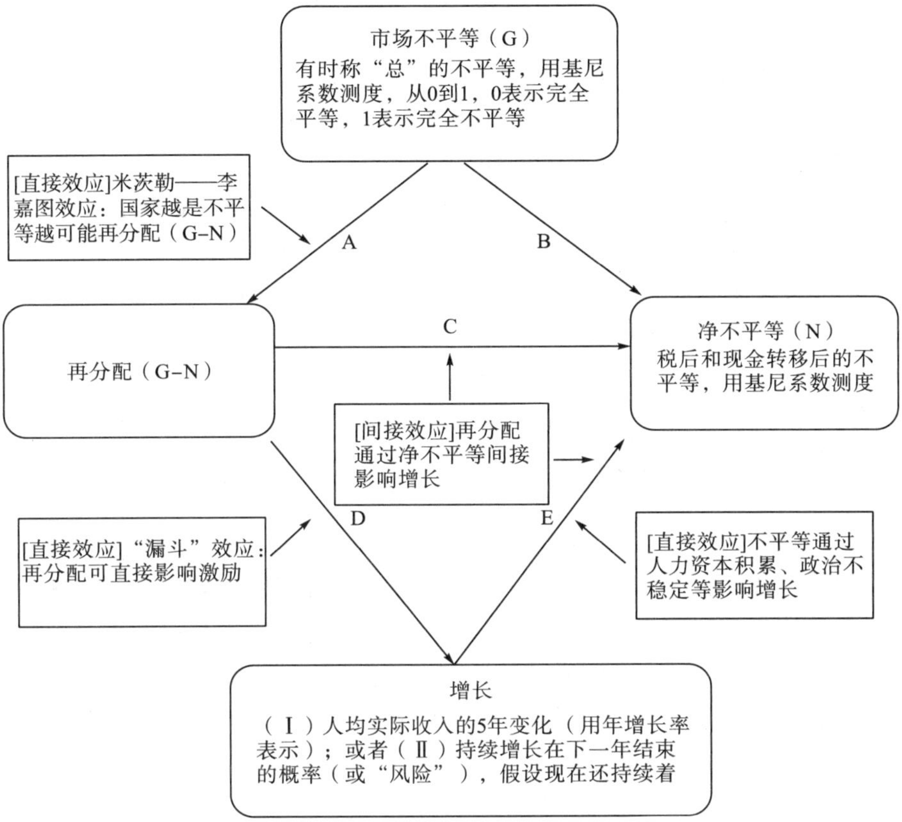

图 2.14　不平等、再分配与增长间的关系

注：这个图揭示了文献中考虑的主要影响渠道。从计量经济学上估计了再分配的直接效应(线 D)和净不平等(线 E)，在每种情况下，假设其他变量保持不变。也计算了再分配对增长的总效应。假设再分配不影响市场不平等，因此再分配一对一影响净不平等。因而总效应是估计的直接效应(线 D 和间接效应的和，其实就是再分配对净不平等(线 C)和估计的净不平等对增长的直接效应(线 E)的组合)。还有许多其他的渠道，如从增长到不平等和再分配。此外，可能有渠道把收入水平、不平等和再分配联系起来。

资料来源： Ostry 等(2014)。

(1)不平等能正向影响增长(图 2.14 线 E)，主要渠道有：为创新和企业家精神提供激励(Lazear and Rosen，1981)；特别在不发达国家和地区，不平等允许少数人积累起开办商业的最小所需和接受良好的教育(Barro，2000)。但是，不平等也可能伤害增长，因为不平等剥夺穷人保持健康、积累人力资本的能力(Perotti，1996；Galor et al.，2004；Aghion et al.，1999)，引起政治和经济的不稳定性，从而降低投资(Alesina and Perotti，1996)，阻碍适应社会冲击所需要的社会共识和持续增长(Rodrik，1999)。因此，不平等和增长间的关系可能是非线性的，如在 Benhabib(2003)的理论模型中所描述的，不平等从低水平开始增加时，为增长促进型提供激励，而当不平等增加到超过某点时，鼓励寻租和降低增长，因而呈现出一种倒 U 形的关系(库兹涅茨关系)。

(2)在市场不平等与再分配关系方面(图 2.14 中的线 A)，梅尔策和理查德的研究强调较高的不平等会产生再分配的压力。然而如贝纳布和斯蒂格利茨所指出的，如果富人有比穷人更大的政治影响，情况未必如此。

(3)政策文献集中于直接效应(图 2.14 中的线 D)，一般假设再分配对增长有害(Okun，1975)，因为高税收和高补贴抑制工作和投资的激励。损失可能是税率或补贴率的增函数，给定净成本的凸性，当税率低时再分配的损失最小但随着税率或补贴率增加损失快速上升(Barro，1990；Jaimovich and Rebelo，2012)。但有作者认识到再分配并非天生对增长有害，其程度还涉及利于富人的降低税收支出或漏洞，或者作为更广泛税收改革的部分(如遗产税越高，劳动所得税越低，这两者相互冲抵)。更广泛地讲，当通过累进税为公共投资融资时，当社会保险支出提高了穷人的福利和承担风险的能力时(Benabou，2000)，或者当更高的健康和教育支出有利于穷人，有助于弥补劳动和资本市场不完善时(Saint-Paul and Verdier，1993，1997)，再分配也会发生。在此种情况下，再分配政策会同时增加平等和促进增长。文献一般忽略了再分配的总效应，包括直接效应(图 2.14 中的线 D)和通过不平等的间接效应(线 C)，因为很少有文献同时研究不平等和再分配。

显然，关于经济增长与不平等的理论研究至多只对这些问题提供了部分指引，理论能否与事实吻合，是需要证据的，有海量的文献对这些关系进行了实证分析。就不平等与增长而论，统计上的数据一般支持的观点是，不平等阻碍增长，至少在中期是这样。在大量关于增长的经验研究中，研究者研究了长期的增长率(Persson and Tabellini，1994；Perotti，1996；Alesina and Rodrik，1994)、国家间的收入水平(Easterly，2007)、增长的持续时间(Berg et al.，2012)，发现不平等是和增长的放缓与持久性降低相联系的。少数例外(Forbes，2000；Banerjee and Duflo，2003)发现短期关系的模棱两可 (Aghion et al.，1999；Halter et al.，2010)。关于再分配与增长关系、市场不平等和再分配间关系的实证研究，结论是混合的，而且难以确定明确的因果关系。

之所以实证研究会出现这样的局面，究其原因主要有：①数据的选择。例如，分析不平等对增长的影响，实际上涉及税前的不平等和税后不平等，很多研究并未对此做出区分。②要知道增长、不平等和再分配这不同变量间的复杂的相互关联，需要联合经验分析，但现有的研究很少有这样做的。③增长—不平等—再分配间的理论传递渠道可能有多个，这给实证分析带来了难度。最后是数据的稀缺性。

奥斯特等人是第一个利用最近编辑的跨国数据库，区分了市场(税前和转移前)不平等和净(税后和转移后)不平等，计算了大量国家的再分配性转移，分析了五年期增长率和增长持续期。他们的主要结论是：①越是不平等的社会，越趋于再分配。因而重要的是理解增长—不平等关系时要区分市场不平等和净不平等。②给定再分配水平，净不平等越低，增长越快、越持久，这种关系是坚实的。③再分配对增长的影响一般是有益的；只在极端情况下，才有证据表明再分配对增长有直接的负效应(Ostry et al.，2014)。

2.3.3　经济增长与环境退化：环境库兹涅茨曲线-绿色索洛模型

1991 年，美国经济学家格罗斯曼和克鲁格首次实证研究了环境质量与人均收入之间的关系，指出了污染与人均收入间的关系为“污染在低收入水平上随人均 GDP 增加而上升，高收入水平上随 GDP 增长而下降”。1992 年，世界银行的《世界发展报告》以“发展与环境”为主题，扩大了环境质量与收入关系研究的影响。1993 年，帕纳约托借用 1955 年库兹涅茨界定的人均收入与收入不均等之间的倒 U 形曲线，首次将这种环境质量与人均收入间的关系称为环境库兹涅茨曲线(EKC)。EKC 揭示出环境质量开始随着收入增加而退化，收入水平上升到一定程度后随收入增加而改善，即环境质量与收入为倒 U 形关系(图 2.15)。

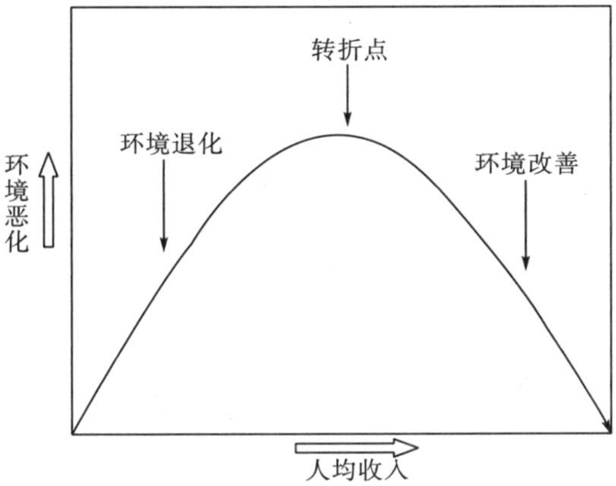

图 2.15　环境库兹涅茨曲线(EKC)

资料来源：作者绘制。

本节通过一个增长模型来说明环境库兹涅茨曲线。威廉姆·布洛克和斯科特·泰勒对索洛模型(Solow model)进行了扩展，引入了减排技术的进步，在他们扩展的模型中，环境库兹涅茨曲线是经济向可持续增长路径收敛中必然产生的副产品。他们的模型预言，污染排放与人均收入、环境质量存量与人均收入间存在 EKC 关系，EKC 的具体形状可能是驼峰形的也可能是严格递减的。他们把这个扩展的索洛模型，称为绿色索洛模型(the green Solow model)。本节介绍他们模型的基本框架和主要结论(William et al., 2004)。

1)模型的基本结构

考虑一个标准的有固定的储蓄率(s)的索洛模型。模型的基本方程如下。

(1)生产函数：利用有效劳动力($B\times L$)和资本(K)生产产品(Y)，生产技术为规模报酬不变，生产函数严格凹。

$$Y=F(K,B\times L) \tag{2.21}$$

式中，B 为劳动增强型技术进步。

(2)资本积累方程：通过储蓄和折旧率 δ 进行资本积累，这意味着：

$$\dot{K} = sY - \delta K \tag{2.22}$$

(3)劳动力增长方程：假设劳动增强型技术进步率为 g，人口增长率为 n，则有

$$\dot{L} = nL, \ \dot{B} = gB \tag{2.23}$$

(4)污染排放方程：作为产出的副产品，假设每单位经济活动 F 产生 Ω 单位污染。如果有减排，释放到大气中的污染数量不同于生产的数量。假设减排是规模报酬不变的活动，减排的污染物数量是经济活动总规模 F、经济减排努力 F^A 的增函数和严格凹函数。在减排水平 A 处，从总的污染水平减排了 ΩA 单位的污染，就有

$$污染排放量=污染产生量–污染减排数 \tag{2.24a}$$

$$E = \Omega F - \Omega A(F, F^A) \tag{2.24b}$$

$$E = \Omega F[1 - A(1, F^A \div F)] \tag{2.24c}$$

$$E = \Omega F a(\theta) \tag{2.24d}$$

式中，$a(\theta) \equiv [1 - A(1, F^A / F]$，$\theta = F^A / F$。

式(2.24c)服从 A 的线性齐次性，式(2.24d)根据 θ 的定义，是致力于减排的经济活动的比例。假设减排强度函数满足 $\alpha(0) = 1$，根据凹性，$\alpha'(\theta) < 0$，$\alpha''(\theta) > 0$。减排对污染减少有正的但边际递减的影响。在某些情况下，采用的具体形式是 $\alpha(\theta) = (1-\theta)^{\varepsilon}$，$\varepsilon > 1$。

污染排放方程说明以下情况。①排放由经济活动规模 F、生产技术 $\Omega\alpha(\theta)$ 决定。技术可能受减排强度 θ 的变化，或受使参数 Ω 随时间降低的技术进步的影响。因为 F^A 包括在 F 中，因此减排活动本身也会产生污染。②减排利用的要素与最终产出的比例相同，因此，资本和有效劳动的比例 θ 被直接配置到减排活动中，余下的比例 $(1-\theta)$ 就是消费品或者投资品生产可用的。③固定的减排强度 θ，并不与静态的或不存在环境政策的状态相对应。如果政府只是随时间缓慢地提高技术标准，θ 仍然不随时间而变化。

2)绿色索洛模型

根据污染排放方程，因为要减排，于是用于消费或投资的产出 Y 为

$$Y = [1-\theta]F \tag{2.25}$$

同时，要考虑到环境的自净能力，假设污染的耗散呈幂指数形式，这样污染存量 X 与排放流 E 的关系为

$$\dot{X} = E - \eta X \tag{2.26}$$

式中，$\eta > 0$ 为自然更新率；$X = 0$ 为 0 污染存量的原始环境。

在索洛模型中，技术进步外生，有效劳动的增长率为 g，假设降低 Ω 的减排的外生技术进步率为 $g^A > 0$。这样，整合上面的方程并转换为人均水平，就得到绿色索洛模型：

$$y = f(k)[1-\theta] \tag{2.27}$$

$$\dot{k} = sf(k)[1-\theta] - [\delta + n + g]k \tag{2.28}$$

$$e = f(k)\Omega a(\theta) \tag{2.29}$$

式中，$k = K/(B \times L)$，$y = Y/(B \times L)$，$e = E/(B \times L)$，$f(k) = F(k,1)$。

3) 平衡增长路径

假设标准稻田条件对 F 成立，那么因 θ 固定，直接从任意的 $k(0)>0$ 开始，经济收敛于唯一的 k^*，正如索洛模型那样。随着经济接近其平衡增长路径，总产出、消费和资本均按 $g+n$ 的速度增长，而对应的人均值增长率为 g。利用人均值增长的标准记号，沿平衡增长路径，必定有 $g_y=g_k=g_c=g>0$ 。然而，环境的潜在恶化要威胁这种幸福的存在。因为沿平衡增长路径，k 接近 k^*，总排放的 g_A 增长率 G_E 可正可负：

$$G_E=g+n-g_A \tag{2.30}$$

式中，g、n 为增长对排放的影响，g_A 为减排技术进步产生的技术效应。

因此，沿平衡增长路径，当 $G_X=G_E$ 时，X 的增长不变。定义可持续增长为一平衡增长路径，其中产生人均消费提高，环境改善。可持续增长要求：

$$g>0,\quad g_A>g+n \tag{2.31}$$

商品生产的技术进步是人均收入增长的必要条件。减排的技术进步必须超过总产出的增长，这样才有污染下降和环境改善。

4) 绿色索洛模型与环境库兹涅茨曲线

绿色索洛模型产生的人均收入和环境质量路径，勾画出环境库兹涅茨曲线。索罗模型的收敛性意味着产出增长最初非常快，但随着 k 接近其平衡增长路径 k^*，产出增长减慢。污染排放开始增长快，随后就慢下来。在过渡阶段及以后，因为减排的技术进步，单位产出的排放按不变速度 g_A 下降，从而驱动排放下降。最后，假设增长是长期可持续的，因此 $g_A>g+n$ ，就直接得到索洛模型典型的收敛性保证产出的快速增长首先超过下降中的单位产出排放。当经济远离其平衡增长路径时，产出增长又会被减排技术进步超过。技术进步和报酬递减的相互作用产生了环境库兹涅茨曲线。

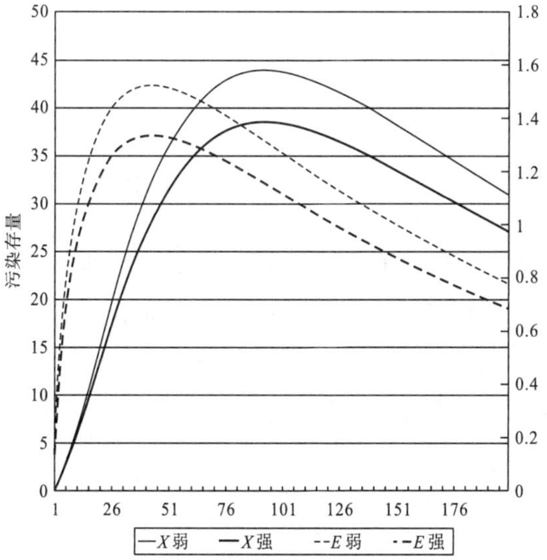

图 2.16　环境库兹涅茨曲线(EKC)

图 2.16 给出了相应的模拟结果。如图 2.16 所示，考虑了两个经济，这两个经济除了减排配置 θ 外，其余方面均相同，图 2.16 给出了排放 E 和污染存量 X 的轨迹。每个经济从最初的原始环境开始，资本存量很小，$k(0)>0$。一个经济把其产出的 5%配置给减排，我们称之为强减排情形；另一个经济是弱减排情形，只把其产出的 0.5%配置给减排。取 $f(k)$ 为科布-道格拉斯函数，资本份额为 0.35，人均收入增长率为 1.5%，沿平衡增长路径，人口增长率为 1%，减排技术进步率为 3%。这些参数保证可持续增长是可能的。储蓄率为 25%，折旧率为 3.5%，再生设定为 0.03，意味着单位时间 X 的消耗率是 3%。可以看出，环境首先恶化，X 和 E 均上升。差不多 40 年后排放开始下降。在差不多 90 年后，污染存量 X 开始下降，经济收敛于其平衡增长路径。利用方程(2.30)，沿平衡增长路径，排放每年下降 0.5%，这接近于其最后时期的模拟仿真。当然，在平衡增长路径之外，排放增长长期为正。

5) 报酬递减与转型动态

任意时点的排放为

$$E = B(0)L(0)\Omega(0)a(\theta)\exp[G_E t]k^{\alpha} \tag{2.32}$$

式中，$B(0)$、$L(0)$ 和 $\Omega(0)$ 为初始条件；G_E 为先前给定的。

对时间求微分得到排放增长率：

$$\dot{E}/E = G_E + \alpha\,\dot{k}/k \tag{2.33}$$

单位有效劳动的资本的变化率为

$$\dot{k}/k = sk^{\alpha-1}(1-\theta)-(\delta+n+g) \tag{2.34}$$

利用这两个表达式，就可绘出动态图，如图 2.17 所示。图 2.17 的上半部分，纵轴是单位有效劳动的资本的变化率（α 倍）$\alpha\dot{k}/k$ 和总排放的变化率 $\dot{E}/E$，横轴是单位有效劳动的资本。假设增长是可持续的。储蓄率曲线为 $\alpha sk^{\alpha-1}[1-\theta]$，斜率为负，随储蓄率 s 而移动，储蓄轨迹从正无穷开始，随 k 增大而趋于 0；因此，必定在 T 和 B 点和横轴相交。显然，$\alpha sk^{\alpha-1}[1-\theta]$ 和横轴上的高为 $\alpha[\delta+n+g]$ 的水平线的垂直距离正好是单位有效劳动资本增长率的 α 倍，或者 $\alpha\left(\dfrac{\dot{k}}{k}\right)$。单位有效劳动资本在 B 点的左边所有点都上升，在右边的所有点都下降。交点 B 给出的是单位有效劳动资本的稳态 k^*。在所有小 k 处增长最快，随 k 接近 k^* 而下降。当经济进入其平衡增长路径时，$\dot{k}$ 为 0，经济的总产出和资本增长率为 $g+n$。

由方程(2.33)，因为 G_E 不变，排放增长率的特征和资本增长率的多数特征相同。最主要的是，在 k 小时，排放的增长率变小得非常快，然后随经济接近其平衡增长路径而单调下降。要决定排放的峰值，利用方程(2.33)和方程(2.34)，构造储蓄曲线 $\alpha sk^{\alpha-1}[1-\theta]$ 和距横轴高度为 $\alpha[\delta+n+g]-G_E$ 间的垂直距离，等于排放变化的百分比或 $\dot{E}/E$。因此在点 T，排放增长率为 0：$\dot{E}=0$。点 T 代表排放的转折点。在假设增长是可持续的情况下，$G_E<0$，点 T 位于 B 的左边；当增长不可持续 $G_E>0$，T 位于点 B 的右边。

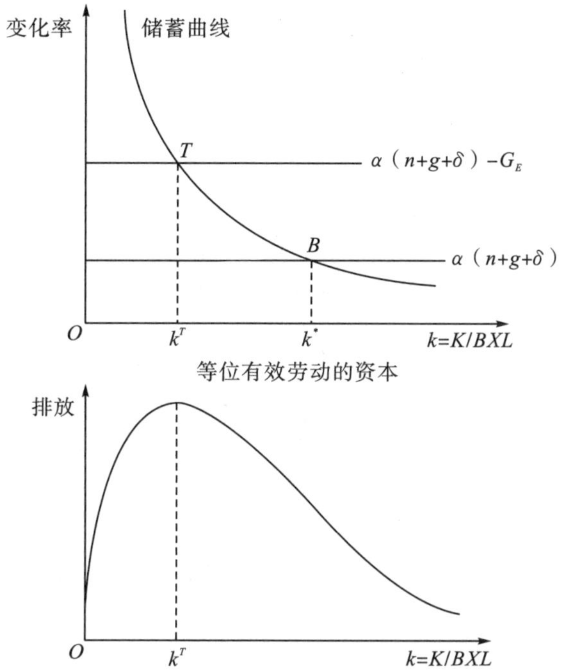

图 2.17　绿色索洛模型

总体上，绿色索罗模型可总结为如下几个结论。①结论 1：如果增长是可持续的，且 $k^T > k(0)$，那么排放增长率开始为正，但在有限时间内转为负。如果经济是可持续的，且 $k(0) > k^T$，那么排放增长率在所有时间 t 都为负。如果增长是不可持续的，那么排放随时间增长且在所有时间 t 仍为正。②结论 2：参数值相同但初始条件不同的经济，人均收入和排放的组合随时间不同。排放水平的峰值及与峰值排放相关的人均收入不是唯一的。③结论 3：排放 E 和人均收入 y^c 间存在着 EKC 的参数关系。如果 $k^* > k^T$，那么排放随人均收入先上升然后下降。如果 $k^* > k(0) > k^T$，那么，排放随人均收入单调下降。

绿色索罗模型与排放的收敛有关的两个经验预言是：①一组经济体，他们的储蓄率、减排强度、技术进步率等参数相同，但初始条件不同，其排放指标会呈现出收敛。即使每个国家的收入和污染组合随时间典型的呈现出唯一关系，也是如此。②不同的经济体呈现出非常不同的污染和收入组合，而不是呈现出不同的经济体非常不同的污染和收入组合。不同的经济体在稳态外增长，其速率是初始条件不同和经济体特征不同的函数。

2.3.4　增长—不平等—环境：文献评论与猜想

1) 增长—不平等—环境：文献评论

环境变化与绝对的收入贫困是 21 世纪人类面临的两个主要的挑战。众所周知，分配中性增长有助于减缓绝对贫困，而与降低收入不平等相联系的增长，或者说是益贫式增长的贫困减缓效应更大。同时，环境库兹涅茨曲线和环境变化的研究表明，经济活动的增加要对环境退化负责；不过，不平等的变化对环境退化的效应尚不清楚，而不平等的环境效应是理解益贫式增长和环境退化间可能存在的权衡的关键。

已有的关于收入不平等与环境退化关系的研究，结论不一致甚至是相互冲突的。较早从理论上研究不平等如何影响环境退化的学者是博伊斯(Boyce，1994)。其在一系列论著(Boyce，1994；2003)中研究了环境退化背后的政治经济动态关系。杰姆斯和博伊斯提出的两个假说是：①环境退化型经济活动的范围是此类经济活动的赢家(从此类活动获得净收益)和输家(承担此类经济活动的净成本)间权力平衡的函数；②在其他条件不变的情况下，权力和财富的不平等越大，环境退化越严重。

博伊斯认为，环境退化型经济活动有赢家和输家。谁是输家呢？他们可能是下一代，也可能是当代人，但可能由于缺乏环境退化成本的信息而不知道他们是输家，也可能知道他们是输家，但缺乏权力去阻止赢家对他们施加环境退化成本。针对后一种情况，博伊斯构建了一个分析环境退化型经济活动的政治-经济框架，在他称之为权力加权社会决策法则中，如果赢家权力大，输家权力小，那么环境退化型经济活动多，环境退化更严重。而且，在其他条件不变的情况下，权力和财富不平等越大，环境退化越严重。不平等影响环境退化有三个渠道：权力加权社会决策法则的不对称、影响环境退化型经济活动的成本和收益估价、影响环境的时间偏好率。

图 2.18 绘出了环境退化型经济活动的边际收益和边际成本曲线，社会有效率的环境退化经济活动水平由边际收益等于边际成本得到，为D_s，自由放任的私人水平是D_p。博伊斯认为实际的环境退化型经济活动水平由于公众或政府的压力，会在D_p以下，但由于交易成本的存在，也难以达到社会最优的水平D_s，而是在D_s和D_p之间，具体水平由环境破坏型经济活动的得益的赢家和承担成本的输家的相对权力(relative power)决定。而相对权力是与权力相关的个人特征(如财富、性别、民族和阶层)、个体数量和政治框架的函数。在博伊斯考察的权力加权社会决策法则中，财富和权力在决定社会政策时高度相关。在一个不平等的社会，富人可能有大的政治权力，对环境破坏性项目的决策影响大。富人一般是赢家，而穷人一般是输家。结果，经济不平等—影响权力的分配—提高环境破坏项目和投资的可能性，因为它“加强了富人对穷人实施环境成本的权力”。所以，实际的环境退化型经济活动水平大于D_s。

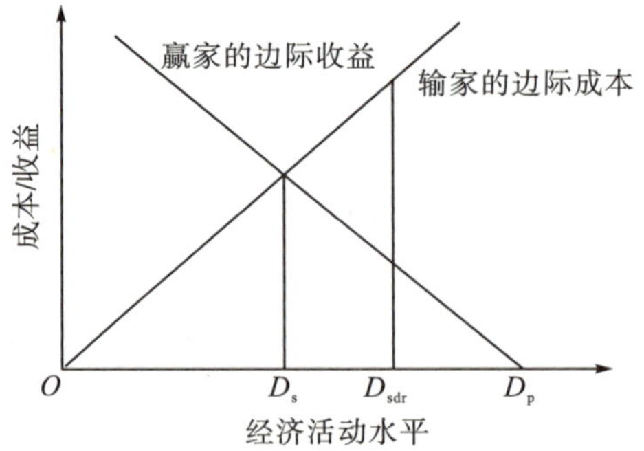

图 2.18 环境退化型经济活动的边际收益与边际成本曲线

资料来源：Boyce(2003)。

权力分配不仅影响不同的人对环境退化型经济活动进行成本-收益分析的权重，而且影响成本-收益分析的货币估价。理论上，成本-收益分析的货币估价是基于市场价格，或者准确地讲，是基于完全竞争一般均衡的假想世界的市场价格。该价格有三个外生的基本决定因素：禀赋的初始分配、消费者偏好和技术。实际上，由于市场失灵、不完全信息，存在价格扭曲，此种估值是由代理人的支付意愿决定的，而这又取决于其支付能力。因而，取决于禀赋的初始分配，不同的分配产生不同的价格。例如，财富高度集中的社会，与财富比较平等分配的社会比较，对必需品的需求，前者低于后者，因此“有效率”的产出水平也低。同样，与富人比较，穷人接受“有效率”的污染水平较高，因为穷人为避免污染的支付意愿和支付能力比富人低。财富和权力的不平等也影响偏好和技术进步。偏好可以通过信息调整和塑造。博伊斯认为不平等要影响信息的获得和信息的价值，从而影响偏好。而信息的获得和价值是由利益集团操控的。另外，技术进步的模式要受经济和政治影响，特别是利益集团影响着技术变迁的路径。总之，财富和权力的不平等通过购买力的分配、偏好的形成和对技术变迁路径的影响等渠道影响环境退化型经济活动的成本和收益的估价。通过这些渠道，更大的不平等，提高富人和有权势的赢家获得的收益的价值，提高穷人和无权无势的输家的成本，最终强化了权力加权社会决策法则下不平等与环境退化的联系。

环境退化型经济活动通常要产生短期利益和长期成本。时间偏好率指的是用现在利益(成本)交换未来利益(成本)的意愿。时间偏好率越高的人，对现在利益赋予的权重越大，为了短期利益，他们更愿意接受长期成本。把时间偏好率概念用到环境资源方面，指的是环境时间偏好率。博伊斯认为，不平等程度越高，环境时间偏好率越高，对未来的关注越低，不管贫富，这都是真的。一方面，当不平等增加时，穷人趋于过度开发自然资本，因为他们意识到，只有他们有处置权的资源和直接的收入来源能帮助他们维持每天的生存。另一方面，经济不平等通常是和政治不稳定和反叛风险相联系的。这导致富人——那些应承担最多的保护环境的金融成本——偏好利用环境并投资国外的回报(政治不确定程度较低)的政策，而不是选择投资于保护本地自然资源。因而，不平等增加会引起穷人和富人都加剧其生存环境的退化。

博伊斯提出的关于财富和权力的不平等会导致环境退化的假说最先受到斯克鲁格斯(Scruggs，1998)的批评。他认为不平等与环境退化之间不存在必然的因果联系，不平等可以或不可以增加环境退化；在某些条件下，不平等越大，环境退化程度甚至越低。实际结果主要取决于代理人间偏好的分布和制度规则。他提出的证据显示，博伊斯提出的权力加权社会决策法则下民主和公平的社会环境保护要比非民主和不平等的社会好的观点未必是真的。同时，斯克鲁格斯认为博伊斯推论说富人偏好于比穷人更多的环境退化，而证据表明，“与收入低的人比较，收入越高的社会成员，对环境的关注度越高。”

马西里亚尼和伦斯特罗姆研究了代议制民主制下，收入分配如何影响环境政策和经济增长。他们提出了一个两期模型，其中代理人在 1 期的劳动收入不同。该模型可以解释为一个静态模型，其中代理人的生产性时间、供给的劳动不同，劳动被征税；也可以解释为一个交叠时代模型，代理人 1 期的劳动不同。不管是哪个模型，他们发现不平等与污染间的关系中的驱动力是双重的，一方面，如果环境不是劣质品，越穷的人，环境和私人消费间的边际替代率越低，这样若穷人是决策者，越穷的人，保护环境的程度越低；另一方面，越穷的人越愿意再分配，从而产生无效率状态，如果环境不是劣质品，这将引起与环境比较，代理人更愿意偏好私人消费。这两个力量的方向一致。这意味着在政治-经济均衡时，不平等和环境保护是负相关的。他们也探讨了增长问题。越穷的人，越希望再分配，征收资本税，这要伤害资本积累和增长。因为已经证明不平等和增长负相关，不平等和环境保护负相关，所以增长和环境保护是正相关的。

马丁·拉瓦雷等人研究了碳排放、经济增长和收入不平等间的关系。他们发现，收入分配对总的二氧化碳排放及全球变暖有重要影响。他们认为每个人都有碳排放的隐含需求函数，因为几乎所有物品的消费都意味着一些排放，要么是直接的(通过消费)，要么是间接的(通过产品的生产)。他们称排放的边际倾向(marginal propensity to emission，MPE)是这个需求函数对收入的偏导数。如果穷人的MPE比富人高，降低不平等的再分配政策将增加碳排放；反之，如果穷人的MPE低于富人，降低不平等的政策也将降低排放水平。很难说这两个效应哪个占优。一方面，穷人一般会把很大部分收入用于食品和衣服而非排放率高的物品，如机动车辆，因此他们的MPE应低于富人。另一方面，他们利用能源的效率可能低于富人，这会保持更高的MPE。同样的论证适用于跨国的不平等：“通过把收入从二氧化碳低边际排放倾向的国家分配给那些高边际排放倾向的国家，这种国家间不平等的降低可能会强化全球变暖。”因此，一般地，不平等对排放的影响是任意的，取决于MPE是否随收入增长而上升，即二氧化碳-收入函数的二阶偏导数。

他们认为，更高的不平等，在给定平均收入情况下会降低碳排放。经济增长提高碳排放。因此他们认为，气候控制(一方面)和社会公平与经济增长(另一方面)间存在权衡。经济增长会改进与公平的权衡，不平等降低会改进与增长的权衡。把增长和公平结合起来，增长过程越是对穷人有利，碳排放的长期轨迹就越好。

洛朗则认为，关于社会不平等与环境退化间的关系的讨论应超越社会/生态权衡观(the social/ecological trade-off)，实际上这两者是并行的，是一种相互的复杂关系，他称之为社会-生态联结(the social-ecological nexus)。一方面，社会不平等在生态危机中发挥着重要作用；另一方面，环境不平等是社会不公平的新的形式，因而是社会政策的新的领域，最后社会-生态联结成为政治不平等的杠杆。洛朗识别出不平等引起环境破坏的五个宏观生态渠道：不平等增加对环境有害及社会不必要的经济增长的需求；不平等增加国内及国家间富人的生态无责任；不平等影响个人和团体的健康，消减社区和社会的生态恢复力，弱化适应于加速环境变迁的集体行动能力；不平等妨碍旨在保护自然资源的集体行动；不平等降低对环境当务之急的政治上可接受性，降低补偿环境政策的潜在社会递减效应的能力。在社会-生态联结的环境退化影响不平等的方面，他认为至少有三个方面：环境不平等上升——随着当代生态环境恶化，环境不平等所施加的对社会公平的威胁在上升，基本的环境不平等有四类——曝光与获得的不平等、政策效应不平等、政策制定中的不平等、影响的不平等；教育不公平——从环境不平等通过制度传递到社会不平等；社会-生态灾害(“卢梭的复仇”)——社会因素在所谓“自然”灾害中起着关键作用。

除了关于增长—不平等—环境的理论研究外，最近也有大量的实证研究文献。Torras和Boyce(1998)考察了除二氧化碳外的水污染和大气污染变量。利用Grossman和Krueger(1995)最初采用的全球环境监测系统(global environment monitoring system，GEMS)数据，作者分析了 1977～1991 年的国家的面板数据。为了检验 Boyce(1994)提出的论点，他们引入三个解释变量代表一国内的权力不平等：经济不平等(基尼系数)、成人识字率(LIT)及政治权利和公民自由权的总量(RIGHTS)。经济计量模型为

$$\mathrm{POL}_{it}=\alpha+\beta_1 Y_{it}+\beta_2(Y_{it})^2+\beta_3(Y_{it})^3+\delta_1\mathrm{GINI}_i+\delta_2\mathrm{LIT}_i+\delta_3\mathrm{RIGHTS}_i+\gamma_i Z_i+\varepsilon_{it}$$

式中，POL 为要被检验的污染变量；Y 为人均收入；Z 为地理协变量向量。

方程用最小二乘法估计。作者发现，当考虑权力不平等时，收入不平等一般要下降，具有统计重要性。Torras 和 Boyce 得到了收入不平等环境效应的混合结论：基尼系数和某些环境指标正相关，和另一些环境指标负相关。

为检验不平等影响环境的假说，Scruggs (1998)利用合并模型进行了两个跨国实证分析。在第一个分析中，因变量是四个不同的污染物集中度(二氧化硫、颗粒物、粪大肠菌和溶解氧)，22～29 个国家面板。经济计量学模型是

$$\mathrm{POL}_{it}=\alpha+\beta_1\log Y_{it}+\beta_2\log(Y_{it})^2+\delta_1\mathrm{GINI}_{it}+\delta_2\mathrm{DEMOCRACY}_{it}+\varepsilon_{it} \tag{2.35}$$

式中，DEMOCRACY 为自由度排序的平均。

第二个检验的是几个变量对环境质量复合指数(ENVQ)的影响，样本数为 17 个 OECD 国家的面板数据。环境质量复合指数用 5 个污染指数构造。在这种情况下，利用的模型是

$$\mathrm{ENVQ}_i=\alpha+\beta_1\log Y_{it}+\beta_2\log(Y_{it})^2+\delta_1\mathrm{GINI}_{it}+\delta_2\mathrm{DENSITY}_i+\delta_3\mathrm{NUCLEAR}_i+\varepsilon_{it} \tag{2.36}$$

式中，$\mathrm{DENSITY}_i$ 为国家 i 的人口密度；$\mathrm{NUCLEAR}_i$ 为核能在国家能源供给中的百分比。

在第一个分析中，只有 1/2 的要检验的污染物，基尼系数在 10%水平上统计上显著，即使在这种情况下，Scruggs 得到冲突的结论：不平等越大，一个环境指标(溶解氧)的环境退化增加，而其他环境指标(颗粒物)减少。在第二个分析中，不平等都降低了环境退化，或者说不平等对环境的影响近乎为 0。这些结论似乎证实作者的观点：不平等未必和环境退化有联系。然而，第二个分析的结果，可能要受环境质量复合指数的构造方法的影响，因为正如作者也指出的，它忽视了许多污染物，以及再循环政策及自然的吸收能力。

Magnani (2000)研究了不平等对环境 R&D 支出的影响，把它作为“公众对环境问题关注的强度的代理变量”，计量经济学模型为

$$e_{it}=\alpha+\beta_1 Y_{it}+\beta_2(Y_{it})^2+\beta_3 r_{it}+\beta_4(Y_{it}\cdot r_{it})+\beta_5 t+\varepsilon_{it} \tag{2.37}$$

式中，r_{it} 为收入不平等指标。

利用 1980～1991 年 19 个 OECD 国家面板，发现不平等较高，会降低对环境的关注。Marsiliani 和 Renström (2000)进行了类似的分析，检验不平等对环境保护的影响。利用 7 个和 10 个工业化国家的两个面板，把碳强度对收入和不平等进行回归，发现不平等高增加排放强度(因而降低环境保护)。

在检验不平等对环境的影响的实证研究中，Ravallion 等(2000)是唯一考虑 CO_2 排放作为因变量的。根据 1975～1992 年 42 个国家的数据，利用的计量经济学模型是

$$\ln(\mathrm{CO}_2)_{it}=\beta_{1i}\ln\bar{Y}_{it}+\beta_{2i}(\ln\bar{Y}_{it})^2+\beta_{3i}\ln\mathrm{POPULATION}_{it}+\beta_{4i}t+\eta_i+\varepsilon_{it} \tag{2.38}$$

式中，参数 $\beta_{ki}=\beta_{k0}+\beta_{k1}\mathrm{GINI}_i, k=1,\cdots,4$，国家固定效应 $\eta_i=\eta_0+\eta_1\mathrm{GINI}_i+v_i$，$\bar{Y}_{it}$ 为 i 国 t 时期的平均收入，$\mathrm{POPULATION}_{it}$ 为 i 国 t 时期的人口，GINI_i 为 i 国基尼系数。

Ravallion 等发现国家内不平等较高会降低碳排放(即 $\partial\ln(\mathrm{CO}_2)_{it}/\partial\mathrm{GINI}_i<0$)。然而，

不平等对环境退化的影响在更高的平均收入水平上下降(即 $\frac{\partial \ln(CO_2)_{it} \div \partial GINI_i}{\partial \bar{Y}_{it}} < 0$)。相反，$CO_2$ 排放的收入弹性 $\left(\partial \ln(CO_2)_{it} \div \partial \ln \bar{Y}_{it}\right)$ 为正，且是基尼系数的增函数。国家内，给定平均收入水平不平等越高，二氧化碳排放越低。最后，模拟样本中从最富的国家向最穷的国家的再分配，Ravallion 等(2000)发现，排放对再分配的弹性约为 0.5。因此，他们的结论是：不平等越高，在国家内和国家间，碳排放越低。

Borghesi(2000)在环境库兹涅茨曲线框架内研究了环境退化、经济增长和收入不平等间的关系。为此，他首先检验了不考虑不平等时二氧化碳排放和人均收入间的关系，然后分析了不平等如何影响碳排放及它们与经济增长的关系。他发现利用合并的普通最小二乘法(ordinary least square，OLS)模型和固定效应(fixed effect，FE)模型得到的结果不同甚至相反。当用合并的 OLS 模型分析不平等对二氧化碳排放的影响时，基尼系数为负且在统计上重要，因此更大的不平等会降低碳排放；当用 FE 模型时，不平等的系数由负变为正，且统计上不重要。他们认为出现这种情况可能的解释是，要么收入分配与环境退化间没有必然的联系，要么不平等对环境的正负影响相互抵消。

由此看来，增长—不平等—环境退化间的关系实际上可能很复杂，已有的理论和实证研究尚未有一致的结论，尚需要进行大量的细致深入的研究。

2) 增长—不平等—环境三角关系：一个猜想

库兹涅茨曲线和环境库兹涅茨曲线(KC 和 EKC)表明，人均收入与不平等、污染排放间呈现出倒 U 形关系，这种“钟形关系”为许多理论和实证研究所支持(Panayotou，1993；Shafik，1994；Selden and Song，1994；Grossman and Krueger，1994)。对这两条曲线的一个解释是：在低收入水平上，人们主要关心其基本需要的满足程度。因此在经济增长的早期阶段，环境退化和不平等趋于上升，因为人们愿意接受环境退化的增加和不平等的上升以换取更高的消费。然而，当人们获得了更高的生活标准，他们对环境质量的关心增加了，对他们所处社会的不平等水平的关注增加了。因此，在充分高的收入水平上，在公众舆论的压力下，催生政府引入平均主义和环境政策。这种干预趋于降低国家的不平等和环境污染，因而决定了 KC 和 EKC 的下降部分。

另一个解释与经济增长阶段期间发生的结构变迁有关，认为两条曲线由增长中经济的部门转移决定。如 Kuznets(1955)指出的，不平等在城市化和工业化的初期先上升，转移中产生的新部门收入和不平等比农业更高、更不平等。然而，当经济从工业向服务业转移，技术进步在经济中扩散，不平等开始下降，因此更多的人利用新技术。类似地，环境退化在增长的第一阶段趋于增加，这伴随着经济从农村到城市的变迁，从农业到工业的变迁。然而，随着经济从能源密集型的重工业向服务业和环境友好技术的转移，第二次结构变迁，最终环境退化会下降。

经济增长—收入分配—环境质量间存在着复杂的关系(图 2.19)，如前所述，库兹涅茨曲线表明，在经济增长与收入分配间存在倒 U 形关系，环境库兹涅茨曲线表明，在环境质量与经济增长间存在倒 U 形关系，那么收入分配与环境质量间是什么关系呢？简单地根据库兹涅茨曲线和环境库兹涅茨曲线，可以做出如图 2.19 的猜想，这一猜想表明，在收入分配和环境质量间可能存在倒 U 形的关系，这种关系内在的机理是什么？

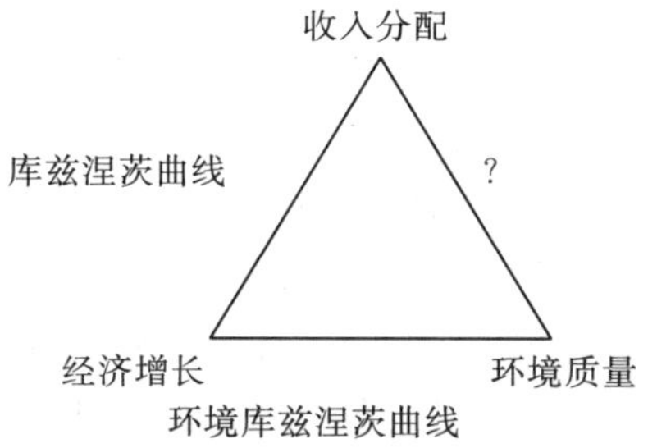

（a）增长不平等与环境质量

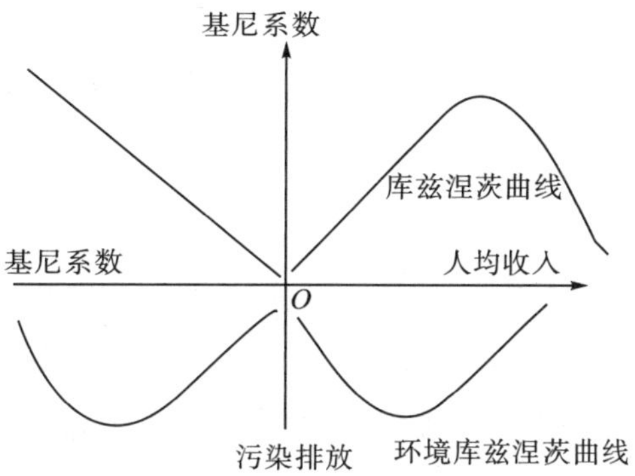

（b）收入分配与环境质量：一个猜想

图 2.19　经济增长—收入分配—环境质量间存在着复杂的关系

资料来源：作者绘制。

2.3.5　增长—不平等—环境：模型

库兹涅茨曲线(KC)和环境库兹涅茨曲线(EKC)在许多方面有类似的特点，它们不仅形状相似，构成它们基础的理论解释也类似，经验研究中用到的方法也类似。尽管两条曲线有许多类似性，许多研究在考察两条曲线时是分开的，很少有研究同时考虑 KC 和 EKC。西蒙·博尔盖泽(Borghesi，2000)建立了一个简单的理论框架，同时研究了 KC 和 EKC(Borghesi，2000)。其将两条曲线作为经济的典型事实，利用简单的拉姆齐(无限期界)的代表性代理人模型，研究了这些经验规律对经济的稳态均衡的意义。其证明有三种可能的结果：经济中可能没有稳态均衡、唯一的局部非稳态均衡和多重稳态均衡。如果是多重稳态均衡，只有一个高消费稳态是局部稳定的。模型稳态的稳定性分析表明，国家间的不平等可能趋于增加。如果存在唯一稳态均衡，穷国甚至更穷，而富国越来越富。如果有多重均衡，只有有充分高的消费和资本的国家能收敛到高值稳定均衡，而最不发达国家从低值非稳定均衡离开，走向更低的消费和资本水平。这一节以博尔盖泽的分析为基础，讨论增长—不平等—环境间的稳态关系。

1)动态最优化框架：Beltratti

西蒙·博尔盖泽的分析是基于 Beltratti(1998)的理论模型，其中代表性代理人从消费 C 中得到效用，从污染存量 P 中得到正效用。假设效用函数是对数可加可分离的：

$$U(C,P)=\ln C-\Phi\ln P$$

污染存量与资本存量 K 呈非线性关系：

$$P=K^{\beta}\mathrm{e}^{-\gamma K}\ ,\quad \beta>0,\ \ \gamma>0$$

最后，消费品只用物质资本生产，生产函数为

$$Y=K^{\beta}$$

因此，无限生存的代表性代理人面临的时际最优化问题：

$$\max\int_{t=0}^{\infty}\mathrm{e}^{-\delta t}[\ln C-\Phi\ln P]\mathrm{d}t \tag{2.39}$$

$$\text{s.t.}\quad P=K^{\beta}\mathrm{e}^{-\gamma K} \tag{2.40}$$

$$\dot{K}=K^{\beta}-C \tag{2.41}$$

由方程(2.40)得

$$\frac{\mathrm{d}P}{\mathrm{d}K}=\beta K^{\beta-1}\mathrm{e}^{-\gamma K}-\gamma K^{\beta}\mathrm{e}^{-\gamma K}=K^{\beta}\mathrm{e}^{-\gamma K}\left[\frac{\beta}{K}-\gamma\right]\underset{<}{\geq}0\Leftrightarrow K\underset{>}{\leq}\frac{\beta}{\gamma}$$

因此，随着物质资本增长，污染先增加然后下降。因为收入随物质资本增加（据 $Y=K^{\beta}$），该方程隐含地描述了 EKC 关系。由一阶条件，定义在 $(\dot{K},\dot{C})$ 的雅可比方程组有正的轨迹和负的决定因素。因此，系统是局部稳定的。

2) 模型的环境与思路

西蒙·博尔盖泽把 KC 作为一个经验规律引入到上述的理论框架，其中环境是生产函数的投入。经济利用人造资本(K)和环境资本(E)生产唯一产品，该产出要么消费，要么用于投资。假设人口 N_t 是常数不随时间而变化，把人口标准化为 $N_t=1$。有一个乐善好施的计划者，想要最大化经济中代理人的实际福利。代理人从消费及其所处的环境质量中获得效用。假设他们有平等主义精神，厌恶社会不平等。

他们在时间 t 时偏好结构：

$$U_t=U_t(C_t,P_t,I_t) \tag{2.42}$$

式中，C_t为t时的消费；P_t为t时的污染；I_t为t时的不平等。

且有

$$\frac{\partial U_t}{\partial C_t}>0,\quad \frac{\partial U_t}{\partial P_t}<0,\quad \frac{\partial U_t}{\partial I_t}<0$$

假设库兹涅茨曲线为

$$I_t=\beta Y_t+\delta Y_t^2,\ \beta>0,\ \delta<0 \tag{2.43}$$

环境库兹涅茨曲线为

$$P_t=bY_t+dY_t^2,\ b>0,\ d<0 \tag{2.44}$$

总的资源约束为

$$\dot{K}=Y_t-C_t \tag{2.45}$$

收入 Y_t 由生产函数决定：

$$Y_t=Y_t(K_t,E_t)$$

环境资本的开发利用是环境退化的主要原因。为简单起见，假设在每个时期 t，生产过程中利用一单位环境资本 E_t 产生一单位污染 P_t，即 $E_t=P_t\forall t$。因此，生产函数可写为

$$Y_t=Y_t(K_t,P_t) \tag{2.46}$$

于是，社会计划者的最优化问题是：最大化效用函数(2.42)的现值，约束方程为式(2.43)～式(2.46)。

3) 模型的解和稳定性

为决定模型的显示解析解，假设半对数效用函数：

$$U_t = \ln C_t - (P_t + I_t) \tag{2.47}$$

和线性生产函数

$$Y_t = Y_t(K_t, P_t) = K_t + P_t \tag{2.48}$$

方程(2.47)意味着污染的边际负效用等于不平等的边际负效用，即污染和不平等在上面的准线性效用函数中完全替代，社会计划者认为他们同样坏。而且，消费满足稻田条件，因为：$\lim\limits_{C_t \to 0^+} \dfrac{\partial U_t}{\partial C_t} = +\infty$，$\lim\limits_{C_t \to +\infty} \dfrac{\partial U_t}{\partial C_t} = 0$。方程(2.48)的生产函数是规模报酬不变的。

由方程(2.44)和方程(2.48)得

$$P_t = b(K_t + P_t) + d(K_t + P_t)^2$$

解得

$$P_1 = \frac{1}{2d}\left(-1 + b + 2dK + \sqrt{(1 - 2b - 4dK + b^2)}\right)$$

$$P_2 = \frac{1}{2d}\left(-1 + b + 2dK - \sqrt{(1 - 2b - 4dK + b^2)}\right)$$

因为环境资本严格正(生产所必要的)，与污染 P 的数量为 1∶1 关系，后者也必须严格正。于是解 P_2 必须被排除，因为它绝不可能为正。因此有

$$P_1 > 0 \Rightarrow 0 < K < -\frac{b}{d}$$

把 P_1 代回方程(2.48)得

$$Y = -\frac{1}{2d}\left(-1 + b + \sqrt{(1 - 2b - 4dK + b^2)}\right) \tag{2.49}$$

把方程(2.49)代入方程(2.43)得

$$I = \beta\left[-\frac{1}{2d}\left(-1 + b + \sqrt{(1 - 2b - 4dK + b^2)}\right)\right] + \delta\left[-\frac{1}{2d}\left(-1 + b + \sqrt{(1 - 2b - 4dK + b^2)}\right)\right]^2$$

最后，把 P 和 I 代入效用函数(2.47)，把方程(2.49)代入资源约束方程(2.45)，时际最优化问题成为

$$\begin{aligned}
\max\int_{t=0}^{\infty} \mathrm{e}^{-\rho t} &\left\{\ln C + \frac{1}{2d}\left(-1 + b + 2dK + \sqrt{(1 - 2b - 4dK + b^2)}\right)\right. \\
&-\beta\left[-\frac{1}{2d}\left(-1 + b + \sqrt{(1 - 2b - 4dK + b^2)}\right)\right] \\
&\left.-\delta\left[-\frac{1}{2d}\left(-1 + b + \sqrt{(1 - 2b - 4dK + b^2)}\right)\right]^2\right\}\mathrm{d}t
\end{aligned}$$

$$\text{s.t.}\quad \dot{K} = -\frac{1}{2d}\left(-1 + b + \sqrt{(1 - 2b - 4dK + b^2)}\right) - C,\ K > 0,\ C > 0$$

根据 Mangasarian 充分性定理，最大化原理的必要条件也是最大化的充分条件，如果 $1 + \beta - \dfrac{\delta}{d}(b - 1) \leqslant 0$，或者等价地有 $b \geqslant 1 + \dfrac{d}{\delta}(1 + \beta)$。

模型中物质资本 K 和消费 C 的动态分别是

$$\dot{K} = K - \frac{1}{2d}(-1 + b + 2dK + \sqrt{A}) - C$$

$$\frac{\dot{C}}{C^2} = 1 - A^{-\frac{1}{2}} - A^{-\frac{1}{2}}[\beta - \frac{\delta}{d}(b-1)] + \frac{\delta}{d} + \frac{1}{C}(A^{-\frac{1}{2}} - \rho)$$

式中，$A = (1-b)^2 - 4dK$。

该经济的稳定状态均衡分别为

$$C = -\frac{1}{2d}\left(-1 + b + \sqrt{(1-b)^2 - 4dK}\right) \Leftrightarrow \dot{K} = 0$$

$$C = \frac{\rho - \dfrac{1}{\sqrt{(1-b)^2 - 4dK}}}{1 + \dfrac{\delta}{d} + \dfrac{1}{\sqrt{(1-b)^2 - 4dK}}[\dfrac{\delta}{d}(b-1) - 1 - \beta]} \Leftrightarrow \dot{C} = 0$$

模型有三个可能的状态：经济中没有稳态均衡(图 2.20)；经济存在唯一稳态均衡(图 2.21)；经济中有两个稳态均衡(图 2.22)。如果存在唯一稳态均衡，它将是一个不稳定均衡。如果存在两个稳态均衡，只有一个对应更高的资本和消费水平的均衡是稳定的。

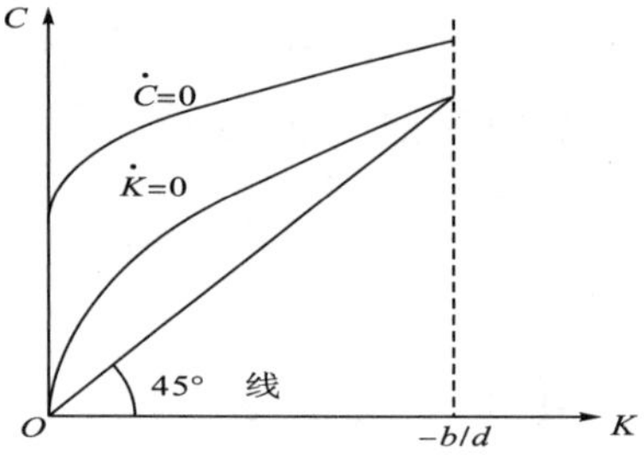

图 2.20　没有稳态均衡

资料来源：Borghesi (2000)。

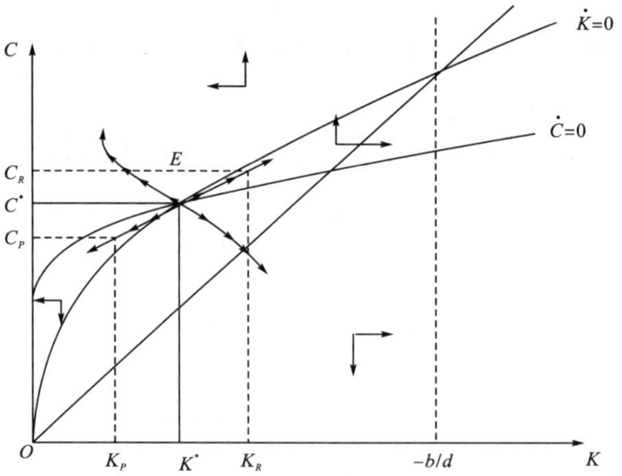

图 2.21　唯一稳态均衡

资料来源：Borghesi (2000)。

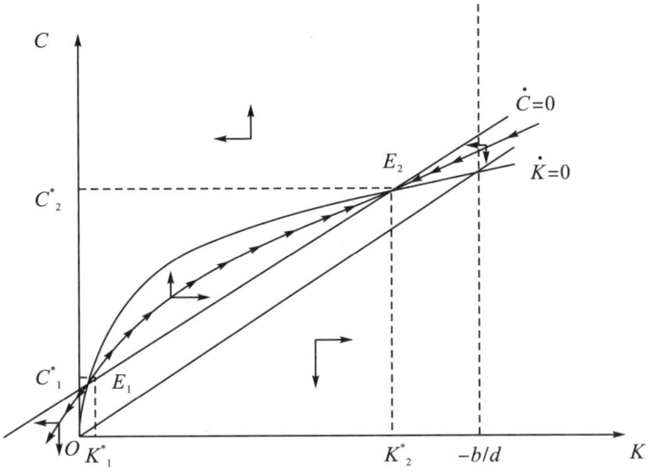

图 2.22　两个稳态均衡

资料来源：Borghesi (2000)。

图 2.21 和图 2.22 的稳定性表明，当存在一个或多个稳态时，国家间的不平等可能增加。例如，唯一稳态均衡的情况(图 2.21)，称(C^* ，K^*)是对应稳态均衡 E 的消费和物质资本水平。考虑两个国家，一个穷国，消费和资本低($C_P < C^*$，$K_P < K^*$)，富国消费和资本水平高($C_R > C^*$，$K_R > K^*$)。如果两个国家有相同的函数形式，他们服从的动态路径将取决于资本和消费的初始水平。穷国将沿着稳定路径移向原点，随后 C 和 K 都下降。相反，富国将离开均衡 E，消费和资本进一步会增加。因此，均衡 E 的稳定性趋于扩大富国和穷国间消费和资本的缺口。若是两个稳态均衡的情形(图 2.22)，称(C_1^*，K_1^*)是低值稳态均衡 E_1 的消费和资本，(C_2^*，K_2^*)是高值稳态均衡 E_2 的消费和资本。穷国的消费和资本水平低($C < C_1^*$，$K < K_1^*$)，将变得更穷，沿着稳定路径移动到原点。然而，消费和资本水平在对应 E_1 ($C > C_1^*$，$K > K_1^*$)之上的国家，将离开 E_1，趋向于高值稳态均衡 E_2。最后，消费和资本非常高的富国($C > C_2^*$，$K > K_2^*$)，C 和 K 将减少，移动到 E_2。因而，如果存在两个稳态均衡，有两个分离的趋势，最不发达国家甚至更穷，而其他国家收敛到高值均衡 E_2。

比较静态分析证明，经济中一个(或多个)稳态均衡的存在性要受代理人的时际贴现率的影响，时际贴现率越高，出现非稳态均衡的概率越大；时际贴现率越低，稳态均衡出现的概率越大，而时际贴现率反映的是代理人对现在利益和未来利益的权衡。

2.3.6　小结

本节给出了包容性绿色发展的理论基础—库兹涅茨曲线和环境库兹涅茨曲线。分析表明，库兹涅茨曲线和环境库兹涅茨曲线有几个共同特征：①两条曲线有相同的形状；②时间序列的实证研究表明，在单个国家，随着其收入增长，不平等和环境退化首先增加，然后下降。

基于这一节的分析，后面几节研究民族地区的包容性绿色发展的现状，并给出综合评估。

2.4 21世纪以来民族地区包容性绿色发展的评估

2.4.1 引言：概念框架

概括地讲，包容性绿色发展要求实现经济、社会和环境可持续之间相辅相成的“三赢”，这涉及增长的三个效应：收入效应、机会效应和环境效应。表2.8给出了一个包容性绿色发展的概念框架。

表2.8 包容性绿色发展的概念框架

项目		内容	代理指标
增长的收入效应	经济增长	生产最终产品和服务的能力的持续上升	地区生产总值增长率；人均地区生产总值增长率
	增长结构	投入结构：特别是参与增长的劳动者基础广泛，尤其穷人和脆弱群体要不受歧视地参与增长；反映技术进步、创新在经济增长中的贡献 产业结构：产业基础广泛 区域结构：所有区域均实现增长	就业弹性；非农就业比重；要素生产率、全要素生产率；产业结构变化
	增长稳定性	增长的可持续性和稳定性	增长率的变异系数、持续期等
	收入效应	城乡居民收入的增长；贫困人口收入的增长	城镇居民家庭可支配收入的增长；农村居民家庭人均纯收入的增长；贫困人口收入的增长；等等
增长的机会效应	市场机会	对本地生产的产品的潜在需求，包括本地市场机会和区外市场机会	市场潜力指数
	金融机会	获得金融服务的难易程度和成本	金融网络密度；私人信贷比重；等等
	经济基础设施	电力、道路、信息和沟通技术等经济基础设施的分布	人均用电量；运输网络密度；电话普及率；互联网普及率；等等
	社会机会	包容性增长的结果要有利于绝大多数群体。显然，收入分配的不利分布不仅对极端贫困的人口和劣势群体不利，而且对经济增长产生负效应 居民受教育水平、终身教育发展状况等 居民营养、公共卫生设施和医疗服务、干净饮用水、传染病流行、人口寿命状况、人均住房条件、生活环境状况 获得更大的性别平等是推进增长的更大包容性的重要方面，同时也是人类能力提升的重要方面 促进社会包容要求政府提供社会安全网，以减轻外部和转型冲击的影响，以及满足持久贫困人口的最低需要	基尼系数，人口中最穷60%的收入份额；城乡居民收入差距；居民收入的区域差距；居民平均受教育年限、各类学校入学率、文盲率等；预期寿命、婴幼儿死亡率、每千人拥有卫生技术人员、每千人拥有医疗条件等；人均住房面积、房屋抗震等级、生活垃圾处理水平、排水设施普及率等；女性人口识字率与男性人口识字率比较；女童小学入学率；非农业就业的女性人口比例；社会保障支出占地区生产总值的比例；社会保障覆盖率；社会保障受益人口占目标人群的比例；社会保障受益人口中穷人占全部穷人的比例

续表

项目		内容	代理指标
增长的环境效应	资源利用效率	要求自然资源的利用要有效率	单位地区生产总值消耗的资源数量
	清洁	污染和环境影响最小化	单位地区生产总值污染物排放，如碳排放、二氧化硫排放等
	能复原	环境具有自我修复能力，只要人类的利用不超过其自我修复能力，环境质量就能保持稳定甚至提高	水环境自净能力；森林覆盖率；建成区绿地覆盖率；城市人均公共绿地；等等

资料来源：作者绘制。

2.4.2　经济增长的收入效应

1)经济增长与产业结构的变化

高速、持续和稳定的经济增长是推进包容性绿色发展的根本，是创造和扩大经济机会的基础。西部大开发以来，民族地区国民经济实现了持续高速的增长(表 2.9)。2001 年民族八省区地区生产总值 9539.94 亿元，2014 年达到 70773.77 亿元。按可比价格计算，年均增长率超过12%，高于同期全国 GDP 的年均增长率(9.8%)。把 2001～2014 年民族八省区各年地区生产总值的增长率与全国 GDP 增长率比较，图 2.23 绘出的是 2001～2014 年民族八省区地区生产总值增长率与全国 GDP 增长率的差的变化趋势，可以看出 2008 年以来，尤其是 2010 年以来，民族八省区的经济增长率普遍高出全国水平许多。

表 2.9　2001～2014 年民族八省区的经济增长

年份	地区生产总值/亿元								
	内蒙古自治区	广西壮族自治区	贵州省	云南省	西藏自治区	青海省	宁夏回族自治区	新疆维吾尔自治区	合计
2001	1713.81	2279.34	1133.27	2138.31	146.04	300.13	337.44	1491.6	9539.54
2002	1940.94	2523.73	1243.43	2312.82	166.56	340.65	377.16	1612.65	10517.94
2003	2388.38	2821.11	1426.34	2556.02	189.09	390.2	445.36	1886.35	12102.85
2004	3041.07	3433.5	1677.8	3081.91	220.34	466.1	537.16	2209.09	14666.97
2005	3895.55	4075.75	1979.06	3472.89	251.21	543.32	606.1	2604.19	17428.07
2006	4841.82	4828.51	2270.89	3981.31	291.01	639.5	710.76	3045.26	20609.06
2007	6423.18	5823.41	2884.11	4772.52	341.43	797.35	919.11	3523.16	25484.27
2008	8496.2	7021	3561.56	5692.12	394.85	1018.62	1203.92	4183.21	31571.48
2009	9740.25	7759.16	3912.68	6169.75	441.36	1081.27	1353.31	4277.05	34734.83
2010	11672	9569.85	4602.16	7224.18	507.46	1350.43	1689.65	5437.47	42053.2
2011	14359.88	11720.87	5701.84	8893.12	605.83	1670.44	2102.21	6610.05	51664.24
2012	15880.58	13035.1	6852.2	10309.47	701.03	1893.54	2341.29	7505.31	58518.52
2013	16916.5	14449.9	8086.86	11832.31	815.67	2122.06	2577.57	8443.84	65244.71
2014	17770.19	15672.89	9266.39	12814.59	920.83	2303.32	2752.1	9273.46	70773.77
2014/2001	10.37	6.88	8.18	5.99	6.31	7.67	8.16	6.22	7.42

续表

年份	地区生产总值增长率/%								平均
	内蒙古自治区	广西壮族自治区	贵州省	云南省	西藏自治区	青海省	宁夏回族自治区	新疆维吾尔自治区	
2001	10.6	8.3	8.8	6.8	12.7	11.7	10.1	8.6	9.70
2002	13.2	10.6	9.1	9	12.9	12.1	10.2	8.2	10.66
2003	17.6	10.2	10.1	8.8	12	11.9	12.7	11.2	11.81
2004	20.9	11.8	11.4	11.3	12.1	12.3	11.2	11.4	12.8
2005	23.8	13.2	11.6	9	12.1	12.2	10.9	10.9	12.96
2006	19	13.6	11.6	11.9	13.3	12.2	12.7	11	13.16
2007	19.2	15.1	14.8	12.2	14	13.5	12.7	12.2	14.21
2008	17.8	12.8	11.3	10.6	10.1	13.5	12.6	11	12.46
2009	16.9	13.9	11.4	12.1	12.4	10.1	11.9	8.1	12.1
2010	15	14.2	12.8	12.3	12.3	15.3	13.5	10.6	13.25
2011	14.3	12.3	15	13.7	12.7	13.5	12.1	12	13.2
2012	11.5	11.3	13.6	13.0	11.8	12.3	11.5	12	12.13
2013	9	10.2	12.5	12.1	12.1	10.8	9.8	11	10.94
2014	7.8	8.5	10.8	8.1	10.8	9.2	8	10	9.15
平均	15.47	11.86	11.77	10.78	12.24	12.19	11.42	10.59	12.04

资料来源：根据《中国统计年鉴》各年数据计算绘制，增长率按可比价格进行计算。国家统计局网站，http://www.stats. gov. cn/tjsj/ndsj/。

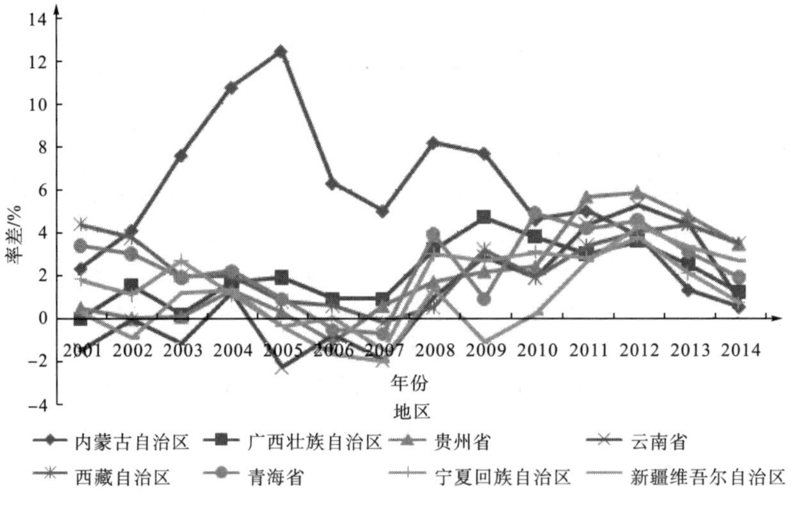

图 2.23　2001～2014 年民族八省区的赶超

资料来源：作者根据表 2.9 计算绘制。

为了分析增长的稳定性，表 2.10 给出了 1978～2009 年、1978～1999 年、1999～2009 年、2001～2014 年四个时期民族八省区经济增长率的变异系数，可以看出西部大开发战略实施以来，民族地区经济增长率的总体波动性在下降，而且较低。这说明，进入 21 世纪以来，民族地区经济增长的稳定性在提高，可持续性在增强。

表 2.10　民族八省区经济增长率的均值、标准差和变异系数

指标	年份	内蒙古自治区	广西壮族自治区	贵州省	云南省	西藏自治区	青海省	宁夏回族自治区	新疆维吾尔自治区	全国
增长率均值/%	1978～2009	12.25	10.17	10.01	10.26	10.43	8.89	9.77	10.31	9.82
	1978～1999	10.13	9.45	9.74	10.38	9.64	7.64	9.01	10.40	9.85
	1999～2009	16.18	11.40	10.43	9.75	12.18	11.34	11.24	9.87	9.55
	2001～2014	15.47	11.86	11.77	10.78	12.24	12.19	11.42	10.59	9.78
增长率标准差	1978～2009	5.16	3.91	4.03	3.66	7.34	5.06	3.19	2.50	2.70
	1978～1999	4.06	4.28	4.76	4.24	8.77	5.64	3.55	2.86	3.17
	1999～2009	4.72	2.56	1.61	2.08	1.14	1.57	1.25	1.69	1.37
	2001～2014	4.68	2.10	1.86	2.08	0.96	1.53	1.50	1.37	1.94
增长率变异系数	1978～2009	0.42	0.38	0.40	0.36	0.70	0.57	0.33	0.24	0.28
	1978～1999	0.40	0.45	0.49	0.41	0.91	0.74	0.39	0.28	0.32
	1999～2009	0.29	0.22	0.15	0.21	0.09	0.14	0.11	0.17	0.14
	2001～2014	0.30	0.18	0.16	0.19	0.08	0.13	0.13	0.13	0.20

资料来源：作者根据《新中国六十年统计资料汇编》和《中国统计年鉴》数据计算绘制。

从人均地区生产总值的增长看，如表 2.11 所示，基本趋势与地区生产总值的增长相同。特别是内蒙古自治区，经济高速增长带来的内蒙古自治区的人均地区生产总值从 2004 年起开始超过全国水平；2014 年达到人均 71046 元，超过全国水平近 25000 元。

表 2.11　2001～2014 年民族八省区人均地区生产总值的增长

年份	人均地区生产总值/元								
	内蒙古自治区	广西壮族自治区	贵州省	云南省	西藏自治区	青海省	宁夏回族自治区	新疆维吾尔自治区	全国
2001	6463	4668	2895	4866	5307	5735	5340	7913	8622
2002	7233	5099	3153	5179	6093	6426	5804	8382	9398
2003	8975	5969	3603	5662	6871	7277	6691	9700	10542
2004	12767	7460	4317	7012	8103	8693	9198	11337	12336
2005	16067	8746	5222	7826	9074	10030	10087	13184	14185
2006	20053	10296	5787	8970	10430	11762	11847	15000	16500
2007	25393	12555	6915	10540	12109	14257	14649	16999	20169
2008	34869	14652	9855	12570	13824	18421	19609	19797	23708
2009	39735	16045	10971	13539	15295	19454	21777	19942	25608
2010	47347	20219	13119	15752	17319	24115	26860	25034	30015
2011	57974	25326	16413	19265	20077	29522	33043	30087	35198
2012	63886	27952	19710	22195	22936	33181	36394	33796	38420
2013	67836	30741	23151	25322	26326	36875	39613	37553	43320
2014	71046	33090	26437	27264	29252	39671	41834	40648	46629
2014/2001	10.99	7.09	9.13	5.60	5.51	6.92	7.83	5.14	5.41

续表

年份	人均地区生产总值增长率/%								
	内蒙古自治区	广西壮族自治区	贵州省	云南省	西藏自治区	青海省	宁夏回族自治区	新疆维吾尔自治区	全国
2001	10.3	7.4	7.5	5.6	11.1	10.3	8.1	7.0	7.5
2002	13.0	9.8	7.9	7.8	11.4	10.8	8.6	6.5	8.4
2003	17.9	9.4	9.1	7.7	10.5	10.7	11.0	10.5	9.3
2004	20.4	11.1	10.4	10.3	10.8	11.2	9.7	9.7	9.4
2005	23.6	12.3	10.8	8.0	10.6	11.2	9.4	8.8	10.7
2006	18.8	12.3	10.9	11.0	12.1	11.3	11.2	8.7	12.0
2007	18.6	13.8	13.1	11.7	12.5	11.7	11.4	9.9	13.6
2008	17.1	11.7	12.8	9.8	9.0	12.9	11.3	8.9	9.1
2009	16.2	12.9	12.9	11.4	11.2	9.6	10.6	6.5	8.7
2010	14.4	13.9	14.7	11.6	11.2	14.5	12.2	9.3	9.9
2011	13.8	12.0	16.1	12.9	11.3	12.3	10.8	10.7	8.8
2012	11.1	10.4	13.5	12.3	10.4	11.3	10.3	10.8	7.1
2013	8.7	9.4	11.9	11.5	10.5	9.9	8.6	9.6	7.2
2014	7.5	7.7	10.4	7.5	9.1	8.2	6.8	8.4	6.7

资料来源：作者根据《新中国六十年统计资料汇编》和《中国统计年鉴》数据计算得到，增长率按可比价格计算。

从地区生产总值在各产业的分布看(表 2.12)，进入 21 世纪以来，民族地区产业结构得到进一步优化。第一产业生产总值占地区生产总值的比重大幅度下降。例如，内蒙古自治区第一产业比重从 2001 年的 23.2%下降到 2014 年的 9.2%，该比重广西壮族自治区从 25.2%下降到 15.4%，西藏自治区从 27.0%下降到 10.0%；第二产业和第三产业(非农产业)生产总值在地区生产总值中的比重大幅度上升。

表 2.12　民族八省区产业结构的变化（%）

地区	2001 年			2014 年		
	第一产业	第二产业	第三产业	第一产业	第二产业	第三产业
内蒙古自治区	23.2	40.5	36.3	9.2	51.3	39.5
广西壮族自治区	25.2	35.5	39.3	15.4	46.7	37.9
贵州省	25.3	38.7	36.0	13.8	41.6	44.6
云南省	21.7	42.5	35.8	15.5	41.2	43.3
西藏自治区	27.0	23.2	49.8	10.0	36.6	53.4
青海省	14.2	43.9	41.9	9.4	53.6	37.0
宁夏回族自治区	16.6	45.0	38.4	7.9	48.7	43.4
新疆维吾尔自治区	19.4	42.4	38.2	16.6	42.6	40.8

资料来源：同表 2.9。

2) 就业的增长与结构的变化

2001 年民族八省区总就业人口 9275.9 万人，到 2010 年增加到 10994 万人。2001～

2014 年，民族八省区就业人口年均增长率为 1.91%。从就业结构变化看(表 2.13)，2001 年民族八省区第一产业提供了 62.6%的就业份额，第二产业为 12.0%，第三产业为 25.4%，2014 年第一产业、第二产业、第三产业的就业份额分别为 47.14%、17.34%和 35.52%。第二、三产业的就业份额超过了第一产业，第一产业的就业份额下降了 15.46 个百分点，第二产业就业份额增加了 5.34 个百分点，第三产业就业份额增加了 10.12 个百分点。这表明民族地区劳动力的产业分布有了较大的改进。

表 2.13　2001 年、2014 年民族八省区劳动者就业结构的变化（%）

地区	2001 年			2014 年		
	第一产业	第二产业	第三产业	第一产业	第二产业	第三产业
全国	50.0	22.3	27.7	29.5	29.9	40.6
内蒙古自治区	53.9	16.0	30.1	39.18	18.27	42.56
广西壮族自治区	61.8	10.1	28.0	51.9	19.3	28.8
贵州省	66.4	9.4	24.2	61.32	15.26	23.42
云南省	73.6	9.0	17.4	53.7	13.2	33.1
西藏自治区	71.8	6.5	21.7	43.7	14.7	41.6
青海省	60.0	13.0	27.0	36.6	22.9	40.5
宁夏回族自治区	56.5	18.2	25.2	45.3	19.2	35.5
新疆维吾尔自治区	56.6	13.4	29.9	45.38	15.97	38.65
民族八省区平均	62.6	12.0	25.4	47.14	17.34	35.52

资料来源：《中国统计年鉴》与民族八省区统计年鉴。

2001～2014 年民族八省区总就业人口增加了 1899.9 万人，其中第一产业减少就业 302.1 万人，第二产业增加就业 844.1 万人，第三产业增加就业 1357.6 万人。分地区情况见表 2.14。由表 2.14 可见，第三产业成为吸纳从第一产业转移出的劳动力的主导产业。

表 2.14　2014 年与 2001 年相比民族地区就业结构的边际变化

地区	新增加就业人数/万人				新增加就业人数分布/%		
	合计	第一产业	第二产业	第三产业	第一产业	第二产业	第三产业
全国	4228.0	−13723.0	6815.0	11136.0	-324.57	161.19	263.39
内蒙古自治区	472.0	35.6	109.5	326.9	7.54	23.20	69.26
广西壮族自治区	251.6	−122.9	282.7	91.8	−48.85	112.36	36.49
贵州省	−158.6	−202.8	97.8	−53.6	127.87	−61.66	33.80
云南省	639.7	−119.4	182.5	576.6	−18.66	28.53	90.14
西藏自治区	89.0	3.8	23.3	61.9	4.27	26.18	69.55
青海省	76.9	−28.1	41.3	63.7	−36.54	53.71	82.83
宁夏回族自治区	79.2	4.7	17.9	56.6	5.93	22.60	71.46
新疆维吾尔自治区	449.8	127.0	89.1	233.7	28.23	19.81	51.96
民族地区	1899.6	−301.9	844.1	1357.6	−15.90	44.44	71.47

资料来源：同表 2.9。

已有研究表明，民族地区的经济增长主要是靠资源和投资拉动的，资源型产业的快速扩张起到了主导作用，对劳动力吸纳能力相当有限，加上民族地区城镇化严重滞后，严重弱化了经济增长的就业效应(郑长德，2009b)。

3)城乡居民收入的增长

(1)西部大开发以来，高速的经济增长带来了民族地区各种人民收入的快速增长。如表 2.15 所示，按名义值计算，全国城镇居民家庭人均可支配收入，2014 年是 2001 年的 4.28 倍。民族八省区中，内蒙古自治区是 5.12 倍，高于全国水平；宁夏回族自治区基本与全国持平，为 4.20 倍。其余地区低于全国水平，广西壮族自治区为 3.70 倍，贵州省为 4.14 倍，云南省为 3.57 倍，西藏自治区为 3.09 倍，青海省为 3.81 倍，新疆维吾尔自治区为 3.74 倍。2014 年农村居民家庭人均纯收入与 2001 年相比，全国为 4.18 倍，民族八省区均高于全国水平。

表 2.15　2001～2014 年全国和民族八省区居民收入的增长

年份	城镇居民人均可支配收入/元								
	内蒙古自治区	广西壮族自治区	贵州省	云南省	西藏自治区	青海省	宁夏回族自治区	新疆维吾尔自治区	全国
2001	5535.9	6666.00	5452.00	6797.7	7119	5854.00	5544.20	6215.00	6859.6
2002	6051	7315.00	5944	7240.62	7762	6200	6067.4	6554	7702.8
2003	7012.9	7785.00	6569	7643.57	8058	6732	6530.5	7006	8472.2
2004	8123.1	8177.00	7322	8870.88	8200	7319	7217.9	7503	9421.6
2005	9136.79	9286.70	8151.13	9265.90	9431.18	8057.85	8093.64	7990.15	10493.0
2006	10357.99	9898.75	9116.61	10069.89	8941.08	9000.35	9177.26	8871.27	11759.5
2007	12377.84	12200.44	10678.40	11496.11	11130.93	10276.06	10859.33	10313.44	13785.8
2008	14431	14146	11758.76	13250	12482	11648.3	12931.5	11432	15780.8
2009	15849.19	15451.48	12862.53	14423.93	13544.41	12691.85	14024.70	12257.52	17174.7
2010	17698.15	17063.89	14142.74	16064.54	14980.47	13854.99	15344.49	13643.77	19109.4
2011	20407.57	18854.06	16495.01	18575.62	16195.56	15603.31	17578.92	15513.62	21809.78
2012	23150.26	21242.80	18700.51	21074.50	18028.32	17566.28	19831.41	17920.68	24564.72
2013	26003.6	22689.4	20564.9	22460.0	20394.5	20352.4	21475.7	21091.5	26955.1
2014	28349.6	24669.0	22548.2	24299.0	22015.8	22306.6	23284.6	23214.0	29381.0
2014/2001	5.12	3.70	4.14	3.57	3.09	3.81	4.20	3.74	4.28
年份	农村居民人均纯收入/元								
	内蒙古自治区	广西壮族自治区	贵州省	云南省	西藏自治区	青海省	宁夏回族自治区	新疆维吾尔自治区	全国
2001	1973	1944.00	1411.73	1533.8	1404	1611.00	1823.10	1710.00	2366.4
2002	2086	2013.00	1489.91	1608.77	1521	1711	1917.4	1863	2475.6
2003	2268	2095.00	1564.66	1697.12	1691	1817	2043.3	2106	2622.2
2004	2606	2305.00	1721.55	1864.19	1861	2004	2320.1	2245	2936.4
2005	2988.87	2494.67	1876.96	2041.79	2077.90	2151.46	2508.89	2482.15	3254.9

续表

年份	农村居民人均纯收入/元								
	内蒙古自治区	广西壮族自治区	贵州省	云南省	西藏自治区	青海省	宁夏回族自治区	新疆维吾尔自治区	全国
2006	3341.88	2770.48	1984.62	2250.46	2435.02	2358.37	2760.14	2737.28	3587.0
2007	3953.10	3224.05	2373.99	2634.09	2788.20	2683.78	3180.84	3182.97	4140.4
2008	4656	3690.3	2797	3103	3176	3061.24	3681.4	3503	4760.6
2009	4937.80	3980.44	3005.41	3369.34	3531.72	3346.15	4048.33	3883.10	5153.2
2010	5529.59	4543.41	3471.93	3952.03	4138.71	3862.68	4674.89	4642.67	5919.0
2011	6641.56	5231.33	4145.35	4721.99	4904.28	4608.46	5409.95	5442.15	6977.29
2012	7611.31	6007.55	4753.00	5416.54	5719.38	5364.38	6180.32	6393.68	7916.58
2013	8984.9	7793.1	5897.8	6723.6	6553.4	6461.6	7598.7	7846.6	8895.9
2014	9976.3	8683.2	6671.2	7456.1	7359.2	7282.7	8410.0	8723.8	9892.0
2014/2001	5.06	4.47	4.73	4.86	5.24	4.52	4.61	5.10	4.18

资料来源：作者根据《新中国六十年统计资料汇编》和《中国统计年鉴》数据计算得到。

(2)城乡居民收入的增长与地区生产总值的增长比较。图 2.24 反映的是地区生产总值、人均地区生产总值、城镇居民人均可支配收入和农村居民人均纯收入，2014 年相当于 2001 年的倍数(名义值)。显然，地区生产总值和人均地区生产总值的增长大大快于收入的增长。特别是内蒙古自治区，2014 年的地区生产总值和人均地区生产总值分别是 2001 年数据的 10.37 倍和 10.99 倍，而城乡居民收入的倍数只有 5.12 倍和 5.06 倍。

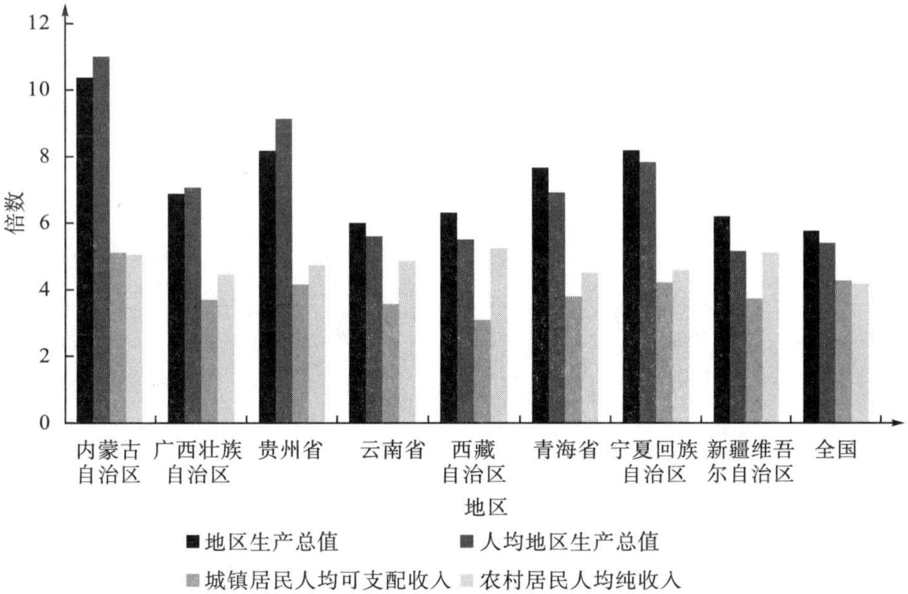

图 2.24　全国和民族八省区的经济增长与收入增长(2014 年相当于 2001 年倍数)(见彩图版)

资料来源：作者根据表 2.15 数据计算绘制。

4）扶贫开发与减贫

改革开放以来，特别是西部大开发以来，民族地区扶贫开发和减贫取得了突破性进展。但是，由于民族地区，特别是边远山区民族地区，生存条件恶劣，自然灾害频发，历史上长期落后，减贫与发展的任务还相当艰巨。

2011年底，根据《中国农村扶贫开发纲要（2011—2020年）》提出的“两不愁三保障”的扶贫目标，中央扶贫开发工作会议决定，将扶贫标准线从2010年的农民人均纯收入1274元升至2300元，比2009年1196元的标准提高了92%。新的国家扶贫标准是2300元（2010年不变价）。根据农村居民生活消费价格指数推算，2010年不变价的农民人均纯收入2300元相当于2013年的2736元。新的国家扶贫标准使更多的低收入人口纳入扶贫范围，中国的减贫事业进入了全新阶段。

民族地区的贫困，具有贫困程度深，贫困范围广，贫困类型多，减贫具有脆弱性等特点。据统计，2015年，民族八省区农村贫困人口为1813万人，比2014年减少392万人，减贫率为17.8%，全国同期减贫率为20.6%，民族八省区减贫速度慢于全国。民族八省区农村贫困人口占乡村人口的比重（贫困发生率）为12.1%，占全国农村贫困人口的32.5%。从贫困发生率看，八省区高于全国6.4个百分点；从八省区农村贫困人口和乡村人口分别占全国比重看，2010～2015年，八省区农村贫困人口占全国的比重保持在30%以上，而同期八省区农村人口占全国的比重为17%左右。民族八省区贫困面较大，广西壮族自治区、贵州省、云南省三省区有农村贫困人口1430万人，占八省区农村贫困人口的79%[①]。在扶贫开发的新阶段，少数民族地区仍是我国扶贫开发工作的重点和难点地区，西南少数民族地区的扶贫开发任务更为繁重（表2.16）。

表2.16　民族八省区农村贫困的变化

年份	贫困线/元	贫困发生率/%		民族地区农村贫困人口占全国的比例/%
		民族地区	全国	
2005	683	6.9	2.5	49.5
2006	1196	18.9	6.0	44.5
2007	1196	18.6	4.6	52.2
2008	1196	17.6	4.2	52.5
2009	1196	16.4	3.6	54.3
2010	1274	8.7	2.8	38.5
2011	2536	26.5	12.7	32
2012	2625	21.1	10.2	31.5
2013	2736	17.1	8.5	31.1
2014	2800	14.7	7.2	31.4
2015	2855	12.1	5.7	32.5

资料来源：作者根据国家民族事务委员会扶贫办发布的少数民族地区农村贫困监测结果（各年）相关数据整理。

① 资料来源：《2016中国农村贫困监测报告》（中国统计出版社）。

国务院扶贫开发领导小组办公室 2012 年 3 月公布的新时期国家扶贫开发工作重点县，全国有 592 个。其中，中部地区 217 个，西部地区 375 个，民族八省区 306 个。在民族八省区中，内蒙古自治区 31 个，广西壮族自治区 28 个，贵州省 50 个，云南省 73 个，西藏自治区的全部(74 个县及市辖区)，青海省 15 个，宁夏回族自治区 8 个，新疆维吾尔自治区 27 个。在空间分布上，这 592 个贫困县具有贫困的空间集聚的特征。《中国农村扶贫开发纲要(2011—2020 年)》将集中连片特殊困难地区作为扶贫攻坚主战场是新阶段扶贫开发工作的重大战略举措。该纲要第十条明确指出：国家将六盘山区、秦巴山区、武陵山区、乌蒙山区、滇桂黔石漠化区、滇西边境山区、大兴安岭南麓山区、燕山-太行山区、吕梁山区、大别山区、罗霄山区等区域的连片特困地区和已明确实施特殊政策的西藏、四省藏族聚居区、新疆南疆三地州作为扶贫攻坚主战场。按 11 个片区算，总面积 150 万 km^2，占全国的 15.6%；总人口 24397.4 万人(2010 年)，占全国的 18.2%。其中，乡村人口 20142.2 万人，占全国城乡人口的 29.9%，少数民族人口 5878.5 万人，占全国少数民族人口的 24.1%。按 2011 年 2300 元的扶贫标准，45.5%的贫困人口生活在这 11 个片区，3.8%生活在西藏、四省藏族聚居区和新疆南疆等 3 个片区。这 14 个连片特困地区中，有 11 个涉及民族地区，全国 832 个片区和重点县中民族自治地方县 421 个，占 51%。更严重的是，集中连片贫困县，往往是地质灾害、地方病等重叠分布区，据统计，有 383 个地质灾害重点防治县，490 个地方病病区县①，179 个县属于限制开发区，317 个国家禁止开发区(表 2.17)。

表 2.17　贫困的空间集聚

地区	地质灾害重点防治县	地方病病区县					限制开发区的国家重点生态功能区县			
		克山病	大骨节病	碘缺乏或高碘	氟中毒	砷中毒或高砷	水源涵养型	水土保持型	防风固沙型	生物多样性维护型
武陵山区	48	1	0	55	23	0	0	4	0	25
乌蒙山区	40	6	0	45	24	0	0	0	0	0
秦巴山区	73	14	26	64	35	13	0	3	0	40
滇桂黔石漠化区	72	10	0	80	18	2	4	26	0	1
六盘山区	46	22	28	59	44	2	5	15	0	0
滇西边境山区	54	18	1	56	9	6	0	0	0	9
大兴安岭南麓山区	0	9	9	19	16	2	2	0	2	0
燕山-太行山区	11	8	7	33	28	2	0	0	6	0
吕梁山区	13	5	6	20	15	0	0	17	0	0
大别山区	12	0	0	34	27	7	0	12	0	0
罗霄山区	14	0	0	22	11	0	8	0	0	0
合计	383	93	77	487	250	34	19	77	8	75

资料来源：洪济(2013)。

① 有的县具有多个地方病。

民族地区的贫困减缓是比较脆弱的，据不完全统计，民族自治地方因灾因病返贫人口每年都有几百万人，返贫率达 10%～20%。因此，民族地区因灾因病返贫人口在逐年上升，贫困减缓是比较脆弱的。

2.4.3 经济增长的社会机会效应

包容性绿色发展更重要的维度是经济机会的获得。在概念上，经济机会反映了增长与发展的潜力，是某些经济活动的结果。不同经济体间经济机会不同，即使在禀赋背景相似的经济中亦如此，这可能是由于资源和环境的利用不同，或者由于资源利用的互补条件不同。经济机会是另一个影响发展的稀缺资源，因为它的可得性会影响经济结果。理论上，经济机会取决于各种因素的集合，这些因素要么导致可得资源数量的扩张，要么因给定资源禀赋可得，导致经济活动数量的增加。而且，由于其累积性质，存在“机会乘数”，因为一个机会的出现会产生更多的经济机会。虽然经济机会这一术语比较直观，也难以量化和测度，但它是一个累积的过程，不过，根据前文的讨论，可以用一些代理变量来讨论一个地区的经济机会的可得性。本节把经济机会划分为市场机会、经济获得性机会、社会机会等类型。

1. 市场机会

市场机会从需求方面反映了一个地区的经济机会，可以用该地区的市场潜力进行分析。一个地区的市场潜力是所有周边地区(包括自身)对该地区生产的产品的潜在需求，取决于人口密度、经济发展水平和距离，包括本地市场潜力和区外市场潜力，区外的市场潜力又可以区分为国内市场潜力和国际市场潜力。这里主要分析的是民族八省区的本地市场潜力和国内市场潜力。

这里把本地市场潜力定义为：本地市场潜力=(人口密度×人均地区生产总值)/区内距离。其中，区内距离定义为

$$d_{ii} = 0.75 \times \sqrt{A_i} \tag{2.50}$$

式中，A_i为区域 i 的面积。

因此，一个地区的本地市场潜力取决于人口密度、人均地区生产总值和区内距离。对 2014 年各省(自治区、直辖市)本地市场潜力的计算表明，最大的是上海市，超过 600 万；最小的西藏自治区只有 94，两者相差 66348 倍。从民族八省区在全国的排序看，内蒙古自治区居 28 位，广西壮族自治区居 22 位，贵州省居 23 位，云南省居 25 位，西藏自治区居 31 位，青海省居 30 位，宁夏回族自治区居 17 位，新疆维吾尔自治区居 29 位(图 2.25)。2000～2014 年全国与民族八省区本地市场潜力如表 2.18 所示。

表 2.18 全国与民族八省区本地市场潜力

年份	全国	内蒙古自治区	广西壮族自治区	贵州省	云南省	西藏自治区	青海省	宁夏回族自治区	新疆维吾尔自治区
2000	456	144	2232	1692	1072	12	58	3062	90
2001	493	159	2573	1983	1125	14	66	3385	94

续表

年份	全国	内蒙古自治区	广西壮族自治区	贵州省	云南省	西藏自治区	青海省	宁夏回族自治区	新疆维吾尔自治区
2002	541	178	2831	2181	1210	17	75	3738	102
2003	611	220	3338	2514	1336	19	85	4370	119
2004	719	315	4199	3039	1669	23	103	6090	142
2005	831	404	4715	3398	1880	26	120	6871	168
2006	972	499	5594	3851	2168	30	141	8057	196
2007	1195	635	6892	4529	2565	35	173	10061	227
2008	1411	878	8124	6390	3079	41	224	13644	268
2009	1532	1006	8970	6997	3337	46	238	15330	274
2010	1804	1205	10731	8230	3908	53	298	19142	348
2011	2126	1482	13543	10266	4810	62	368	23790	423
2012	2332	1638	15066	12383	5575	71	417	26520	480
2013	2642	1745	16701	14620	6398	83	467	29178	541
2014	2859	1833	18110	16723	6929	94	508	31159	594

资料来源：作者根据《中国统计年鉴》和《中国区域经济统计年鉴》数据计算。

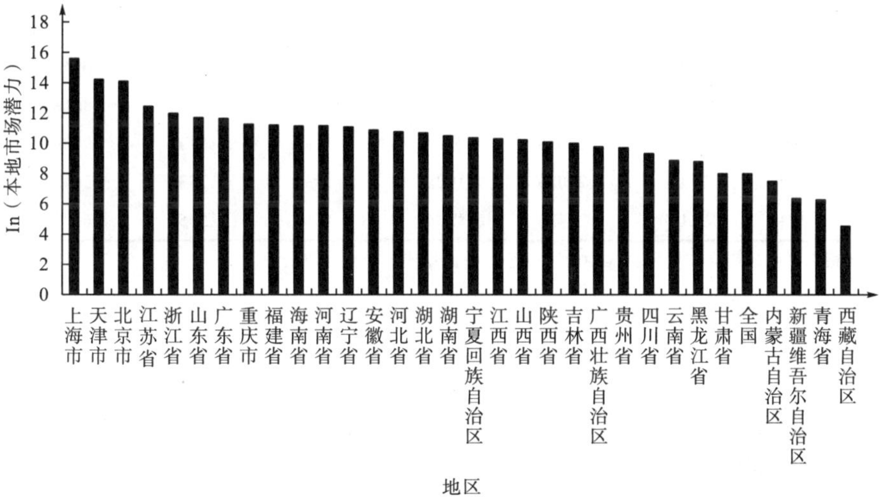

图 2.25　2014 年中国各地区本地市场潜力

资料来源：作者根据《中国统计年鉴 2015》和《中国区域经济统计年鉴 2014》相关数据计算绘制；

香港、澳门、台湾资料暂缺。

一个地区的国内市场潜力反映的是国内其他地区对这个地区的需求潜力，人口密度、人均地区生产总值和距离是决定国内市场潜力的重要因素，因为人口密度与人均地区生产总值的乘积实际上就是经济密度(人口/面积×地区生产总值/人口=地区生产总值/面积)，因此一个地区的国内市场潜力可以定义为

$$\mathrm{DMQ}_i=\sum_{j=1}^{N}\frac{(\mathrm{ED}_i)\cdot(\mathrm{ED}_j)}{d_{ij}} \tag{2.51}$$

式中，DMQ_i 为地区 i 的国内市场潜力；ED_i 为地区 i 的经济密度；ED_j 为地区 j 的经济密度；d_{ij} 为地区 i 和地区 j 间的距离，这里用两个地区首府间的铁路里程代表。

民族八省区国内市场潜力计算结果见表 2.19。一方面，民族八省区 2000～2014 年国内市场潜力增长很快；但另一方面各地区间差异很大。

表 2.19　民族八省区国内市场潜力

年份	内蒙古自治区	广西壮族自治区	贵州省	云南省	西藏自治区	青海省	宁夏回族自治区	新疆维吾尔自治区
2000	125	647	446	275	4	26	370	33
2001	152	774	535	321	5	32	459	39
2002	192	938	644	381	6	40	560	47
2003	272	1208	852	487	8	53	759	63
2004	520	1962	1358	787	12	83	1400	97
2005	771	2691	1849	1026	16	112	1830	132
2006	1103	3662	2438	1352	22	152	2471	178
2007	1642	5350	3489	1909	30	221	3659	244
2008	2769	7525	5434	2749	42	344	5963	347
2009	3466	9044	6504	3247	51	398	7310	386
2010	4897	13091	8999	4474	68	585	10748	576
2011	7049	18638	13016	6431	95	843	15618	815
2012	8555	22542	17048	8139	119	1043	19039	1008
2013	10032	27416	22089	10267	153	1283	23045	1245
2014	11374	32198	27425	12049	186	1505	26583	1477

资料来源：作者根据《中国统计年鉴》和《中国区域经济统计年鉴》数据计算。

2. 经济获得性机会

经济获得性机会主要考虑的是一个地区对经济基础设施(如电力、道路、信息和沟通技术等)的获得和利用。这里着重考察人均电力消费、通达性和信息的获得性。

(1)从人均电力消费看(表 2.20)，民族八省区中，2000～2014 年增加很快，如 2014 年全国各地区平均人均电力消费为 4083.52kW·h。民族八省区中，内蒙古自治区、青海省、宁夏回族自治区和新疆维吾尔自治区等西北民族地区高于全国平均水平，西南民族地区低于全国地区平均水平。

表 2.20　民族地区人均电力消费　　(单位：kW·h)

年份	全国	内蒙古自治区	广西壮族自治区	贵州省	云南省	西藏自治区	青海省	宁夏回族自治区	新疆维吾尔自治区
2000	1080.16	1069.90	700.46	816.41	638.02		2106.17	2422.93	950.56
2001	1162.07	1179.49	693.23	882.42	748.12		2139.17	2696.45	1054.90
2002	1289.44	1344.05	740.25	955.51	815.14		2372.55	3125.17	1126.51

续表

年份	全国	内蒙古自治区	广西壮族自治区	贵州省	云南省	西藏自治区	青海省	宁夏回族自治区	新疆维吾尔自治区
2003	1476.30	1745.51	856.15	1032.48	846.23		2811.99	3657.24	1220.79
2004	1689.56	2216.90	934.47	1174.92	1029.47		3520.66	4592.07	1357.16
2005	1929.27	2778.69	1094.74	1305.56	1252.25		3804.00	5081.94	1542.97
2006	2190.18	3664.14	1227.93	1577.18	1440.14	456.01	4460.13	6255.79	1737.56
2007	2497.51	4776.84	1428.56	1842.24	1651.57	519.34	5170.96	7209.44	1972.90
2008	2613.48	4993.50	1564.34	1888.70	1825.76	547.33	5653.89	7113.52	2249.51
2009	2763.09	5239.25	1763.49	2121.29	1949.66	598.25	6051.26	7404.97	2538.08
2010	3148.71	6216.50	2154.53	2401.25	2182.00	679.83	8255.63	8638.30	3029.41
2011	3508.32	7511.23	2394.42	2721.84	2600.14	783.58	9868.23	11330.66	3799.07
2012	3679.19	8099.93	2463.52	3004.30	2824.35	902.33	10506.76	11461.73	4885.39
2013	3942.19	8735.97	2622.90	3215.87	3114.85	982.31	11704.80	12399.76	6800.13
2014	4083.52	9648.40	2751.34	3345.85	3244.41	1070.18	12396.02	12829.99	8267.43

资料来源：作者根据《中国统计年鉴》和《中国区域经济统计年鉴》数据计算。

(2)通达性反映了一个地区区内和与区外联系的方便程度。这里用综合运输网密度作为通达性的代理变量，定义为

$$d = \frac{L}{\sqrt{P \cdot S}} \tag{2.52}$$

式中，d 为综合运输网密度；L 为运输线路长度(这里等于运营的铁路线路长度和公路线路长度的和)；P 为人口；S 为区域面积。

按式(2.52)计算了全国和民族地区综合运输网密度，结果见表 2.21。可以看出，西部大开发战略实施以来，通过大规模的交通基础设施建设，民族地区交通通达性有了很大的改进，特别是与区外的联系相关的跨省区的高速公路、铁路的建设，使得民族地区与区外的联系较以前有了根本性改进，时间成本大幅度下降。

表 2.21　全国与民族地区综合运输网密度

年份	全国	内蒙古自治区	广西壮族自治区	贵州省	云南省	西藏自治区	青海省	宁夏回族自治区	新疆维吾尔自治区
2000	158.51	140.67	167.06	139.90	405.10	129.48	102.80	180.67	151.17
2001	159.73	146.41	171.89	138.98	403.74	203.47	126.10	191.14	150.22
2002	165.43	151.09	175.88	175.74	403.78	226.87	128.97	195.36	152.59
2003	169.04	153.82	181.59	179.49	404.83	233.95	130.14	204.71	152.69
2004	174.12	157.90	184.68	181.83	405.06	237.13	148.26	212.04	157.12
2005	305.31	160.51	194.92	190.58	405.84	239.54	156.10	220.48	159.54
2006	314.61	253.79	278.45	448.16	477.71	246.79	249.02	326.75	250.76
2007	325.12	272.41	288.57	486.58	480.42	266.04	272.74	335.49	250.56
2008	337.42	288.43	302.14	492.61	486.97	289.78	292.43	340.70	250.85
2009	348.65	296.72	305.65	558.83	491.23	291.15	309.12	352.24	257.48
2010	361.31	308.70	317.85	620.66	497.11	322.59	318.68	366.60	260.42

续表

年份	全国	内蒙古自治区	广西壮族自治区	贵州省	云南省	西藏自治区	青海省	宁夏回族自治区	新疆维吾尔自治区
2011	369.26	314.04	325.99	646.83	507.97	333.25	327.57	395.52	262.98
2012	380.23	319.20	333.76	672.49	517.30	341.77	334.56	424.25	279.91
2013	390.17	326.95	345.31	703.19	524.81	367.18	353.50	452.81	284.85
2014	399.31	335.06	356.69	729.94	541.28	390.26	365.73	491.35	292.48

资料来源；作者据《中国统计年鉴》(各年)计算绘制。

(3) 电信通信服务设施及普及程度是经济基础设施的重要内容，也是信息获得的主要指标。表 2.22 列出了 2010 年和 2014 年全国和民族地区电信通信服务的获得性。一方面，可以看出民族地区的信息可得性的跨越式发展。2000 年时，全国电话普及率只有 19.10 部/百人，移动电话普及率只有 6.72 部/百人，每千人拥有公用电话数 2.20 部，2002 年全国互联网普及率只有 4.6%，表 2.22 所列示的数据显示，民族八省区均在 21 世纪初全国平均水平的基础上有了急速增长，例如，2014 年电话普及率内蒙古自治区是 2000 年全国平均的 6.26 倍，广西壮族自治区是 4.46 倍，贵州省是 4.81 倍，云南省是 4.64 倍，西藏自治区是 5.40 倍，青海省是 5.78 倍，宁夏回族自治区是 6.26 倍，新疆维吾尔自治区是 5.90 倍；互联网普及率提高更快，2014 年内蒙古自治区是全国 2002 年平均水平的 9.93 倍，广西壮族自治区是 8.57 倍，贵州省是 7.59 倍，云南省是 7.63 倍，西藏自治区是 8.57 倍，青海省是 10.87 倍，宁夏回族自治区是 9.8 倍，新疆维吾尔自治区是 10.93 倍。信息获得性的改进极大地扩大了民族地区的发展机会。另一方面，也要看到与东部发达地区比较，民族地区目前在信息获得性方面存在的差距，图 2.26 绘出的是 2014 年各地区信息获得性指标与全国平均水平的相对值，可以看出，民族八省区信息获得程度整体上还是滞后的，特别是互联网普及率还需要特别加强。

表 2.22 民族地区电信通信的获得性(2010 年、2014 年)

地区	电话普及率(包括移动电话)/(部/百人)		移动电话普及率/(部/百人)		每千人拥有公用电话数/部		开通互联网宽带业务的行政村比重/%		互联网普及率/%	
	2010 年	2014 年	2010 年	2014 年	2010 年	2014 年	2010 年	2014 年	2010 年	2014 年
全国	86.41	112.26	64.36	94.03	19.45	15.04	80.11	93.50	34.3	47.9
内蒙古自治区	101.08	119.52	83.98	105.18	12.56	9.42	41.40	49.00	30.8	45.7
广西壮族自治区	60.20	85.27	45.60	74.75	11.82	8.85	78.56	97.20	25.2	39.4
贵州省	58.76	91.92	47.41	82.25	10.34	8.76	35.00	90.00	19.8	34.9
云南省	61.41	88.64	49.10	79.52	15.01	10.61	60.00	75.30	22.3	35.1
西藏自治区	69.49	103.19	54.36	91.90	15.47	4.38	9.98	72.00	27.9	39.4
青海省	89.94	110.41	71.42	93.24	11.11	7.90	43.51	90.00	33.6	50.0
宁夏回族自治区	87.87	119.57	69.97	104.04	13.80	9.14	100.00	100.00	28.0	45.1
新疆维吾尔自治区	87.44	112.71	62.99	90.38	24.52	17.06	64.20	97.00	37.9	50.3

资料来源：《中国统计年鉴》(2011 年、2015 年)光盘版。

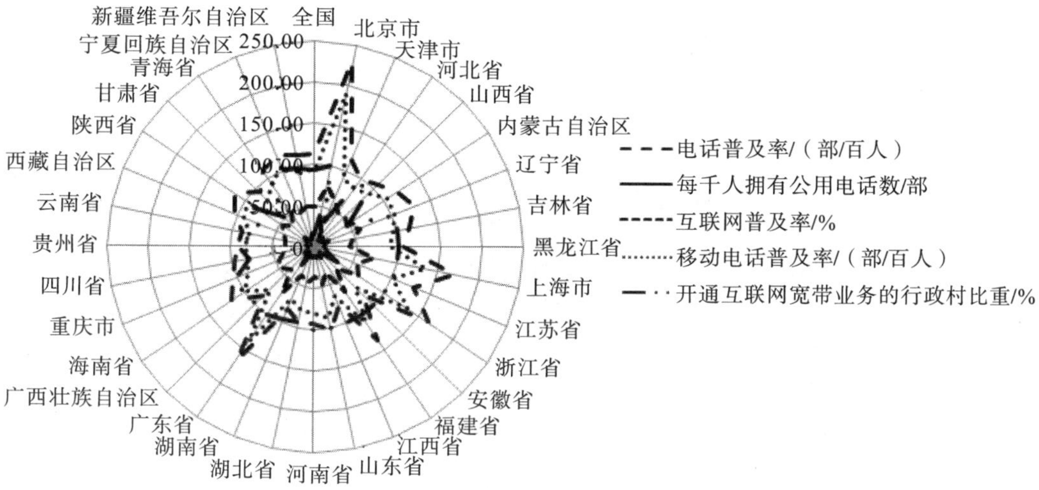

图 2.26　2014 年各地区信息获得性的相对水平

资料来源：作者据《中国统计年鉴》(2015 年) 计算绘制。

3. 社会机会

社会机会可以从一个地区居民获得的教育、健康等方面展开讨论。

1) 教育机会

教育的获得是经济机会的关键方面。本节主要从教育经费、人口受教育程度及构成等方面分析民族地区的教育获得水平。

(1) 教育经费。教育经费反映了一个地区政府的教育投入，从而在一定程度上决定了这个地区教育的发展。这里利用各地区公共财政预算支出中教育支出占地区生产总值的比例来反映政府的教育投入。2012 年全国财政支出(包括中央和地方)用于教育的支出为 23041.71 亿元，占当年 GDP 的 3.62%，其中地方合计用于教育的支出占地方合计的地区生产总值的比例为 3.18%。在民族八省区中，公共预算支出中教育支出占地区生产总值的比例，2014 年分别为：内蒙古自治区占 2.69%，广西壮族自治区占 4.21%，贵州省占 6.87%，云南省占 5.27%，西藏自治区占 15.43%，青海省占 6.79%，宁夏回族自治区占 4.46%，新疆维吾尔自治区占 6.12%。和全国总的水平比较，民族八省区中除内蒙古自治区低于全国 3.62%的水平外，其余地区均高出全国水平，有的地区高出的比例大，如西藏自治区、青海省等；和其他地区比较，2014年公共预算支出中教育支出占地区生产总值的比例居前列的均是民族地区(图 2.27)。纵向比较，2000年民族八省区教育支出占地区生产总值的比例分别为：内蒙古自治区占 2.12%，广西壮族自治区占 2.18%，贵州省占 3.2%，云南省占 3.19%，西藏自治区占 5.94%，青海省占 2.76%，宁夏回族自治区占 3.04%，新疆维吾尔自治区占 2.3%。因此，各地区用于教育的支出占地区生产总值的比例均有提高，有的地区提高幅度还较大。

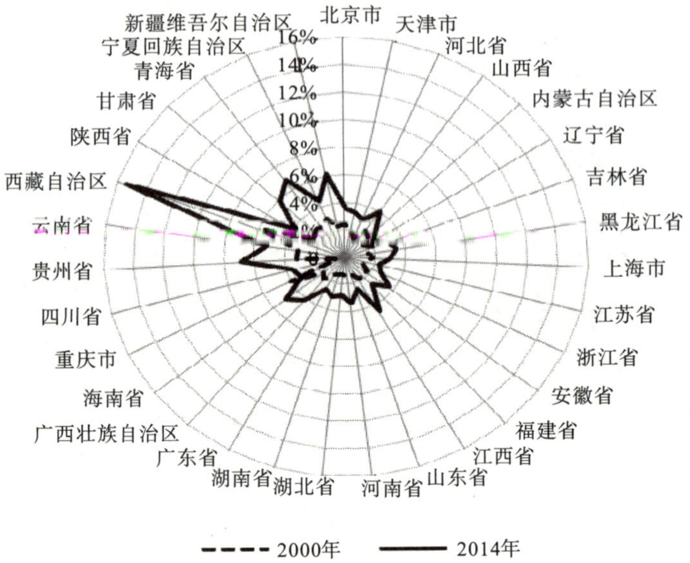

图 2.27　各省(区、市)教育支出占地区生产总值比例

资料来源：作者据《中国统计年鉴》(2001 年、2015 年)计算绘制。

(2) 人口受教育程度。人口受教育程度可以用平均受教育年限来综合反映。所谓人口平均受教育年限，是 6 岁及以上人口中，具有各等教育水平的人的比重与相应教育年限的加权平均，计算公式是

$$H=\sum_{i=1}^{N}(\frac{P_i}{P}\cdot h_i) \tag{2.53}$$

式中，H 为 6 岁及以上人口平均受教育年限；P 为 6 岁及以上人口数；P_i 为接受 i 类教育的人口数；h_i 为 i 类教育的教育年限数($i=1,\cdots,N$，是各等教育数，在统计中，包括未上过学、小学、初中、高中和大专及以上等几类①)，在本节的计算中，不同类受教育年限的取值为：未上过学的教育年限为 0，小学的教育年限为 6 年，初中的教育年限为 9 年，高中的教育年限为 12 年，大专及以上的教育年限为 16 年。

进入 21 世纪以来，受益于西部大开发战略的实施，中央政府和各级地方政府对民族地区的教育高度重视，通过强化教育投资、对口支援及在内地举办民族班等形式，促进了民族地区各族人民教育的发展，人口平均受教育年限有了较大的提高。根据 2000 年和 2010 年人口普查资料，6 岁及以上人口中，平均受教育年限内蒙古自治区从 7.75 年增加到 8.93 年，广西壮族自治区从 7.58 年提高到 8.40 年，贵州省从 6.18 年提高到 7.41 年，云南省从 6.40 年增加到 7.54 年，西藏自治区从 3.55 年增加到 5.25 年，青海省从 6.16 年提高到 7.58 年，宁夏回族自治区从 7.08 年提高到 8.44 年，新疆维吾尔自治区从 7.72 年提高到 8.85 年。与全国比较，2010 年内蒙古自治区和新疆维吾尔自治区人口平均受教育年限超过了全国 8.76 年的水平；从增量看，民族八省区除广西壮族自治区外，其余地区从 2000 年到 2010 年人均受教育年限增量都大于全国平均水平(表 2.23)。

① 人口普查时对受教育程度的划分包括未上过学、小学、初中、高中、大学专科、大学本科和研究生。

表 2.23　民族八省区人口平均受教育年限的变化　(单位：年)

地区	1982 年	1990 年	1995 年	2000 年	2005 年	2010 年			2014 年
						合计	男	女	
内蒙古自治区	4.69	5.74	6.4	7.75	8.14	8.93	9.21	8.63	9.00
广西壮族自治区	4.59	5.37	5.97	7.58	7.62	8.40	8.72	8.06	8.75
贵州省	3.17	4.16	4.96	6.18	6.38	7.41	7.95	6.84	8.09
云南省	3.07	4.14	4.79	6.40	6.34	7.54	7.89	7.15	7.79
西藏自治区	1.53	1.81	2.21	3.55	3.73	5.25	5.79	4.67	4.22
青海省	3.54	4.42	4.63	6.16	6.69	7.58	8.06	7.06	8.04
宁夏回族自治区	3.68	4.81	5.45	7.08	7.31	8.44	8.85	8.02	8.55
新疆维吾尔自治区	4.48	5.59	6.19	7.72	8.12	8.85	8.96	8.74	9.18
全国	4.64	5.52	6.09	7.63	7.78	8.76	9.11	8.39	9.04

资料来源：1982 年、1990 年、2000 年和 2010 年的数据根据人口普查数据计算得到。1995 年、2005 年和 2014 年根据人口抽样调查数据计算得到。

从文盲半文盲人口占地区 15 岁及以上人口的比重(文盲率)看，随着基础教育事业的发展，各地区文盲率有了大幅度下降，见表 2.24。例如，内蒙古自治区 1982 年的文盲率为 21.91%，到 2010 年下降为 4.73%，新疆维吾尔自治区 1982 年的文盲率为 20.29%，到 2010 年下降为 3.01%。

表 2.24　民族八省区文盲半文盲人口占 15 岁及以上人口比重 (%)

地区	1982 年	1990 年	2000 年	2005 年	2010 年			2014 年
					合计	男	女	
全国	22.81	22.27	9.08	11.04	4.88	2.52	7.29	4.92
内蒙古自治区	21.91	21.88	11.59	11.25	4.73	2.69	6.93	4.66
广西壮族自治区	16.94	16.47	5.30	8.64	3.46	1.40	5.64	3.60
贵州省	29.90	36.42	19.85	21.41	11.40	5.71	17.26	11.11
云南省	31.49	37.54	15.44	20.07	7.60	4.41	11.00	8.23
西藏自治区	46.13	67.58	47.25	44.84	32.29	24.22	40.86	39.93
青海省	29.15	40.55	25.44	24.07	12.94	8.04	18.20	13.12
宁夏回族自治区	26.96	32.19	15.72	18.71	7.82	4.51	11.24	8.05
新疆维吾尔自治区	20.29	19.34	7.72	8.32	3.01	2.22	3.85	3.25

资料来源：《中国人口统计年鉴》(各年)。

(3) 受教育程度的构成。考察人口受教育程度的构成有多种方式。首先分析每 10 万人拥有的各种受教育程度的人口。根据 1982 年、1990 年、2000 年和 2010 年人口普查，1990～2000 年，民族八省区中，每 10 万人拥有的小学文化程度的人口增加的有贵州省、云南省、西藏自治区、青海省、宁夏回族自治区和新疆维吾尔自治区，下降的有内蒙古自治区、广西壮族自治区；每 10 万人拥有的初中、高中和中专、大专及以上文化程度，八省区均增加，其中，初中增幅超过全国水平的有广西壮族自治区、云南省、西藏自治区，高中和中专增幅超过全国水平的有广西壮族自治区、贵州省、云南省和西藏自治区，大专及以上增幅超过全国水平的有内蒙古自治区、广西壮族自治区和新疆维吾尔自治区。2000～2010年，民族八省区中，每10万人拥有的小学文化程度的人口增加的有西藏自治区和青海省，其余六省区均下降；每10万人拥有的初中文化程度的人口，八省区均在增加，增幅超过全国水平的有广西壮族自治区、贵州省、云南省、西藏自治区、青海省、宁夏回族自治区和新疆维吾尔自治区；高中和中专文化程度人口数，新疆维吾尔自治区有所下降，青海省略有下降，其余六省区均在增加，贵州省、云南省和西藏自治区的增幅超过全国水平；大专及以上文化程度人口数，八省区都有大幅度增加，全国增幅为147.30%，民族八省区中除新疆维吾尔自治区外增幅均超过全国水平，其中西藏自治区增幅达到336.38%。这些数字变化说明，随着教育事业的发展，民族地区人力资本结构在不断升级，文化程度高的人口比例在增加(表2.25)。

表2.25　民族地区每10万人拥有的各种受教育程度的人口

受教育程序	项目	全国	内蒙古自治区	广西壮族自治区	贵州省	云南省	西藏自治区	青海省	宁夏回族自治区	新疆维吾尔自治区
大专及以上	1982年/人	615	569	363	387	331	423	808	659	634
	1990年/人	1422	1475	791	777	807	574	1490	1609	1845
	2000年/人	3611	3803	2389	1902	2013	1262	3299	3690	5141
	2010年/人	8930	10208	5977	5292	5778	5507	8616	9152	10635
	增长率(1)/%	153.94	157.83	202.02	144.79	149.44	119.86	121.41	129.33	178.64
	增长率(2)/%	147.30	168.41	150.19	178.23	187.03	336.38	161.17	148.02	106.87
高中和中专	1982年/人	6779	7451	6531	2962	2792	1213	5115	5294	6434
	1990年/人	8039	10056	6804	3927	4095	2122	8275	8000	10372
	2000年/人	11146	13760	9554	5626	6563	3395	10431	10910	12089
	2010年/人	14032	15125	11033	7282	8376	4364	10427	12451	11582
	增长率(1)/%	38.65	36.83	40.42	43.26	60.27	59.99	26.05	36.38	16.55
	增长率(2)/%	25.89	9.92	15.48	29.43	27.62	28.55	−0.04	14.12	−4.19
初中	1982年/人	17892	19305	15726	11416	10224	3613	13983	15542	17500
	1990年/人	23344	25473	19141	14645	13795	3850	17761	20274	20662
	2000年/人	33961	34798	32339	20480	21233	6136	21661	27830	27528
	2010年/人	38788	39218	38764	29789	27480	12850	25374	33654	36096
	增长率(1)/%	45.48	36.61	68.95	39.84	53.92	59.38	21.96	37.27	33.23
	增长率(2)/%	14.21	12.70	19.87	45.46	29.42	109.42	17.14	20.93	31.12
小学	1982年/人	35237	32761	38823	28775	29305	16465	25656	25686	33817
	1990年/人	37057	33397	45041	37336	37905	18597	26489	29384	36423
	2000年/人	35701	31134	42176	43595	44768	30615	30944	31770	37950
	2010年/人	26779	25418	31680	39373	43388	36589	35265	29826	30075
	增长率(1)/%	−3.66	−6.78	−6.36	16.76	18.11	64.62	16.82	8.12	4.19
	增长率(2)/%	−24.99	−18.36	−24.89	−9.69	−3.08	19.51	13.97	−6.12	−20.75

注：增长率(1)为1990～2000年增长率，增长率(2)为2000～2010年增长率。

资料来源：《中国人口统计年鉴》(各年)。

从与其他地区的比较看，2010 年每 10 万人口拥有的各种受教育程度人口中，民族地区总体上拥有的大专及以上人口、高中和中专人口大都比发达地区低很多，相反小学人口的比例很高，如图 2.28 所示。从排序看，在全国 31 个省(自治区、直辖市)中(不包括港澳台地区)，每 10 万人拥有的小学文化程度人口排前几位的都是民族地区，而高中和中专、大专及以上排序最后几位的都是民族地区。这些说明，民族地区的教育发展还很滞后，如果考虑到教育质量，此种差距就更大。

其次，分析 6 岁及以上人口各种受教育程度人口的比例。表 2.26 和图 2.29 给出了民族八省区 2000 年和 2010 年 6 岁及以上人口各种受教育程度人口的比例和分布。可以看出，与 2000 年相比，2010年各地区人口受教育程度均有较大程度提高，未上过学和小学的比例在下降，初中及以上的比例在上升；另外，民族八省区 6 岁及以上人口中初中的比例最高，高中和大学专科的比例偏低，大学本科和研究生的比例最低。当然，各地区差异明显。2010年与全国比较，未上过学的比例，内蒙古自治区、广西壮族自治区和新疆维吾尔自治区低于全国，其余地区高于全国，特别是西藏自治区(比全国高出近 6 倍)；民族八省区 6 岁及以上人口中，小学比例除内蒙古自治区低于全国水平外，其余均高于全国水平；初中比例，广西壮族自治区比全国高，其余低于全国水平；高中比例，除内蒙古自治区外，其余均低于全国；大学专科比例，内蒙古自治区、青海省、宁夏回族自治区和新疆维吾尔自治区比全国高，其余低于全国水平；大学本科比例，内蒙古自治区、宁夏回族自治区和新疆维吾尔自治区高于全国，其余低于全国水平；研究生比例，八省区都大大低于全国水平。

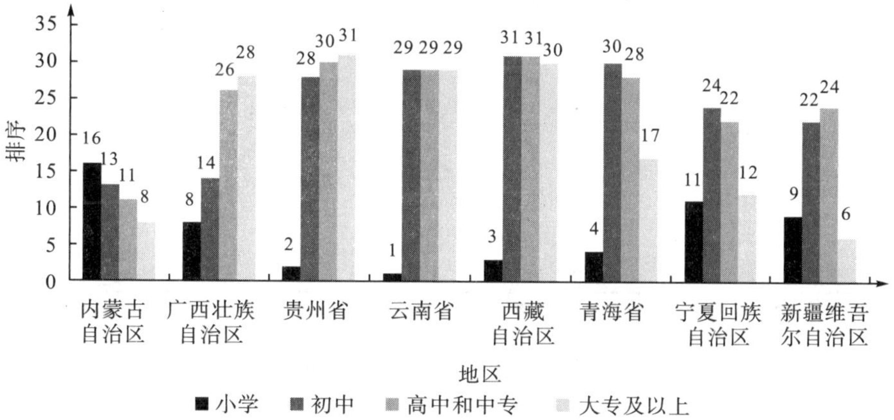

图 2.28　民族八省区每 10 万人口各种文化程度人口在全国的排序(降序)(见彩图版)

资料来源：作者根据《中国 2010 年人口普查资料》相关数据计算绘制。

表 2.26　民族八省区 6 岁及以上人口受教育程度结构(%)

地区	2000 年						
	未上过学	小学	初中	高中	大学专科	大学本科	研究生
全国	9.54	38.18	36.52	11.95	2.51	1.22	0.08
内蒙古自治区	10.78	33.26	37.17	14.72	2.97	1.07	0.03
广西壮族自治区	6.16	45.62	35.19	10.43	1.88	0.68	0.03

续表

地区	2000年						
	未上过学	小学	初中	高中	大学专科	大学本科	研究生
贵州省	19.13	49.07	23.25	6.38	1.49	0.66	0.01
云南省	17.23	49.65	23.59	7.29	1.51	0.69	0.03
西藏自治区	52.87	34.47	7.18	4.02	1.01	0.43	0.01
青海省	27.22	34.15	23.74	11.30	2.50	1.06	0.02
宁夏回族自治区	17.31	35.43	30.99	12.16	2.78	1.31	0.02
新疆维吾尔自治区	9.10	41.63	30.26	13.37	4.17	1.42	0.04
地区	2010年						
	未上过学	小学	初中	高中	大学专科	大学本科	研究生
全国	5.00	28.75	41.70	15.02	5.52	3.67	0.33
内蒙古自治区	4.84	26.88	41.47	16.01	6.86	3.75	0.19
广西壮族自治区	3.80	34.85	42.64	12.14	4.14	2.28	0.15
贵州省	10.41	42.55	33.00	8.22	3.56	2.17	0.09
云南省	7.99	47.19	29.64	8.98	3.71	2.36	0.14
西藏自治区	34.19	40.60	14.26	4.84	3.46	2.52	0.12
青海省	13.51	38.28	27.54	11.32	5.66	3.54	0.15
宁夏回族自治区	7.23	32.23	36.75	13.67	6.20	3.77	0.16
新疆维吾尔自治区	3.18	32.87	39.60	12.75	7.64	3.77	0.19

资料来源：作者根据《中国2000年人口普查资料》和《中国2010年人口普查资料》相关数据计算。

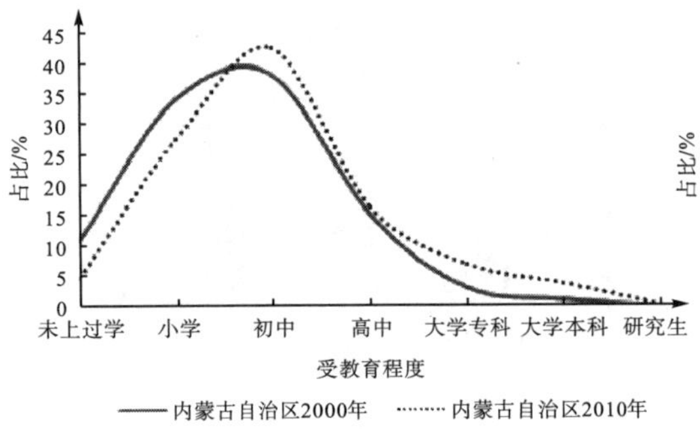

(a)

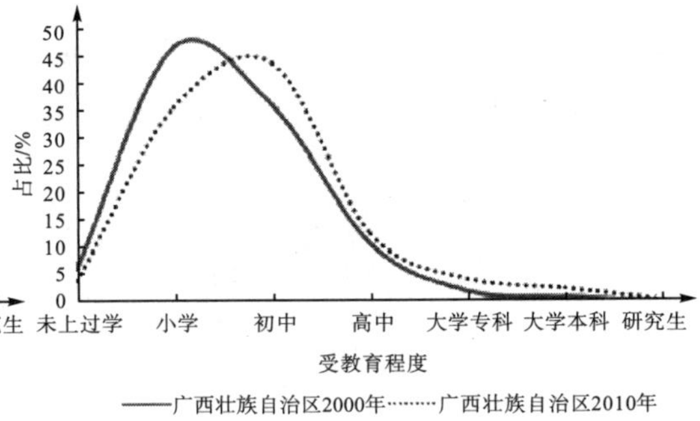

(b)

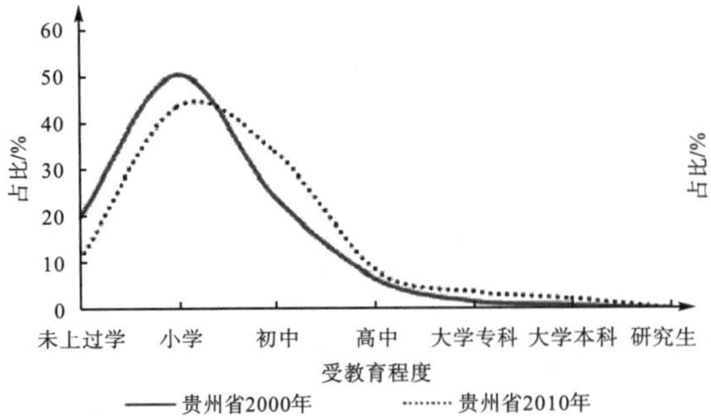

(c)

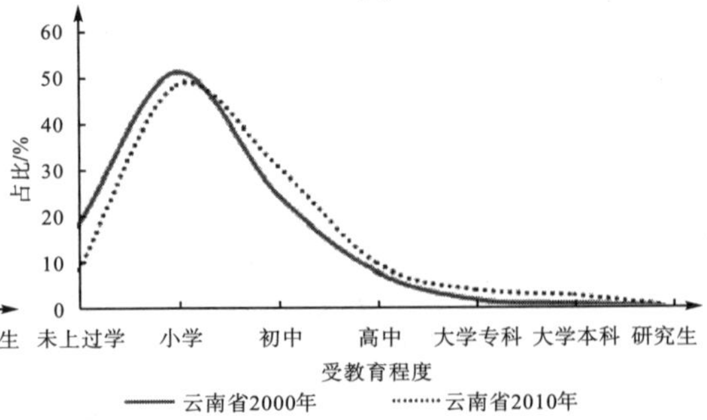

(d)

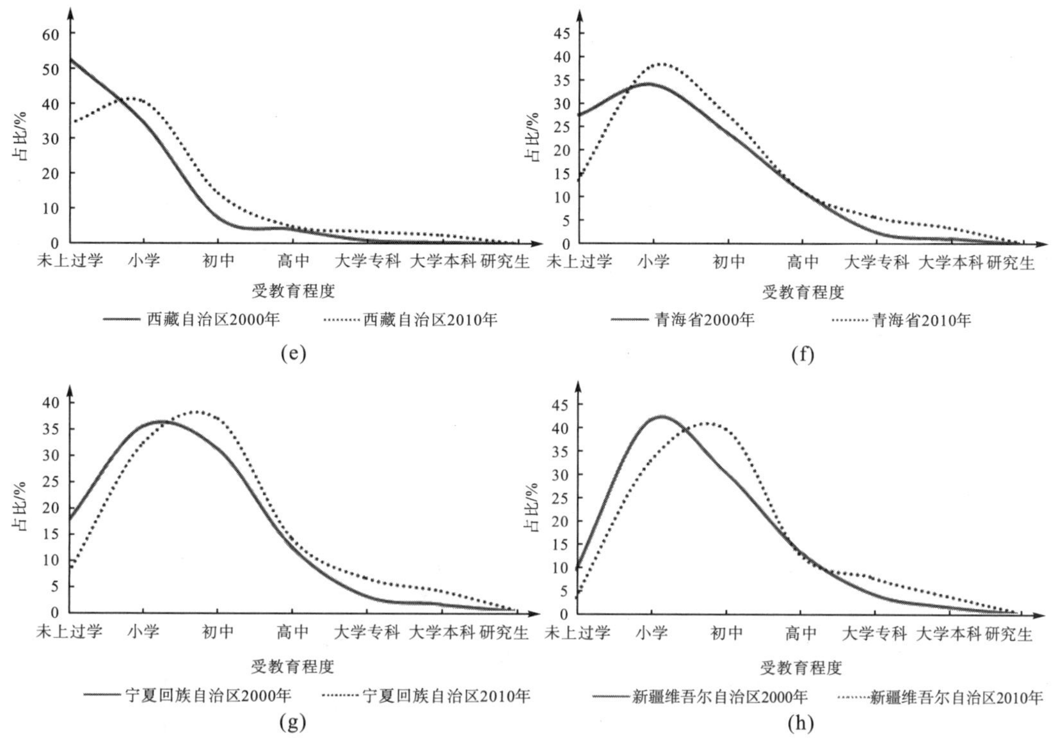

图 2.29　民族八省区 6 岁及以上人口受教育程度分布的变化

资料来源：表 2.26。

最后，分析技能劳动力。这里把 6 岁及以上人口中，受教育程度在大专及以上的人口定义为技能劳动力，其余就是非技能劳动力。1990 年全国技能劳动力占比为 1.59%，到 2000 年增加为 3.81%，2010 年达到 9.53%。与全国变化趋势一样，1990～2010 年，民族八省区技能劳动力占比都有较大幅度提高。例如，内蒙古自治区从 1990 年的 1.67%，提高到 2000 年的 4.08%，再到 2010 年的 10.80%，西藏自治区从 1990 年的 0.67%，提高到 2000 年的 1.45%，2010 年达到 6.11%（图 2.30）。2010 年技能劳动力占比超过全国平均水平的有内蒙古自治区、宁夏回族自治区和新疆维吾尔自治区，广西壮族自治区、贵州省、云南省、西藏自治区和青海省低于全国平均水平。与其他地区比较，2010 年民族八省区技能劳动力占比的排位为：新疆维吾尔自治区第 5 位、内蒙古自治区第 8 位、宁夏回族自治区第 11 位、青海省第 14 位，广西壮族自治区、云南省、西藏自治区和贵州省分别排第 28 位、第 29 位、第 30 位和第 31 位。

另外，更应该看到的是民族地区教育发展与发达地区的差距。2010 年人口受教育年限，民族地区中高于全国平均水平的只有内蒙古自治区和新疆维吾尔自治区，其余地区都比全国低，而且均属于最低之列；民族地区的文盲率属于最高之列，最高的西藏自治区达到 32.29%，青海省、贵州省的文盲率都在 10%以上，是全国水平的两倍多。因此，民族地区的教育发展还很滞后，如果考虑到教育质量，差距就更大。据中国科学技术促进发展研究中心的调查，西部地区 15 岁以上成年人口中有 58.2%的居民可以很轻松读懂书信，15.9%的居民能读懂但有困难，完全不能读懂书信的居民占 25.9%。也就是说，当前西部地区近 1/4 的居民完全不能读懂一封普通书信，表明提高西部人民素质的任务相当艰巨。

从性别看，男性居民的阅读能力优于女性居民，男性中读不懂书信者的比例(17.1%)不到女性中读不懂书信者比例(35.5%)的 1/2。最显见的鸿沟是城乡差别，城镇居民中仅有 8%左右的人完全读不懂书信；农村居民中这一比例高达 36%，是城市居民的 4 倍多。这些差别的存在，为进一步加强西部人力资源开发，提高居民教育素质指明了工作重点和方向。

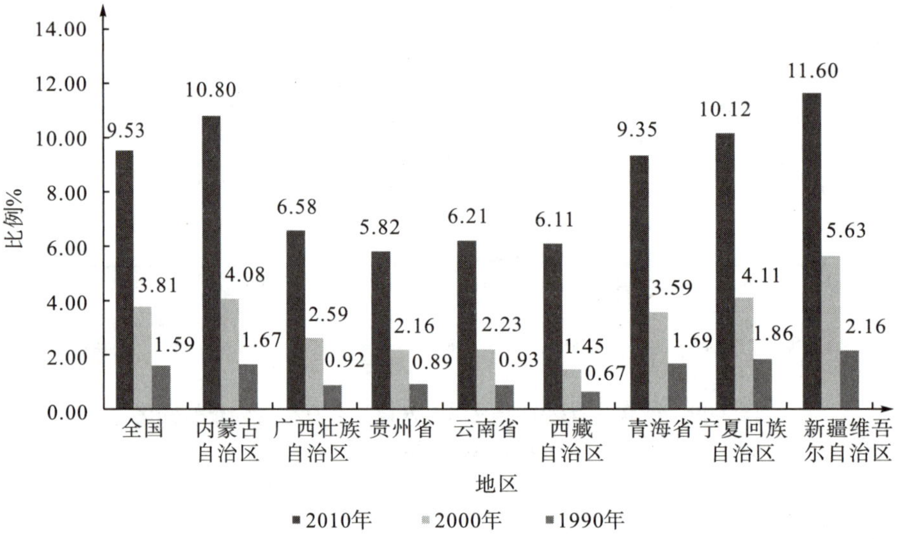

图 2.30　民族八省区技能劳动力的比例变化

资料来源：表 2.26。

2) 健康水平

经济机会在卫生健康方面可以用医疗卫生投入、卫生条件的变化和人口预期寿命等来进行综合反映。改革开放以来，特别是西部大开发以来，在中央政府和发达地区地方政府的大力帮助下，通过民族地区地方政府和各族人民的努力，医疗卫生条件得到极大改进，人民群众看病难的问题得到一定程度的缓解，各种疾病的发病率大幅度下降，人民群众的健康水平有了大幅度的提高。

从公共财政预算支出中医疗卫生支出看，2014年国家财政支出中医疗卫生与计划生育支出为 10176.81 亿元，占全国 GDP 的 1.60%，其中地方合计的医疗卫生与计划生育支出占地方地区生产总值合计的 1.47%。民族八省区 2014 年的这个比例分别为：内蒙古自治区占 1.28%，广西壮族自治区占 2.27%，贵州省占 3.27%，云南省占 2.75%，西藏自治区占 5.31%，青海省占 3.48%，宁夏回族自治区占 2.37%，新疆维吾尔自治区占 2.18%，除内蒙古自治区外均高于全国水平。在各省级行政区中，民族地区也是居于前列的(图 2.31)。由于有了较大规模的投入，医疗卫生条件有了较大改进(表 2.27～表 2.29)。

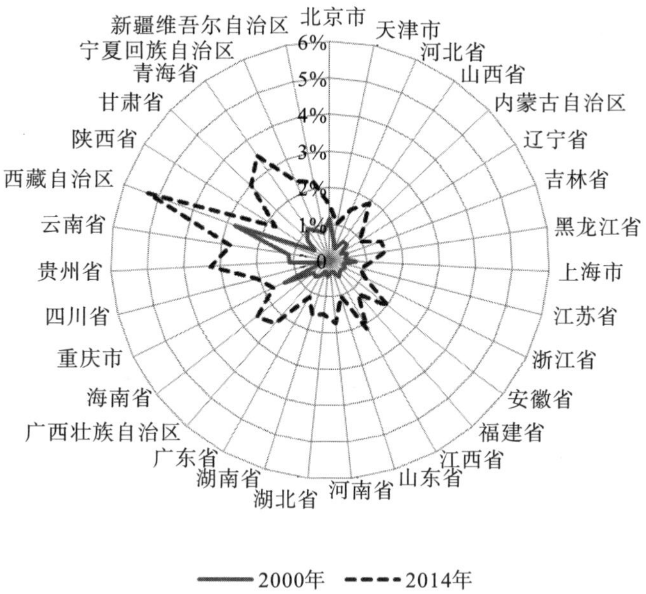

图 2.31　各地区公共预算支出中医疗卫生支出占地区生产总值的比例

资料来源：《中国统计年鉴》(2015 年)

表 2.27　2014 年民族八省区每千人口卫生技术人员　(单位：人)

地区	卫生技术人员			执业(助理)医师			注册护士		
	合计	城市	农村	合计	城市	农村	合计	城市	农村
全国	5.56	9.70	3.77	2.12	3.54	1.51	2.20	4.30	1.31
内蒙古自治区	6.17	11.19	4.40	2.48	4.17	1.90	2.26	4.79	1.36
广西壮族自治区	5.44	7.91	3.58	1.82	2.70	1.18	2.19	3.52	1.31
贵州省	4.85	10.99	2.99	1.65	3.93	0.99	1.92	5.02	1.09
云南省	4.43	10.97	3.49	1.60	4.17	1.23	1.76	4.73	1.33
西藏自治区	4.05	13.96	3.29	1.76	6.15	1.43	0.85	4.78	0.57
青海省	5.82	17.50	3.58	2.22	6.35	1.43	2.19	8.09	1.05
宁夏回族自治区	6.01	9.70	3.21	2.27	3.53	1.31	2.28	4.01	0.98
新疆维吾尔自治区	6.68	15.50	5.82	2.38	5.88	2.04	2.60	6.65	2.19

资料来源：《中国统计年鉴》(2015 年)。

表 2.28　2014 年民族八省区每千人医疗卫生机构床位数　(单位：张)

地区	每千人口医疗卫生机构床位			每千农业人口乡镇卫生院床位
	合计	城市	农村	
全国	4.85	7.84	3.54	1.34
内蒙古自治区	5.15	9.15	3.75	1.31
广西壮族自治区	4.24	5.30	3.11	1.44
贵州省	5.19	10.06	3.44	1.06
云南省	4.77	9.53	4.12	1.32

续表

地区	每千人口医疗卫生机构床位			每千农业人口乡镇卫生院床位
	合计	城市	农村	
西藏自治区	3.75	10.56	3.21	1.24
青海省	5.66	15.01	3.88	1.40
宁夏回族自治区	4.91	7.91	2.64	0.70
新疆维吾尔自治区	6.22	12.42	5.67	1.81

资料来源：《中国统计年鉴》(2015 年)。

表 2.29　民族地区医疗卫生条件的变化

地区	每万人卫生机构/个		每千人床位数/张		每千人卫生技术人员数/人	
	2000 年	2014 年	2000 年	2014 年	2000 年	2014 年
全国	2.51	7.18	2.45	4.85	3.47	5.56
内蒙古自治区	3.30	9.35	2.82	5.15	4.51	6.17
广西壮族自治区	3.05	7.29	1.90	4.24	2.83	5.44
贵州省	2.55	8.27	1.66	5.19	2.42	4.85
云南省	3.11	5.15	2.27	4.77	2.89	4.43
西藏自治区	4.72	21.40	2.42	3.75	3.42	4.05
青海省	3.57	10.70	3.19	5.66	4.15	5.82
宁夏回族自治区	2.42	6.43	2.46	4.91	3.80	6.01
新疆维吾尔自治区	3.48	8.21	3.66	6.22	5.05	6.68

资料来源：《中国统计年鉴》(2001 年、2015 年)。

医疗卫生投入的增加和医疗卫生条件的改进，使得各族人民健康状况得到根本改进，具体表现在 1990～2010 年民族地区各地区人民的预期寿命都有较大的提高(表 2.30)，如内蒙古自治区预期寿命从 1990 年的 65.68 岁提高到 2000 年的 69.87 岁，2010 年为 74.44 岁；西藏自治区的预期寿命从 1990 年的 59.64 岁提高到 2000 年的 64.37 岁，2010 年达到 68.17 岁。

表 2.30　全国和民族地区人口预期寿命的变化

地区	1990 年			2000 年			2010 年		
	总人口	男	女	总人口	男	女	总人口	男	女
全国	68.55	66.84	70.47	71.40	69.63	73.33	74.83	72.38	77.37
内蒙古自治区	65.68	64.47	67.22	69.87	68.29	71.79	74.44	72.04	77.27
广西壮族自治区	68.72	67.17	70.34	71.29	69.07	73.75	75.11	71.77	79.05
贵州省	64.29	63.04	65.63	65.96	64.54	67.57	71.10	68.43	74.11
云南省	63.49	62.08	64.98	65.49	64.24	66.89	69.54	67.06	72.43
西藏自治区	59.64	57.64	61.57	64.37	62.52	66.15	68.17	66.33	70.07
青海省	60.57	59.29	61.96	66.03	64.55	67.70	69.96	68.11	72.07
宁夏回族自治区	66.94	65.95	68.05	70.17	68.71	71.84	73.38	71.31	75.71
新疆维吾尔自治区	62.59	61.95	63.26	67.41	65.98	69.14	72.35	70.30	74.86

资料来源：《中国统计年鉴》(1991 年、2001 年、2011 年)。

但是，更应该看到的是，民族地区卫生事业的发展与人民群众的需要相比，与发达地区相比，差距还很大，“看病难，就医难”的问题尚未得到根本改变。

4. 机会公平

这里从国民收入的初次分配、城乡居民收入差距、受教育程度的性别差异等方面分析民族八省区 2000 年以来发展机会的公平程度。

(1) 分析国民收入的初次分配。在我国的国民收入核算体系中，按收入法核算的地区生产总值由劳动者报酬、固定资产折旧、营业盈余和生产税净额组成。表 2.31 列出了 2000 年、2012 年和 2014 年全国和民族八省区国民收入初次分配格局的变化，其中全国数据是通过对各地区数据求和得到的。可以看出，2000 年以来，从全国和民族地区看，整体上在国民收入的初次分配中，资本收入增长快于劳动报酬的增长，结果国民收入中劳动收入的比例下降。近年来，此种趋势有一定改善。

表 2.31　全国和民族地区国民收入初次分配格局的变化 (%)

地区	2000 年				2012 年				2014 年			
	劳动者报酬	生产税净额	固定资产折旧	营业盈余	劳动者报酬	生产税净额	固定资产折旧	营业盈余	劳动者报酬	生产税净额	固定资产折旧	营业盈余
全国	48.71	15.31	14.07	21.92	45.59	15.89	12.86	25.66	46.51	15.64	12.89	24.97
内蒙古自治区	49.57	13.46	11.89	25.07	43.83	13.55	10.82	31.80	49.28	12.76	11.13	26.83
广西壮族自治区	59.01	10.50	10.98	19.50	55.11	13.19	11.32	20.38	51.89	19.24	10.78	18.1
贵州省	60.36	13.74	18.33	7.57	53.28	18.12	13.14	15.46	54.19	18.45	12.73	14.63
云南省	44.35	14.69	24.66	16.31	50.57	22.47	10.37	16.58	50.24	20.26	10.12	19.38
西藏自治区	72.85	33.39	8.12	−14.35	64.27	8.86	14.88	11.99	64.55	8.57	12.78	14.1
青海省	52.86	22.18	11.66	13.30	43.49	14.70	17.74	24.06	46.52	13.23	24.28	15.96
宁夏回族自治区	51.36	16.64	14.41	17.59	49.15	14.01	17.05	19.79	51.23	14.1	16.75	17.92
新疆维吾尔自治区	49.35	17.93	11.73	20.99	53.02	15.20	14.60	17.18	55	14.61	15.36	15.03
民族八省区	52.34	14.41	15.39	17.86	50.26	15.79	12.13	21.82	51.61	16.55	12.30	19.54

资料来源：国家统计局国民经济核算司《中国国内生产总值核算历史资料 1952—2004》；《中国统计年鉴》(2013 年、2015 年)。

如果不考虑生产税净额，把营业盈余和固定资产折旧合并，就得到国民收入在劳动和资本间的分配关系。这里计算了劳动者报酬与资本报酬的比例，其变化趋势如图 2.32 所示。可以看出，劳动者报酬/资本报酬的比自 2000 年以来全国和民族八省区均处于下降态势，到 2007 年达到最低点，之后开始有所回升，2009 年后又有所下降。劳动者报酬/资本报酬比的变化从一个方面反映了经济中收入差距的变化趋势。这个比值下降，说明劳动者在国民收入分配中得到的份额在下降，劳动者与资本间的收入差距在扩大。

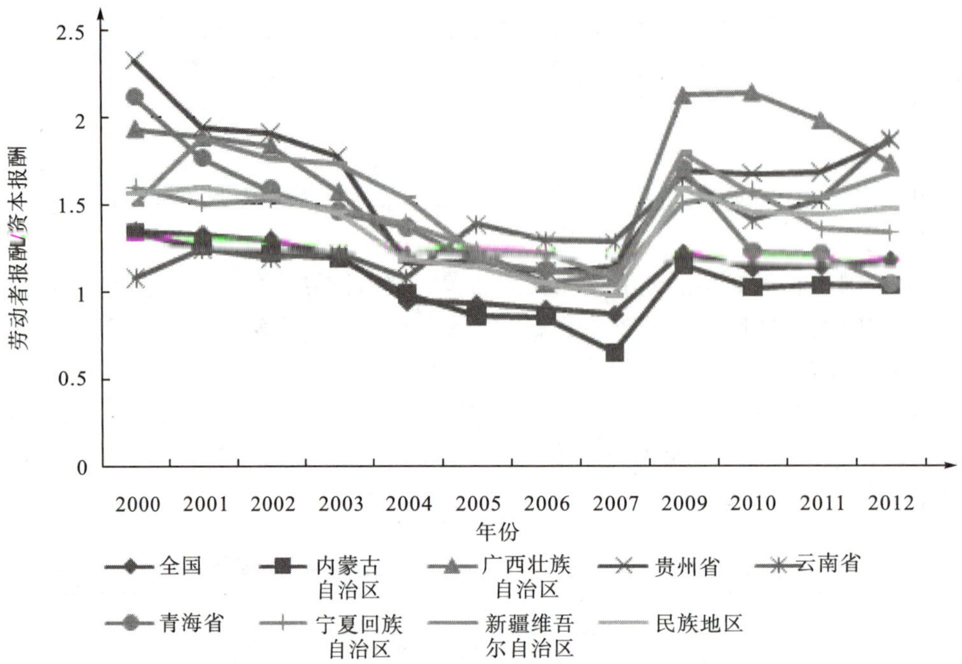

图 2.32 全国与民族八省区劳动者报酬与资本报酬的比(未含西藏自治区)

资料来源：国家统计局国民经济核算司《中国国内生产总值核算历史资料 1952—2004》；《中国统计年鉴》(各年)。

注：2008 年未公布数据。

(2)从城乡居民收入差距看，民族地区是全国城乡差距最大的地区。2014 年，全国城乡居民收入比为 2.75，民族八省区中除新疆维吾尔自治区低于全国平均水平外，其余地区均高于全国水平(表 2.32)。目前我国是世界上城乡差距最大的国家之一，而民族地区是我国城乡差距最大的地区。这么大的城乡差距，抑制了高速经济增长对减贫的效应。从城乡差距的变化看，2000 年以来，民族八省区城乡差距总体上趋于缩小(图 2.33)。从民族八省区内部的区域差距看，图 2.34 给出了西部大开发以来民族八省区人均地区生产总值的空间基尼系数，可以看出，西部大开发以来民族八省区内部的大部分区域差距经历了先上升后下降的趋势。

表 2.32 全国与民族八省区城乡差距(城乡居民收入比)

年份	全国	内蒙古自治区	广西壮族自治区	贵州省	云南省	西藏自治区	青海省	宁夏回族自治区	新疆维吾尔自治区
2000	2.79	2.52	3.13	3.73	4.28	4.84	3.47	2.85	3.49
2001	2.90	2.81	3.43	3.86	4.43	5.07	3.63	3.04	3.63
2002	3.11	2.90	3.63	3.99	4.50	5.10	3.62	3.16	3.52
2003	3.23	3.09	3.72	4.20	4.50	4.77	3.71	3.20	3.33
2004	3.21	3.12	3.55	4.25	4.76	4.41	3.65	3.11	3.34
2005	3.22	3.06	3.72	4.34	4.54	4.54	3.75	3.23	3.22

续表

年份	全国	内蒙古自治区	广西壮族自治区	贵州省	云南省	西藏自治区	青海省	宁夏回族自治区	新疆维吾尔自治区
2006	3.28	3.10	3.57	4.59	4.47	3.67	3.82	3.32	3.24
2007	3.33	3.13	3.78	4.50	4.36	3.99	3.83	3.41	3.24
2008	3.31	3.10	3.83	4.20	4.27	3.93	3.81	3.51	3.26
2009	3.33	3.21	3.88	4.28	4.28	3.84	3.79	3.46	3.16
2010	3.23	3.20	3.76	4.07	4.06	3.62	3.59	3.28	2.94
2011	3.13	3.07	3.60	3.98	3.93	3.30	3.39	3.25	2.85
2012	3.10	3.04	3.54	3.93	3.89	3.15	3.27	3.21	2.80
2013	3.03	2.97	3.43	3.8	3.78	3.04	3.15	3.15	2.72
2014	2.75	2.84	2.84	3.38	3.26	2.99	3.06	2.77	2.66

资料来源：《中国统计年鉴》各年数据。

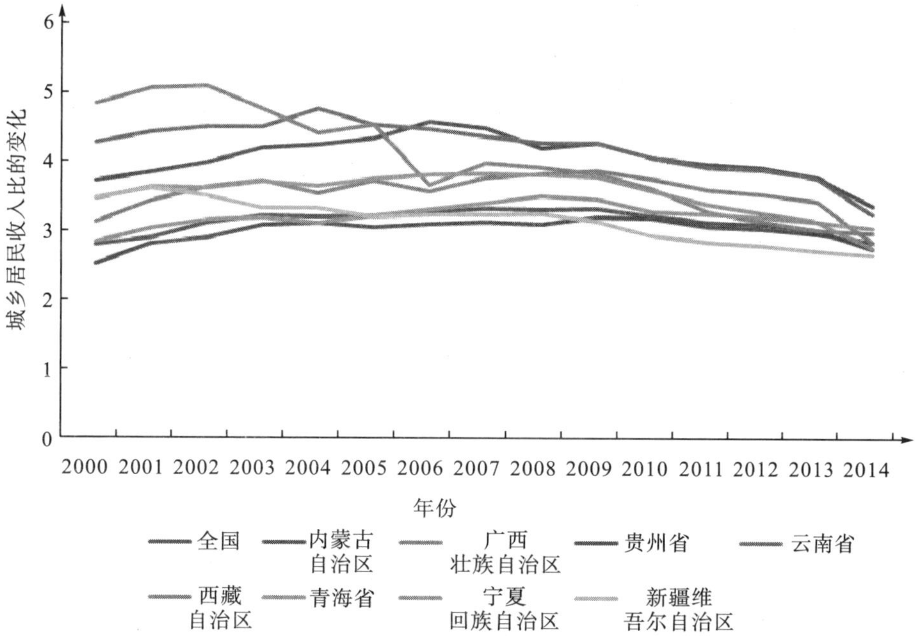

图 2.33　全国与民族八省区城乡居民收入差距的变化(见彩图版)

资料来源：作者根据《中国统计年鉴》数据绘制。

(3)从受教育程度的性别差异看，这里计算了 2000～2014 年全国和民族八省区 6 岁及以上分性别的人口平均受教育年限，如表 2.33 所示。可以看出，2000 年以来全国和民族八省区无论男性人口还是女性人口，受教育程度均有提高，但男女差异还是比较明显，从趋势上看，男女受教育程度的差异在缩小。图 2.35 描述的是女性人口受教育年限与男性人口受教育年限的比值，其变化趋势说明受教育程度的性别差异有所缩小。

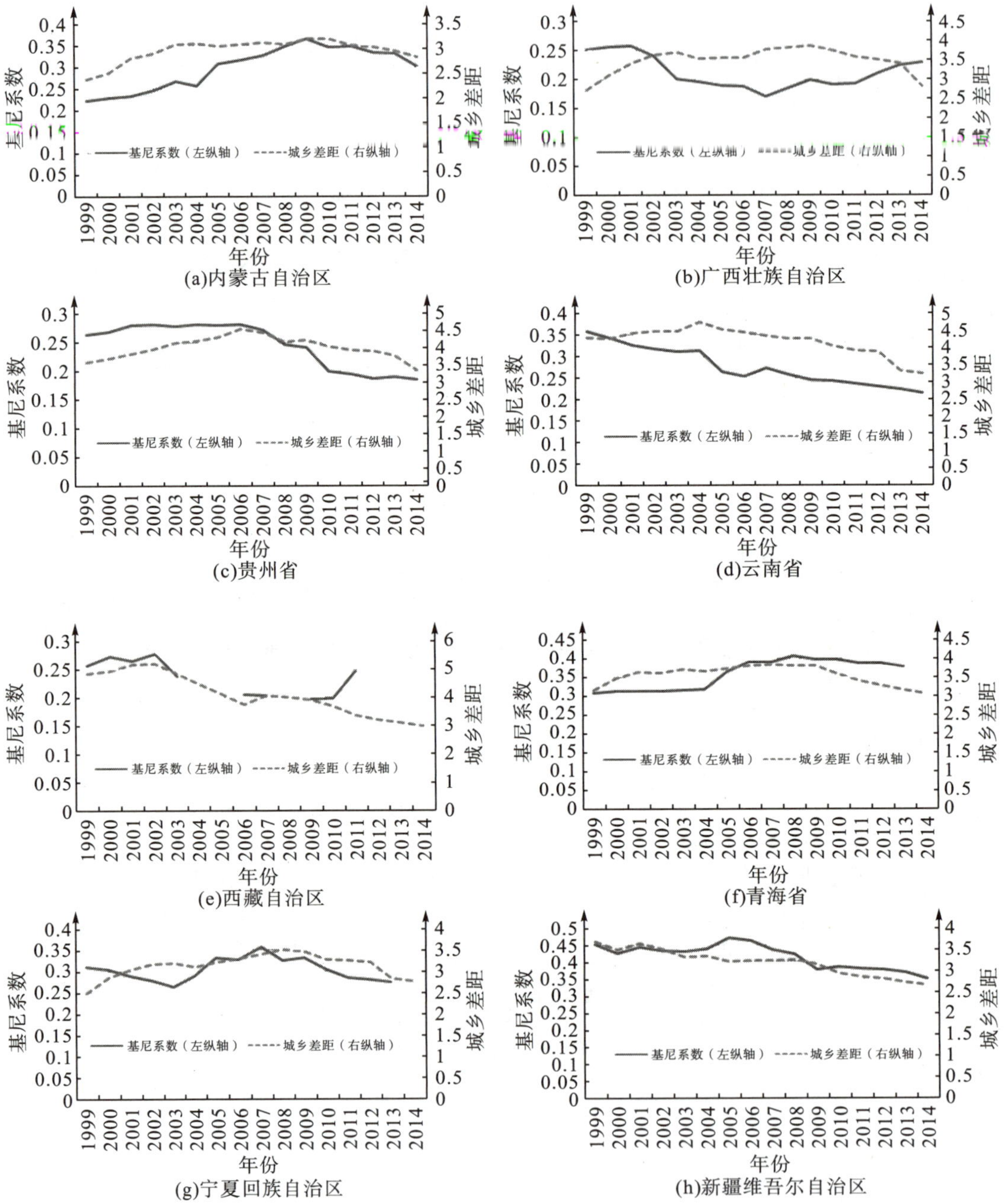

图 2.34 民族八省区区内差距(人均地区生产总值的基尼系数)和城乡差距(城乡居民收入比)

资料来源：《中国西部民族经济调查(2015)》。

表 2.33　全国和民族八省区 6 岁及以上人口受教育年限的性别差异　（单位：年）

年份	6 岁及以上男性人口平均受教育年限								
	全国	内蒙古自治区	广西壮族自治区	贵州省	云南省	西藏自治区	青海省	宁夏回族自治区	新疆维吾尔自治区
2000	8.16	8.23	8.04	7.02	6.99	4.23	6.96	7.74	7.96
2001	8.21	8.24	8.09	7.25	6.75	4.55	6.75	7.90	8.20
2002	8.27	8.38	8.11	7.38	6.79	4.89	7.06	8.04	8.54
2003	8.43	8.25	8.26	7.51	6.63	4.44	7.41	8.01	8.57
2004	8.50	8.56	8.51	7.56	7.31	4.98	7.48	8.29	8.66
2005	8.39	8.73	8.17	7.25	6.99	4.31	7.49	8.05	8.42
2006	8.55	8.64	8.47	7.32	7.18	4.82	7.62	8.27	8.45
2007	8.66	8.73	8.43	7.49	7.29	5.13	7.80	8.42	8.63
2008	8.73	8.79	8.39	7.66	7.45	5.28	7.89	8.61	8.68
2009	8.81	8.88	8.46	7.68	7.40	5.06	8.06	8.69	8.74
2010	9.11	9.21	8.72	7.95	7.89	5.79	8.06	8.85	8.96
2011	9.20	9.37	9.09	8.26	7.96	6.08	8.08	8.79	9.28
2012	9.28	9.44	8.73	8.15	8.15	5.41	8.05	8.70	9.16
2013	9.37	9.29	8.89	8.37	8.16	4.62	8.4	9.07	9.12
2014	9.37	9.29	9.07	8.36	8.14	4.63	8.32	8.95	9.27
年份	6 岁及以上人口女性人口平均受教育年限								
	全国	内蒙古自治区	广西壮族自治区	贵州省	云南省	西藏自治区	青海省	宁夏回族自治区	新疆维吾尔自治区
2000	7.11	7.29	7.11	5.27	5.73	2.76	5.32	6.39	7.53
2001	7.13	7.15	7.10	5.79	5.61	3.65	5.16	6.64	7.81
2002	7.18	7.34	7.11	6.05	5.41	3.81	5.59	6.72	8.19
2003	7.38	7.27	7.23	6.22	5.40	3.36	5.99	6.68	8.17
2004	7.51	7.76	7.49	6.36	6.32	3.84	6.10	7.10	8.31
2005	7.27	7.69	7.12	5.55	5.73	3.18	6.02	6.70	7.98
2006	7.53	7.72	7.56	5.83	6.11	3.53	6.35	6.96	8.13
2007	7.70	7.98	7.61	6.16	6.25	4.13	6.54	7.21	8.39
2008	7.80	7.93	7.54	6.39	6.31	4.18	6.62	7.63	8.43
2009	7.94	8.10	7.70	6.45	6.38	4.03	6.82	7.73	8.57
2010	8.39	8.63	8.06	6.84	7.15	4.67	7.06	8.02	8.74
2011	8.48	9.08	8.09	6.84	7.40	4.92	7.48	7.95	9.07
2012	8.59	9.01	8.10	7.09	7.53	4.73	7.15	8.02	8.94
2013	8.71	8.71	8.27	7.7	7.5	4.1	7.5	8.31	8.85
2014	8.69	8.69	8.41	7.82	7.42	3.82	7.74	8.13	9.09

资料来源：作者根据《中国人口和就业统计年鉴》（各年）相关数据计算。

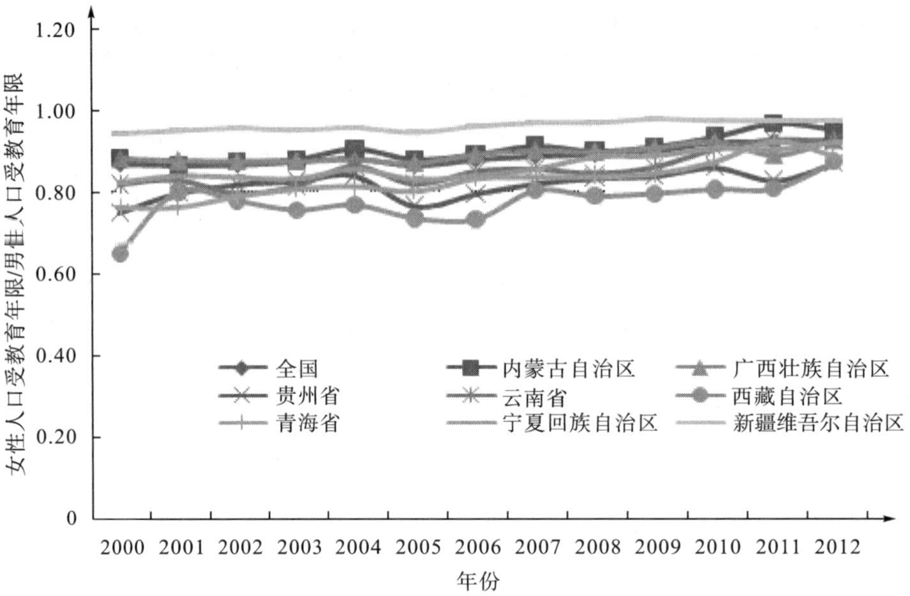

图 2.35 全国和民族八省区受教育年限的比值(女性/男性)

资料来源：同表 2.33。

5. 社会保障

包容性增长的关键要素是通过高速持续的增长创造机会，使机会被所有人平等利用，并根除极端贫困。要根除极端贫困就必须强调基本的社会保障，或社会安全网。因为，对于那些处于极端贫困或持久贫困(the extremely or chronically poor)状态的群体，要利用任何经济机会，存在很大的困难，对于这样的脆弱性群体，包容性发展提出要提供最低的经济福利，包容性增长集中于扩大所有人的机会，而社会保障干预的目标是持久贫困的群体。实际上，促进社会包容也要求政府提供社会安全网，以减轻外部和转型冲击的影响，以及满足持久贫困人口的最低需要。

民族地区是我国极端贫困人群集中分布的地区，给这些极端贫困人群提供最低经济福利所需要的支出较高。据统计，2014 年，社会保障和就业支出占地方财政一般预算支出的比例，内蒙古自治区为 12.18%，广西壮族自治区为 9.85%，贵州省为 8.66%，云南省为 13.19%，西藏自治区为 7.61%，青海省高达 16.91%，宁夏回族自治区为 10.19%，新疆维吾尔自治区为 8.83%。表 2.34 给出了 2014 年民族地区社会保险覆盖率及其与全国的比较，从中可见一斑。因此，全国和民族地区的社会保障的供给还处于低水平状态，特别需要加强。

表 2.34 民族地区社会保险覆盖率(%)

地区	城镇基本养老保险覆盖率	城镇职工参加基本养老保险比率	失业保险覆盖率	城镇基本医疗保险覆盖率	农村社会养老保险覆盖率	工伤保险覆盖率
全国	37.87	57.01	40.86	64.56	10.21	19.10
内蒙古自治区	31.76	67.82	52.27	62.26	8.22	17.42

续表

地区	城镇基本养老保险覆盖率	城镇职工参加基本养老保险比率	失业保险覆盖率	城镇基本医疗保险覆盖率	农村社会养老保险覆盖率	工伤保险覆盖率
广西壮族自治区	21.61	56.24	45.44	44.65	5.94	7.74
海南省	39.64	83.32	65.03	66.93	6.32	20.89
贵州省	20.75	55.54	46.65	49.95	0.16	6.12
云南省	19.72	36.48	33.50	49.06	5.18	7.88
西藏自治区	13.38	12.29	17.70	52.15	0.00	4.94
青海省	30.62	57.79	40.01	44.99	0.00	14.03
宁夏回族自治区	31.04	63.04	40.83	64.60	7.90	12.92
新疆维吾尔自治区	41.49	67.55	61.11	87.76	1.31	28.01

资料来源：作者根据《中国统计年鉴》(2015 年)数据计算。

2.4.4　经济增长的环境效应

绿色发展要求对自然资源进行有效利用(效率)，要求对环境的污染和影响要最小(清洁)，要求对自然资源的利用和环境的影响不能超过环境的自我修复能力(能复原)。

1)资源利用效率

这里分析了建设用地、水和能源等几种资源的利用效率。如表 2.35 所示。其中，建设用地利用效率用的是各地区第二产业、第三产业增加值除以建设用地，水效率用的是地区生产总值除以水资源利用量(供水量)，能源效率用的是各地区生产总值除以能源消费总量。可以看出，2000年以来，民族地区资源利用效率普遍在提高，且有的地区提高的幅度超过全国水平；另外，表 2.35 和图 2.36 的数据显示，民族八省区资源利用效率总体上是偏低的，低于全国平均水平，更低于相对发达的一些地区，资源利用效率还有较大的提升空间。

表 2.35　全国和民族八省区资源利用效率

年份	建设用地利用效率/(万元/ha)								
	全国	内蒙古自治区	广西壮族自治区	贵州省	云南省	西藏自治区	青海省	宁夏回族自治区	新疆维吾尔自治区
2000	38.33	7.16	17.34	13.80	17.81	9.43	7.84	9.87	6.97
2001	25.78	8.14	19.13	15.49	19.01	11.73	8.89	11.30	7.79
2002	33.78	11.38	22.12	18.57	25.00	22.25	9.13	17.78	11.06
2003	38.13	14.10	24.74	21.47	27.52	24.15	11.01	20.85	12.28
2004	43.89	17.77	29.47	25.11	32.57	28.72	12.99	23.88	14.56
2005	50.91	22.97	34.76	29.76	36.17	32.25	14.94	26.31	17.15
2006	59.41	28.44	40.71	34.55	41.35	37.15	17.78	30.74	20.52
2007	72.49	36.07	49.94	41.60	48.87	43.53	21.57	37.93	23.45

续表

年份	建设用地利用效率/(万元/ha)								
	全国	内蒙古自治区	广西壮族自治区	贵州省	云南省	西藏自治区	青海省	宁夏回族自治区	新疆维吾尔自治区
2008	84.77	45.93	59.96	50.00	57.35	49.86	26.17	46.07	28.33
2009	92.43	59.04	66.07	60.35	62.53	56.12	29.77	57.72	28.37
2010	109.10	70.07	82.70	71.39	74.96	65.23	37.16	72.05	35.16
2011	128.70	87.46	101.45	89.31	91.70	79.00	46.33	90.30	44.13
2012	141.09	96.70	113.92	106.99	106.08	92.27	52.48	100.84	49.89
2013	154.85	102.07	126.20	125.25	120.42	107.17	57.89	110.26	55.59
2014	154.26	102.43	112.30	126.19	108.91	59.91	61.96	84.63	51.53

年份	水资源利用效率/(元/m^3)								
	全国	内蒙古自治区	广西壮族自治区	贵州省	云南省	西藏自治区	青海省	宁夏回族自治区	新疆维吾尔自治区
2000	21.17	10.26	8.34	14.47	16.36	5.13	11.04	4.12	3.36
2001	22.64	11.12	9.08	15.20	16.51	5.72	12.62	4.70	3.60
2002	25.02	12.42	9.82	16.08	17.72	5.91	14.26	5.35	3.99
2003	28.43	15.59	11.57	16.99	19.60	7.88	14.86	7.68	4.21
2004	30.02	18.35	12.38	18.81	21.69	7.97	16.03	7.39	4.72
2005	32.64	22.29	13.03	20.36	23.66	7.54	17.70	7.76	5.12
2006	35.41	25.94	14.73	22.09	26.84	8.10	18.93	8.81	5.63
2007	39.46	30.67	17.17	25.62	29.14	8.81	22.05	10.84	6.26
2008	53.47	48.33	22.64	34.95	37.17	10.52	29.65	16.23	7.92
2009	57.05	53.74	25.58	38.98	40.42	14.31	37.59	18.74	8.06
2010	66.38	64.17	31.73	45.37	48.99	14.42	43.88	23.35	10.16
2011	76.72	77.75	38.84	59.46	60.58	19.54	53.71	28.56	12.63
2012	84.06	86.14	43.02	67.97	67.90	23.52	69.09	33.76	12.72
2013	91.99	92.33	46.89	87.90	79.03	26.91	75.24	35.74	14.36
2014	104.37	97.63	50.95	97.23	85.77	30.22	87.43	39.14	15.94

年份	能源利用效率/(万元/t 标准煤)								
	全国	内蒙古自治区	广西壮族自治区	贵州省	云南省	西藏自治区	青海省	宁夏回族自治区	新疆维吾尔自治区
2000	0.84	0.50	0.91	0.28	0.65	—	0.34	0.31	0.48
2001	0.88	0.48	0.99	0.30	0.69	—	0.37	0.31	0.50
2002	0.91	0.49	0.94	0.32	0.64	—	0.38	0.32	0.51
2003	0.86	0.45	0.91	0.29	0.64	—	0.38	0.24	0.50
2004	0.82	0.41	0.86	0.29	0.61	—	0.36	0.24	0.48
2005	0.82	0.40	0.82	0.31	0.58	—	0.33	0.24	0.47
2006	0.83	0.41	0.84	0.31	0.59	—	0.32	0.24	0.48
2007	0.86	0.43	0.87	0.33	0.61	—	0.33	0.25	0.49
2008	1.08	0.46	0.90	0.35	0.64	—	0.34	0.27	0.51

续表

年份	能源利用效率/(万元/t 标准煤)								
	全国	内蒙古自治区	广西壮族自治区	贵州省	云南省	西藏自治区	青海省	宁夏回族自治区	新疆维吾尔自治区
2009	1.11	0.50	0.95	0.43	0.67	—	0.37	0.29	0.52
2010	1.24	0.52	0.97	0.44	0.70	—	0.39	0.30	0.66
2011	1.36	0.71	1.25	0.58	0.86	—	0.48	0.44	0.61
2012	1.43	0.80	1.42	0.69	0.99	—	0.54	0.51	0.63
2013	1.36	0.96	1.59	0.87	1.17	—	0.56	0.54	0.62
2014	1.49	0.97	1.65	1.03	1.23	—	0.58	0.52	0.62

资料来源：作者根据《中国统计年鉴》《中国环境统计年鉴》相关数据计算。

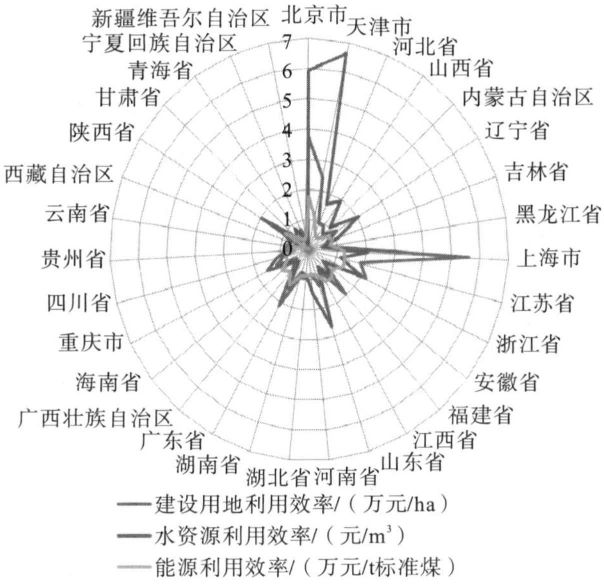

图 2.36　中国各地区资源利用效率(2014 年，与全国比较)(见彩图版)

资料来源：作者根据《中国统计年鉴》(2015 年)计算。

2)污染物排放

这里考察了二氧化硫、废水、烟粉尘、工业固体废弃物和二氧化碳等污染物的排放。图 2.37～图 2.40 分别绘出了全国和民族八省区 2000 年以来二氧化硫、废水、烟粉尘、工业固体废弃物排放的变化，表 2.36 报告了 2000～2014 年全国和民族地区二氧化碳排放的变化。可以看出，西部大开发战略实施以来，全国和民族地区单位地区生产总值的各种污染物的排放均有较大幅度下降，有的污染物的排放下降幅度更大，环境和生态保护政策效果显著。

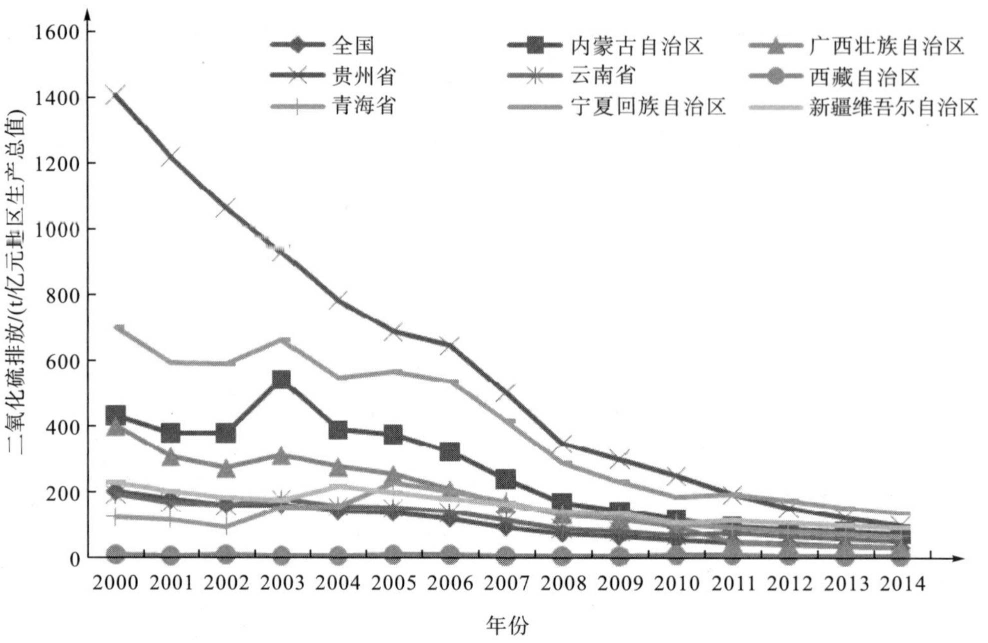

图 2.37　全国及民族八省区二氧化硫排放

资料来源：作者根据《中国统计年鉴》计算。

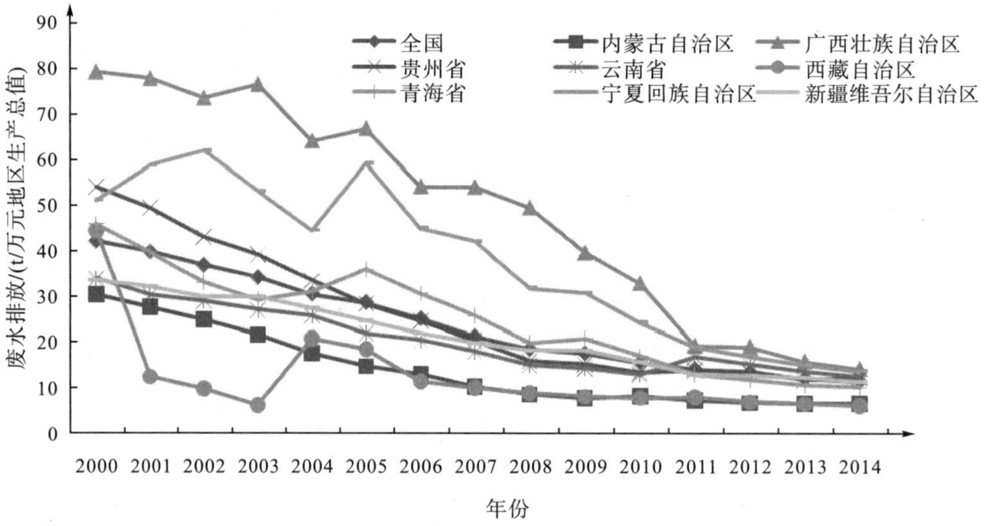

图 2.38　全国及民族八省区废水排放变化

资料来源：作者根据《中国统计年鉴》计算。

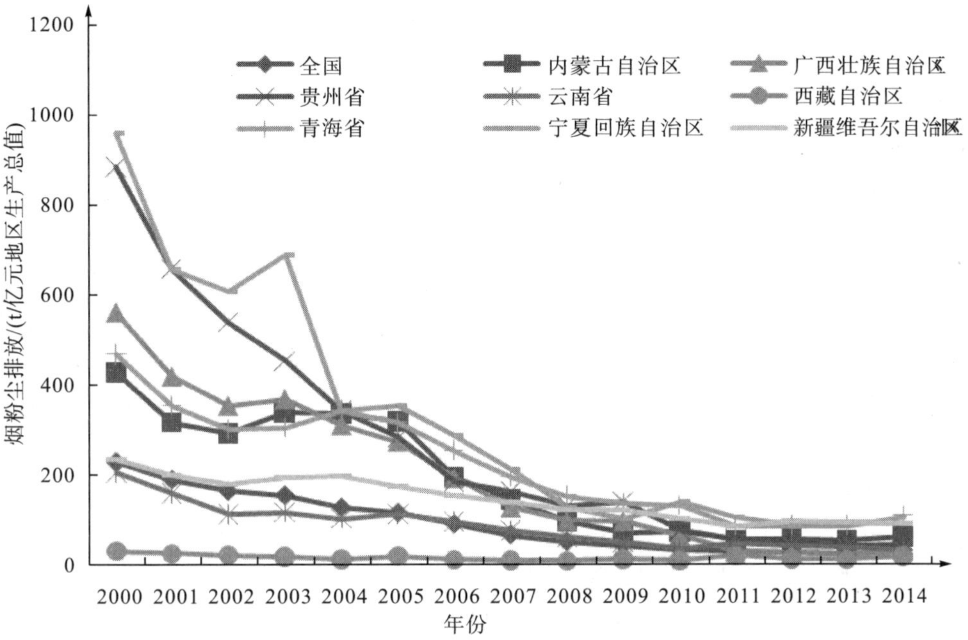

图 2.39 全国及民族八省区烟粉尘排放(见彩图版)

资料来源：作者根据《中国统计年鉴》计算。

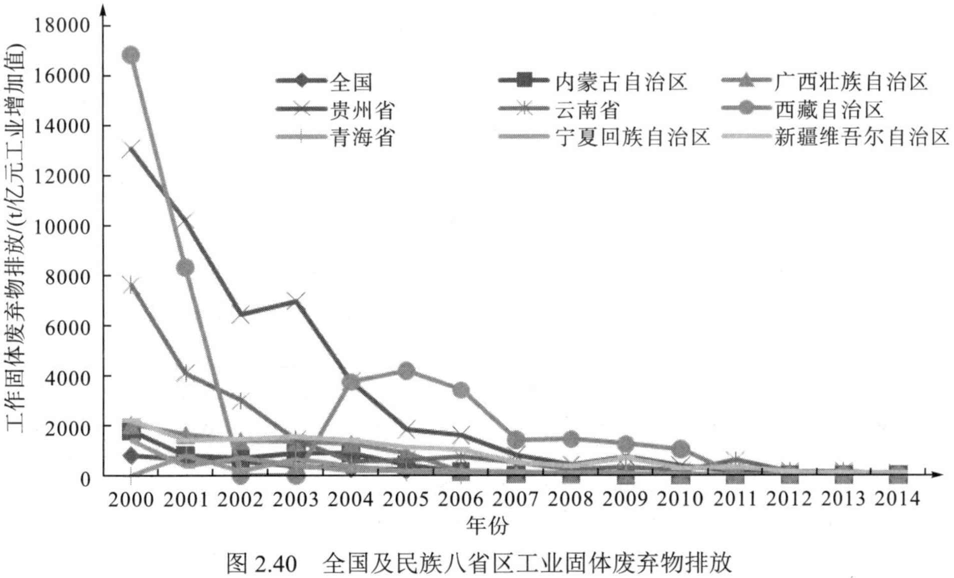

图 2.40 全国及民族八省区工业固体废弃物排放

资料来源：作者根据《中国统计年鉴》计算。

表 2.36　全国与民族七省区碳排放　　　（单位：t/万元地区生产总值）

年份	全国	内蒙古自治区	广西壮族自治区	贵州省	云南省	青海省	宁夏回族自治区	新疆维吾尔自治区
2000	9724.66	21412.66	6030.46	27280.47	8360.37	13469.09	21719.54	18208.95
2001	8980.34	20392.06	5503.17	23853.10	7964.94	14434.31	20415.18	17198.78
2002	8683.28	19644.17	4796.31	22815.68	7946.40	13161.70	20530.01	16722.60
2003	8971.47	20900.60	5233.47	25926.64	9865.96	12884.96	40946.20	15558.62
2004	8829.28	20667.46	5495.85	25887.71	10068.85	11466.42	30917.05	15185.62
2005	8457.96	19712.72	5009.88	21749.47	10484.78	11998.82	32094.80	14395.42
2006	7934.18	25473.64	4669.16	21506.37	10221.66	11629.55	29394.03	14011.15
2007	6989.74	16927.03	4461.90	18953.35	8740.88	11065.20	26854.81	13104.71
2008	6080.25	14516.94	3762.71	14826.34	7559.49	9096.52	21000.98	12159.08
2009	5887.12	13742.43	3802.14	15116.42	7816.48	8412.89	20686.32	14137.69
2010	5220.06	12804.14	3858.65	12847.16	7015.00	6830.86	19791.61	12403.93
2011	4769.38	13265.34	4011.21	11489.41	5893.15	6701.47	21257.53	12031.95
2012	4439.22	12626.35	3967.69	10543.97	5181.48	7096.71	20568.02	12285.40
2013	4034.72	11545.12	3529.46	9262.65	4526.57	6986.70	19889.52	12567.06
2014	4182.74	6967.74	3019.00	2844.70	3417.66	5732.29	13802.65	10186.18

资料来源：作者根据《中国统计年鉴》计算，西藏自治区数据缺。

表 2.37 展示了 2014 年全国与民族八省区各种污染物的排放，图 2.41 报告了 2014 年全国各地区污染物排放的排序(升序)，本章附录给出了 2014 年全国及各地区各种污染物的排放。结果表明，虽然民族地区的污染物减排成效显著，但和全国及发达地区比较，单位地区生产总值的污染物排放依然比较高，减排任务还很艰巨。

表 2.37　2014 年全国与民族八省区各种污染物的排放

地区	二氧化硫排放/（t/亿元地区生产总值）	废水/（t/万元地区生产总值）	烟粉尘/（t/亿元地区生产总值）	工业固体废弃物/（t/万元工业增加值）	碳排放/（t/万元地区生产总值）
全国	31.04	11.26	27.36	2.60	4182.74
内蒙古自治区	73.86	6.30	57.48	0.55	6967.74
广西壮族自治区	29.77	13.99	25.71	0.62	3019.00
贵州省	99.91	11.97	40.78	4.66	2844.70
云南省	49.68	12.29	28.63	17.25	3417.66
西藏自治区	4.62	5.92	15.08	0.00	—
青海省	66.98	9.99	104.14	0.28	5732.29
宁夏回族自治区	137.01	13.55	86.90	0.00	13802.65
新疆维吾尔自治区	91.98	11.08	87.77	84.42	10186.18

资料来源：《中国统计年鉴》(2015 年)。

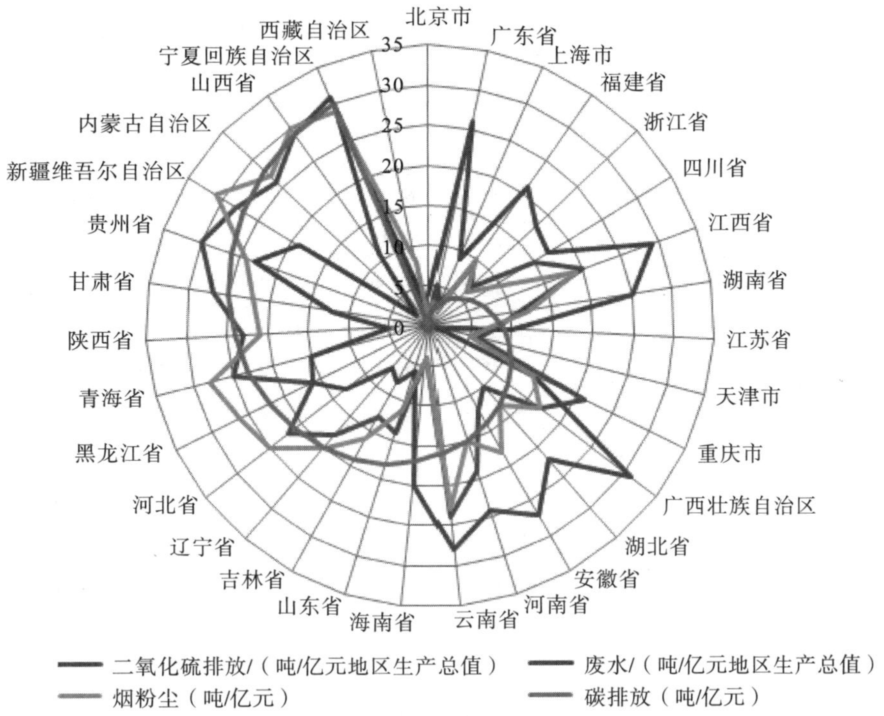

图 2.41　2014 年各地区污染物排放排序（升序）（见彩图版）

资料来源：作者根据《中国统计年鉴》（2015 年）数据计算绘制。2014 年全国许多地区固体废弃物数据很低，甚至为零，故未显示。

3）环境复原能力

自我修复能力是环境维护自身平衡的一种自然趋向，是环境自我保护的一种特殊功能。只要人类对自然环境的干扰没有超过环境的自我修复能力，就会维持环境的稳定。关于环境的复原能力的代理指标，这里选取水环境自净能力、森林覆盖率和城市人均公共绿地面积三个指标。

（1）不同地区水环境自净能力的差异很大，而工业布局，尤其是污染工业的布局需要慎重考虑这种差异。但关于同地区水环境自净能力的差异的研究大多是定性的描述，而没有定量的指标。中国学者冯利华和骆高远仿照美国学者里克特和古登堡建立的地震等级和能量的关系及英国学者蒲福计算风力等级时提出的风力等级与风速的关系，提出了水环境自净能力等级与产水模数的关系：

$$M = 4\log R \tag{2.54}$$

式中，M 为自净能力等级；R 为产水模数（产水模数=水资源总量/区域面积，单位为万 m^3/km^2）。

式（2.54）表明，一个地区水环境的自净能力等级越高，那么该地区水环境的自净能力就越强，即该地区水环境的纳污能力就越强。根据水利部公布的《中国水资源公报》提供的数据，本书计算了全国和民族八省区 2000 年以来的产水模数和水环境的自净能力等级（表 2.38、图 2.42）。可以看出，西南民族地区水环境自净能力强，远超过西北民族地区，还超过全国平均水平。

表 2.38 全国和民族八省区水环境自净能力的变化

年份	产水模数/(万 m^3/km^2)								
	全国	内蒙古自治区	广西壮族自治区	贵州省	云南省	西藏自治区	青海省	宁夏回族自治区	新疆维吾尔自治区
2000	28.86	3.11	67.01	69.11	62.23	39.72	8.54	1.35	5.69
2001	27.99	2.87	101.64	55.20	65.12	36.02	8.08	2.15	6.26
2002	29.43	2.65	99.86	63.44	58.60	35.29	7.78	2.46	6.52
2003	28.6	4.17	80.01	51.97	43.13	39.56	8.85	2.37	5.62
2004	25.14	3.68	67.53	56.25	53.46	38.80	8.46	1.91	5.22
2005	29.22	3.84	72.42	47.37	46.86	37.02	12.21	1.64	5.88
2006	26.39	3.46	79.17	46.24	43.44	34.57	7.93	2.04	5.82
2007	26.31	2.49	58.35	59.86	57.25	35.94	9.22	2.00	5.27
2008	28.58	3.47	96.06	64.75	58.74	37.93	9.17	1.77	4.98
2009	25.19	3.18	62.47	51.65	40.02	33.51	12.48	1.62	4.61
2010	32.19	3.27	76.75	54.29	49.27	38.20	10.33	1.79	6.80
2011	24.23	3.53	56.82	35.44	37.57	36.62	10.22	1.69	5.41
2012	30.76	4.30	87.85	55.29	42.89	34.90	12.48	2.08	5.50
2013	29.12	8.08	86.59	43.11	43.32	36.73	9.00	2.19	5.84
2014	28.40	4.53	83.79	68.86	43.82	36.73	11.06	1.94	4.44
年份	自净能力等级 / 级								
	全国	内蒙古自治区	广西壮族自治区	贵州省	云南省	西藏自治区	青海省	宁夏回族自治区	新疆维吾尔自治区
2000	5.84	1.97	7.30	7.36	7.18	6.40	3.73	0.52	3.02
2001	5.79	1.83	8.03	6.97	7.25	6.23	3.63	1.33	3.18
2002	5.88	1.69	8.00	7.21	7.07	6.19	3.56	1.56	3.26
2003	5.83	2.48	7.61	6.86	6.54	6.39	3.79	1.50	3.00
2004	5.60	2.27	7.32	7.00	6.91	6.36	3.71	1.12	2.87
2005	5.86	2.34	7.44	6.70	6.68	6.27	4.35	0.86	3.08
2006	5.69	2.16	7.59	6.66	6.55	6.16	3.60	1.24	3.06
2007	5.68	1.59	7.06	7.11	7.03	6.22	3.86	1.21	2.89
2008	5.82	2.16	7.93	7.24	7.08	6.32	3.85	0.99	2.79
2009	5.60	2.01	7.18	6.85	6.41	6.10	4.38	0.83	2.65
2010	6.03	2.06	7.54	6.94	6.77	6.33	4.06	1.01	3.33
2011	5.54	2.19	7.02	6.20	6.30	6.25	4.04	0.92	2.93
2012	5.95	2.53	7.78	6.97	6.53	6.17	4.38	1.27	2.96
2013	5.86	3.63	7.75	6.54	6.55	6.26	3.82	1.37	3.06
2014	5.81	2.62	7.69	7.35	6.57	6.26	4.18	1.15	2.59

资料来源：作者根据《中国统计年鉴》和《中国区域经济统计年鉴》相关数据计算。

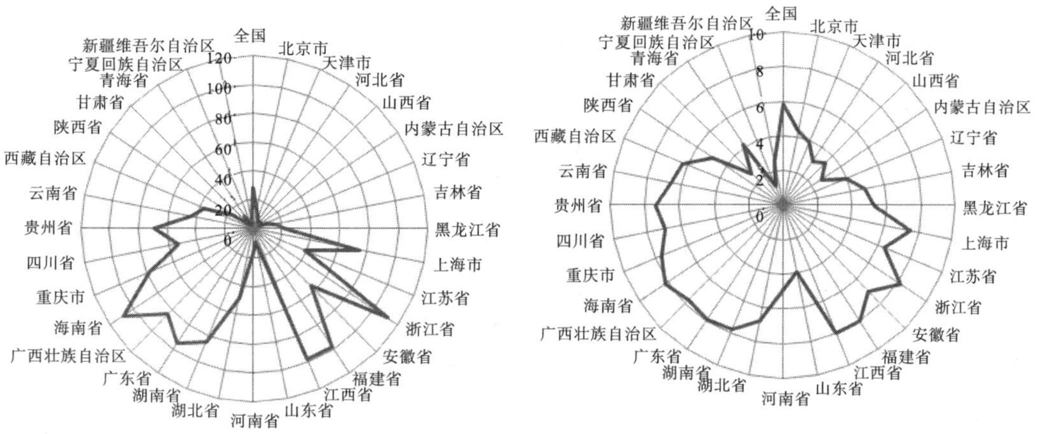

(a)产水模数/（万m^3/km^2）　　(b)自净能力等级/级

图 2.42　2014 年全国及各地区产水模数与自净能力等级

资料来源：作者根据《中国统计年鉴》(2015 年)数据计算绘制。

(2)森林具有防风固沙、吸烟止尘、净化空气的作用。一个地区森林覆盖率的高低可以从一个侧面反映该地区环境的净化能力和复原程度。根据全国森林资源清查，全国和民族八省区森林覆盖率的变化如表 2.39 所示。可以看出，2000 年以来，全国及民族八省区森林覆盖率均有较大幅度提高。图 2.43 绘出的是全国及各地区两次森林资源清查时森林覆盖率的情况。

表 2.39　全国与民族八省区森林覆盖率的变化(%)

地区	2000～2003 年 1)	2004～2008 年 2)	2009～2012 年 3)	2013～2014 年 4)
全国	16.55	18.21	20.36	21.63
内蒙古自治区	12.73	17.70	20.00	21.03
广西壮族自治区	34.37	41.41	52.71	56.51
贵州省	20.81	23.83	31.61	37.09
云南省	33.64	40.77	47.50	50.03
西藏自治区		11.31	11.91	11.98
青海省	0.43	4.40	4.57	5.63
宁夏回族自治区	2.20	6.08	9.84	11.89
新疆维吾尔自治区	1.08	2.94	4.02	4.24

1) 第五次全国森林资源清查(1994—1998)资料。
2) 第六次全国森林资源清查(1999—2003)资料。
3) 第七次全国森林资源清查(2004—2008)资料。
4) 第八次全国森林资源清查 (2009—2013)资料。
资料来源：《中国统计年鉴》(各年)。

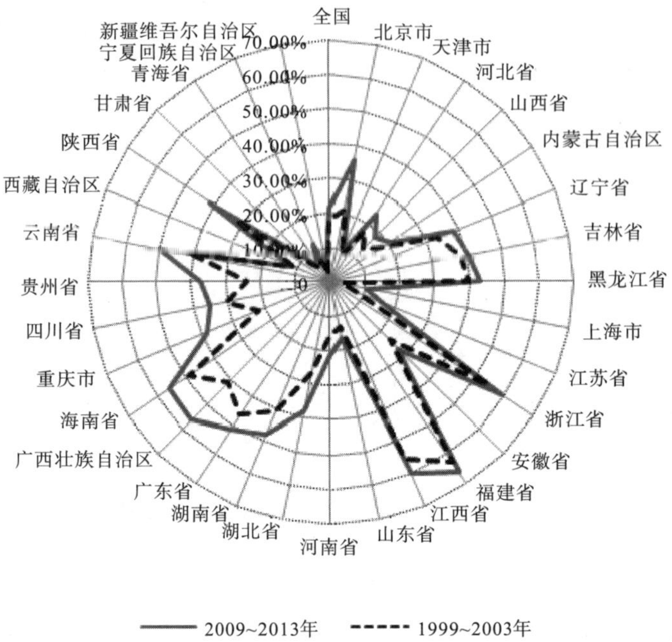

图 2.43　中国各地区的森林覆盖率

资料来源：《中国统计年鉴》(2009 年、2015 年)。

(3) 城市是经济活动和其他人类活动最为集中的地方，城市绿地的环境效应更为突出。这里利用各地区建成区绿地覆盖率和人均公共绿地面积进行分析。如图 2.44 所示，2014 年全国城市人均公共绿地面积为 13.08m^2，民族八省区中内蒙古自治区、宁夏回族自治区超过全国平均水平，分别为 18.8m^2 和 17.91m^2，其余地区均低于全国平均水平。从建成区绿地覆盖率看，2014 年全国平均为 40.2%，民族八省区中西藏自治区超过全国平均水平，为 43.8%，其余地区均低于全国水平。

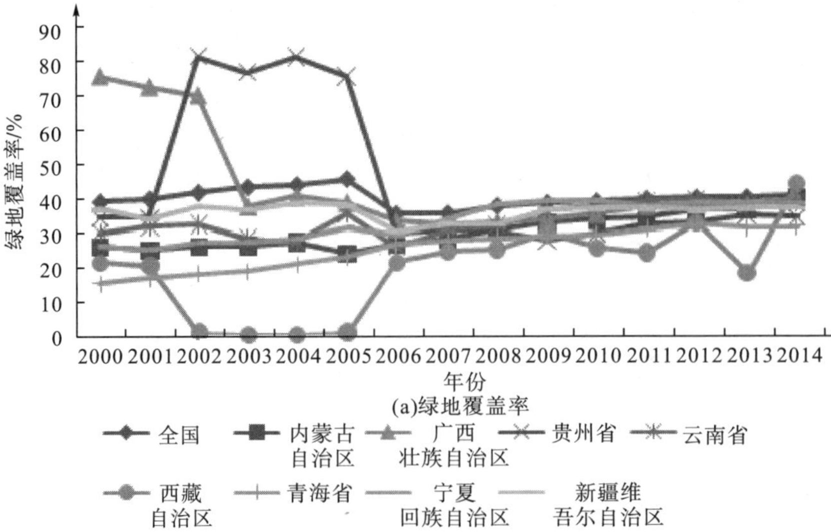

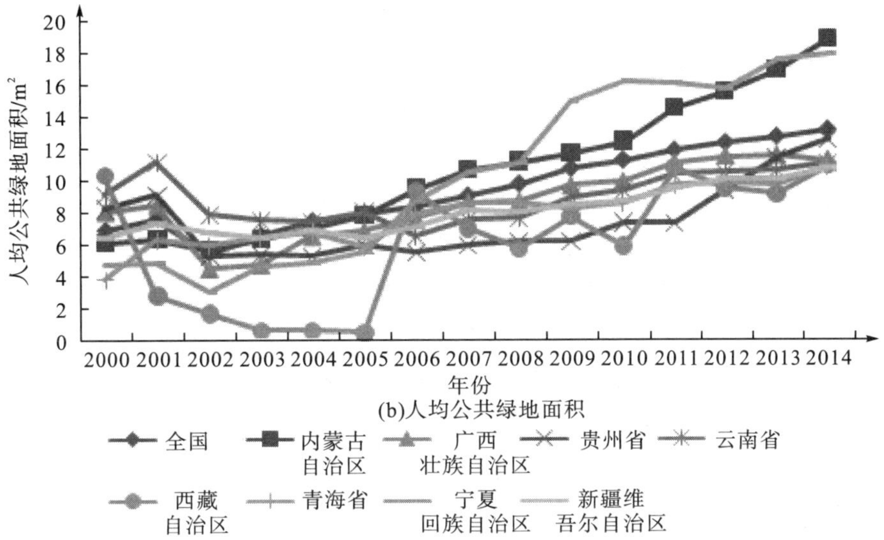

图 2.44　全国与民族八省区城市绿化情况(见彩图版)

资料来源：《中国统计年鉴》(各年)。

2.4.5　小结

本节提出了评估一个地区包容性绿色发展的概念框架，并利用这一框架评估了民族地区增长的收入效应、社会机会效应和环境效应。基本结论是：从纵向看，民族地区包容性绿色发展的收入效应、社会机会效应和环境效应都有了较大幅度的改进；但与发达地区比较，差距依然还很显著；而且民族地区内部发展不平衡，且在收入效应、社会机会效应和环境效应间的表现也是不平衡的，收入效应较强，社会机会效应和环境效应较弱。

2.5　民族地区包容性绿色发展的综合评价

2.5.1　引言：评价方法

包容性绿色发展要求既要有持续的经济增长，又要考虑机会公平，特别是穷人应从增长过程中获得相应收入并实现收入差距的缩小，还要保持环境质量的稳定并有所提升，因此一个综合性的测度包容性绿色发展的指数要同时考虑到这几个方面。本节借助于类似科布-道格拉斯的函数形式，构造包容性绿色发展指数(IGDI)，它由三部分组成：增长的收入效应、增长的社会机会效应和增长的环境效应。增长的收入效应考虑的是区域的人均收入相对于全国的平均收入水平；而社会机会效应考虑的是区域可获得的社会机会相对于全国的平均水平；增长的环境效应考虑的是区域的环境保护水平相对于全国的平均水平。

$$\mathrm{IGDI}=(\mathrm{EG})^{\alpha}\cdot(\mathrm{SOI})^{\beta}\cdot(\mathrm{GI})^{\gamma},\quad 0<\alpha<1,\ 0<\beta<1,\ 0<\gamma<1 \tag{2.55}$$

式中，EG 为增长的收入效应；SOI 为增长的社会机会效应；GI 为增长的环境效应，这些指数的具体测度方法见后文；α、β和γ为参数，$\alpha+\beta+\gamma=1$。

方程(2.55)中，反映增长的收入效应、社会机会效应和环境效应的三个指数，随着时间的推移，其变动方向可能是一致的，如随着时间的变化，EG、SOI 和 GI 都有所改进，说明发展过程更加包容、更加绿色；相反，如果随时间推移，三个指标都减少，说明发展过程不是包容性的，也不是绿色的。另外，随着时间的推移，这三个指数的变动方向也不能不一致，比如，收入效应和社会机会效应可能出现相反方向变动，或者收入效应和环境效应可能出现相反方向变动，或者社会机会效应与环境效应间可能出现相反方向变动，这时对发展过程的包容性和绿色的净影响将取决于α、β和γ及每个因子的相对大小。

特别地，IGDI 增长率(包容性绿色发展指标)可通过对方程(2.55)取对数和求微分得到：

$$\text{IGDI增长率}=\alpha\cdot\text{EG增长率}+\beta\cdot\text{SOI增长率}+\gamma\cdot\text{GI增长率} \tag{2.56}$$

方程(2.55)可用于计算不同时期的 IGDI，由此可评估发展过程的包容性和绿色程度。给定两个时期的 IGDI 的差可被用于包容性绿色发展的测量。

2.5.2 经济增长的收入效应

1) 方法

中国的少数民族地区，是发展中经济体内的欠发达经济体，追赶是发展的最主要任务。因此，实现持续、高速的经济增长不仅必要，而且必需，同时这种高速、可持续的增长要得到共享。这里利用各地区加权居民收入与全国居民加权收入的比(比较居民收入)反映经济增长带来的居民收入的增长，利用各地区城乡收入比与全国居民城乡收入比(比较城乡比)反映经济增长的收入分配效应。所谓加权居民收入是用各地区城镇居民家庭人均可支配收入和农村居民家庭人均纯收入，城镇人口与农村人口的比例加权平均，其定义为

$$Y=\mathrm{UR}\cdot Y_U+\mathrm{AR}\cdot Y_A \tag{2.57}$$

式中，Y为加权居民收入；UR 为城镇人口比例；AR 为农村人口比例，$\mathrm{UR}+\mathrm{AR}=1$；$Y_U$为城镇居民家庭人均可支配收入；$Y_A$为农村居民家庭人均纯收入。

于是比较居民收入为CRI：

$$\mathrm{CRI}_i=\frac{Y_i}{\bar{Y}}$$

式中，Y_i为第i个地区的加权居民收入；$\bar{Y}$为全国加权居民收入。

随着一个地区的经济增长，人均地区生产总值的提高，这个地区的城乡居民收入会增长，如果这个地区城乡居民收入增长快于全国水平，那么这个地区的比较居民收入会增长。各地区的城乡居民收入差距用城镇居民人均可支配收入与农村居民人均纯收入的比($U=Y_U/Y_A$)来反映，因此比较城乡比为$\mathrm{CU}=U_i/\bar{U}$，U_i是第i个地区的城乡收入比，$\bar{U}$是全国的城乡收入比。显然，如果某个地区的城乡收入比小于全国的城乡收入比，比较城乡比小于 1，表明这个地区的收入差距小于全国平均水平，反映了发展成果的共享程度更高。如果伴随经济增长，一个地区的比较城乡比在下降，说明这个地区经济增长的包容性在提高。综合考虑经济增长带来的城乡居民收入增长和城乡差距的变化，增长的收入效应因子

可以定义为

$$EG = (Y_i / \bar{Y})^{1/2} \cdot [1/(U_i / \bar{U})]^{1/2} \quad (2.58)$$

这里取等权重，我们认为城乡居民收入的增长和分配同等重要。具体计算时，考虑了两种情况：①以全国当年的水平为参照，这可以用于分析某一年某个地区经济增长相对于全国的包容性程度；②以全国 2000 年的水平为参照，这可以分析某个地区进入 21 世纪以来，经济增长的包容性程度的变化。下文的其他两个因子的分析类似。

2) 以全国当年水平为 1

表 2.40 给出的是以全国当年为参照(全国水平为 1)的民族八省区的比较居民收入和比较城乡比，图 2.45 是根据表 2.40 绘制的。可以看出以下方面。

(1) 与全国当年的水平比较，民族八省区的居民收入低于全国水平，即使是经济增长取得重大进展的内蒙古自治区，2012年的城乡居民加强收入也略低于全国水平，相对于全国水平的 99.49%。

(2) 与 2000 年比较，2012 年民族八省区居民收入与全国水平的差距，除内蒙古自治区和宁夏回族自治区有缩小之外，其余地区均不同程度地有所扩大。

表 2.40　经济增长的收入效应(全国当年为 1)

年份	比较居民收入							
	内蒙古自治区	广西壮族自治区	贵州省	云南省	西藏自治区	青海省	宁夏回族自治区	新疆维吾尔自治区
2000	0.9005	0.7610	0.6121	0.7033	0.6246	0.7472	0.7440	0.8021
2001	0.8683	0.7460	0.5864	0.7004	0.6219	0.7767	0.7547	0.7960
2002	0.8482	0.7776	0.5691	0.6802	0.6100	0.7530	0.7384	0.7636
2003	0.8794	0.7506	0.5616	0.6567	0.5911	0.7399	0.7410	0.7593
2004	0.9099	0.7382	0.5657	0.6791	0.5521	0.7184	0.7607	0.7252
2005	0.9253	0.7505	0.5596	0.6554	0.5672	0.7021	0.7650	0.7113
2006	0.9367	0.7266	0.5468	0.6428	0.5283	0.6887	0.7654	0.7023
2007	0.9547	0.7561	0.5509	0.6344	0.5349	0.6684	0.7659	0.6974
2008	0.9770	0.7727	0.5439	0.6491	0.5246	0.6610	0.7890	0.6687
2009	0.9817	0.7731	0.5428	0.6501	0.5257	0.6623	0.7887	0.6585
2010	0.9821	0.7637	0.5660	0.6520	0.5274	0.6661	0.7824	0.6807
2011	0.9900	0.7493	0.5804	0.6734	0.5122	0.6645	0.7868	0.6739
2012	0.9949	0.7583	0.5898	0.6942	0.5111	0.6691	0.7858	0.6877
2013	1.0211	0.7785	0.6159	0.7046	0.5292	0.7103	0.7973	0.7392
2014	1.0179	0.7808	0.6340	0.7051	0.5420	0.7186	0.7976	0.7497

续表

年份	比较城乡比							
	内蒙古自治区	广西壮族自治区	贵州省	云南省	西藏自治区	青海省	宁夏回族自治区	新疆维吾尔自治区
2000	0.9031	1.1224	1.3375	1.5348	1.7383	1.2450	1.0223	1.2519
2001	0.9679	1.1829	1.3323	1.5289	1.7492	1.2536	1.0491	1.2538
2002	0.9323	1.1679	1.2822	1.4465	1.6401	1.1646	1.0170	1.1306
2003	0.9570	1.1501	1.2994	1.3940	1.4749	1.1467	0.9892	1.0296
2004	0.9715	1.1056	1.3256	1.4831	1.3733	1.1383	0.9696	1.0416
2005	0.9483	1.1547	1.3471	1.4077	1.4079	1.1618	1.0007	0.9985
2006	0.9454	1.0899	1.4012	1.3649	1.1200	1.1641	1.0142	0.9886
2007	0.9404	1.1365	1.3509	1.3108	1.1990	1.1500	1.0253	0.9732
2008	0.9350	1.1564	1.2682	1.2882	1.1856	1.1479	1.0597	0.9845
2009	0.9631	1.1647	1.2841	1.2845	1.1507	1.1381	1.0395	0.9471
2010	0.9914	1.1633	1.2617	1.2591	1.1211	1.1110	1.0167	0.9103
2011	0.9830	1.1530	1.2730	1.2585	1.0565	1.0832	1.0395	0.9120
2012	0.9802	1.1396	1.2680	1.2539	1.0159	1.0553	1.0341	0.9033
2013	1.0285	1.0356	1.2420	1.1886	1.1068	1.1210	1.0071	0.9573
2014	1.0327	1.0327	1.2291	1.1855	1.0873	1.1127	1.0073	0.9673

资料来源：作者根据《中国统计年鉴》和《中国区域经济统计年鉴》(各年)计算。

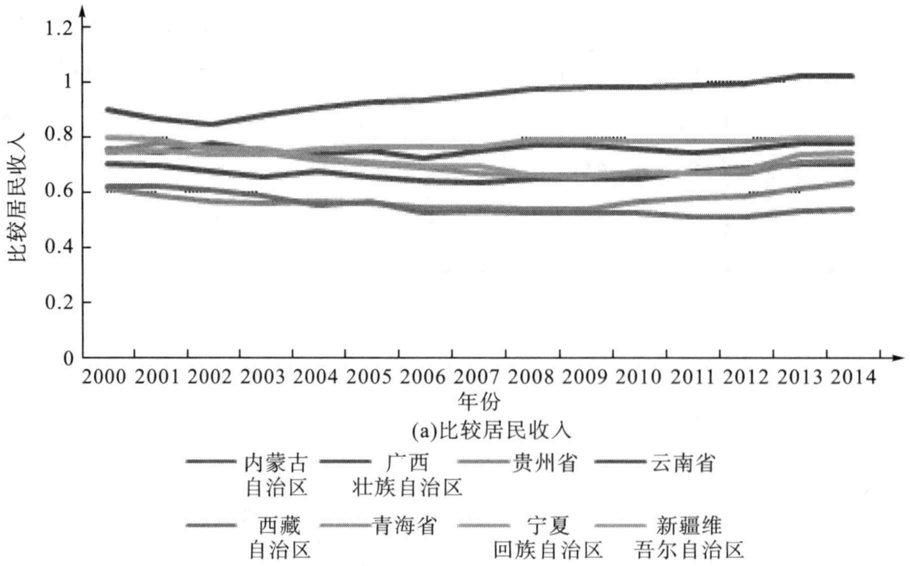

(a)比较居民收入

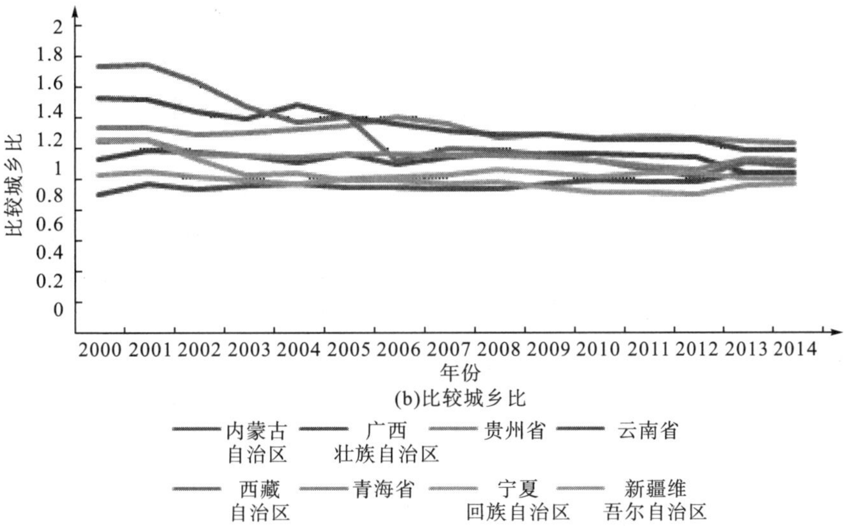

图 2.45　民族八省区比较居民收入与比较城乡比(全国当年为 1)(见彩图版)

资料来源：作者根据表 2.40 绘制。

(3)如果把比较居民收入与比较人均地区生产总值(各地区人均地区生产总值/全国人均国内生产总值)进行比较，如图 2.46 所示，几乎所有地区的比较居民收入/比较人均地区生产总值的值均在下降，而且有的地区下降幅度很大，如贵州省和内蒙古自治区。这说明 2000～2014 年民族地区虽然地区生产总值的增长带来了城乡居民收入的增长，但一些民族地区后者的增长与前者不完全成比例，经济增长的成果并没有完全体现在居民收入方面。

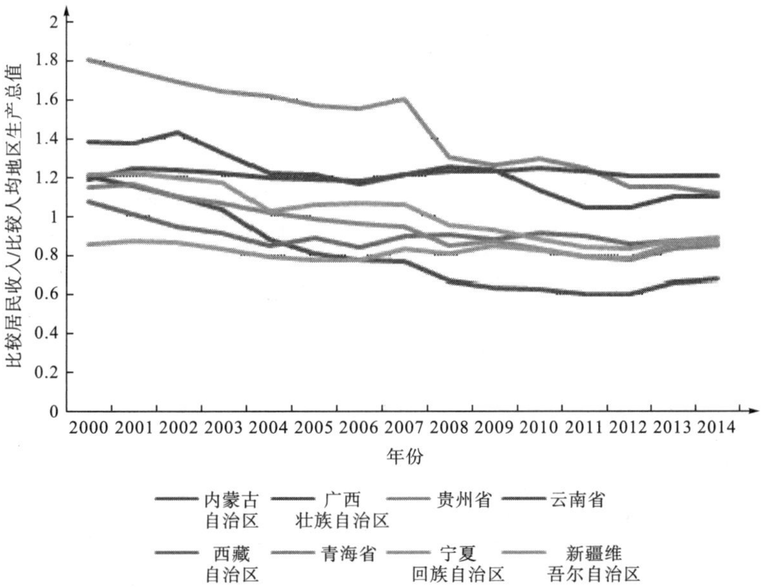

图 2.46　民族八省区比较居民收入与比较人均地区生产总值的比(见彩图版)

资料来源：同表 2.40。

(4)与全国平均水平比较，民族八省区中，城乡差距小于全国平均水平的有内蒙古自治区和新疆维吾尔自治区，2012年内蒙古自治区城乡居民收入比相当于全国水平的98.02%，新疆维吾尔自治区为90.33%，其余地区均大于全国水平，特别是贵州省和云南省，是我国城乡差距最大的两个地区。

(5)比较静态地看，与全国比较，2012年民族八省区的城乡差距，除内蒙古自治区、广西壮族自治区和宁夏回族自治区有所扩大外，其余地区均有缩小，有的地区缩小幅度还较大，如西藏自治区，2000年城乡差距是全国水平的1.7以上，到2012年下降为1。

表2.41和图2.47给出了基于全国当年水平的民族八省区的收入效应(EG)指数。仅从经济增长的收入效应看，一方面说明民族八省区经济增长的包容性除内蒙古自治区基本持平于全国水平，不过不稳定，其余地区均低于全国水平，主要决定因素在于民族地区的居民收入水平低；另一方面，2000～2012年，除广西壮族自治区基本稳定外，其余地区经济增长的包容性均有所提高。

表2.41 经济增长的收入效应(EG)指数(全国当年为1)

年份	内蒙古自治区	广西壮族自治区	贵州省	云南省	西藏自治区	青海省	宁夏回族自治区	新疆维吾尔自治区
2000	0.9986	0.8234	0.6765	0.6769	0.5995	0.7747	0.8531	0.8004
2001	0.9472	0.7942	0.6634	0.6768	0.5963	0.7872	0.8482	0.7968
2002	0.9538	0.8160	0.6662	0.6857	0.6099	0.8041	0.8521	0.8218
2003	0.9586	0.8079	0.6574	0.6863	0.6331	0.8033	0.8655	0.8587
2004	0.9678	0.8171	0.6533	0.6767	0.634	0.7944	0.8857	0.8344
2005	0.9878	0.8062	0.6445	0.6824	0.6347	0.7774	0.8743	0.8440
2006	0.9954	0.8165	0.6247	0.6863	0.6868	0.7692	0.8687	0.8429
2007	1.0075	0.8156	0.6386	0.6957	0.6679	0.7624	0.8643	0.8466
2008	1.0222	0.8175	0.6549	0.7099	0.6652	0.7589	0.8629	0.8241
2009	1.0096	0.8147	0.6502	0.7114	0.6759	0.7629	0.8711	0.8338
2010	0.9953	0.8102	0.6698	0.7196	0.6859	0.7743	0.8772	0.8648
2011	1.0035	0.8061	0.6752	0.7315	0.6963	0.7833	0.870	0.8596
2012	1.0075	0.8157	0.6820	0.7441	0.7093	0.7963	0.8717	0.8726
2013	0.9964	0.8671	0.7042	0.7699	0.6915	0.7960	0.8897	0.8787
2014	0.9928	0.8695	0.7182	0.7712	0.7060	0.8036	0.8899	0.8804

资料来源：作者根据《中国统计年鉴》和《中国区域经济统计年鉴》(各年)计算。

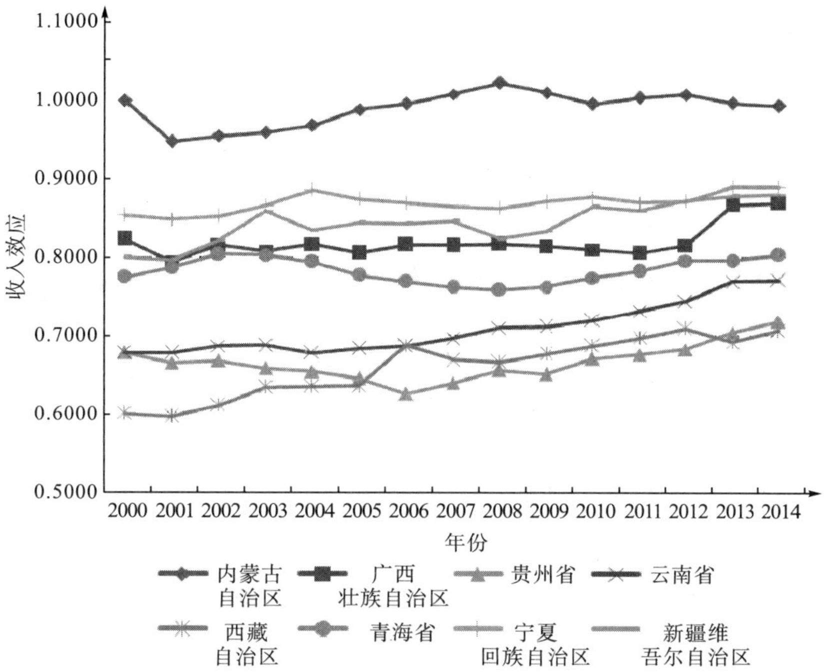

图 2.47　民族八省区经济增长的收入效应(全国当年为 1)

资料来源：作者根据表 2.41 绘制。

3) 以全国 2000 年为 1

为了分析民族八省区经济增长的收入效应的变化情况，这里以全国 2000 年的水平为基准，计算了各地区比较居民收入和比较城乡比的变化(图 2.48)和经济增长的收入效应(表 2.42)。研究发现，各地区比较居民收入在 2000～2014 年均有较大幅度的增长，而比较城乡比则经历了类似于倒 U 形的变化。

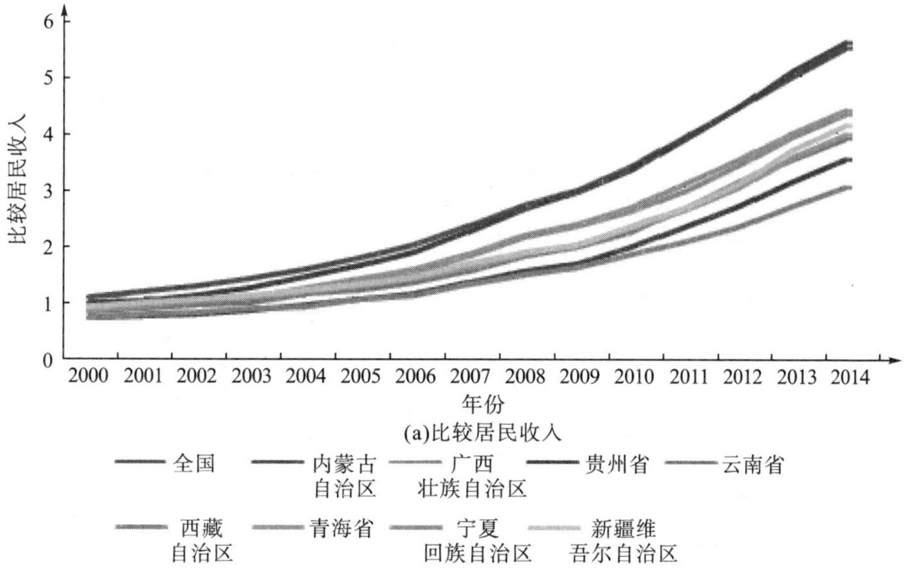

(a)比较居民收入

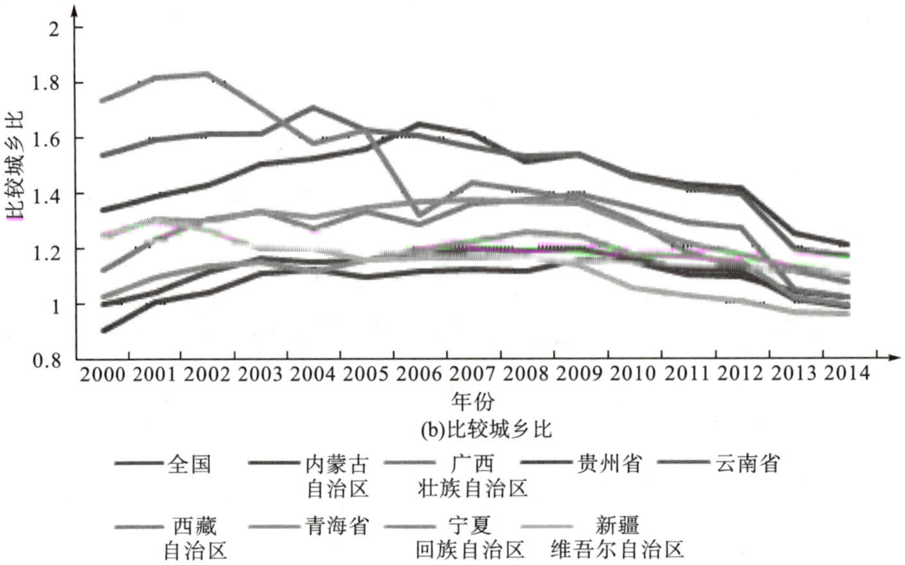

图 2.48 民族地区比较居民收入与比较城乡比(全国 2000 年为 1)(见彩图版)

资料来源：作者根据《中国统计年鉴》(各年)和《中国区域经济统计年鉴》(各年)计算绘制。

根据表 2.42，从收入效应角度看，民族八省区经济增长的包容性相较于 2000 年，均有增长，2000～2014 年年均增长率全国为 6.35%，民族八省区分别为：内蒙古自治区为 6.31%，广西壮族自治区为 6.77%，贵州省为 6.81%，云南省为 7.35%，西藏自治区为 7.60%，青海省为 6.63%，宁夏回族自治区为 6.67%，新疆维吾尔自治区为 7.08%。

表 2.42 经济增长的收入效应(EG，全国 2000 年为 1)

年份	全国	内蒙古自治区	广西壮族自治区	贵州省	云南省	西藏自治区	青海省	宁夏回族自治区	新疆维吾尔自治区
2000	1.0000	0.9986	0.8234	0.6765	0.6769	0.5995	0.7747	0.8531	0.8004
2001	1.0253	0.9711	0.8142	0.6802	0.6939	0.6114	0.8071	0.8696	0.8169
2002	1.0442	0.9960	0.8521	0.6957	0.7161	0.6369	0.8397	0.8898	0.8581
2003	1.0772	1.0326	0.8702	0.7082	0.7393	0.6820	0.8653	0.9323	0.9250
2004	1.1493	1.1123	0.9391	0.7508	0.7777	0.7287	0.9130	1.0179	0.9590
2005	1.2177	1.2028	0.9817	0.7848	0.8309	0.7729	0.9466	1.0646	1.0277
2006	1.2851	1.2791	1.0493	0.8028	0.8819	0.8826	0.9884	1.1164	1.0832
2007	1.3899	1.4004	1.1336	0.8875	0.9669	0.9283	1.0596	1.2012	1.1766
2008	1.5004	1.5337	1.2265	0.9826	1.0651	0.9980	1.1386	1.2947	1.2365
2009	1.5717	1.5868	1.2805	1.0218	1.1181	1.0623	1.1990	1.3690	1.3105
2010	1.7055	1.6975	1.3818	1.1423	1.2273	1.1698	1.3206	1.4961	1.4749
2011	1.8715	1.8781	1.5087	1.2637	1.3690	1.3031	1.4659	1.6282	1.6088
2012	2.0083	2.0233	1.6382	1.3697	1.4943	1.4245	1.5991	1.7506	1.7523
2013	2.2283	2.2204	1.9321	1.5692	1.7156	1.5409	1.7738	1.9826	1.9581
2014	2.3682	2.3512	2.0591	1.7009	1.8265	1.6720	1.9031	2.1074	2.0849
年均增长率/%	6.35	6.31	6.77	6.81	7.35	7.60	6.63	6.67	7.08

资料来源：作者根据《中国统计年鉴》(各年)和《中国区域经济统计年鉴》(各年)计算。

2.5.3　增长的社会机会效应

经济增长的包容性，更主要的方面表现在经济机会的均等分布。设 SOI 代表社会机会指数，其定义为

$$\mathrm{SOI} = (\mathrm{EI} \cdot \mathrm{HI} \cdot \mathrm{BNI})^{1/3} \tag{2.59}$$

式中，EI、HI 和 BNI 分别为区域所获得包括教育、健康和基本需求等社会机会的相对水平，它们各自的定义如下。

1. 教育机会指数

考虑两个指标作为教育机会的代理变量：①6 岁及以上人口的平均受教育年限；②公共教育经费占地区生产总值的比例。教育机会指数的定义为

$$\mathrm{EI} = \left[(e_i / e) \cdot (s_i / s) \cdot \left(\frac{\mathrm{we}_i / \mathrm{me}_i}{\mathrm{we} / \mathrm{me}} \right) \right]^{1/3} \tag{2.60}$$

式中，e_i 为区域 i 内 6 岁及以上人口的平均受教育年限；e 为全国 6 岁及以上人口的平均受教育年限；s_i 为区域 i 公共教育经费占地区生产总值的比例；s 为全国公共教育经费占国内生产总值的比例(用地方教育支出合计占地区生产总值合计的比例代表)；we_i 和 me_i 分别为第 i 个地区女性人口和男性人口平均受教育年限；we 和 me 为全国女性人口和男性人口平均受教育年限。

利用式(2.60)和前文的相关数据，计算得到民族八省区的教育机会指数，见表 2.43、图 2.49。可以看出，若以全国当年为基础，民族八省区中贵州省、新疆维吾尔自治区、西藏自治区和青海省的教育机会指数在波动中有所增加，内蒙古自治区、广西壮族自治区、宁夏回族自治区、云南省的教育机会指数则在波动中有所下降；若以全国 2000 年为基础，各地区均有较大的增长。从年增长率看，2000～2014 年，全国为 2.10%，内蒙古自治区为 1. 05%，广西壮族自治区为 2.04%，贵州省为 3.03%，云南省为 1.94%，西藏自治区为 3.33%，青海省为 3.30%，宁夏回族自治区为 1.60%，新疆维吾尔自治区为 2.86%。

表 2.43　民族八省区的教育机会指数

年份	全国当年为1							
	内蒙古自治区	广西壮族自治区	贵州省	云南省	西藏自治区	青海省	宁夏回族自治区	新疆维吾尔自治区
2000	1.0950	1.0960	1.1014	1.1452	1.0686	1.0532	1.1685	1.1487
2001	1.1104	1.1339	1.1826	1.1445	1.1668	1.0821	1.2030	1.2015
2002	1.1092	1.1220	1.2223	1.1050	1.2181	1.0687	1.2056	1.2190
2003	1.0790	1.1258	1.2240	1.1053	1.1459	1.0850	1.1672	1.1779
2004	1.0686	1.0971	1.2301	1.1599	1.1667	1.0246	1.1251	1.1985
2005	1.0450	1.1033	1.2187	1.1279	1.2029	1.1653	1.1548	1.1916

续表

年份	全国当年为 1							
	内蒙古自治区	广西壮族自治区	贵州省	云南省	西藏自治区	青海省	宁夏回族自治区	新疆维吾尔自治区
2006	1.0130	1.1346	1.2334	1.1582	1.1610	1.1720	1.1713	1.1923
2007	1.0273	1.0912	1.2429	1.0959	1.2709	1.1467	1.2616	1.2355
2008	0.9896	1.1074	1.2610	1.0948	1.3293	1.1551	1.1957	1.2789
2009	0.9831	1.1131	1.2415	1.1343	1.3498	1.2093	1.1889	1.3266
2010	1.0181	1.1079	1.2280	1.1746	1.3242	1.2284	1.1916	1.3158
2011	1.0013	1.0729	1.1973	1.1697	1.3318	1.3232	1.1536	1.3082
2012	0.9450	1.0690	1.1881	1.1798	1.2739	1.2848	1.0669	1.2447
2013	0.9375	1.0681	1.2280	1.1473	1.2256	1.1374	1.0809	1.2576
2014	0.9471	1.0861	1.2493	1.1197	1.2631	1.2396	1.0912	1.2737

年份	全国 2000 年为 1							
	内蒙古自治区	广西壮族自治区	贵州省	云南省	西藏自治区	青海省	宁夏回族自治区	新疆维吾尔自治区
2000	1.0950	1.0960	1.1014	1.1452	1.0686	1.0532	1.1685	1.1487
2001	1.1620	1.1866	1.2375	1.1977	1.2210	1.1324	1.2589	1.2573
2002	1.1947	1.2086	1.3165	1.1902	1.3121	1.1511	1.2986	1.3130
2003	1.1589	1.2092	1.3146	1.1872	1.2308	1.1654	1.2536	1.2652
2004	1.0848	1.1137	1.2487	1.1774	1.1843	1.0401	1.1420	1.2166
2005	1.0958	1.1569	1.2780	1.1827	1.2613	1.2219	1.2110	1.2495
2006	1.0884	1.2192	1.3253	1.2445	1.2475	1.2593	1.2586	1.2811
2007	1.2004	1.2750	1.4523	1.2805	1.4851	1.3399	1.4741	1.4437
2008	1.1810	1.3216	1.5049	1.3065	1.5864	1.3785	1.4270	1.5263
2009	1.2031	1.3622	1.5194	1.3881	1.6518	1.4798	1.4549	1.6234
2010	1.2752	1.3878	1.5382	1.4713	1.6586	1.5386	1.4926	1.6481
2011	1.2977	1.3905	1.5517	1.5160	1.7260	1.7148	1.495	1.6954
2012	1.2992	1.4697	1.6334	1.6220	1.7514	1.7663	1.4668	1.7112
2013	1.2703	1.4471	1.6639	1.5544	1.6606	1.5411	1.4645	1.7039
2014	1.2673	1.4533	1.6717	1.4982	1.6901	1.6588	1.4601	1.7044
年均增长率/%	1.05	2.04	3.03	1.94	3.33	3.30	1.60	2.86

资料来源：作者根据《中国统计年鉴》（各年）和《中国区域经济统计年鉴》（各年）计算。

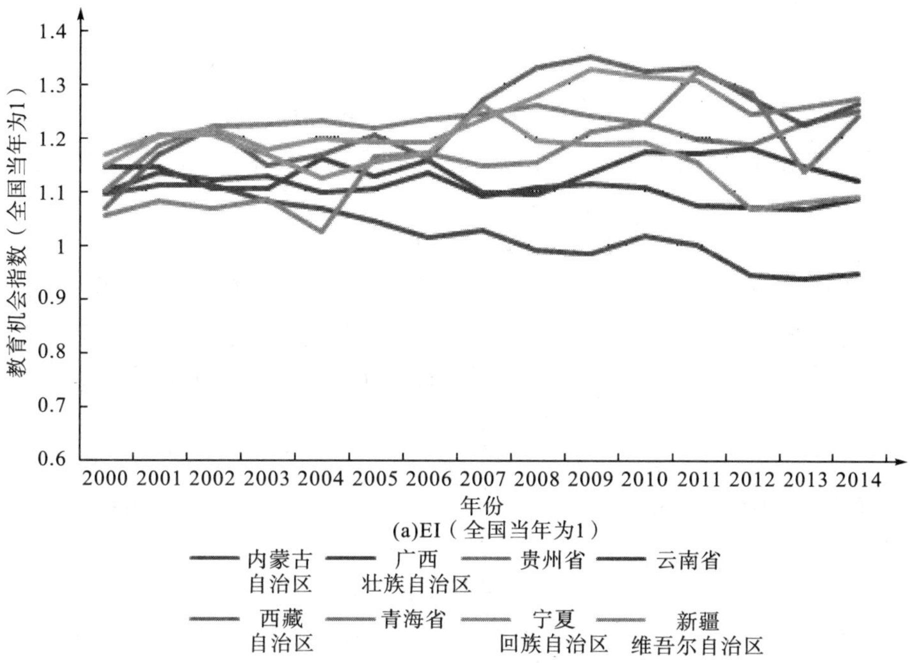

(a)EI（全国当年为1）

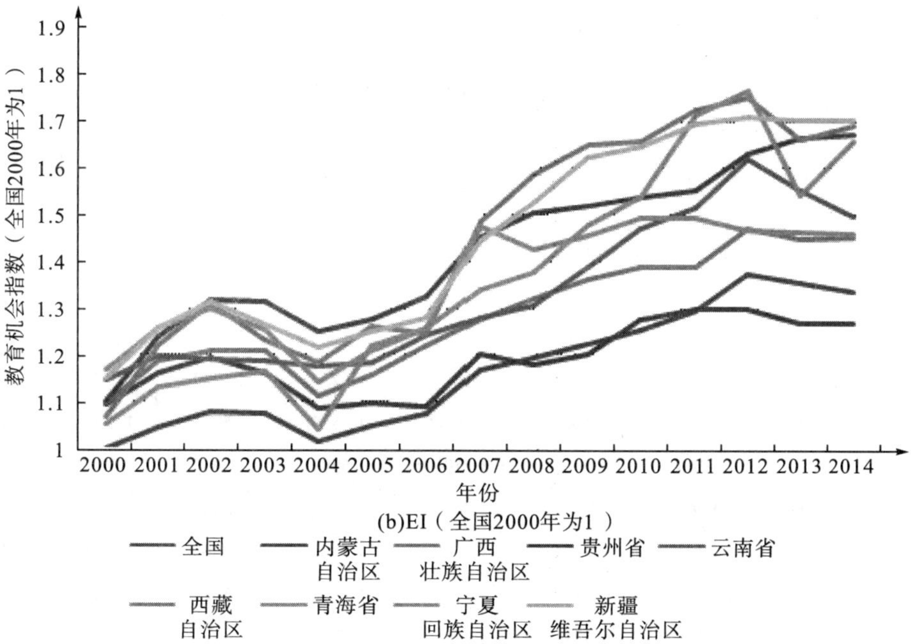

(b)EI（全国2000年为1 ）

图 2.49　民族地区的教育机会指数(见彩图版)

资料来源：作者根据表 2.43 绘制。

2. 健康机会指数

关于健康机会指数的构建，本书选用了如下三个指标作为代理变量，它们是：财政支出中医疗卫生支出占地区生产总值的比例、每千人拥有的医院卫生院床位数、每千人拥有的卫生技术人员数。健康机会指数定为

$$HI = [M_i / M \cdot B_i / B \cdot D_i / D]^{1/3} \tag{2.61}$$

式中，M_i 为第 i 个地区的医疗卫生支出占地区生产总值的比例；M 为全国各地方医疗卫生支出的和与地区生产总值的和的比例；B_i 为第 i 个地区每千人拥有的医院卫生院床位数，B 为全国每千人拥有的医院卫生院床位数；D_i 为第 i 个地区每千人拥有的卫生技术人员数，D 为全国每千人拥有的卫生技术人员数。

利用式(2.61)和《中国统计年鉴》的相关数据，计算民族八省区的健康机会指数，结果见表 2.44、图 2.50。以全国当年为基准，发现民族八省区的健康机会指数中，与 2000 年比较，2012 年广西壮族自治区和贵州省略有上升，其余地区均有所下降，不过 2012 年所有八个省区的健康机会指数均大于 1，说明民族八省区与全国当年比较，获得健康的机会在全国平均水平之上。若以全国 2000 年为基准，各地区的健康机会指数均有上升，年均增长率分别为：全国 5.46%，内蒙古自治区 3.85%，广西壮族自治区 6.98%，贵州省 7.16%，云南省 4.98%，西藏自治区 3.04%，青海省 5.09%，宁夏回族自治区 5.19%，新疆维吾尔自治区 4.45%。

表 2.44　民族地区健康机会指数

年份	全国当年为 1							
	内蒙古自治区	广西壮族自治区	贵州省	云南省	西藏自治区	青海省	宁夏回族自治区	新疆维吾尔自治区
2000	1.2514	0.8978	1.0195	1.2119	1.7550	1.4977	1.2520	1.5065
2001	1.2608	0.9134	0.9819	1.1876	1.6967	1.5446	1.4363	1.5469
2002	1.2362	0.9159	0.9799	1.1870	1.6224	1.5100	1.3313	1.5678
2003	1.2468	0.8937	0.9426	1.1640	1.6254	1.4729	1.3871	1.5748
2004	1.1524	0.8877	0.9397	1.1676	1.6823	1.5016	1.2751	1.6025
2005	1.1269	0.9156	1.0126	1.2100	1.6981	1.5465	1.3082	1.6103
2006	1.1013	0.9062	0.9857	1.2065	1.6395	1.5410	1.3028	1.5482
2007	1.0804	0.9204	1.0437	1.1669	1.6842	1.5438	1.3234	1.5779
2008	1.0192	0.9304	0.9657	1.1625	1.6602	1.5027	1.2828	1.5297
2009	1.1035	0.9482	1.0046	1.1688	1.5323	1.4779	1.2271	1.5664
2010	1.0510	0.9977	1.0101	1.1882	1.5873	1.4310	1.2833	1.5275
2011	1.0423	1.0034	1.0187	1.1687	1.4747	1.4093	1.2252	1.4823
2012	1.0173	1.0856	1.1943	1.1505	1.1908	1.4299	1.2127	1.4065
2013	1.0273	1.0413	1.1660	1.1563	1.2737	1.4462	1.2152	1.3410
2014	1.0086	1.0974	1.2758	1.1364	1.2675	1.4251	1.2087	1.3171

续表

年份	全国 2000 年为 1							
	内蒙古自治区	广西壮族自治区	贵州省	云南省	西藏自治区	青海省	宁夏回族自治区	新疆维吾尔自治区
2000	1.2514	0.8978	1.0195	1.2119	1.7550	1.4977	1.2520	1.5065
2001	1.2794	0.9269	0.9964	1.2051	1.7216	1.5673	1.4575	1.5697
2002	1.2202	0.9040	0.9672	1.1716	1.6013	1.4904	1.3140	1.5475
2003	1.2676	0.9086	0.9583	1.1835	1.6525	1.4975	1.4102	1.6011
2004	1.1424	0.8800	0.9315	1.1575	1.6677	1.4886	1.2640	1.5886
2005	1.1345	0.9218	1.0194	1.2182	1.7095	1.5569	1.3170	1.6212
2006	1.1687	0.9617	1.0460	1.2803	1.7398	1.6353	1.3826	1.6430
2007	1.2716	1.0833	1.2284	1.3734	1.9823	1.8170	1.5576	1.8571
2008	1.3121	1.1978	1.2433	1.4967	2.1374	1.9347	1.6516	1.9694
2009	1.6331	1.4033	1.4866	1.7297	2.2676	2.1871	1.8159	2.3180
2010	1.6233	1.5411	1.5602	1.8352	2.4518	2.2102	1.9822	2.3593
2011	1.7412	1.6762	1.7019	1.9524	2.4637	2.3543	2.0469	2.4763
2012	1.8148	1.9367	2.1305	2.0524	2.1244	2.5509	2.1633	2.5092
2013	1.9902	2.0174	2.2590	2.2402	2.4676	2.8018	2.3544	2.5980
2014	2.1227	2.3095	2.6850	2.3915	2.6676	2.9993	2.5437	2.7720
年均增长率/%	3.85	6.98	7.16	4.98	3.04	5.09	5.19	4.45

资料来源：作者根据《中国统计年鉴》(各年)和《中国区域经济统计年鉴》(各年)计算。

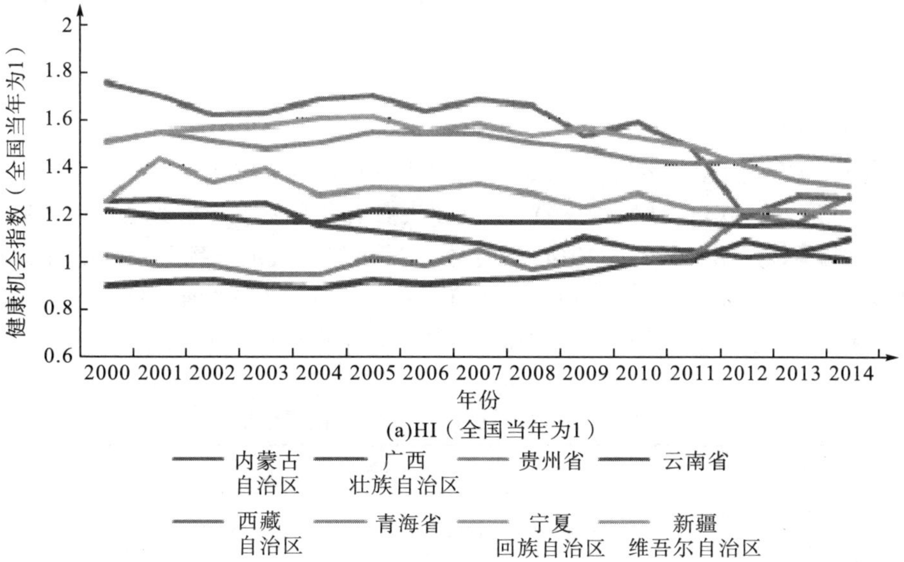

(a)HI（全国当年为1）

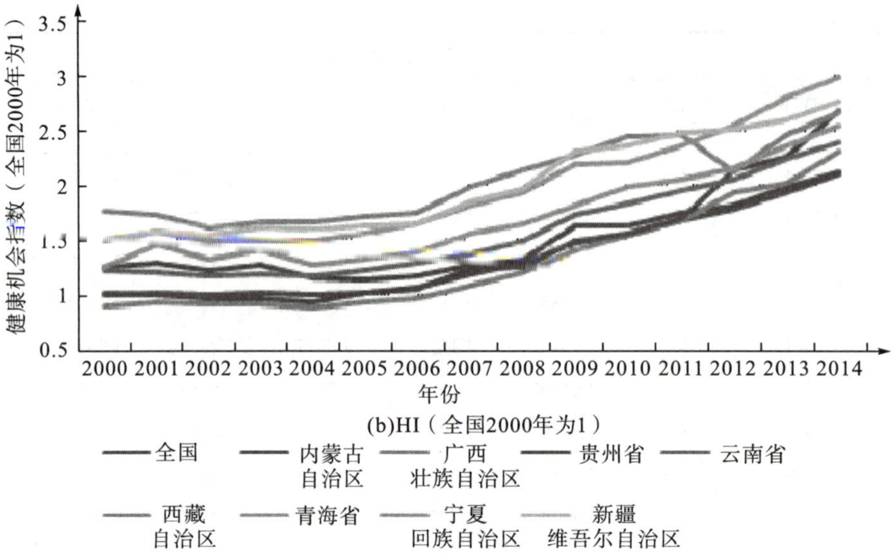

图 2.50 全国和民族八省区的健康机会指数(见彩图版)

资料来源：作者根据表 2.44 数据绘制。

3. 经济基础设施指数

前文关于经济基础设施分析了人均电力消费、通达性和信息的获得性三个方面，据此经济基础设施指数定义为

$$BNI = [(eI_i / eI) \cdot (DI_i / DI) \cdot (IA_i / IA)]^{1/3} \tag{2.62}$$

式中，eI_i 为第 i 个地区的人均电力消费；eI 为全国人均电力消费；DI_i 为第 i 个地区的综合运输网密度；DI 为全国平均综合运输网密度；IA_i 为第 i 个地区的信息获得指标；IA 为全国平均信息获得指标，考虑到数据的完整性和可得性，这里用一个地区邮电业务总量占地区生产总值的比例代表信息获得指标。

根据式(2.62)和《中国统计年鉴》的相关数据，计算得到全国和民族八省区的经济基础设施的机会指数，见表 2.45、图 2.51。与全国当年比较，2001～2012 年民族八省区经济基础设施除广西壮族自治区、云南省、宁夏回族自治区有所下降外其余地区均有所改进；若以全国 2000 年为基准，2001～2014 年，经济基础设施指数增长率分别为：全国为 5.17%，内蒙古自治区为 5.82%，广西壮族自治区为 4.78%，贵州省为 7.74%，云南省为 4.29%，青海省为 6.89%，宁夏回族自治区为 5.61%，新疆维吾尔自治区为 6.84%。

表 2.45 民族八省区经济基础设施的机会指数

年份	全国当年为 1							
	内蒙古自治区	广西壮族自治区	贵州省	云南省	西藏自治区	青海省	宁夏回族自治区	新疆维吾尔自治区
2001	0.9515	0.8666	0.8883	1.2449	—	1.1480	1.5295	0.9586
2002	0.9934	0.8724	1.0224	1.2238	—	1.1729	1.5843	1.0068

续表

年份	全国当年为 1							
	内蒙古自治区	广西壮族自治区	贵州省	云南省	西藏自治区	青海省	宁夏回族自治区	新疆维吾尔自治区
2003	1.0139	0.8924	1.0174	1.1790	—	1.1696	1.6223	0.9578
2004	1.0020	0.9034	0.9770	1.1592	—	1.1778	1.5690	0.9355
2005	0.8363	0.7602	0.8246	0.9981	—	0.9684	1.3116	0.7502
2006	0.9994	0.8236	1.1245	1.0500	0.5541	1.1237	1.5216	0.8747
2007	1.0885	0.8202	1.1660	1.0922	0.5911	1.1722	1.5327	0.8913
2008	1.0622	0.8435	1.1377	1.1100	0.6289	1.2743	1.4368	0.9191
2009	1.0474	0.8557	1.2237	1.1104	0.6477	1.2685	1.4429	0.9720
2010	1.0280	0.8646	1.2217	1.0845	0.6735	1.3475	1.4068	0.9606
2011	1.0298	0.8387	1.2247	1.0930	0.6682	1.3635	1.4933	0.9832
2012	1.0302	0.8281	1.2382	1.0817	0.7223	1.3754	1.4964	1.0564
2013	1.0291	0.8271	1.2438	1.0906	0.7261	1.3973	1.5374	1.1469
2014	1.0299	0.8251	1.2158	1.1155	0.7291	1.4161	1.6135	1.1762

年份	全国 2000 年为 1							
	内蒙古自治区	广西壮族自治区	贵州省	云南省	西藏自治区	青海省	宁夏回族自治区	新疆维吾尔自治区
2001	0.9303	0.8473	0.8685	1.2172	—	1.1224	1.4954	0.9372
2002	1.0610	0.9318	1.0920	1.3071	—	1.2527	1.6921	1.0753
2003	1.1734	1.0327	1.1774	1.3644	—	1.3535	1.8774	1.1085
2004	1.2913	1.1642	1.2590	1.4938	—	1.5177	2.0219	1.2056
2005	1.3917	1.2650	1.3722	1.6609	—	1.6114	2.1825	1.2485
2006	1.7999	1.4833	2.0252	1.8911	0.9980	2.0237	2.7404	1.5753
2007	2.1026	1.5845	2.2524	2.1099	1.1419	2.2644	2.9607	1.7218
2008	2.1138	1.6786	2.2640	2.2090	1.2515	2.5359	2.8593	1.8291
2009	2.1942	1.7926	2.5635	2.3262	1.3568	2.6573	3.0227	2.0362
2010	2.2771	1.9151	2.7062	2.4022	1.4919	2.9849	3.1162	2.1277
2011	1.6877	1.3745	2.0073	1.7913	1.0951	2.2347	2.4475	1.6114
2012	1.7451	1.4027	2.0974	1.8322	1.2235	2.3298	2.5348	1.7895
2013	1.8445	1.4825	2.2293	1.9548	1.3014	2.5045	2.7556	2.0556
2014	1.9399	1.5543	2.2903	2.1012	1.3734	2.6675	3.0393	2.2156
年均增长率/%	5.82	4.78	7.74	4.29	—	6.89	5.61	6.84

资料来源：作者根据《中国统计年鉴》（各年）、《中国区域经济统计年鉴》（各年）数据计算。

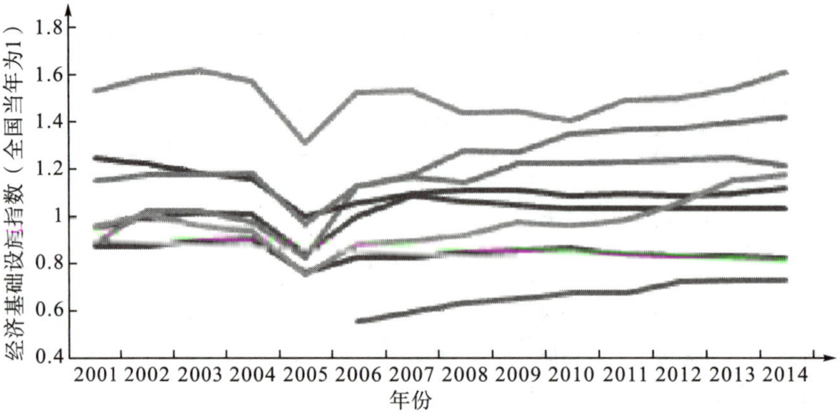

(a)BHI（全国当年为1）

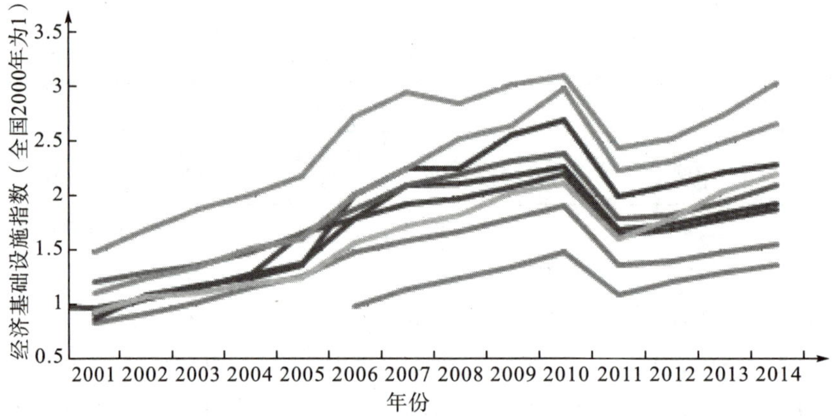

(b)BNI（全国2000年为1）

图 2.51 全国和民族八省区经济基础设施指数(见彩图版)

资料来源：表 2.45。

4. 社会机会指数

利用式(2.59)，可以得到民族地区的社会机会指数，如表 2.46、表 2.47 和图 2.52 所示。可以看出，进入 21 世纪以来，随着西部大开发战略和各种支持少数民族地区发展的政策的实施，民族地区的社会机会在增加。与全国同期比较，很多地区的机会指数超过了 1。

表 2.46　民族八省区的社会机会指数(全国当年为 1)

年份	内蒙古自治区	广西壮族自治区	贵州省	云南省	西藏自治区	青海省	宁夏回族自治区	新疆维吾尔自治区
2001	1.1003	0.9646	1.0104	1.1916	—	1.2426	1.3826	1.2123
2002	1.1085	0.9642	1.0699	1.1709	—	1.2370	1.3649	1.2438
2003	1.1090	0.9647	1.0549	1.1490	—	1.2318	1.3797	1.2112
2004	1.0726	0.9582	1.0414	1.1622	—	1.2192	1.3105	1.2157
2005	0.9949	0.9157	1.0058	1.1085	—	1.2040	1.2560	1.1291
2006	1.0369	0.9461	1.1099	1.1363	1.0179	1.2661	1.3242	1.1732
2007	1.0651	0.9374	1.1479	1.1178	1.0816	1.2755	1.3678	1.2022
2008	1.0232	0.9543	1.1148	1.1221	1.1155	1.3029	1.3013	1.2160
2009	1.0435	0.9666	1.1513	1.1376	1.1024	1.3137	1.2816	1.2641
2010	1.0323	0.9850	1.1486	1.1482	1.1228	1.3330	1.2909	1.2452
2011	1.0243	0.9665	1.1431	1.1432	1.0948	1.3649	1.2827	1.2400
2012	0.9968	0.9868	1.2067	1.1366	1.0309	1.3620	1.2464	1.2275
2013	0.9970	0.9726	1.2121	1.1310	1.0426	1.3197	1.2640	1.2459
2014	0.9946	0.9944	1.2467	1.1238	1.0529	1.3575	1.2863	1.2543

资料来源：作者根据《中国统计年鉴》(各年)、《中国区域经济统计年鉴》(各年)数据计算。

表 2.47　全国和民族八省区社会机会指数(全国 2000 年为 1)

年份	全国	内蒙古自治区	广西壮族自治区	贵州省	云南省	西藏自治区	青海省	宁夏回族自治区	新疆维吾尔自治区
2001	1.0126	1.1142	0.9768	1.0231	1.2066	—	1.2582	1.4000	1.2275
2002	1.0433	1.1565	1.0060	1.1161	1.2215	—	1.2905	1.4240	1.2976
2003	1.0811	1.1990	1.0430	1.1404	1.2423	—	1.3318	1.4916	1.3095
2004	1.0905	1.1697	1.0449	1.1356	1.2674	—	1.3295	1.4291	1.3257
2005	1.2066	1.2005	1.1049	1.2137	1.3376	—	1.4527	1.5155	1.3624
2006	1.2711	1.3180	1.2026	1.4107	1.4444	1.2939	1.6093	1.6832	1.4912
2007	1.3850	1.4751	1.2983	1.5898	1.5481	1.4980	1.7666	1.8943	1.6651
2008	1.4514	1.4851	1.3851	1.6180	1.6286	1.6190	1.8911	1.8888	1.7650
2009	1.5597	1.6275	1.5076	1.7957	1.7742	1.7193	2.0488	1.9988	1.9715
2010	1.6243	1.6767	1.6000	1.8657	1.8649	1.8238	2.1652	2.0969	2.0225
2011	1.5253	1.5623	1.4742	1.7436	1.7437	1.6699	2.0818	1.9565	1.8913
2012	1.6076	1.6024	1.5864	1.9398	1.8271	1.6573	2.1896	2.0036	1.9733
2013	1.6756	1.6707	1.6296	2.0311	1.8952	1.7471	2.2114	2.1180	2.0877
2014	1.7440	1.7345	1.7343	2.1744	1.9599	1.8363	2.3676	2.2432	2.1875
年均增长率/%	4.27	3.46	4.51	5.97	3.80	—	4.98	3.69	4.54

资料来源：作者根据《中国统计年鉴》(各年)、《中国区域经济统计年鉴》(各年)数据计算。

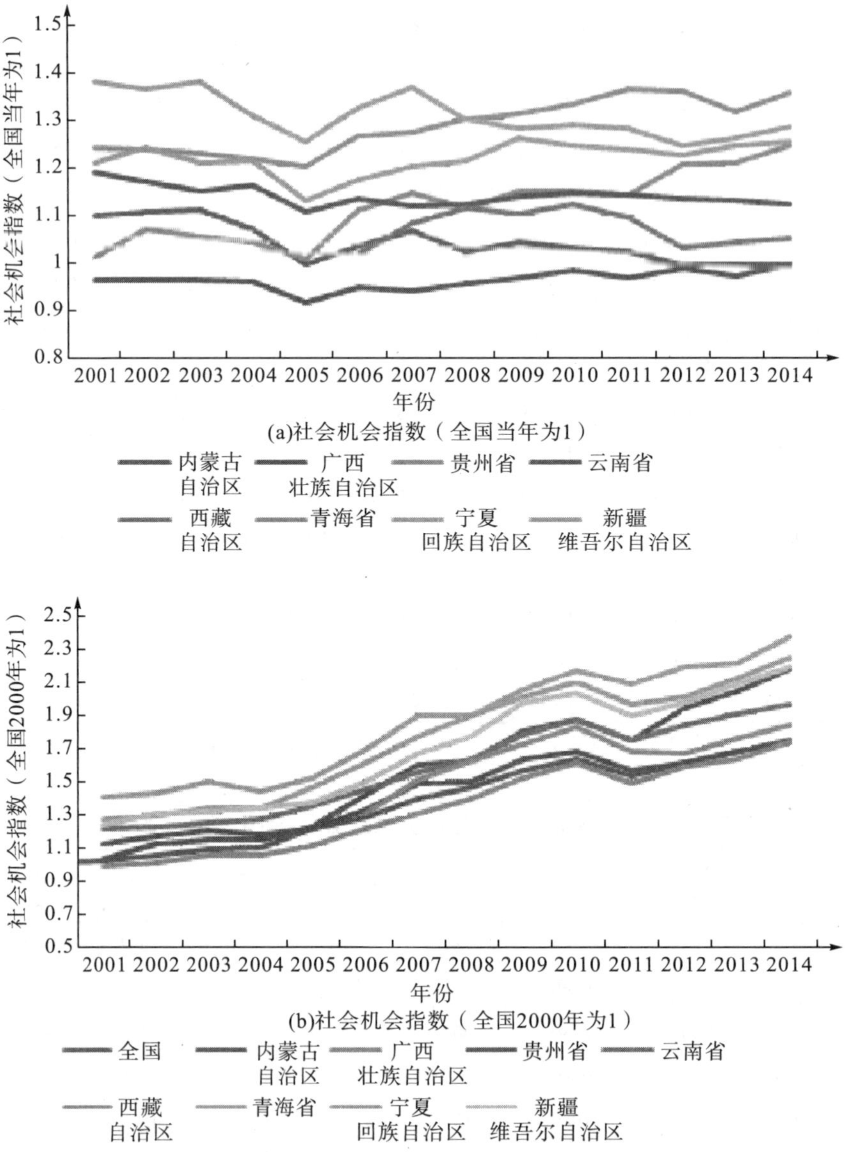

图 2.52 全国和民族八省区社会机会指数(见彩图版)

资料来源：表 2.46、表 2.47。

2.5.4 绿色发展指数

绿色增长要求效率、清洁和能复原。和前面一样，它们都是通过与全国水平比较得到的，具体计算方法见下文。绿色发展指数可以定义为

$$GI=(RI\cdot EMI\cdot RSI)^{1/3} \tag{2.63}$$

式中，RI 为资源利用效率指数；EMI 为排放指数；RSI 为环境复原指数。

1. 资源利用效率指数

前文分析了建设用地、水资源和能源的利用效率，用某区域某种资源的利用效率与全国平均利用效率比较，这样得到 RI 如下：

$$RI = \sqrt[3]{LC \cdot WR \cdot E} \tag{2.64}$$

式中，LC 为建设用地的利用效率；WR 为水资源的利用效率；E 为能源的利用效率。

利用公式(2.64)和《中国统计年鉴》《中国环境统计年鉴》相关数据，计算得到民族八省区资源利用效率指数，结果显示在表 2.48 和图 2.53 中。可以看出，无论是以全国当年为基准，还是以全国 2000 年为基准，民族地区资源利用效率在提高，年提高的速度分别为：全国为 8.58%，内蒙古自治区为 14.21%，广西壮族自治区为 10.69%，贵州省为 13.73%，云南省为 10.25%，青海省为 11.72%，宁夏回族自治区为 12.41%，新疆维吾尔自治区为 9.48%。当然，与全国水平比较，民族地区资源利用效率依然比较低，进一步提升的空间还很大。

表 2.48　民族八省区资源利用效率指数

年份	全国当年为 1							
	内蒙古自治区	广西壮族自治区	贵州省	云南省	西藏自治区	青海省	宁夏回族自治区	新疆维吾尔自治区
2000	0.3772	0.5788	0.4369	0.6531	—	0.3519	0.2643	0.2554
2001	0.4389	0.6943	0.5153	0.7504	—	0.4322	0.3175	0.3013
2002	0.4475	0.6429	0.5016	0.7169	—	0.4006	0.3401	0.3085
2003	0.4728	0.6536	0.4820	0.7181	—	0.4063	0.3468	0.3031
2004	0.4996	0.6615	0.5050	0.7369	—	0.4091	0.3376	0.3122
2005	0.5338	0.6484	0.5157	0.7132	0.4978	0.3985	0.3310	0.3126
2006	0.5587	0.6598	0.5150	0.7184	—	0.3948	0.3353	0.3158
2007	0.5790	0.6701	0.5202	0.7053	—	0.3975	0.3477	0.3082
2008	0.5949	0.6310	0.4993	0.6537	—	0.3783	0.3463	0.2860
2009	0.6458	0.6485	0.5549	0.6607	—	0.4141	0.3766	0.2722
2010	0.6425	0.6567	0.5439	0.6582	0.4350	0.4149	0.3844	0.2969
2011	0.7117	0.7159	0.6134	0.7088	—	0.4466	0.4385	0.2941
2012	0.7324	0.7431	0.6663	0.7492	—	0.4869	0.4678	0.2867
2013	0.7741	0.7848	0.7898	0.8317	—	0.5016	0.4781	0.2941
2014	0.7391	0.7319	0.8065	0.7809	—	0.5066	0.4146	0.2769

年份	全国 2000 年为 1							
	内蒙古自治区	广西壮族自治区	贵州省	云南省	西藏自治区	青海省	宁夏回族自治区	新疆维吾尔自治区
2000	0.3772	0.5788	0.4369	0.6531	—	0.3519	0.2643	0.2554
2001	0.3995	0.6319	0.4690	0.6829	—	0.3933	0.2889	0.2742
2002	0.4651	0.6683	0.5214	0.7453	—	0.4165	0.3535	0.3206
2003	0.5257	0.7268	0.5360	0.7985	—	0.4517	0.3856	0.3370
2004	0.5823	0.7711	0.5887	0.8590	—	0.4769	0.3935	0.3640
2005	0.6720	0.8162	0.6492	0.8979	0.6266	0.5016	0.4167	0.3935
2006	0.7655	0.9040	0.7056	0.9842	—	0.5409	0.4594	0.4327
2007	0.8897	1.0298	0.7993	1.0838	—	0.6108	0.5343	0.4737
2008	1.1469	1.2166	0.9626	1.2604	—	0.7292	0.6676	0.5514
2009	1.3232	1.3287	1.1370	1.3536	—	0.8484	0.7716	0.5576

续表

年份	全国当年为1							
	内蒙古自治区	广西壮族自治区	贵州省	云南省	西藏自治区	青海省	宁夏回族自治区	新疆维吾尔自治区
2010	1.5160	1.5495	1.2833	1.5531	1.0264	0.9790	0.9070	0.7006
2011	1.9220	1.9333	1.6565	1.9142	—	1.2061	1.1841	0.7943
2012	2.1383	2.1694	1.9453	2.1871	—	1.4215	1.3657	0.8370
2013	2.3650	2.3978	2.4129	2.5408	—	1.5325	1.4607	0.8985
2014	2.4238	2.4002	2.6449	2.5610	—	1.6614	1.3598	0.9080
年均增长率/%	14.21	10.69	13.73	10.25	—	11.72	12.41	9.48

资料来源：作者根据《中国统计年鉴》(各年)、《中国区域经济统计年鉴》(各年)数据计算。

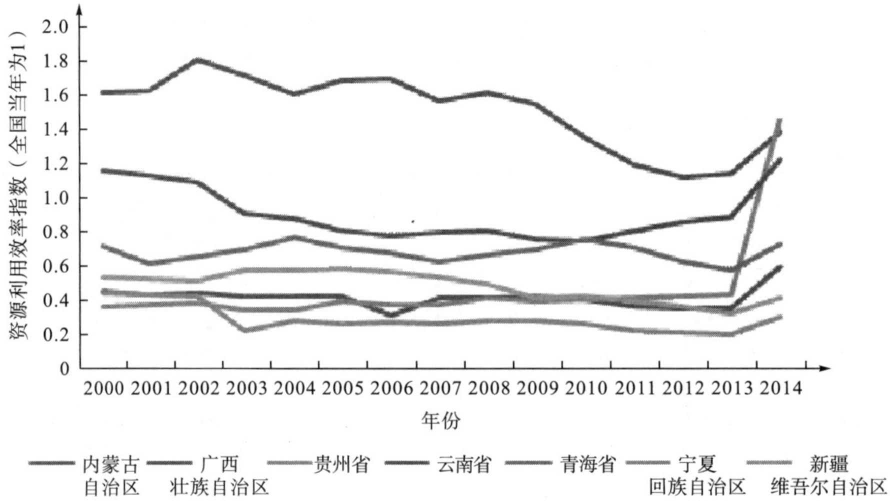

(a)以全国当年为基准

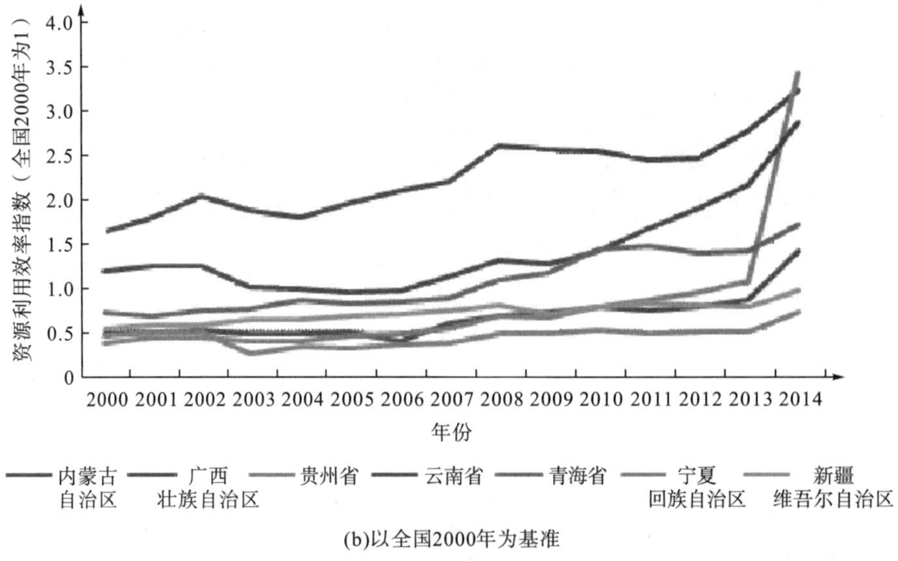

(b)以全国2000年为基准

图 2.53　民族地区(七省区)资源利用效率指数(见彩图版)

资料来源：表 2.48。

2. 排放指数

前文比较详细地分析了民族地区主要环境污染物的排放，包括废水、二氧化硫、烟粉尘、固体废弃物和二氧化碳排放。其中二氧化碳排放是一个比较综合的指标，这里选用二氧化碳排放作为计算排放指数的代理变量，因此排放指数定义为

$$\mathrm{EMI}=\mathrm{ECO}_2/\mathrm{ECO}_{2i} \tag{2.65}$$

式中，EMI 为排放指数；ECO_2 为全国平均每万元 GDP 排放的二氧化碳数量；ECO_{2i} 为第 i 个地区每万元地区生产总值排放的二氧化碳数量。

利用全国二氧化碳排放平均值与各地区的二氧化碳排放值进行比较，是因为二氧化碳排放是绿色发展的负向指标，取全国与地区进行比较，该指标即转换为正向指标。

这里的二氧化碳排放是根据全国和各地区能源消费数据计算得到的，其中各种能源消费的标准煤折算系数：原煤为 0.7143kg 标准煤/kg，原油为 1.4286kg 标准煤/kg，天然气为 12.1430t 标准煤/万 m^3；二氧化碳排放系数为：原煤 0.7559t/标准煤，原油 0.5857t/标准煤，天然气 0.4483t/标准煤。这样一次性能源消费二氧化碳排放总量为

$$\text{二氧化碳排放总量}=\sum_{i=1}^{3}\text{二氧化碳排放系数}_i\times\text{能源消费量}_i \tag{2.66}$$

式中，$i=1$，2，3，分别代表原煤、原油和天然气。

每万元地区生产总值排放的二氧化碳数量=二氧化碳排放总量/地区生产总值。利用式(2.65)和式(2.66)，计算得到民族地区的排放系数，见表 2.49 和图 2.54。数据来源于《中国统计年鉴》《中国环境统计年鉴》《中国能源统计年鉴》及民族八省区的统计年鉴。可以看出，2000 年以来，民族地区的二氧化碳排放指数总体上在改进，与全国当年比较，除个别地区外，排放指数相对稳定；与全国 2000 年水平比较，排放指数整体上在上升，说明能源利用效率在提高。全国年均增长率为 6.21%，内蒙古自治区为 8.35%，广西壮族自治区为 5.07%，贵州省为 17.52%，云南省为 6.60%，青海省为 6.29%，宁夏回族自治区为 3.29%，新疆维吾尔自治区为 4.24%。

表 2.49　民族地区(七省区)排放指数

年份	全国当年为 1						
	内蒙古自治区	广西壮族自治区	贵州省	云南省	青海省	宁夏回族自治区	新疆维吾尔自治区
2000	0.4542	1.6126	0.3565	1.1632	0.7220	0.4477	0.5341
2001	0.4404	1.6318	0.3765	1.1275	0.6222	0.4399	0.5222
2002	0.4420	1.8104	0.3806	1.0927	0.6597	0.4230	0.5193
2003	0.4292	1.7142	0.3460	0.9093	0.6963	0.2191	0.5766
2004	0.4272	1.6065	0.3411	0.8769	0.7700	0.2856	0.5814
2005	0.4291	1.6883	0.3889	0.8067	0.7049	0.2635	0.5875
2006	0.3115	1.6993	0.3689	0.7762	0.6822	0.2699	0.5663
2007	0.4129	1.5665	0.3688	0.7997	0.6317	0.2603	0.5334
2008	0.4188	1.6159	0.4101	0.8043	0.6684	0.2895	0.5001
2009	0.4284	1.5484	0.3895	0.7532	0.6998	0.2846	0.4164

续表

年份	全国当年为1						
	内蒙古自治区	广西壮族自治区	贵州省	云南省	青海省	宁夏回族自治区	新疆维吾尔自治区
2010	0.4077	1.3528	0.4063	0.7441	0.7642	0.2638	0.4208
2011	0.3595	1.1890	0.4151	0.8093	0.7117	0.2244	0.3964
2012	0.3516	1.1188	0.4210	0.8567	0.6255	0.2158	0.3613
2013	0.3495	1.1432	0.4356	0.8913	0.5775	0.2029	0.3211
2014	0.6003	1.3855	1.4704	1.2239	0.7297	0.3030	0.4106

年份	全国2000年为1						
	内蒙古自治区	广西壮族自治区	贵州省	云南省	青海省	宁夏回族自治区	新疆维吾尔自治区
2000	0.4542	1.6126	0.3565	1.1632	0.7220	0.4477	0.5341
2001	0.4769	1.7671	0.4077	1.2209	0.6737	0.4763	0.5654
2002	0.4950	2.0275	0.4262	1.2238	0.7389	0.4737	0.5815
2003	0.4653	1.8582	0.3751	0.9857	0.7547	0.2375	0.6250
2004	0.4705	1.7695	0.3756	0.9658	0.8481	0.3145	0.6404
2005	0.4933	1.9411	0.4471	0.9275	0.8105	0.3030	0.6755
2006	0.3818	2.0827	0.4522	0.9514	0.8362	0.3308	0.6941
2007	0.5745	2.1795	0.5131	1.1126	0.8789	0.3621	0.7421
2008	0.6699	2.5845	0.6559	1.2864	1.0691	0.4631	0.7998
2009	0.7076	2.5577	0.6433	1.2441	1.1559	0.4701	0.6879
2010	0.7595	2.5202	0.7570	1.3863	1.4236	0.4914	0.7840
2011	0.7331	2.4244	0.8464	1.6502	1.4511	0.4575	0.8082
2012	0.7702	2.4510	0.9223	1.8768	1.3703	0.4728	0.7916
2013	0.8423	2.7553	1.0499	2.1484	1.3919	0.4889	0.7738
2014	1.3957	3.2212	3.4185	2.8454	1.6965	0.7046	0.9547
年均增长率/%	8.35	5.07	17.52	6.60	6.29	3.29	4.24

资料来源：作者根据《中国统计年鉴》（各年）、《中国区域经济统计年鉴》（各年）数据计算。

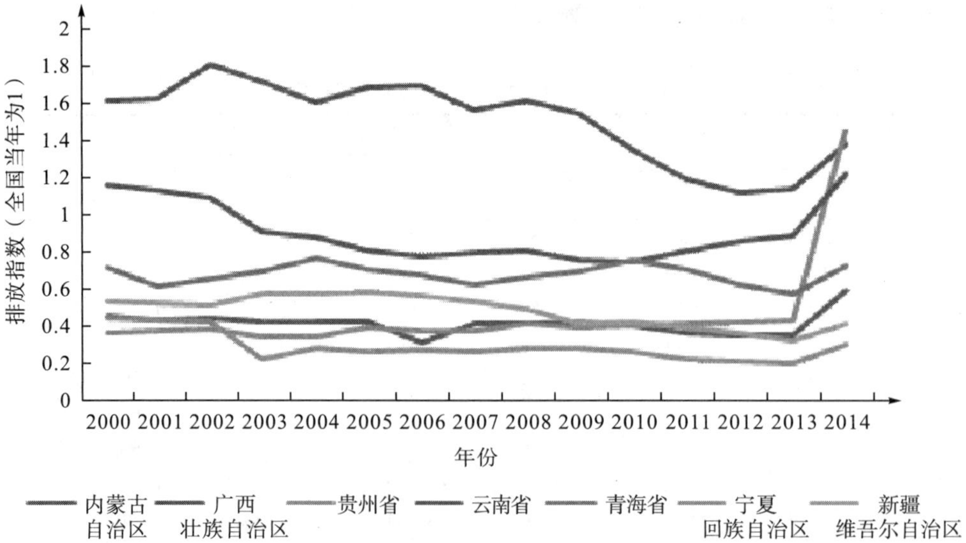

(a)以全国当年为基准

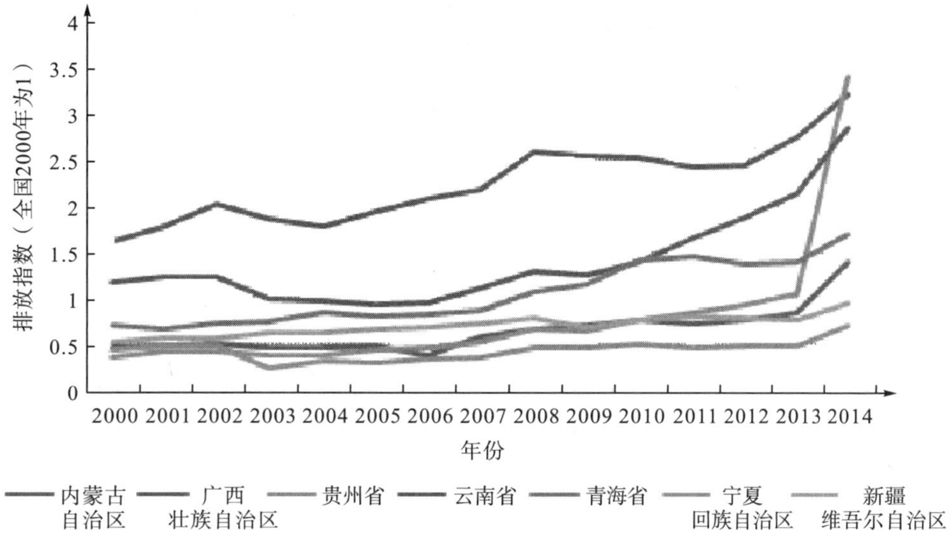

(b)以全国2000年为基准

图 2.54　民族地区(七省区)的排放指数(见彩图版)

资料来源：表 2.49。

3. 环境复原指数

根据前文的讨论，这里选取如下三个指标构造环境复原指数：水环境的自净能力等级、森林覆盖率和城市人均公共绿地面积，环境复原指数定义为

$$RSI=[MI\cdot FCI\cdot PGI]^{1/3}$$

式中，RSI 为环境复原指数；MI 为水环境自净能力等级指数；FCI 为森林覆盖率指数；PGI 为城市人均公共绿地面积指数，取等权重。

利用环境复原指数的定义和前文的数据，计算得到民族八省区环境复原指数，结果见表 2.50 和图 2.55。与全国当年比较，2000～2012 年，贵州省、云南省的环境复原能力有所下降，其余地区均有所提高。与全国 2000 年比较，各地区的环境复原能力都有所提高，这是西部大开发战略中大力加强西部地区生态环境建设的结果。2000～2014 年全国年均增长率为 2.20%，内蒙古自治区为 4.68%，广西壮族自治区为 2.14%，贵州省为 2.39%，云南省为 1.19%，青海省为 9.33%，宁夏回族自治区为 9.60%，新疆维吾尔自治区为 4.22%。

表 2.50　民族八省区环境复原指数

年份	全国当年为 1							
	内蒙古自治区	广西壮族自治区	贵州省	云南省	西藏自治区	青海省	宁夏回族自治区	新疆维吾尔自治区
2000	0.6125	1.4471	1.2410	1.4929	—	0.2086	0.1991	0.3155
2001	0.5883	1.4720	1.2232	1.5539	—	0.2368	0.2668	0.3258
2002	0.6126	1.3207	1.1484	1.5232	—	0.2582	0.2667	0.3554

续表

年份	全国当年为1							
	内蒙古自治区	广西壮族自治区	贵州省	云南省	西藏自治区	青海省	宁夏回族自治区	新疆维吾尔自治区
2003	0.6809	1.2480	1.0676	1.3769	—	0.2541	0.2864	0.3198
2004	0.7184	1.3708	1.0515	1.4029	0.3567	0.5264	0.3501	0.4229
2005	0.7255	1.3522	1.0408	1.3717	0.3282	0.5094	0.3215	0.4090
2006	0.7473	1.4051	1.0046	1.2623	0.9070	0.5240	0.4234	0.4177
2007	0.6848	1.3917	1.0241	1.3192	0.8056	0.5370	0.4349	0.4198
2008	0.7443	1.4003	1.0108	1.2876	0.7314	0.5196	0.4010	0.3979
2009	0.7276	1.4403	1.0296	1.3055	0.7692	0.5116	0.4657	0.4202
2010	0.7183	1.4171	1.0541	1.2964	0.6821	0.4865	0.4895	0.4378
2011	0.7810	1.4525	1.0226	1.3215	0.8438	0.5115	0.4770	0.4379
2012	0.8088	1.4659	1.1163	1.2961	0.7748	0.5096	0.5097	0.4311
2013	0.9305	1.4643	1.2000	1.2926	0.7509	0.5061	0.5620	0.4341
2014	0.8575	1.4354	1.2749	1.3000	0.7897	0.5361	0.5299	0.4154

年份	全国2000年为1							
	内蒙古自治区	广西壮族自治区	贵州省	云南省	西藏自治区	青海省	宁夏回族自治区	新疆维吾尔自治区
2000	0.6125	1.4471	1.2410	1.4929	0.0000	0.2086	0.1991	0.3155
2001	0.6069	1.5185	1.2619	1.6030	0.0000	0.2442	0.2752	0.3361
2002	0.5676	1.2236	1.0639	1.4112	0.0000	0.2393	0.2471	0.3293
2003	0.6690	1.2261	1.0489	1.3527	0.0000	0.2497	0.2814	0.3142
2004	0.7508	1.4325	1.0989	1.4661	0.3727	0.5501	0.3659	0.4419
2005	0.7869	1.4667	1.1290	1.4879	0.3561	0.5525	0.3487	0.4437
2006	0.8159	1.5341	1.0969	1.3782	0.9903	0.5721	0.4623	0.4560
2007	0.7673	1.5595	1.1476	1.4782	0.9027	0.6017	0.4873	0.4704
2008	0.8631	1.6239	1.1722	1.4932	0.8482	0.6026	0.4650	0.4614
2009	0.8920	1.7657	1.2622	1.6004	0.9430	0.6272	0.5709	0.5151
2010	0.9168	1.8088	1.3454	1.6546	0.8706	0.6210	0.6248	0.5588
2011	0.9864	1.8345	1.2915	1.6691	1.0658	0.6461	0.6025	0.5531
2012	1.0598	1.9210	1.4628	1.6984	1.0153	0.6677	0.6680	0.5649
2013	1.2502	1.9674	1.6123	1.7368	1.0089	0.6800	0.7551	0.5832
2014	1.1625	1.9459	1.7283	1.7624	1.0705	0.7268	0.7183	0.5631
年均增长率/%	4.68	2.14	2.39	1.19	—	9.33	9.60	4.22

资料来源：作者根据《中国统计年鉴》(各年)、《中国区域经济统计年鉴》(各年)数据计算。

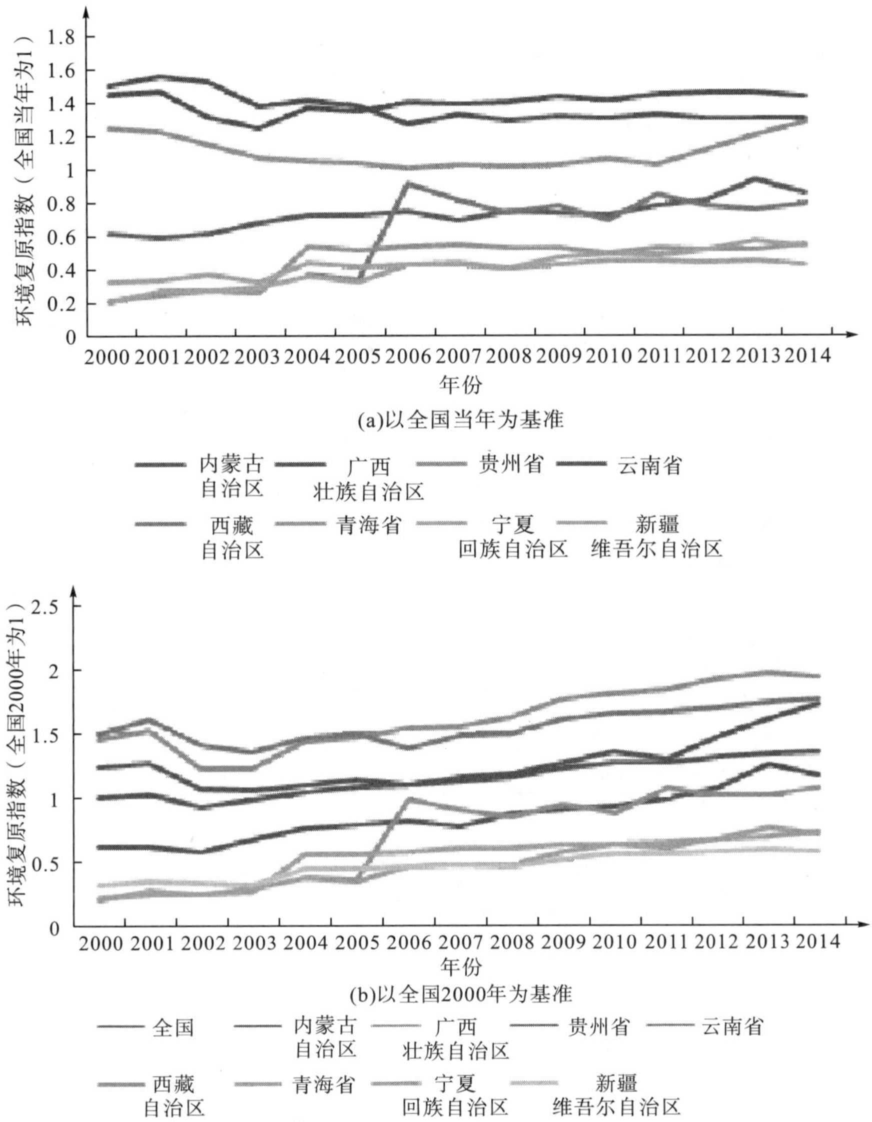

图 2.55　全国和民族八省区环境复原指数(见彩图版)

资料来源：表 2.50。

4. 绿色发展指数

有了资源利用效率指数、排放指数和环境复原指数，根据本书提出的方法，容易算出民族地区的绿色发展指数。

$$GI = [RI \cdot EMI \cdot RSI]^{1/3}$$

式中，RI 为资源利用效率指数；EMI 为排放指数；RSI 为环境复原指数。

绿色发展指数计算结果如表 2.51 和图 2.56 所示。2000～2014 年全国年均增长率为 5.72%，内蒙古自治区为 9.01%，广西壮族自治区为 5.91%，贵州省为 11.02%，云南省为 5.95%，青海省为 9.09%，宁夏回族自治区为 8.37%，新疆维吾尔自治区为 5.95%。

表 2.51 民族地区(七省区)的绿色发展指数

年份	全国当年为 1						
	内蒙古自治区	广西壮族自治区	贵州省	云南省	青海省	宁夏回族自治区	新疆维吾尔自治区
2000	0.4717	1.1054	0.5782	1.0428	0.3756	0.2867	0.3504
2001	0.4845	1.1859	0.6191	1.0955	0.3993	0.3340	0.3715
2002	0.4948	1.1541	0.6030	1.0607	0.4086	0.3373	0.3847
2003	0.5170	1.1182	0.5626	0.9652	0.4158	0.2792	0.3823
2004	0.5352	1.1336	0.5658	0.9678	0.5494	0.3232	0.4250
2005	0.5498	1.1397	0.5932	0.9241	0.5230	0.3038	0.4219
2006	0.5067	1.1636	0.5758	0.8895	0.5206	0.3371	0.4212
2007	0.5471	1.1347	0.5813	0.9062	0.5128	0.3402	0.4102
2008	0.5703	1.1260	0.5915	0.8781	0.5084	0.3426	0.3846
2009	0.5861	1.1309	0.6060	0.8661	0.5293	0.3682	0.3625
2010	0.5730	1.0798	0.6153	0.8595	0.5363	0.3675	0.3796
2011	0.5846	1.0733	0.6386	0.9118	0.5458	0.3607	0.3710
2012	0.5928	1.0682	0.6791	0.9405	0.5374	0.3719	0.3548
2013	0.6314	1.0952	0.7446	0.9859	0.5273	0.3792	0.3448
2014	0.7246	1.1333	1.1477	1.0750	0.5830	0.4053	0.3615
年份	全国 2000 年为 1						
	内蒙古自治区	广西壮族自治区	贵州省	云南省	青海省	宁夏回族自治区	新疆维吾尔自治区
2000	0.4717	1.1054	0.5782	1.0428	0.3756	0.2867	0.3504
2001	0.4872	1.1925	0.6226	1.1015	0.4015	0.3358	0.3735
2002	0.5075	1.1836	0.6183	1.0878	0.4192	0.3459	0.3945
2003	0.5470	1.1831	0.5952	1.0211	0.4399	0.2954	0.4045
2004	0.5903	1.2503	0.6240	1.0675	0.6060	0.3564	0.4688
2005	0.6389	1.3245	0.6894	1.0741	0.6079	0.3531	0.4904
2006	0.6201	1.4241	0.7047	1.0887	0.6372	0.4126	0.5155
2007	0.7320	1.5183	0.7779	1.2125	0.6861	0.4551	0.5489
2008	0.8720	1.7220	0.9045	1.3428	0.7774	0.5239	0.5882
2009	0.9417	1.8172	0.9737	1.3916	0.8504	0.5916	0.5824
2010	1.0182	1.9187	1.0933	1.5273	0.9530	0.6530	0.6746
2011	1.1160	2.0487	1.2189	1.7405	1.0418	0.6885	0.7081
2012	1.2040	2.1697	1.3794	1.9103	1.0916	0.7556	0.7207
2013	1.3555	2.3512	1.5985	2.1165	1.1320	0.8139	0.7402
2014	1.5784	2.4687	2.5001	2.3418	1.2700	0.8829	0.7874
年均增长率/%	9.01	5.91	11.02	5.95	9.09	8.37	5.95

资料来源：作者根据《中国统计年鉴》(各年)、《中国区域经济统计年鉴》(各年)数据计算。

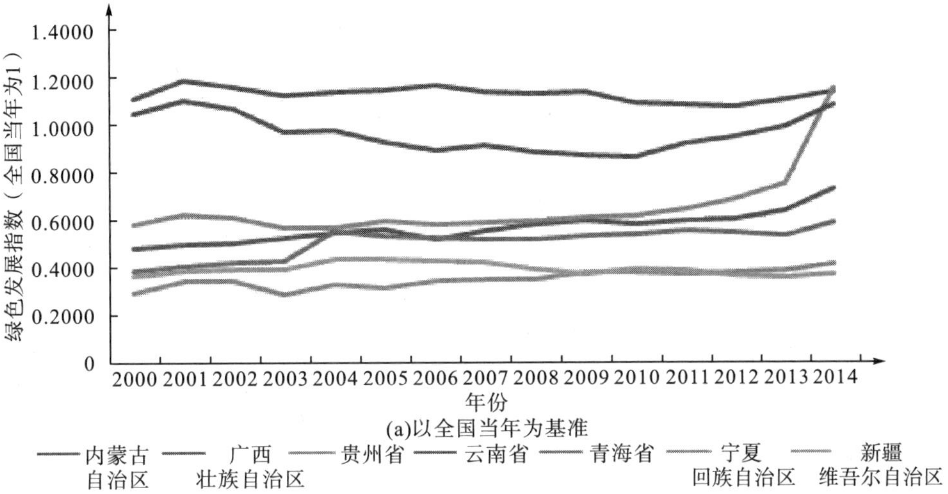

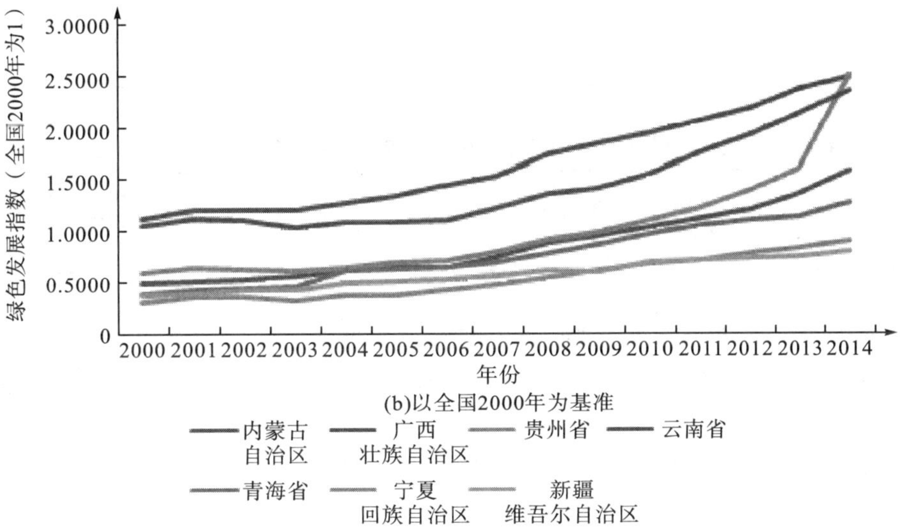

图 2.56　民族地区（七省区）的绿色发展指数（见彩图版）

资料来源：表 2.51。

2.5.5　包容性绿色发展指数

利用式(2.55)，取等权重，即$\alpha=\beta=\gamma=1/3$，即可得到民族地区包容性绿色发展指数，结果列在表 2.52、表 2.53 和图 2.57 中。主要结论有以下方面。

表 2.52　民族地区（七省区）包容性绿色发展指数（全国当年为 1）

年份	内蒙古自治区	广西壮族自治区	贵州省	云南省	青海省	宁夏回族自治区	新疆维吾尔自治区
2001	0.7963	0.9685	0.7459	0.9596	0.7310	0.7317	0.7106
2002	0.8058	0.9684	0.7547	0.9479	0.7407	0.7320	0.7326

续表

年份	内蒙古自治区	广西壮族自治区	贵州省	云南省	青海省	宁夏回族自治区	新疆维吾尔自治区
2003	0.8191	0.9552	0.7307	0.9130	0.7438	0.6934	0.7353
2004	0.8221	0.9610	0.7274	0.9130	0.8103	0.7212	0.7554
2005	0.8145	0.9441	0.7272	0.8875	0.7881	0.6936	0.7381
2006	0.8057	0.9651	0.7363	0.8852	0.7971	[illegible]	0.7468
2007	0.8373	0.9537	0.7525	0.8899	0.7930	0.7381	0.7474
2008	0.8418	0.9577	0.7559	0.8877	0.7951	0.7273	0.7277
2009	0.8515	0.9621	0.7684	0.8883	0.8095	0.7435	0.7256
2010	0.8381	0.9516	0.7794	0.8922	0.8211	0.7466	0.7422
2011	0.8439	0.9421	0.7899	0.9136	0.8356	0.7384	0.7340
2012	0.8412	0.9509	0.8237	0.9265	0.8353	0.7393	0.7243
2013	0.8560	0.9739	0.8598	0.9504	0.8213	0.7527	0.7227
2014	0.8944	0.9932	1.0091	0.9767	0.8600	0.7741	0.7363

表 2.53　全国和民族地区(七省区)包容性绿色发展指数(全国 2000 年为 1)

年份	全国	内蒙古自治区	广西壮族自治区	贵州省	云南省	青海省	宁夏回族自治区	新疆维吾尔自治区
2001	1.0144	0.8063	0.9807	0.7553	0.9716	0.7402	0.7409	0.7195
2002	1.0376	0.8291	0.9964	0.7765	0.9753	0.7622	0.7533	0.7538
2003	1.0720	0.8618	1.0049	0.7688	0.9606	0.7825	0.7295	0.7737
2004	1.1140	0.8863	1.0361	0.7843	0.9844	0.8737	0.7776	0.8145
2005	1.1953	0.9259	1.0732	0.8267	1.0089	0.8959	0.7885	0.8391
2006	1.2598	0.9488	1.1366	0.8672	1.0425	0.9391	0.8588	0.8795
2007	1.3708	1.0416	1.1864	0.9361	1.1070	0.9865	0.9182	0.9297
2008	1.4933	1.0911	1.2414	0.9797	1.1506	1.0306	0.9427	0.9433
2009	1.5793	1.1482	1.2973	1.0360	1.1977	1.0915	1.0025	0.9784
2010	1.7011	1.1771	1.3365	1.0946	1.2530	1.1532	1.0486	1.0423
2011	1.7597	1.1971	1.3365	1.1206	1.2960	1.1854	1.0474	1.0412
2012	1.8718	1.2433	1.4054	1.2174	1.3694	1.2346	1.0926	1.0705
2013	2.0013	1.3280	1.5108	1.3339	1.4745	1.2741	1.1677	1.1212
2014	2.0798	1.4350	1.5936	1.6191	1.5671	1.3798	1.2420	1.1814
年增长率/%	5.68	4.53	3.81	6.04	3.75	4.91	4.05	3.89

资料来源：作者根据《中国统计年鉴》(各年)、《中国区域经济统计年鉴》(各年)数据计算。

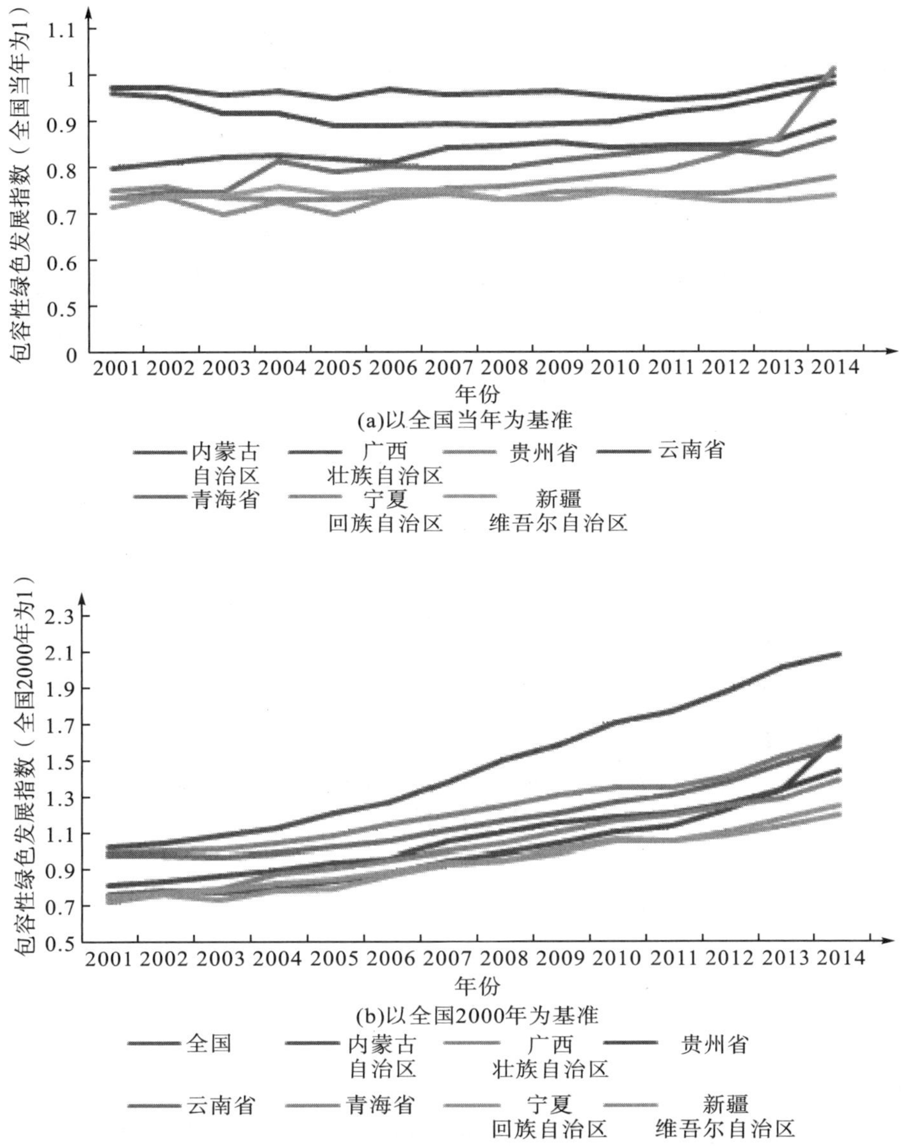

图 2.57　民族地区的包容性绿色发展指数(见彩图版)

资料来源：表 2.52、表 2.53。

(1) 与全国当年比较，民族地区总体上经济增长的包容性和绿色程度均比全国水平低，不过发展不平衡。贵州省增长较快，2001 年相当于全国平均水平的 74.59%，到 2014 年超过全国平均水平；内蒙古自治区、青海省、新疆维吾尔自治区等地区的包容性绿色发展指数在波动中有些微增加；广西壮族自治区、云南省和宁夏回族自治区基本稳定。

(2) 全国年增长率为 5.68%，民族八省区中，贵州省年增长率超过全国平均水平，达到 6.04%，其余地区均低于全国水平。

2.5.6 民族地区包容性绿色发展的主要限制因素：基于 2014 年各地区的诊断性分析

为了进一步弄清楚目前民族地区包容性绿色发展在全国的地位，分析制约民族地区包容性绿色发展的主要因素，本节以 2014 年为例，以全国平均水平为比较基准，对全国 31 个省(自治区、直辖市)(不包括港澳台地区)的包容性绿色发展的基本要素进行量化分析。

(1)经济增长的收入效应。利用各地区城乡居民加权收入指数和城乡居民收入指数，得到全国各地区经济增长的收入效应指数(图 2.58)，图 2.59 所示是民族地区的单列。显然，虽然民族地区城乡差距比较大，但居民收入低是最主要的制约因素。

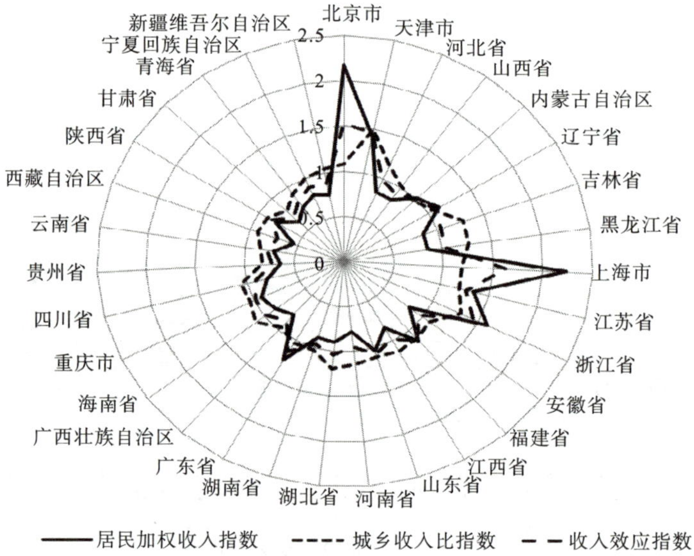

图 2.58 2014 年全国各地区经济增长的收入效应指数

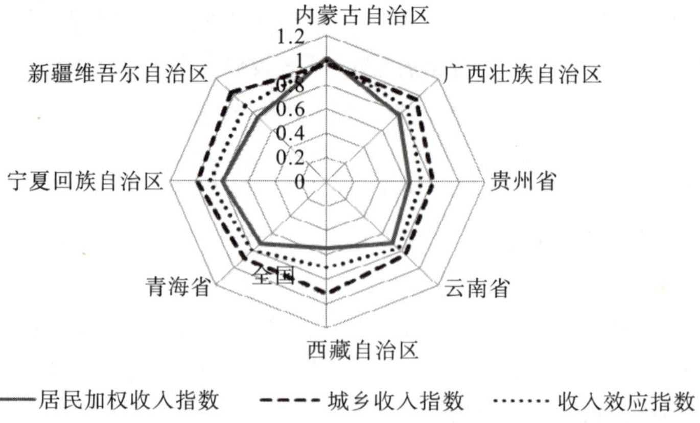

图 2.59 2014 年民族八省区经济增长的收入效应指数

资料来源：作者根据《中国统计年鉴》(2015 年)数据绘制。

(2) 经济增长的机会效应。图 2.60 和图 2.61 绘出了 2014 年全国各地区和民族八省区的经济机会指数。与其他地区比较，在普遍加强教育、医疗卫生和经济基础设施建设的基础上，内蒙古自治区更应注重教育的发展，广西壮族自治区更应注重经济基础设施的建设，贵州省更应注重教育的发展，云南省更应注重经济基础设施建设，西藏自治区还应加强经济基础设施的建设，青海省和宁夏回族自治区应特别加强教育的发展，新疆维吾尔自治区应加强经济基础设施的建设。

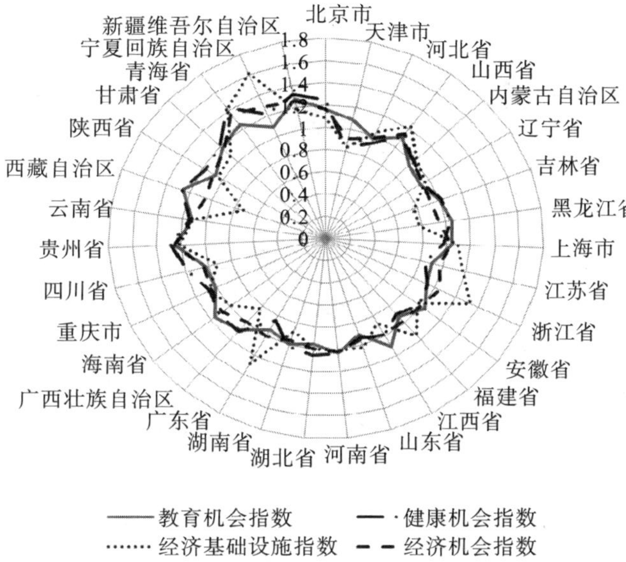

图 2.60　2014 年全国各地区经济机会指数

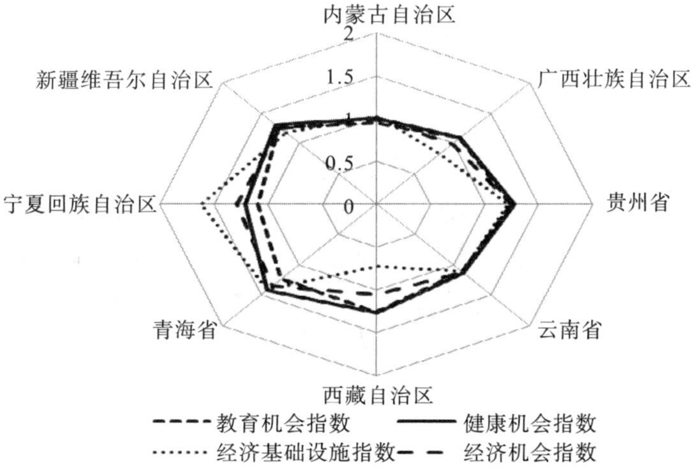

图 2.61　2014 年民族八省区的经济机会指数

资料来源：作者根据《中国统计年鉴》(2015 年) 数据绘制。

(3)经济增长的环境效应。利用资源利用效率、二氧化碳排放和环境的复原能力的代理变量，计算得到2014年全国各地区及民族地区经济增长的环境效应(绿色发展)指数，如图2.62和图2.63所示。可以看出，民族地区(七省区)资源利用效率普遍偏低，成为制约其实现绿色发展的主要因素，内蒙古自治区、宁夏回族自治区和新疆维吾尔自治区由于煤炭消费的比重高，二氧化碳排放量大，排放指数低，这反映了这些地区能效低。另外，内蒙古自治区、宁夏回族自治区、青海省和新疆维吾尔自治区的环境的复原能力弱。在发展过程中，如何处理好环境与发展的关系是这些地区面临的一个关键问题。

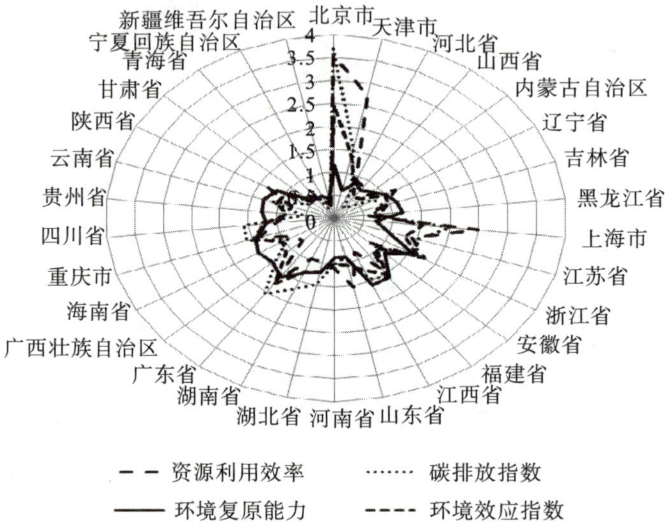

图2.62 2014年全国各地区经济增长的环境效应指数

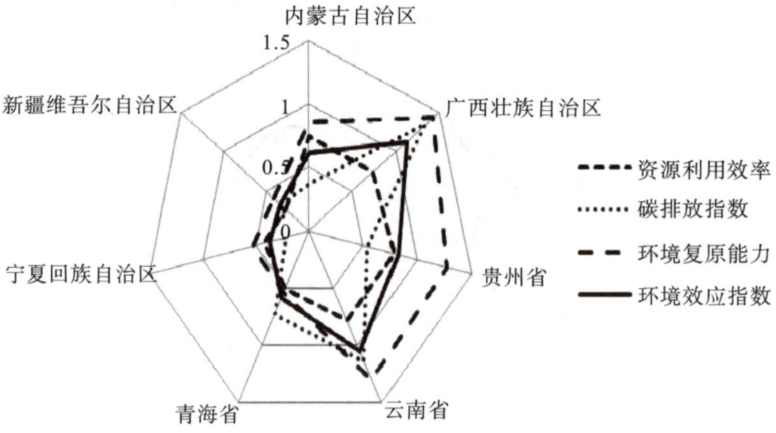

图2.63 2014年民族地区(七省区)经济增长的环境效应指数

资料来源：作者根据《中国统计年鉴》(2015年)数据绘制(缺西藏自治区数据)。

(4)包容性绿色发展指数。对前面几个指数等权重进行几何加权得到2014年全国各地区的包容性绿色发展指数，结果如图2.64所示。可以看出，民族八省区目前包容性绿色发展水平均低于全国水平，在全国各地区的排序中位居后列。从主要制约因素看，资源利用效率低、二氧化碳排放水平高、人均收入低是主要的因素。虽然近年来资源型产业的发展是民族地区经济增长的主要驱动力，但资源开发粗放，利用效率偏低，能效不高，这些问题需要引起中央和各级地方政府及资源型企业的高度重视。

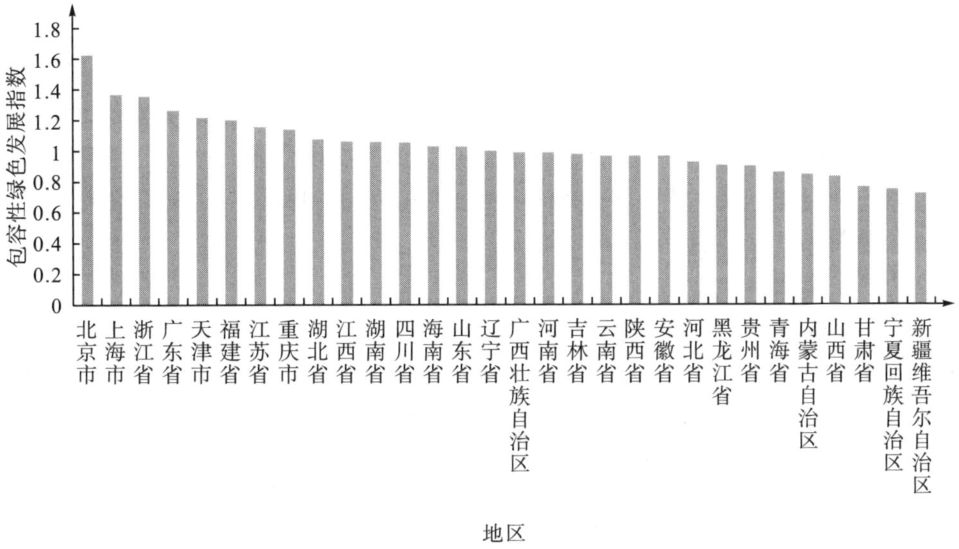

图 2.64　2014 全国各地区包容性绿色发展指数

资料来源：作者根据《中国统计年鉴》(2015 年)数据绘制。

2.5.7　小结

本节首先根据科布-道格拉斯函数，构造了包容性绿色发展指数，该指数反映了经济增长的收入效应、机会效应和环境效应。利用类似的技术，本节还构造了经济增长的收入效应指数、机会效应指数和环境效应指数，选取了相关的代理指标，计算了全国和民族地区的包容性绿色发展指数，以全国当年水平为基准，分析了民族地区经济增长的包容性和绿色程度；以全国 2000 年为基准，分析了全国和民族八省区经济增长包容性和绿色程度的变化。根据本章的分析，可以得到如下结论。

(1) 进入 21 世纪以来，在中央政府及各地方政府的大力支持下，经过民族地区各级政府和各族人民的努力，民族地区生产总值实现了高速持续的增长，带来了城乡居民收入的快速增长，但是地区生产总值高速增长的效应并未全部体现在城乡居民收入的增长上。

(2) 从经济机会看，2000 年以来，民族地区的教育、医疗卫生(健康)，以及道路交通、电力供应、通信设施等经济基础设施得到了重大改进，民族地区的经济机会迅速扩大。但与其他地区比较，涉及民生的教育、健康和相关的经济基础设施依然是制约这些地区发展的重要因素，进一步改进空间很大，特别是农村基础设施。如 2014 年农村使用自来水的人口，全国为 74.60%，内蒙古自治区为 65.26%，广西壮族自治区为 60.96%，贵州省为 65.69%，云南省为 67.88%，青海省为 79.87%，宁夏回族自治区为 79.79%，新疆维吾尔自治区为 92.37%；卫生厕所普及率全国为 71.71%，内蒙古自治区为 46.01%，广西壮族自治区 72.81%，贵州省 43.85%，云南省为 58.71%，青海省为 62.62%，宁夏回族自治区为 59.15%，新疆维吾尔自治区为 64.00%[①]。还有农村道路普遍面临着路面硬化率低，通村道路普遍存在“最后一公里”现象。农村教育和农村医疗卫生还面临一些根本性的问题。

(3) 民族地区资源富集，资源开发成为推动民族地区近些年来经济高速增长的主要动力。但是资源开发利用效率低，各种污染物的排放，特别是二氧化碳排放高。资源开发成为破坏环境的最主要因素。因此，在资源开发中，如何实现资源开发利益的共享、如何确保环境质量的稳定和提高，是民族地区发展中必须认真面对的问题，这不仅关系到民族地区的发展，更关系到全国的发展。

2.6 民族地区包容性绿色发展的政策建议

2.6.1 引言

作为我国贫困人口最集中分布地区的民族地区，在国民经济高速增长的驱动下，经济社会发展和反贫困取得了很大的成就。但在经济高速增长的过程中，一些民族地区发展方式相对粗放，经济发展差距在扩大，同时引起了严重的环境问题。导致这些问题上升和环境被破坏的关键因素是不平衡、不可持续、排他性和不安全的发展模式。

在新时期，民族地区在全国的发展位要求其必须“后发赶超”和“发展转型”(没有民族地区的全面小康，就没有全国的全面小康)。民族地区在全球和全国的生态位，要求其必须加快生态文明建设，走可持续发展之路。因此，新时期，民族地区的发展必须转变发展模式，使发展的结构基础更加广泛、更加包容、更加平衡、更加可持续、更加安全，实现包容性的、平衡性的、可持续的和安全的发展，走包容性绿色发展之路。

2.6.2 民族地区走包容性绿色发展之路的必要性与政策支柱

21 世纪的第二个十年，是我国发展的重要战略机遇期，西部大开发也已经进入了一个新的阶段。同时，21 世纪的第二个十年，也是加快民族地区经济社会发展、实现各民族共同繁荣发展的重要战略机遇期，民族地区发展处于新的阶段。在新阶段、新起点上，面对经济增长减贫效应弱化、收入差距扩大和环境污染等问题，民族地区应走包容性绿色发展之路。

民族地区走包容性绿色发展之路，是由民族地区在全国的发展位和生态位及自身发展特性所决定的。

① 根据《中国社会统计年鉴》(2015 年) 数据计算。

(1) 进入 21 世纪以来，在中央政府及各地方政府的大力支持下，经过民族地区各级政府和各族人民的努力，民族地区经济实现了高速持续的增长，道路交通、电力供应、通信设施等经济基础设施得到了根本改进，民族地区的经济机会迅速扩大。但与发达地区相比较，民族地区的发展差距还较大，属于发展中经济体的欠发达经济。这样一种在全国的发展位，意味着民族地区必须“后发赶超”和“发展转型”，因为没有民族地区的全面小康，就没有全国的全面小康。

(2) 民族地区在全球和全国的生态位上，属于亚洲和中国的生态核心区，地处大江大河的中上游，同时本身生态极度脆弱，禁止开发区和限制开发区比重高，增长-减贫-生态关系复杂，这就要求民族地区必须加快生态文明建设，要把生态环境的可持续性放在发展的重要位置。

(3) 从民族地区的发展特点上看：①经济增长的动力基础较窄，主要是资源密集型产业和政府投资驱动的增长，以外延式增长为主，增长对就业的吸纳能力有限。②民族地区依然是中国贫困人口集中分布地区（全国 14 个集中连片特困地区，民族地区有 11 个），贫困发生率高，贫困类型和致贫要素复杂，尤其是绝对贫困和脆弱人群的贫困依然严重，减贫任务还相当艰巨。③民族地区内部的垂直不平等和水平不平等在上升。目前，民族地区是全国城乡差距和区域差距最大的地区。这种差距的扩大除了禀赋条件的相对恶劣外，还与发展政策存在一定关系。④民族地区基本公共服务供给不仅总量不足；而且结构性问题严重，供给质量差，与发达地区和大城市的差距大，这种差距的存在扩大了民族地区与其他地区居民抓住机会的能力差距。⑤内在脆弱的生态平衡，在大规模的资源开发和外延式的增长模式下，生态发展失衡严重，造成了一系列的全域和地方环境问题，生态修复和复原难度大；⑥自然灾害频发，民族地区抵抗自然灾害和环境威胁的能力弱。⑦受多种因素影响，民族地区存在多个层面的因素在影响其发展。

前已述及，包容性发展有以下要求；①可持续的和公平的经济增长：经济增长是包容性增长的基本要求。增长要是快速持续的，就应是基础广泛的，包括部门基础和区域基础；而且要包容大多数劳动力，包括穷人和脆弱人群；②社会包容：要消除制度障碍，提高激励，增加社会中所有人对发展机会的利用；③赋予权能：要增加各种人群参与增长过程并能起作用的资产和能力；④安全：包括提高社会风险管理能力，这些社会风险可能是由于发展干预不当而造成的。

要达成包容性绿色发展，需要持续扩大经济机会、使经济机会均等分布、提供最低经济福利和确保环境质量的提升，这就是包容性绿色发展的四大政策支柱，它们的关系如图 2.65 所示。

2.6.3　民族地区的包容性绿色发展：经济机会最大化

通过高速、有效及可持续的经济增长最大限度地创造就业与发展机会。到 2020 年民族地区要实现全面小康，必须有比全国平均水平高的经济增长速度。根据西部大开发战略实施十多年的实践看，民族地区实现比全国平均水平高 1～2 个百分点的经济增长速度不仅必要，而且是可行的，关键在于经济快速增长的实现方式。过去几十年，民族地区的经济增长主要是靠大规模资源开发和基础设施建设实现的，增长的动力(主要是资本)主要来自区外，实际上是一种外源推动的粗放式的增长模式。在“十三五”时期，民族地区应加大转变经济发展方式的力度，通过提高要素生产率，促进技术进步，实现快速持续的经济增长。

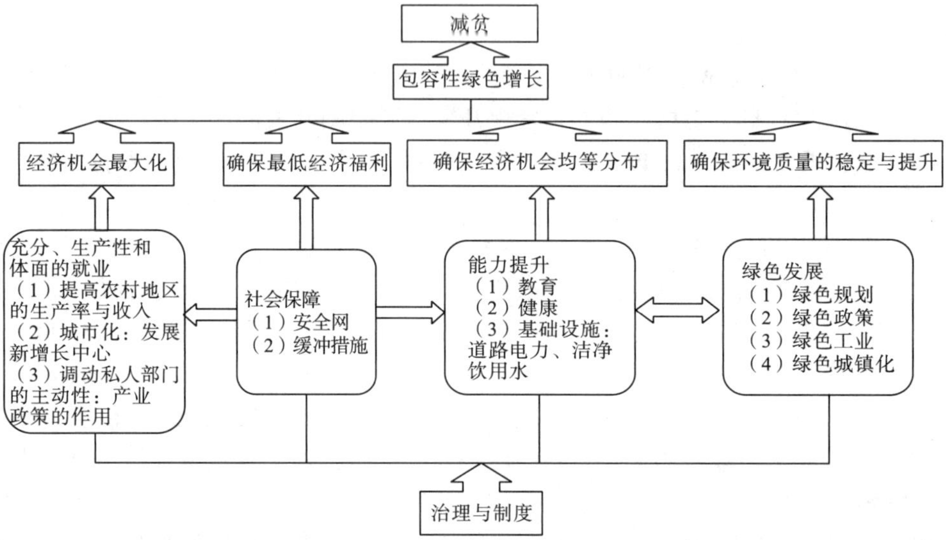

图 2.65 包容性绿色发展的政策支柱

资料来源：作者根据 Ali 和 Son(2007)修改。

1. 禀赋结构升级：继续加强资本投资，进一步提升禀赋的质量与结构

一个地区的禀赋是其拥有的各种生产要素，包括自然资源、土地、区位、人口、劳动力、资本、技术、管理等的丰裕程度，可以区分出两种类型的禀赋：由该地区地质、地理环境形成的自然资源、区位等构成地理第一性；由该地区的人口、民族、文化、开发历史、经济基础等构成地理第二性。禀赋一方面构成一个地区发展的要素基础和比较优势；另一方面，在发展进程中，禀赋的价值、质量及由此形成的比较优势也在不断变化。因此，禀赋及其结构不是静态的，而是动态的、变化的，因而是可以改变的。禀赋的质量与结构的提升是通过资本投资，特别是社会先行资本(基础设施)的投资实现的。

(1)要特别加强民族地区的人力资本投资，进一步提高投资强度，改善投资结构。在“十三五”时期，民族地区的教育投资要在稳定实现普及九年义务教育基础上，保证实现普及高中教育，同时加强适应市场需求的职业技术教育体系建设，在提高劳动者平均素质的同时，重视劳动力的技能水平，把技能劳动力的比例提高到 15%以上。

(2)继续加强交通骨干网络的建设。“十三五”时期，在已有的民族地区骨干交通线路基础上，在铁路建设方面，要建设西部开发性新线，以扩大西部路网规模为主，形成西部铁路网骨架，提高交通骨干网络对地区经济发展的适应能力。根据《中长期铁路网规划(2008 年调整)》，新建中俄通道同江—哈鱼岛段，中吉乌铁路喀什—吐尔尕特段，改建中越通道昆明—河口段，新建中老通道昆明—景洪—磨憨段、中缅通道大理—瑞丽段等，

形成东北、西北、西南进出境国际铁路通道；新建太原—中卫(银川)、临河—哈密线，形成西北至华北新通道；新建乌鲁木齐—哈密—兰州、库尔勒—格尔木、龙岗—敦煌—格尔木、喀什—和田、日喀则—拉萨线，研究建设和田—狮泉河—日喀则线，形成新疆维吾尔自治区至甘肃省、青海省、西藏自治区的便捷通道；新建兰州—重庆、哈达铺—成都线，研究建设张掖—西宁—成都、格尔木—成都线，形成西北至西南新通道；新建拉萨—林芝、大理—香格里拉线，研究建设成都—波密—林芝、香格里拉—波密线，形成四川省、云南省至西藏自治区的便捷通道；新建太原—侯马—西安—汉中—绵阳线，研究建设郑州—重庆—昆明线，形成华北、中原至西南新通道；新建重庆—贵阳、乐山—贵阳—广州、南宁—广州线，形成西南至华南新通道；新建向塘—莆田(福州)、合肥—福州、阜阳—六安—景德镇—瑞金—汕头线，形成内陆腹地至东南沿海地区新通道；新建北京—张家口—集宁—呼和浩特—包头线，形成北京市至内蒙古自治区呼包鄂地区便捷通道；新建内蒙古中西部、山西中南部煤运铁路，形成“三西”地区煤炭外运新的大能力通道；新建乌鲁木齐—富蕴—北屯、哈密—若羌、二连浩特—锡林浩特—乌兰浩特、正蓝旗—虎什哈、昭通—攀枝花—丽江、昆明—百色、柳州—肇庆、南宁—河池等铁路，研究建设安康—恩施—张家界等铁路，完善西部地区铁路网络；等等。

西部大开发战略实施以来大规模的公路交通建设，有效缓解了民族地区的交通运输紧张状况，但随着经济社会的快速发展，现有的公路网覆盖范围不全面，根据《国家公路网规划(2013 年—2030 年)》，到 2011 年底全国没有国道连接的有 900 多个县，绝大多数在民族地区，未实现与国家高速公路相连接的 18 个新增的城镇人口在 20 万以上的城市和 29 个地级行政中心，也主要在民族地区[①]；部分国家高速公路通道运能紧张、拥堵严重，不能适应交通量快速增长的需要；普通国道路线不连续、不完整，国家公路与其他运输方式之间、普通国道和国家高速公路之间的衔接协调不够，网络效益和效率难以发挥。“十三五”时期，国家将加快实施区域发展总体战略和主体功能区战略，加快推进城镇化和城乡一体化发展，将继续加大对革命老区、民族地区、边疆地区、贫困地区的扶持力度，为此要求充分发挥国家公路引导区域空间布局的作用，优化东部地区公路网络结构，加强中部地区东引西联通道建设，扩大西部地区路网覆盖，统筹城乡区域发展，提升公路交通公共服务水平。根据《国家公路网规划(2013 年—2030 年)》，到 2030年我国将形成布局合理、功能完善、覆盖广泛、安全可靠的国家干线公路网络，实现首都辐射省会、省际多路连通，地市高速通达、县县国道覆盖。届时，1000km 以内省会间可当日到达，东中部地区省会到地市可当日往返、西部地区省会到地市可当日到达；区域中心城市、重要经济区、城市群内外交通联系紧密，形成多中心放射的路网格局；有效连接国家陆路门户城市和重要边境口岸，形成重要国际运输通道，与东北亚、中亚、南亚、东南亚的联系更加便捷。这样，西部地区，包括民族地区将形成比较完善的公路网络运输体系。

(3) 特别重视民族地区农村和边远地区水电气及交通通信基础设施的建设，把实现区域内市场的一体化放在优先位置，扩大本地市场范围。要把减贫效应显著的县际、乡镇间、行政村及自然村的道路建设放在优先地位，完善路网、改善路况，着力解决“毛细血管”

① 《国家公路网规划(2013 年—2030 年)》(2013 年 6 月 20 日公开)。

不完善和“最后一公里”的“断头路”问题，提高农村公路覆盖广度和通达深度。

(4)要加大改善地方创新环境的力度。传统产业的改造，尤其是高技术产业的发展，地方创新环境很重要。地方创新环境包括地方创新程度、企业间合作和协作程度(网络)、产业经济地方化程度和城市经济集聚度。对于中央政府和民族地区的政府而言，能否创造一个有利于企业创新的制度环境特别重要，其包括知识产权的有效实施和向创新企业实施创新补贴，建立创业园区，形成民族地区的技术孵卵器等。

(5)加快民族地区信息高速公路建设。充分认识信息高速公路对于地方产业升级、经济发展和福利改进的重要性，“十三五”时期，民族地区要把信息高速公路建设放在重要位置，加快基础设施互联互通。

2. 大力发展具有比较优势的产业，促进民族地区的产业转型升级

为促进民族地区产业结构的升级，中央政府应在政策上给予支持。政策支持的中心在于在民族地区保持住制造业份额，为此可供选择的政策包括以下方面。

(1)资源型产业升级：鼓励国有资源型企业把企业总部迁移到民族地区，在民族地区建立资源加工企业，这将伴随资本和劳动向民族地区的流动，增加民族地区的支出份额，从而增加民族地区制造业份额。同时对民族地区企业实施投资补贴，对于延迟其去工业化和再工业化有重要作用。

(2)产业链延伸：①要延伸农牧业产业链，大力发展以农业资源为基础的加工工业；②在资源型工业的发展中，特别注意资源型工业的深加工，加强与高校和科研单位的合作，建立工业园区(集中区)，加快制造业的发展；③要特别重视旅游资源开发和旅游业的发展，充分发挥旅游业的产业关联效应和乘数效应，提升产业集聚力。

(3)潜在比较优势产业的发展：一个地区的比较优势不是静态的，而是动态的，目前具有比较优势的，不一定未来依然有比较优势；目前不具有比较优势的，经过禀赋结构升级，未来就会具有比较优势。例如，高技术产业，根据目前民族地区禀赋结构，其确实不具有比较优势，但随着人力资本水平的提高和结构的改善，随着地方创新环境的优化，某些高技术产业在民族地区会具有发展的比较优势。因此，民族地区各级政府应该认真研究，找出自己具有潜在比较优势的产业，制定政策(组合)促进它们的发展。

(4)承接产业转移与民族地区的产业升级：东亚产业发展的实践表明，产业发展在空间上呈现出一种“雁阵模式”。改革开放以来我国产业发展在空间上也是由东至西的梯级产业转移的模式。民族地区要充分利用国际和国内的发展机遇，做好承接国际和国内产业的转移。特别是国内所实施的对口支援战略，为民族地区承接国内发达地区的产业转移提供了好的平台，把对口支援和产业转移相结合，不仅会促进民族地区禀赋结构的快速升级，更会促进其产业结构的升级。

(5)金融支持产业升级：根据民族地区目前的发展阶段，构建基于开发银行和商业银行(尤其中小银行)的金融体系，为民族地区发展提供最优金融支持。

3. 深度融入“一带一路”建设，整体构建新的对外开放格局

“一带一路”建设对于民族地区的全方位对外开放，提升对外开放水平，深度融入世

界经济体系提供了前所未有的历史机遇。民族地区是建设丝绸之路经济带和 21 世纪海上丝绸之路的核心地区和重要依托。内蒙古自治区连通俄罗斯、蒙古国，是建设中国、蒙古国、俄罗斯经济走廊的核心区域；广西壮族自治区与东盟国家有陆海相邻的独特优势，是西南、中南地区开放发展新的战略支点，是 21 世纪海上丝绸之路与丝绸之路经济带有机衔接的重要门户；贵州省处于西南南下出海大通道的交通枢纽位置；地处古代南方丝绸之路要道的云南省，拥有面向“三亚”（东南亚、南亚、西亚）和肩挑“两洋”（太平洋、印度洋）的独特区位优势，是“一带一路”建设中的重要省份。西藏自治区位于祖国的西南部，是面向南亚开放的大通道，对接“一带一路”和孟、中、印、缅经济走廊，推动环喜马拉雅经济合作带建设；青海省是贯穿南北丝绸之路的桥梁和纽带，是中国联通南亚国家的重要走廊和通道；宁夏回族自治区建设内陆开放型经济试验区；新疆维吾尔自治区是丝绸之路经济带核心区①。“十三五”及其以后一段时期，民族地区坚持开放引领发展的原则，以推进“一带一路”建设为统领，实施更加积极主动的开放战略，整体提高开放的总体水平，构建陆海内外联动、东西南北四向开放的全方位开放新格局，把民族地区建设成为我国向西、向北、向南开放的重要基地和充满活力的沿边开发开放经济带。

1）深度融入“一带一路”建设

（1）要推进基础设施互联互通。优先推进一批连接中国与中亚、东南亚、蒙古国和俄罗斯等重点矿区、产业园区、主要城市和毗邻城市的重大铁路、公路和机场项目建设。推动邻边的民族地区的部分机场升级为国际机场，加快建设邻边民族地区国际航空港物流园区，构建联通内外、安全通畅的国际大通道。积极推进邻边民族地区部分铁路枢纽建设中欧班列编组枢纽和物流集散转运中心，支持“苏满欧”“郑连欧”“蓉连欧”“中俄”等国际货运班列常态化运行，推动开通从民族地区主要城市经重点口岸到欧洲的国际货运班列。加强口岸基础设施建设，优化口岸布局，实施口岸升级改造工程，完善贸易通道和人员交往通关能力，促进口岸提质增效。

（2）深化与沿线国家的经贸合作。积极实施“走出去”战略，按照企业主导、政府推动、公平交易、互利共赢、统筹规划、稳步推进的原则，深化对外贸易，适应国际需求结构的新变化和国内经济发展的新要求，优化贸易方式，扩大优势产品出口，提高出口产品科技含量和附加值，推进对外贸易向优质优价、优进优出转变。加大对“走出去”企业的扶持力度，支持有条件的企业在境外建立资源利用、加工制造、商贸物流、农业产业、科技研发基地和园区，积极对接沿线国家工业园区，不断深化扩大经贸合作。支持企业扩大先进技术设备进口，鼓励建设进口商品城、进口商品直销中心。

（3）加强人文交流。①深化与沿线国家和地区在教育、文化、科技、医药卫生、环保等领域的合作；②充分发挥青年在对外人文交流中的作用；③鼓励高等院校与沿线国家扩大合作；④着力创作生产具有民族特色和地区特点的对外文化精品，培育一批核心竞争力强的外向型文化企业，利用重大外事活动和展会平台，开展系列交流活动。

（4）完善对外开放区域布局。充分发挥民族地区区位、资源和产业基础及政策等优势，

① 2015 年 3 月 28 日，国家发改委、外交部、商务部联合发布了《推动共建丝绸之路经济带和 21 世纪海上丝绸之路的愿景与行动》。

深化与港澳地区合作，扩大同沿线国家及大洋洲和北美洲发达国家的合作交流，不断开创互利共赢的开放合作新格局。

2) 全面提升内陆开放水平

充分发挥民族地区各省(自治区、直辖市)的国际比较优势，大力发展内陆开放型经济，扩大西部内陆地区特色优势产业对外开放，营造优良的营商环境，扩大利用外资规模。充分发挥民族地区具有国际声誉的旅游资源优势，大力发展国际旅游业；借鉴上海等自由贸易试验区改革试点经验，加快西部自由贸易区建设，使其具有示范引领作用。

3) 支持沿边重点地区开发开放

重点开发开放试验区、沿边国家级口岸、边境城市、边境经济合作区和跨境经济合作区等沿边重点地区是我国深化与周边国家和地区合作的重要平台，是沿边地区经济社会发展的重要支撑，是确保边境和国土安全的重要屏障，正在成为实施“一带一路”倡议的先手棋和排头兵，在全国改革发展大局中具有十分重要的地位。《国务院关于支持沿边重点地区开发开放若干政策措施的意见》(国发〔2015〕72 号)提出八个方面共 31 条意见，八个方面包括：深入推进兴边富民行动，实现稳边安边兴边；改革体制机制，促进要素流动便利化；调整贸易结构，大力推进贸易方式转变；实施差异化扶持政策，促进特色优势产业发展；提升旅游开放水平，促进边境旅游繁荣发展；加强基础设施建设，提高支撑保障水平；加大财税等支持力度，促进经济社会跨越式发展；鼓励金融创新与开放，提升金融服务水平。相信这些措施的落实和实施，必将大幅度推动边疆民族地区的发展和对外开放水平。

4) 构建包容性绿色开放模式，确保开放利益的共享和普惠

开放并不必然带来收入差距缩小和贫困减缓及环境改善。开放的包容性和绿色性取决于开放的模式与方式。开放的包容性要求促进共享发展，即确保开放红利被各族人民特别是低收入阶层和贫困人口共享，在开放与增长方面，实现开放促增长而非贫困化的增长；在开放与减贫方面，要实现开放的益贫性；在开放与不平等方面，要通过开放实现各民族福利水平基本同步增长，进而缩小收入差距。

绿色开放要求开放要有利于促进生态文明建设。特别是民族地区生态脆弱，大部分地区是全国的生态屏障和关键地区所在。因此，在开放中，要开展绿色贸易；在产业转移中确保环境质量的稳定和提升；在外资利用方面，确保绿色导向。

4. 走包容性绿色城镇化之路，实现民族地区空间结构的优化

“经济增长在空间上是不平衡的，在空间上均衡分配经济活动的意图只会阻碍经济的增长。”“而不平衡的经济增长和和谐性发展可以是并行不悖，相辅相成的”，这就要求“一方面促进生产活动的集中化，另一方面通过实行各种政策来使各地区人民生活水平(包括营养、教育、健康、卫生)平等化。”“要获得经济集中化和社会平等化这两个方面的效益，就需要采取有利于实现经济一体化的政策行动。”从区域发展角度看，此种发展

模式可被称为“集中均衡开发模式”。按照集中均衡开发模式重塑民族地区空间经济格局，就是要引导人口和经济活动向重点开发区域及区域性中心城镇集聚，而基本公共服务产品的供给大幅度向边远地区和贫困地区倾斜，显著增强民族地区基本公共服务产品供给能力，让各族人民享有均等的基本公共服务，共享经济社会发展成果。

如表 2.54 所示，引导人口和经济活动向重点开发区域集聚。按照国家和民族地区相关省(区)主体功能区的划分，民族地区既有国家层面的重点开发区，又有省级层面的重点开发区。在未来的发展中，应引导人口和经济活动向这些地区集聚。

表 2.54 民族八省区的重点开发区域

区域	国家级重点开发区域			省级重点开发区域		
	范围	面积/万 km^2	占省域比重/%	范围	面积/万 km^2	占省域比重/%
内蒙古自治区	呼包鄂地区 21 个旗县市区和 14 个其他重点开发的城镇	9.78	8.16	沿交通干线、沿主要河流的 18 个重点旗县市区和60个其他重点开发的城镇	5.91	4.94
广西壮族自治区	北部湾经济区	6.83	28.8	主要分布在西江经济带、桂西资源富集区等区域	6.83	28.8
贵州省	黔中地区	3.06	17.37	钟山—水城—盘州区域、兴义—兴仁区域和碧江—万山—松桃区域	1.33	7.56
云南省	滇中地区(27 个县市区和 12 个乡镇)	4.91	12.5	滇西、滇西北、滇西南、滇东南、滇东北，涉及 16 个县市区的城镇密集区和城镇发展区	3.66	9.3
西藏自治区	藏中南地区：包括拉萨—泽当城镇圈、雅鲁藏布江中上游城镇、尼洋河中下游城镇和青藏铁路沿线城镇	3.24	2.70	雅鲁藏布江中上游城镇带，尼洋河中下游城镇带，青藏铁路沿线城镇带	2.80	2.33
青海省	以西宁为中心的东部重点开发区域和以格尔木市、德令哈市为重心的柴达木重点开发区域	7.30	10.18	—	—	—
宁夏回族自治区	沿黄经济区(含宁东能源化工基地)	0.98	14.74	固原市原州区	0.05	0.74
新疆维吾尔自治区	天山北坡城市或城区以及县市城关镇和重要工业园区	6.53	3.92	内点状分布的承载绿洲经济发展的县市城关镇和重要工业园区	0.38	0.23

资料来源：作者根据各地区主体功能区规划整理。

深化城乡制度改革，促进要素和产业的集聚，加快推进民族地区城镇化步伐。城镇化对于统筹城乡区域发展、减少农村贫困、实现社会公平等具有十分重要的作用。民族地区正处于城镇化的加速发展时期。“十三五”时期，民族地区应加快土地、户籍、财税体制改革，为城镇化创造最大动力，主动适应相关省区城市及城镇体系的培育发展环境；以宜居、宜工、宜商为目标，推进区域中心城市建设，将有条件的地级城市培育为 50 万～100 万人口的大城市，将一批发展条件较好的县城培育为 20 万～50 万人口的中等城市，按照现代城市发展要求，把一批县城培育成产业支撑强、地域文化特色鲜明、人居环境良好的中小城市，支持有条件的中心镇加快发展，因地制宜发展一批特色鲜明的旅游镇、工业镇和商贸镇；大力推进农村人口向城镇转移。

通过生态移民和扶贫开发移民逐步实现人口的相对集中。经济活动空间演进的最核心特征是集聚，在原来处于低水平均衡状态的均质空间中出现增长极点，增长极点将发挥其强大的吸纳和辐射功能，由此形成城市和集镇。区域增长极的形成是产业聚集的结果。生态移民会引起人口的集聚。在民族地区，生态移民和扶贫开发移民为人口的相对集中提供了重要的契机。生态移民和扶贫开发移民不仅是人类活动有意识地从生态脆弱区域或不适居住区退出，从而保证自然界的再生产获得良好的条件，并通过自然界自身的代谢能力实现脆弱生态的重新修复，更是经济移民，是实现集中化发展战略重要前提，具有重要的经济意义。

大力调整产业结构，培育空间集中的产业支撑。延伸农牧业产业链，大力发展以农业资源为基础的加工工业；在资源型工业的发展中，特别注意资源型工业的深加工，加强与高校和科研单位的合作，建立工业园区(和飞地工业园区)；特别重视充分发挥旅游业的产业关联效应和乘数效应，提升产业集聚力。

2.6.4 民族地区的包容性绿色发展：确保经济机会均等分布

包容性绿色发展要确保人们能够平等地获得机会，提倡公平参与。包容性增长要求经济机会的均等分布，特别强调生产性就业。由此，必须更加重视民族地区教育、卫生健康等基础公共服务和经济基础设施的更全面、更惠及中低收入阶层和贫困人口的供给。

(1)进一步强化对基础教育的战略地位的认识。无论是学者，还是政府，都应对基础教育的重要战略地位有深入的阐述。但在实际中，个别地区由于基础教育作为公共产品的外部性和收益实现的长期性特征，以追求地区经济增长绩效和任期有限的个别地区政府，基础教育的重要战略地位往往体现于标语口号上，没有全部和部分落到实处。根据中国国情，强化基础教育重要战略地位的措施就是把党政一把手作为推进基础教育优先发展的第一责任人，把基础教育发展作为政府考核的重要的不可替代和具有否决权的指标，这样优先发展基础教育，才能做到规划优先、投入优先和资源配置优先。

切实增加教育投入，建成覆盖城乡的基本公共教育服务体系，逐步实现基本公共教育服务均等化，缩小城乡区域差距。近年来，民族地区教育投入虽有较大幅度增长，不过应该认识到有部分投入是弥补以前投入不足的补偿性投入，教育投入占经济总量的比例达到4%也仅是最近几年的事，如果按累计投入计算，教育投入依然很低。因此，必须进一步切实增加教育投入，形成以政府投入为主、多渠道筹措教育经费的机制，确保财政教育拨款增长高于财政经常性收入增长，确保按在校学生人数平均的教育费用逐年增长，确保教师工资和学生人均公用经费逐年增长，保证教育经费占地区生产总值的比例稳定在4%以上的水平。

加强教师队伍建设，促进教师资源的合理优化配置。民族地区特别是少数民族聚居的山区师资队伍数量不足，队伍不稳定，究其原因主要是地方财政投入相对不足，教师工资待遇相对偏低，工作环境、工作条件相对较差。政府应加大对这些地区师资队伍建设的财政投入力度，设立相关专项补助基金，提高教师的工资和福利待遇，设定农村教师工资稳定增长机制，使教师薪酬水平稳定高于城市或地区公务员平均薪酬水平，溢价(农村教师薪酬减城市或地区公务员平均薪酬的差）应该在 25%以上[1]（张雷和张茂聪，2010）；健全职称评定、学历提升等益于农村教师成长的长效激励机制[2]，解决教师自身的生存问题，让教师能够安心工作，甘愿扎根于民族地区；加大对教师素质培养的投入，提高教师学历层次，优化教师队伍结构。

加快发展民族教育事业。制订并有效实施民族地区教育发展的行动计划，加快民族地区寄宿制学校建设，逐步扩大寄宿制学生补助范围和补助标准。积极推进双语教学，建立多种类型的双语教育体制，加强双语师资建设，着力培养合格的“双语”“三语”师资人才，提高民族地区语文教师的业务水平。在少数民族聚居的山区的教育不能机械地按照全国统一教学大纲进行教学安排，应该强化政治、汉语、生活知识、法律常识和劳动技能的教学。以改变落后的生活习惯、提高村民生活技能为出发点，在偏远地区形成讲文明、重教育、懂法律的氛围。加强这些地区职业技术教育，在九年义务教育之后，再进行三年免费职业技能教育，从而提高各少数民族青少年的综合素质。

学校布局调整应充分考虑民族地区特殊的地理环境。随着人口增长和结构的变化，随着经济空间布局的调整和城乡统筹发展，确有必要对学校布局进行调整，但学校布局的调整必须考虑民族地区的实际，尤其是少数民族聚居区特殊的地理环境、文化习俗和经济状况，片面追求规模效应的撤点并校，不顾及这些地区山高路远、居住分散的现实，势必会增加孩子上学的成本和风险，最终影响基础教育的发展。实际上，像基础教育这样的公共服务，实现均等化供给是要服务对象接近公共服务设施，还是公共服务设施接近服务对象，是很值得决策者深入思考的问题。就民族地区基础教育空间布局而论，应该根据其特殊地理环境分散办学。

借鉴对口支援机制，全面实行对民族地区基础教育的对口援教机制。由于民族地区，特别是少数民族聚居的偏远地区和山区条件较为艰苦，经济基础薄弱，没有条件吸引人才，可以借鉴对口支援机制，实行一个地区对一个地区、一个学校对一个学校的对口援教机制，提升这些地区的基础教育水平。

（2）实施民族地区卫生发展十年行动计划，推进卫生事业发展。加强各级各类医疗卫生机构基础设施建设和基本设备配置，健全地（州、盟）、县（市）、乡（镇）、村四级医疗卫生服务体系，特别要加强基层医疗卫生机构的医疗服务能力建设，逐步配齐专业技术人员，完善机构运行成本补偿机制。全面实施国家基本公共卫生服务项目和重大公共卫生项目。

（3）创新扶贫开发机制，加快连片特困民族地区发展。连片特困民族地区的脱贫致富是全面建成小康社会的关键和难点所在。“十三五”时期，推进连片特困民族地区的扶贫开发，进一步转变思想观念，创新体制机制，最大限度地激发贫困地区和贫困群众的内生发展动力，着力搞好精准扶贫，明确时间进度，确保如期完成扶贫开发任务。

改革贫困县考核方式，健全奖励机制。建议对目前的贫困县制度进行再设计，建立贫困县的退出机制，设计一种正向激励机制，要激励贫困县早日脱贫，要把扶贫成效作为贫困县主要考核指标，建立约束和退出机制。这样，才能把贫困地区干部的主要精力引导到

① 在菲律宾，农村教师除享有基本工资外，还享有艰苦工作津贴。而俄罗斯一直实行农村教师工资待遇比城市教师高 25%的政策。

② 据作者的调查，民族地区现有的相关教师的激励制度，实际上导致了大量的优秀骨干教师流向县城或者经济发达地区。

扶贫开发上来。一种安排是对于持续脱贫的贫困县，自脱贫时起，连续三年中央和省级政府投资额不变，对于那些持续贫困的贫困县，分析原因，有的本可以脱贫而不愿脱贫的，在扶持力度上累退，逐年递减。

完善贫困识别机制，实施精准扶贫，进一步提高扶贫开发工作的针对性和有效性。贫困人口是一个动态概念，谁贫困，谁不贫困，哪个村贫困，哪个村不贫困？这些都会随着扶贫开发的进程和贫困标准的变化而变化。因此，新时期的扶贫开发，必须摸清底数，找准扶贫对象，对贫困村、贫困户建档立卡，逐村逐户制订帮扶措施，这样才能提高扶贫开发实效。

注重发挥市场机制作用，引导各类资源要素向贫困地区集聚。连片特困民族地区地理条件比较恶劣，经济发展水平低，交通与交易成本高，市场范围小且破碎，这使得这些地区既存在市场缺失，又存在市场不完善，还存在一般的市场失灵。因此，在发挥市场机制的作用时，政府除了要大力加强市场基础设施建设外，在培育市场主体、缓解市场信息不对称及市场微观规制等方面应有所作为。

健全引导企业、社会组织和个人参与扶贫的激励机制，用扶贫济困培育良好社会风尚，调动企业、个人以及社会各方面参与扶贫开发的积极性。配置资源除了市场和政府外，道德与伦理在资源配置中具有重要作用。企业、社会组织和个人都应有社会责任，关键是设计好制度，使得企业、社会组织和个人有动力参与扶贫济困，同时确保这些扶贫资源得到有效的利用。

扶贫开发要能可持续减贫，必须增强贫困人口的自我发展能力，而非简单被动地暂时改变其生活水平。要增强贫困人口的自我发展能力，必须调动贫困人口的积极性、主动性、创造性，充分挖掘贫困人口和贫困地区的资源潜力，提高他们获得经济机会和抓住经济机会的能力。为此，“十三五”时期应进一步加强职业教育培训和劳动力转移就业服务，推进村组道路硬化、饮水安全、危房改造、贫困村信息化工程建设，大力发展特色优势产业，扶贫项目的确立、扶贫资源的配置，要与贫困人口的自我发展能力和产业发展统筹考虑。

2.6.5 民族地区的包容性绿色发展：确保最低经济福利

这就要求民族地区大力加强社会保障制度建设，提高各类社会保障措施的覆盖面，尤其是要覆盖持久贫困人口和脆弱人群。同时，要特别把促进就业放在经济社会发展优先位置。

坚持广覆盖、保基本、多层次、可持续的方针，以社会保险、社会救助、社会福利为基础，以基本养老、基本医疗、最低生活保障制度为重点，以慈善事业、商业保险为补充，建立覆盖城乡居民的社会保障体系。

建立健全农村养老保险、医疗保险、最低生活保障等社会保障制度，推进城乡社会保障接轨并行，促进城乡公共服务便利共享。

实施积极的就业政策，把劳动者自主择业、市场调节就业与政府促进就业结合起来，多渠道推进城乡各类群体就业。大力发展劳动密集型产业、服务业、中小企业和个体私营经济，积极开发就业岗位，扩大就业规模，改善就业结构。完善就业扶持政策，建立健全面向所有困难群众的就业援助制度，营造有利于自主创业的社会环境。

2.6.6　民族地区的包容性绿色发展：确保环境质量的稳定和提升

包容性绿色发展意味着促进经济增长和发展时要确保自然资产继续提供人类赖以依存的资源和环境服务。绿色发展要求：①要将环境资源作为社会经济发展的内在要素；②要把实现经济、社会和环境的可持续发展作为绿色发展的目标；③要把经济活动过程和结果的“绿色化”“生态化”作为绿色发展的主要内容和途径。

1. 加大生态建设与保护力度，开创生态文明与扶贫开发新局面

民族地区的跨越式发展必须要有生态文明视角。首先要加大生态建设和保护的力度。根据国家和各省(自治区、直辖市)的主体功能区规划，设立以国家级自然保护区、国家级风景名胜区及国家森林公园为核心的生态安全保护区，划定生态红线，实行严格的保护政策。建立以珍稀动植物物种为重点的生物多样性保护区，建立和完善自然保护区网络。以中小河流域、大中型人工湖泊及山地、丘陵为重点，设立水源涵养保护区，从源头加强饮用水水源保护，强化重要水源涵养区的强制性保护和整治，加强水生态系统保护与恢复，实施严格的流域水污染综合防治。推进生态功能区规范化建设与管理，加强生态林、自然保护区和生物物种资源的保护，维护生物多样性和植物原生态，恢复和增强生态服务功能。

进一步协调生态资源承载力和人类活动的关系，统筹推进秦巴山区等生态林建设、水土流失综合治理，加强乌蒙山区等地区荒漠化、石漠化、水土流失综合治理及各类生态系统保护与建设，对桂、黔、滇等地区大面积水土流失进行综合治理并对需要异地搬迁的移民进行安置，加强西藏自治区及四省藏族聚居区水土流失治理和草地生态功能建设，防治草原鼠虫害、沙化、退化等，保护生物多样性。开展碳汇交易与扶贫开发相结合试点，建立森林生态服务市场，构建碳汇交易市场体系。

2. 大力发展绿色生态经济，实现增长—减贫—生态的“三赢”

根据民族地区的生态优势和在全国的生态地位，以稀缺的生态资源为基础，以市场需求为导向、以现代商业模式为载体、以社会资本为驱动力，大力发展绿色生态产业(生态农业、生态旅游业、生态工业)，使生态经济成为贫困人口增收的重要来源。

制订“绿色发展规划”，明确绿色发展的目标、步骤；根据“绿色发展规划”，制定、完善和修订相关政策，这些政策既要能够促进经济的快速持续增长，又要能够改善收入分配，增加穷人和低收入阶层的收入，同时抑制和抛弃资源与排放密集型的发展模式。好的、切合实际的绿色政策体系，通过三个渠道促进经济增长。①绿色政策有助于增加自然资本、物质资本和人力资本的数量：管理越好，土地生产力越大。良好管理的自然风险降低了因自然灾害产生的资本损失。环境越健康，工人越具有生产力。②绿色政策能够促进效率。例如，征收环境税，取消扭曲的补贴，为政府降低劳动力税或给绿色公共产品提供补贴创造了财政空间，如公共交通和或再生能源。③绿色政策刺激创新。研究部门设计良好的环境规制刺激企业进行创新，例如，增加 R&D 投资、发明专利等。④绿色政策也增加经济增长之外的福利所得。例如，通过创造工作机会和减贫，绿色政

策降低了不平等，增加对环境和经济冲击(如自然灾害或商品价格的剧烈波动)的弹性，绿色政策可以降低产出的波动性。

实施绿色工业化战略。民族地区的包容性绿色发展，涉及结构变迁、生产能力提升、高附加值的经济活动、传统农业的改造、经济多样化发展等，这就要求其走绿色工业化之路。到目前为止，世界上尚无一个经济体不走工业化之路就能达到发达状态的。工业化能提高生产能力、创造财富，工业化能减贫、创造工作岗位、交易商品和服务，提升生活水平，工业也能降低收入差距，工业能够吸收大规模且日益增加的劳动年龄人口，哪怕是非熟练、半熟练和受教育程度很低的劳动力。工业有很多社会经济方面的好处，但也是主要的环境问题产生的根源。如何才能协调工业的社会经济利益与环境成本呢？走绿色工业化之路是一个好的方法。一方面，是对传统产业进行绿色升级改造。加强资源节约、环境保护技术的研发和引进消化，对重点行业、重点企业、重点项目及重点工艺流程进行技术改造，提高资源生产效率，控制污染物和温室气体排放。另一方面是发展新兴的绿色工业。比如，节能产业、资源综合利用产业、新能源产业、环保产业(环境服务业、清洁技术、废物管理、咨询服务业)。另外，在扶贫项目选择上，重点扶持资源高效利用型共生生态农业、资源微观聚集型家庭生态农业、生态强制修复型以工代赈农业等扶贫项目。

3. 实施综合治理，保护生态环境

加大重点污染行业治理整顿力度，严格实施污染物达标排放，关闭限期排污不达标企业。积极推进企业间排污权有偿使用和市场交易试点。加快推进城镇和工业园区污水集中排放处理，强化污染物排放动态监控及污水处理厂的运营管理。加强矿山生态恢复治理，规范危险废物管理。加强重金属、大气污染防治。加大产业结构调整力度，强化传统产业升级改造，大力发展循环经济。统筹城镇生活垃圾处理及收集运输设施建设，开发推广适用的综合整治模式与技术，推进垃圾无害化、资源化处理。实施农村清洁工程，减少农村面源污染，推进城乡环境综合整治。加大环境监督执法力度，提高环境监测、监察水平。

4. 建立和完善生态与资源补偿政策，推动资源共享

(1)建立和完善生态补偿机制，加大重点生态功能区生态补偿力度，重点向贫困地区倾斜。在民族地区积极开展流域、矿产资源、森林和自然保护区四大生态补偿。综合采用政府补偿和市场补偿的途径和方式。政府补偿机制以财政转移支付、差异性的区域政策、生态保护项目(如沼气项目、清洁能源项目)实施和环境税费制度等为主要手段。市场补偿方式要积极探索实施清洁发展机制(clean development mechanism，CDM)项目、排污权交易、清洁认证产品加价销售等。

(2)提高探矿权、采矿权使用费征收标准和矿产资源补偿费率。建立矿业企业矿区环境治理和生态恢复的责任机制，将民族地区上缴的探矿权、采矿权使用费和价款全额返还地方，统筹用于矿产资源开发地区的生态治理恢复和发展。提高黑色金属、有色金属和其他非金属矿原矿资源税税额幅度上限。提高资源税税率，改从量计征为从价计征，向资源开发型企业收取一定的资源税用于民族地区的经济发展和生态恢复及重建。

5. 建立和完善适合民族地区的考核机制

民族地区发展阶段和其在全国的地位，决定了对这些地区地方政府的政绩考核，不宜把经济指标，特别是地区生产总值作为唯一甚至最重要的考核指标，要综合考核经济发展、民生改善、生态服务功能的提升等。相关主要的建议有以下方面。

(1) 从地区生产总值到地区国民收入。地区生产总值是地理概念，强调在某个地区内的经济活动获得的增加值。而地区国民收入是一个经济概念，强调一个地区的居民从事的经济活动创造的经济价值，而不管是在哪个地区创造的。民族地区特别是其连片特困地区和农村地区，常住人口小于户籍人口，特别是劳动力人口在区域外从事经济活动，其获得收入后，一部分汇回，另一部分在工作地消费等。而现在考核地区经济发展的最重要指标——地区生产总值，只计算区域内经济活动的价值，没有包括在区域外工作、户口在这些区域的劳动者创造的收入。还有一个重要方面是，民族地区由于环境、技术和市场的限制，不能大规模发展工业，而选择在区域外的地区建立工业园，如阿坝州在成都市建立的“成都-阿坝工业园”，如按地区生产总值核算，是不能算在阿坝州的经济总量中的。因此，建议启用地区国民收入作为一个区域经济总量的核算单位，能够更全面和准确地核算一个地区居民所创造的价值，也可对地方政府产生激励作用。

(2) 从长期看，从地区生产总值到生态系统生产总值。民族地区生态功能特别重要，在核算中，要充分考虑这些地区的生态服务价值。党的十八大明确提出要把资源、环境、生态纳入经济社会发展评价体系。因此，从长远考虑，应建立一套与地区生产总值相对应的、能够衡量生态产品价值的统计与核算体系。由世界自然保护联盟 IUCN 提出的生态系统生产总值，旨在建立一套与地区生产总值相对应的、能够衡量生态产品价值的统计与核算体系，主要指标是生态供给价值、生态调节价值、生态文化价值和生态支持价值①。

另外，尚需进一步研究如何构建包容性绿色发展核算体系。初步想法是设计一个广义地区生产总值指标，不仅包括经济活动，而且把贫困的减缓、环境的改善、不平等的下降折算成产值，计入地区生产总值中。

2.6.7　包容性绿色发展制度支撑：构建与完善包容性制度

要实现包容性绿色发展，必须要有激励相容的包容性制度安排作为支撑。包容性制度有几个基本要素：首先是经济自由，要让市场在资源配置中起决定性作用；其次要明确界定和保护产权；最后就是要有公平竞争的法治环境。激励相容的制度是需要通过深化体制改革才能建立起来的。全面深化体制改革包括经济体制、政治体制、文化体制、社会体制、生态文明体制和党的建设制度改革，重点是经济体制改革，就是要处理好政府和市场之间的关系，坚持市场在资源配置中起决定性作用，更好地发挥政府作用。同发达地区比较，民族地区可能同时存在着市场不完全、市场不完善和市场失灵。因此，要特别加强政府在

① 中国首个生态系统生产总值机制于 2013 年 2 月 25 日在内蒙古库布齐沙漠实施，以该项目为例，如果沿用地区生产总值核算，亿利集团 20 年让 5000 多 km^2 的沙漠变成了绿洲的总投入达到了 100 多亿元，但它的产出只有 3.2 亿元，但是如果用生态系统生产总值来核算，包括大气调节、土地涵养等多种功能，它的总价值达到了 305.91 亿元。

民族地区发展中的作用。

(1)加法：贯彻好、落实好民族区域自治制度，充分发挥民族区域自治制度在区域发展中所体现的“自治红利”。执行好已有的与民族地区相关的发展的政策措施，因地制宜，分类指导，有针对性地出台新的政策，进一步提高政策的精细化水平。推动相关制度改革和建立，如中共十八届三中全会决议中提出的与资源相关的制度、生态补偿的制度。加快公共产品的均衡供给，加强市场监管和公共服务的职责。

(2)减法：建立权力清单制度，切实减少行政审批，大幅度降低行政审批的成本，缩短行政审批的时间，提高行政审批的效率。

(3)乘法：特殊的禀赋条件造成民族地区市场缺失，需要重构体系完整、机制健全、统一开放、竞争有序的现代市场体系。加强市场基础设施(特别是产权制度)建设，既包括硬件建设，更包括软件基础设施的建设，放宽投资准入标准，构建普惠市场，激发市场主体活力，发挥市场与社会力量的乘数效应。扩大内陆沿边开放，加快内陆和沿边地区自由贸易区建设。

(4)除法：一方面，强化市场理念，要破除阻碍经济发展的一些陈旧理念，“移风易俗”；另一方面，政府部门要切实转变作风，建设法治政府和服务型政府。

2.6.8 包容性绿色发展安全保障：确保社会稳定与长治久安

民主改革以来，特别是改革开放以来，民族地区政治、经济、社会各个方面都取得了显著的进步。目前，民族地区经济发展、政治稳定、民族团结、社会进步，总体形势很好。但也要看到，民族地区仍面临着错综复杂的国内外环境，影响社会稳定的因素依然存在。

要实现民族地区社会稳定和长治久安，本书认为要以提高中华民族的凝聚力为出发点，加快民族地区和其他地区的经济一体化进程，形成各地区基于经济、政治利益的共同体。从战略角度看，要必须毫不动摇地坚持以经济建设为中心，抓住“机遇”，实现“跨越式”发展，提升民族地区的整体经济实力，富民升位；强化国家意识，强化公民意识。深化各民族对中华民族、中华文化的认同感和向心力；加强民族地区战略性基础设施建设；加强各级党组织建设；加强各级政权建设。由此巩固从事“稳定工作的队伍”的稳定和领导力量的强大、有效；坚持稳定的国家意志，依法治国；坚持国家统一、民族团结，打击民族分裂势力；坚持民族平等、全体人民共同富裕、共同繁荣，消除两极分化；坚持政教分离，打击宗教极端主义和恐怖势力(可概括为：一个中心；两个强化；三个加强；四个坚持)。从战略选择看，我们认为要实现民族地区的长治久安，必须加快民族地区的经济发展进程，实现民族地区和其他地区的经济一体化，建立起实现长治久安的强大的经济基础；加大稳定投入，提高稳定投入的效率，构建维持稳定的资金支持体系；建立以基层政权为基础的强力支持系统；建立以提高区域教育能力为基础的智力支持系统；建立以社会保障为主体的社会支持系统。

2.7　案例研究：西藏自治区拉萨市共享式发展的实践

作为西藏自治区的首府拉萨市，地处雅鲁藏布江支流拉萨河中游河谷平原，总面积 2.96 万 km^2，全市下辖城关区、林周县、当雄县、尼木县、曲水县、堆龙德庆县(于 2015 年 10 月县改区)、达孜县(于 2017 年 7 月县改区)、墨竹工卡县 8 个县(区)及拉萨国家级经济技术开发区、柳梧新区，48 个乡、9 个镇、8 个街道办事处，224 个行政村、43 个社区。截至 2015 年底，拉萨市总人口 90.25 万人。

作为全区政治、经济、文化中心，拉萨是藏传佛教的“圣城”，是历史文化的“名城”，是青藏高原的“净城”，是改革开放的“新城”和藏族聚居区稳定的“要城”。如何充分发挥首府城市首位度作用，如何实现共享式发展，为全区乃至整个藏族聚居区探索出一条可供借鉴的发展道路，这是一个重大课题。近年来，拉萨市全面贯彻落实党的十八大以及十八届三中全会、四中全会、五中全会和中央第六次西藏工作座谈会精神，“坚持共享发展，共建幸福拉萨”，通过共享式的发展，拉萨呈现出生态环境保持良好、经济发展蒸蒸日上、社会局势和谐稳定、文化事业欣欣向荣、人民生活幸福安康的喜人局面。拉萨共享式发展的实践，为边疆民族地区实现共享式发展提供了典型和示范。

2.7.1　共享发展：概念内涵与框架

党的十八届五中全会提出“共享发展”的发展理念，强调必须坚持发展为了人民、发展依靠人民、发展成果由人民共享，做出更有效的制度安排，使全体人民在共建共享发展中有更多获得感，增强发展动力，增进人民团结，朝着全体人民共同富裕方向稳步前进，实现全体人民共同迈向全面建成小康社会，即党的十八届五中全会提出“按照人人参与、人人尽力、人人享有的要求，坚守底线、突出重点、完善制度、引导预期，注重机会公平，着力保障基本民生。”

发展成果由各族人民共享，是包容性绿色发展的支柱之一。共享发展的本质是发展的包容、公平和普惠。它进一步明确了发展与人民两者间关系的基调，再次强调增进人民福祉、促进人的全面发展，是发展的出发点和落脚点。根据党的十八届五中全会公报，共享发展内容丰富，可概括为如下几个方面(图 2.66)。

(1)增加公共服务供给。从解决人民最关心、最直接、最现实的利益问题入手，提高公共服务共建能力和共享水平，加大对革命老区、民族地区、边疆地区、贫困地区的转移支付。

(2)实施脱贫攻坚工程。实施精准扶贫、精准脱贫，分类扶持贫困家庭，探索对贫困人口实行资产收益扶持制度，建立健全农村留守儿童和妇女、老人关爱服务体系。

(3)提高教育质量。推动义务教育均衡发展，普及高中阶段教育，逐步分类推进中等职业教育免除学杂费，率先对建档立卡的家庭经济困难学生实施普通高中免除学杂费，实现家庭经济困难学生资助全覆盖。

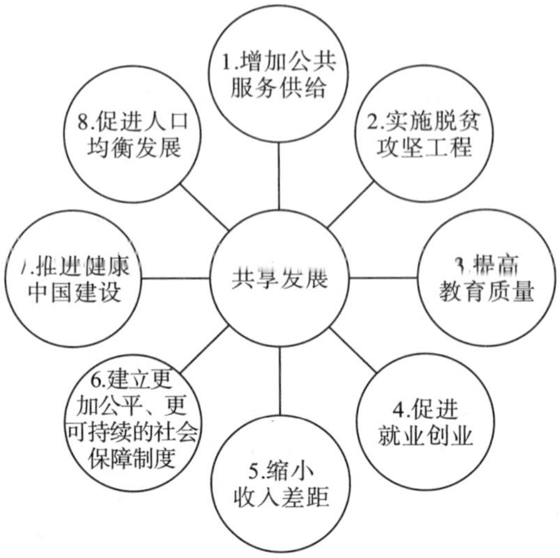

图 2.66 共享发展：框架

资料来源：作者整理绘制。

(4) 促进就业创业。坚持就业优先战略，实施更加积极的就业政策，完善创业扶持政策，加强对灵活就业、新就业形态的支持，提高技术工人待遇。

(5) 缩小收入差距。坚持居民收入增长和经济增长同步、劳动报酬提高和劳动生产率提高同步，健全科学的工资水平决定机制、正常增长机制、支付保障机制，完善最低工资增长机制，完善市场评价要素贡献并按贡献分配的机制。

(6) 建立更加公平、更可持续的社会保障制度。实施全民参保计划，实现职工基础养老金全国统筹，划转部分国有资本充实社保基金，全面实施城乡居民大病保险制度。

(7) 推进健康中国建设。深化医药卫生体制改革，理顺药品价格，实行医疗、医保、医药联动，建立覆盖城乡的基本医疗卫生制度和现代医院管理制度，实施食品安全战略。

(8) 促进人口均衡发展。

2.7.2 拉萨共享式发展的实践

近年来，特别是 2011 年以来，拉萨市坚持以协调推进“四个全面”战略布局为统领，坚持治国必治边、治边先稳藏的重要战略思想，坚持依法治藏、富民兴藏、长期建藏、凝聚人心、夯实基础的重要原则，以共享理念为指引，大力实施党建统市战略，夯实共享式基础；大力实施环境立市战略，共建共享美丽拉萨；大力实施文化兴市战略，共建共享文明拉萨；大力实施产业强市战略，共建共享富裕拉萨；大力实施民生安市战略，共建共享和谐拉萨；大力实施依法治市战略[①]，共建共享法治拉萨，共享式发展的实践取得了较好的效果，发展呈现出共享、公平的特征。

(1) 增加公共服务供给。2015 年，中国社会科学院发布的《公共服务蓝皮书》基本公

① 《齐扎拉在拉萨市共享式发展学术研讨会的主旨演讲》，拉萨晚报，2016 年 01 月 15 日。

共服务满意度结果显示，拉萨市位列国内 38 个主要城市之首，公共服务总体满意度排名连续四年排名第一；公共安全、公共交通、社保就业、城市环境、基础教育、医疗卫生、文化体育、公职服务 8 项指标排名第一，其中公共安全连续五年第一，公共交通、社保就业、城市环境指标连续四年排名第一。各项指标得分值比 2014 年均有增长，特别是公共安全、城市环境得分值增幅明显。在几项指标中，城市环境满意度得分最高，为 84.69 分。

(2)脱贫攻坚：贫困人口全部脱贫。“十二五”时期，拉萨市创新扶贫机制、加大扶贫力度，实施精准扶贫，贫困人口逐年减少。“十二五”期间，拉萨市共投资 10.4 亿元，实施 818 项扶贫开发项目，完成投资任务的 163%，是减少贫困人口最多、农牧区面貌变化最大、贫困群众增收最快的时期。农村居民人均可支配收入由 2010 年的 5003 元增至 2015 年的 10646.7 元，年均增长 16.3%，贫困人口可支配收入增幅高于全市农牧民平均水平，共实现 7.9 万名贫困人口脱贫，贫困人口减少到 5.5 万人，贫困发生率下降到 17.4%，为全面建成小康社会奠定了坚实的基础。

“十三五”时期，拉萨市按照“三年脱贫、两年巩固”的奋斗目标，践行“精准扶贫、精准脱贫”理念，以发展旅游文化和净土健康产业为扶贫主导产业，以“以业育人、以业安人、以业管人、以业富人”四业工程为主要抓手、以教育扶贫为基础工作，进一步改革创新扶贫工作体制机制，加快转变扶贫开发方式，着力构筑“五位一体”大扶贫格局，实现贫困人口全部脱贫。

(3)提高教育质量，加快教育均衡发展。党的十八届五中全会提出，“提高教育质量，推动义务教育均衡发展”。近年来，拉萨市大幅增加教育投入，改善城乡办学条件，加快教育均衡发展。明确“市办职高和高中、县办初中和小学、乡办小学和学前班”的集中办学思路，全面落实包吃、包住、包学费的“三包”政策从幼儿园到高中 15 年全覆盖，逐步提高补助标准，确保让每一名农牧民子女都能上得起学、上得好学。2001 年，拉萨市教育支出为 1.56 亿元，占当年地区生产总值的 2.85%，2014 年全市教育支出为 24.11 亿元，占当年地区生产总值的 6.94%(图 2.67)。按名义值计算，2001～2014 年，拉萨市地区生产总值增长了 532.97%，而教育支出增长了 1443.24%。2012 年初，拉萨市出台了 1 号文件《关于加快教育改革和发展的意见》。2014 年 3 月，拉萨市委、市政府又出台了 2 号文件《拉萨市振兴教育教学质量三年行动计划》，明确提出把全面提升教育教学质量作为教育系统中心工作，着力将拉萨打造成全区乃至西部民族地区教育高地。

教育投入的增加促进了“就学机会公平”“就读优质学校机会公平”。从纵向看，无论是西藏自治区、拉萨市还是拉萨市内部各区县的教育基尼系数均呈现出不断下降的态势，说明西藏自治区、拉萨市及拉萨市内部各区县的教育公平程度都有所提高(图 2.68)。

(4)促进就业创业，坚持就业优先战略。拉萨市始终坚持就业第一，不断增加社会保障与就业投入，为保障农牧民、城镇居民就业及弱势群体的基本生存权利提供了基础。2014 年，拉萨市社会保障与就业支出达 8.38 亿元，占当年财政总支出的 4.94%，支出总额是 2001 年的 23 倍(图 2.69)。从经济发展与就业增长看，拉萨市快速的经济增长促进了就业的增长，据估计，2006～2014 年，拉萨市从业人员的年均增长率为 7.4%，地区生产总值年均增长率为 17%，就业弹性系数为 0.43，2014 年拉萨市就业弹性系数为 0.48。分阶段比较，1960～2014 年的就业弹性系数为 0.25，2001～2014 年为 0.35①，可以看出，2006 年以后地区生产总值的增长对就业的带动作用更强。

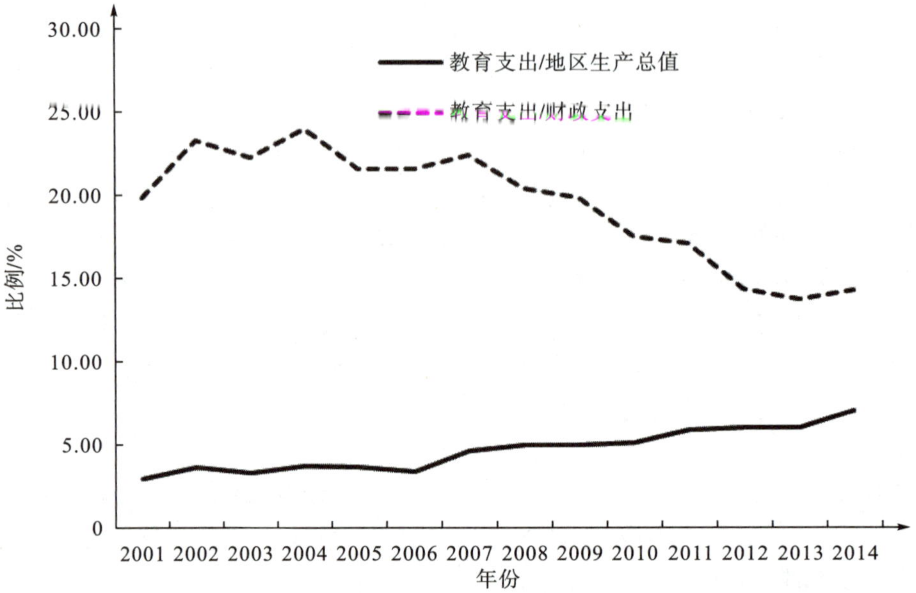

图 2.67 2001～2014 年拉萨市教育支出占地区生产总值和财政支出的比例

资料来源：《拉萨统计年鉴》(各年)。

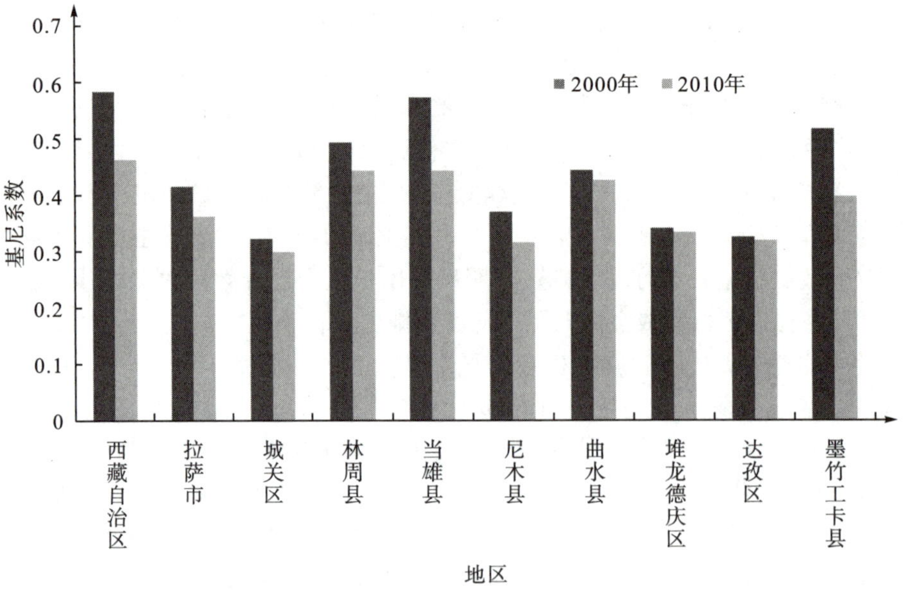

图 2.68 西藏自治区和拉萨市及拉萨各县域教育基尼系数

资料来源：拉萨市共享式发展学术研讨会资料。

① 拉萨市共享式发展学术研讨会资料。

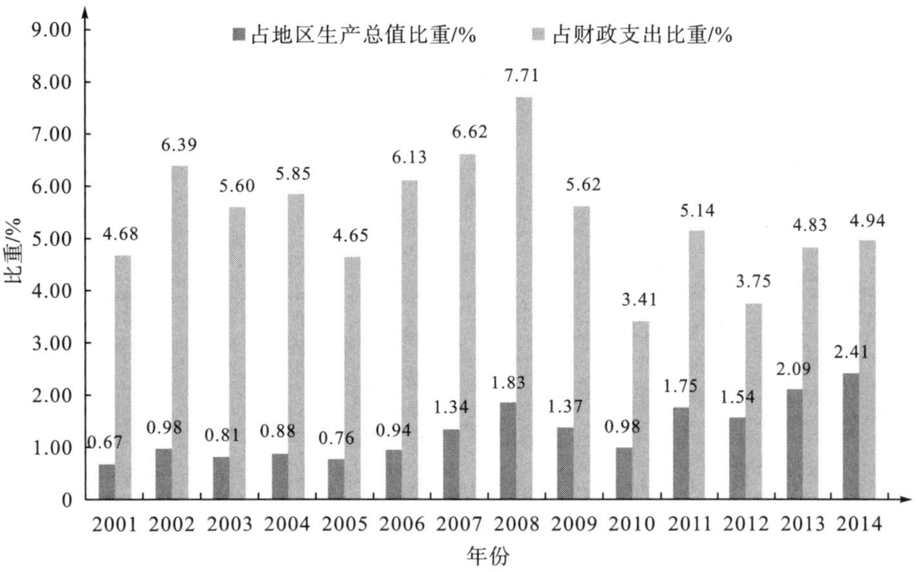

图 2.69　拉萨市社会保障与就业支出占地区生产总值和财政支出比重的变化

资料来源：《拉萨市统计年鉴》（各年）。

近年来，拉萨市深入实施以业育人、以业安人、以业管人、以业富人的“四业工程”，2015 年新增就业 1.5 万多人，农牧区劳动力转移就业 19.78 万人次，实现劳务收入 5.5 亿元，动态消除“零就业”家庭，城镇登记失业率控制在 2.2%以内。“十三五”期间，拉萨市将按照“就业第一”的要求，实施更加积极的就业措施；按照“大众创业、万众创新”的要求，大力推行创业带动就业，创建国家级创业型城市。2010～2014 年，拉萨城镇登记失业率分别为 3.98%、2.8%、2.6%、2.2%和 2.2%(王晓莉，2015)。

(5)缩小收入差距。近年来，拉萨市一方面通过外部援助和内部自身努力，大力发展经济，同时特别注重经济发展的益贫性和对改善收入分配的效应。通过益贫式经济发展，直接创造就业岗位，提供就业机会，增加城乡居民特别是农牧民收入，使拉萨市城乡居民收入差距呈现出不断缩小的态势。1991 年拉萨市城乡居民收入差距基尼系数为 0.47，2014 年下降至 0.29，比 1991 年低 0.18(图 2.70)。据统计，2015 年农村居民人均可支配收入达到 10736 元，较 2014 年增长 16%，高出全区平均水平 2421 元；城镇居民人均可支配收入达到 26096 元，增长 13%；城乡收入比从 2014 年的 2.49∶1 下降到 2015 年的 2.43∶1，远低于全区的 3.06∶1，实现了农村居民收入增速快于经济增速和城乡收入差距持续缩小“两个同步”。

(6)推进健康中国建设：发展净土健康产业。近年来，拉萨市大力发展卫生事业，不断加大卫生投入(图 2.71)，医疗卫生水平不断提高。2014 年医疗卫生支出为 4.69 亿元，占地方财政支出的比重为 4.94%。从绝对额看，2014 年医疗卫生支出是 2001 年的 7.50 倍，比 2001 年多出 4.07 亿元。

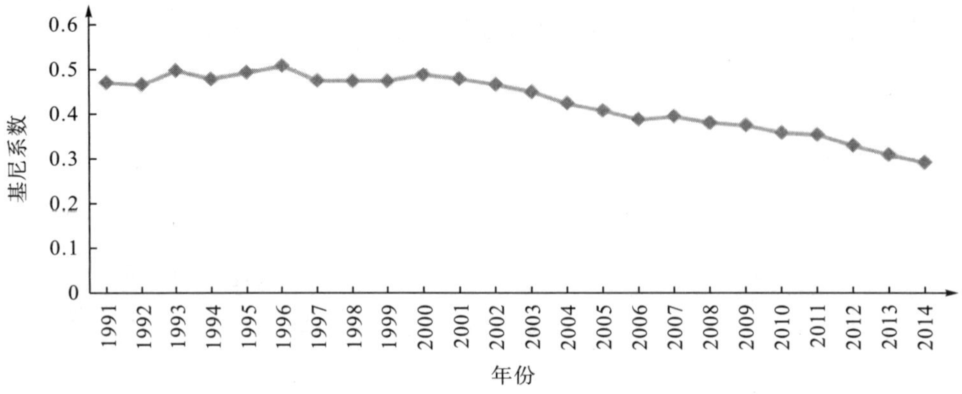

图 2.70 1991～2014 年拉萨市城乡居民收入差距基尼系数

资料来源：拉萨市共享式发展学术研讨会资料。

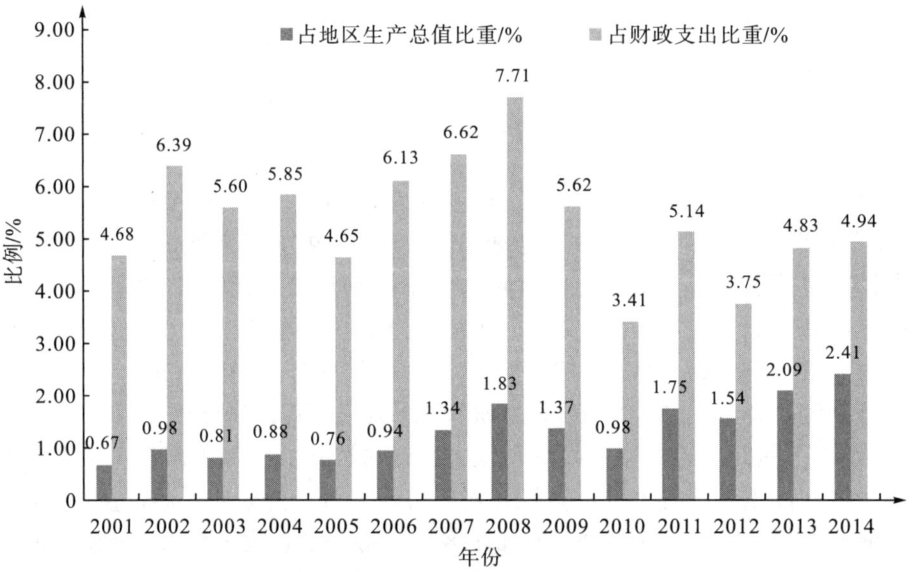

图 2.71 拉萨市医疗卫生支出占地区生产总值和财政支出比例的变化

资料来源：《拉萨市统计年鉴》(2015 年)。

拉萨市对健康中国建设的贡献还在于：拉萨市是青藏高原的“净城”，拥有目前全球最大的一块有机或无污染或污染少的草地、耕地。依托水、土壤、空气、人文环境“四不污染”这一优势，结合高原产品纯天然、品质高、营养丰的特点，大力发展净土健康产业。净土健康产业就是以青藏高原纯天然环境和无污染草原、耕地、水土为条件，以提高高原生态环境服务生命的效能和价值为核心，以推进高原有机农牧业生产为基础，以开发高原有机健康食品、高原有机生命产品、休闲养生旅游和清洁能源等为主体，以先进技术改造和提升传统产业为重点，以聚合多种独特资源，实现产业升级和效益倍增为目标的地域型、复合型产业(刘艳涛，2014)。目前拉萨市正高位推进净土健康产业的发展。

(7) 建立更加公平、更可持续的社会保障制度。社会保障，关系着国计民生，是社会稳定的基石。近年来，拉萨市在实施五大社会保险的基础上，全面推行了新型农村社会养老保险、城镇居民养老保险、寺庙僧尼养老保险和医疗保险，截至2014年覆盖率超过95%。人人享有医保，职工、居民医保支付率分别达到92%、71%，有效地缓解了医疗费个人负担重的问题。养老保险支付比例多次调整，人均养老金达到2796.6元，拉萨市所有寺庙全部纳入自治区现行城镇居民社会养老保险覆盖范围，参保率达到99%。铁路专职护路人员、被征地农牧民、半脱产兽医和半脱产教师等群体纳入了养老保险范围。工伤保险从国有企业范围扩展到非参公事业单位职工、矿山、建筑等高危行业及个体工商户。截至2014年，社会保险参保人数达到39.49万人，社会保障体系多元化覆盖。“五保”(保吃、保穿、保医、保住、保葬)老人集中供养率达到76%以上，孤残儿童集中供养工作扎实推进[①]。

(8)促进人口均衡发展。2000年人口普查，拉萨市人口占西藏自治区总人口的18.14%，2010年人口普查时该比例为18.63%，人口集聚能力进一步提升。2000年以来，拉萨市人口发展比较均衡，人口年龄结构中老年人口比重增加，少年儿童比重下降，人口性别结构基本平衡，人口素质提高较快(表2.55)；平均受教育年限上升幅度较大，文盲率大幅度下降，特别需要说明的是人口受教育程度的性别差异大幅缩小(表2.56)。人口的地区分布方面城关区人口集聚能力在加强，人口城镇化水平在提高(图2.72)。

表2.55 西藏自治区和拉萨市人口结构变化

地区	2000年						2010年					
	年龄结构/%			总人口性别比(男/女×100%)	教育		年龄结构/%			总人口性别比(男/女×100%)	教育	
	0~14岁	15~64岁	65岁及以上		平均受教育年限/年	文盲率/%	0~14岁	15~64岁	65岁及以上		平均受教育年限/年	文盲率/%
西藏自治区	31.19	64.06	4.75	102.67	3.43	47.25	24.37	70.53	5.09	105.70	5.25	32.29
拉萨市	24.66	71.32	4.03	104.48	5.65	26.2	17.54	77.76	4.70	105.68	7.50	20.07
城关区	17.29	79.98	2.73	110.38	7.55	16.8	10.57	85.94	3.49	107.18	9.18	12.39
林周县	31.26	62.79	5.96	97.49	3.43	45.64	24.51	68.05	7.44	100.06	4.73	38.22
当雄县	35.40	59.07	5.53	98.42	2.76	43.08	30.76	63.67	5.56	101.49	4.61	36.58
尼木县	29.25	65.66	5.10	96.79	4.34	26.07	24.97	68.46	6.57	102.95	5.86	20.15
曲水县	27.29	67.89	4.82	99.13	4.29	33.61	21.82	72.17	6.01	104.02	5.52	34.43
堆龙德庆区	27.95	67.33	4.72	101.22	4.87	23.43	19.91	75.21	4.88	109.30	6.62	19.30
达孜区	30.33	65.01	4.66	101.72	4.73	26.12	23.31	71.47	5.23	106.21	6.29	18.90
墨竹工卡县	35.13	59.92	4.95	102.37	3.29	48.06	25.49	68.85	5.65	105.78	5.25	31.91

资料来源：《2000年全国人口普查分县资料》《中国2010年人口普查分县资料》。

① 《拉萨市社会经济总体发展情况介绍》(2014-08-13)，国务院新闻办公室网站，www.scio.gov.cn.

表 2.56　西藏自治区和拉萨市人口受教育程度性别差异

地区	2000 年		2010 年	
	平均受教育年限(女/男)	文盲率(男/女)	平均受教育年限(女/男)	文盲率(男/女)
西藏自治区	0.65	0.57	0.78	0.59
拉萨市	0.78	0.49	0.86	0.55
城关区	0.83	0.45	0.91	0.57
林周县	0.64	0.49	0.68	0.52
当雄县	0.72	0.53	0.77	0.66
尼木县	0.75	0.56	0.82	0.50
曲水县	0.75	0.57	0.76	0.58
堆龙德庆区	0.83	0.58	0.82	0.49
达孜区	0.84	0.56	0.89	0.55
墨竹工卡县	0.63	0.51	0.74	0.51

资料来源：《2000 年全国人口普查分县资料》《中国 2010 年人口普查分县资料》。

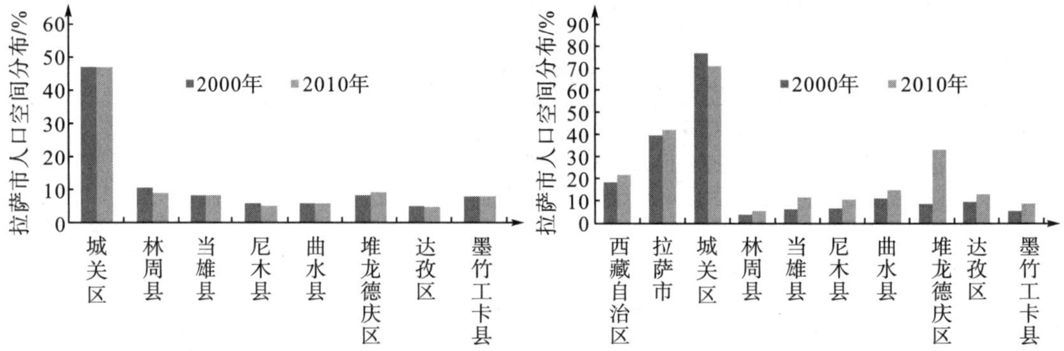

(a)地区（一）　　(b)地区（二）

图 2.72　拉萨市人口分布

资料来源：《2000 年全国人口普查分县资料》《中国 2010 年人口普查分县资料》。

2.7.3　包容性绿色发展：拉萨模式

近年来，拉萨市以“共享式发展”为主题，形成了共享式发展的“拉萨模式”，这对于边疆民族地区如何实现共享式发展，有重要的启示和示范效应。

1. 拉萨市坚持共享发展、共建幸福拉萨的重大意义

拉萨作为西藏自治区的首府，在探索如何充分发挥首府城市首位度作用中，坚持共享式发展具有重要的战略意义。①共享式发展是贯彻中央理念的新要求。共享式发展是人类的美好愿望，更是中国特色社会主义的本质要求。党的十八届五中全会明确提出要实现“共享发展”，强调“必须坚持发展为了人民、发展依靠人民、发展成果由人民共享”“使全体人民在共享发展中有更多获得感”。在贯彻中央“共享发展”理念方面，拉萨市走在

了全国的前列。②共享式发展是实现治边稳藏的新路径。“治国必治边，治边先稳藏”，稳藏首先要使西藏自治区各族人民有更多获得感，这就必须坚持共享发展。③共享式发展是建设幸福拉萨的新探索。当前，拉萨市正处于重要的发展机遇期。但由于其发展起步较晚、基础薄弱，经济社会发展水平仍然远远落后于内地省市。加快美丽家园幸福拉萨建设，必须坚持走共享式发展道路，就是要以经济可持续发展和社会稳定和谐为基础，以机会共享为核心，以参与共享为动力，以规则共享为保障，以成果共享为目标，推进经济、政治、文化、社会、生态全面协调可持续发展[①]。

2. 共享发展“拉萨模式”的经验启示

在经济社会发展的新时期、新常态下，如何使经济增长与发展过程更加公平，使人民共享改革发展稳定成果，是政策制定者和理论研究者关注的焦点。拉萨市积极实践共享式发展，为边疆民族地区实现共享式发展提供了典型和示范，具有重要的启示。

(1) 实现共享式发展要有正确的与本地禀赋和发展阶段相切合的发展战略。近年来，面对错综复杂的国际国内形势和艰巨繁重的改革发展稳定任务，拉萨市紧紧围绕协调推进“四个全面”战略布局，主动认识新常态、适应新常态、引领新常态，充分发挥首府城市首位度作用，积极探索共享式发展，深入实施党建统市、环境立市、文化兴市、产业强市、民生安市、依法治市“六大战略”，以精准扶贫为重点，以特色产业为依托，以改革发展为动力，促进规则共享和机会公平，创造条件让农牧民参与经济发展，这有利于维护拉萨长治久安，有利于增强拉萨自我发展能力，有利于推进拉萨可持续发展，实现同全国一道全面建成小康社会的宏伟目标。

(2) 共享式发展各要素间相互影响、相互作用。拉萨市把共享式发展的内容概括为规则共享、机会共享、参与共享和成果共享四个方面。其中，规则共享是保障，机会共享是核心，参与共享是动力，成果共享是目的。

保证规则及制度的公平是共享式发展的制度基础，而竞争过程中对相关规则和制度的有效执行是共享式发展的体现和保障，亦是实现共享式发展的重要因素。规则共享的核心是规则公平，规则公平是社会运行的基本法则，它的着眼点是制度公平。推进规则共享就是要通过打破垄断、放松管制、优化机制等措施减少社会排斥，使广大人民群众拥有公平、共享的制度规则和发展环境。为此拉萨市建立了投入、政策和民主法治三种规则共享推进机制，通过加大财政投入，保障教育权利共享、就业权利共享、医疗权利共享；通过完善制度政策，确保公平共享，包括完善行业规则，推进国有经济和非公有制经济改革；通过推进户籍制度、社会管理体制和相关制度改革，推进城乡之间规则公平与共享。加强立法工作，健全共享的法制基础，如抓准西藏自治区工作的着眼点和着力点，创新突破民族团结进步的综合立法，围绕生态环境保护，强化法制保障的力度；维护信仰自由，积极设计制度引导宗教与社会主义相适应。这些措施的实施，使得拉萨市规则共享取得了显著实效。

机会共享的核心是公平。机会公平是指社会中的每一个人，不论其家庭背景、自然禀赋、特定环境如何，都有同等的参与机会、被挑选机会、获得的机会等，任何人都不丧失

① 《齐扎拉在拉萨市共享式发展学术研讨会的主旨演讲》，拉萨晚报，[2016-01-15]。

或多得某种生存和发展机会。其主要表现为社会成员平等地获得政治参与、投资创业、资源利用、职务升迁、接受教育和培训、医疗健康、劳动就业、获得信息、文化活动等方面的机会。拉萨市在实践中，总结出机会共享的核心内容和实现路径，提出机会供给是机会共享的前提，机会配置是机会共享的关键，机会公平是机会共享的核心，机会保障是机会共享的要求。外部支援和自身发展相结合，极大地促进了拉萨经济的快速发展和产业结构的升级(图 2.73 和图 2.74)，为农牧民和城镇居民共享发展成果创造了机会。在实践中，拉萨市把机会区分为开放机会和封闭机会，并分别由市场和政府配置。开放机会主要通过市场机制配置，是在开放的市场上通过公开竞争获得的，任何人都可以凭借自己把握机会的能力抓住这一机会提高自己的效用水平。封闭机会是由政府供给与影响的机会，封闭机会可以进一步区分为限制机会与专用机会。其中，限制机会指的是政府干预的机会，专用机会指的则是政府为特定群体配置的机会，典型的例子如拉萨的大学毕业生，在“直通车模式”下，他们毕业后将得到就业的机会。在推进机会共享方面，拉萨市采取有力措施，积极推进教育机会共享、促进就业机会共享、推进医疗机会共享。在机会保障方面，政策着重关注弱势群体和贫困地区，给予其更加优惠的条件和更多的发展机遇。其具体表现为三个倾斜：①向农牧民倾斜；②向农牧区倾斜；③向弱势群体倾斜。

“参与”是共享的基础，共享是“参与”的目标。使广大农牧民参与西藏自治区共享式发展的过程，是西藏自治区共享式发展的重要内容和必然要求。为此，拉萨市提出了参与共享战略实现的三个核心支柱：①最大化经济机会，核心是就业；②确保公平获取经济机会，其核心是提升就业者的能力，或者把握机会的能力；③确保最低经济福利，其核心是构成社会保护体系，如为老弱病残等缺少劳动能力的人提供支持，为社会提供应对外部风险的措施(图 2.75)。

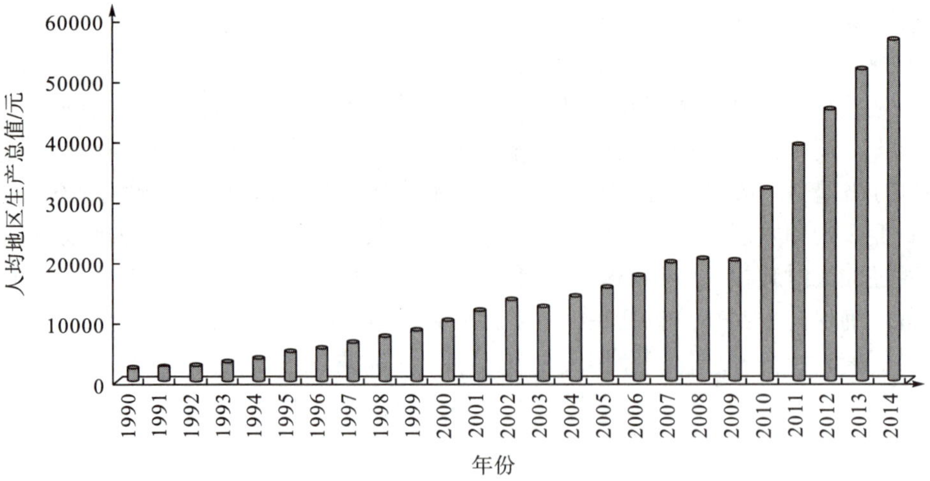

图 2.73　拉萨市人均地区生产总值的变化

资料来源：《拉萨市统计年鉴》(2015 年)。

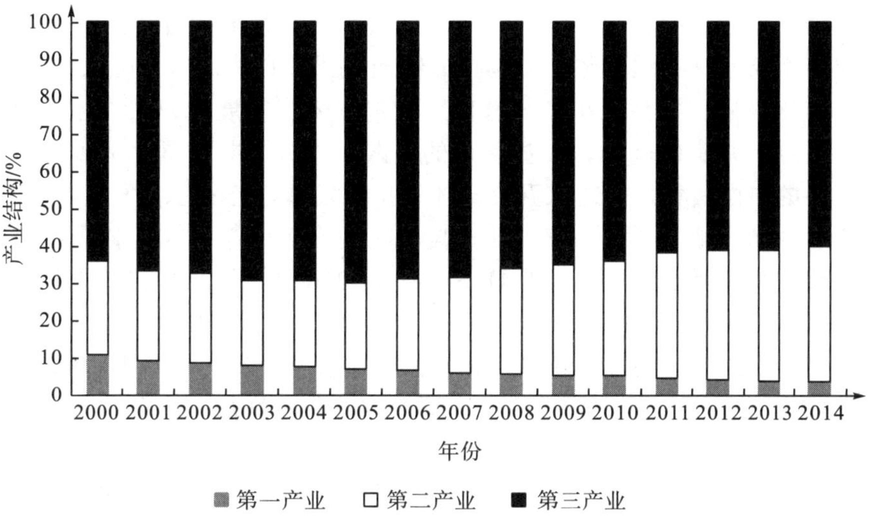

图 2.74　拉萨市地区生产总值的结构变化

资料来源：《拉萨市统计年鉴》(2015 年)。

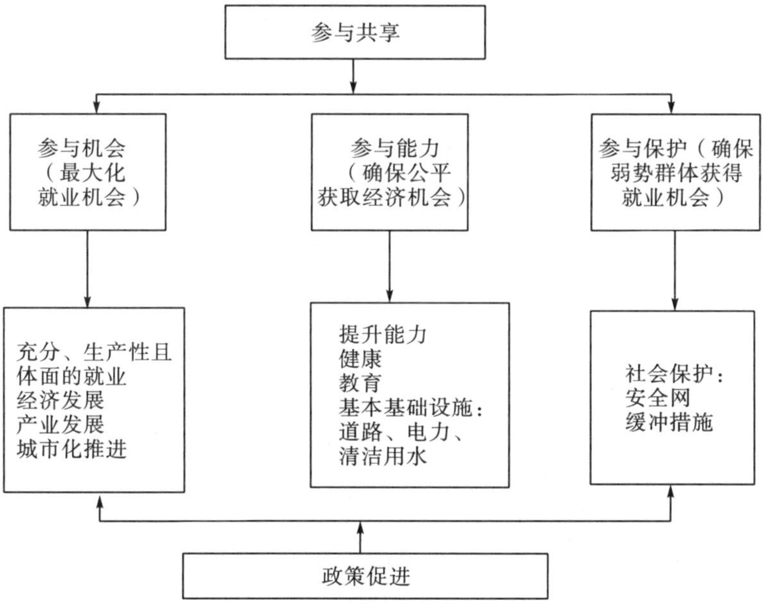

图 2.75　拉萨市参与共享的实现战略

资料来源：拉萨共享式发展学术研讨会资料。

拉萨市在以下三个方面做出了努力，并取得了显著的成效：①增加对基础教育、基本医疗卫生及其他基本社会服务的投入来提高民众特别是弱势群体的基本素质与能力；②加强政策与制度的公平性，消除社会不公，完善市场机制，创造平等竞争的条件；③建立社会风险保障机制以防止与消除极端贫困。不健全的社会风险保障机制可能使得本来是转型过程中的临时性贫困转化为长期持续性的贫困，从而丧失发展的机会。

发展成果不仅包括物质成果，还包括非物质成果。具体而言，可以分为经济成果、政治成果、文化成果和社会成果。只有使广大群众分享发展的成果，才能为西藏自治区的繁荣稳定打下坚实的基础。在拉萨市的实践中，成果共享具体体现为两大层面：①从宏观发展的层面，着力推进“五位一体”协调发展，经济社会发展取得瞩目成就，经济总量快速增加，地区生产总值占西藏自治区的比例稳定在 1/3 以上；基础设施逐步完善，公路通车里程 2014 年达到 4115km，是 2005 年的 2.57 倍；农牧业基础地位得到加强，2014 年农林牧渔业总产值增长至 21.3 亿元，是 1960 年的 29.6 倍；工业生产体系逐步完善，工业园区发展初具规模，按可比价格计算，拉萨市 2000 年工业总产值增速为 13.1%，2014 年为 14.5%；财政预算收入稳步增加，占西藏自治区的比例在 2014 年高达 52.14%；文化产业和文化事业不断发展；生态环境保持良好；社会事业全面发展；民主法治不断完善。②从“以人为本”的层面，着力改善人民生活。城乡居民收入显著提高，1990 年拉萨市农牧民的人均纯收入仅为 440 元，2014 年增加至 9258 元，是 1990 年农牧民人均纯收入的 21.04 倍；2005 年城镇居民平均每人每年的总收入为 10664 元，2014 年城镇居民平均每人每年的总收入为 23527 元，是 2005 年的 2.2 倍。恩格尔系数呈下降态势，2007 年拉萨城镇居民恩格尔系数为 0.4414，2009 年增加至 0.4717，此后恩格尔系数不断下降，2014 年恩格尔系数为 0.4090。居住生活条件不断改善，城乡居民住房面积呈现出不断增加的态势(图 2.76)。文化娱乐生活日益丰富，教育、医疗等基本民生需求不断满足，农牧民独特文化需求得到保障，精准脱贫成效显著，为全面建成小康社会奠定了坚实的基础。

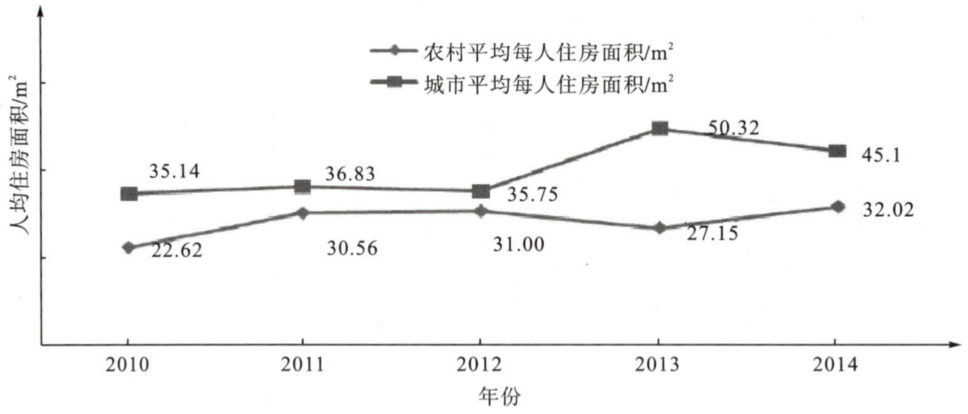

图 2.76 2010～2014 年拉萨市城乡居民人均住房面积

资料来源：拉萨共享式发展学术研讨会资料。

(3) 包容性绿色发展与拉萨市的共享式发展。包容性绿色发展认为经济发展就是机会的均等化。它是可持续的和包容性的增长，强调经济发展轨迹在改进人类福利和社会公平的同时降低环境风险和生态不足的必要性与机会，旨在实现经济、社会和环境可持续发展之间的相辅相成的“三赢”。换句话说，包容性绿色发展是能够减贫和降低不平等并实现环境可持续的发展。机会、能力、获得、安全、绿色是包容性绿色发展的基本属性。

拉萨市在共享式发展的实践中，通过外部援助和内部创造，机会供给得到根本改善，各类主体，特别是贫困人口的机会可能性曲线大幅度外移；通过大规模社会先行资本的投资建设，人们抓住机会的能力有了大幅度提升，特别是教育的发展和项目建设中的参与式发展，使少数民族把握机会的能力有了重大提升；人们有了更高的获得感，这既表现在数量层面与质量层面，也表现在物质层面与精神层面；社会安定和谐，宗教规范有序，生态环境优美，人民安居乐业，一个和谐而充满生机的拉萨呈现在祖国西南边陲。

当然，拉萨共享式发展还有进一步发展的空间。农牧民和城镇居民人均可支配收入的增长与地区生产总值的增长还有协调的空间。据统计，按名义值计算，拉萨市农牧民人均纯收入 2014 年是 2000 年的 6.49 倍，城镇居民人均可支配收入 2014 年是 2000 年的 3.10 倍，而 2014 年地区生产总值是 2000 年的 7.74 倍。共享式发展在城乡间、县域间还不平衡，精准脱贫成效显著，但目前仅局限于收入脱贫。当前，拉萨市正处于全面建成小康社会的决胜期，推进经济社会发展和长治久安任重而道远。拉萨市在未来共享式发展实践中，关键要补齐“短板”，要加大统筹城乡区域发展力度，加大对欠发达地区和农村的扶持力度，促进工业化、信息化、城镇化、农业现代化同步发展，推动城乡发展一体化，逐步缩小城乡区域发展差距，促进城乡区域共同繁荣，通过创新实现更高层次的共享，努力把拉萨市建设成为“全国共享式发展试验区”。

2.8　本 章 附 录

附录 1　中国 31 个省(自治区、直辖市)国土空间结构(%)

地区	优化开发区	重点开发区域	农产品主产区	重点生态功能区	禁止开发区
北京市	0.56	30.83	0	68.61	18.4
天津市	54.1	20.6	0	25.3	12.5
河北省	14.38	15.62	21.63	48.37	41.12
山西省	0	20.15	28.65	51.2	14.2
内蒙古自治区	0	13.1	16.14	70.76	15.27
辽宁省	7.65	26.26	46.22	19.87	
吉林省	0	13.57	53.52	32.91	20.96
黑龙江省	0	10.4	21.8	67.8	
上海市	81.39	0	0	18.61	
江苏省	17.5	19.4	63.1	0	
浙江省	16	17	5.3	61.7	

续表

地区	优化开发区	重点开发区域	农产品主产区	重点生态功能区	禁止开发区
福建省	1.1	29.1	40.3	29.5	6.94
安徽省	0	23.87	54.56	21.57	12.75
江西省	0	20.4	43.66	35.94	
山东省	15.7	19.1	48.5	16.7	4.8
河南省	0	28.53	52.45	19.02	9.1
湖北省	0	21.58	32.85	45.57	31.3
湖南省	0	19	33.7	47.3	21.5
广东省	13.55	20.81	31.65	33.99	14.25
广西壮族自治区	0	28.8	40.5	30.7	26.6
海南省	0	26.65	50.11	23.24	14.15
重庆市	0	54.45	0	35.82	9.73
四川省	0	21.2	13.42	65.37	23.6
贵州省	0	24.93	47.26	27.81	10.15
云南省	0	21.8	40.3	37.9	19.5
西藏自治区	0	5.02	27.38	67.58	37.15
陕西省	0	20.2	15.2	64.6	11.1
甘肃省	0	11.3	25.86	62.84	17.81
青海省	0	10.18	0.48	57.22	32.11
宁夏回族自治区	0	15	18	57	9
新疆维吾尔自治区	0	4.15	24.89	70.97	14.03

注：重庆市、青海省和宁夏回族自治区的禁止开发区面积单列，其余地区禁止开发区面积包含在优化开发区、重点开发区和限制开发区中。数据不包括香港、澳门和台湾地区。有部分区域重复计算，因此合计不为100%，余同。

资料来源：作者根据各地区主体功能区规划整理计算。

附录 2　国家重点生态功能区名录

区域	范围	面积/km^2	人口/万人
大小兴安岭森林生态功能区	内蒙古自治区：牙克石市、根河市、额尔古纳市、鄂伦春自治旗、阿尔山市、阿荣旗、莫力达瓦达斡尔族自治旗、扎兰屯市 黑龙江省：北安市、逊克县、伊春区、南岔区、友好区、西林区、翠峦区、新青区、美溪区、金山屯区、五营区、乌马河区、汤旺河区、带岭区、乌伊岭区、红星区、上甘岭区、铁力市、通河县、甘南县、庆安县、绥棱县、呼玛县、塔河县、漠河市、加格达奇区、松岭区、新林区、呼中区、嘉荫县、孙吴县、爱辉区、嫩江县、五大连池市、木兰县	346997	711.7
长白山森林生态功能区	吉林省：临江市、抚松县、长白朝鲜族自治县、浑江区、江源区、敦化市、和龙市、汪清县、安图县、靖宇县 黑龙江省：方正县、穆棱市、海林市、宁安市、东宁县、林口县、延寿县、五常市、尚志市	111857	637.3
阿尔泰山地森林草原生态功能区	新疆维吾尔自治区：阿勒泰市、布尔津县、富蕴县、福海县、哈巴河县、青河县、吉木乃县 (含新疆生产建设兵团所属团场)	117699	60.0
三江源草原草甸湿地生态功能区	青海省：同德县、兴海县、泽库县、河南蒙古族自治县、玛沁县、班玛县、甘德县、达日县、久治县、玛多县、玉树市、杂多县、称多县、治多县、囊谦县、曲麻莱县、格尔木市唐古拉山镇	353394	72.3
若尔盖草原湿地生态功能区	四川省：阿坝县、若尔盖县、红原县	28514	18.2
甘南黄河重要水源补给生态功能区	甘肃省：合作市、临潭县、卓尼县、玛曲县、碌曲县、夏河县、临夏县、和政县、康乐县、积石山保安族东乡族撒拉族自治县	33827	155.5
祁连山冰川与水源涵养生态功能区	甘肃省：永登县、永昌县、天祝藏族自治县、肃南裕固族自治县(不包括北部区块)、民乐县、肃北蒙古族自治县(不包括北部区块)、阿克塞哈萨克族自治县、中牧山丹马场、民勤县、山丹县、古浪县 青海省：天峻县、祁连县、刚察县、门源回族自治县	185194	240.7
南岭山地森林及生物多样性生态功能区	江西省：大余县、上犹县、崇义县、龙南市、全南县、定南县、安远县、寻乌县、井冈山市 湖南省：宜章县、临武县、宁远县、蓝山县、新田县、双牌县、桂东县、汝城县、嘉禾县、炎陵县 广东省：乐昌市、南雄市、始兴县、仁化县、乳源瑶族自治县、兴宁市、平远县、蕉岭县、龙川县、连平县、和平县 广西壮族自治区：资源县、龙胜各族自治县、三江侗族自治县、融水苗族自治县	66772	1234.0
黄土高原丘陵沟壑水土保持生态功能区	山西省：五寨县、岢岚县、河曲县、保德县、偏关县、吉县、乡宁县、蒲县、大宁县、永和县、隰县、中阳县、兴县、临县、柳林县、石楼县、汾西县、神池县 陕西省：子长县、安塞区、志丹县、吴起县、绥德县、米脂县、佳县、吴堡县、清涧县、子洲县 甘肃省：庆城县、环县、华池县、镇原县、庄浪县、静宁县、张家川回族自治县、通渭县、会宁县 宁夏回族自治区：彭阳县、泾源县、隆德县、盐池县、同心县、西吉县、海原县、红寺堡区	112050.5	1085.6
大别山水土保持生态功能区	安徽省：太湖县、岳西县、金寨县、霍山县、潜山市、石台县 河南省：商城县、新县 湖北省：大悟县、麻城市、红安县、罗田县、英山县、孝昌县、浠水县	31213	898.4
桂黔滇喀斯特石漠化防治生态功能区	广西壮族自治区：上林县、马山县、都安瑶族自治县、大化瑶族自治县、忻城县、凌云县、乐业县、凤山县、东兰县、巴马瑶族自治县、天峨县、天等县 贵州省：赫章县、威宁彝族回族苗族自治县、平塘县、罗甸县、望谟县、册亨县、关岭布依族苗族自治县、镇宁布依族苗族自治县、紫云苗族布依族自治县 云南省：西畴县、马关县、文山市、广南县、富宁县	76286.3	1064.6
三峡库区水土保持生态功能区	湖北省：巴东县、兴山县、秭归县、夷陵区、长阳土家族自治县、五峰土家族自治县 重庆市：巫山县、奉节县、云阳县	27849.6	520.6

续表

区域	范围	面积/km^2	人口/万人
塔里木河荒漠化防治生态功能区	新疆维吾尔自治区：岳普湖县、伽师县、巴楚县、阿瓦提县、英吉沙县、泽普县、莎车县、麦盖提县、阿克陶县、阿合奇县、乌恰县、图木舒克市、叶城县、塔什库尔干塔吉克自治县、墨玉县、皮山县、洛浦县、策勒县、于田县、民丰县 （含新疆生产建设兵团所属团场）	453601	497.1
阿尔金草原荒漠化防治生态功能区	新疆维吾尔自治区：且末县、若羌县 （含新疆生产建设兵团所属团场）	336625	9.5
呼伦贝尔草原草甸生态功能区	内蒙古自治区：新巴尔虎左旗、新巴尔虎右旗	45546	7.6
科尔沁草原生态功能区	内蒙古自治区：阿鲁科尔沁旗、巴林右旗、翁牛特旗、开鲁县、库伦旗、奈曼旗、扎鲁特旗、科尔沁左翼中旗、科尔沁右翼中旗、科尔沁左翼后旗 吉林省：通榆县	111202	385.2
浑善达克沙漠化防治生态功能区	河北省：围场满族蒙古族自治县、丰宁满族自治县、沽源县、张北县、尚义县、康保县 内蒙古自治区：克什克腾旗、多伦县、正镶白旗、正蓝旗、太仆寺旗、镶黄旗、阿巴嘎旗、苏尼特左旗、苏尼特右旗	168048	288.1
阴山北麓草原生态功能区	内蒙古自治区：达尔汗茂明安联合旗、察哈尔右翼中旗、察哈尔右翼后旗、四子王旗、乌拉特中旗、乌拉特后旗	96936.1	95.8
川滇森林及生物多样性生态功能区	四川省：天全县、宝兴县、小金县、康定市、泸定县、丹巴县、雅江县、道孚县、稻城县、得荣县、盐源县、木里藏族自治县、汶川县、北川县、茂县、理县、平武县、九龙县、炉霍县、甘孜县、新龙县、德格县、白玉县、石渠县、色达县、理塘县、巴塘县、乡城县、马尔康市、壤塘县、金川县、黑水县、松潘县、九寨沟县 云南省：香格里拉县（不包括建塘镇）、玉龙纳西族自治县、福贡县、贡山独龙族怒族自治县、兰坪白族普米族自治县、维西傈僳族自治县、勐海县、勐腊县、德钦县、泸水县（不包括六库镇）、剑川县、金平苗族瑶族傣族自治县、屏边苗族自治县	302633	501.2
秦巴生物多样性生态功能区	湖北省：竹溪县、竹山县、房县、丹江口市、神农架林区、郧西县、郧县、保康县、南漳县 重庆市：巫溪县、城口县 四川省：旺苍县、青川县、通江县、南江县、万源市 陕西省：凤县、太白县、洋县、勉县、宁强县、略阳县、镇巴县、留坝县、佛坪县、宁陕县、紫阳县、岚皋县、镇坪县、镇安县、柞水县、旬阳县、平利县、白河县、周至县、南郑区、西乡县、石泉县、汉阴县 甘肃省：康县、两当县、迭部县、舟曲县、武都区、宕昌县、文县	140004.5	1500.4
藏东南高原边缘森林生态功能区	西藏自治区：墨脱县、察隅县、错那县	97750	5.8
藏西北羌塘高原荒漠生态功能区	西藏自治区：班戈县、尼玛县、日土县、革吉县、改则县	494381	11.0
三江平原湿地生态功能区	黑龙江省：同江市、富锦市、抚远市、饶河县、虎林市、密山市、绥滨县	47727	142.2
武陵山区生物多样性与水土保持生态功能区	湖北省：利川市、建始县、宣恩县、咸丰县、来凤县、鹤峰县 湖南省：慈利县、桑植县、泸溪县、凤凰县、花垣县、龙山县、永顺县、古丈县、保靖县、石门县、永定区、武陵源区、辰溪县、麻阳苗族自治县 重庆市：酉阳土家族苗族自治县、彭水苗族土家族自治县、秀山土家族苗族自治县、武隆县、石柱土家族自治县	65571	1137.3
海南岛中部山区热带雨林生态功能区	海南省：五指山市、保亭黎族苗族自治县、琼中黎族苗族自治县、白沙黎族自治县	7119	74.6
总计	436 个县级行政区	3858797	11354.7

注：青海省格尔木市唐古拉镇为乡级行政单位，不计入县级行政单位数。

资料来源：《全国主体功能区规划》。

附录 3　2014 年各地区本地市场潜力

地区	市场潜力	比较市场潜力	地区	市场潜力	比较市场潜力
全国	2332	1	河南省	57885	24.82
北京市	1148002	492.28	湖北省	37081	15.90
天津市	1349484	578.68	湖南省	30472	13.07
河北省	43716	18.75	广东省	100213	42.97
山西省	26100	11.19	广西壮族自治区	15066	6.46
内蒙古自治区	1638	0.70	海南省	57572	24.69
辽宁省	58223	24.97	重庆市	64597	27.70
吉林省	19366	8.30	四川省	9439	4.05
黑龙江省	5997	2.57	贵州省	12383	5.31
上海市	5366339	2301.17	云南省	5575	2.39
江苏省	219615	94.17	西藏自治区	71	0.03
浙江省	142487	61.10	陕西省	20696	8.87
安徽省	44154	18.93	甘肃省	2469	1.06
福建省	60386	25.89	青海省	417	0.18
江西省	25357	10.87	宁夏回族自治区	26520	11.37
山东省	107331	46.03	新疆维吾尔自治区	480	0.21

资料来源：作者计算。

附录 4　2014 年全国及各地区的污染物排放

地区	二氧化硫排放 /(t/亿元 GDP)	废水 /(t/万元 GDP)	烟粉尘 /(t/亿元)	工业固体废弃物 /(t/亿元)	碳排放 /(t/万元)
全国	40.81	13.20	23.81	7.22	4439.22
北京市	5.25	7.85	3.74	0	1469.28
天津市	17.41	6.42	6.52	0	3358.49
河北省	50.47	11.51	46.51	0	6951.10
山西省	107.47	11.09	88.41	26.76	15569.43
内蒙古自治区	87.21	6.45	52.45	7.06	12626.35
辽宁省	42.61	9.61	29.23	8.96	6456.43
吉林省	33.79	10.01	22.18	0	5800.82
黑龙江省	37.56	11.88	51.07	0	6965.12
上海市	11.31	10.86	4.32	0.35	2615.92
江苏省	18.35	11.07	8.20	0.01	3343.13
浙江省	18.05	12.14	7.33	0.26	2973.94
安徽省	30.19	14.78	26.85	0	4896.22
福建省	18.84	13.01	12.82	0.19	2898.05
江西省	43.84	15.54	27.60	4.22	3206.89
山东省	34.97	9.58	13.90	0	5465.94

续表

地区	二氧化硫排放/(t/亿元 GDP)	废水/(t/万元 GDP)	烟粉尘/(t/亿元)	工业固体废弃物/(t/亿元)	碳排放/(t/万元)
河南省	43.11	13.64	20.26	1.41	5025.71
湖北省	27.97	13.04	15.71	1.09	4261.89
湖南省	29.11	13.73	15.38	0.72	3341.00
广东省	14.00	14.69	5.75	1.21	2441.00
广西壮族自治区	38.67	18.84	22.99	0.77	3967.69
海南省	11.95	12.99	5.82	1.03	5393.17
重庆市	49.50	11.61	15.97	9.41	3532.97
四川省	36.21	11.88	12.39	2.03	3157.21
贵州省	151.93	13.35	42.98	63.38	10543.97
云南省	65.20	14.94	37.89	125.01	5181.48
西藏自治区	5.97	6.68	9.41	0	—
陕西省	58.38	8.91	31.97	3.27	7454.01
甘肃省	101.32	11.12	36.74	1.79	8749.08
青海省	81.25	11.62	82.59	0.50	7096.71
宁夏回族自治区	173.68	16.64	84.71	—	20568.02
新疆维吾尔自治区	106.08	12.50	92.75	122.32	12285.40

资料来源：作者计算。

附录 5　2014 年全国及各地区环境复原能力

	产水模数/(万 m^3/km^2)	水环境自净能力等级/级	森林覆盖率/%	建成区绿地覆盖率/%	人均公共绿地面积/m^3
全国	28.40	5.81	20.36	39.6	12.26
北京市	12.37	4.37	31.72	46.2	11.87
天津市	9.54	3.92	8.24	34.9	10.54
河北省	5.66	3.01	22.29	41.0	14.00
山西省	7.08	3.40	14.12	38.6	10.82
内蒙古自治区	4.53	2.62	20.00	36.2	15.52
辽宁省	9.86	3.98	35.13	40.2	10.89
吉林省	16.19	4.84	38.93	33.9	10.96
黑龙江省	20.87	5.28	42.39	36.0	11.75
上海市	74.35	7.49	9.41	38.3	7.08
江苏省	38.92	6.36	10.48	42.2	13.63
浙江省	111.21	8.18	57.41	39.9	12.47
安徽省	55.83	6.99	26.06	38.8	11.92
福建省	98.36	7.97	63.10	42.0	12.10

续表

	产水模数/(万 m^3/km^2)	水环境自净能力等级/级	森林覆盖率/%	建成区绿地覆盖率/%	人均公共绿地面积/m^3
江西省	97.75	7.96	58.32	46.0	14.10
山东省	9.45	3.90	16.72	42.1	16.37
河南省	16.97	4.92	20.16	36.9	9.23
湖北省	49.18	6.77	31.14	38.9	10.50
湖南省	85.08	7.72	44.76	37.0	8.83
广东省	95.57	7.92	49.44	41.2	15.82
广西壮族自治区	83.79	7.69	52.71	37.5	11.42
海南省	108.48	8.14	51.98	41.2	12.01
重庆市	77.98	7.57	34.85	42.9	18.13
四川省	52.74	6.89	34.31	38.7	10.79
贵州省	68.86	7.35	31.61	32.8	9.38
云南省	43.82	6.57	47.50	39.3	10.43
西藏自治区	36.73	6.26	11.91	32.4	9.40
陕西省	17.10	4.93	37.26	40.4	11.58
甘肃省	4.37	2.56	10.42	30.0	9.52
青海省	11.06	4.18	4.57	32.5	9.81
宁夏回族自治区	1.94	1.15	9.84	38.4	15.71
新疆维吾尔自治区	4.44	2.59	4.02	35.9	10.00

资料来源：作者计算。

附录 6　2014 年各地区经济增长的收入效应

地区	城镇化率/%	城镇居民家庭人均可支配收入/元	农村居民人均可支配收入/元	居民加权收入/元	乡城收入比
全国	54.77	28843.9	10488.9	20541.90	0.36
北京市	86.35	48531.8	18867.3	44482.63	0.39
天津市	82.27	31506.0	17014.2	28936.63	0.54
河北省	49.33	24141.3	10186.1	17070.24	0.42
山西省	53.79	24069.4	8809.4	17017.79	0.37
内蒙古自治区	59.51	28349.6	9976.3	20910.27	0.35
辽宁省	67.05	29081.7	11191.5	23186.91	0.38
吉林省	54.81	23217.8	10780.1	17597.22	0.46
黑龙江省	58.01	22609.0	10453.2	17504.80	0.46
上海市	89.60	48841.4	21191.6	45965.83	0.43

续表

地区	城镇化率/%	城镇居民家庭人均可支配收入/元	农村居民人均可支配收入/元	居民加权收入/元	乡城收入比
江苏省	65.21	34346.3	14958.4	27601.24	0.44
浙江省	64.87	40392.7	19373.3	33008.59	0.48
安徽省	49.15	24838.5	9916.4	17250.63	0.40
福建省	61.80	30722.4	12650.2	23818.81	0.41
江西省	50.22	24309.2	10116.6	17244.11	0.42
山东省	55.01	29221.9	11882.3	21420.82	0.41
河南省	45.20	23672.1	9966.1	16161.18	0.42
湖北省	55.67	24852.3	10849.1	18644.65	0.44
湖南省	49.28	26570.2	10060.2	18196.29	0.38
广东省	68.00	32148.1	12245.6	25779.29	0.38
广西壮族自治区	46.01	24669.0	8683.2	16038.26	0.35
海南省	53.76	24486.5	9912.6	17747.53	0.40
重庆市	59.60	25147.2	9489.8	18821.63	0.38
四川省	46.30	24234.4	9347.7	16240.27	0.39
贵州省	40.01	22548.2	6671.2	13023.61	0.30
云南省	41.73	24299.0	7456.1	14484.66	0.31
西藏自治区	25.75	22015.8	7359.2	11133.27	0.33
陕西省	52.57	24365.8	7932.2	16571.44	0.33
甘肃省	41.68	21803.9	6276.6	12748.36	0.29
青海省	49.78	22306.6	7282.7	14761.60	0.33
宁夏回族自治区	53.61	23284.6	8410.0	16384.26	0.36
新疆维吾尔自治区	46.07	23214.0	8723.8	15399.46	0.38

资料来源：作者计算。

附录 7　2014 年各地区经济增长的机会效应

地区	教育机会			健康机会			经济基础设施		
	教育支出占地区生产总值比重/%	受教育年限/年	教育年限比(女/男	卫生支出占比/%	每千人床位数/张	每千人卫生技术人员/人	人均电力消费/(kW·h)	综合运输网密度	信息获得性/%
全国	3.18	9.04	0.93	1.47	4.85	5.56	4083.52	399.31	3.43
北京市	3.48	11.85	1.01	1.51	5.10	9.91	4355.13	389.31	4.17
天津市	3.29	10.5	0.99	1.03	4.01	5.60	5237.05	404.43	1.55
河北省	2.95	8.87	0.94	1.52	4.37	4.76	4488.38	498.16	2.81
山西省	3.98	9.3	0.96	1.91	4.86	5.74	4996.29	609.04	3.38
内蒙古自治区	2.69	9.0	0.94	1.28	5.15	6.17	9648.40	335.06	1.89

续表

地区	教育机会			健康机会			经济基础设施		
	教育支出占地区生产总值比重/%	受教育年限/年	教育年限比(女/男	卫生支出占比/%	每千人床位数/张	每千人卫生技术人员/人	人均电力消费/(kW·h)	综合运输网密度	信息获得性/%
辽宁省	2.11	9.91	0.96	0.96	5.82	5.84	4642.97	473.72	2.26
吉林省	2.95	9.37	0.96	1.50	5.12	5.50	2426.31	440.82	2.38
黑龙江省	3.36	9.35	0.99	1.56	5.25	5.54	2242.17	403.52	2.86
上海市	2.95	10.82	0.95	1.12	4.84	6.76	5643.89	341.93	3.84
江苏省	2.31	9.35	0.90	0.86	4.93	5.76	6297.11	560.57	2.58
浙江省	2.57	9.06	0.90	1.08	4.46	6.82	6365.99	501.34	4.19
安徽省	3.56	8.73	0.93	2.04	4.14	4.41	2605.96	610.94	3.02
福建省	2.64	8.79	0.90	1.21	4.33	5.43	4875.95	483.59	3.56
江西省	4.53	8.88	0.91	2.15	4.11	4.43	2242.36	578.19	2.84
山东省	2.46	8.98	0.90	1.02	5.11	6.17	4314.33	674.68	2.04
河南省	3.44	9.00	0.95	1.73	4.87	5.24	3094.08	642.52	2.89
湖北省	2.82	9.11	0.90	1.47	5.46	5.77	2848.24	732.97	2.63
湖南省	3.08	9.02	0.95	1.56	5.28	5.07	2123.83	637.35	2.76
广东省	2.67	9.28	0.90	1.15	3.78	5.44	4881.79	493.10	4.95
广西壮族自治区	4.21	8.75	0.93	2.27	4.24	5.44	2751.34	356.69	3.20
海南省	5.03	9.10	0.89	2.53	3.82	5.60	2787.90	472.35	3.98
重庆市	3.30	8.96	0.93	1.73	5.37	5.16	2899.10	822.74	2.93
四川省	3.70	8.35	0.93	2.05	5.65	5.55	2475.11	499.29	3.60
贵州省	6.87	8.09	0.93	3.27	5.19	4.85	3345.85	729.94	4.12
云南省	5.27	7.79	0.91	2.75	4.77	4.43	3244.41	541.28	4.42
西藏自治区	15.43	4.22	0.82	5.31	3.75	4.05	1070.18	390.26	5.19
陕西省	3.92	9.14	0.91	1.77	5.28	6.69	3247.60	615.90	3.20
甘肃省	5.87	8.32	0.89	2.99	4.72	4.88	4228.38	412.20	4.06
青海省	6.79	8.04	0.93	3.48	5.66	5.82	12396.02	365.73	3.51
宁夏回族自治区	4.46	8.55	0.91	2.37	4.91	6.01	12829.99	491.35	3.73
新疆维吾尔自治区	6.12	9.18	0.98	2.18	6.22	6.68	8267.43	292.48	3.77

资料来源：作者计算。

附录 8　2014 年各地区经济增长的环境效应

地区	资源利用效率			排放	环境修复		
	建设用地利用效率/(第二产业、第三产业增加值万元/hm²)	水资源利用效率/(元地区生产总值/m³)	能源效率/(万元地区生产总值/t 标准煤)	二氧化碳排放效率/(万元地区生产总值/t)	水环境自净能力等级/级	森林覆盖率/%	城市人均公共绿地面积/m²
全国	[illegible]	104.17	1.19	2.39	5.81	21.63	13.08
北京市	599.82	568.96	3.12	8.81	4.37	35.84	15.94
天津市	382.49	652.92	1.93	3.66	3.92	9.87	9.73
河北省	122.28	152.58	1.00	1.69	3.01	23.41	14.45
山西省	119.58	178.80	0.64	0.62	3.40	18.03	11.30
内蒙古自治区	102.43	97.63	0.97	0.88	2.62	21.03	18.80
辽宁省	164.83	201.92	1.31	1.85	3.98	38.24	11.61
吉林省	114.35	103.80	1.61	2.10	4.84	40.38	12.05
黑龙江省	77.67	41.30	1.26	1.61	5.28	43.16	12.10
上海市	776.30	222.51	2.13	4.80	7.49	10.74	7.33
江苏省	276.11	110.08	2.18	3.58	6.36	15.80	14.41
浙江省	309.41	208.29	2.13	3.95	8.18	59.07	12.90
安徽省	94.97	76.62	1.74	2.23	6.99	27.53	13.20
福建省	280.19	116.99	1.99	3.75	7.97	65.95	12.76
江西省	114.76	60.60	1.95	3.48	7.96	60.01	14.13
山东省	197.66	277.02	1.63	2.10	3.90	16.73	17.10
河南省	122.20	166.94	1.53	2.46	4.92	21.50	9.93
湖北省	148.33	94.95	1.68	3.55	6.77	38.40	11.10
湖南省	150.96	81.34	1.77	4.04	7.72	47.77	9.85
广东省	334.63	153.23	2.29	4.88	7.92	51.26	16.28
广西壮族自治区	112.30	50.95	1.65	3.21	7.69	56.51	11.19
海南省	81.00	77.76	1.92	2.20	8.14	55.38	13.01
重庆市	206.83	177.24	1.66	3.82	7.57	38.43	16.97
四川省	143.03	120.47	1.44	3.76	6.89	35.22	11.26
贵州省	126.19	97.23	1.03	1.30	7.35	37.09	12.50
云南省	108.91	85.77	1.23	2.72	6.57	50.03	11.00
西藏自治区	59.91	30.22	—	—	6.26	11.98	10.80
陕西省	177.58	196.97	1.58	1.45	4.93	41.42	12.48
甘肃省	68.67	56.70	0.91	1.37	2.56	11.28	12.79
青海省	61.96	87.43	0.58	1.74	4.18	5.63	10.78
宁夏回族自治区	84.63	39.14	0.52	0.53	1.15	11.89	17.91
新疆维吾尔自治区	51.53	15.94	0.62	0.78	2.59	4.24	10.74

资料来源：作者计算。

附录 9　2014 年全国各地区包容性绿色发展指数

地区	收入效应指数	机会效应指数	环境效应指数	包容性绿色发展指数
北京市	1.5215	1.1595	2.4652	1.6323
天津市	1.4464	0.9126	1.3645	1.2167
河北省	0.9819	0.9795	0.8210	0.9243
山西省	0.9131	1.1423	0.5445	0.8281
内蒙古自治区	0.9925	0.9943	0.6148	0.8466
辽宁省	1.0930	0.9358	0.9882	1.0036
吉林省	1.0458	0.9221	0.9722	0.9787
黑龙江省	1.0409	0.9475	0.7618	0.9091
上海市	1.6340	1.0378	1.5235	1.3722
江苏省	1.2686	0.9659	1.2629	1.1567
浙江省	1.4558	1.0512	1.6638	1.3655
安徽省	0.9602	0.9852	0.9550	0.9667
福建省	1.1458	0.9806	1.5177	1.1947
江西省	0.9801	0.9877	1.2443	1.0640
山东省	1.0798	0.9519	1.0610	1.0293
河南省	0.9544	1.0259	0.9882	0.9891
湖北省	1.0438	0.9992	1.2118	1.0812
湖南省	0.9604	0.9601	1.2862	1.0585
广东省	1.1465	1.0061	1.7658	1.2676
广西壮族自治区	0.8694	0.9943	1.1219	0.9898
海南省	0.9807	1.0777	1.0387	1.0316
重庆市	0.9751	1.0502	1.4639	1.1445
四川省	0.9157	1.0368	1.2345	1.0543
贵州省	0.7182	1.2468	0.8167	0.9010
云南省	0.7714	1.1237	1.0495	0.9690
陕西省	0.8498	1.0923	0.9744	0.9671
甘肃省	0.7009	1.1522	0.5687	0.7715
青海省	0.8032	1.3576	0.5829	0.8598
宁夏回族自治区	0.8900	1.2864	0.3672	0.7491
新疆维吾尔自治区	0.8802	1.2543	0.3350	0.7178

资料来源：作者计算，西藏数据缺失。

第3章　增强民族地区发展能力的长效机制和政策研究

发展不足，自我发展能力不强，是少数民族地区经济社会发展中的突出问题。因此，要“显著加快民族地区经济社会发展”，就要采取更加有力的措施增强民族地区的发展能力，特别是建立和完善增强民族地区发展能力的长效机制，以增强民族地区自身的“造血功能”。我国在统筹区域协调发展过程中，对东部发达地区提出了增强其自主创新能力、对西部地区和民族地区提出了增强其自我发展能力的指导政策。民族地区如何增强其自我发展能力，如何建立和完善增强民族地区自我发展能力的长效机制，是推动民族地区经济社会全面发展所面临的重要问题，也是需要理论界和实际工作部门进行更深层次研究的重要问题。同时民族地区在实现跨越发展的新阶段，要实现基于自我发展能力的“追赶”甚至“赶超”，首先必须充分认识到自己的发展缺口在哪里，离发展前沿有多远，以及哪些缺口是实现发展的关键。

本章以科学发展观、习近平新时代中国特色社会主义思想为指导，从区域经济学(空间经济学)、发展经济学、经济政策学的视角出发，首先提出一个分析自我发展能力的框架，然后基于这一分析框架，对民族地区自我发展能力进行评估，通过分析，提出增强民族地区自我发展能力的战略措施和相关政策建议。本章研究表明，改革开放以来，民族地区的自我发展能力虽有所增强，但总体上仍是不足的，与全国比较其存在较大的“能力缺口”；与发达地区比较，“能力缺口”更大。目前，民族地区的发展已经站在了新的历史起点上。在新阶段，加快民族地区的发展必须着力于提升区域自我发展能力。增强民族地区自我发展能力主要应当依靠民族地区自己的努力，同时离不开国家和东部地区的援助和支持。主要的政策建议是以下方面。

(1)必须持续加大对民族地区的发展援助力度。国家，尤其是东中部对民族地区的支援和帮助应更多着眼于授之以“渔”，着力增强民族地区的自我发展能力。例如，在中央政府的政策支持上，赋予民族地区优先发展的机会，完善和制定支持民族地区发展的政策体系，实行比东部地区更有力的政策倾斜，或者政策倾斜的力度至少要和东部地区一致。在资金援助上，除了关注对东部地区有利的资源开放型项目(如直接的资源开发和利于资源运输的跨区域通道建设)外，应更多地帮助民族地区发展有市场潜力和带动能力的项目，同时对资源型产品输出较多的地区实行相应的、有利于当地发展的税收政策；又如推动教育发展适当向民族地区倾斜，提高人力资源素质；在对口支援政策上，一方面适当加大支持力度；另一方面在援助目标上要定位于提升民族地区的自我发展能力，着力于扩大民族地区产品的市场范围，同时通过多方面努力，激励东中部企业的进入，帮助民族地区建立与完善市场经济体制和机制。

(2) 民族地区必须加大能力建设力度。自我发展能力的获取，不能主要靠外源推动，而要依靠民族地区自身的努力：①要进一步持续加强人力资本投资，优先提升民族地区个人的发展能力；②要进一步改善投资环境，加强企业管理，提升企业发展能力；③要进一步转变政府职能，改善治理，努力提升政府供给公共产品的能力；④要进一步加大科技投入，改革科技创新体制，提升区域学习与创新能力；⑤必须进一步扩大开放和解放思想。一是向全国开放，积极而有选择地承接东部产业转移。二是主动融入“一带一路”建设，向世界开放，在“引进来、走出去”的过程中学习、提高，完成必要的积累。提升民族地区自我发展能力，加快民族地区经济社会发展步伐，还必须进一步解放思想。

3.1　导　　论

发展不足，自我发展能力低，自生能力弱，是少数民族地区经济社会发展中的突出问题。因此，要“显著加快民族地区经济社会发展”，实现跨越式发展，就要采取更加有力的措施来增强民族地区的发展能力，特别是建立和完善增强民族地区发展能力的长效机制，以增强民族地区自身的“造血功能”。

我国在统筹区域协调发展过程中，对东部发达地区提出了增强其自主创新能力，对西部地区和民族地区提出了增强其自我发展能力的指导政策。2010 年 7 月中共中央、国务院召开的西部大开发工作会议强调指出，今后 10 年是深入推进西部大开发承前启后的关键时期。新形势下深入实施西部大开发战略，必须进一步加大投入，强化支持，以增强自我发展能力为主线，以改善民生为核心，以科技进步和人才开发为支撑。2011 年《中华人民共和国国民经济和社会发展第十二个五年规划纲要》继续指出“坚持把深入实施西部大开发战略放在区域发展总体战略优先位置，给予特殊政策支持。加强基础设施建设，……大力发展科技教育，增强自我发展能力”。

突出西部地区自我发展能力的构建，是西部新十年政策的一个非常鲜明的特点，标志着中央寄希望西部在新十年走上由输血式为主的外源式发展转向造血为主的内生型发展道路。民族地区如何增强其自我发展能力，如何建立和完善增强民族地区自我发展能力的长效机制，是推动民族地区经济社会全面发展所面临的重要问题，也是需要理论界和实际工作部门进行更深层次的研究的重要问题。

本章以科学发展观、习近平新时代中国特色社会主义思想为指导，从区域经济学(空间经济学)、发展经济学、经济政策学的视角出发，构建一个自我发展能力的分析框架，对民族八省区的自我发展能力进行评估，分析影响自我发展能力的因素，提出增强民族地区自我发展能力长效机制的政策建议。

3.2 理论回顾与相关研究

过去几十年，对不发达国家和地区的发展援助项目因为其相对较差的表现，引起了人们的关注，这些援助未能形成长期可持续的影响，也未能改善当地的系统发展环境。很多技术援助方案和经济解决方案未能实现受援地生活条件的根本改变，导致援助项目在贫困减缓等领域无法产生可持续影响。基于此，在探索发展的理念与实践时，一些关于发展的新理念和新方法渐渐出现，其中自我发展能力构建就是在总结以往经验教训的基础上产生的概念，这一概念依然在演化之中。学者们希望通过对自我发展能力构建的关注，谋求一种更为统一、系统并且根植于不发达地区实际情况的发展理念。

3.2.1 国外研究进展

国外学者对于自我发展能力的研究主要体现在“能力发展”(capacity development，CD)相关研究中，主要包括：内涵界定、自我发展能力提升战略、自我发展能力的监测与评估等方面。自我发展能力的概念产生于20世纪80年代，虽然这一概念产生相对较晚，但已经成为20世纪90年代以来国际技术合作的指导理念。现有研究对于自我发展能力的内涵还没有形成统一界定，从内容上看主要集中于自我发展能力构建的必要性和发展战略的研究，而对于自我发展能力监测、评估的研究还较少。

1. 国外研究对能力发展的定义

国外现有研究中常用的能力发展的定义主要有：①自我发展能力是个体、团队、制度和组织识别及解决发展中存在问题的能力；②能力发展这一概念拓展了组织发展的内涵，能力发展还重点关注个体、组织和社会系统运行及彼此交互的整体系统、环境或背景，而非单从组织的角度进行能力构建(United Nations Development Program，1998)；③自我发展能力是使得国家实现其发展目标的个体、制度和行为的总和，因此自我发展能力来源于对人力资本、制度和实践活动的投资(World Bank，2000)；④自我发展能力是围绕其发展目标，在有效设计、实施和评估发展活动中，强化制度能力的任何努力；⑤自我发展能力的构建是个体、组织、制度及社会以可持续方式改善其识别、应对发展挑战的一个过程；⑥自我发展能力是个体、组织、制度和社会，在一个更为广阔的背景下，以一种更为可持续的方式理解和应对发展所需，解决问题并实现目标的能力；⑦自我发展能力提升是在一个动态背景下，人们改进其发展能力和战略实施能力以实现可持续发展表现的过程。

根据以上定义，其共同点是：长期的，有利于社会和经济可持续发展的，并且是需求驱动型的。自我发展能力提升也意味着向改善和强化现有能力的方向转变，这与之前的一些政策有所不同，如制度建设能力提升，要求按照发达工业化国家的通用模式重建当地制度，能力发展是对制度建设方式的一种回应，制度建设导致内部的非正式制度与外部引入的正式制度在结构上和功能上割裂开来。而自我发展能力构建，则认为能力提升是基于本地实际，而非外部移植。更为关注不发达地区既有技术能力和资源可持续最优利用的能力。这意味着向一种新发展方式的转变，在这种发展方式中需要考虑当地参与主体的需要，并帮助其认识到他们自身的发展目标。但这并不意味着对于“自我发展能力”已经形成了统一认识，自我发展能力中涉及的个体、组织、制度及系统环境各有不同，其能力提升的路径并不一致。经济合作与发展组织(organization for Economic Co-operation and Development，OECD)认为自我发展能力有四种层面的能力，包括个体、组织、部门和系统环境。除了各层面能力提升战略不同之外，自我发展能力还更为强调不同能力维度的关联及以多维方式思考的重要性。以全视角理解问题，系统分析机会和约束，推动系统和整体反馈。自我发展能力提升依赖多种战略，并非所有战略都必然改善或者创造新能力，自我发展战略可能包括以下的任一种或者组合：①消除旧的或者不适宜的能力；②更好地利用现有能力；③强化、构建现有能力；④为能力创新提供空间，如私人部门或者非政府组织(Non-Governmental Organizations，NGO)组织在教育或者健康服务提供上的创新；⑤创造新能力。

这些自我发展能力战略的目标主要体现在：①改善或者更为有效地利用技术、能力和资源；②强化理解力和彼此关联；③为支持可持续发展，而重点关注价值观、态度、动机及发展条件等问题。

综上分析，国外对于能力发展还没有形成一个公认的概念，但都着重表示能力发展的目标、行为主体和发展战略。能力发展区别于以往发展理念的关键点在于：长期可持续、本地区需求导向、多元主体和系统视角。

2. 能力发展的监测和评估

自我发展能力提升如果要成为一个真正的发展理念，而不仅是一个发展口号，需要对监测和评估(testing and evaluation，M&E)的方法进行发展。各国际组织在监测和评估时，通过借鉴以往发展理念中监测和评估的方法，并引入能力发展的关键特征，给出了自己认为合意的监测和评估指标体系与方法，对于能力发展监测和评估，现有的争论体现在以下几个方面。

(1)在监测和评估时，不仅需要将自我发展能力看作手段还应将其看作目的，自我发展能力提升不仅是个过程而且是种结果。因此，在监测评估时，反映自我发展能力是如何提升的，与测度结果同样重要。

(2)PME 体系应该基于完备构建的逻辑基础。阐明能力发展如何产生，以及如何达到具体的发展结构是 PME 的一个重要角色。它应该能够反映能力发展的水平和垂直维度。在大多数能力发展的工作中，都暗含着预测某项干预如何影响能力发展以及能力发展如何对其他重要发展结果(如健康、减贫、平等，等)的逻辑。这被称为能力干预的逻辑体系。能力发展的规划者和评估者都发现在试图理解和解释援助项目和结果时，逻辑模型或者体系居于中心地位。逻辑体系代表了一个合理而明智的模型，显示了发展干预是如何发挥作用及如何产生相应结果的。逻辑体系的要素包括：资源、行为、产出、获益、利益相关群体、预期结果(产出、结果、影响)及该模型基于的相关背景条件。对参与者来讲，在思考逻辑体系时创建假设并检验假设非常重要。只有这样，才能更为清晰表明，如果能力发展的条件不具备，那么发展投资将是有风险的。而厘清能力发展的内在逻辑对此有所帮助。

(3) PME 体系需要是反复的。能力发展的干预比较复杂，这一点毋庸置疑。虽然构建发展能力的想法已经出现了一段时间，但很多内部相关且重叠的因素导致了这种复杂性。能力发展需要适应许多未曾预料的变化，并在很多不同的主体之间建立工作关系。其目标是非实体性的，其过程也是非标准化的。能力发展这一概念本身还在根据不发达地区特殊的学习需要而不断变化之中。这对 PME 体系产生的启示为，应该在一开始建立一个可重复的框架，并识别该框架如何随时间而发生变化的过程。PME 的方法应该对能力发展内生导致的变化有足够的适应性，并确保识别学习的过程。

(4) PME 体系需要具备能够反映多维价值和关注的有用指标。能力发展的多维主体具备不同的价值取向和指标选择，这些指标之间存在较大不同，有时甚至是相反的。并且发展能力是个复杂而渐变的概念，指标的选择应反映能力发展的特征。PME 的最大挑战就是能否找到一些简单而又有意义的指标。

(5) PME 系统需要发展本地能力。能力发展的最终目的是增强本地居民对于其命运的控制力。为了达到这一目的，当地居民需要拥有一些工具来控制能力发展的所有过程。当地居民需要一个对他们自己的学习和变化过程有用的反馈系统。他们需要在能力发展中产生方法和判断基础等问题时得到支持。因此我们需要在 PME 体系中纳入当地居民的诉求。该体系能够反映他们的价值观，并反映本地居民的自我影响。

(6) PME 还需要关注不同倾听者的信息诉求。能够满足不同民众的需要，这是一个较为困难的工作，但我们必须符合各方的要求。

3.2.2 国内研究进展

(1) 对西部大开发政策评价的相关研究。魏后凯(2008)对西部大开发战略实施以来我国宏观区域经济协调发展政策进行了梳理，并分析了现有政策中存在的问题。自邓小平同志1988年提出“两个大局”①的战略构想以来，国家政策层面对宏观区域经济协调发展进行了持续探索，着力实施有利于缓解差距扩大趋势的政策。为扶持民族地区发展，中国政府通过制定一系列民族政策，建立了内容丰富、类型多样的民族政策体系。在发展民族经济的基本政策中，包括根据民族地区的实际情况，采取一系列特殊措施，帮助、扶持民族地区发展经济的政策；动员和组织发达地区支援民族地区的政策，国家在制定国民经济和社会发展计划时，有计划地在民族地区安排一些重点工程，加大基础设施建设力度；调整少数民族地区的经济结构，发展多种产业，提高综合经济实力的政策；国家加大对少数民族地区的投资力度；在开发民族地区资源时，给予民族地区适当照顾的政策；给予民族地区税收与金融优惠政策的待遇；等等。在这些政策的有力支持下，民族地区经济增速不断提高，固定资产投资快速增长，促进了民族共同繁荣与少数民族生活水平提高，弥补了地方财政缺口，促进了少数民族文化教育事业的发展，扶贫开发成效显著。但从政策支持的效果来看，中央扶持民族地区发展政策

① “两个大局”是指“沿海地区要加快对外开放，使这个拥有两亿人口的广大地带较快地发展起来，从而带动内地更好地发展。这是一个事关大局的问题。内地要顾全这个大局。反过来，发展到一定的时候，又要求沿海拿出更多力量来帮助内地发展。这也是个大局。那时沿海也要服从这个大局”。

很多是针对民族地区出现的问题而出台的，带有一定的临时性，尚未形成一个可以在较长时期内见效的，能够长期保证政策增长运行并发挥预期功能的机制。同时，也没有形成完整的民族地区扶持政策体系，现有扶持政策更多体现在带有“输血”性质的帮扶政策上，而对能形成“造血”功能的刺激或者激励政策明显不足，忽视了民族自治地方政府、企业和个人的主观能动性。而民族地区要实现持续发展，从根本上讲是靠自我发展能力，仅仅依靠帮扶是不现实的，主体之外的任何因素都只能提供环境、条件或辅助性的帮助。所以中央扶持民族地区发展政策应更加强调对民族地区经济的刺激，对少数民族及民族地方政府的激励，充分调动地方政府、企业和民间的积极性，立足于在民族地区建立自我发展机制，增强自我发展能力。

(2) 对自我发展能力概念的研究。王科整理了国内文献中出现的自我发展能力概念，主要有以下几种。①田官平等认为自我发展能力就是自力更生的能力，即充分依靠和发挥自己的内在潜能来发展自己的能力。②鱼小强从一个国家或地区的角度出发，探讨了自我发展能力的概念，他认为自我发展能力指一个国家或地区经济系统内部具备的凝聚、整合和产出能力，它强调的是经济发展的自身基础或“造血”功能，不排斥外部力量对一国或地区经济发展的推动作用；相反，它是外部力量发挥作用的内在基础。其内涵包括要素凝聚能力、资源组合能力、科技进步能力、制度创新能力和科学决策能力。③周亚成等认为自我发展能力即在发展过程中，源于自身本体的、与社会发展相吻合的内部推动力量，它包括两个方面的内容：一方面是对自身生产、生活的认识与操作能力；另一方面是与社会整体的联系与融合能力。④姜安印认为区域自生能力是指一个区域的自然生产力和社会生产力的总和，是对一个区域的自然资本、物质资本、人力资本和社会资本积累状况的整体描述。⑤李胜刚认为自我发展就是内部产生的发展。其目标首先是满足人民的真正需要和愿望，从而确保他们自身的充分发展。自我发展有两个基本要求：在形式上，发展应该是从内部产生的；在目的上，发展应该是为人服务的。自我发展能力就是在能够促进区域经济、社会和其他方面和谐、平衡、长效发展的一种自我能力，并且这种自我发展能力在诸要素中占据根本地位并发挥根本作用。具体来说，自我发展能力主要包括：自我经济发展能力、自我社会发展能力、自我区域组织协调能力、组织创新能力和生态平衡发展能力等。⑥罗晓梅从哲学的角度研究了生存方式变革与自我发展能力，认为西部自我发展能力的现实性表现固然是经济学的，即以西部制度创新为基础的区域创新能力和竞争能力，但经济的自我发展能力还应该包括“人”，特别是个体的经济实践能力。⑦成学真认为随着统筹区域发展战略的提出，西部地区的开发和发展将更多地依靠区域发展“自生能力”。区域发展“自生能力”应该是一个系统。其中，产业发展能力是形成区域发展“自生能力”的基础，生态环境可持续发展能力是形成区域发展“自生能力”的导向，地方政府调控和行政能力是形成区域发展“自生能力”的保障。西部区域发展“自生能力”的提高，需要来自中央政府适度、适宜的外部资源供给，以形成吸引要素流入的“政策洼地”。⑧吴传钧认为要增强西部地区自我发展的能力，不但在政策上对西部地区要有所倾斜，还要增加对西部地区的财政支持，扩大资源开发，加强交通、通信、水利等基础设施和农牧业商品性生产基地建设，加大对西部贫困地区和民族地区的扶持力度，实施科技扶贫，加强基础教育工程，提高全民素质，改善生活条件和投资环境，引导外资更多地投向西部地区，促进沿海地区对西部地区的技术支持和经济协作。⑨曾培炎强调西部各地要进一步牢固树立和认真落实科学发展观，坚持走新型工业化道路，优化调整产业结构、布局结构和企业结构，大力发展西部特色优势产业，不断增强西部地区自我发展能力，努力实现西部大开发的新突破。⑩叶文虎认为振兴东北老工业基地的关键是着力培育和提升东北地区的自我发展能力，首先要突破传统的体制、机制的束缚，把东部发达地区的物资流、人才流、信息流、资金流吸引到东北来，使“四流”在东部和东北之间形成良性互动。其次需要体制创新和机制创新，靠新的体制和运行机制把东部发达地区的“四流”吸引过来。如果不能建立起有效的富有活力的凝聚内部人才、吸引外部人才的机制，没有吸引东部资金的机制和良好环节，东北地区的加快发展、老工业基地振兴都是不可能的。

(3)对企业自我发展能力的相关研究。林毅夫和谭国富(2000)基于资源禀赋提出了企业“自生能力”概念，认为“如果在开放的竞争性市场中，一个产业部门的企业在没有外部扶持的情况下，能够获得一个可被投资者接受的预期利润，则该产业部门就是有自生能力的”。企业的自生能力与产业部门的技术结构和要素禀赋结构所决定的比较优势有关。廖国民和王永钦(2003)认为资源禀赋的比较优势并不是企业自生能力的充分必要条件，交易效率和规模经济的提升将显著提升企业自生能力。皮建才(2005)对林毅夫“自生能力”概念中的外生成分进行了修正，认为自生能力即在自由竞争的市场经济中，在没有外部扶持的条件下，一个企业如果能够获得不低于社会可接受的正常利润水平，那么这个企业就是有自生能力的。此外还有一些学者从企业自生能力角度研究了区域自我发展能力(李庆春，2007；赵建吉等，2007)。从企业层面展开的自我发展能力研究，其主要特点是，对自生能力的测度从行为结果入手，而非从行为决策能力出发。而现实中影响一个企业产出结果的因素有很多，在无法控制所有外生变量的情况下，如果单从结果的角度去判定自我发展能力，将存在偏误。

(4)对区域自我发展能力的相关研究。国内学者也充分意识到了自我发展能力构建在区域协调发展中的作用，唐奇甜(1990)首先对民族地区自我发展能力问题进行了思考，随着西部大开发战略的实施和持续推进，自我发展能力构建引起了越来越多研究的关注。

国内对于自我发展能力的研究，从研究视角上来看，主要集中于区域层面和特殊群体层面。①从区域层面来看，罗晓梅和何关银及闫磊等研究了西部地区的自我发展能力构建；李庆春(2007)和叶文虎分别对中部地区和东北老工业基地的自我发展能力进行了研究。②从特殊群体层面来看，李盛刚、杨科则主要研究了农村地区的自我发展能力；王科主要对中国贫困地区的自我发展能力构建进行了研究；郑长德(2011)则主要研究了民族地区自我发展能力构建；赵雪雁和巴建军以甘南牧区为例，研究了牧民的自我发展能力。

3.2.3 本节述评

通过国内外对自我发展能力的不同定义，可以看出国内研究更为关注自我发展能力提升的结果实现，而对于一些根本性问题的研究不够全面，如提升谁的自我发展能力？提升自我发展能力是工具性目的还是构建性目标？提升自我发展能力的手段和策略所基于的基本原则是什么？由于缺乏对这些问题的思考，导致了在自我发展能力的指标设定和量化测度上，普遍存在随意性、模糊性等问题，还没有形成系统的、统一的指标体系。为了使不同地区自我发展能力的测度兼具可比性、连贯性和科学性，我们首先应该对自我发展能力在逻辑一致的前提下进行全面界定，包括自我发展能力的目标、定义、原则、主体之间的关联等。这也是国内研究和国外研究差别最大的地方。接下来，本章将首先从以上几点出发，借鉴国内外现有研究成果，对自我发展能力依次展开“内涵界定-指标选择-量化测度”的研究。

从区域自我发展能力的相关研究来看，当前研究都试图去构建一个可量化的评测体系来评估区域自我发展能力，但在实践中存在如下两个问题：①各种研究的评价体系在指标选择上存在较大不同，其主要原因在于对区域自我发展能力的界定没有统一，即便是在同一研究过程中，对于提升谁的自我发展能力、自我发展能力的目的及自我发展能力提升的策略、原则并没有系统界定，存在照搬企业自我发展能力的通病；②所选指标虽然全面，但并没有凸显自我发展能力和地区发展综合实力的区别。以王科的研究为例，王科在量化研究贫困地区自我发展能力时，选取了自然资本、社会资本、人力资本和经济资本四个资本子系统，并且每个子系统各选择了若干指标体系，总共选择了 33 个三级指标，通过因子分析方法来寻找反映地区自我发展能力的综合评价体系。该方法固然全面，但对于自我发展能力的特殊属性并没有具体凸显，并且指标选取过于繁杂且指标之间自相关问题显著，不利于自我发展能力的动态监控。因此，本书希望能够在总结现有研究的基础上，首先对自我发展能力的内涵(what)、发展谁的自我发展能力(who)、发展自我发展能力的目的(why)、自我发展能力的原则和策略(how)等几个问题进行具体界定；并在此基础上试图构建类似于联合国人类发展指数(human development index，HDI)这样的评测体系，一方面使得指标高度概括，具备显著可得性；另一方面极大增强自我发展能力测度的可复制性、可比性，并且使其易于动态监测。

3.3　区域自我发展能力构建：分析框架

3.3.1　基本概念的界定

本章涉及的主要基本概念有：能力、发展、发展能力、自我发展能力、区域自我发展能力等。

(1) 能力(capacity)这个词，在不同的人和不同的语境下，其含义和解释是不同的。其最基本的含义是：基于个体而言，能力是指顺利完成某一活动所必需的心理条件，能胜任某项任务的主观条件。因此，能力和活动是紧密联系着的，能力表现在活动中，并在活动中得到发展。一方面，人们在从事活动中形成和发展着不同的能力，并在活动中表现出来；另一方面，从事一定活动必须以能力为前提，缺乏能力必然影响活动效率，甚至不能顺利地完成活动。从发展的角度看，联合国开发计划署(United Nations Development Program，1998)对能力下的定义是：“能力，定义为个人和组织或者组织化的单位高效可持续地履行其职能的才能”(capacity is defined as the ability of individuals and organizations or

organizational units to perform functions effectively, efficiently and sustainably)(United Nations Development Program，1998)。世界银行对能力的定义是：可利用的资源与社会利用这些资源以可持续的方式去确认和追求其发展目标的效力和效率。

(2)发展(development)一词来自拉丁语词根，是舒展、展开的意思。发展是指生物演变、成长的阶段，并不含有任何价值判断的因素。发展，从哲学层面可理解为事物由小到大，由简到繁，由低级到高级，由旧物质到新物质的运动变化过程。托达罗(1988)(M.P.TM)在其名著《第三世界的经济发展》一书中，将发展定义为“一个社会或社会体系向着更加美好和更为人道的生活的持续前进”。他说，“所谓经济发展，必须达到以下三个标准：①增加能够得到的诸如食物、住房、卫生和保护等基本生活必需品的数量，并扩大对生活必需品的分配；②提高生活水平，除了获得更高的收入外，还应提供更多的工作、更好的教育，并对文化和人道主义给予更大的重视；③通过把人们从奴役和依附中解放出来，来扩大个人和国家在经济和社会方面选择的范围”。刘易斯(1994)强调指出：“经济增长的好处不在于财富增进幸福，而在于财富扩大了人类选择的范围”。随着以人为中心的发展思想的兴起，发展的含义在于赋权。1993年联合国开发计划署的《人文发展报告》称当今年代为“人民的年代”，提出“发展以人为中心，发展围绕‘人’转；而不是人以发展为中心，人围绕‘发展’而转”。而发展的中心含义是“增加人们选择的机会”①(刘易斯， 1994)。综上所述，可以认为发展就是改进人民生活质量的过程，其基本目标是满足基本需要，提高人类尊严，扩大选择自由，增加选择的机会。

发展是一个综合的、多维度的过程，涉及经济、政治、文化、社会和环境等方面，而且这些方面是相互联系和彼此促进的，因此，可以用下面的式子来反映发展。

发展=经济发展×政治发展×文化发展×社会发展×环境发展

从心理学上讲，自我(self，oneself)强调独立自我主体存在的自觉性，即本我的意识能动性。自我发展(ego-development) 在精神分析理论中是关于自我形成的见解。心理学认为，人格由本能的本我、现实的自我和道德化的超我三部分组成。本我是人生而具有的本能。随着个体的生长发展，受现实的影响，自我从本我中分化出来，在现实原则的支配下，管制本我的冲动。超我从自我中分化出来，根据道德原则指导自我，监督、管制本我。从区域发展角度看，区域的发展可以是主要依靠区域外部的因素(外源)推动的发展，也可以是主要依靠区域内的因素(内源)发展，如果主要是依靠区域内部的因素推动的发展，就可以说是区域的自我发展。

(3)发展能力(development capability)，最初主要指企业的发展能力，是企业在生存的基础上，扩大规模、壮大实力的潜在能力。这种能力是一个实现某种更好结果的程度与可能性。把它用到区域发展上，基本的含义是，区域在维持区内各主体生存需求的基础上，扩大其发展规模、提升其发展实力的潜在能力。

(4)无论是一个国家的发展还是一个区域的发展，真正的发展是要培育自我发展能力(self-development capability)。自我发展能力是内因，是发展的根本所在，是持续发展的真正动力。外因最终要通过内因起作用。所谓区域自我发展能力(regional self-development

① 《1993年人文发展报告》，http://ch.undp.org.cn/。

capability)，反映一个区域在没有外部扶持的情况下，将完成它所期望的功能和实现某种更好结果的程度与可能性。区域自我发展能力会受到区域内自然资源禀赋、环境和文化传承等多方面因素的影响。

3.3.2　区域自我发展能力的构建：一个分析框架

能力构建(capacity building)所从事的活动包括：提升个人的知识、能力、技能和行为，不断改善制度结构和过程，使得组织能以可持续的方式有效地履行其职责。能力构建是一个长期的过程。(United Nations Development Program，1998)提出了一个能力构建的框架，识别出了三种层面的能力构建：个人层面、组织或实体层面、系统层面，见表 3.1。

表 3.1　UNDP 的能力构建框架

层面	解释
个人层面	开发个人能力(或人类能力)是能力构建的必要组成部分。个人需要有能力去设计和完成某项活动。如果个人没有必要的技能，组织就不能有效地运行，国家政策也将会变得无效
组织层面	包括特定的机构或组织如政府或其行政运营部门。该层面的能力构建会影响组织的结构和它的运作。对于国家而言，行政部门的效率影响国家的总体功能的发挥。政府法规的颁布和有效实施、预算优先于公共服务，尤其是穷人应获得基本的公共服务，这些都需要政府及其代理机构的能力构建
系统层面	这是最广泛层面的能力构建。各类组织机构和个人在一个系统中运行，因此系统的能力关系到个人和组织能力的发挥。以国家为例，国家作为一个系统，它的治理能力、制定和有效实施其政策的能力、制定自己发展战略的能力等是国家这个系统能力构建的主要内容

资料来源：Dalia 等(2006)，有修改。

UNDP 的这一框架的中心思想是，能力构建是一个复杂的、综合性的战略，应该保证能力在三个层面得到开发，这三个层面的能力构建是相互关联的。训练有素的个人不能在真空中工作。他需要在一个组织环境中工作，该组织给他提供了必要的支持；反过来，组织利用了他的专长。但是即使如此，组织的有效性决定于组织运作的更广泛的系统或环境。为使效力最大化，三个层面的能力在任何时候，都必须得到同样的重视；否则，如果有一个层面的能力没有得到有效开发和利用，它就成为一个瓶颈，影响其他层面能力的开发。

本节主要从区域层面讨论能力构建。我们认为区域自我发展能力的构成要素可以有多个视角，从产业发展能力看，有第一产业发展能力、第二产业发展能力和第三产业发展能力；从发展的投入要素看，区域自我发展能力体现为区域发展要素的数量和要素的生产率，这些要素大体可区分为自然资本、人力资本、物质资本、社会资本等；从发展的内容看，有经济发展能力、政治发展能力、社会发展能力、文化发展能力和生态发展能力等。这里基于自我发展主体的视角，认为区域自我发展能力的含义包含区域发展中三个主体：政府、企业、家庭。政府是公众利益的代表，是社会公正的化身，政府是区域发展的主要承担者和责任者，政府的作用有利于经济发展和社会进步。企业和家庭是区域发展的主要经济实体，是推动区域全面发展的动力，是区域能力的发动机。政府、企业和家庭三个主体之间相互依存，共同促进区域全面发展。

基于自我发展主体的视角，区域自我发展能力可分为：政府自我发展能力、企业自我发展能力、(个人)家庭自我发展能力和区域学习与创新能力(图 3.1)。

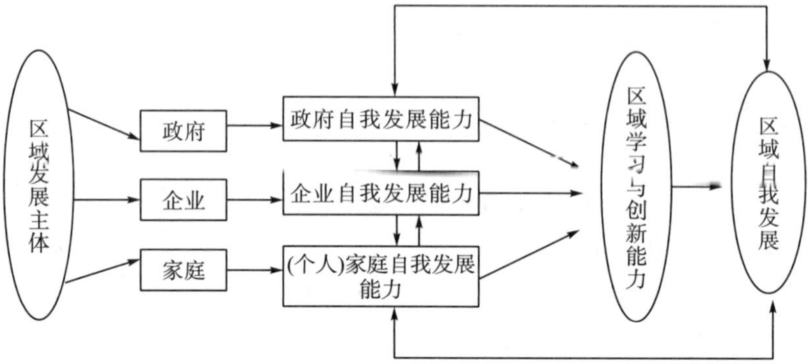

图 3.1 区域自我发展能力框架图

资料来源：作者绘制。

(1)政府自我发展能力：学者们对有关政府能力的界定有不同的看法，从行政主体角度看，政府能力是“将自己意志目标转化为现实的能力”(王绍光和胡鞍钢，1993)。从行政客体角度看，政府能力是“能否成功地适应环境挑战的程度”(阿尔蒙德等，1987)。从政府职能角度，世界银行认为“政府能力是指有效地采取并促进集体性行动的能力”，也可以说是“有效地提供集体物品的能力”(世界银行，1997)。本书基于政府职能角度考虑政府能力就是“政府该干什么，不该干什么”，政府能力与完成一定政府职能的政府行为联系在一起，能力又是在实现行政职能的行政行为的活动中体现的。政府能力具体可指政府为区域内自我发展创造一个平等机会，为区域内自我发展提供经济发展所需要的硬件设施和法律制度、文化软环境、区域财政能力及提供公共产品的能力。

(2)企业自我发展能力：林毅夫(1999)提出的“自生能力”(viability)概念可以很好地表达企业自我发展能力。他用一个开放、自由和竞争市场中正常经营的“企业的预期利润率”来定义“自生能力”。如果一个正常经营管理的企业预期能够在自由、开放和竞争的市场中赚取社会可接受的正常利润，那么这个企业就是有自生能力的；否则，这个企业就是没有自生能力的。很显然，如果一个正常经营管理的企业预期不能获取社会可接受的正常利润，那么就没有人愿意投资，这样的企业除非政府提供支持，否则就不会存在(林毅夫和刘培林，2001)。

企业的自我发展也可以把能力定义为企业在生存的基础上，不断扩大规模、壮大实力的潜在能力。其具体包括产品的竞争能力、创新能力和盈利能力。产品竞争力不仅因自身条件不同而异，而且因竞争对手能力的消长会表现出不同的方式和强度。创新能力是企业得以持续发展的核心，是其他企业难以模仿和超越的竞争优势。企业盈利能力是企业得以生存的基础。

(3)个人(家庭)自我发展能力：家庭是区域劳动力的供给者，家庭的自我发展能力具体体现在劳动者的人力资本能力，其为区域内的自我发展提供人力保障。具体包括劳动者的受教育程度、健康状况及道德素质。可以写成：

人力资本=知识资本×健康资本×社会资本

这里的社会资本指的是“促进互利的集体行动的规范和网络”，包括了深藏在民间的商业精神、发展意识、创业激情和创业冲动、价值取向、冒险精神及具有生产力的社会网络关系。

(4)区域学习与创新能力：本书研究的民族地区，是我国发展滞后的地区。我们认为，对于发达和欠发达地区共存的经济体，欠发达地区的发展过程首先是一个学习发达地区的过程，因此欠发达地区的学习能力就至关重要。在教育心理学中，学习能力的一个定义是：“个体所具有的能够引起行为或思维方面比较持久变化的内在素质；并且，还必须通过一定的学习实践才能形成和发展。”把它用到区域发展上，区域的学习能力就是区域主体借鉴和模仿发达地区发展经验和发展方式的能力，从这个角度看，欠发达地区的学习能力是和所谓“后发优势”实际上是相联系的。欠发达地区在学习和模仿发达地区过程中，把发达地区的经验和发展方式与本地区的具体实践相结合，就具有了创新的空间。在经济学上，创新的概念是和熊彼特的研究相联系的，熊彼特在《经济发展理论》中提出：创新是指把一种新的生产要素和生产条件的“新结合”引入生产体系。熊彼特区分出了五种情况：引入一种新产品，引入一种新的生产方法，开辟一个新的市场，获得原材料或半成品的一种新的供应来源，实现一种新的工业组织。把熊彼特的创新概念引入到区域发展中来就是区域创新。所谓区域创新，是在一定区域范围内，通过在生产体系中引入新要素，或者实现要素的新组合而形成的促进资源的有效配置，创造新东西的新手段、新能力，包括区域技术性变化的创新及非技术性变化的组织创新。

需要再次说明的是，政府自我发展能力、企业自我发展能力、家庭自我发展能力及区域的学习和创新能力不是分割的，而是相互联系的，它们共同促进区域的发展。用式子可表示为

区域自我发展能力=政府自我发展能力×家庭自我发展能力×企业自我发展能力×区域学习与创新能力

3.3.3　区域自我发展能力指数的构建

基于自我发展能力的视角，区域自我发展能力指数由政府自我发展能力指数(GCI)、企业自我发展能力指数(ECI)、家庭自我发展能力指数(HCI)和区域学习与创新能力指数(LII)构成。区域自我发展能力指数(DCI)可定义为

$$\mathrm{DCI}=\sqrt[4]{\mathrm{GCI}\times\mathrm{ECI}\times\mathrm{HCI}\times\mathrm{LII}}$$

在指数的设计上，我们遵循如下原则：①能测量自我发展能力的基本内涵；②只包括有限的变量以便于计算并易于处理；③是一个综合指数而不是过多的独立指标；④保持指数范围和理论的灵活性；⑤有充分可信的数据来源保证。

(1)政府自我发展能力指数：政府的发展能力指标应能集中反映政府履行职责的能力和政府的治理水平。本书用地方一般预算收入满足一般预算支出的程度来测度，定义为一般预算收入/一般预算支出，这个比例越高，说明政府的发展能力越强。

(2)企业自我发展能力指数：一般地，分析企业发展能力有营业收入增长率、资本保

值增值率、资本积累率、总资产增长率、营业利润增长率、技术投入比率、营业收入三年平均增长率和资本三年平均增长率。在本书的考察中，我们用各地区工业企业总资产贡献率。它反映了企业全部资产的获利能力，是企业经营业绩和管理水平的集中体现，是评价和考核企业盈利能力的核心指标。计算公式为

$$\text{总资产贡献率}(\%)=\frac{\text{利润总额}+\text{税金总额}+\text{利息支出}}{\text{平均资金总额}}\times 100\%$$

(3)(个人)家庭自我发展能力指数：受教育水平和健康状态是家庭发展能力最重要的方面，因此，本书用人口平均受教育年限和人口平均预期寿命两个指数构造的综合指数来测度。其中，人口平均受教育年限是6岁及以上人口中，不同受教育程度人口的受教育年限(其中，不识字或识字很少的为0年，小学为6年，初中为9年，高中为12年，大专及以上为16年)用各种受教育人口占6岁及以上人口的比重加权平均得到。人口平均预期寿命是假若当前的分年龄死亡率保持不变，同一时期出生的人预期能继续生存的平均年数，可以反映出一个社会生活质量的高低。这里使用的数据来自人口普查。令$H(I)$代表人口平均受教育年限指数，$L(I)$代表人口平均预期寿命指数，于是家庭发展能力指数(HCI)为

$$\text{HCI}=\sqrt{H(I)\cdot L(I)}$$

(4)区域学习与创新自我发展能力指数：科技进步是经济社会发展的决定性因素。因此，区域的科技进步对于区域的学习与创新具有重要作用。科技进步是一个内涵丰富、外延广泛的概念。它指的是科学技术活动规模的拓展、水平的提高，以及对经济社会发展推动作用的增强，是科技实力、科技绩效、科技创新、科技贡献等诸多概念的总和。因此这里用综合科技进步水平指数来代表学习与创新能力，该指数由科学技术部(以下简称科技部)发布。综合前面的分析，本书给出的区域自我发展能力构建的框架如表3.2所示。

表3.2 区域自我发展能力构建：分析框架

项目	含义	指标
(个人)家庭自我发展能力	劳动者的人力资本能力，受教育水平和健康状态是家庭发展能力的两个最重要方面	人口平均受教育年限；人口平均预期寿命
企业自我发展能力	如果一个正常经营管理的企业预期能够在自由、开放和竞争的市场中赚取社会可接受的正常利润，那么这个企业就是有自生能力的；否则，这个企业就是没有自生能力的	总资产贡献率
政府自我发展能力	政府为区域内自我发展创造一个平等的机会，为区域内自我发展提供经济发展所需要的硬件设施和法律制度、文化软环境、区域财政能力及提供公共产品的能力	一般预算收入/一般预算支出
区域学习与创新能力	学习能力是区域主体借鉴和模仿发达地区发展经验和发展方式的能力；创新能力是在一定区域范围内，通过在生产体系中引入新要素，或者实现要素的新组合而形成的促进资源有效配置，创造新东西的新手段、新能力，包括区域技术性变化的创新及非技术性变化的组织创新	综合科技进步水平指数

资料来源：作者编制。

3.4　民族地区自我发展能力的评估

基于上面的讨论，本节对民族八省区的自我发展能力进行评估。不同于前文的是，本节使用的是相对自我发展能力指数，以全国为基准，计算了各地区相对于全国的自我发展能力指数。某地区的家庭的相对自我发展能力指数的计算公式为

$$\mathrm{HCI}(R)=\sqrt{\frac{\text{该地区人均受教育年限}}{\text{全国人均受教育年限}}\times\frac{\text{该地区人口平均预期寿命}}{\text{全国人口平均预期寿命}}}$$

企业自我发展能力指数、政府自我发展能力指数及区域学习与创新能力指数的计算类似。

3.4.1　民族地区家庭的自我发展能力指数

家庭的自我发展能力主要表现在人口平均受教育年限和人口平均预期寿命两个方面。从人口平均受教育年限看，与 1982 年相比，2014 年民族八省区该数据都有了大幅度提高，如表 3.3 所示。1982 年全国人口平均受教育年限为 4.64 年，2014 年该数据提高到 9.04 年，提高了 4.40 年，民族八省区中除了西藏自治区、广西壮族自治区、内蒙古自治区外，人口平均受教育年限提高幅度都比全国大，其中贵州省提高了 4.92 年，新疆维吾尔自治区提高了 4.70 年，宁夏回族自治区提高了 4.87 年，云南省提高了 4.72 年。

表 3.3　民族八省区人口平均受教育年限的变化　（单位：年）

地区	1982 年	1990 年	1995 年	2000 年	2010 年	2014 年	1982～2014 年提高
内蒙古自治区	4.69	5.74	6.40	7.75	8.93	9.00	4.31
广西壮族自治区	4.59	5.37	5.97	7.58	8.40	8.75	4.16
贵州省	3.17	4.16	4.96	6.18	7.41	8.09	4.92
云南省	3.07	4.14	4.79	6.40	7.54	7.79	4.72
西藏自治区	1.53	1.81	2.21	3.55	5.25	4.22	2.69
青海省	3.54	4.42	4.63	6.16	7.58	8.04	4.50
宁夏回族自治区	3.68	4.81	5.45	7.08	8.44	8.55	4.87
新疆维吾尔自治区	4.48	5.59	6.19	7.72	8.85	9.18	4.70
全国	4.64	5.52	6.09	7.63	8.76	9.04	4.40

资料来源：1982 年、1990 年、2000 年和 2010 年的数据根据人口普查数据计算得到。1995 年和 2014 年的数据根据人口抽样调查数据计算得到。

从人口预期寿命的变化看，改革开放以来，在中央政府和发达地区地方政府的大力帮助下，通过民族地区地方政府和各族人民的努力，医疗卫生条件得到极大地改进，人民群众看病难的问题得到一定程度的缓解，各种疾病的发病率大幅度下降，人民群众的健康水平有了大幅度的提高。如表 3.4 所示，2000～2010 年民族地区各地区人民的预期寿命都有

较大的提高，如内蒙古自治区预期寿命从2000年的69.87岁提高到2010年的74.44岁，西藏自治区的预期寿命从2000年的64.37岁提高到2010年的68.17岁。

表3.4　民族八省区人口预期寿命的变化

地区	预期寿命/岁				增长率/%		
	1981年	1990年	2000年	2010年	1981～1990年	1990～2000年	2000～2010年
内蒙古自治区	66.80	65.68	69.87	74.44	−1.68	6.38	6.54
广西壮族自治区	70.20	68.72	71.29	75.11	−2.11	3.74	5.36
贵州省	61.60	64.29	65.96	71.10	4.37	2.59	7.79
云南省	61.10	63.49	65.49	69.54	3.91	3.15	6.18
西藏自治区	—	59.64	64.37	68.17	—	7.93	5.90
青海省	61.10	60.57	66.03	69.96	−0.87	9.01	5.95
宁夏回族自治区	65.70	66.94	70.17	73.38	1.89	4.83	4.58
新疆维吾尔自治区	60.70	62.59	67.41	72.35	3.11	7.70	7.33
全国	67.67	68.55	71.40	74.83	1.30	4.16	4.80

资料来源：《中国人口统计年鉴》(各年)。

把这两个方面结合起来，以全国平均水平为基准，计算得到各民族地区家庭的相对自我发展能力指数(表3.5)。可以看出，1990～2014年，民族地区家庭自我发展能力总体上相对有所提高；但如西藏自治区、贵州省、云南省、青海省等地与全国平均水平仍有较大差距。

表3.5　民族地区家庭的相对自我发展能力指数

地区	1990年	1995年	2000年	2010年	2014年
内蒙古自治区	0.9982	1.0034	0.9970	1.0070	0.9952
广西壮族自治区	0.9875	0.9913	0.9959	0.9811	0.9857
贵州省	0.8407	0.8740	0.8650	0.8965	0.9221
云南省	0.8335	0.8535	0.8771	0.8944	0.8949
西藏自治区	0.5341	0.5619	0.6477	0.7389	0.6521
青海省	0.8411	0.8196	0.8641	0.8994	0.9119
宁夏回族自治区	0.9224	0.9348	0.9550	0.9720	0.9631
新疆维吾尔自治区	0.9616	0.9634	0.9774	0.9883	0.9909

资料来源：作者根据《中国人口统计年鉴》(各年)计算得到。

把民族八省区和其他地区进行比较，以2014年为例，如图3.2所示，可以看出，民族八省区家庭自我发展能力指数均低于全国水平，而且排序均靠后。分项看，2010年人口受教育年限，高于全国平均水平的只有内蒙古自治区和新疆维吾尔自治区，其余地区都比全国低，而且均属于最低之列。因此，民族八省区的教育发展还很滞后，如果考虑到教育质量，差距则更大。民族地区卫生事业的发展与人民群众的需要相比，与发达地区相较，差距还很大，看病难、就医难的问题尚未得到根本改变。民族地区卫生事业的发展与发达地区均存在不小的差距，这些差异仅仅是数量方面的差异，如果考虑到医疗的质量，差距则更大。这些差别的存在，为进一步加强西部人力资源开发、提高居民素质指明了工作重点和方向。

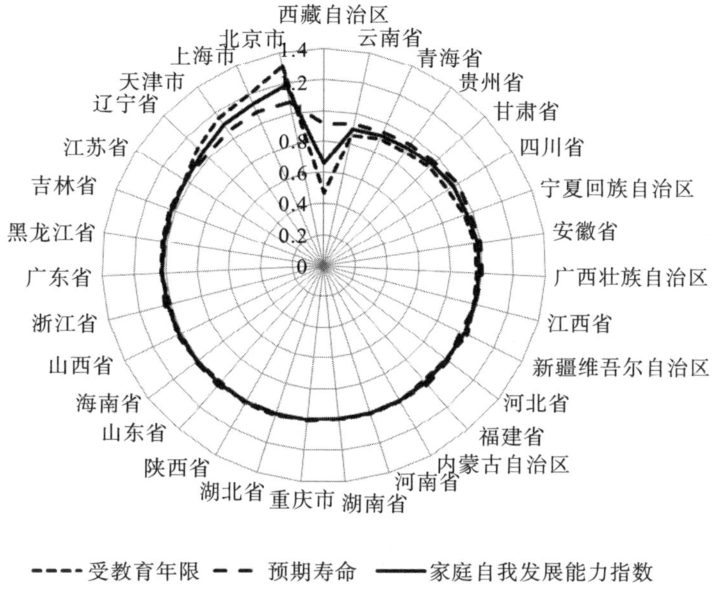

图 3.2　2014 年中国 31 个地区家庭自我发展能力指数(相对于全国)

资料来源：作者根据《中国统计年鉴》(2013 年和 2015 年)光盘版数据计算绘制。

预期寿命取 2000 年数据。数据不包括香港、澳门和台湾地区，下同。

3.4.2　民族地区企业的自我发展能力指数

考虑到工业经济活动的年际波动性，本节对各地区 2012 年、2013 年和 2014 年规模以上工业企业的总资产贡献率进行平均分析，再与全国水平比较，计算了各地区企业的自我发展能力指数(图 3.3)。从表 3.6 可知，民族八省区规模以上工业企业的总资产贡献率总体上较低，但区域差异显著，广西壮族自治区高于全国平均水平，其余地区低于全国平均水平，西藏自治区最低，其次是宁夏回族自治区，再次是青海省。

表 3.6　民族八省区规模以上工业企业总资产贡献率

地区	2014 年/%	2013 年/%	2012 年/%	三年平均/%	企业自我发展能力指数
内蒙古自治区	9.94	13.92	14.90	12.92	0.8849
广西壮族自治区	16.51	15.70	16.60	16.27	1.1144
贵州省	13.00	13.96	15.97	14.31	0.9801

续表

地区	2014 年/%	2013 年/%	2012 年/%	三年平均/%	企业自我发展能力指数
云南省	12.32	14.59	15.06	13.99	0.9582
西藏自治区	3.56	3.66	4.79	4.00	0.2742
青海省	6.48	8.23	9.26	7.99	0.5473
宁夏回族自治区	5.89	8.06	8.08	7.34	0.5030
新疆维吾尔自治区	10.95	12.82	14.35	12.71	0.8703
全国	13.69	15.00	15.11	14.60	1

资料来源：《中国统计年鉴》(2013～2015 年)光盘版。

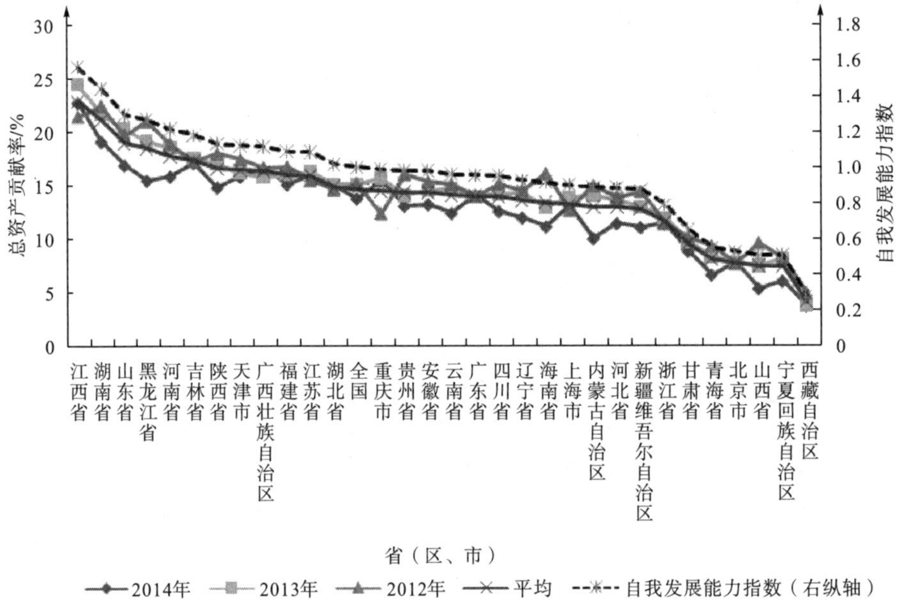

图 3.3 2014 年中国各地区企业自我发展能力指数(相对于全国)

资料来源：《中国统计年鉴》(2015 年)数据计算。

3.4.3 民族地区政府的自我发展能力指数

民族地区财政汲取能力低，是制约其履行职能、供给地方公共产品的主要因素。把民族八省区作为一个整体看，地方财政一般预算收入占地区生产总值的比重，分税制改革前在 10%以上，分税制改革后大幅度下降到 7%左右，西部大开发战略实施以来有所上升，2010 年民族八省区该数据平均为 9.32%，2014 年该数据为 11.77%；地方财政一般预算收入占一般预算支出的比重(即财政自给率)，1978～2014 年该数据经历了先上升后急剧下降，再后相对稳定，目前稳定在 1/3 左右(图 3.4)。民族八省区财政自给率如表 3.7 所示。财政能力是衡量地方政府发展能力最重要的一个方面，民族地区目前的财力状况，基本上维持在吃饭财政水平上，有些地区连吃饭财政也难以为继，就更谈不上提供公共产品了。

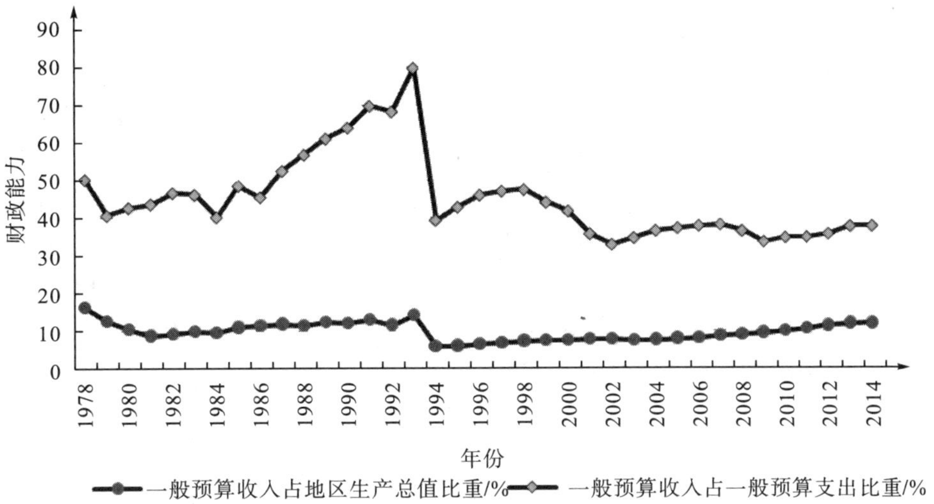

图 3.4　民族地区财政能力

资料来源：作者根据《新中国六十年统计资料汇编》和《中国统计年鉴》(2011 年)光盘版数据计算绘制。

表 3.7　民族八省区财政自给率(一般预算收入/一般预算支出)

地区	2010 年	2011 年	2012 年	2013 年	2014 年	政府自我发展能力指数 (2014 年)
内蒙古自治区	47.06	45.39	45.32	46.68	47.52	0.8093
广西壮族自治区	38.45	37.23	39.06	41.06	40.87	0.6960
贵州省	32.71	34.37	36.80	39.14	38.58	0.6570
云南省	38.11	37.93	37.46	39.33	38.26	0.6516
西藏自治区	6.65	7.22	9.56	9.37	10.48	0.1785
青海省	14.83	15.69	16.08	18.23	18.68	0.3181
宁夏回族自治区	27.54	31.16	30.54	33.42	33.97	0.5785
新疆维吾尔自治区	29.46	31.54	33.42	36.79	38.65	0.6582
地方合计	54.97	56.66	56.98	57.63	58.72	1.0000

资料来源：《中国统计年鉴》数据计算。

3.4.4　民族地区区域学习与创新能力指数

表 3.8 给出了民族八省区近年来综合科技进步水平指数的变化，首先做出的基本判断是民族地区学习与创新能力进步较快。例如，内蒙古自治区的综合科技进步水平指数从 2002 年的 23.98%增加到 2014 年的 45.13%；从位次上，在 31 个省(自治区、直辖市)中，由第 25 位上升到第 20 位。但是，与全国比较起来，民族地区的差距还很大。根据科技部公布的中国科技统计资料汇编，把全国 31 个地区根据综合科技进步水平指数划分为五类，其中民族地区大都属于第四类和第五类，从中可以看出民族地区与全

国和发达地区的差距，这五类是以下方面①。①第一类：综合科技进步水平指数高于全国平均水平(63.55%)的地区，为北京市、上海市、天津市、江苏省、广东省和浙江省。②第二类：综合科技进步水平指数低于全国平均水平(63.55%)，但高于 50%的地区，包括陕西省、辽宁省、山东省、重庆市、湖北省、四川省、福建省、黑龙江省和安徽省。③第三类：综合科技进步水平指数在 50%以下，但高于 40%的地区，包括湖南省、山西省、吉林省、甘肃省、内蒙古自治区、河南省、宁夏回族自治区、江西省、河北省、海南省和广西壮族自治区。④第四类：综合科技进步水平指数在 40%以下，但高于 30%的地区，包括云南省、新疆维吾尔自治区和贵州省。⑤第五类：综合科技进步水平指数低于 30%的地区，只有西藏自治区。

表 3.8　民族地区综合科技进步水平相对指数

地区	2002 年		2003 年		2004 年		2005 年		2006 年		2007 年		2008 年		2009 年		2010 年		2014 年	
	指数/%	位次	指数/%	位次	指数/%	位次	指数/%	位次	指数/%	位次	指数/%	位次	指数/%	位次	指数/%	位次	指数/%	位次	指数/%	位次
内蒙古自治区	23.98	25	24.3	28	30.1	19	29.44	24	33.02	21	35.54	22	38.62	21	40.34	21	43.91	21	45.13	20
广西壮族自治区	25.38	22	24.83	27	27	23	29.47	26	31.19	26	30.33	30	33.05	30	34.36	28	37.69	28	40.30	27
贵州省	20.76	29	23.73	29	26.41	28	27.27	29	27.18	30	31.53	28	34.26	28	32.48	30	36.78	30	37.29	30
云南省	23.21	27	25.51	24	25.71	29	27.02	30	29.43	29	31.51	29	34.16	29	33.83	29	37.50	29	39.10	28
西藏自治区	19.83	31	18.79	31	19.2	31	20.01	31	20.03	31	22.17	31	24.46	31	27.38	31	27.91	31	29.54	31
青海省	20.57	30	22.55	30	26.53	27	29.79	25	29.49	28	32.71	26	38.42	22	39.15	24	43.81	22	41.87	24
宁夏回族自治区	22.06	28	25.31	26	25	30	27.82	28	31.58	25	34.78	24	40.62	18	41.97	19	39.81	27	43.29	22
新疆维吾尔自治区	26.45	20	26.92	21	29.6	20	32.66	20	32.54	23	35.82	20	41.08	16	42.32	17	43.99	20	38.41	29
全国	35.44		38.46		41.51		45.61		47.11		50.78		54.4		56.99		58.22		63.55	

资料来源：中国科技统计资料汇编(历年)。

图 3.5 绘出的是 2014 年中国部分省区市综合科技进步指数及根据指数计算的区域学习与创新能力相对指数。可以看出民族八省区区域学习与创新能力总体上是处于低水平的。

① 中华人民共和国科学技术部，中国科技统计资料汇编（各年），http://www.most.gov.cn/kjtj/。

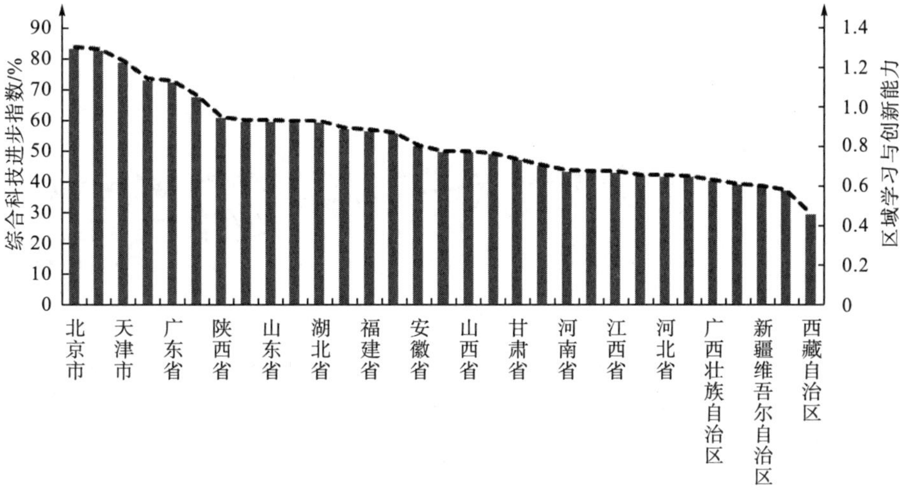

图 3.5 各地区综合科技进步指数

资料来源：《中国科技统计资料汇编 2015》。

3.4.5 民族八省区自我发展能力指数

把上面几项进行综合得到民族八省区区域自我发展能力，表 3.9 给出了 2014 年的计算结果。从排位(降序)看，在全国 31 个省级行政区划单位中，内蒙古自治区排第 22 位，广西壮族自治区排第 23 位，贵州省排第 25 位，云南省排第 26 位，西藏自治区排第 31 位，青海省排第 30 位，宁夏回族自治区排第 29 位，新疆维吾尔自治区排第 27 位，因此民族地区自我发展能力是不足的。图 3.6 给出了全国 31 个地区的自我发展能力指数，靠后的基本上属于民族地区。

表 3.9 民族地区自我发展能力(2014 年)

地区	家庭		企业		政府		区域学习与创新		区域自我发展能力	
	指数	位次	指数	位次	指数	位次	指数	位次	指数	位次
内蒙古自治区	0.9952	18	0.8849	22	0.8092	18	0.7101	20	0.8434	22
广西壮族自治区	0.9857	23	1.1144	9	0.6961	23	0.6341	27	0.8345	23
贵州省	0.9221	28	0.9801	14	0.6569	25	0.5868	30	0.7683	25
云南省	0.8949	30	0.9582	16	0.6516	26	0.6153	28	0.7657	26
西藏自治区	0.6521	31	0.2742	31	0.1785	31	0.4648	31	0.3490	31
青海省	0.9119	29	0.5473	27	0.3181	30	0.6589	24	0.5687	30
宁夏回族自治区	0.9630	25	0.5030	30	0.5785	28	0.6812	22	0.6610	29
新疆维吾尔自治区	0.9908	21	0.8703	24	0.6582	24	0.6044	29	0.7653	27

资料来源：作者根据《中国统计年鉴》(2015 年)(光盘版)和《中国科技统计资料汇编 2015》相关数据计算得到。

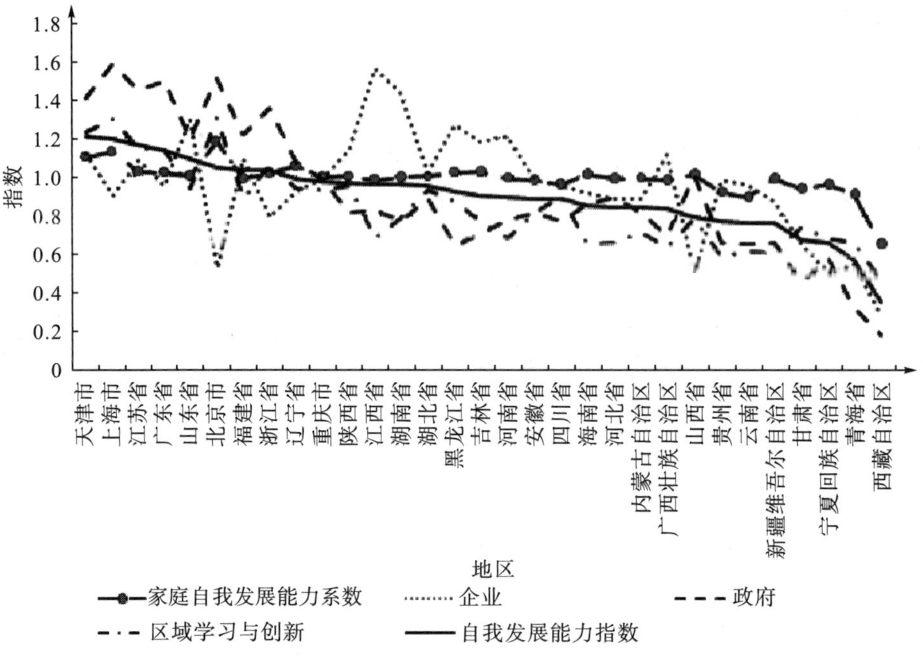

图 3.6 2014 年全国各地区的相对自我发展能力

资料来源：作者根据《中国统计年鉴》(2015 年)(光盘版)和《中国科技统计资料汇编 2015》相关数据计算绘制。

3.5 自我发展能力与经济发展

自我发展能力是区域内源发展的重要动力。本节主要从经济活动的供给主体的角度研究区域自我发展能力。图 3.7～图 3.11 绘出的是 2014 年 31 个省(自治区、直辖市)自我发展能力各要素与各地区相对人均地区生产总值间的关系，这里的相对人均地区生产总值指的是各地区人均地区生产总值与全国平均的人均国内生产总值间的比值。图 3.7 描述的是区域家庭自我发展能力与相对人均地区生产总值的关系，可决系数为 $R^2=0.465$，这说明两者间呈现出显著的线性正相关关系，家庭自我发展能力高的地区，相对人均地区生产总值也高。根据本书对家庭自我发展能力的界定，家庭自我发展能力高，意味着人均受教育年限长，预期寿命长，即人力资本水平高，而经济增长理论的研究表明，人力资本是经济增长的重要引擎。

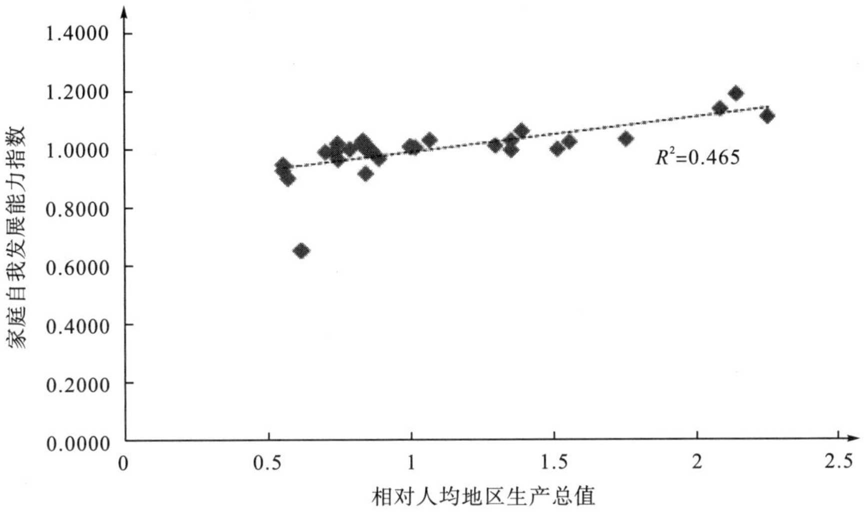

图 3.7　区域家庭自我发展能力与经济发展

资料来源：作者根据《中国统计年鉴》(2015 年)(光盘版)相关数据计算绘制。

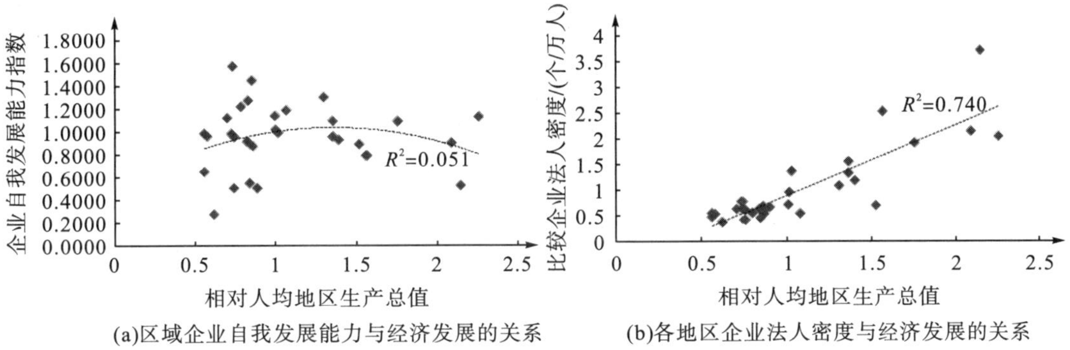

图 3.8　区域企业自我发展能力与经济发展

资料来源：作者根据《中国统计年鉴》(2015 年)(光盘版)相关数据计算绘制。

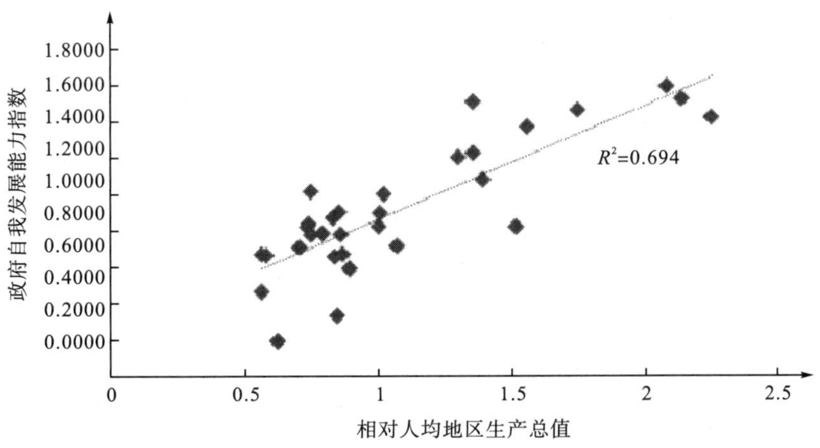

图 3.9　区域政府自我发展能力与经济发展

资料来源：作者根据《中国统计年鉴》(2015 年)(光盘版)相关数据计算绘制。

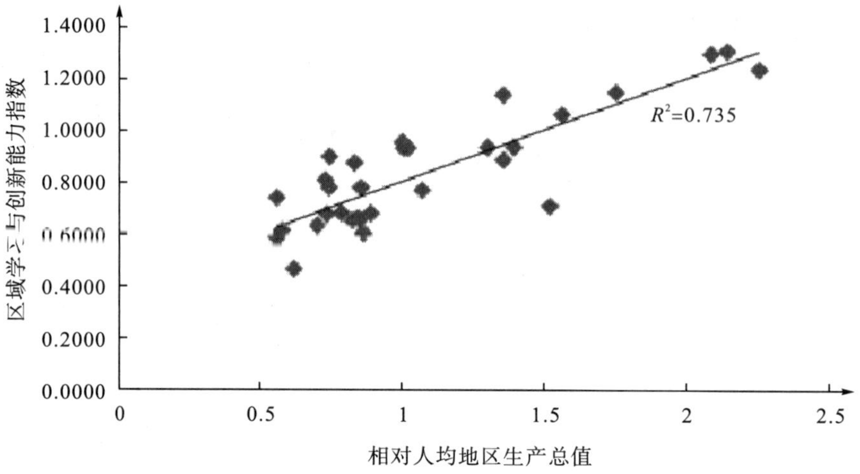

图 3.10 区域学习与创新能力和经济发展

资料来源：作者根据《中国统计年鉴》(2015 年)(光盘版)和《中国科技统计资料汇编 2015》相关数据计算绘制。

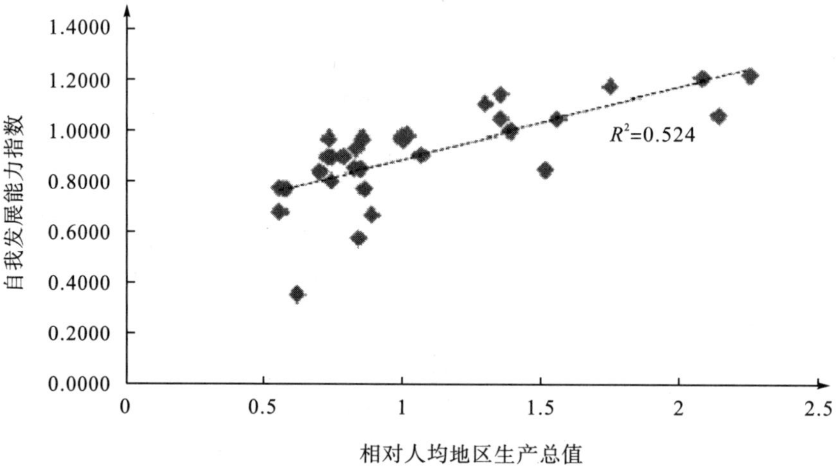

图 3.11 自我发展能力与区域发展

资料来源：作者根据《中国统计年鉴》(2015 年)(光盘版)和《中国科技统计资料汇编 2015》相关数据计算绘制。

图 3.8(a)显示的是区域企业自我发展能力与经济发展的关系。企业是经济增长的“国王”，没有企业的发展，区域发展就失去了“基石”。但图中的关系不是很明显，这可能与这里选择的企业自我发展能力指标有关系。图 3.8(b)显示的是各地区企业法人密度与经济发展的关系，用的依然是与全国比较的相对值，可以看出两者关系相当显著，$R^2=0.740$，企业法人密度高的地区，经济发展水平高。

图 3.9 揭示的区域政府自我发展能力与经济发展的关系也呈现出显著的正线性关系，$R^2=0.694$。这很好理解，政府发展能力高的地区，经济发展的社会先行资本(比如基础设施，地方政府主要提供的地方基础设施)好，投资环境好，吸引企业和劳动力，从而经济发展水平高。当然，经济发展水平高的地区，税基好，地方一般预算收入满足地方一般预算支出的能力强，从而政府自我发展能力强。

图 3.10 反映的是区域学习与创新能力和经济发展的关系，显然两者呈现出非常强的正线性关系，$R^2=0.735$。本书认为，只要世界上存在发达国家与发展中国家，发展中国家的发展过程首先是追赶发达国家的过程，而这个追赶过程很大程度上是学习与模仿，然后是创新的过程。这个过程对发达地区与欠发达地区的国家内的欠发达地区同样适用。因此，学习能力、创新能力强，经济发展水平高。

各地区总的相对自我发展能力与相对人均地区生产总值间的正线性关系如图 3.11 所示，$R^2=0.524$。因此，提高自我发展能力是一个地区实现内源赶超的决定性措施。

3.6　加强能力建设，提升民族地区的自我发展能力

前文的研究表明，改革开放以来，民族地区的自我发展能力虽有所提升，但总体上仍是不足的，与全国均值比较存在较大的“能力缺口”；与发达地区比较，“能力缺口”更大。目前，民族地区的发展已经站在了新的历史起点上。在新阶段，加快民族地区的发展必须着力于提升区域自我发展能力。提升民族地区自我发展能力应当主要靠民族地区自己的努力，同时离不开全国尤其是东部地区的援助和支持。图 3.12 给出了本书提出的区域自我发展能力提升的框架。

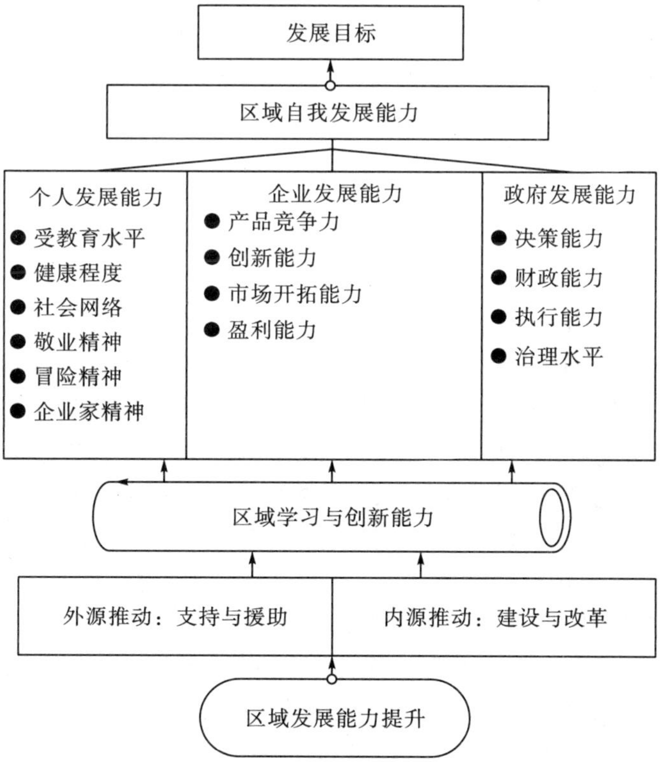

图 3.12　区域自我发展能力提升的框架

资料来源：作者绘制。

3.6.1 必须持续加大对民族地区的发展援助和支持力度

作为全国宏观经济的重要组成部分的民族地区，其发展状态对全国经济社会发展具有重要作用。要充分认识民族地区在全国重要的战略地位，并考虑民族地区发展的阶段和区情，持续加大对民族地区的发展援助和支持力度。很多事情特别是有利于民族地区发展的政策措施，比如，财政税收和对外开放政策的制定实施，具有带动力的项目及人才、资本等的快速集聚等，仅靠民族地区的努力是难以实现的。况且，民族地区为全国的发展做出了历史性的贡献，如维护边疆稳定、保护生态环境、提供资源要素等，理当得到国家及率先发展起来的地区的支援和帮助。

国家，尤其是东、中部对民族地区的支援和帮助应更多地着眼于授之以“渔”，着力提升民族地区的自我发展能力。例如，在中央政府的政策支持上，赋予民族地区优先发展的机会，完善和制定支持民族地区发展的政策体系，实行比东部地区更有力的政策倾斜，或者政策倾斜的力度至少要和东部地区一致。在资金援助上，除了关注对东部地区有利的资源开放型项目(如直接的资源开发和利于资源运输的跨区域通道建设)外，应更多地帮助民族地区发展有市场潜力和带动能力的项目，同时对资源型产品输出较多的地区实行相应的、有利于当地发展的税收政策。又如，推动教育发展适当向民族地区倾斜，提高人力资源素质。在对口支援政策上，一方面适当加大支持力度；另一方面在援助目标上要定位于提升民族地区的自我发展能力，着力于扩大民族地区产品的市场范围，同时通过多方面努力，激励东、中部企业的进入，帮助民族地区建立和完善市场经济体制和机制。

3.6.2 民族地区必须加大能力建设力度

自我发展能力的获取，不能主要由外源推动，而是要靠民族地区自身的努力。

(1)进一步持续加强人力资本投资，优先提升民族地区个人的发展能力。区域自我发展能力形成需通过人力资本的形成和积累来获得。人力资本作为经济发展的原动力、价值创造主体，为区域技术创新提供有力的智力支持和技术保证。一个区域的人力资本规模、人力资本结构、人力资本素质、人力资本投入及人力资本供求关系直接影响区域发展。研究发现，一个地区劳动者平均受教育水平越高，则地区学习能力普遍越高，相应地区经济增长速度受到学习能力的影响。而且，教育具有社会效益和私人效益两个方面，它对区域经济增长有正外部性。健康投资对区域经济发展产生十分重要的影响。正如舒尔茨所说，“改善穷人福利的决定性生产要素不是空间、能源和耕地，而是人口质量的改善和增进”(舒尔茨，1990)。①要进一步完善少数民族和农村地区的人口政策，优化人口结构，提高生育质量；②进一步加快民族地区基础教育和职业教育的发展；③加强对人力资源的开发和培训；④大力普及科学知识，推广先进适用技术，提高民族地区的自主创新能力；⑤投资人民健康，为全体人口提供基本公共卫生服务。

(2)进一步改善投资环境，加强企业管理，提升企业发展能力。在自由、开放和竞争的市场经济中，区域资源禀赋结构是区域经济比较优势的基础，在很大程度上影响甚至决定着区域内企业的产业和技术选择，因而也就在很大程度上影响甚至决定着区域内企业自生发展能力。企业的发展和盈利是区域发展的基础，无论是政府财政收入还是居民收入均来自具有“自生能力”的企业。在民族地区，提升企业发展能力，①要进一步加强软硬基础设施建设，在投资环境方面向东部地区看齐；②充分利用好自己的各种优势资源，大力发展特色产业，使特色产业成为经济发展的主打产业；③创造条件，努力承接国内外发达地区的产业转移，实现自我发展能力的提升；④进一步加强企业管理，努力提升企业管理水平。

(3) 进一步转变政府职能，改善治理，努力提升政府供给公共产品的能力。提升政府发展能力的一个关键是政府职能的转变。改革开放以来，民族地区在转变政府职能方面取得了显著进展，但政府主导型的发展模式仍未彻底扭转，在一些民族地区政府“缺位”和“越位”的事还个别存在。因此，提升政府发展能力，必须紧紧抓住政府职能转变这个关键，推动发展方式转变和经济结构调整，实现经济社会的可持续发展。①要全面树立科学行政理念；②要深化体制、机制改革，完善制度建设；③要突出重点，强化公共服务职能建设；④转变推动经济发展的模式和方式；⑤合理界定中央政府、各级地方政府的事权职责。

(4) 进一步加大科技投入，改革科技创新体制，提升区域学习与创新能力。民族地区科技创新能力相对较弱，科技对经济发展的贡献率低，这既制约了自我发展能力的提高，更制约了民族地区经济发展方式的转变。今后，①要进一步提高认识，不断增强科技创新的紧迫感和责任意识；②要进一步加大对科技的投入，不断提高科技创新的竞争力；③要进一步提升企业创新能力，不断优化产业结构和经济增长方式的转变；④要进一步加快农牧业领域的科技进步，不断促进农牧业增效和农民增收。

(5) 必须进一步扩大开放和解放思想。民族地区对内、对外开放滞后，国内外民间资本进入较少，外向型经济发育迟缓，缺乏带动作用较大的经济核心区，严重制约了区域自我发展能力的提升。民族地区的发展要迈上新台阶，必须着力扩大对内、对外开放。民族地区的开放可以分为两个层次。①向全国开放，积极而有选择地承接东部产业转移。发展是有梯度的。改革开放以来，东部经过多年的发展，土地、劳动力等资源变得相对稀缺，而民族地区的这些要素则相对充裕。因此，只要有好的发展环境，民族地区就会迎来一轮大发展。但同时，民族地区必须注意避免走上先污染后治理、片面追求地区生产总值的发展之路。②向世界开放，在“引进来、走出去”的过程中学习、提高，完成必要的积累。民族地区是我国陆上对外开放的前沿。与之相邻的国家资源丰富、市场广大，加强与这些国家的经济贸易交流与合作对民族地区的发展和能力提升有着特别重要的意义。首先，充分利用“中国-东盟自由贸易区”和建设“长吉图开发开放先导区”凸显的新机遇，积极参与我国与东南亚、东亚、中亚、东北亚地区各国的双边、多边投资贸易合作，构筑民族地区对外开放的新格局。其次，建立和完善一批边境出口加工区和边境自由贸易区。再次，加快交通运输大通道的建设，形成以“亚欧大陆桥”“西南出海大通道”为轴线，以重点边境口岸为桥头堡，形成优势互补、共同发展的国际走廊。最后，继续大力推进实施“走出去”战略，鼓励民族地区有条件的企业以多种形式在境外投资，参与对外贸易、资源开发、产业合作、科技人才和文化交流、工程承包、劳务合作等国际经济技术合作。

提升民族地区自我发展能力，加快民族地区经济社会发展步伐，还必须进一步解放思想。民族地区由于地理位置远离国家的政治经济核心区，同时是自然经济、计划经济影响比较深的地区，还有千百年来所形成的相对封闭、保守、墨守成规的生活观念和重农抑商、不患寡而患不均的文化积淀，相对于东、中部，民族地区解放思想的难度更大。如果不解放思想，实现民族地区的跨越式发展就会流于“空谈”，民族地区解放思想的要害，就是打破安于现状、不思进取的思维定式，学会用市场经济的思维方式解决经济发展中的瓶颈问题，即用互利的、双赢的方式引进人才和资本，善于把资源变成资本，善于把比较优势变成竞争优势。在新的历史起点上，民族地区在发挥市场配置资源的基础性作用、国有企业改革、发展民营经济、创造良好环境等问题上，都应当进一步解放思想。

3.7 本章附录

附录1 全国科技进步统计监测指标体系和监测标准

一级指标	二级指标	三级指标	标准
科技进步环境	科技人力资源	万人研究与发展(research and development,R&D)人员数/(人/万人)	500
		万人大专以上学历人数/(人/万人)	1000
	科研物质条件	每名R&D活动人员新增仪器设备费/[万元/(人·年)]	8
		科研与综合技术服务业新增固定资产占全社会新增固定资产比例/%	3
	科技意识	万名就业人员专利申请量/(项/万人)	100
		科研与综合技术服务业平均工资与全社会平均工资比例系数/%	200
		万人吸纳技术成果金额/(万元/万人)	200
科技活动投入	科技活动人力投入	万人R&D科学家和工程师数/(人/万人)	10
		企业R&D科学家和工程师占全社会R&D科学家和工程师比例/%	70
	科技活动财力投入	R&D经费支出占地区生产总值比例/%	2.5
		地方财政科技拨款占地方财政支出比例/%	5
		企业R&D经费支出占产品销售收入比例/%	6
		企业技术引进和消化吸收经费支出占产品销售收入的比例/%	1
科技活动产出	科技活动产出水平	万名R&D活动人员科技论文数/(篇/万人)	5000
		获国家级科技成果奖励系数/(项目当量/万人)	5
	技术成果市场化	万名就业人员发明专利拥有量/(项/万人)	8
		万人技术成果成交额/(万元/万人)	200
		万名R&D活动人员向国外转让专利使用费和特许费/(万美元/万人)	500
高新技术产业化	高新技术产业化水平	高技术产业增加值占工业增加值比例/%	30
		知识密集型服务业增加值占生产总值比例/%	30
		高技术产品出口额占商品出口额比例/%	40
		新产品销售收入占产品销售收入比例/%	40
	高新技术产业化效益	高技术产业劳动生产率/(万元/人)	15
		高技术产业增加值率/%	50
		知识密集型服务业劳动生产率/(万元/人)	60

续表

一级指标	二级指标	三级指标	标准
科技促进经济社会发展	经济发展方式转变	劳动生产率/(万元/人)	8
		资本生产率/(万元/万元)	1
		综合能耗产出率/(元/千克标准煤)	42
	环境改善	环境质量指数/%	100
		环境污染治理指数/%	100
	社会生活信息化	百户居民计算机拥有量/(台/百户)	50
		万人国际互联网络用户数/(户/万人)	2500
		百人固定电话和移动电话用户数/(户/百人)	67

附录 2　2014 年各地区区域自我发展能力指数

地区	家庭自我发展能力指数	企业自我发展能力指数	政府自我发展能力指数	区域学习与创新能力指数	自我发展能力指数	排序
天津市	1.1066	1.1240	1.4112	1.2373	1.2139	1
上海市	1.1330	0.8975	1.5861	1.2979	1.2028	2
江苏省	1.0292	1.0849	1.4539	1.1496	1.1688	3
广东省	1.0244	0.9534	1.5006	1.1394	1.1368	4
山东省	1.0075	1.2950	1.1927	0.9367	1.0988	5
北京市	1.1851	0.5233	1.5157	1.3079	1.0530	6
福建省	0.9922	1.0888	1.2166	0.8878	1.0393	7
浙江省	1.0203	0.7872	1.3605	1.0634	1.0383	8
辽宁省	1.0578	0.9242	1.0702	0.9369	0.9950	9
重庆市	1.0013	0.9872	0.9906	0.9331	0.9777	10
陕西省	1.0045	1.1336	0.8125	0.9556	0.9697	11
江西省	0.9878	1.5635	0.8254	0.6777	0.9641	12
湖南省	0.9980	1.4406	0.7680	0.7805	0.9635	13
湖北省	1.0041	1.0151	0.8860	0.9316	0.9577	14
黑龙江省	1.0248	1.2664	0.6453	0.8751	0.9252	15
吉林省	1.0272	1.1817	0.7035	0.7703	0.9006	16
河南省	0.9961	1.2135	0.7738	0.6821	0.8937	17
安徽省	0.9843	0.9785	0.810	0.8093	0.8914	18
四川省	0.9606	0.9518	0.7670	0.8990	0.8911	19
海南省	1.0131	0.9132	0.8599	0.6532	0.8491	20
河北省	0.9915	0.8840	0.8908	0.6574	0.8464	21
内蒙古自治区	0.9952	0.8849	0.8092	0.7101	0.8434	22
广西壮族自治区	0.9857	1.1144	0.6961	0.6341	0.8345	23

续表

地区	家庭自我发展能力指数	企业自我发展能力指数	政府自我发展能力指数	区域学习与创新能力指数	自我发展能力指数	排序
山西省	1.0149	0.5037	1.0049	0.7794	0.7954	24
贵州省	0.9221	0.9801	0.6569	0.5868	0.7683	25
云南省	0.8949	0.9582	0.6516	0.6153	0.7657	26
新疆维吾尔自治区	0.9908	0.8703	0.6582	0.6044	0.7653	27
甘肃省	0.9425	0.6466	0.4507	0.7405	0.6716	28
宁夏回族自治区	0.9630	0.5030	0.5785	0.6812	0.6610	29
青海省	0.9119	0.5473	0.3181	0.6589	0.5687	30
西藏自治区	0.6521	0.2742	0.1785	0.4648	0.3490	31

第4章　产业转移与民族地区经济发展研究

一个地区产业的发展，既可以基于本地区原发性比较优势实现，包括来自供给方的比较优势和来自需求方的比较优势；也可以通过吸引外地企业进行区位转移，由此带来产业转移的实现。对于后发地区，承接区外的产业转移是实现发展转型和追赶的重要途径，这是因为通过吸引区外企业迁移到本地区，在促进本地区产业发展的同时，还会产生技术溢出、市场溢出等，这既会带来后发地区的技术进步，也会带来市场范围的扩大，从而增强后发地区的内生动力。

产业转移，又称产业区域转移，是指一个国家或地区的某些产业由于资源供给或需求条件发生变化而向其他国家或地区转移的现象或过程。它既是一个具有时间和空间维度的动态过程，又是一个包含区域间投资与贸易活动的综合过程；既是区域间产业分工形成的重要因素，又是转出地和转入地产业结构调整和产业优化升级的重要途径。作为我国后发地区的民族地区，承接国内外的产业转移，不仅可以优化民族地区的产业结构，加快民族地区的经济发展，还能加速区域经济一体化，缩小地区发展差距。

本章从产业转移的理论基础出发，对产业转移与民族地区经济发展进行了系统研究，本章其余各节内容设计如下。

4.1 节是产业转移及其理论基础。该节介绍了相关研究背景与研究意义、产业转移的基本内涵、产业转移的理论基础、产业转移的效应，从研究的背景和制度环境来看，现有的产业转移理论大多是建立在如美国、英国、日本等已经成熟的市场经济制度环境之上的。对于我国民族地区市场经济不够完善的地区，许多研究成果并不完全适用。民族地区如何在发挥后发优势的基础上，积极有效地承接国内外的产业转移，实现我国区域经济的统筹发展，则构成本章的研究视角。

4.2 节是产业转移、产业联系与移入地产业变化。产业转移对转移双方经济的发展都有重要的影响。对发达区域而言，它是区域产业结构调整升级的重要途径，也是揭开区域产业竞争优势的有效方式。对发展中区域而言，产业转移是区域经济起飞与发展的良好契机，也是区域产业结构升级转换的可行方略。本章认为产业转移可以通过主导产业更迭机制和要素产业间流动机制带动移入地产业结构升级，也可以通过技术进步机制和转移产业的关联带动机制促进移入地产业结构升级。同时，产业转移也可能对移入地产业发展产生一些负面影响，因此，民族地区在对移入产业进行选择时，必须遵循适应性原则、技术进步原则和关联强度原则。

4.3 节是民族地区产业转移的现状分析。该节借用孙久文和胡安俊(2013)的研究方法，采用就业份额和工业销售产值份额的变化来测度产业转移方向和程度，利用的数据是《中国经济普查年鉴2004》《中国经济普查年鉴2008》《中国经济普查年鉴2013》。本节主要结论：①西部大开发战略实施以来，民族地区的工业在全国的地位有所提升，从全国看，存在着从东部到中部的工业产业转移，也确有部分工业转移到了民族地区；民族地区在承接工业转移中，主要承接的是采矿业的转移，制造业的转移比重很低。②民族八省区工业产业转移的态势各有不同，不过按行业大类看，主要转入的产业是采矿业。③关于采矿业的产业转移，研究表明，2004 年以来我国东、中、西、东北部四大板块产业转入转出明显，西部地区作为主要的产业转入承接地区，产业转入规模较大，其采矿业工业销售产值占全国的比重上升了 10.62%，其中民族八省区上升了 7.79%；东部地区和东北地区的产业转出效应明显，采矿业工业销售产值占全国的比重分别下降了 7.56%和 5.76%；中部地区产业转移规模较少，有一定程度的产业转入。④关于制造业产业转移，全国制造业产业转移的基本态势为由东部地区向中部地区和西部地区转移。民族八省区承接制造业产业转移的基本情况是：2004～2008 年，根据就业转移测度，民族八省区有 8 个行业转入，20 个行业转出。根据销售产值转移测度，民族地区有 18 个行业转入，10 个行业转出。2008～2013 年，根据就业转移测度，民族八省区有 20 个行业转入，8 个行业转出。根据销售产值转移测度，民族地区有 24 个行业转入，4 个行业转出。因此，2008 年以来，民族地区主要是制造业产业的转入地。⑤自 2004 年以来，民族地区无论是国有控股企业还是非国有控股企业，企业数、销售产值和就业人数占全国的比例均呈现出上升的态势。这表明在产业转移过程中，国有控股企业和非国有控股企业均在向中、西部和民族地区转移。

4.4 节研究了西部大开发战略实施以来民族地区产业转移与工业结构逆向调整。该节主要结论：一方面，西部大开发战略的实施极大地改善了民族地区与中部、东部地区联系的交通通信条件，降低了包括运输成本在内的区际交易成本，加强了民族地区与全国尤其是东、中部地区的经济联系，全国的经济一体化程度得到了很大的提升。另一方面，伴随着民族地区与东、中部地区经济联系的加强与全国经济一体化程度的提高，民族地区产业结构呈现出逆向调整(即去工业化，deindustrialization)的态势，突出表现为工业发展中，采掘工业与原材料工业等资源型工业比重大，高技术产业比重下降。该节利用新经济地理学模型对此进行了分析，认为相对于东、中部地区，民族地区远离全国经济核心区和政治核心区，是典型的边缘区，初始的人口份额和资本份额远低于东、中部地区。西部大开发战略实施以来，大规模的基础设施建设，特别是连接西部地区与东、中部地区的高速公路、铁路及航空港的建设，极大地降低了东、中、西部之间的运输成本和贸易成本，经济一体化程度得到深入推进，所以，作为边缘区的民族地区制造业产业份额下降有其必然性。

4.5 节是民族地区承接产业转移的能力分析。虽然民族地区产业承接的综合能力较低，但是民族地区可以利用自身的资源优势和相对比较特别的地缘优势来发展特色产业，实现民族地区经济跨越式发展。我国东部地区，作为跨国公司向我国进行产业转移的主要地区，随着东部沿海产业集聚过度和经济发展水平的提高，逐渐出现了土地、原材料供应紧张和劳动力成本上涨的现象，东部沿海地区的一些产业已经失去了比较优势，为了保持东部的竞争优势，东部沿海地区也需要进行产业转移。民族地区合理地承接东部地区的产业转移能够促进西部的经济发展和就业，促进民族地区产业结构调整和升级，改善承接产业的环境，从而带动更多产业转移到西部，实现区域经济的协调和可持续发展。

4.6 节是民族地区承接产业转移，促进产业结构调整的战略思路。“十二五”及以后时期，伴随着西部大开发战略的深入推进，西部地区的基础设施将继续得到改善，包括运输成本在内的贸易成本将继续下降，其与东、中部地区的经济联系将更加密切，全国经济一体化程度将进一步提高，如果没有政府的干预，或者政府干预不恰当，民族地区的产业结构有可能会进一步低端化，去工业化趋势会继续下去。该节提出，民族地区产业结构调整要遵循以下原则：①正确处理政府、企业和市场的关系；②产业结构的调整要与所有制结构调整相结合；③产业结构调整要突出区域特色，形成区域竞争优势；④正确处理产业进入和退出的关系；⑤资源开发要以生态环境保护为前提。其基本思路是为促进民族地区产业结构的升级，中央政府应在政策上给予支持，政策支持的中心在于在民族地区保持住制造业份额，为此可供选择的政策包括：鼓励国有资源型企业把企业总部迁移到民族地区，这将伴随资本和劳动向民族地区的流动，增加民族地区的支出份额，从而增加民族地区制造业份额；大力加强民族地区内部基础设施的建设，理论与实践证明，旨在强化民族地区与东、中部地区联系的区域间基础设施建设会加快产业向核心区的集聚，而区域内的基础设施建设，对于提高民族地区的支出份额是有益的；对民族地区企业实施投资补贴，对于延迟其去工业化和再工业化有重要作用。在此基础上，要从发展民族地区的教育、培育区域核心竞争力、扶植区域主导产业、改善企业治理、促进企业技术进步、发挥民族地区的中心城市的带动作用、加强地区间人才交流与合作、增强民族地区的市场潜力、降低空间交易成本、促进国内外市场的贸易联系与民族地区的沿边开放、减少民族地区的无效投资、继续实施对民族地区的资本与金融扶持政策等方面促进民族地区承接产业转移，达到产业结构调整与升级的目的。

4.1　产业转移及其理论基础

4.1.1　研究背景与研究意义

1. 研究背景

发达区域的产业顺应竞争优势的变化，通过跨区域直接投资，把部分产业的生产转移到发展中区域进行，从而使产业表现为在空间上移动的现象。产业地区转移的实质是分工结构的变化，在客观上表现为产业在空间上移动的现象，其所要解决的核心问题就是如何实现资源的最佳配置，促进分工结构的优化。

当前，随着经济全球化的进行，资源可以在全球范围内流动和重新配置，原来相对封闭的区域，不得不参与全球化的竞争。对一些区域而言，区域之间的相互依存关系更为明显，区域间利益共享，相互依赖，互相渗透，经济一体化的进程不断加快。经济一体化的深入推进，对每一个国家或地区都产生着深刻的影响。在经济一体化的过程中，由于技术、地理区位、自然资源、前期资本积累、国家政策扶持等因素的影响，我国产业发展呈现出明显的地区差异。中、西部地区由于地理区位劣势、国家政策早期扶持不足等产业发展不够理想，从而经济发展水平较低，区域发展差距拉大。

国家为了适应经济社会发展的需要，缩小地区经济发展和收入差距，提出了西部大开发、振兴东北老工业基地、中部崛起等发展战略。如表 4.1 所示，目前已形成了长三角经济区、珠三角经济区、中原经济区、武汉经济圈、关中-天水区、成渝经济区、广西北部湾经济区等国内主要经济区(圈)的格局。

我国是一个多民族的国家，少数民族大部分分布在边疆、山区、牧区及高寒地区，经济发展水平相对滞后，促进民族地区的经济发展刻不容缓。随着全球经济的发展，我国积极参与国家之间的分工与合作，主动吸纳国外的投资、贸易和先进技术，逐步发展成为国际产业转移的主要承接地。与此同时，国内区域间产业转移也方兴未艾，发达地区与落后地区间产业转移规模越来越大、层次越来越高。承接产业转移是我国调整产业结构、促进区域经济发展的重要途径。我国民族地区自然资源、人力资源丰富，一些资源具备典型的异质性和不可流动性特征，经济发展的后发优势相当明显。当前，我国广大的民族地区正面临着产业转移的大好时机，能否抓住这次机遇是民族地区缩小发展差距、振兴经济的关键。

表 4.1　国内主要经济区

地区名称	发展定位	主要辐射地区
珠三角经济区	改革开放的试验地，先进的制造业与高科技产业区，全国主要的经济中心	广东、福建、海南、广西
长三角经济区	全球主要的经济中心，先进的制造业与现代化的服务业，较强竞争力的国际化城市带	上海、江苏、浙江、安徽
京津冀都市圈	钢铁生产基地，现代交通运输设备生产基地，国家政治和文化中心	北京、天津、河北
长株潭城市群	率先建立创新型的城市带，中部崛起的主要支撑力	湖南
武汉经济圈	高科技及高素质人才中心，中部崛起的核心动力	湖北
辽宁沿海经济区	东北亚重要的国际航运中心，具有国际竞争力的临港产业带	辽宁
皖江城市带	中部崛起的重要经济增长极，泛长三角经济区的辐射地带，承接产业转移的先行区	安徽
沈阳经济区	国家新型工业化综合配套改革实验区	辽宁
成渝经济区	国家统筹城乡综合配套改革实验区，西部地区经济增长极，高新技术产业区	四川、重庆
重庆两江新区	长江上游金融中心，国家统筹城乡综合配套改革先行区	重庆
关中-天水经济区	有着悠久历史底蕴、彰显华夏文明的文化基地，全国重要的制造业生产基地	陕西、甘肃
广西北部湾经济区	中国-东盟信息交流与合作区	广西
新疆喀什经济特区	新疆经济增长极，中国向西开放的门户	新疆

资料来源：作者整理。

2. 研究意义

1) 理论意义

任何一个国家或地区的经济发展绝对不可能是完全封闭的，而只能是开放式的。因此一国或一个地区的发展都离不开外部环境，离不开产业转移。只有把区域内部的发展和对外部的开放有机结合起来，该区域内部经济才能迅速而持续地发展。所以，对产业转移理论的探讨，不仅有助于推动发展中国家或地区的经济发展，也有助于发展经济学的理论深化。本章立足于我国民族地区的要素禀赋特征及技术能力内涵，全面、系统地拓展了产业转移理论，力图探索出适合后发地区产业承接的经济发展模式，设计出我国民族地区自主创新能力的发展蓝图，为后发地区发展提供思路。

2) 现实意义

新阶段的统筹城乡区域发展战略对我国民族地区的产业调整和经济发展提出了新的要求，缩小同国内外发达地区的经济差距既需要民族地区本身条件的改善，又需要外部条件的注入。研究民族地区承接东部发达地区的产业转移具有重要的现实意义。

(1) 对于统筹区域协调发展，逐步实现各民族共同繁荣，具有极为重要的战略意义。民族地区存在的矛盾和问题，归根到底要靠发展经济来解决。长期以来，我国经济发展不均衡，民族地区与东部地区的经济发展差距大。产业转移可以使东部地区与民族地区之间的经济联系和交往更加密切，区域间分工协作观念增强，横向经济联合得以发展。民族地区承接东部地区的产业，一方面，有利于吸收先进的技术手段和管理经验，同时对提高当地劳动者的素质产生积极影响；另一方面，有利于增强区域产业的配套能力，形成一个有机的产业链体系，降低信息搜集和交易成本，在提升产业竞争力的同时提高整个区域的竞争力水平，从而缩小与东部地区的差距。另外，产业转移产生的企业间接联系效益有利于打破部门、地区的封锁和垄断，突破生产要素流动的行政性障碍，促进区域经济协调发展，从而加快民族地区经济的发展，逐步缩小民族之间的发展差距，逐步实现各民族共同繁荣。

(2) 对促进移出(入)区产业结构调整升级，提升企业竞争力具有现实意义。产业结构的优化是改变粗放、单一、离散经济增长模式的关键所在，产业结构能否升级，更直接关系到经济能否保持稳定、持续地增长。就产业移入方而言，通过承接产业转移，吸收其技术、资金、人力等先进生产要素，能够促使原有的产业结构优化和升级，从而形成巨大的产业集群和集聚科技创新能量，在民族地区形成各具特色的色彩斑斓、块状明显的“经济马赛克”现象，并通过一系列传递扩散效应辐射到广大周围地区，全面拉动区域经济的发展；就产业移出方而言，通过产业转移，迁出那些不适合本地区发展的产业，有助于腾出空间培育和发展一批高层次的新兴产业，既促进了产业结构的调整和升级，也有助于提升区域的产业竞争力。

(3) 对于相关政策制定的科学性具有重要的意义。本章对区际产业转移的态势和路径进行研究，不仅从宏观上提出有针对性的策略，而且能够为产业转移的主体——企业在产业转移的行为路径选择上提供实际的经验和指导。

4.1.2 产业转移的基本内涵

1) 产业转移的定义

产业转移的定义在学术界还没有达成统一。王先庆(1998)认为产业转移是资本的转移，其主要的轴心是技术的转移；卢根鑫(1994a)认为产业转移是一种新质的经济运动过程；李新春(2000)认为产业转移是整个地区的产业从一个经济地区向另一个经济地区的转移，这是一个变动的过程。所谓的产业转移，是指某一个国家或地区由于产品需求或资源供给等条件发生变化，本国或地区利用比较优势，通过进出口贸易、跨国投资及合作加工等方式，将本国初级阶段的产品或产业、成长或成熟阶段的产品或产业及处于衰退阶段的产品或产业转移到另一个国家或地区的经济运动过程。同时，通过产业转移可以调整地区产业结构，优化产业结构，最终促进本国或地区的经济发展。

简单来讲，产业转移是指一个国家或地区由于资源供给条件或产品需求条件发生变化，将产业转移到另一个国家或地区的整个经济运动过程。产业转移的本质是实现资源在空间内的合理优化配置，最终提高整个国家或地区的经济效益，在一定程度上表现为产业在空间上的优化分布过程。在产业转移的过程中，涉及产业转移地区、产业承接地区及转移的产业、转移的技术和资本、转移的相关联的产业等，通常情况下产业转移的过程表现为经济发展程度较高的地区由于条件发生变化，实现产业结构优化的重要方式；同时，对产业承接地来说，经济发展程度较低，可以通过承接产业转移，调整和优化产业结构，实现经济发展方式转变，最终加快经济的发展。

2) 产业转移的分类

产业转移可分为如下六类(表 4.2)。

表 4.2 产业转移的分类

序号	产业转移的分类依据	产业转移的类别	产业转移的定义	产业转移的异同点
1	移出地与承接地的地理位置关系	跨区域产业转移和区域内产业转移	(1)跨区域产业转移是在地理位置相差比较远的国家或地区之间发生； (2)区域内产业转移是指产业转移的移出地与承接地在地理位置上相邻	这两种产业转移的区分并非是绝对的，一种产业转移到底是跨区域产业转移还是区域内产业转移需要根据具体情况分析
2	资本流动的差异	产业增量转移和产业存量转移	(1)产业增量转移主要是指资本在各产业部分之间进行分配的过程； (2)产业存量转移是指企业通过对存量资本的兼并、联合、股份制等产权转让方式，促进资本存量优化配置，以获取最大利益	产业增量转移的实质是企业投资，目的是开拓新的产业领域和占有新的市场，以获得新的超额利润；而产业存量资本转移的实质是企业优化，目的是促进企业资本结构合理化，提高企业市场竞争力。同时，二者也不能完全割裂，企业需要根据市场形势的变化和本企业的实际情况在产业资本存量转移和产业资本增量转移之间进行动态的选择和调整

续表

序号	产业转移的分类依据	产业转移的类别	产业转移的定义	产业转移的异同点
3	转移主体的性质差别	衰退性产业转移与扩张性产业转移	(1) 衰退性产业转移是指转移出去的产业本身已经没有比较优势，是在市场竞争中逐渐被市场淘汰的产业，其成本高、附加值低，难以与当地企业的发展相融合；(2) 扩张性产业转移是指企业为了发展需要，将那些具有比较优势的产业转移出去，出于本地市场成本太高等原因，将这些在市场中具有高竞争力的企业转移到邻近的地区，与邻近地区的企业进行合作，扩大企业生产产量和扩大市场份额	扩张性产业转移是主动的战略性转移，衰退性产业转移是被动的演变性转移。二者在转移推动力、转变方式、转移速度上存在着很大的差异。当一个国家或地区向另一个国家或地区进行扩张性的产业转移时，往往会增大被转移国家的产业进行衰退性产业转移的压力
4	转移部门的不同	农业产业转移、工业产业转移、服务业产业转移	三大产业在空间内的合理分布过程	从微观角度看，各地区之间经济发展程度不同，产业从经济发展水平或者产业结构层次较高的国家或地区向经济发展水平较低的国家或地区转移；从宏观角度看，表现为三大产业的转移
5	转移地和承接地的经济发展水平	垂直产业转移与水平产业转移	(1) 垂直产业转移是指产业转移发生在经济发展差距比较大的国家或地区之间的现象；(2) 水平产业转移是指产业转移发生在经济发展水平相同或者差距不大的国家或地区之间的现象	(1) 垂直产业转移是因为发达国家或地区的“三高”产业在国内发展的不适应性及产业承接方对吸引投资发展地区经济的迫切要求；(2) 水平产业转移则往往是发展水平相当的国家或地区实现经济互补而进行的
6	转移发生的地域范围不同	产业转移和区域间产业转移	(1) 产业转移是指发生在国家之间的产业转移，指产业由一些国家或地区转移到另一些国家或地区；(2) 区域间产业转移是指产业在区域间的移动	产业转移是指不同经济发展水平的地区，产业从一个国家或地区转移到另一个国家或地区

资料来源：作者整理。

3) 影响产业转移的主要因素

(1) 要素禀赋的区域差异性。在市场上，生产要素是市场经济主体提供产品与服务所必须具备的因素。一般而言，生产要素包括自然资源、劳动力、土地、资本、技术等。就不同的区域而言，生产要素的禀赋程度是不一样的，而生产要素禀赋的差异性往往会影响到一个地区的经济发展水平，不同地区由于不同的经济发展水平，其产业结构和产业竞争力是不同的，进而会出现产业在地区之间发生转移。①自然资源的差异。不同地区由于生产要素禀赋的差异，其自然资源也存在差异。不同地区在发展经济时，往往会发挥其自身具有比较优势的资源优势，发展与其自身资源相匹配的相关产业，当资金积累到一定程度后才开始进一步发展其他产业。自然资源的差异性对不同地区的经济发展水平产生不同的影响，同时，在不同的经济发展阶段，自然资源也存在不同程度的影响：在经济发展水平较低的阶段，由于存在着技术水平的限制，一个地区往往会形成与自然资源相关的产业部门，自然资源的禀赋在一定程度上影响着一个地区的产业结构；随着经济的发展和生产技术水平的提高，一个地区的自然资源禀赋对地区的产业结构的影响作用慢慢减弱，生产技术水平渐渐对一个地区的产业结构产生支配性的作用，而生产所需的自然资源可以通过要素流通进行购买或者进口来提供。②劳动力的产异。劳动力是具有一定劳动技能的劳动者。

不同地区由于劳动者素质和劳动力供给结构的差异性，会形成不同的产业结构，从而影响经济的发展阶段；劳动力人数较多的地区会形成劳动密集型产业，而劳动力人数不足的地区，劳动密集型产业的发展水平较低。由于劳动者素质的差异性，不同地区经济发展水平差异性较大：高素质劳动者密集的地区，经济发展水平较高；低质量劳动者密集的地区，由于大部分是低技术含量的生产部门，其经济发展水平较低。③资本的差异。不同地区由于资本的差异性，经济发展水平和产业结构会不同。资本积累较大的地区，容易形成资本密集型产业；而资本供给量较低的地区，资本密集型产业的发展水平较不理想。④技术的差异。“科学技术是第一生产力”，一个地区或国家如果能够将技术迅速转化为现实的生产力，将其与资本、劳动相结合，并将其应用到产业中，将会形成新的产业增长极。只有建立创新型的国家，推进技术的创新和进步，才能够适应社会经济发展的必然趋势。技术的不断进步会促进产业细化，生成不同的产业分支，这样就会形成一个产业集群。

(2) 区位因素的影响。区位条件的差异性在一定程度上导致一个地区的经济发展水平的差异。区位实际上是一定的空间坐标，是某经济事物或主体所占的位置或场所。区位条件的优劣往往在一定程度上表现为运输成本的高低，而运输成本的高低对该地区市场供求存在影响，进而影响该地区的企业空间布局。企业空间布局的差异往往会导致地区之间存在产业的转移，而这种产业转移的实现主要是因为企业的区位分布差异和市场供求的约束。

(3) 市场容量和运输成本因素。①一个地区的市场容量，决定了一个地区的企业规模和数量。当一个地区的市场容量足够大时，才能吸引行业内的企业因为追求利润最大化而去生产产品，不断扩大生产规模，或者对行业以外的企业产生刺激作用，吸引其加入该行业。产业在区域之间进行产业转移时，往往需要市场容量的不断扩大，需要连续性的市场扩大过程。如果市场容量扩大过程中供求关系出现了断裂，企业或者产业的发展将出现中断，那么将会阻碍区域间的产业转移。不同发展阶段，产业转移的发生对市场容量的地域范围有不同的需求，主要表现为对国内市场和国际市场的需求。在产业转移的初始阶段，国内的市场容量对其产生主要影响；在产业转移的中期阶段，不仅国内市场容量对产业转移产生影响，国际市场容量也会对产业转移产生影响；在产业转移的后期，国际市场容量对产业转移产生主要的影响。②运输成本对一个地区的产业发展产生深远的影响。发达地区或者产业转移方生产的产品往往是加工工业产品，其产品的附加值一般较高，那么运输成本对产品区位选择的影响较小。和加工工业产品相比，欠发达地区或产业承接方的产品主要是初级产品，而初级产品主要是劳动密集型或资源密集型产业产品。由于运输成本较高，初级产品的运输性较差。产业承接方在发挥其自身资源优势时，应该考虑运输成本对资源开发的影响。产业转移方在转移产业时，其运输成本较低，而且在一定程度上对一个地区的资源具有垄断权利或者存在着绝对的资源优势，否则不可能发生产业转移，或者自身难以形成专业化的产业。产业承接方在承接产业转移方转移出的产业时，就应该考虑自身是否具有承接产业的优势，或者承接产业转移的能力，从而更好地发挥自身独特的资源优势，发展本地区的特色产业，带动地区经济发展。

(4) 制度和政策因素。20 世纪 70 年代，美国著名经济学家道格拉斯·C.诺斯(Douglass C. North)在经济增长研究中发现了制度因素的重要作用。制度是指人们在经济活动中所需要遵守的规章准则。而这些规章准则和规范限制了人们的经济活动。一般而言，制度包括正式的规章准则和非正式的规章准则。正式的规章准则主要是政治规章准则(宪法和其他法律)、经济规章准则(劳动法)和合同等；非正式的规章准则主要是社会风尚、道德行为准则等。这些规章准则涉及政治、社会和经济行为，维护了社会秩序，有利于社会经济快速发展。政策主要是政府为了社会经济的持续快速稳定发展，而贯彻和落实的一些引导性的信息行为。国家为了地区之间经济的发展，协调各地区经济发展的不平衡性，在引导产业发展中，制定了产业政策，产业政策的实施明确了产业发展的方向，有利于地区之间调整产业结构。国家在制定产业政策时，往往会将产业划分为优先发展、重点发展、鼓励发展、限制发展等类别，各地区在贯彻和落实产业政策时，要做到具体问题具体分析，针对自身的产业特色，调整产业发展方向，对产业结构进行调整，发展本地的经济。

4) 产业转移模式

(1) 成本导向型转移。成本导向型产业转移模式是以降低成本为主要目的。地区之间进行产业转移时，产业转移方往往会考虑到劳动力、资本、土地和技术等生产要素在进行产业转移时前后的成本变化情况。如果产业承接方的劳动力成本较低，就会导致劳动密集型产业转移到承接方。

(2) 追求规模经济型转移。追求规模经济型的产业转移主要是指一个地区为了获取外溢效应而进行产业集聚的一种产业转移模式。当今全球经济呈现全球化的发展趋势，区域经济的增长步伐也不断加快，区域经济呈现出增长极的态势，而这种增长极主要依靠区域内产业集群来推动。在对产业集群的研究中，被誉为“竞争战略之父”的美国著名管理学家迈克尔·波特(Michael E. Porter)在《国家竞争优势》中提到了“钻石体系”，他认为一个国家或地区要想在国际上取得竞争优势必须取得产业的竞争优势，而要想取得产业的竞争优势就必须建立产业集群。一旦一个地区产生了产业集群效应，很多企业就会迁入这一地区，而这些地区的企业大多是具有共同性或者互补性的。其中，规模经济是实现聚集效应的主要途径：企业间的纵向关联而形成的集聚；企业间的横向联系而形成的集聚。这些企业集聚在一起共享基础设施和公共服务产生的外部经济，可以有效地降低它们的搜寻成本和代理成本。

(3) 市场开拓型转移。市场开拓型的产业转移主要是指一种扩张型、以市场开拓为目标的产业转移模式。企业在发展过程中通过一段时间的资本积累，为了获得更多的利润，会扩大再生产，就需要更大的市场来满足这一条件，这就需要开拓新的市场。假设在市场中存在两个企业：企业 A 和企业 B。企业 A 利用企业 B 生产的产品作为企业 A 生产的原材料，企业 B 提供生产的中间产品。如果企业 A 发生产业转移，企业 B 的市场结构就会发生变化。需求模式发生变化，成本模式也跟着发生变化。如果企业 A 发生转移，企业 B 也应随之发生转移。

(4) 多元化经营型转移。多元化经营型的产业转移主要是指企业在发展过程中为了企业战略的实施而进行市场多元化的一种产业转移模式。多元化经营型的产业转移主要包括：经营领域的多元化、市场区域多元化。其中，经营领域的多元化主要表现为：保留原行业，开拓新行业；逐步退出原行业，开拓新行业；迅速退出原行业，开拓新行业。而市场区域多元化主要是指对原有的产业格局进行改变，对区域内的产业进行重大调整。随着经济的发展，越来越多的产业在寻找新的经济增长点时，往往会突破原有的经营理念，进行多元化的经营战略。

4.1.3 产业转移的理论基础研究

1. 古典区位理论

1826 年，德国经济学家杜能在他的经济学著作《孤立国同农业和国民经济的关系》一书中首先从理论上阐述了空间距离对农业生产布局的影响，并据此构建了假想孤立国中农业生产布局的空间结构。这是有关区位理论研究的开山之作，为后来的区位经济学的发展奠定了基础，杜能也因此被视为区位理论的先驱。而后，工业的发展及贸易增加引发了关于工业区位的转移的研究。韦伯对工业区位进行了研究，提出了关于“区位选择”的工业区位理论。杜能的农业区位论所回答的问题是在一个给定的地点生产什么样的产品最优，而韦伯回答的问题则是给定一个企业单位后选择什么样的地点生产最优。随后，恩伦德尔(Englander，1924)则把区位理论当成价格理论的一个分支加以研究；勒施(1995)扩展了区位理论的范围，将贸易流量与运输网络中的“中心地区”的服务区位问题也纳入其中进行研究。胡佛修改了韦伯的体系，考察了更复杂的运输费用结构、生产投入的替代物和规模经济。1936 年，勒施从需求出发，提出了市场区位理论，他认为企业在空间选择区位，不是寻求费用最低的地点，而是寻求利润最大的地点。这与韦伯从生产角度出发追求生产费用最小区位的工业区位论有着本质的区别。1954 年，勒施又把工业区位分析的对象推广至多种产业，并分析地区中的城市规模和类型，从而得出结论：在禀赋基本同质的情况下生产的空间集中是由规模经济差异和最终产品运输差异所导致的。1958 年，马丁·贝克曼发展了勒施的研究，他认为对当地商品的需求会影响一个等级结构中的城市的规模；但 1964 年米尔斯(Mills)与拉夫(Lav)却证明勒施的六角形市场结构是不恰当的。

古典区位理论在对企业区位问题的研究中，明确地或隐含地假定了空间是均质的，进而完全抽象了空间因素；同时，由于劳动力和自然资源等在空间中所存在的距离，企业在运行的过程中必然存在着运输成本与要素流动性等问题。古典区位理论一般认为企业在进行区位决策时必须考虑与市场和资源的接近程度、生产成本、运输成本等诸多传统因素。当市场因素、资源因素等发生改变时，企业为了追求利润最大化的目标，必然要改变其区位，将生产转移到其他国家或地区。古典区位理论实际上认为产业转移是企业追求利润最大化的自我行为。

2. 新经济地理理论中的区位理论

1977 年，迪克希特和斯蒂格利茨的《垄断竞争与最优产品多样化》一文的发表，为新经济地理理论的产生奠定了重要基础。与传统的以新古典经济理论为基础所决定的企业区位选择、区域生产力布局及区域发展模式观点不同，新经济地理理论从运输成本的降低及由此所引起的集聚经济、递增收益、规模经济效应、经济发展的外部性效应等角度探讨了企业区位选择及区域经济增长模式。许多经济学家在此领域进行了深入的研究。例如，以克鲁格曼和藤田昌久为代表的新经济地理学者利用迪克希特与斯蒂格利茨建立的垄断竞争模型，并借助萨缪尔森的“冰山”原理及后来的博弈论和计算机技术等分析工具，把区位因素纳入西方主流经济学的分析框架，使区位理论在不完全竞争和规模报酬递增的框架中获得新发展。克鲁格曼在 1991 年发表了名为《收益递增与经济地理》的文章。在该文中，克鲁格曼讨论了垄断竞争市场结构条件下的离散空间经济模型，并将该模型引入新经济地理学，提出了解决传统区位问题的分析框架，把古典区位理论中不能解释的这种相互作用内生化，建立了内生发展模型，从而为区位论的一般均衡研究提供了微观经济学基础。

格斯贝茨和施姆兹勒(Gersbach and Schmutzler，1999)通过模型探讨了产业外部与内部外溢效应条件下的生产与产品创新的地理分布，以及对于产业区位选择的影响。他们认为溢出效应的存在使企业之间具有递减的联系成本，是影响企业区位选择的重要因素。瓦尔茨(Walz，1996)则对企业区位选择中所出现的集聚现象进行了研究。他认为地方的经济增长起因于产业部门的地域集中所表现的持久的生产率增长，这同时与技术等要素的溢出效应密切相关。他同时认为区域经济一体化会导致递增的生产与产品创新的区域集中。

3. 雁阵模型及延长线理论

日本经济学家赤松要(Kaname Akamatsu)分别在 1935 年和 1937 年的《我国羊毛工业品的贸易趋势》《我国经济发展的综合辩证法》两篇日文论文中最早提出了雁阵模型(flying-geese model)的概念，但直到其英文论文 *A historical pattern of economics growth in developing countries* 发表，这一概念才引起经济学界的重视，并于 20 世纪 60 年代以后在小岛清(Kiyoshi Kojima)等日本著名经济学家的努力下逐渐发展成为解释产业转移问题的经典理论。

雁阵模型是从比较优势的角度解释了发展中国家产业结构的变换发展和产业在国家之间转移的过程。最初赤松要提出雁阵模型只是描述了产业在国内及国家之间进行变换和转移的过程，并未从根本上揭示这种产业的转换发展过程产生的根本原因及对移入地和移出地所产生的影响。日本著名经济学家小岛清将赤松要的雁阵模型和新古典经济学相结合对产业转移现象进行了研究，提出了追赶型产业周期理论(catching-up product cycle model)，其中心是边际产业扩张论。除此之外，还有一些学者在雁阵模型的基础上对产业的动因及其效应提出了一些补充。例如，大西胜明将产业转移与产业结构调整相结合，认为产业转移是产业结构和调整国际化的载体，牛丸元在此基础上用国际贸易理论中的 H-O-S 模型解释了雁阵模型。小泽辉智把产业转移的动因归纳为“比较优势再生”(comparative advantage recycling)。也就是说，产业移出地由于某种原因失去了该产业的比较优势，而最终会使产业转移到具有比较优势的其他国家或地区。从这些理论可以看出，它们均是建立在赤松要的雁阵模型和小岛清的边际产业扩张论的基础之上的。

4. 国际投资理论

产业转移最重要的表现形式是对外投资，发达国家往往通过国际投资的形式把产业从发达国家转移到其他国家，而区域间产业转移也往往通过区域间投资表现出来。国际投资理论则主要从对外投资的角度对产业转移的动因和效应进行了剖析。

国际投资理论的主流理论包括海默（Hymer，1960）的垄断优势理论、巴克利和卡森（Buckley and Casson，1976）等的内部化理论、邓宁（Dunning，1977，1981）的国际生产折中理论、弗农（Vernon，1966）的产品生命周期理论、坎特维尔与托兰锡诺（Cantwell and Tolentino，1990）的技术创新产业升级理论等。

垄断优势理论代表人物海默对以外商直接投资（foreign direct investment，FDI）为表现形式的产业转移进行了研究，认为直接投资不仅是简单的资产交易过程，还包括非金融资产和无形资本的转移，移入地企业所具有的垄断优势是对外投资的原因，对外投资也是企业发挥其内在组织优势、垄断优势的过程。但该理论存在一些局限性：垄断优势理论虽然可以解释对外投资、产业转移的原因，但并不能解释企业在移入地的区位选择和生产布局等问题；该理论是根据美国企业的对外投资经验而得出来的，不能解释发展中国家的对外投资、产业转移现象。

针对垄断优势理论在解释对外投资过程中存在的问题，一些经济学家从另外的角度探讨了对外投资问题。其中，英国里丁大学学者巴克利和卡森、加拿大学者拉格曼（Rugman，1979）将美国学者科斯的制度经济学中关于企业性质的内部化理论应用于对外投资，形成了对外投资的“内部化理论”。虽然内部化理论说明了企业发生对外投资、转移生产的原因，但不能很好地说明企业市场内部化发展方向及其对外投资的区位选择。

针对内部化理论的缺陷，20 世纪 60 年代美国哈佛大学教授弗农提出了产品生命周期理论，用于解释对外投资的动机、时期及区位选择等问题。该理论将产品生命周期划分为产品创新、成熟和标准化生产这三个阶段，同时提出对外投资取决于投资地的技术优势及被投资地的区位优势。尽管产品生命周期理论解释了发达国家向发展中国家投资的动机、选择等问题，但无法合理解释发达国家之间的相互投资及发展中国家和地区的对外投资行为，因此该理论仍有其局限性。

随着发展中国家或地区对外投资、产业转移步伐的加快，一些学者开始对发展中国家或地区的对外投资进行研究。美国学者刘易斯首先对发展中国家或地区的企业对外投资做了较为系统的阐述。英国学者坎特维尔与托兰锡诺（Cantwell and Tolentino，1990）根据 20 世纪 80 年代以后发展中地区对外投资增长现象于 20 世纪 90 年代提出了技术创新产业升级理论，认为发展中国家或地区的企业对发达国家或地区的对外投资是为了接近发达国家或地区的技术研发市场，反向利用技术溢出效应和组织管理经验。

5. 马克思主义关于产业转移的理论研究

1）马克思主义经典作家对产业转移的预见

马克思、恩格斯所处的时代还未出现大规模的产业转移，但也陆陆续续形成宗主国对殖民地的资本输出和国际分工，因此他们以资本输出和国际分工为研究对象，在一定程度上预见产业转移的现象。

他们主要的经济理论中关于产业转移的思想包括：跨国公司将成为国际分工的主体；

使用资本属性的分析可以推出资本转移的动因；同时，在对国际分工分析的基础上，确立了欠发达国家和发达国家在世界经济体系中的地位，通过这一分析，包含着生产转移的方向，发达国家向欠发达国家转移本国过剩生产能力或者说欠发达国家承接来自发达国家的过剩生产力。马克思认为资本主义国家进行资本输出的原因是资本过剩。在马克思关于资本主义经济危机的理论中，认为资本主义经济危机是生产过剩的危机，而这种生产过剩的危机是资本主义基本矛盾的不断激化而演变过来的。同时，他还认为资本主义不仅会产生生产过剩，而且会出现资本过剩和人口过剩，其具体表现为技术进步促使资本有机构成的提高，资本有机构成的提高使得资本与劳动的需求相对不足，产生相对过剩的人口。这些过剩的资本、人口，或者过剩的产品和服务为了寻找出路，将会在某种推力的作用下强迫性地转移出去或者向承接这一过剩的生产力方转移过剩的资本、人口、产品和服务。

马克思的国际分工理论指出：①社会分工是商品交换的前提，是商品经济的基础；②当社会分工进一步发展为国际分工，商品价值也由一国范围扩展到世界范围，形成国际价值；③国际分工是国际交换的基础，也是国际价值的基础。马克思和恩格斯明确指出，资产阶级挖掉了工业脚下的少数民族基础，建立起以国际分工为基础的商品生产。由于机器和蒸汽机的应用，分工的规模已经脱离了本国基地的大工业完全依赖于国际市场、国际交换和国际分工。但是，从历史角度看，国际分工还是有其进步的意义的，它把世界各国人民联系起来，把所有地方性的小市场联合成为一个世界市场。马克思的国际分工理论表明了发达国家在分工中所处的控制地位，通过国际分工、交换实现产业分工和交换。

2) 中国特色社会主义理论关于产业转移的相关理论

中华人民共和国成立以后，中国共产党在对马克思主义的资本输出理论的研究方面有了新的发展，提出了既要认清资本主义国家资本输出的剥削性质，又要充分利用外国资本发展中国经济的思想和政策。产业转移作为扩大对外开放、推动区域协调发展的重要途径，它体现在承接产业转移和推动国内产业转移、缩小区域差距、实现全体人民共同富裕的发展思路中。

(1) 毛泽东同志论沿海工业和内地工业的关系。1956 年，毛泽东同志在中央政治局扩大会议上提出了《论十大关系》，其中谈到了沿海工业和内地工业的关系。他认为，我国的工业主要集中在沿海地区，内地工业比较少，在轻工业和重工业方面，内地工业占全国轻工业和重工业总量的比重较低，大约为 30%，而沿海地区的比重较高，大约为 70%，这种分布格局是一种不合理的情况。为了平衡工业分布的格局，内地应加快工业发展的速度。由于历史原因，内地工业分布的比重应该加大，这样不仅可以平衡工业分布的格局，而且有利于备战。

(2) 邓小平同志对外开放和共同富裕理论中蕴含着产业转移的思想。邓小平同志关于产业转移的论述首先体现在对外开放理论和政策中。我国的经济发展不平衡，东部临近海洋，靠近世界发展核心，在世界经济格局中，临海先于内陆受惠，东部先于西部发展，通过优先发展东部地区带动后发地区发展是现实选择。

在 1992 年的“南方谈话”中，邓小平同志进一步对东、西部共同发展，最终实现共同富裕的问题进行了相关的阐述：一部分地区一部分人先发展起来，先富带动后富，最终实现共同富裕。如果富有的地区或富有的人越来越富裕，而那些穷的地区或人越来越穷，这样会出现贫富差距，最终出现两极分化的格局，但是社会主义制度是应该避免两极分化的。这是中国特色社会主义经济理论的非平衡发展战略，同样适合于中、西部地区承接产业转移。

(3)江泽民同志关于特区建设和西部大开发战略中产业转移的论述。江泽民同志关于产业转移的思想主要体现在特区建设、西部大开发和外资利用中。他指出，要按照邓小平同志的思路“发展高科技，实现产业化”的要求，更多地发展高科技产业。“三来一补”科技含量低的劳动密集型产业，原则上不应再在经济特区兴办，而应该逐步向内地梯度转移和发展。沿海的产业转移方也应照此原则去办。劳动密集型产业多在内地办，既有利于经济特区和沿海地区加快产业结构升级换代，又有利于减少内地劳动力盲目流动，有利于缩小地区之间的发展差距。

在招商引资方面，他坚持“引进来”和“走出去”相结合，提出“发展开放型经济，完善全方位、多层次、高领域”的对外开放格局等新理念。通过多种方式利用中长期的国外投资，把利用外资和国内经济结构调整、国有企业改革结合起来，鼓励跨国公司投资企业、制造业和高科技产业，逐步推进服务领域开放，大力引进海外各类专业人才和智力。

(4)科学发展观关于产业转移成为统筹区域经济协调发展的重要手段的论述。统筹区域发展是科学发展观的重要内容，而产业转移是缩小区域差距的重要途径。统筹区域发展必须坚持继续大力推进西部大开发，促进民族地区迅速发展，同时实现中部地区崛起，鼓励东部地区率先发展、继续发展、带动发展，最终形成东、中、西部相互促进、优势互补、共同发展的新格局，实现各地区经济的协调发展。

按照科学发展观的要求，承接产业转移的根本目的是壮大后发展地区经济实力，推动产业承接地经济社会全面发展，缩小与产业转移方的差距，促进区域经济的协调发展。科学发展观关于产业转移的基本观点表明，在承接产业转移过程中，既要发挥主观能动性，积极引进国际和沿海产业转移方转移出来的产业，又要注重可持续发展，避免重复沿海地区走过的先污染后治理的老路；既要注重遵循比较优势规律，选择性地承接沿海地区转移出来的劳动密集型的产业，又要充分利用后发优势，积极引进先进技术，实现跨越式发展；既要注重通过产业承接带动地区经济发展，又要注重通过产业承接推动公共服务领域改革，促进经济社会的全面发展。

在承接产业转移时，不能采取平均主义和全民招商的办法，要集中力量，选择一些产业基础好、要素成本低、配套能力强的重要区域给予一些特殊政策，打造吸纳国际资本和沿海产业的洼地，形成自我积累循环机制，产生集聚效应，使其成为承接产业转移的龙头，成为承接产业转移的示范区，培育中、西部新的经济增长极。

4.1.4 产业转移效应研究

1. 产业转移的升级效应

产业结构调整和升级是推动经济增长的重要因素，在整个经济结构中占主导地位。产业转移的结构升级效应主要体现在两个方面：①产业转移往往是移出地产业结构升级的有效途径；②移入地也可以通过承接产业转移而实现产业结构的调整和升级。因此，关于这一领域的研究也可以从这两方面进行归纳。

1) 产业转移对于移出地产业结构的影响

一般来说，产业转移往往有两个原因：①移出地为了延长夕阳产业寿命；②移出地为了集中资源发展新兴产业，调整产业结构。因此，产业转移往往是移出地调整产业结构、积极推进产业升级的结果。Markusen (1997)、Lipsey (2002)、Andrew 等 (2002) 都曾提到跨国企业在利用东道国的相对廉价劳动力及本国相对进步的技术把投资国不具有劳动密集型和劳动资本密集型优势的产品转移到东道国生产，不仅使东道国的生产更为有效，而且促进了投资国的技术开发；同时，东道国企业又向他国投资，进一步促进技术溢出过程，使得经过不断技术溢出的投资国产业的升级换代能力越来越强，不仅可以进行产业结构调整，还能保持相对于其他国家的产业高度。Blomstrom 在《FDI 在日本经济调整中的作用》(*FDI in the Restructuring of the Japanese Economy*) 中用数据模型验证了产业海外转移对于日本产业结构调整和升级的作用。他认为向外转移那些衰老的产业 (older industries) 可以帮助日本维持其在海外的份额及有助于日本的产业结构升级。我国学者卢根鑫 (1997) 认为发展中国家成长于与发达国家技术构成相似而价值构成不同的重合产业部门，使得发达国家在这些工业部门的国际竞争力丧失，不得不将这些产业转移到发展中国家，但同时发达国家更加关注于具有更高技术要求的新技术产业群，从而带动发达国家产业结构的调整和升级。汪斌和赵张耀 (2003) 也认为日本通过 20 世纪 50 年代和 60 年代的两次大规模产业转移，实现了产业结构的调整和升级。还有一些学者对于区域间产业转移进行了研究，他们认为随着能源、原材料价格和运输费用的上涨，产品成本不断上升。若东部地区维持现状，能源、原材料供应将有更大的缺口，运输和污染负担将更加沉重，技术上的优势将逐渐丧失，社会综合效益也将明显下降，已占领的市场也有可能被迫退出。因此，必须实施产业结构升级换代战略，通过产业转移来促进东部沿海地区产业结构的升级换代 (张可云，2001；魏后凯，2003)。

2) 产业转移对于移入地产业结构的影响

产业转移不仅是移出地产业结构升级的一种手段，事实上，产业转移也往往是移入地产业结构升级的契机。因此，许多国家或地区，特别是一些发展中国家和经济不发达地区都积极承接产业转移，以此作为提升本国或本地区产业结构的一种途径。就产业转移对移入地产业结构的影响，许多学者从不同角度进行了分析。Markusen (2004) 认为产业转移到另一地以后，会通过前向联系 (forward linkages) 和后向联系 (backward linkages) 带动对相关产业的需求，从而对产业结构产生影响。Ozawa (2002) 认为产业转移从根本上来说是一种“比较优势寻求” (comparative advantage augmenting，CAA)，因此会促进双边贸易的增长，最终会带来经济的快速增长和产业结构的升级。Mckeon 等 (2004) 也认为正是由于积极接受跨国公司的产业转移才使得经济规模并不是很大的国家，如爱尔兰、日本和马来西亚由初级产品生产国转变为现代经济国，实现了产业结构的升级换代。我国学者陈刚和张解放 (2001) 以 C-D 生产函数为基础，构建了一个区域间产业转移效应的计量模型，随后利用该模型对产业转移效应的内部结构及影响因素做了初步分析。通过分析，他指出了产业转移的三个效应：优化效应、扩大效应、发展效应。其中，优化效应指的是较高技术水平的移入产业替代了移入区原有等量产业，从而引起移入区产业结构升级所引致的效应。日本学者荒山裕行（1995）将我国国内分为工业发达和落后地区，依据三次产业分类法，建立了“三产业两地区”的凯恩斯学派国民收入决定模型。他通过对我国除上海市和西藏自治区外 29 个省（自治区、直辖市，不含港、澳、台地区）1978～1989 年的产业结构和就业结构的研究，发现从发达地区向落后地区的转移并非是在牺牲发达地区经济利益的基础上而进行的，而是发达、落后地区均可以从转移中受益；发达地区对落后地区的产业转移，有提高落后地区产业结构中第三产业的倾向，有助于落后地区的产业结构调整。

虽然大部分学者（温军，2004；龙远蔚，2004；杨维军和李文瑞，2005；黄健英，2009）都认同产业转移对于移入地产业结构升级有积极作用，但也有学者提出了一些异议。如胡红梅提出产业转移对于我国产业结构既有积极作用，又有消极作用。一方面，产业转移促进了我国制造业生产能力的提高，带动了我国产业结构升级，加快了我国技术进步的步伐，在一定程度上促进了我国产业结构升级，加快了我国技术进步的步伐；但另一方面，当外来产业转移至我国时，又会对我国主导产业体系发展构成威胁，有可能加大对我国产业自主开发技术体系的进一步挤压和控制。

2. 产业转移的技术溢出效应

产业转移不仅可以带来结构升级效应，而且会给移入地带来外部经济，即技术溢出效应。最早涉及对产业转移过程中的技术溢出效应的研究可以追溯到 20 世纪 60 年代，MacDougall（1960）在分析以直接投资为表现形式的产业转移对东道国经济的影响时，明确提出了产业转移的溢出效应（spillover effect）。而真正开始把计量经济方法运用于产业转移溢出效应实证研究的是美国哈佛大学的经济学教授理查德·凯夫斯（Richard E. Caves）。他在 1974 年发表的文章《跨国公司在东道国市场的竞争力和生产率》中创造了一个简单的计量模型，并利用它对澳大利亚的产业转移溢出效应进行了实证检验。目前关于这一领域的研究主要集中于两个层面：第一层面，也是最基层的层面，研究所针对的基本问题是产业转移过程中是否存在着溢出效应；第二层面，是建筑在第一层面的基础上的，其研究的重点在于，什么因素会对产业转移的溢出效应产生影响。凯夫斯利用澳大利亚 1962 年和 1966 年 23 个制造业的行业层面数据，以 FDI 作为解释变量，LP（东道国企业的人均劳动生产率）为被解释变量构建了产业转移的溢出效应模型。通过计量分析，证实了产业转移对东道国具有溢出效应，并且把技术溢出效应划分为三类：分配效率（allocative efficiency）、技术效率（technical efficiency）及技术转让（technology transfer）。之后，Globerman（1979）和 Blomstrom 等（1983）采用同样的解释变量对加拿大和墨西哥的产业转移进行了检验。1989 年，Blomstrom 在参照了 Carlsson 对技术效率的衡量指标后，采用了“本土企业的生产效率”这一指标来替代 LP 指标，利用墨西哥的数据进行了第二次经验研究，研究结果表明外资产业的进入有利于促进国内产业劳动生产率差距的减少，从而证实了产业转移过程中技术溢出效应的存在。近年来，运用科布-道格拉斯生产函数对全要素生产率（total factor productivity，TFP）进行研究的方法，对产业转移的技术溢出效应进行的研究比较多见。如 Haddad 和 Harrison（1994）将科布-道格拉斯生产函数对数化，并运用企业层面的数据对摩洛哥 1985～1989 年国际制造业转移的溢出效应进行了研究，得出溢出效应的增量效应，即外资产业转移的规模和程度（该产业在移入地的进入程度）与劳动生产率之间呈正相关关系。国内一些学者，如赵奇伟（2009）、陈涛涛（2003）等分别就产业转移对于中国产业的技术溢出效应进行了分析，证实了产业转移过程中技术溢出效应的存在性。

也有一些学者通过分析认为产业转移并不一定会对移入地产业产生技术溢出效应。最典型的是 Aitken 和 Harrison（1999）的研究。他们利用委内瑞拉 1976～1989 年的 43010 个制造业企业的数据进行分析，其研究结果表明在产业层面上，外资参与程度与国内产业劳动生产率的提升呈负相关关系。他们的解释是：当有边际成本优势的外来产业转移进来时，移入企业会因为其具备的比较优势而从国内企业手中占有市场份额，而国内企业在固定费用无法改变的前提下由市场份额的缩小造成整体成本的上升，从而导致生产率的下降。为了检验这种负相关是否和产业转移进来的时间长短有关，他们分别考察了一年间、两年间、三年间和四年间企业生产率的变化，结果证实了产业转移并没有带来劳动生产率的提升，即产业转移的溢出效应并不存在。

越来越多的学者开始借助新经济地理学模型讨论产业转移的技术溢出效应。Ottaviano（1999）在新经济地理学的框架中纳入了内生增长理论构建了全域溢出（global spillovers，GS）模型，从而在融入了地理距离因素的同时考察了知识溢出对企业转移的影响。尽管该文指出知识资本存量的溢出效应降低了新知识资本形成的成本，但是在他们的研究中忽视了地理距离对知识溢出产生的影响。事实上，距离在经济和社会生活中发挥着重要的作用（Combes et al.，2008），知识的空间传播具有衰减规律（Jaffe et al.，1993），这就表明知识溢出受到空间距离的影响。为了考察空间异质性，Baldwin 等（2001）在新经济地理学的框架中构建了局部溢出（local spillovers，LS）模型，进一步地考察了知识资本的溢出随传播距离的增加而衰减对企业转移的影响，从而分析了知识溢出与经济活动空间分异之间的联系。

3. 产业转移溢出效应的影响因素

（1）行业层面的影响因素。基于产业转移是否会带来技术溢出效应存在着分歧，学术界许多学者将研究目光转移到什么因素会影响到产业转移的溢出效应上来。Kokko（1996）将“技术差距”这一变量引入溢出效应的分析中，认为只有在移入产业和本地产业存在着技术差距的情况下，本地产业才能进行模仿和复制，并且在此过程中受益。Findlay（1978）采用 Gerschenkron 的追赶模型，在技术前沿与经济增长率之间建立了正相关关系，说明经济差距越大，则由技术模仿所带来的经济增长潜力也就越大，从而由产业转移所带来的技术溢出效应也就越大。1996 年，Kokko 就国际产业转移对乌拉圭的技术溢出进行了分析，他认为来自阿根廷和巴西的许多企业，如毛片、皮革业及其纺织业之所以把相关产业转移到乌拉圭，一方面是为了寻求自然资源，另一方面是因为被乌拉圭优惠的政策所吸引，但是这些企业本身的劳动生产率并不比乌拉圭当地企业的生产率高是造成产业转移溢出效应不存在的重要原因。

除了技术因素以外，还有学者认为行业层面上还有其他的一些因素会影响产业转移的溢出效应。例如，Blomstrom 和 Sjoholm(1999)认为行业集中度以及 Blomstrom 和 Wolff(1989)认为的资本密集度会影响到转移的溢出效应的发挥。

(2)企业层面的影响因素。在对企业自身因素的探讨中，Barrios 发现移入地企业的研究和开发能力对产业转移的溢出效应具有直接的影响。当移入地企业具有充分的技术能力时，移入地企业则有能力获取产业转移的溢出效应，但如果能力不足，则不仅不会通过溢出效应提高劳动生产率，还会因为缺乏竞争能力而受到损害。同样的研究结果也出现在 Haskel 等(2002)的研究成果中。

(3)政府层面的影响因素。在政府政策对溢出效应影响的研究中也存在着分歧。Haddad 和 Harrison(1994)把“关税”和“非关税壁垒”这两个政策解释变量纳入产业转移溢出效应的分析中。其检验结果显示，政府的保护政策会影响溢出效应的发挥。但是 Sjoholm(1999)利用“有效保护率”(rate of efficient protection)作为政策因素的分析中，得出政府政策对溢出效应没有明显的影响。

4.2 产业转移、产业联系与移入地产业变化

通常认为，产业转移不仅可以促进移出地的产业结构升级，移入地也可以通过承接产业转移带动自身产业结构的升级。同时，产业转移也可能给移入地带来负面影响。由此，本节将分析产业转移给移入地产业带来的变化，为民族地区在承接产业转移时提供参考。

4.2.1 产业转移的技术进步机制

1)技术进步促进产业升级的作用与途径

Cantwell 和 Tolentino(1990)提出了技术进步产业升级理论，他们认为产业结构的升级是建立在企业技术能力的稳定提高和扩大的基础上，技术的进步能够从根本上促进产业结构的调整和升级。宋泓明(2004)认为技术进步对产业结构的影响可以从两个方面来理解：①技术进步对产业结构变量的作用；②技术矩阵水平对产业结构水平的影响。

(1)技术进步对产业结构变量的影响。产业结构的变化受到诸多因素的影响，如需求结构和成本因素等。而技术进步可以通过作用于需求和相对成本而影响产业结构。首先，需求结构的演进是产业结构升级的主要动力。需求结构是按照人们需求等级的先后次序的有机排列和不断演进而不断变化的。随着社会经济的不断发展，人们从最原始、最基本的生存需求到发展需求，从物质需求到精神需求，需求不断地分化、细化和高度化。而需求发展具有引导与牵动生产的作用，需求结构的变动会导致产业结构的变动，对产业结构的有序演进具有直接的拉动作用。技术进步可以影响需求结构，因为技术进步可以通过促进经济增长，从而引起人均收入水平的提高和生活条件的改善，影响原有的需求结构，产生新的需求压力，导致需求结构的变动。同时，技术进步可以影响相对成本的变动。相对成

本随技术水平、规模经济、资源比较优势、劳动力价格的变动而变动，但只有在发生技术进步的情况下，相对成本才会发生巨大的变动，进而对结构产生本质影响。这是因为当技术进步导致某一部门的生产效率提高时，该部门就可以获得高于一般产业部门的平均收益的超额收益，其他部门的生产要素就会向该部门转移，从而使要素的供求结构发生变化，导致该部门所需要素价格降低，各种产品间要素的相对成本也就因此而变化，最终影响到产业结构的变化。另外，技术进步通过改变各种生产要素，尤其是劳动和资本相对边际生产率，影响了它们收益率之间的平衡，从而使所使用的生产要素间的相对成本发生变化，它们之间形成了替代关系，进而影响到产业结构的变化。

(2) 技术矩阵水平对产业结构水平的影响。技术矩阵水平决定了产业结构水平，这是因为技术水平不同，生产过程中的投入和产出关系就不同，各投入和产出部门间及其内部的比例关系也就不同，而这种比例关系正是产业结构。不同的投入产出系数的综合构成了技术矩阵，较优的技术矩阵意味着较好的投入-产出关系，也就意味着较高的产业结构水平。技术矩阵水平的上升，即由一个技术矩阵水平向另一个技术矩阵水平的迁移，被称为技术矩阵转换，而这种转换的核心是技术进步。技术矩阵中的诸多因素受技术进步的影响，具体包括以下三种因素：①生产技术因素。不同的技术装备、生产工艺、加工材料，都会在不同程度上使直接消耗系数发生变化。②经验管理因素。企业素质的改善、生产管理水平的提高，都可降低直接消耗系数，从而改善技术矩阵水平。③劳动力因素。劳动者的素质及其技能水平对直接消耗系数有重要影响。以上三个因素，实际上都体现了技术进步对于各生产力要素的影响，从而对产业结构水平产生作用。

2) 不同形式的产业转移对移入地的技术进步的影响

产业转移有三种最常见的形式，分别是对外直接投资、产业互换和贴牌生产(original equipment manufacturer，OEM)。

(1) 以对外直接投资为表现形式的产业转移可以带来投资对象的技术进步。对外直接投资是最常见也是最重要的产业转移方式。Cloberman(1979)、Blomstrom 和 Persson(1983)、Blomstrom 和 Wolff(1989)、Kokko(1994)、Liu 等(2000)、Girma 和 Wakelin(2001)都认为在对外直接投资的过程中，会产生技术的进步。我国学者杨玉帧(2007)认为对外直接投资中，其先进的生产技术、经营理念、管理经验等通过某些非自愿的扩散途径而渗透到投资地企业，可以促进其技术进步，从而刺激该地经济的增长。江小娟(2004)分析了 FDI 对我国技术进步的作用，认为对外直接投资可以从以下四个方面促进技术进步：首先，对外直接投资对投资对象的配套企业具有带动作用；其次，人才的双向流动也是重要的技术进步途径；再次，对外直接投资企业可以通过在投资地设立研发机构，将先进的学术、思想带进来，而投资地的研发人员进入这些机构，则可以获得与世界最前沿技术零距离接触的机会，促进技术进步；最后，对外直接投资企业也会通过与投资地企业合作建立研发中心的途径促进投资地的技术进步。归纳起来，对外直接投资对移入地技术进步的促进作用可以分为直接作用和间接作用。

①直接作用。直接作用主要表现在对外直接投资企业在投资地的直接技术转移，在一定程度上会提高投资地企业的技术水平。江小娟(2004)所做的调研项目表明，绝大多数被

考察的跨国公司在中国提供了其母公司先进和较先进的技术，甚至相当一部分跨国公司还提供了填补国内相关技术的空白。对外直接投资对技术促进的直接渠道具体包括：对外直接投资企业提供先进的生产线和技术，与当地企业设立合资企业，使得合作的当地企业通过学习、模仿从而有可能掌握投资方的先进生产技术；对外投资企业在当地雇佣员工，使得当地技术人员可以通过“干中学”(learning by doing)而掌握先进的技术；对外投资直接在当地设立独立的研发机构或与当地的科研所合作，在当地开展各种创新型、适用型和专用技术型研发活动。

②间接作用。间接作用即在对外直接投资的过程中，移入地可以通过技术溢出效应(spillover effect)提高自身技术水平。溢出效应可以归纳为四类：示范效应、竞争效应、培训效应、前后向关联效应。根据其传导机制是水平联系还是垂直联系，又可以将上述溢出效应分为两类：前三者为水平联系(horizon linkage)效应，对外投资企业的进入可以影响当地厂商的产业结构、行为和绩效；而前后向关联效应属于垂直关联(vertical linkage)的溢出效应。

(2)以产业互换为表现形式的产业转移也可以带来移入地的技术进步。产业互换是产业内分工的一种形式，具体是指两地某一产业存在一定的产业重合度，有各自的优势，但产业发展的水平和层次存在着一定的差异。两地先分别对该地区从事该产业的生产和经营的企业进行整合，分离出不适合在本地发展的部分。然后两地通过充分的信息沟通，从不适合对方发展的那部分中转入自己需要的产业，从不适合自己发展的那部分中转出对方需要的产业，从而实现“削弱富强”的目的。以橡胶产业的国际转移为例，马来西亚有丰富的天然橡胶资源，而日本、韩国有较为先进的橡胶深加工技术的研究开发；马来西亚则逐渐减少对投入大、周期长的技术研究和开发的投入，增加对橡胶种植业和初加工的投入，并从日本、韩国等引进科学的种植技术和先进的设备。

产业互换从根本上来说是按照比较优势对产业链进行分工的结果。随着社会分工的深化，生产链被不断细化，产品的生产被分解成各个生产链环节的总和。由于各个国家或地区在某一生产链环节上具有比较优势，该环节的生产就从其他国家或地区转移过来，出现了产业互换。产业互换促进移入地技术进步主要体现在以下两个方面：①在产业互换的过程中，其他国家或地区产业生产链环节的移入会带来相关生产技术和管理经验，从而对移入地产业技术水平的提高具有促进作用；②产业互换是建立在比较优势基础上的，产业互换从一定程度上来说又促进了产业分工和产品生产专业化，从而可以推动移入地生产效率的提高和技术的进步。

(3)以定点生产(original equipment manufacturer，OEM)为表现形式的产业转移也可以带动移入地技术进步。从产品供应者角度来说，OEM 是按照对方的要求生产对方品牌产品并由对方负责销售的交易形态；从产品购买者角度来说，是外包生产并以己方产品形式提供给市场的行为。贴牌生产在最近几十年发展迅速，以我国为例，OEM 产品涵盖了我国几乎所有重要的市场。从服装、鞋类、玩具到家用电器，从电子产品、通信设备到电脑、建筑材料等无所不包。OEM 对外包国家或地区技术进步的促进作用可以体现在以下两个方面：首先，通过与知名公司的合作，移入地企业获得技术进步。为知名公司进行贴牌生产，要求本土企业在生产技术上与国际接轨，产品要求达到如 ISO9000、ISO14000 等国际质量体系与技术标准，提高企业生产工艺。同时，可以借此以比较低的成本学习模仿先进的制造技术，节省自主技术创新开发所需的高额成本；其次，通过与知名公司的合作，可以规范企业生产方式，提高企业管理水平。高生产率和科学的生产方式与规范的管理紧密相连。几乎所有寻求 OEM 的公司，都要对贴牌生产企业进行实地考察，该企业在管理上被其认可，才能授权企业为其生产。这样，可以促使企业的生产方式和管理方式走向规范化，提高企业的管理水平，从而促进技术进步。

4.2.2　转移产业的产业关联带动机制与移入地产业升级

1) 转移产业的产业关联机制与产业升级

产业之间具有关联性，按照 Leontief(1936)的观点，只要一个产业部门将其产出的 $1/n$ 或更多销售给另一个产业部门，或者只要一个产业部门从另一个产业部门购买其投入的 $1/n$ 或更多产品，那么两个产业部门就被认为具有功能联系。其中，两种功能联系被区分，前者被称为“供应联系”，后者被称为“需求联系”。学界用产业关联这个概念来阐述这种产业之间的关联性。产业关联(industry’s mutual relations)指的是各产业之间存在的相互依存和制约关系，即投入-产出关系。在一般的经济活动中，各产业都需要其他产业为自己提供一定的产出，以作为本产业的中间投入要素。与此同时，也将自身的产出作为一种要素输出，满足其他产业对中间要素的需求。正是由于这种错综复杂的需求与供给关系，各产业才得以在经济活动过程中生存和发展。产业之间的关联，虽然都是由供给与需求所维系的，但这种维系的方式却由于各个产业在产业链中的位置不同而不同。一个产业通过供给输出与其他产业发生的关系叫作前向关联关系(forward linkages)，通过需求吸收与其他产业发生的关系则称为后向关联关系(backward linkages)，而对其周围地区的社会经济所产生的联系称为旁侧关联关系(horizontal linkages)。一个地区的某产业必然通过前向联系、后向联系、旁侧联系对该地区的产业结构产生影响。某产业的发展和技术进步若通过关联机制带动其他产业的发展，必然可以在很大程度上促进结构的升级和经济的发展。

产业的关联机制的强度受到产业带动系数和产业推动系数的影响。产业推动系数是指该产业影响或推动其他产业的程度，产业带动系数是指一个产业受到其他产业影响或推动的程度。产业推动系数的计算公式为

$$\mathrm{HL}_i = \frac{n\sum_{j=1}^{n} d_{ij}}{\sum_{i=1}^{n}\sum_{j=1}^{n} d_{ij}} \tag{4.1}$$

式中，HL_i 为 i 产业的推动系数；i 为完全需求矩阵 $\boldsymbol{D}=(\boldsymbol{I}-\boldsymbol{A})^{-1}=(d_{ij})$ 的元素；$\boldsymbol{A}$ 为直接消耗系数矩阵；$\boldsymbol{I}$ 为单位矩阵。

若 HL_i 值大于 1，说明其他产业对该产业的完全需求相对较大，该产业对其他产业的推动作用较大。产业带动系数的计算公式为

$$\mathrm{VL}_j = \frac{n\sum_{i=1}^{n} d_{ij}}{\sum_{i=1}^{n}\sum_{j=1}^{n} d_{ij}} \tag{4.2}$$

式中，VL_j 为 j 产业的带动系数。

VL_j 指数大于 1，说明优先发展产业部门 j 可以增加对各个产业部门的中间需求，从而带动其他产业的较快发展。当某产业的产业推动系数越大、产业带动系数越大时，对产业结构的影响也就越大，就越能促进产业结构的调整和升级。

转移产业的选择具有明显的马太效应，即一个国家或地区中越是发达的、具有国际竞争力的产业，越是能吸引境外的产业资本进入。转移产业的移入不仅可以促进转移地该产业的发展，而且可以通过移入产业的波及效应，促进移入地各个产业的互动演进，带动产业结构的调整和升级。

转移产业的产业关联机制主要体现在三个方面：①回顾效应，即转移产业的结构变化或效率提高对为自己提供生产资料的上游部门产生的影响，带动其上游产业的发展；②前瞻效应，即转移产业的发展和效率的提高带动使用其产品的下游产业的发展；③旁侧效应，即转移产业对周围地区的社会经济发展所起的作用。总之，不论是前向关联、后向关联还是旁侧关联的产业和部门，都能通过产业转移的扩张而产生诱导性投资，而诱导性投资不仅能促进具有关联效应的产业或部门发展，而且反过来又能推动自身产业进一步扩张，从而使整个产业部门得到发展，实现产业结构调整和优化，如图 4.1 所示。

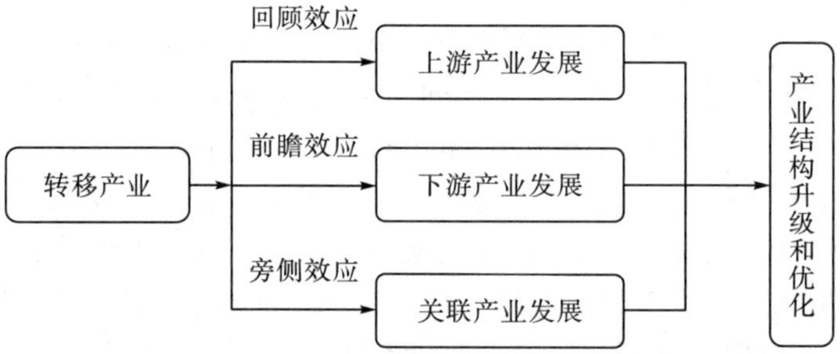

图 4.1 转移产业的产业关联带动机制

资料来源：作者绘制。

转移产业的产业关联机制可以通过两个途径来实现：①通过与移入地相关产业的链接，转移产业通过产业关联直接带动当地相关产业的发展，以达到促进移入地产业升级的目的；②转移产业的移入通过关联机制带动上下游相关产业的移入从而促进移入地产业的升级。第一种途径的产业关联能够促进转移产业的根源性，通过转移产业的关联效应带动移入地相关产业的发展。第二种途径是转移产业的移入可以带动其原有关联产业的移入，进而在整体上优化移入地的产业结构。随着各国经济的联系加深，一些跨国投资带动其原有上下游生产协作企业到东道国进行投资，促进东道国经济的发展和产业结构的升级就是典型例子。生产线全球化程度较高的跨国公司，往往在全球各地分布着多家技术水平相当、产品质量符合要求的关联公司。当跨国公司进行生产转移时，往往也会带动国外的协作企业到东道国寻求发展。例如，截至目前，为了给上海大众汽车有限公司配套，德国大众在全球的配套企业中已有 100 多家来我国投资建厂。美国通用汽车公司投资于上海市浦东区，投资伊始就吸引了 44 个相关汽车零部件配套项目来华投资，投资额高达 22.3 亿美元。排名美国工业企业第 43 位的美国 Rockwell Allen-Bradley（AB）公司于 1994 年在武汉投资建立了百威（武汉）国际啤酒有限公司后，带动了一大批国内外著名企业来武汉投资，成了与“百威”啤酒配套的上游企业。这些制瓶、制罐、彩印、纸箱包装的上游生产企业已经在武汉投资超过 7 亿元，带动了如车船运输等服务业的下游企业的发展，这在一定程度上促进了移入地本土企业的技术进步和移入地的产业结构调整、升级（江小娟和李蕊，2002）。

2）产业转移与移入地产业发展的数理模型分析

下面我们通过引入一个一般性的数学模型来说明产业转移与移入地产业发展的机理。假设有两个产业 x_1 和 x_2。其中，x_1 表示转移的产业，x_2 表示移入地的相关联产业。当产业单独存在时，都按照 Logistic 模型增长，在资源限制下，产业的规模分别为 k_1 和 k_2。设技术等外生变量恒定。

两个产业的发展所表现的函数关系可用生物种群共生模型中的 May 模型（张炳根，1990）来分析。即可得出在当地资源有限的条件下，两个产业发展的具体状况可以用下面的导函数方程组（4.3）来讨论：

$$\begin{aligned} x_1' &= rx_1\left(1-\frac{x_1}{k_1+\alpha x_2}\right) \\ x_2' &= rx_2\left(1-\frac{x_2}{k_2+\beta x_1}\right) \end{aligned} \tag{4.3}$$

式中，r 为技术等外生变量，在模型中是恒定的；α 和 β 为两个产业的双向推动系数，α 为产业 x_2 对其关联产业 x_1 的推动系数，β 为产业 x_1 对其关联产业 x_2 的推动系数。

方程组（4.3）表示由于关联机制的存在，两个产业的发展都可以带动对方的规模增加。转移产业 x_1 的发展可以使其关联产业 x_2 的规模从 k_2 增加到 $k_2+\beta x_1$，而关联产业 x_2 的发展又可以促使移入产业 x_1 的规模从 k_1 增加到 $k_1+\alpha x_2$。

显然，可以看出（0，0）、（0，k_2）和（k_1，0）是方程组（4.3）的三个平衡点，但显然这三个平衡点是不稳定的，另有一个正平衡点，故求解方程组（4.4）：

$$\begin{aligned} k_2+\beta x_1-x_2=0 \\ k_1+\alpha x_2-x_1=0 \end{aligned} \tag{4.4}$$

如果 $\alpha\beta<1$，则从方程组（4.4）中解出平衡点：

$$\begin{aligned} x_1^* &= \frac{k_1+\alpha k_2}{1-\alpha\beta} = k_1+\alpha(k_2+\beta k_1)/(1-\alpha\beta) > k_1 \\ x_2^* &= \frac{k_2+\beta k_1}{1-\alpha\beta} = k_2+\alpha(k_1+\beta k_2)/(1-\alpha\beta) > k_2 \end{aligned} \tag{4.5}$$

从方程组（4.5）中可得知关联机制使转移产业 x_1 和其关联产业 x_2 的平衡值增大。但需进一步分析平衡点 (x_1^*, x_2^*) 的稳定性。令

$$\begin{aligned} x_1 &= x_1^* + \zeta \\ x_2 &= x_2^* + \eta \end{aligned} \tag{4.6}$$

$$\begin{aligned} f(x_1,x_2) &= rx_1\left(1-\frac{x_1}{k_1+\alpha x_2}\right) \\ g(x_1,x_2) &= rx_2\left(1-\frac{x_2}{k_2+\beta x_1}\right) \end{aligned} \tag{4.7}$$

将方程组(4.3)、方程组(4.6)、方程组(4.7)进行变换，得

$$\begin{aligned} \frac{\mathrm{d}\zeta}{\mathrm{d}t} &= f(x_1^*+\zeta, x_2^*+\eta) \\ \frac{\mathrm{d}\eta}{\mathrm{d}t} &= g(x_1^*+\zeta, x_2^*+\eta) \end{aligned} \tag{4.8}$$

对方程组(4.8)的右端用二元函数泰勒展开式，并舍去二次和二次以上的各项，得

$$\begin{aligned} \frac{\mathrm{d}\zeta}{\mathrm{d}t} &= \zeta\frac{\partial f}{\partial x_1}\bigg|_{(x_1^*,x_2^*)} + \eta\frac{\partial f}{\partial x_2}\bigg|_{(x_1^*,x_2^*)} \\ \frac{\mathrm{d}\eta}{\mathrm{d}t} &= \zeta\frac{\partial g}{\partial x_1}\bigg|_{(x_1^*,x_2^*)} + \eta\frac{\partial g}{\partial x_2}\bigg|_{(x_1^*,x_2^*)} \end{aligned} \tag{4.9}$$

由方程组(4.5)和方程组(4.7)，可得到方程组(4.10)：

$$\begin{aligned} \frac{\mathrm{d}\zeta}{\mathrm{d}t} &= -r\zeta + \alpha r\eta \\ \frac{\mathrm{d}\eta}{\mathrm{d}t} &= -\beta r\zeta - r\eta \end{aligned} \tag{4.10}$$

其特征方程为

$$\lambda^2+2r\lambda+r^2(1-\alpha\beta)=0 \tag{4.11}$$

方程(4.11)的特征根是 $-r(1+\sqrt{\alpha\beta})$ 和 $-r(1-\sqrt{\alpha\beta})$。因为假设了 $\alpha\beta<1$，上述特征根为两个不同的负实根，所以平衡点 i 是渐进稳定的。这就说明了产业转移与移入地产业发展的机理，由于关联机制的存在，产业转移会带动移入产业和关联产业均发展壮大，从而对推动当地的经济发展起到积极作用。

4.2.3 产业转出地与移入地在不同分工模式下效用的比较分析

一般来说，不同地区之间存在多种分工状态，既存在选择自己生产的商品的自给自足模式，也存在选择生产某种产品并出售，以换取另一种商品的专业化生产模式，还存在选择生产的产品但同时进行部分交换的半分工状态。事实证明，发达地区相对专业化程度更高，专业化生产产品的种类也更多。而欠发达地区更倾向于自给自足经济，通常以半分工状态存在。针对不同的分工模式，我们选取甲、乙两个地区，各自生产 X、Y 两种产品，建立不同的模型来进行讨论(张孝锋，2006)。

1) 地区自给自足模式

科布-道格拉斯生产函数为

$$Q_{ix}=a_i l_{ix}^{\alpha}(b_{ix}k_{ix})^{1-\alpha}$$
$$Q_{iy}=a_i l_{iy}^{\beta}(b_{iy}k_{iy})^{1-\beta} \tag{4.12}$$

式中,i=1，2；Q_{ix}、Q_{iy} 为区域 i 生产 X、Y 产品的数量，生产 X、Y 产品的技术经济水平在两区域之间没有差异，即生产力指数 α、β 相同；l_{ix}、l_{iy} 和 k_{ix}、k_{iy} 分别为区域 i 投入的劳动与资本数量；a_i 为产量系数，反映区域 i 的环境因素对生产的作用，b_{ix}、b_{iy}、a_i 是外生变量；b_{ix}、b_{iy} 为资本使用效率系数。

设两种产品对效用的贡献相等，且规模不变，两区域总效用函数为

$$U=Q_{1x}^{1/4}Q_{1y}^{1/4}Q_{2x}^{1/4}Q_{2y}^{1/4} \tag{4.13}$$

两个地区的生产模型为

$$\begin{aligned}&\max U=Q_{1x}^{1/4}Q_{1y}^{1/4}Q_{2x}^{1/4}Q_{2y}^{1/4}\\&\text{s.t.}\ \ Q_{ix}=a_i l_{ix}^{\alpha}(b_{ix}k_{ix})^{1-\alpha}\\&\qquad Q_{iy}=a_i l_{iy}^{\beta}(b_{iy}k_{iy})^{1-\beta}\\&\qquad l_{ix}+l_{iy}\leqslant l_i\\&\qquad k_{ix}+k_{iy}\leqslant k_i\\&\qquad i=1,2\end{aligned} \tag{4.14}$$

方程(4.14)中 l_i、k_i 为区域 i 可利用的劳动和资本数量。由于两区域独立生产，目标函数和约束条件是可分的，方程(4.14)可以分解为两个子问题求解。

(1)地区甲：

$$\begin{aligned}&\max u_1=Q_{1x}^{1/4}Q_{1y}^{1/4}\\&\text{s.t.}\ \ Q_{1x}=a_1 l_{1x}^{\alpha}(b_{1x}k_{1x})^{1-\alpha}\\&\qquad Q_{1y}=a_1 l_{1y}^{\beta}(b_{1y}k_{1y})^{1-\beta}\\&\qquad l_{1x}+l_{1y}\leqslant l_1\\&\qquad k_{1x}+k_{1y}\leqslant k_1\end{aligned} \tag{4.15}$$

应用库恩-塔克条件，计算方程(4.15)的解为

$$l_{1x}=\frac{\alpha}{\alpha+\beta}l_1,\ \ l_{1y}=\frac{\beta}{\alpha+\beta}l_1,\ \ k_{1x}=\frac{1-\alpha}{2-\alpha-\beta}k_1,\ \ k_{1y}=\frac{1-\beta}{2-\alpha-\beta}k_1 \tag{4.16}$$

地区甲的效用为

$$u_1=a_1^{1/2}b_{1x}^{(1-\alpha)/4}b_{1y}^{(1-\beta)/4}\left(\frac{\alpha}{\alpha+\beta}\right)^{\alpha/4}\left(\frac{\beta}{\alpha+\beta}\right)^{\beta/4}\left(\frac{1-\alpha}{2-\alpha-\beta}\right)^{(1-\alpha)/4}\left(\frac{1-\beta}{2-\alpha-\beta}\right)^{(1-\beta)/4}l_1^{(\alpha+\beta)/4}k_1^{(2-\alpha-\beta)/4} \tag{4.17}$$

(2)地区乙：

$$\begin{aligned}&\max\ u_2 = Q_{2x}^{1/4}Q_{2y}^{1/4}\\&\text{s.t. } Q_{2x} = a_2 l_{2x}^{\alpha}(b_{2x}k_{2x})^{1-\alpha}\\&\quad Q_{2y} = a_2 l_{2y}^{\beta}(b_{2y}k_{2y})^{1-\beta}\\&\quad l_{2x} = l^{2y} \leqslant l_2\\&\quad k_{2x} = k_{2y} \leqslant k_2\end{aligned} \tag{4.18}$$

方程(4.18)的解为

$$l_{2x} = \frac{\alpha}{\alpha+\beta}l_2,\ l_{2y} = \frac{\beta}{\alpha+\beta}l_2,\ k_{2x}\frac{1-\alpha}{2-\alpha-\beta}k_2,\ k_{2y} = \frac{1-\beta}{2-\alpha-\beta}k_2 \tag{4.19}$$

地区乙的效用为

$$u_2 = a_2^{1/2}b_{2x}^{(1-\alpha)/4}b_{2y}^{(1-\beta)/4}\left(\frac{\alpha}{\alpha+\beta}\right)^{\alpha/4}\left(\frac{\beta}{\alpha+\beta}\right)^{\beta/4}\left(\frac{1-\alpha}{2-\alpha-\beta}\right)^{(1-\alpha)/4}\left(\frac{1-\beta}{2-\alpha-\beta}\right)^{(1-\beta)/4} l_2^{(\alpha+\beta)/4}k_2^{(2-\alpha-\beta)/4} \tag{4.20}$$

(3) 甲、乙两地区的总效用：

$$\begin{aligned}U_A &= u_1u_2\\&= a_1^{1/2}a_2^{1/2}(b_{1x},b_{2x})^{(1-\alpha)/4}(b_{1y},b_{2y})^{(1-\beta)/4}\left(\frac{\alpha}{\alpha+\beta}\right)^{\alpha/2}\left(\frac{1-\alpha}{2-\alpha-\beta}\right)^{(1-\alpha)/2}\left(\frac{\beta}{\alpha+\beta}\right)^{\beta/2}\left(\frac{\beta}{2-\alpha-\beta}\right)^{(1-\beta)/2}\\&\quad (l_1l_2)^{(\alpha+\beta)/2}(k_1k_2)^{(2-\alpha-\beta)/2}\end{aligned} \tag{4.21}$$

2) 地区专业分工模式

如果甲、乙两个区域的劳动力与资本能够自由流动，若有

$$a_1^{1/2}b_{1x}^{(1-\alpha)/4} > a_2^{1/2}b_{2x}^{(1-\alpha)/4}\ \text{且}\ a_1^{1/2}b_{1y}^{(1-\beta)/4} < a_2^{1/2}b_{2y}^{(1-\beta)/4} \tag{4.22}$$

那么，区域乙中的产业 X 将转移到区域甲，专门生产产品 Y；区域甲中的产业 Y 将转移到区域乙，专门生产产品 X。

这样就形成区域产业的专业化分工。两区域生产模型为

$$\begin{aligned}&\max\ U_B = Q_{1x}^{1/2}Q_{2y}^{1/2}\\&\text{s.t. } Q_{1x} = a_1 l_{1x}^{\alpha}(b_{1x}k_{2y})^{1-\alpha}\\&\quad Q_{2y} = a_2 l_{2y}^{\beta}(b_{2y}k_{2y})^{1-\beta}\\&\quad l_{1x}+l_{2y} \leqslant l_1+l_2\\&\quad k_{1x}+k_{2y} \leqslant k_1+k_2\end{aligned} \tag{4.23}$$

方程(4.23)的解为

$$\begin{aligned}&l_{1x} = \frac{\alpha}{\alpha+\beta}(l_1+l_2),\ l_{2y} = \frac{\beta}{\alpha+\beta}(l_1+l_2)\\&k_{1x} = \frac{1-\alpha}{2-\alpha-\beta}(k_1+k_2),\ k_{2y} = \frac{1-\beta}{2-\alpha-\beta}(k_1+k_2)\end{aligned} \tag{4.24}$$

那么地区乙向地区甲转移的资本为 $k_1 - \dfrac{1-\alpha}{2-\alpha-\beta}(k_1+k_2)$；在两个地区都充分就业的

条件下，地区乙向地区甲转移的劳动力为$l_1-\dfrac{\alpha}{\alpha+\beta}(l_1+l_2)$，如果没有达到充分就业状态，也会有一部分劳动力在地区之间转移。

甲、乙两个地区的总效用为

$$\begin{aligned}U_B=&a_1^{1/2}a_2^{1/2}b_{1x}^{(1-\alpha)/2}b_{2y}^{(1-\beta)/2}\left(\frac{\alpha}{\alpha+\beta}\right)^{\alpha/2}\left(\frac{\beta}{\alpha+\beta}\right)^{\beta/2}\left(\frac{1-\alpha}{2-\alpha-\beta}\right)^{(1-\alpha)/2}\\&\times\left(\frac{1-\beta}{2-\alpha-\beta}\right)^{(1-\beta)/2}(l_1+l_2)^{(\alpha+\beta)/2}(k_1+k_2)^{(2-\alpha-\beta)/2}\end{aligned}\tag{4.25}$$

比较U_B和U_A可以发现，无论在何种情形下，均存在$U_B>U_A$。这说明，地区专业分工模式下的效用，总大于地区自给自足模式下的效用，表明专业化分工提高了两个地区的效用。

4.2.4　产业转移对区域发展的作用分析

产业转移对转移双方经济的发展都有重要的影响。对发达区域而言，它是区域产业结构调整升级的重要途径，也是区域产业竞争优势的有效方式。对发展中区域而言，产业转移是区域经济起飞与发展的良好契机，也是区域产业结构升级转换的可行方略。 通过前面的分析，本书认为，产业转移对欠发达区域发展的作用，主要体现在以下方面(陈勇，2007)。

(1)要素注入效应。广义而言，要素是产业可以获得的、能使其有效生产出对消费者有用产品(服务)的有形或无形的统一体。它包括有形要素，如自然资源、劳动力和资本等，也包括无形要素，如劳动者技能、知识和生产技术等。欠发达区域的一个显著特点就是自然资源、劳动力等普通要素丰富而资本、技术、知识等高等要素短缺。这种状况是这些区域经济发展缺乏动力的重要原因之一。由于产业转移往往伴随着大量的资本、技术的转移，也伴随着其他无形要素的进入，具有综合性，接受产业转移能够使欠发达区域迅速积累起相对稀缺的生产要素，为区域经济的起飞创造条件。

(2)技术溢出效应。产业转移往往是由经济梯度较高的发达区域指向经济梯度较低的欠发达区域，具有梯度性。这种梯度性决定了欠发达区域移入产业的生产技术水平一般要高于当地产业的平均生产技术水平，这样，移入产业的技术溢出效应将发生作用。技术溢出效应是指在产业转移过程中输出的先进技术被输入方消化吸收所导致的技术进步，以及技术转移过程所带动的输入方的经济增长。技术溢出效应产生途径有两个：①硬途径，即移入产业所包含的技术本身被移入区产业模仿、消化、吸收导致移入区产业的技术进步；②软途径，即具有先进技术的移入产业在对移入区相关产业产生前后波及作用的过程中，往往会拉动后者的技术进步。无论哪种途径，都将促进移入区产业技术水平的提高，有利于区域经济的进一步发展。

(3)关联带动效应。产业关联是指产业之间存在的广泛、复杂而密切的联系，包括后向、前向和旁侧关联。产业的关联带动作用实质就是移入产业关联效应的发挥过程，包括：①后向关联效应，即移入产业的发展会对各种要素产生新的投入要求，从而刺激相关投入品产业的发展。②前向关联效应，即移入产业的活动能通过削减下游产业的投入成本而促进下游产业的发展，或客观上造成产业间结构失衡而使其某些瓶颈问题的解决有利可图，从而为新的工业活动的兴起创造基础，为更大范围的经济活动提供可能。③旁侧关联效应，即移入产业的发展会引起其周围的一系列变化，如促进有技术性和纪律性的劳动力队伍的建立，促进处理法律问题和市场关系的专业服务人员的培训，以及促进建筑业、服务业的发展等。总之，产业的关联带动作用是产业转移的重要功能，它将在很大程度上促进移入区域整体经济的发展。

(4) 优势升级效应。欠发达区域产业结构的一个重要特征就是资源、劳动密集而技术层次低的传统产业比重大，先进产业比重小。相应地，区域比较优势主要也以传统要素为依托，体现在传统产业上，因而在区际分工中的地位、层次都比较低。外部先进产业的移入，为传统产业比较优势的升级创造了机会。因为先进产业的移入必然带动着资本、技术等稀缺要素的迅速积累，引起区域要素比重的迅速变化，这种变化将有助于区域新的主导产业或支柱产业的形成，从而推动产业比较优势的转换升级，提升欠发达区域在区际分工中的地位。

(5) 结构优化效应。产业转移会直接或间接地影响欠发达区域产业结构的变动。一方面，先进产业的移入本身将使移入区产业结构中采用先进技术的部门在数量上和比例上增加，从而使区域产业结构体现出高级化的趋势；另一方面，先进产业的移入，意味着新的生产函数的导入，这种蕴含新技术的新的生产组织方式会作为“扩散源”，对原有的相对处于较低层次各等级的产业发生“升级转型”运动，对其增长产生广泛的直接或间接影响，从而逐步提高产业整体的技术集约化程度，促进产业结构向着高级化方向演进。

(6) 竞争引致效应。移入产业与当地产业相比，在资金、技术、人才、市场、营销手段等方面往往占据着竞争优势，这种优势使当地产业卷入竞争之中，有可能使移入产业打破欠发达区域原有产业的低效垄断局面，改善区域产业的市场结构；另外，在竞争压力下，当地产业要在移入产业的阴影中生存发展，将不得不采用先进技术，或进行技术创新，通过新观念、新设计、新工艺、新产品等拓展市场，创造新的消费取向，以提升产业竞争力。因此，与产业转移相伴随的内外产业间竞争，是欠发达区域经济运行效率得以提高的重要因素(陶诚等，2009；严薇等，2009)。

4.2.5 产业转移的负面效应分析

产业转移对移虽然入地的产业结构升级有促进作用，但同样对移入地也有一些负面效应。

(1) 产业空心化。产业空心化是一个源自发达国家的概念，最早是美国人针对美国制造业生产线不断向外转移，致使国内就业岗位流失而提出的。事实上，很多学者认为对于移出地而言，产业空心化并不是一个问题。陈勇(2007)指出发达国家在产业向外转移过程中确实把各种生产线大量向外转移，其中有些转移到了其他发达国家(如日本公司在美国的汽车生产线)，有些转移到了发展中国家，但这种转移涉及的是低附加值的装配环节和其他非核心环节，高附加值环节和产业总体控制权仍掌控在转移地企业的手中，这种产业空心化是移出地企业的主动选择，提升了企业整体运营效率，也促进了转移地产业升级，是对移出地企业和产业有利的现象。

这里还是用甲、乙两地区的产业转移构建数学模型来进行说明。承接上述的模型进行讨论，如果

$$a_1^{1/2}b_{1x}^{(1-\alpha)/4} > a_2^{1/2}b_{2x}^{(1-\alpha)/4} \text{ 且 } a_1^{1/2}b_{1y}^{(1-\beta)/4} > a_2^{1/2}b_{2y}^{(1-\beta)/4} \tag{4.26}$$

那么地区乙中的产业 X、Y 都将转移到地区甲，如果没有新的产业替代，地区乙将出现产业空心化现象。这时，两个地区的生产模型为

$$\begin{aligned} \max\ & U_c = Q_{1x}^{1/2}Q_{1y}^{1/2} \\ \text{s.t.}\ & Q_{1x} = a_1 l_{1x}^{\alpha}(b_{1x}k_{1x})^{1-\alpha} \\ & Q_{1y} = a_1 l_{1y}^{\beta}(b_{1y}k_{1y})^{1-\beta} \\ & l_{1x} + l_{1y} \leqslant l_1 + l_2 \\ & k_{1x} + k_{1y} \leqslant k_1 + k_2 \end{aligned} \tag{4.27}$$

解方程(4.27)得

$$l_{1x} = \frac{\alpha}{\alpha+\beta}(l_1+l_2)\ ,\ l_{1y} = \frac{\beta}{\alpha+\beta}(l_1+l_2) \tag{4.28}$$

$$k_{1x} = \frac{1-\alpha}{2-\alpha-\beta}(k_1+k_2)\ ,\ k_{1y} = \frac{1-\beta}{2-\alpha-\beta}(k_1+k_2)$$

甲、乙两地区总效用为

$$\begin{aligned} U_C = {} & a_1 b_{1x}^{(1-\alpha)/2} b_{1y}^{(1-\beta)/2} \left(\frac{\alpha}{\alpha+\beta}\right)^{\alpha/2} \left(\frac{\beta}{\alpha+\beta}\right)^{\beta/2} \left(\frac{1-\alpha}{2-\alpha-\beta}\right)^{(1-\alpha)/2} \\ & \times \left(\frac{1-\beta}{2-\alpha-\beta}\right)^{(1-\beta)/2} (l_1+l_2)^{(\alpha+\beta)/2} (k_1+k_2)^{(2-\alpha-\beta)/2} \end{aligned} \tag{4.29}$$

由于 $a_1^{1/2}b_{1y}^{(1-\beta)/4} > a_2^{1/2}b_{2y}^{(1-\beta)/4}$，比较方程(4.25)和方程(4.29)，有 $U_C > U_B$。产业转移对两个地区的整体效用具有改善作用，完全分工结构是最优的选择。

对于产业移出地而言，产业空心化是产业结构演进过程中规律性地向第三产业倾斜的倾向，从而增强了该地的产业竞争力。对于产业移入地而言，产业空心化问题主要是针对产业的集群式移入而言的。也就是说，当一些有着产业关联的上下游生产企业“一窝蜂”地相继由某一地区转移进来，虽然其在短期内促进了移入地经济的发展，但就长期而言，也可能存在着一些弊端，如可能对当地相关产业前向、后向关联效应差，与当地企业的交流比较少，对当地的技术溢出效应和学习效应不明显。因此，以这种方式转移进来的企业有可能并未真正嵌入或根植于当地，具有较大的流动性，一旦当地的区位条件发生变化，这些企业又会整体性迁移，可能会造成移入地的产业空心化。如张为付(2005)就认为国内企业与外国投资企业的关联度不高，使许多转移产业成了“无根产业”，出现了国际“飞地”投资。郑胜利(2002)把产业集群式转移的现象称为“复制群居链现象”，他认为由于绵密的产业分工网络的某一产业链环节的外移会打破整个产品供应链的完整性，致其失衡，往往会出现大批相关企业整体迁移“复制群居链”，而“群居链”又是可以到处流动的，这意味着产业区在区位条件发生变化时，许多松脚型产业(footloose industry)会转移到其他地区，很容易造成本地产业的空心化现象。

(2) 对于环境和生态的负面效应。产业转移有可能给移入地的环境带来负面效应。例如，发达国家的企业利用发展中国家环境意识的淡薄和环境保护法律的缺乏，向经济发展落后国家转移一些对环境会造成污染的产业，虽然这些产业在短期内会给经济落后国家带来经济效益，但从长期来看，对环境的破坏是非常严重的。在我国，早期的东部企业向西部转移的过程中，也出现了对环境和生态的负面效应。东部地区的部分企业利用东西部经济实力的落差，将部分污染大、能耗大的产业，如化工、能源、造纸、染织等转移到西部地区，从而造成了西部资源的浪费和环境的污染，造成了工业产业“东移”，而工业污染“西移”的情况。我们可以从标志污染程度的两个主要指标——化学需氧量和二氧化硫的排放，来考察伴随产业转移的污染状况。如果将东部和西部视为一个整体，1986 年，东部和西部的化学需氧量排放各占 1/2，二氧化硫排放的相应值为 48%和 52%。到了 1995 年，东部和西部的化学需氧量排放分别达到了 43%和 57%，二氧化硫的排放也达到 45%和 55%。10 年间，化学需氧量排放向西迁移了 7 个百分点，二氧化硫排放向西迁移了 3 个百分点。

(3) 产业转移过程中对于技术转移的保守导致两地技术差距。在当今世界，技术是一个国家在国际经济竞争中处于优势地位的核心竞争力之一，在产业转移的过程中，移出国或地区为了维持相对的技术高度，往往对技术转移采取相对保守的态度。大部分跨国公司即使转移了深层技术，但对于作为企业保持技术领先和竞争优势的核心技术，跨国公司在向东道国转移时还是有所保留的。一些发达国家还出于经济和政治等各方面的考虑，出台了一系列相关政策来限制技术转让，严格控制技术的出口。一些转移企业也加强知识管理，防止专利技术的泄露。有些地区在片面强调通过承接产业转移吸收移出地的技术可能会形成“引进设备—技术进步—引进设备过时—再引进设备”的恶性循环，只会对转移地亦步亦趋，产业转移的固有属性可能会使移入地与移出地之间形成固定的技术极差。

4.2.6 移入地对于移入产业的选择原则

产业转移虽然是移入地产业结构升级的契机，但不合理地承接产业也可能会给移入地产业发展带来负面影响。所以在承接产业转移的过程，民族地区要遵循以下原则。

(1) 适应性原则，即产业的移入要适合移入地的基本情况。因为产业的移入和技术的发展与应用是有条件的。先进与否是相对的，最先进的未必是最合适的。关键是移入地的吸收、消化、创新能力。一方面，移入地接纳的移入产业，一定要适合当地的实际，确保产业移入后能够顺利投产，投产后不会给移入地的环境造成污染，破坏生态平衡；另一方面，移入产业必须要符合移入地产业结构优化调整的方向，有利于产业升级和产业结构的优化。

(2) 技术进步原则，即移入地产业结构调整的方向，是要增加产业的科技含量，提高产业的技术集约程度。因此，移入地接纳转移产业必须要考虑其技术的先进性，包括考察产业能否吸收先进技术，能否利用新技术改造传统产业，能否推动产业存量调整与改造，产业对经济环境变化适应力和抗衡力的强弱，移入产业的发展和改造能否延伸出新的产业，转移产业的技术移入对现有产业的技术基础是否相适应。同时加强对移入产业先进技术的消化和吸收，利用先进的技术来提升整体产业的能力。

(3) 关联强度原则。移入地产业是一个相互关联、相互依存的复杂的大系统，不同产业由于产品生产方式和技术复杂的不同，与其他产业之间的关联程度也就不同。所谓产业关联，在本质上是社会生产中不同部门之间和不同产业之间的技术结构及产品的需求结构，是社会生产力发展的一种空间结构状态。而产业的关联度，则是产业之间这种技术结构和产品需求结构的扩散程度及其相互依存、相互推动的强度。移入具有高关联强度的产业，可以通过产业关联而产生对其他产业的带动和推动作用，并使这些产业派生出对其他产业的进一步促进作用，从而产生经济发展中的连锁反应和加速效应，这样一方面可以推动和促进整个移入地产业的发展；另一方面也可以避免当要素条件发生变化以后，出现产业空心化问题。

4.3　民族地区产业转移的现状分析

上一节对产业转移进行了比较深入的理论分析，本节则对民族地区近年来产业转移的现状进行分析。以下的分析中，数据来源于《中国经济普查年鉴 2004》《中国经济普查年鉴 2008》《中国经济普查年鉴 2013》。

4.3.1　产业转移的测度与数据来源

目前学界对产业转移规模的测算方法不一，欧美等发达国家的学者通常采用企业的微观数据进行研究，而中国由于统计系统较不完善，学者主要通过产业集中度、产业份额和区域间贸易的变化等对产业转移进行测度。本书借用孙久文等(2013)的研究方法，采用就业份额和工业销售产值份额的变化来测度产业转移方向与程度：

$$\Delta s = s_{r,i}^{k} - s_{r,j}^{k} = \frac{S_{r,i}^{k}}{\sum_{r} S_{r,i}^{k}} - \frac{S_{r,j}^{k}}{\sum_{r} S_{r,j}^{k}}$$

式中，Δs 为 j～i 年 r 地区 k 产业的产业转移，正为转入，负为转出；$s_{r,i}^{k}$ 和 $s_{r,j}^{k}$ 分别为 i 年与 j 年 r 地区 k 产业的就业人数或工业销售产值占全国该行业就业人数或工业销售产值的比重；$S_{r,i}^{k}$ 和 $S_{r,j}^{k}$ 分别为 i 年与 j 年 r 地区 k 产业的就业人数或工业销售产值。

4.3.2　民族地区工业产业转移的总体分析

1) 规模以上工业企业的区域分布与民族地区的产业转移

表 4.3、表 4.4 和表 4.5 给出了全国规模以上工业企业数、工业企业就业人数和工业企业销售产值在东部地区、中部地区、东北地区、西部地区及民族地区的分布[①]。从规模以

① 东部地区：北京市、天津市、河北省、上海市、江苏省、浙江省、福建省、山东省、广东省和海南省。中部地区：山西省、江西省、安徽省、河南省、湖北省、湖南省。西部地区：内蒙古自治区、广西壮族自治区、重庆市、四川省、贵州省、云南省、西藏自治区、陕西省、甘肃省、青海省、宁夏回族自治区和新疆维吾尔自治区。民族地区指的民族八省区：内蒙古自治区、广西壮族自治区、贵州省、云南省、西藏自治区、青海省、宁夏回族自治区和新疆维吾尔自治区。东北地区：辽宁省、吉林省、黑龙江省。

上工业企业数的比例变化看，2004 年民族地区规模以上工业企业数占全国比例为 4.93%，2008 年该数据为 4.41%，2013 年该数据增加到 5.65%。2004～2008 年份额下降，2008～2013 年份额在上升。其中，规模以上采矿业企业数占全国比例 2004 年为 12.48%，2008 年该数据为 15.02%；规模以上制造业企业数占比 2004 年为 4.18%，2008 年该数据为 3.60%；规模以上电力、燃气及水的生产和供应业企业数占比 2004 年为 17.82%，2008 年该数据为 16.30%。可以看出，2004～2008 年民族地区采矿业转入，制造业转出，表现出去制造业化的趋势。

表 4.3　全国规模以上工业企业数分布的变化(%)

地区	规模以上工业			采矿业		制造业		电力、燃气及水的生产和供应业	
	2004 年	2008 年	2013 年	2004 年	2008 年	2004 年	2008 年	2004 年	2008 年
东部	69.30	66.57	59.33	24.69	20.41	72.25	69.51	37.45	40.19
中部	14.12	15.57	20.85	41.91	35.06	12.73	14.50	20.93	19.14
东北	6.23	7.40	7.32	9.01	12.90	5.96	7.05	10.49	10.55
西部	10.36	10.46	12.49	24.40	31.63	9.06	8.94	31.12	30.13
民族地区	4.93	4.41	5.65	12.48	15.02	4.18	3.60	17.82	16.30

注释：2013 年普查年鉴没有公布采矿业、制造业和电力、燃气及水的生产和供应业的企业数的数据。
资料来源：《中国经济普查年鉴》。

表 4.4　全国规模以上工业企业就业人数分布的变化(%)

地区	规模以上工业			采矿业			制造业			电力、燃气及水的生产和供应业		
	2004 年	2008 年	2013 年	2004 年	2008 年	2013 年	2004 年	2008 年	2013 年	2004 年	2008 年	2013 年
东部	61.77	63.31	57.42	26.91	22.49	21.55	67.19	68.57	61.79	34.98	36.40	34.59
中部	17.31	16.78	21.22	36.45	34.64	35.15	14.77	14.73	19.81	24.34	22.62	23.26
东北	7.68	7.35	7.04	14.29	15.89	13.63	6.46	6.20	6.21	16.21	13.93	11.81
西部	13.24	12.57	14.32	22.34	26.97	29.68	11.59	10.50	12.19	24.47	27.04	30.34
民族地区	5.86	5.43	6.28	10.75	13.41	16.15	4.92	4.24	4.90	12.81	14.72	16.80

资料来源：《中国经济普查年鉴》。

表 4.5　全国规模以上工业企业销售产值分布的变化（%）

地区	规模以上工业			采矿业			制造业			电力、燃气及水的生产和供应业		
	2004 年	2008 年	2013 年	2004 年	2008 年	2013 年	2004 年	2008 年	2013 年	2004 年	2008 年	2013 年
东部	68.78	63.93	57.33	36.05	28.04	27.49	71.94	67.27	59.73	56.36	54.77	52.89
中部	12.84	16.01	19.93	23.65	28.06	27.35	11.72	14.90	19.49	17.80	18.91	18.79
东北	7.77	8.05	8.52	17.91	15.49	12.15	7.02	7.52	8.40	9.09	7.72	6.59
西部	10.61	12.02	14.22	22.39	28.41	33.01	9.32	10.31	12.39	16.75	18.60	21.73
民族地区	5.01	5.77	6.80	11.66	15.68	19.45	4.19	4.62	5.48	9.43	11.34	13.16

资料来源：《中国经济普查年鉴》。

从就业占全国比例看，如图 4.2 所示，民族八省区规模以上工业就业占比 2004 年为 5.86%，2008 年为 5.43%，2013 年为 6.28%，其中采矿业分别为 10.75%、13.41%和 16.15%，制造业分别为 4.92%、4.24%和 4.90%；电力、燃气及水的生产和供应业分别为 12.81%、14.72%和 16.80%。从销售产值占全国比例看，民族八省区规模以上工业销售产值占全国比重，2004 年为 5.01%，2008 年为 5.77%，2013 年为 6.80%；其中采矿业分别为 11.66%、15.68%和 19.45%；制造业分别为 4.19%、4.62%和 5.48%；电力、燃气及水的生产和供应业分别为 9.43%、11.34%和 13.16%。

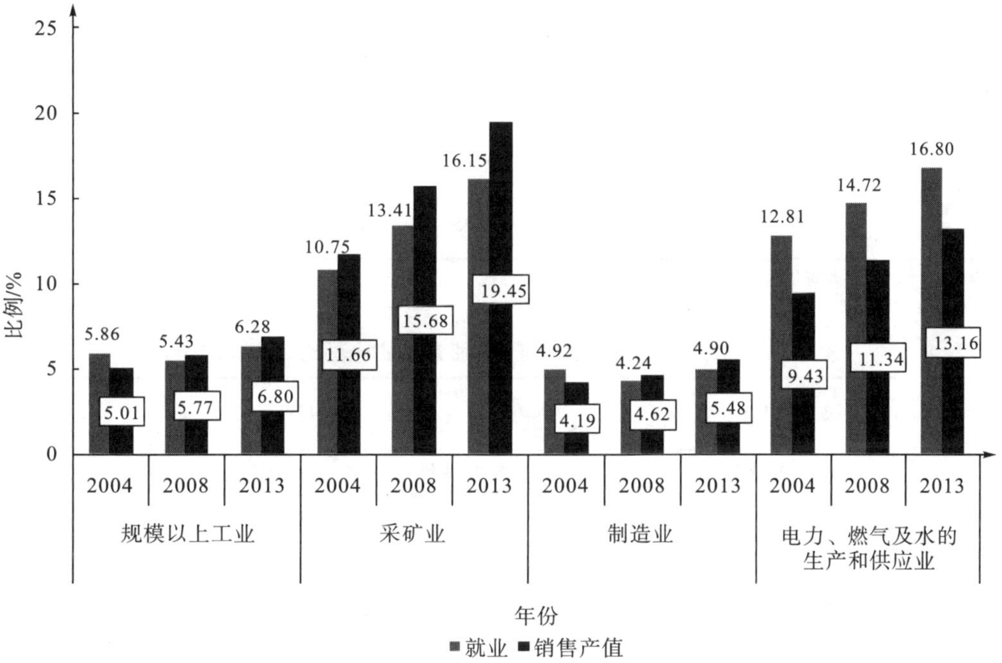

图 4.2　民族八省区规模以上工业就业与销售产值占全国比例的变化

资料来源：作者根据《中国经济普查年鉴》数据计算绘制。

根据上面的分析，可以初步得出如下结论：西部大开发战略实施以来，民族地区的工业在全国的地位有所提升，从全国看，存在着从东部到中部的工业产业通过转移，也确有部分工业转移到了民族地区；民族地区在承接工业转移中，主要承接的是采矿业的转移，制造业的转移比重很低。

2) 民族八省区各省区工业产业转移总体特点

表 4.6、表 4.7 和表 4.8 分别给出了民族八省区各省区规模以上工业企业数、工业企业就业和工业企业销售产值占全国比例的变化。从企业数看，2004～2008 年除内蒙古自治区规模以上工业占全国比例在上升外，其余地区都有所下降。分行业看，2004～2008 年各地区总体特点是：采矿业比例上升，制造业比例下降，电力燃气及水的生产和供应比例下降。

表 4.6 民族八省区规模以上工业企业数占全国比例的变化(%)

企业数	规模以上工业企业			采矿业		制造业		电力、燃气及水的生产和供应业	
	2004 年	2008 年	2013 年	2004 年	2008 年	2004 年	2008 年	2004 年	2008 年
内蒙古自治区	0.82	0.94	1.19	3.52	3.89	0.64	0.73	2.79	3.39
广西壮族自治区	1.36	1.27	1.49	1.79	1.76	1.25	1.20	4.06	3.22
贵州省	0.92	0.63	0.97	2.75	3.72	0.77	0.43	3.08	2.46
云南省	0.84	0.78	0.96	1.84	3.3	0.72	0.58	3.15	3.75
西藏自治区	0.07	0.02	0.02	0.15	0.11	0.03	0.01	0.94	0.09
青海省	0.17	0.12	0.14	0.63	0.32	0.13	0.09	0.84	0.83
宁夏回族自治区	0.24	0.21	0.28	0.51	0.55	0.22	0.19	0.49	0.55
新疆维吾尔自治区	0.52	0.44	0.60	1.28	1.35	0.42	0.35	2.47	2.01

资料来源：《中国经济普查年鉴》。

表 4.7 民族八省区规模以上工业企业就业占全国比例的变化(%)

地区	规模以上工业企业			采矿业			制造业			电力、燃气及水的生产和供应业		
	2004 年	2008 年	2013 年	2004 年	2008 年	2013 年	2004 年	2008 年	2013 年	2004 年	2008 年	2013 年
内蒙古自治区	1.23	1.18	1.30	3.06	3.62	4.47	0.94	0.86	0.89	2.78	3.12	3.98
广西壮族自治区	1.32	1.30	1.69	0.71	0.74	0.95	1.31	1.25	1.68	2.57	3.90	3.58
贵州省	1.01	0.83	0.94	2.06	2.85	3.86	0.83	0.58	0.55	2.11	2.06	3.45
云南省	0.99	0.95	1.06	1.31	2.34	2.78	0.89	0.75	0.83	2.17	2.38	2.49
西藏自治区	0.03	0.02	0.02	0.03	0.05	0.06	0.02	0.01	0.01	0.17	0.13	0.13
青海省	0.21	0.20	0.22	0.57	0.59	0.58	0.15	0.14	0.17	0.56	0.51	0.44
宁夏回族自治区	0.39	0.29	0.34	0.93	0.79	0.88	0.30	0.22	0.26	0.84	0.86	0.90
新疆维吾尔自治区	0.68	0.65	0.72	2.09	2.43	2.57	0.47	0.43	0.50	1.60	1.76	1.83

资料来源：《中国经济普查年鉴》。

表 4.8 民族八省区规模以上工业企业销售产值占全国比例的变化(%)

地区	规模以上工业企业			采矿业			制造业			电力、燃气及水的生产和供应业		
	2004 年	2008 年	2013 年	2004 年	2008 年	2013 年	2004 年	2008 年	2013 年	2004 年	2008 年	2013 年
内蒙古自治区	1.05	1.69	1.97	2.65	5.98	9.17	0.85	1.24	1.34	2.07	3.38	3.80
广西壮族自治区	0.99	1.16	1.71	0.41	0.62	1.15	0.98	1.13	1.73	1.55	2.14	2.05
贵州省	0.68	0.60	0.75	1.03	1.20	2.55	0.52	0.44	0.53	2.21	2.20	2.11

续表

地区	规模以上工业企业			采矿业			制造业			电力、燃气及水的生产和供应业		
	2004年	2008年	2013年	2004年	2008年	2013年	2004年	2008年	2013年	2004年	2008年	2013年
云南省	1.04	0.99	0.96	0.91	1.39	1.67	1.00	0.90	0.83	1.63	1.76	2.15
西藏自治区	0.01	0.01	0.01	0.02	0.04	0.04	0.01	0.01	0.01	0.03	0.02	0.02
青海省	0.19	0.21	0.23	0.98	1.01	0.81	0.11	0.14	0.16	0.54	0.39	0.54
宁夏回族自治区	0.27	0.26	0.34	0.49	0.60	0.74	0.22	0.21	0.26	0.72	0.67	1.12
新疆维吾尔自治区	0.78	0.84	0.83	5.16	4.84	3.33	0.51	0.55	0.62	0.68	0.78	1.37

资料来源：《中国经济普查年鉴》。

从就业看，各地区规模以上工业企业就业占比经历了 2004～2008 年的下降和 2008～2013 年的上升。其中，采矿业占比总体处于上升的态势，制造业占比的变化趋势是：内蒙古自治区、广西壮族自治区、云南省、青海省、宁夏回族自治区是先下降(2004～2008 年)后上升(2008～2013 年)，其余地区基本是处于下降趋势。主要为地方居民服务的电力、燃气及水的生产和供应业的占比变化趋势是：内蒙古自治区、云南省、宁夏回族自治区和新疆维吾尔自治区处于上升态势，其余地区有的呈现先上升后下降的趋势，有的呈现出下降的趋势。

从销售产值看，规模以上工业企业销售产值占比中，2004～2013 年上升的是内蒙古自治区、广西壮族自治区、青海省；先下降(2004～2008 年)后上升(2008～2013 年)的是贵州省、宁夏回族自治区；先上升(2004～2008 年)后下降(2008～2013 年)的是新疆维吾尔自治区。其中，采矿业除青海省和新疆维吾尔自治区外，其余地区均呈现出上升的态势。而制造业占比上升的有内蒙古自治区、广西壮族自治区、青海省、新疆维吾尔自治区，其余大部分地区经历了先下降后上升。电力、燃气及水的生产和供应业占比上升的有内蒙古自治区、云南省和新疆维吾尔自治区；先上升(2004～2008 年)后下降(2008～2013 年)的有广西壮族自治区；先下降(2004～2008 年)后上升(2008～2013 年)的有宁夏回族自治区、青海省；贵州省一直处于下降状态。

因此，民族八省区工业产业转移的态势各有不同，不过按行业大类看，主要转入的产业是采矿业。

4.3.3　采矿业的产业转移

采矿业包括煤炭开采和洗选业、石油和天然气开采业、黑色金属矿采选业、有色金属矿采选业、非金属矿采选业五大行业。表 4.9 和表 4.10 分别给出了全国分区域采矿业就业和销售产值份额的分布与变化(转移测度)。分地区看，根据表 4.11 和表 4.12 的信息，民族八省区采矿业转入的基本情况见表 4.13。

表 4.9 全国规模以上采矿业就业份额区域分布及其变化（%）

指标	地区	煤炭开采和洗选业	石油和天然气开采业	黑色金属矿采选业	有色金属矿采选业	非金属矿采选业
就业份额（2004 年）	东部	22.32	33.56	37.75	23.95	50.18
	中部	44.45	13.61	25.20	33.42	22.24
	西部	20.37	27.57	22.78	32.35	20.33
	东北	12.86	25.27	14.35	10.29	6.97
	民族地区	9.67	10.89	12.21	19.56	11.72
就业份额（2008 年）	东部	18.48	23.98	37.03	17.88	44.66
	中部	42.34	11.74	21.18	34.35	26.61
	西部	26.59	30.03	22.86	36.30	19.64
	东北	12.59	34.25	18.95	11.47	9.13
	民族地区	12.94	13.39	13.15	22.57	9.00
就业份额（2013 年）	东部	18.01	26.34	39.89	14.47	31.34
	中部	41.78	10.80	20.99	36.85	31.8
	西部	29.40	37.02	21.51	36.90	26.15
	东北	10.82	25.88	17.62	11.76	10.72
	民族地区	16.44	13.91	13.01	24.28	13.15
就业份额变化（2004～2008 年）	东部	−3.84	−9.58	−0.72	−6.07	−5.52
	中部	−2.11	−1.87	−4.02	0.93	4.37
	西部	6.22	2.46	0.08	3.95	−0.91
	东北	−0.27	8.98	4.60	1.18	2.16
	民族地区	3.27	2.50	0.94	3.01	-2.72
就业份额变化（2008～2013 年）	东部	−0.47	2.36	2.86	−3.41	−13.32
	中部	−0.56	−0.94	−0.19	2.50	5.19
	西部	2.81	6.99	−1.35	0.60	6.51
	东北	−1.77	−8.37	−1.33	0.29	1.59
	民族地区	3.50	0.52	−0.14	1.71	4.15

资料来源：《中国经济普查年鉴》。

表 4.10　全国规模以上采矿业销售产值份额区域分布及其变化(%)

指标	地区	煤炭开采和洗选业	石油和天然气开采业	黑色金属矿采选业	有色金属矿采选业	非金属矿采选业
销售产值份额(2004 年)	东部	31.68	34.95	51.46	36.38	55.95
	中部	43.47	5.48	20.04	33.89	20.30
	西部	17.52	27.63	17.49	23.31	19.74
	东北	7.34	31.94	11.01	6.43	4.01
	民族地区	9.53	13.44	10.07	12.37	13.44
销售产值份额(2008 年)	东部	23.41	26.19	46.49	23.09	44.83
	中部	43.04	6.51	16.68	39.40	28.31
	西部	27.18	35.33	18.62	30.63	18.10
	东北	6.37	31.98	18.22	6.88	8.77
	民族地区	15.34	16.86	11.66	22.59	10.14
销售产值份额(2013 年)	东部	23.12	31.57	39.72	19.32	29.30
	中部	36.25	3.97	18.95	41.17	33.30
	西部	36.27	40.78	19.19	31.17	23.79
	东北	4.36	23.67	22.13	8.34	13.60
	民族地区	22.88	20.27	11.55	21.02	12.78
销售产值份额变化(2004～2008 年)	东部	−8.27	−8.76	−4.97	−13.29	−11.12
	中部	−0.43	1.03	−3.36	5.51	8.01
	西部	9.66	7.70	1.13	7.32	−1.64
	东北	−0.97	0.04	7.21	0.45	4.76
	民族地区	5.81	3.42	1.59	10.22	−3.30
销售产值份额变化(2008～2013 年)	东部	−0.29	5.38	−6.77	−3.77	−15.53
	中部	−6.79	−2.54	2.27	1.77	4.99
	西部	9.09	5.45	0.57	0.54	5.69
	东北	−2.01	−8.31	3.91	1.46	4.83
	民族地区	7.54	3.41	−0.11	−1.57	2.64

资料来源：《中国经济普查年鉴》。

表 4.11　民族八省区规模以上采矿业就业份额及其变化(%)

指标	地区	煤炭开采和洗选业	石油和天然气开采业	黑色金属矿采选业	有色金属矿采选业	非金属矿采选业
就业份额(2004 年)	内蒙古自治区	3.44	0.31	4.12	5.49	2.32
	广西壮族自治区	0.34	0	1.78	4.09	1.95
	贵州省	2.55	0	1.37	1.17	3.29
	云南省	0.829	0.01	3.504	6.357	2.301
	西藏自治区	0.002	0	0.155	0.179	0.07
	青海省	0.145	2.133	0.258	1.021	1.057

续表

指标	地区	煤炭开采和洗选业	石油和天然气开采业	黑色金属矿采选业	有色金属矿采选业	非金属矿采选业
就业份额(2004年)	宁夏回族自治区	1.405	0.01	0	0	0
	新疆维吾尔自治区	0.957	8.427	1.031	1.251	0.728
就业份额(2008年)	内蒙古自治区	3.73	0.49	6.55	6.65	2.71
	广西壮族自治区	0.30	0	1.69	4.32	1.77
	贵州省	4.18	0	0.50	1.08	0.77
	云南省	2.413	0.009	2.552	6.632	2.139
	西藏自治区	0	0	0.293	0.43	0
	青海省	0.147	2.013	0.179	1.943	0.885
	宁夏回族自治区	1.22	0.018	0.033	0	0.018
	新疆维吾尔自治区	0.955	10.864	1.349	1.513	0.701
就业份额(2013年)	内蒙古自治区	4.97	0.80	5.04	7.59	3.37
	广西壮族自治区	0.32	0.01	1.70	5.35	3.56
	贵州省	5.62	0	0.68	0.63	1.93
	云南省	2.821	0	3.111	7.785	2.5
	西藏自治区	0	0	0.183	0.596	0.019
	青海省	0.217	3.328	0.253	0.704	0.833
	宁夏回族自治区	1.335	0.039	0.099	0	0.056
	新疆维吾尔自治区	1.154	9.727	1.943	1.626	0.889
就业份额变化(2004～2008年)	内蒙古自治区	0.29	0.18	2.43	1.16	0.39
	广西壮族自治区	−0.04	0	−0.09	0.23	−0.18
	贵州省	1.63	0	−0.87	−0.09	−2.52
	云南省	1.584	0.001	−0.952	0.275	−0.162
	西藏自治区	−0.002	0	0.138	0.251	−0.072
	青海省	0.002	−0.12	−0.079	0.922	−0.172
	宁夏回族自治区	−0.185	0.008	0.033	0	0.018
	新疆维吾尔自治区	−0.002	2.437	0.318	0.262	−0.027
就业份额变化(2008～2013年)	内蒙古自治区	1.24	0.31	−1.51	0.94	0.66
	广西壮族自治区	0.02	0.01	0.01	1.03	1.79
	贵州省	1.44	0	0.18	−0.45	1.16
	云南省	0.408	−0.009	0.559	1.153	0.36
	西藏自治区	0	0	−0.11	0.166	0.019
	青海省	0.07	1.315	0.074	−1.239	−0.052
	宁夏回族自治区	0.115	0.021	0.066	0	0.038
	新疆维吾尔自治区	0.199	−1.137	0.594	0.11	0.188

资料来源：《中国经济普查年鉴》。

表 4.12　民族八省区规模以上采矿业销售产值份额及其变化（%）

指标	地区	煤炭开采和洗选业	石油和天然气开采业	黑色金属矿采选业	有色金属矿采选业	非金属矿采选业
销售产值份额（2004 年）	内蒙古自治区	4.94	0.47	3.47	3.15	2.39
	广西壮族自治区	0.25	0	1.08	2.15	1.53
	贵州省	1.64	0	0.38	0.39	6.52
	云南省	0.72	0	3.16	4.31	2.09
	西藏自治区	0	0	0.23	0.07	0.02
	青海省	0.14	1.82	0.31	1.39	0.51
	宁夏回族自治区	1.28	0.02	0	0	0
	新疆维吾尔自治区	0.56	11.13	1.44	0.93	0.39
销售产值份额（2008 年）	内蒙古自治区	9.32	0.84	5.73	7.86	4.04
	广西壮族自治区	0.10	0	1.36	3.77	1.99
	贵州省	2.36	0	0.18	0.76	0.91
	云南省	1.28	0	2.26	5.06	2.49
	西藏自治区	0	0	0.13	0.28	0.01
	青海省	0.32	1.83	0.12	3.50	0.33
	宁夏回族自治区	1.32	0.02	0.02	0	0.01
	新疆维吾尔自治区	0.64	14.17	1.87	1.37	0.35
销售产值份额（2013 年）	内蒙古自治区	12.95	5.56	5.51	10.13	4.36
	广西壮族自治区	0.13	0.18	1.91	5.03	3.50
	贵州省	4.88	0	0.37	0.49	2.39
	云南省	1.97	0	1.94	3.29	1.85
	西藏自治区	0	0	0.04	0.35	0.01
	青海省	0.57	2.30	0.24	0.71	0.23
	宁夏回族自治区	1.57	0.03	0.03	0	0.03
	新疆维吾尔自治区	0.81	12.20	1.52	1.02	0.41
销售产值份额变化（2004～2008 年）	内蒙古自治区	4.38	0.37	2.26	4.71	1.65
	广西壮族自治区	−0.15	0	0.28	1.62	0.46
	贵州省	0.72	0	−0.20	0.37	−5.61
	云南省	0.56	0	−0.90	0.75	0.40
	西藏自治区	0	0	−0.10	0.21	−0.01
	青海省	0.18	0.01	−0.19	2.11	−0.18
	宁夏回族自治区	0.04	0	0.02	0	0.01
	新疆维吾尔自治区	0.08	3.04	0.43	0.44	−0.04
销售产值份额变化（2008～2014 年）	内蒙古自治区	3.63	4.72	-0.22	2.27	0.32
	广西壮族自治区	0.03	0.18	0.55	1.26	1.51
	贵州省	2.52	0	0.19	−0.27	1.48
	云南省	0.69	0	−0.32	−1.77	−0.64

续表

指标	地区	煤炭开采和洗选业	石油和天然气开采业	黑色金属矿采选业	有色金属矿采选业	非金属矿采选业
销售产值份额变化（2008～2014 年）	西藏自治区	0	0	−0.09	0.07	0
	青海省	0.25	0.47	0.12	−2.79	−0.10
	宁夏回族自治区	0.25	0.01	0.01	0	0.02
	新疆维吾尔自治区	0.17	−1.97	−0.35	−0.35	0.06

资料来源：《中国经济普查年鉴》。

表 4.13　民族八省区采矿业产业转入的基本情况

时期	内蒙古自治区	广西壮族自治区	贵州省	云南省	西藏自治区	青海省	宁夏回族自治区	新疆维吾尔自治区
2004～2008 年	煤炭开采和洗选业、石油和天然气开采业、黑色金属矿采选业、有色金属矿采选业、非金属矿采选业	黑色金属矿采选业、有色金属矿采选业、非金属矿采选业	煤炭开采和洗选业、有色金属矿采选业	煤炭开采和洗选业、有色金属矿采选业、非金属矿采选业	有色金属矿采选业	煤炭开采和洗选业、石油和天然气开采业、有色金属矿采选业	煤炭开采和洗选业、黑色金属矿采选业、非金属矿采选业	煤炭开采和洗选业、石油和天然气开采业、黑色金属矿采选业、有色金属矿采选业
2008～2013 年	煤炭开采和洗选业、石油和天然气开采业、有色金属矿采选业、非金属矿采选业	煤炭开采和洗选业、石油和天然气开采业、黑色金属矿采选业、有色金属矿采选业、非金属矿采选业	煤炭开采和洗选业、黑色金属矿采选业、有色金属矿采选业	煤炭开采和洗选业	有色金属矿采选业	煤炭开采和洗选业、石油和天然气开采业、黑色金属矿采选业	煤炭开采和洗选业、石油和天然气开采业、黑色金属矿采选业、非金属矿采选业	煤炭开采和洗选业、非金属矿采选业

资料来源：作者根据《中国经济普查年鉴》数据计算绘制。

从整体上看，2004～2013 年我国采矿业产业转移的整体趋势是由东部和东北地区向中西部转移，向西部地区特别是民族地区转移尤为显著。过去十多年间，我国矿业及相关行业的发展总规模及比重整体上升，体现了矿业在国民经济发展中的地位逐步上升；同时，矿业历经黄金十年及全球矿业形势整体低迷之后，产业转移及布局结构优化调整加速推进。东部和东北地区产业加速转出，西部地区特别是民族地区大量承接采矿业产业转入。分时期来看，2004～2008 年东部和东北地区是主要的采矿业转出地区，其中东部地区除石油和天然气开采业外，其余行业均大量向其他区域转移，东北地区石油和天然气开采业、煤炭开采和洗选业向外转出，其余行业均不同程度地承接产业转入。2008～2013 年产业转移速度较 2004～2008 年有所降低，但西部地区呈加速转入趋势，其中石油和天然气开采业、煤炭开采和洗选业承接产业转入程度较高；东部和东北地区产业持续转出，东北地区产业转出趋势较 2004～2008 年有所减缓；中部地区由于能源行业产业向外转出，采矿业整体呈现略微转出的趋势。

总体上，2004 年以来我国东、中、西、东北四大板块产业转入转出趋势明显，西部地区作为主要的产业转入承接地区，产业转入规模较大，采矿业工业销售产值占全国的比重上升了 10.62%，其中民族八省区上升了 7.79%；东部地区和东北地区的产业转出效应明显，采矿业工业销售产值占全国的比重分别下降了 7.56%和 5.76%；中部地区产业转移规模较小，有一定程度的产业转入。

4.3.4　制造业产业转移

根据各次经济普查数据，本小节分析了 28 个制造业行业的空间转移情况。这 28 个制造业行业的就业和销售产值的转移测度如表 4.14 和表 4.15 所示。可以看出，全国制造业产业转移的基本态势为：由东部地区向中部地区和西部地区转移。具体情况表现在以下几方面。

表 4.14　全国制造业产业转移测度（就业）

序号	2004～2008 年					2008～2013 年				
	东部	中部	西部	东北	民族地区	东部	中部	西部	东北	民族地区
1	−4.48	2.32	−0.81	2.96	−2.26	−7.32	6.33	0.73	0.27	0.04
2	−3.05	1.82	0.97	0.26	0.05	−4.64	3.46	1.81	−0.65	1.06
3	−3.79	1.88	1.94	0	0.42	−6.18	3.12	4.88	−1.85	2.01
4	−1.48	1.70	0.21	−0.62	1.91	0.65	−2.67	1.94	0.07	1.74
5	2.47	−0.46	−1.10	−0.89	−0.56	−6.22	5.64	0.29	0.28	−0.03
6	−2.93	1.57	0.40	0.85	−0.03	−9.25	9.02	0.96	−0.61	0.57
7	−4.29	2.85	1.50	−0.06	0.23	−9.30	8.52	1.09	−0.31	0.83
8	0.92	2.46	0.53	−3.92	0.31	−8.94	4.25	5.82	−1.12	4.74
9	−2.19	1.01	0.73	0.44	−0.36	−11.19	6.62	5.07	−0.46	0.65
10	2.58	−0.86	−0.54	−1.17	−0.63	−4.77	3.89	0.81	0.07	0.41
11	3.36	−0.66	−2.64	−0.02	−1.77	−7.06	7.64	0.49	−1.12	−0.62
12	−2.32	2.04	0.22	0.07	0.20	−10.48	7.20	2.96	0.32	2.09
13	0.16	−4.17	5.59	−1.58	1.91	0.71	−6.29	2.49	3.08	3.41
14	0.90	0.29	−0.70	−0.48	−0.35	−1.82	2.70	0.07	−0.94	0.93
15	−1.05	1.45	−1.09	0.69	−0.98	−2.24	1.21	0.30	0.72	−0.05
16	3.45	−3.78	2.57	−2.16	0.50	9.36	−1.03	−1.93	−6.42	0.32
17	1.15	0.52	−0.35	−1.30	−0.74	−5.28	2.90	1.48	0.88	0.24
18	0.07	1.07	−1.72	0.60	−1.36	−7.03	6.09	1.32	−0.40	1
19	5.40	−1.51	−2.05	−1.84	−0.61	0.82	−0.93	−0.02	0.15	−0.51
20	2.65	1.97	−3.76	−0.85	−1.82	−2.17	1.45	2.35	−1.60	2.75
21	−0.31	0.47	−0.65	0.49	−0.56	−9.93	5.86	3.02	1.05	1.14
22	1.68	−1.82	−1.22	1.36	−0.89	−3.09	2.86	0.25	−0.01	−0.21
23	4.96	−2.24	−1.33	−1.38	−1.25	−3.32	5.77	−2.38	−0.07	−1.01

续表

序号	2004～2008年					2008～2013年				
	东部	中部	西部	东北	民族地区	东部	中部	西部	东北	民族地区
24	5.58	−1.82	−1.72	−2.03	−0.51	−3.24	3.54	0.37	−0.66	0.32
25	0.43	1.05	−1.18	−0.30	−0.38	−6.50	5.78	1.24	−0.52	0.31
26	0.37	1.43	1.21	−0.60	−0.05	−9.73	7.42	2.86	−0.53	0.26
27	1.88	2.38	−2.93	−1.35	−1.23	−3.51	2.88	0.70	−0.06	−0.24
28	1.92	2.07	−4.22	0.25	−0.62	−16.92	8.61	6.58	1.65	−0.12

注：1.农副食品加工业；2.食品制造业；3.饮料制造业；4.烟草制品业；5.纺织业；6.纺织服装、鞋、帽制造业；7.皮革、毛皮、羽毛(绒)及其制品业；8.木材加工及木、竹、藤、棕、草制品业；9.家具制造业；10.造纸及纸制品业；11.印刷业和记录媒介的复制工业；12.文教体育用品制造业；13.石油加工、炼焦及核燃料加工业；14.化学原料及化学制品制造业；15.医药制造业；16.化学纤维制造业；17.橡胶制品业；18.非金属矿物制品业；19.黑色金属冶炼及压延加工业；20.有色金属冶炼及压延加工业；21.金属制品业；22.通用设备制造业；23.专用设备制造业；24.交通运输设备制造业；25.电气机械及器材制造业；26.通信设备、计算机及其他电子设备制造业；27.仪器仪表及文化、办公用机械制造业；28.工艺品及其他制造业。

资料来源：《中国经济普查年鉴》。

表4.15 全国制造业产业转移测度(销售产值)

序号	2004～2008年					2008～2013年				
	东部	中部	西部	东北	民族地区	东部	中部	西部	东北	民族地区
1	−9.31	4.54	0.93	3.85	0.01	−9.96	5.74	0.20	4.02	0.51
2	−8.25	4.88	1.38	1.98	0.13	−4.11	3.53	0.21	0.37	−1.50
3	−11.80	5.36	4.73	1.71	1.44	−10.47	5.18	5.63	−0.35	2.31
4	0.75	1.45	−2.47	0.26	−2.61	0.80	−0.18	−0.74	0.14	−1.11
5	−3.02	2.64	0.62	−0.26	0.10	−7.56	6.26	0.90	0.41	0.24
6	−6.67	2.94	0.68	2.99	0.16	−11.54	10.33	1.32	−0.03	0.63
7	−5.63	4.17	2.13	−0.67	0.21	−8.59	8.00	−0.45	1.04	0.48
8	−10.00	6.27	1.89	1.85	1.32	−10.30	2.02	3.66	4.61	3.18
9	−8.91	4.64	1.99	2.29	−0.07	−12.62	8.05	3.63	0.92	1.24
10	−4.25	3.99	−0.01	0.27	−0.41	−7.33	2.27	3.61	1.46	1.53
11	−5.37	3.72	−0.12	1.75	−0.79	−8.95	9.09	−0.02	−0.11	−0.33
12	−2.82	2.36	0.28	0.18	0.21	−11.45	7.86	2.62	0.97	1.47
13	1.32	−0.46	3.29	−4.14	1.31	2.77	−3.41	2.98	−2.35	3.33
14	−2.58	2.74	0.81	−0.97	0.93	−3.84	2.97	0.35	0.52	0.53
15	−4.76	4.42	−0.65	1.00	−0.69	−2.92	2.09	−0.96	1.79	0.23
16	2.76	−2.17	0.98	−1.58	0.64	3.17	−1.78	0.70	−2.09	0.35
17	−3.17	2.44	0.05	0.69	−0.75	−8.63	4.04	2.90	1.69	0.33
18	−9.28	5.84	0.56	2.88	0.15	−12.94	6.80	3.61	2.52	1.93
19	0.05	1.23	0.51	−1.78	1.40	−3.05	−0.03	2.53	0.55	0.83
20	−4.23	6.66	−1.89	−0.55	−0.96	−1.36	1.03	0.87	−0.53	1.25
21	−6.42	2.39	1.35	2.68	0.36	−10.06	6.65	2.79	0.62	1.43

续表

序号	2004～2008 年					2008～2013 年				
	东部	中部	西部	东北	民族地区	东部	中部	西部	东北	民族地区
22	−5.85	1.90	0.44	3.51	0.10	−6.99	5.59	0.69	0.71	0.27
23	−6.88	3.53	0.74	2.60	−0.34	−5.12	6.10	−1.55	0.57	−0.81
24	1.75	0.75	0	−2.50	−0.24	−3.61	2.05	1.31	0.25	0.56
25	−5.27	3.46	0.95	0.85	0.32	−9.06	7.19	1.60	0.27	1.04
26	−0.93	0.76	0.54	−0.37	0.12	−12.77	7.11	5.94	−0.28	0.53
27	−4.46	3.49	0.30	0.67	−0.17	−5.34	3.90	0.70	0.74	0.17
28	−1.91	3.10	−2.00	0.81	0.16	−23.14	9.34	11.61	2.20	1.50

注：1.农副食品加工业；2.食品制造业；3.饮料制造业；4.烟草制品业；5.纺织业；6.纺织服装、鞋、帽制造业；7.皮革、毛皮、羽毛(绒)及其制品业；8.木材加工及木、竹、藤、棕、草制品业；9.家具制造业；10.造纸及纸制品业；11.印刷业和记录媒介的复制工业；12.文教体育用品制造业；13.石油加工、炼焦及核燃料加工业；14.化学原料及化学制品制造业；15.医药制造业；16.化学纤维制造业；17.橡胶制品业；18.非金属矿物制品业；19.黑色金属冶炼及压延加工业；20.有色金属冶炼及压延加工业；21.金属制品业；22.通用设备制造业；23.专用设备制造业；24.交通运输设备制造业；25.电气机械及器材制造业；26.通信设备、计算机及其他电子设备制造业；27.仪器仪表及文化、办公用机械制造业；28.工艺品及其他制造业。

资料来源：《中国经济普查年鉴》。

2004～2008 年，根据就业转移测度，东部地区有 18 个行业转入，10 个行业转出；中部地区有 19 个行业转入，9 个行业转出；西部地区有 10 个行业转入，18 个行业转出；东北地区有 10 个行业转入，17 个行业转出，1 个行业平衡；民族地区有 8 个行业转入，20 个行业转出。根据销售产值转移测度，东部地区有 5 个制造业行业转入，23 个行业转出；中部地区有 26 个行业转入，2 个行业转出；西部地区有 21 个行业转入，1 个行业平衡，6 个行业转出；东北地区有 19 个行业转入，9 个行业转出；民族地区有 18 个行业转入，10 个行业转出。

2008～2013 年，根据就业转移测度，东部地区有 4 个行业转入，24 个行业转出；中部地区有 24 个行业转入，4 个行业转出；西部地区有 25 个行业转入，3 个行业转出；东北地区有 11 个行业转入，17 个行业转出；民族地区有 20 个行业转入，8 个行业转出。根据销售产值转移测度，东部地区有 3 个制造业行业转入，25 个行业转出；中部地区有 24 个行业转入，4 个行业转出；西部地区有 23 个行业转入，5 个行业转出；东北地区有 21 个行业转入，7 个行业转出；民族地区有 24 个行业转入，4 个行业转出。

民族八省区承接制造业产业转移的基本情况是：2004～2008 年，根据就业转移测度，民族八省区有 8 个行业转入，20 个行业转出；根据销售产值转移测度，民族八省区有 18 个行业转入，10 个行业转出。2008～2013 年，根据就业转移测度，民族八省区有 20 个行业转入，8 个行业转出；根据销售产值转移测度，民族八省区有 24 个行业转入，4 个行业转出。因此，2008 年以来，民族八省区主要是制造业产业的转入地。分省区看，表 4.16 和表 4.17 是根据制造业销售产值转移测度系数判断的，从表中可以看出 2004～2008 年和 2008～2013 年两个时期民族八省区制造业行业转移的基本情况。

表 4.16 民族八省区制造业分行业转移情况（2004～2008 年）

行业	内蒙古自治区	广西壮族自治区	贵州省	云南省	西藏自治区	青海省	宁夏回族自治区	新疆维吾尔自治区
农副食品加工业	转入	转出	转出	转出	平衡	转出	转出	转出
食品制造业	平衡	转入	转出	转入	平衡	转入	转出	转出
饮料制造业	转入	转入	转入	转入	转入	转入	转出	转出
烟草制品业	转入	转入	转出	转出	平衡	平衡	转出	转出
纺织业	转入	转入	转出	转出	平衡	转入	转入	转出
纺织服装、鞋、帽制造业	转入	转入	转出	平衡	平衡	转入	平衡	平衡
皮革、毛皮、羽毛(绒)及其制品业	转入	转入	平衡	转出	平衡	平衡	平衡	转出
木材加工及木、竹、藤、棕、草制品业	转入	转入	转入	转出	平衡	平衡	平衡	转出
家具制造业	转入	转入	转出	转出	平衡	平衡	转入	转出
造纸及纸制品业	转入	转入	转出	转出	平衡	平衡	转出	转出
印刷业和记录媒介的复制工业	转入	转入	转出	转出	转出	转入	转入	转出
文教体育用品制造业	平衡	转入	转入	平衡	平衡	平衡	平衡	平衡
石油加工、炼焦及核燃料加工业	转入	转入	转入	转入	平衡	转入	转入	转入
化学原料及化学制品制造业	转入	转入	平衡	转出	平衡	转入	转入	转入
医药制造业	转入	转出	转出	转出	转出	转出	转入	转出
化学纤维制造业	转出	转出	转出	转入	平衡	平衡	转出	转入
橡胶制品业	转入	转入	转出	转出	平衡	平衡	转出	转出
非金属矿物制品业	转入	转入	转出	转出	转出	转出	转出	转出
黑色金属冶炼及压延加工业	转入	转入	转出	转入	平衡	转入	转出	转入
有色金属冶炼及压延加工业	转入	转出	转出	转出	平衡	转出	转出	转出
金属制品业	转入	转入	转入	转出	平衡	转入	转出	转入
通用设备制造业	转入	转入	转出	转入	平衡	转出	转出	转出
专用设备制造业	转入	转出	转出	转出	平衡	平衡	转入	转出
交通运输设备制造业	转入	转出	转出	转出	平衡	转出	平衡	转出
电气机械及器材制造业	转入	转入	转出	转入	平衡	转入	转入	转入
通信设备、计算机和其他电子设备制造业	转入	转入	转出	转出	平衡	平衡	平衡	平衡
仪器仪表及文化、办公用机械制造业	平衡	转出	转出	转入	平衡	转出	转出	平衡
工艺品及其他制造业	转入	转入	转入	转出	平衡	转出	转出	转入

表 4.17　民族八省区制造业分行业转移情况(2008～2013 年)

行业	内蒙古自治区	广西壮族自治区	贵州省	云南省	西藏自治区	青海省	宁夏回族自治区	新疆维吾尔自治区
农副食品加工业	转入	转出	转入	转入	平衡	转入	转入	转出
食品制造业	转出	转入	转出	转入	平衡	转入	转入	转入
饮料制造业	转入	转入	转入	转入	转出	转入	转出	转入
烟草制品业	转入	转入	转入	转出	平衡	平衡	平衡	转入
纺织业	转出	转入	转入	平衡	平衡	转入	转入	转出
纺织服装、鞋、帽制造业	转入	转入	转入	转入	平衡	转入	平衡	平衡
皮革、毛皮、羽毛(绒)及其制品业	转出	转入	转入	转入	平衡	平衡	转入	平衡
木材加工及木、竹、藤、棕、草制品业	转入	转入	转入	转入	转出	平衡	转入	转出
家具制造业	转出	转入	转入	平衡	平衡	转入	转入	转出
造纸及纸制品业	转入	转入	转入	转出	转入	平衡	转出	转入
印刷业和记录媒介的复制工业	转入	转入	转出	转出	平衡	转出	转出	转出
文教体育用品制造业	转入	转入	转入	转入	转入	转入	平衡	转入
石油加工、炼焦及核燃料加工业	转入	转入	转出	转出	平衡	转入	转入	转入
化学原料及化学制品制造业	转入	转入	转出	转出	平衡	转出	转出	转入
医药制造业	转入	转入	转出	转出	转出	转入	转出	转入
化学纤维制造业	转入	平衡	平衡	转出	平衡	平衡	平衡	转入
橡胶制品业	转入	转入	转出	转入	平衡	转入	转出	转入
非金属矿物制品业	转入	转入	转入	转入	平衡	转入	转出	转入
黑色金属冶炼及压延加工业	转出	转入	转入	转入	平衡	转出	转入	转入
有色金属冶炼及压延加工业	转入	转入	转入	转出	平衡	转入	转入	转入
金属制品业	转入	转入	转出	转入	平衡	转出	平衡	转入
通用设备制造业	转入	转入	转入	转出	平衡	转出	转出	平衡
专用设备制造业	转出	转入	转入	转出	平衡	平衡	转出	转入
交通运输设备制造业	转出	转入	转入	转出	平衡	转入	转入	转入
电气机械及器材制造业	转入	转入	平衡	转出	平衡	转入	转入	转入
通信设备、计算机和其他电子设备制造业	转出	转入	平衡	平衡	平衡	平衡	平衡	转出
仪器仪表及文化、办公用机械制造业	转入	转入	转入	转出	平衡	转出	转出	转出
工艺品及其他制造业	转入	转入	转入	转入	转出	转出	转入	转出

资料来源：作者根据《中国经济普查年鉴》计算整理。

4.3.5 工业产业转移的所有制结构

本小节把规模以上工业企业按所有制结构简单划分为国有控股工业企业和非国有控股工业企业两类。计算了企业数、销售产值和就业在区域间的分布，如表 4.18 所示。可以看出，民族地区无论是国有控股企业还是非国有控股企业，企业数、销售产值和就业占全国比例从 2004 年以来总体均呈现出上升的态势。这表明在产业转移过程中，国有控股企业和非国有控股企业均在向中西部与民族地区转移。

表 4.18 全国规模以上工业企业按所有制划分的区域分布(%)

企业类型	地区	企业数			销售产值			就业		
		2004 年	2008 年	2013 年	2004 年	2008 年	2013 年	2004 年	2008 年	2013 年
规模以上国有控股工业企业	东部	40.34	42.93	39.26	49.06	44.98	43.99	34.08	33.05	32.21
	中部	22.45	21.44	22.67	18.40	20.71	20.88	27.38	26.90	27.90
	西部	24.15	26.22	30.12	18.16	21.07	24.09	23.90	25.70	26.99
	东北	13.06	9.41	7.95	14.38	13.24	11.04	14.64	14.35	12.89
	民族地区	13.89	13.85	16.62	9.21	10.58	12.03	11.05	11.81	12.56
规模以上非国有控股工业企业	东部	73.58	67.82	60.39	79.44	71.48	61.45	73.52	71.01	63.47
	中部	12.89	15.26	20.76	9.83	14.13	19.63	13.04	14.18	19.63
	西部	8.32	9.63	11.56	6.52	8.41	11.17	8.69	9.24	11.30
	东北	5.22	7.29	7.29	4.20	5.98	7.74	4.73	5.55	5.63
	民族地区	3.61	3.91	5.07	2.73	3.86	5.19	3.64	3.82	4.78

资料来源：《中国经济普查年鉴》。

4.3.6 工业产业转移与劳动生产率

工业的区域间转移带来劳动生产率的提高，如表 4.19 所示。把各省(区、市)规模以上工业企业销售产值占比的变化与劳动生产率的变化进行拟合，如图 4.3 所示。图 4.3(a)拟合的是 2004～2008 年各地区规模以上工业企业销售产值份额的变化率与劳动生产率(销售产值/平均就业人员)的变化率间的关系；图 4.3(b)拟合的是 2008～2013 年各地区规模以上工业企业销售产值份额的变化率与劳动生产率的变化率间的关系。可以看出，两者间呈现出显著的正相关关系。这说明产业转移会带来劳动生产率的提高。

表 4.19 规模以上工业的劳动力生产率 (单位：亿元/万人)

全国及各地区	2004 年	2008 年	2013 年
全国	29.87	55.98	104.11
东部	33.26	56.53	103.95
中部	22.15	53.39	97.78
西部	23.94	53.53	103.37

续表

全国及各地区	2004 年	2008 年	2013 年
东北	30.24	61.34	126.05
民族地区	25.54	59.50	112.70
内蒙古自治区	25.43	79.87	157.47
广西壮族自治区	22.52	50.26	105.30
贵州省	20.02	40.38	83.51
云南省	31.35	58.06	95.15
西藏自治区	11.51	24.73	50.83
青海省	26.42	60.24	107.92
宁夏回族自治区	21.00	50.47	103.51
新疆维吾尔自治区	34.18	72.27	120.13

资料来源：《中国经济普查年鉴》。

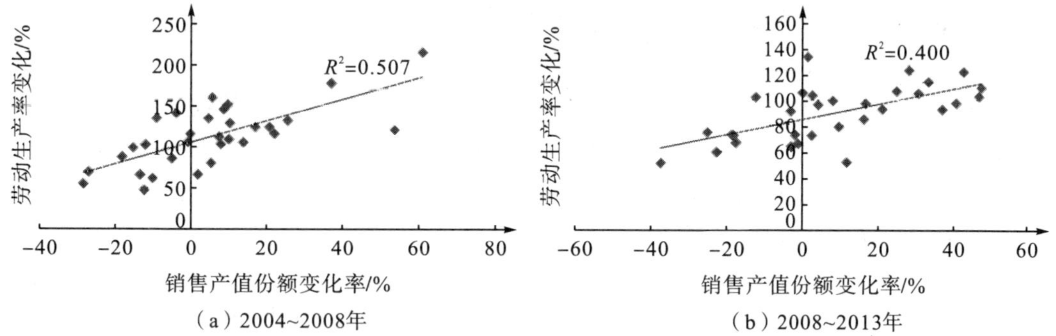

图 4.3　销售产值份额变化率与劳动生产率变化的关系

资料来源：根据《中国经济普查年鉴》计算绘制。

4.4　西部大开发战略实施以来民族地区产业转移与工业结构逆向调整

4.4.1　问题的提出

20 世纪末启动的新一轮西部大开发战略实施了包括资源开发、基础设施建设、生态环境保护等一系列工程，极大地改善了民族地区与中部、东部地区联系的交通通信条件，降低了包括运输成本在内的区际交易成本，加强了民族地区与全国及东、中部地区的经济联系，全国的经济一体化程度得到了很大的提升。例如，“天路”——青藏铁路的建设和开通，大大降低了西藏自治区与其他地区联系的成本，进一步加强了西藏自治区与其他地区的联系。

另外，伴随着民族地区与东、中部地区经济联系的加强，全国经济一体化程度不断提高，民族地区产业结构呈现出逆向调整(去工业化)的态势，突出表现为在工业发展中，采掘工业与原材料工业等资源型工业比重增大。据全国经济普查数据显示，2004～2013 年，民族八省区规模以上工业企业销售产值占全国的比例变化：采矿业从 11.66%增加到 19.45%，相反高技术产业产值比重却大幅度下降。根据魏后凯(2003)的研究，西部地区产业发展层次低，采掘工业和原料工业比重大，产业链条短，加工深度和综合利用程度低。更重要的是，由于能源、原材料等重化工业的快速扩张，近年来这种格局在进一步强化，西部一些地区产业结构呈逆向调整态势，结构低级化趋势进一步强化。例如，2001～2013 年，在规模以上现价工业总产值中，内蒙古自治区资源性产业所占比重由 60.9%提高到 75%以上。

为什么民族地区与东、中部地区经济联系在加强，全国经济一体化程度在提高，但是民族地区的产业结构却呈现出逆向调整的态势呢？这是必然的吗？若如此，在“十三五”及以后时期，要深入推进西部大开发，政府的政策需要做哪些调整，以促进西部民族地区产业结构的深化呢？以下将对这些问题进行探讨。

4.4.2　西部大开发战略实施以来民族地区工业结构的逆向调整(去工业化)趋势

去工业化原本是作为一种普遍存在于发达国家经济发展过程中的经济现象，指的是制造业就业比重的持续下降[①]。在我国民族地区工业发展过程中，西部大开发战略实施以来，工业中制造业就业规模呈现出萎缩状态，产出占国内生产总值比重也呈现不断下降的态势，表现出去工业化的特征。

(1)工业行业结构的变化：采矿业比重高且在上升。根据国民经济行业分类，工业按行业大类分组包括采矿业、制造业和电力、燃气及水的生产和供应业三类。表 4.20～表 4.22 是根据全国经济普查资料计算得到的，反映了 2004 年、2008 年和 2013 年全国及民族地区规模以上工业销售产值、从业人员平均人数在采矿业、制造业和电力、燃气及水的生产和供应业的分布情况。可以看出：①大部分民族地区采矿业的比例都远远高于全国平均水平；②从静态角度看，民族地区采矿业的比重在上升。

表 4.20　全国及民族地区规模以上工业企业行业结构的变化(工业销售产值)(%)

全国及各地区	2004 年			2008 年			2013 年		
	采矿业	制造业	电力、燃气及水的生产和供应业	采矿业	制造业	电力、燃气及水的生产和供应业	采矿业	制造业	电力、燃气及水的生产和供应业
全国	5.39	86.73	7.88	6.45	87.05	6.49	6.14	87.84	6.02
内蒙古自治区	13.66	70.75	15.60	22.85	64.17	12.98	28.55	59.86	11.59
广西壮族自治区	2.21	85.46	12.33	3.46	84.63	11.92	4.13	88.66	7.21
贵州省	8.18	66.11	25.72	12.87	63.28	23.85	20.83	62.22	16.95

① Rowthom R，Ramaswamy R. 1997. Deindustrialization: causes and implications[J]. IMF Working Paper, 42(1).

续表

全国及各地区	2004 年			2008 年			2013 年		
	采矿业	制造业	电力、燃气及水的生产和供应业	采矿业	制造业	电力、燃气及水的生产和供应业	采矿业	制造业	电力、燃气及水的生产和供应业
云南省	4.73	82.93	12.34	9.06	79.38	11.56	10.63	75.94	13.43
西藏自治区	11.58	67.11	21.31	27.65	55.87	16.47	26.07	58.39	15.54
青海省	28.26	49.03	22.71	30.69	57.49	11.81	21.86	63.88	14.26
宁夏回族自治区	9.63	69.62	20.75	14.74	68.89	16.37	13.43	66.60	19.97
新疆维吾尔自治区	35.82	57.31	6.87	36.99	56.99	6.02	24.68	65.38	9.95
民族地区	12.55	72.60	14.84	17.53	69.72	12.75	17.57	70.78	11.65

资料来源：作者根据《中国经济普查年鉴》计算得到。

表 4.21　全国及民族地区规模以上工业企业行业结构的变化(从业人员平均人数)(%)

全国及各地区	2004 年			2008 年			2013 年		
	采矿业	制造业	电力、燃气及水的生产和供应业	采矿业	制造业	电力、燃气及水的生产和供应业	采矿业	制造业	电力、燃气及水的生产和供应业
全国	9.62	85.58	4.80	8.88	87.48	3.64	8.38	87.97	3.65
内蒙古自治区	23.94	65.23	10.84	27.13	63.27	9.60	28.69	60.16	11.16
广西壮族自治区	5.21	85.41	9.38	5.06	84.00	10.94	4.73	87.54	7.73
贵州省	19.58	70.38	10.05	30.37	60.64	8.99	34.56	51.97	13.47
云南省	12.67	76.83	10.50	21.82	69.12	9.06	22.09	69.29	8.62
西藏自治区	9.29	61.20	29.51	23.46	53.63	22.91	25.13	51.83	23.56
青海省	25.68	61.55	12.77	26.69	63.83	9.47	22.25	70.41	7.39
宁夏回族自治区	23.00	66.61	10.39	23.87	65.43	10.70	21.73	68.55	9.72
新疆维吾尔自治区	29.59	59.07	11.32	32.99	57.26	9.75	29.93	60.74	9.31
民族地区	17.65	71.85	10.50	21.92	68.22	9.85	21.54	68.69	9.77

资料来源：作者根据《中国经济普查年鉴》计算得到。

表 4.22　民族八省区规模以上工业企业销售产值、就业占全国比例的变化(%)

项目	地区	规模以上工业企业			采矿业			制造业			电力、燃气及水的生产和供应业		
		2004年	2008年	2013年	2004年	2008年	2013年	2004年	2008年	2013年	2004年	2008年	2013年
规模以上工业企业销售产值占全国比例的变化	内蒙古自治区	1.05	1.69	1.97	2.65	5.98	9.17	0.85	1.24	1.34	2.07	3.38	3.80
	广西壮族自治区	0.99	1.16	1.71	0.41	0.62	1.15	0.98	1.13	1.73	1.55	2.14	2.05
	贵州省	0.68	0.60	0.75	1.03	1.20	2.55	0.52	0.44	0.53	2.21	2.20	2.11
	云南省	1.04	0.99	0.96	0.91	1.39	1.67	1.00	0.90	0.83	1.63	1.76	2.15
	西藏自治区	0.01	0.01	0.01	0.02	0.04	0.04	0.01	0.01	0.01	0.03	0.02	0.02
	青海省	0.19	0.21	0.23	0.98	1.01	0.81	0.11	0.14	0.16	0.54	0.39	0.54
	宁夏回族自治区	0.27	0.26	0.34	0.49	0.60	0.74	0.22	0.21	0.26	0.72	0.67	1.12
	新疆维吾尔自治区	0.78	0.84	0.83	5.16	4.84	3.33	0.51	0.55	0.62	0.68	0.78	1.37
	合计	5.01	5.77	6.80	11.66	15.68	19.45	4.19	4.62	5.48	9.43	11.34	13.16
规模以上工业企业就业占全国比例的变化	内蒙古自治区	1.23	1.18	1.30	3.06	3.62	4.47	0.94	0.86	0.89	2.78	3.12	3.98
	广西壮族自治区	1.32	1.30	1.69	0.71	0.74	0.95	1.31	1.25	1.68	2.57	3.90	3.58
	贵州省	1.01	0.83	0.94	2.06	2.85	3.86	0.83	0.58	0.55	2.11	2.06	3.45
	云南省	0.99	0.95	1.06	1.31	2.34	2.78	0.89	0.75	0.83	2.17	2.38	2.49
	西藏自治区	0.03	0.02	0.02	0.03	0.05	0.06	0.02	0.01	0.01	0.17	0.13	0.13
	青海省	0.21	0.20	0.22	0.57	0.59	0.58	0.15	0.14	0.17	0.56	0.51	0.44
	宁夏回族自治区	0.39	0.29	0.34	0.93	0.79	0.88	0.30	0.22	0.26	0.84	0.86	0.90
	新疆维吾尔自治区	0.68	0.65	0.72	2.09	2.43	2.57	0.47	0.43	0.50	1.60	1.76	1.83
	合计	5.86	5.43	6.28	10.75	13.41	16.15	4.92	4.24	4.90	12.81	14.72	16.80

资料来源：作者根据《中国经济普查年鉴》计算得到。

(2) 区位熵的变化：采矿业的区位熵在上升，而制造业的区位熵在下降。传统意义上来讲，区位熵(location quotient，LQ)是评价区域优势产业的基本分析方法。区位熵又称专门化率，它由哈盖特首先提出并运用于区位分析中，在衡量某一区域要素的空间分布情况，反映某一产业部门的优、劣势，以及某一区域在高层次区域的地位和作用等方面，通过计算某一区域产业的区位熵，可以找出该区域在全国具有一定地位的优势产业，并根据区位熵 LQ 值的大小来衡量其专门化率。LQ 的值越大，则专门化率也越大。区位熵的计算公式是

$$\mathrm{LQ}_{ij}=\frac{e_{ij}/e_i}{E_j/E}$$

式中，LQ_{ij} 为 i 地区 j 部门的区位熵；e_{ij} 为 i 地区 j 部门的产值或就业人数；e_i 为 i 地区工业总产值或工业就业总人数；E_j 为全国 j 部门的总产值或就业人数；E 为全国工业总产值或工业总就业人数。

当 $\mathrm{LQ}_i>1$ 时，表明该地区该产业具有比较优势，一定程度上显示出该产业具有较强的竞争力；当 $\mathrm{LQ}_i=1$ 时，表明该地区该产业处于均势，该产业的优势并不明显；当 $\mathrm{LQ}_i<1$

时，表明该地区该产业处于比较劣势，竞争力较弱。

根据《中国经济普查年鉴》，计算出民族地区规模以上工业企业各行业的总产值区位熵和就业区位熵，具体见本章附录。这里只列出了采矿业、制造业和电力、燃气及水的生产和供应业的区位熵变化(表 4.23)。可以看出，总体上，民族地区采矿业的区位熵(总体大于 1)，仍在上升，而制造业的区位熵本身就低(总体小于 1)却在下降，这说明民族地区采矿业的优势在加强，而制造业的劣势在进一步强化，表明西部大开发战略实施以来，中国东、西部之间的产业分工呈现出的典型的资源-加工型垂直分工特征不仅没有改变，而且在强化。民族地区每年向东部调出大量的木材、煤炭、原油、电力、建材、基础化工原料、原毛、皮革和烟叶等；东部则把大量的机械设备和轻工产品调往中、西部。由于价格的扭曲和改革不同步，中、西部在与东部的产品交换中受到了双重的利益流失。一方面，民族地区在向东部输出初级产品的过程中，每年都有大量价值因较低的产品价格而转移到东部；另一方面，东部高价返回的加工制成品，又把一部分中西部创造的价值带回东部。有关资料显示，仅通过计划内的资源调拨，民族地区所损失的经济便足以抵消国家对民族地区的财政补贴。在这种价格体系和分工格局下，民族地区资源开发越多，其经济剩余的转移也就越快，从而使东西差距越拉越大。当然，随着价格调整的逐步到位和与国际价格的逐步接轨，目前这种情况已发生变化，但是，初级产品-加工制成品相比所处的价格劣势地位，不会有根本性改变。

表 4.23　民族地区规模以上工业行业区位熵

指标	地区	采矿业			制造业			电力、燃气及水的生产和供应业		
		2004 年	2008 年	2013 年	2004 年	2008 年	2013 年	2004 年	2008 年	2013 年
产值区位熵	内蒙古自治区	2.55	3.46	4.65	0.82	0.74	0.68	1.99	1.99	1.93
	广西壮族自治区	0.40	0.53	0.67	0.99	0.98	1.01	1.54	1.79	1.20
	贵州省	1.48	1.94	3.39	0.77	0.74	0.71	3.20	3.60	2.82
	云南省	0.87	1.31	1.73	0.96	0.92	0.86	1.57	1.74	2.23
	西藏自治区	1.93	4.34	4.25	0.79	0.64	0.66	2.69	2.37	2.58
	青海省	5.28	4.45	3.56	0.56	0.68	0.73	2.92	1.78	2.37
	宁夏回族自治区	1.76	2.21	2.19	0.81	0.80	0.76	2.61	2.46	3.32
	新疆维吾尔自治区	6.60	5.50	4.02	0.67	0.66	0.74	0.87	0.95	1.65
就业区位熵	内蒙古自治区	2.49	3.06	3.42	0.76	0.72	0.68	2.26	2.64	3.06
	广西壮族自治区	0.54	0.57	0.56	1.00	0.96	1.00	1.95	3.01	2.12
	贵州省	2.03	3.42	4.12	0.82	0.69	0.59	2.09	2.47	3.69
	云南省	1.32	2.46	2.64	0.90	0.79	0.79	2.19	2.49	2.36
	西藏自治区	0.97	2.64	3.00	0.72	0.61	0.59	6.15	6.29	6.45
	青海省	2.67	3.01	2.66	0.72	0.73	0.80	2.66	2.60	2.02
	宁夏回族自治区	2.39	2.69	2.59	0.78	0.75	0.78	2.16	2.94	2.66
	新疆维吾尔自治区	3.08	3.71	3.57	0.69	0.65	0.69	2.36	2.68	2.55

资料来源：作者根据《中国经济普查年鉴》计算得到。

(3)资源性工业的变化。资源性工业是以自然资源的开采、加工为基础的工业。民族地区自然资源丰富，是全国重要的资源基地。因此，民族地区工业结构的一个典型特点是资源性工业比重大，而且这些资源性工业产业链条短，加工深度和综合利用程度低。并且，近年来由于能源、原材料等重工业的快速扩张，民族地区工业结构的这一态势在进一步强化。这里统计的资源型工业包括如下工业行业：采矿业、石油加工业、炼焦及核燃料加工业、化学原料及化学制品制造业、黑色金属冶炼及压延加工业、有色金属冶炼及压延加工业、非金属矿物制品业、电力、热力的生产和供应业。据计算，目前民族地区资源性工业企业数占规模以上工业企业总数的1/2以上，产值占2/3以上，提供的就业岗位占60%以上。同时，2004～2013年，民族地区资源性工业的重要性在强化。因此，西部大开发战略实施以来，民族地区走的仍是一条“卖资源”的传统路子，近十年来民族地区高速增长的主要原因之一是资源性重化工业的快速扩张所起的主导作用。

(4)高技术产业产值的变化。工业化的另一个重要方面就是高技术产业的发展。表4.24给出了西部大开发战略实施以来全国和民族地区高技术产业总产值占规模以上工业总产值比例的变化，图4.4是2010～2014年高技术出口交货值占规模以上工业出口交货值的比重。1999年民族地区高技术产业总产值占规模以上工业总产值的比重为4.19%，到2011年该比重下降到2.96%，而同期全国水平基本保持相对稳定。2010～2014年，高技术出口交货值占规模以上工业出口交货值比重，除广西壮族自治区上升较快外，其余地区均大大低于全国平均水平。

表4.24 西部大开发战略实施以来全国和民族地区高技术产业总产值占规模以上工业总产值比例的变化(%)

年份	全国	内蒙古自治区	广西壮族自治区	贵州省	云南省	西藏自治区	青海省	宁夏回族自治区	新疆维吾尔自治区	民族地区
1999	11.30	2.26	4.86	11.54	3.18	14.42	1.15	3.95	0.92	4.19
2000	12.15	2.75	5.00	12.36	3.38	16.27	1.52	2.71	0.61	4.25
2001	12.85	3.53	5.43	11.88	3.63	18.89	2.20	2.59	0.55	4.53
2002	13.63	5.30	4.98	12.69	3.81	18.82	2.46	3.27	0.49	4.98
2003	14.45	4.76	4.94	11.81	3.07	17.01	2.36	2.70	0.41	4.55
2004	14.83	3.92	4.17	8.98	2.69	17.97	1.79	2.53	0.62	3.78
2005	13.66	3.76	4.50	9.24	2.50	15.29	1.70	2.85	0.54	3.75
2006	13.27	3.34	4.14	8.48	2.32	15.48	1.60	1.90	0.53	3.36
2007	12.45	2.95	3.79	8.10	2.34	13.88	1.72	2.11	0.62	3.17
2008	11.25	2.24	4.08	7.06	2.41	12.04	1.35	1.82	0.46	2.86
2009	11.02	2.21	3.98	8.57	2.83	11.63	1.78	2.25	0.59	3.15
2010	10.69	1.75	4.48	7.67	2.62	9.80	1.57	1.87	0.53	2.95
2011	10.47	1.84	4.80	6.70	2.59	8.01	1.62	1.81	0.50	2.96

资料来源：作者根据《中国高技术产业统计年鉴2012》相关数据计算得到。

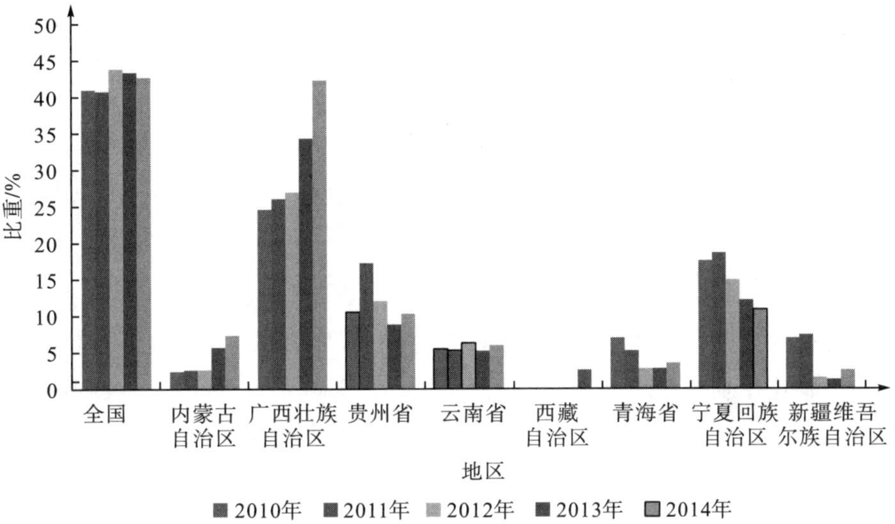

图 4.4　全国与民族八省区高技术出口交货值占规模以上工业出口交货值的比重(见彩图版)

资料来源：作者根据《中国高技术产业统计年鉴》数据绘制。

分析表明，西部大开发战略实施以来，民族地区经济总量和人均财富水平均有了较大的提高，不过从产业结构演变特别是工业结构的变化来看，却呈现出逆向变化的特征，产业发展的层次不仅没有高级化，而且层次越来越低，经济发展对采矿业和资源性产业的依赖越来越大，而资源的加工深度和综合利用程度低，这与产业结构演化的一般趋势背离。这种产业结构逆向调整、结构低级化的趋势，称之为去工业化趋势。

4.4.3　边缘地区的去工业化：分析框架

Forslid(2004)在 Martin 和 Rogers(1995)、Baldwin 等(2003)提出的两区域 FC(footloose capital)模型基础上，建立了包括 3 个区域的 FC 模型，用以分析经济一体化与区域政策的相互作用。该模型对于分析边缘区的工业化与总体经济的一体化的关系很有意义。本节首先回顾 Rikard Forslid 模型的基本结构，然后利用模型分析边缘区工业化与经济一体化的关系。

1. Rikard Forslid 模型的基本结构

Rikard Forslid 模型类似于 Krugman(1991a)、Krugman 和 Venablese(1995)的著名的核心-边缘模型的结构，但比这些著名的新经济地理学模型要简单得多。

1)基础模型

考虑由 R 个区域构成的经济体，有两个部门(农业部门和制造业部门)和两种要素(物质资本 K 和劳动力 L)。经济中物质资本的总数为 K^w，物质资本可在区域间流动但资本所有者不能流动。工人可以在部门间自由流动但不能在区域间流动。经济中总劳动禀赋为 L^w，区域 j 拥有的劳动和资本占经济体总劳动 L^w 和总资本 K^w 的份额为 s_j，即区域间有规模差异，但区域间资本-劳动比率相同。农业部门用劳动生产同质产品，技术为规模报酬不变，而差异性的制造业产品利用资本和劳动进行生产，技术为规模报酬递增。消费者的效用函数为

$$U = C_M^{\mu} C_A^{1-\mu} \tag{4.30}$$

式中，μ 为常数，且 $\mu \in (0,1)$；C_A 为同质的农产品消费量；C_M 为制造业产品的消费组合。

C_M 定义为

$$C_M = [\int_0^N c_i^{(\sigma-1)/\sigma} \mathrm{d}i]^{\sigma/(\sigma-1)} \tag{4.31}$$

式中，N 为制造业产品种类数；c_i 为第 i 种制造业产品消费量；$\sigma > 1$ 为替代弹性。

每位消费者花在制造业产品上的收入份额为μ，区域 j 生产的第 i 种制造业产品的区内需求为

$$x_i = \mu \cdot \frac{p_i^{-\sigma}}{\int_{k=0}^{N} p_k^{1-\sigma} \mathrm{d}k} \cdot Y_j \tag{4.32}$$

式中，p_i 为第 i 种制造业产品的价格；Y_j 为区域 j 的收入。

同质产品的单位要素需求是一单位劳动，同质产品为自由贸易，因此可以把该产品作为计价单位，令

$$p_A = w = 1 \tag{4.33}$$

式中，w 为所有区域的工人工资。

假设资本所有者在区域间是充分多样化的，即如果拥有总资本存量的 $x\%$，则该区域就将拥有每个区域资本的 $x\%$。因此区域 j 的收入为

$$Y_j = s_j (L^W + \bar{\pi} K^W) \tag{4.34}$$

式中，$\bar{\pi}$ 为资本的平均收益，由条件 $\bar{\pi} K^W = \mu E^W / \sigma$ 决定。

因而，经济中的资本收益等于经营利润。经济总支出等于总要素收入 $E^W = L^W + \mu E^W / \sigma$，因此

$$E^W = \frac{L^W}{1 - \mu / \sigma}$$

于是资本的平均收益不变，且为

$$\bar{\pi} = g \frac{L^W}{K^W}, \quad g \equiv \frac{\mu}{\sigma - \mu} \tag{4.35}$$

在差异化的制造业产品的生产中，固定成本由资本组成，而可变成本由劳动构成。区域 j 生产 x_i 单位的制造业产品 i 的总成本是

$$\mathrm{TC}_j = \alpha \pi_j + \beta x_i \tag{4.36}$$

式中，α 为资本的固定成本，β 为每单位 x 需要的非技能劳动。

选择适当的单位使得 $\alpha = 1$，这意味着总资本存量等于总企业数，即 $K^W = N^W$。距离用运输成本表示。运送制造业产品的成本采取的是“冰山式”成本结构：从区域 j 运送一单位商品到区域 k，需要运送 $\tau_{jk} > 1$ 单位。假定贸易成本在两个方向相等，即 $\tau_{jk} = \tau_{kj}$。

在制造业企业的利润最大化下得到每个差异化产品的价格为

$$p_j = \frac{\sigma}{\sigma - 1}\beta \tag{4.37}$$

选择x的单位，并使得$\beta \equiv (\sigma - 1)/\sigma$，这样$p_j = 1$。由于固定资本存量和自由进入，资本报酬竞价的结果是全部经营剩余归资本，即

$$(1-\beta)x_j = \pi_j \tag{4.38}$$

所以

$$x_j = \sigma\pi_j \tag{4.39}$$

2）模型的均衡

（1）首先看短期均衡。短期N^w的配置固定。M部门的市场出清条件给出了短期均衡，其中供给由式（4.39）给出，需求由式（4.32）给出，利用所有种类的产品的生产者价格为 1，则

$$\sigma\pi_j = \frac{\mu Y_j}{P_j^{1-\sigma}} + \sum_{l \in \Re, l \neq j} \frac{\varphi_{jl}\mu Y_l}{P_l^{1-\sigma}} \tag{4.40}$$

式中，$\Re = \{1, 2, \cdots, R\}$。

且

$$P_j^{1-\sigma} = n_j + \sum_{l \in \Re, l \neq j} \varphi_{jl} n_l \tag{4.41}$$

式中，n_j为区域j生产的产品种类数；$\varphi_{jl} = \tau_{jl}^{1-\sigma}$在 0～1 变动，为$j$和$l$间的贸易“自由度”（0 代表自给自足，1 代表无贸易成本）。

制造业部门的非技能劳动数等于$N^W\beta x$。把式（4.39）的x_j代入$N^W_{\beta x_j}$得$N^W\beta x_j = (\sigma - 1)\pi_j N^W$。假设任一区域$j$支配集聚，这样就排除了角点解，$s_j \geqslant (\sigma - 1)\bar{\pi} N^W / L^W = g(\sigma - 1)$成立。这保证了所有区域都有农业部门活动。

（2）其次分析长期均衡。长期时，资本在区域间完全流动，以对三区域获得的相对收益提供的激励做出反应。有两类长期均衡：①内点均衡的特征是每个区域都有资本分布，所有区域的资本收益相等；②角点解是另类均衡，其中一个或两个区域没有资本，因为这些地区的资本收益较低。

Rikard Forslid 模型中，因为资本收益要被返回，缺乏通常的需求关联和供给关联，所以与多数新经济地理学模型不同，Rikard Forslid 模型没有呈现出循环累积因果关系，也没有多重均衡或分叉均衡。不过，由于“本地市场效应”，当区域规模不同时，该模型仍会产生集聚；M部门集中在大市场以节约运输成本。然而，当企业集中在一个市场时，竞争加剧会抑制此种效应，这就排除了完全集聚总是均衡的情况。

假设贸易成本对称，利用式（4.34）、式（4.35）、式（4.40）和式（4.41）求$\pi_j = \pi_l$且$j, l \in \Re$处的内点均衡解为

$$n_j = \frac{1}{R} + \left(s_j - \frac{1}{R}\right)\frac{(R-1)\varphi}{1-\varphi} \tag{4.42}$$

因而，区域的企业数决定于其规模s_j和贸易成本水平φ，而与μ无关。

求n_j对s_j的导数

$$\frac{\mathrm{d}n_j}{\mathrm{d}s_j}=\frac{(R-1)\varphi+1}{1-\varphi} \tag{4.43}$$

可以证明，n_j增加得比 s_j 快，因为$\varphi>0$，而且这种效应随贸易自由度增加而增加，若贸易成本接近 0，则此种效应就会无限的大。因此，即使从一个比其他区域略小一些的区域开始，如果贸易成本足够低，它将获得全部 M 部门。

求n_j对φ的导数

$$\frac{\mathrm{d}n_j}{\mathrm{d}\varphi}=(s_j-\frac{1}{R})\frac{R}{(1-\varphi)^2} \tag{4.44}$$

当$s_j>1/R$时，则该导数为正。这说明随着贸易成本的下降，产业会向那些比平均禀赋大的区域集聚。

2. 经济一体化与边缘区的去工业化

现在考虑由 3 个不同规模的区域组成的经济，如我国经济由东部地区、中部地区和西部地区三大地区组成：$s_1>s_2>s_3$。区域 1 的初始禀赋最大，是核心区；而区域 2 可能是一个区域中心；区域 3 的初始禀赋最低，是边缘区。区域间贸易成本假定是对称的，经济一体化意味着区域间贸易成本的下降。利用下面这些参数值进行数字模拟：$\sigma=4$，$\mu=0.3$。区域禀赋份额为：$s_1=0.45$，$s_2=0.35$，$s_3=0.2$。

图 4.5 画出了随着贸易自由化ϕ的增加，产业份额的变化。由式(4.45)可见，在一体化的第一阶段，区域 1(核心区)的产业份额快速增加，区域 3(边缘区)的产业份额快速下降，而区域 2 的产业份额缓慢增加。随着经济一体化的进一步发展，区域 3(边缘区)的制造业份额会继续下降，直到完全去工业化为止，此时三区域模型中$n_3=0$，解得

$$n_j=\frac{s_j-\varphi s_k}{(s_j+s_k)(1-\varphi)} \tag{4.45}$$

式中，$j,k\in 1,2$；$j\neq k$。

对φ微分得

$$\frac{\mathrm{d}n_j}{\mathrm{d}\varphi}=\frac{s_j-s_k}{(s_j+s_k)(1-\varphi)^2} \tag{4.46}$$

因而，余下的两个区域中，随着贸易成本的下降，禀赋较大的区域将获得更多的产业份额。图 4.5 中这一效应反映的是，一体化的进一步推进将导致区域 2 的制造业份额的快速下降，区域 1(核心区)的制造业份额缓慢增加。

民族地区相对于东、中部地区，远离全国经济核心区和政治核心区，是典型的边缘区，初始的人口份额和资本份额远低于东、中部地区。西部大开发战略实施以来，大规模的基础设施建设，特别是连接西部地区与东、中部地区的高速公路、铁路及航空港的建设，极大地降低了东、中、西部之间的运输成本和贸易成本，经济一体化程度得到深入推进，式(4.46)表明，在$s_j<1/R$的情况下，$\mathrm{d}n_j/\mathrm{d}\varphi<0$，所以作为边缘区的民族地区制造业产业份额下降，有其必然性。

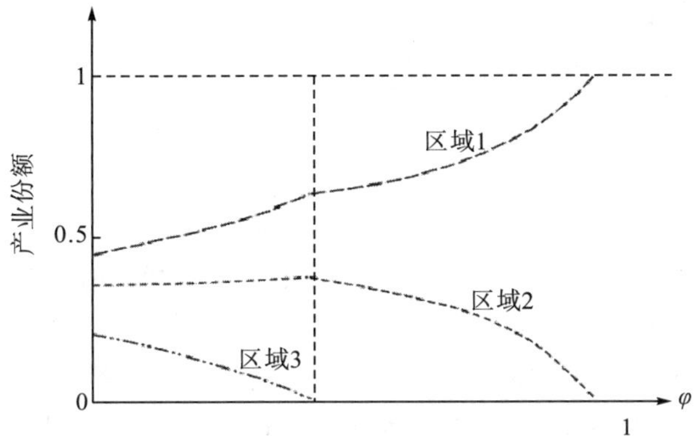

图 4.5　经济一体化与边缘地区的去工业化

资料来源：作者绘制。

4.5　民族地区承接产业转移的能力分析

产业转移是资源供给或产品需求在发生改变时，一些产业从一个地区转向另一地区的经济发展演化过程。作为在发展过程中普遍存在的一种经济现象，产业转移的需求已在我国显现。一方面，随着东部发达地区经济发展的深入，一部分传统产业需要退出，寻求新的发展空间；另一方面，民族地区广阔的地域、丰富的资源与资金、技术和人才的需求交织在一起，迫切需要承接东部地区的产业转移，进而推动产业结构的优化升级。民族地区能否抓住这一机遇，关键在于民族地区承接产业转移的可行性。由此，本节将对民族地区承接产业转移的能力进行 SWOT 分析，并对产业转移承接能力进行综合评价，从而对民族地区承接产业转移的能力进行科学判断。

4.5.1　民族地区承接产业转移的 SWOT 分析

1971 年美国哈佛商学院的 K. J. 安德鲁斯在其《公司战略概念》一书中首次提出 SWOT 分析。SWOT 是指对企业内部的优势(strength)、劣势(weakness)及企业外部环境的机遇(opportunity)、威胁(threat)进行综合分析的基础上，制定与其内部能力和外部环境相适应的经营战略，以保证企业经营的成功。现在很多的经济学者将 SWOT 分析方法运用于区域经济发展分析，重点分析区域存在的优势、劣势、机遇、威胁。我们也利用 SWOT 的分析方法，分析民族地区承接产业转移的能力。

1) 民族地区承接产业转移的优势分析

(1) 区位优势。①民族地区与之相邻的有十多个国家和地区，北与俄罗斯、蒙古相连，西有中亚地区和阿拉伯各国，南有南亚各国。与这些国家交往，至少有七条通道：一是由内蒙古集宁通蒙古，到俄罗斯；二是由新疆伊犁直接通往哈萨克斯坦；三是由新疆喀什通往阿富汗、巴基斯坦；四是由西藏拉萨通往尼泊尔、印度；五是由云南畹町通往缅甸，只有一江之隔；六是由云南河口通往越南；七是由广西凭祥过友谊关通往越南。②从民族地区的西北民族地区看，新疆维吾尔自治区地处亚洲的腹地，亚欧大陆桥横贯东西，不仅是我国陆地通往地中海各国和欧洲的主要通道，而且是国内外伊斯兰教地区进行交往的主要联系纽带。③从民族地区的西南民族地区看，西藏自治区和云南省是南亚次大陆的后备基地，不仅可以直接通向印度半岛，而且可以直接通向中南半岛。在陆地通道打通后还可以通向印度洋。④民族地区所处的陆地边境也具有很大的优势。民族地区与毗邻国家经济结构的互补性及在宗教、民俗等方面的相似性，为西部向西开放，开拓南亚北部、中亚和欧洲市场，以及开展多种形式的经济技术合作创造了条件。⑤民族地区可以充分利用其优越的区位优势，加强与相连省(区、市)的经济往来，主动加快产业承接，迅速调整产业结构，带动经济发展。

(2)自然资源优势。民族地区是我国自然资源密集地区，特别是能源、矿产、林草等资源在全国占有重要地位。据统计，全国民族自治地方占全国陆地总面积的 63.16%，草原面积占全国的 75%，森林面积占全国的 42.12%，林木蓄积量占全国的 51.18%，水力资源蕴藏量占全国的 66%。内蒙古自治区、广西壮族自治区、西藏自治区、宁夏回族自治区、新疆维吾尔自治区五个自治区和贵州省、云南省、青海省三个多民族省份，土地面积占全国的 58.15%，耕地占全国的 17.17%，林地占全国的 34.18%，草地占全国的 69.13%，待开发土地资源占全国的 61.15%，地表水资源占全国的 42.10%，铁矿占全国的 11.14%，其中富铁矿占 40.16%，煤矿占 39.13%，稀土、钾盐、镁、铬等矿产储量占全国 90%以上，云母、盐矿储量占全国 80%以上，汞、锡、锰、石棉、砷矿储量占全国 60%以上，铜、铝、铅、锌占 35%以上[①]，石油、天然气资源也占有重要地位。自然、人文旅游资源更是“富甲天下”。

(3)市场优势。民族地区人口密集，消费市场巨大。近十几年来，随着消费水平的不断提高，民族地区经济条件不断改善，越来越多的人不仅解决了温饱问题，而且开始追求高质量、高层次的生活。加上国家对一些生活必需品的补贴，民族地区生活必需品的消费市场潜力越来越大，在内需不断扩大的同时，人民的生活水平不断提高，享受的实惠也越来越多。

(4)劳动力成本优势。对于产业转移方而言，在经济发展过程中受到自然资源、要素禀赋、生产成本等条件的限制，一些相对弱势的产业不得不转移到这些条件相对具有比较优势的地区。正是由于具有这些优势，民族地区可以主动承接产业转移方转移出来的产业。民族地区劳动力资源丰富，劳动力成本相对较低，可以最大限度地满足产业转移方的劳动力成本低的要求。

2)民族地区承接产业转移的劣势分析

(1)民族地区不具有吸引发达国家外资的区位优势。民族地区基础设施相对落后，生活设施不完备，交通运输成本高，信息流通也不方便，供应商竞争力较低；西部许多地方自然环境恶劣，属于干旱、半干旱地区，水源贫乏，不仅严重影响种植业的发展，而且严

① 数据来源：《中国统计年鉴》(2015 年)。

重限制了高耗水工业的发展。因干旱少雨，加上森林植被破坏，西部地区水土流失和荒漠化严重。因而西部地区的生态环境建设任务重，产业开发建设必须建立在生态保护的基础上。除此之外，西部地区交通落后，位置偏远，大部分地区基础设施十分薄弱，远离世界经济中心。由于戈壁、沙漠、高山、峡谷的分割，西部绝大多数城市和乡村相互间的经济联系很弱。所有这些条件使得民族地区的区位优势比不上区位较好的东、中部地区。由于外资企业和东部企业大多属于出口导向型，而且大多以欧、美、日等大西洋沿岸地区和太平洋沿岸地区为中心进行分布，地处西部、北部边陲的八省区距离我国大城市消费区和出海口最远，特别是新疆维吾尔自治区，出疆物资的平均运距一般为 2000～3000km，单位产品的运费成本高，由此大大减弱了地区产业的竞争力。这些都构成了外资和东部投资西进的重要阻力。中国商务部国际贸易经济合作研究院的研究表明，跨国公司对华产业投资的基本趋势是：长三角地区、环渤海地区、珠三角地区是跨国公司直接投资的首选地区；跨国公司对西部投资主要采取渐进式推进战略，且集中于成都市、重庆市、西安市等大中城市。

(2)民族地区产业基础弱，产业配套能力不高。在产业基础方面，虽然民族地区与中部地区差距不大，但与东部地区相比差距明显。一方面，东部地区区位优势明显，再加上改革开放的优惠政策吸引了大批外资的进驻并形成产业集聚，使得东部地区无论是企业数量还是产业总产值占 GDP 的比重，都比民族地区有绝对的优势；另一方面，东部地区的产业优势吸引了各地科技人才的大量聚集，从技术层面带动产业的升级，这就更加拉大了两地区间的差距。民族地区远离沿海，区位优势不明显，再加上起步较晚，产业基础薄弱，因此在产业吸引能力方面，与东、中部地区相比，能力仍有待提高。许多外资企业和东部企业在当地找不到合适的配套企业，主要是由于民族地区工业基础薄弱，当地的产品或原料达不到外商企业和东部企业的要求。

(3)民族地区市场经济观念相对落后，阻碍了产业的转移。在引进外资方面，中、西部各省(区、市)都不同程度地存在着落后于沿海地区经济观念的问题。一些地方政府实际行为与招商引资宗旨相悖；重招商引资轻管理，员工对国外先进的管理接受能力和意识较差；竞争意识不强，开放度不如沿海地区；外资企业对当地的办事机制不适应，手续烦琐。相对落后的思想观念从根本上阻碍了外资和东部地区产业的转移。对于已经引进的项目，往往由于缺乏履约监督机制等严重影响了实施效果。近年来，民族地区各省(区、市)每年召开一系列招商引资洽谈会，将国内和国际的资金与先进技术引入西部，参与西部的建设。但值得注意的是，对于花费大量财力、物力、人力的引资会和交流会上取得的招商引资项目及成果，各省(区、市)尚未建立有效的履约跟踪机制，签约金额大而履约额度小的现象一直未得到改观，直接影响到对引资绩效与质量的评价，有违招商引资的初衷，这也是在招商引资工作中亟待研究并解决的问题。

(4)劳动力整体素质低，人才外流严重。虽然民族地区有着廉价的劳动力，但是教育和卫生事业的发展水平不高，严重限制了劳动力的质量。民族地区除了昆明市、乌鲁木齐市等省会中心城市外，绝大部分地区的人口素质较低，文盲、半文盲比率高。民族地区绝大多数属于经济落后地区，恶劣的自然环境、艰苦的生活环境、过低的物质条件和落后的用人机制等，使得民族地区的许多优秀人才纷纷外流。他们有的流向国外，有的流向国内经济、文化比较发达的地区。不仅是已经成长出来的人才在不断流失，而且好不容易培养出来的后继人才也都纷纷流失，这种巨大的流失潮，对民族地区经济发展造成的负面影响是致命的。

(5)民族地区政府工作效率仍然有待提高。由于市场经济观念相对落后，民族地区不少地方政府尚未充分认识到国内外发达地区产业转移对经济发展带来的影响，因而产生了实际行为与招商引资宗旨相悖的情况：政府工作效率不高，对外来投资政策不够透明、制度不够规范，外商投资审批手续烦琐，对外资企业的行政干预过多等。这些都成为发达地区产业转移的严重障碍。中国自改革开放以来，实行了地方行政分权式的改革，各地方政府为了促进本地区的经济发展，在吸收利用外商直接投资的优惠政策方面展开竞争，各地方政府从土地使用费用、企业所得税等方面都制定了各种优惠减免政策。但是由于地方政府的换届、中央宏观政策对地方政策的影响及部分地方政府优惠政策的优惠程度过高等因素，跨国公司在投资区位选择中最为关注地方优惠政策是否可以兑现。跨国公司普遍希望在与所投资地政府相关机构接触过程中，能够得到高效率服务，使正常的工作进程不受政府工作效率影响。

3)民族地区承接产业转移的机遇分析

(1)东部沿海地区面临大规模产业升级带来的产业转移的机遇。改革开放40余年来，我国东部沿海地区经济取得了举世瞩目的成就。面对新一轮的经济发展浪潮，东部沿海地区面临大规模产业结构升级和产业空间分布格局的大调整。东部沿海地区土地成本、人力资源成本、生产原材料、生产要素等成本昂贵，再加上政策与产业环境等因素的影响，迫使东部沿海地区向内地加快产业转移的步伐，民族地区可以利用这次机会，发挥自身独特的经济优势，吸引和承接好东部沿海地区产业转移，调整产业结构，带动地区经济的发展。

(2)政府宏观经济的政策引导和扶持，增强了民族地区承接产业转移的能力。在统筹区域经济协调发展的大背景下，国家出台了相关产业政策引导和扶持民族地区承接国内外产业转移。2007 年，商务部和国家开发银行共同出台了《关于支持中西部地区承接加工贸易梯度转移工作的意见》，这些政策有力地推动了民族地区加快承接产业转移的步伐。西部大开发战略继续深入推进，成渝经济区、关中-天水经济区、广西北部湾经济区等的发展与规划，进一步提高了民族地区承接产业转移的能力。

4)民族地区承接产业转移的挑战分析

(1)外商投资一般首先考虑具有良好区位优势的东部沿海地区。改革开放头20年，外商投资高度集中于广东、福建两省。近年来，外资开始向长江三角洲和环渤海地区转移，特别是江苏省、浙江省、山东省等地区，增长速度非常迅速。20世纪90年代以来，虽然外商投资的区域发生了变化，但仍然主要集中于沿海地区，只是在沿海地区内部的分布发生了变化，即由南部沿海向中北部沿海地区倾斜，中部民族地区受益不多。加入世界贸易组织后，外商在华直接投资仍高度集中在东部沿海地区，主要有以下几方面的原因：①随着经济全球化进程的加快，外商一般倾向于在海外寻找一个最有利的生产活动地点，并把其纳入企业全球产业链体系之中。在这种全球产业链体系中，外商选择在中国沿海地区投资建厂，不仅有利于加强与公司总部和海外相关企业之间的联系，而且有利于各种原料、设备的进出口。②外商制造业所选择的投资区位，需要有一个良好的外部配套条件，如较为完善的基础设施，与市场经济相适应的制度环境，较好的产业配套条件。在某些配套条件的提供方面，目前东部沿海地区要相对更优于民族地区。③外商投资的区位选择比较重视集聚经济，一些外资企业特别是大型跨国公司在某些地区的成功，将吸引大批相关企业的进入，从而形成一个完整的产业链。事实上，大量的相关外资企业相互集中，可以降低交易成本和信息成本，减少不确定性(贺灿飞和魏后凯，2001)。沿海地区具有良好的投资与生活环境及强大的市场辐射能力和较好的科技与产业条件，而这些正是民族地区目前所缺少的。

(2)沿海地区外资向所在省较落后地区转移的现象明显。外商投资企业向中、西部省(区、市)进行投资转移的动力不足，但是向沿海地区省内较落后地区转移的现象却非常明显。主要原因是：①沿海地区各地的政府并不愿意外资从本地转移出去。鉴于东部各省市内部经济发展的差距，如江苏省的苏南和苏北，广东省的珠三角和粤北地区，经济发展差距很大。因此，沿海各省市尽可能创造引资的良好环境，鼓励外资向省内经济较落后的地区或区县梯度转移。②无论沿海还是内地，政府都将吸引外资作为发展经济的重点和政绩表现，因而也尽力阻止外资从本地转移出去。③产业转移必然包括企业的迁移，而企业的迁移尤其是跨省区迁移成本较高。迁移手续很难操作，一般要撤销原企业，再到异地设立新企业，转移成本较高。而且外资在东部沿海地区已经形成集群，转移代价较大。集群内长期形成的完整产业链体系，促使企业在集群内落地生根，除非整个产业链转移，否则企业不大可能考虑迁移到其他地区(刘艳，2004)。

(3)外来劳动力的无限供给导致我国东部沿海地区劳动密集型产业转移存在区域黏性。对于劳动密集型中小企业而言，劳动力成本是决定其投资区位和产业转移的一个关键因素。众所周知，除了少数大城市之外，我国沿海发达地区的产业结构多以劳动密集型加工制造业为主，企业规模也多为中小型企业，因此可以推测劳动力成本将会是影响我国发达地区产业转移的重要因素。许多学者在论述西部大开发时，往往认为东部沿海地区经过多年的发展，劳动力和土地成本已经大大上升，明显高于西部内陆地区，由此他们强调目前加快东、西部之间产业区域转移的时机已经成熟。尽管劳动力成本是决定劳动密集型制造业区域转移的关键因素，但在我国沿海地区经历了 30 多年快速发展后的今天，我们尚未观察到当地劳动密集型产业向一般认为富有廉价劳动力的内陆落后地区大规模转移的迹象。这是因为，落后地区农村剩余劳动力的大量存在导致发达地区外来劳动力的无限供给，发达地区劳动密集型产业的实际工资水平相对于落后地区并没有太大变化，同时源源不断流入的剩余劳动力降低了发达地区的比较劳动生产率，使投资者能够长期维持原有的投资收益。从而，沿海发达地区劳动密集型行业实际劳动力成本增长缓慢，企业可以长期获得源源不断来自民族地区的廉价劳动力资源，在东部地区直接获取较高的投资收益，因而也就丧失了资本西进和产业转移的内在动力，这正是东部劳动密集型产业区域黏性产生的原因。

(4)产业集群的强竞争性使东部企业就地升级。产业集群的竞争优势使东部地区的传统劳动密集型工业技术不断创新、产品档次不断提高、结构不断升级。事实上，当把企业集群所产生的聚集资本附加在劳动密集型的传统产业上时，这时的传统产业已经变为知识密集型产业，因为这些技术含量不高的传统产业在某一地区聚集后，专业化分工水平和协作能力的增强大大提高了传统产业的知识含量，使之逐渐演变为具有一定技术、隐含经验类的知识密集型产业，其报酬递增优势明显。正如Porter(1998)所言，现代竞争取决于竞争力，而非取决于投入或单个企业的规模。生产力取决于公司如何竞争，而非它们在何领域竞争。如果公司运用熟练的方法和技术，提供独特的产品和服务，那么几乎所有产业都能够产生较高的生产力，几乎所有产业都能成为知识密集型产业。这样，东部地区的劳动密集型传统产业只需产业集群的作用下就地升级，而不需要再通过向民族地区进行转移以获得自身的产业结构升级。

4.5.2　民族地区承接产业转移能力的实证分析

1)产业转移承接能力的构建

地区产业转移承接能力是指一个国家或地区在应对产业转移时，能够吸引转移产业进而发展提升其产业结构的能力。它反映了一个国家或地区在选择和吸纳产业时所具有的综合实力。它包括产业吸引能力、产业选择能力、产业支撑能力三个方面。

(1)产业吸引能力是指产业移入地具有因产品需求或资源供给的比较优势而吸引产业转移的能力。它是一个国家或地区构建产业转移承接能力的前提，具体包括产业集聚吸引力、市场潜力吸引力和优惠政策吸引力。对于一个国家或地区而言，产业吸引能力的高低决定了潜在转移产业、转移资本以转移技术的多少。能力越强，接纳承接产业的要素质量就越高，选择余地也就越大，反之则不然。因此，产业集聚吸引力、市场潜力吸引力及优惠政策吸引力是提升国家或地区产业吸引力的重点所在。

(2)产业选择能力是指产业移入地在对生态效益、经济环境、社会发展等因素进行综合考虑后对承接产业的认识、甄别、筛选能力。综合来看，许多转移产业的质量良莠不齐，一些产业尽管在短期内能带动上下游产业链的发展，但从长远来看，始终是利小于弊、得不偿失。唯有在信息采集及选择上将信息不对称的可能性降到最低，同时根据需要不断推进对人才的选拔工作，做到去其糟粕、取其精华，从整体上提高决策层的专业技能水平和文化素质，才能提高对移入产业的选择能力(马涛等，2009)。

(3)产业支撑能力是指在承接产业过程中，为使经过筛选后的产业能够更好地融入移入地，移入地为相应企业提高支撑和保障，保证产业的顺利承接与日后的发展。产业支撑能力具体包括配套的产业支持和辅助的产业支持两个部分。其中，配套的产业支持包括基础设施、人力资本、市场水平等指标。而人力资本，即劳动力供给，是产业尤其是高科技产业发展的关键。劳动者的素质越高，市场化水平越高，企业的创新意识越强，移入地的产业支撑能力也就越强。

2)我国不同地区产业转移承接能力的实证分析

从产业吸引能力、产业选择能力、产业支撑能力三方面构建指标体系，利用2010年的统计数据，根据(苏华等，2011)的研究结果，各省(区、市)的产业承接能力总分如

表 4.25 所示。表 4.25 说明，我国民族地区产业承接能力得分总体上靠后。因此，这严重影响了民族地区的经济发展，民族地区产业承接能力有待进一步提高。

表 4.25　各地区产业承接能力总分及排序

地区	总分	排序
北京市	0.123578	1
广东省	0.106168	2
上海市	0.092621	3
江苏省	0.075592	4
浙江省	0.063669	5
天津市	0.054741	6
山东省	0.051298	7
辽宁省	0.040932	8
福建省	0.037064	9
四川省	0.033874	10
湖北省	0.02976	11
湖南省	0.027892	12
陕西省	0.024781	13
河南省	0.023663	14
河北省	0.022848	15
安徽省	0.021574	16
吉林省	0.0213690	17
黑龙江省	0.0213690	17
重庆市	0.021094	19
江西省	0.017057	20
广西壮族自治区	0.017057	21
内蒙古自治区	0.016387	22
山西省	0.013684	23
云南省	0.013125	24
新疆维吾尔自治区	0.008886	25
贵州省	0.008723	26
甘肃省	0.006101	27
宁夏回族自治区	0.005975	28
青海省	0.000549	29

注：由于西藏自治区、海南省缺乏相关数据，因此没有被纳入评价范围，同时也不包括港澳台地区数据。

资料来源：作者计算。

4.6　承接产业转移，实现民族地区产业结构升级的政策选择

产业布局实际上就是产业产生、设置及不断调整的过程。产业转移是产业布局调整的重要手段。“十二五”及以后时期，中国深入推进西部大开发战略和“一带一路”[①]建设，这对民族地区而言，既是重要的发展机遇，同时也应该清楚地认识到，随着西部大开发战略的深入实施，西部地区的基础设施将持续得到改进，包括运输成本在内的贸易成本将继续下降，与东、中部地区的经济联系将更加密切，全国经济一体化程度将进一步提高。在此过程中，根据前面的分析，如果没有政府的干预，或政府干预不恰当，民族地区的产业结构有可能会进一步低端化，去工业化趋势会持续下去。为促进民族地区产业结构的升级，中央政府应在政策上给予支持，以加快推进资源型经济的转型，将资源优势转化为产业优势和竞争优势，通过合理地推进产业移入，着力培育发展接续替代产业和战略性新兴产业，促进产业适度多元化，切实提高可持续发展能力。

4.6.1　民族地区产业结构调整原则

总体来看，民族地区产业结构调整和优化要遵循以下原则(张冬梅，2008)。

(1)正确处理政府、企业和市场的关系。民族地区产业结构的调整和优化必须逐步实现调整主体和调整方式的转变，以企业为主体，以市场为基础，正确发挥政府在结构调整中指导、规范、协调、服务的职能，为结构调整提供制度保证，这对调整效果有着决定性的影响。要在国家宏观调控和产业政策指导下，以企业为主体，主要依托市场力量进行调整，充分发挥市场在资源配置中的决定性作用，促进优胜劣汰和结构优化。通过产业结构调整，使产业内的企业得到发展，形成一批具有较高科研开发能力、较高经营管理水平、实现了规模经济的优势企业，依靠优势企业，发挥名牌产品的龙头作用，实现资源由劣势企业向优势企业、由低效领域向高效领域、由衰退产业向新兴产业的流动。

(2)产业结构的调整要与所有制结构调整相结合。民族地区与东部地区的发展差距，除自然条件、经济区位、历史基础和国家宏观政策以外，更重要的原因在于民族地区在经济转轨时期，所有制结构调整缓慢，没有建立和完善与社会主义市场经济相适应的新经济制度。民族地区国有经济的比重远高于其他地区，非国有、非公有制经济发展相对缓慢。因此，民族地区产业结构的调整要与所有制结构调整相结合，大力发展非国有经济和乡镇企业，促进民族地区经济发展。

(3)产业结构调整要突出区域特色，形成区域竞争优势。由于我国各地区经济发展水平差异，各地区在产业结构调整中，面临着不同的问题。民族地区产业结构调整，要充分考虑本地区的需要与可能，确定产业结构调整的政策和措施，避免产业结构趋同化现象，形成具有区域特色的产业结构体系，发挥区域资源优势，提高区域产业核心竞争力和企业

① “一带一路”是“丝绸之路经济带”和“21世纪海上丝绸之路”的简称。

核心竞争力，形成区域竞争优势。

(4) 正确处理产业进入和退出的关系。既要重视消除“退出市场”障碍，也要重视解决“进入市场”困难。不论是衰退产业的调整，过度重复建设后果的消化，还是低效率企业的淘汰，都需要有一个好的退出机制。退出障碍是低水平生产能力过剩、过度竞争和企业亏损居高不下的重要原因，是结构调整亟待解决的一大难题。要下大功夫消除退出障碍，使产业调整、企业重组和人员流动的外部环境得以根本改观。另外，必须克服某些领域和产业的进入困难。目前，在一些产业和服务领域仍然存在对非国有企业、行政性“条块”之外企业的进入壁垒，中小企业特别是高新技术中小企业的创业环境仍不宽松。培育新的高增长产业，促进高新技术企业的发展，前提是要改善创业环境，形成能有效动员社会力量创业和投资的机制，这就必须放松对市场准入的管制。除极少数必须要由国家专营的领域外，应拆除基于所有制、地区和行业等的进入壁垒，给各类合法企业以公平进入和竞争的机会。参照加入世界贸易组织的市场准入原则，允许外资进入的领域，首先应允许国内企业进入(王海霞，2009)。

(5) 资源开发要以生态环境保护为前提(谢丽霜，2009)。民族地区是生态环境比较脆弱的地区，要纠正过去“有水快流”“竭泽而渔”的资源开发模式，不能只顾眼前的经济效益而牺牲环境效益，避免走“先污染或先破坏，后治理”的老路。为此，在产业结构调整中要下决心关闭和淘汰一批高污染、高消耗的行业。要汲取某些民族地区过去挖甘草、发菜造成荒漠化的深刻教训，对于任何资源的开发首先要考虑其对生态环境的影响和破坏，尽早实现经济与资源、人口、环境的协调发展。

4.6.2　民族地区承接产业转移，促进产业结构调整的基本思路

1) 鼓励国有的资源型企业把企业总部迁移到资源所在地

目前，国有资源型企业，尤其是大型企业的企业总部均设在发达地区或核心区，它们在民族地区进行资源开发，然后把利润汇回总部所在地区，同时资源所在地会流失一部分资源税收，这降低了资源所在地的资本禀赋。如果把企业总部迁移到资源所在地，就会增加这些地区的资本禀赋，从而增加产业份额。

设国有资源型企业的资本存量占总资本存量的比例为 s_G，于是国有资源型企业的资本存量为 $s_G K^W$。如果政府要求把国有资源型企业搬到最小区域 3(边缘区)，这意味着

$$n_3 = \max\left\{\frac{s_3(2\varphi+1)-\varphi}{1-\varphi}, s_G K^W\right\} \tag{4.47}$$

图 4.6 的实线绘出了 $s_G = 0.1$ 时产业的均衡区位。可以看出，区域 1 和区域 2 的产业份额有所下降，而区域 3 的产业份额随着经济一体化程度的提高而保持不变。

政府的政策在把资本迁移到边缘区的同时，也伴随着劳动力向边缘区的流动，这增加了边缘区的支出份额。图 4.7 的实线绘出了 s_j 的 5%从区域 1 移到区域 3 的情况，因此边缘区的制造业份额随着一体化程度的提高而保持不变。

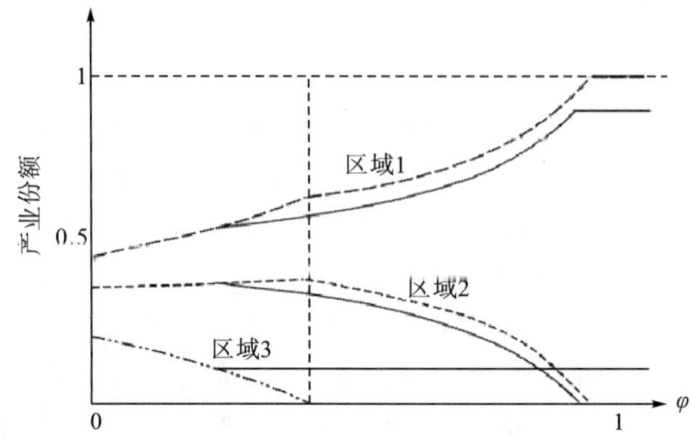

图 4.6 国有资本迁移到边缘区域

资料来源：作者绘制。

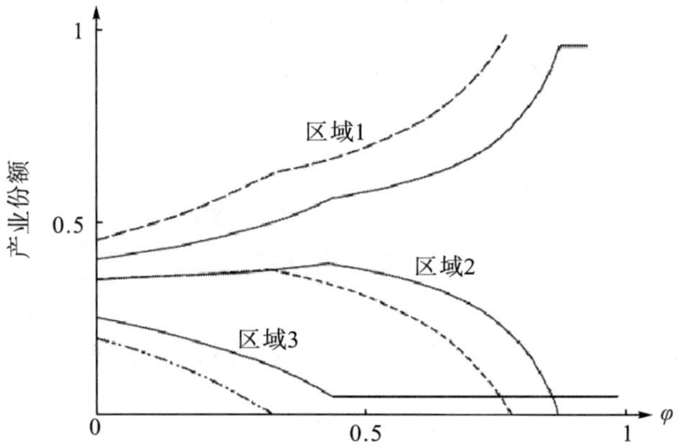

图 4.7 把资本和劳动力迁移到边缘区

资料来源：作者绘制。

2) 切实加强民族地区的基础设施建设

基础设施建设是西部大开发战略的一个重要内容。就交通通信而言，边缘区基础设施的改进有两个不同的重点：①区际运输成本的下降；②区域内运输成本的下降。就本章的模型而言，考虑降低区域 1 和其他区域的交易成本的政策，而区域 2 和区域 3 的贸易成本不变。假设 $\varphi_{12}=\varphi_{13}=\varphi$ ，解模型得

$$n_1=\frac{2(1-s_1)\varphi^2+(s_1-\varphi)(1+\varphi_{23})}{(1-\varphi)\varphi_{23}-\varphi(3-2\varphi)+1} \tag{4.48}$$

考虑 φ 增加的影响，贸易成本对称，即 $\varphi_{12}=\varphi_{13}$ ，则

$$\left.\frac{\mathrm{d}n_1}{\mathrm{d}\varphi}\right|_{\varphi_{23}=\varphi}=\frac{s_1(2\varphi+3)-1}{(1-\varphi)^2} \tag{4.49}$$

如果 $s_1>1/3$ ，这一政策使得产业向区域 1 集聚，而其他区域会失去产业。因而，该

政策使边缘区的去工业化更加严重。如果 s_1 小，且 φ 低，式(4.49)的导数就为负，这意味着禀赋低于平均水平的较小的区域会失去产业。

下面考虑改进边缘区基础设施的政策，即保持 φ 不变，φ_{23} 增加。求式(4.48)对 φ_{23} 的微分得

$$\frac{\mathrm{d}n_1}{\mathrm{d}\varphi_{23}} = -\frac{2\varphi s_1}{(1+\varphi_{23}-2\varphi)^2} \tag{4.50}$$

该导数总为负。因而，改进边缘区内的基础设施会导致产业从核心区迁移到边缘区。该效应也随着 φ 的增加而变强。

具体地，考虑基础设施政策，增加了 φ_{23}，使得 $\varphi_{23}=1.1\varphi$。图 4.8 说明产业份额随着 φ 而增加，如式(4.50)所表明的该政策使产业移出区域 1。但赢家是区域 2，区域 2 的制造业份额最初大体保持稳定，之后当 φ 很高时，其产业份额会有很快的提升。为何产业向区域 2 集聚而不是区域 3，正如式(4.49)所揭示的，对于小的 s_1，式(4.49)为负，即低于平均禀赋的区域在贸易成本下降时失去产业。

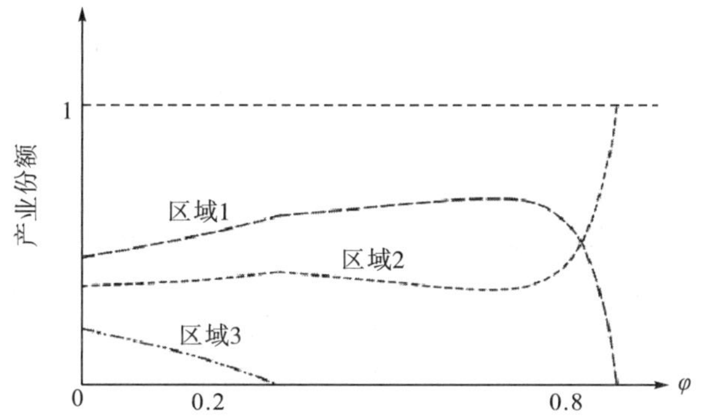

图 4.8　改善边缘区间的基础设施

资料来源：作者绘制。

因而，政策制定者若希望保持住边缘区的产业，则应该改进边缘区内的基础设施而非核心区与边缘区间的基础设施。

3) 对转移到民族地区的企业实施区域补贴

另一个政策选择是对边缘区实施补贴。假设补贴是通过对收入征收比例所得税融资来实现，税率为 t。补贴 z_j 是成比例的和区域导向的，简单起见，假设只给企业补贴，可看成是投资补贴。引入资本补贴后，区域 j 的均衡产业份额为

$$n_j^{\text{subs}} = \frac{(1+z_j)^2[2\varphi^2(s_j-1)-s_j(1+\varphi)]+\varphi^2+\varphi}{(\varphi-1)[(2z_j+z_j^2)(2\varphi+1)s_j-2(z_j+1)^2\varphi+\varphi+1]} \tag{4.51}$$

式(4.51)表明，$\varphi\to 1$，$n_j^{\text{subs}}\to\infty$，这反映了以下事实：当贸易成本足够低时，补贴将支配企业区位选择，因为在其他条件不变时，企业区位与自由贸易的区位无差异。

考虑给最小区域 3(边缘区)的资本补贴为 $z_3 = 0.03$，通过对所有区域的劳动征收劳动所得税融资。图 4.9 绘出了式(4.51)及区域 1 和区域 2 的多元化产品种类数随贸易成本下降的变化。可以看出，随着贸易成本的降低，边缘区(区域 3)的去工业化有些延迟但不可避免，但当贸易成本变得充分低时，给区域 3 的补贴支配着企业的区位选择，结果区域 3 发生再工业化(reindustrialization)。

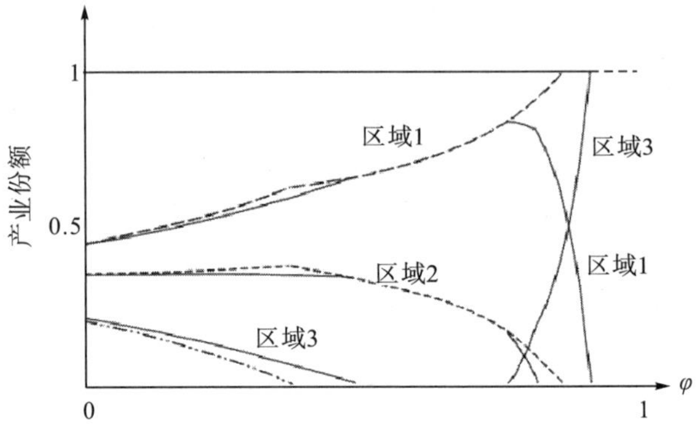

图 4.9　给区域 3 的投资补贴

资料来源：作者绘制。

4.6.3　民族地区承接产业转移，促进产业结构调整的政策建议

(1) 大力发展民族地区的教育。民族地区是我国少数民族聚居区，虽有地域辽阔、资源丰富的自然优势，但又由于受地理及人文等多方面因素的影响，文化教育相对落后。当然，这种落后在很大程度上是由西部经济的制约造成的。经济制约教育，教育又反过来影响经济，即生产力水平低下，居民特别是一些农民的教育水平越低，人们的文化、思想、科技等素质就会越低，获取知识的能力，改造自然、改造社会、创造财富的能力就越低，生产力水平就越低下，民族地区的社会经济就越难有良好的发展。因此，加大对教育的投入力度从根本上改变民族地区的知识结构，不断增强地方经济发展的后发优势，是缩小区域发展差距的重要措施。

(2) 大力培育民族地区的核心竞争力。改革开放以来，区域经济发展不平衡，区域差距不断扩大，其原因是多方面的，但直接原因是区域经济竞争力不平衡。区域竞争力是指一个区域在与国内其他区域竞争中表现出来的综合实力的强弱程度。不同的区域由于生产要素的相对稀缺性、经济发展水平和收入水平不同，生产要素的价格存在差异，从而导致在同一国家的不同区域内同一产品的成本和不同产品的质量存在差异。民族地区的经济竞争力之所以不强，其主要原因在于没有形成区域核心竞争力，也没有形成区域竞争优势。区域核心竞争力是区域竞争力中最基本的并能使整个区域保持长期稳定的竞争优势，是获得长期持续发展的竞争力，是有效配置资源的区域自我发展能力和自我组织能力。区域核心竞争力主要表现为产业核心竞争力和企业核心竞争力。区域经济发展的关键在于培养和发展能使区域在未来市场上居于有利地位的核心竞争力。区域产业核心竞争力主要表现为支柱产业的竞争力。支柱产业对地区经济具有重要作用，其产值一般占地区生产总值 5%以上，只有支柱产业具有竞争力，才能形成区域产业核心竞争力。对于尚未形成竞争优势的民族地区来说，尽快建立核心竞争力是获得区域竞争优势的唯一途径，必须准确把握未来市场的发展趋势，不断创新，努力建立核心竞争力。民族地区的自然条件和社会经济特点不同，地区产业结构的调整必须从区情出发，突出地区特色，因地制宜，利用区域优势资源，扬长避短，大力发展支柱产业，培育核心竞争力，形成区域竞争优势。

(3) 大力扶植民族地区的主导产业，积极发展特色产业。区域主导产业是一般专门化部门中、产业关联性强、能够对区域经济整体发展方向和发展速度起引导、带动作用的产业。要推动民族地区的发展，就要选择符合主导产业基准的产业为主导产业，通过大力扶持主导产业，带动区域经济的发展。西部各民族地区应根据各自的条件和市场需求的变化，确定各自的主导产业。主导产业的个数应根据本地区资源的综合优势度、经济发展总水平、产业结构层次及已有的主导产业的类型来决定，切不可贪多求大。

(4) 提高企业管理质量，改善企业治理，形成民族地区企业的核心竞争力。企业核心竞争力是在特定企业个性化发展过程中形成的，遍及企业研究与开发、生产、市场营销等各环节，相对于其竞争对手形成并保持竞争优势的能力。要形成企业核心竞争力，就要提高企业管理质量，改善企业治理结构，鼓励大公司、大集团的发展，提高产业集中度，实现规模经济。加强企业内部人才的培养和选拔，加大研究与开发的投入，增强企业创新能力。随着科学技术的进步，市场需求的变化，企业经过长期努力形成的核心竞争力，也可能会逐步退化，或被其他企业所模仿。企业要保持核心竞争力，就必须根据自身的特点，知己知彼，发挥其在某一领域、某一方面的特长，不断开拓创新，保持核心竞争力，获得长期的竞争优势。

(5) 促进企业技术进步，不断改造民族地区的传统产业。我国东部地区临近海岸线，科技发展水平高，工业、农业、交通运输业、通信业等发展较好，与海外有传统的经济联系，信息灵通且与外界的交流频繁，市场竞争激烈，因此能够承受较高竞争压力与生产成本的企业纷纷选址东部地区，以充分利用该地的地缘优势和市场环境获取更大利润，从而促使东部地区整个产业劳动生产率不断提高，加速其产业结构的升级。为适应全球产业结构调整的大趋势和国内外市场需求的变化，民族地区必须加快企业的技术进步和产业升级。我国正处于工业化中后期，为满足人们的生活需要，传统产业还有广阔的发展空间和时间。在产业结构调整中，要以市场为导向，用先进技术改造传统产业，调整传统产业的产品结构，增加品种，推进技术升级和产品更新换代，提高经济效益，扩大出口，加强现有企业的技术改造，提高传统产业的竞争力，以解决我国资源短缺、环境污染、产品相对过剩等问题。有条件的民族地区要大力发展高新技术产业，加大资金投入力度，完善金融市场的功能，建立高新技术发展风险投资基金，解决企业技术创新资金缺乏的问题。要形成以企业为中心的技术创新体系，推动产学研结合，促进科技成果向现实生产力转化。要深化科研体制改革，鼓励科研单位与大中型企业联合进行研究与开发，加速高新技术成果产业化，进一步办好已有的高新技术产业开发区，支持民办科研机构和企业的发展。

(6) 发挥民族地区中心城市的带动作用，积极推动农村城市化进程。发挥现有民族地区中心城市的功能，完善城市基础设施建设，改善投资环境，扩大城市增长极的集聚和扩散效应，充分发挥其辐射和带动作用。推动农村城市化进程，加快小城镇建设，促进农业产业化，促进乡镇工业和第三产业的发展，逐步使农业劳动力向非农产业转移，提高农民的收入水平。加快城市化进程为第三产业发展拓展空间，第三产业发展会提高城市服务功能。民族地区第三产业发展滞后将严重制约第一产业、第二产业的发展和城市化进程。民族地区要依托城市化进程，大力发展第三产业，加强邮电通信、交通运输、商业、金融、保险、信息咨询、旅游业的发展。另外，可以先向外资开放西部的邮电、金融、保险等第三产业。

(7) 加强地区间人才交流与合作，促进民族地区的经济发展。高技术人才对地区经济发展至关重要，它可增强地区经济的集聚力，并促进地区收入水平的提高。民族地区实现经济快速增长的最有效途径就是引进人才，通过人才带动高新技术项目的建设，从而吸引更多的人才与劳动者聚集，触动人才流动与产业聚集的循环累积因果效应，形成一个新的经济发展契机。

(8) 不断提高民族地区的市场潜力，提升区域合作水平。改革开放以来，我国东部广大地区通过循环累积机制逐渐成为我国产业发展的中心地带。而广大的民族地区由于自身消费市场有限、交通基础设施建设滞后、与海外市场距离较远等原因，市场潜力与东部地区相比差距较大，经济发展相对滞后。在民族地区要培育新的经济增长极和中心城市，构建有规划、有分工、布局合理的一体化区域经济。对此，不仅要改造、提升民族地区长期以来形成的孤立分布的增长极，而且要加强各个增长极之间的联系，促进其逐步联结、融合成为有机的系统整体，逐步增强民族地区的自我发展能力。坚持因地制宜、优势互补、经济互利、共同发展的原则，以经济效益为中心，以项目合作为基础，以企业合作为主体，鼓励省际的经济交流与合作，从而有效地促进东部沿海地区部分传统制造业向民族地区进行梯度转移，使得民族地区在能更多地享受到东部地区市场潜力外部性的好处的同时，也可以带来自身市场潜力的提高。要适当保护民族地区的市场和创造市场需求，大力发展订单生产，通过区域间的“政策梯度”，不断提高民族地区的市场潜力。

(9) 多管齐下，不断促进空间交易成本的降低。落后的基础设施严重制约着地区资源优势向经济优势转化的速度和能力，也相对排斥了境外投入和与外部市场的联系。因此，加强基础设施建设是民族地区的当务之急。多数民族地区内生发展能力有限，基础设施建设又需要高额投入，因此在地区自身加大规划和投入力度的同时，必须主要依靠外部力量，包括上级政府的投资和外界的经济援助来加快基础设施建设。在新的西部大开发阶段，基础设施的飞速发展将为改善民族地区经济发展环境、支撑经济快速、健康发展奠定坚实的基础，为促进民族地区经济发展、社会进步、边疆稳定、民族团结发挥巨大作用。另外，为推动空间交易成本的降低，除了考虑改善基础设施、减少贸易壁垒、促进生产要素自由流通外，也要求政府通过对正式规则的改进和对非正式规则的培育来创造有利于产业集聚的公共环境。区际贸易自由度的设计针对某些产业应有所差异，为民族地区集聚经济的形成提供必要的推动力，发达地区首先要对民族地区开放市场，民族地区也要逐渐对发达地区开放市场，最终实现区域经济一体化。

(10) 加强国内外市场的贸易联系与民族地区的沿边开放。推行有利于区域发展平衡的政策，不断加强国内市场贸易联系，鼓励区际经济合作，构建民族地区的经济增长点，有效促进民族地区市场需求的增长。民族地区的沿边开放不仅有利于边境地区经济的发展和社会稳定，而且有利于改善和发展双边睦邻友好关系。沿边开放有利于缩小东、西部之间的差距，带动内地经济的发展，成为内地经济走向国际市场的跳板、桥梁和纽带，从而全面提升我国民族地区的国际化水平。“十二五”时期，随着全球经济格局的调整和国内经济实力的进一步增强，我国在世界经济中的地位将进一步上升，对外开放水平会出现质的变化。因此，我国必须站在战略的高度，着眼全局，进一步扩大开放，加快转变经济发展方式，调整经济结构，扩大就业和加快人才培养，促进沿边地区贸易、投资和金融发展，全面提升沿边开放水平，从而为我国第三步战略目标的实现创造一个良好的周边环境。

(11)促进资本的自由流动，减少民族地区的无效投资。当前，外国投资者所遇到的很多障碍都消除了，而国内投资者仍然还有很多方面的投资障碍。政府的各级官员都热衷于吸引外资，国内私人投资仍然会遇到法律和金融体系方面的限制。近年来，地方保护主义虽然大大弱化了，但一些地区仍在一定程度上阻碍着国内资本的流动。吸引外商直接投资只是促进经济发展的手段，而不是目的。由于我国是一个巨大的经济体，长期来看，一个良好的国内商品和资本市场应该比吸引外资更重要。要建设国内统一开放的市场，消除省际的市场分割，促进我国资本市场的一体化，逐步打破资本在区域间流动的地方壁垒，促进资本在地区间的流动。要在投资项目的选择、实施和经营过程中实现资本的优化配置，优化和调整产业结构，实现民族地区对现有资本的有效使用。要增加技术这一生产要素的投入，提高资本的边际产出率。要提高技术生产要素的投入，可以通过引进新的技术、改良现有的生产设备、优化产业结构、加强企业管理、提高职工素质等方面来实现。各级政府应采取有力措施，大力推动企业按照自主原则进行跨地区的股权型合作，这不仅会带给民族地区资金，带动就业和经济增长，而且可以带给民族地区先进技术、经营管理理念和外部经济信息，形成连接区域经济的资本纽带，从而加速区域经济和全国经济的一体化进程。

(12)继续实施对民族地区的资本与金融扶持政策。要完善我国的财政转移支付制度，尽快制定各项财政扶持的具体政策，进一步加大中央财政对民族地区均衡性转移支付力度，重点落实节能环保、新能源、教育、人才、医疗、社会保障、扶贫开发等涉及民生工程、基础设施、生态环境方面的专项转移支付政策。在坚持以总量调控为主的统一货币政策的前提下，对民族地区实施差别化的货币政策工具和优惠信贷政策，进一步增加对西部的再贷款限额，调整优化银行信贷结构，加大对民族地区重点项目建设、绿色生态产业、民生项目等的信贷支持力度，通过政策性金融大力支持少数民族地区发展，支持边境地区发展，支持革命老区发展。要提升民族地区区域性商业银行的融资和配置货币资金效率的能力，大力发展非银行金融机构，支持西部大力发展贷款公司、资金互助社等新型农村金融机构和小额贷款公司等准金融组织，充分发挥非银行金融机构拆借资金的能力，促进民族地区的储蓄向投资的转化。

4.7 本章附录

附表 1 内蒙古自治区工业行业区位熵的变化

行业	就业区位熵			产值区位熵		
	2004 年	2008 年	2013 年	2004 年	2008 年	2013 年
采矿业	2.49	3.06	3.42	2.55	3.46	4.65
制造业	0.76	0.72	0.68	0.82	0.74	0.68
电力、燃气及水的生产和供应业	2.26	2.64	3.06	1.99	1.99	1.93
煤炭开采和洗选业	2.80	3.15	3.81	4.65	5.55	6.57
石油和天然气开采业	0.25	0.41	0.61	0.48	0.46	2.82
黑色金属矿采选业工业	3.35	5.54	3.86	3.42	3.40	2.79
有色金属矿采选业	4.46	5.62	5.82	3.16	4.68	5.13
非金属矿采选业	96.27	101.77	2.58	134.42	77.1	2.21
农副食品加工业	1.76	1.70	1.40	1.62	0.13	1.37
食品制造业	2.05	2.34	1.98	6.00	3.74	1.7
饮料制造业	1.83	1.94	1.48	1.21	1.07	0.96
烟草制品业	1.02	0.9	1.12	0.54	0.49	0.50
纺织业	0.8	0.65	0.41	1.01	0.79	0.62
纺织服装、鞋、帽制造业	0.25	0.16	0.23	0.18	0.13	0.2
皮革、毛皮、羽毛(绒)及其制品业	0.06	0.07	0.07	0.11	0.16	0.09
木材加工及木、竹、藤、棕、草制品业	0.87	1.14	0.93	0.63	1.03	0.98
家具制造业	0.19	0.09	0.09	0.18	0.19	0.14
造纸及纸制品业	0.65	0.47	0.33	0.38	0.29	0.36
印刷业和记录媒介的复制工业	0.29	0.23	0.17	0.15	0.13	0.14
文教体育用品制造业	0	0	0.08	0	0	0.14
石油加工、炼焦及核燃料加工业	1.88	1.59	2.61	0.71	0.64	0.87
化学原料及化学制品制造业	1.19	1.43	1.51	0.77	0.84	1.15
医药制造业	0.97	1.01	1.03	0.96	0.71	0.64
化学纤维制造业	0.21	0.02	0.02	0.04	0	0
橡胶制品业	0.01	0.04	0.24	0.01	0.02	0.23
非金属矿物制品业	0.91	1.02	0.9	0.94	0.80	0.75
黑色金属冶炼及压延加工业	2.89	2.92	2.23	2.13	1.70	1.17
有色金属冶炼及压延加工业	2.10	2.30	2.66	2.04	2.28	2.10
金属制品业	0.26	0.24	0.79	0.18	0.16	0.67
通用设备制造业	0.4	0.36	0.31	0.15	0.20	0.24
专用设备制造业	1.53	1.14	0.27	1.34	0.89	0.3
交通运输设备制造业	0.17	0.25	0.21	0.25	0.22	0.17
电气机械及器材制造业	0.14	0.15	0.16	0.07	0.09	0.26
通信设备、计算机及其他电子设备制造	0.09	0.05	0.03	0.21	0.13	0.05
仪器仪表及文化、办公用机械制造业	0.01	0.01	0.01	0	0	0.04
工艺品及其他制造业	0.37	0.28	0.39	0.29	0.29	0.25

资料来源：作者根据《中国经济普查年鉴》计算。

附表 2　广西壮族自治区工业行业区位熵的变化

行业	就业区位熵			产值区位熵		
	2004 年	2008 年	2013 年	2004 年	2008 年	2013 年
采矿业	0.54	0.57	0.56	0.4	0.53	0.67
制造业	1	0.96	1	0.99	0.98	1.01
电力、燃气及水的生产和供应业	1.95	3.01	2.12	1.54	1.79	1.20
煤炭开采和洗选业	0.26	0.23	0.19	0.25	0.08	0.08
石油和天然气开采业	0	0	0.01	0	0	0.10
黑色金属矿采选业工业	1.35	1.3	1.01	1.07	1.19	1.11
有色金属矿采选业	3.1	3.33	3.16	2.15	3.28	2.94
非金属矿采选业	0.1	0.05	2.10	0.04	0	2.05
农副食品加工业	3.35	2.61	1.99	3.50	0.27	1.83
食品制造业	1.17	1.24	1.09	0.68	0.74	0.88
饮料制造业	1.16	1.77	1.6	1.19	1.67	1.45
烟草制品业	0.99	1.37	0.98	1.8	1.74	1.26
纺织业	0.51	0.59	0.58	0.3	0.3	0.34
纺织服装、鞋、帽制造业	0.07	0.18	0.34	0.04	0.12	0.30
皮革、毛皮、羽毛(绒)及其制品业	0.34	0.55	0.76	0.54	0.6	0.56
木材加工及木、竹、藤、棕、草制品业	2.54	3.07	4.81	2.35	2.69	3.12
家具制造业	0.22	0.3	0.62	0.16	0.28	0.92
造纸及纸制品业	1.60	1.670	1.89	1.26	1.17	1.63
印刷业和记录媒介的复制工业	0.98	0.85	0.81	0.8	0.98	0.96
文教体育用品制造业	0.06	0.2	0.98	0.02	0.25	0.37
石油加工、炼焦及核燃料加工业	0.28	0.2	0.32	0.29	0.30	1.27
化学原料及化学制品制造业	1.52	1.45	1.14	1.04	0.92	0.68
医药制造业	1.94	1.60	1.13	1.80	1.15	0.91
化学纤维制造业	0.17	0.02	0	0.02	0.01	0
橡胶制品业	0.57	0.47	0.55	0.23	0.40	0.50
非金属矿物制品业	2.31	1.86	1.84	1.37	1.27	1.36
黑色金属冶炼及压延加工业	1.26	1.39	1.23	1.29	1.58	1.76
有色金属冶炼及压延加工业	3.04	2.52	1.79	2.46	1.64	1.21
金属制品业	0.33	0.36	0.43	0.19	0.36	0.47
通用设备制造业	0.62	0.52	0.43	0.45	0.42	0.42
专用设备制造业	0.89	0.84	0.76	1.47	1.19	0.78
交通运输设备制造业	1.21	1.37	1.57	2.22	1.70	1.51
电气机械及器材制造业	0.38	0.36	0.38	0.35	0.45	0.58
通信设备、计算机及其他电子设备制造	0.18	0.35	0.51	0.09	0.22	0.54
仪器仪表及文化、办公用机械制造业	0.42	0.33	0.25	0.23	0.19	0.25
工艺品及其他制造业	1.32	1.09	0.51	0.64	0.58	0.55

资料来源：作者根据《中国经济普查年鉴》计算。

附表 3　贵州省工业行业区位熵的变化

行业	就业区位熵			产值区位熵		
	2004 年	2008 年	2013 年	2004 年	2008 年	2013 年
采矿业	2.03	3.42	4.12	1.48	1.94	3.39
制造业	0.82	0.69	0.59	0.77	0.74	0.71
电力、燃气及水的生产和供应业	2.09	2.47	3.69	3.20	3.60	2.82
煤炭开采和洗选业	2.53	5.03	6.01	2.35	3.94	6.50
石油和天然气开采业	0	0	0	0	0	0
黑色金属矿采选业工业	1.35	0.61	0.72	0.53	0.29	0.49
有色金属矿采选业	1.16	1.3	0.68	0.57	1.32	0.66
非金属矿采选业	0.13	0.07	2.06	0.11	0.02	3.19
农副食品加工业	0.56	0.41	0.44	0.42	0.04	0.47
食品制造业	0.80	0.61	0.58	0.86	0.88	0.67
饮料制造业	2.50	2.70	3.74	3.19	3.93	4.53
烟草制品业	8.12	9.42	5.70	5.46	5.97	5.24
纺织业	0.14	0.09	0.05	0.05	0.03	0.04
纺织服装、鞋、帽制造业	0.10	0.06	0.06	0.09	0.06	0.08
皮革、毛皮、羽毛(绒)及其制品业	0	0	0.17	0.02	0.03	0.26
木材加工及木、竹、藤、棕、草制品业	0.49	0.63	1.22	0.37	0.56	1.21
家具制造业	0.11	0.02	0.18	0.04	0.01	0.28
造纸及纸制品业	0.32	0.26	0.36	0.19	0.23	0.42
印刷业和记录媒介的复制工业	1.00	0.54	0.27	0.62	0.61	0.40
文教体育用品制造业	0.05	0.07	0.07	0.02	0.05	0.07
石油加工、炼焦及核燃料加工业	1.05	1.63	0.69	0.16	0.45	0.32
化学原料及化学制品制造业	1.54	1.56	1.28	1.29	1.50	1.07
医药制造业	1.86	1.81	1.61	2.60	2.47	1.68
化学纤维制造业	0.10	0	0	0.08	0	0
橡胶制品业	1.48	1.53	0.58	2.31	2.27	0.65
非金属矿物制品业	1.39	1.21	1.15	0.79	0.82	1.52
黑色金属冶炼及压延加工业	2.55	2.39	1.34	1.51	1.33	1.11
有色金属冶炼及压延加工业	2.92	2.32	1.80	3.01	1.38	1.23
金属制品业	0.66	0.60	0.49	0.43	0.64	0.40
通用设备制造业	0.51	0.29	0.22	0.20	0.17	0.20
专用设备制造业	0.54	0.4	0.24	0.26	0.27	0.27
交通运输设备制造业	1.38	1.16	0.54	0.58	0.53	0.45
电气机械及器材制造业	0.32	0.20	0.17	0.44	0.31	0.25
通信设备、计算机及其他电子设备制造	0.30	0.17	0.04	0.19	0.11	0.09
仪器仪表及文化、办公用机械制造业	0.36	0.28	0.25	0.24	0.2	0.17
工艺品及其他制造业	0.29	0.31	0.31	0.36	0.43	1.04

资料来源：作者根据《中国经济普查年鉴》计算。

附表 4　云南省工业行业区位熵的变化

行业	就业区位熵			产值区位熵		
	2004 年	2008 年	2013 年	2004 年	2008 年	2013 年
采矿业	1.32	2.46	2.64	0.87	1.31	1.73
制造业	0.90	0.79	0.79	0.96	0.92	0.86
电力、燃气及水的生产和供应业	2.19	2.49	2.36	1.57	1.74	2.23
煤炭开采和洗选业	0.84	2.53	2.67	0.69	1.26	2.04
石油和天然气开采业	0.01	0.01	0	0	0	0
黑色金属矿采选业工业	3.53	2.67	2.95	3.06	2.17	2.01
有色金属矿采选业	6.41	6.95	7.38	4.01	4.71	3.41
非金属矿采选业	0.06	0.04	2.37	0.09	0.01	1.92
农副食品加工业	1.83	1.51	1.41	0.99	0.07	0.82
食品制造业	0.72	0.81	1.36	0.41	0.48	0.91
饮料制造业	1.47	1.97	2.45	0.77	1.08	1.27
烟草制品业	13.49	16.38	18.32	20.52	18.76	17.4
纺织业	0.30	0.21	0.14	0.06	0.06	0.05
纺织服装、鞋、帽制造业	0.03	0.02	0.07	0.02	0.01	0.04
皮革、毛皮、羽毛(绒)及其制品业	0.04	0.01	0.10	0.03	0	0.04
木材加工及木、竹、藤、棕、草制品业	1.34	0.97	1.03	0.79	0.39	0.49
家具制造业	0.17	0.05	0.07	0.05	0.02	0.02
造纸及纸制品业	0.93	0.95	0.84	0.91	0.53	0.49
印刷业和记录媒介的复制工业	2.10	1.52	1.08	2.71	1.63	1.07
文教体育用品制造业	0	0	0.32	0	0	0.47
石油加工、炼焦及核燃料加工业	0.71	2.06	1.60	0.17	0.79	0.71
化学原料及化学制品制造业	2.19	1.79	1.54	1.51	1.51	1.07
医药制造业	1.26	1.31	1.16	1.25	1.21	1.20
化学纤维制造业	0.08	0.07	0.08	0.20	0.28	0.22
橡胶制品业	0.30	0.18	0.56	0.09	0.08	0.47
非金属矿物制品业	1.33	1.2	1.06	0.79	0.66	0.85
黑色金属冶炼及压延加工业	1.90	2.02	1.77	1.24	1.43	1.56
有色金属冶炼及压延加工业	5.81	6.03	5.40	4.30	4.23	3.36
金属制品业	0.31	0.18	0.34	0.17	0.16	0.23
通用设备制造业	0.52	0.38	0.30	0.20	0.22	0.18
专用设备制造业	0.83	0.54	0.40	0.52	0.31	0.29
交通运输设备制造业	0.55	0.38	0.26	0.35	0.30	0.27
电气机械及器材制造业	0.34	0.22	0.22	0.23	0.22	0.17
通信设备、计算机及其他电子设备制造	0.05	0.04	0.05	0.04	0.03	0.03
仪器仪表及文化、办公用机械制造业	0.85	0.38	0.25	0.26	0.27	0.21
工艺品及其他制造业	0.31	0.28	0.50	0.20	0.17	0.64

资料来源：作者根据《中国经济普查年鉴》计算。

附表 5　西藏自治区工业行业区位熵的变化

行业	就业区位熵			产值区位熵		
	2004 年	2008 年	2013 年	2004 年	2008 年	2013 年
采矿业	0.97	2.64	3	1.93	4.34	4.25
制造业	0.72	0.61	0.59	0.79	0.64	0.66
电力、燃气及水的生产和供应业	6.15	6.29	6.45	2.69	2.37	2.58
煤炭开采和洗选业	0.09	0	0	0.13	0	0
石油和天然气开采业	0	0	0	0	0	0
黑色金属矿采选业工业	5.59	14.45	9.38	19.36	14.16	4.30
有色金属矿采选业	6.47	21.21	30.56	5.88	33.07	36.35
非金属矿采选业	32.26	24.07	0.95	30.84	4.42	0.49
农副食品加工业	0.92	0.78	0.86	0.65	0.07	0.41
食品制造业	0.65	0.96	1.02	0.8	0.97	0.81
饮料制造业	2.59	4.37	4.22	7.32	10.83	9.17
烟草制品业	0	0	0	0	0	0
纺织业	0.12	0.08	0.11	0.08	0.17	0.21
纺织服装、鞋、帽制造业	0	0.11	0	0	0.08	0
皮革、毛皮、羽毛(绒)及其制品业	0.17	0.18	0	0.16	0.09	0
木材加工及木、竹、藤、棕、草制品业	4.24	3.76	3.34	1.86	2.59	0.48
家具制造业	0	0	0	0	0	0
造纸及纸制品业	0	0	0.73	0	0	0.7
印刷业和记录媒介的复制工业	6.84	6.62	2.78	4.52	3.61	3.45
文教体育用品制造业	0	0	0.46	0	0	0.89
石油加工、炼焦及核燃料加工业	0	0	0	0	0	0
化学原料及化学制品制造业	0.22	0.34	0.41	0.14	0.12	0.28
医药制造业	3.80	3.60	3.69	11.24	7.75	5.08
化学纤维制造业	0	0	0	0	0	0
橡胶制品业	0	0	0	0	0	0
非金属矿物制品业	3.57	3.76	3.16	8.08	4.33	4.23
黑色金属冶炼及压延加工业	0	0	0.12	0	0	0.16
有色金属冶炼及压延加工业	0	0	0	0	0	0
金属制品业	0.17	0	0	0.02	0	0
通用设备制造业	0	0	0	0	0	0
专用设备制造业	0	0	0	0	0	0
交通运输设备制造业	1.27	0.10	0	0.30	0.19	0
电气机械及器材制造业	0	0	0	0	0	0.11
通信设备、计算机及其他电子设备制造	0	0	0	0	0	0
仪器仪表及文化、办公用机械制造业	0	0	0	0	0	0
工艺品及其他制造业	1.75	0.69	0	0.86	0.80	0

资料来源：作者根据《中国经济普查年鉴》计算。

附表 6　青海省工业行业区位熵的变化

行业	就业区位熵			产值区位熵		
	2004 年	2008 年	2013 年	2004 年	2008 年	2013 年
采矿业	2.67	3.01	2.66	5.28	4.45	3.56
制造业	0.72	0.73	0.80	0.56	0.68	0.73
电力、燃气及水的生产和供应业	2.66	2.6	2.02	2.92	1.78	2.37
煤炭开采和洗选业	0.69	0.75	0.99	0.62	1.42	2.53
石油和天然气开采业	10.07	10.21	15.24	9.90	7.53	10.16
黑色金属矿采选业工业	1.22	0.91	1.16	1.63	0.53	1.08
有色金属矿采选业	4.82	9.86	3.22	7.20	16.07	3.13
非金属矿采选业	0.85	0.69	3.81	0.34	0.05	1.02
农副食品加工业	0.70	0.37	0.43	0.40	0.03	0.34
食品制造业	0.38	0.79	0.55	0.19	0.47	0.50
饮料制造业	1.29	0.9	1.36	0.66	0.57	0.96
烟草制品业	0	0	0	0	0	0
纺织业	0.34	0.44	0.26	0.20	0.18	0.36
纺织服装、鞋、帽制造业	0.20	0.34	0.40	0.17	0.27	0.47
皮革、毛皮、羽毛(绒)及其制品业	0	0.02	0	0	0.02	0
木材加工及木、竹、藤、棕、草制品业	0	0	0	0	0	0
家具制造业	0.07	0.05	0	0.07	0.03	0.08
造纸及纸制品业	0.04	0.03	0	0	0.01	0
印刷业和记录媒介的复制工业	0.74	0.74	0.45	0.22	0.43	0.36
文教体育用品制造业	0	0	0.92	0	0	1.00
石油加工、炼焦及核燃料加工业	0	0.77	1.45	0.02	0.19	0.21
化学原料及化学制品制造业	1.87	2.74	3.51	1.24	2.09	1.43
医药制造业	1.24	1.35	1.10	0.98	0.75	1.19
化学纤维制造业	0	0	0	0	0	0
橡胶制品业	0	0.05	0.11	0	0.01	0.05
非金属矿物制品业	1.54	1.31	0.88	0.98	0.70	0.90
黑色金属冶炼及压延加工业	2.81	3.25	2.73	1.19	1.56	1.28
有色金属冶炼及压延加工业	3.89	4.30	7.71	5.76	4.31	5.85
金属制品业	0.60	0.36	0.21	0.36	0.36	0.17
通用设备制造业	0.92	0.83	0.50	0.46	0.34	0.23
专用设备制造业	0.15	0.13	0.04	0.03	0.03	0.03
交通运输设备制造业	0.22	0.05	0.04	0.09	0.04	0.13
电气机械及器材制造业	0.07	0.10	0.13	0.04	0.14	0.16
通信设备、计算机及其他电子设备制造	0	0	0.01	0	0.01	0.01
仪器仪表及文化、办公用机械制造业	0.34	0.30	0.22	0.21	0.14	0.07
工艺品及其他制造业	1.48	1.24	0.33	0.52	0.25	0.19

资料来源：作者根据《中国经济普查年鉴》计算。

附表 7 宁夏回族自治区工业行业区位熵的变化

行业	就业区位熵			产值区位熵		
	2004 年	2008 年	2013 年	2004 年	2008 年	2013 年
采矿业	2.39	2.69	2.59	1.76	2.21	2.19
制造业	0.78	0.75	0.78	0.81	0.80	0.76
电力、燃气及水的生产和供应业	2.16	2.94	2.66	2.61	2.46	3.32
煤炭开采和洗选业	3.62	4.17	3.94	4.59	5.00	4.07
石油和天然气开采业	0.03	0.06	0.11	0.06	0.07	0.08
黑色金属矿采选业工业	0	0.11	0.29	0	0.08	0.08
有色金属矿采选业	0	0	0	0	0	0
非金属矿采选业	1.66	1.42	0.16	0.71	0.08	0.09
农副食品加工业	0.49	0.53	0.65	0.54	0.04	0.52
食品制造业	1.42	1.41	1.59	1.61	1.63	2.06
饮料制造业	1.26	1.24	0.81	1.40	0.79	0.53
烟草制品业	0.52	0	0	0.20	0.01	0.01
纺织业	0.27	0.41	0.59	0.88	1.09	1.18
纺织服装、鞋、帽制造业	0.05	0.04	0.08	0.04	0.02	0.02
皮革、毛皮、羽毛(绒)及其制品业	0.04	0.05	0.10	0.10	0.09	0.26
木材加工及木、竹、藤、棕、草制品业	0	0.03	0.09	0.01	0.02	0.14
家具制造业	0.12	0.10	0.18	0.04	0.08	0.21
造纸及纸制品业	2.82	3.44	1.28	1.96	1.86	0.41
印刷业和记录媒介的复制工业	0.41	0.58	0.61	0.22	0.38	0.27
文教体育用品制造业	0	0	0	0	0	0
石油加工、炼焦及核燃料加工业	2.84	3.69	7.60	1.77	1.97	3.67
化学原料及化学制品制造业	2.08	2.27	2.22	1.62	1.89	1.18
医药制造业	0.97	0.95	0.78	0.84	0.88	0.37
化学纤维制造业	0.13	0	0	0.06	0	0
橡胶制品业	1.50	1.44	0.49	3.48	2.23	0.38
非金属矿物制品业	1.05	1.07	0.88	1.25	1.06	0.76
黑色金属冶炼及压延加工业	1.79	1.68	2.14	0.96	0.76	1.14
有色金属冶炼及压延加工业	3.42	3.89	4.70	3.78	2.94	2.65
金属制品业	0.68	0.49	0.4	0.52	0.41	0.31
通用设备制造业	0.98	0.84	0.49	0.78	0.51	0.26
专用设备制造业	0.62	0.53	0.55	0.64	0.67	0.43
交通运输设备制造业	0.01	0.01	0.09	0	0.01	0.03
电气机械及器材制造业	0.27	0.24	0.28	0.16	0.25	0.23
通信设备、计算机及其他电子设备制造	0.05	0	0	0.02	0	0
仪器仪表及文化、办公用机械制造业	1.71	0.62	0.31	0.93	0.48	0.28
工艺品及其他制造业	0.21	0	0.71	0.13	0	0.9

资料来源：作者根据《中国经济普查年鉴》计算。

附表 8　新疆维吾尔自治区工业行业区位熵的变化

行业	就业区位熵			产值区位熵		
	2004 年	2008 年	2013 年	2004 年	2008 年	2013 年
采矿业	3.08	3.71	3.57	6.60	5.50	4.02
制造业	0.69	0.65	0.69	0.67	0.66	0.74
电力、燃气及水的生产和供应业	2.36	2.68	2.55	0.87	0.95	1.65
煤炭开采和洗选业	1.41	1.46	1.61	0.72	0.76	0.98
石油和天然气开采业	12.41	16.6	13.54	14.25	15.09	14.72
黑色金属矿采选业工业	1.52	2.06	2.70	1.93	2.27	1.83
有色金属矿采选业	1.84	2.31	2.26	1.24	1.61	1.23
非金属矿采选业	1.50	0.65	1.24	0.36	0.06	0.49
农副食品加工业	1.56	1.08	1.05	1.01	0.08	0.75
食品制造业	1.38	1.47	1.66	1.68	1.12	1.24
饮料制造业	1.72	1.26	1.14	0.98	0.70	0.80
烟草制品业	0.44	0.39	0.70	0.35	0.45	0.53
纺织业	1.51	1.1	1.02	0.74	0.48	0.40
纺织服装、鞋、帽制造业	0.05	0.04	0.06	0.02	0.02	0.03
皮革、毛皮、羽毛(绒)及其制品业	0.06	0.04	0.02	0.18	0.08	0.07
木材加工及木、竹、藤、棕、草制品业	0.50	0.22	0.11	0.35	0.19	0.07
家具制造业	0.61	0.50	0.14	0.78	0.36	0.07
造纸及纸制品业	0.96	0.62	0.54	0.38	0.21	0.27
印刷业和记录媒介的复制工业	0.93	0.6	0.21	0.38	0.24	0.08
文教体育用品制造业	0	0	0.04	0	0	0.08
石油加工、炼焦及核燃料加工业	4.46	5.79	6.57	5.10	4.74	5.14
化学原料及化学制品制造业	0.97	1.41	1.94	0.52	0.72	0.99
医药制造业	0.26	0.26	0.28	0.13	0.10	0.14
化学纤维制造业	0.56	2.27	2.53	0.28	1.07	1.56
橡胶制品业	0.47	0.28	0.56	0.35	0.05	0.51
非金属矿物制品业	1.08	1.04	1.45	0.83	0.66	0.86
黑色金属冶炼及压延加工业	1.10	1.23	1.63	0.89	1.08	1.17
有色金属冶炼及压延加工业	0.54	0.53	2.22	0.36	0.26	1.29
金属制品业	0.41	0.34	0.33	0.31	0.29	0.33
通用设备制造业	0.27	0.11	0.08	0.11	0.05	0.05
专用设备制造业	0.26	0.23	0.18	0.13	0.11	0.20
交通运输设备制造业	0.23	0.08	0.06	0.08	0.04	0.05
电气机械及器材制造业	0.22	0.17	0.22	0.27	0.46	0.68
通信设备、计算机及其他电子设备制造	0.09	0.07	0	0.04	0.03	0
仪器仪表及文化、办公用机械制造业	0.09	0.10	0.01	0.03	0.02	0.01
工艺品及其他制造业	0	0.14	0	0	0.03	0.02

资料来源：作者根据《中国经济普查年鉴》计算。

附表 9 内蒙古自治区规模以上工业行业就业和销售产值占全国比例变化（%）

行业	就业			销售产值		
	2004 年	2008 年	2013 年	2004 年	2008 年	2013 年
规模以上	1.23	1.18	1.30	1.05	1.69	1.97
采矿业	3.06	3.62	4.47	2.65	5.98	9.17
制造业	0.94	0.86	0.89	0.85	1.24	1.34
电力、燃气及水的生产和供应业	2.78	3.12	3.98	2.07	3.38	3.80
煤炭开采和洗选业	3.44	3.73	4.97	4.94	9.32	12.95
石油和天然气开采业	0.31	0.49	0.80	0.47	0.84	5.56
黑色金属矿采选业	4.12	6.55	5.04	3.47	5.73	5.51
有色金属矿采选业	5.49	6.65	7.59	3.15	7.86	10.13
非金属矿采选业	2.32	2.71	3.37	2.39	4.04	4.36
农副食品加工业	2.17	2.01	1.83	1.67	2.26	2.71
食品制造业	2.52	2.77	2.59	6.26	6.26	3.35
饮料制造业	2.25	2.30	1.93	1.21	1.80	1.89
烟草制品业	1.26	1.06	1.46	0.57	0.82	0.98
纺织业	0.99	0.76	0.54	1.18	1.37	1.23
纺织服装、鞋、帽制造业	0.31	0.19	0.29	0.18	0.24	0.40
皮革、毛皮、羽毛(绒)及其制品业	0.08	0.09	0.10	0.10	0.26	0.18
木材加工及木、竹、藤、棕、草制品业	1.07	1.35	1.22	0.62	1.73	1.94
家具制造业	0.23	0.11	0.11	0.18	0.29	0.27
造纸及纸制品业	0.80	0.56	0.43	0.40	0.48	0.71
印刷业和记录媒介的复制工业	0.36	0.27	0.23	0.17	0.23	0.28
文教体育用品制造业	0	0	0.10	0	0	0.27
石油加工、炼焦及核燃料加工业	2.31	1.88	3.41	0.69	1.06	1.71
化学原料及化学制品制造业	1.47	1.69	1.97	0.81	1.39	2.28
医药制造业	1.19	1.19	1.35	0.95	1.16	1.27
化学纤维制造业	0.26	0.02	0.02	0.03	0	0.01
橡胶制品业	0.01	0.05	0.31	0.01	0.04	0.46
非金属矿物制品业	1.12	1.20	1.18	0.95	1.38	1.47
黑色金属冶炼及压延加工业	3.56	3.46	2.90	2.28	2.88	2.30
有色金属冶炼及压延加工业	2.58	2.72	3.48	2.11	3.83	4.14
金属制品业	0.32	0.28	1.03	0.18	0.27	1.32
通用设备制造业	0.49	0.43	0.41	0.15	0.35	0.46
专用设备制造业	1.88	1.35	0.35	1.40	1.47	0.58
交通运输设备制造业	0.21	0.30	0.27	0.25	0.38	0.33
电气机械及器材制造业	0.17	0.17	0.21	0.07	0.13	0.51
通信设备、计算机及其他电子设备制造业	0.11	0.06	0.04	0.21	0.22	0.11
仪器仪表及文化、办公用机械制造业	0.01	0.01	0.02	0	0.01	0.08
工艺品及其他制造业	0.46	0.34	0.51	0.28	0.48	0.50

资料来源：作者根据《中国经济普查年鉴》计算。

附表 10　广西壮族自治区规模以上工业行业就业和销售产值占全国比例变化(%)

行业	就业			销售产值		
	2004 年	2008 年	2013 年	2004 年	2008 年	2013 年
规模以上	1.32	1.30	1.69	0.99	1.16	1.71
采矿业	0.72	0.74	0.96	0.41	0.62	1.15
制造业	1.32	1.25	1.68	0.98	1.13	1.73
电力、燃气及水的生产和供应业	2.57	3.90	3.58	1.55	2.14	2.05
煤炭开采和洗选业	0.34	0.30	0.32	0.25	0.10	0.13
石油和天然气开采业	0	0	0.01	0	0	0.18
黑色金属矿采选业	1.78	1.69	1.70	1.08	1.36	1.91
有色金属矿采选业	4.09	4.32	5.35	2.15	3.77	5.03
非金属矿采选业	1.95	1.77	3.56	1.53	1.99	3.50
农副食品加工业	4.42	3.38	3.36	3.37	3.28	3.13
食品制造业	1.54	1.61	1.85	0.63	0.81	1.50
饮料制造业	1.53	2.30	2.71	1.19	1.92	2.49
烟草制品业	1.31	1.77	1.66	1.79	2.06	2.16
纺织业	0.67	0.76	0.98	0.30	0.34	0.58
纺织服装、鞋、帽制造业	0.10	0.24	0.58	0.04	0.14	0.51
皮革、毛皮、羽毛(绒)及其制品业	0.46	0.71	1.29	0.54	0.68	0.96
木材加工及木、竹、藤、棕、草制品业	3.35	3.98	8.13	2.30	3.03	5.34
家具制造业	0.29	0.38	1.05	0.16	0.32	1.58
造纸及纸制品业	2.11	2.17	3.19	1.29	1.34	2.80
印刷业和记录媒介的复制工业	1.29	1.10	1.37	0.79	1.13	1.64
文教体育用品制造业	0.07	0.26	1.66	0.02	0.22	0.64
石油加工、炼焦及核燃料加工业	0.37	0.26	0.54	0.29	0.35	2.17
化学原料及化学制品制造业	2.01	1.88	1.93	1.04	1.05	1.16
医药制造业	2.56	2.08	1.91	1.83	1.32	1.55
化学纤维制造业	0.23	0.02	0	0.02	0.01	0.01
橡胶制品业	0.76	0.61	0.92	0.24	0.47	0.86
非金属矿物制品业	3.04	2.41	3.12	1.36	1.51	2.33
黑色金属冶炼及压延加工业	1.67	1.80	2.09	1.29	1.90	3.01
有色金属冶炼及压延加工业	4.01	3.27	3.03	2.40	1.86	2.08
金属制品业	0.44	0.47	0.73	0.19	0.39	0.80
通用设备制造业	0.81	0.68	0.72	0.46	0.50	0.71
专用设备制造业	1.18	1.09	1.29	1.47	1.31	1.34
交通运输设备制造业	1.59	1.77	2.66	2.21	2.00	2.59
电气机械及器材制造业	0.50	0.46	0.64	0.34	0.51	0.99
通信设备、计算机及其他电子设备制造业	0.24	0.45	0.86	0.08	0.26	0.92
仪器仪表及文化、办公用机械制造业	0.56	0.43	0.42	0.23	0.19	0.42
工艺品及其他制造业	1.74	1.42	0.87	0.64	0.67	0.94

资料来源：作者根据《中国经济普查年鉴》计算。

附表 11 贵州省规模以上工业行业就业和销售产值占全国比例变化(%)

行业	就业			销售产值		
	2004 年	2008 年	2013 年	2004 年	2008 年	2013 年
规模以上	1.01	0.83	0.94	0.68	0.60	0.75
采矿业	2.06	2.85	3.86	1.03	1.20	2.55
制造业	0.83	0.58	0.55	0.52	0.44	0.53
电力、燃气及水的生产和供应业	2.11	2.06	3.45	2.21	2.20	2.11
煤炭开采和洗选业	2.55	4.18	5.62	1.64	2.36	4.88
石油和天然气开采业	0	0	0	0	0	0
黑色金属矿采选业	1.37	0.50	0.68	0.38	0.18	0.37
有色金属矿采选业	1.17	1.08	0.63	0.39	0.76	0.49
非金属矿采选业	3.29	0.77	1.93	6.52	0.91	2.39
农副食品加工业	0.57	0.34	0.42	0.28	0.22	0.35
食品制造业	0.81	0.51	0.54	0.60	0.53	0.51
饮料制造业	2.53	2.25	3.50	1.96	2.17	3.40
烟草制品业	8.20	7.84	5.34	3.82	3.62	3.94
纺织业	0.14	0.08	0.05	0.03	0.02	0.03
纺织服装、鞋、帽制造业	0.10	0.05	0.06	0.06	0.04	0.06
皮革、毛皮、羽毛(绒)及其制品业	0.01	0	0.16	0.01	0.02	0.19
木材加工及木、竹、藤、棕、草制品业	0.50	0.53	1.14	0.22	0.30	0.91
家具制造业	0.11	0.02	0.17	0.03	0	0.21
造纸及纸制品业	0.32	0.22	0.34	0.13	0.12	0.32
印刷业和记录媒介的复制工业	1.01	0.45	0.25	0.40	0.38	0.30
文教体育用品制造业	0.05	0.06	0.06	0.01	0.03	0.05
石油加工、炼焦及核燃料加工业	1.06	1.36	0.65	0.10	0.26	0.24
化学原料及化学制品制造业	1.55	1.29	1.20	0.89	0.89	0.80
医药制造业	1.88	1.51	1.51	1.61	1.40	1.26
化学纤维制造业	0.10	0	0	0.06	0	0
橡胶制品业	1.50	1.28	0.55	1.62	1.27	0.49
非金属矿物制品业	1.41	1.01	1.08	0.53	0.49	1.14
黑色金属冶炼及压延加工业	2.58	1.99	1.26	1.00	0.80	0.83
有色金属冶炼及压延加工业	2.95	1.93	1.68	2.05	0.84	0.92
金属制品业	0.67	0.50	0.45	0.29	0.39	0.30
通用设备制造业	0.51	0.24	0.21	0.14	0.09	0.15
专用设备制造业	0.54	0.33	0.22	0.18	0.17	0.20
交通运输设备制造业	1.40	0.97	0.50	0.39	0.31	0.34
电气机械及器材制造业	0.32	0.17	0.16	0.26	0.19	0.19
通信设备、计算机及其他电子设备制造业	0.30	0.14	0.03	0.11	0.07	0.07
仪器仪表及文化、办公用机械制造业	0.37	0.23	0.23	0.15	0.12	0.13
工艺品及其他制造业	0.30	0.26	0.29	0.26	0.28	0.78

资料来源：作者根据《中国经济普查年鉴》计算。

附表 12　云南省规模以上工业行业就业和销售产值占全国比例变化(%)

行业	就业			销售产值		
	2004 年	2008 年	2013 年	2004 年	2008 年	2013 年
规模以上	0.99	0.95	1.06	1.04	0.99	0.96
采矿业	1.31	2.35	2.78	0.91	1.39	1.67
制造业	0.89	0.75	0.83	1.00	0.90	0.83
电力、燃气及水的生产和供应业	2.17	2.38	2.49	1.63	1.76	2.15
煤炭开采和洗选业	0.83	2.41	2.82	0.72	1.28	1.97
石油和天然气开采业	0.01	0.01	0	0	0	0
黑色金属矿采选业	3.50	2.55	3.11	3.16	2.26	1.94
有色金属矿采选业	6.36	6.63	7.79	4.31	5.06	3.29
非金属矿采选业	2.30	2.14	2.50	2.09	2.49	1.85
农副食品加工业	1.82	1.44	1.49	1.04	0.74	0.79
食品制造业	0.71	0.78	1.43	0.43	0.48	0.88
饮料制造业	1.45	1.88	2.59	0.79	0.94	1.22
烟草制品业	13.38	15.63	19.34	21.51	18.53	16.78
纺织业	0.29	0.20	0.14	0.06	0.05	0.05
纺织服装、鞋、帽制造业	0.03	0.02	0.08	0.02	0.02	0.04
皮革、毛皮、羽毛(绒)及其制品业	0.04	0.01	0.10	0.03	0	0.04
木材加工及木、竹、藤、棕、草制品业	1.33	0.92	1.09	0.84	0.36	0.48
家具制造业	0.17	0.05	0.07	0.05	0.02	0.02
造纸及纸制品业	0.92	0.91	0.89	0.91	0.54	0.47
印刷业和记录媒介的复制工业	2.08	1.45	1.14	2.82	1.68	1.03
文教体育用品制造业	0	0	0.34	0	0	0.45
石油加工、炼焦及核燃料加工业	0.71	1.97	1.69	0.18	0.78	0.69
化学原料及化学制品制造业	2.17	1.71	1.62	1.55	1.50	1.03
医药制造业	1.25	1.25	1.22	1.28	1.17	1.16
化学纤维制造业	0.08	0.07	0.08	0.22	0.29	0.21
橡胶制品业	0.30	0.18	0.59	0.11	0.08	0.45
非金属矿物制品业	1.32	1.15	1.12	0.81	0.66	0.82
黑色金属冶炼及压延加工业	1.89	1.93	1.87	1.29	1.43	1.50
有色金属冶炼及压延加工业	5.77	5.75	5.70	4.36	3.93	3.24
金属制品业	0.31	0.17	0.36	0.18	0.17	0.22
通用设备制造业	0.52	0.36	0.32	0.20	0.22	0.18
专用设备制造业	0.82	0.51	0.43	0.55	0.32	0.28
交通运输设备制造业	0.55	0.36	0.27	0.34	0.30	0.26
电气机械及器材制造业	0.33	0.21	0.23	0.22	0.23	0.16
通信设备、计算机及其他电子设备制造业	0.05	0.04	0.06	0.04	0.03	0.03
仪器仪表及文化、办公用机械制造业	0.84	0.36	0.27	0.27	0.29	0.20
工艺品及其他制造业	0.31	0.27	0.53	0.22	0.18	0.62

资料来源：作者根据《中国经济普查年鉴》计算。

附表 13　西藏自治区规模以上工业行业就业和销售产值占全国比例变化(%)

行业	就业			销售产值		
	2004 年	2008 年	2013 年	2004 年	2008 年	2013 年
规模以上	0.03	0.02	0.02	0.01	0.01	0.01
采矿业	0.03	0.05	0.06	0.02	0.04	0.04
制造业	0.02	0.01	0.01	0.01	0.01	0.01
电力、燃气及水的生产和供应业	0.17	0.13	0.13	0.03	0.02	0.03
煤炭开采和洗选业	0	0	0	0	0	0
石油和天然气开采业	0	0	0	0	0	0
黑色金属矿采选业	0.16	0.29	0.18	0.23	0.13	0.04
有色金属矿采选业	0.18	0.43	0.60	0.07	0.28	0.35
非金属矿采选业	0.07	0	0.02	0.02	0.01	0.01
农副食品加工业	0.03	0.02	0.02	0.01	0.01	0
食品制造业	0.02	0.02	0.02	0.01	0.01	0.01
饮料制造业	0.07	0.09	0.08	0.07	0.09	0.09
烟草制品业	0	0	0	0	0	0
纺织业	0	0	0	0	0	0
纺织服装、鞋、帽制造业	0	0	0	0	0	0
皮革、毛皮、羽毛(绒)及其制品业	0.01	0	0	0	0	0
木材加工及木、竹、藤、棕、草制品业	0.12	0.08	0.07	0.02	0.02	0.01
家具制造业	0	0	0	0	0	0
造纸及纸制品业	0	0	0.01	0	0	0.01
印刷业和记录媒介的复制工业	0.19	0.13	0.05	0.05	0.03	0.03
文教体育用品制造业	0	0	0.01	0	0	0.01
石油加工、炼焦及核燃料加工业	0	0	0	0	0	0
化学原料及化学制品制造业	0.01	0.01	0.01	0	0	0
医药制造业	0.11	0.07	0.07	0.11	0.06	0.05
化学纤维制造业	0	0	0	0	0	0
橡胶制品业	0	0	0	0	0	0
非金属矿物制品业	0.10	0.08	0.06	0.09	0.04	0.04
黑色金属冶炼及压延加工业	0	0	0	0	0	0
有色金属冶炼及压延加工业	0	0	0	0	0	0
金属制品业	0.01	0	0	0	0	0
通用设备制造业	0	0	0	0	0	0
专用设备制造业	0	0	0	0	0	0
交通运输设备制造业	0.04	0	0	0	0	0
电气机械及器材制造业	0	0	0	0	0	0
通信设备、计算机及其他电子设备制造业	0	0	0	0	0	0
仪器仪表及文化、办公用机械制造业	0	0	0	0	0	0
工艺品及其他制造业	0.05	0.01	0	0.01	0.01	0

资料来源：作者根据《中国经济普查年鉴》计算。

附表14　青海省规模以上工业行业就业和销售产值占全国比例变化(%)

行业	就业			销售产值		
	2004年	2008年	2013年	2004年	2008年	2013年
规模以上	0.21	0.20	0.22	0.19	0.21	0.23
采矿业	0.57	0.59	0.58	0.98	1.01	0.81
制造业	0.15	0.14	0.18	0.11	0.14	0.17
电力、燃气及水的生产和供应业	0.56	0.51	0.44	0.54	0.39	0.54
煤炭开采和洗选业	0.15	0.15	0.22	0.14	0.32	0.57
石油和天然气开采业	2.13	2.01	3.33	1.82	1.83	2.30
黑色金属矿采选业	0.26	0.18	0.25	0.31	0.12	0.24
有色金属矿采选业	1.02	1.94	0.70	1.39	3.50	0.71
非金属矿采选业	1.06	0.89	0.83	0.51	0.33	0.23
农副食品加工业	0.15	0.07	0.09	0.08	0.06	0.08
食品制造业	0.08	0.16	0.12	0.03	0.10	0.11
饮料制造业	0.27	0.18	0.30	0.10	0.13	0.22
烟草制品业	0	0	0	0	0	0
纺织业	0.07	0.09	0.06	0.03	0.04	0.08
纺织服装、鞋、帽制造业	0.04	0.07	0.09	0.04	0.06	0.11
皮革、毛皮、羽毛(绒)及其制品业	0	0	0	0	0	0
木材加工及木、竹、藤、棕、草制品业	0	0	0	0	0	0
家具制造业	0.02	0.01	0	0.01	0.01	0.02
造纸及纸制品业	0.01	0.01	0	0	0	0
印刷业和记录媒介的复制工业	0.16	0.15	0.10	0.04	0.09	0.08
文教体育用品制造业	0	0	0.20	0	0	0.23
石油加工、炼焦及核燃料加工业	0	0.15	0.32	0	0.03	0.05
化学原料及化学制品制造业	0.40	0.54	0.77	0.22	0.37	0.32
医药制造业	0.26	0.27	0.24	0.18	0.16	0.27
化学纤维制造业	0	0	0	0	0	0
橡胶制品业	0	0.01	0.02	0	0	0.01
非金属矿物制品业	0.33	0.26	0.19	0.17	0.15	0.20
黑色金属冶炼及压延加工业	0.60	0.64	0.60	0.23	0.33	0.29
有色金属冶炼及压延加工业	0.83	0.85	1.68	1.13	0.96	1.33
金属制品业	0.13	0.07	0.05	0.06	0.08	0.04
通用设备制造业	0.20	0.16	0.11	0.09	0.08	0.05
专用设备制造业	0.03	0.03	0.01	0.01	0.01	0.01
交通运输设备制造业	0.05	0.01	0.01	0.02	0.01	0.03
电气机械及器材制造业	0.01	0.02	0.03	0.01	0.03	0.04
通信设备、计算机及其他电子设备制造业	0	0	0	0	0	0
仪器仪表及文化、办公用机械制造业	0.07	0.06	0.05	0.04	0.02	0.02
工艺品及其他制造业	0.31	0.24	0.07	0.10	0.05	0.04

资料来源：作者根据《中国经济普查年鉴》计算。

附表 15　宁夏回族自治区规模以上工业行业就业和销售产值占全国比例变化(%)

行业	就业			销售产值		
	2004 年	2008 年	2013 年	2004 年	2008 年	2013 年
规模以上	0.39	0.29	0.34	0.27	0.26	0.34
采矿业	0.93	0.79	0.88	0.49	0.60	0.74
制造业	0.30	0.22	0.26	0.22	0.21	0.26
电力、燃气及水的生产和供应业	0.84	0.86	0.90	0.72	0.67	1.12
煤炭开采和洗选业	1.41	1.22	1.34	1.28	1.32	1.57
石油和天然气开采业	0.01	0.02	0.04	0.02	0.02	0.03
黑色金属矿采选业	0	0.03	0.10	0	0.02	0.03
有色金属矿采选业	0	0	0	0	0	0
非金属矿采选业	0	0.02	0.06	0	0.01	0.03
农副食品加工业	0.19	0.16	0.22	0.15	0.12	0.17
食品制造业	0.55	0.41	0.54	0.45	0.41	0.69
饮料制造业	0.49	0.36	0.27	0.34	0.23	0.18
烟草制品业	0.20	0	0	0.06	0	0
纺织业	0.10	0.12	0.20	0.22	0.26	0.40
纺织服装、鞋、帽制造业	0.02	0.01	0.03	0.01	0.01	0.01
皮革、毛皮、羽毛(绒)及其制品业	0.01	0.02	0.03	0.03	0.02	0.09
木材加工及木、竹、藤、棕、草制品业	0	0.01	0.03	0	0	0.05
家具制造业	0.05	0.03	0.06	0.01	0.02	0.07
造纸及纸制品业	1.10	1.01	0.44	0.53	0.47	0.14
印刷业和记录媒介的复制工业	0.16	0.17	0.21	0.06	0.10	0.09
文教体育用品制造业	0	0	0	0	0	0
石油加工、炼焦及核燃料加工业	1.10	1.08	2.57	0.48	0.54	1.24
化学原料及化学制品制造业	0.81	0.67	0.75	0.44	0.49	0.40
医药制造业	0.38	0.28	0.26	0.22	0.22	0.13
化学纤维制造业	0.05	0	0	0.02	0	0
橡胶制品业	0.58	0.42	0.17	1.02	0.61	0.13
非金属矿物制品业	0.41	0.31	0.30	0.34	0.28	0.26
黑色金属冶炼及压延加工业	0.70	0.49	0.72	0.26	0.20	0.39
有色金属冶炼及压延加工业	1.33	1.14	1.59	1.03	0.78	0.89
金属制品业	0.26	0.14	0.13	0.15	0.10	0.11
通用设备制造业	0.38	0.25	0.17	0.21	0.14	0.09
专用设备制造业	0.24	0.16	0.19	0.17	0.18	0.14
交通运输设备制造业	0	0	0.03	0	0	0.01
电气机械及器材制造业	0.10	0.07	0.10	0.05	0.06	0.08
通信设备、计算机及其他电子设备制造业	0.02	0	0	0	0	0
仪器仪表及文化、办公用机械制造业	0.66	0.18	0.11	0.22	0.12	0.10
工艺品及其他制造业	0.08	0	0.24	0.03	0	0.30

资料来源：作者根据《中国经济普查年鉴》计算。

附表 16　新疆维吾尔自治区规模以上工业行业就业和销售产值占全国比例变化(%)

行业	就业			销售产值		
	2004 年	2008 年	2013 年	2004 年	2008 年	2013 年
规模以上	0.68	0.65	0.72	0.78	0.85	0.83
采矿业	2.09	2.43	2.57	5.17	4.84	3.33
制造业	0.47	0.43	0.50	0.51	0.55	0.62
电力、燃气及水的生产和供应业	1.60	1.76	1.83	0.68	0.78	1.37
煤炭开采和洗选业	0.96	0.96	1.15	0.56	0.64	0.81
石油和天然气开采业	8.43	10.86	9.73	11.13	14.17	12.20
黑色金属矿采选业	1.03	1.35	1.94	1.44	1.87	1.52
有色金属矿采选业	1.25	1.51	1.63	0.93	1.37	1.02
非金属矿采选业	0.73	0.70	0.89	0.39	0.35	0.41
农副食品加工业	1.06	0.71	0.75	0.76	0.67	0.62
食品制造业	0.94	0.96	1.19	1.04	0.97	1.02
饮料制造业	1.17	0.82	0.82	0.73	0.56	0.66
烟草制品业	0.30	0.25	0.50	0.28	0.39	0.44
纺织业	1.03	0.72	0.73	0.54	0.40	0.34
纺织服装、鞋、帽制造业	0.03	0.03	0.04	0.02	0.02	0.02
皮革、毛皮、羽毛(绒)及其制品业	0.04	0.03	0.02	0.13	0.06	0.06
木材加工及木、竹、藤、棕、草制品业	0.34	0.15	0.08	0.27	0.16	0.06
家具制造业	0.42	0.33	0.10	0.62	0.33	0.06
造纸及纸制品业	0.65	0.41	0.39	0.28	0.18	0.23
印刷业和记录媒介的复制工业	0.63	0.39	0.15	0.31	0.20	0.07
文教体育用品制造业	0	0	0.03	0	0	0.06
石油加工、炼焦及核燃料加工业	3.03	3.79	4.72	3.97	4.00	4.26
化学原料及化学制品制造业	0.66	0.92	1.40	0.41	0.60	0.82
医药制造业	0.18	0.17	0.20	0.11	0.08	0.11
化学纤维制造业	0.38	1.49	1.81	0.19	0.87	1.29
橡胶制品业	0.32	0.19	0.40	0.27	0.03	0.43
非金属矿物制品业	0.73	0.68	1.05	0.65	0.55	0.71
黑色金属冶炼及压延加工业	0.75	0.81	1.17	0.70	0.91	0.97
有色金属冶炼及压延加工业	0.37	0.35	1.60	0.29	0.21	1.07
金属制品业	0.28	0.22	0.24	0.23	0.25	0.28
通用设备制造业	0.18	0.07	0.06	0.09	0.04	0.04
专用设备制造业	0.18	0.15	0.13	0.10	0.09	0.17
交通运输设备制造业	0.16	0.05	0.04	0.06	0.04	0.04
电气机械及器材制造业	0.15	0.11	0.16	0.22	0.34	0.56
通信设备、计算机及其他电子设备制造业	0.06	0.04	0	0.03	0.03	0
仪器仪表及文化、办公用机械制造业	0.06	0.07	0.01	0.02	0.02	0.01
工艺品及其他制造业	0	0.09	0	0	0.03	0.01

资料来源：作者根据《中国经济普查年鉴》计算。

附表 17 民族八省区合计规模以上工业行业就业和销售产值占全国比例变化(%)

行业	就业			销售产值		
	2004 年	2008 年	2013 年	2004 年	2008 年	2013 年
规模以上	5.86	5.43	6.28	5.01	5.77	6.80
采矿业	10.75	13.41	16.15	11.66	15.68	19.45
制造业	4.92	4.24	4.91	4.19	4.62	5.48
电力、燃气及水的生产和供应业	12.81	14.72	16.80	9.43	11.34	13.16
煤炭开采和洗选业	9.67	12.94	16.44	9.53	15.34	22.88
石油和天然气开采业	10.89	13.39	13.91	13.44	16.86	20.27
黑色金属矿采选业	12.21	13.15	13.01	10.07	11.66	11.55
有色金属矿采选业	19.56	22.57	24.28	12.37	22.59	21.02
非金属矿采选业	11.72	9.00	13.15	13.44	10.14	12.78
农副食品加工业	10.39	8.13	8.18	7.35	7.35	7.86
食品制造业	7.17	7.22	8.28	9.44	9.57	8.07
饮料制造业	9.76	10.18	12.19	6.40	7.84	10.15
烟草制品业	24.65	26.56	28.30	28.02	25.41	24.30
纺织业	3.29	2.73	2.70	2.36	2.47	2.70
纺织服装、鞋、帽制造业	0.63	0.60	1.17	0.36	0.52	1.14
皮革、毛皮、羽毛(绒)及其制品业	0.63	0.86	1.69	0.83	1.04	1.52
木材加工及木、竹、藤、棕、草制品业	6.69	7.00	11.74	4.28	5.60	8.78
家具制造业	1.28	0.92	1.57	1.06	0.99	2.23
造纸及纸制品业	5.90	5.27	5.68	3.54	3.14	4.67
印刷业和记录媒介的复制工业	5.87	4.11	3.49	4.64	3.85	3.52
文教体育用品制造业	0.12	0.32	2.40	0.03	0.24	1.72
石油加工、炼焦及核燃料加工业	8.58	10.49	13.89	5.70	7.02	10.35
化学原料及化学制品制造业	9.06	8.71	9.64	5.35	6.28	6.81
医药制造业	7.80	6.82	6.77	6.27	5.58	5.81
化学纤维制造业	1.10	1.60	1.92	0.53	1.17	1.52
橡胶制品业	3.47	2.72	2.96	3.25	2.50	2.83
非金属矿物制品业	8.45	7.09	8.09	4.90	5.04	6.97
黑色金属冶炼及压延加工业	11.73	11.12	10.61	7.05	8.45	9.28
有色金属冶炼及压延加工业	17.82	16.00	18.76	13.37	12.41	13.66
金属制品业	2.41	1.85	2.99	1.28	1.64	3.07
通用设备制造业	3.08	2.19	1.98	1.32	1.42	1.69
专用设备制造业	4.87	3.61	2.61	3.87	3.53	2.72
交通运输设备制造业	3.98	3.47	3.79	3.27	3.03	3.60
电气机械及器材制造业	1.59	1.21	1.52	1.16	1.49	2.52
通信设备、计算机及其他电子设备制造业	0.78	0.73	0.99	0.48	0.60	1.13
仪器仪表及文化、办公用机械制造业	2.57	1.34	1.10	0.94	0.77	0.94
工艺品及其他制造业	3.24	2.62	2.50	1.52	1.69	3.18

资料来源：作者根据《中国经济普查年鉴》计算。

第 5 章　民族地区空间结构优化与区域协调发展研究

优化空间结构是区域经济社会发展中的重大问题，新一轮西部大开发中应当关注民族地区经济社会发展中被长期忽视的空间因素。本章运用空间经济学和空间计量经济学的相关理论和方法，研究在西部大开发的新阶段如何优化民族地区空间结构，实现区域协调发展。本章总论部分分析研究背景，以及空间结构与区域发展的研究进展、理论框架。专论部分首先分析民族地区空间结构的现状、优化的总体思路，接着针对民族地区空间结构优化的几个重要方面，分别研究经济空间优化、社会空间优化、生态空间优化、文化空间优化，探讨性地提出空间优化战略，最后将落脚点放在实现空间优化与协调发展的政策建议。

本章指出，民族地区空间结构呈现低水平核心边缘形态，具有非经济性，制约了经济社会发展，低密度、远距离与区域分割是造成其区域空间差距的主要原因，需要优化空间结构，以“集中均衡文明发展模式”构建包容性绿色空间结构，重塑民族地区经济地理格局。本章提出：实施空间集中化战略，以产业集聚促进民族地区经济发展与经济空间优化，加快城镇化的进程，培育新的经济增长极，引导人口和经济活动向重点开发区域集聚，形成“一横一纵二核八区”的城镇化战略格局；实施基本公共服务均等化战略，促进社会空间优化；实施生态文明发展战略，以主体功能区规划为指导，关注问题区域的生态问题，实现生态空间优化；区域现代化进程中进行民族地区文化多样性保护、调试与发展，进行民族地区文化发展的空间整合，发展民族文化产业成为民族地区支柱产业。

5.1　导　　论

5.1.1　问题的提出与研究的意义

区域发展不平衡问题，是一个在国际上普遍存在的问题。无论是发达国家还是发展中国家，由于地理第一性(first nature)和地理第二性(second nature)的作用，各区域之间的发展水平存在着不同程度的差异，最重要的表现就是空间不平等。一方面，从经济效率观点看，如果空间不平等的产生是因为基于比较优势或生产的规模报酬的区域专业化，那么随着生产率的增加，空间不平等可能是有益的。但是，如果空间不平等是由没有被内部化的外部经济引起的，那么空间不平等就可能不是最优的。尤其是城市人口过度集中于大城市表现的不平等就会产生各种社会病。另一方面，从公平观点看，如果空间不平等加剧了各区域社会的不平等，空间不平等就不是社会合意的。而且，如果经济福利和政治利益的区域差距加剧了区域的社会不稳定，空间不平等就会造成社会不稳定，极端情况下甚至会引起国家的分裂。基于此，政府有必要实施区域政策，进行空间干预，以实现区域协调发展。

实际上，许多国家都实施了区域政策。例如，美国、日本、法国、意大利、巴西等国都制定了旨在缩小国内区域发展差距的政策，欧盟为了缩小因欧洲一体化而扩大的国家间的收入差距，其区域政策的预算超过了总预算支出的 1/3，目的在于改善欧洲最贫困地区的公共基础设施。正确处理好地区关系，一直是中国宏观经济决策的一个十分重要的方面。20 世纪 90 年代以来，促进区域协调发展是我国中央政府和各级地方政府实施的一项重大区域发展战略，是一次具有中国特色的伟大实践。1990 年底中国共产党第十三届中央委员会第七次全体会议通过的《中共中央关于制定国民经济和社会发展十年规划和‘八五’计划的建议》提出，要“促进地区经济的合理分工和协调发展”，认为生产力的合理布局和地区经济的协调发展，是中国经济建设和社会发展中一个极为重要的问题。1995 年中国共产党第十四届中央委员会第五次全体会议通过的《中共中央关于制定国民经济和社会发展‘九五’计划和 2010 年远景目标的建议》，第一次将“坚持区域经济协调发展，逐步缩小地区发展差距”确立为一条经济发展的基本方针，标志着促进区域协调发展正式成为我国区域发展的战略。之后的国家“十五”计划、20 世纪 90 年代末启动的西部大开发战略、“十一五”规划、“十二五”规划以及各地区的“十一五”规划和“十二五”规划中提出的区域发展战略，其最重要的目标在于缩小区域发展差距，实现区域协调发展。现在，实现区域协调发展不仅成为中央政府区域发展战略的核心，而且成为各级地方政府区域发展战略的核心。

空间和时间是物质存在的基本形式，一切经济社会活动均不能脱离空间区位而存在。优良的空间结构会产生良好的经济效益、社会效益和生态效应，使资源得到最大化的利用。因而，党的十八大报告提出优化国土空间开发格局，调整空间结构①，促进区域协调发展。从空间结构上看，民族地区总体上山高谷深，或处于高原地带，自然环境结构复杂，经济活动与人口布局分散。加之历史、社会诸多原因，我国民族地区与其他地区相比存在多重空间分异，经济社会发展缺口不断扩大。特别是改革开放以来，民族地区经济持续快速增长，但经济活动的空间结构不合理加剧了其在宏观空间格局中的滞后状况。民族地区内部各地区之间、城乡之间空间差异也较大。

民族地区在全国宏观空间格局中具有重要的战略地位和特殊性。民族地区是我国重要的生态屏障和战略基地，在全国发展稳定大局中具有重要地位。在全国主体功能区划中，民族地区主要是限制开发和禁止开发区，经济发展的资源环境约束较强。民族地区不仅包括一些少数民族聚居区，而且包括革命老区、边疆地区、贫困地区、三峡库区、资源枯竭型矿区，地方制约经济社会发展的问题集中。因此，协调处理好城乡间的关系、区域间的发展关系，优化国土空间结构，是民族地区经济社会发展中的重要任务，具有重要的战略意义。

(1) 宏观空间格局中应缩小民族地区与发达地区的发展差距。由于自然、地理、历史

① 中国共产党第十八次全国代表大会报告.2012. http://www.gov.cn/18da/.

诸多原因，民族地区经济社会发展相对滞后，与国内其他地区，特别是东部沿海地区相比存在多重发展差距，而且其经济社会发展缺口还在不断扩大，民族地区内部各地区差距、城乡差距也很大，协调发展和可持续发展水平需要进一步提高，贫困现象仍然存在，农区、牧区贫困问题尤为突出。总体上民族地区经济依然是发展中转型大国经济中的欠发达经济。新一轮西部大开发时期，人民生活水平要从基本解决温饱问题向全面建成小康社会迈进，民族地区解决贫困问题、缩小经济社会发展差距的任务非常艰巨。在全国宏观空间格局中，形成了以东部沿海发达地区为中心，包括民族地区在内的广大内陆地区为腹地的中心-外围结构，未来空间格局中民族地区将积极接受东部发达地区的辐射和扩散效应，逐步缩小与发达地区的差距。

(2) 民族地区空间结构存在非经济性。因特殊的地理位置和历史原因，民族地区相对东、中部地区来说，空间结构一直处于欠合理的状态，主要体现在密度低、距离远和区域分割，三者共同作用抑制了民族地区的发展。不利的空间结构造成路径依赖，无法形成民族地区产业集聚的累进状态。密度低、集聚力弱，抑制了一些民族地区经济增长。民族地区人口密度低，市场范围有限，经济活动和人口的集聚程度不高，城市数量较少，城镇密度低，城镇化水平低，缺乏特大、大城市。区位条件不佳和分散，造成规模不经济和区域开发建设成本高、交易效率低。远离大市场，对外部市场的获得难度大。民族地区空间结构最大问题在于交通不便，导致民族地区产品运输成本高，成为制约经济社会发展的“瓶颈”。交通基础设施的滞后造成了产品运输成本高，缺乏市场竞争力，对产业的集聚产生了不利影响。市场规模小，限制了民族地区的工业化。区内运输成本高，抑制了区内经济一体化的形成。基于提高民族地区居民生活水平，加快经济发展的长远考虑，优化民族地区空间结构显得尤为重要。

(3) 新时期实现空间需求扩张和空间地位提升需要进行空间结构优化。在新的发展时期，民族地区空间需求面临挑战，处于空间结构急剧变动的时期，急需进行空间结构优化。①随着民族地区进入加快发展的重要时期，人口数量不断增长，人民生活不断改善，满足居民生活的空间需求面临挑战。②随着城镇化水平的不断提高，基础设施建设不断完善，工业化、城镇化快速推进，满足城市建设的空间需求面临挑战，增加了扩大城市建设空间的要求，需要优化城乡空间结构。③随着生态问题日益严峻，扩大绿色生态空间面临挑战。

在新一轮西部大开发中，向西开放是我国全方位对外开放的重大举措，在全面提升沿海开放、向东开放水平的同时，进一步扩大内陆开放、沿边开放、向西开放。在向西开放的背景下，民族地区在全国宏观空间发展格局中的地位发生了根本性转变，作为国家内陆腹地的民族地区跃升为国家向西、向南开放的前沿。随着经济增长和市场空间向东、向西拓展，民族地区经济发展进程将不断加快，空间结构也将处于急剧变化之中，更需要进行优化，避免不利的空间结构形成，引导其向经济、社会和生态可持续发展方向演化。

(4) 民族地区空间承载力有限，经济发展的环境和资源约束要求优化生态空间。民族地区主要分布于我国的西部，西部自然地理条件比较恶劣，多山地、高原，平原面积狭小，气候也比较特殊。民族地区空间承载能力有限，大部分地区不宜进行大规模高强度的工业化、城镇化开发，需要进行合理的国土空间布局。

民族地区蕴藏着丰富的资源，在新一轮西部大开发时期，资源性产业发展带来的机遇和挑战并存。一方面，全球资源产品进入高需求时期，资源价格不断上涨，国内的资源产品需求也在快速增长，作为提供资源性产品的重要基地，民族地区面临新一轮的发展机遇。民族地区蕴藏有极为丰富的低碳资源，这为我国今后发展低碳经济、调整产业结构提供了良好的资源基础。另一方面，目前民族地区高碳经济特征明显，产业结构中能源、原材料等比重较大，由于大规模开发开采资源性产品使生态环境遭受破坏，经济发展和环境保护的矛盾仍然存在。此外，民族地区中的限制开发区和禁止开发区所提供的生态产品具有很大的外部性，在现代环境产权和资源产权没有很好建立之前，民族地区的发展受到较大的抑制。民族地区的资源优势并没有完全转化为发展优势。在新时期，国际社会要求承担减排责任的压力增大，国内经济发展面临的能源资源和环境硬约束将更趋强化，要求民族地区优化生态空间。

5.1.2 基本概念与研究范畴界定

1）空间结构

空间结构指不同类型空间的构成及其在国土空间中的分布，空间结构状态一定程度上决定着经济发展方式及资源配置效率。空间结构有广义和狭义之分。广义上的空间结构包括经济空间结构、社会空间结构、政治空间结构、文化空间结构和生态空间结构，是一定范围内自然、生态、经济、社会、文化和政治等活动的空间结合。狭义的空间结构是从空间经济活动出发的，是指经济空间结构。社会经济的空间结构是指社会经济客体在空间中的位置关系、集聚程度及通过线状基础设施而发生的相互作用的方向和强度（陆大道，2001）。它反映了在一定区域范围内各种经济要素在空间中的相互作用以及它们形成的空间集聚程度和集聚形态，反映了经济活动的区位特点。

空间结构还可以分为宏观和微观两个层次。宏观的空间结构侧重于大尺度的空间组织形式和空间经济关系，如全球“核心-外围”的地缘结构，一国之内城市与乡村的二元发展体系等；微观的空间结构则是着眼于不太大的地域范围内的生产力要素空间布局和区位关系，如一个城市范围内的各种物质实体的密度、位置和关联体系（肖金成和高国力，2008）。但是，这种宏观和微观的划分并不是绝对的，界限没有那么明显。空间结构是一个变动的过程，可以理解为，空间结构从微观到宏观层面不断地在变化与发展，并且微观空间结构与宏观空间结构是紧密联系的。

空间结构由点、线、面三个基本要素组成。①点是最基本的空间结构要素。点状区域一般都是发展条件较好而较早地发展为城市的地方，其发展程度大大高于其周围地区，被认为是社会经济能量的空间“聚合点”。适合以点状模式来表达的地物有：城市、集镇、聚落、工矿点、风景区、旅游点、绿洲、小湖等。②线状要素由点状要素组成。在具体地理空间中，具有确定线段的交通线路、动力及水源供应线都是线状要素。线状要素的地物的存在主要是依赖其所联结的城市，交通线路起着重要的作用。可以抽象为线状要素的地物主要是交通运输线，包括高速公路、各种等级公路、铁路、航道、管道、运河和大型水渠等。③面状要素指的是内部具有某种同质性而在空间上延展的地物，也称域面要素。域面是点和线要素赖以存在的空间基础，有确定的空间范围。适合表达为面状的地物主要有：经济区、文化区等各种类型分区，国家、各级行政区域等。

将空间结构的点、线和面三个基本要素进行组合，形成不同的组合模式。据此，可以把空间结构划分为七个层次，即点-点层次、点-线层次、点-面层次、线-线层次、线-面层次、面-面层次和点-线-面层次。这七个层次是从简单到复杂，从低级到高级的关系（曾菊新，1996）。

2）空间布局

空间布局主要是对空间经济资源的布局，是指根据资源环境承载能力、现有开发强度和发展潜力，科学确定功能分区，优化其人口分布、生产力布局、产业结构和城乡布局，促进整个空间范围内的经济健康发展。可以把空间布局分为宏观、中观和微观的空间布局。宏观空间布局是中观和微观空间布局的前提和基本依据。

(1) 宏观层面的空间布局，主要是依据社会发展战略总目标的要求和实际情况，科学合理地确定国民经济各产业部门的总体布局框架，统筹规划全国的经济网络骨架系统的主轴线、产业带的发展走向。从一个大的范围来说，空间的宏观布局具有点网状的特点。从全国范围来看，我国经济的空间布局呈现出以城镇为中心，以交通运输线为网络连接的点网状分布态势。

(2) 中观层面的空间布局，又可以称为地区经济布局。它是指一个经济区范围内的经济布局或生产力布局。在全国经济总体布局的前提下，根据某一特定经济地带或经济区的资源环境承载能力、现有开发强度和发展潜力及现有生产力水平，确定适合当地的城镇体系、经济规模和产业结构等。空间的中观布局具有圈层式的特征，呈现出不同的空间等级、层次结构。

(3) 微观层面的空间布局，是从一个较小的范围来看，微观经济活动或经济实体，如各类企业和各种具体生产经营项目或活动的分布地域、分布区位的选择，对城镇、经济基地等地区聚集体内部的各类功能区进行合理配置。空间的微观布局有节点性的特点，尤其是微观选址上的节点性，如旅游饭店业的选址多位于旅游中心城市、旅游景区、旅游交通枢纽地带或旅游线路上。

3）区域空间结构优化

区域空间结构优化是指在一定的空间范围内，对经济、社会、文化等要素进行合理的空间配置和整合，使这个区域内的各个要素充分发挥作用，整体效应达到最优的状态。

区域空间结构优化要达到空间结构的合理化和空间结构的高度化。①空间结构的合理化是指经济空间结构要素之间形成一种良好的有机联系。空间结构合理化的本质就是使一个空间结构具有较高的聚合质量。某个空间结构系统的聚合质量越高，则该空间结构的整体效应就越大，从而空间结构也就越合理。②空间结构的高度化是指空间结构从低水平向高水平的发展过程。结构层次的复杂化、结构功能的多样化、结构关联的紧密化和结构状态的有序化是空间结构从低级形态向高级形态发展的根本标志。通过空间结构的合理化与高度化发展，逐步形成一种最优的空间布局状态，使社会经济客体在空间中的集聚程度最为合理，促进区域经济的健康持续发展。

区域空间结构优化的重要目标是实现区域的协调发展，区域协调发展要求区域内人口、资源、环境、社会、经济诸要素达到最优、最和谐的发展，以及区域之间在经济、社会上交往日益密切、发展上关联互动。

4）区域协调发展

全国经济发展与地区经济发展的关系，是大国经济体面临的重要关系。对中国而言，实现区域协调发展成为最近20年最重要的区域发展战略。不过，对于究竟什么是区域协调发展却是一个仍需要深入探讨的重要问题。理论来源于实践，又指导着实践。区域协调发展理论来源于大国区域经济发展实践，同时又对区域发展提供指导。基于这一认识，本节基于中国区域经济发展的政策实践分析政府部门对区域协调发展的认识，并给出作者自己的认识。

在中国，政府处理全国经济发展与地区经济发展的关系，具体体现在中国共产党关于制定国民经济和社会发展五年计（规）划的建议和历次五年计（规）划中。据调查，1990年底中国共产党第十三届中央委员会第七次全体会议通过的《中共中央关于制定国民经济和社会发展十年规划和‘八五’计划的建议》提出，要“促进地区经济的合理分工和协调发展”。1995年，中国共产党第十四届中央委员会第五次全体会议通过的《中共中央关于制定国民经济和社会发展‘九五’计划和2010年远景目标的建议》，第一次将“坚持区域经济协调发展，逐步缩小地区发展差距”确立为一条经济发展的基本方针。之后的“十五”计划、“十一五”规划和“十二五”规划，对区域协调发展的认识逐步深化和完善（表5.1）。

表5.1 “五年计（规）划”中关于区域协调发展的表述（1991～2015年）

时期	总体要求	具体内容
“八五”计划（1991～1995年）	根据统筹规划、合理分工、优势互补、协调发展、利益兼顾、共同富裕的原则，努力改善地区经济结构和生产力布局	正确处理发挥地区优势与全国统筹规划、沿海与内地、经济发达地区与较不发达地区之间的关系，促进地区经济朝着合理分工、各展其长、优势互补、协调发展的方向前进。尽可能地利用本地区的优势（包括资源、技术、人才等各方面的优势），发展面向国内市场和国外市场的优势商品。不搞低水平的重复建设，防止追求大而全的地区经济体系，更不能搞地区市场封锁。积极扶持少数民族地区和贫困地区经济的发展，以利于逐步实现共同富裕。
“九五”计划（1996～2000年）	促进区域经济协调发展	坚持区域经济协调发展，逐步缩小地区发展差距。引导地区经济协调发展，形成若干各具特色的经济区域，促进全国经济布局合理化，是逐步缩小地区发展差距，最终实现共同富裕，保持社会稳定的重要条件，也是体现社会主义本质的重要方面。 要按照统筹规划、因地制宜、发挥优势、分工合作、协调发展的原则，正确处理全国经济发展与地区经济发展的关系，正确处理建立区域经济与发挥各省区市积极性的关系，正确处理地区与地区之间的关系。各地区要在国家规划和产业政策指导下，选择适合本地条件的发展重点和优势产业，避免地区间产业结构趋同化，促进各地经济在更高的起点上向前发展。积极推动地区间的优势互补、合理交换和经济联合。

续表

时期	总体要求	具体内容
“十五”计划 (2001～2005 年)	实施西部大开发战略 促进地区协调发展	实施西部大开发战略，加快中西部地区发展，合理调整地区经济布局，促进地区经济协调发展。要打破行政分割，重塑市场经济条件下的新型地区经济关系。 扶持贫困地区。发展巩固“八七”扶贫攻坚成果，从根本上改变贫困地区面貌是一项长期而艰巨的任务。要重点做好中西部的少数民族地区、革命老区、边疆地区和特困地区的扶贫工作，尽快使剩余贫困人口实现脱贫
“十一五”规划 (2006～2010 年)	促进区域协调发展	根据资源环境承载能力、发展基础和潜力，按照发挥比较优势、加强薄弱环节、享受均等化基本公共服务的要求，逐步形成主体功能定位清晰，东中西良性互动，公共服务和人民生活水平差距趋向缩小的区域协调发展格局。 (1) 坚持实施推进西部大开发，振兴东北地区等老工业基地，促进中部地区崛起，鼓励东部地区率先发展的区域发展总体战略，健全区域协调互动机制，形成合理的区域发展格局。 (2) 根据资源环境承载能力、现有开发密度和发展潜力，统筹考虑未来我国人口分布、经济布局、国土利用和城镇化格局，将国土空间划分为优化开发、重点开发、限制开发和禁止开发四类主体功能区，按照主体功能定位调整完善区域政策和绩效评价，规范空间开发秩序，形成合理的空间开发结构。 (3) 坚持大中小城市和小城镇协调发展，提高城镇综合承载能力，按照循序渐进、节约土地、集约发展、合理布局的原则，积极稳妥地推进城镇化，逐步改变城乡二元结构
“十二五”规划 (2011～2015 年)	促进区域协调发展，积极稳妥推进城镇化	实施区域发展总体战略和主体功能区战略，构筑区域经济优势互补、主体功能定位清晰、国土空间高效利用、人与自然和谐相处的区域发展格局，逐步实现不同区域基本公共服务均等化。坚持走中国特色城镇化道路，科学制定城镇化发展规划，促进城镇化健康发展

资料来源：中国共产党新闻网，http://dangshi.people.com.cn/GB/151935/204121/index.html。表中内容由作者整理。

根据表 5.1 可以看出，从决策层看，对区域协调发展的认识经历了孕育期—形成期—发展期—成熟期等阶段，而且认识逐步深化、全面，内容更加丰富，措施更加明确。

尽管区域协调发展的内容很丰富，但我们认为最基本的是，如何正确处理好全国发展与地区发展的关系，归根结底是实现总体经济效率和空间公平的双赢。一方面，通过区域政策干预，缩小各地区居民经济福利分配存在的差距或阻止此种差距的扩大，实现空间公平。另一方面，这种政策干预要尽可能减少对总体经济效率的不利影响，若能实现效率提升，那就实现了双赢。

5.1.3　研究综述

(1) 国外相关研究。国外空间结构理论一般与区域经济理论结合在一起，从古典的区位理论逐步发展到现代空间结构理论、空间经济学的研究。

区域空间结构是经济学、地理学和城市规划等多学科共同关注的重要内容，不同学派从不同角度对区域空间结构进行了理论分析。景观学派从“外观”上研究空间结构，没有涉及作为区域地域结构中的人类活动本身，具有空间的非社会性；社会生态学派从社会学角度对区域空间结构进行分析，并提出了关于空间结构的三大古典理论：同心圆结构、扇形结构、多核心结构；行为学派注重人类主观行为的行为论方法，关注空间与个人行为；结构主义方法强调要深入到区域内部，解读社会的背景与脉络，注重研究各种社会制度与区域空间结构的相互关系；时间地理学派注重围绕人们活动的各种制约条件的分析，在时空轴上动态地、连续地描述和解释人类活动对空间结构的影响。此外，国外学者还提出了许多现代空间结构模式，如 Dikinson 的三地带模式、Taaffe 的理想城市模式、Russwurm 的区域城市模式、Muller 的大都市结构模式等(顾朝林等，2000)。

区位学派是研究空间结构理论的重要分支。区位学派对区域空间结构的早期研究源于古典区位论，主要运用静态均衡的分析方法，有杜能(1986)的农业区位论、韦伯(2009)的工业区位论、克里斯塔勒(1998)的中心地理论、勒施(1995)的市场区位论等。现代区位理论中，艾萨德(2011)试图整合古典区位论中杜能、韦伯、克里斯塔勒、勒施等的模型，建立区域空间结构的整体均衡分析方法。

20世纪50年代以后，和区位论对区域空间结构的静态均衡分析不同，佩鲁、Friedmann、Hirschman 等学者对区域空间结构演进的动态过程进行了研究。长期以来，以均衡概念为基础的新古典区域增长理论一度在区域经济分析中占有统治地位，它认为非均衡的空间会在完全竞争市场下自动实现平衡。但从现代区域相互作用理论的角度来看，事实并非如此。佩鲁(1988)的增长极理论，缪尔达尔(1992)的循环累积因果论，赫希曼(1991)的不平衡增长理论，Williamson 的倒 U 理论，Friedmann(1964)的中心-外围理论都是从非均衡发展角度来阐释区域空间结构演进问题。Friedmann 还研究了区域空间结构的演进过程，提出区域空间结构演进的四阶段理论。但在城市与乡村关系上，这些理论都带有城市中心论的色彩，McGee(1991)提出了全新的有关城乡关系的城乡一体化理论。20 世纪 80～90 年代兴起的新区域主义强调城市、区域之间的联系与合作，成为现代西方区域发展理论的新趋势(郑长德和钟海燕，2007)。

20 世纪 90 年代以来，以 Krugman(1991a)、Fujita 的研究为代表的空间经济学以报酬递增和不完全竞争为基础，综合了发展经济学、区位论及国际贸易理论的成果，利用主流经济学的分析框架建立起空间经济的“核心-边缘”模型(CP 模型)。空间经济学把主流经济学长期忽视的空间要素重新纳入一般均衡的分析框架中，其 CP 模型至今仍是分析区域空间结构的前沿和热点所在。自 Krugman(1991b)建立 CP 模型以来，学者们在 CP 模型核心思想不变的 DCI 分析框架下提出了一系列新的空间经济模型，而后的研究突破了传统的 DCI 框架，建立起 OTT 分析框架，从而摆脱了困扰 CP 模型的非线性关系，增强了模型的可操作性，如 Ottaviano(2002b)等关于产业空间分布及福利问题的模型，Behrens(2004，2005)研究不可贸易品的存在对生产空间结构的影响的模型等。空间经济学试图通过建立不完全竞争市场结构下的规模报酬递增模型，把区域经济理论研究纳入主流经济学，同时弥补了主流经济学忽视空间地理概念而无法解释经济空间现象的不足。空间经济学的发展进一步丰富了空间结构理论，它的三个基本模型分别从区域经济学、城市经济学、国际贸易学三个方面为空间结构理论提供了研究工具。正是空间经济学的发展使得空间结构理论能够真正有效地应用到经济学的研究中。

(2)国内相关研究。国内学者中，陆大道先生对区域空间结构理论研究的贡献非常大。他在综合了中心地理论、增长极理论和德国的开发轴理论后，于 1984 年最早提出点轴理论，并在此理论指导下提出了中国的“T 型”开发空间布局。2006 年，国家发展和改革委员会提出主体功能区理论，将我国国土空间划分为优化开发、重点开发、限制开发和禁止开发四类主体功能区，并引入我国“十一五”规划。

国内在空间经济学建模与计量方面做出贡献的学者主要有安虎森(2001～2008)、梁琦(2004～2008)、范剑勇(2004～2008)、徐康宁(2006)、杨开忠(2007)、何雄浪和李国平(2007)、李宏艳和齐俊妍(2008)、吴玉鸣(2005，2006)、章元和刘修岩(2008)、王洪光(2008)等。安虎森与梁琦等学者的贡献尤为显著。安虎森对空间经济学在中国的发展做了大量艰苦细致的理论研究，梁琦在集聚经济、产业集聚方面进行了大量的理论研究。

在引入空间经济学研究民族地区空间结构方面，陈达云(2006)和郑长德(2006a)在《中国少数民族地区的经济发展：实证分析与对策研究》一书中将空间经济现象纳入中国少数民族地区经济发展的框架中，并将西方经济学理论最新发展与中国实际情况相结合进行理论创新。郑长德(2009c)应用空间经济学模型重新解释了民族地区空间结构的经济学含义，从空间区位关系、自然空间结构和社会经济空间结构分析了民族地区的空间结构特征，并根据新经济地理学理论提出促进民族地区经济发展的建议。江曼琦等(2009)、江曼琦(2009a)从空间经济学视角，对少数民族经济发展与城市化问题进行了深入的研究，研究了民族地区经济发展的空间陷阱，我国民族地区空间优化的战略与措施研究，提出了相关的政策建议。

国内学者对于民族地区空间结构进行了多方面的研究。改革开放以来，特别是西部大开发战略实施以来，民族地区空间结构问题受到学者们的高度关注。从民族地区空间结构优化全局来看，李昌明(2009)认为民族地区空间结构演进的动力来自城镇的发展；同时，要推进特色农业、资源产业、高新技术产业和旅游产业的发展来支撑民族地区经济空间结构优化演进。高永久(2004)就民族地区城市化发展问题提出梯度推移战略，依赖于创新在空间上的扩展，通过多层次城市系统将上一城市层级的优势传递到下一级城市。李皓(2006)在其专著里指出，空间集中化战略是民族地区区域经济空间结构调整的必然选择，其路径是：从传统粗放型经济向现代可持续经济的转型是关键，充分利用生态移民和扶贫移民契机推动民族地区空间集中发展。陈纪和攸频(2010)探讨了民族地区城市空间结构的不平衡问题。

从民族地区的某个特定区域空间结构来看，高永久和刘庸(2004)归纳了西北民族地区城市地域空间结构的特点。蔡文春等(2008)对新疆维吾尔自治区的发展和现状从点、轴、面三个层次进行分析，预测了新疆维吾尔自治区未来区域发展的空间格局将沿“单轴—双轴—双环”方面演变。同样是新疆维吾尔自治区空间结构问题，李春华(2006)总结了新疆维吾尔自治区绿洲城镇的空间分布特征，还对乌鲁木齐点状绿洲城镇空间组织模式、伊犁块状组团绿洲区域城镇地域空间组织模式和天山北坡连片带状绿洲城镇带地域空间组织模式进行了具体分析。随着青藏铁路投入运营，其沿线区域经济有了很大发展，方敏(2007)就青藏铁路沿线的西宁—格尔木、拉萨—格尔木和拉萨—聂拉木等三个不稳定双核结构进行分析，指出了要扩大开放、加强区域经济协作和产业协同等措施，推动青藏铁路经济带的加速形成。卓玛措等(2008)对青海省的空间结构研究表明：青海省空间发展战略应采取优区位发展，空间组织形式为点轴渐进扩散模式。汪德根等(2005)以内蒙呼伦贝尔—阿尔山旅游区为例，分析了基于点-轴理论的旅游地系统的空间结构演变，指出要确定旅游区重点发展点和发展轴，形成“点”“轴”“面”相结合的“板块旅游”空间结构体系，实现旅游业可持续发展。邓正琦(2009)对武陵山民族地区的城镇体系结构进行了研究，认为要制定跨行政区城镇体系规划、加快跨行政区交通运输网络建设、实行区域市场联动来优化城镇空间结构。王孔敬(2010)对渝东南民族地区的城镇体系进行分析，指出其城镇空间布局应采用经济带式的“点-轴”辐射模式，应发展区域性中心城镇等。

(3)总结性述评。国外区域空间结构的研究已经比较成熟，对我国有一定的借鉴作用，但由于国情、区情不同，这些成果并不完全符合中国实际。如何结合中国实际，探讨我国民族地区空间结构优化仍是国内学者急需探索的重要课题。国内学者引入西方区域空间结构理论进行了大量理论探讨，并结合中国国情，从宏观、中观、微观等不同层面对中国各区域空间结构进行了实证分析，相对于东部、中部来说，对西部的研究比较少，民族地区空间结构研究更是薄弱。

纵观目前对民族地区经济社会发展的研究，可谓成果丰硕，但对民族地区的空间特征关注度不够，时间序列分析多而空间角度分析少，专门针对民族地区空间结构的研究比较缺乏。这也是以往国家对少数民族地区经济发展采取的众多举措，其效果往往不如预期理想的原因之一。西部大开发新阶段民族地区空间结构演变将出现新的趋势，需要进行深入研究。就研究方法来说，许多文献采用描述性研究法和观察法，少数采用实证研究法和调查法。大部分针对民族地区的研究停留在定性描述层面，定量分析较少，缺乏经济学模型分析。空间经济学模型在区域经济理论方面实现了重大突破，为分析区域空间结构提供了重要理论支持，但该理论缺乏实证支撑。引入空间经济模型进行中国各区域空间结构分析，特别是欠发达地区空间结构分析的成果不多，且偏重产业集聚分析，缺乏针对民族地区空间结构的研究成果。同时，引入空间经济学模型分析方法研究民族地区空间结构，将拓展空间经济模型的实证空间，属于新兴研究领域，也符合民族经济理论研究需要，具有重要的学术价值。

5.1.4　研究内容、思路与方法

优化空间结构，实现区域协调发展是我国区域经济发展的重大问题，也是民族地区经济社会发展的重大问题，但长期以来，空间因素在民族地区经济社会发展中被忽视了。我国民族地区存在不合理的空间结构，推动民族地区经济社会发展，必须优化空间结构。本章利用空间经济学理论，探讨集聚和扩散力作用下，经济系统中影响经济活动空间分异的内生力量，在一般均衡分析框架中研究空间结构演化规律和途径，构建最佳空间格局。因此，本章研究目标是运用空间经济学的理论和方法，研究在西部大开发新阶段，如何通过民族地区空间结构优化，实现区域协调发展。

民族地区空间结构是个复杂的巨系统，包括经济、社会、文化、生态、政治等空间结构。具体来说，民族地区空间结构优化可以从经济、社会、文化、生态和政治空间优化五个方面着手。鉴于作者水平有限，同时也为了避免研究范围过宽而造成泛泛而谈、不能深入，本章主要集中探讨民族地区经济空间结构优化、社会空间结构优化、生态空间结构优化、文化空间结构优化；并且在这几个子系统中集中研究实现民族地区空间结构优化的几个重要方面，在经济空间结构优化中主要分析产业集聚与经济发展，在社会空间结构优化中主要研究城镇化与城镇空间结构优化，在生态空间结构优化中主要研究主体功能区划

分，在文化空间结构优化中主要研究民族文化多样性与区域现代化的协调及空间优化。

这里将运用空间经济学和空间计量经济学相关理论和方法，构建一个综合的分析框架。相关研究分为总论和专论两个部分。总论部分首先提出问题，界定基本概念与研究范畴，综述前期研究，理清研究内容、思路与方法，接着分析空间结构与区域发展的理论框架。专论部分首先分析民族地区空间结构现状，以及优化的总体思路，接着分别研究民族地区经济空间优化、社会空间优化、生态空间优化和文化空间优化，探讨性地提出空间优化战略，最后将落脚点放在实现空间优化与协调发展的政策建议。

本章拟解决三个关键问题：①构建空间结构与区域发展的理论分析框架；②研究提出新一轮西部大开发背景下民族地区经济空间、社会空间和生态空间优化战略；③提出具有实际可操作性的民族地区空间优化与协调发展的政策建议。

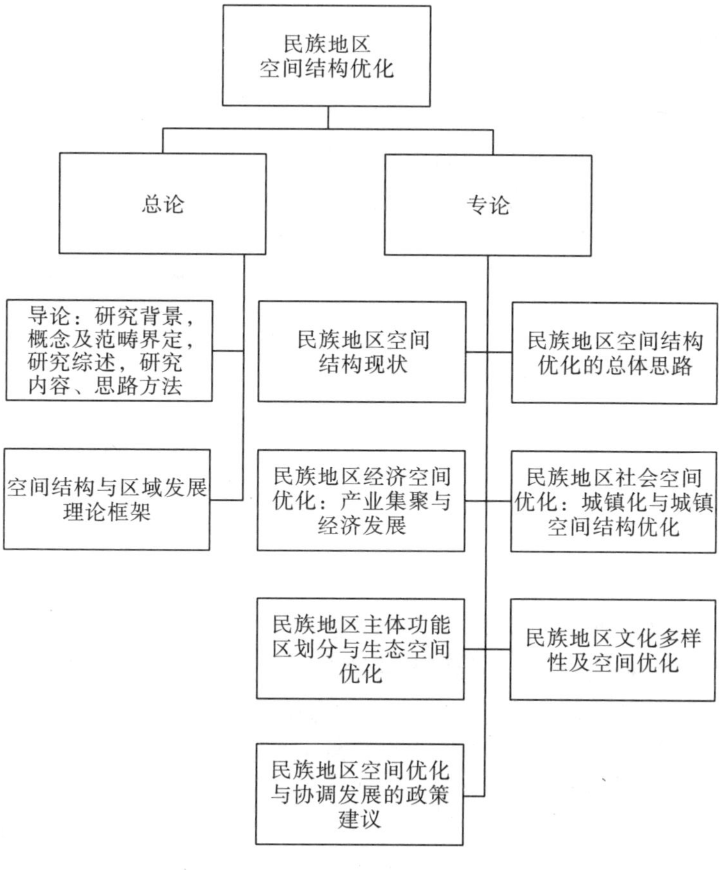

图 5.1　本章研究框架

为完成上述研究任务，本章将从民族地区实际情况出发，综合运用空间计量经济学、空间经济学、城市与区域经济学、经济地理、城市规划、民族学等相关学科理论，将查阅大量文献与实地调研、国内外相关研究与实践经验总结相结合，实证与规范分析相结合，定性与定量分析相结合；采用空间经济学模型分析方法和空间计量技术，运用 SPSS、EViews、Matlab 等统计分析软件，并利用地理信息系统 ArcGIS 把研究落实到具体的地理空间。本章总的指导思想是唯物辩证法，联系和发展观点贯穿全过程。

5.2 空间结构与区域协调发展：分析框架

经济活动在空间上的分布是不平衡的，呈现出空间集聚的特征。不同地区生产要素禀赋不同、特征各异，因而由地理第一性决定的区域比较优势差异显著，提供的专业化机会不同，于是区域间的收入和福利存在明显的差距。有的地区，自然地理条件得天独厚，利于产业的发展和经济活动的集聚，此种集聚带来需求和供给方面的循环累积，进一步强化了经济活动的集聚，成为核心区(发达地区)；而有的地区，位置偏远，远离经济核心区和大市场，自然地理条件恶劣，生产要素的边际生产力低，经济活动的集聚能力弱，对投资特别是私人投资的吸引力差，结果这里的人均收入水平低、失业率高，成为边缘区(不发达地区)。由克鲁格曼(Krugman，1991b)开创的新经济地理学(new economic geography，NEG)，对经济活动空间的不平衡分布提供了一个解释框架，在这个框架中，经济活动在空间上呈现出的核心-边缘(core-periphery)结构成为一种稳定的结构，如果一个地区成为边缘区，由于路径依赖，该地区就可能被锁定为一种不发达状态[1]。为了避免这种状态的发生，中央政府通常要制定区域政策，设计一些激励和投资项目，其主要目的就是促进边缘地区的发展，降低区域间的发展差距，促进区域协调发展。

5.2.1 新经济地理学模型的关键特征

新经济地理学模型中，贸易自由度和区位的关系可以恰当地总结在图 5.2 中。图 5.2 描绘了一种简单经济可能的长期空间结构，该经济由两个区域组成，没有内部空间尺度。存在两个生产部门：①第一个部门是完全竞争的、在不变规模报酬下生产，其产出在区域间自由贸易；②第二个部门是垄断竞争的、在递增规模报酬下生产，其产出在区域间的运输有成本，因为贸易障碍的存在。核心在于属于第二个部门的企业的区位。在图 5.2 中，横轴表示贸易自由度ϕ的范围($\phi=0$意味着自给自足；$\phi=1$意味着自由贸易)，纵轴表示企业的区位处于某个区域。粗黑线表示长期结果。纵轴所示为随着经济体系的演进，企业地理分布的变化。于是，图 5.2 证明，对于低贸易自由度(即$\phi<\phi^S$)，分散的企业地理分布是唯一的长期结果。对于高贸易自由度(即$\phi>\phi^B$)，集聚于两区域之一是唯一的长期结果。对于中间水平的贸易自由度(即$\phi^S<\phi<\phi^B$)，长期的分散和集聚都可能出现。Fujita 等(1999)称ϕ^B和ϕ^S分别为“断裂点”和“支撑点”：当自由度越过ϕ^S，集聚就成为“可持续的”，成为一长期结果；当自由度越过ϕ^B，对称分散被“打断”。

图 5.2 和图 5.3 可用于讨论新经济地理学模型的所有关键特征，这些关键特征有七个(Ottaviano，2002b)：本地市场放大效应、循环因果关系、驼峰形集聚租、内生的不对称性、突发性集聚、区位性滞后、重叠和自我实施的预期。

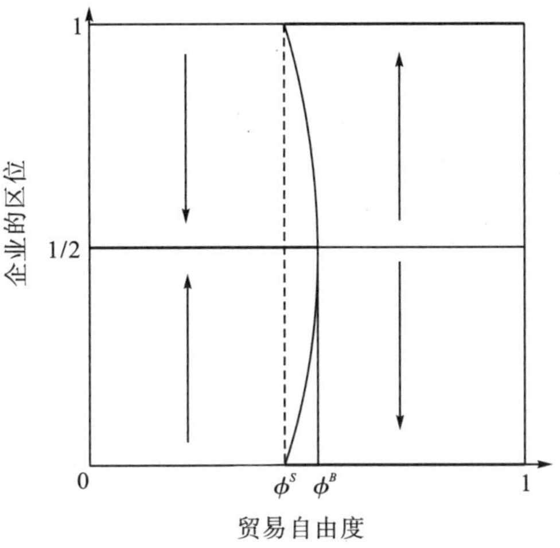

图 5.2　基本的新经济地理学模型

资料来源：Ottaviano (2002)。

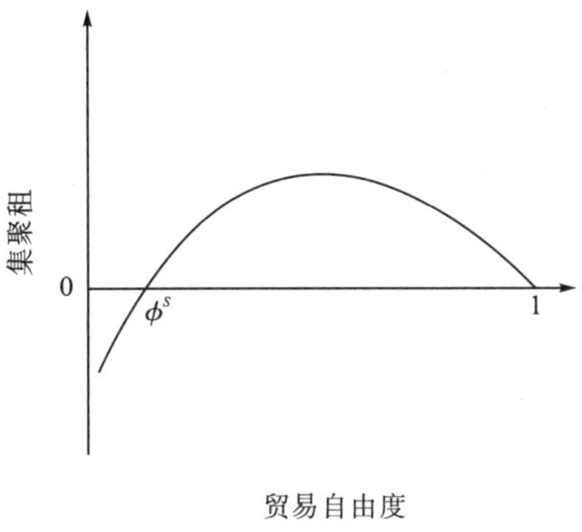

图 5.3　驼峰形集聚租

资料来源：Ottaviano (2002)。

(1) 本地市场放大效应。新经济地理学模型的第一个关键特征是“本地市场效应”。这是市场扩张效应和市场拥挤效应的净效应，反映了下面的事实：上游需求区位的外生变化导致下游供给在同一方向上的更大的变化。其关键是本地市场效应的力量取决于贸易自由度水平，Baldwin (2000) 称此性质为“本地市场放大效应”。具体的，因为贸易自由度提高，弱化了市场拥挤效应放大了市场扩张效应，贸易成本降低，扩大了由给定上游需求的转移产生的下游供给的变化。因而，如果考虑初期的情形，企业在两个区域分散，贸易自由度增加趋于使企业更自由。

(2) 循环因果关系。新经济地理学模型的第二个关键特征是下面的事实：集聚力是自我实施的。这一特征有时称为“循环因果关系”，以强调经济活动间的反馈关系：上游的扩张可导致下游的扩张，反之亦然。不同于本地市场放大效应，循环因果关系并非只是新经济地理学模型的典型特征。的确，任意的地方化外部经济的模型，不管是资金外部性还是技术外部性，都会呈现出循环因果关系。不同的是新经济地理学模型中的循环因果关系的力量取决于贸易障碍水平。

(3) 驼峰形集聚租。循环因果关系和贸易自由度间的关系是新经济地理学模型的第三个关键特征，即“驼峰形集聚租”。考虑一个长期结果，其中所有企业都只位于一个区域，集聚租被定义为企业重新选择另一个区域发生的亏损。于是，驼峰形意指集聚租是贸易自由度的凹函数。集聚租对贸易自由度的依赖如图 5.3 所示。图 5.3 证明，在 $\phi=\phi^S$ 和 $\phi=1$ 处，集聚租等于零，而贸易自由度在 ϕ^S 和 1 之间，集聚租为正，在某个中间值达到最大。据此，从 $\phi=\phi^S$ 开始，随着贸易逐渐变得自由(即 ϕ 趋向于 1)，集聚租首先上升，然后下降(“驼峰形”)。

在图 5.3 中，容易解释集聚租的水平截距。在 $\phi=1$ 处，集聚租等于 0，贸易自由，因此企业的区位是不重要的。在 $\phi=\phi^S$ 处，集聚租也等于 0，因为随着贸易自由度下降到支撑点 ϕ^S 以下，如果企业不集聚，会变得更好，这意味着集聚租为负。

(4) 内生的不对称性。循环因果关系解释新经济地理学模型的第四个特征，即“内生的不对称性”。这是和图 5.3 所证明的事实有关的，从两个对称区域开始，贸易壁垒非常高，随着贸易自由度的逐渐增加，最终产生区域的非对称性。理由是，当贸易自由度越过断裂点 ϕ^B，对称的分散不再是长期结果，企业开始集聚于一个地区。这一特征很重要，因为它允许空间不平衡的出现独立于任何给定的区域不平衡性。例如，在循环因果关系中，内生的不对称性也在基于地方化技术外部性的模型中产生。然而，在那些模型中，贸易障碍的水平在决定集聚是否出现时不起作用。这在新经济地理学模型中却不是真的，因为当贸易成本足够低时，集聚是长期结果。

(5) 突发性集聚。贸易自由度在引起集聚范围中的重要性是新经济地理学模型的第五个重要特征，即“突发性集聚”。之所以称为“突发性集聚”，是由于下面的事实：内生不对称性出现的方法是高度不连续的。如前面讨论的，从对称结果开始，贸易自由度非常低，贸易壁垒的逐渐减小不影响企业的地理分布，直到达到断裂点 ϕ^B。然而，一旦达到该点，即使贸易自由度的微小增加也会触发突发性集聚，因为突然，唯一的长期结果是集聚。

(6) 区位性滞后。“区位性滞后”是新经济地理学模型的第六个特征，它产生于贸易自由度大于支持点(即 $\phi > \phi^S$)，这时存在多个长期结果。在这种情况下，历史变得重要。例如，考虑一种初始情形，几乎所有的企业都位于同一区域，且 $\phi > \phi^B > \phi^S$。于是，图 5.2 告诉我们，所有企业最终会群聚于该区域。然而，如果有一足够大的冲击把多数企业迁移到其他区域，所有企业最终会群聚于该区域。关键在于即使一个暂时的冲击也会达到这一情形。的确，消除最初的冲击不会导致其效应的反转。这就是“滞后”或者“路径依赖”：短暂的冲击具有永久性影响。

(7) 重叠和自我实现的预期。新经济地理学模型的最后一个特征出现在分散和集聚都是长期结果时。如图 5.2 所示，当 ϕ 落在 ϕ^S 和 ϕ^B 之间时就是这种情况。Baldwin 等(2003)称此范围为“重叠区”。当企业很关心未来，市场扩张效应非常强时，该范围的存在意味着，分散和集聚结果间的跳跃可能被对预期的冲击所触发。和循环因果关系相同，因为集聚租是自我实施的，企业可能最终群集于一个区域，这是因为所有人预期它要发生。换句话说，在存在循环因果关系的情况下，共同的信念是，所有企业都将群集于某个区域，是自我奖赏的，因而是自我实现的。

5.2.2 经济景观的塑造：集聚力与分散力

1991 年，保罗·克鲁格曼(Paul Krugman)的著名论文“报酬递增与经济地理”，把核心-边缘模型与新古典内生增长模型综合，形成了新经济地理学模型的基础框架。新经济地理学模型在一般均衡框架中解释了经济活动的空间分布规律，特别是解释了存在于不同地理空间尺度中的集聚经济的形成，同时研究了贸易、经济增长(规模报酬递增)和经济地理(即人和经济活动在空间中的区位)的内生机理。

规模报酬递增、运输成本和生产要素的流动性是新经济地理学模型强调的与企业区位选择和产业空间分布相关的三个基本要件。在这三个基本要件的作用下，塑造经济活动的空间分布(经济景观)是由三种效应(机制)构成，分别称为“市场获得效应”(market access effect，MA)、“生活成本效应”(cost of living effect，CL)和“市场拥挤效应”(market crowding effect，MC)。“市场获得效应”描述的是垄断竞争企业选择其生产区位于大市场，而在规模小的市场销售其产品；“生活成本效应”指的是企业的区位对生活成本产生的影响，工业企业越多的区域，商品越便宜，因为该区域的消费者将会进口少数的制造业产品，从而节约运输成本；“市场拥挤效应”反映了不完全竞争的企业倾向于位于竞争者相对少的区域。市场获得效应、生活成本效应与生产要素的流动相结合，就形成了“循环累积因果关系”(circular and cumulative causality)(或者称为“前向后向关联”，backward and forward linkages)。这种循环累积因果关系在面对要素流动冲击时会产生自我强化或者自我调整的效应。显然，市场获得效应/生活成本效应与市场拥挤效应间存在着紧张关系。前两个效应推动经济活动在空间上集中于少数地方和区位，称为集聚力(agglomeration force，AF)；而第三个效应推动经济活动分散，称之为分散力(dispersion force，DF)。集聚力和分散力的互动最终形成了经济活动的空间分布格局。表 5.2 列出了集聚力和分散力的组成部分。

表 5.2　经济活动空间分布的塑造：集聚力与分散力

集聚力	分散力
市场规模效应(关联)	不流动要素
厚的劳动力市场	地租
纯外部经济(知识溢出)	纯外部不经济(拥挤)

资料来源：Krugman P. 1998. What’s new about the new economic geography? Oxford Review of Economic Policy, 14(2)：7-16.

如果集聚力强于分散力，生产要素流动的冲击会触发迁移的自我强化循环，结果所有产业工人和所有制造业活动都将移向一个区域，最终形成核心-边缘的分布结构；相反，如果分散力超过了集聚力，初始的对称均衡是稳定的，因为生产要素流动的初始冲击将降低一个地区相对于另一个地区的要素相对报酬，从而抵消了初始的冲击。

新经济地理学认为，决定集聚力和分散力的相对大小的主要因素是贸易成本。设两个区域间的贸易成本(广义地讲，包括运输成本、阻碍贸易的制度成本等)为τ，任意两种制造业产品间的不变替代弹性为σ，那么贸易自由度可以定义为$\phi=\tau^{1-\sigma}$($\phi=0$代表贸易成本很高，不能进行自由贸易；$\phi=1$代表贸易成本很低，完全自由贸易)。于是有

$$\mathrm{AF}=\mathrm{AF}(\phi),\quad \mathrm{DF}=\mathrm{DF}(\phi) \tag{5.1}$$

随着贸易变得越来越自由，分散力会下降。如果贸易是完全自由的，来自另一个区域的企业的竞争和来自本地企业的竞争几乎同样重要。换句话说，竞争不是地方化的，因此企业在空间上的区位转移对企业的收益影响非常小，因而对企业支付给产业工人的工资的影响也非常小。在另一个极端，贸易成本非常高，高到几乎没有贸易发生，这意味着本地企业数量的变化对消费者的竞争的影响非常大，从而对工资的影响也很大。

集聚力也随贸易成本的下降而下降，也就是说，当区域间贸易变得越来越自由时，集聚力会下降。如果贸易成本足够低，区域非常开放，那么两个区域间的价格差距非常小，

而无关生产的空间配置。因而，制造业生产的转移对相对生活成本影响很小。然而，如果贸易成本非常高，本地生产的制造业产品种类就会对价格指数产生大的影响。类似的推理证明，市场获得优势在成本很高时最强。

事实证明，贸易成本非常高时，分散力强于集聚力，随着贸易成本的降低，分散力和集聚力都要下降，不过可以证明，分散力下降的速度比集聚力快，结果，在某个贸易成本(贸易自由度)水平上，集聚力超过分散力，自我强化的要素迁移最终会使所有制造业企业集中于一个区域。如图 5.4 所示，这个贸易成本水平称为“突破点”(break point)。突破点的存在是新经济地理学模型最引人注目的特征，这意味着即使经济活动最初是对称分布的，随着交易成本的下降，最终会产生不对称的分布形态。图 5.4 中 ϕ^B 就是突破点，如果贸易自由度小于 ϕ^B，分散力大于集聚力，对称均衡(均匀分布)是稳定的，大于 ϕ^B，集聚力大于分散力，经济活动空间分布呈现的是核心-边缘结构(Baldwin et al.，2003)。

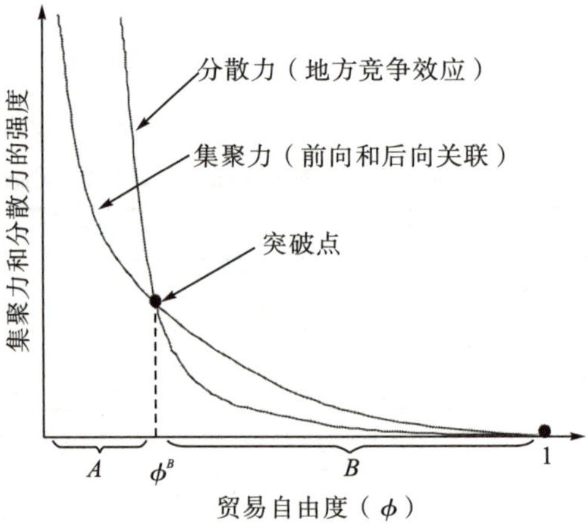

图 5.4 集聚力与分散力随贸易自由度而变化(Baldwin et al., 2003)

在一个国家内部，比如中国，随着联系全国各大区域的高速公路、高速铁路的修建和全国一体化市场的建设，区域间的交易成本大幅度下降，虽然中央政府先后启动了西部大开发战略、振兴东北老工业基地战略和中部崛起战略，但经济活动空间集中的趋势不仅没有趋缓，反而在不同层面(部分城市、区域)得到强化。这说明新经济地理学模型的预言对经济景观的解释是合理的。

5.2.3 新经济地理学模型中边缘地区的发展

区域协调发展的关键就是要促进边缘地区对发达地区的发展赶超。新经济地理学模型表明，规模经济和运输成本之间的联系可能导致经济活动空间分布的集聚或分散。在一定条件下，造成集聚的力量将成为主导，区域不平衡状态出现，并且大多数人口将集聚在核心地区，而少数将居住在外围地区并且从事农业生产。对于欠发达地区，一般处于边缘地位，新经济地理学模型对此种边缘地区的发展提供了一种解释。这些地区市场规模小，规模报酬递增程度低，投资引诱不足，对企业的吸引力低，从而不利于集聚，限制了发展和赶超。

同时，根据新经济地理学的分析，一旦初始对称分布的格局被要素流动冲击打破，循环累积因果效应的自我强化机制就会起作用，结果核心-边缘结构就会变得超稳定，要打破此种超稳定的结构状态，政府的政策干预必须达到一定的力度。图 5.5 中，纵坐标 s_H 代表北部地区的产业份额（$s_H \in [0,1]$）。如果 $s_H = 1$，表示所有产业都集中到北部地区，经济景观呈现的是以北部为核心的核心-边缘结构；如果 $s_H = 0$，则表示所有产业都集中到南部地区，经济景观呈现的是以南部为核心的核心-边缘结构；如果 $s_H = 1/2$，则产业在空间上均匀分布，南北各占 1/2。横坐标 ϕ 是贸易自由度（$\phi \in [0,1]$），$\phi = 0$ 代表自给自足，$\phi = 1$ 代表自由贸易，ϕ^S 和 ϕ^B 分别表示维持核心-边缘结构的贸易自由度最小值(维持点)和维持均匀分布的贸易自由度最大值(突破点)。粗实线表示的是均衡，E 代表的是某种均衡，E_1 和 E_2 位于北部是核心区的均衡线上，E_3 和 E_4 位于对称均衡(均匀分布)的均衡线上。假设最初的贸易自由度为 ϕ^1，对应的均衡点是 E_1，这时北部地区成为核心区，南部成为边缘区，这时政府希望改变此种结构，可以通过降低贸易自由度的方法实现。当贸易自由度由 ϕ^1 降低到 ϕ^2 时，均衡点由 E_1 变为 E_2，依然是以北部为中心的核心-边缘结构，只有当贸易自由度下降到 ϕ^S 时，经济景观才变化为对称结构，这意味着意在促进南部地区发展的政策，在初期是不会改变经济景观的结构的，只有当政策力度达到一定程度时(超过某个门槛值)，经济景观结构才改变(发生突变)。

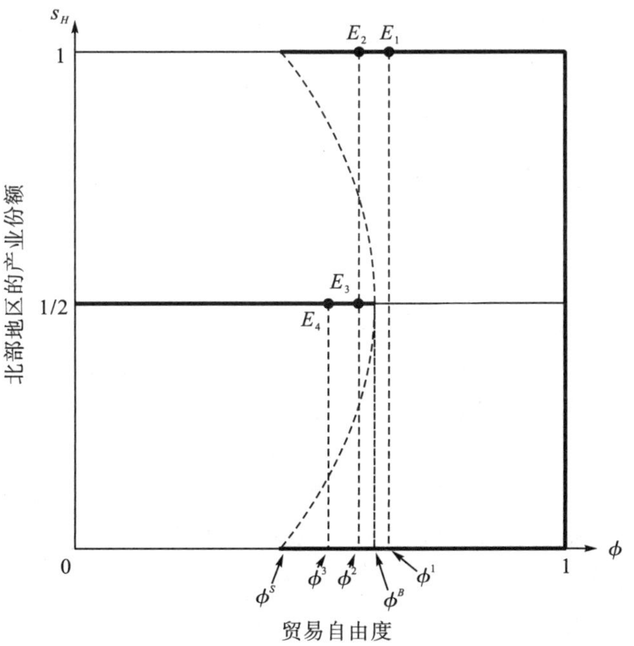

图 5.5　政府区域政策的力度与边缘地区的赶超

这里的分析表明，政府的区域政策对经济景观结构的影响是非线性的，某种结构一经形成，就具有黏性，要改变此种结构，政策力度必须达到某个临界值。例如，要达到使企业从发达地区转移到不发达地区的目的，对不发达地区的转移支付或者是补贴力度就必须达到某个门槛值。

5.2.4 区域空间结构演进：报酬递增、空间集聚、空间增长

优化空间结构，实现区域协调发展，首先要理解区域空间结构演进的规律性。区域空间结构一般会在空间向心力和空间离心力相互作用下，从低水平均衡到非均衡发展，不断达到更高水平的均衡。规模报酬递增问题是解开经济活动空间分布与演进之谜的关键。

1. 区域空间结构演进的阶段

Friedman 和 Alonso（1964a）以罗斯托的“成长阶段论”为基础，提出了空间结构演进过程的四阶段论，本书结合弗里德曼的空间结构演进四阶段论和城市群空间结构演进规律，基于空间经济学分析区域空间结构演进的一般规律（Friedmann and Alonso，1964）。

（1）在前工业化时期，经济处于低水平的均衡状态，城市空间结构和形态呈现孤立的点状分布。在集聚经济作用下，若干城市伴随着商品生产和交换的发展而逐渐形成和发展。由于经济发展水平不高，城市之间的引力和辐射力十分薄弱，各个城市基本上是孤立发展的，城市之间相对封闭，彼此很少发生联系，是完全独立、静止的经济系统，并按照各自的经济势能，对周边广大的农村产生相应的吸引和辐射。这一阶段区域空间结构表现为均质无序，无等级结构分异，既没有形成城市体系，也没有形成城市群。

（2）进入工业化初期，区域经济处于局部集聚非均衡的低级有序状态，城市出现单中心圈层分布和极核式集聚发展。在工业化和城市化推动下，若干特定的城市迅速发展成为区域经济的发展极核，区域性经济中心城市这一增长极的形成打破了区域空间结构的低水平均衡状态，经济活动向中心城市集聚，从而形成单个相对强大的中心城市与落后的外围地区，呈现局部集聚非均衡的低级有序状态。这些中心城市凭借其高经济势能，在集聚经济作用下继续集聚要素，加快自身发展，生产的高度发达使极核城市的反集聚效益开始出现，极核城市向外围扩散，从而形成了单中心圈层分布的城市形态，这是城市群发展的初级形态。

（3）在工业化阶段，若干“中心-外围”结构相成，经济空间联系加强，城市布局向多中心大城市群演变。经济活动的空间范围随区域经济总体水平与实力的迅速提高和增强而不断扩展，城市群迅速向周边城市扩散，带动城市群边缘和腹地的经济发展，逐渐形成相应的次级中心，次级中心又逐步演进为一个个单中心的城市群，并与原来的核心城市群相互吸引和相互辐射，从而形成多中心的城市群。同时，若干圈域逐步扩大的城市群之间相互交叉、重叠，组成一个更大的、多中心的城市群，城市群由单中心向多中心演进。这样便形成了更大区域范围和更强经济势能的大城市群经济区。

（4）后工业化时期，区域经济达到高水平的、动态的均衡状态，形成以大城市为中心的一体化城市群经济。在这一时期，城市与区域经济发展已达到较高水平，不同等级规模

的城市与其周边地区的联系也越来越密切，经济发展水平差异不断缩小，整个区域经济融为一体。城市体系高度发达和有机结合，各个城市群之间功能上相互依赖，地域上相互交叉，从而形成相对均衡的一体化城市群经济。处于这一阶段的大城市群具有更强的聚集能力，甚至超出国境而远距离地吸引国际资本、人才、技术和信息，成为世界级的大城市群(高汝嘉和罗明义，1998)。

尽管不同区域的空间演进路径和特征会有所差别，但演进的一般过程又表现出了高度一致性。弗里德曼和陆大道等对这一过程进行了比较准确的概括，基本上都认为区域空间结构从低水平均衡到非均衡发展，最后达成更高水平均衡是区域空间结构演进的一般规律。

对于经济活动空间过程的核心特征，克鲁格曼指出：“经济活动最突出的地理特征是什么?一个简短的回答肯定是集中”(保罗·克鲁格曼，2002a)。自工业革命以来，人口的集中、产业的集聚、城市及城市群的兴起等现象无一不是集聚的结果。来自国际国内的经验均表明，经济活动的空间集聚是一个普遍的现象，可以说集聚支配着当今的世界经济地图。因此，正确理解经济活动的空间集中就成为认识区域空间结构演进的基石(李皓和杨海燕，2008)。

2. 区域空间结构演进的机制

新兴古典经济学和空间经济学认为，经济活动的空间集中源于报酬递增，保罗·克鲁格曼(2002b)指出：“这种生产在地理上的集中正是某种收益递增的普遍影响的明证。”因此，任何一个完整的空间模型都必须首先阐释报酬递增的来源和性质，进而理清报酬递增与经济活动空间集聚的关系。对报酬递增性质和来源的认识，主要集中在分工理论、马歇尔和传统经济地理学的关联效应及外部经济理论、迪克西特-斯蒂格利茨(简称 D-S)垄断竞争模型以及艾瑟尔外部规模经济理论中。

空间经济学研究资源在空间的配置和经济活动的空间区位问题，其核心是解释地理空间中经济活动的集聚现象。空间经济学代表人物——克鲁格曼的中心外围模型(CP 模型)假设只有两个初始条件相同的地区和两个部门，两个部门是指报酬不变、产品同质、无运输成本的农业部门和报酬递增、产品具有差异性、运输成本为冰山运输成本的制造业部门，模型从空间向心力和空间离心力两种力量的对比变化来理解经济活动的空间过程，即集聚还是扩散。克鲁格曼的模型综合了迪克希特-斯蒂格利茨模型和萨缪尔森的冰山运输成本，以及缪尔达尔(Myrdal)模型中的循环累计因果理论：市场规模大的区域，制造业生产将会集中；而制造业生产集中的地方，市场将会变大。

克鲁格曼认为微观主体的趋利性使得他们在空间上倾向于集中以充分利用和放大经济活动正外部性。正外部性分成两种情况，一种由经济活动主体间通过市场网络和价格体系产生的相互间积极的影响，即金融外部性；另一种由经济活动主体间交往中产生的知识、技术、经验溢出，即技术外部性。在 CP 模型中只讨论了金融外部性及由此产生的两种空间向心力，即本地市场效应和价格指数效应。本地市场效应是指生产分布的变化引起区域相对市场规模的同向变化；而区域市场规模的变化，即规模报酬递增又会引起生产活动进一步集中。价格指数效应是指生产活动的区域集聚引起相对价格指数下降，意味着实际收入的提高，有利于吸引制造业劳动力流向该地区。本地市场效应和价格指数效应形成循环累计因果关系，促进产业的持续集中，积聚力量成为主导，形成中心外围结构。

在制造业集中过程中，空间离心力也在增强，空间离心力的产生主要由价格竞争效应来反映，其主要指由经济活动的空间集中导致集中区供给有限的非流动要素(如土地)价格上升，造成企业生产成本上升。空间向心力和离心力的力量对比决定了区域空间分布，区域空间结构也会在两种力量共同作用下不断演化(藤田昌久等， 2005)。

CP模型关注运输成本和规模经济对区域空间分布的作用。运输成本很高时，产业集聚度低。运输成本处于中间状态时，产业集聚度较高。运输成本极低时，产业分布由不可移动的生产要素决定。按照模型的分析，降低运输成本可以促进集聚、提高密度(郑长德，2009a)。

CP模型指出，在其他条件不变的情况下，当处于对称均衡(指制造业在两个地区对称分布)且贸易自由度很小时(即交易成本很大)，贸易自由度的提高不会影响产业的区位，但贸易自由度达到某一临界值(即突破点值)后，自由度稍微增加，就会发生突发性聚集，空间均衡状态是所有的制造业集中在一个地区。按照模型的分析，降低贸易成本、扩大贸易自由度(减少分割)可以促进集聚，有利于形成区域专业化分工(李皓和杨海燕，2008)。

克鲁格曼也指出，中间产品部门厂商的集聚使制造业最终部门厂商随着中间产品厂商聚集不断累积循环。劳动力流动也是集聚的重要因素。如果劳动力是黏性的，就没有集聚产生。因为集聚是循环累积因果的结果：人们偏好产品的多样性聚集到同一区域，人口越集中，多样性越得到发展(藤田昌久等，2005)。

CP模型致力于将空间因素融入主流经济学的分析框架，着重于解释运输成本、报酬递增和关联效应对空间集聚的重要作用。CP模型中，规模报酬递增程度高、运输成本低的地区会吸引产业集聚，产业集聚又促进区域经济增长，形成核心区。相反的，规模报酬递增程度低、运输成本高的地区不利于产业的集聚，抑制区域经济增长，成为外围区，形成区域经济的核心-外围结构。聚集的规模效应、生产要素和人口的自由流动，会使经济活动趋于集中。

5.2.5 区域空间结构优化：经济集中化与社会平等化的集中均衡文明发展模式①

“经济增长在空间上是不平衡的，在空间上均衡分配经济活动的意图只会阻碍经济的增长”。“而不平衡的经济增长和和谐性发展可以是并行不悖，相辅相成的”。欠发达地区区域空间结构优化要求“一方面促进生产活动的集中化，另一方面通过实行各种政策来使各地区人民生活水平(包括营养、教育、健康、卫生等)平等化”。“要获得经济集中化和社会平等化这两个方面的效益，就需要采取有利于实现经济一体化的政策行动”(世界银行，2009)。欠发达地区区域空间结构优化中生态空间优化是经济空间优化、社会空间优化的前提和基础，必须树立尊重自然、顺应自然和保护自然的生态文明理念。从区域发展角度看，此种发展模式可称为“集中均衡文明发展模式”。

区域空间体系优化首先要实施经济集聚化。集聚经济包含三个层次：企业规模经济、地方化经济与城市化。企业规模的扩大属于内部经济，本书主要讨论后两者，包括外部经

① 郑长德. 2012. 中国少数民族地区空间结构的非经济性与优化对策研究[D]. 成都：西南民族大学.

济问题，其中包含金融的外部性及知识溢出效应等技术外部性。

地方化经济指相同产业公司集聚。集聚经济对于企业来说是外在的，但对产业来说是内在的。通过专业化生产，地理毗邻、生产同类产品的企业生产投入资料共享和产业内竞争有利于提高密度，集中布局会获益(藤田昌久等，2005)。

世界日益城市化，经济板块也日益集中在最密集的城市集聚区。城市是实现内部规模经济和外部规模经济的重要场所。城市化意味着分散的乡村人口、农村劳动力和非农经济活动不断地进行空间集聚而逐步转化为城镇的经济要素，城市化集中人口和经济活动，有利于提高密度，推进各种规模经济，发展产业多元化与产业间互动。集聚经济吸引人口和金融向毗邻区域移民，拉近与市场的距离，满足了知识外溢对密度的要求。城市经济发展对所在区域经济社会发展具有辐射和带动作用，有利于利用市场力量鼓励村、镇和城市的经济集中和生活水平的趋同，也是区域城乡统筹发展的重要途径。经济演化取决于市场潜力和经济区位，城市规模和城市间的距离在离心力和向心力相对强度作用下固定在一定水平，不同规模、不同功能的城市组成城市体系，区域经济形成层级结构(肖金成等，2008)。

其次，区域空间结构优化需要实施社会平等化的均衡开发模式。空间经济学解释了欠发达地区与发达地区之间空间差距形成的原因，也说明了核心边缘结构在一定程度上会长期存在。核心区的繁荣是以边缘区的落后为代价的，仅依靠市场力量无法成功解决欠发达地区空间滞后问题，政府必须主动制定相应的政策来促进财富在发达地区和欠发达地区之间更为公平的分配，避免集聚导致的基本生活水平差异扩大，对市场力量辅以经济一体化政策，实现兼顾空间效率和空间公平。而且如果区域政策力度小于一定的门槛值，政策的边际变动就无法改变现有的空间分布(藤田昌久等，2004，2005；World Bank，2006a)。

最后，欠发达地区区域空间结构优化中生态空间优化是经济空间优化、社会空间优化的前提和基础，必须树立尊重自然、顺应自然和保护自然的生态文明理念。

5.3　民族地区空间结构的基本特征与优化的一般思路

5.3.1　民族地区空间结构：一般性考察

从空间结构上看，民族地区的空间结构有以下特征。

1. 空间区位关系

区位关系是指一个地区与周围社会经济事物关系的总和，包括位置关系、地域分工关系、地缘政治关系、地缘经济关系以及交通、信息关系等。区位对一个地区经济发展的影响主要是通过地理位置、交通、信息等相互作用、密切联系而发挥作用的，它们共同决定着一个地区的可接近性。区位条件的优劣，主要取决于位置交通信息条件的优劣，而这三者又是密切相关的。如果一个地区地理位置优越，就意味着交通发达，信息丰富且传递迅速；相反，如果一个地区远离经济中心，意味着交通落后，信息闭塞。

民族地区在地理区位上具有边缘性、边际性和邻边性的特点。边缘性，是指民族地区位于我国西部边缘，远离国家的政治核心区和经济核心区；边际性是指民族地区与中原地区及东部沿海相比，自然环境比较恶劣，土地边际生产力总体上比较低；邻边性是指民族地区是我国的陆地边疆地区，周边邻国众多。这些特征对民族地区的经济成长的作用主要表现在以下几个方面。

(1)区位条件通过生产要素的流动而作用于民族地区的经济成长。在生产要素自由流动的情况下，根据资源最佳配置条件，生产要素往往倾向于流向区位条件优越的地区，从而有可能实现资源要素的最佳配置。民族地区由于地处偏远，交通、信息设施的缺乏和落后直接影响各种生产要素和产品的空间位移，增加了生产部门的转移成本；使生产部门和市场之间难以建立广泛的经济联系，无法保持供需平衡和降低交易成本。

(2)区位上的边缘性进一步强化了民族地区的封闭性与落后性。民族地区的区位突出表现在其边缘性特征。就全国来说，民族地区分布于边疆地区，远离国家政治、经济、文化、交通中心；就大区来说，民族地区大多处于经济核心区的边缘地带。值得注意的是，与这种边缘性特征相伴的是多民族聚居，社会经济成分相对复杂，文化观念、民族习俗等对社会经济的发展影响深远，市场发育不全、交通不便等特征突出。而这种区位边缘性的影响，又由于民族地区内部人口和经济活动空间的高度分散性，而被进一步放大和强化，其对大区经济成长的不利影响表现在：①任何连接边缘地带与中心城市的基础设施建设所需要的投资都很大，致使资本极为稀缺的民族地区望而却步；②地区内部的教育、卫生和能源等设施难以形成规模经济，更无法实现生产部门和工业企业的规模报酬递增效应；③社会经济活动的交易费用高，严重影响了民族地区产品的市场竞争力；④民族地区的边缘、分散和贫穷，造成这些地区既缺乏与其他地区争夺人才的经济实力，又缺乏吸引人才的区位魅力，区位条件差，人才难以招进，分配的人才难以留住，即使拥有丰饶的资源，也难以摆脱贫困的困扰。

(3)地缘经济因素通过国际贸易直接影响民族地区的经济成长。从经济国际化的角度看，影响区位条件的三个重要因素是：与海洋的相对位置、与经济核心区的相对位置和地缘政治因素。经济发展受到海洋吸引是长期趋势，而港口是各国各地区参与国际循环的枢纽和桥头堡。国际贸易理论认为，在商品价格和契约费用既定的情况下，流通费用高低就成为交易成败的决定性因素。我国在加入东亚经济高速成长行列时首先走向国际市场和接受国际市场辐射的是东南沿海地区。因为这一地区濒临海洋，与发达国家和地区的货物运输只有海上距离，符合“流通费用最低原则”，因而是国际经济贸易的理想区位。民族地区深处内陆，到最近海港的平均运输距离平均在 1000 千米以上。可见，民族地区与发达国家和地区的货物运输，除海上距离外，还有漫长的陆上距离，违反了“流通费用最低原则”，因而是国际贸易的非理想区位。不仅如此，地缘条件的劣势使民族地区对外联系不便，难以直接接受发达国家和地区的产业及资源转移，也缺少既可以当投资者，又可以当引资者的华人、华侨。

(4)基础设施水平低、交通不便、信息不畅，不仅严重影响了民族地区的经济交流，也在相当程度上降低了对区内资源的综合开发能力。

(5)区位条件决定着区域参与国际分工和接受资金、技术、信息等生产要素辐射的方便程度。近年来，“沿边”被许多地区用来描述自身的区位优势。如果毗邻经济发达国家，“沿边”的确是同“沿海”一样有重要的区位优势。例如，墨西哥靠近美国边界的地区最近发展十分迅速。但若不是这种情况，则“沿边”的意义不是很大。民族地区，地处边疆，有漫长的陆地边境线，但接壤的几乎都是经济不发达国家，沿边的区位价值明显低于沿海地区。

2. 自然空间结构

民族地区自然环境复杂多样，生态环境脆弱，其自然空间结构的特征表现在以下方面。

(1) 地域辽阔，面积巨大。据统计，全国民族自治地方总面积为 611.73 万 km^2，占全国陆地总面积的 63.72%。其中，新疆维吾尔自治区、西藏自治区、内蒙古自治区三个自治区面积均在 100 万 km^2 以上，居全国省级行政区前三位；多民族地区的青海省，面积超过 70 万 km^2。如果以全国 34 个省级行政区面积的均值为标准，则新疆维吾尔自治区为均值的 5.8 倍，西藏自治区为均值的 4.3 倍，内蒙古自治区为均值的 4.2 倍，青海省为均值的 2.6 倍。

(2) 地势起伏大，地形复杂多样，区域开发成本高。在地形地貌特征上，民族地区以山地、高原和盆地为主体。我国大陆的三大自然阶梯中，民族地区占据了第一阶梯的几乎全部和第二阶梯的 1/2 左右。复杂的地形地貌，使得民族地区的“区域开发成本”高(表 5.3)。

表 5.3　民族地区的地理结构

地区	地貌类型/%				海拔/m			
	平地	丘陵	山地	山地丘陵合计	<1000	1000～3000	>3000	1000 以上合计
内蒙古自治区	51.5	27.5	21	48.5	41.7	58.3	0	58.3
广西壮族自治区	14	34	52	86	94.2	5.8	0	5.8
贵州省	4.9	14.8	80.3	95.1	85	15	0	15
云南省	5	14.2	80.8	95	10.1	81.7	8.2	89.9
西藏自治区	23.5	25.3	51.2	76.5	3.2	3.7	93.1	96.8
甘肃省	22.2	21.8	56	77.8	16.6	83.3	0.1	83.4
青海省	30.1	18.7	51.2	69.9	1.7	26.3	72	98.3
宁夏回族自治区	45.9	9	45.1	54.1	0.9	99	0.1	99.1
新疆维吾尔自治区	44	18.9	37.1	56	28.9	47.8	23.3	71.1
民族地区	31.2	21.8	47	68.8	30.1	38.1	31.2	69.3
其他地区	39.4	16	44.6	60.6	86.6	13.4	0	13.4
全国	59.4	9.9	30.7	40.6	47.3	31	21.7	52.7

资料来源：中国科学院-国家计划委员会自然资源综合考察委员会(1990)。

(3) 大陆性季风气候为主，但气候类型多样，差别显著。众多的山脉既是江河的发源地和分水岭，也是地理上的重要界线。它奠定了民族地区乃至我国的气候分异格局。民族地区因地域广袤，地形地貌类型多样，尤其是青藏高原的阻隔作用，导致气候的时空差异极大，南北跨越边缘热带、南亚热带、中亚热带、北亚热带、暖温带、中温带六个气候带，并包含一个高原气候区。但总体上，因远离海洋，高山阻挡，西南气流影响范围较小，民族地区仍表现为以大陆性季风气候为主。

(4)民族地区是我国主要大江大河的发源地，生态功能突出。民族地区河流纵横，是大江大河的源头，三江源地区更被誉称“中华水塔”。从南到北的珠江、长江、黄河 3 大水系以及雅鲁藏布江、怒江、澜沧江、塔里木河、额尔齐斯河、伊犁河等主要河流均源于民族地区。

(5)民族地区内部区域分异显著。根据综合因素划分，也可将整个民族地区大致划分为西北干旱区、黄土高原区、云贵高原区和青藏高原区四大区域。丰富多样的土壤植被类型及地带分异规律一方面蕴涵了各种各样的生态景观和生物资源，为农牧区及其相关产业和旅游业的发展提供了物质基础；另一方面，要求在西部民族地区生态环境建设中必须尊重这种自然规律。

3. 社会经济空间结构

从社会经济的空间结构看，民族地区的主要特征是以下方面。

(1)人口密度低，市场范围有限。民族地区人口稀少，人口密度小。人口密度是一个地区人口与土地之间的总体对比关系，反映了一个地区人口居住的疏密程度。民族地区地域辽阔，作为一个整体，是我国人口最为稀疏的地区。2014 年，全国人口密度为 142 人/km^2，民族八省区中人口密度最高的是广西壮族自治区和贵州省，人口密度分别为 201 人/km^2 和 199 人/km^2，西藏自治区、青海省人口密度不足 10 人/km^2。

(2)经济活动和人口的集聚程度不高，城市化水平低。从民族地区城镇化水平和城镇体系结构看，总体上，民族地区城镇化水平低，经济活动和人口的集聚程度不高。1978 年，全国城镇人口占总人口的 17.92%，民族地区平均为 15.53%，民族地区的城镇化水平低于全国平均水平 2.39 个百分点；2014 年，全国城镇人口占总人口的比例为 54.77%，民族八省区平均为 45.30%，低于全国平均水平 9.47 个百分点。从各地区看，2014 年在民族八省区中，城镇化水平高于全国平均水平的只有内蒙古自治区(59.51%)，其余地区都低于全国水平，分别是广西壮族自治区(46.01%)、贵州省(40.01%)、云南省(41.73%)、西藏自治区(25.75%)、青海省(49.78%)、宁夏回族自治区(53.61%)、新疆维吾尔自治区(46.07%)。因此，目前民族地区的城镇化水平还很低，远远滞后于全国和东部地区。表 5.4 是利用第六次人口普查数据对其进行的分解。

表 5.4 民族地区人口在城市、镇和乡村的分布及城镇化率(2010 年)(%)

地区	城市	镇	乡村	城镇化率
全国	30.29	19.98	49.73	50.27
东部	40.03	19.67	40.30	59.70
东北	41.95	15.98	42.07	57.93
中部	21.89	21.66	56.45	43.55
西部	21.28	20.14	58.57	41.42
民族地区	20.19	19.87	59.94	40.06
内蒙古自治区	32.43	23.11	44.47	55.54
广西壮族自治区	18.15	21.87	59.98	40.02
贵州省	15.94	17.84	66.22	33.78

续表

地区	城市	镇	乡村	城镇化率
云南省	13.76	20.96	65.28	34.72
西藏自治区	9.07	13.6	77.33	22.67
青海省	24.31	20.41	55.28	44.72
宁夏回族自治区	32.68	15.28	52.04	47.96
新疆维吾尔自治区	27.83	14.96	57.21	42.79

资料来源：作者根据《中国 2010 年人口普查资料》计算得到。

另外，民族地区绝大多数聚落人口规模小、密度低。据统计，2014 年，民族八省区有城市 106 个，其中地级市 49 个，占全国地级市总数的 17.01%，县级市 67 个，占全国县级市总数的 18.56%。在 49 个地级城市中，按城市市辖区总人口分组，400 万人以上有 1 个，200 万～400 万人的有 4 个，100 万～200 万人的有 11 个，50 万～100 万人的有 12 个，20 万～50 万人的 18 个，20 万人以下的 3 个。聚落规模小、密度低，从两个方面制约着发展：①聚落规模越小，对外交易机会越少、交易成本越高，从而限制了发展；②聚落规模小，无法实现内部规模经济和外在规模经济，从而规模报酬递增程度低，而报酬递增是发展的重要引擎。

城市首位度是一国或地区最大城市与第二位城市人口的比值，是衡量城市规模分布状况的一种常用指标，反映了城市人口的集聚程度。首位度越高，区域城镇人口越相对集中于首位城市。据研究，在一般情况下，一个国家或地区最大城市的人口是第二大城市人口的两倍左右，即城市首位度为 2(许学强等，2009)。民族地区的城市首位度区域间变化很大，2014 年内蒙古自治区城市首位度为 1.15，广西壮族自治区为 1.44，贵州省为 1.47，云南省为 3.81，青海省为 1.31，宁夏回族自治区为 2.35，新疆维吾尔自治区为 6.68。区域城市首位度过大，一方面说明该地区大城市数量偏少，城市人口和经济活动过度集中于一个城市，可能会导致城乡差距扩大，影响城乡协调发展；另一方面，民族地区的各级城市间，特别是特大城市、大城市与周边区域间缺乏中小城市作纽带和桥梁，削弱了大城市对周边地区的辐射力，也不利于周边地区经济社会活动向特大城市的集聚。

5.3.2　民族地区的空间结构：密度、距离和分割

《2009 年世界发展报告》的主题是“重塑世界经济地理”，根据空间发展的非均衡性，提出经济发展在空间上可以以密度(density)、距离(distance)和分割(division)这三个特征来界定(世界银行，2009)。密度指的是单位陆地面积经济活动的强度，反映了经济的集中程度；距离是指商品、服务、劳务、资本、信息和观念穿越空间的难易程度，它虽与物理距离有关，但主要指的是与发达地区、经济核心区和市场的距离，包括时间距离、交易成本等；分割指地区之间商品、资本、人员和知识流动的限制因素，也就是阻碍经济一体化有形和无形的障碍，虽与边界相关，但不是全部，区域经济一体化过程中的各种障碍(或经济壁垒)是造成分割的主要因素。密度-距离-分割为分析一个地区的空间结构提供了一个分析框架。下面利用这一框架分析民族地区的空间结构。

1）密度

密度反映了单位土地面积上经济活动的强度，可以用单位面积上的地区生产总值、单位面积上的人口与就业等来刻画。这里计算了 2014 年全国和民族地区相关密度（表 5.5）。可以看出民族地区经济密度都低于全国平均水平，而广西壮族自治区、贵州省就业密度高于全国水平，其余地区低于全国水平。把 2014 年全国各地区经济密度、就业密度和人均地区生产总值相拟合（图 5.6），三者间具有显著的正向拟合关系。同时与发达地区比较，民族地区经济活动的集聚程度明显偏低。

表 5.5　全国和民族地区的密度（2014 年）

地区	人均 GDP /（元/人）	开发强度（建设用地面积/陆地面积）/%	经济密度/（万元/km²）		就业密度/（人/km²）		人口密度/（人/km²）
			总面积	建设用地	总面积	建设用地	
全国	46629	3.90	663	15426	80	1454	142
内蒙古自治区	71046	1.33	150	10243	13	573	21
广西壮族自治区	33090	4.99	662	11230	118	1139	201
贵州省	26437	3.59	526	12619	108	1167	199
云南省	27264	2.52	325	10891	75	1380	120
西藏自治区	29252	0.12	8	5991	2	869	3
青海省	39671	0.48	33	6196	5	597	8
宁夏回族自治区	41834	5.78	531	8463	69	652	128
新疆维吾尔自治区	40648	0.90	56	5153	7	413	14

注：建设用地的经济密度和就业密度用第二产业与第三产业增加值及就业与建设用地面积相除得到。
资料来源：《中国统计年鉴》（2015 年）、《中国区域经济统计年鉴》（2011 年）、民族八省区的统计年鉴（2015 年）。

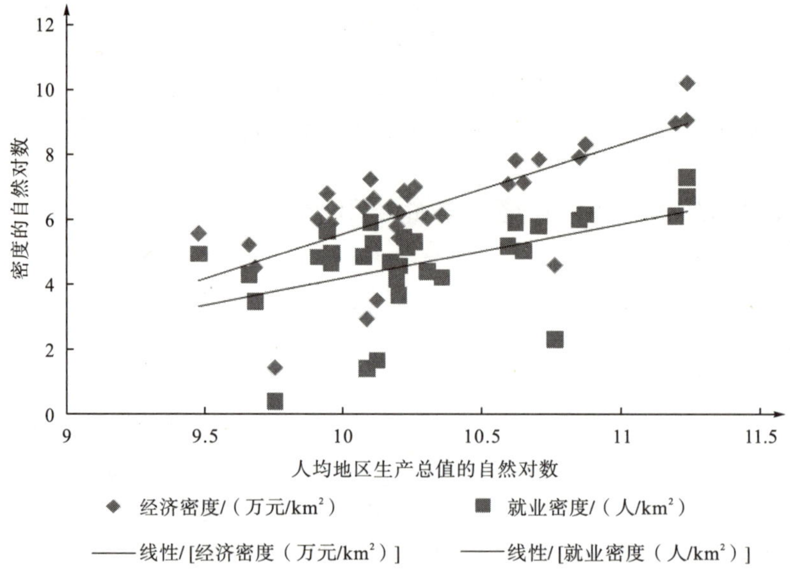

图 5.6　经济密度、就业密度与人均地区生产总值的拟合

注：图中纵横坐标均为对数值。

从比较静态的角度看，如表 5.6 所示，民族地区经济密度增速远快于就业密度的增速。例如，2000～2014 年，内蒙古自治区经济密度增加了 11 倍以上，而就业密度只增加了 0.4 倍，西藏自治区经济密度增加了 7 倍，就业密度增加了 1 倍。与全国比较，内蒙古自治区、广西壮族自治区、贵州省、西藏自治区、青海省、宁夏回族自治区等地经济密度增速快于全国平均水平，就业密度除贵州省外，增速都比全国水平高出许多。这反映了西部大开发以来，民族八省区经济景观发生了很大的变化。

表 5.6　民族地区密度的变化(2000～2014 年)

地区	2000 年		2010 年		2014 年		年增长率(2000～2014 年)/%	
	经济密度/(万元/km²)	就业密度/(人/km²)	经济密度/(万元/km²)	就业密度/(人/km²)	经济密度/(万元/km²)	就业密度/(人/km²)	经济密度	就业密度
全国	93	74	418	79	663	80	15.06	0.56
内蒙古自治区	12	9	99	10	150	13	19.77	2.66
广西壮族自治区	87	107	404	124	662	118	15.60	0.70
贵州省	56	116	261	136	526	108	17.35	-0.51
云南省	50	58	183	71	325	75	14.31	1.85
西藏自治区	1	1	4	1	8	2	16.01	5.08
青海省	4	3	19	4	33	5	16.27	3.72
宁夏回族自治区	51	53	325	63	531	69	18.22	1.90
新疆维吾尔自治区	8	4	33	5	56	7	14.91	4.08

资料来源：《中国统计年鉴》(2011 年)、《中国统计年鉴》(2015 年)、《中国区域经济统计年鉴》(2014 年)。

2) 距离

距离实际上反映的是一个地区与另一个地区在空间上的区位关系，包括位置关系、地缘政治关系、地缘经济关系以及交通、信息关系等，相应地就有物理距离、政治距离、经济距离、信息距离等。这里重点考察的是民族地区与发达地区和大市场之间的经济距离。从经济距离看一个地区与另一个地区间的区位关系，重点在于这个地区与发达地区和经济中心的距离关系。如果一个地区远离经济中心，意味着交通落后，信息闭塞，远离大市场，市场潜力小。相反，如果一个地区接近经济中心和大市场，则交通方便，运输成本低，市场潜力大。从全国宏观区域发展格局考察民族地区与发达地区和大市场的区位关系，主要考察民族地区与东部沿海地区大城市间的区位关系，用民族八省区首府或省会城市距离沿海大城市的公路距离来测度(表 5.7)。显然，从国内宏观区域经济关系看，民族地区离经济核心区较远，结合民族地区的经济发展水平，可以说民族地区处于中国经济的核心-边缘结构中的边缘区。

表 5.7 民族地区首府或省会城市与东部沿海主要城市的距离 （单位：km）

	北京	天津	大连	青岛	上海	广州	香港	最近港口
呼和浩特	667	804	1805	1557	2130	2962	3144	804（天津）
南宁	2567	2703	3705	2931	2075	1314		173（防城港）
贵阳	2539	2681	3683	2909	2053	1560	1742	1038（防城港）
昆明	3178	3320	4322	3512	2699	2199	2381	1677（防城港）
拉萨	4064	4207	5208	4434	4373	4975	5157	3931（连云港）
西宁	2092	2235	3236	2462	2401	3003	3185	1975（连云港）
银川	1343	1480	2581	2233	2355	2957	3139	1480（天津）
乌鲁木齐	3768	3911	4912	4138	4077	4679	4861	3651（连云港）

资料来源：地质出版社地图编辑室. 2007. 中国司机地图册[M]. 北京：地质出版社.

简单地把民族地区首府城市（或省会所在地）距北京市和上海市的距离与其经济发展水平指标（人均地区生产总值）进行拟合，如图 5.7 所示，看来距离政治经济核心区的距离，确实能在一定程度上解释一个地区的发展水平，距离核心区近，能够及时获得来自核心区的发展溢出（development spillover），促进本地区的发展。民族地区远离政治经济核心区，得自这些地区的正溢出效应弱，也是其经济不发达的一个原因。

距离的另一个重要方面是毗邻效应。如果与一个地区毗邻的均是发达地区，那么该地区得到发达地区的正溢出效应强，对于自己的发展是有利的。若毗邻的均是不发达地区，该地区获得的溢出效应弱，呈现出“贫困的空间集聚”。民族地区的毗邻效应从宏观和区际角度看，相毗邻的地区大多是经济发展水平偏低的地区和国家，如哈萨克斯坦、巴基斯坦、缅甸等。从区域内看，区内的贫困地区呈现出集中连片的空间集聚特点。《中国农村扶贫开发纲要》（2011—2020 年）划定的连片特困地区绝大多数在民族地区，如六盘山区、秦巴山区、武陵山区、乌蒙山区、滇桂黔石漠化区、滇西边境山区、大兴安岭南麓山区、罗霄山区及西藏自治区、四省藏族聚居区、新疆维吾尔自治区南疆三地州，它们在空间上集中连片。

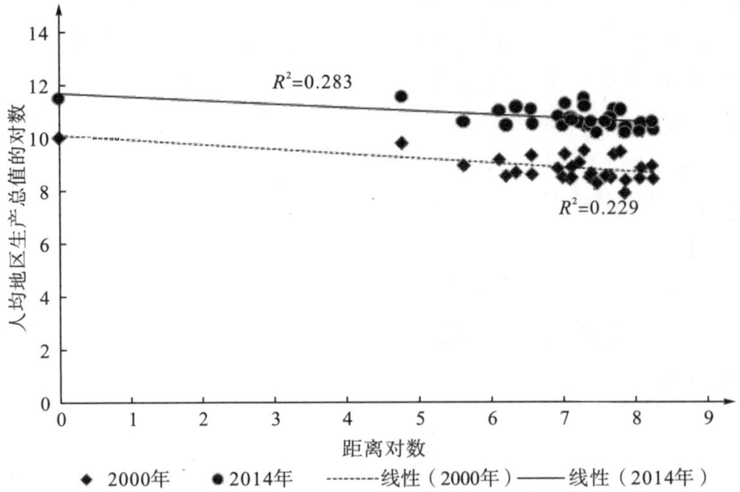

(a)距离北京市铁路运输距离与经济发展的关系

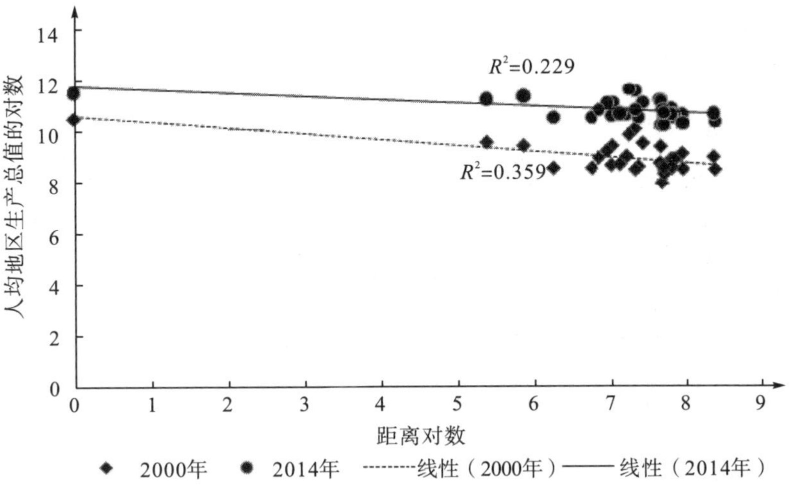

(b)距离上海市铁路运输距离与经济发展的发展的关系

图 5.7　距离与经济发展间的拟合关系

资料来源：作者根据《中国统计年鉴》(2001 年)、《中国统计年鉴》(2015 年)、《中国区域经济统计年鉴》(2014 年)《中国司机地图册》相关数据计算绘制。

3) 分割

民族地区的分割首先来自其自然地理环境的复杂和破碎。这样的地表结构，使得民族地区的“区域开发成本”很高。例如，在山区修公路，1km 的成本是平原地区的 5～10 倍①。简单地把各省级行政区首府或省会城市的海拔高度与各地区人均地区生产总值拟合(图 5.8)，发现两者间存在显著的负相关关系。

中国科学院可持续发展研究组(1999)构造了陆地表面起伏度(relif degree of land surface，RDLS)指数，计算公式为

$$\mathrm{RDLS}=\left\{\frac{\max(h)-\min(h)}{\max(H)-\min(H)}\right\}\times[1-\frac{P(A)}{A}]$$

式中，$\max(h)$为地区的最高海拔高度，m；$\min(h)$为地区的最低海拔高度，m；$\max(H)$为全国的最高海拔高度,m；$\min(H)$为全国的最低海拔高度，m；$P(A)$为地区平地面积，km^2；A为地区的陆地总面积，km^2。

该指数越大，表明地表分割越严重。据此计算民族八省区的地表起伏度分别如下：内蒙古自治区 0.1307、广西壮族自治区 0.2452、贵州省 0.4752、云南省 0.5201、西藏自治区 0.6670、青海省 0.4507、宁夏回族自治区 0.2341、新疆维吾尔自治区 0.3680。从全国看，民族地区地表起伏度是最大的。把各省级行政区地表起伏度与人均地区生产总值拟合，可以看出两者具有显著的负相关关系(图 5.9)。

① 此外，研究表明，陆地海拔每升高 1000m，人体劳动能力就因缺氧而下降 10%左右，正常人在海拔 4000m 以上地区工作时的劳动能力比在近海平原处工作时下降 39.7%；海拔每升高 1000m，内燃机功率就下降 8%～13%，油耗增加 6%。

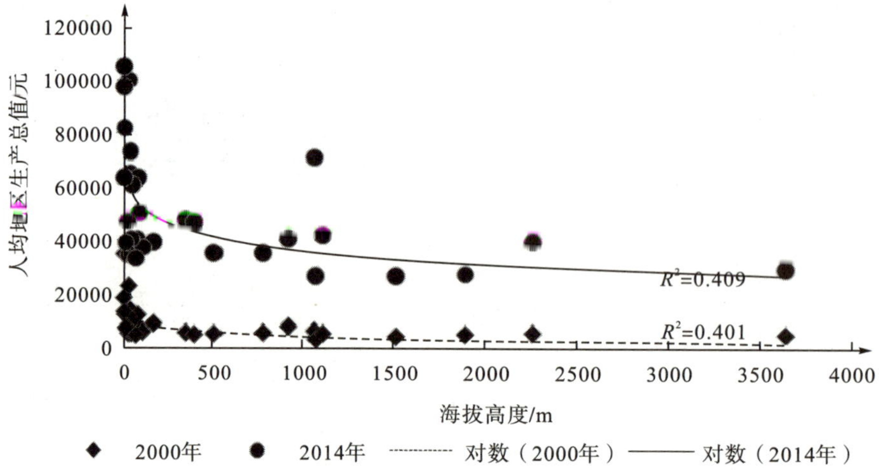

图 5.8 中国省级行政区海拔高度与人均地区生产总值间的关系

资料来源：《中国统计年鉴》(2001 年)(2015 年)、《中国区域经济统计年鉴》(2014 年)和《中国地理图集》相关数据计算绘制。

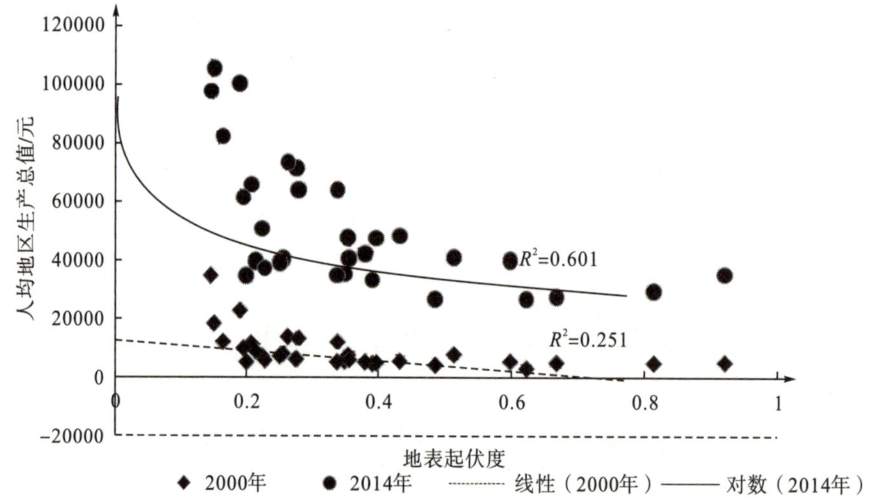

图 5.9 中国省级行政区地表起伏度与人均地区生产总值的关系

资料来源：《中国统计年鉴》(2001 年)(2015 年)、《中国区域经济统计年鉴》(2014 年)和《中国地理图集》相关数据计算绘制。

下面分析民族地区的空间形状。直观上看，如果一个地区在空间上越是紧凑，由于空间压缩，各地距离相对缩短，总体上增加了交通的便利性。在地学领域，表征形状的指数有很多种，如形状率、圆形率、紧凑度等。本书用的是紧凑度(compactness)。紧凑度是衡量场地空间数据图形的完整性和聚集性的指标。它是反映平面外围轮廓形态的一个十分重要的概念，计算公式为

$$C = 2\sqrt{\pi A} / P$$

式中，C 为平面区域的紧凑度；A 为区域面积；P 为区域轮廓周长。

圆是一种形状最紧凑的图形，圆内各部分空间高度压缩。当平面形状为圆形时，C 为

最大值 1；C 值越接近于 1，表示平面图形越规则；其值越小，则表明平面形状与圆形相差越大，形状越不规则。

这里计算了我国 31 个省级行政区的紧凑度指标，同时计算了各地区区内平均距离，计算公式为

$$d_{ii} = 0.75\sqrt{A_i}$$

式中，A_i 为区域 i 的面积。

表 5.8 中计算结果表明，由于地域辽阔，民族地区各行政区内平均距离大，最大的是新疆维吾尔自治区（区域内平均距离约 960km），其次是西藏自治区（区域内平均距离达 822km）、内蒙古自治区（区域内平均距离约 816km）、青海省（区域内平均距离约 635km）。

简单地把我国各省级行政区内部距离与经济发展水平指标（人均 GDP）进行回归（图 5.10），它们间具有显著的对数负相关关系，随着内部距离的扩大，人均 GDP 逐渐变小。

表 5.8　民族八省区紧凑度、区内距离和综合运输线路密度

	内蒙古自治区	广西壮族自治区	贵州省	云南省	西藏自治区	青海省	宁夏回族自治区	新疆维吾尔自治区
紧凑度	0.35	0.48	0.51	0.40	0.54	0.56	0.52	0.60
区内距离	815.74	365.58	314.78	470.85	822.39	635.28	193.26	959.83
综合运输线路密度	0.031	0.030	0.057	0.050	0.032	0.032	0.041	0.026

资料来源：作者根据《中国地理图集》（中国地图出版社，2009 年）、《中国国家地理地图》（中国大百科全书出版社，2011）、《中国统计年鉴》（2015 年）、相关数据计算。

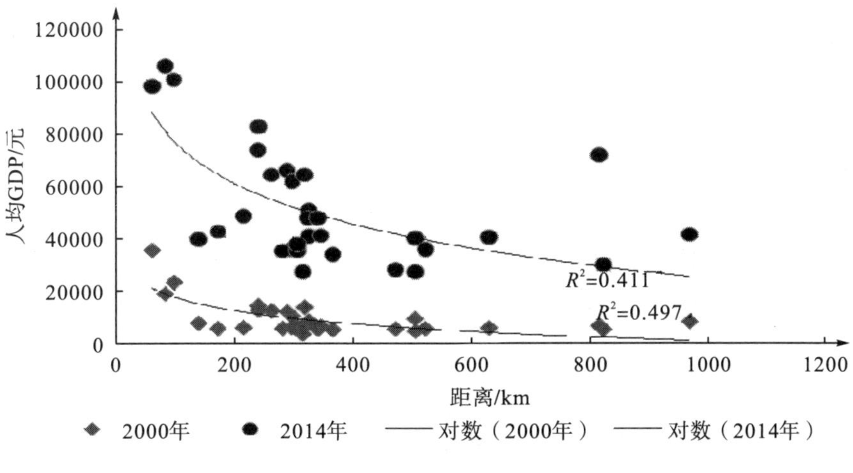

图 5.10　中国 31 个省级行政区内部距离与经济发展间的关系

资料来源：作者根据《中国地理图集》（2009 年）、《中国国家地理地图》（2011 年、中国大百科全书出版社）、《中国统计年鉴》（2011 年）、《中国统计年鉴》（2015 年）相关数据计算绘制。

此种地理上的分割带来经济上的分割。这里考察的主要方面是各地区内城镇距首府的关系、乡镇的通达性和城镇体系。表 5.9 给出了民族八省区内距首府（政府所在地）最近和

最远城市的距离及城镇名称。新疆维吾尔自治区最近与最远相距 2939km，其次是内蒙古自治区(相距 2406km)、青海省(1286km)、西藏自治区(1040km)，最远与最近相距最近的为宁夏回族自治区(381km)、贵州省(430km)。因此，民族地区地域辽阔，区域内各地区间距离大，城镇、乡村聚落在空间上十分分散，城乡间、区域间联系成本高，对于区内经济一体化的形成和交易效率具有抑制作用。

表 5.9　民族八省区内最近城镇与最远城镇距首府(政府所在地)的距离　(单位：km)

	内蒙古自治区	广西壮族自治区	贵州省	云南省	西藏自治区	青海省	宁夏回族自治区	新疆维吾尔自治区
最近城镇	143 (乌兰察布)	88 (宾阳)	28 (清镇)	59 (宜良)	26 (达孜)	80 (海晏)	21 (永宁)	36 (昌吉)
最远城镇	2549 (根河)	590 (全州)	458 (赤水)	827 (瑞丽)	1066 (芝康岔口)	1366 (当金山口)	402 (泾原)	2975 (普兰)
距离差	2406	502	430	768	1040	1286	381	2939

资料来源：地质出版社地图编辑室. 2007. 中国司机地图册[M]. 北京：地质出版社.

另外，从各地区乡镇的通达性看，据全国第二次农业普查资料，民族地区有 9.39%的乡镇有火车站，有 29.85%的乡镇有二级公路通过，只有 40.16%的乡镇离一级公路或高速公路出入口的距离小于 50km，能在 1h 内到达县政府的乡镇比例是 64.25%，这些指标均低于全国及绝大多数其他地区的水平(表 5.10)。

表 5.10　民族地区的区内区位关系(占各地区乡镇数的百分比)(%)

	有火车站的乡镇	有码头的乡镇	有二级公路通过的乡镇	离一级公路或高速公路出入口的距离小于 50km 的乡镇	能在 1h 内到达县政府的乡镇
全国平均	9.62	8.94	46.16	61.34	78.12
东部地区	8.11	13.85	65.89	82.02	91.74
中部地区	10.16	9.36	52.00	69.07	85.15
西部地区	8.19	6.87	30.03	44.44	64.49
东北地区	21.11	3.03	53.63	63.21	87.11
民族地区	9.39	4.87	29.85	40.16	64.25
内蒙古自治区	25.15	0.77	50.31	53.86	73.46
广西壮族自治区	10.75	15.99	42.72	47.78	73.71
贵州省	8.56	6.07	18.56	35.33	59.01
云南省	8.04	2.50	22.76	31.49	52.73
西藏自治区	1.46	0.59	9.22	19.91	41.87
青海省	7.97	0.55	32.69	50.82	64.84
宁夏回族自治区	13.90	3.21	57.75	68.98	85.56
新疆维吾尔自治区	5.13	0.58	36.60	46.62	84.38

资料来源：作者根据《中国第二次全国农业普查资料综合提要》数据计算。

除了上述的分割外，民族地区还面临行政区边界的分割和文化上的分割。行政区边界的分割表现明显的主要在省级行政区间的边缘地带。民族地区是我国少数民族集中聚居的地区，各民族在长期的发展历史中形成了自己独特的文化。

5.3.3　民族地区空间结构对经济发展的约束：进一步考察

从空间结构看，民族地区密度低、距离远、分割较为严重，空间格局不经济，成为制约民族地区发展的重要因素。

1) 经济密度低，集聚力弱，抑制了经济增长

《2009 年世界银行发展报告》指出："发展活动并非给所有地区都带来经济繁荣；市场青睐于某些地区，而忽视另一些地区。然而，使生产活动分散化并不一定促进繁荣"（世界银行，2009）。理论研究也表明，经济活动的空间聚集和经济增长的过程总是相伴相生的，增长促进了聚集，聚集加速了增长(Baldwin et al.，2004)。民族地区经济密度低，城市化水平低，城市体系不完善，缺乏大城市，结果本地市场效应小，集聚力弱；而远离大市场，区内距离大，地理分割导致经济分割，形成分散力，这对于民族地区的发展是不利的。

2) 远离大市场，对外部市场的获得难度大

根据亚当·斯密在《国富论》中论述的经济发展第一定律，"劳动生产力上最大的增进，以及运用劳动时所表现的更大的熟练、技巧和判断力，似乎都是分工的结果"，而"分工受市场范围的限制"（亚当·斯密，1994）。而一个地区企业所面临的市场，可以划分为本地市场、国内其他地区市场和国际市场。以制造业为例，根据藤田昌久等的分析(Fujita et al.，1999)，某个地区(r)制造业产品的需求 q_r 是所有地区的消费者需求量的和。而某个地区 s 对地区 r 生产的一种制造业产品的消费需求为

$$q_{rs}=\mu Y_s(p_r\tau_{rs})^{-\sigma}G_s^{(\sigma-1)} \tag{5.2}$$

式中，Y_s 为地区 s 的收入；μ为制造业产品支出份额(为常数)；令 $E_s=\mu Y_s$，就是地区 s 在制造业产品上的消费支出；τ_{rs} 为把 1 单位制造业产品从地区 r 运输到地区 s 的运输成本(根据假设，运输成本是"冰山式"，即 $\tau_{ij}>1$)；p_r 为在生产地 r 的制造业产品的出厂价格；σ为各种制造业产品之间的替代弹性系数，根据假设，σ是常数且大于 1；G_s 为地区 s 制造业产品的价格指数。

假设制造业产品有 n 种，于是有

$$G_s=\left[\sum_{r=1}^{R}n_r(p_r\tau_{rs})^{1-\sigma}\right]^{\frac{1}{1-\sigma}},\quad s=1,\cdots,R \tag{5.3}$$

根据假设，为了在地区 s 消费 q_{rs} 数量的产品，在地区 r 装运的产品数量必须是它的τ_{rs}倍。这样，地区 r 的制造业产品的总需求为

$$q_r=\sum_{s=1}^{R}q_{rs}\tau_{rs}=\sum_{s=1}^{R}(p_r\tau_{rs})^{-\sigma}E_sG_s^{\sigma-1}\tau_{rs} \tag{5.4}$$

定义市场获得(market access，MA)

$$\mathrm{MA}_r=\sum_{s=1}^{R}\tau_{rs}^{1-\sigma}E_sG_s^{\sigma-1} \tag{5.5}$$

即对地区 r 来讲，对制造业产品的需求是所有地区 s 对地区 r 的产品需求之和构成了地区 r 的市场获得。于是

$$q_r=p_r^{-\sigma}\mathrm{MA}_r$$

一个地区的市场获得由两部分组成：①地区间的运输成本 $\tau_{rs}^{1-\sigma}$，反映了地区间的距离和交易成本关系；②市场容量(market capacity) $E_sG_s^{\sigma-1}$，反映的是地区的购买能力 E_s 与制造业产品的价格指数 $G_s^{\sigma-1}$，而 $G_s^{\sigma-1}$ 又与制造业产品的差异化程度 σ、地区间的运输成本有密切关系。

容易看出，因为 $\sigma>1$，$\dfrac{\partial \mathrm{MA}_r}{\partial \tau_{rs}}<0$，市场获得和运输成本呈现负相关，即给定购买能力和制造业产品差异化程度，运输成本越高，市场获得越小；而且 $\dfrac{\partial^2 \mathrm{MA}_r}{\partial \tau_{rs}^2}>0$，也就是说，运输成本对市场获得的负效应在边际上是递增的。运输成本是和距离及分割密切相关的。民族地区由于远离国内经济核心区，也远离世界经济核心区，区际运输成本高，市场获得小，市场规模难以扩大。

3) 市场规模小，限制了民族地区的工业化

工业化是区域经济发展的必经之道，这对于民族地区也是如此。但是，民族地区由于在自然地理空间结构(地理第一性)上处于不利状态，其工业化道路比发达地区要曲折得多。根据 Baldwin 等(2003)提出的 CC 模型，一个地区要发展工业，其相对市场规模至少要达到某个最低水平，称为边缘点，如果相对市场规模低于这点，就不会有工业。考虑由北部地区和南部地区组成的经济体，假设北部地区是落后地区，南部地区是发达地区，北部地区发展工业的边缘点的表达式为

$$s_E^P=\frac{\phi}{1-\phi\phi^*}\left(\frac{1}{\chi}-\phi^*\right)\frac{1}{1-\beta}$$

式中，ϕ 为北部地区的贸易自由度[$\phi\equiv\tau^{1-\sigma}$，$\tau$ 为北部地区的运输成本(采用萨缪尔森“冰山形式”)]；ϕ^* 为南部地区的贸易自由度[$\phi\equiv\tau^{*(1-\sigma)}$，$\tau^*$ 为南部地区的运输成本]；χ 测度的是比较优势，定义为 $\chi\equiv\left(\dfrac{a_M}{a_M^*}\right)^{1-\sigma}$，$\chi>1$ 表示北部地区有发展工业的比较优势；β 定义为 $\beta\equiv\dfrac{b\rho}{\rho+\delta}$，$0<\beta<1$，它测度的实际上是集聚力指标，其中 $b\equiv\mu/\sigma$，μ 为消费者对制造业产品的消费支出份额，$\sigma>1$ (为不同种类的制造业产品间的不变替代弹性)，ρ 为贴现率，$\delta>0$ 为折旧率。

由此可见，一个地区工业发展的边缘点受贸易自由度(交易成本)、比较优势和经济中的集聚力的影响。容易证明：

$$\frac{\partial s_E^P}{\partial \chi} = -\frac{\phi}{1-\phi\phi^*}\frac{1}{\chi^2} < 0\text{；}\quad \frac{\partial s_E^P}{\partial \phi^*} = \frac{\phi^2 - \chi\phi}{\chi(1-\phi\phi)^2} < 0\text{；}$$

$$\frac{\partial s_E^P}{\partial \phi} = \frac{1}{(1-\phi\phi^*)}\left(\frac{1}{\chi} - \phi^*\right)\frac{1}{1-\beta} > 0\text{；}\quad \frac{\partial s_E^P}{\partial \beta} = \frac{\varphi}{1-\phi\phi^*}\left(\frac{1}{\chi} - \phi^*\right)\frac{1}{(1-\beta)^2} > 0 \tag{5.6}$$

对于民族地区来讲，由于空间结构方面的不利，市场获得不足，市场规模小，虽然具有发展资源型工业的比较优势，但制造业发展的比较优势不足，而且运输成本高，加上分割和集聚力低的影响，西部大开发以来制造业比重不仅没有上升，反而呈现出下降的“去工业化”态势(郑长德，2011)。

4) 区内运输成本高，抑制了区内经济一体化的形成

由于民族地区内部地理结构的非经济性，人口和经济活动的空间高度分散，首先，任何连接边缘地带与中心城市的基础设施建设所需要的投资都十分巨大，如果没有中央政府和其他地区政府的支持和援助，这些基础设施是难以完成的；其次，使地区内部的教育、卫生和能源等设施难以形成规模经济，更无法实现生产部门和工业企业的规模报酬递增效应；再次，民族地区区内距离大，社会经济活动的交易成本(主要是运输成本)高，抑制了产品竞争力的提升；最后，由于民族地区的边缘、分散和贫穷，造成生产要素的边际生产率低，从而区外的生产要素受利润最大化驱动，难以流入，而区内已有生产要素(包括资本、劳动等)还不断流出。所有这些，都极大地抑制了民族地区区内的经济一体化。

总之，密度低、距离远和地区分割共同作用，抑制了民族地区的发展，特别是制造业的发展。不利的空间结构造成路径依赖，无法形成民族地区产业集聚的累进状态。在密度、距离与分割三因素作用下，民族地区与东部地区的空间差距就不足为奇了。改革开放以来，中国经济快速发展，经济集中也日益明朗，区域空间发展沿海化、城市化、城市群化，即经济集中于东部沿海地区，集中于城市区域，更集中于城市群区域。经济活动的集中导致了不平衡的发展，民族地区与发达地区的区域经济发展空间差距拉大，民族地区城市化水平相对滞后，城市群发育程度也较低，由此沦为宏观空间格局中核心边缘结构的外围地区，如果不注意协调空间差距，边缘化会更趋强。因此，民族地区空间结构不利于其经济发展，优化民族地区空间结构具有重要意义。

5.3.4　民族地区空间结构优化的一般思路：集中均衡开发模式

“经济增长在空间上是不平衡的，在空间上均衡分配经济活动的意图只会阻碍经济的增长”。“而不平衡的经济增长和和谐性发展可以并行不悖，相辅相成的”(世界银行，2009)。这就要求“一方面促进生产活动的集中化，另一方面通过实行各种政策来使各地区人民生活水平(包括营养、教育、健康、卫生)平等化”。“要获得经济集中化和社会平等化这两个方面的效益，就需要采取有利于实现经济一体化的政策行动”。从区域发展角度看，此种发展模式可称为“集中均衡开发模式”。按照集中均衡开发模式重塑民族地区经济地理格局，就是要引导人口和经济活动向重点开发区域及区域性中心城镇集聚，而基本公共服务产品的供给大幅度向边远地区和贫困地区倾斜，显著增强民族地区基本公共服

务产品供给能力，让各族人民享有基本均等的公共服务，共享经济社会发展成果。

1. 民族地区空间结构优化的目标

民族地区空间结构优化应以科学发展观、习近平新时代中国特色社会主义思想统领经济社会发展全局，抓住新一轮西部大开发和促进民族地区加快发展的历史机遇，以推动民族地区经济社会发展为主旨，按照生产发展、生活富裕、生态良好的文明发展要求调整空间结构，通过转变发展方式、优化空间结构、提高效益、降低消耗、保护环境，协调经济空间、社会空间、生态空间和文化空间。实现空间开发格局清晰，空间利用效率提高，引导人口集中分布，经济相对集中布局，走空间集约化的发展道路，实现可持续发展能力提升，空间结构得到优化，区域发展协调性增强。最终实现区域协调发展，构建生产空间集约高效，生活空间舒适宜居，生态空间人口、经济、资源环境协调的区域发展格局。民族地区空间结构优化的目标具体有以下方面。

(1) 经济空间优化目标：优化空间开发，努力构建具有地域和民族特色的现代产业集群。按资源分布和特性、主体功能区划分，或分散布局，或打造特色产业园和产业群，依托大城市和城市群发展新型业态、打造特色产业带，形成城乡、区域产业协调发展格局，通过产业的空间集聚提升城镇发展特色和城镇竞争力。新型工业化和新型城镇化协调互动，推动民族地区经济发展方式转变。

(2) 社会空间优化目标：走具有民族地区特色的新型城镇化道路，加快城镇化发展，促进城乡统筹发展。重点发展低位序的小城市，发挥其在城乡统筹中的重要作用，促进特大城市向超大城市晋级，形成具有辐射带动作用的城市群，增强城市集聚能力，形成大中小城市和小城镇协调发展的城镇网络体系。科学确定城市功能，强化职能分工与合作，彰显城市特色，改变民族地区城市资源初级加工职能，提升公共服务职能，发展外向型职能。民族地区形成“一横一纵二核八区”的城镇化战略格局，即构建以新亚欧大陆桥通道为横轴，以包昆通道为纵轴，以重点开发城市化地区为主要支撑的城市化战略格局。推进天山北坡地区、藏中南地区、滇中地区、黔中地区、北部湾地区、西宁地区、宁夏回族自治区沿黄经济区、呼包鄂榆地区等地区的重点开发，形成呼包鄂、南桂昆、北部湾等大城市群和区域性的城市群，建设沿边开发轴线。

(3) 生态空间优化目标：针对民族地区生态空间地域辽阔、生态类型多样但适宜开发的面积较少，资源能源富集但空间分布不均，生态脆弱和自然灾害频繁等现状，进行科学的主体功能区划分，通过生态空间优化的全国统筹，以主体功能区规划为指导，注重问题区域的生态问题，进行能源资源开发集中优化布局，资源开发中重视利益关系调整与生态环境保护，倡导民族地区发展低碳经济，形成生活空间、生产空间和生态空间结构合理、疏密得当的空间格局，构建符合可持续发展的生态空间结构，最终实现生态文明，把民族地区建设成为生态环境质量明显改善，自然和人文景观协调的生态经济区。

(4) 文化空间优化目标：区域现代化进程中进行民族地区文化多样性保护、调适与发展，进行民族地区文化发展的空间整合，发展民族文化产业成为民族地区支柱产业。

2. 民族地区空间结构优化的基本思路

民族地区空间结构优化的基本思路是按照“集中均衡文明发展模式”重塑民族地区经济地理格局。

1) 经济集中化：实施空间集中化战略

(1) 引导人口和“经济活动”向重点开发区域集聚。如表 5.11 所示，根据《全国主体功能区规划》和各省区的“十二五”规划及民族地区区内发展实际，在今后一个相当长时期内(至少到 2020 年，延长到 2030 年)，呼包鄂榆地区、北部湾地区、黔中地区、滇中地区、藏中南地区、兰州-西宁地区、宁夏回族自治区沿黄地区、天山北坡地区等地区将形成民族地区的国家级重点开发区域[①]；内蒙古自治区的东部地区、广西壮族自治区的西江经济带、贵州省的毕水兴经济带、西藏自治区的雅鲁藏布江中上游城镇带、青海省以格尔木和德令哈为重心的柴达木地区、宁夏回族自治区的固原区域中心城市、新疆维吾尔自治区天山南坡产业带等形成省级重点开发区；此外，民族地区的一些资源富集型地区，如四川省的攀西地区，也是今后要着力发展的地区。人口和经济活动应向这些地区集聚。

表 5.11　民族八省区的重点开发区域

	国家级重点开发区域	省级重点开发区域
内蒙古自治区	呼包鄂榆地区	东部地区：赤峰-通辽、海拉尔-满洲里
广西壮族自治区	北部湾地区	西江经济带、桂西地区
贵州省	黔中地区	毕水兴经济带、东南部特色综合经济区
云南省	滇中地区	以城市群为主体：包括以个开蒙建、文砚丘为重点的滇东南次级城市群；以丽江为重点，香格里拉、六库点状开发的滇西北次级城市群；以景洪、思茅、临翔为重点的滇西南次级城市群；以昭阳、鲁甸一体化为重点的滇东北次级城市群
西藏自治区	藏中南地区	雅鲁藏布江中上游城镇带，尼洋河中下游城镇带，青藏铁路沿线城镇带
青海省	兰州-西宁地区	以格尔木和德令哈为重心的柴达木地区
宁夏回族自治区	宁夏回族自治区沿黄地区	固原区域中心城市
新疆维吾尔自治区	天山北坡地区	天山南坡产业带

资料来源：作者根据《全国主体功能区规划》和各省区“十二五”规划纲要整理。

另外，需要特别强调的是，民族地区位于我国的边疆，分别与 15 个国家接壤。沿边发展构成了这些地区区域发展的独特部分。截至 2014 年底，民族地区除青海省没有口岸外，其余省区有航空、铁路、公路与水运等一级口岸总计 61 个，除航空口岸外，公路、铁路口岸全部建在边境处，部分水运口岸也在边境附近，众多城市依托这些口岸得以繁衍生息，成为我国民族地区社会发展的中心地及国防建设的重要关口，同时也是我国对外开放的门户和桥梁，是拓展周边国际市场的根据地和出发点。因此，以沿边作为空间开发轴

① 《国务院关于印发全国主体功能区规划的通知》(国发〔2010〕46 号)。

线，建设沿边对外开放经济带，积极发展沿边特色产业和边境贸易，推进贯通边境县(市)的交通基础设施建设，加快跨境经济合作区和重点开发开放试验区建设，将边境地区建设为边疆民族地区兴边富民、加快经济社会发展的增长带。

(2)加快城镇化的进程，培育新的经济增长极。民族地区的空间集中化战略的载体是城镇，城镇建设是民族地区空间开发的重点。①构建以快速铁路为发展主轴，以重点开发区为战略重点，以其他重点城市化地区为重要组成，以快速铁路沿线和高速公路网络节点上的重点城市为支撑，能更便捷地融入全国经济大循环的城镇化战略新格局。②依托区域性中心城市，积极推进重点城市化地区的城镇化进程，把这些区域性中心城市建成新的经济增长极。③依托交通主轴，加快把有条件的县城培育发展为区域性重要的中等城市，同时扶持发展一批具备资源开发、旅游度假、加工制造、商贸流通等功能的特色小城镇。④大力推进农村人口向城镇转移。以实现农民工定居为重点，以户籍制度改革为突破口，把加快城镇化与促进农村人口向城镇有序转移、限制开发地区人口向重点开发地区有序转移结合起来，稳步推进农民工市民化，不断提升城镇化的质量与水平。

(3)通过生态移民和扶贫开发移民逐步实现民族地区人口的相对集中。人口的相对集中是空间集中化的前提。经济活动空间演进的最核心特征是集聚，在原来处于低水平均衡状态的均质空间中出现增长极点，增长极点将发挥其强大的吸纳和辐射功能，由此形成城市和集镇，区域增长极的形成是产业集聚的结果。生态移民会引起人口的集聚。在民族地区，生态移民和扶贫开发移民为人口的相对集中提供了重要的契机。生态移民和扶贫开发移民不仅仅是人类活动有意识地从生态脆弱区域或不适居住区退出，从而保证自然界的再生产获得良好的条件，更是通过自然界自身的代谢能力实现脆弱生态的重新修复。生态移民和扶贫开发移民更是经济移民，具有重要的经济意义，是实现民族地区的集中化发展战略的重要前提(钟海燕和郑长德，2013)。

(4)大力调整产业结构，培育民族地区空间集中的产业支撑。空间集中的实质是经济活动的集中，是产业在空间上的聚集发展，因此，空间集中需要强有力的产业支撑。而非农产业，特别是制造业和服务业的集聚力是最强的。所以，针对民族地区产业发展的实际：①要延伸农牧业产业链，大力发展以农业资源为基础的加工工业；②在资源型工业的发展中，特别注意资源型工业的深加工，加强与高校和科研单位的合作，建立工业园区，加快制造业的发展；③要特别重视旅游资源开发和旅游业的发展，充分发挥旅游业的产业关联效应和乘数效应，提升产业集聚力。

2)社会平等化：基本公共服务的供给均等化战略

世界银行《2009 年世界发展报告》指出，经济生产集中和生活水平地区平等其实是可以同时实现的，只要“通过公共制度、基础设施和干预措施的最佳组合，将同时实现不平衡的增长和和谐发展”(世界银行，2009)。针对促进民族地区内部的一体化和民族地区与发达地区的一体化，这样的政策组合要求有以下方面。

(1)公共制度。考虑到我国经济体制改革在空间上的不均衡推进，民族地区市场经济制度的建设总体上滞后，因此在制度建设上，民族地区需大力推进市场化改革，加快市场基础制度的构建，特别是可有效实施的产权制度，增强商品市场、劳动力市场的竞争程度，这是改善发展环境，降低交易成本的重要举措。

(2)基础设施。西部大开发以来，通过大规模交通通信基础设施建设，民族地区与外部联系的通道骨架已基本形成，高速公路有了大幅度增加。根据国家高速公路网和铁路的中长期发展规划，在未来发展中，民族地区的路网规模还将继续扩大和完善，现代综合交通通信网络体系的形成指日可待，这将更有利于民族地区克服与国际国内发达地区、大市场的距离远的问题，加强与这些地区的联系能力。未来，民族地区基础设施的建设要更加重视区内交易成本的改进，优先实现区域内市场的一体化，扩大本地市场范围。例如，提高民族地区内部县与县、县与乡镇、乡镇间的交通通信的质量，提高公路等级，逐步取消各类道路收费项目，加快设施“村村通”道路交通工程，加快实施农村电网改造工程，等等。这些工程是促进农村发展和农民增收的引擎项目。

(3)干预政策。中央政府和各级地方政府为促进民族地区的发展采取了一系列针对性的政策措施，如兴边富民、支持人口较少民族发展、支持集中连片贫困地区等。未来的发展干预除了继续执行和完善已有的发展援助政策外，提高民族地区基本公共服务的供给能力，促进民族地区投资环境改善，各种补偿政策的完善，将是干预政策的主要选择。

3. 实施生态文明发展战略

以主体功能区规划为指导，在经济集中化和社会平等化发展中关注问题区域的生态问题，实现生态空间优化。

4. 构建包容性文化空间

区域现代化进程中进行民族地区文化多样性保护、调适与发展，进行民族地区文化发展的空间整合，发展民族文化产业成为民族地区支柱产业。其中，把生态文明建设放在突出地位，融入经济空间优化、社会空间优化、文化空间优化各方面和全过程。

5.4 民族地区经济空间优化：产业集聚与经济发展

空间集中的实质是经济活动的集中，是产业在空间上的聚集发展，因此空间集中需要强有力的产业支撑。民族地区经济活动空间分布呈现低水平核心边缘结构，产业集聚不足，需要以加强产业集聚优化经济空间，促进经济发展。

5.4.1 产业集聚与区域经济发展的理论探讨

经济增长是不平衡的，空间上均衡分配经济活动只会阻碍经济的增长。空间集聚与空间增长是经济社会发展中如影随形的两个过程，二者之间的正相关性不仅在现实区域经济发展中得到验证，而且在理论上一直被经济学家们所强调。Baldwin 等(2003)把增长和地理集聚模型化为相互自我强化的过程。Fujita 和 Thisse(2002)认为增长和集聚是并进的。

Baldwin 和 Martin(2004)提出空间集聚有益于增长。产业集聚带来经济增长，随着产业集聚产生的人才集中有利于知识的获取与传播，从而引起经济增长。

如果规模报酬是递增的，任何企业都会选择市场规模大的地区，并形成循环累积效应。中心区空间集聚带来空间增长的正效应，提高中心区经济效率，中心和外围的区域差距由此拉大。如果产业集聚所产生的经济增长效应足够大，可能会带来外围区人们福利的提高，产业集中带来更高的经济增长，使每个人的生活得到改善。当集聚不能促进足够的经济增长时，情况可能会相反(郑长德，2009b)。下文对民族经济空间分布和产业集聚情况的分析佐证了这一结论。民族地区经济空间分布呈现低水平核心-边缘结构，出现相对发达的一些空间集聚区和滞后的集中连片贫困地区。该区域形成了一些产业集群，但由于其规模有限、力量薄弱，尚未打破核心-边缘结构的空间陷阱，集聚不足以带动经济增长，由此提出以加强产业集聚优化民族地区经济空间的思路。

克鲁格曼提出，当中心区制造业水平高到一定水平后，地区间工资差距可能非常大。单个厂商在另一个地区建立制造业就会有利可图，这个地区又会发展自身的循环累积优势，导致工资的大幅度增长，依此类推。在产业发展生命周期中，率先工业化的国家在最终形成成熟的产业结构前，首先发展劳动密集型产业或其他部门关联弱的产业。这里给予我们两点启示：①民族地区与发达地区差距不会无限拉大，通过向民族地区布局产业，例如引入大型企业、企业集团，能够促成新的产业集聚；②我国东部沿海地区逐步进行产业升级，东部地区产业转移也会为民族地区提供新的发展契机(藤田昌久等，2005)。

5.4.2 民族地区经济活动空间分布

1)民族地区空间基尼系数和集中度测算

Lorenz 在研究居民收入分配时创立了揭示社会分配平均程度的洛伦兹曲线。Gini 依据洛伦兹曲线提出计算收入分配公平程度的统计指标——基尼系数。Krugman(1991b)运用洛伦兹曲线和基尼系数测定行业在区域间分配均衡程度时提出空间基尼系数。依据 Krugman(1991b)空间基尼系数，本书修正后的空间基尼系数计算公式为

$$G=\sum(s_i-x_i)^2$$

式中，G 为空间基尼系数；S_i 为 i 地区生产总值占全区地区生产总值的比重；x_i 为 i 地区人口占全区人口的比重或者 i 地区土地面积占全区土地面积的比重。

地区生产总值是生产力的货币表现，是体现生产力水平的最重要经济指标，其空间上的布局能够很好地反映出区域生产力的空间分布情况。空间基尼系数越高(最大值为 1)，表明集聚程度越大，即经济活动在地理上越集中。本书分别计算 2013 年民族地区各省区的空间基尼系数(包括按人口和按土地面积)并选取各省区地区生产总值排名前三的地区，计算排名第一位地区生产总值占全区比重和排名前三位地区生产总值占全区的比重，即集中度。2013 年民族地区各省区经济活动空间分布结果如表 5.12 所示。

表 5.12　2013 年民族地区各省区经济活动空间分布

地区	空间基尼系数（人口）	空间基尼系数（土地面积）	首位地区集中度	前三位地区集中度	地区生产总值排名前三地区
内蒙古自治区	0.0464	0.1868	0.21	0.54	鄂尔多斯市、包头市、呼和浩特市
广西壮族自治区	0.0130	0.0335	0.19	0.45	南宁市、柳州市、桂林市
贵州省	0.0337	0.0613	0.24	0.57	贵阳市、遵义市、毕节市
云南省	0.0342	0.0805	0.29	0.53	昆明市、曲靖市、玉溪市
西藏自治区	0.0600	0.2057	0.35	0.65	拉萨市、日喀则市、昌都市
青海省	0.0826	0.3260	0.45	0.83	西宁市、海西州、海东市
宁夏回族自治区	0.0547	0.1934	0.50	0.83	银川市、石嘴山市、吴忠市
新疆维吾尔自治区	0.0614	0.1314	0.23	0.46	乌鲁木齐市、克拉玛依市、巴音郭楞蒙古自治州

数据来源：作者根据《中国区域经济统计年鉴 2014》中数据计算得出。

民族地区各省区无论从基于人口还是土地面积的空间基尼系数看，系数取值均较低，经济活动空间分布较分散。从集中度看，各省区经济发展不平衡情况很显著，均呈现低水平核心–边缘结构。

内蒙古自治区经济活动主要集中于呼包鄂地区。广西壮族自治区经济活动主要集中于北部湾沿岸地区。贵州省经济活动主要集中于贵阳市、遵义市和毕节市。云南省经济活动主要集中于滇中地区的昆明市、曲靖市、玉溪市等。西藏自治区经济活动集中于拉萨市、日喀则市、昌都市。青海省经济活动主要集中于东部以西宁市为中心的核心区。宁夏回族自治区集中于银川市、石嘴山市、吴忠市等沿黄地区。新疆维吾尔自治区乌鲁木齐-克拉玛依-阿拉山口的天山北坡地经济带是经济活动集聚区。

2) 民族地区内部经济空间差距

为进一步探究民族地区内部经济空间差距，这里首先以各省区地级行政区为单位，计算了各省区内部人均地区生产总值和地均生产总值(经济密度)的平均值、最大值与最小值，并给出了最大值/最小值的比例，如表 5.13 所示。可以看出，各省区经济发展水平区域间差距非常显著，其中经济密度的差距远远高于人均地区生产总值的差距。

表 5.13　民族八省区内部的经济差距(2014 年)

地区	人均地区生产总值/元				经济密度/(万元/km^2)			
	平均值	最大值	最小值	最大值/最小值	平均值	最大值	最小值	最大值/最小值
内蒙古自治区	71046	200152	28741	6.96	150	3535	12	305.56
广西壮族自治区	33090	65179	17467	3.73	662	7847	180	43.70
贵州省	26437	55019	19369	2.84	526	3108	231	13.45
云南省	27264	56236	12480	4.51	325	1767	64	27.81
西藏自治区	29252	—	—	—	8	103	1	103
青海省	39671	101767	14180	7.18	32	1436	3	478.67
宁夏回族自治区	41834	65942	16268	4.05	530	1859	178	10.43
新疆维吾尔自治区	40648	153084	8993	17.02	57	6408	8	803.97

资料来源：各省区 2015 年统计年鉴，面积数据来自《中国区域经济统计年鉴 2011》。

总体上看，无论是经济密度还是人均地区生产总值，都无一例外地反映出民族地区经济密度低、经济空间差异大，实际上形成了以少数集聚区为增长极，低水平核心边缘结构的经济空间形态。数据显示，2014 年人均地区生产总值鄂尔多斯市突破 20 万元，克拉玛依市、阿拉善盟、包头市、乌海市和海西蒙古族藏族自治州在 10 万～20 万元；经济密度居前列的是：钦州市、石河子市、乌海市、贵阳市、北海市。

进一步的分析如图 5.11 所示。图 5.11 给出了 1999～2014 年民族八省区人均地区生产总值的基尼系数和城乡居民人均收入比例（反映城乡差距）的变化趋势，可以看出各地区区域发展差距的变化各有特色。

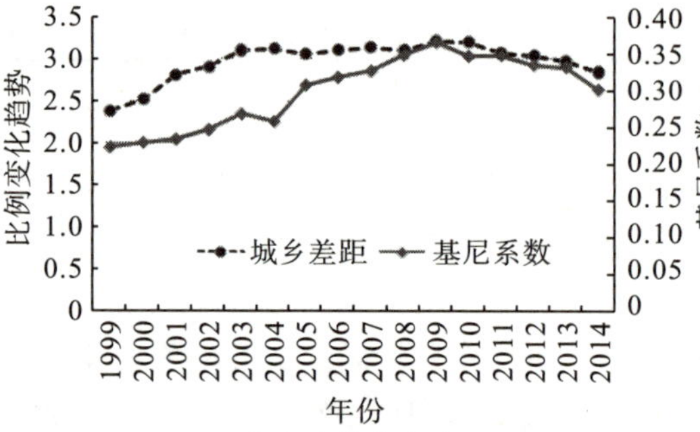

（a）内蒙古自治区

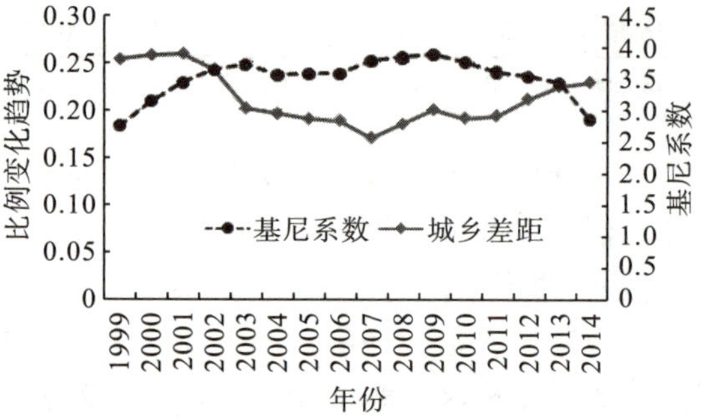

（b）广西壮族自治区

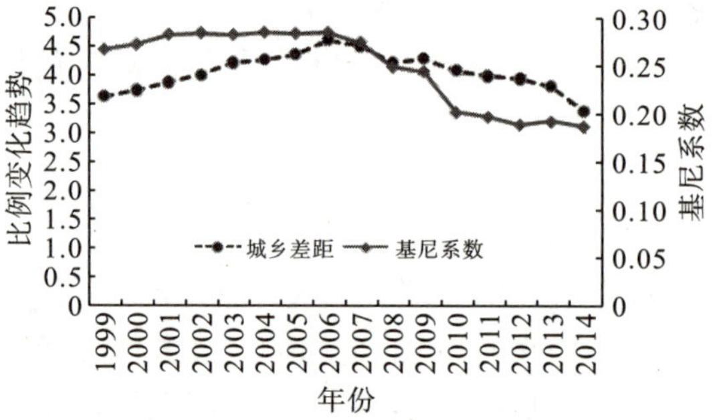

（c）贵州省

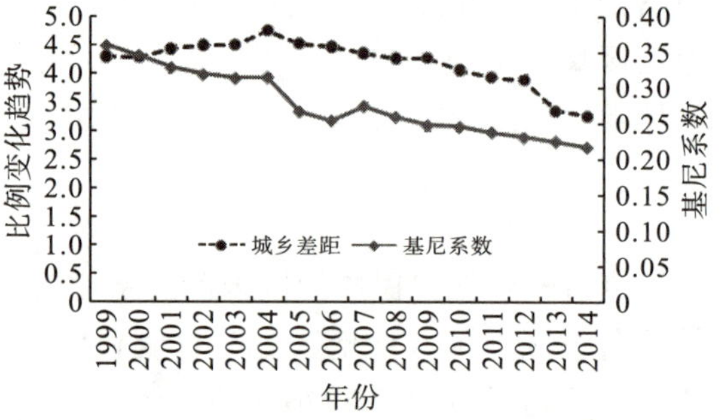

（d）云南省

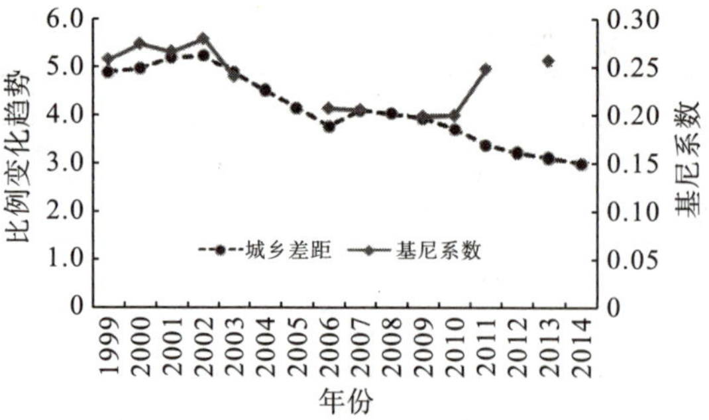

（e）西藏自治区

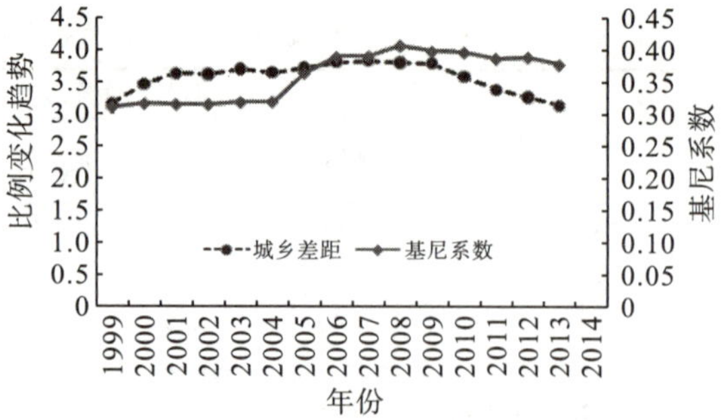

（f）青海省

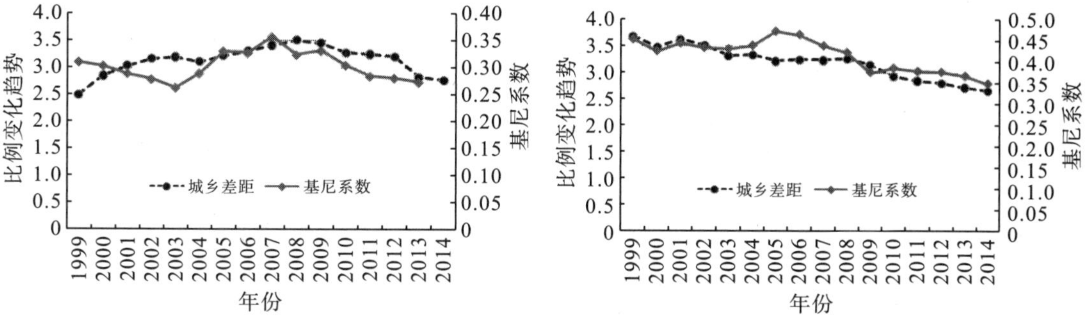

（g）宁夏回族自治区　（h）新疆维吾尔自治区

图 5.11　民族八省区经济发展的地区差距与城乡差距

资料来源：作者根据《中国区域经济统计年鉴》数据计算。

3) 民族地区贫困的空间集聚

从前面民族地区经济空间分布分析发现民族地区各省区呈现一定的核心-边缘结构，经济活动集中在少数集聚区。与之相对应的，民族地区经济滞后地区也呈现一定的空间集聚特征，经济的滞后往往伴随着生活的贫困，形成一些集中连片贫困地区，主要包括藏族聚居区、新疆维吾尔自治区南疆三地州、滇桂黔石漠化区、滇西边境山区、六盘山区、武陵山区、乌蒙山区、大兴安岭南麓山区等深度贫困地区。

2012 年国务院扶贫开发领导小组办公室确立了 592 个国家扶贫开发工作重点县，主要集中在西部，有 375 个国家级贫困县，其中西部国家级贫困县又主要集中在民族八省区，共 232 个，如表 5.14 所示。

表 5.14　民族八省区国家扶贫开发工作重点县

地区	数量	县级行政区
内蒙古自治区	31	武川县、阿鲁科尔沁旗、巴林左旗、巴林右旗、林西县、翁牛特旗、喀喇沁旗、宁城县、敖汉旗、科尔沁左翼中旗、科尔沁左翼后旗、库伦旗、奈曼旗、莫力达瓦达斡尔族自治旗、鄂伦春自治旗、卓资县、化德县、商都县、兴和县、察哈尔右翼前旗、察哈尔右翼中旗、察哈尔右翼后旗、四子王旗、阿尔山市、科尔沁右翼前旗、科尔沁右翼中旗、扎赉特旗、突泉县、苏尼特右旗、太仆寺旗、正镶白旗
广西壮族自治区	28	隆安县、马山县、上林县、融水县、三江县、龙胜县、田东县、德保县、靖西县、那坡县、凌云县、乐业县、田林县、西林县、隆林县、昭平县、富川县、凤山县、东兰县、罗城县、环江县、巴马县、都安县、大化县、忻城县、金秀县、龙州县、天等县
贵州省	50	六枝特区、水城县、盘州、正安县、道真县、务川县、习水县、普定县、镇宁县、关岭县、紫云县、江口县、石阡县、思南县、印江县、德江县、沿河县、松桃县、兴仁县、普安县、晴隆县、贞丰县、望谟县、册亨县、安龙县、大方县、织金县、纳雍县、威宁县、赫章县、黄平县、施秉县、三穗县、岑巩县、天柱县、锦屏县、剑河县、台江县、黎平县、榕江县、从江县、雷山县、麻江县、丹寨县、荔波县、独山县、平塘县、罗甸县、长顺县、三都县
云南省	73	东川区、禄劝县、寻甸县、富源县、会泽县、施甸县、龙陵县、昌宁县、昭阳区、鲁甸县、巧家县、盐津县、大关县、永善县、绥江县、镇雄县、彝良县、威信县、永胜县、宁蒗县、宁洱县、墨江县、景东县、镇沅县、江城县、孟连县、澜沧县、西盟县、临翔区、凤庆县、云县、永德县、镇康县、双江县、沧源县、双柏县、南华县、姚安县、大姚县、永仁县、武定县、屏边县、泸西县、元阳县、红河县、金平县、绿春县、文山市、砚山县、西畴县、麻栗坡县、马关县、丘北县、广南县、富宁县、勐腊县、

续表

地区	数量	县级行政区
		漾濞县、弥渡县、南涧县、巍山县、永平县、云龙县、洱源县、剑川县、鹤庆县、梁河县、泸水县、福贡县、贡山县、兰坪县、香格里拉县、德钦县、维西县
青海省	15	大通县、湟中县、平安区、民和县、乐都区、化隆县、循化县、泽库县、甘德县、达日县、玛多县、杂多县、治多县、囊谦县、曲麻莱县
宁夏回族自治区	8	盐池县、同心县、原州区、西吉县、隆德县、泾源县、彭阳县、海原县
新疆维吾尔自治区	27	巴里坤哈萨克自治县、乌什县、柯坪县、阿图什市、阿克陶县、阿合奇县、乌恰县、疏附县、疏勒县、英吉沙县、莎车县、叶城县、岳普湖县、伽师县、塔什库尔干塔吉克自治县、和田县、墨玉县、皮山县、洛浦县、策勒县、于田县、民丰县、察布查尔锡伯自治县、尼勒克县、托里县、青河县、吉木乃县

资料来源：国务院扶贫开发领导小组办公室网站。

5.4.3 民族地区的产业集聚

按照《2014中国城市统计年鉴》提供的各城市分行业从业人员数量，本书计算出民族地区 19 个行业的绝对集聚程度及主要聚集地。采用基尼系数的简单公式如下：

$$G = 1 - \frac{1}{n}\left(2\sum_{i=1}^{n-1} A_i + 1\right)$$

式中，n 为分组数；A_i 为从第 1 组累计到第 i 组从业人员比重。

主要聚集地选取集聚程度最高的四个城市。结果显示，民族地区各行业集中度整体水平不高，差异较大。民族地区经济发展与资源要素分布具有较强的空间耦合性，以资源密集型和劳动密集型产业为主。农牧业比重大，集聚度高，三产中劳动密集型产业的产值和就业比重较大，第二产业中制造业比重较高，与资源相关的能源、原材料比重大，以采掘、能源、原材料工业为主，深加工工业比重低，高科技产业比重低。总体看，低端产业有一定的集聚，而高端产业集聚度不高。农业主要集中在内蒙古自治区的通辽市、呼伦贝尔市、巴彦淖尔市、赤峰市等地，已形成畜牧业产业集群。采矿业集聚度高，主要聚集于内蒙古自治区的乌海市、赤峰市、鄂尔多斯市、呼伦贝尔市，内蒙古自治区形成了矿业集群，六盘水市、曲靖市、银川市、克拉玛依市等地采矿业也有一定集聚。民族地区的区域性中心城市，如昆明市、南宁市、贵阳市、呼和浩特市、乌鲁木齐市等各行业集聚效应明显，尤其是住宿、餐饮业，房地产业，租赁和商业服务业，居民服务和其他服务业等，说明经济正在崛起。

表 5.15　2013 年民族地区分行业集聚程度

行业	基尼系数	主要聚集地
农、林、牧、渔业	0.613	通辽市、呼伦贝尔市、巴彦淖尔市、赤峰市
采矿业	0.642	乌海市、赤峰市、鄂尔多斯市、呼伦贝尔市
制造业	0.475	昆明市、贵阳市、南宁市、柳州市
电力、燃气及水的生产和供应业	0.344	昆明市、贵阳市、呼和浩特市、银川市
建筑业	0.582	昆明市、贵阳市、南宁市、乌鲁木齐市

续表

行业	基尼系数	主要聚集地
交通运输、仓储及邮政业	0.556	昆明市、贵阳市、南宁市、乌鲁木齐市
信息传输、计算机服务和软件业	0.487	昆明市、贵阳市、南宁市、呼和浩特市
批发和零售业	0.554	昆明市、贵阳市、南宁市、乌鲁木齐市
住宿、餐饮业	0.632	昆明市、贵阳市、南宁市、乌鲁木齐市
金融业	0.418	昆明市、南宁市、呼和浩特市、包头市
房地产业	0.628	昆明市、贵阳市、南宁市、乌鲁木齐市
租赁和商业服务业	0.636	昆明市、贵阳市、南宁市、柳州市
科学研究、技术服务和地质勘查业	0.575	昆明市、贵阳市、南宁市、乌鲁木齐市
水利、环境和公共设施管理业	0.370	昆明市、南宁市、呼和浩特市、柳州市
居民服务和其他服务业	0.705	昆明市、贵阳市、南宁市、呼和浩特市
教育	0.323	昆明市、南宁市、遵义市、玉林市
卫生、社会保障和社会福利业	0.357	昆明市、贵阳市、南宁市、乌鲁木齐市
文化、体育和娱乐业	0.536	昆明市、贵阳市、南宁市、乌鲁木齐市
公共管理和社会组织	0.312	昆明市、贵阳市、南宁市、遵义市

资料来源：作者根据《中国区域经济统计年鉴 2014》数据计算得出。

民族地区属于自然资源富集区，其经济发展主要依赖于资源开发，特别是西部大开发以来，大批以资源为依托的企业迅速聚集，形成了民族地区资源型产业集群，如内蒙古自治区的煤炭、电力、乳业、羊绒产业；内蒙古自治区、宁夏回族自治区的高载能产业；青海省的盐化工产业；贵州省的磷化工产业等。依托资源优势形成的优势产业既是经济高速增长的主导产业，又成为消耗能源、污染环境的主体，而且终将面临资源枯竭问题。例如，西北绝大多数城市以煤为主的能源结构和以重化工业为主的工业结构，导致高能耗、高污染，而且部分城市依河而建，是河谷型城市，受地形影响，环境污染治理相对困难。新一轮西部大开发时期资源和环境约束日益趋紧，民族地区经济发展需要在发展的过程中逐渐减少对资源开采的依赖，寻求新的发展途径，这势必要求资源型产业转型和升级。

5.4.4　民族地区经济空间优化思路

1) 以空间集中促进民族地区产业布局优化

空间集中的实质是经济活动的集中，是产业在空间上的聚集发展，因此空间集中需要强有力的产业支撑。而非农产业，特别是制造业和服务业的集聚力最强。所以，针对民族地区产业发展的实际：①要延伸农牧业产业链，大力发展以农业资源为基础的加工工业；②在资源型工业的发展中，特别注意资源型工业的深加工，加强与高校和科研单位的合作，建立工业园区，加快制造业的发展；③要特别重视旅游资源开发和旅游业的发展，充分发挥旅游业的产业关联效应和乘数效应，提升产业集聚力。

(1) 第一产业依托民族地区资源优势集中布局，发展特色农业，实现传统的农业结构转型及其空间布局优化。①促进农产品向优势产区集中，尽快形成优势特色农业产业带。②推进农业产业化经营，以工业化带动农业的产业化发展，形成农户-农业基地-龙头企业的三级利益联结机制。加大农产品深加工力度，形成具有民族地区特色和比较优势的农产品深加工产业链，提高农业竞争力，使农业尽可能多地从农业产业链条和农业功能拓展中获得更多收入。③促进农业人口向县城、中心镇集中，走工业化、城镇化、产业化并举的路子，实现一二三产业互动和城乡经济共融。

(2)第二产业坚持以信息化带动工业化，以工业化促进信息化，走出一条科技含量高、经济效益好、资源消耗低、环境污染少、人力资源优势得到充分发挥的新型工业化道路。实施集群化战略和产业升级战略，大力发展特色优势产业和产业集群，建设产业基地。例如，呼包鄂地区建设能源、煤化工基地，农畜产品加工基地和稀土新材料产业基地，北方地区重要的冶金和装备制造业基地；宁夏回族自治区沿黄经济区建设能源化工、新材料基地，清真食品及穆斯林用品和特色农产品加工基地；黔中地区建设能源原材料基地、以航天航空为重点的装备制造基地、烟草工业基地、绿色食品基地。

(3)第三产业中劳动密集型产业还将长期存在，大力发展具有资源优势和市场需求潜力大的服务业，运用现代经营方式和信息技术改造提高传统服务业，加快发展现代服务业。旅游业发展充分发挥民族地区旅游资源优势，坚持实施旅游精品战略。利用人力资源优势，着力培育对劳动力具有极大吸纳能力、提供较多就业岗位、产业链比较长、附加价值较高的现代服务业。积极打造休闲产业集群，大力发展为生产环节服务的现代金融业、信息服务业、商务服务业、现代物流业，充实房地产、餐饮业、社区服务业及其他生活服务业，使经济区现代服务业落后的状况有明显的改善。例如，广西壮族自治区北部湾地区建设面向东盟国家的国际性物流基地和商贸基地。

2)促进民族地区产业集聚，发展特色产业集群和重点产业区

民族地区各省区应积极促进产业集聚，规划产业集聚与配套发展集聚区或集聚基地，明确集聚区或基地的主导产业及产业链，引导产业链条上的企业之间在技术、产品等方面配套，吸引新的同类或相关企业进入。发展产业园区、集聚区、基地和产业化发展项目，统筹引导，用产业集聚与配套发展规划引导企业向集聚化方向发展，增加产业集聚效应，形成区域分工有序、相互协作、前后配套、连接紧密、各具特色的产业集聚与配套发展格局。

到 2020 年，民族地区产业集聚将形成几个重点开发区：川滇黔接壤区能源资源重点开发区、青新盆地油气资源重点开发区、呼包鄂能源矿产重点开发区、广西北部湾国际物流与外贸重点开发区。到 2020 年，民族地区主要形成三个方面的特色产业集聚：特色农业资源集群、资源型矿产集群、制造业集群。特色农业资源集群主要指新疆维吾尔自治区、内蒙古自治区、西藏自治区等地的西部畜牧业集群，广西壮族自治区、云南省等地的华南热带作物产业集群。资源型矿产集群主要包括新疆维吾尔自治区塔里木、青海省柴达木的油气产业集群，呼包鄂地区的能源、煤化工集群，云贵地区的矿产集群。制造业集群主要分布在南贵昆地区。

3）进行民族地区资源型产业的转型和升级，形成新型工业化布局

民族地区资源型产业的发展要考虑民族地区环境承载能力。促进资源开发由粗放型向集约型转变，生产方式由高能耗、高消耗、高污染向低能耗、低消耗、低排放转变。围绕优势资源开发，利用资源优势和已有的产业基础，积极培育资源循环产业链，通过对资源的深加工、延长产业链，完善产业配套体系，着力培育发展接替产业和新兴战略产业，促进产业适度多元化，将资源优势转变为产业优势，尽快改变单纯向外输出资源的状况。用高新技术改造传统产业，发展新能源、开发新材料，利用新材料开发生产新产品，实现资源型产业结构优化升级。大力培育战略型新兴产业，高附加值产业，培育新的经济增长点，把提升传统资源型产业与大力培育战略型新兴产业相结合，如利用民族地区发展风能、太阳能等新能源产业的资源优势和产业基础，使传统优势产业、战略性新兴产业和现代服务业协调发展。

4）承接产业转移，优化民族地区经济空间结构

承接产业转移是民族地区新时期调整产业结构，促进区域经济发展的重要途径。随着全球经济的发展，我国积极参与国际的分工与合作，民族地区逐步发展成为国际产业转移的主要承接地。民族地区有条件的大中城市和一些边境地区应加强与周边国家的次区域合作，积极承接国际产业转移，大力发展外包服务业，建设服务外包产业基地。在国内结构调整中，促进东部发达地区产业按照市场经济规律，跨区域转移到民族地区，实现资源的最佳配置，促进分工结构的优化，同时也便于民族地区发挥后发优势，赶超发达地区。新一轮西部大开发时期，民族地区正面临着产业转移的大好时机，能否抓住这次机遇是民族地区缩小发展差距、振兴经济的关键。

培育好民族地区的产业承接能力。在民族地区选择依托重要交通干线布局的条件较好区域，与东部发达地区合作建立产业园区、产业化基地以及承接产业转移的示范区，促进产业集聚，建立产业转移平台，并给予投资、信贷、土地等方面的政策支持。加强东中西产业互动，通过承接产业和技术转移推动民族地区产业结构优化升级，在民族地区发展新兴产业，构筑民族地区产业优势，增强民族地区的产业支撑。在产业转移中有几点值得注意：①民族地区并非所有地区都适宜大规模发展产业，所以承接产业转移的对象应有所选择；②民族地区承接的产业并非一定是发达地区相对落后产业，可以转移优质产业甚至是国际先进产业；③不能盲目承接产业转移，防止被淘汰的具有污染性的产业向民族地区转移，不能盲目承接破坏环境的产业；④选择承接的产业要对民族地区内生增长起作用。

5）重点开发区以产业集群促进区域创新体系建设

区域创新体系主要是由地理上相互分工与关联的生产企业、高校、科研机构、中介服务机构等构成的区域性组织系统。该系统支持并产生区域内的制度创新、技术创新、管理创新和服务创新，产生新的系统功能，实现更有效的资源配置方式，形成区域竞争优势。产业集群是区域创新体系的重要载体，产业集群内的企业及其他机构聚集在一定地理区域内，存在创新的条件和环境，集群有利于促进知识和技术的转移扩散，有利于降低创新成

本。民族地区政府可以选择一些重点开发区，如呼包鄂经济区，通过实施积极的集群创导，制定促进产业集群与区域创新体系相融合的发展政策，不断优化区域创新环境，提升区域创新能力。

6）发展边疆经济，促进民族地区边境口岸经济合理布局

民族地区陆地国境线占我国陆路边境线的90%以上，与15个国家毗邻。55个少数民族中，30多个民族聚居于陆地边疆，30多个民族跨界而居。陆地边境具有重要的政治、军事功能和经济、文化交流功能（郑长德和罗布江村，2010）。此外，广西北部湾民族地区是唯一的沿海边境地区。民族地区应积极参与国际区域合作，重点发展边境贸易、进口原料加工、出口加工、国际物流与边境旅游等，建设向西开放的出口商品基地，主动融入中国-东盟自由贸易区、南亚地区等，打开向西开放之路，形成全方位开放合作新格局。向西南方向拓展，走向东南亚、南亚、非洲；向西方向拓展，走向南亚、西亚；向西北方向拓展，走向中亚、西亚、伊朗、土耳其。

民族八省区加强同毗邻国家的贸易往来。例如，内蒙古自治区同俄罗斯、蒙古国，新疆维吾尔自治区同哈萨克斯坦、吉尔吉斯斯坦、巴基斯坦、蒙古国，西藏自治区同尼泊尔、印度，广西壮族自治区同越南，云南省同越南、老挝、缅甸。边境中心城市是我国内陆地区对外开放的桥头堡，是内陆省区加快发展的重要增长极，边境地区的交通枢纽城市。加强昆明市、南宁市对东南亚，拉萨市对南亚边贸的枢纽地位作用。乌鲁木齐市是面向中亚的重要交通枢纽和门户城市，应发挥沟通中亚和南亚陆路口岸，欧亚大陆桥重要交通节点作用。重要的边境口岸城镇如满洲里、二连浩特、瑞丽、景洪、河口、凭祥、东兴、亚东、樟木、伊宁、喀什、阿图什、塔城、博乐等，是国际能源物资通道上的重要节点和国际经贸合作区建设的重要载体，突出口岸地区的综合交通体系建设（住房和城乡建设部城乡规划司和中国城市规划设计研究院，2010）。

此外，应注意广西北部湾岸线资源开发与布局。加强规划引导，北海、钦州、防城港整合成北部湾港后，要根据港口所在城市的性质、功能及港口在区域经济发展中的地位和作用，进行岸线资源开发与布局，通过行政管理、产权纽带、联盟经营等措施，整合北部湾港口资源，实现岸线资源有效配置，构建国际航运中心港口，形成分工合理的港口群，打通面向东盟国家的重要出海口，建立与海外的广泛经济联系。

5.5 民族地区社会空间优化：包容性绿色城镇化

5.5.1 问题的提出

西部大开发以来，民族地区的城镇化水平有了大幅度提升。据统计，2000年民族八省区的城镇化率分别如下：内蒙古自治区为42.70%，广西壮族自治区为28.16%，贵州省为23.96%，云南省为23.38%，西藏自治区为19.43%，青海省为32.33%，宁夏回族自治区为32.44%，新疆维吾尔自治区为33.84%。到2014年该数据分别提高到：内蒙古自治区为

59.51%，广西壮族自治区为 46.01%，贵州省为 40.01%，云南省为 41.73%，西藏自治区为 25.75%，青海省为 49.78%，宁夏回族自治区为 53.61%，新疆维吾尔自治区为 46.07%。伴随城镇化的推进，民族地区人均收入水平也快速提升。不过，与全国城镇化水平比较，民族地区的城镇化水平总体上偏低。同时，在城镇化推进过程中，还存在不协调、不平衡、不可持续等问题。

目前，中国已进入上中等收入国家之列，正在向高收入国家迈进。中国政府充分认识到，要成为高收入国家，必须转变发展方式，更加注重协调发展，更多依靠提高生产率和创新能力，更加公平地分配经济增长的成果，更加强调环境的可持续性。在这个过程中，城镇化将发挥重要的作用。

中国的城镇化在空间上是不平衡的。目前，特别是民族地区城镇化推进比较滞后，在未来一个相当长时期内，民族地区将处于城镇化的快速发展阶段。城镇化的实现方式转变，是经济发展方式转变的重要内容。在民族地区城镇化的实现过程中，应更加注重以人为本，更加注重城镇化效率的提升，更加注重基本公共服务的均等供给，使全体人民共享发展成果，更加注重城镇化的可持续性，走包容性绿色城镇化(inclusive green urbanization)之路。

5.5.2　包容性绿色发展与城镇化：一个理论框架

包容性绿色城镇化直接源于包容性绿色发展。包容性绿色发展理念要求，增长必须是包容性的，是可持续的，必须是环境无害的。为实现可持续发展，需要设计良好的包容性绿色发展政策，改进所有人的社会福利，促进自然资源的良好管理，尊重地球的脆弱的平衡。因此，包容性绿色城镇化要求：城镇化要能实现区域经济的持续快速增长；要为人们提供分享城镇化成果的均等机会；要能持续地降低发展的风险，增加发展的安全度；要使城镇化可持续，与区域环境和自然资源条件相适应，确保城镇环境质量的稳定和提高(图 5.12)。

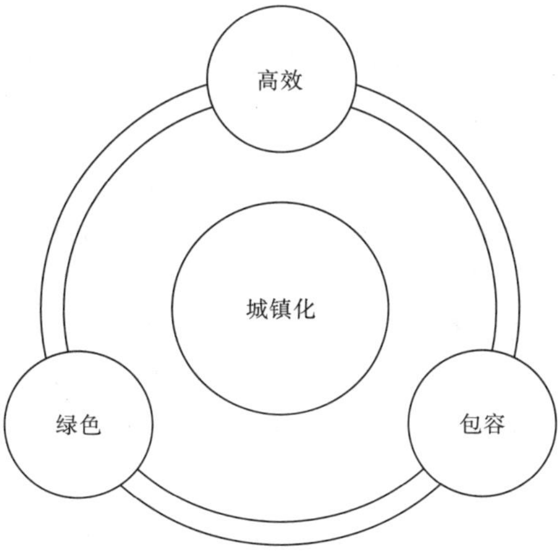

图 5.12　包容性绿色城镇化的属性

(1)包容性绿色城镇化是高效的城镇化。将最优地使用生产资源——人口、土地和资本，优化资源配置。在同样的劳动投入、土地利用和资本积累条件下，高效率或高生产率可以实现更快的增长，增加人民的福利。

(2)包容性绿色城镇化是包容的城镇化。为人们提供分享城镇化成果的均等机会——即在生产力最高的地方获得就业就会，积累财富和储蓄，以及实现城乡基本公共服务的均等化供给。包容性绿色城镇化是益贫式城镇化，有利于减贫，缩小城乡间、阶层间的发展差距。

(3)包容性绿色城镇化是可持续的绿色城镇化。与区域的环境(土地、空气和水资源)和自然资源条件相适应的城镇化，能够提供和城市居民愿望相称的城市生活质量。通过城镇化，能够实现减排和清洁发展，改善城市环境，提高环境质量。

5.5.3 民族地区城镇化：基于包容性绿色城镇化的评估

1)民族地区进入城镇化快速推进阶段

2012 年民族八省区的城镇化率在 22.75%～57.74%，除内蒙古自治区城镇化水平高于全国平均水平外，其余地区均低于全国平均水平。据计算，2000～2012 年，全国城镇化率年均增长率为2.99%，内蒙古自治区为2.55%，广西壮族自治区为3.70%，贵州省为3.55%，云南省为4.43%，西藏自治区为1.32%，青海省为3.25%，宁夏回族自治区为3.79%，新疆维吾尔自治区为2.21%。根据诺瑟姆曲线，目前民族地区进入了城镇化快速推进阶段。据测算，到2030年全国城镇化水平会达到70.6%（刘世锦，2014），届时民族八省区的城镇化水平可能为：内蒙古自治区达到75.5%、广西壮族自治区达到61%、贵州省达到54.6%、云南省达到56.8%、西藏自治区达到47.2%、青海省达到66.3%、宁夏回族自治区达到68.1%、新疆维吾尔自治区达到64.2%[①]。

表 5.16 民族八省区的城镇化率(2000～2012 年)(%)

地区	2000 年	2005 年	2006 年	2007 年	2008 年	2009 年	2010 年	2011 年	2012 年	年均增长率/%
全国	36.92	42.99	44.34	45.89	46.99	48.34	49.95	51.27	52.57	2.99
内蒙古自治区	42.70	47.20	48.64	50.15	51.71	53.40	55.50	56.62	57.74	2.55
广西壮族自治区	28.16	33.62	34.64	36.24	38.16	39.20	40.00	41.80	43.53	3.70
贵州省	23.96	26.87	27.46	28.24	29.11	29.89	33.81	34.96	36.41	3.55
云南省	23.38	29.50	30.50	31.60	33.00	34.00	34.70	36.80	39.31	4.43
西藏自治区	19.43	20.85	21.13	21.50	21.90	22.30	22.67	22.71	22.75	1.32
青海省	32.33	39.25	39.26	40.07	40.86	41.90	44.72	46.22	47.44	3.25
宁夏回族自治区	32.44	42.28	43.00	44.02	44.98	46.10	47.90	49.82	50.67	3.79
新疆维吾尔自治区	33.84	37.15	37.94	39.15	39.64	39.85	43.01	43.54	43.98	2.21

资料来源：《中国统计年鉴》(2013 年)。

① 根据 2000～2012 年民族八省区与全国城镇化水平平均差距测算(假设保持这一平均差距不变)。

2) 与全国比较，城镇化水平虽然偏低，但与其经济发展水平基本适应

1978 年，全国城镇人口占总人口的 17.92%，民族地区平均为 15.53%，民族地区的城镇化水平低于全国平均水平 2.39 个百分点。2012 年全国城镇人口占总人口的比例为 52.57%，有研究认为，这一城镇化率偏低，与中国的人均收入水平不完全匹配[①]。同年，民族八省区平均为 42.73%，低于全国平均水平 9.84 个百分点。从各地区看，在民族八省区中，城镇化水平高于全国平均水平的只有内蒙古自治区。以全国平均水平作为参照，虽然目前民族地区的城镇化水平还很低，远远滞后于全国和东部地区，但与其经济发展水平基本适应。图 5.13 是根据 2012 年的相关数据绘出的，反映了大陆各省级行政区比较人均地区生产总值(与全国平均人均地区生产总值的比值)与比较城镇化率(与全国平均水平的比值)间的关系，可以看出两者间呈现出很强的正线性关系。

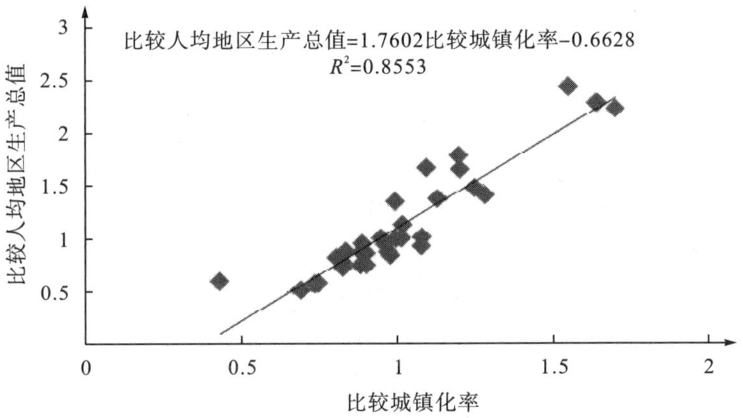

图 5.13　比较城镇化率与比较人均地区生产总值的关系

资料来源：作者根据《中国统计年鉴》(2013 年) 相关数据计算绘制。

3) 城镇化的结构分解：常住居民的城镇化与户籍人口的城镇化

2010 年第 6 次人口普查数据表明，2010 年全国城镇人口的城镇化率为 50.27%，而非农业户口人口比重为 29.14%，相差 21.13 个百分点；同年，民族八省区的基本态势类似，如图 5.14 所示，内蒙古自治区城镇化率与非农业户口人口比重相差 17.56 个百分点，广西壮族自治区相差 20.99 个百分点，贵州省相差 14.97 个百分点，云南省相差 18.27 个百分点，西藏自治区相差 7.9 个百分点，青海省相差 16.64 个百分点，宁夏回族自治区相差 11.47 个百分点，新疆维吾尔自治区相差最小，为 2.73 个百分点。在中国，城镇人口的城镇化率并不能真实地反映城镇化的质量，由于城乡间的户口隔离，有部分人口成为城镇的常住人口，但并未获得与有城镇户籍的人口同质、同价的城镇基本公共服务，不能均等地分享城镇化提供的机会。常住人口城镇化与非农业户口人口比重间的差异反映了中国城镇化的包容性是比较低的。

①The World Bank，Development Research Center of the State Council, the People's Republic of China，2014，Urban China：Toward Efficient, Inclusive, and Sustainable Urbanization，www.worldbank.org

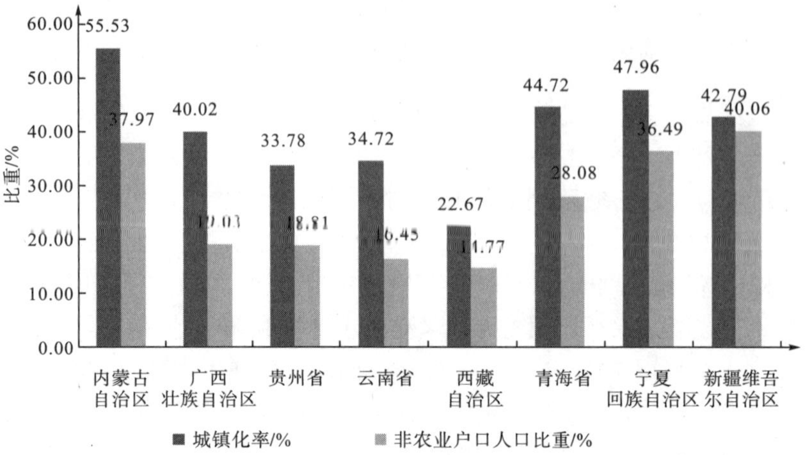

图 5.14 城镇化：常住人口的城镇化和户籍人口的城镇化

4) 城镇化的结构分解：城市与镇的分解

“城镇”是城市和镇的合称，以非农业产业和非农业人口为主，是具有一定规模工商业的居民点。在中国的统计标准中，县及县以上机关所在地，或常住人口在 2000 人以上，10 万人以下，其中非农业人口占 50%以上的居民点，都是城镇。在第五次和第六次全国人口普查中，区分出了城市和镇。根据第六次人口普查数据，2010 年全国城市人口为 403760040 人，镇人口为 266245506 人，城市和镇合计(城镇人口)人口为 670005546 人，占全国总人口的 50.27%，其中城市人口占城镇人口的 60.26%，镇人口占城镇人口的 39.74%，因此中国主要是由城市而非镇容纳了城镇人口。而且，把各省级行政区的城镇化率与城市对城镇化贡献率(城市人口占城镇人口的比例)及镇对城镇化率的贡献率(镇人口占城镇人口的比例)拟合，发现城镇化率与城市对城镇化贡献率呈现强的正相关关系，而与镇对城镇化率贡献率间呈现出强的负相关关系，说明城镇化率越高的地区，城市对城镇化的贡献率越大，而镇对城镇化的贡献率越小(图 5.15)。

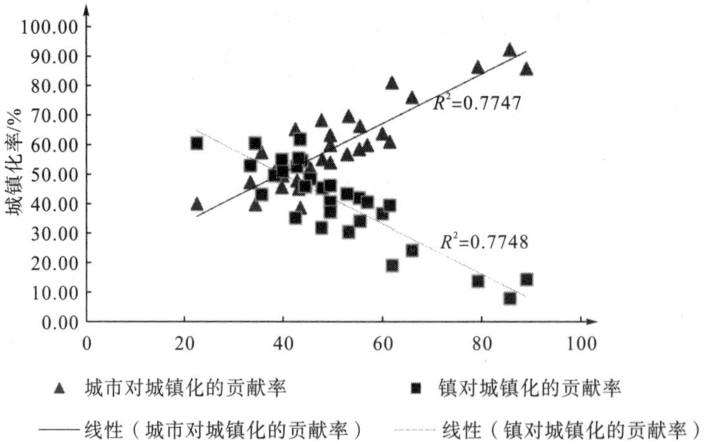

图 5.15 全国各地区城镇化率的构成

如表 5.17 所示，对民族八省区而言，城市对城镇化贡献率超过 50%的有宁夏回族自治区、新疆维吾尔自治区、内蒙古自治区、青海省，不足 50%的有贵州省、广西壮族自治区、云南省和西藏自治区。可以看出，分异很明显，西北民族地区的城市对城镇化贡献率高，而西南民族地区镇对城镇化贡献率高。

表 5.17 民族地区城镇化率的构成(2010 年)

地区	人口/万人			城镇化率/%	对城镇化贡献率/%	
	城镇	城市	镇		城市	镇
内蒙古自治区	1372	801	571	55.53	58.38	41.62
广西壮族自治区	1842	835	1007	40.02	45.33	54.67
贵州省	1174	554	620	33.78	47.19	52.81
云南省	1595	632	963	34.72	39.60	60.34
西藏自治区	68	27	41	22.67	39.71	60.29
青海省	252	137	115	44.72	54.37	45.63
宁夏回族自治区	302	206	96	47.96	68.21	31.79
新疆维吾尔自治区	933	607	326	42.79	64.99	34.90

资料来源：中国人口普查资料。

动态地看(表 5.18)，与 2000 年比较，2010 年城市对城镇化的贡献率，民族八省区中除宁夏回族自治区略有增加外，其余地区均不同程度地下降，青海省城镇化中，城市的贡献率从 2000 年的 63.94%下降到 2010 年的 54.37%，下降了 9.57 个百分点。城市的贡献率下降的另一面就是镇对城镇化贡献率的上升。这说明，西部大开发以来，虽然很多地区城市是吸纳城镇人口的主体，但镇的贡献率在提高，在西南民族地区城镇化中，镇的贡献率高于城市的贡献率。这和西南地区地形起伏大、地表破碎密切相关。

表 5.18 民族地区城市与镇的贡献率(2000 年和 2010 年)(%)

地区	2000 年			2010 年			边际贡献	
	城镇化率	城市的贡献率	镇的贡献率	城镇化率	城市的贡献率	镇的贡献率	城	镇
全国	36.92	63.79	36.21	50.27	60.26	39.74		
内蒙古自治区	42.7	56.96	43.04	55.53	58.38	41.62	62.16	37.84
广西壮族自治区	28.16	50.17	49.83	40.02	45.33	54.67	35.49	64.51
贵州省	23.96	51.7	48.3	33.78	47.19	52.81	35.61	64.39
云南省	23.38	46.98	53.02	34.72	39.6	60.34	27.53	72.31
西藏自治区	19.43	42.84	57.16	22.67	39.71	60.29	30.42	69.58
青海省	32.33	63.94	36.06	44.72	54.37	45.63	38.83	61.17
宁夏回族自治区	32.44	67.44	32.56	47.96	68.21	31.79	69.32	30.68
新疆维吾尔自治区	33.84	68.38	31.62	42.79	64.99	34.9	58.13	41.55

资料来源：中国人口普查资料。

5）城镇化的结构分解：城镇规模结构

2012 年全国地级及以上城市 289 个，其中市辖区年末总人口在 400 万人以上的有 14 个，200 万～400 万人的有 31 个，100 万～200 万人的有 82 个，50 万～100 万人的有 108 个，20 万～50 万人的有 50 个，20 万人以下的有 4 个。民族八省区地级及以上城市有 46 个，其中 200 万～400 万人的有 4 个，100 万～200 万人的有 11 个，50 万～100 万人的有 13 个，20 万～50 万人的有 17 个，20 万人以下的有 1 个。按市辖区年末人口规模看，46 个地级及以上城市总人口 4058 万人，其中 200 万～400 万人的占 25.23%，100 万～200 万人的占 34.91%，50 万～100 万人的占 30.02%，20 万～50 万人的占 9.47%，20 万人以下的占 0.37%。各省区的结构见表 5.19、表 5.20 和图 5.16。

表 5.19　民族地区地级及以上城市体系的规模结构（2012 年）

地区	合计	按城市市辖区年末总人口分组				
		200 万～400 万人	100 万～200 万人	50 万～100 万人	20 万～50 万人	20 万人以下
全部地级及以上城市	289	31	82	108	50	4
内蒙古自治区	9		3	3	3	
广西壮族自治区	14	1	6	4	3	
贵州省	6	1	1	2	2	
云南省	8	1		3	3	1
西藏自治区	1				1	
青海省	1			1		
宁夏回族自治区	5		1		4	
新疆维吾尔自治区	2	1			1	
民族八省区合计	46	4	11	13	17	1

资料来源：《中国统计年鉴》（2013 年）。

表 5.20　民族八省区地级及以上城市市辖区年末人口规模结构（2012 年）

地区	规模/万人					结构/%				
	200 万～400 万人	100 万～200 万人	50 万～100 万人	20 万～50 万人	小于 20 万人	200 万～400 万人	100 万～200 万人	50 万～100 万人	20 万～50 万人	小于 20 万人
内蒙古自治区		390.5	195.8	86.1		0	58.08	29.12	12.80	0
广西壮族自治区	274.6	773.1	244.4	105.7		19.65	55.31	17.48	7.56	0
贵州省	224.6	152.9	174.6	95.4		34.69	23.61	26.97	14.73	0
云南省	272.7		249.5	97.1	15.1	42.99	0	39.33	15.31	2.38
西藏自治区			50.4			0	0	100	0	0
青海省			91.8			0	0	100	0	0
宁夏回族自治区		100.2	174.1			0	36.53	63.47	0	0
新疆维吾尔自治区	251.8		37.6			87.01	0	12.99	0	0

资料来源：《中国统计年鉴》（2013 年）。

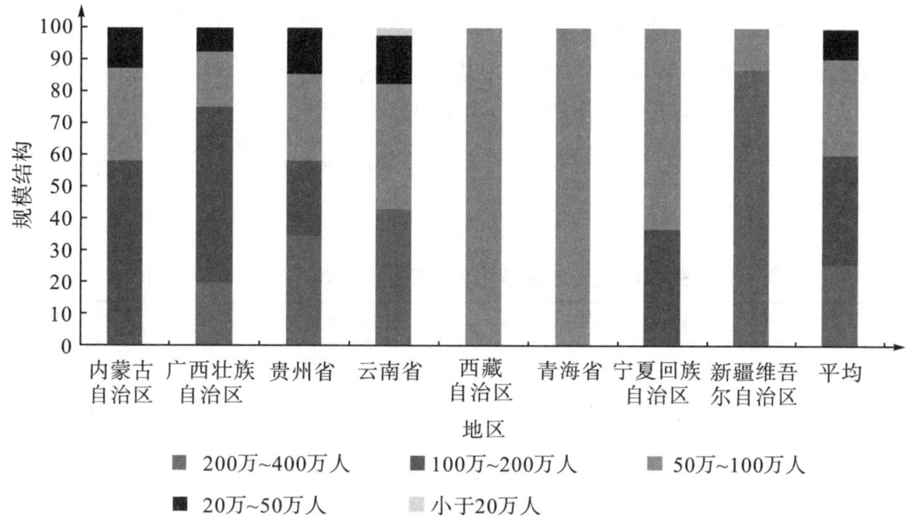

图 5.16　民族地区地级及以上城市市辖区人口规模结构(见彩图版)

资料来源：《中国统计年鉴》(2013 年)。

6) 城镇化的结构分解：人口的城镇化与土地的城镇化

城镇化一方面表现为农业人口的非农化和居住区位由农村向城镇的转移，另一方面表现为农业用地向非农业用地特别是城镇用地的转化，前者不妨称为人口的城镇化，后者称为土地的城镇化。中国的城镇化快速推进是与市场经济体制的建立和完善相伴随的。在统计上，该过程表现为土地城镇化速度快于人口城镇化速度，如图 5.17 所示。图 5.17 所反映的是 2000～2012 年建成区面积的增长率和城镇化率的增长率，从全国看，除了个别地区(海南省、青海省)外，其余地区建成区面积的增长率远远高于城镇化率的增长率。

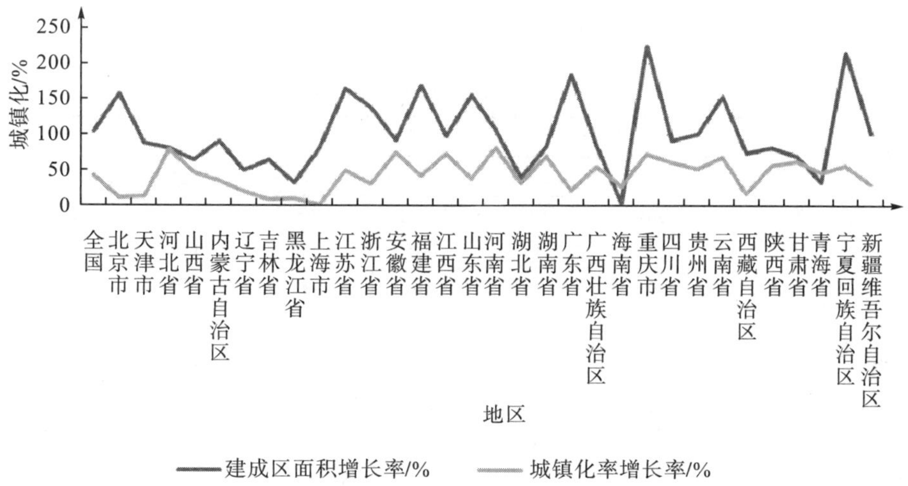

图 5.17　人口的城镇化与土地的城镇化(2000～2012 年)

资料来源：《中国统计年鉴》(2001 年)和《中国统计年鉴》(2013 年)。

民族地区和全国一样，土地城镇化速度快于人口城镇化速度。例如，2000～2012年，内蒙古自治区建成区面积的增长率为91.03%，而城镇化率的增长率为35.23%，相差达55.8个百分点；宁夏回族自治区建成区面积增长率达到215.19%，而城镇化率增长率为56.17%。作为例外的青海省，建成区增长率小于城镇化率的增长率，前者为33.05%，后者为46.72%(表5.21)。

表5.21 民族地区土地城镇化与人口的城镇化(2000～2012年)

地区	建成区面积增长率/%	城镇化率增长率/%	偏差
全国	103.06	42.39	60.67
内蒙古自治区	91.03	35.23	55.80
广西壮族自治区	84.93	54.57	30.36
贵州省	100.95	51.96	48.99
云南省	154.31	68.15	86.16
西藏自治区	73.50	17.09	56.41
青海省	33.05	46.72	-13.67
宁夏回族自治区	215.19	56.17	159.02
新疆维吾尔自治区	102.71	29.95	72.76

资料来源：《中国统计年鉴》(2001年)和《中国统计年鉴》(2013年)。

7) 城镇化与人口及经济活动的集聚

如表5.22所示，据统计，按行政区划，2012年民族八省区有地级市46个，占全国地级市总数的16.14%；县级市63个，占全国县级市总数的17.12%；市辖区106个，占全国市辖区的12.33%；镇3234个，占全国镇的16.27%。民族八省区各地区城市与镇的数量的变化如表5.22。表5.23列出了2012年全国及民族八省区城镇的密度和2010年城镇的平均人口规模。可以看出，民族地区绝大多数聚落人口规模小、密度低。

表5.22 民族地区城市与镇数量的变化 (单位：个)

地区	2002年				2012年			
	地级市	县级市	市辖区	镇	地级市	县级市	市辖区	镇
全国	275	381	830	20601	285	368	860	19881
内蒙古自治区	7	13	19	503	9	11	21	490
广西壮族自治区	14	7	32	750	14	7	34	715
贵州省	4	9	9	697	6	7	13	729
云南省	6	10	10	597	8	11	13	659
西藏自治区	1	1	1	140	1	1	1	140
青海省	1	2	4	115	1	2	4	138
宁夏回族自治区	4	2	7	78	5	2	9	101
新疆维吾尔自治区	2	20	11	229	2	22	11	262
民族八省区合计	39	64	93	3109	46	63	106	3234

资料来源：《中国统计年鉴》(2003年)和《中国统计年鉴》(2013年)。

表 5.23　2012 年全国及民族八省区城镇密度与 2010 年城镇平均人口规模

地区	密度(2012 年)				平均规模(2010 年)	
	市/10 万 km^2	镇/万 km^2	市/100 万人	镇/100 万人	万人/市	万人/镇
全国	6.8	20.71	0.48	14.68	61.83	1.37
内蒙古自治区	1.69	4.15	0.8	19.68	26.70	1.23
广西壮族自治区	8.75	29.79	0.45	15.27	39.76	1.43
贵州省	7.22	40.5	0.37	20.92	42.62	0.90
云南省	4.87	16.9	0.41	14.14	33.26	1.61
西藏自治区	0.16	1.14	0.65	45.51	13.50	0.29
青海省	0.42	1.92	0.52	24.08	45.67	0.84
宁夏回族自治区	10.61	15.3	1.08	15.61	29.43	0.97
新疆维吾尔自治区	1.45	1.58	1.07	11.73	28.90	1.38

资料来源：《中国统计年鉴》(2011 年)和《中国统计年鉴》(2013 年)。

聚落规模小、密度低，从两个方面制约着发展：①聚落规模越小，对外交易机会越少、交易成本越高，从而限制了发展；②聚落规模小，无法有效实现内部规模经济和外在规模经济，从而规模报酬递增程度低，而报酬递增是发展的重要引擎。

城市人口首位度是一国或地区最大城市与第二位城市人口的比值，是衡量城市规模分布状况的一种常用指标，反映了城市人口的集聚程度。首位度越高，区域城镇人口相对集中于首位城市。据研究，在一般情况下，一个国家或地区最大城市的人口是第二大城市人口的两倍左右，即城市首位度为 2(许学强等，2009)。民族地区的城市人口首位度区域间变化很大，如表 5.24 所示，2012 年内蒙古自治区城市首位度为 1.18，广西壮族自治区为 1.43，贵州省为 1.47，云南省为 2.99，青海省为 15.27，宁夏回族自治区为 2.07，新疆维吾尔自治区为 6.70。表 5.24 还计算了民族八省区城市地区生产总值、金融机构存贷款金额和工业总产值的首位度，相比于人口首位度，反映城市经济集聚程度的经济指标的首位度更大，差异也更显著。区域城市首位度过大：①说明该地区大城市数量偏少，城市人口和经济活动过度集中于一个城市，可能会导致城乡差距扩大，影响城乡协调发展；②民族地区的各级城市间，特别是特大城市、大城市与周边区域间缺乏中小城市作纽带和桥梁，削弱了大城市对周边地区的辐射力，也不利于周边地区经济社会活动向特大城市的集聚。

表 5.24　民族地区城市首位度(2012 年)

指标	内蒙古自治区	广西壮族自治区	贵州省	云南省	西藏自治区	青海省	宁夏回族自治区	新疆维吾尔自治区
人口	1.18	1.43	1.47	2.99	4.58	15.27	2.07	6.70
地区生产总值	1.61	1.35	3.39	4.10	6.22	2.93	2.39	2.45
金融机构存款金额	1.84	3.39	6.13	12.18	181.57	13.82	4.67	5.11
金融机构贷款金额	2.54	4.69	7.43	19.26	227.65	9.98	6.76	22.67
工业总产值	2.69	2.12	2.96	2.35	107.60	5.13	1.81	1.27

注释：西藏自治区、青海省城市首位度计算是按年末全市统计指标计算，其余均依据市辖区计算。

资料来源：作者根据《中国区域经济统计年鉴》(2013 年)相关数据计算。

8) 城镇化、城乡差距、贫困与环境质量

从微观看，城镇化意味着农村人口向城镇的转移，这种转移如果不是强制性的，自愿转移的一种基本动力就是城镇的非农产业能够提供比农村更高的收入，因此城镇化能够缩小城乡差距。图 5.18 分别对 2012 年各省级行政区和 2010 年各地级行政区的城镇化率与城乡收入比进行了拟合，发现城镇化率与城乡收入比间呈现出显著的负相关关系，城镇化水平高的地区，城乡收入比低，城镇化水平低的地区，城乡收入比高。

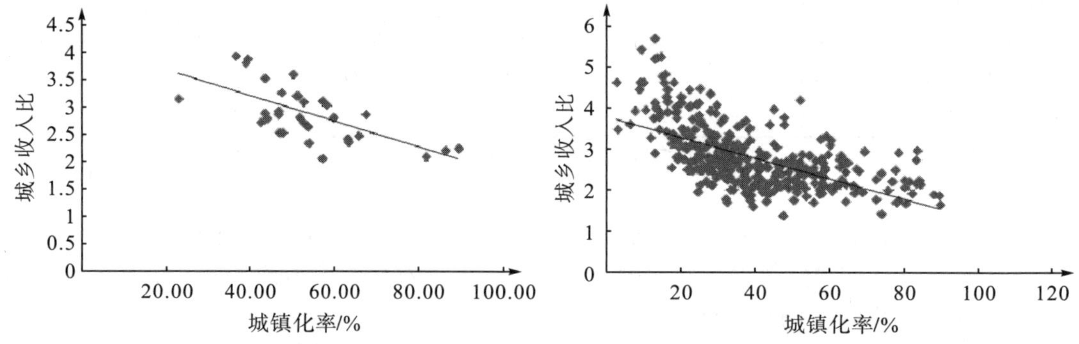

（a）省级行政区（2012年）　　（b）地级行政区（2010年）

图 5.18　城镇化与城乡差距

资料来源：作者根据《中国区域经济统计年鉴》(2013 年)和《2010 中国人口普查资料》绘制。

民族地区是我国城乡收入差距最大的地区，从省级层面看，2012 年民族八省区的城乡收入比：贵州省最高为 3.93，其次是云南省为 3.89，广西壮族自治区为 3.54，青海省为 3.27，宁夏回族自治区为 3.21，西藏自治区 3.15，均高于全国 3.10 的水平，而这些地区也是我国城镇化水平低的地区；从地级行政区层面看，2010 年城乡收入比最高的是西藏自治区的阿里地区(为 5.68)，其次是甘孜藏族自治州(为 5.42)。城乡收入比在 4.0 以上的地级行政区均在民族地区，这些地区城镇化率大多在 30%以下。

从城镇化与贫困的关系看，包容性城镇化能够有效地减贫。对 2012 年各省级行政区农村贫困发生率与城镇化率进行拟合(图 5.19)，两者间呈现出很强的负相关关系，就说明城镇化确有减贫的效应。

从城镇化与环境质量看，城镇化意味着人口的集聚，同时意味着污染物排放的集聚；另外，在污染物集中排放地建设污染物处理设施比分散建设的成本低。因此，城镇化是意味着区域环境的恶化还是改进，结果是混合的。图 5.20 对 2012 年各省级行政区主要污染物单位地区生产总值排放量与城镇化率进行了拟合，确实关系不很明确，大体上呈现出倒 U 形的关系。民族地区由于产业结构中能耗高、污染大的产业比重高，区域排放物污染量大，除西藏自治区外，宁夏回族自治区、贵州省、新疆维吾尔自治区、内蒙古自治区、青海省等单位地区生产总值排放量大大高于全国水平，居于各省级行政区前列。

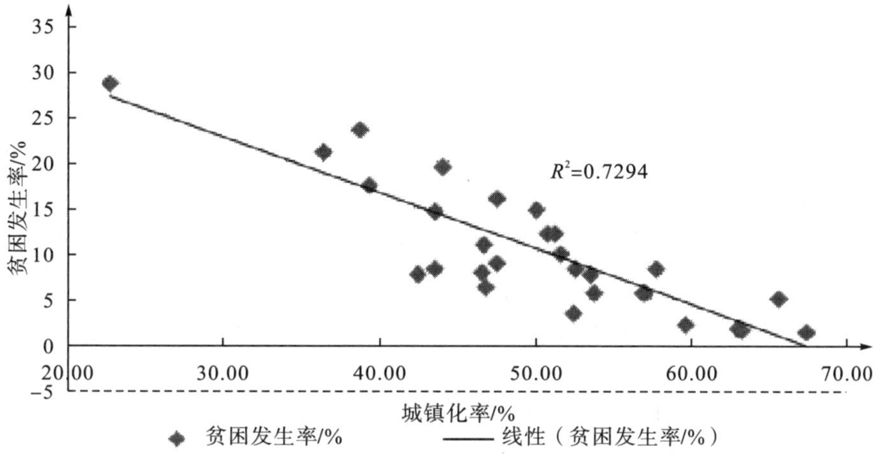

图 5.19　城镇化与农村贫困发生率(2012 年)

资料来源：作者根据《中国统计年鉴》(2013 年)数据绘制。

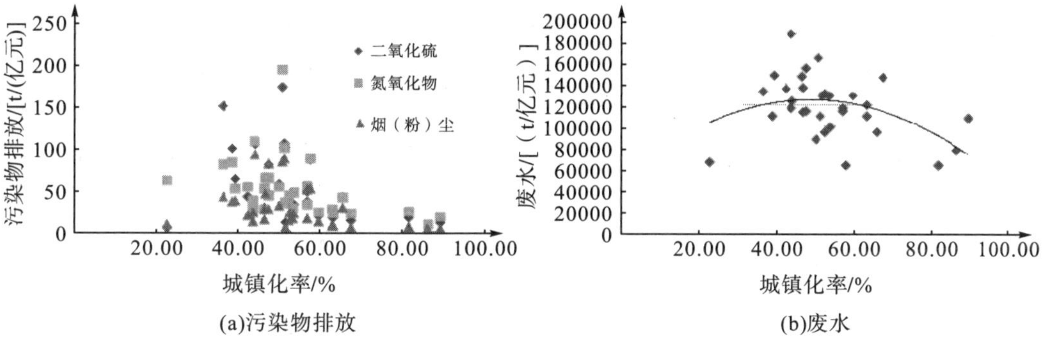

图 5.20　城镇化与污染物排放的关系

资料来源：作者根据《中国统计年鉴》(2013 年)数据绘制。

综合上面的分析，总结得出下面的结论：目前，民族地区城镇化进入了快速推进阶段；虽然与全国比较，民族地区城镇化总体水平偏低，但与其经济发展阶段基本适应的；不过，民族地区城镇化推进呈现出粗放特点：包容性程度低，一方面，土地的城镇化速度快于人的城镇化速度；另一方面收入不平等严重，城乡差距大；再者区域间城镇化发展极不平衡；城镇化资源消耗大，排放水平高，绿色程度低；再者，总体上，从民族地区城镇化水平和城镇体系结构看，经济活动和人口的集聚程度不高。

5.5.4　民族地区城镇空间结构优化思路：包容性绿色城镇化之路

民族地区推进新型城镇化，必须基于本身的禀赋条件和发展阶段，使城镇化过程与结果是益贫的、机会均等的和环境友好的，具有这些特征的城镇化道路即是包容性绿色城镇化之路。

1) 城镇空间集约发展：宏观协调、中观集聚、微观紧凑发展

民族地区地域空间辽阔，但适宜开发的面积较少，必须要按照建设资源节约型社会的要求，引导人口相对集中分布、经济相对集中布局，走空间集约利用的发展道路。城镇发展宏观上以协调发展为重，中观上强调集聚发展，微观上以紧凑发展为主，提高空间利用效率。通过人口和经济活动的空间集中，实现要素市场的共享和产品市场规模的不断扩大，实现分工的不断细化和专业化水平的不断提高，从根本上减少经济增长中对资源的依赖。同时按照人口、经济、资源环境相协调以及统筹城乡区域发展的要求进行开发，促进人口、经济、资源环境的空间均衡。

要走具有民族地区特色的新型城镇化道路，民族地区特殊的空间结构决定了该区域不宜采取大规模城镇布局的网络开发模型，应完善区域型中心城市功能，发挥中心城市辐射带动作用，沿主要的空间开发轴线，优先发展城市聚集区，以城市群作为推进城镇化的主体形态，通过发展核心城市和城市群，培育新的经济增长极，辐射带动周边地区发展。其他城市化地区要依托现有城市集中布局、据点式开发，建设好县城和有发展潜力的小城镇。大力拓展民族地区空间开发的轴线系统，确立重点开发轴线，以核心城市和城市群为极点实施点轴开发，强化新亚欧大陆桥开发轴、西南开发轴等，以城市群为核心构建经济圈，沿主要交通轴线打造经济带。进一步促进要素集聚，优化经济增长极的空间布局，实现大中小城市和小城镇协调发展、城乡协调发展，从而实现民族地区空间开发结构优化与协调发展。

2) 形成“一横一纵二核八区”的城镇化战略格局

民族地区空间布局基本思路是“一横一纵二核八区”，即构建以新亚欧大陆桥通道为横轴，以包昆通道为纵轴，以呼包鄂城市群、北部湾城市群为核心，以八个重点开发区为主要支撑的城镇化战略格局。

(1) 一横，指东西向的新亚欧大陆桥通道，从中国东部连云港，沿陇海铁路、兰新铁路、北疆铁路，穿过新疆维吾尔自治区的阿拉山口国境线，通过中亚、西亚到达欧洲的铁路路线。该横向轴线经过了民族地区的西宁地区(西宁市)、天山北坡地区(乌鲁木齐市)。新亚欧大陆桥的发展，为沿桥国家和亚欧两大洲经济贸易交流提供了一条便捷的大通道，对于促进陆桥经济走廊的形成，扩大亚太地区与欧洲的经贸合作，促进亚欧经济的发展与繁荣，进而开创世界经济新格局，具有重要意义。

(2) 一纵，指南北向的包昆线。从呼和浩特市、包头市出发，经银川市、宝鸡市，经宝成、成昆线抵达昆明市，或经贵阳市抵达昆明市。该发展轴线经过了民族地区的呼包鄂地区、宁夏回族自治区沿黄经济区，经过关中-天水城市群、成渝城市群，然后到达民族地区的滇中地区、黔中地区。包昆线通过广西北部湾地区出海通道和昆明陆路出境通道，连通南亚、东南亚各国，成为我国建立面向东盟战略伙伴关系的重要发展轴线。

以上两条轴线系民族地区城镇化发展主轴。随着川藏铁路的开通，民族地区将形成一条潜在的增长轴(副轴)。川藏铁路起于四川省成都市，经蒲江县、雅安市、康定市、理塘县、左贡县、波密县、林芝市到拉萨市，建成后从成都市到拉萨市只需 8 个多小时，有利

于加大成渝城市群对西藏自治区发展的辐射带动，有利于加强西藏自治区与中、东部的联系，也将打通中国与南亚陆路经贸通道。

(3) 二核，包括呼包鄂城市群、广西北部湾城市群这两个民族地区核心城市群。

(4) 八区，指到 2020 年，民族地区形成新疆维吾尔自治区天山北坡地区、藏中南地区、滇中地区、黔中地区、北部湾地区、西宁地区、宁夏回族自治区沿黄经济区、内蒙古自治区呼包鄂地区等八个国家级重点开发区和空间组合聚集区。虽然相对于东部沿海地区，民族地区重点开发区城镇集聚程度低，但对于地广人稀的民族地区而言，八个民族地区重点开发区都存在高度集聚发展的城镇密集区，部分地区还形成了城市群。内蒙古自治区的东部地区、广西壮族自治区的西江经济带、贵州省的毕水兴经济带、西藏自治区的雅鲁藏布江中上游城镇带、青海省以格尔木和德令哈为重心的柴达木地区、宁夏回族自治区的固原区域中心城市、新疆维吾尔自治区天山南坡产业带等形成省级重点开发区；此外，民族地区的一些资源富集型地区，如四川省的攀西地区，也是今后要着力发展的地区，人口和经济活动应向这些地区集聚。

3) 民族地区城市群空间演化的三个层次

(1) 第一层次，西部三大核心城市群的辐射带动。民族地区所在的西部地区有三大核心城市群：成渝城市群、关中-天水城市群、广西北部湾城市群。虽然前两大城市群不属于本书划分的民族地区空间范畴，但民族地区的空间结构演变与这两个核心城市群之间存在着密切的关联，应积极接受成渝城市群、关中-天水城市群对民族地区的辐射带动。

(2) 第二层次，民族地区空间组合聚集区的演化。按照民族地区目前空间结构发展程度，空间极化是空间结构高度化的关键，所以民族地区空间开发战略的重点是宏观上讲求区域协调，培育区域性经济中心(增长极)，突破区域空间结构低水平均衡陷阱。鼓励发展各具特色的城市群，民族地区西北部以呼包鄂城市群为发展主核，兰西经济区、新疆维吾尔自治区天山北坡经济区和宁夏回族自治区沿黄经济区为副核；民族地区西南部以广西北部湾城市群为主核，黔中经济区、滇中经济区为副核。此外，加快藏中南地区发展。

其中，广西北部湾地区是我国面向东盟国家对外开放的重要门户，是中国-东盟自由贸易区的前沿地带和桥头堡。滇中地区是我国连接东南亚、南亚国家的陆路交通枢纽，是面向东南亚、南亚对外开放的重要门户。新疆维吾尔自治区天山北坡地区是我国面向中亚、西亚地区对外开放的陆路交通枢纽和重要门户。

到 2020 年，民族地区将形成包头市、南宁市、昆明市、贵阳市、西宁市、乌鲁木齐市、银川市等特大城市。内蒙古自治区呼包鄂城市群和广西北部湾城市群的发展对民族地区空间结构优化具有重要的带动作用。到 2020 年，广西北部湾城市群将与发育更加成熟的滇中城市群、黔中城市群组合形成南贵昆城市群，成为民族地区综合实力最强、具有国际开放性的大城市群。而民族地区空间布局的“二核”将演变成呼包鄂城市群和南贵昆城市群。此外，到 2020 年，新疆维吾尔自治区天山北坡城市密集区以乌鲁木齐都市圈为核心，沿新亚欧大陆桥形成带状城市群；藏中南城镇密集区构建以拉萨市为中心，以青藏铁路、川藏铁路沿线城镇为支撑的城市群；兰州-西宁城市密集区发展以兰州市、西宁市两大城市为核心，以黄河为对称轴的兰西城市群；宁夏回族自治区沿黄城镇密集区发展以银川-吴忠为核心，以石嘴山和中卫为两翼，沿黄河两岸的城市群。核心城市和核心城市群加强对周边地区的辐射带动作用，缩小地区间空间差距。

(3)第三层次，民族地区潜在的增长极。兰州-西宁城镇密集区近年来经济快速增长，具有较强的增长潜力，有可能发展成为新一轮西部大开发中西部核心城市群。攀西城镇群虽然不属于本书研究的民族地区范围，但该区域是新一轮西部大开发中四川省重要的增长极，其经济社会发展对民族地区空间结构演变有着重要影响。

4)加强交通基础设施建设，确定重点发展轴线

新一轮西部大开发时期加强交通基础设施建设，大力拓展民族地区空间开发的轴线系统，确立重点开发轴线，以核心城市和城市群为极点实施点轴开发，把连通各个中心城市的交通通道作为城镇体系空间组织的重要组成部分，促进中心城市之间的联系，发挥城镇的辐射带动作用。民族地区重点发展东西向的陇海-兰新开发轴，南北向的包昆开发轴，加快高铁建设，畅通新亚欧大陆直达欧洲的通道。此外，为带动西藏自治区发展，应注重加强青藏线、川藏铁路沿线发展。

5)发展沿边空间开发轴线，建设沿边对外开放经济带

需要特别强调的是，民族地区位于我国的边疆，分别与 15 个国家接壤。沿边发展构成了这些地区区域发展的独特部分。民族地区除青海省没有口岸外，其余省(区)现有航空、铁路、公路与水运等一级口岸总计 61 个，除航空口岸外，公路、铁路口岸全部建在边境处，部分水运口岸也在边境附近，依托这些口岸众多城市得以繁衍生息，成为我国边疆民族地区社会发展的中心地及国防建设的重要关口；同时也是我国对外开放的门户和桥梁，是拓展周边国际市场的根据地和出发点。因此，以沿边作为空间开发轴线，建设沿边对外开放经济带，积极发展沿边特色产业和边境贸易，推进贯通边境县(市)的交通基础设施建设，加快跨境经济合作区和重点开发开放试验区建设，将边境地区建设为边疆民族地区兴边富民、加快经济社会发展的增长带。

6)通过生态移民和扶贫开发移民逐步实现人口的相对集中

人口的相对集中是空间集中化的前提。经济活动空间演进的最核心特征是集聚，在原来处于低水平均衡状态的均质空间中出现增长极点，增长极点将发挥其强大的吸纳和辐射功能，由此形成城市和集镇，区域增长极的形成是产业聚集的结果。生态移民会引起人口的集聚。在民族地区，生态移民和扶贫开发移民为人口的相对集中提供了重要的契机。生态移民和扶贫开发移民不仅仅是人类活动有意识地从生态脆弱区域或不适居住区退出，从而保证自然界的再生产获得良好的条件，更是通过自然界自身的代谢能力实现脆弱生态的重新修复。生态移民和扶贫开发移民更是经济移民，具有重要的经济意义，是实现民族地区集中化发展战略的重要前提(钟海燕和郑长德，2013)。

7)加强空间管制，进行分类指导

城市群是推进城镇化的主体形态，但民族地区经济社会发展具有特殊性，并非所有地

区都适合大规模的城镇化开发和城市群发展，所以要加强空间管制，进行分类指导。适宜城市群发展的地区以城市群作为推进城镇化的主体形态，通过发展核心城市和城市群，培育新的经济增长极，辐射带动周边地区发展。不宜发展城市群的区域重视培育中心城市和发展区域性中心镇，增强其公共服务和居住功能。不宜进行大规模城镇化开发的地区注重生态环境保护。

5.6　民族地区主体功能区划分与生态空间优化

5.6.1　民族地区生态空间现状

(1) 民族地区生态空间地域辽阔、生态类型多样，但适宜开发的面积较少。我国地势西高东低，呈三级阶梯状下降。全国民族自治地方总面积 611.7 万 km^2，占全国陆地总面积的 63.7%。民族地区主要集中在第一级阶梯、第二级阶梯。其中，位于第一阶梯的民族地区面积 230 万 km^2，占全国民族地区面积的 37.6%；位于第二级阶梯的民族地区面积 350 万 km^2，占全国民族地区面积的 57.2%。大致分为西北干旱区、黄土高原区、云贵高原区、四川盆地区和青藏高原区五大区域。民族地区地域空间辽阔，人均土地面积是全国平均水平的 4 倍多，但适宜开发的土地面积较少，地形地貌多样，以山地、高原为主，盆地、丘陵次之，平原狭小，分布零星。民族地区耕地总量占全国的 23%左右，但西北各省区的耕地基本为旱地，整体耕地质量等级偏低。草地资源丰富，但一些地区的草地质量等级偏低。林地资源丰富，但主要分布在秦岭、贺兰山、横断山、天山、阿尔泰山等可及度低的地区。森林资源丰富，但作为大江大河源头、动植物多样性保护区、生态屏障等，可利用度低。沙漠、戈壁面积 9136 万 hm^2，占全国总量的 71.24%。因此，大规模工业化、城镇化开发只能在有限区域集中展开，必须走空间集约发展道路(郑长德和罗布江村，2010)。

(2) 民族地区资源能源富集，但空间分布不均。民族地区是资源能源富集地和我国主要大江大河的发源地，森林和草原资源、矿产资源、水资源、旅游资源占全国比重较大。水资源空间分布南北不均，主要分布在西南部地区，民族地区西北部水资源供需紧张，西南一些水资源充裕地区也存在水质型缺水。矿产资源主要分布在生态脆弱和生态功能区，煤炭、石油、天然气主要集中在西北民族地区，偏离主要消费地。“南水北调”“西气东输”“西电东送”，这些大规模、长距离的资源由民族地区向东部地区转移的大工程，满足了东部地区对资源能源的需求，但也为民族地区带来了地面沉降、绿色生态空间锐减等环境、生态问题，甚至导致了原产地的资源能源供给不足。

(3) 民族地区生态脆弱，自然灾害频繁，空间承载力有限。民族地区生态环境脆弱，自然灾害频繁，威胁较大，近年来绿色生态空间减少过多。许多民族地区不宜进行大规模的工业化、城镇化建设，经济活动和人口容量有限，空间承载力差。作为资源能源富集地，民族地区一些地方过度开发资源导致生态问题日趋严重。一些地方在城市化、工业化快速发展中耕地减少过快，保障粮食安全压力大。全球气候变化以及一些地区不顾资源环境承载能力的开发，导致部分地区森林破坏、湿地萎缩、河湖干涸、水土流失、沙漠化和草原退化，气象灾害、地质灾害和海洋灾害频发，生态损害严重，生态系统功能退化。2008年汶川地震后，民族地区遭受地震灾害的风险性加大。

5.6.2 民族地区主体功能区划分

党的十七大要求到2020年基本形成主体功能区布局。按照《全国主体功能区规划》，国土空间按开发方式被划分为优化开发区、重点开发区、限制开发区和禁止开发区，按开发内容被划分为城市化地区、农产品主产区和重点生态功能区。城市化地区以提供工业和服务产品为主体功能，农产品主产区以提供农产品为主体功能，重点生态功能区以提供生态产品为主体功能(表5.25)。

表5.25 我国主体功能区划分标准[①]

按开发方式	按开发内容	主体功能	其他功能	备注
优化开发区	城市化地区	提供工业和服务产品	提供农产品和生态产品	优化进行城镇化工业化开发
重点开发区	城市化地区	提供工业和服务产品	提供农产品和生态产品	重点进行城镇化工业化开发
限制开发区	农产品主产区	提供农产品	提供生态产品、工业品、服务产品	限制进行工业化城镇化开发
	重点生态功能区	提供生态产品	提供农产品、工业品、服务产品	
禁止开发区	农产品主产区	提供农产品	提供生态产品、工业品、服务产品	禁止进行工业化城镇化开发
	重点生态功能区	提供生态产品	提供农产品、工业品、服务产品	

(1)优化开发区集中在东部沿海的环渤海城市群、长三角城市群和珠三角城市群，不涉及民族地区。

(2)民族地区重点开发区包括内蒙古自治区的呼包鄂地区、广西北部湾地区、贵州省黔中地区、云南省滇中地区、西藏自治区藏中南地区、青海省西宁地区、宁夏回族自治区沿黄地区、新疆维吾尔自治区天山北坡地区。主体功能为重要的经济增长极，促进区域协调发展的重要支撑点，重要的人口和经济密集区。

(3)民族地区限制开发区包括国家重点生态功能区和农产品主产区。其中，国家重点生态功能区主要保障国家生态安全(表5.26)。农产品主产区主要保障国家农产品安全，包括新疆维吾尔自治区主产区、内蒙古自治区的河套灌区主产区以及云南省和广西壮族自治区一带的华南主产区。

(4)民族地区禁止开发区主要包括国家级自然保护区、世界文化遗产、世界自然遗产、国家级风景名胜区、国家森林公园、国家地质公园等(表5.27)，功能定位为我国保护自然文化资源的重要区域、珍稀动植物基因资源保护地。

① 见《全国主体功能区规划》，2010。

表 5.26　民族地区限制开发区(国家重点生态功能区)[①]

续表

省区	生态功能区	
	名称(类型)	地区
内蒙古自治区	大小兴安岭森林生态功能区(水源涵养)	牙克石市、根河市、额尔古纳市、鄂伦春自治旗、阿尔山市、阿荣旗、莫力达瓦达斡尔族自治旗、扎兰屯市
	呼伦贝尔草原草甸生态功能区(防风固沙)	新巴尔虎左旗、新巴尔虎右旗
	浑善达克沙漠化防治生态功能区(防风固沙)	克什克腾旗、多伦县、正镶白旗、正蓝旗、太仆寺旗、镶黄旗、阿巴嘎旗、苏尼特左旗、苏尼特右旗
	祁连山冰川与水源涵养生态功能区(水源涵养)	天峻县、祁连县、刚察县、门源回族自治县
	科尔沁草原生态功能区(防风固沙)	阿鲁科尔沁旗、巴林右旗、翁牛特旗、开鲁县、库伦旗、奈曼旗、扎鲁特旗、科尔沁左翼中旗、科尔沁右翼中旗、科尔沁左翼后旗
	阴山北麓草原生态功能区(防风固沙)	达尔汗茂明安联合旗、察哈尔右翼中旗、察哈尔右翼后旗、四子王旗、乌拉特中旗、乌拉特后旗
新疆维吾尔自治区	阿尔泰山地森林草原生态功能区(水源涵养)	阿勒泰市、布尔津县、富蕴县、福海县、哈巴河县、清河县、吉木乃县(含新疆生产建设兵团所属团场)
	阿尔金草原荒漠化防治生态功能区(防风固沙)	且末县、若羌县(含新疆生产建设兵团所属团场)
	塔里木河荒漠化防治生态功能区(防风固沙)	岳普湖县、伽师县、巴楚县、阿瓦提县、英吉沙县、泽普县、莎车县、麦盖提县、阿克陶县、阿合奇县、乌恰县、图木舒克市、叶城县、塔什库尔干塔吉克自治县、墨玉县、皮山县、洛浦县、策勒县、于田县、民丰县(含新疆生产建设兵团所属团场)
青海省	三江源草原草甸湿地生态功能区(水源涵养)	同德县、兴海县、泽库县、河南蒙古族自治县、玛沁县、班玛县、甘德县、达日县、久治县、玛多县、玉树县、杂多县、称多县、治多县、囊谦县、曲麻莱县、格尔木市唐古拉山镇

省区	生态功能区	
	名称(类型)	地区
广西壮族自治区	南岭山地森林及生物多样性生态功能区(水源涵养)	资源县、龙胜各族自治县、三江侗族自治县、融水苗族自治县
	桂黔滇喀斯特石漠化防治生态功能区(水土保持)	上林县、马山县、都安瑶族自治县、大化瑶族自治县、忻城县、凌云县、乐业县、凤山县、东兰县、巴马瑶族自治县、天峨县、天等县
宁夏回族自治区	黄土高原丘陵沟壑水土保持生态功能区(水土保持)	彭阳县、泾源县、隆德县、盐池县、同心县、西吉县、海原县、红寺堡区
贵州省	桂黔滇喀斯特石漠化防治生态功能区(水土保持)	赫章县、威宁彝族回族苗族自治县、平塘县、罗甸县、望谟县、册亨县、关岭布依族苗族自治县、镇宁布依族苗族自治县、紫云苗族布依族自治县
云南省	桂黔滇喀斯特石漠化防治生态功能区(水土保持)	西畴县、马关县、文山县、广南县、富宁县
	川滇森林及生物多样性生态功能区(生物多样性维护)	香格里拉县(不包括建塘镇)、玉龙纳西族自治县、福贡县、贡山独龙族怒族自治县、兰坪白族普米族自治县、维西傈僳族自治县、勐海县、勐腊县、德钦县、泸水县(不包括六库镇)、剑川县、金平苗族瑶族傣族自治县、屏边苗族自治县
西藏自治区	藏东南高原边缘森林生态功能区(生物多样性维护)	墨脱县、察隅县、错那县
	藏西北羌塘高原荒漠生态功能区(生物多样性维护)	班戈县、尼玛县、日土县、革吉县、改则县

① 见《全国主体功能区规划》(2010)。

表 5.27 民族地区禁止开发区①

省区	国家级自然保护区	世界文化自然遗产	国家级风景名胜区	国家森林公园	国家地质公园
内蒙古自治区	大青山、阿鲁科尔沁、赛罕乌拉、达里诺尔、白音敖包、黑里河、大黑山、大青沟、鄂尔多斯遗鸥、鄂托克恐龙遗迹化石、西鄂尔多斯、贺兰山、额济纳胡杨林、辉河、红花尔基樟子松林、达赉湖、额尔古纳、大兴安岭汗马、科尔沁、图牧吉、锡林郭勒草原、哈腾套海、乌拉特梭梭林-蒙古野驴		扎兰屯	红山、乌素图、马鞍山、黑大门、察尔森、二龙什台、海拉尔、兴隆、达尔滨湖、黄岗梁、伊克萨玛、贺兰山、乌尔旗汉、兴安、绰源、阿里河、乌拉山、河套、宝格达乌拉、滦河源	克什克腾、阿尔山、阿拉善沙漠
广西壮族自治区	大明山千家洞、花坪、猫儿山、合浦营盘港-英罗港儒艮、山口红树林、北仑河口、防城金花茶、十万大山、岑王老山、金钟山黑颈长尾雉、九万山、木论、大瑶山、弄岗、雅长兰科植物		桂林漓江、桂平西山、花山	九龙瀑布群、阳朔、桂林、良凤江、三门江、龙潭、大桂山、元宝山、八角寨、十万大山、龙胜温泉、姑婆山、大瑶山、黄猄洞天坑、飞龙湖、太平狮山、大容山、龙滩大峡谷	资源、百色乐业大石围天坑群、北海涠洲岛火山、凤山岩溶、鹿寨香桥岩溶
贵州省	宽阔水、习水、赤水桫椤、梵净山、麻阳河、威宁草海、雷公山、茂兰	中国南方喀斯特	黄果树、潕阳河、织金洞、红枫湖、龙宫、荔波漳江、赤水、马岭河峡谷-万峰湖、都匀斗篷山-剑江、九洞天、九龙洞、黎平侗乡、紫云格凸河、石阡温泉群、瓮安江界河、榕江苗山桐水、平塘	百里杜鹃、竹海、九龙山、凤凰山、长坡岭、尧人山、燕子岩、玉舍、赫章夜郎、青云湖、大板水、毕节、雷公山、习水、黎平、朱家山、紫林山、潕阳湖、仙鹤坪、龙架山、九道水	六盘水乌蒙山、平塘、关岭化石群、绥阳双河洞、兴义、织金洞
云南省	会泽黑颈鹤、哀牢山、高黎贡山、大山包黑颈鹤、药山、大围山、金平分水岭、黄连山、文山、无量山、西双版纳、纳板河流域、苍山洱海、白马雪山、永德大雪山、南滚河	丽江古城、中国南方喀斯特、三江并流	昆明滇池、玉龙雪山、腾冲地热火山、瑞丽江-大盈江、九乡、路南石林、大理、建水、普者黑、阿庐、西双版纳、三江并流	小白龙、五老山、紫金山、飞来寺、巍宝山、天星、清华洞、东山、来凤山、花鱼洞、磨盘山、圭山、新生桥、宝台山、西双版纳、龙泉、莱阳河、金殿、十八连山、鲁布格、珠江源、五峰山、钟灵山、棋盘山、灵宝山、铜锣坝	澄江动物群古生物、石林岩溶峰林、腾冲火山、禄丰恐龙、玉龙黎明、老君山、大理苍山
西藏自治区	拉鲁湿地、雅鲁藏布江中游河谷黑颈鹤、类乌齐马鹿、芒康滇金丝猴、珠穆朗玛峰、羌塘、色林措、雅鲁藏布大峡谷、察隅慈巴沟	布达拉宫	纳木措-念青唐古拉山、唐古拉山-怒江源、雅砻河	巴松措、色季拉、玛旁雍措、班公措、然乌湖、姐德秀、热振、尼木	易贡、扎达土林
青海省	循化孟达、青海湖、可可西里、三江源、隆宝		青海湖	坎布拉、北山、大通、群加、仙米、哈里哈图、麦秀	尖扎坎布拉、格尔木昆仑山、久治年保玉则、互助北山
宁夏回族自治区	贺兰山、灵武白芨滩、沙坡头、哈巴湖、罗山、六盘山		西夏王陵	六盘山、苏峪口、花马寺、火石寨	西吉火石寨

① 见《全国主体功能区规划》(2010)。

续表

省区	国家级自然保护区	世界文化自然遗产	国家级风景名胜区	国家森林公园	国家地质公园
新疆维吾尔自治区	艾比湖湿地、塔里木胡杨、阿尔金山、罗布泊野骆驼、巴音布鲁克、托木尔峰、西天山、甘家湖梭梭林、哈纳斯		天山天池、库木塔格沙漠、博斯腾湖、赛里木湖	照壁山、白哈巴、奇台南山、天池、那拉提、巩乃斯、贾登峪、金湖杨、巩留恰西、唐布拉、科桑溶洞、哈密天山、哈日图热格、乌苏佛山、哈巴河白桦、阿尔泰山	布尔津喀纳斯湖、奇台硅化木-恐龙、富蕴可可托海

对不同的主体功能区实行差别化的政策。对重点开发区应强化工业化城镇化方面的目标要求，对限制开发区应强化农业发展优先和生态环境保护优先的要求，对禁止开发区应强化生态环境保护优先的要求。财政政策方面，要加大中央财政对民族地区重点生态功能区的转移支付力度，鼓励地区间横向援助，长江中下游地区向上游的援助。投资政策方面，支持符合区域的主体功能定位和发展。产业政策方面，明确不同主体功能区鼓励、限制和禁止的产业。土地政策方面，按不同的主体功能实施差别化的土地政策。农业政策重点向农产品主产区倾斜。人口政策方面，重点开发区加强人口集聚，限制开发区和禁止开发区有序引导人口退出，区域内人口向县城和中心镇集聚①。

5.6.3　民族地区生态空间优化思路——实施生态文明发展战略

民族地区生态空间优化的基本思路在于树立尊重自然、顺应自然、保护自然的生态文明理念，把生态文明建设放在突出地位，融入经济空间优化、社会空间优化各方面，不断开拓生产发展、生活富裕、生态良好的文明发展道路。

1) 注重生态空间优化的全国统筹

生态空间是生态文明建设的空间载体，民族地区应按照全国统筹规划，控制开发强度，调整空间结构。

民族地区应充分考虑国家“七区二十三带”农业战略格局。其中，七区指七个农产品主产区，包括甘肃省-新疆维吾尔自治区主产区、河套灌区主产区、华南主产区、汾渭主产区、东北平原主产区、黄淮海平原主产区、长江流域主产区。民族地区的河套灌区农产品主产区建设优质专用小麦产业带；华南农产品主产区建设优质水稻、甘蔗和水产品产业带；新疆维吾尔自治区农产品主产区建设优质专用小麦和优质棉花产业带。此外，积极发展农业优势产业带，如西南小麦产业带和玉米产业带，南方的高蛋白及菜用大豆产业带，北方的油菜产业带，西北、西南和南方的马铃薯产业带，广西壮族自治区、云南省的甘蔗产业带，云南省的天然橡胶产业带，西北的肉牛、肉羊、奶牛产业带等。

民族地区充分考虑国家“两屏三带”生态安全战略格局。其中，“三带”指南方丘陵山地带、北方防沙带、东北森林带；“两屏”指青藏高原生态屏障、黄土高原-川滇生态屏障。新疆维吾尔自治区、内蒙古自治区、宁夏回族自治区的北方防沙带重点加强防护林

① 见《全国主体功能区规划》(2010)。

建设、草原保护和防风固沙。西藏自治区的青藏高原生态屏障重点保护好多样、独特的生态系统，发挥涵养大江大河水源和调节气候的作用。云南省所属的黄土高原-川滇生态屏障重点加强水土流失防治和天然植被保护，发挥保障长江、黄河中下游地区生态安全的作用。云南省、贵州省、广西壮族自治区的南方丘陵山地带重点加强植被修复和水土流失防治，发挥华南和西南地区生态安全屏障的作用。此外，民族地区还应该注重保障其他国家重点生态功能区和点状分布的国家禁止开发区域的生态安全[①]。

2) 以主体功能区规划为指导，关注问题区域的生态问题

《全国主体功能区规划》是我国生态空间的指导性规划，民族地区生态空间优化也应该以该规划为指导，将规划中对主体功能区的划分落实到民族地区的具体地理空间。根据区域自然条件、资源环境承载能力、现有开发强度和发展潜力进行开发，控制开发强度，并把提供生态产品作为空间开发的重要任务，逐步形成人口、经济、资源环境相协调的国土空间开发格局。因此，民族地区生态空间优化要树立问题意识，找到资源环境中的“短板”，注重问题区域的生态问题。

民族地区北部的新疆维吾尔自治区、内蒙古自治区、宁夏回族自治区等省区是粮食主产区，水资源缺乏问题严重(如宁夏回族自治区的黄河流域、青海省湟水河流域)，重点是保障粮食生产，进行水土保持和水源涵养，建设北方防沙带。中部的西藏自治区和青海省为三江源头，是我国重要的生态屏障，重点建设青藏高原生态屏障。南部的贵州省、云南省、广西壮族自治区重点保障粮食主产区功能区，以及进行喀斯特石漠化防治，如贵州省石漠率达40%以上的县有40个，云贵高原主要是岩溶塌陷和缺水沉降多发地区，北钦防及桂林地区易受风暴潮和洪涝灾害影响(住房和城乡建设部城乡规划司和中国城市规划设计研究院，2010)。民族地区分省区主要解决的生态问题如下。

(1) 内蒙古自治区：①保证黄河河套灌区全国农业主产区功能；②大小兴安岭森林及东缘生态湿地、祁连山冰川、西辽河湿地的水源涵养问题；③呼伦贝尔草原、科尔沁沙地、浑善达克沙地(松嫩沙地)、阴山北麓草原、额济纳绿洲梭梭林和贺兰山周边的防风固沙问题。

(2) 新疆维吾尔自治区：①保证新疆维吾尔自治区作为全国农业主产区的功能；②建立北方防沙带，开展阿尔金草原、塔里木盆地和准噶尔盆地荒漠化防治，防风固沙；③水源涵养，主要包括阿尔泰山、天山、昆仑山北麓水源涵养。

(3) 宁夏回族自治区主要进行黄土高原丘陵沟壑水土保持，如银川平原、黄河沿岸、宁东荒漠干旱地区、宁南黄土高原水土流失地区。

(4) 青海省主要进行三江源草原草甸湿地水源涵养，包括东部干旱山地生态治理、三江源高寒生态保护、环青海湖地区、柴达木盆地荒漠化地区等。

(5) 西藏自治区：①保障青藏高原生态屏障，西藏自治区是一江两河源头地区，其是若尔盖高原湿地和藏东南高原边缘地区，雅鲁藏布江、拉萨河、怒江、孔雀河、狮泉河、象泉河、马泉河等江河源头，麦地卡、玛旁雍措等重要高原湿地，纳木措、杨卓雍措等高

① 见《全国主体功能区规划》(2010)。

原湖泊，藏北高原和藏东南林区。②进行藏东南高原边缘森林生态功能区、藏西北羌塘高原荒漠生态功能区生物多样性维护。

(6) 广西壮族自治区：①保证广西壮族自治区南部作为全国农业主产区的功能；②进行南岭山地水源涵养；③喀斯特石漠化防治。

(7) 贵州省主要进行喀斯特石漠化防治。

(8) 云南省主要保障横断山脉的生态环境，滇池及其周边地区，森林及生物多样性维护；以及喀斯特石漠化防治。

3) 能源资源集约开发优化布局

集约利用资源，推动资源利用方式根本转变，降低能源资源消耗强度，提高利用效率和效益，促进能源资源优化开发，推进形成节约资源和保护环境的空间格局。在民族地区能源资源富集地建设能源基地和矿产资源开发基地。西北地区鄂尔多斯盆地以煤炭开采加工和火力发电建设为主，加大石油、天然气、煤层气和风能开发力度，建设高效清洁大型能源输出地。新疆维吾尔自治区适度加大石油、天然气和煤炭资源的勘探开发，加快能源外输通道建设，加强与中亚国家的能源合作，建设我国重要的能源战略接替区。大力发展风能、太阳能等清洁能源，重点在西北布局建设大型风电基地。逐步在河西走廊、兰新线、青藏线、宁夏回族自治区和内蒙古自治区沙漠边缘等地区建设大型太阳能基地。合理开发内蒙古自治区包头白云鄂博铁稀土矿，强化稀土资源保护和综合利用，建设全国重要的稀土生产基地。合理开发利用内蒙古自治区、新疆维吾尔自治区的铜、锌、镍、钼等资源。加强青海省、新疆维吾尔自治区盐湖资源开发，加大对钾、镁、锂、硼等多种矿产综合开发利用的力度，构建循环经济产业链，建设青海省柴达木、新疆维吾尔自治区罗布泊资源综合开发利用基地。

西南地区加快四川水电开发，加快四川盆地天然气资源开发，有序开发煤炭资源和建设坑口电站，加强煤电外送通道建设，建成以水电为主体的综合性能源输出地。合理开发利用攀西钒钛资源，把攀西建设成为全国重要的钒钛产业基地。合理开发利用云南省、贵州省、广西壮族自治区的铜、铝、铅、锌、锡等资源。提高云南省滇中、贵州省开阳瓮福磷矿的开发利用水平，提高可持续发展能力，建设滇黔全国重要的磷化工基地。

4) 资源开发中重视利益关系调整与生态环境保护，实现包容性绿色发展

民族地区能矿资源丰富，其开发具有国家能源战略意义。但在民族地区资源大规模开发中，如何正确处理好资源开发、经济社会发展、生态环境保护间的关系，实现国家、地方政府、资源所在地居民、资源开发企业和环境保护多赢的“包容性绿色发展”，是民族地区经济社会发展中的焦点难点问题。尤其是资源开发中的利益冲突及开发引发的环境问题已成为民族地区社会矛盾的高发领域。因此要重点解决民族地区资源开发中的利益分配和环境保护问题，实现民族地区生态安全。

民族地区资源开发应做到利益分享，妥善处理政府与市场、政府与社会、中央和地方、企业和个人的关系，做到各族人民分享资源开发成果，从源头上化解社会不稳定的因素。①改革民族地区资源税。改革资源税中央和地方共享比例，适度提高地方所占的比重；扩

大资源税的征税范围，提高税率，将计税依据由从量计征改为从价计征；统一资源税和资源补偿费，实现税费合一；对民族地区资源税实行返还政策，用于当地的环境保护与污染治理。②建立健全民族地区资源与生态补偿机制，扩大生态转移支付补偿范围。在一些生态极度脆弱地区，如“汶川地震灾区”、青海省“三江源”地区开展生态补偿试点，建立国家级“生态特区”，实行特殊的生态保护与生态补偿政策；建立矿山企业生态恢复和环境治理的责任机制，强制企业增加安全投入，用于生态补偿的费用支出；对民族地区资源性产品出口实施最低限价政策；实现国家对矿产资源的国有勘探所有权，合理确定民族地区有偿出让矿业权收益的分配中中央和地方的分成比例。实现民族地区资源开发、社会经济发展与生态环境保护的协调发展。

5）倡导民族地区发展低碳经济

2009 年中国政府提出到 2020 年单位 GDP 碳排放要在 2005 年的基础上下降 40%～45%，并作为约束性指标纳入国民经济和社会发展中长期规划。民族地区应当发展低碳经济，达到相关的碳排放约束性指标。民族地区地域辽阔，是我国重要的生态屏障，低碳资源丰富，是全国构建低碳发展模式的重要区域。但长期以来，其经济发展主要是建立在高碳资源基础上。从目前的资源与生态环境形势看，要推动民族地区经济社会全面发展，必须大力推进减少温室气体排放、低能耗、低污染的低碳经济发展模式。

民族地区应秉承可持续发展理念，通过技术创新、制度创新、产业转型、新能源开发等多种手段，尽可能地减少煤炭、石油等高碳能源消耗和污染物排放，减少温室气体排放，达到经济社会发展与生态环境保护双赢。利用民族地区能源优势大力发展风能、地热能、太阳能、生物能等可再生能源和清洁能源，替代煤、石油等化石能源以减少二氧化碳的排放，建立民族地区低碳能源系统。依靠科技进步，发展低碳技术，建立健全科技支撑体系和信息服务体系。改变原有的单纯追求生态补偿的观点，把生态作为产业来做，采用碳汇交易方法提供生态产品和服务。特别是资源性产业的发展要依照低碳经济的理念和碳汇交易的规则，重构产业链。按照资源节约、环境友好、低碳高效的原则，建立民族地区低碳产业园区和低碳产业基地，全力构建民族地区特色低碳产业体系，如火电减排、节能建筑、循环经济、资源回收、环保设备、节能材料等。同时制定促进低碳经济发展的财税、金融、价格政策等。

5.7 民族地区文化多样性及空间优化

5.7.1 民族地区文化多样性的形成

中国少数民族地区不仅受到汉文化影响，也受到伊斯兰文化、佛教文化以及基督教文化的深刻影响，外来的文化元素与各少数民族自身文化，特别是与本土原始宗教融合共生，在不同区域形成了特色鲜明的亚文化区，宗教成为这些区域基础性的文化标识之一，而传统文化演进就根植于宗教的流变之中。少数民族宗教在其流变的过程中，由于地缘特征、自然资源、对外交流等外部环境因素及政治经济发展水平、经济基础等内部环境因素的差异性，形成多样化的宗教演化路径。由此我们可以看到多元化的宗教信仰广泛地存在于不同的少数民族地区，即使是同一种宗教，在不同的少数民族社区也存在着不同的形态，从而可以从形式和内容上加以区别。因此，民族地区是我国文化多样性最丰富的地区，如果从少数民族文化的内核——宗教来对民族地区的多元文化进行粗略分类，大致可以把民族地区分为三个亚文化区域。①伊斯兰教影响区，主要集中于中国西北地区；②藏传佛教影响区，分布于西藏自治区、四川省、青海省、甘肃省、云南省等地；③南传佛教影响区，主要在中国西南部地区。当然，民族地区文化多样性不仅体现在宗教信仰的差别上，还体现在各民族间的价值观、传统习俗、礼仪规范、生活方式等诸多方面。即使是同一民族，由于生活的地域环境等方面的不同，也存在明显的差异。例如，西藏自治区的藏传佛教教派众多，不同区域的信仰、服饰、语言、习俗等都有明显的差别，而农耕区、牧区和半农半牧区文化表现也各有差异。

中华文明源远流长，民族间多元文化的交流互动和共生发展是其生生不息的动力所在。从考古学角度来看，中华民族不仅可以在黄河和长江流域找到自己文明的源头，而且可以在众多的民族地区找到自身文明的蛛丝马迹；从生物学角度来看，南方汉族和北方汉族的基因差别甚至大于各自与邻近少数民族的基因差异。而进一步从文化的角度考察，中华民族的发展历史从来都是一部多元文化的交流互动史。无论何时离开了对各民族交往史的叙述，就不能称其为中国历史。而各民族间的文化交往不仅限于器物层次的交往。在丝绸之路和茶马古道上，留下的不仅有商队的足迹，也弥散着浓浓的文化气息。这种多民族的融合共生，通过多种文化间的碰撞、交融与彼此推动，影响着中国人的民族性格和文化基因。

何以开放包容的多元文化有如此巨大的能量？可以借用生物多样性的隐喻对此做出解释。一个生态系统之所以能够可持续地繁衍下去，是基于系统内物种间物质、能量和信息的交换，系统中任何一个物种在数量、状态上小小的变化都会对整个系统产生极大的扰动，而物种种类的减少，更会导致整个食物链断裂，生态系统失衡。若生态系统是封闭系统，那么生态失衡将不能得到外部物质、能量、信息的补充，系统衰退甚至消亡将不可避免。同样的道理，一个文化系统，如果内部缺少不同文化间的碰撞、交流，这个系统就会很快失去新陈代谢的能力而失去生命。我们观察中华民族发展的历史可以明显地感受到，各民族间每一次文化的碰撞都为彼此提供着丰富的文化养料，为彼此注入文化活力，影响着中国人的民族性格。以草原文化与农耕文化的相互渗透为例，草原文化彪悍、刚毅的性格长时期地影响着中国农耕地区的民族。于是，我们在边塞诗人的诗句里会体味到异域文化的性格特质；也会从“燕赵之风”“胡服骑射”的典故里感受到少数民族文化怎样改变了我们的生活方式和民族性格；还能从敦煌壁画里感受到少数民族的音乐、舞蹈和宗教怎样丰富了中华民族的文化生活。同样地，农耕文化的先进因子也通过其强大的生命力渗透到少数民族族群中，先进的文化理念、精致的器物、闲适的生活方式、书籍文字等丰富了各少数民族的文化和生活。

开放包容的多元文化是中华民族生生不息的动力之源，民族地区文化多样性源源不断地为我们的文明进步注入新鲜血液和营养成分。而中华民族每一次的盛世，都让我们感受到一个开放包容的多元文化是多么的气度不凡！

5.7.2 少数民族文化与区域现代化互动关系分析

1) 文化视角下民族地区现代化的特殊内涵

现代化的概念来自西方社会，而现代化本身也是西方社会在近现代发展过程中体现出来的重要特征的集合，因此有学者简单地照搬西方社会对现代化的理解，认为现代化就是西方化。通常意义上就是指：学术知识科学化，政治民主化，经济工业化，思想文化领域的自由化、世俗化和个人化。我们也确实看到，西方社会现代化的道路虽各有差异，但几乎都殊途同归，似乎现代化也只有按照西方文明指引的方向前进才可能成功。

但是，我们看到一些非西方国家按照西方现代化的路数按图索骥，很少有成功的。是什么原因使得在西方国家能够成功的现代化模式到了非西方国家就显得水土不服？在排除其他因素后，必须把眼光投向西方现代化进程中特殊的人文背景上，而在世界其他地区，对西方现代化模式的模仿之所以不成功，也在于这些地区的文化往往与西方现代化模式缺乏兼容性。因此，既要看到西方社会的成功，看到西方现代化的普遍意义，也要思考在一个缺乏西方人文背景的环境中，怎样才能弥合区域文化与区域现代化间的鸿沟？让文化自觉服务于现代化进程。

在多数发展中国家和欠发达地区，文化正成为现代化道路上的影响因素，导致这些地区的人们总是在对传统的怀念和对现代化的向往中蹉跎岁月。因此，阿马蒂亚·森指出“人们不会为废弃的生产方法和淘汰的技术而落泪”。“然而，在文化事务方面，消失的传统却可能令人百般怀念。放弃古老的生活方式会导致极度的痛苦和深深的失落感。”这正是大多数发展中国家和欠发达地区面对的共同问题。他进一步认为：“应该由那个社会来决定它是否要采取行动、采取什么行动来保存旧的生活方式，甚至为此付出相当大的经济代价。生活方式是可以保存下来的，如果一个社会决定就是要那样做的话，问题在于为了这种保存而付出的代价，与这个社会对所保存对象和生活方式所赋予的价值，二者之间保持平衡”(阿马蒂亚·森，2002)。民族地区，不仅文化背景迥异于西方社会和我国其他地区，而且各民族聚居区域在文化上千差万别。很难想象，西方国家和我国其他地区的现代化模式照搬到这些地区会产生何种局面！

2) 民族地区文化与区域发展关系的分析框架

在宏观层面上，宗教为民族地区提供了一种价值体系，帮助社会形成一种共识，也使得社会的整合成为可能。宗教通过其社会认同、社会整合功能将少数民族社区凝聚为一个稳定的社会网络，并成为构建民族地区社会结构的基石，在维护社会稳定与和谐中起着不可替代的作用(图 5.21)。

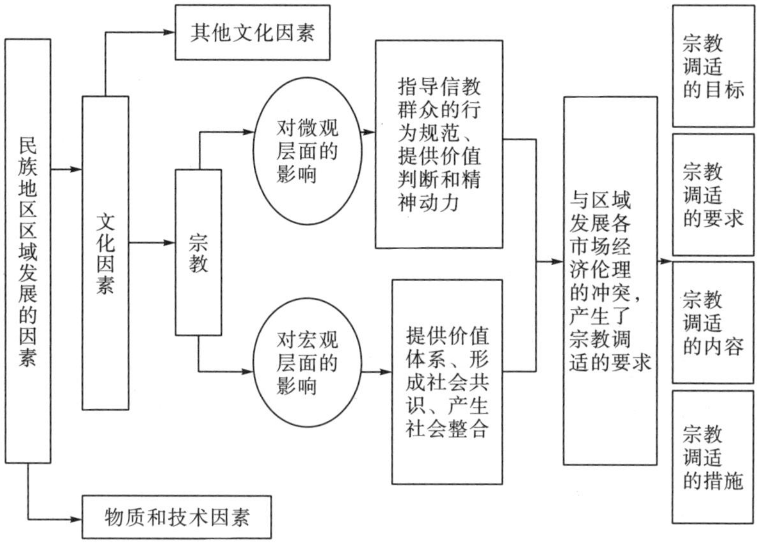

图 5.21　民族地区文化与区域发展关系的梳理

3) 文化自觉：民族地区现代化的关键

从经济与文化的关系分析，经济因素是推动文化变迁的根本力量。以宗教为例，一旦宗教被具有先进性的社会阶层掌控，它就会被赋予新的内涵和积极的意义而实现突变，这种突变造成的冲击，能够使人从传统桎梏中摆脱出来，实现人的解放。同时，经济因素又不是决定宗教形态的唯一因素，作为经长期积淀而固化的文化内核，宗教一旦被环境所选择，就会自动进入一个自我强化的累积过程，形成“锁定”，宗教可能成为影响经济社会进步的巨大力量。少数民族宗教文化是值得我们珍惜的宝贵财富，宗教的世俗化是从传统走向现代的阶梯，而少数民族宗教的现代性调适无疑是少数民族地区经济社会现代化的重要条件。

正如前面分析：在更核心的层面上，民族地区现代化首先是一个民族文化自觉的过程，是在传统文化传承和发展中寻求文化超越的过程。

5.7.3　区域现代化进程中民族地区文化多样性保护、调适与发展

现代化首先是人的现代化，而民族地区文化发展的核心正是希望通过促成民族地区群众在心理意识层面和精神领域的变革，进而让文化自觉地服务于民族地区经济发展与社会和谐，服务于传统文化的传承和发展。

1) 对待民族文化的基本理念：在发展中保护，在保护中发展

与其他社会历史现象一样，没有一种文化会停滞于孤立、封闭的单一状态，除非它事实上已经死亡；而文化的变迁，不论是缓慢或是迅速，最终总要与经济社会发展的要求相匹配。因此，对待民族地区文化，既不能像文化保守主义者那样，把民族文化看作静止、孤立的现象，并以保护之名，拒绝变化、拒绝进步；也不能像文化虚无主义者那样，一味

否定民族文化的客观存在，否定民族文化对民族地区发展的积极意义，否定民族文化对于中华文明的特殊重要性。科学的态度一定是珍视每一种文化的价值，在区域现代化进程中，通过文化发展和繁荣促进区域经济社会的跨越，在区域经济社会的跨越中，实现民族文化的传承和超越。

2）珍视民族地区多样性文化对于现代文明的补充、校正和支撑功能

以西方文化为坐标的现代文明，事实上也有其明显的局限性。①以增长为中心的物质消费主义导向正在把人类推向挥霍无度的极端，我们生存的这个星球可能正面临着毁灭性打击。直到现在还有许多人认为，物质丰富了，所有的问题就迎刃而解了，因此增长就是一切，一切为了增长。但现实告诉人们，物质富裕固然是区域发展的基础，但人们的需求是有层次性的，物质需求在人类需求中居于较低层次。有研究表明，社会动乱并不一定只产生于经济落后的区域（或国家），相反那些经济开始度过温饱进入小康的区域（或国家）在其公民的较高层次需求得不到满足时，更容易发生群体性事件。正如北非地区是非洲经济状况最好的地区，但却是当前非洲最动荡不定的地区。只考虑满足公民物质层面的需求，用挥霍无度的消费主义来引导区域发展，而根本不考虑公民其他方面的需求，这无疑是短视的，最后的结果是搬起石头砸自己的脚。物质的极大丰富和极大浪费，实质上是以加速度的形式，挥霍着宇宙、地球赋予人类的生存条件，这样的生产越是发展，物质越是丰富，我们离毁灭就越是靠近。工业文明使人类与自然间的力量均势发生了根本变化，人类在书写自己文明奇迹的同时，也在把自然推向一个日益反对自己的对立面。自然孕育了人类，现在却要用自己无声的行动来抵制人类的存在，这看似荒诞，但这样的荒诞却在工业文明里真实地发生了。对过去工业文明的认真反思已经刻不容缓，而利用好工业文明的成果，并从工业文明的教训中寻求绿色发展之路则是当代人必须认真作答的最重大的历史命题。②不考虑代际公平的人类中心主义导向也正在把人类推入泥淖。“今朝有酒今朝醉”的末世心态正在人类社会快速蔓延，甚至出现为了当前利益资源被大量浪费性使用，导致生态问题、环境污染问题层出不穷，愈演愈烈的情况。当然，天地之间人是唯我独尊的，资源环境只是在增进人类福利上才显得有意义。因此，可以不反对人类中心主义。但人类是一个需要不断延续的生物群落，如果不考虑子孙后代的需要而滥用资源、破坏生态，势必自取灭亡。因此，区域发展也需要在代际公平的意义上考虑经济社会的长期可持续性。

上述讨论真实地反映了西方文明的困境。而民族地区的多样性文化，正是现代工业文明的重要补充和校正。总体而言，民族地区文化是亲自然性的。民族文化的因子中充满了对自然的敬畏，并通过一系列的制度安排，小心地守护着人与自然的和谐关系，它使得人们在追求人类自身幸福的同时，把更多的关爱加诸自然。现代文明的工具主义特征、极端消费主义和人类中心主义倾向，正需要另一些文化的洗涤。少数民族多元的文化，正好为我们提供了更多的文化选择，这些文化中的许多重要观点，如对生死、欲望、物质、自然和人类的看法都具有超越性，弥补了工业文明的局限。因此，认真反思现代文明的反自然特征，积极挖掘民族文化的亲自然性，把民族文化中亲自然的信仰和价值变成全民族的信仰和价值，具有重要的现实意义。同时，民族文化中，也有大量对人类精神领域、心理层面的探索，它超越于物质消费主义，强调人类精神领域的自救，这些也都对现代文明起着

补充、校正和支撑作用。

3) 尊重文化选择和宗教信仰自由，保护少数民族文化的多样性，发展和完善多元文化格局

民族地区文化多样性对于中华文明的重要性再怎么强调也不过分，只有保证和促进民族地区多元文化的发展，中华文明的新陈代谢才可能有坚实的基础。而对待民族地区文化的态度反映着我们是否真正认识到了它的重要性。文化选择自由和信仰自由，是一个公民社会对待各种文化的基本态度，通过文化间的兼容并包，共同发展，相互促进，也是中华民族发展进步的不二法门。正如改革开放后，民族地区宗教的全面复兴和发展进一步说明了文化发展是一个渐进的过程，依靠的是人们的文化自觉来完成对传统文化的继承和超越。

4) 重视宗教在民族地区文化中的特殊重要地位

从总体上看，中国少数民族地区宗教在社会经济生活中扮演着重要的角色。从制度演化的角度来看，宗教在少数民族地区的重要地位源于人的有限理性，由于人的有限理性决定了人作为个体不可能对充满不确定性的自然和社会做出完全合乎理性的认识，如何减少这些不确定性给人类活动带来的风险？例如，在人与自然的交往中如何避免自然的惩罚？在人与社会的交往中如何减少人际交往摩擦，提高交往的效率和收益？于是一些行为规范会被人们在反复的实践过程中发明出来，这些规范在弥补人的有限理性、规避自然与社会不确定性诱发的风险等方面起着基础性的作用。宗教也不例外，在人的能力还很弱小的社区里，人对自然和社会的理解相当有限，在处理人与自然、人与社会的关系方面还缺乏理性，特别是社区的契约精神还没有普遍建立起来以前，人们往往借助神的启示来确立其在不断重复的实践中所应遵循的行为规范，这些行为规范又通过超自然的神的力量被赋予神圣不可侵犯的特权，在人们的实践中不断地得到强化。姚顺增（2002）对云南省 6 个民族自治州 11 个少数民族聚居地的 50 个村寨的调查表明：宗教的礼仪教规、祭祀活动等在这些村寨已变成一种民俗。这些东西随着它们的内涵和形式不断扩充被延续下来，以后逐渐成为一种模式，被“定型化”，从而一代代相传至今，最后形成那个村寨的一种约定俗成、集体公认、为生产劳动服务的行为模式。

上述分析可以看出，民族地区的各种社区，还不具备现代社区的特征，宗教在处理人际关系、处理社会事务、强化社区凝聚力、实现社会整合和社会控制方面都有不可替代的作用，在鼓励宗教繁荣和发展的同时，逐步引入现代社区的因子，实现从传统向现代的过渡，在民族地区现代化进程中，可能是一个不可跨越的阶段。

5) 通过宗教的现代性调适，创造民族地区区域现代化的人文条件

(1) 根据宗教与经济社会有机耦合、良性互动的要求重新审视民族地区经济社会发展的目标和优先顺序。宗教的现代性调适是民族地区经济社会现代化的重要条件，通过社会人文的优先发展，开启民智，促成人的自觉，就成为当前少数民族地区经济社会发展的首要任务。经济发展固然重要，但它也必须依靠友好的宗教环境和社会人文环境支撑才能开

花结果。

(2)少数民族宗教文化的继承和扬弃。生长在少数民族宗教之树上的宗教文学、音乐、美术、建筑和医学等，是各少数民族历史文化的重要组成部分，它不仅为民族地区也为中华民族的发展提供着源源不断的养分；而对于那些落后、腐朽、陈旧的东西，仅仅只能作为一种文化历史现象给予重视和研究。

(3)少数民族宗教伦理中市场经济伦理精神的植入。少数民族宗教伦理中有部分伦理观念与市场经济伦理是契合的，如伊斯兰教关于努力生产、公平交易、合理分配的伦理观也是市场经济伦理所提倡的，藏传佛教关于仁爱、慈悲与宽容的内容也是现代社会伦理的必然要求。民族宗教在其教义、仪式、戒条、行为规范中注入新鲜的血液以使其信仰者能够与时代的要求同步，在价值判断、行为模式、人际交往规则等方面能够尽快地融入现代社会。

(4)少数民族宗教在其功能上的调整与完善。调整宗教行为的边界，强化它在精神层面和心理层面的积极功能是宗教调适的应有之义。

(5)宗教管理和宗教组织的改革。在法治社会，宗教组织作为法人实体，在其设立之初就应该被赋予明确的责任、权利和义务，可以考虑在《宗教事务条例》基础上，制定更完善的“中华人民共和国宗教法”。同时，要完善宗教组织内部管理，实施严格的资质认定制度，在宗教组织内部形成一套符合宗教教义教规的、行之有效的内部监督机制，实现组织内部的经济民主和管理民主。

(6)实现宗教市场从单一垄断市场向多元竞争市场的变革。通过鼓励各种合法宗教的自由传播，改革区域宗教供给的单一垄断状态，保证宗教供给的多元化，为民众提供广泛的选择性。

5.7.4 民族地区文化发展中的空间整合

1)民族地区文化的空间分布特征

中国民族地区文化的空间格局取决于少数民族人口的分布格局。从整体上看，我国少数民族分布呈“大杂居，小聚居”的特点，在少数民族文化聚落的形成上，也体现出“大分散”“小集中”的形态，从而形成各种文化在大尺度空间上错落分布的格局。但是，当我们把空间尺度缩小后，不仅文化聚集现象非常明显，而且文化聚落的错落分布和杂处现象也非常突出。特别是在民族自治地区，一方面，我们看到同类型的文化聚落集中连片地分布于广袤的国土上，形成蔚为壮观的文化景观。这种同类型文化聚落在空间上集中连片的现象，在西藏自治区、新疆维吾尔自治区、内蒙古自治区、青海省、四川省等民族自治地区也随处可见。另一方面，我们也会明显地看到少数民族文化错落分布和杂处的空间现象。例如，在云南省，少数民族文化错落分布非常明显，而在城市区域，文化聚落的杂处现象也很突出。

民族地区多元文化的空间特征是数千年历史演进的结果，具有相当的合理性。一方面这种空间格局有利于文化的集中保育与繁荣，因为集中连片的文化聚落在文化传承和文化保护方面具有不可比拟的优势；另一方面，民族地区文化聚落的错落分布和杂处，又非常有利于不同文化间的交流与促进。

2) 民族地区文化发展的空间整合

正如上述分析，民族地区文化空间格局具有合理性，同类文化的集中连片分布有利于文化的集中保育与繁荣；而其错落分布和杂处的特征又有利于文化交流与促进。因此民族地区多元文化的空间整合，更多的是在现有空间格局下，更加重视文化保育，提升文化发展质量，强化文化特色。

(1) 在集中连片的文化聚落中，需要明确少数民族文化聚落的核心保育区。“文化保育”从字面意义上是指文化的保护和育成。少数民族文化是民族群众的精神寄托，核心保育区的建立有助于少数民族文化的传承、保护、繁殖，在集中连片的文化聚落，有条件也有基础去保存少数民族的文化，去传承少数民族文化传统，去发展文化产业。

(2) 加快精品文化聚落的建设，集中展现各少数民族文化的璀璨成果，推动少数民族文化的传播，促进外部世界更加便捷地认识民族文化特色，更加自觉地尊重少数民族文化。

(3) 以交通、通信等基础设施带动少数民族文化走廊和文化产业带建设，加快形成民族文化品牌，积累人文旅游资源。

3) 发展民族文化产业成为民族地区支柱产业

民族文化的力量深深熔铸在民族的生命力、创造力和凝聚力之中。文化生产力是社会生产力的重要构成部分，可以为民族地区经济社会的发展提供精神动力、行为规范及提高物质产品的品质与附加值，有利于提高区域竞争力。民族地区拥有丰富且独具特色的文化资源，但由于种种原因，民族地区的文化基础设施、文化产业发展、文化队伍建设同其他地区相比存在较大差距，这种差距制约了民族地区的全面发展。民族地区现有的文化产业发展水平和它高品位的文化资源区地位不相称，应走民族文化产业发展之路，使其成为民族地区支柱产业，构筑民族地区文化软实力。

民族文化产业发展要坚持社会主义先进文化前进方向，经营性文化产业和公益性文化事业发展结合，既要满足人民不断增长的精神文化需求，形成公共文化服务体系，推动文化发展成果惠及各族人民；又要发展文化产业成为区域支柱产业，发展新型文化业态，提高文化产业规模化、集约化、专业化水平，建设民族文化产业体系和现代文化市场体系，增强文化产业的整体实力和竞争力，建立民族文化投融资机制，使经济效益和社会效益有机统一。例如，在汶川地震受灾民族地区灾后恢复重建中，加强羌族文化保护，同时扶持羌族文化旅游产业发展。中央和民族地区各级政府应积极引导农牧区文化建设和文化产业发展，最大限度地满足农牧民的文化需求。民族地区拥有世界级的文化资源，民族文化产业发展空间并不局限于民族地区内部，应用国际先进理念来进行开发，形成有利于创新创造的文化发展环境，把资源转化成资本，要“走出去”，在全国、全世界文化格局中发展。

实现民族文化资源的资本化和产业化，发展文化产业为民族地区支柱产业，是民族地区突破经济社会发展瓶颈，实现发展方式转变和产业结构优化，进而实现跨越式发展的有效途径。

民族地区应发展具有地域和民族特色的现代文化产业集群。按文化资源分布和特性、主体功能区划分，或分散布局，或打造特色文化产业园和文化产业群，建设特色文化产业集镇，依托大城市和城市群发展新型文化业态、打造特色文化产业带，形成城乡、区域文化产业协调发展格局，通过文化产业的空间集聚提升城镇发展特色和城镇竞争力。

5.8　民族地区优化空间结构，促进区域协调发展的保障措施

5.8.1　制定并落实空间规划，实行空间管制

空间规划是涉及地域空间合理布局和开发利用的规划，是政府统筹安排区域空间开发、优化配置国土资源、调控经济社会发展的重要手段。本书所指的民族地区空间规划不是一个单独的规划，而是形成完善的空间规划体系，注重四个协调。

(1)民族地区各类区域层面的城市规划、土地利用规划、城镇体系规划、区域规划和国土规划之间相互协调。例如，《广西北部湾经济区国土规划(2014－2030 年)》，应符合《全国国土规划纲要(2011－2030 年)》《全国城镇体系规划(2006－2020 年)》《全国主体功能区规划(2009－2020 年)》等国家级空间规划的要求。

(2)目前我国空间规划主要由三个部门分头管理，自然资源部主管土地利用规划，国家发展和改革委员会主管发展规划(区域规划)，住房和城乡建设部主管城市规划，三个部门及其下级部门分管各种不同的空间规划[①]。建议理顺国土规划、区域规划、城市规划之间的相互关系及其管理体制，建立统一协调的空间规划体系，尽快实现“三规合一”，加强衔接配合。

(3)民族地区应重点对几个核心经济区编制规划，实现经济区规划和行政区规划的协调。

(4)针对发展的特定领域和薄弱环节，编制实施好专项规划，落实专项规划和区域规划的协调。例如，民族地区中几个集中连片贫困地区的相关规划。

强化区域规划对民族地区发展的空间指导和约束。通过空间布局调整破除行政分割，加强经济联系，形成跨行政区进行经济社会发展空间布局的体制框架和政策体系。通过区域规划实行差别化的区域调控政策，明确各类区域的功能和发展原则，把经济中心、城镇体系、产业聚集区、基础设施以及限制开发地区等落实到对其空间布局的调控，实现由行政区经济到区域经济转化和整体区域协调。

---

① 2018 年 3 月，中华人民共和国第十三届全国人民代表大会第一次会议表决通过了关于国务院机构改革方案的决定，将原国土资源部的职责，国家发展和改革委员会的组织编制主体功能区规划职责，住房和城乡建设部的城乡规划管理职责，水利部的水资源调查和确权登记管理职责，农业部的草原资源调查和确权登记管理职责，原国家林业局的森林、湿地等资源调查和确权登记管理职责，国家海洋局的职责，国家测绘地理信息局的职责整合，组建自然资源部，作为国务院组成部门。根据 2019 年 1 月，中央全面深化改革委员会第六次会议审议通过的《关于建立国土空间规划体系并监督实施的若干意见》，我国将建立国土空间规划体系并监督实施，将主体功能区规划、土地利用规划、城乡规划等空间规划融合为统一的国土空间规划，实现“多规合一”。

5.8.2 实施向西开放，政府搭建平台支持重点空间聚集区国际国内区域合作

在新一轮西部大开发中，中国进入向东向西双向开发时代，民族地区在全国宏观空间发展格局中的地位发生了根本性转变，作为国家内陆腹地的民族地区跃升为国家向西、向南开放的前沿。向西开放是国家全方位对外开放的重大举措，随着经济全球化的深度推进，民族地区各地，特别是重点空间聚集区必须进一步扩大开放，加强国内区域合作，加快构筑内陆向西开放的贸易大通道、交流大桥梁、合作大平台。政府应该积极搭建平台，帮助民族地区重点空间聚集区进行国际贸易合作，融入全球空间。突出南向，扩大云南省、广西壮族自治区等省区与文莱、印度尼西亚、马来西亚、菲律宾、新加坡、泰国、越南、老挝、缅甸和柬埔寨这 10 个东盟成员国和地区的经贸联系，发展中国-东盟自由贸易区，建立面向东盟的战略伙伴关系，同时积极开拓印巴市场。开拓西向，沿新亚欧大陆桥，大力开发中亚、俄罗斯等新兴市场，推进上海合作组织 6 国合作，新疆维吾尔自治区、宁夏回族自治区等传统意义的内陆省区成为向西开放的前沿，形成全方位开放合作新格局。

5.8.3 扶贫模式由开发扶贫向发展扶贫转型，重点解决集中连片贫困地区的发展问题

新一轮西部大开发时期围绕构建社会主义和谐社会的任务，服务于全面建成小康社会的战略目标，立足民族地区经济社会全面发展的需要，迫切需要扶贫模式由开发扶贫向发展扶贫转型，同时树立综合扶贫和持续扶贫理念。政府应加大对民族贫困地区科技、教育、文化、卫生、体育等社会事业的投入力度，不断提高少数民族群众的科技、文化水平，着力消除贫困的根源。

新时期重点解决民族地区中的南疆地区、青藏高原东缘地区、乌蒙山区、滇西边境山区、秦巴山-六盘山区、武陵山区等集中连片贫困地区的经济发展和脱贫致富问题。加大对人口较少民族地区的扶持力度，扶持一批特困人口集中的民族自治县发展县域经济。继续推进兴边富民行动计划，加大对边境民族地区的扶贫开发。增强民族地区中革命老区的自我发展能力，重点解决好革命老区的交通、水利、教育、卫生等突出问题。以扶持这些深度贫困群体和地区脱贫为突破口，加大扶持力度，提高扶贫标准和最低工资标准，建立和完善长效帮扶机制。支持发达地区与民族地区开展劳务输出对口支援工作。中央财政给予一定的就业补贴，企业所得税优惠政策，以及其他税费的优惠政策。通过增加专项转移支付、项目支持、异地搬迁、对口帮扶、完善社会保障等措施，扶持深度贫困群体和特殊贫困区域脱贫发展。

5.8.4 健全国家政策支持体系，增强空间结构优化中自我发展能力

双向倾斜的政策，都没有建立起民族地区经济社会发展的内部增长机制。一方面，由于国家的优惠政策长期偏向东部沿海，以及市场力的作用，西部的人才和资本流向东部，

在那里同东部或海外资本及先进技术结合，创造出高效率的生产能力。利润流向东部，并没有完全开启包括民族地区在内的西部地区城镇快速发展。另一方面，民族地区作为经济相对落后的地区长期以来就享受着国家的政策扶持，主要依靠财政转移支付、国债投资、国有银行政策性贷款等，并没有完全建立起经济发展的内部增长机制。

部分民族地区的经济增长是利用劳动力优势、环境资源成本，依靠加大投入和开采资源，以及各种纵向支持、横向对口支援拉动，这种做法虽然可以短期内带来GDP的高速增长和政府财政收入的提高，但不是一条可持续的发展道路。而且民族地区的发展受制于其地域分工角色，并具有历史累积性。业已形成的“资源输出型”“输血型”路径依赖，自我发展能力不强是民族地区经济社会发展中的突出问题和主要制约因素。新时期优化空间结构要破除已存在的路径依赖，采取更加有力的措施增强民族地区的发展能力，使民族地区退出已经“锁定”的路径，由资源输出向内生增长改变，输血型向自生型和造血型改变，实现经济社会全面发展。

自我发展能力的构建是新时期西部大开发战略的重要着力点。建立和完善增强民族地区发展能力的长效机制主要有两方面内容。一方面，要健全国家支持政策体系。改变过去的普惠制办法，按照“区别对待、分类指导”的原则，实行有针对性的差别化国家支持政策，以切实提高政策的实施效果。例如，政策支持内蒙古自治区构建区域创新体系。另一方面，自我发展能力的获取，不可能主要由外源推动，而是要靠民族地区自身的努力。因此，民族地区要进一步加强人力资本投资，优先提升民族地区个人的发展能力；进一步改善投资环境，加强企业管理，提升企业发展能力；进一步转变政府职能，改善治理，努力提升政府供给公共产品的能力；进一步加大科技投入，改革科技创新体制，提升区域学习与创新能力；积极构建新型开放格局。通过增强自主创新能力，实现经济发展方式由要素驱动向创新驱动的根本转变。

5.8.5 推动基本公共服务均等化供给，改善民生进程，促进空间公平

基本公共服务均等化供给是新一轮西部大开发时期推动民族地区改善民生的必然要求。健全扶持机制，按照基本公共服务均等化原则，加大国家对民族地区的支持力度，推动公共资源优先向民族地区配置，推进民族地区医疗、文化、社会保障、环境保护、公共安全、社区等基本设施建设。加大中央财政转移支付力度，增强民族地区公共服务能力。构建财力与事权相匹配的税收体系，大力培植民族地区财源，对民族地区应实行与东部有别的税收体制。合理调整中央税、共享税和地方税，加大民族地区分成比例，地方政府增加的比例主要用于环境保护和提供公共产品，缩小民族地区与经济发达地区的公共服务差距。抓紧推进资源税与环境税改革，扩大资源税征收范围，改革征税方式，提高资源税税负。此外，健全促进基本公共服务均等化的相关法律法规，制定差别化的基本公共服务均等化标准，提供实现基本公共服务均等化的监管机制。推动基本公共服务均等化供给有几个重点：基础教育、基本医疗、基本就业及其他社会保障。另考虑到民族地区的特殊性，如双语教学、地域宽广、民族文化特性等，需增加特殊的基本公共服务支出。

5.8.6　加强有利于空间结构优化与区域协调发展的政策支持与制度建设

继续争取国家政策扶持，落实相关优惠政策、援助政策与补偿政策，发挥中央政府在优化空间结构、实现民族地区区域协调发展方面的作用。突破行政区划的空间限制，从整体区域上规划协调民族地区发展。加快民族地区基础设施建设，在财政、投资、产业、土地和人口政策等方面给予倾斜，从国家层面、区域层面协调各区域的现行政策，综合考虑各地区情况，政策横向纵向协调。

改善民族地区政府目标考核导向，改变传统的以经济总量增长作为主要考核指标的考评方式，树立正确的发展观和政绩观，加快建立符合科学发展观、习近平新时代中国特色社会主义思想要求的干部考核指标体系，建立有利于实现民族地区协调发展的激励机制和约束机制，坚持把经济总量增长与人口的控制、资源环境付出的代价联系起来，着重考核人均的经济强度指标，以及更多的人文、社会、环境指标，体现生态文明要求。除传统的经济发展指标外，要根据各区域在统筹发展方面的不同分工，确定不同的考核权重。在重点产业集群的核心区域，要加大工业经济发展类、财政收入类指标的考核权重；对生态建设的重点区域，要加大生态环境建设方面指标的考核权重；对人口城市化发展的重点区域，要加大农业产业化、农村劳动力转移以及农民增收方面的指标考核权重。切实制定区域合作框架和政策，促进区域内一体化发展，形成区域整体合力。在民族地区政府部门绩效评价、政绩考核方面实行分类管理，重点要强调在生态保护方面，建立国土空间开发保护制度和环境监管制度。

第 6 章　民族自治地方经济发展的宪法保障研究

实现“人的全面发展”是推动民族自治地方经济发展的根本目的，而个人是否有能力实现宪法赋予的公民权利①，则是这一根本目的能否实现的前提。在现实社会中，公民权利实现的可行能力受个人努力和学习与成长环境两个因素的共同影响。对有主观意愿和客观努力的人而言，由区域性的经济、文化和社会发展状况等诸多因素构成的学习与成长环境，决定了一个人通过学习过程培育和提升其权利行使能力的效果。而外部环境的塑造受到来自政府和社会(或市场)两个方面的影响，公民的基本权利是否得到社会的尊重，政府对其权利的维护又是否有效，构成了公民权利能否实现以及权利实现的可行能力能否有效提升的决定性因素。因此，有效协调政府与市场的关系，充分发挥二者的积极功能，提高民族自治地方经济发展水平以及由此制约的文化和社会的发展程度，是决定公民权利实现能力大小的重要因素。

在资源状况、经济结构、市场环境与市场能力等因素既定的前提下，完善市场与政府权力运行的规则及其实施机制，充分发挥制度在经济发展中的作用，是营造良好的区域经济发展环境，将民族自治地方拥有的市场发展潜力大、自然资源丰富等比较优势转化为真正的经济和财政优势，进而推动其经济社会全面发展，提升公民权利实现的可行能力的关键。从总体上讲，当下制约民族自治地方经济发展的制度问题主要表现在两个方面：①统一的市场运行制度与传统的习俗制度之间的冲突和矛盾；②中央或上级政府与民族自治地方政府之间的职责和权力界限模糊不清。为此，政府在研究和解决民族自治地方经济发展的制度变迁时，需要注意并重点解决以下几个方面的问题。

(1)充分发挥各级政府尤其民族自治地方政府在制度变迁中的作用，以宪法规则为核心，通过不同层次的规则制定者在其职权范围内制定相应的规则，妥善处理正式规则与非正式规则、宪法规则与一般规则、上位阶规则与下位阶规则的关系，构建一个有利于经济发展的内在和谐一致的规则体系及相应的实施机制。首先，以政府提供的正式规则作为评价非正式规则合理性与合法性的标准，非正式规则能否成为经济发展的制度构成要素，应接受正式规则的检验。其次，重视规则的逻辑结构对规则可实施性的影响，从微观层面解决制度变迁的有效性。再次，为维护由不同层次规则构成的规则体系的内在协调与一致，必须将一般性规则和政策置于宪法的约束之下，建立以宪法规则为依据的规则冲突解决机制。最后，注意规则的公正性对制度变迁有效性的制约。一般性规则的公正性应接受宪法规则的检验；对为一般规则提供公正标准的宪法规则进行修改时，必须遵循协商民主和一致同意规则的要求。

① 这里的“公民权利”是一个泛指的概念，既包括由人格权、生命权、自由权、财产权等狭义的公民权利及选举权、被选举权等政治权利构成的“消极权利”，也包括由劳动权、社会保障权、教育权、文艺创作权等社会、经济、文化权利构成的“积极权利”。

(2) 中央和民族自治地方政府应改变以缩小区域间经济发展的总量差距作为经济发展和制度变迁的价值目标的传统观念，以保障公民的充分就业、收入改善和收入能力提升为重点，引导经济活动的安排和相应的制度变革。①确立适度的区域经济发展规模，妥善协调与处理政治民主、传统文化、教育发展等非经济因素与经济发展之间的相互制约，以及各民族自治地方内部的发展差距和环境与资源约束下的民生改善等相关问题。②制定在公有制之下有效保障公民就业的政策措施，在私有制之下保障公民就业稳定性的制度机制；建立与产值结构变化相协调的就业岗位供给制度、农民工真正退出农村的制度，缓解第一产业的就业负担。③建立解决自然环境恶劣、经济基础薄弱的农村的农业规模化的相关制度；将生态问题作为经济发展的内生因素，使生活在限制开发或禁止开发区的民众能获得应有的经济收益；构建一个合理评价不同层级劳动者的贡献大小、资本和劳动对物质生产的贡献大小的标准体系，保证分配的公平性；对因国家政策和行业垂直管理造成的公民收入差距过大，应确定一个既能体现一定优惠但又不致行业之间或内部差距过大的收入分配标准，以解决因国家政策和行业垂直管理造成的公民收入差距过大问题。④改善劳动者参与社会组织决策形成与实施的权利保障，加强市场运行法制教育，加强教育质量建设，赋予和保障具有传统语言文字的少数民族成员自主选择教学语言的权利而不是一体化地推行双语或民族语言教学，将环境治理和维护作为享受相关优惠政策的基本条件，加强公民宪法意识与法律能力的培育，使其能够运用法律权利与程序维护自身利益。

(3) 以加强宪法实施改革为核心，修改与完善宪法及其相关法，合理划分中央或上级政府与民族自治地方政府的权力界限，明确界定各级政府为推动民族自治地方经济发展应承担的责任，建立和完善宪法规则实施机制，将各级政府的职权行为纳入法治轨道。①在权力结构的完善方面，修改设置民族自治地方政府享有双重权力、行使自治权必须报经批准的宪法规则，慎重对待垂直管理体制改革可能对自治权造成的分割；完善民族自治地方行政或司法机关的双重领导或监督体制；妥善处理民族自治地方政府自治权与上级政府帮助职责的关系，由中央或上级政府行使最终的决策权，由地方行使决策的请求权和执行权，以维护中央或上级政府决策与民族自治地方需求的适应性。②在自治权的有效行使方面，以《中华人民共和国宪法》《中华人民共和国民族区域自治法》及其他宪法相关法为依托，修改和完善界定自治权的规则，使其在微观结构上具有完整性、明确性，对其他法律中不符合宪法原则和规则要求的具体规定予以修改，减少规则之间的冲突。赋予民族自治地方政府启动立法解释、违宪审查和争议裁决的程序权利，消解其与上级政府发生争议时的被动困境。③在帮助职责的有效履行方面，修改《中华人民共和国宪法》及其相关法界定特别措施的规则体系，明确帮助职责的合理限度，合理区分有关政府承担的具体职责，妥善解决上级政府严格按照规则要求履行职责的维护机制；改革和完善民族自治地方政府的公共决策机制，使民族自治地方政府在做出请求上级政府履行帮助职责和执行帮助政策的公共决策时，能够真正反映当地的发展特点和客观需要；改变以“历史补偿”或“现实补偿”作为支撑上级政府履行帮助职责的正当理由的现状，以尊重与保障生存权与发展权为依托，通过宪法规则与实施机制将接受帮助者与上级政府的权力行使限定在合理范围内。

6.1 导　论

6.1.1 加强民族自治地方经济发展宪法保障研究的必要性

在全面推进依法治国的背景下，以宪法规定为核心所构成的制度上的公民权利平等是构建和谐社会的根本前提，而这些权利的充分实现则是社会和谐发展的根基。《中共中央关于全面推进依法治国若干重大问题的决定》明确指出："坚持依法治国首先要坚持依宪治国，坚持依法执政首先要坚持依宪执政。[①]"这就要求各级党委和政府必须严格遵循宪法和法律规定，采取有效措施，"我们要依法保障全体公民享有广泛的权利，保障公民的人身权、财产权、基本政治权利等各项权利不受侵犯，保证公民的经济、文化、社会等各方面权利得到落实，努力维护最广大人民根本利益，保障人民群众对美好生活的向往和追求"[②]。

从权利实现的角度讲，公民是否具备必要的能力，是决定公民能否实现其权利的重要前提。作为公民权利实现能力的构成要素，后天社会因素的获得是一个不断学习与成长的过程。学习与成长的好坏取决于个人努力的程度和学习与成长环境的好坏。对生活在特定区域的个人而言，学习与成长环境是由家庭的经济和文化状况，区域性的经济、文化和社会发展状况等诸多因素构成的一个有机系统，在很大程度上决定了一个人通过学习过程培育和提升权利的可行能力的效果。

从家庭角度讲，虽然文化观念有着不可忽视的作用，但经济因素对生活在特定家庭的孩子的学习与成长具有决定性影响。而家庭经济状况的好坏在很大程度上又取决于区域性的经济发展状况。因为只有一个发展良好的区域经济环境才有可能为生活在这些地区的人提供良好的就业机会和获得收入的条件。但需要注意的是，经济条件只是影响个人学习与成长状况好坏的一个必要而非充分的条件。在家庭经济有能力支付相关费用的前提下，区域性公共服务品质的好坏，对个人成长具有重要意义。从特定区域角度讲，这些公共服务品质的好坏取决于区域经济发展水平的高低。

可见，要为人们提供一个良好的学习与成长环境，使其能够通过一个有效的学习与成长过程，塑造和提升其权利实现的可行能力，解决好区域经济发展是最为根本的决定性因素。然而，无论是从投资、消费还是从劳动能力和技术的角度讲，区域经济发展都离不开人的参与，而人的能力或技术在很大程度上又要受到教育、文化等相关因素的制约。因此，如果这个区域是一个落后的封闭体，完全依靠自我创新，虽有可能得到有效发展，但因整体落后的限制，不仅会延缓发展进程，而且极有可能陷入社会发展的低水平均衡状态[③]。

---

① 《中共中央关于全面推进依法治国若干重大问题的决定》.［2014-10-28］. http://news.12371.cn/2014/10/28/ARTI1414492334767240.html

② 《习近平在首都各界纪念现行宪法公布施行 30 周年大会上的讲话》.［2012-12-4］. http://www.gov.cn/ldhd/2012-12/04/content_2282522.Htm。

③ 发展经济学家缪尔达尔在《亚洲的戏剧——对一些国家贫困问题的研究》中区分了两种区域性的不发达状态：一是独立于其他发展中国家或地区的特定地区，由于缺乏发展能力可能形成的"自我维持的低水平均衡"或停滞状态；二是由于"极化效应"导致区域之间和国家之间的不平等，从而形成的具有"向下累积运动"的"恶性循环"状态。参见缪尔达尔(1992)。

为此，要解决区域经济、文化和社会的发展问题，需要从封闭走向开放，寻求、借鉴和吸收区域外其他主体的文化、技术、资本和人才。而这种外向型开放能否实现并取得实效，既要受到区域内部主体性因素的影响，也要受到区域内部客观性因素的制约。

在自然资源、地理环境、经济状况等客观因素既定的情形下，主体性因素的作用居于决定性地位。在一个区域内部，主体性因素包括现实的个人、个人联合结成的一般性社会组织和具有决定性权威的政府三个方面。在社会实践活动中，现实的个人和一般性组织虽然既是营造良好区域环境的主要参与者，也是推动政府制定和实施有利于外向型经济社会发展的公共政策的推动者，但具有决定性权威的政府仍然是一个区域实施什么样的政策，解决区域发展问题的最终决定者。对主权国家之内的区域而言，地方政府是否有权做出与此相关的公共决策，要受制于中央政府决定实施的政治权力运行体制和基本的经济、文化和社会制度。中央政府能否基于区域发展需要做出合理的权力配置和基本制度设计，是地方政府能否做出与地方性需求相适应的公共决策，推动其经济社会发展的关键。

为促进民族自治地方公民塑造、提升其权利行使能力，中央政府一直非常重视这方面的权力配置和制度设计问题。在中华人民共和国成立之初，中央政府不仅通过宪法性文件确认公民应当享有的权利，而且为协调区域与区域之间、民族与民族之间的关系，消除限制公民权利实现的政治、经济、文化和社会因素，提升公民权利实现的可行能力，在少数民族聚居区实施了以民主集中制和人民代表大会制为基本原则的民族区域自治制度，不仅通过《中华人民共和国宪法》《中华人民共和国民族区域自治法》及其他宪法相关法赋予了民族自治地方政府自主决定开展地方性政治、经济、文化和社会事业建设的自治权，而且明确要求中央或上级政府在保障地方政府有效行使自治权的基础上，必须承担帮助其加快发展经济文化社会事业的职责①，构建了一个以增强公民权利实现的可行能力为根本目标，规范中央或上级政府与民族自治地方之间的权力划分，保障各级政府有效行使权力、履行职责的宪法保障机制。

通过上述制度的实施，不仅在一定程度上改变了在地方专制制度之下普通人民群众的无权状况，解决了平等、团结、互助、和谐的民族关系构建问题，而且有力地促进了民族自治地方经济、文化和社会的进步，公民权利实现的可行能力也有了质的飞跃，为进一步推进这些地区的全面发展和民生改善奠定了良好基础。但仍存在一系列制约公民权利实现的现实问题：①经济发展的总体水平不高，制约了公民就业机会和收入状况的实质改善，贫困现象在一些地区还非常突出；②政府财政和执政能力不强，社会组织发育程度较低，制约了教育、医疗、交通、生态等公共服务水平的实质提高，进而造成人口综合素质偏低问题难以得到真正改变；③制约经济发展的文化软实力与市场经济的要求还存在实质差异，维系市场经济有效运行的交易规则体系还没有真正融入人们的社会实践活动之中，市场交易文化与人们的文化观念仍存在较大冲突；等等。因此，妥善处理政府与社会或市场的关系，充分发挥二者的积极功能，营造良好的区域经济发展环境，将民族自治地方的比较优势转化为真正的经济和财政优势，进而推动其经济社会全面发展，仍是当下必须解决的重大问题。

---

① 参见《中华人民共和国宪法》(1982 年)第一百一十五至一百二十二条；《中华人民共和国民族区域自治法》(2001 年修正)第十九至四十五条、第五十四至七十三条。

在法治成为主要的社会调整机制的现代社会，不论是市场主体良好发展空间的营造，还是政府权力的有效行使，都离不开由政府提供的界定权利、义务和责任的规则及其实施机制的保障与约束。正如习近平(2015)所指出的，“任何组织或者个人都必须在宪法和法律范围内活动，任何公民、社会组织和国家机关都要以宪法和法律为行为准则，依照宪法和法律行使权利或权力、履行义务或职责”。因此，要解决好上述问题，必须在宪法要求的前提下，加强市场和政府运行规则及其实施机制建设，明确市场的行为空间和政府的职责范围，为政府监管市场提供明确指引，也为市场监督政府提供合法的制度基础。

在市场运行制度方面，对民族自治地方而言，虽然由《中华人民共和国宪法》《中华人民共和国物权法》《中华人民共和国合同法》等相关法律提供的市场规则尚有一些缺陷需要完善，但最根本的问题在于统一的产权规则、交易规则与相关习俗规则及其实施机制的冲突与矛盾形成的制约。妥善处理市场运行制度与传统的习俗制度之间的矛盾，是政府应当承担的重要职责。

在政府权力运行制度方面，在现行宪法体制下，推进民族自治地方经济社会发展，既有中央或上级政府需要承担的职责，也有地方政府需要承担的职责。但是，由于《中华人民共和国宪法》对中央和民族自治地方政府的职权只做出了一些原则性规定，更为具体的规定则是通过《中华人民共和国民族区域自治法》予以明确的。然而，作为贯彻实施宪法有关民族区域自治的基本法律，《中华人民共和国民族区域自治法》的一些具体规则并没有非常明确地区分各级政府的职责范围，由此导致了各级政府权力界限的模糊。而且，从社会发展的需求来看，要推动这些地区经济社会的全面发展，离不开中央或上级政府的支持和地方政府的努力。从短期的角度讲，外部支持可能对改善民族自治地方经济社会的发展状况有着非常明显的效果，但要获得可持续的长期发展，必须充分发挥内在因素的作用将外部支持内部化为内在发展动力才有可能实现(田钒平和王允武，2009)，而当下的宪法制度是否提供了有效的转化机制尚有待分析。

习近平总书记指出，“宪法的生命在于实施，宪法的权威也在于实施”，“全面贯彻实施宪法，是建设社会主义法治国家的首要任务和基础性工作”[①]。要让宪法得到有效实施，遵守宪法规定，尊重宪法地位和维护宪法权威至关重要。因此，以对《中华人民共和国民族区域自治法》的有关规定能否满足或者符合实施宪法规定的要求，又如何修改完善不符合宪法实施要求的法律缺陷或漏洞的探讨为核心，全面反思界定政府职责和权力的宪法规则及其实施机制，深入剖析制约各级政府权力的实效发挥及其有机结合的制度根源和改革方案，在规范政府的行为范围与空间、解决政府失灵[②]的基础上，寻求完善市场运行规则及其实施机制的合理对策，既是塑造民族自治地方内在发展动力的必要前提，也是提升公民权利实现的可行能力的根本基础。

---

① 《习近平在首都各界纪念现行宪法公布施行 30 周年大会上的讲话》. [2012-12-4]. http://www.gov.cn/ldhd/2012-12/04/content_2282522.Htm。

② 政府失灵是指政府行动不能增进资源配置效率或政府把收入再分配给那些不应当获得这些收入的人。政府失灵有许多表现形式，如政府干预造成的低效率、高交易费用、决策失误、行为短期化、不能代表最大多数人的利益等。

6.1.2 相关概念、研究对象与研究目的的界定

为深入展开相关问题的讨论，有必要对研究中涉及的一些关键概念予以界定，以进一步明确研究的对象、范围与目的。

(1)民族区域自治与民族自治地方。依据民族构成与发展状况和民族聚集与分布状况①，我国选择和实施了“民族区域自治”作为保障聚居少数民族当家做主管理其内部事务的权利，建构平等的民族关系的基本政治制度②。相应地，各少数民族聚居区依据宪法关于“民族区域自治”的规定，为实行区域自治而建立的地方行政单元，就是“民族自治地方”，包括自治区、自治州和自治县三种类型③ 。但在我国已经建立的 155 个民族自治地方中，没有一个是纯粹的单一少数民族的聚居区，实践中不仅需要协调主体少数民族与其他民族之间的利益关系，而且需要协调不同的民族与地方整体之间的利益关系(田钒平，2010)。这是 1954 年《中华人民共和国宪法》将《中国人民政治协商会议共同纲领》规定的“各少数民族聚居的地区，应实行民族的区域自治”④修改为“各少数民族聚居的地方实行区域自治”⑤的根本原因，1982 年《中华人民共和国宪法》和 1984 年《中华人民共和国民族区域自治法》延续了这一原则。

可见，《中华人民共和国宪法》和《中华人民共和国民族区域自治法》规定的“民族区域自治”本质上是以一个或者几个少数民族聚居区为基础而设立的地方自治。在这个地方自治单元中，实行区域自治的主体是“少数民族聚居的地方”，自治的范围则是该区域内部的民族事务和地方事务。正因为如此，周恩来(1984)指出我国的“民族区域自治是民族自治与区域自治的正确结合”。因此，本书关注的重点是区域的落后性对居住在这些地区的所有公民权利实现的制约，对民族因素的分析限于民族关系的协调性对具有不同民族身份的公民的权利实现可能产生的影响，不以某一个特定民族及其成员的权利实现作为专门研究对象。

(2)制度、制度约束与宪法保障。制度与经济发展具有紧密联系，为发挥“制度”在推动经济发展方面的重要作用，将制度与制度的实施过程加以适当区分，从静态的角度理解制度的含义，更有利于对制度问题的深入研究。同时，制度不仅要为人们提供行为规则，而且必须提供当人们违反规则之后由谁监督、如何监督的规则及实施机制。因此，“制度”是由一系列界定相关主体行为界限的规则及其实施机制构成的有机整体。当这一静态的制度被运用于社会实践活动，将人们的行为置于制度的控制之下时，就形成了一种动态的约束过程和状态。我们将这一过程和状态称之为“制度约束”，包括义务约束和权利约束(诺斯，2008b)。

从制度与经济发展的关系角度讲，好的制度能够促进经济发展；而坏的制度则会延缓

① 从民族构成及其人口比例来看，我国不仅有 56 个民族，而且汉族一直占全国人口的绝大多数，少数民族的人口只占少数；从民族发展程度来看，55 个少数民族的政治、经济、文化和社会的整体发展程度明显低于汉族的同期发展水平；从民族聚集与分布状况来看，我国的 56 个民族在历史发展过程中形成了“大杂居、小聚居”的空间分布形态。参见田钒平(2010)。

② 参见《中华人民共和国宪法》(1982 年)第四条。

③ 参见《中华人民共和国宪法》(1982 年)第三十条。

④ 参见《中国人民政治协商会议共同纲领》(1949 年 9 月 29 日)第五十一条。

⑤ 参见《中华人民共和国宪法》(1954 年)第三条。

经济的发展速度，甚至会阻碍经济发展。

“好的制度”包括两个层次的含义：①制度供给与需求相适应，能够满足经济发展的制度需求；②能够满足经济发展制度需求的规则及其实施机制具有较低的运行成本。

“坏的制度”也包括两层含义：①制度供给与经济发展不相适应，无法满足经济发展的制度需求；②能够满足经济发展制度需求的规则及其实施机制具有较高的运行成本，不符合效益价值的要求。因此，从制度功能的外在效果看，制度约束包括有效约束和无效约束两种类型。准确把握无效约束的成因，推动制度约束从无效状态向有效状态变迁，是研究制度约束的核心问题。

从制度调整的对象看，通过规则及其实施机制的作用，对人的行为以及由此形成的社会关系施加影响，从而形成有利于经济社会发展的社会秩序，是充分发挥制度功能的根本前提。在社会实践活动中，人与人之间的互动行为或社会关系存在重要性程度不同的差异，由调整一般性社会关系的规则及其实施机制构成的制度，称为普通制度，以此为基础形成的约束，即为普通或一般约束；由调整根本性社会关系的规则及其实施机制构成的制度，称为宪法制度，以此为基础形成的约束，即为宪法约束或宪法保障。在制度实践中，普通约束必须接受宪法约束的限制，必须符合宪法的要求。因此，本书将重点围绕宪法约束和保障问题进行研究，对普通制度约束进行研究的目的在于发现其中存在的宪法实施问题。

在实践中，不论是规范市场运行的制度，还是规范政府运行的制度，都有普通制度和宪法制度之分。在广义上讲，宪法约束是指一种使社会运行制度化、法律化的理念或理想状态，它要求社会活动主体的所有权力行为都被纳入宪法轨道并受宪法制约。如果将“社会活动主体”限定为“政府”，就是狭义的宪法约束。从权利义务相互性原理的角度讲，在宪法上对市场主体或者政府权力的界定，都意味着设定了对方应承担的义务。因此，本书将基于狭义的宪法约束和保障视角，研究民族自治地方经济建设中的宪法保障问题。

(3)经济发展与人的全面发展。在科学发展观、习近平新时代中国特色社会主义思想的指导下，在经济建设活动中，实现思维范式的转换，是实现由“经济增长”理念转向“经济发展”理念的关键。如果说传统的“经济增长”理论是以“经济”本身为根本目的的研究，是见“物”不见“人”的理论；那么，确立“人”的中心地位，将如何促进“人的全面发展”作为根本目的，就构成了理念转换的关键所在。在这个意义上讲，无论是纯粹数量规模的扩展，还是结构和质量的改进，都只是促进人的全面发展的手段而非发展的目的。

在现代法治社会，“人的全面发展”本质上就是现实的个人具备实现其公民权利的可行能力，能够自由地从事政治、经济、文化和社会活动，享受物质和精神文化生活的状态。而公民是否具备良好的权利实现的可行能力，取决于本人或家庭成员的就业状况、收入水平和收入能力，以及区域性的教育、文化、医疗、生态、治安等公共服务的好坏。因此，运用“经济”手段和措施，解决好塑造和提升公民权利实现的可行能力的相关条件，促进人的全面发展目标的实现，既是经济发展的核心问题与实质内涵，也是我们研究民族自治地方经济发展的制度约束与宪法保障问题的着眼点[①]。二者的逻辑关系如图 6.1 所示。

① 本书将在第 6 章对经济发展与人的全面发展，尤其是公民实现其政治、经济、文化和社会权利的可行能力的相互影响和促进等相关问题进行更为全面的分析。

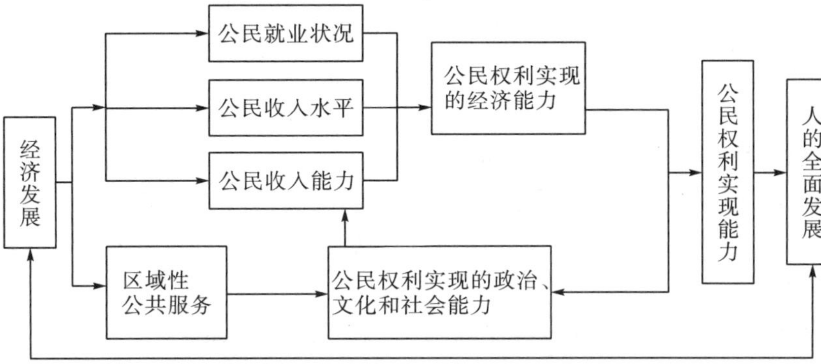

图 6.1　经济发展与人的全面发展的逻辑关系图

资料来源：作者绘制。

6.1.3　研究内容与分析框架

为改变少数民族聚居区政治、经济、文化和社会发展的落后性对公民权利实现的限制(李维汉选集编辑组，1987)，妥善处理民族关系，维护民族平等，自中华人民共和国成立以来，如何解决民族自治地方经济社会发展就成了理论界关注的重要问题。但从既有理论的研究现状看，仍然存在一些制度功能与作用难以充分发挥的问题，需要进一步研究。

(1)在制度变迁问题上，不论是以非正式规则或者正式规则为主要对象的研究，还是以正式规则与非正式规则的关联为主要对象的研究，对诺斯的制度结构理论都存在着一定程度的误读或误用。诺斯虽然将制度结构区分为正式规则、非正式规则及其实施机制几个部分，但其采取的是系统论立场，重点强调的是这些组成部分的“结合”。以非正式规则或者正式规则为主要对象的研究，在很大程度上忽视了部分与整体的关系，忽略了诺斯所强调的“结合”问题；而以正式规则与非正式规则的关联为主要对象的研究，主张以正式规则与非正式规则之间的“冲突”为切入点，以正式规则为起点改造非正式规则，实现二者的“融合”的理论，又不完全符合诺斯的本意。而且，诺斯理论本身是否合理也是一个值得反思的问题。

同时，既有理论虽然提出了通过发挥正式制度的引导作用，促进制约民族自治地方经济发展的非正式制度变迁的必要性，但受制于诺斯二元制度结构和渐进性制度变迁理论的影响，没有深入探讨在政府主导下推动民族自治地方制度变迁的运行机理，对制约政府主导型的制度变迁有效性的影响因素，缺乏必要关注。而且，在对策建议中，也大都主张以西方市场运行制度改造相关制度。然而，制度变迁是指在社会实践活动中不断形成的制度需求通过制度供给得以满足的动态过程，也就是新规则及其实施机制对旧规则及其实施机制的修正、完善或取代。一方面，各国制度需求形成的客观背景并不完全相同；另一方面，在政府不可缺少的社会里，政府既是规则的制定者，也是规则的实施者。因此，在治理实践中能否适应经济发展的需要有效解决制度变迁问题，关键在于以政府为中心而建立的规则制定(立法)机制是否完善，规则实施(执法)机制是否合理。所以，有必要以马克思的制度与经济发展理论、布坎南的宪法经济学[①]、法理学理论为基础，在对诺斯的制度结构与变迁理论进行反思性研究、明确制度变迁的逻辑起点的基础上，对政府立法主导型的制度变迁之下民族自治地方的制度结构、变迁机理和影响因素进行全面分析。

(2)任何制度都有其目的与价值追求，即便是坚称中立的实证主义者也有明确的价值倾向。而且，制度追求的目的价值是否合理，对制度的有效性有着重大影响。但既有理论对民族自治地方经济发展与制度变迁的目的价值缺乏必要的反思性研究。在当下的理论中，主要存在以下两种价值倾向。

第一，将缩小民族自治地方与其他地区尤其是发达地区的经济总量或者人均收入差异，作为既定理论研究与治理实践的目标。由此，经济发展程度的高低，成了进行经济建设和适应于经济建设需要推进制度变迁的根本目的，忽视了如何通过经济发展促进公民权利实现可行能力提升的问题。虽然在当下的发展经济学理论中也有对人的关注，但主要集中在人力资本理论之中，此时，“人”是作为发展经济的手段而存在的，如何运用人力资本提升“经济发展水平”是该理论的根本意旨。近年来，也有学者开始从以“人”为中心的角度关注人的发展问题。这一价值倾向主要集中在收入分配和基本公共服务均等化两个方面。收入分配的改革可以提高劳动者的收入，对公民权利实现可行能力的提升是不言而喻的，但收入的高低只是公民权利实现能力一个不可缺少的构成要素，对缺乏基本的运用物质财富能力的人而言，给予同样的收入，仍然难以在根本上改变其权利行使的可行能力。“基本公共服务均等化”的理论研究可以作为收入分配改革的深化。该理论不仅强调教育、医疗、社会保障等公共服务对培育公民权利实现可行能力的重要意义，而且重点研究了民族自治地方在这些方面存在的问题，以及由政府解决这些问题的重要性，但对通过中央和地方政府共同作为提供公共服务的实现机制缺乏必要的研究。

第二，将保障聚居少数民族权利、促进民族平等，作为促进民族自治地方经济发展与制度变迁的根本目标。不同于第一种价值预设的是，该理论强调了人的重要性和目的性，但仍然有必要进行反思。一方面，作为一个群体性目标，民族平等是具有不同民族身份的公民实现其权利的必要条件，但并不意味着群体平等的实现必然带来公民权利实现可行能力的提升；另一方面，民族自治地方的民族构成是多元的，在关注聚居少数民族权利的同时，基于民族平等的宪法要求，也应对其他民族及其成员的权利实现可行能力给予同等关注。因此，有必要以公民权利实现的可行能力为归依，对民族自治地方经济发展与制度变迁的理念转换和价值目标进行深入研究，在此基础上，进一步探讨在经济建设活动中制约公民权利能力培育的主要因素和制度供给现状，以及如何通过制度变迁解决这些问题的对策。

(3)在解决民族自治地方的发展问题上，中央或上级政府和民族自治地方政府不仅承担着解决制度均衡的职责，而且承担着采取特别措施促进经济增长、提供公共服务的职责，因此，合理划分各级政府的权力和责任，督促其有效行使权力，具有重要的意义。既有理论从权力划分、权力运行等多个方面进行了有意义的探索，但仍存在一些问题需进一步研究：①模糊或淡化权力划分的制度因素，尤其是民族自治地方的双重权力配置和行政垂直

① 以布坎南为代表的宪法经济学的研究成果，虽然存在方法论方面需要进一步完善的问题，但其提出的“区分规则选择和规则约束下的选择”“元规则和其他规则的选择”等理论为进一步研究制度结构提供了发展方向。

管理体制改革可能存在的消极影响；②依宪执政和权力划分的运行机理，尤其是民族自治地方行政机关必须接受上级政府和当地权力机关的双重领导可能存在的消极影响；③民族自治地方政府的自治权与中央或上级政府的帮助职责之间的关系，这是影响当下上级政府为履行其帮助职责而实施的特别优惠措施缺乏有效性的根本因素；④对影响民族自治地方有效行使自治权的规则及其实施机制的研究，虽然是当下理论关注的重点问题，但缺乏系统性，而且提出的改革方案即通过配套法律法规来解决自治权规则的可操作性也不尽合理①，需要进一步研究；⑤上级政府为履行帮助职责而采取的特别措施的有效性。当下理论主要研究了特别优惠政策的供给不足、法律化程度不高、“普惠式优待”的适应性不强对政策有效性的制约，但没有对政策供给不足、法律化程度不高的宪法根源以及如何解决“普惠式优待”的适应性问题的对策进行深入研究。同时，也忽视了特别措施的正当性与合理性对其有效性的制约。为此，有必要以民族自治地方经济发展与制度变迁中政府应承担的责任及其履行情况为逻辑起点，以《中华人民共和国宪法》《中华人民共和国民族区域自治法》的基本原则为根本依据，运用宪法经济学和法理学的基本原理，系统研究规范中央与民族自治地方权力关系的宪法结构存在的问题，全面分析制约民族自治地方有效行使自治权、上级国家机关有效履行职责的规则和政策问题，并提出相应的改革路径。

以上述理论存在的缺陷与不足为逻辑起点和主要对象的研究与探讨，应当成为当下和今后针对我国民族区域自治制度的制度经济学、宪法经济学和法理学等相关学科研究的重点对象，也是我们试图解决的主要问题。各部分和各章之间的逻辑结构如图 6.2 所示。

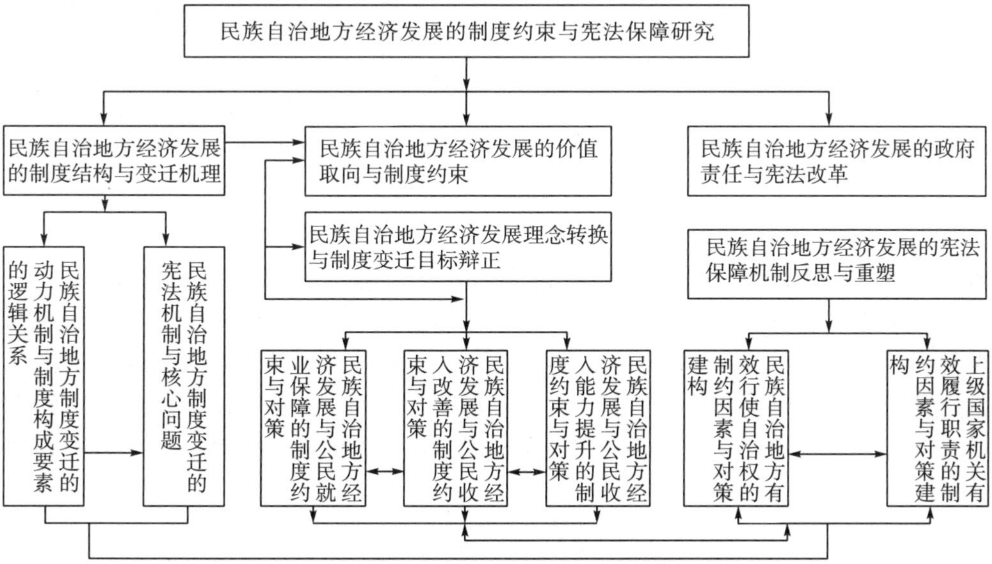

图 6.2　研究内容与分析框架逻辑结构示意图

---

① 关于通过各级有规则制定权的政府制定实施《中华人民共和国民族区域自治法》的具体规则，消解民族区域自治法界定自治权的规则的模糊性，促进自治权行使的主张，是由张文山教授提出的。详细分析参见张文山(2007)。

6.2 民族自治地方制度变迁动力与制度构成要素的逻辑关系

妥善处理正式规则与非正式规则及其实施机制的关系，是满足民族自治地方经济发展制度需求的重要问题。由于理论界大都是以诺斯的制度结构与变迁理论为基础进行的研究，因此有必要从诺斯提出的制度构成要素之间的逻辑关系切入，以其制度结构与变迁理论的合理性辩证为基础，明确制度变迁的逻辑起点、动力机制，以及处理正式规则与非正式规则之间关系的基本原理。

6.2.1 制度构成要素的逻辑关系的多样性与模糊性

从制度结构的角度讲，诺斯(2008a)虽将整体性制度系统区分为正式规则及其实施机制和非正式规则及其实施机制两个构成要素，但重点强调的是这些组成部分的结合。在诺斯的制度结构理论中，正式与非正式规则之间存在两种逻辑关系：①互补关系，包括非正式规则对正式规则的延伸、阐释和修正，正式规则对非正式规则有效性的补充和强化[①]；②冲突关系，主要是指新的正式规则无法修改或替代非正式约束的情形[②]。

在社会实践中，通过建立人类互动行为的稳定结构来减少不确定性，是制度的主要功能(诺斯，2008b)。如果特定社会中存在多种类型的规则，那么消解既有规则之间的冲突，使之成为一个有机联系的制度系统，就成了减少不确定性的基石和关键。因此，在正式与非正式规则的逻辑关系上，诺斯的理论仍存在需进一步讨论的问题。

(1)作为制度构成元素的正式和非正式规则之间究竟是一种平行关系，还是一种从属关系，在诺斯的制度理论中没有给出一个统一的解释框架。在互补关系中，正式和非正式规则之间是一种从属关系，但二者之间的等级处于不确定状态。在非正式规则延伸、阐释正式规则时，非正式规则从属于正式规则；而在正式规则补充或强化非正式规则时，则正好相反，从而构成了一种“二元”论。在冲突关系中，如正式规则能成功取代非正式规则，非正式规则就会失去存在意义而消亡。但依据诺斯的观点，新的正式规则能取代现存的非正式规则的情形很少。在此情形下，新的正式规则与现存的非正式规则能否共存于一个制度系统之中？如果能够共存在，二者之间是一种平行关系，还是一种从属关系？如果是一种从属关系，是非正式规则从属于正式规则，还是相反？如果是一种平行关系，又依据什

① 第一，在存在正式规则的领域，非正式规则的意义在于延伸、修正和阐释正式规则。因此，此类规则并不能脱离正式规则而独立存在，其含义与意义的理解与实施的有效性保障与正式规则息息相关。当然，作为非正式约束之基础的正式规则尽管很重要，但在日常互动中却极少是形成选择的明确而直接的依据，人们的行为选择大多是根据伴随着正式规则的实施以及人们对正式规则的认可和接受而逐渐演化形成的符合正式规则要求的非正式规则作出的。第二，非正式规则有其完全独立存在的意义。除了作为延伸、修正和阐释正式规则的非正式规则外，由社会制裁保障实施的行为规范以及由内部实施的行动标准也是非正式规则的主要组成部分。在正式规则进入这些领域之前，非正式规则是独立存在而发挥作用的。但这种独立性不是一种持久存在，因为正式规则不仅可以补充和强化非正式约束的有效性，而且可以修改或替代非正式约束。参见诺斯(2008a)。

② 正式规则对非正式规则的取代，产生于因双方谈判能力改变而形成的对不同交换制度框架的有效需求，但这种取代能否成功则取决于非正式规则及其实施机制的影响力。新的正式规则只是有时可能取代现存的非正式约束。如果非正式规则的影响力过大，新的正式规则就不可能取代现存的非正式规则。此时，“已经改变了的正式规则与持存的非正式约束之间就会产生一种持续的紧张关系。”参见诺斯(2008b)。

么样的准则来消解二者的冲突呢？

(2)既然正式规则是在双方谈判能力的改变产生了有效的制度需求的情形下，为处理复杂争端而被创造出来的，为什么又不能被人们所接受从而成功取代非正式规则呢？诺斯(2008a)的解释是：文化的持续性的作用，使得以根深蒂固的文化继承因素为基础的非正式约束具有顽强的生命力，构成了正式规则取代非正式规则的障碍，导致非正式规则与正式规则的变迁并不同步。既然新规则的形成源于交换实践的需要，为什么又与现实的文化因素相悖呢？诺斯(2008a)认为，个人与组织的谈判力量在制度变迁中具有决定性作用，只有当改变正式规则对拥有充分谈判能力的人有利时，正式规则与制度框架才会发生重大变化。由此，合乎逻辑的解释只能是：新的正式规则是拥有谈判能力的少数人做出的决策，当这些规则被适用于仍尊重与传统文化相适应的非正式规则的多数人时，必然遭到拒斥。进一步的问题是，在这样的情形下，如何才能使缺乏谈判能力的多数人接受新规则，从而实现有效的制度变迁呢？

对这些问题的解读，需结合诺斯的制度变迁理论进行更为深入的分析。

6.2.2　制度变迁的悖论与制度结构的分裂性

诺斯的制度变迁理论是以“制度均衡”为基础而建立的。诺斯(2008a)认为，当相对价格变化使交换的一方或双方认为改变契约将有可能改善现有处境时，就会产生对契约进行再次协商的动机。但契约被嵌套在科层式的规则结构之中，如不重构一套更高层次的规则甚至违反一些既有规则，就很难进行再次协商。为此，拥有改变谈判地位的事实能力的一方就有可能投入资源，推动更高层次的规则变革，从而实现正式规则的变迁。同时，由于相对价格的变化或者包括意识形态在内的偏好的改变①，非正式规则的影响将逐渐被削弱，甚至被其他规范所取代。诺斯将此类制度变迁称为渐进的连续变迁，并从正式规则和非正式规则两个方面阐释了制度变迁是一个渐进过程的原因。

就正式规则的变迁而言，由于经济活动中行为主体是从自身利益需要进行选择的，可能会对制度是否有效做出不同判断，从而延缓制度变迁进程。在愿望相互对立时，能否推动制度变迁取决于组织的谈判力量(诺斯，2008a)。当有改变制度约束愿望的组织没有足够的谈判能力时，难以推动制度变迁；只有当那些拥有充分谈判能力的组织认为正式规则的改变对他们有利时，才可能推动正式制度框架的变革。

在经济体与政治组织的互动中，有充分谈判能力的组织既可利用政治组织改变现有约束以获取更大收益，也可在现有约束集合下通过鼓励社会投资于那些能间接提高其获利能力的技能与知识，进而推动经济发展。而“在总体制度框架内的渐进性变迁要比经济组织投入资源直接去改变政治规则以增加他们的利润的情况普遍得多”(诺斯，2008a)。

对非正式规则的演化，诺斯最初给出的解释是：现实的经济变化有两个相互影响的根源，一是由于相对价格的变动对新古典模型产生的压力；二是不断演进的意识形态导致个人和集体对其地位的公平性产生相互对立的认知，并使其依据这些认知而行动。虽然一个

① 诺斯(2008a)认为，相对价格变化对偏好改变有一定作用。相对价格的长期根本性变化，将改变人们的行为模式及其对行为标准之构成的合理解释。

孤立的相对价格变化不一定改变人们的认知并据此改变其做出的决策，但在影响人们幸福或者有悖于理性的一些根本性或持续性变化发生时，人们将不得不改变其意识形态（诺斯，1994），并推动协调个人行为的行为规范的变迁。因此，“意识形态”虽是影响制度变迁的重要因素，但不能脱离人的理性控制而独立存在。这就意味着只要相对价格变化导致了人们的重新选择，意识形态也会随之变化。

但诺斯在其后分析偏好改变的来源时，修正了上述观点。诺斯（2008a）认为，相对价格变化虽对偏好改变有一定作用，但先存的“心智构念”过滤和塑造了对相对价格变化的理解，观念及其驻存方式对制度变迁也起到了一定作用。因此，必须对“到底是什么使观念与意识形态能得以长期驻存”（诺斯，2008a）做出合理解释，才能深化对制度变迁的理解。诺斯（2008a）认为非正式规则的变迁可概括为三种类型：①一些非正式约束不再被公众所理睬，从而无疾而终；②由于非正式规则的主要作用是修改、补充或延伸正式规则，而制度约束的变化能够形成促进新的惯例或行为规范不断生成的动力，进而有效解决新生问题，因此，伴随着新规则的形成和实施，将逐渐演化生成一个新的非正式均衡；③在稳定时期，作为正式规制之补充的非正式约束会持续存在，但在变化时期，那些现存的不能满足新演化出来的谈判结构需要的非正式约束，会被正式规则驱除或取代。

然而，诺斯的上述论证并未充分说明制度变迁的渐进性。“总体制度框架内的渐进性变迁”只解释了在基本政治和经济规则下，促进技能和知识增长、提高经济绩效具体实施性规则的形成特性。进一步的问题是，既然这些实施行为（诺斯，2008a）不能引致基本政治与经济规则的变迁，那么这些规则又是怎样得以改变的呢？依据诺斯的解释，显然是由有充分谈判能力的组织投入资源去改变基本的政治结构，通过政治组织对权利进行重新配置而改变现有约束。对推动规则改变的组织而言，如从其做出抉择的过程角度讲，还有一些渐进特征，但从规则本身的改变来看，事实上是一个突变式改革。对没有谈判能力的组织或个人而言，规则的变迁只能是突变的。在此情形下，旧的非正式约束属于“不再被公众所理睬，从而无疾而终”或“被正式规则驱除或取代”的类型，不是制度的构成要素；作为制度构成要素的非正式约束是正式规则改变之后再演化而成的新的非正式规则。

而且，诺斯对连续的渐进变迁的分析与其对不连续的制度变迁的分析存在逻辑矛盾。所谓“不连续的制度变迁”是指由战争、革命、武力征服等引起的正式规则的剧烈变动。由于相对价格变化所引致的制度变迁需求因“妥协性方案难以达成”而无法实现，参与者的意识形态是导致此类制度变迁成功的决定因素（诺斯，2008a）。从意识形态对相对价格的影响来看，为使一些群体改变按照简单的个人享乐主义的成本与收益计算实施相关行为的习惯，一个成功的意识形态必须克服搭便车问题。如果占支配地位的意识形态的主要目的在于使人们确信现存规则与正义是共存的，进而基于道德要求自觉地遵守这些规则行为，那么，成功的反意识形态既要使人们相信不公正是现行体制的重要组成部分，也要使人们确信只有通过积极参与现行体制的变革才能创造一个公正的体制（诺斯，2008a）。然而，根深蒂固的文化继承因素的支持，使得作为使暴力行为获得广泛支持的革命意识形态很难持续（诺斯，2008a）。此时，虽然正式规则发生了改变，但非正式规则却未发生相应变化，由此就会产生一种持续的紧张关系。而非正式规则将逐渐演变为原有正式规则的延伸（诺斯，2008a）。

在这里，诺斯通过对“意识形态”的分析，不仅强调了因文化继承所产生的制度变迁的“路径依赖”，而且据此批判了通过“反意识形态”推动激进的制度变迁的无效性，肯定了制度变迁的渐进性。可见，为构建渐进的制度变迁理论服务，是诺斯强调自然演进形成的、包含在非正式规则之中的观念和意识形态的重要性的根本目的，但也隐含着将其作为评价通过“反意识形态”推动激进的制度变迁所形成的正式规则的“合法性”标准的思想，肯定了通过文化传承的非正式规则的正当性。在这个意义上讲，旧的非正式规则仍是制度的构成要素。

然而，诺斯的这种解释是不充分的。需进一步分析的问题是，为什么同样具有文化继承性的非正式规则在由有谈判能力的组织推动的制度变迁中，会“无疾而终”或“被正式规则驱除或取代”，而在征服与革命的情形下则会“长期驻留”呢？

本书认为，出现这一对立现象，是由于诺斯对两种类型变迁的分析采取了不同立场导致的结果。在第一类制度变迁的分析中，诺斯主张的是构建论，此时制度变迁是组织及其企业家追求效用最大化的产物，是理性选择的结果。而且，这种变化需要通过政治活动才能最终形成①(诺斯，2008a)。诺斯虽然也强调此类变迁的渐进性，但他关注的是总体性制度约束之下新的实施性规则以及在正式规则改变后与之相适应的新的非正式规则形成的渐进性，而对旧的非正式约束则做出了“无疾而终”或“被正式规则驱除或取代”的论断。而在第二类制度变迁的分析中，诺斯采取演化论立场，肯定了基于文化继承而存在的旧的非正式规则的有效性，认为由“反意识形态”(此时相对价格变化是无效的)推动所建构的正式规则是无效的，进而否定了强制性制度变迁的有效性。由此，诺斯就陷入了制度变迁的理性构建论与自然演化论的矛盾之中：在前一类型中，新的正式规则的变迁是有效的，旧的非正式规则不具有长期驻存性，所以非正式规则只能是正式规则的延伸，二者之间是以正式规则为主导的互补关系；在后一类型中，新的正式规则的变迁是无效的，而旧的非正式规则却会长期驻存，所以二者之间是一种冲突关系。

由此，需要追问的是，出现上述两种对立解释的根源是什么？从诺斯在《制度、制度变迁与经济绩效》中的分析来看，其根源在于他对经济制度史的分析没有真正建立在真实的社会历史实践基础上，而是在假设的理论逻辑下，运用历史资料验证其理论假设。因此，针对不同的分析对象就采取了不同的分析方法，在对英、美等国的制度变迁进行分析时，采用了构建论的方法；在对社会主义和一些拉美国家的制度变迁进行分析时，则采用了演化论的方法。而其根本目的只是为论证前者的制度变迁模式及其绩效优于后者这一先入为主的基本判断。

在其后的研究中，诺斯也意识到二元规则结构论的矛盾，并试图通过吸收演化经济学的思想对以前的一些主张进行修正，以解决制度变迁的悖论进而解决制度结构的统一性。诺斯(2002a)在《新制度经济学及其发展》一文中指出，就经济绩效而言，不存在一个适用于所有国家的具有普适性的好制度，西方成功市场经济的正式的政治与经济规则没有普遍意义。为了协调正式规则与非正式规则的复杂关系尤其是二者的冲突，诺斯将非正式规

① 正式规则是“自上而下的，从政治到产权，再到个人契约”，“一般而言，现行的政治规则决定经济规则，……产权以及由此产生的个人契约是由政治决策过程界定并实施的。”参见诺斯(2008a)。

则提升到了决定性地位，明确指出非正式规则决定了正式规则存在的“合法性”[①]。在此，诺斯通过将制度系统建立在一个特定国家和社会的非正式规则的基础上，提供了解决正式规则与非正式规则的冲突的依据，解决了制度系统的分裂性，提出了在没有普适性制度的前提下判断制度变迁是否有利于经济发展的标准(诺斯，2002a)。但将“非正式规则”作为判断制度变迁好坏的关键标准，能否真正解决正式与非正式规则之间的冲突，仍是一个值得讨论的观点。

6.2.3 非正式规则作为合法性标准的限定性与可行性

诺斯虽然提出了“非正式规则为正式规则提供根本的合法性”的观点，但他仍坚持认为非正式规则只是经济良好运行的必要条件而非充分条件(诺斯，2002)。可见，诺斯并不认为所有的非正式规则都能成为正式规则合法性的判断标准。那么，能够为正式规则提供“合法性”说明的非正式规则究竟是什么？

诺斯认为，经济变迁是一个过程，而人类演化变迁的关键是参与者的意向性，因此，“信念是建立理解经济变迁过程的基础的关键，它既包括个人拥有的信念，也包括那些形成信念体系的共享信念”(诺斯，2008b)。

在信念体系与制度框架的关系上，诺斯认为，信念体系是人类行为的内在要素的具体体现，而制度框架则是人们施加给人类行为以实现其预期结果的外在结构。也就是说，“信念体系是内在表现，而制度是这种内在表现的外在显示，”因此，经济市场结构反映了制定游戏规则的那些人的信念，“当人们的信念存在冲突时，制度会反映那些有能力实现他们的目标的人们的信念”(诺斯，2008b)。在此，诺斯仍坚持了“建构论”制度变迁倾向，并指出“单个市场的或整个政治/经济体系的结构都是人类创造的，它们都不是自发地或者‘自然’地发挥作用的”(诺斯，2008b)。

但诺斯又强调，信念体系与制度的密切关系虽然在一个社会的正式规则中表现得很明显，但这种关系在非正式制度中体现得更充分。之所以对此做出特别说明，有两个理由：①诺斯虽然坚持制度具有建构特征，但又认为这种建构并不是任意的，要受到路径依赖的约束。由于路径依赖的存在，非正式规则及其所表达的一些特有信念通过组织的作用，限定了正式规则的选择范围，正式规则的变迁应充分考虑和尊重非正式规则的这种约束(诺斯，2008b)。②在非正式规则与信念体系的关系上，“非正式制度不仅彰显了信念体系的道德准则，这一点在不同的文化中一般都有相同的特征；而且反映了各个社会特有的行为规范，这一点在不同的文化之间有很大的差异”(诺斯，2008b)。能够为正式规则提供根本合法性的非正式规则只能是彰显共享信念的道德准则，对各个社会所特有的阻碍经济发展的行为规范，可通过创制正式规则予以改变(诺斯，2008b)。

进一步的问题是，人们能否建构这种结构呢？诺斯(2008b)认为，为克服和避免错误的发生，推进制度结构的有效变迁，必须重视“个人和组织的学习”，这是制度演化的主要动力。将“成功经验”整合到给定的信念体系之中，是学习的核心和关键。而制度变迁

① 这里的“合法性”是指是否符合特定的伦理和道德要求。

的成功经验就是英国、美国和荷兰等发达国家的市场经济制度和可以保障市场经济良序运行的宪法民主制(诺斯，2008a)。

诺斯(2002b)认为，我们对经济变迁过程的研究不仅在讨论实证问题，也在讨论规范问题。诺斯践行了自己的主张：首先，将制度变迁的根本动力建立在以心智为基础、以感知为纽带的人类意识及其意向性的基础之上，并从路径依赖的角度肯定了为正式规则提供根本“合法性”的永恒的、普遍的道德信念体系的存在，从而回答了世界应该怎样运行的问题。其次，运用以感知为纽带建立的分析模型，通过对经济运行的成功与不成功的经验和教训的分析，回答了世界是怎样运行的问题。最后，通过“心智结构”的过滤，将发达国家的成功经验整合到信念体系之中，赋予永恒的、普遍的道德信念体系的具体内容，同时也否定了他在《新制度经济学及其发展》中提出的不存在普遍有效的制度的观点。

需要进一步分析的是，诺斯将意识及其意向性提高到决定性地位，进而将制度系统建立在永恒的共享信念体系之上是否合理？这样的理论又能否为有效的制度变迁提供指引？

6.2.4　观察者与行为者的立场的分离与统一的必要性

诺斯通过对为正式规则提供根本合法性的非正式规则应当是“永恒的、普遍的道德体系”的阐释，完成了制度变迁理论的改造与完善，使其原本模糊的观点变得清晰起来：①从建构论与演化论相纠缠的困境中解脱出来，划清了与以哈耶克为代表的演化经济学的制度变迁理论的界限，明确指出“单个市场或整个政治/经济体系的结构都是人类的创造”。②以此为逻辑起点，明确了“路径依赖”的实质内涵，即正式或非正式制度的变迁都应遵循“永恒的、普遍的道德体系”的约束。为消解二者的冲突提供了行为准则。而这种“永恒的、普遍的道德体系”之所以可能，则是由于“共享信念”的存在。因此，制度变迁的关键是以“共享信念”为依托，通过“学习”改造人的“心智结构”亦即意识的意向性，进而推动正式规则或具有差异性的非正式规则的变迁。

由此，诺斯也完成了他的哲学立场的转向，彻底清除了历史唯物论的痕迹，成了一个主观主义者。人类社会成了人类心智的建构物(诺斯，2008b)。因此，制度变迁研究的根本任务是理解信念体系，以及由此形成的复杂的社会结构及其随着时间推移的演化方式。如果对人类心智创造的、不断演化的社会结构的复杂的相互依赖性缺乏深入理解，我们基本上无法去提高社会经济绩效(诺斯，2008b)。依据诺斯的解释，这种社会结构的复杂的相互依赖性实质上就是内在的共享信念和外在的普遍道德对制度演进的约束，对共享信念与道德体系及其产生影响的机制的理解构成了解读复杂的制度变迁的核心。正是在这个意义上，诺斯表达了对英国、美国和荷兰等发达国家的市场经济制度和可以确保市场经济良序运行的宪法民主制，以及通过学习成功经验改造给定的其他信念与制度体系的推崇。

但这里的关键问题是：是以谁的立场、依据什么样的标准来评价给定的信念和制度的好坏？因为，在诺斯的理论中已经预设了一个基本判断：英、美等发达国家的制度体系源于渐进性的变迁，并形成了与其相适应的信念体系，能够形成稳定的秩序并带来良好的经济绩效；而在一些建立了同样制度体系的国家，则因传统的信念与制度体系所形成的路径依赖的锁入效应阻碍了与好制度相适应的信念体系的形成，导致了制度变迁的混乱无序和低效率。因此，必须充分重视并发挥“意识”作为制度变迁推动力量的作用，改造传统的信念与制度体系。

这一判断存在两个需要进一步分析的问题：①能否以一个外在于社会实践活动的行动者的外部观察者对传统信念与制度体系的评价代替行动者的评价？②通过发挥意识的决定作用，对外部观察者从特定的社会环境中总结的共享信念与制度的学习，能否真正有效改造传统的信念与制度体系，并为新制度的实施提供有效的意识形态或信念支持？

在人类实际生活的历史过程中，意识形态、思想观念或者说信念体系源于特定时空条件下的社会物质生活条件①。在这些条件发生变化后，信念也会随之发生变化。虽然在特定时期，思想意识与物质生产生活可能发生分离，但只是意识形态相对独立性的表现。也正因为此，才会引致新旧意识形态的对立。此时，落后于社会发展需求的意识形态应当被新的意识形态取而代之。但这种新的意识形态不应是从外部引入的所谓先进的信念体系，而应是特定时空的物质生活条件下形成的意识形态。只有在以现实的社会实践活动为基础的新的意识形态形成后，新的规则才会产生。

因此，外部观察者认为是好的或不好的规则，对置身于实践生活中的行动者来说，则可能是不好的或好的规则②。对规则或制度的分析应坚持辩证历史唯物主义立场，置身于具体的社会生活实践。对特定区域或群体而言，如果没有外部主体强加的形式上合法的正式规则，在特定时间条件下，如社会物质生活条件没有发生变化，规则是统一的；而当这些条件发生变化时，规则也会随之改变。

当然，新规则对旧规则的取代并不意味着全面否定。人们对历史的创造并不是随心所欲的、在其选定的条件下进行的，而只能是在直接碰到的、从过去承继下来的条件下创造历史③。社会物质生活条件的延续性决定了规则的继承性，新规则必须以“扬弃”的方式批判地继承旧规则中的合理因素，将其纳入新的规则体系，使之成为一个内在和谐一致的有机整体。因此，以特定时空下的物质生活条件和社会实践为基础研究规则和制度问题，不仅是制度结构理论应坚持的基本立场，也是真正理解制度变迁的渐进性和连续性特征的客观基础。离开具体的物质生活条件和社会实践活动来讨论制度变迁是无益的，因为法的关系“既不能从它们本身来理解，也不能从所谓人类精神的一般发展来理解，相反，它们根源于物质的生活关系”④。一个国家虽然需要学习与继承外国的成功经验，但这种继承是有限度的，这个限度就是学习者赖以存在的物质生活条件与社会实践活动。向哪个国家学习、学习什么、继承什么，都应以此作为评价与选择的依据，不能直接以某一位思想家宣称通过研究发现的具有普适性的规则和信念为学习和继承的对象。

当我们以此为逻辑起点探讨制度变迁时，诺斯理论存在的制度变迁悖论与制度结构的分裂等问题也将迎刃而解。从正式制度形成与发展的历史看，新规则（正式规则）的形成既有自然演化的，也有理性建构的；既有渐进的，也有突变的。在特定时期，新规则由旧规则（非正式规则）演变而来，甚至一些新规则只是对旧规则的直接确认。当然，这种演变是

① 参见《马克思恩格斯全集（第3卷）》（1960年，北京：人民出版社）第29-30页。
② 正义与非正义不是抽象的、永恒的，而是具体的、历史的，正义“始终只是现存经济关系在其保守方面或者在其革命方面的观念化、神圣化的表现。”参见《马克思恩格斯选集（第2卷）》（1995年，北京：人民出版社）第212页。
③ 参见《马克思恩格斯选集（第1卷）》（1995年，北京：人民出版社）第585页。
④ 参见《马克思恩格斯选集（第2卷）》（1995年，北京：人民出版社）第32页。

一个自觉的过程，是人类理性选择的产物，是社会实践的制度变革需求的反映。在人类早期制度实践中，新规则大都源于对既存的以习俗为表现形式的宗教或道德规则的直接确认。规则经过上述演变后，正式规则构成了非正式规则合法性[①]的评价标准。只有那些得到正式规则修正、完善的非正式规则才是合乎国家治理需要和法律要求的，而没有得到确认或与其相违背的非正式规则就失去了合法的存在空间。此时，二者之间是一种从属关系，正式规则居于主导地位，非正式规则居于补充地位，凡是与正式规则相冲突的非正式规则都应当被修正或取缔[②]（诺斯，2008b）。

总而言之，在研究和解决民族自治地方市场经济发展的制度需求时，必须以政府提供的正式规则作为评价非正式规则合理性与合法性的标准，非正式规则能否成为经济发展制度保障的构成要素，应当接受正式规则的检验，由此才能妥善处理正式规则与非正式规则的冲突问题，从而形成一个有利于市场经济发展的统一而和谐的规则体系。而且，对民族自治地方经济发展的制度基础的研究，应以其经济发展现状及其存在的主要问题，以及解决这些问题的制度需求为基础进行分析，而不是以某种所谓的具有永恒性和普遍性的信念体系为依托的制度体系为参照，提出解决经济发展制度保障问题的改革对策。

6.3　民族自治地方制度变迁的立法体制与制度有效变迁的制约因素

在国家治理中，有正式意义的规则制定权的主体包括中央政府和地方政府。准确认识不同层级政府制定的规则之间的关系及其对制度变迁的影响，确定在规则体系由不同层级规则构成的情形下，哪个层次的问题才是影响和制约制度变迁的关键，是制度变迁中必须解决的重大问题。同时，从微观角度讲，规则制定者所供给的规则的内部结构是否合理、含义是否明确，是通过规则防止社会争斗的关键；人们是否拥有一个表达自己的需求并参与规则形成的权利，是否有一个公正合理的程序机制和判断标准来规范人们参与规则的制定和实施的行为，是保证规则供给与需求相一致的必要基础。有必要对这些重点问题进行深入分析。

6.3.1　一元两级立法体制、规则的层级结构与制度变迁的有效性

人们在社会实践活动中因经济社会生活的需要所形成的规则需求，需要得到有规则制定权的政府的确认，并赋予其法定的约束力，才能从一种主观性需求转化为一种客观实在，

---

① 这里的“合法性”是指是否符合特定主权国家的宪法和法律的实体和程序要求。

② 将正式和非正式规则置于一个等级体系之中，是国家治理的根本要求。这一等级体系能否建立，取决于制定规则的权力配置与行使是否合理和有效。在强制推行强势群体或区域的规则或者纯粹理性建构的规则时，接受者的非正式规则与正式规则处于分离状态，不是制度系统的组成部分，而是一种纯粹的文化现象。这种情形极易引致新规则无法取代旧规则的问题。新规则不能满足社会实践的制度需求，是产生问题的直接原因，而深层根源则是国家政治体制和公共决策机制尤其是立法体制出现了问题，导致观察者、行为者与规则的需求者的分离，制定了不好的规则。此时，改革的核心不再是经济社会规则的修改，而是宪法政治体制的完善。诺斯的制度变迁分析也涉及了政府运行问题，但并未对宪法及其实施问题进行过系统讨论。参见诺斯(2008b)。

制度变迁由此才能得以实现。从主权国家内部的地方经济发展与制度变迁的角度讲，其中最为重要的影响因素是政府自身的科层结构以及政府权力在不同层级之间的分配。

由于人口规模、地域范围等多种因素的影响，在国家治理中，通常需要区分为中央和地方政府两个层次；同时，基于地方治理的需要，在地方层面又可以划分出不同层级的政府。对人们的规则需求向正式规则转化的讨论，首先必须考虑的是哪些层级的政府享有规则制定权。在我国现行的一元两级立法体制下，民族自治地方人大享有地方性规则的制定权①。因此，从纵向角度讲，对民族自治地方而言，促进或制约其经济发展的制度是中央和地方政府共同提供的，由此就形成了一个由不同层级的政府制定的规则构成的层级结构。民族自治地方的制度变迁能否实现，所制定的规则能否适应于经济发展的需要，要受到来自中央和民族自治地方政府两个层次的影响。

在横向的规则制定权的配置方面，与民族自治地方经济发展的制度变迁有紧密关联的制度安排包括以下几个方面：①由全国人大及其常委会行使国家立法权，前者制定基本法律，后者制定非基本法律②；②由国务院行使宪法和法律赋予的行政立法权制定行政法规，同时根据全国人大及其常委会的特别授权，对应当由法律规定但尚未制定法律的部分事项制定行政法规③；③由国务院的组成部门行使规章制定权，根据法律和行政法规等，制定规章④。

由于民族自治地方包括自治区、自治州和自治县三种类型，而这三种类型的自治地方的行政地位是不同的。自治区的上级政府只有中央政府；自治州的上级政府包括省级政府和中央政府；自治县的上级政府包括地(市)级政府、省级政府和中央政府⑤。按照我国现行宪法体制安排，省级政府享有地方性规则的制定权，其中，省级人大及其常委会拥有地方性法规制定权，省级人民政府拥有地方规章制定权⑥。

由图 6.3 可见，在复杂的横向与纵向权力划分体制下，能够对民族自治地方经济发展产生影响和作用的规则，分别源自不同层级及其不同国家机关的规则制定行为，由此就形成了一个复杂的具有层次性的规则体系⑦。

在这个规则体系中，由不同主体制定的规则，如果要作为一种有效规则而存在，必须满足两个前提条件：①每一个规则都应符合宪法要求，不能违背宪法的基本原则和规则；②每一个下位阶的规则都必须符合上位法的要求，不能违背上位法的基本原则和规则。在规则的等级体系中，确立不同规则位阶的基本依据是权力的等级性(胡玉鸿，2004)。除居于最高位阶的宪法规则外，下级规则的效力和权威由上级规则所赋予，由此层层上溯并止于最高级的“宪法性基础规范”(凯尔森，1996)。

---

① 参见《中华人民共和国宪法》(1982 年)第一百一十六条；《中华人民共和国民族区域自治法》(2001 年修正)第十九条；《中华人民共和国立法法》(2000 年)第六十六条。
② 参见《中华人民共和国宪法》(1982 年)第五十八条和《中华人民共和国立法法》(2000 年)第七条。
③ 参见《中华人民共和国宪法》(1982 年)第八十九条和《中华人民共和国立法法》(2000 年)第九条、第五十六条。
④ 参见《中华人民共和国宪法》(1982 年)第九十条和《中华人民共和国立法法》(2000 年)第七十一条。
⑤ 参见《中华人民共和国宪法》(1982 年)第三十条。
⑥ 参见《中华人民共和国宪法》(1982 年)第一百条和《中华人民共和国立法法》第六十三条、第七十三条。
⑦ 地(市)政府虽然是自治县的上级政府，但是依据宪法及其相关法规定，并不享有规则的制定权，所以在此不纳入分析对象。

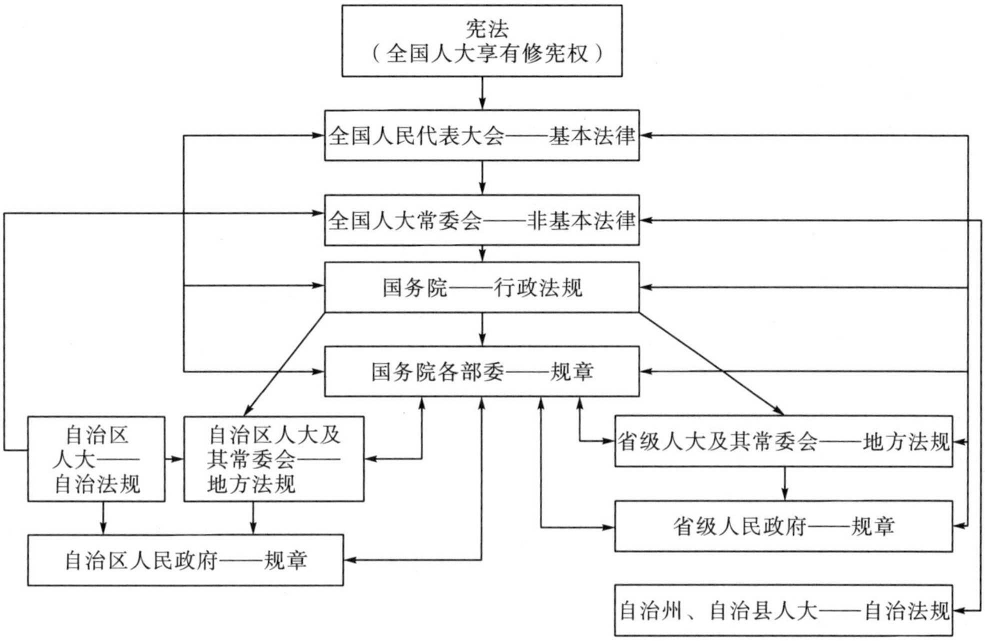

图 6.3　民族自治地方规则层次结构示意图

资料来源：作者绘制。

可见，在不同等级权力主体都承担着制度供给职责的情形下，要使制度供给满足民族自治地方经济发展中形成的制度需求，关键取决于宪法层次的权力划分是否合理、规则设计是否有效、不同层次规则之间的关系是否和谐一致。因此，“宪法规则的选择”是制度建设的核心和关键①（布坎南和塔洛克，2000）。通过宪法规则界定私人与政府的活动范围，并对政治活动施加程序性的外部约束②（Buchanan，1984），不仅可以确立一种把个人的自利行为引向共同利益的政治秩序，而且可以确定政府的权力边界和范围，规范政府制定决策和行使权力的程序，有效率地约束政府活动的无效率行使或扩张，保证制度变迁向着有利于经济发展的方向演进。因此，对制度变迁和制度供给问题的研究，应将重点放在那些对次级的普通规则或具体政策的制定施加约束的宪法规则上。在我国现行立法体制下，与民族自治地方制度变迁有关的宪法制度安排主要包括以下内容。

(1) 由全国人大通过宪法及其相关法确定中央和地方各级政府立法权限的划分，然后由有关主体在各自的权限范围内，针对民族自治地方经济发展中存在的问题，以及解决这些问题必须采取的具体措施，制定相应的规则。

(2) 由全国人大及其常委会通过制定、修改和完善基本法律和非基本法律，确定产权配置、财政管理、金融监管、经济体制、民事交易、刑事保障等与经济稳定有效运行有关

① 布坎南强调对与人的行为有关的规则问题的理论研究或制度实践，应严格区分两个层次或两个阶段：第一阶段是关于政治秩序和政治决策基本规则的选择，即对约束的选择、宪法规则的选择或立宪性阶段；第二个阶段则涉及在已确定的宪制下对具体行动策略的选择，即约束内的选择、后宪法阶段或执行性阶段。参见布坎南和塔洛克(2000)。

② Buchanan(1989)认为，主流经济学研究的是后立宪阶段的问题，而“立宪经济学考察的是对于约束的选择，而不是约束内的选择”。

的基本制度[①]。对与此相关的制度进行调整时，必须通过全国人大及其常委会对既有的制度进行修改和完善。

(3) 由民族自治地方的上级国家机关在法定职责和权限范围内制定促进民族自治地方经济发展的行政法规、部委规章、地方性法规或规章。如果因上级国家机关没有严格履行法定职责，阻碍了民族自治地方经济发展的制度变迁，就应由相应的上级国家机关在其权限范围内解决规则的供给；如果因《中华人民共和国民族区域自治法》对上级国家机关应承担的职责没有做出明确界定，就应由全国人大及其常委会通过对法律的修改和完善，解决制度变迁的宪法约束[②]。

(4) 由民族自治地方人大在法定的职权范围内行使自治立法权，制定自治法规[③]。民族自治地方人大不仅可以通过制定自治法规解决地方性规则的需求，而且可以对全国人大及其常委会制定的法律、国务院制定的行政法规等进行变通[④]。如果因民族自治地方人大没有严格履行法定职责，就应督促其有效履行职责，解决好规则的供给；如果因《中华人民共和国民族区域自治法》及其他相关法律或行政法规对民族自治地方人大的自治立法权施加了不合理限制，或者是内部权力制度设计不合理，就应由全国人大及其常委会通过对相关法律进行修改和完善，解决制度变迁的宪法约束。

总之，从规则制定权的配置来讲，影响和制约制度变迁有效性的权力因素虽然是多层次、多方面的，但都与一元两级立法体制的宪法约束是否合理、是否有效有着密切的关联。解决好宪法规则尤其是约束各级政府的规则制定行为的宪法规则改革与完善，是推动民族自治地方制度变迁适应于经济发展的规则需求的根本问题。

6.3.2 规则的逻辑结构、违宪审查和解释机制与制度变迁的有效性

民族自治地方经济发展中的制度变迁要受到不同层级的有规则制定权的国家机关共同作用的影响，而各规则制定者能否适应于民族自治地方经济发展的规则需求，履行推动制度变迁的职责，在很大程度上取决于一元两级立法体制是否明确了各规则制定者之间的权力界限，并构建了一个有效监督各规则制定者严格履行职责的约束机制。因此，建立一个完备的宪法制度是解决好这些问题的关键。

从法理上讲，宏观的制度是由无数个规则构成的，规则的基本功能是“告知那些参与互动关系的人们的活动边界”（布伦南和布坎南，2004）。因此，要划分不同规则制定者之间的权力界限，并监督其有效履行职责，就必须保证界定权力边界的规则具有明确性和稳定性。一个具体的规则是否具有明确的含义，是由规则内在的逻辑结构决定的。由于规

---

① 参见《中华人民共和国宪法》(1982 年)第六十二条、第六十七条；《中华人民共和国立法法》(2015 年修正)第七条、第八条。

② 对与此相关的问题，将在第 10 章进行专门研究。

③ 参见《中华人民共和国宪法》(1982 年)第一百一十六条；《中华人民共和国民族区域自治法》(2001 年修正)第十九条；《中华人民共和国立法法》(2015 年修正)第六十六条第一款。

④ 从实践效果看，民族自治地方经济发展的制度变迁与宪法制度预设目标还是存在很大差距，需要从宪法角度进一步反思制度变迁无效的根源。迄今为止，尚有 5 个自治区、5 个自治州和 8 个自治县没有制定自治条例；已经制定的自治条例与《中华人民共和国民族区域自治法》大同小异，缺乏地方特色和民族特色。详细分析参见马启智的《我国的民族政策及其法制保障》(《中国人大》2012 年第 1 期)等相关文献的研究。

则是通过规定人的权利或者义务及其相应的法律后果，从而达到社会调整的目的，因此，在逻辑结构上必须包括假定、行为模式和法律后果三个构成要素①。维护行为规则逻辑结构的完整性，是保证其含义的明确性必须解决的首要问题。

同时，为使规则具有明确性，必须使用含义简洁、清晰、易懂的概念或术语来界定规则的构成要素，尽可能减少疏漏。从《中华人民共和国宪法》和《中华人民共和国民族区域自治法》的相关规定看，由于在界定民族自治地方政府权力得以行使的前提条件时，大量使用了“根据法律规定”等语词，如果其他法律做出了与《中华人民共和国宪法》和《中华人民共和国民族区域自治法》的基本原则要求不一致的规定，就可能导致相关权力无法得到真正地行使，进而构成民族自治地方人大难以有效解决地方经济发展的规则需求的一个重要影响因素。此外，由民族自治地方经济发展的制度因素是由不同层级政府的规则制定者分别制定的规则构成的一个规则体系，在将不同位阶的规则运用于实践时也有可能发生规则之间的冲突。这些规则之间的冲突涉及对宪法规则的理解和适用，需要建立和完善违宪审查机制，才能及时有效地解决规则冲突对制度变迁的影响。

需要注意的是，由于语言文字是规则得以表达的主要载体，而通过语言文字所表达的含义的确定性是相对的，有可能在某一点上出现空缺结构（open texture）（哈特，1996）。因此，通过规则界定的行为边界总是存在一定程度的不确定性②。当这些因素的存在影响到民族自治地方经济发展的制度需求与供给时，需要一个有效的法律解释机制，来解决由于模糊语言、经济社会发展和人的认知能力等多种因素所引致的规则的不确定性，解决规则制定者对权力行使边界的准确把握问题，有效推动制度变迁。

总之，在宪法实践中要解决好宪法规则尤其是约束各级政府规则制定行为的宪法规则改革与完善问题，必须重视微观层次规则内在的逻辑结构以及为保证规则含义的明确性与稳定性的违宪审查与法律解释机制等因素的影响。

6.3.3　宪法规则的选择、宪法规则约束下的选择与制度变迁的公正性

为行为主体提供和他关联的其他人的行为信息，并允许行为主体参照他本人对其他人在未来的可能行为做出的合理预期来追求自我目标，是规则的基本价值（布伦南和布坎南，2004）。因此，不论是哪一种类型的规则选择，本质上都是对权利、义务或者责任在不同个体、群体或者区域之间的重新分配。从民族自治地方的制度变迁来讲，不仅会对生活在民族自治地方的公民或者社会组织的利益产生影响，也会影响到中央和地方之间、区域与区域之间利益或者负担的重新分配。因此，任何层次的规则变动，都应符合公正的要求。

作为人们所追求的一种价值，公正既具有主观性，又具有客观性。从主观方面讲，公

① 虽然“三要素说”的规则结构理论在法理学界遭到了许多学者的质疑，并提出了新、旧“二要素说”等替代理论，但迄今为止，并没有形成比“三要素说”更合理的理论，所以我们仍然采用三要素说作为讨论的基础。

② 首先，人们认知能力或利益诉求的差异，可能导致对同一概念或术语作出不同理解。其次，为了保证规则与经济社会发展的适应性和稳定性，必须使用一些含义比较宽泛或模糊的语言。最后，从规则得以适用的时空条件及其变化来看，在特定的时间或空间范围内，规则的含义是非常明确的，但随着这些条件的变化，规则的含义又会变得模糊起来。因此，在始终处于不断变化的任何社会里，不可能在根本上避免法律规则的不确定性。参考：Karl（1989）。

正是个体在参与集体行动时对行为过程、行为结果予以主动认可的心理状态；而从客观方面讲，公正是在集体活动中个体被给予其“应得之物”。在治理实践中，要确定每个人的“应得之物”，就不能没有确定人的权利或义务及其后果的规则。在法律主治的现代社会，对每个人根据法律权利对待，是保障每个人获得理应属于他的东西，实现公正的必由之路。因此，“公正观与现行规则的存在之间是有必然关联的。只要存在规则，就足以确定应得之归属，从而也可以确定参与者的行为是公正的还是不公正的”（布伦南和布坎南，2004）。

在规则约束的公正理念之下，在社会实践活动中，只要人们遵守了相应的规则，就会出现公正的结果。但是，我们讨论的是制度变迁和规则选择，那么，应该依据什么样的规则，来评价规则制定者对新规则的制定或对旧规则的修改是否实现了公正呢？对此，需要区分宪法规则的选择和宪法规则约束下的选择两种情形做进一步探讨[①]。

从民族自治地方的制度变迁来看，对宪法规则约束下规则选择的公正性评价，应以《中华人民共和国宪法》《中华人民共和国民族区域自治法》及其他宪法相关法确定各规则制定者、监督者的职权及权力行使程序的宪法规则（元规则）作为评价依据[②]。如果规则制定者、监督者严格遵循宪法要求，由此产生的新规则（一般规则）就是公正的。从规则的层次结构看，一般规则包括法律、行政法规、地方性法规、自治法规等多种类型。对下位阶的规则而言，上位阶的规则都是其元规则，而最终的效力则源于最高层次元规则的承认。由此需进一步解释和探讨的问题是，为执行层次的规则选择提供公正性保证的《中华人民共和国宪法》《中华人民共和国民族区域自治法》及其他宪法相关法又如何保持自身的公正性呢？

在以“现实的个人”为逻辑基础形成的互动性的社会实践和集体行动中，现实的个人是价值的唯一源泉（Buchanan，1989）。在规则的选择层次上，规则的选择过程实际是集体成员之间相互协商的过程，是一个交换过程。元规则的公正性源于以个人主义为基础的宪法政治交易过程，过程本身的性质保证个人价值得到最大化（Buchanan，1987）。在相互协商的决策过程中，只要是基于协商活动参与者一致同意做出的最后决定，就不会给任何人造成不合理的负担或损失。因此，应将“协商民主下的一致同意”作为初始的宪法制定和现存宪法体制或规则改革是否公正的判断依据（詹姆斯·布坎南，1988）。

综上所述，在民族自治地方的制度变迁中，承担相关职责的规则制定者保证规则选择公正性的策略有差异：①在《中华人民共和国宪法》《中华人民共和国民族区域自治法》及

① 从政府角度讲，能否有效推进制度变迁主要取决于三个方面或者三个层次的政府行为：①在一元两级立法体制下，担负规则供给职责的各有关国家机关能否有效辨识公民或社会组织在经济社会发展中形成的规则需求，并在法定的权力和职责范围内，依照法定程序修改或完善既有规则，制定新的规则及为实施规则而必须采取的具体措施；②在规则制定者不严格履行法定职责，制定应当由其供给的规则时，监督主体能否依据宪法监督约束机制和具体规则的要求，监察、督促规则制定者认真履行职责；③当因界定权力的宪法规则的含义不确定，致使规则制定者无法辨识其权力和职责的具体内容，监督者无法寻求明确的监督依据时，宪法规则的制定者或者纠纷的裁断者能否依据规则解释和争议解决机制与规则的要求赋予规则的确定性，或者对含义不确定的规则依据法定程序进行修改和完善。其中，前两个方面的政府行为属于宪法规则约束下的选择，而第三个方面的政府行为则是对宪法规则的选择。这里对政府行为划分为三个层次的做法，借鉴了布坎南在讨论宪法保障问题时对集体行动进行分类的思想。布坎南（1988）认为，集体性行动可以区分为三个不同阶段或三个不同层次：第一层次，执行现行宪法的那些行动。这个层次的行动属于“保护性国家”的行动。这如同在体育比赛中指定裁判员来执行规则，监督比赛进行一样。第二层次，在宪法范围内进行集体行动的那些活动，包括制定普通法、提供公共物品、进行再分配等。这些活动属于“生产性国家”的活动。第三层次，修改宪法的行动。这是对比赛规则所作的修改。

② “关于规则应当是什么的决策，只能根据适用于从不同规则间作出选择的更抽象的规则作出。这种更抽象层面的规则，我们称之为元规则。”参考：布伦南和布坎南（2004）。

其他宪法相关法界定的职权和程序约束下选择规则，此时只要符合宪法规则的要求，所制定或修改的规则就是公正的；②对界定各规则制定者职权和程序的宪法规则进行修改和完善的规则选择，此时需要通过协商民主下的一致性同意来保证规则的公正性①。

6.4　民族自治地方经济发展理念转换与制度变迁目标辩证

由于历史上遗留下来的事实上的不平等的限制，各少数民族没有能力真正享有平等权利，消除“可行能力的不平等”，使其逐步地达到“事实上的平等”②，是解决民族问题的关键。所谓“事实上的平等”，就是生活在民族自治地方的公民有能力行使各种权利的状态，而这种状态并不一定要在各个地区的经济发展差距被消除之后才能实现。但因缺乏深入的理论分析，致使实践中形成了将“逐步达到事实上的平等”等同于“缩小民族自治地方与其他地区尤其是发达地区的发展差距”的思想观念。但这种将“缩小甚至消除区域间的经济发展差距”作为核心问题与主要目标的理论研究与制度设计，能否有效塑造和提升民族自治地方公民权利实现的可行能力，仍是一个值得反思的问题。

6.4.1　以“缩小区域间的经济发展差距”为目标的制度变迁及其实效

为缩小甚至消除民族自治地方与其他地区之间的经济发展差距，伴随着国家经济体制与经济发展战略的历史演进，解决民族自治地方经济建设问题的制度变迁经历了区域经济均衡发展、非均衡发展和协调发展三个阶段。

(1) 区域经济均衡发展战略下的制度变迁。这一阶段国家实施的是计划经济体制下的内向型区域经济均衡发展战略。相应制度变迁的主要内容见表 6.1。

表 6.1　区域经济均衡发展战略下民族自治地方的制度变迁

制度构成		具体规则	有效期限
自治权	单行法规制定权	在中央人民政府和上级人民政府法令所规定的范围内，依其自治权限，制定本自治区单行法规	1952 年至今
	经济建设自治权	在国家统一的经济制度和经济建设计划之下，自由发展本地方的经济事业	1952 年至今
	财政管理自治权	依据中央人民政府和上级人民政府对民族自治区财政权限的划分，管理本地方的财政	1952 年至今
	人才培养自治权	可以采用适当措施，培养热爱祖国的、与当地人民有密切联系的民族干部	1952 年至今
	文化、教育与社会管理自治	可以采用各民族自己的语言文字，发展各民族的文化教育事业；可以采取必要的和适当的办法，发展各民族的文化、教育、艺术和卫生事业	1952 年至今

① 在民族自治地方内部，由于民族构成和区域差异的影响，为保证地方层面规则选择的公正性，也有必要引入协商民主与一致同意作为规则公正的保证。对此，本书将在专门章节中进行详细分析。

② 为协调和处理民族关系问题而实施的政策“不仅在于保障各民族在政治、经济、文化以及社会生活各方面的平等权利，而且在于帮助各少数民族发展其政治、经济和文化教育的建设事业，使其逐步地改变其落后状态，逐步地达到事实上的平等。”参见李维汉(1987)。

续表

制度构成		具体规则	有效期限
特别措施	财政政策	设置少数民族自治地方补助费	1955 年至今
		实施少数民族自治地方财政三照顾政策	1964 年至今
		民族自治地方财政超收分成全额留用	1964～1988 年
		对边疆民族自治地方设置补助专家	1972～1975 年
		设立边疆建设事业补助费	1977 年至今
		设置边疆建设专项补助投资	1977～1988 年
	税收政策	对边疆民族自治地方实行减免工商税	1950～1993 年
		对少数民族自治地方农牧业实行轻税照顾	1953 年至今
		对生活困难的少数民族自治地方减征农业税	1958～2006 年
	产业政策	对少数民族自治地方制定农业生产政策	1952 年至今
		确立优先发展重工业化道路	1950～1978 年
		适当照顾少数民族自治地方的工业发展政策	1952 年至今
		提出“全党全民大办工业”的建设方针	1958～1960 年
		提出“调整、巩固、充实、提高”的八字方针	1960～1963 年
		实行集中力量建设三线战略后方的工业发展政策	1964～1978 年
		提出建立独立的工业体系战略思想	1970～1978 年
	民贸政策	实行民族贸易政策	1951～1970 年
		对民族贸易企业实行价格补贴照顾	1951～1970 年
		对民族贸易企业自有资金给予照顾	1952～1983 年
		对民族贸易企业利润留成给予照顾	1952～1983 年
	人才政策	对少数民族实行“人口兴旺”政策	1951～1980 年
		确定设立民族院校	1950 年至今
		规定兴办民族教育时必须照顾民族特点	1951 年至今
		设立民族教育专项补助经费	1952 年至今
		建立民族教育行政机构	1952 年至今
		对民族学院经费列支作了规定	1963 年至今
		对少数民族考生进入高校予以降低录取分数线照顾	1952 年至今

(2) 区域非均衡发展战略下的制度变迁。自改革开放以来，国家实施了区域非均衡发展战略，强调应以提高经济效益为中心开展经济建设，通过实施向沿海地区倾斜等政策措施促进经济发展，并从 1984 年开始推行了有计划的商品经济体制改革，扩大了民族自治地方与其他地区的经济发展差距。为解决这一问题，中央政府完善了促进民族自治地方经济发展的特别措施。此阶段制度变迁的主要内容见表 6.2。

表 6.2　区域经济非均衡发展战略下民族自治地方的制度变迁

	制度构成	具体规则	有效期限
自治区	变通停止执行权	如果上级国家机关的决议、决定命令和指示与民族自治地方实际情况不相适应，自治机关可以变通或者停止执行	1984 年至今
	人事管理与人才培养自治权	采取各种措施从当地民族中培养各种科学技术、经营管理等专业人才和技术工人与各级干部；优待、鼓励各种专业人员到自治地方工作	1984 年至今
	经济建设自治权、财政税收自治权	制定经济建设的方针、政策和计划，改革经济管理体制；确定草场和森林的所有权和使用权，对可以由本地方开发的自然资源，优先合理开发利用；自主安排基本建设；管理隶属于本地方的企业、事业；自主开展对外贸易活动，在外汇留成方面享受国家的优待。依照国家财政体制自主管理财政收支；根据国家规定的原则，结合地方的实际情况，可以制定各项开支标准、定员、定额的补充规定和具体办法；对属于地方财政收入来源的税收，可以实行减免；财政预算支出设机动资金，预备费所占比例高于一般地区	1984 年至今部分修改 1984 年至今
	文化教育自治权	自主决定教育规划，学校设置、学制与办学形式以及教学内容、用语和招生办法；自主地发展民族教育，发展民族文化事业	1984 年至今
	社会管理自治权	自主地决定科技、医疗、卫生事业发展规划，促进现代和民族传统医药发展；自主地发展体育事业，开展民族传统体育活动；积极开展和其他地方的教育、科学技术、文化艺术、卫生、体育等方面的交流和协作；制定管理流动人口的办法和实行计划生育的办法；保护和改善生活环境和生态环境	1984 年至今
特别措施	财政政策	设立边疆建设事业补助费	1977 年至今
		设置边疆建设专项补助投资	1977～1988 年
		设立支援不发达地区发展资金	1980 年至今
		对民族自治区补助数额每年递增 10%	1980～1988 年
		对贫困地区颁布提价实行补贴	1983～1985 年
	税收政策	对边疆县和民族自治县乡镇企业免除工商所得税 5 年	1979～1985 年
		对少数民族八省区基建企业按降低成本额三七分成	1979～1985 年
		对“老、少、边、贫”地区免征所得税	1985 年至今
	金融政策	对少数民族贫困地区资金分配比例给予照顾	1989 年至今
		对少数民族自治地方贷款还款期限予以照顾	1989 年至今
		实施“以工代赈”计划	1984 年至今
		实施“温饱工程”计划	1989 年至今
		设立扶贫贷款	1983 年至今
		安排牧区扶贫专项贴息贷款	1987 年至今
		贫困地区县办企业专项贷款	1988 年至今
		建立少数民族贫困地区温饱资金	1990 年至今
	产业政策	对边远山区和少数民族自治地方实行放宽政策	1982～1986 年
		设立“三西”农业建设专项资金	1983～2002 年
		决定建立乡政权和乡镇企业	1983 年至今
		对民族自治地方林业生产建设作了特殊照顾规定	1984 年至今
		对少数民族贫困地区给予农用物资分配比例照顾	1989 年至今
		实行优先发展轻工业的政策	1979～1985 年
		提出积极扶持帮助民族自治地方发展经济	1980 年至今

续表

制度构成	具体规则	有效期限
	实行企业放权让利政策	1984 年至今
	对开发利用民族自治地方矿产资源给予照顾	1986 年至今
	实行宏观调控和充实基础产业的战略思想	1990 年至今
	对民族贸易企业实行优惠贷款	1981～1995 年
	对民族贸易三照顾地区民族用品手工业企业定期诚征所得税	1979～1993 年
民贸政策	对民族贸易三照顾县商业企业免征建筑税三年	1985～1988 年
	对民族贸易三照顾地区医药商业免征建设税和能源税	1985～1993 年
	对少数民族贫困地区民族贸易企业给予低惠、低税、价格补贴照顾	1989 年至今
	对少数民族提倡计划生育	1982 年至今
	对少数民族聚居地区实行计划生育	1982 年至今
	对少数民族人口实行生育照顾政策	1984 年至今
人才政策	对杂散居少数民族教育给予照顾	1979 年至今
	给予边境一线民办教师转正照顾	1979～1987 年
	确定发展民族教育方针和政策	1981 年至今
	对少数民族在就业和职业方面的主要政策	1984 年至今
	实行对口支援政策	1979 年至今
	对边境小额贸易实行“五项原则”	1984～1995 年
外贸合作政策	对少数民族自治地方出口商品外汇留成给予照顾	1985 年至今
	对少数民族自治地方实行外汇补助	1991～1995 年
	对边境城市县及边境经济合作区实行优惠照顾	1990 年至今

(3) 区域协调发展战略下的制度变迁。1991 年以来，中央政府对区域经济发展战略进行了调整，逐步从非均衡发展转向协调发展，要求“从多方面努力，逐步缩小地区发展差距”①。1999 年以来，国家先后实施了西部大开发、振兴东北老工业基地和促进中部地区崛起战略，并提出了主体功能区政策。此外，还实施了可持续发展和全面推进市场经济体制改革重要战略。为缩小甚至消除客观存在的差距，中央政府对《中华人民共和国民族区域自治法》进行修改，制定《国务院实施〈中华人民共和国民族区域自治法〉若干规定》，完善优惠政策体系。此阶段制度变迁的主要内容见表 6.3。

表 6.3　区域经济非均衡发展战略下民族自治地方的制度变迁

制度构成	具体规则	有效期限
变通停止执行权	上级国家机关应当在收到报告之日起 60 日内给予答复	2001 年至今
人事管理与人才培养自治权	民族自治地方的自治机关录用工作人员的时候，对实行区域自治的民族和其他少数民族的人员应当给予适当照顾；赋予自治州、自治县的企、事业单位在招收人员时与自治区一级企、事业单位相同的权力	2001 年至今

① 《高举邓小平理论伟大旗帜，把建设有中国特色社会主义事业全面推向二十一世纪》.(1997 年 9 月 12 日江泽民在中国共产党第十五次全国代表大会上的报告)。

续表

制度构成		具体规则	有效期限
自治权	经济管理自治权	坚持公有制为主体、多种所有制并存与发展的基本经济制度，鼓励发展非公有制经济；民族自治地方在对外经济贸易活动中，享受国家的优惠政策	2001年至今
	金融管理自治权	应本地方经济、社会发展的需要而依法设立地方商业银行、城乡信用合作组织	2001年至今
特别措施	财政政策	对少数民族自治地方实施政策性财政转移支付	1995年至今
		提高中央财政性建设资金用于西部地区的比例	2001年至今
		加大对西部地区特别是民族自治地方一般性转移支付的规模	2001年至今
		中央对地方专项资金补助向西部地区倾斜	2001年至今
		中央财政扶贫资金重点用于西部贫困地区	2001年至今
	税收政策	对边疆贸易实行税收优惠政策	1991年至今
		减免少数民族自治地方固定资产投资方向调节税	1992年至今
		对12大类162个品种的边贸进口商品免税及减税	1991～1995年
		“老、少、边、贫”地区新办企业减免所得税3年	1994～1997年
		对收购边销茶原料企业减按10%征收农业特产税	1994～2006年
		对设在中西部地区的外商投资企业给予3年减按15%税率征收企业得税	2001～2002年
		对西部地区民族自治地方企业可以定期减征或免征企业所得税	2001年至今
		对西部地区新办交通、电力、水力、邮政、广播电视企业实行2年免征、3年减免半征所得税	2002年至今
		对定点生产和经销边销茶免征增值税	2001～2005年
		对西部地区实行为保护生态环境、退耕还生态林、草产出的农业特产品收入，免征农业特产税（除烟叶以外的农业特产税全国已停征）	2001年至今
		继续对民族贸易企业执行增值税优惠政策	2001～2005年
		对印刷少数民族文字出版物增值税优惠的政策	2005年至今
		继续对民族贸易产业销售的货物及国家定点企业生产和经销单位经销的边销茶实行增值税优惠的政策	2006～2008年
	金融政策	对少数民族贫困地区的交通建设给予资金扶持	1991年至今
		实施“八七扶贫攻坚计划”	1994～2000年
		安排边疆贫困县农场专项贴息贷款	1991～1995年
		贫困残疾人康复专项贷款	1992～1993年
		贫困县基本农田建设专项贴息贷款	1992～1992年
		贫困县水毁工程项目专项贴息贷款	1992～1992年
		实施“兴边富民”行动计划	2001年至今
		全面实施“中国农村扶贫开发纲要”	2001年至今
		加大对西部地区基础设施建设的信贷投入	2001年至今
		扩大以基础设施项目收益权或收费权为质押发放贷款范围	2001年至今
		在西部地区增加农业、生态建设的信贷投入	2001年至今
	产业政策	在西部地区运用信贷杠杆支持经济结构及产业结构调整	2001年至今
		在西部地区简化投资项目审批程序	2001年至今

续表

制度构成		具体规则	有效期限
特别措施	产业政策	积极引导西部地区个体、私营等非公有制经济加快发展，鼓励东、中企业和个人到西部地区投资	2001 年至今
		设立少数民族自治地方乡镇企业专项贴息贷款	1992～1995 年
		对中西部地区乡镇企业实行“三不限一免税（即发展方向不限、发展规模不限、发展速度不限和免征调节税）”政策	1993～2000 年
		对西部地区实行突出加强生态环境保护和建设政策	2001 年至今
		对西部地区实施农村税费改革试点的财政补贴政策	2001 年至今
		对西部地区实行土地优惠政策	2001 年至今
		对西部地区实行加强农村基础设施建设、改善农民生产生活条件政策	2001 年至今
		实行优先发展中西部地区资源劳动密集型产业政策	1997 年至今
		实行鼓励西部地区发展特色经济的产业政策	2001 年至今
		对西部地区实行矿产资源优惠政策	2001 年至今
		对西部地区经济发展急需的技术设备，在进口管理上给予适当照顾的政策	2001 年至今
	民贸政策	对民贸边销茶生产加工定点企业实行信贷贴息照顾	1991 年至今
		规定对民族贸易县商业企业流动资金贷款实行优惠	1991～1995 年
		对民族用品定点生产企业流动资金贷款实行优惠	1991～1995 年

综上所述，从民族自治地方经济发展的制度变迁过程看，由于将“缩小甚至消除经济发展差距”作为发展的目标，导致制度改革中一直关注的是 GDP 总量的增长，忽视了总量增长与公民权利实现可行能力的联系。这种引导制度变迁的理念的影响一直延续至今。这种状况不仅在客观上造成了解决经济社会和人的全面发展的制度供给不足，而且也未能缩小民族自治地方与其他地区的经济发展差距。从民族自治地方经济发展现状看，虽然我国为促进这些地区的经济发展，在不同历史时期都实施了相应的优惠政策，但民族自治地方与其他地区的经济发展差距不仅没有缩小，反而在逐步扩大(郑长德，2009c)。在这一背景下，我们需要反思的是，以“缩小甚至消除区域间的经济发展差距”为主导的理论研究和制度实践本身究竟是否可能？又是否符合“科学发展”理念的本质内涵和实质要求？

6.4.2　以“缩小区域间的经济发展差距”为目标推进制度变迁的合理性

作为国家治理基本理念的“科学发展观”，包括全面发展、协调发展、可持续发展和“以人为本”等几个方面的内涵①。与此前的发展理念相比，从“以物为本”向“以人为

① 参见：《胡锦涛在中央人口资源环境工作座谈会上的讲话》，《人民日报》2004 年 4 月 5 日。胡锦涛指出：“全面发展，就是要以经济建设为中心，全面推进经济、政治、文化建设，实现经济发展和社会全面进步。协调发展，就是要统筹城乡区域发展、统筹经济社会发展、统筹人与自然和谐发展、统筹国内发展和对外开放，推进生产力和生产关系、经济基础和上层建筑相协调，推进经济、政治、文化建设的各个环节、各个方面相协调。可持续发展，就是要促进人与自然的和谐，实现经济发展和人口、资源、环境相协调，坚持走生产发展、生活富裕、生态良好的文明发展道路，保证一代接一代地永续发展。”

本”的转变，是科学发展观的本质和关键。不论是社会的全面发展，还是区域、城乡之间的协调发展，或者是经济、社会与环境的协调与可持续发展，都不构成发展的最终目的，而只是解决人的发展问题的手段，促进“人的全面发展”才是发展的根本目的。

(1) 以缩小区域间的经济发展差距为目标，不符合“全面发展”的要求。从经济发展的角度讲，政治、文化和社会发展水平的高低，尤其是教育对科技的影响、政治对经济赖以运行的规则和制度的影响、传统文化对经济发展软环境的影响，是制约经济发展的重要因素。政治、经济、文化和社会是有机联系的一个整体，部分与整体之间是一个相互影响、相互促进的关系。经济发展依赖于政治、文化和社会事业发展的支持，而政治、文化和社会事业的发展又以经济发展为基础。因此，对全面发展而言，政治、经济、文化和社会四个领域的发展问题应得到同等重视，“经济发展差距是否消除”不构成能否以“全面性”作为发展的基本理念的必要条件。如果仍然以缩小区域间经济发展差距为中心，必然影响到对政治、文化和社会事业建设的投入，又回到以 GDP 总量或人均收入增加为目标的发展轨道上。

(2) 以缩小区域间的经济发展差距为目标，不符合“协调发展”的要求。在科学发展观与习近平新时代中国特色社会主义思想之下的区域之间、城乡之间的协调发展，是以政治、经济、文化和社会全面发展为基础的。所以，“协调发展”首先就是指区域之间、城乡之间在政治、经济、文化和社会等领域的协调发展。其次，“协调发展”是在整体性发展之下，突出区域特色，促进区域之间相互协作与配合的发展。从区域角度讲，能否以经济发展为中心，需要考虑该区域的自然地理条件、人文社会环境等诸多因素。此外，从经济角度讲，在适宜于发展经济的区域，也应以资源的比较优势为前提合理确定区域之间的产业布局，促进区域之间优势互补，实现共同发展。

(3) 以缩小区域间的经济发展差距为目标，不符合“可持续发展”的要求。在根本意义上讲，“可持续发展”是全面与协调发展理念的延伸与拓展，是全面发展基础上协调发展的必然要求。从经济发展与自然资源利用的关系角度讲，不论如何强调知识与技术的重要性，客观存在物仍然是解决经济发展，满足人的物质需要，维系人的存在与发展的根本条件。由于很多自然资源不仅具有稀缺性，而且具有不可再生性，应合理地开发利用自然资源。从维系人类健康存在与发展的自然环境与经济发展的关系角度讲，人类利用自然资源从事经济建设活动，对由动植物生态链、气候条件、空气质量等因素构成的物质生存环境会产生重要影响，在经济建设中应注意生态环境的保护。从整体社会发展与社会稳定的关系角度讲，不论是经济建设，还是政治、文化和社会事业建设，都需要一个安全与稳定的社会环境。如果以“缩小经济发展差距”为根本目标，不仅会导致自然资源的过度利用，也会导致社会财富的分配失衡，使得政治、文化和社会发展与人的要求不相适应。而这些问题的存在，必然造成作为社会实践活动主体的现实的人，不仅缺少满足其政治、文化与社会生活需求的客观条件，也难以获得维系参与社会整体物质和精神生活所必需的经济基础。在这种背景下，不仅在整体上会造成全面发展所要求的社会稳定环境的缺失，而且在经济发展上也会导致有效的消费需求不足而制约经济发展，并最终影响到社会的全面发展和人的全面发展。

6.4.3 以“人的全面发展”为目标的经济发展与制度变迁的基本要求

“人的发展”的理想境界是人的“自由个性”得以实现的生存状态，必须“建立在个人全面发展和他们共同的、社会的生产能力成为从属于他们的社会财富这一基础上”[①]。“要使这种个性成为可能，能力的发展就要达到一定的程度和全面性”[②]。但个人的全面发展只有在外部世界为其自身所驾驭并对其才能的实际发展具有推动作用时才有可能实现[③]。因此，人能否“自由”地驾驭外部世界，构成了人的能力能否“全面”发展的前提和基础[④]。人的自由与个性的发展既要受到“自然”的约束，也要受到“社会”的制约，要通过“工具性自由”促进人的能力全面发展，必须处理好两个方面的关系。

(1)自然界是人类存在和发展的物质基础，必须处理好人与自然的关系。自然界的存在及发展的客观必然性不以人的意志为转移，在这个意义上的“工具性自由”就是指人们对自然的利用与改造符合客观必然性的要求，“自由就在于根据对自然界的必然性的认识来支配我们自己和外部自然”[⑤]。也就是说，自由不在于幻想摆脱自然规律，而在于认识并有计划地利用自然规律，使其为一定的目的服务[⑥]。

(2)从人与社会的关系角度讲，不管现实的个人在主观上怎样超脱各种社会关系，但在社会意义上讲，总是这些关系的产物[⑦]，总是处在一定的社会关系之中。因此，现实的个人只有在集体中才有可能获得促进其能力全面发展的手段，也才可能享有真正的个人自由[⑧]。但个人又不是社会的消极产物，社会不过是“表示这些个人彼此发生的那些联系和关系的总和”[⑨]，是人的“一定的……存在方式”[⑩]。因此，现实的个人的发展，既要受到自身的自然限制，又要受到社会的限制(孙伯鍨和张一兵，2001)，只有消除这两个方面的限制，处理好个性发展与社会发展的关系，个人才能真正实现自由而全面的发展。作为工具性的自由是一个伴随着自身的自然与社会限制的逐步消除、从较低程度的自由发展到较高程度的自由的历史过程，是由现有的生产力决定的[⑪]。社会生产力所决定的社会关系“实际上决定着一个人能够发展到什么程度”[⑫]。

---

① 参见《马克思恩格斯全集》第30卷(1995年，北京：人民出版社)第107-108页。
② 参见《马克思恩格斯全集》第46卷(上)(1979年，北京：人民出版社)第108页。
③ 参见《马克思恩格斯全集》第3卷(1960年，北京：人民出版社)第330页。
④ 在法治国家，制度化的“公民权利实现的可行能力”是哲学意义上的“人的全面发展能力”的实现形式。
⑤ 参见《马克思恩格斯全集》第3卷(1960年，北京：人民出版社)第458页。
⑥ 参见《马克思恩格斯选集》第3卷(1995年，北京：人民出版社)第455页。
⑦ 参见《马克思恩格斯全集》第23卷(1972年，北京：人民出版社)第12页。
⑧ 参见《马克思恩格斯全集》第3卷(1960年，北京：人民出版社)第84页。
⑨ 参见《马克思恩格斯全集》第46卷(下)(1980年，北京：人民出版社)第226页。
⑩ 参见《马克思恩格斯全集》第47卷(1979年，北京：人民出版社)第173页。
⑪ 参见《马克思恩格斯全集》第3卷(1960年，北京：人民出版社)第507页。
⑫ 参见《马克思恩格斯全集》第3卷(1960年，北京：人民出版社)第295页。

6.4.4　以“人的全面发展”为目标的经济发展与制度变迁的主要任务

马克思认为，按照活动的目的可将人的活动划分为真正的物质生产领域和真正的自由活动领域。在真正的物质生产领域，人的活动的目的是由制约着人的物质的“必需”和作为经济规律起作用的“外在目的”规定的，人的活动仅仅是实现这种外在目的的手段，因此，无论在资本主义还是在社会主义条件下，都属于“必然王国”的范畴。“作为目的本身的人类能力的发展”的真正的自由王国，存在于由必需和外在的规定要做的劳动终止的地方亦即“必然王国”的彼岸，但又必须建立在“必然王国”的基础上才能得以繁荣，因此，“工作日的缩短是根本条件。”[①]可见，要实现人的自由而全面发展，在经济活动中必须解决好两个方面的工具性自由。

第一，从经济与政治、文化和社会的辩证关系看，一个人的经济状况好坏，是影响其参与政治、文化和社会生活的决定性因素。一个人的经济状况好坏可以从其收入的多少和获得收入机会的多少与能力的大小等方面进行评价。从社会发展角度讲，为解决物质条件和收入状况对人的发展的制约，必须通过提高社会生产力水平，消除为满足生物学需要而不得不从事的手段性劳动对实现“自由个性”全面发展的限制。而从社会个体发展的角度讲，必须保证所有有劳动能力的人能够获得劳动机会，并能通过劳动获得维持其生存和发展所必需的物质基础；针对缺乏劳动能力的人，应采取有效的社会保障措施，提供其必需的物质条件。

第二，人的能力的全面发展是其达到“自由个性”状态的前提，而这种全面的能力发展又需要充分的时间作保证，“时间实际上是人的积极存在，它不仅是人的生命的尺度，而且是人的发展的空间。”[②]在必要的或剩余的劳动时间内，作为物质的生产者，人们始终处于物质生产和财富创造活动之中；只有在从事高级活动或者闲暇的自由时间，人们才有可能摆脱“必需”和“外在目的”的制约，成为真正自由的社会主体。因此，超越自然存在的直接需要的人类的发展本质上就是对“自由时间”的运用[③]，这是现实的个人实现全面发展的必要前提和基础。

因此，物质生产的意义不仅在于生产出更多的物质产品，更重要的是要生产出更多的自由时间。把社会必要劳动时间缩减到最低限度并不是为了获得剩余劳动时间，而是为了给所有的人腾出时间并创造手段，使个人在文化、科学、艺术等各个方面得到发展[④]，而个人全面、充分的发展又将反作用于劳动生产力，进而促进经济发展。在资本主义社会，在传统的市场机制之下，这两个方面的问题都难以在根本上得到解决。无产阶级的贫困化不仅在于必要产品量的减少或者必要产品相对剩余产品的份额的减少，更重要的在于自由时间被侵吞，人的能力的发展被剥夺(孙伯鍨和张一兵，2001)。

要在根本上解决人的自由而全面发展，必须以资本主义时代形成的相互协作和对土地

---

① 参见《马克思恩格斯全集》第 25 卷(1974 年，北京：人民出版社)第 926-927 页。
② 参见《马克思恩格斯全集》第 47 卷(1979 年，北京：人民出版社)第 532 页。
③ 参见《马克思恩格斯全集》第 47 卷(1979 年，北京：人民出版社)第 216 页。
④ 参见《马克思恩格斯全集》第 46 卷(下)(1980 年，北京：人民出版社)第 218-219 页。

等生产资料的共同占有为基础，“重新建立个人所有制”①。依据马克思的观点②，“个人所有制”的重建必须符合以下基本要求：在未来的自由人的联合体，“个人所有制”的建立不仅要以联合体的每一个人“共同占有”生产资料为基础，而且要以每一个人“自觉”地把“许多个人劳动力”当作一个“社会劳动力”来使用；对生产资料(包括社会总产品转化的生产资料)的“共同占有”不是名义上的共同占有，而是联合体的每一个人都拥有实际所有权的共同占有；对每个生产者而言，不论是生产资料的分配，还是作为生活资料的社会产品的分配，都应当遵循“按劳分配”的原则。只有如此，才能消除资本主义生产关系的对抗性质和异化现象，人们才能在物质生产和精神生活之间依据自身的需要自由地选择和支配自己的时间③，人的发展就有了达到“自由个性”的生存状态的可能性。

综上所述，人的“自由全面发展”本质上就是“能力的全面发展”。而人的能力的全面发展又必须建立在“物质基础”和“自由时间”两个条件得以满足的前提下。这两个前提能否得到满足，取决于社会物质生产发展的水平和物质生产中人与人的关系的发展状况。因此，经济发展是人的自由而全面发展能否实现的决定性因素。

从人类社会活动的角度讲，公民权利实现的可行能力是由经济能力、政治能力、文化能力和社会能力等几个方面构成的一个相互影响和相互促进的有机整体。公民自我发展的经济能力不仅是公民权利实现的可行能力的重要组成部分，而且是公民获得和提升其他能力的根本前提，在公民能力的构成中居于基础性地位。因此，应以经济能力的塑造为核心，从经济、政治、文化和社会四个方面对公民权利实现的可行能力进行分析，并从公民就业状况、收入水平、收入能力等几个方面，全面分析民族自治地方经济发展与公民自我发展的经济能力的培育现状、存在问题及制度根源，深入研究在“以生产资料公有制经济为主体、多种所有制经济并存”“以按劳分配为主，多种分配方式并存”的宪法制度约束下，塑造公民自我发展的经济能力的根本问题与政府应承担的主要责任。

为更简洁说明以“缩小区域间的经济差距”为目标的经济发展观与以“人的全面发展”为目标的经济发展观的差异，将本节的主要观点总结于表 6.4。

表 6.4 传统的经济发展观与以人为本的经济发展观的比较

要素发展目的	经济增长约束下的经济发展观 提高区域经济总量或人均收入	科学发展理念约束下的经济发展观促进人的能力的全面发展
主要特征	以物为中心，突出经济建设的中心地位，存在忽视政治、文化和社会建设的倾向，不太重视促进人的能力全面发展的外部条件的培育，忽视自然地理环境对经济发展限度的客观约束	以人为中心，突出经济建设的基础地位，注重经济、政治、文化和社会发展的相互促进，以及人的能力全面发展的外部条件的培育，注重自然地理环境与经济发展的协调

① 参见《资本论》第 1 卷(下)(1975 年，北京：人民出版社)第 832 页。

② “设想有一个自由人联合体，他们用公共的生产资料进行劳动，并且自觉地把他们许多个人劳动力当作一个社会劳动力来使用。……这个联合体的总产品是社会的产品。这些产品的一部分重新用作生产资料。这一部分依旧是社会的。而另一部分则作为生活资料由联合体成员消费。因此，这一部分要在他们之间进行分配。这种分配的方式随着社会生产机体本身的特殊方式和随着生产者相应的历史发展程度而改变。仅仅为了同商品生产进行比较，我们假定，每个生产者在生活资料中得到的份额是由他的劳动时间决定的，这样，劳动时间就会起双重作用。劳动时间的社会的有计划的分配，调节着各种劳动职能同各种需要的适当的比例。另外，劳动时间又是计量生产者个人在共同劳动中所占份额的尺度，因而也是计量生产者个人在共同产品的个人消费部分中所占份额的尺度。在这里，人们同他们的劳动和劳动产品的社会关系，无论是在生产上还是在分配上，都是简单明了的。”《资本论》第 1 卷(上)(1975 年，北京：人民出版社)第 832 页。

③ 参见《马克思恩格斯全集》第 46 卷(下)(1980 年，北京：人民出版社)第 222 页。

续表

要素发展目的	经济增长约束下的经济发展观 提高区域经济总量或人均收入	科学发展理念约束下的经济发展观促进人的能力的全面发展
基本要求	提高经济增长效率，促进经济总量的增加和质量的提升	促进人的经济自由的扩张，进而促进政治、文化和社会自由的实现
主要任务	加强经济结构、资源与环境、科学技术、劳动者素质改善，促进经济增长从粗放型向集约型转变	在促进经济增长方式的基础上，加强公民就业保障、收入能力提升和收入水平改善，为人的能力的全面发展奠定坚实的“物质基础”和“自由时间”保证

6.5　民族自治地方经济发展与公民就业保障的制度约束与对策

保障公民有获得必要经济基础的机会，是政府应承担的重要责任。从公民的角度讲，一个有劳动能力和意愿的人能否获得自由发展的经济基础，是由其自我发展的经济能力决定的。从本质上讲，公民自我发展的经济能力就是公民获得收入的综合能力。一般而言，有劳动能力和意愿的人如果没有工作，就无法获得收入，如果没有基本稳定的工作，就无法持续地获得收入。因此，公民能否实现稳定性就业，是培育和提升公民经济发展能力必须关注的首要问题。为此，2014 年中央民族工作会议明确指出应“多措并举扩大就业”①。为有效贯彻落实这一精神，妥善解决民族自治地方的公民就业问题，应以特定时期新增劳动者是否实现就业和就业者是否失去工作的实证研究为起点，总结制度实践的成功经验与问题根源，寻求有效保障公民就业权的路径与策略。

6.5.1　公民就业状况总体评价

对就业状况好坏的评价，主要关注的是否存在失业人员。因此，采用与国家统计口径一致的“城镇登记失业人员”和“城镇登记失业率”两个指标，来评价和分析民族自治地方的就业状况(表 6.5②)。

从民族自治地方登记的失业人员和失业率来看，20 世纪 90 年代以来，各民族自治地方公民就业的实现程度及其变化存在一定差异，可分为四种类型：①前期呈现好转态势，后期处于停滞状态，典型例证是宁夏回族自治区；②前期呈现好转态势，后期处于波动和停滞状态，典型例证是广西壮族自治区；③前期呈现恶化态势，后期处于波动和好转或恶化状态，典型例证是内蒙古自治区和新疆维吾尔自治区；④就业状况有明显好转，典型例证是西藏自治区。

从总体上讲，除宁夏回族自治区以外，各民族自治地方的失业率均低于全国平均失业

① 参见《关于加强和改进新形势下民族工作的意见》。
② 数据来源：相关年度的《中国统计年鉴》(光盘版)。

率，就业形势好于其他地区[①]，但仍存在一定数量的没有实现就业的人口。因此，深入分析造成“就业难”的原因，在根本上解决劳动者的就业，仍是民族自治地方在经济发展中塑造公民自我发展的经济能力必须解决的问题。

表 6.5 民族自治地方公民就业状况分析

地区	就业状况	1990 年	2002 年	2003 年	2004 年	2005 年	2006 年	2007 年	2008 年	2009 年	2010 年	2011 年	2012 年	2013 年	2014 年
内蒙古自治区	失业人员/万人	15.2	16.3	17.6	18.5	17.7	18.0	18.5	19.9	20.1	20.8	21.8	23.1	23.8	24.7
	失业率/%	3.8	4.1	4.5	4.6	4.3	4.1	4.0	4.1	4.0	3.9	3.8	3.7	3.7	3.6
新疆维吾尔自治区	失业人员/万人	9.6	9.9	9.9	13.3	11.1	12.0	11.7	11.8	11.9	11.0	11.1	11.8	11.9	11.2
	失业率/%	3.0	3.7	3.5	3.5	3.9	3.9	3.9	3.7	3.8	3.2	3.2	3.4	3.4	3.2
西藏自治区	失业人员/万人	—	1.3	—	1.2	—	—	—	—	2.0	2.1	1.04	1.64	1.63	1.69
	失业率/%	—	4.9	—	4.0	—	—	—	—	3.8	4.0	3.2	2.6	2.5	2.5
宁夏回族自治区	失业人员/万人	4.0	3.5	3.8	4.1	4.4	4.0	4.4	4.8	4.8	4.8	5.22	4.61	4.69	5.00
	失业率/%	5.4	4.4	4.4	4.5	4.5	4.3	4.3	4.4	4.4	4.4	4.4	4.2	4.1	4.0
广西壮族自治区	失业人员/万人	13.9	14.7	14.9	17.8	18.5	20.0	18.5	18.8	19.1	19.1	18.8	18.9	18.0	18.6
	失业率/%	3.9	3.7	3.6	4.1	4.2	4.1	3.8	3.8	3.7	3.7	3.5	3.4	3.3	3.2
全国	失业人员/万人	383.2	770	800	827	839	847	830	886	921	908	917	922	926	952
	失业率/%	2.5	4.0	4.3	4.2	4.2	4.1	4.0	4.2	4.3	4.1	4.1	4.1	4.1	4.1

6.5.2 解决就业问题的规则需求与供给现状

自 20 世纪 80 年代以来，中央政府一直非常重视就业和失业工作，经过 30 余年的制度变革，已构建了一个以“劳动者自主择业、市场调节就业、政府促进就业”为基本原则[②]，以“促进就业”与“失业保险”政策为基本内容的解决失业问题的制度框架，形成了由法律、行政法规、规章及规范性文件构成的法律政策体系；而且，为促进民族自治地方就业问题的解决，《中华人民共和国就业促进法》不仅明确规定国家应支持民族自治地方发展经济、扩大就业，而且要求用人单位在招用人员时，应依法对少数民族劳动者给予适当照顾[③]，为民族自治地方解决就业问题提供了相应的制度基础。

但是，由于中央政府供给的法律和政策是基于全国整体状况制定的，地方政府需结合当地实际需要，赋予抽象和概括的规则以具体内容，使其具有可实施性，才能做好相应的

① 有学者以“实际就业率”(即就业人数与总人口数之比)为分析依据，指出民族自治地方的就业水平低于全国平均水平，失业问题更严峻。这一结论与以失业率为标准得出的结论有出入。本书认为，以总人口为参数的实际就业率无法揭示当下的就业状况，其评价意义主要在于：①说明当下劳动者负担的大小(没有劳动能力的人口较多)；②在未来的就业压力更大(有更多的没有劳动能力的人由于年龄的增长加入到劳动者之中)。
② 参见《中华人民共和国就业促进法》(2007 年)第二条。
③ 参见《中华人民共和国就业促进法》(2007 年)第二十一条、第二十八条。

实施工作。此外，由于民族自治地方享有宪法赋予的自治权，可在不违背宪法和法律原则的前提下，结合当地实际需要，制定不同于中央法律和政策规定的创新性规则[①]。从与就业有关的地方性法规、规章和规范性文件的制定情况来看，内蒙古自治区、新疆维吾尔自治区、西藏自治区、宁夏回族自治区和广西壮族自治区不仅制定了实施《中华人民共和国就业促进法》的地方性法规[②]，而且根据中央相关文件制定了相应的地方规章或规范文件[③]。可见，各民族自治地方对就业问题非常重视，但在实践中仍存在制度实施不力等问题。主要表现有以下方面。

(1)没有处理好主动与被动的关系。各民族自治地方几乎每一个规范性法律和政策文件都是在中央政府制定相关法律和政策之后才制定的，缺乏解决就业问题的主动性。

(2)没有处理好执行与创新的关系。在具体内容方面，民族自治地方制定的法规、规章和规范性文件基本上都是贯彻执行中央政府制定的法律政策体系的实施性规则，而运用宪法赋予的自治权，结合当地就业状况，制定的有针对性的解决当地就业问题的创新性规则并不多见，缺乏解决就业问题的创新性。

(3)没有处理好抽象与具体的关系。从微观规则的角度讲，如果民族自治地方没有依据法定权限对中央政府制定的规则进行修改，只是制定贯彻执行这些政策和法律的实施性规则，那么这些实施性规则就应该是对中央政府制定的规则的具体化，以确保这些规则在执行中的可操作性，使其能够在解决现实问题时直接适用，但民族自治地方并不能很好地解决这一问题。

上述问题的存在，在一定程度上可以作为解释民族自治地方就业状况处于停滞甚至恶化的理由，但还需要结合政策实效做进一步研究：①就业岗位是否增加，使更多的劳动者实现了就业；②劳动者素质是否得到提升，使结构性失业得以解决。对此，可从就业和失业人口的变化及三次产业的产值与就业结构、中小企业吸纳就业人员数量、私营及个体

---

① 参见《中华人民共和国宪法》第一百一十五条、第一百一十六条。

② 主要的地方性法规包括：《宁夏回族自治区创业与就业促进条例》(2009 年)、《西藏自治区实施〈中华人民共和国就业促进法〉办法》(2010 年)、《新疆维吾尔自治区实施〈中华人民共和国就业促进法〉办法》(2011 年)、《广西壮族自治区就业促进办法》(2009 年)、《内蒙古自治区就业促进条例》(2011 年)。

③ 主要的规范性文件包括：《内蒙古自治区失业保险实施办法》(2000 年)、《内蒙古党委、政府贯彻〈中共中央、国务院关于进一步做好下岗失业人员再就业工作的通知〉的实施意见》(2002 年)、《内蒙古自治区人民政府办公厅关于进一步做好下岗失业和城镇低保人员再就业工作的通知》(2003 年)、《内蒙古自治区加快发展第三产业若干政策的规定》(2004 年)、《内蒙古自治区按比例安排残疾人就业办法》(2005 年)、《内蒙古自治区人民政府关于进一步加强就业再就业工作的实施意见》(2005 年)、《内蒙古自治区人民政府关于贯彻国务院鼓励支持和引导个体私营等非公有制经济发展若干意见的实施意见》(2006 年)、《内蒙古党委、政府关于进一步推进建筑业、服务业、非公有制经济、中小企业发展和提高城乡居民收入的意见》(2007 年)、《内蒙古自治区人民政府关于进一步做好促进就业工作的通知》(2008 年)、《内蒙古自治区人民政府办公厅转发自治区劳动和社会保障厅等部门关于进一步做好小额担保贷款工作几点意见的通知》(2009 年)、《内蒙古自治区人民政府办公厅转发国务院办公厅关于进一步做好农民工培训工作指导意见的通知》(2010 年)、《内蒙古自治区人民政府关于加强职业培训促进就业的意见》(2011 年)；《广西壮族自治区人民政府关于做好我区促进就业工作的实施意见》(2009 年)、《广西壮族自治区人民政府关于印发 2009 年广西返乡农民工创业就业基金实施意见的通知》(2009 年)、《广西壮族自治区人民政府关于做好当前经济形势下就业工作的通知》(2009 年)、《广西壮族自治区促进全民创业若干政策意见》(2009 年)、《中国人民银行南宁中心支行、广西壮族自治区财政厅、广西壮族自治区劳动和社会保障厅关于印发〈广西就业小额担保贷款实施管理办法〉的通知》(2009 年)、《宁夏回族自治区人民政府关于印发〈宁夏回族自治区支持创业小额担保贷款管理办法〉的通知》(2008 年)、《自治区党委、自治区人民政府关于促进就业工作的意见》(2009 年)等。

就业人数等相关领域的变化情况，检验促进产业结构调整和经济发展方式转变、加强职业培训、促进第三产业尤其是服务业和中小企业发展、鼓励发展非公有制经济和自主创业、自谋职业等相关政策的实施效果。在此，主要以三次产业产值和就业人员及其结构变化为例来分析相关就业政策的实施效果(表 6.6[①])。

表 6.6 民族自治地方产值(亿元)、就业人员(万人)与结构变化(%)

地区	产业	类别	2002 年	2003 年	2004 年	2005 年	2006 年	2007 年	2008 年	2009 年	2010 年	2014 年	2002～2014 年增加值
内蒙古自治区	第一产业	产值	374.69	420.10	506.07	589.56	649.62	762.10	906.98	929.60	1095.28	1627.85	1253.16
		比重	21.6	19.5	18.7	15.1	13.6	12.5	11.7	9.5	9.4	9.2	−12.4
		人员	563.3	548.7	555.5	560.5	—	569.3	556.7	558.0	571.0	582.0	18.7
		比例	55.8	54.6	54.5	53.8	—	52.6	50.5	48.8	48.2	39.2	−16.6
	第二产业	产值	728.34	973.94	1332.47	1773.21	2327.44	3154.56	4271.03	5114.00	6367.69	9119.79	8391.45
		比重	42.0	45.3	49.1	45.5	48.6	51.8	55.0	52.5	54.6	51.3	9.3
		人员	156.2	152.5	151.9	162.8	—	183.6	186.2	193.3	206.2	271.4	115.2
		比例	15.4	15.2	14.9	15.6	—	17.0	16.9	16.9	17.4	18.3	2.9
	第三产业	产值	631.28	756.38	873.53	1532.78	1814.42	2174.46	2583.79	3696.65	4209.02	7022.5	6391.22
		比重	36.4	35.2	32.2	39.4	37.8	35.7	33.3	38.0	36.1	39.5	3.1
		人员	290.6	303.9	311.7	317.9	—	328.6	360.4	391.2	407.5	632.0	341.4
		比例	28.8	30.2	30.6	30.5	—	30.6	32.7	34.2	36.0	42.5	13.7
	合计	产值	1734.31	2150.41	2712.07	3895.55	4791.48	6091.12	7761.80	9740.25	11671.99	17770.14	16035.83
		人员	1010.1	1005.1	1019.1	1041.2	—	1081.5	1103.3	1142.5	1184.7	1485.4	475.3
新疆维吾尔自治区	第一产业	产值	305.00	412.90	444.70	509.99	527.80	628.72	691.10	759.74	1078.63	1538.6	1233.6
		比重	19.1	22.0	20.2	19.6	17.3	17.8	16.4	17.8	19.8	16.6	−2.5
		人员	391.8	397.2	403.3	407.1	—	416.3	419.9	425.8	436.1	515.21	123.41
		比例	55.9	55.1	54.2	53.3	—	52.0	51.6	51.3	51.2	45.4	−10.5
	第二产业	产值	672.10	796.84	1010.07	1164.79	1459.30	1647.55	2086.74	1929.59	2592.15	3948.96	3276.86
		比重	42.1	42.4	45.9	44.7	48.0	46.8	49.6	45.1	47.7	42.6	0.5
		人员	95.8	95.7	98.5	101.7	—	109.5	111.5	116.3	119.8	181.30	85.8
		比例	13.6	13.3	13.2	13.3	—	13.7	13.7	14.0	14.1	15.9	2.3
	第三产业	产值	621.18	667.87	745.38	929.41	1058.16	1246.89	1425.57	1587.72	1766.69	3785.90	3146.72
		比重	38.8	35.6	33.9	35.7	34.7	35.4	33.9	37.1	32.5	40.8	2
		人员	213.8	228.4	242.7	255.4	—	275.0	282.3	287.2	296.6	438.73	224.93
		比例	30.5	31.6	32.6	33.4	—	34.3	34.7	34.6	34.8	38.6	8.1
	合计	产值	1598.28	1877.61	2200.15	2604.19	3045.26	3523.16	4203.41	4277.05	5437.47	9273.46	7675.18
		人员	701.4	721.3	744.5	764.2	—	800.8	813.7	829.3	852.6	1135.24	434.14

① 数据来源：《中国统计年鉴》(2003～2011 年)(光盘版，缺 2006 年分地区就业人数和就业结构)；2014 年数据来源于各自治区统计年鉴。

续表

地区	产业	类别	2002 年	2003 年	2004 年	2005 年	2006 年	2007 年	2008 年	2009 年	2010 年	2014 年	2002～2014 年增加值
宁夏回族自治区	第一产业	产值	52.84	55.50	65.13	72.08	79.54	97.89	120.00	127.25	159.29	216.99	164.15
		比重	16.1	14.4	14.2	11.9	11.2	11.0	10.9	9.4	9.4	7.9	-8.2
		人员	155.8	150.6	148.7	145.1	—	141.5	136.4	130.8	128.3	161.8	6
		比例	55.4	51.8	49.9	48.4	—	45.7	44.9	39.8	39.4	45.3	-10.1
	第二产业	产值	151.16	192.00	239.42	281.23	349.83	451.82	581.24	662.32	827.91	1341.24	1190.08
		比重	42.1	49.8	52.0	46.4	49.2	50.8	52.9	48.9	49.0	48.7	6.9
		人员	54.7	63.2	63.9	66.7	—	70.1	76.2	84.7	86.2	68.6	13.9
		比例	19.4	21.8	21.4	22.3	—	22.7	25.1	25.8	26.4	19.2	-0.2
	第三产业	产值	125.24	137.84	155.80	252.79	281.39	339.49	397.27	563.74	702.45	1193.97	1068.73
		比重	38.8	35.8	33.8	41.7	39.6	38.2	36.2	41.7	41.6	43.4	4.6
		人员	70.9	76.9	85.5	87.8	—	97.8	91.4	113.0	111.5	126.8	55.9
		比例	25.2	26.4	28.7	29.3	—	31.6	30.1	34.4	34.2	35.5	10.3
	合计	产值	329.24	385.34	460.35	606.10	710.76	889.20	1098.51	1353.31	1689.65	2752.2	2422.82
		人员	281.4	290.7	298.1	299.6	—	309.4	304	328.5	326.0	357.2	75.7
西藏自治区	第一产业	产值	39.68	40.62	43.33	48.04	50.90	54.89	60.51	63.88	68.72	91.64	51.96
		比重	24.6	22.0	20.5	19.1	17.5	16.0	15.3	14.5	13.5	9.9	-14.7
		人员	89.6	85.0	85.9	86.3	—	88.5	89.3	92.2	93.0	93.38	3.78
		比例	69.6	65.1	63.7	61.4	—	57.6	55.7	54.5	53.1	43.7	-25.9
	第二产业	产值	32.93	47.99	57.61	63.52	80.10	98.48	115.76	136.63	163.92	336.84	303.91
		比重	20.4	26.0	27.2	25.3	27.5	28.8	29.2	31.0	32.3	36.6	16.2
		人员	8.0	11.9	12.7	12.9	—	16.2	16.8	18.2	19.4	31.44	23.44
		比例	6.2	9.1	9.4	9.2	—	10.6	10.4	10.8	11.1	14.7	8.5
	第三产业	产值	88.81	95.89	110.60	139.65	160.01	188.82	219.64	240.85	274.82	492.35	403.54
		比重	55.0	52.0	52.3	55.6	55.0	55.2	55.5	54.6	54.2	53.5	-1.5
		人员	31.2	33.7	36.2	41.2	—	49.0	54.4	58.7	62.7	88.86	57.66
		比例	24.2	25.8	26.9	29.3	—	31.9	33.9	34.7	35.8	41.6	17.4
	合计	产值	161.42	184.50	211.54	251.21	291.01	342.19	395.91	441.36	507.46	920.83	759.37
		人员	128.8	130.6	134.8	140.4	—	153.7	160.5	169.1	175.1	213.68	84.88
广西壮族自治区	第一产业	产值	595.68	652.28	811.38	912.50	1032.47	1241.35	1453.90	1458.49	1675.06	2413.44	1817.76
		比重	24.3	23.8	24.4	22.4	21.4	20.8	20.3	18.8	17.5	15.4	-8.9
		人员	1573.4	1556.6	1531.8	1518.7	—	1521.1	1549.4	1661.2	1571.2	1450	-123.4
		比例	61.2	59.8	57.8	56.2	—	55.1	55.2	54.5	53.3	51.9	-9.3
	第二产业	产值	863.96	1007.96	1288.26	1510.68	1878.56	2425.29	3037.74	3381.54	4511.68	7324.96	6461
		比重	35.2	36.9	38.8	37.1	38.9	40.7	42.4	43.6	47.1	46.7	11.5
		人员	263.3	279.3	287.1	302.1	—	557.4	561.9	582.1	619.5	540	276.7
		比例	10.2	10.7	10.8	11.2	—	20.2	20.0	20.3	21	19.3	9.1

续表

地区	产业	类别	2002年	2003年	2004年	2005年	2006年	2007年	2008年	2009年	2010年	2014年	2002～2014年增加值
广西壮族自治区	第三产业	产值	995.72	1074.89	1220.46	1652.57	1917.47	2289.00	2679.94	2919.13	3383.11	5934.49	4938.77
		比重	40.5	39.3	36.8	40.5	39.7	38.4	37.4	37.6	35.4	37.9	−2.6
		人员	733.8	765.5	830.2	882.2		681.1	605.8	719.3	754.7	805	71.2
		比例	28.6	29.4	31.3	32.6	—	24.7	24.8	25.2	25.6	28.8	0.2
	合计	产值	2455.36	2735.13	3320.10	4075.75	4828.5	5955.64	7171.58	7759.16	9569.85	15672.89	13217.53
		人员	2570.5	2601.4	2649.1	2703	—	2759.6	2797.1	2962.6	2945.4	2795	224.5

从政策实施的总体效果看，2002年以来，民族自治地方每一年都增加了一定数量的就业岗位，解决了部分新增就业人员和失业人员的就业和再就业问题。但因新增就业岗位与劳动力供给失衡，导致有效需求不足，使得民族自治地方的失业问题并没有在根本上得以解决，一些地区还在进一步恶化。从具体政策的实施效果来看，在就业结构上，第一产业所占比重虽然有所降低，但仍然吸纳了大量的就业人员。这种就业结构与产业结构的变化存在明显的不协调。可见，经济发展和产业结构变化并不能自动带来就业结构的变化，政策干预是调整就业结构的必要措施，但不合理的政策措施也会导致就业结构的不合理变动。

2002年以来，民族自治地方试图通过实施促进产业结构调整、经济发展方式转变和第三产业尤其是服务业发展政策，在促进经济发展的同时带动就业岗位增加的效果并不明显，尤其是专门针对第三产业的发展政策，虽然带动了就业岗位的增加，但并没有实现经济发展与就业改善的协调发展。同时，对职业教育与培训政策的实施效果也有待进一步观察。而第二产业对就业的贡献不足，在很大程度上说明结构性失业的客观存在。此外，民族自治地方的非公有制经济、中小企业发展对就业的贡献与政策预期差距较大。通过实施鼓励个体、私营等非公有制经济、中小企业发展和劳动者自主创业、自谋职业的优惠政策，带动就业岗位的增加，是解决就业问题的主要措施。但从民族自治地方私营企业和个体就业人数的变化情况，以及中小企业吸纳就业人员数量的变化情况来看，这些政策的实施并未达到预期效果[①]，对民族自治地方改善其就业状况的影响较小。

6.5.3 就业保障缺失的制度根源与完善路径

1) 从法律政策的制定及经济发展的就业贡献来看

从法律政策的制定及经济发展的就业贡献来看，导致民族自治地方就业政策措施实效不足的原因主要有以下方面。

(1) 民族自治地方政府工作的重心集中在经济发展的总量提升上，对就业问题的重视程度不够，导致三次产业就业结构严重失衡。这种状况如果不能在根本上得到解决，就难

① 参见《中国统计年鉴》（2003～2015年）（光盘版）的相关数据。

以真正解决劳动者就业和城乡协调发展问题。

(2) 中央与地方政府在处理就业问题上的职责划分不清。由于中央政府针对就业制定了明确的制度框架和具体的对策措施，民族自治地方政府主要依据这些政策制定的路线图来解决当地就业。但这些针对全国的政策措施不一定适合民族自治地方，地方政府应立足于当地经济总量、产业结构与就业结构的发展现状，寻求恰当的对策措施。由于这些地区第三产业的就业结构远远高于第二产业，应以发挥资源优势为基础，依托第二产业解决其就业问题。

(3) 民族自治地方政府的自治意识和自治能力不强。由于民族自治地方拥有自治权，对于解决就业的创新性规则的制定、依托什么产业来解决就业等问题，可通过行使自治权予以解决。但实践中绝大多数的民族自治地方并没有这样做，反映出地方政府的自治意识和能力有所欠缺。

2) 创新性

当然，实践中也有一些突破上位法的地方规则，体现了一定的创新性。例如，新疆维吾尔自治区政府规定：在新疆维吾尔自治区的企业必须承担吸纳新疆维吾尔自治区籍劳动者就业的社会责任，不论是在新疆维吾尔自治区注册的各类企业还是在新疆维吾尔自治区承揽生产经营和工程项目的企业在招用新员工时，必须招用 50%以上的新疆维吾尔自治区籍员工，并尽可能多招用少数民族员工①。这一强制性规则事实上确定了企业应承担“招收 50%的新疆籍员工”的义务。但依据《中华人民共和国就业促进法》的规定，“用人自主”是市场经济下企业的基本权利，由此就形成了“强制干预”和“用人自主”之间的矛盾。如果不厘清一些有关就业问题的基本理念，这种强制规定的合理性就会受到质疑，也难以产生实效。因此，需要进一步反思的是，在“市场调节就业”的模式下，政府仅仅通过实施促进就业的积极政策，能否在根本上解决就业问题？在市场经济下如何保证劳动者实现就业？客观地讲，在“用人自主”作为市场经济下企业基本权利的约束，政府实施的以鼓励为主促进就业的政策实效是难以得到保证的。

(1) 从鼓励用人单位增加就业岗位政策的有效性角度讲，依据现行规则的规定，在市场机制下，政府有用人决定权的领域只能是依靠财政拨款的政府组成部门和事业单位，除此之外，其他组织都享有法定的用人自主权。有用人自主权的单位在做出是否增加就业岗位的决定时，考虑的是成本收益问题。只有在扩大生产规模能够增加单位收入，而规模扩大又增加了劳动者需求时，才有可能增加就业岗位。否则，不管政府采取怎样的激励政策，用人单位都不会增加就业岗位。即便是在政府通过财政、税收、金融等优惠措施鼓励用人单位增加就业岗位的情形下，用人单位仍然是基于收益成本的分析来做出决定。只有因享受政策优惠产生的收益大于增加一个就业岗位所需承担的成本时，用人单位才会增加就业岗位。

(2) 从促进经济结构调整而增加就业岗位政策的有效性角度讲，在市场经济背景下，一个地区能否建立和发展劳动密集型产业或者是服务业等，不是由政策而是由客观的物质

① 参见《新疆维吾尔自治区党委、自治区人民政府关于促进就业工作的意见》（2009 年）。

条件和市场需求状况决定的。如果不具备发展这些产业的客观基础，不管实施什么样的优惠政策，都不可能使这些产业建立或发展起来①。

(3) 从金融优惠政策的有效性角度讲，商业银行在决定是否给中小企业贷款时，考虑的是市场风险大小和经营收益多少。在金融市场竞争中，中小企业处于明显劣势，这是近年来中小企业因资金问题频繁破产的根本原因。对此，政府虽然出台了针对企业或劳动者的一系列优惠政策，但如果没有有效措施规范和制约商业银行，就不可能在根本上解决金融政策的有效性②。也正因此，政府又出台了小额贷款担保基金制度，试图通过政府主导在根本上解决中小企业的资金问题③。

3) 应处理好三个问题

因此，要在根本上解决民族自治地方“就业难”的困境，应处理好下述三个问题。

(1) 实现就业理念的根本变革。在根本意义上讲，“实现就业”是落实以人为本发展理念的基本要求。这一问题的解决虽然存在很大难度，但仍应以保障有劳动能力和意愿的人实现就业为根本目标，并使其工作具有基本的稳定性和连续性。为此，需要在观念上消除新古典经济学理论认为在市场经济下失业现象不仅具有必然性而且具有合理性的消极影响。如果允许这一现象存在，就无法使人摆脱物质因素的约束，劳动就只能是一种手段而非目的，从而不仅肯定了不平等与剥削，而且允许了以剥夺人的生存权利为代价实现经济发展。由此，就背离了以人为中心的发展目标。

(2) 从社会主义市场经济与资本主义市场经济的差异入手，寻求解决就业的有效途径。从宪法角度讲，在经济制度上，社会主义与资本主义的首要区别在于公有制居于主体地位。作为公有制实现形式的独资、控股或参股企业，是依赖于公民所共同占有的生产资料而建立和发展起来的经济体，应承担为公民提供就业机会的责任。这是民族自治地方将其潜在的资源优势转化为经济优势，改善资源富集区民生最有效的手段。然而，《中华人民共和国民族区域自治法》对此提供的解决方案是对在资源开发中有突出贡献的人民群众给予补偿，而且至今未形成有效的实施规则体系④，需要对此予以修改和完善。

(3) 准确认识非公有制企业的性质，有效解决在这些企业工作的劳动者的就业稳定性。长期以来，受劳动力市场观念的影响，一直将劳动者与投资者的关系理解为一种雇佣或买卖关系，使得劳动者在这些企业的主体地位无法在根本上得到保障，成为投资者可以基于成本与收益的考量自由决定其去留的被动参与者和实现财富最大化的工具（巫文强，2011）。这种观念的形成源于将“企业产权”等同于“私有制”。事实上，私有制是针对财产在没有进入公共领域之前而言的。私人所有的财产一旦进入公共领域，就

---

① 作者曾在调研中收集到一些案例，一定程度上能够作为这一观点的例证。例如，某自治地方在20世纪90年代开发了一个旅游景点，但由于该景点与该地区的另一景点具有很大的相似性，而且景观与规模都逊色于另一景点，所以直到今天也没有真正运转起来，连成本都未收回，更不用说增加就业岗位了。

② 在1990年前后，由于农村信用社主要定位于支持农业发展，所以支农贷款一直不是问题。但在市场化之后，农村信用社也开始了业务拓展，直至农业贷款成为问题，由此促成政策性农业发展银行的成立。但由于农业发展银行的服务对象是包括农业生产和经营企业在内的“大农业”，由此农民的“贷款难”问题一直延续到现在并没有得到真正解决。

③ 参见《国务院关于做好当前经济形势下就业工作的通知》（2009年）等具体规定。

④《国务院实施〈中华人民共和国民族区域自治法〉若干规定》（2005年）第八条已经有突破《中华人民共和国民族区域自治法》的规定，要求“在民族自治地方开采石油、天然气等资源的，要在带动当地经济发展、发展相应的服务产业以及促进就业等方面，对当地给予支持。”

具有了社会性，就成为一定领域或范围的人所共有的财产。正是在这一理念的引导下，在企业公司化的过程中，形成了公司拥有独立的“法人财产权”的观念和制度，使公司财产权能够独立于投资者。公司法人是由股东、管理者和劳动者所构成的整体，当一个劳动者进入一个公司工作后，就成了这个公司法人财产权的共同占有者。在公司治理中，不仅投资者对公司的重大问题拥有决策权，作为劳动者之联合的工会和职工大会也有参与并影响公司决策的权利。然而，在公司运行中，投资者虽然要受到不能抽逃出资等禁止性义务的约束，但在符合法律和公司章程的条件下可以自由转让其财产，普通劳动者的权利仍难以得到有效保障。因此，马克思(1975a)强调，要使普通劳动者能够获得必要的物质基础进而实现自由全面发展，必须以资本主义的社会化大生产为基础，重建个人所有制。由于我国当下实行的是以公有制为主体、多种所有制并存的基本经济制度，而且真正的资本主义私有制在我国历史上未得到充分发展，投资者没有形成一种合理的私有制观念，劳动者也没有形成在私有制下如何维护自身权益的意识和能力。因此，民族自治地方政府应在准确把握私有制真实含义的基础上，通过实施相应的政策引导投资者和劳动者形成合理的观念，从而实现劳资关系的和谐。只有如此，才能解决非公有制企业劳动者的工作稳定性，也才有利于这些企业自身的发展，进而使其成为民族自治地方经济发展的重要动力。

6.6　民族自治地方经济发展与公民收入改善的制度约束与对策

公民自我发展的经济能力的塑造，不仅要有获得收入的正当途径，而且要能够获得适当水平的收入。因此，研究民族自治地方公民收入水平高低的影响因素以及消解产生这些因素的规则需求与供给矛盾，是塑造和培育公民自我发展的经济能力的制度变迁必须解决的重要问题。

6.6.1　公民收入水平总体评价

在最直接的意义上，公民收入水平高低的直观表现是“数量的多少”。这是理论与实践中研究公民收入水平时经常采用的评价方法。而在以“数量的多少”作为依据对特定地区公民收入水平高低进行研究时，需要确定一个“适当规模的收入”作为参照标准。进一步的问题是，“适当规模的收入”究竟是多少，依据什么标准对公民是否获得适当规模的收入进行评价？这是研究民族自治地方公民收入水平高低必须解决的问题。理论界通常选择的是东部地区或者是全国的人均收入作为参照系，也有少数学者选择中部或东部地区的人均收入作为参照系进行比较研究，并提出促进民族自治地方经济发展，改变客观上存在的收入差距的政策建议。

但是，生活在不同地区的公民满足同样的生活需求所需承担的成本不一样，收入差距的存在不能准确反映不同地区公民生活状况的好坏。因此，仅仅依据区域之间存在的收入差距大小提出政策建议，不一定具有实践的合理性。而且，这种进路的研究仍然隐含着“区域之间的收入差距可以消除而且必须消除”的前提性假设，极有可能回归到传统的发展模式，遮蔽经济收入分配、政治能力培养、伦理道德教育和精神文化建设的重要性，背离“以人为本”的科学发展理念的基本要求。与此进路相关的还有贫困理论和实践。贫困理论与实践的进路与缩小或消除区域间的收入差距的进路并没有本质不同，只是选择了不同的参照系进行比较研究。于是，如何使穷人获得达到“绝对标准”的收入，消除收入上的“贫困”就成为制度设计与政策实践的主题。我国也设计了衡量公民贫困状况，并决定是否将其作为扶贫对象的“最低收入标准”①。

由于不同地区的公民满足同样的生活需求所需承担的成本不同，一个人究竟需要多大规模的收入，才能使其不仅能够解决基本的生理需求，而且可以摆脱物质生活条件的限制而自由地从事其他活动，是难以确定的。因此，对作为经济发展能力之构成要素的收入水平的分析和评价，不能仅仅依据绝对收入的多少进行单一研究。对民族自治地方公民收入水平的衡量和评价的重心不是绝对收入的多少，而是实际支付能力的大小。在实际生活中，从“真实收入到实际能力”的转化状况，可以从体现公民收入支付能力的“实际支付结构”进行评价。如果公民的真实收入只能满足最基本的生理需要，就说明其支付能力小；如果公民在解决其基本的生理需要之后，还有可以用于满足其精神生活需要或者促进其能力全面发展的可支配收入，就说明其支付能力大。因此，对民族自治地方公民收入水平的评价，还需要运用反映公民“实际支付结构”和生活质量状况的恩格尔系数②等考察公民实际支付能力的大小。同时，由于恩格尔系数所反映的是已经实际发生的支付结构状况，没有涉及未来发展中的支付能力问题，而公民在实际支付其生存与发展所需费用后，能否实际拥有一定的“存量货币财富”是“现实的个人”实现可持续全面发展不可缺少的物质条件。因此，对民族自治地方公民收入水平的评价，还应结合“城乡居民存款余额”等体现公民未来支付能力的影响因素，考察公民为实现自由而全面发展所具备的持续的物质支付能力的大小。对此，我们仍以五个自治区和全国的城乡恩格尔系数和居民存款余额作为样本(表 6.7③、表 6.8④、表 6.9⑤)进行研究。

① 2011 年 11 月 29 日，中央政府扶贫开发工作会议决定将“扶贫标准”从 2010 年的 1274 元提高到 2300 元，而且明确了未来十年的扶贫目标，即到 2020 年，要稳定实现扶贫对象“不愁吃、不愁穿，保障义务教育、基本医疗和住房安全”。

② 恩格尔系数是表示生活水平高低的一个指标，与家庭的富裕程度呈负相关关系。恩格尔系数在 59%以上，生活属于绝对贫困；在 50%～59%属于勉强度日；40%～50%属于小康水平；20%～40%属于富裕；20%以下属于非常富裕。计算公式是：恩格尔系数=食品支出总额/个人消费支出总额×100%。

③ 数据来源:《新中国五十年统计资料汇编》(1999 年，北京：中国统计出版社)；《中国统计年鉴》(2000 年)、《中国统计年鉴》(2006 年)、《中国统计年鉴》(2009 年)、《中国统计年鉴》(2010 年)、《中国统计年鉴》(2011 年)(光盘版)、《中国统计年鉴》(2015 年)(光盘版)。

④ 数据来源：2001～2010 年来源于《中国统计年鉴》(2004 年)、《中国统计年鉴》(2011 年)(光盘版，其他年份数据来源于各区统计年鉴。

⑤ 各地区和全国的人口数参见《中国统计年鉴》(2000 年)、《中国统计年鉴》(2015 年)(光盘版)及《2010 年第六次全国人口普查主要数据公报(第 2 号)》(2011 年 4 月 29 日)。

表 6.7　民族自治地方城乡恩格尔系数及其变化(%)

年份	内蒙古自治区		新疆维吾尔自治区		西藏自治区		广西壮族自治区		宁夏回族自治区		全国	
	城镇	农村	城镇	农村	城镇	农村	城镇	农村	城镇	农村	城镇	农村
1980	55.01	64.89	57.30	60.80	—	—	57.30	63.50	57.33	76.52	56.90	61.78
1985	45.69	62.99	46.80	57.90	55.45	68.40	56.60	62.20	47.13	57.83	52.20	57.78
1990	48.25	59.16	47.80	53.70	66.27	73.12	58.60	64.40	52.72	56.60	54.25	58.81
1995	48.41	59.70	44.80	50.10	57.64	74.36	51.00	61.30	46.44	57.54	49.92	58.62
1999	37.59	50.51	38.60	53.50	49.85	69.24	44.30	58.30	38.77	52.85	42.10	52.60
2005	31.43	43.10	36.37	41.80	44.45	68.75	42.50	50.50	34.80	44.05	36.70	45.50
2008	32.82	41.01	37.32	42.60	51.21	52.44	42.40	53.40	35.08	41.63	37.90	43.70
2009	30.50	39.80	36.30	41.50	50.70	49.60	39.90	48.70	33.40	41.70	36.50	41.00
2010	30.09	37.55	36.23	40.32	50.05	49.71	38.05	48.49	33.24	38.42	35.70	41.10
2014	28.70	30.47	31.26	34.48	46.00	52.50	35.20	36.90	27.90	29.90	30.04	33.56

表 6.8　民族自治地方城乡居民存款余额及其变化　(单位：亿元)

年份	内蒙古自治区	新疆维吾尔自治区	西藏自治区	广西壮族自治区	宁夏回族自治区	全国
1978	2.50	6.99	0.33	—	0.89	210.60
1985	21.00	33.50	1.60	34.23	8.04	1622.6
1990	93.40	128.4	4.85	152.29	32.80	7119.6
1995	410.80	477.2	19.70	735.50	115.19	29662.3
1999	797.60	824.7	36.82	1257.26	211.60	59621.8
2000	875.70	908.5	40.48	1374.42	229.35	64332.4
2001	986.70	994.3	50.2	1538.6	258.0	73762.4
2002	1137.9	1137.6	70.4	1733.5	306.8	86910.7
2003	1335.5	1371.8	91.9	1971.7	377.7	103617.7
2004	1603.9	1534.7	107.5	2240.1	425.5	119555.4
2005	1973.6	1816.4	123.1	2561.3	509.5	141051.0
2006	2271.4	2035.6	139.8	2946.2	581.1	161587.3
2007	2541.9	2054.9	159.6	3185.3	614.0	172534.2
2008	3211.7	2553.0	184.9	3852.0	794.1	217885.4
2009	3914.0	3050.8	226.4	4686.2	967.7	260771.7
2010	4618.1	3713.5	267.1	5702.4	1170.3	303302.2
2014	8013.7	6187.7	559.3	10023.0	2054.6	485261.3

表 6.9 民族自治地方居民人均存款余额及其变化

地区	1999 年存款总额/元	1999 年人口数/人	1999 年人均存款余额/元	2014 年存款总额/元	2014 年人口数/人	2010 年人均存款余额/元	存款余额增长率/%
内蒙古自治区	79760000000	23620000	3250	801370000000	25050000	31991	984.34
新疆维吾尔自治区	82470000000	17740000	4649	618770000000	22980000	26926	579.18
西藏自治区	3682000000	2560000	1438	55930000000	3180000	17588	1223.09
广西壮族自治区	125726000000	47130000	2668	1002300000000	47540000	21083	790.22
宁夏回族自治区	21160000000	5430000	3897	205460000000	6620000	31036	796.41
全国	5962180000000	1259090000	4735	48526130000000	1367820000	35477	749.25

从反映民族自治地方公民实际支付结构的恩格尔系数和持续支付能力的城乡居民存款余额的变化情况看，从总体上讲，民族自治地方公民的实际支付能力得到了极大提升，不仅实际支付结构发生了重大改变，而且积累了一定的持续支付能力。①从实际支付结构看，截至 2014 年，除西藏自治区外，其他地区的恩格尔系数都为 20%～40%，内蒙古自治区、宁夏回族自治区城镇的恩格尔系数低于全国城镇的平均数，公民支付能力已经超过全国平均水平；内蒙古自治区、宁夏回族自治区农村的恩格尔系数低于全国农村的平均数，其公民实际支付能力高于全国平均水平，而且已经达到富裕状态，而其他地区农村的公民实际支付能力低于全国平均水平。从恩格尔系数所反映的生活富裕程度讲，除西藏自治区的农村外，民族自治地方与全国平均水平处于同一层次，城镇达到了富裕水平，农村达到了小康水平。②从公民的持续支付能力看，虽然民族自治地方与全国平均发展程度处于同一阶段，而且自西部大开发战略实施以来，公民人均存款余额有大幅提升，但从总体上讲，民族自治地方的公民人均存款余额明显低于全国平均水平，公民缺乏足够的持续支付能力。而从民族自治地方城镇和农村的人均收支余额(表 6.10①)来看，新疆维吾尔自治区和广西壮族自治区城镇的收支余额是农村的三倍多，内蒙古自治区和宁夏回族自治区的更是达到了五倍以上。可见，在民族自治地方，城镇对该地区存款余额的贡献远远大于农村的贡献，农村公民的持续支付能力明显低于城镇公民的持续支付能力。

表 6.10 民族自治地方城乡居民人均收入、支出及余额

地区		1999 年人均收入/元	1999 年人均消费支出/元	1999 年收支余额/元	2014 年人均收入/元	2014 年人均消费支出/元	2014 年收支余额/元	收支余额(2014/1999×100%)
内蒙古自治区	城镇	4770.53	3468.99	1301.54	28349.60	20885.20	7494.40	575.81
	农村	2002.93	1533.72	469.21	9976.30	9972.20	4.10	0.87
新疆维吾尔自治区	城镇	5319.76	4163.98	1155.78	23214.00	17684.50	5529.50	478.42
	农村	1473.17	1282.49	190.68	8723.80	7365.30	1358.50	712.45
西藏自治区	城镇	6908.67	5309.12	1599.55	22015.80	15669.40	6346.40	396.76
	农村	1309.46	767.14	542.32	7359.20	4822.10	2537.10	467.82

① 数据来源：《中国统计年鉴》(2000 年)、《中国统计年鉴》(2015 年)(光盘版)。

续表

地区		1999 年人均收入/元	1999 年人均消费支出/元	1999 年收支余额/元	2014 年人均收入/元	2014 年人均消费支出/元	2014 年收支余额/元	收支余额(2014/1999×100%)
广西壮族自治区	城镇	5619.54	4587.22	1032.32	24669.00	15045.40	9623.60	932.23
	农村	2048.33	1457.43	590.90	8683.20	6675.10	2008.10	339.84
宁夏回族自治区	城镇	4472.91	3547.99	927.92	23284.60	17216.20	6068.40	653.98
	农村	1754.15	1269.68	484.47	8410.00	7676.50	733.50	151.40
全国	城镇	5854.00	4615.91	1238.09	28843.90	19968.10	8875.80	716.89
	农村	2210.30	1577.42	632.88	10488.90	8382.60	2106.30	332.81

6.6.2　区域、行业之间和行业内部公民实际支付能力差异分析

从以上对公民实际支付结构和持续支付能力两个方面的分析可知，城乡之间的发展不协调，公民生活水平和实际支付能力存在较大差异，这既是全国的共同问题，也是民族自治地方在处理经济发展与提升公民实际支付能力的关系时必须解决的重大问题。但以上分析重点集中在城乡之间公民实际支付能力的大小上；而且，主要是以整体上的城乡“平均水平”为判断依据进行的研究。要全面把握民族自治地方公民收入水平现状与问题，还需要从城镇之间、农村之间、行业之间和行业内部的差异等几个方面对特定区域内部公民的实际支付能力进行研究。

(1) 区域内部城镇之间、农村之间公民实际支付能力的差异。基于统计数据的可得性，我们采用城乡恩格尔系数，以内蒙古自治区、西藏自治区、广西壮族自治区的城镇和农村为样本(表 6.11[①]) 分析民族自治地方不同地区之间公民的实际支付能力。从总体上讲，民族自治地方城镇之间、农村之间公民的实际支付能力存在较大差异。就城镇公民的实际支付能力而言，绝大多数城镇居民已达到富裕水平，但也有少数城镇居民尚未达到小康水平。

(2) 区域内部行业之间以及行业内部公民实际支付能力的差异。基于统计数据的可得性，本节采用 2014 年“城镇单位就业人员平均工资”分析行业之间公民的实际支付能力；采用“城镇单位就业人员平均工资与城镇私营单位就业人员平均工资之比”分析同一区域行业内部公民的实际支付能力。由表 6.12[②]可以看出，各民族自治地方行业之间和行业内部公民的实际支付能力都存在较大差异：①在不同的民族自治地方之间，城镇单位就业人员的平均工资存在较大差异；②在各民族自治地方内部的行业之间，城镇单位就业人员的平均工资也存在较大差异；③在各民族自治地方的行业内部，单位就业人员的平均工资也存在较大差异。

① 数据来源：《内蒙古统计年鉴》(2015 年)、《西藏统计年鉴》(2015 年)、《广西统计年鉴》(2015 年)(光盘版)。《新疆统计年鉴》《宁夏统计年鉴》没有提供相关数据无法计算分地区的恩格尔系数。

② 数据来源：《中国统计年鉴》(2015 年)(光盘版)；缺西藏自治区私营单位数据。

表 6.11 2014 年民族自治地方不同地区的城乡恩格尔系数(%)

自治区	地(市)级行政区														
内蒙古自治区	行政区	呼和浩特	包头	呼伦贝尔	兴安	通辽	赤峰	锡林郭勒	乌兰察布	鄂尔多斯	巴彦淖尔	乌海	阿拉善		
	城镇	26.11	28.16	29.15	28.00	25.23	28.82	35.06	34.15	24.10	27.93	27.76	27.74		
	农村	27.95	34.53	25.79	30.40	32.54	28.95	37.23	41.06	22.56	20.47	29.55	26.35		
西藏自治区	行政区	拉萨	昌都	山南	日喀则	那曲	阿里	林芝							
	城镇	40.90	40.78	37.64	53.69	56.18	51.49	34.42							
	农村	44.04	34.08	34.72	47.33	75.48	57.19	37.58							
广西壮族自治区	行政区	南宁	柳州	桂林	梧州	北海	防城港	钦州	贵港	玉林	百色	贺州	河池	来宾	崇左
	城镇	38.80	40.45	40.58	42.77	35.18	40.51	45.84	41.68	40.00	39.12	38.90	33.82	37.58	40.72
	农村	45.28	43.16	44.39	41.77	40.26	50.71	46.36	45.48	43.32	42.32	40.21	40.53	38.68	38.19

表 6.12 2014 年民族自治地方行业之间与行业内部公民实际支付能力差异比较

地区	行业性质	行业类别									
		合计	农、林、牧、渔业	采矿业	制造业	电力、燃气及水的生产和供应业	建筑业	批发和零售业	交通运输、仓储和邮政业	住宿和餐饮业	信息传输、计算机服务和软件业
内蒙古自治区	城镇单位/元	53748	32463	68487	48582	69403	41489	42902	62134	34050	61123
	私营单位/元	34778	27313	38994	35773	38204	35835	32092	36794	30692	32942
	比值	1.55	1.19	1.76	1.36	1.82	1.16	1.34	1.69	1.11	1.86
新疆维吾尔自治区	城镇单位/元	53471	33872	85241	57397	69737	51299	53353	71957	41040	70757
	私营单位/元	36199	28853	45958	37519	40183	44311	29320	40413	24777	34976
	比值	1.48	1.17	1.85	1.53	1.74	1.16	1.82	1.78	1.66	2.02
西藏自治区	城镇单位/元	61235	13948	66061	48619	55707	49899	67336	53900	41975	80195
	私营单位/元	—	—	—	—	—	—	—	—	—	—
	比值	—	—	—	—	—	—	—	—	—	—
宁夏回族自治区	城镇单位/元	54858	35391	83893	50028	87483	40284	45770	58079	34360	69067
	私营单位/元	33229	28840	33134	33417	33045	37008	29201	32061	28782	33857
	比值	1.65	1.23	2.53	1.50	2.65	1.09	1.57	1.81	1.19	2.04
广西壮族自治区	城镇单位/元	45424	26186	44610	42245	62789	43772	42787	54638	28759	65285
	私营单位/元	31638	26487	30199	32199	32477	34697	31317	30262	29194	31039
	比值	1.44	0.99	1.48	1.31	1.93	1.26	1.37	1.81	0.99	2.10
全国	城镇单位/元	56360	28456	61677	51369	73339	45804	55838	63416	37264	100845
	私营单位/元	36390	26862	35819	35653	33184	38838	33894	38891	29483	51044
	比值	1.55	1.06	1.72	1.44	2.21	1.18	1.65	1.63	1.26	1.98

续表

地区	行业性质	行业类别									
		金融业	房地产业	租赁和商务服务业	科学研究、技术服务和地质勘查业	水利、环境和公共设施管理业	居民服务和其他服务业	教育	卫生、社会保障和社会福利业	文化、体育和娱乐业	公共管理和社会组织
内蒙古自治区	城镇单位/元	73866	26475	40512	44270	60716	39460	38733	63758	54827	56832
	私营单位/元	39336	34186	33976	39255	33606	26889	30335	33748	30669	30633
	比值	1.88	0.77	1.19	1.97	1.81	1.47	1.28	1.89	1.79	1.86
新疆维吾尔自治区	城镇单位/元	79653	45377	44272	65981	38981	35928	53792	53203	52299	48680
	私营单位/元	41620	35320	30620	38642	31363	29672	34559	41648	34479	
	比值	1.91	1.28	1.45	1.71	1.24	1.21	1.56	1.28	1.52	
西藏自治区	城镇单位/元	137736	53726	49308	64000	34622	42638	66038	55825	67735	62391
	私营单位/元	—	—	—	—	—	—	—	—	—	—
	比值	—	—	—	—	—	—	—	—	—	—
宁夏回族自治区	城镇单位/元	82011	43761	39230	63195	41362	36724	53696	50525	54120	50350
	私营单位/元	35754	36381	30016	36945	29042	25939	27234	35608	24796	26500
	比值	2.29	1.20	1.31	1.71	1.42	1.42	1.97	1.42	2.18	1.9
广西壮族自治区	城镇单位/元	86500	40344	36951	52236	31189	37218	41021	53785	46735	42220
	私营单位/元	35410	34415	33774	36935	26020	27315	28078	32629	23086	
	比值	2.44	1.17	1.09	1.41	1.20	1.36	1.46	1.65	2.02	
全国	城镇单位/元	108273	55568	67131	82259	39198	41882	56580	63267	64375	53100
	私营单位/元	41553	37826	39414	47462	33847	30580	33678	37205	32024	26744
	比值	2.61	1.47	1.70	1.73	1.16	1.37	1.68	1.70	2.01	1.99

(3) 不同类型的城镇单位之间公民实际支付能力的差异。基于统计数据的可得性，本节采用 2010 年“城镇单位就业人员平均工资”分析不同类型的城镇单位之间公民的实际支付能力。从表 6.13[①]可以看出，民族自治地方不同类型的城镇单位就业人员的平均工资存在较大差异，但各民族自治地方的具体情况各有不同。

表 6.13　2014 年各民族自治地方按登记注册类型分城镇单位就业人员平均工资及其差异

类型 地区	国有单位/元	城镇集体单位/元	股份合作单位/元	联营单位/元	有限责任公司/元	股份有限公司/元	其他内资单位/元	港、澳、台商投资单位/元	外商投资单位/元	最高与最低的比值
内蒙古自治区	56304	53766	45554	78561	49864	54460	42205	53200	51757	1.86
新疆维吾尔自治区	49846	58378	93801	43197	55073	73849	35764	53994	52101	2.62
西藏自治区	61866	29574	60602	47675	60372	58812	45387	72649	60819	2.46
宁夏回族自治区	53923	44674	78587	54732	55471	59074	41572	59812	52237	1.89
广西壮族自治区	46065	36874	58162	35997	45310	49537	34939	37355	50537	1.66
全国	57296	42742	54806	49078	50942	67421	42224	55935	69826	1.65

① 数据来源：《中国统计年鉴》(2015 年)(光盘版)。

6.6.3 公民收入水平存在较大差异的制度根源与完善路径

通过以上分析可知，从总体上讲，除西藏自治区的城镇外，虽然民族自治地方公民的实际支付能力与全国平均水平处于同一发展阶段，但其持续的支付能力则明显低于全国平均水平。这一现状的形成与民族自治地方内部公民实际支付能力之间的差异有着密切关联：①各民族自治地方城乡之间、城镇之间、农村之间公民的实际支付能力存在较大差异；②各民族自治地方行业之间和行业内部公民的实际支付能力差距太大；③不同类型的城镇单位之间公民的实际支付能力差距太大。为什么会形成上述差异呢？又如何解决这些问题呢？对此，我们主要从以下几个方面进行分析。

1) 民族自治地方城乡之间公民实际支付能力存在较大差异的原因与对策

农村公民实际支付能力较低，是城乡之间公民实际支付能力存在差异的直接表现。导致这种现状的原因主要有以下三个方面。

(1) 第一产业产值结构与就业结构严重失衡的问题没有得到妥善处理。从五个自治区的产值结构与就业结构看，2014 年内蒙古自治区、广西壮族自治区、西藏自治区、新疆维吾尔自治区、宁夏回族自治区的第一产业生产总值分别占该地区总产值的 9.2%、15.4%、9.9%、16.6%、7.9%，而吸收的就业人员则分别达到了该地区总就业人员的 39.2%、51.9%、43.7%、45.4%、45.3%(表 6.6)。如果不改变这种就业结构，要想在根本上解决城乡之间公民实际支付能力的差异几乎不可能。因此，必须保障农民工在城市的各项权利，使其真正脱离农村，以减少农业人口的规模，提高农村人口分享资源的份额。

(2) 家庭联产承包责任制与农业产业化和规模化经营的关系没有得到妥善处理。在 20 世纪 80 年代，家庭联产承包责任制的实施，有效地改善了农民的生活水平。但是，伴随着市场化改革的实施和深化，交通不便、信息闭塞、技术落后和原子化经营等因素的制约，使得农民在市场竞争中处于明显的不利地位。在中央政府的重视和推动下，尤其是自 2005 年的农村税费改革和 2006 年实施新农村建设战略以来，“三农”问题得到了一定程度的改善，但在地理区位和自然条件处于不利地位的民族自治地方的政策重点主要集中在“农业补贴”方面，虽然一些地区也在推行新型农村合作社建设，但没有形成普遍的行之有效的政策措施。应在妥善处理承包经营权与合作经营的关系的基础上，既解除农民担心失去承包经营权的后顾之忧，又在根本上解决落后的农村地区的农业产业化和规模化的制度供给。

(3) 生态保护与农民增收的关系没有得到妥善处理。2001 年修订的《中华人民共和国民族区域自治法》明确规定：对生态保护做出突出贡献的人民群众应给予合理补偿。但究竟如何补偿，中央层面没有更详细的规定。一些民族自治地方政府虽然制定了生态补偿规定，但没有在根本上解决民众的持续增收。国务院 2010 年颁布的《主体功能区规划》进一步扩大了民族自治地方为保护生态环境而限制开发和禁止开发的区域[①]。在这一背景下，应当转换农民增收与生态保护协调发展的治理理念，将生态维护问题作为经济发展的内生因素并将其纳入经济发展规划之中，制定统一的生态经济发展规划并建立相应的核算体系，使生活在限制开发或禁止开发地区的民众能依其生态价值贡献而获得应有的经济收益（田钒平，2011），才能在根本上解决这部分农民的增收问题。

2）民族自治地方区域之间公民实际支付能力存在较大差异的原因与对策

在特定的民族自治地方内，不论是城镇之间的差异，还是农村之间的差异，都是由区域之间的经济发展不平衡造成的。为消除自然地理环境和历史发展水平对区域经济发展和公民实际收入水平的制约，从 20 世纪 90 年代中期开始，中央政府就要求应以区域经济协调发展为基本原则，制定和实施具体的政策措施，努力促进不发达地区的经济发展和民众生活质量的改善。而且，民族自治地方在当下仍然处于小康水平及其以下的农村或城镇都是国家扶贫规划和政策惠及的地区。但经过 20 多年的扶贫、10 多年的开发，这些地区仍然没有摆脱落后面貌。对此，可以从两个方面来解释：①这些地区的上级和本级政府受 GDP 总量增长指标的影响，没有将这些地区纳入经济发展的重点范围并制定相应的发展规划和政策。②如果这些地区的上级和本级政府严格按照中央政府的协调发展要求和扶贫安排，制定了相应的政策措施并投入了适当的资源，但仍然没有解决经济发展和民生改善，说明这些地区不适宜于发展经济。在这种背景下，只能通过适当规模的移民和财政转移支付来减少这些地区的负担。但不论是基于哪一方面的原因，都说明地方政府履行职责的有效性有待加强。

3）民族自治地方行业之间和行业内部公民实际支付能力存在较大差异的原因与对策

在同一经济发展水平下，各民族自治地方内部行业之间和行业内部公民的实际收入水平和支付能力存在较大差距的原因主要体现在以下几个方面。

（1）没有形成一个合理的具有可操作性的分配制度，这是最为根本的原因。伴随着市场经济体制改革的不断深化，我国的收入分配制度经历了从单纯的“按劳分配”向“按生产要素分配”的转变。在按生产要素分配的体制下，不仅要处理好劳动、资本与技术等生产要素之间的分配关系，而且要处理好不同劳动者之间的分配关系。民族自治地方内部行业之间和行业内部公民的实际支付能力之所以差距过大，就是这两个方面的原因造成的。当下实施的最低工资保障制度事实上就是要解决客观上存在的劳动者收入过低和差距过大的问题，但由于各地方政府确定的最低工资标准太低，无法实现其制度目标。而在行政和事业单位所推行的工资制度改革，在一定程度上又进一步扩大了行业内部的差异。

因此，要妥善处理民族自治地方内部行业之间和行业内部的收入差距，必须解决好两

---

① 包括阿尔泰山地森林草原生态功能区、三江源草原草甸湿地生态功能区、若尔盖草原湿地生态功能区、甘南黄河重要水源补给生态功能区、祁连山冰川与水源涵养生态功能区、黄土高原丘陵沟壑水土保持生态功能区、桂黔滇喀斯特石漠化防治生态功能区、塔里木河荒漠化防治生态功能区、阿尔金草原荒漠化防治生态功能区、三峡库区水土保持生态功能区、呼伦贝尔草原草甸生态功能区、科尔沁草原生态功能区、浑善达克沙漠化防治生态功能区、阴山北麓草原生态功能区、川滇森林及生物多样性生态功能区、藏东南高原边缘森林生态功能区、藏西北羌塘高原荒漠生态功能区、武陵山区生物多样性及水土保持生态功能区、海南岛中部山区热带雨林生态功能区等。参见《国务院关于印发全国主体功能区规划的通知》（2010 年 12 月 21 日）。

个方面的问题。①由于我国实行的是以生产资料公有制为主体、多种所有制并存的经济制度，而且，在民族自治地方公有制经济仍占有很大比重，在推进公有制经济实现形式的改革中，要以如何落实作为共同占有生产资料的个人的所有权的实现形式为重点，解决实践中存在的名义上的共同占有，实质上的行业、部门甚至是少数人占有的现实困境。同时，要进一步完善“消费品分配”领域按劳分配的实现形式与实现程度。一方面，要提高作为公有制经济体的职工收入占其总收入的比重；另一方面，要构建一个合理评价不同层级的政府部门、企事业单位管理者、普通职工之间以及管理者与普通职工之间劳动贡献的标准体系，落实按劳分配的公平性。②在宪法意义上，我国在非公有制经济体实行的是按资分配、按劳分配并存的分配制度，要在根本上解决这些劳动者劳动时间长、收入水平低的现状，需要妥善解决按资分配与按劳分配之间的公平问题，其核心在于如何认识和确定资本和劳动对物质生产的贡献大小。

(2) 国家政策和行业垂直管理体制在一定程度上导致了民族自治地方行业之间和行业内部公民收入水平差距过大的现状。①一些中央直属的企事业单位和垂直管理的政府部门执行的是中央层次的工资制度，在一定程度上导致了这些单位就业人员与其他行业单位就业人员的工资差距。②由于一些民族自治地方自然地理环境比较恶劣，为改善这些地区政府部门和事业单位工作人员的生活水平，中央政府出台了相关优惠政策，提高了这些单位就业人员的工资水平，但也造成了行业之间的收入差距。针对这两个方面原因造成的收入差距，需要做出适当调整，确定一个合理的标准，既能够体现一定优惠，但又不致行业之间和内部的差距过大。

6.7 民族自治地方经济发展与公民收入能力提升的制度约束与对策

公民是否拥有一定的经济发展能力，是其能否实现自由而全面发展的根本前提。公民自我发展的经济能力包括就业状况、收入水平和获得收入的能力等几个方面。从公民自身看，不论是衡量获得收入机会的就业状况，还是体现支付能力大小和自由发展程度的收入水平，在根本上都取决于公民获得收入的能力强弱。获得收入的能力是公民提升其政治、文化和社会发展能力的基础和前提，但公民自我发展的政治、文化和社会能力，又对公民获得收入能力的形成和提升有重大影响。在现实社会中，一个人如果没有基本的实现自我发展的经济、政治、文化和社会能力，要想提升其获得收入的能力，几乎是不可能的。因此，对公民收入能力大小的分析和评价，需要从经济、政治、文化和社会四个层面展开。

6.7.1 影响公民收入能力大小的经济条件及其制度因素

这里讨论的影响公民获得收入能力大小的经济条件，是指在公民已经获得就业和参与收入分配的机会之后，促进或制约公民通过劳动和创业在有限时间内获取更多的收入，进而促进其实现自由个性的生活状态的影响因素，也就是在经济活动中影响和决定公民收入能力大小的机会和条件。从个体角度讲，公民要通过劳动获得收入，离不开家庭、企事业单位、政府机关、社会团体等组织的支持。即便对创业者而言，也是如此。在组织化形态下，影响公民收入能力大小的经济条件包括内在因素和外在因素两个方面。

从内在方面讲，公民能否参与组织的决策过程并对决策产生实质影响、在决策做出之后能否对决策的实施过程产生实质影响，是影响其收入能力大小的重要因素。在组织活动中，劳动者能否影响决策的做出及其实施过程，取决于其是否拥有参与权、决策权、管理权和监督权等权利。只有拥有了这些权利，劳动者才有可能在物质财富的创造和分配过程中，通过对生产经营和收入分配的影响提升收入水平。因此，如何有效保障普通劳动者参与决策、影响决策的权利，就构成了影响其获得收入能力大小的重要因素。为保障普通劳动者的权利，《中华人民共和国宪法》《中华人民共和国劳动法》《中华人民共和国公司法》等相关法律都明确要求社会组织必须坚持民主管理的基本原则，也规定了普通劳动者通过工会或职工代表大会等形式和途径参与民主管理的权利[①]。然而，对普通劳动者而言，法律的规定虽然提供了一个静态的制度基础，但要真正享有这些民主权利，还有赖于这些原则和规则在组织的管理活动中得到真正落实。

由于现实中个人收入能力的强弱与其所依存的社会组织的发展状况有着紧密联系，而社会组织发展的好坏在很大程度上又依赖于整体社会环境的好坏，在这个意义上讲，影响公民收入能力大小的外在因素与影响和制约社会组织发展的外部环境具有同一性。从总体上讲，在特定区域内，一个社会组织的发展要受到来自政府和其他社会组织两个方面的影响。

从政府角度讲，影响或制约社会组织发展的因素主要包括：①政府是否平等对待不同的社会组织，营造一个公平的社会环境；②在政府主导下制定的规范政府与社会组织之间的分配行为的制度是否合理和稳定；③政府是否严格遵循相关法律规定，在法律许可的范围内从事行政行为。这些因素对民族自治地方社会组织的发展来讲尤为重要。

由于民族自治地方整体发展水平不高，中央政府不仅赋予民族自治地方政府自治权，而且制定和实施了一系列优惠措施。但是，这些优惠措施是为解决民族自治地方和其他地区之间协调发展而制定的，在民族自治地方内部究竟如何实施这些优惠措施，需要地方政府在平等对待不同社会组织的前提下制定具体的规则。

在实践中，民族自治地方政府并没有很好地坚持这一基本原则。一个基本表现就是在招商引资和促进发展的过程中，对内部和外部的投资者或技术人才设定了不同待遇，使这些组织承担了不同的发展成本。这既是导致民族自治地方区域、行业之间、行业内部公民实际支付能力存在差异的重要原因，也是民族自治地方资金和人才外流的主要根源[②]（郑长德，2009b）。同时，现行分配制度尤其是与税收减免、财政转移支付有关的优惠措施，在一定程度上也不利于社会组织的发展。

从社会组织的相互影响角度讲，制约社会组织发展的因素主要包括：①同类行业的社会组织是否遵循相关法律要求从事生产经营活动，而不是在法律之外寻求相关支持。②一个社会组织的发展离不开良好的融资环境，而这样的环境能否形成，在很大程度上取决于

① 参见《中华人民共和国宪法》第十六条、第十七条、《中华人民共和国劳动法》第八条和《中华人民共和国公司法》第十八条等相关法律条款的规定。
② 对民族自治地方资本和人才外流状况的详细分析，参见郑长德（2009b）。

相关融资机构尤其是商业银行能否平等对待不同的社会组织。这两个方面的影响因素在民族自治地方都是客观存在的，而且已经成为限制民族自治地方企业发展的一个根本问题。

以上两个方面的因素可以归结为一个问题，即社会组织发展所必需的公平的市场和社会环境是否真正建立起来。事实上，为营造公平竞争的社会环境，在中央政府的主导下，不仅制定了《中华人民共和国反垄断法》《中华人民共和国反不正当竞争法》《中华人民共和国价格法》《中华人民共和国商业银行法》《中华人民共和国银行业监管法》等相关法律，而且还制定了实施这些法律的行政法规、规章和规范性文件。在民族自治地方，如果要有效实施这些静态的制度，首先需要政府加强依法执政建设，并保证对社会组织进行有效的监督；其次需要社会组织加强依法行为建设，并对政府进行有效监督。与此相关的是，保障社会组织或公民监督政府依法执政的机制是否真正建立起来，这是民族自治地方政府所欠缺的、需要进一步解决的问题。

当然，对劳动者而言，拥有得到制度有效保障的参与决策形成与实施的权利，只是具有了影响财富创造与分配决策的可能性。要想对这些决策产生实质影响，进而改善自己的工作条件和收入水平，在根本上取决于自身能力的强弱。

6.7.2 影响公民收入能力大小的文化条件及其制度因素

1) 两个问题

从文化方面讲，教育是影响公民文化知识结构和素质高低的关键因素，是否拥有良好的教育条件，对公民获得收入能力的强弱有重大影响。在我国，从制度角度讲，民族自治地方公民已经拥有了较好的接受教育的制度基础。从实践效果看，民族自治地方的教育基础设施得到了极大改善，民众的受教育程度也得到了大幅提升，但需要进一步思考两个问题。

(1) 在中央政府的主导下，从 20 世纪 80 年代就开展了全国范围内的扫盲教育，而且为促进义务教育，我国还专门制定了《中华人民共和国义务教育法》，并针对民族自治地方制定和实施了相关优惠措施。但是，为什么在民族自治地方还有很高比例的文盲人口？对此，只能从公民自身的角度进行分析。也就是说，通过教育提升公民的工作或劳动能力，既有政府的责任，也有公民自身的责任。

(2) 从公民角度讲，获得收入的能力与受教育年限的长短是否一定是正相关关系？由于区域发展本质上离不开公民发展能力的支持，因此进一步的问题是，从区域发展角度讲，拥有大专以上人口数量的多少或者平均受教育年限的长短，与区域发展能力是否一定呈正相关关系？

根据 2010 年科学技术部公布的各地区的科技进步指数，民族自治地方的科技进步水平明显低于全国平均水平，而从科技活动产出指数看，民族自治地方的水平更低。[①]虽然科技创新要受到经费投入、社会环境等诸多因素的影响，但在根本上取决于劳动者创新能

① 2009 年，全国平均科技进步指数为 56.99%，而新疆维吾尔自治区、内蒙古自治区、宁夏回族自治区、广西壮族自治区、西藏自治区的科技进步指数分别为 42.32%、40.34%、41.97%、34.36%、27.38%；全国平均科技产出指数为 56.47%，而新疆维吾尔自治区、内蒙古自治区、宁夏回族自治区、广西壮族自治区、西藏自治区的科技进步指数分别为 40.02%、15.31%、33.98%、23.38%、14.59%。参见科学技术部：《科技统计报告》2010 年 3 月第 1、2 期。

力的强弱。客观地讲，学习效果的好坏才是关键因素。因此，对教育与人的发展能力的关系研究，不能只关注形式上的受教育机会是否实现，还必须重视公民学习状况的好坏。

如果从获得收入的能力角度分析学习效果的好坏，至少需要关注以下内容：①通过学习是否获得了从事劳动所必需的技能和知识，尤其是创新能力和知识；②通过学习是否塑造了从事劳动所必需的包容精神和合作意识；③通过学习是否掌握了从事劳动所必需的法律和政策知识，并具备了运用这些知识维护自身利益的意识和能力。

2) 政策和措施

在这种背景下，必须对现行的一些民族教育政策和措施进行完善。

(1) 关于扶持教育发展的优惠措施。为解决民族自治地方的教育发展问题，中央和有关地方政府主要采取了两个方面的优惠措施：一是改善民族自治地方的教育基础设施和师资队伍结构的优惠政策；二是高校招生和培养优惠政策。从人才培养的角度讲，招生优惠政策在很大程度上只是在形式上提高了特定地区大专以上人口的比重，并没有从根本上改变享受这些优惠政策的人的能力结构。对此，应从两个方面予以完善：①改变高校教育中存在的“宽进宽出”，完善对享受招生优惠政策的学生的管理制度，提升其学习效果；②加强对基础教育发展的扶持，提升基础教育水平。从公民劳动能力塑造和区域人才资源培养的角度讲，应当以后者为改革重点。

(2) 关于传统文化与双语教学的政策措施。从公民自我发展能力的培养和区域发展文化实力的塑造角度讲，语言文字是交流的必要工具，风俗习惯是影响交往行为的重要因素。对后发地区和生活在这些地区的公民而言，是否具备与外部交流的语言文字能力，在与区域之外的社会主体进行交往时，能否在通用的市场规则约束下从事交易行为，对现实的个人和区域的发展有着重要意义。而要解决好这一问题，必须妥善处理少数民族语言文字和通用语言文字的关系、风俗习惯和法律政策的关系。

从某种意义上讲，在双语教学问题上，接受什么语言为主导的教育模式，应当由公民自由选择，政府可以提供多样化的学习资源，但不应强制公民必须接受哪种类型的教育。

此外，在教育内容的选择上，既要重视传统的地方性习俗知识，又不能忽视共性的行为规则知识。文化产业需要独特性，但交往文化需要的是共同性。如果两个群体的所有规范行为规则都存在差异，就难以在交易双方之间产生一个明确而稳定的行为预期，交易行为就很难发生。而且，在两个发展程度不同的群体之间，在寻求共同的交往规则过程中，由于发展程度较高的群体的生活样态往往构成了落后群体的发展目标，因此，共同行为规则的确立，大都是以发达群体的行为规则为基础。然而，在研究和维护民族自治地方存在的风俗习惯的实践中，受习俗经济学和制度经济学的影响，人们更多强调的是这些风俗习惯对经济发展的重要性，忽视了多样化的习俗对经济发展可能产生的不利影响。正如有学者所指出的，习俗不仅是自然经济时期维系社会稳定的根本纽带，也是现代市场经济运行的重要基础(韦森，2000)。但是，这里强调的习俗应当是具有统一性的习俗(田钒平和王允武，2010)。

6.7.3 影响公民收入能力大小的社会条件及其制度因素

这里讨论的影响公民获得收入能力大小的社会条件是狭义上的社会条件，主要包括与公民身体健康状况相关的社会安排和公民在困难时期能够获得的社会保障两个方面。

1）与公民身体健康状况相关的社会安排与制度问题

一个人如果没有强健的身体，就不具有持续的获得收入的可能性。在人的存在与发展过程中，公民的身体健康主要应由其自身承担，但与其生活的社会环境和相关的制度安排也有着紧密联系，从而也就成为政府需要承担的重要责任。

迄今为止，我国已经建立了比较完备的规范医生和医疗机构行为的法律制度，也建立了众多的培养医生的专门院校、培训机构和医疗机构，而且还实施了医疗保险和救助制度。在民族自治地方，虽然传统的医疗卫生条件和基础很差，但经过几十年的建设已得到实质改善，公民的健康状况和平均预期寿命也有了明显提高①。虽然还存在一些问题，但在政府与社会的共同努力下，民族自治地方的医疗卫生条件一定能够得到逐步改善。

对公民的健康而言，经济建设所造成的环境污染，是民族自治地方在开发资源和承接产业转移、促进经济发展过程中必须从根本上解决的关键问题。虽然我国已经制定了比较完备的生态维护和环境治理方面的法律体系，《中华人民共和国民族区域自治法》也明确规定了民族自治地方政府在生态维护和环境治理方面享有自治权，但因为传统理念的影响，民族自治地方的环境污染与生态危机并没有在根本上得到解决。在以财政、税收等优惠政策推动经济发展的过程中，也没有将优惠政策的实施与环境保护有机地结合起来。将环境治理和维护作为享受优惠政策赋予的特殊利益的基本条件，应当成为民族自治地方政府制定和实施推动经济发展方式转变的优惠措施时关注的重要内容。

2）公民能够获得的社会保障与制度问题

从公民是否具有基本劳动能力而言，可以区分有劳动能力的人和没有劳动能力的人。没有劳动能力的人能否获得政府和社会提供的救助，是其维系生存与发展的根本前提；对有劳动能力的人而言，如果政府和社会提供了比较健全的社会保障体系，就会减少其后顾之忧，使其能够专心于劳动，增强其获得收入的能力。而且，对暂时存在困难的人而言，有效的社会保障能够帮助其渡过难关，使其获得重新发展的机会。对此，《中华人民共和国宪法》明确规定相关群体有从政府和社会获得物质帮助的权利，而且通过近几年的努力，建立了以《中华人民共和国社会保险法》为核心的比较完备的包括医疗、养老、最低生活保障等方面的社会救助和保险制度，“基本社会保险覆盖率”和“农村、城镇居民享受最低生活保障人口比例”有了大幅提高。

但是，对有劳动能力的人而言，要使其能够过上有尊严的生活，社会保障的重点应是职业技能和能力的教育与培训、就业机会的提供。这是民族自治地方需要进一步完善的地

① 参见《中国统计年鉴》（2011年）（光盘版）相关数据。

方。同时，在就业培训中，应当重视对合理的劳动和就业观念的引导。此外，还应当进一步严格社会保障制度的实施，包括最低生活保障金、失业保障金的领取，以及近年来逐步建立起来的公租房、廉租房和经济适用房的租赁和买卖，都存在需要进一步改善的地方。只有解决好这些问题，政府的公信力才能树立起来，纳税人的资源才能得到合理利用，真正需要社会救助的人也才能得到有效的社会保障。

6.7.4　影响公民收入能力大小的政治条件及其制度因素

从政治方面讲，公民是否具有基本的政治意识和政治能力，不仅对其获得收入的能力有重大影响，也会影响到其文化和社会能力的塑造。在法治成为主导的社会治理背景下，从公民角度讲，对能力的全面提升有重要影响的政治意识与能力包括以下几个方面的内容。

(1) 公民对本人所拥有的宪法性权利以及应承担的宪法性义务有无全面认识，是否形成了尊重他人基本人权的行为习惯。这一点看似宏观，却非常重要。因为，在现实生活中，人的权利能否实现，虽然与社会环境和政府保障有密切关联，但从根本上讲，首先需要公民既要尊重自己的权利，也要尊重他人的权利，履行自己应尽的义务，要学会运用宪法和法律赋予的权利维护自己的利益。与获得收入的能力相关的基本权利包括工作权、休息权、结社权、财产权、对政府的批评建议权等。事实上，一个人在经济活动中能否获得有利于自己的工作环境，与这些权利都有直接关联。例如，作为一个普通职工要对财富创造与分配产生影响，就需要运用结社权，建立起真正属于自己的工会组织、职工代表大会等。

(2) 在利益被侵犯后，公民是否具有通过法律提供的救济途径维护自身利益的意识和能力。通过公力救济维护自身的权利和利益，既是现实生活中最有效的手段，也是社会从野蛮走向文明的必然要求。在人类已经进入文明时代并不断走向完善的现代社会时，个人运用其所拥有的事实权力维护利益的做法已经被法律所禁止。在这样的背景下，不断加强对法律知识的学习和法律技能的培养，已经成为公民能力不可缺少的构成要素和组成部分。

(3) 在政府或者组织做出公共决策的过程中，当政府或者组织制定的规则不符合宪法和法律的原则和规则时，公民是否具备通过合法途径表达利益诉求以及对政府或组织提出合理的批评、建议的意识和能力。例如，现在很多组织都习惯于使用“罚款”措施来管理职工，却没有多少人质疑这种做法的合法性。事实上，这样的规定已经涉及公民的财产权是否得到尊重的问题。又如，在公有制之下，在民族自治地方开发自然资源的企业是否应该具有完全的用工自主权，而不考虑资源地民众的就业与发展问题等。客观地讲，这些问题对公民获得收入的能力都有重大影响。而在出现这些问题之后，如果每一个与此相关的人都能够通过合理合法的途径提出意见和建议，就能够促使政府或其他社会组织及其工作人员在治理实践中形成尊重普通劳动者权益的习惯，在重视普通劳动者合理诉求的前提下做出合理的公共决策、制定有效的公共规则。

以上三个方面的内容不仅对公民能力的提升具有一般性意义，而且对民族自治地方区域发展能力的塑造也具有重要作用。虽然民族自治地方是以少数民族聚居区域为基础建立的地方自治单元，但每一个民族自治地方都是一个多民族的存在，没有纯粹的单一民族聚居的地方。在这种背景下，对人的行为有影响的规则是多元的，与此相关的纠纷解决机制也是多元的。当具有不同民族身份的个体之间发生纠纷时，就需要一个各民族都能接受和认可的规则及相应的纠纷解决机制。只有如此，对生活在多民族杂居区的公民而言，才能有一个稳定的行为预期，其利益也才能得到有效的维护。而在现实生活中，一种规则及其实施机制要得到具有不同民族身份的个体的认同，必须建立在大家都认可和信赖的共同权威的基础之上，这个权威就是各民族共同的政府。这就要求民族自治地方政府必须在坚持各民族一律平等的基础上，以宪法和法律的基本原则为指导，通过行使地方自治权，建立一个所有公民都能接受的规则体系和实施机制，营造一个良好的有利于区域发展的法治环境。当这一条件具备之后，才能在根本上解决这些地区公民能力的培育和提升问题，也才能吸引更多的外部投资者或高科技人才到民族自治地方工作[①]。

6.8 民族自治地方经济发展的宪法保障机制反思与重塑

从民族自治地方经济发展与公民经济发展能力塑造的关系角度讲，不论是经济发展理念的选择和制度变迁目标的确定，还是公民经济发展能力的制度保障建设，都存在一些需要进一步完善的问题。从规则体系构成的角度讲，大致存在两种类型的问题：①宪法规则已有明确规定，但在次级规则和政策的制定和实施中没有严格遵循宪法要求。②宪法规则本身存在缺陷，需要进一步完善。但不论是哪一种类型的问题，本质上都是一个宪法问题。从总体上讲，政府的“无限无为”和“有限无为”是导致上述问题的根本原因。简言之，就是政府应当承担的职责没有有效履行，而不应干预的问题又在干预。塑造“有为政府”，是消解“市场缺陷”不可缺少的条件，而要防止“政府缺陷”，又必须对政府权力予以必要的限制。因此，通过宪法实施塑造“有限但有为的政府”，是解决民族自治地方经济建设中宪法保障问题的必然选择。由于政府是一个科层结构，规范政府与市场权力划分的宪法规则的制定只解决了宪法保障建设的逻辑基础，而宪法理念能否落实，宪法实效能否产生，在根本上取决于政府应当承担的职责和履行职责所必需的权力，在不同层级的政府之间是否有一个合理的、明晰的划分和配置，而对这些权力的行使又是否存在一个有权威的监督者通过行使监督权予以监督等。这些与政府科层结构紧密联系的权力划分与权力关系等结构问题，是民族自治地方经济发展中宪法保障建设必须关注的重点问题。对此，应从宪法规则对政府权力在中央和民族自治地方的划分、不同层级的权力运行及其关系以及权力内容设置的合理性等几个方面进行深入研究。

6.8.1 中央与民族自治地方权力划分法律规定的清理与完善

在国家治理中，需要通过一定方式对中央与地方的权力进行适当划分。《中华人民共

① 虽然中央和地方政府一直非常重视通过优惠政策来解决吸引外资和引进人才的问题，但受制于软环境，政策实施的效果并不明显。近年来，我国西部民族地区利用外资的比例不断下降，人才匮乏问题也没有在根本上得到解决。参见郑长德(2009a)、魏后凯(2008)。

和国宪法》不仅划分了中央与地方政府的权力范围，而且还明确要求民族自治地方的自治权应由《中华人民共和国宪法》《中华人民共和国民族区域自治法》和其他法律明确规定[①]，从而确立了通过列举式的立法技术解决中央与民族自治地方权力划分的宪法原则。据此，《中华人民共和国宪法》《中华人民共和国民族区域自治法》及其他相关法律对民族自治地方享有的自治权做出了具体规定。但在既有的权力划分制度体系中，仍然存在一些模糊或者淡化权力划分理念的规定，需要修改和完善。

(1)民族自治地方在行使自治权时必须报经有关国家机关批准的宪法约束，不仅限制了自治权的行使，而且模糊了中央与民族自治地方的权力界限。

依据《中华人民共和国宪法》和《中华人民共和国民族区域自治法》的规定[②]，民族自治地方在行使自治权的过程中需要报有关国家机关批准的事项包括两个方面：①经当地人大表决通过的自治条例或单行条例，必须报请上级人民代表大会常务委员会(简称人大常委会)批准才能成为有效法案并公布实施[③]。②对不适合本地区实际情况的上级国家机关的决议、决定和命令等做出的变通或停止执行决定，须报经该上级国家机关批准才能执行[④]。由此，民族自治地方的上级国家机关享有了立法的批准权和变通或停止执行决定的批准权。

但从法理上讲，在现行宪法体制下，民族自治地方拥有较大的地方权力，可以对中央或者上级国家机关的立法、决议和决定进行变通，制定不同的法律规定或者政策措施，只要这些地方性法规或政策决议符合宪法和法律的原则，就具有存在的合理性和合法性。在民主宪法体制下，在地方权力行使过程中，对其做出的公共决策或立法的正当性与合理性的保障，是通过地方性民主决策的程序机制予以保证的[⑤]，中央或上级政府不应假定地方政府及其民众一定会滥用权力，而采取严格的事前批准的方式来约束地方行使自治权。从中央或上级政府的角度讲，最适当的监督方式应当是事后监督。否则，从规则的外在实效方面讲，难以保证地方权力行使的有效性。而从规则的内在本质上讲，批准权的存在不仅违背了中央与民族自治地方权力划分的宪法原则，而且其对自治权的限制和分割，必然导致法定的中央与地方的权力划分制演化为事实上的中央集权制。同时，也为地方政府在治理实践中推脱责任提供了借口，使以宪法为核心的规则治理归于无效[⑥]。

---

① 参见《中华人民共和国宪法》(1982 年)第一百一十五条。

② 其他法律在规定民族自治地方的自治权行使问题时，也设定了报经有关国家机关批准的规定，而且有些法律的规定与宪法规则存在一定差异。但从宪法实施的意义上讲，这些规定只是对宪法规则的落实，应当与宪法规则保持一致，不一致的地方应依据宪法规则作出适当修改。因此，在此只讨论宪法规则界定的“批准”问题。

③ 《中华人民共和国宪法》(1982 年)第一百一十六条规定：“民族自治地方的人民代表大会有权依照当地民族的政治、经济和文化的特点，制定自治条例和单行条例。自治区的自治条例和单行条例，报全国人民代表大会常务委员会批准后生效。自治州、自治县的自治条例和单行条例，报省或者自治区的人民代表大会常务委员会批准后生效，并报全国人民代表大会常务委员会备案。”；《中华人民共和国民族区域自治法》(1984 年，2001 年修订)第十九条规定：“民族自治地方的人民代表大会有权依照当地民族的政治、经济和文化的特点，制定自治条例和单行条例。自治区的自治条例和单行条例，报全国人民代表大会常务委员会批准后生效。自治州、自治县的自治条例和单行条例报省、自治区、直辖市的人民代表大会常务委员会批准后生效，并报全国人民代表大会常务委员会和国务院备案。”

④ 《中华人民共和国民族区域自治法》(2001 年修订)第二十条规定：“上级国家机关的决议、决定、命令和指示，如有不适合民族自治地方实际情况的，自治机关可以报经该上级国家机关批准，变通执行或者停止执行；该上级国家机关应当在收到报告之日起六十日内给予答复。”

⑤ 对中央与民族自治地方权力划分体制下的权力监督和制约问题，将在后续章节进行更为系统的分析。

⑥ 这是实践中一些地方政府在分析地方性问题产生的根源时，将责任归于中央政府经常使用的理由。比较典型的例证是资源开发中对资源地的民生保障问题，包括地方政府和学者在内的理论研究，经常都会从单一税制的角度分析问题的根源，而不是从地方政府承担的责任是否落实寻找原因。

此外，从制度的历史变迁角度讲，民族自治地方在行使自治权时必须报上级国家机关批准的制度设计源于 1952 年施行的《中华人民共和国民族区域自治实施纲要》①，并在 1954 年《中华人民共和国宪法》中得以确认②。从总体上，1954 年《中华人民共和国宪法》确定的是中央集权的宪法体制，所有事项的决策权归属于中央政府，地方政府只有执行权。但为落实民族平等的宪法原则，赋予了民族自治地方政府在当地实施自治的权力。正是在此背景下，规定了自治机关在行使自治权制定自治法规时必须报经全国人大常委会批准的宪法原则。但在其后的宪法实践中，为充分调动地方的主动性与积极性，逐步形成了中央向地方下放权力的普遍做法。1982 年《中华人民共和国宪法》确认了中央与地方权力划分的基本原则，明确规定了省级人大及其常委会有权制定地方性法规并报全国人大常委会备案的宪法规则，但对民族自治地方制定自治法规的要求仍然延续了此前的规定。由此，在立法体制上就形成了对民族自治地方更严格的宪法约束。但这一约束与宪法所确定的民族自治地方应当拥有比同级一般性地方政府更大权力的要求存在冲突和矛盾③。

基于以上理由，本书认为，涉及民族自治地方自治权的相关规则和制度的实施，不应当以获得事先的批准为必要条件，对此类规则应当予以修改。

(2) 民族自治地方政府享有"双重"权力的宪法规定，在一定程度上模糊了中央与民族自治地方政府的权力界限。

依据《中华人民共和国宪法》规定，民族自治地方的自治机关不仅享有宪法和法律赋予的自治权，而且享有同级一般地方国家机关享有的地方权力④。迄今为止，理论一直认为，在民族自治地方内部明确区分自治权和一般性地方权力，是约束地方政府有效行使权力的关键(张文山，2007)。但是，由于在划分中央与民族自治地方或其他地方国家机构的职权时，采用的都是"影响范围"和"重要程度"相结合的标准，不论是民族自治地方，还是其他地方，除因"重要程度"而划归中央政府专属的权力外，对其他地方性事务都享有一定程度的自治权。对民族自治地方而言，针对同一地方性事务只可能有一种权力，自治权与一般性地方权力是重合的。民族自治地方与其他地方所拥有的权力的区别不在于权力性质的不同，而在于权力大小的不同。因此，只有在对民族自治地方与同级一般性地方政府进行比较研究时，区分自治权与一般性地方权力才有意义。也就只有通过这种比较研究，才能发现中央与民族自治地方的权力划分是否符合宪法要求。

事实上，在中央与地方之间存在两种有差异的权力划分体制时，要使权力主张和要求得到中央政府认可，关键在于是否有"正当理由"说明在针对同类型的地方事务处理上，民族自治地方政府应当拥有优于其他一般性地方政府的权力。正是由于"正当理由"的模糊，实践中在划分中央与地方国家机构的职权时，在很多领域都是将民族自治地方政府与其他一般性地方政府放在同等地位对待，从而导致在应当享有的优于一般性地方权力的自

---

①《中华人民共和国民族区域自治实施纲要》(1952 年) 第二十三条规定："各民族自治区自治机关在中央人民政府和上级人民政府法令所规定的范围内，依其自治权限，制定本自治区单行法规，层报上两级人民政府核准。"

② 《中华人民共和国宪法》(1954 年) 第七十条规定："自治区、自治州、自治县的自治机关可以依照当地民族的政治、经济和文化的特点，制定自治条例和单行条例，报请全国人民代表大会常务委员会批准。"

③ 《中华人民共和国宪法》(1982 年) 第一百一十五条规定："自治区、自治州、自治县的自治机关行使宪法第三章第五节规定的地方国家机关的职权，同时依照宪法、民族区域自治法和其他法律规定的权限行使自治权，根据本地方实际情况贯彻执行国家的法律、政策。"

④ 参见《中华人民共和国宪法》(1982 年) 第一百一十五条。

治权与中央政府的权力之间的界限越来越模糊。因此，必须在认真研究和回答“正当理由”的基础上，完善中央与民族自治地方之间的权力配置规则[①]。

(3) 部门垂直管理体制改革的相继推行，不仅淡化了中央与民族自治地方的权力划分关系，而且分割了民族自治地方所享有的自治权。

为解决地方保护和市场分割问题，推动统一市场的形成和发展，在中央政府的主导下推行了诸多领域的行政管理体制改革，形成了中央垂直管理、省级垂直管理和特殊垂直管理三种类型的垂直管理体制。从宪法角度讲，垂直管理体制改革的本质是权力向中央或省级政府集中。从总体上讲，这种演变也符合以宪法为核心的权力划分体制应适应于经济社会发展的客观需要而做出适当调整的要求。

但是，近年来的垂直管理体制改革仍存在下述需要认真研究的问题。①在已经再次实现集权的权力中，是否都有集权的必要？因为地方保护和权力寻租盛行是进行垂直管理体制改革的重要原因，但这些问题不一定都是不适当的权力划分所造成的，也可能有其他原因，必须对问题产生的根源进行甄别后，才能决定采取什么样的改革措施。如果是由于不应当进行权力划分或者权力划分过度造成的，就可以通过集权改革来解决市场经济发展中所存在的地方性问题；但如果是由于监管不力或规则缺乏等原因造成的，就应该从完善以宪法为核心的权力划分规则，加强对权力运行的监督等方面进行改革。否则，不合理的垂直管理改革不仅会增加改革运行成本并导致中央与地方权力划分体制的不稳定性，还会因权力上收影响到地方政府的主动性。事实上，从 2007 年开始，中央政府已经开始关注垂直管理改革所引发的问题，并在中国共产党的十七大报告中提出要“规范垂直管理部门和地方政府的关系”[②]，而且从 2009 年开始了将垂直管理调整为分级管理的改革[③]。②近年来的集权实践不是通过立法方式而是通过行政措施推进的，而行政机关在推行管理体制改革时也不能超越宪法和法律，只能在法定的职权范围内实施行政行为。由于整体意义上的中央与地方的权力划分规则过于抽象，缺乏具体的宪法规则约束，《中华人民共和国宪法》也明确规定国务院作为全国地方各级行政机关的领导者，有权对中央和省、自治区、直辖市的行政机关的职权进行具体划分[④]，导致了实践中中央与地方行政权的具体界限是由国务院及其各部委通过制定的行政法规、规章或其他行政措施确定的。但是，这些权力划分行为仍然不能违背宪法所确定的中央与地方的权力划分规定。而且，中央与民族自治地方的权力划分是通过宪法和民族区域自治法确定的，国务院在推行管理体制改革时也应当遵循这些宪法规则。但是，已经实施的垂直管理体制改革，采取的是特定领域的权力全部集中的方式，客观上剥夺了地方政府依据宪法所享有的在该领域的权力。而且，相关的改革措施并没有对宪法和民族区域自治法赋予民族自治地方的自治机关所享有的自治权予以考虑，从而导致了垂直管理与权力划分的宪法规则之间的冲突和矛盾。

因此，为保证中央与民族自治地方权力划分的明晰性，需要对当下存在的与宪法和民

① 对“正当理由”问题，将在本章其余章节进行专门研究。

② 胡锦涛：《高举中国特色社会主义伟大旗帜、为夺取全面建设小康社会新胜利而奋斗——在中国共产党第十七次全国代表大会上的报告》(2007 年 10 月 15 日)。

③ 2009 年食品药品监管机构由省级以下垂直管理调整为分级管理；2011 年 10 月又启动了将工商、质监省级以下垂直管理改为地方政府分级管理体制的改革。参见《国务院办公厅关于调整省级以下工商质监行政管理体制加强食品安全监管有关问题的通知》(2011 年 10 月 10 日)。

④ 参见《中华人民共和国宪法》(1982 年) 第八十九条。

族区域自治法的规定相冲突的垂直管理进行改革和完善。对于必须集权的问题，需要对宪法或民族区域自治法的相关条文进行修改。对于因规则缺乏、监管不力等原因造成的地方保护或权力寻租导致的市场分割，应在完善规则和强化监管的基础上，取消垂直管理，恢复过去的分级管理模式[①]。而且，在全国性的改革中，必须注意民族自治地方权力划分和配置的特殊性，不应不加区分地实施同样的政策措施。

6.8.2 中央或上级国家机关与民族自治地方权力运行机理的缺陷与修正[②]

在宪法实践中，要使静态化的权力划分规则在动态的治理过程中得到严格遵守和有效实施，需要一个合理的权力运行机制保障。这一保障机制需要解决两个方面的问题：①权力的独立行使；②权力行使的有效监督与制衡。通过宪法和法律建立中央与地方权力划分的宪法规则体系，其根本目的在于保障中央和地方权力的独立行使。也就是说，在实践中只要这些规则得到了遵守，权力的独立性就得到了保障。但是，在权力实践中，权力行使的独立性与权力行使的合法性可能发生分离。如果没有有效的监督与制衡的保证，权力就有可能被滥用，从而背离宪法保障的最终目的。也正因如此，中共中央十八届三中全会强调指出，要加强对权力运行的制约和监督，把权力关进制度的笼子里[③]。

中国宪法上的监督体制是以“人民主权”为基本原则建立起来的[④]。根据《中华人民共和国宪法》规定，人民作为权力的最终拥有者，通过自下而上的民主选举，选出自己的代表组成地方各级人民代表大会和全国人民代表大会行使国家权力，各级人民代表大会应当对人民负责并接受人民的监督；而各级行政机关、司法机关都由人民代表大会产生，对它负责，受它监督[⑤]。由此，就确立了“自下而上”的纵向监督以及权力机关监督行政和司法机关的横向监督体制。但《中华人民共和国宪法》同时规定，中央和地方的国家机构职权划分应遵循中央统一领导的原则[⑥]，从而又确立了“自上而下”的监督原则，形成了纵横交错的权力运行监督体制。在这种由内部和外部监督构成的纵横交错的监督体制下，对某一特定权力的监督尤其是对地方行政权力和司法权力的监督而言，哪一种监督应居于主导地位，又如何协调两种监督的关系，构成了以宪法为核心的权力运行机制必须解决的关键问题。

从地方行政权力的运行来看，地方行政机关既要执行本级人大及其常委会的决议，也要执行上级国家行政机关的决定和命令。从中央与地方权力划分角度讲，如果这种权力划分的界限是清晰的，而且地方权力机关和上级行政机关都能将自己的决议限定在法定权限

① 近年来，反垄断与反不正当竞争及反腐败与反渎职法律制度体系及其实施机制的完善，为巩固中央与地方权力划分体制提供了较好的法治基础。

② 依据宪法规定，从横向的角度讲，中央层次的国家机构包括全国人大及其常委会、国务院、中央军委、国家主席、最高人民法院、最高人民检察院、国家监察委员会；地方层次包括地方人大及其常委会、地方人民政府、地方人民法院、地方人民检察院。而在实践中具有重要影响的中央或地方的中国共产党委员会及政治协商会议不属于国家机构的组成部分，这两个机构的活动也应当遵循中央和地方权力划分的宪法原则。本部分主要从权力机关、行政机关和司法机关（即审判机关和检察机关）三个方面讨论中央与地方的权力运行机理问题。

③ 参见《中国共产党第十八届中央委员会第三次全体会议公报》（2013 年 11 月 12 日中国共产党第十八届中央委员会第三次全体会议通过），http://www.gov.cn/jrzg/2013-11/12/content_2525960.htm。

④ 参见《中华人民共和国宪法》（1982 年）第二条第一款。

⑤ 参见《中华人民共和国宪法》（1982 年）第二条第二款，第三条第二款、三款。

⑥ 参见《中华人民共和国宪法》（1982 年）第三条第四款。

范围以内，就能够保证以宪法为核心的权力运行机制正常运转。但是，中央与民族自治地方权力划分的模糊性，以及以下几个因素的影响，导致了上级行政机关的优先地位，对中央与民族自治地方权力划分机制的运行产生了一定消极影响：①现行宪法不仅明确规定国务院拥有统一领导全国地方各级国家行政机关的工作、规定中央和省级国家行政机关的职权的具体划分的权力，而且明确规定地方各级政府都是国务院统一领导下的国家行政机关，都应服从国务院[①]。②一些规范性法律文件将应由全国人大常委会行使立法解释权来确定中央与民族自治地方权力界限的权力授予国务院行使，使其享有解释立法问题的权力[②]。③国务院享有全国人大及其常委会通过特别授权决定授予的制定财政税收、宏观调控等相关法律的立法权[③]。此类规定的大量存在，使得国务院及其组成部门成为界定中央与地方权力划分具体界限的法定主体，导致通过立法的权力配置异化为通过行政的权力配置，限制了民族自治地方自治权的行使和区域经济社会发展动力的塑造。

从司法权力的运行来看，《中华人民共和国民族区域自治法》不仅明确规定司法机关不是民族自治地方自治机关的组成部分，而且进一步强调法院的审判工作要接受最高人民法院和上级法院监督，检察院的工作要接受最高人民检察院和上级检察院领导。

上述因素的影响，导致在以宪法为核心的中央与民族自治地方权力划分体制的实际运行中，上级行政机关和司法机关成为监督或领导民族自治地方行政和司法机关的主导力量，从而使由立法、行政和司法等权力类型构成的“纵横交错”的权力监督与制衡机制演化为了“以纵向的同质权力为主导”的监管与制衡体制。这种体制对民族自治地方自治权的行使及其内在发展动力的塑造的限制是显而易见的。

在现行宪法体制下，依据人民主权的宪法原则和横向权力配置的宪法要求，地方权力机关应当居于地方自治权行使的核心地位。民族自治地方的权力机关依据宪法和法律赋予的自治权，根据当地政治、经济和文化发展的特点和民族关系的特殊性，做出的公共决策或者制定的自治条例和单行条例，不仅对有关的国家机关、社会组织或公民有约束力，而且要求承担公共责任的国家机关组织实施。其中，为促进地方经济社会发展及地方公共服务而制定的规则或做出的决议，需要通过行政机关及其组成部门来执行；而在公民、组织或政府之间发生纠纷而诉诸司法机关时，需要司法机关严格遵循地方自治规则来裁断纠纷。

但在纵向的同质权力成为主导的情形下，不论是行政机关还是司法机关在从事公务活动时，首先考虑的是上级国家机关的要求，当上级国家机关制定的规则或做出的决议与当地权力机关制定的规则或做出的决议发生冲突时，一般会选择上级国家机关制定的规则或做出的决议来规范和指导自己的行为，从而导致地方权力机关主导的自治活动因缺乏行政或司法机关的支持和配合而流于形式。更为重要的是，在宪法实践中，权力机关主导的立

① 参见《中华人民共和国宪法》(1982 年)第八十九条、第一百一十条；《中华人民共和国民族区域自治法》(2001 年修订)第十五条。

② 例如，矿产资源法规定，对于由国务院有关部门审批以外的可供开采的矿产储量规模为中型的矿产资源，由省、自治区、直辖市人民政府地质矿产主管部门审批和颁发采矿许可证；但是，矿产储量规模的大型、中型的划分标准，由国务院矿产储量审批机构规定。参见《中华人民共和国矿产资源法》第十六条。

③ 参见《全国人大代表大会常务委员会关于授权国务院改革工商税制发布有关税收条例草案试行的决定》(1984 年 9 月 18 日第六届全国人大常委会第七次会议通过)、《全国人大代表大会常务委员会关于授权国务院在经济体制改革和对外开放方面可以制定暂行的规定或者条例的决定》(1985 年 4 月 10 日第六届全国人大第三次会议通过)。

法或公共决策活动大都由同级行政机关或司法机关启动，有关规则或制度的草案也由这些机关起草。当这些机关都习惯于与上级国家机关保持一致时，地方自治权在很大程度上难以得到真正实施。正是这些原因的存在，导致民族自治地方自治能力和自治意识的缺失，使得民族自治地方的自治立法等公共决策活动与经济社会发展的客观需求存在很大差异：①需要制定地方自治规则的没有制定；②已经制定的规则与中央政府供给的规则大同小异，缺乏创新性和实用性[①]。

因此，要充分发挥中央或上级政府与民族自治地方政府权力划分的宪法功能，必须改变当下存在的以纵向的同质权力为主导的监管与制衡体制。

(1)必须理顺纵向权力配置与横向权力配置的关系。在以宪法为核心的权力划分中，虽然纵向权力配置是横向权力配置的基础，横向权力配置是纵向权力配置在不同层级内部的展开，但纵向权力配置强调的是中央与地方政府之间的整体性权力配置。在地方层面，应当是党委领导下的“以地方权力机关为核心，横向的立法、行政和司法权力相互制约”的宪法体制。

(2)必须对宪法规则中不利于中央与地方权力划分体制运行和地方自治意识与能力培育的规定进行修改和完善。一方面，要对宪法或法律中划分中央与地方权力界限的模糊性规则予以完善，防止立法化权力配置异化为行政化权力配置，减少上级行政机关对下级行政机关的不合理干预。另一方面，对全国人大及其常委会授权国务院制定的与经济体制改革和财政税收有关的行政法规的执行情况进行检查清理，对于立法时机已经成熟的问题，应当收回授权制定法律。

(3)应加强民族自治地方司法机关“司法为民”理念的培育，强化其为地方自治服务的意识和能力，落实《中华人民共和国立法法》确定的“自治条例和单行条例依法对法律、行政法规、地方性法规作变通规定的，在本自治地方适用自治条例和单行条例的规定”[②]的宪法规则，为地方自治提供有效的司法保障。

6.8.3 中央或上级国家机关帮助职责与地方自治权的协调性不足与改进

为消除民族自治地方由于自然地理环境、历史发展水平和民族构成等方面所具有的特殊性对经济发展的制约，在现行宪法体制中，不仅赋予了民族自治地方优于一般性地方权力的自治权，而且明确规定中央或上级国家机关应根据民族自治地方的发展特点和客观需要，帮助民族自治地方加快推进经济、文化和社会发展[③]。而且，《中华人民共和国宪法》和《中华人民共和国民族区域自治法》对中央或上级国家机关为履行帮助职责，应当制定和实施的优惠措施进行了专门规定[④]。依据宪法和民族区域自治法的要求，国务院专门制定了《实施〈中华人民共和国民族区域自治法〉若干规定》，进一步明确了中央或上级政

① 这是本书中对“公民经济发展能力”问题进行分析时所指出的解决就业、收入分配等相关问题的地方性规则供给与需求不适应。地方习俗与国家法律关系不协调，难以满足经济社会发展需要，地方自治权没有得到有效实施的根本原因。
② 《中华人民共和国立法法》(2000年)第八十一条。
③ 参见《中华人民共和国宪法》(1982年)第四条；《中华人民共和国民族区域自治法》(2001年修订)第八条。
④ 参见《中华人民共和国宪法》(1982年)第一百一十八条、第一百二十二条；《中华人民共和国民族区域自治法》(2001年修订)第五十四至七十二条。

府履行帮助职责的优惠措施[①]，各民族自治地方的上级国家机关也制定了相应规定。在治理实践中，依据宪法和民族区域自治法的规定，中央和上级国家机关实施了大量的财政、金融、投资和人才培养等优惠政策措施。从总体上讲，这些政策措施取得了较好的效果，民族自治地方经济社会发展水平有了较大提升。然而，在一些民族自治地方，中央或上级国家机关不仅给予了许多政策优惠，而且投入了大量资金，但并没有取得政策预期的效果[②]。为什么会出现这种事与愿违的状况呢？

从中央或上级国家机关针对民族自治地方实施的优惠措施的制定过程来看，绝大多数具体政策都是由上级国家机关自主决定的。而上级国家机关在做出决定时是否准确而全面地把握了接受帮助者的真正需要，是政策是否有效的决定性因素。虽然在当下的宪法制度下，我们也设计了保障民族自治地方能够参与中央或上级国家机关公共决策和立法的宪法规则，即通过由地方民众行使选举权和被选举权，选出中央或上级人大代表组成权力机关，并通过这些代表行使相应的参政议政权，表达地方的利益诉求，并推动中央政府做出有利于这些地区发展的公共政策[③]。然而，由于代表自身的意识与能力、代表人数的多少与民主决策规则的限制，很难保证上级国家机关的决策与地方需要相适应。

要解决上级国家机关帮助政策与民族自治地方实际需求相背离的现实问题，必须将上级国家机关帮助职责的履行与保障自治权行使的职责结合起来，以民族自治地方的自治机关行使自治权为核心设计上级国家机关帮助职责的运行机制。由此，不仅能够在根本上解决帮助政策与民族自治地方实际需要的适应性问题，而且能够从根本上解决在治理实践中存在的民族自治地方政府对向上级国家机关争取优惠政策和措施的重视程度，远远大于对地方自治权的重视程度的现实问题。也就是说，当制度设计将民族自治地方可以享有的优惠政策措施与自治权的行使联系起来时，民族自治地方政府能否有效行使自治权就成为其能否享有上级国家机关制定和实施优惠措施的根本前提，由此就可以促使地方政府重视自治权的行使。

将上级国家机关帮助职责的履行与民族自治地方政府的自治权结合起来，纳入宪法轨道的制度设计，也与履行帮助职责政策措施的本质属性是一致的。从本质上讲，自治权与优惠措施的区别不在于优惠措施由中央政府决定并由中央实施，而在于稳定性程度的不同。事实上，很多优惠措施仍然要由地方政府实施。如果从这个角度来理解自治权与优惠措施的关系，将实施优惠政策的请求权和执行权交由地方政府，就能够为解决好优惠政策的有效性提供合理的理论和政策基础，进而消解优惠政策因缺乏针对性而无效的困境。同时，也能够避免实践中存在的地方政府将所有的经济社会发展存在问题的责任归结为中央或上级政府的现象，提升中央或上级政府通过宪法监督和约束地方政府的有效性。

更为重要的是，这种以民族自治地方自治权为核心的优惠措施运行机制，能够在很大程度上消除由上级国家机关单向决定履行帮助职责的优惠措施引发的优惠政策的正当性质疑。这种正当性质疑主要源于两个方面：①对“民族差异”问题的类型化分析重视不够；

---

① 参见《国务院实施〈中华人民共和国民族区域自治法〉若干规定》(2005 年)。
② 例如，针对一些狩猎和游牧民族的定居计划和教育优惠政策、针对民族自治地方实施的就业优惠政策的实效缺乏等。
③ 参见《中华人民共和国宪法》(1982 年)第五十九、六十二、七十三、七十六、七十七、九十七、九十九、一百零二条及《中华人民共和国选举法》(1979 年)的相关规定。

②对民族自治地方尤其是少数民族之间存在的差异缺乏足够重视[①]。而将采取和实施什么样的优惠措施的请求权和执行权交由地方政府之后，在很大程度上就可以解决上述问题。对地方政府来讲，当地方政府向中央或上级政府提出实施优惠措施的请求时，必须在全面而准确地把握地方经济、文化、社会发展客观需求的基础上，提出请求上级国家机关给予帮助的正当理由。从中央或上级国家机关的角度讲，在为履行帮助职责而制定和实施优惠措施时，重点就是对地方政府提出实施优惠措施的理由是否具有合理性和正当性，是否符合宪法、民族区域自治法及其他相关法律的规定进行审查。如果地方政府没有提出具有合法性和正当性的理由，就做出不给予帮助的决定；反之，就以地方政府的请求为依据来制定相关的优惠措施[②]。

6.9 民族自治地方有效行使自治权的制约因素与对策建构

在现行宪法体制下，要使民族自治地方的自治机关能够通过行使自治权有效解决经济社会发展的重大问题，提升经济、文化、教育和科技发展水平，改善公民就业状况和收入水平，促进公民能力的全面发展，必须有一个清晰界定自治机关自治权的规则体系，以及保障自治权规则有效运行的实施机制。否则，仍然无法解决民族自治地方经济发展的宪法保障的根本问题。因此，有必要从规则的微观结构、规则之间的协调性以及规则的实施机制等角度，分析制约民族自治地方有效行使自治权的制度根源，寻求解决问题的路径与对策。

6.9.1 规则结构对自治权行使的制约与完善路径

从微观的角度讲，权力的拥有者在满足什么条件时才能行使权力、在条件具备时可以实施怎样的行为、违反规则的规定应当承担什么后果等相关问题，都必须通过规则的假定、行为模式和法律后果要素予以明确规定。只有如此，才能为权力的行使提供有效的规则保障。但从《中华人民共和国宪法》和《中华人民共和国民族区域自治法》的规定来看(对

① 这方面的例证主要体现在三个方面：①与人才资源供给相关的针对少数民族降分或加分录取的高校招生优惠政策。由于不同的少数民族与汉族的文化差异及其程度各不相同，在差异程度较大的地区实施这些政策能够得到汉族的认同；而在差异很小甚至没有多大差异的地区实施这些政策，就可能很难得到汉族的认同。②与民族自治地方经济发展有关的优惠政策。现实中反响比较大的是一些发展水平比较落后，但没有享有优惠政策，或者只享有与发展水平比较高的地区同样的优惠政策的汉族或少数民族聚居区。质疑的一个核心问题就是：为什么经济发展水平落后的地区没有得到上级国家机关相应的优惠和支持？③与传统文化、语言文字和风俗习惯传承有关的优惠政策。依据《中华人民共和国宪法》第四条第四款的规定："各民族都有使用和发展自己的语言文字的自由，都有保持或者改革自己的风俗习惯的自由。"而当下上级国家机关仍制定了许多与此相关的优惠政策，试图通过这些政策的实施使其得以延续和发展。作为一种文化知识的保护，这些政策具有合理性；但从一种与人的生活样态密切相关的生活文化的角度讲，这些政策的实施就有可能使受政策影响的民众形成被强制选择的心理感受，进而形成对政策的排斥心理。从生活文化的角度讲，个体、群体或区域究竟选择一种什么样的生活语言、行为规则，应当由其自主决定而不是由他人帮助选择。

② 《国务院实施〈中华人民共和国民族区域自治法〉若干规定》第五条规定："上级人民政府及其职能部门在制订经济和社会发展中长期规划时，应当听取民族自治地方和民族工作部门的意见，根据民族自治地方的特点和需要，支持和帮助民族自治地方加强基础设施建设、人力资源开发，扩大对外开放，调整、优化经济结构，合理利用自然资源，加强生态建设和环境保护，加速发展经济、教育、科技、文化、卫生、体育等各项事业，实现全面、协调、可持续发展。"由此可见，中央政府已经开始重视接受帮助者在政策制定过程中的作用，但仅仅"听取意见"是不够的。因为，这样的规则能否发挥应有作用，取决于听取的意见能否真正影响到决策过程并体现到最后的决策之中，而既有规则是无法保证的，还有必要进一步改革和完善。

自治权规则的具体分析见表 6.14)，仍存在以下问题。

(1)“假定”要素的规定不明确。“假定”是对规则所界定的权力得以行使的前提条件的规定。在权力可以作用的领域确定之后，明确规定规则的“假定”要素，确定权力得以行使的前提条件和运行边界，是宪法规则体系建设的核心和关键。《中华人民共和国民族区域自治法》界定自治权的共有 25 个法律条文①。在这些条文中，对“假定”要素的规定大致有以下几种类型：①使用“根据法律规定”作为“假定”条件之一或唯一条件。涉及经济结构调整、自然资源管理与开发、税收管理、金融管理、人口与计划生育管理、教育管理等自治权；②使用“在国家计划的指导下”作为“假定”条件之一。涉及经济建设规划与管理、自然资源管理与开发、公共基础设施管理与基本建设项目安排等自治权；③使用“依照国家规定(的原则)”作为“假定”条件之一。涉及对外贸易、财政管理、文化、卫生与体育交流等自治权；④使用“依照国家财政体制”“坚持社会主义原则”“坚持公有制为主体、多种所有制经济共同发展的基本经济制度”“根据国家的教育方针”“根据本地方的特点和需要”等作为“假定”条件之一。⑤省略“假定”要素。涉及文化事业发展、民族教育发展、民族文化传承、保护与发展、地方企业与事业单位管理、生态环境管理、科技发展、体育管理、医疗卫生管理等自治权。此外，在规定开辟对外贸易口岸和边境贸易自治权的“假定”要素时，使用了“经国务院批准”的语言，严格地讲，已不属自治的范畴。

首先，在这五种类型中，第二类使用“在国家计划的指导下”来界定权力行使的前提条件，虽然有学者认为其带有计划经济的色彩，但在市场经济下仍然需要合理的经济社会发展规划。在治理实践中，中央政府不仅制定了短期和中长期的经济社会发展总体规划，还制定了各种专门规划，因此具有可实施性。而且使用的“指导”一词并不具有约束性，客观上赋予了民族自治地方自治机关较大的自主性。

其次，第四类界定权力行使的前提条件的用语虽然涉及范围非常宽泛，但含义仍然是明确的，在实践中具有一定的可操作性。而能否有效行使这些权力，取决于民族自治地方自治机关自治意识和能力的大小。但从权力监督者的角度讲，监督自治机关是否依据此类规则的要求行使权力的难度较大。

再次，第五类使用了省略“假定”要素的立法技术，不仅符合宪法与法理的基本要求，而且也赋予了民族自治地方较大的自治空间。此类规则主要涉及的是民族文化、社会事业、科技发展与生态维护方面的自治权，体现了国家对这些问题的重视。

最后，第一类和第二类使用“根据法律规定或依照国家规定”来界定规则的“假定”要素，不仅在指涉的范围上过于空泛，而且含义也非常模糊，并没有明确指出应“根据什么法律的规定，根据国家的哪些规定”来确定规则“假定”要素的具体内容。因此，通过这些语意宽泛的词语根本无法知悉可以行使权力的前提和条件究竟是什么，不符合规则的明确性要求。

① 参见《中华人民共和国民族区域自治法》(2001 年修正)第二十一至四十五条。也有学者将第十九条、第二十条作为界定自治权的法律条文。笔者认为这两个条文解决的是自治权的行使方式，即通过权力机关的立法或权力机关与行政机关作出一般性公共性决策的方式行使自治权。

表 6.14 《中华人民共和国民族区域自治法》规定的自治权规则的逻辑构成分析

	自治类型	假定	行为模式	法律后果
经济类自治权	经济建设规划与管理自治权（第二十五、三十条）	在国家计划的指导下根据本地方的特点和需要	制定经济建设的方针、政策和计划，自主地安排和管理地方性的经济建设事业	无
			自主地管理隶属于本地方的企业、事业	无
	经济结构调整自治权（第二十六条）	坚持社会主义原则 根据法律规定 根据本地经济发展的特点	调整生产关系和经济结构，努力发展社会主义市场经济	无
		坚持公有制为主体、多种所有制经济共同发展的基本经济制度	鼓励发展非公有制经济	无
	自然资源管理与开发自治权（第二十七条、二十八条）	根据法律规定	确定本地方内草场和森林的所有权和使用权	无
		依照法律规定	管理和保护本地方的自然资源	无
		根据法律规定 根据国家的统一规划；可以由本地方开发的自然资源	优先合理开发利用自然资源	无
	公共设施管理与基本建设项目安排自治权（第二十九条）	在国家计划的指导下 根据本地方的财力、物力和其他具体条件	自主地安排地方基本建设项目	无
	对外贸易自治权（第三十一条）	依照国家规定	可以开展对外经济贸易活动	无
		依照国家规定：经国务院批准	可以开辟对外贸易口岸	无
		与外国接壤：经国务院批准	开展边境贸易	无
	财政管理自治权（第三十二、三十三条）	依照国家财政体制	自主地安排使用属于本地方的财政收入	无
		按照国家规定	财政预算支出设机动资金，预备费在预算中所占比例高于一般地区	无
			在执行财政预算过程中自行安排使用收入的超收和支出的结余资金	无
		根据国家规定的原则结合本地方的实际情况	可能制定各项开支标准、定员、定额补充规定和具体办法；自治区报国务院备案；自治州、自治县须报省、自治区、直辖市人民政府批准	无
	税收管理自治权（第三十四条）	在执行国家税法时；除应由国家统一审批的减免税收项目以外；对属于地方财政收入的某些需要从税收上加以照顾和鼓励的	可以实行减税或者免税自治州、自治县决定减税或者免税须报省、自治区、直辖市人民政府批准	无
	金融管理自治权（第三十五条）	根据本地方经济和社会发展的需要；依照法律规定	设立地方商业银行和城乡信用合作组织	—
	生态环境管理自治权（第四十五条）		保护和改善生活环境和生态环境 防治污染和其他公告	无
	政府人事管理自治权（第二十二条）	根据社会主义建设的需要	采取各种措施从当地民族中选拔和培养各类人才；采取特殊措施，引进各类专业人才	无
	教育管理自治权（第三十六条）	根据国家的教育方针依照法律规定	决定本地方的教育规划，各级各类学校的设置、学制、办学形式、教学内容、教学用语和招生办法	—
			自主地发展民族教育，扫除文盲，举办	无

续表

自治类型		假定	行为模式	法律后果
文化类自治权	民族教育发展自治权（第三十七条）		各类学校，普及九年义务教育，采取多种形式发展普通高级中等教育和中等职业技术教育，根据条件和需要发展高等教育，培养各少数民族专业人才	
	文化事业发展自治权（第三十八条）		加大对文化事业的投入，加强文化设施建设，加快各项文化事业的发展	无
	民族文化传承、保护与发展自治权（第三十八条）		自主地发展具有民族形式和民族特点的文学、艺术、新闻、出版、广播、电影、电视等民族文化事业，组织、支持有关单位和部门收集、整理、翻译和出版民族历史文化书籍，保护民族的名胜古迹、珍贵文物和其他重要历史文化遗产，继承和发展优秀的民族传统文化	无
	科技发展自治权（第三十九条）		自主地决定本地方的科学技术发展规划	无
	文化交流自治权（第四十二条）		与国内其他地方开展教育、科学技术、文化艺术等方面的交流和协作	—
		依照国家规定	可以和国外进行教育、科学技术、文化艺术等方面的交流	—
社会类自治权	医疗卫生管理自治权（第四十条）		自主地决定本地方的医疗卫生事业的发展规划 发展现代医药和民族传统医药	无
	体育管理自治权（第四十一条）	根据法律规定	自主地发展体育事业 开展民族传统体育活动 制定管理流动人口的办法	无
	人口与计划生育管理自治权（第四十三、四十四条）	根据法律规定 结合地方的实际情况	制定实行计划生育的办法	无
	卫生、体育交流自治权（第四十二条）	依照国家规定	与国内其他地方开展卫生、体育等方面的交流和协作，可以和国外进行卫生、体育等方面的交流	无

资料来源：作者整理。

更为重要的是，从规则的层次结构来讲，宪法规则是制定和实施其他次级规则的基础，也是保证规则体系统一性和正当性的依据。因此，界定自治权得以行使的前提条件的“假定”要素的含义过于宽泛或不明确，缺乏可实施性，是《中华人民共和国民族区域自治法》界定自治权的宪法规则存在的首要问题。

(2)“行为模式”要素的规定太空泛。从立法原意的角度讲，将民族自治地方的自治权与一般性地方权力予以区分，明确规定民族自治地方政府所拥有的优于一般性地方政府的权力，是通过《中华人民共和国民族区域自治法》对自治权进行专门规定的根本目的①。但是，自治权规则的“行为模式”规定的权力范围和自治的事项几乎涵盖了经济、文化和社会发展的所有问题，绝大多数规定与《中华人民共和国宪法》和《中华人民共和国地方各级人民代表大会和地方各级人民政府组织法》对一般性地方政府权力可以管辖范围的规

① 参见《中华人民共和国宪法》(1982 年)第一百一十五条和《中华人民共和国民族区域自治法》(2001 年修正)第四条。

定没有本质区别。而能够体现出优越性的一些规则，又受到“假定”要素不清晰的约束，还需要结合其他法律或政策规定作进一步分析。此外，规定自治州和自治县的财政支出与税收减免自治权的“行为模式”时，要求自治州、自治县在实施相关行为时须报省级人民政府批准，也不符合“自治”的本质要求。

(3)“法律后果”要素未予以规定。在规则逻辑结构的完整性方面，《中华人民共和国民族区域自治法》界定自治权的规则都没有规定肯定或否定性的“法律后果”。从法律调整机制的构成来看，否定性“法律后果”是法律责任制度得以建立的基础，是法律的制裁功能得以发挥的重要平台。虽然从整体性法律的意义上讲，界定自治权规则否定性后果要素的缺失，可以通过刑法和行政法等相关法的规定来弥补，但因其缺乏与自治权有关的明确而系统的规定，必然增加法律实施的难度，导致实践中对滥用或者怠于行使自治权的行为缺乏有效约束。因此，需要通过完善自治权规则的否定性后果要素，加强相关法律责任制度建设。否则，不可能从根本上改变《中华人民共和国民族区域自治法》是一部“道德法”的局面。

从规则的层次结构上讲，宪法规则是保证规则体系统一性和正当性的基础。只有解决好了宪法规则自身的可实施性，才能在宪法规则的约束下，解决好经济社会发展的制度约束问题。因此，要在根本上消除规则的逻辑结构对自治权规则的可实施性、自治权的优越性等根本问题的制约，应以《中华人民共和国宪法》和《中华人民共和国民族区域自治法》为核心，通过以下两个方面的法律改革来完善自治权规则：①消除规则的假定条件和行为模式的模糊性与空泛性，增强规则内容的明确性和可操作性；②规定滥用或怠于行使自治权否定性法律后果与法律责任追究机制，增强规则的强制性和权威性。

6.9.2 规则冲突对自治权行使的制约与完善路径

由于《中华人民共和国民族区域自治法》界定自治权的规则没有可实施性，在实践中，对相关规则问题主要通过两个途径来解决：①通过全国人大及其常委会在制定相关领域的专门法律时予以专门规定；②通过全国人大及其常委会授权由国务院在制定相关领域的行政法规时予以专门规定。此外，也有通过国务院相关部委在制定专门领域的规章或规范性文件时予以确定的情形。由于经济自治权是民族自治地方政府在市场经济背景下解决地方发展和民生改善的关键，因此选择《中华人民共和国民族区域自治法》在规定“经济自治权”时，使用“在国家计划的指导下”“根据法律规定”“依照国家规定”“依照国家财政体制”“根据国家规定的原则”等语词界定“假定”要素的规则与其他法律或规范性文件进行比较，以进一步揭示界定自治权的规则存在的问题。

从以上对民族区域自治法与其他法律或规范性文件的比较分析可知，其他法律规则对民族自治地方政府自治权的规定大致可以分为三种类型。

(1)遵循《中华人民共和国民族区域自治法》的原则规定，确认和规定了民族自治地方政府优于一般性地方政府的自治权。这些规定包括以下方面。

①在资源优先开发权方面，《中华人民共和国森林法》规定了民族自治地方优先开发林业资源的权力，并规定在木材分配和林业基金使用上给予民族自治地方更多的自主权。

②在财政管理自治权方面，《中华人民共和国预算法》和《财政部关于推进省直接管理

县财政改革的意见》等确认了民族自治地方的财政预算管理依照民族区域自治法或其他专门规定执行的原则，以及《中华人民共和国民族区域自治法》规定的优于一般性地方政府的财政支出权；就财政收入权而言，依据分税制改革的相关规定，民族自治地方与其他地方所享有的地方固定收入来源是相同的，与中央共享税的分配比例也一致。但从我国现行财政体制讲，中央转移支付是地方财政收入的重要来源，而民族自治地方不仅享有与其他地方一样的一般性转移支付，而且享有专门的民族性转移支付，在均衡性转移支付中也享有较大优惠。在这个意义上，财政收入方面的权力大于其他地方，是民族区域自治最大的优越性之一。

③在税收减免权方面，《中华人民共和国税收征收管理法》确定了税收减免依照有关法律规定执行的原则，据此，可以认为也肯定了民族自治地方的税收减免权。但由于该法是税收征管的程序法，因此地方政府是否拥有税收减免权，还需要进一步考察税收实体法的规定。从规则制定的角度看，由全国人大及其常委会制定的实体法不多，只有所得税方面的两部法律，其他的税收实体法是由国务院依据全国人大及其常委会授权制定的行政法规。在税收规则体系中，《中华人民共和国企业所得税法》在规定法定的免征和减征项目基础上，还专门规定了民族自治地方的自治机关对本地方企业应缴纳的企业所得税中属于地方分享的部分可以决定减征或者免征的权力；《中华人民共和国固定资产投资方向调节税暂行条例》虽然早在 1991 年就规定了对民族自治地方的投资方向调节税制定专门的优惠办法，但至今没有出台。

④在对外贸易自治权方面，《中华人民共和国对外贸易法》不仅明确规定国家采取优惠措施扶持和促进民族自治地方和经济不发达地区发展对外贸易，而且要求国务院对边境地区与接壤国家边境地区之间的贸易以及边民互市贸易制定专门的规定。在国务院出台的《国务院关于边境贸易有关问题的通知》《国务院关于促进边境地区经贸发展问题的批复》等规定中，也赋予了有关民族自治地方更大的边境贸易自主权。但整体性的对外贸易权的优越性没有真正体现出来。

(2) 赋予《中华人民共和国民族区域自治法》使用的“根据法律或国家规定”等模糊性语言以确定的含义，解决了民族自治地方行使自治权力前提条件不清晰的问题，但只确认和规定了与同级一般性地方政府同等的权力，没有体现出优越性。这些规定包括以下方面。

①对经济建设规划与管理、经济结构调整、公共基础设施管理与基本建设项目安排等权力的规定。这方面的共同性原则规定事实上已经包含在宪法、组织法及其他相关法律之中，而更具体的规定主要体现在国家经济社会总体发展规划和投资管理的规范文件之中。这些规范性文件中的规则虽然更具体地规定了地方政府在经济建设方面的权力，但并没有赋予民族自治地方更大的权力①。

②对资源管理与开发权的规定。这些规定主要体现在《中华人民共和国土地管理法》《中华人民共和国矿产资源法》《中华人民共和国电力法》等专门法律之中。在这些法律

---

① 需要注意的是，在经济建设与管理的权限方面，不能因为没有赋予民族自治地方优于一般性地方国家机关的权力，就推断出这样的权力配置会制约民族自治地方的发展。这是在分析民族自治地方公民自我发展能力的就业、收入水平与能力问题时，指出民族自治地方政府没有很好地履行其责任的宪法根源的具体表现。因为在市场经济体制不断完善的背景下，中央与地方的权力划分也随之趋于完善，最终的状态是：在特定的历史阶段，应当由地方享有的权力都归地方享有。在这样的背景下，不同地方之间权力的趋同是必然的。此时，要拥有更多的权力，就只能通过特别措施的形式在中央与地方之间进行临时性权力划分，将应该由中央行使的权力授权地方行使。

中都对中央与地方各级政府的资源管理与开发权做出了规定，虽然一些具体界限还需要结合国务院制定的实施这些法律的条例才能理解，但赋予了地方政府行使权力的可能性和合法性。但在这些规定中，并没有针对自治区、自治州和自治县等不同层级的自治单元的权力做出优于同级地方政府的特别规定。

③在税收减免权方面，从税收实体法的规定来看，绝大多数的税收减免权都集中在中央政府，而且大都是通过相关法律和行政法规明确规定的"法定减免"。地方政府只有执行权而无决策权，在法定减免之外予以酌定减免的权力主要集中在国务院或国家税务总局。当然，在个人所得税、资源税和固定资产投资方向调节税等法律法规中，也赋予了省级政府一定的酌定减免权，但做出的是统一性规定，没有赋予自治区更大的权力。

(3)一些专门领域的法律规定没有遵循《中华人民共和国民族区域自治法》的规则要求，所做出的规定与民族区域自治法的规定存在原则上的冲突，否定了民族自治地方自治机关所享有的自治权，设置了自治权行使的制度障碍，导致民族区域自治法所确定的自治权由于缺乏相关法律的支持和保障，在实践中无法得到有效的行使。这些规定包括以下方面。

①对税收减免权的规定。由于地方政府没有地方税收实体法的立法权，不仅法定减免是由中央政府确定，而且酌定减免的权限也是由中央政府配置，使得绝大多数地方税收的酌定减免权集中在中央政府，导致民族区域自治法界定的税收减免权被分割。此外，在赋予地方政府有酌定减免税收权的有限几个事项中，集中在省级政府，也造成了自治州和自治县政府权力的缺失。更为重要的是，税收减免权的缺失，也使地方政府无法运用税收杠杆调节经济结构、促进经济社会协调发展，从而引致了实践中存在制度供给与制度需求的矛盾。

②对金融自治权的规定。依据《中华人民共和国民族区域自治法》规定，民族自治地方的自治机关可以根据本地方经济和社会发展的需要，依照法律规定设立地方商业银行和城乡信用合作组织[①]。民族自治地方在批准设立地方商业银行和城乡信用合作组织时应遵循法律规定的条件，否则就不能批准[②]。但《中华人民共和国商业银行法》规定"设立商业银行，应当经国务院银行业监督管理机构审查批准"，与《中华人民共和国民族区域自治法》的规定存在冲突，使得自治机关所享有的依照法律规定设立地方商业银行和城乡信用合作组织的自治权失去了制度基础。

从规则层级结构的角度讲，上述第(2)、(3)方面的问题都可以归结为规则冲突，而且是不同位阶规则之间的冲突。在民族区域自治实践中，《中华人民共和国宪法》和《中华人民共和国民族区域自治法》赋予民族自治地方自治机关的一些自治权之所以无法得到有效行使，在很大程度上就是由于相关领域的专门法律或行政法规在制定相关的权力规则时，将民族自治地方政府等同于一般性地方政府，没有做出优于同级一般性地方权力的特

① 参见《中华人民共和国民族区域自治法》(2001年修正)第三十五条。

② 《中华人民共和国商业银行法》(2003年修正)第十二条规定："设立商业银行，应当具备下列条件：(一)有符合本法和《中华人民共和国公司法》规定的章程；(二)有符合本法规定的注册资本最低限额；(三)有具备任职专业知识和业务工作经验的董事、高级管理人员；(四)有健全的组织机构和管理制度；(五)有符合要求的营业场所、安全防范措施和与业务有关的其他设施。设立商业银行，还应当符合其他审慎性条件。"第十三条规定："设立全国性商业银行的注册资本最低限额为十亿元人民币。设立城市商业银行的注册资本最低限额为一亿元人民币，设立农村商业银行的注册资本最低限额为五千万元人民币。注册资本应当是实缴资本。国务院银行业监督管理机构根据审慎监管的要求可以调整注册资本最低限额，但不得少于前款规定的限额。"

殊规定，甚至否定了依据宪法规则所享有的自治权造成的。

因此，要解决不同位阶的规则冲突导致的权力无法得到充分行使问题，首先要解决依宪执政的理念问题。这就要求中央或地方政府尤其是中央政府必须真正确立宪法至上和中央与地方权力划分的观念，不论是在制定普通法律或规范性文件时，还是在依据法律规定做出公共决策或执行公务行为时，都必须将相关行为置于宪法规则和依宪执政理念的约束之下，从宪法角度思考问题。在做好宪法和民族区域自治法相关规则的修改与完善的基础上，有必要对与民族区域自治法的规定存在冲突的相关规则进行全面修改，不仅要对只赋予民族自治地方与一般性地方政府同等权力的相关规则进行修改或完善，而且要对否定民族自治地方的自治机关依据民族区域自治法所享有的自治权力的相关规则进行彻底清理和修订。如此才能够在根本上建立一个内在协调一致的规则体系，消除自治权行使的规则障碍，监督、约束和保障民族自治地方充分有效地行使自治权，解决自治地方公民自我发展能力和生活水平提高的政府保障问题。

6.9.3　规则实施机制对自治权行使的制约与完善路径

在此前的讨论中，已经分析的法律责任追究制是规则实施机制的重要组成部分。本节重点分析另外两个可能对规则实施产生重要影响的机制。

1) 规则的解释机制

要保障民族自治地方自治权的有效行使，必须有一个运行良好的法律解释机制。依据我国宪法及其相关法确定的法律解释权的配置以及以此为基础建立的解释机制，拥有法律解释权的主体包括有规则制定权的所有主体，每一主体既可以对自己制定的规则进行解释，也可以对与自己负责的事项有关的规则进行一定限度的解释[①]。其中，对全国人大及其常委会制定的规则，原则上应该由全国人大常委会进行解释，但最高行政机关和司法机关可以对如何具体应用规则的有关问题进行解释。从宪法角度讲，自治权规则是由宪法性法律规定的，而且解决的是中央与地方权力划分的具体界限，只能由全国人大常委会进行解释。这是导致实践中对中央与民族自治地方在财政、税收、资源开发等领域的权限范围主要由国务院及其各部委来解决的根本原因。

而且，国务院不仅享有法律适用问题的解释权，还享有解释应当由全国人大及其常委会通过立法或者立法解释来解决的中央与地方权力划分有关问题的权力。这一权力的获得源于一些专门领域的规范性法律文件的法条授权[②]。由此，进一步导致了《中华人民共和国民族区域自治法》的权威性丧失，使民族自治地方享有的优于一般性地方政府的自治权难以得到相关主体的重视和应有的制度保障。

因此，“健全民族区域自治法和其他相关法律的解释体制，是确保自治权规则具有可实

① 参见《中华人民共和国宪法》、《中华人民共和国立法法》和《全国人大常委会关于加强法律解释工作的决议》(1981 年)的具体规定。

② 例如，《中华人民共和国矿产资源法》规定，对于由国务院有关部门审批以外的可供开采的矿产储量规模为中型的矿产资源，由省、自治区、直辖市人民政府地质矿产主管部门审批和颁发采矿许可证；但是，矿产储量规模的大型、中型的划分标准，由国务院矿产储量审批机构规定。参见《中华人民共和国矿产资源法》第十六条。

施性的又一重要内容。其关键在于废除一些法律将应当由全国人大常委会行使立法解释权进一步明确中央与民族自治地方权力界限的权力授予国务院及其组成部门的规定，规范中央与民族自治地方权力边界'界定权'的行使主体”（田钒平，2009）。在此基础上，必须完善全国人大常委会行使立法解释权的程序制度，在关涉中央与民族自治地方权力划分的宪法规则的解释上，应当赋予民族自治地方启动解释程序的权力。只有如此，才有可能在根本上解决立法解释制度的虚置问题，为自治权规则的实施提供一个有效的解释机制的保障。

2）争议解决与违宪审查机制

从本质上讲，宪法治理仍然是各方主体之间反复进行利益博弈的动态过程，不论静态规则具有多么优秀的品质，冲突双方都会对规则做出有利于自身利益需要的解释。而且，再好的规则解释体制也无法保证对规则的解释与公众对解释的需求之间不存在时间差，规则解释时滞的存在具有必然性。由于这两个因素的影响，实践中中央或上级政府与民族自治地方政府尤其是中央行政机关与民族自治地方政府之间，对规则的理解和适用也可能产生冲突。

因此，必须建立一个行之有效的争议解决机制，解决好这两种类型的规则适用冲突，以消除制约自治权规则有效实施的因素。在现行宪法体制下，应当由全国人大常委会来解决中央与地方政府之间因规则适用问题而产生的权力冲突。①应赋予民族自治地方的自治机关启动违宪审查和争议裁决的程序性权利，消解地方政府在争议中的被动困境。②“应适当扩大全国人大常委会法制工作委员会的职权，使其作为受理权限争议裁决申请受理并进行初步审查的办事机构，为全国人大常委会做出最终裁决收集相关资料并提出参考意见”（田钒平和王允武，2009），提高争议裁决活动的工作效率。

但是，当下一些由全国人大常委会制定的普通法律，与《中华人民共和国民族区域自治法》界定民族自治地方自治权的规则存在实质性冲突，对此类冲突和争议的裁决，有必要引入第三方裁断机制。在现行宪法体制下，可以将此类争议的裁断权赋予最高人民法院行使，并赋予其审查全国人大及其常委会制定的法律是否违反宪法规则的权力，以此保证法律的合宪性和法律之间的和谐性，为民族自治地方自治权的充分行使提供有效的宪法制度基础。

6.10 上级国家机关有效履行职责的制约因素与对策建构①

民族自治地方低水平和低质量的经济社会发展状况，一直是制约公民自我发展能力塑造和自由个性生活实现的根本因素。为解决这一问题，在中华人民共和国成立之初就确立了上级国家机关应承担帮助各民族自治地方发展其政治、经济、文化和社会事业的职责②。

① 从中央与地方关系的角度讲，中央政府应承担的职责主要包括提供基本的宪法制度，承担全国性的（影响范围）或者非常重要的具有根本意义的（重要程度）公共服务，协调不同地方之间的关系、维护区域协调发展等。就中央与民族自治地方的关系而言，本书其他章节已经对前两个方面的相关问题进行了分析，本章重点讨论协调地方关系、促进区域协调发展方面职责的有效履行问题。

② 参见《中国人民政治协商会议共同纲领》（1949 年）第五十三条；《中华人民共和国民族区域自治实施纲要》（1952 年）第三十三条；《中华人民共和国宪法》（1954 年）第七十二条。

为践行这一原则，由中央政府主导，在不同历史时期，针对民族自治地方的发展问题都实施了相关特别措施和具体的优惠政策。从这些地区的整体发展状况和民众生活改善的角度看，特别措施的实施取得了很大成效，但也存在一些具体政策的实效性缺乏或合理性不足受到社会公众质疑等需要进一步反思的问题。正因如此，2014 年中央民族工作会议提出应当以发展经济和改善民生为重点，完善差别化支持政策[①]。为实践中没有处理好上级国家机关帮助职责与民族自治地方自治权的关系，没有解决好特别措施的稳定性、适应性和正当性等是导致这些问题的主要原因。

6.10.1　特别措施的稳定性对上级国家机关职责履行的制约与完善路径

制定和实施特别措施，是上级国家机关履行帮助职责的基本途径和主要形式。从宪法及其实施的角度讲，可能影响特别措施的调整及其稳定性的因素主要有：①民族自治地方的实际需要及其变化趋势；②中央和上级政府的重视程度；③帮助职责是否有一个明确和稳定的范围；④履行帮助职责而制定的特别措施是否法律化、是否明确界定了不同主体的具体职责。正是在中央政府的高度重视和推动下，适应于民族自治地方社会发展一直处于整体性落后状态和加强民族自治地方经济社会发展的需要，我国不仅确立了上级国家机关应承担整体性帮助职责[②]的宪法原则[③]，而且通过制定、修改和完善《中华人民共和国民族区域自治法》，在第五十四至七十二条对上级国家机关为履行帮助职责必须采取的特别措施进行了专门规定，解决了特别措施的法律化问题。但从宪法实施的角度讲，特别措施的规则化仍存在一些与宪法要求不符的问题。

(1) 界定特别措施的规则体系没有明确界定上级国家机关帮助职责的合理限度。从本意上讲，“帮助”应当是依据行为者的意愿决定为与不为，属于道义的范畴。但在将“帮

① 参见《关于加强和改进新形势下民族工作的意见》。

② 从宪法角度讲，这种整体性帮助职责的确定，可能会引致一些消极影响，不利于区分中央或上级国家机关与民族自治地方政府的义务和责任。在各级政府应该承担的义务方面，对民族自治地方的全面发展而言，究竟上级国家机关应承担哪些义务，自治地方政府又应承担哪些义务，难以作出明确的界定。由此又会进一步导致责任划分的困难，当某一个民族自治地方的发展问题始终没有得到很好地解决，而使其民众的生活水平无法得到根本改善时，究竟是由于中央或上级政府没有很好地履行其帮助职责，还是自治地方政府的不作为或滥作为所造成的，难以从宪法角度作出适当划分，进而发现问题的根源并推动宪法制度的改革与完善。此外，也会影响民众对中央或上级政府与民族自治地方政府责任的合理认识，既不利于国家认同或政府认同感的培育，也不利于民众对政府的有效监督。从这个意义上讲，作为一个界定权力界限的宪法规则，其含义不应太宽泛。否则，在民众需求、上级政府帮助职责的履行、自治地方政府自治权的行使之间就难以形成一种良性互动关系，并影响到区域性发展环境的营造，进而制约自治地方的发展和民众生活的改善。对此，有学者认为，《中华人民共和国民族区域自治法》对上级国家机关的职责进行的专门规定，事实上就是对上级国家机关应承担的整体性帮助职责的具体化。从理论上讲，这种观点有其合理性，但实际存在的《中华人民共和国民族区域自治法》是否真正具备了将上级国家机关应承担的整体性帮助职责具体化的功能，根据民族区域自治法的具体规定又能否对中央或上级政府与自治地方政府的义务或责任作出清晰的说明，仍然是一个值得分析的问题。对此，本书将在对特别措施的法律化、规则化的现状进行分析时作进一步解释。

③ 参见《中国人民政治协商会议共同纲领》(1949 年) 第五十三条规定：人民政府应帮助各少数民族的人民大众发展其政治、经济、文化、教育的建设事业；《中华人民共和国民族区域自治实施纲要》(1952 年) 第三十三条规定：上级人民政府应帮助各民族自治区发展其政治、经济、文化、教育和卫生事业；《中华人民共和国宪法》(1954 年) 第七十二条规定：各上级国家机关应当充分保障各自治区、自治州、自治县的自治机关行使自治权，并且帮助各少数民族发展政治、经济和文化的建设事业。参见《中华人民共和国宪法》(1982 年) 第四条规定：国家根据各少数民族的特点和需要，帮助各少数民族地区加速经济和文化的发展；第一百二十二条规定：国家从财政、物资、技术等方面帮助各少数民族加速发展经济建设和文化建设事业。国家帮助民族自治地方从当地民族中大量培养各级干部、各种专业人才和技术工人。《中华人民共和国民族区域自治法》(2001 年修正) 第八条规定：上级国家机关保障民族自治地方的自治机关行使自治权，并且依据民族自治地方的特点和需要，努力帮助民族自治地方加速发展社会主义建设事业。

助”与“职责”联系起来时，就不再是一种自主决定的道义行为，而是必须依照规则要求做出相关行为的法定义务。从法理上讲，在通过规则界定行为主体应该承担的义务时，必须解决两个问题：①符合怎样的前提条件时，行为主体才需要承担义务；②行为主体的义务行为应达到什么目的，才能认为行为主体履行了应尽义务。如果这两个问题不能得到解决，义务人承担的就是无限的义务，而权利人也就享有了无限的权利。

以此检视界定上级国家机关承担帮助职责的特别措施的规则体系，对民族自治地方在符合怎样的前提条件时，上级国家机关应对其承担相应的帮助职责，帮助行为达到了什么样的目的或效果，才能判定上级国家机关很好地履行了帮助职责等重要的宪法问题没有给予足够重视，并做出相应规定。即便是有一些具体规则涉及了实施特别措施的前提或目的，采取的也是一个宽泛的语言，例如“根据民族自治地方的需要”“促进民族自治地方经济、文化、教育、科技等事业的发展”“促进产业结构升级”等。

由此可见，由于民族自治地方整体性发展水平不高，宪法规定上级国家机关应承担整体性帮助职责的宪法要求，在特别措施规则体系中不仅没有得到具体化、明确化，而且还直接影响到了具体规则的确定性。因此，必须通过全国人大及其常委会行使规则制定权或解释权，修改和完善相关的宪法规则，明确具体帮助职责的限度。

(2)界定特别措施的规则体系没有很好地区分各级政府应分别承担的具体职责。民族区域自治法对特别措施的规定区分了两类行为主体：①中央政府；②上级国家机关。从宪法角度讲，要求中央政府应当制定和实施的特别措施，事实上就是对中央政府帮助职责的具体化。这些宪法规则虽然没有明确履行帮助职责的前提条件和目的，但对中央政府应当采取哪些具体措施的规定还是比较明确的。因此，从总体上讲，这些规则在实践中取得了较好的效果。在国务院制定的《关于实施〈中华人民共和国民族区域自治法〉若干规定》中，对应由中央政府承担的具体职责进行了不同程度的具体化，使得抽象的宪法规则具有实施性规则的支撑，增强了实践中的可操作性。

对《中华人民共和国民族区域自治法》规定的“上级国家机关”应当采取的特别措施而言，由于民族自治地方包括自治区、自治州和自治县，相应地，上级国家机关也包括中央政府、省级政府和地(市)级政府，根据规定特别措施的具体规则无法区分不同上级国家机关各自应承担的具体职责究竟是什么，不符合宪法要求。当然，从规则制定者的本意来看，设想的是通过国务院制定的行政法规和省级人大及其常委会制定的实施办法来解决这一问题①。

但依据现行宪法体制的要求，无论是国务院还是省级人大及其常委会都无法承担这一责任。①国务院虽然享有划分各级人民政府具体职责的权力，但无权确定地方权力机关的职责；②省级人大及其常委会虽然有权确定地方经济社会发展的重大问题，但无权确定下级权力机关和行政机关的职责；③对国务院和地方权力机关职责的划分只能由最高权力机关通过宪法及其相关法来完成。也正是由于这些原因的存在，不论是国务院制定的行政法规，还是省级人大制定的实施办法，在涉及中央与地方的职责划分时，使用的都是比较模糊的语言。因此，对不同的上级国家机关应承担的具体职责，必须通过修改《中华人民共

① 参见《中华人民共和国民族区域自治法》(2001年修正)第七十三条。

和国民族区域自治法》的相关条款或者由全国人大常委会通过立法解释予以明确。

(3) 界定特别措施的规则体系没有妥善解决上级国家机关能否严格按照规则要求履行职责的维护机制。在实践中，促进和保障《中华人民共和国民族区域自治法》实施的维护机制包括两个方面：①全国人大常委会的执法检查；②作为行政机关组成部门的民族事务委员会的监督检查。由于缺乏法定的责任制度，试图通过监督检查约束职责主体依法履行职责的效果不佳。

从规则的逻辑结构上看，所有界定中央或上级国家机关具体职责的规则都没有规定否定性法律后果，是约束职责主体的法律责任机制无法真正建立并有效运转的根本原因。但要通过规则的修改解决这一问题，需要以不同上级国家机关职责的明确划分、义务限度的合理设定为前提。否则，没有明确的义务，也就不可能设定违反义务的法律后果。因此，要在根本上解决职责履行的维护机制问题，是一个系统工程。

综上所述，中央或上级国家机关帮助职责及其相应的特别措施是否以法律形式作为最基本的表达载体，是保证特别措施稳定性的基本前提，但这种法律化应当是明确区分不同的职责主体所应承担的具体职责及其限度，并建立起有效维护机制的宪法化。只有如此，才能在根本上解决帮助民族自治地方发展的具体政策措施的稳定性和有效性。否则，特别措施即便采取了法律形式乃至宪法形式，仍然无法保证执行层次具体政策的稳定性与连续性。

6.10.2　特别措施的适应性对上级国家机关职责履行的制约与完善路径

从《中华人民共和国宪法》和《中华人民共和国民族区域自治法》规定上级国家机关应当承担的帮助职责、为履行帮助职责而采取的特别措施的宪法原则和规则来看，“民族自治地方的发展特点和实际需要”既是确定整体性帮助职责的客观依据，也是采取和实施具体特别措施的根本理由，构成了“上级国家机关”落实帮助民族自治地方发展的宪法职责的逻辑起点和最终目的。从实践效果的角度讲，如果上级国家机关制定和实施的特别措施与民族自治地方的发展特点和实际需要相适应，就能够达到预期目的；反之，不仅无法保证上级国家机关帮助职责履行的有效性，而且会造成资源的浪费或低效率，影响到区域甚至国家的整体发展。因此，如何保证特别措施与民族自治地方需求的适应性，就成了影响上级国家机关有效履行帮助职责的重要因素。为此，在制度设计中应将“民族自治地方的发展特点与实际需要”的确定权交由民族自治地方政府行使。由此，才能在根本上解决特别措施与实际需要的适应性问题。同时，为保证特别措施在民族自治地方的有效执行，还应将优惠措施在地方层面的执行权交由地方政府。从上级国家机关与民族自治地方的权力关系来看，通过这两个方面的制度改革，才能解决在扶持和帮助措施实施过程中，上级国家机关与民族自治地方政府职责不清问题，将二者的行为纳入宪法轨道[①]。

但是，将民族自治地方的发展特点和实际需要的确定权交由民族自治地方政府行使，仅仅解决了上级国家机关制定的特别措施与各民族自治地方之间差异性要求的适应性。然

① 与此相关的详细讨论参见本章关于“中央或上级国家机关帮助职责与民族自治地方自治权的协调性不足与完善”部分的分析。

而，发展特点与实际需要的差异不仅存在于各民族自治地方之间，而且也广泛存在于各民族自治地方内部。从差异性的表现看，各民族自治地方内部主要存在两类问题：①不同民族的发展特点与实际需求存在差异。虽然各民族自治地方是以某一个或几个少数民族的聚居区域为主体建立起来的地方自治单元，但是其内部的民族构成非常复杂。首先，各民族自治地方的民族众多，呈“大杂居、小聚居”的特点。其次，各民族自治地方内部各民族的人口规模差距较大。此外，一些民族拥有独具特色的语言文字和风俗习惯，也是民族自治地方内部差异的一个重要表现。②不同区域的发展特点与实际需求存在差异。在民族自治地方内部，这种区域发展特点与需求的差异既表现在城乡之间的发展差异上，也表现在不同城镇之间、不同农村之间的发展差异上[①]。③在民族自治地方内部，生活在不同地区的同一民族的不同成员的发展特点与客观需要也存在较大差异。在这种背景下，民族自治地方政府通过什么形式的决策机制来确定本地方的客观需求，并将其作为上级国家机关确定履行帮助职责具体措施的依据，不仅对协调特别措施与客观需求的适应性关系具有决定性意义，而且是协调和处理内部差异性需求，改善公民自我发展能力不足的关键问题。

在现行宪法体制下，地方层次的公共问题的决策权分别归属于权力机关和行政机关。一般性公共决策由行政机关依据法定的职权和程序做出决定；重大的公共决策则由行政机关或其他法定主体向权力机关提出议案，由权力机关依据法定的职权和程序做出决定。为使民族自治地方自治机关做出的公共决策能够真正反映本地方的发展特点和客观需要，进而为上级国家机关制定和实施真正符合民族自治地方实际需求的特别措施，必须对民族自治地方的公共决策机制进行适当改革(李长文，2008)。

(1)应加大民主选举的透明性和公开性，使选举者能够在充分了解被选举者的经历、能力和素质的前提下，行使选举权，保证选举出能够真正代表自己的代表。

(2)应改革和完善代表监督机制，为选举者实施监督提供有效保护，通过选举者的监督，促使被选举者能够真正为被代表者服务。

(3)应完善协商民主决策机制，克服因代表的异化或者能力限制，以及以“多数决定”为基本原则的民主决策的局限，导致被代表的群体或区域的利益诉求，难以获得有效表达和合理维护的缺陷。为消解代表的异化或者能力限制和“多数决定”的缺陷，《中华人民共和国民族区域自治法》做出了体现协商民主精神的规定：“民族自治地方的自治机关在处理涉及本地方各民族的特殊问题的时候，必须与他们的代表充分协商，尊重他们的意见”[②]。但这一规定在实践中没有得到足够重视。因此，加强协商民主决策机制的建设，使地方性的公共决策过程置于各群体或区域之间的充分协商之下，进而达成一致性意见，是保证民族自治地方公共决策能够真正体现本地方各群体或区域发展特点和客观需求的关键所在(田钒平，2010)。

① 关于民族自治地方内部的发展差异问题，参见本章关于公民收入水平差异的成因分析，也可以参见郑长德(2009a)、高新才和滕堂伟(2006)、成艾华和雷振扬(2007)。

② 《中华人民共和国民族区域自治法》(1984 年，2001 年修正)第五十一条。

6.10.3　特别措施的正当性对上级国家机关职责履行的制约与完善路径

不论是特别措施的稳定性还是适应性，都需要建立在正当性的基础之上，才能在根本上解决上级国家机关履行帮助职责的有效性问题。从履行帮助职责的具体措施看，不论是上级国家机关的财政转移支付、基础设施项目投资或者是税收减免，还是发达地区对不发达地区的对口支援等相关措施，在本质上是一致的，都是在中央或上级国家机关的主导之下，将物质性利益在区域之间进行转移和分配。那么，非民族自治地方为什么要服从中央或上级国家机关对民族自治地方予以特别帮助的决定？中央或上级国家机关是基于什么理由做出的帮助决定？如果中央或上级国家机关做出帮助决定的理由是正当的，那么就能够得到非民族自治地方政府和民众的认同，也就能够为帮助措施的有效实施营造良好的外部环境，并促使负有政策执行责任的相关职责主体认真履行职责。从民族自治地方与中央或上级国家机关的关系角度讲，如果民族自治地方政府代表当地民众提出的帮助请求是正当的，就会得到中央或上级国家机关的重视，并促使其严格按照宪法规则的要求履行其帮助职责。那么，中央政府在宪法及其相关法中确定上级国家机关的帮助职责的正当理由究竟是什么呢？

中华人民共和国成立之初，为解释对民族自治地方采取特别措施予以帮助的正当性，规则制定者提出了诸多理由，其中影响最大的是“历史补偿论”。“历史补偿论”的提出，对于解决当时民族工作中存在的思想和意识问题，促进民族关系的稳定与国家的统一起到了重要作用。但从长期的角度讲，由于“历史补偿论”得以建立的理论与实践基础存在重大缺陷，不仅对民族关系的和谐稳定造成了一些负面影响，而且严重制约了国家帮助民族自治地方发展的诸多政策措施的有效实施。然而，正是这样一种缺乏充分的历史证据的由“驱赶”与“还债”所构成的“历史补偿论”，主导了上级国家机关应当承担帮助民族自治地方发展经济文化事业职责的早期宪法理论与实践，而且也对当下与此相关的理论与实践产生了重大影响。在讨论上级国家机关承担帮助职责的必要性和正当性时，理论与实务界在很大程度上忽略了制约民族自治地方经济社会全面发展的客观因素对采取帮助政策的必要性的支持，并通过这种必要性的宣传教育，让社会组织或公众、其他地方政府接受中央政府的制度设计，反而仍坚持了“补偿论”的理论路径，试图从突出“贡献、损失与补偿”的角度，阐释帮助政策存在的合理性。例如，有人认为，自中华人民共和国成立以来，汉族地区虽然给予了少数民族地区不少支援，但在整个国家经济发展的大格局上，民族地区和少数民族做出的牺牲更大，对汉族地区和汉族的支持更大。因此，汉族的干部群众应以一种感恩的态度来支持民族地区和少数民族的发展，应衷心拥护、大力支持国家加大对民族地区投入的力度。

从当下理论界的研究来看，能够支持这一观点的理由主要有两个：①上下游产品价格改革的不同步，使得中西部地区在与东部地区的产品交换中受到了双重利益损失。一方面，西部和民族地区在向东部输出次级产品时，每年都有大量产品因较低的价格而转移到东部；另一方面，东部高价返回的加工制成品，又把一部分中西部创造的价值带回东部。②在市场经济体制改革过程中，对东部沿海地区实施了较多的优惠政策，而民族地区所得到的政策优惠要少得多(梁科，1989)，而优惠政策的实质是国家以其政权掌握的政策资源让利给某些地区的隐蔽形式，享受优惠政策的区域由此获得其他地区所没有的额外利益。因此，民族地区为此承担了较大的利益损失。

然而，这些理由虽然都有其合理成分，但并不一定具有充分性，要让社会公众、其他地方政府接受还是存在一定的困难。

(1)需要注意的是我们分析的是特定的民族地区，而不是整个中西部地区与东部地区的关系。从政策优惠上讲，虽然东部沿海地区确实在改革开放之初被赋予了较大权力，但民族自治地方从20世纪50年代在宪法上就被赋予了大于其他地区的地方权力，而且在这两个区域之外的其他地区都没有享受到优惠政策。所以，以东部地区享有较多优惠政策，作为主张对民族地区实施特别帮助政策的理由是不充分的。

(2)从一个地方的财政收入与地方经济发展水平有着紧密的相关性，如果一个地方的经济发展水平高，其地方财政状况就好。否则，必然产生入不敷出而需要上级国家机关给予财政补贴和转移支付，才能维持地方政府的正常运转并解决地方基本公共服务的供给问题。在这样的背景下，不能以此作为设计上级国家机关应当承担帮助职责的宪法规则，其他地区政府和社会公众必须接受并予以支持的正当理由。

通过以上从历史和现实两个方面对以“补偿论”作为正当理由，要求中央政府通过宪法明确上级国家机关承担帮助民族自治地方发展的职责的全面分析，我们认为作为理性论证的过程，显然是不充分的，必须寻求新的哲学根据来支撑这一宪法实践的正当性与合理性。

从另一个角度讲，对现实的人与人的关系分析，不能只看到人性自私的一面，进而将所有社会问题都置于物质利益的权衡与算计的逻辑思维之下，似乎只有从利益的权衡中找到支持性理由，政府的公共性决策才能获得存在的基础，社会公众或组织才能认可、接受并支持政府的决定。公共生活领域同样要强调人性因素中“善”的一面。事实上，包含同情心、互助性和正义感的相互合作的社会性也是人性的重要组成部分。当一些重大的公共决策无法从自私的权衡中获得充分的正当性说明时，诉诸人类的同情心和正义感，往往能够得到社会公众的认可和接受。由于人类的同情心而引致的道德责任感，是强者帮助弱者，富者帮助穷者的根本理由。这既是世界各国关注贫困的改善、关注少数人的权利保障等相关社会问题的理论基础，也是我国政府从20世纪90年代以来解决“老、少、边、贫”地区经济社会发展等相关社会问题的理论基础。这一理论基础的政治道德表达就是要尊重和保障基本的人权，而首要的人权就是生存权与发展权①。从人权角度主张帮助政策存在的正当性，更易于让社会公众接受和认可，从而也有利于减少一些由于冲突与对立模式的“补偿论”可能诱发的不必要的社会运行成本。

当然，社会与政治道德虽然可以为解决社会问题提供正当性与合理性基础，营造有利于公共政策获得同意并付诸实施的社会支持，但并不能提供一个具有可操作性的宪法规则与制度框架。从宪法角度讲，通过宪法确立上级国家机关应承担帮助民族自治地方发展的责任之后，本质上就赋予了这些地方的政府和民众主张上级国家机关履行帮助职责的权

① 参见《中国的人权状况》白皮书(国务院新闻办公室，1991年10月)。

力，同时也赋予了上级国家机关通过转移支付等相关具体措施，在接受帮助者与其他地区之间分配利益的权力。因此，必须通过一个有效的宪法规则与相应的实施机制，将接受帮助者与上级国家机关的权力行使限定在一个合理限度以内，防止因权力滥用而引致新的社会不公等相关问题。可见，从生存权与发展权的角度强调国家帮助民族自治地方的正当性时，仍存在一个如何确定上级国家机关为履行帮助职责而制定和实施特别措施的合理限度问题。

为有效维护规则的公正性，应重视规则的选择过程，并从中寻求判断为履行帮助职责而制定的落实特别措施的具体规则的合理性判准。过程公正观是针对上级国家机关为履行帮助民族自治地方的职责，在制定确定特别措施的宪法规则，以及在依据宪法规则确定具体的帮助限度和具体政策等相关活动中必须坚持的基本原则。因此，建立一个有效的决策程序和机制，是保证决策的正当性、合理性和有效性的关键①。

① 在现行宪法体制下，对上级国家机关应承担的帮助职责和应采取的特别措施的确定，也应置于民主决策的约束之下。与此相关的基本原理和实践中应重点解决的主要问题，在本书对规则选择程序和对民族自治地方公共决策机制的改革与完善部分已经进行了比较充分的讨论，故在此不再进行专门分析。

第7章　促进民族地区文化产业发展研究

本章首先对西部大开发以来民族地区文化产业的发展情况进行系统和全面的研究，然后以羌族地区和四川省甘孜藏族自治州为例，对文化与经济、民族文化产业的发展情况进行调查分析。研究认为，民族地区文化资源丰富，文化产业发展优势突出。西部大开发以来，民族地区结合自身的文化资源、文化消费市场和文化产业发展特点，加大了文化产业的投资，推动了文化产业的快速发展。现在，文化产业已成为民族地区具有比较优势的产业，正逐步成为国民经济的支柱性产业。但由于起步晚，民族地区文化产业的规模还比较小，发展面临市场、人才、资本及体制等方面的约束，发展方式上主要还属于依靠文化产品的低端生产、低技术含量、低附加值的数量扩张的粗放式发展。本章认为民族地区文化资源丰富，“立足资源搞开发”是其文化产业发展的基本模式和战略。据此提出：要促进民族文化产业由原始粗放型向规模化集约型转变，由数量扩张型向质量取胜型转变，由低附加值向高附加值转变，并提出一系列加快民族地区文化产业发展的相关政策建议，主要有以下方面。

(1) 文化资源的开发与保护。民族地区在实施资源产业化时一定要处理好文化资源开发和保护的关系，选择恰当的发展方向和发展目标，在发展中保护，在保护中发展，走可持续发展的道路，形成开发、利用、保护的完整体系，防止片面化的产业化和表面化的产业化。具体而言，目前迫切需要做的是，加大对文化资源的清理，明确民族文化资源保护与开发的相应规划，从发展的角度，构建系统的民族文化资源评估指标，理清不同类型的民族文化资源，包括非物质文化遗产、自然遗产、生态遗产、历史文化街区、民族民间工艺等文化资源开发的准入和退出机制，为民族文化资源的保护与开发创造严肃的、具有法律效应的政策措施。

(2) 文化市场的培育与拓展。民族地区文化市场的培育与拓展必须以开放的视角，立足本土市场，充分利用区内外、国内外两种文化资源、两个市场，形成适应民族地区城乡经济社会与本土、外来文化消费需求的文化市场体系。一方面，发展地方经济，切实增加各族居民的收入，通过税收和补贴等手段鼓励和引导文化消费，提高城乡居民的文化消费倾向，扩大本地市场范围；另一方面，大力加强区域营销，积极开拓区外和国外市场。同时，在供给方面应加快发展各类文化产品和要素市场。

(3) 特色文化产业体系的构建。依托旅游产业，充分发挥资源优势，推动以民族文化产业为龙头的特色文化产业、传统文化产业、新兴文化产业快速协调发展，是民族地区文化产业的发展路径。近年来，许多民族地区依托旅游市场、旅游景区和中小民族文化创意城市，挖掘不同地区、不同民族的文化资源，培育中小创意城市、民族文化村镇、特色文化街区、特色民族文化消费市场，已成为民族地区文化产业发展的重要模式。今后，应继续完善这一发展模式，突出发展文化旅游业、民族民间演出业、民族民间工艺美术业、会展广告与民族节庆业，培育一批骨干文化企业，延长产业链，增强品牌意识，推动这些产业形成民族地区的特色文化产业群。

(4) 文化产业金融支持体系的构建。必须切实加大金融业支持民族地区文化产业的力度，建立健全文化产业投融资体系，推动文化产业与金融业的对接。现有金融机构应大力创新和开发适合文化企业特点的信贷产品，探索适合文化产业项目的多种贷款模式，为民族地区文化产业的发展提供有效的信贷支持；支持民族地区组建多种形式的文化产业创业、风险投资基金，充分发挥文化产业投资基金的引导作用；充分利用多层次的资本市场，鼓励民族地区具备条件的文化企业上市融资和通过债券市场融资，吸引金融资本和其他社会资本进入文化产业；积极培育和发展民族地区文化产业保险市场，提高保险在文化产业中的覆盖面和渗透度，有效分散文化产业的项目运作风险；加强和改善对民族地区文化企业，特别是中小微文化企业的金融服务；积极开发民族地区文化消费信贷产品，不断满足文化产业多层次的消费信贷需求。

(5) 文化产业人才的培养和引进。解决民族地区文化产业人才短缺的问题：①要大力发展文化艺术教育，完善人才培训机制；②要重视发现和培养扎根基层的乡土文化能人、民族民间文化传承人特别是非物质文化遗产项目代表性传承人，鼓励和扶持群众中涌现出的各类文化人才和文化活动积极分子，促进他们健康成长、发挥积极作用；③根据不同地区文化产业人才的特点、规律和需求，制定相应的人才引进和智力引进的措施与办法；④实施对口支援，通过发达地区和大城市的文化企业与机构，对口支援民族地区相应的文化企业和机构，形成互利共赢的机制。

(6) 构建文化产业发展成果的共享机制。以政府为主导，以公共财政为支撑，以城乡基层为重点，加强公共文化基础设施建设，形成比较完备的覆盖城乡的公共文化设施网络。通过实施重大文化惠民工程，优先安排涉及群众切身利益的文化建设项目，扩大公共文化产品和服务的有效供给。对于文化产业发展而言，民族地区除了中心城市发展文化产业生产、复制、储存、分配外，有相当一部分要依托散布于乡村的文化资源，走社会化、小规模产业发展模式。

(7) 推动文化产品和服务出口，实施“走出去”战略。①民族地区应深入挖掘民族文化资源，充分运用高新技术手段提升文化产品的表现形式和质量，开发国外受众易于接受的文化产品和服务，积极扩大文化产品和服务出口规模，推动开拓周边国家市场和国际市场。②根据民族地区文化产业的比较优势，培育一批具有国际竞争力的外向型文化企业和中介机构，形成一批有实力的文化跨国企业和著名品牌。③加强沿边文化市场的培育和建设，鼓励沿边地区发展跨境文化交流、搭建文化市场和文化服务平台。

7.1　文化产业在民族地区发展中的重要性

在当今世界上许多国家和地区，文化产业已经逐渐成为经济活动的核心。在中国，进入 21 世纪以来，文化产业作为国家战略性产业得到各级政府的高度重视，正逐渐成为国民经济的一个重要支柱产业。民族地区区域广袤，民族多样性显著，在长期的历史变迁中孕育了丰富灿烂的民族文化，文化资源丰富，发展文化产业的禀赋优势突出。这里具有独特文化魅力的名胜古迹资源不胜枚举，再加上丰富的民族文化，民俗、宗教、艺术的多元融合，形成了一个巨大的民族民间文化艺术宝库，成为世界上罕见的文化富矿。这些丰富而深厚的文化资源是民族地区发展必须依托的优势资源，更是发展民族地区文化产业所要利用的宝贵财富。

实际上，文化产业已成为民族地区经济发展中一个重要组成部分，虽然文化产业在民族地区仍处于起步阶段，但已经显现出巨大的发展潜力和活力，正逐渐成为民族地区新的经济增长极。深入推进民族地区的跨越式发展，必须进一步从战略高度推动对民族地区优势文化资源的开发和利用，促进民族地区文化产业的发展。

7.1.1 相关概念界定

2004 年，国家统计局在与中共中央宣传部及国务院有关部门共同研究的基础上，依据《国民经济行业分类》(GB/T 4754—2002)制定了《文化及相关产业分类》，并作为国家统计标准颁布实施。从实施情况看，以此分类为基础开展的统计工作为反映我国文化产业的发展状况，为文化体制改革和文化产业发展宏观决策提供了重要的基础信息。党的十七届五中全会提出推动文化产业成为国民经济支柱性产业的战略目标，党的十七届六中全会进一步强调推动文化产业跨越式发展，使之成为新的增长点、经济结构战略性调整的重要支点、转变经济发展方式的重要着力点，对文化产业统计工作提出了新的要求。同时，由于新的《国民经济行业分类》(GB/T 4754—2011)颁布实施，联合国教育、科学及文化组织《文化统计框架—2009》的发布，文化新业态的不断涌现，有必要对 2004 年制定的《文化及相关产业分类》进行修订。2012 年 7 月，国家统计局发布了《文化及相关产业分类(2012)》，根据这个新的分类，文化及相关产业是指为社会公众提供文化产品和文化相关产品的生产活动的集合。根据这个定义，我国文化及相关产业的范围包括：①以文化为核心内容，为直接满足人们的精神需要而进行的创作、制造、传播、展示等文化产品(包括货物和服务)的生产活动；②为实现文化产品生产所必需的辅助生产活动；③作为文化产品实物载体或制作(使用、传播、展示)工具的文化用品的生产活动(包括制造和销售)；④为实现文化产品生产所需专用设备的生产活动(包括制造和销售)。

《文化及相关产业分类(2012)》(表 7.1)将文化及相关产业分为五层：第一层包括文化产品的生产和文化相关产品的生产两部分，用“第一部分”“第二部分”表示；第二层根据管理需要和文化生产活动的自身特点分为 10 个大类，用“一”“二”……“十”表示；第三层依照文化生产活动的相近性分为 50 个中类，在每个大类下分别用“(一)”“(二)”“(三)”……表示；第四层共有 120 个小类，是文化及相关产业的具体活动类别，直接用《国民经济行业分类》(GB/T 4754—2011)[①]相对应行业小类的名称和代

① 《国民经济行业分类》国家标准于 1984 年首次发布，分别于 1994 年、2002 年、2011 年和 2017 年进行了修订。《国民经济行业分类》(GB/T 4754—2017)由国家统计局起草，国家质量监督检验检疫总局、国家标准化管理委员会批准发布，并于 2017 年 10 月 1 日实施。

码表示。对于含有部分文化生产活动的小类，在其名称后用“*”标出；第五层为带“*”小类下设置的延伸层。通过在类别名称前加“—”表示，不设代码和顺序号，其包含的活动内容在表 7.2 中加以说明。

表 7.1　文化及相关产业的类别名称和行业代码

类别名称	国民经济行业代码
第一部分　文化产品的生产	
一、新闻出版发行服务	
（一）新闻服务	
新闻业	8510
（二）出版服务	
图书出版	8521
报纸出版	8522
期刊出版	8523
音像制品出版	8524
电子出版物出版	8525
其他出版业	8529
（三）发行服务	
图书批发	5143
报刊批发	5144
音像制品及电子出版物批发	5145
图书、报刊零售	5243
音像制品及电子出版物零售	5244
二、广播电视电影服务	
（一）广播电视服务	
广播	8610
电视	8620
（二）电影和影视录音服务	
电影和影视节目制作	8630
电影和影视节目发行	8640
电影放映	8650
录音制作	8660
三、文化艺术服务	
（一）文艺创作与表演服务	
文艺创作与表演	8710
艺术表演场馆	8720
（二）图书馆与档案馆服务	
图书馆	8731
档案馆	8732

续表

类别名称	国民经济行业代码
(三) 文化遗产保护服务	
文物及非物质文化遗产保护	8740
博物馆	8750
烈士陵园、纪念馆	8760
(四) 群众文化服务	
群众文化活动	8770
(五) 文化研究和社团服务	
社会人文科学研究	7350
专业性团体(的服务) *	9421
—学术理论社会团体的服务	
—文化团体的服务	
(六) 文化艺术培训服务	
文化艺术培训	8293
其他未列明教育 *	8299
—美术、舞蹈、音乐辅导服务	
(七) 其他文化艺术服务	
其他文化艺术业	8790
四、文化信息传输服务	
(一) 互联网信息服务	
互联网信息服务	6420
(二) 增值电信服务(文化部分)	
其他电信服务 *	6319
—增值电信服务(文化部分)	
(三) 广播电视传输服务	
有线广播电视传输服务	6321
无线广播电视传输服务	6322
卫星传输服务 *	6330
—传输、覆盖与接收服务	
—设计、安装、调试、测试、监测等服务	
五、文化创意和设计服务	
(一) 广告服务	
广告业	7240
(二) 文化软件服务	
软件开发 *	6510
—多媒体、动漫游戏软件开发	
数字内容服务 *	6591
—数字动漫、游戏设计制作	

续表

类别名称	国民经济行业代码
(三)建筑设计服务	
工程勘察设计 *	7482
—房屋建筑工程设计服务	
—室内装饰设计服务	
—风景园林工程专项设计服务	
(四)专业设计服务	
专业化设计服务	7491
六、文化休闲娱乐服务	
(一)景区游览服务	
公园管理	7851
游览景区管理	7852
野生动物保护 *	7712
—动物园和海洋馆、水族馆管理服务	
野生植物保护 *	7713
—植物园管理服务	
(二)娱乐休闲服务	
歌舞厅娱乐活动	8911
电子游艺厅娱乐活动	8912
网吧活动	8913
其他室内娱乐活动	8919
游乐园	8920
其他娱乐业	8990
(三)摄影扩印服务	
摄影扩印服务	7492
七、工艺美术品的生产	
(一)工艺美术品的制造	
雕塑工艺品制造	2431
金属工艺品制造	2432
漆器工艺品制造	2433
花画工艺品制造	2434
天然植物纤维编织工艺品制造	2435
抽纱刺绣工艺品制造	2436
地毯、挂毯制造	2437
珠宝首饰及有关物品制造	2438
其他工艺美术品制造	2439
(二)园林、陈设艺术及其他陶瓷制品的制造	
园林、陈设艺术及其他陶瓷制品制造 *	3079

续表

类别名称	国民经济行业代码
—陈设艺术陶瓷制品制造	
(三)工艺美术品的销售	
首饰、工艺品及收藏品批发	5146
珠宝首饰零售	5245
工艺美术品及收藏品零售	5246
第二部分　文化相关产品的生产	
八、文化产品生产的辅助生产	
(一)版权服务	
知识产权服务 *	7250
—版权和文化软件服务	
(二)印刷复制服务	
书、报刊印刷	2311
本册印制	2312
包装装潢及其他印刷	2319
装订及印刷相关服务	2320
记录媒介复制	2330
(三)文化经纪代理服务	
文化娱乐经纪人	8941
其他文化艺术经纪代理	8949
(四)文化贸易代理与拍卖服务	
贸易代理 *	5181
—文化贸易代理服务	
拍卖 *	5182
—艺(美)术品、文物、古董、字画拍卖服务	
(五)文化出租服务	
娱乐及体育设备出租 *	7121
—视频设备、照相器材和娱乐设备的出租服务	
图书出租	7122
音像制品出租	7123
(六)会展服务	
会议及展览服务	7292
(七)其他文化辅助生产	
其他未列明商务服务业 *	7299
—公司礼仪和模特服务	
—大型活动组织服务	
—票务服务	
九、文化用品的生产	

续表

类别名称	国民经济行业代码
(一)办公用品的制造	
文具制造	2411
笔的制造	2412
墨水、墨汁制造	2414
(二)乐器的制造	
中乐器制造	2421
西乐器制造	2422
电子乐器制造	2423
其他乐器及零件制造	2429
(三)玩具的制造	
玩具制造	2450
(四)游艺器材及娱乐用品的制造	
露天游乐场所游乐设备制造	2461
游艺用品及室内游艺器材制造	2462
其他娱乐用品制造	2469
(五)视听设备的制造	
电视机制造	3951
音响设备制造	3952
影视录放设备制造	3953
(六)焰火、鞭炮产品的制造	
焰火、鞭炮产品制造	2672
(七)文化用纸的制造	
机制纸及纸板制造 *	2221
—文化用机制纸及纸板制造	
手工纸制造	2222
(八)文化用油墨颜料的制造	
油墨及类似产品制造	2642
颜料制造 *	2643
—文化用颜料制造	
(九)文化用化学品的制造	
信息化学品制造 *	2664
—文化用信息化学品的制造	
(十)其他文化用品的制造	
照明灯具制造 *	3872
—装饰用灯和影视舞台灯制造	
其他电子设备制造 *	3990
—电子快译通、电子记事本、电子词典等制造	

续表

类别名称	国民经济行业代码
（十一）文具乐器照相器材的销售	
文具用品批发	5141
文具用品零售	5241
乐器零售	5247
照相器材零售	5248
（十二）文化用家电的销售	
家用电器批发 *	5137
—文化用家用电器批发	
家用视听设备零售	5271
（十三）其他文化用品的销售	
其他文化用品批发	5149
其他文化用品零售	5249
十、文化专用设备的生产	
（一）印刷专用设备的制造	
印刷专用设备制造	3542
（二）广播电视电影专用设备的制造	
广播电视节目制作及发射设备制造	3931
广播电视接收设备及器材制造	3932
应用电视设备及其他广播电视设备制造	3939
电影机械制造	3471
（三）其他文化专用设备的制造	
幻灯及投影设备制造	3472
照相机及器材制造	3473
复印和胶印设备制造	3474
（四）广播电视电影专用设备的批发	
通讯及广播电视设备批发 *	5178
—广播电视电影专用设备批发	
（五）舞台照明设备的批发	
电气设备批发 *	5176
—舞台照明设备的批发	

资料来源：《文化及相关产业分类(2012)》。

表 7.2 对延伸层文化生产活动内容的说明

序号	类别名称及代码		文化生产活动的内容
	小类	延伸层	
1	专业性团体(的服务)(9421)	学术理论社会团体的服务	包括党的理论研究、史学研究、思想工作研究、社会人文科学研究等团体的服务
		文化团体的服务	包括新闻、图书、报刊、音像、版权、广播、电视、电影、演员、作家、文学艺术、美术家、摄影家、文物、博物馆、图书馆、文化馆、游乐园、公园、文艺理论研究、民族文化等团体的服务
2	其他未列明教育(8299)	美术、舞蹈、音乐辅导服务	包括美术、舞蹈和音乐等辅导服务
3	其他电信服务(6319)	增值电信服务(文化部分)	包括手机报、个性化铃声、网络广告等业务服务
4	卫星传输服务(6330)	传输、覆盖与接收服务	包括卫星广播电视信号的传输、覆盖与接收服务
		设计、安装、调试、测试、监测等服务	包括卫星广播电视传输、覆盖、接收系统的设计、安装、调试、测试、监测等服务
5	软件开发(6510)	多媒体、动漫游戏软件开发	包括应用软件开发及经营中的多媒体软件和动漫游戏软件开发及经营活动
6	数字内容服务(6591)	数字动漫、游戏设计制作	包括数字动漫制作和游戏设计制作等服务
7	工程勘察设计(7482)	房屋建筑工程设计服务	包括房屋(住宅、商业用房、公用事业用房、其他房屋)建筑工程设计服务
		室内装饰设计服务	包括住宅室内装饰设计服务和其他室内装饰设计服务
		风景园林工程专项设计服务	包括各类风景园林工程专项设计服务
8	野生动物保护(7712)	动物园和海洋馆、水族馆管理服务	包括动物园管理服务，放养动物园管理服务，鸟类动物园管理服务，海洋馆、水族馆管理服务
9	野生植物保护(7713)	植物园管理服务	包括各类植物园管理服务
10	园林、陈设艺术及其他陶瓷制品制造(3079)	陈设艺术陶瓷制品制造	包括室内陈设艺术陶瓷制品、工艺陶瓷制品、陶瓷壁画、陶瓷制塑像和其他陈设艺术陶瓷制品的制造
11	知识产权服务(7250)	版权和文化软件服务	版权服务包括版权代理服务，版权鉴定服务，版权咨询服务，海外作品登记服务，涉外音像合同认证服务，著作权使用报酬收转服务，版权贸易服务和其他版权服务。文化软件服务指与文化有关的软件服务，包括软件代理、软件著作权登记、软件鉴定等服务
12	贸易代理(5181)	文化贸易代理服务	包括文化用品、图书、音像、文化用家用电器和广播电视器材等国际国内贸易代理服务
13	拍卖(5182)	艺(美)术品、文物、古董、字画拍卖服务	包括艺(美)术品拍卖服务，文物拍卖服务，古董、字画拍卖服务
14	娱乐及体育设备出租(7121)	视频设备、照相器材和娱乐设备的出租服务	包括视频设备出租服务，照相器材出租服务，娱乐设备出租服务
15	其他未列明商务服务业(7299)	公司礼仪和模特服务	公司礼仪服务包括开业典礼、庆典及其他重大活动的礼仪服务。模特服务包括服装模特、艺术模特和其他模特等服务

续表

序号	类别名称及代码		文化生产活动的内容
	小类	延伸层	
		大型活动组织服务	包括文艺晚会策划组织服务，大型庆典活动策划组织服务，艺术、模特大赛策划组织服务，艺术节、电影节等策划组织服务，民间活动策划组织服务，公益演出、展览等活动的策划组织服务，其他大型活动的策划组织服务
		票务服务	包括电影票务服务，文艺演出票务服务，展览、博览会票务服务
16	机制纸及纸板制造(2221)	文化用机制纸及纸板制造	包括未涂布印刷书写用纸制造，涂布类印刷用纸制造，感应纸及纸板制造
17	颜料制造(2643)	文化用颜料制造	包括水彩颜料、水粉颜料、油画颜料、国画颜料、调色料、其他艺术用颜料、美工塑型用膏等制造
18	信息化学品制造(2664)	文化用信息化学品的制造	包括感光胶片的制造，摄影感光纸、纸板及纺织物制造，摄影用化学制剂、复印机用化学制剂制造，空白磁带、空白磁盘、空盘制造
19	照明灯具制造(3872)	装饰用灯和影视舞台灯制造	包括装饰用灯(圣诞树用成套灯具、其他装饰用灯)和影视舞台灯的制造
20	其他电子设备制造(3990)	电子快译通、电子记事本、电子词典等制造	包括电子快译通、电子记事本、电子词典等电子设备的制造
21	家用电器批发(5137)	文化用家用电器批发	包括电视机、摄录像设备、便携式收录放设备、音响设备等的批发
22	通讯及广播电视设备批发(5178)	广播电视电影专用设备批发	包括广播设备、电视设备、电影设备、广播电视卫星设备等的批发
23	电气设备批发(5176)	舞台照明设备的批发	包括各类舞台照明设备的批发

资料来源：《文化及相关产业分类(2012)》。

7.1.2 文化产业在民族地区发展中的重要性

促进民族地区文化产业发展实现民族地区的跨越式发展和全面建成小康社会及实现第二次西部大开发的战略目标具有重要作用。概括来说，民族地区文化产业的发展能有效促进民族地区的经济发展，取得区域间的文化平衡；能有力推动绿色产业的发展，切实保护民族地区日益恶化的生态环境；能创造具有重要影响的民族地区文化品牌，提升文化软实力；能吸收大量劳动力资源而减轻就业压力，促使民族地区乃至整个社会的和谐，最终取得人与社会共同发展的双赢。

(1)促进民族地区经济发展方式从高资源消耗、高排放向低消耗、低排放的生态式发展转变。高消耗、高排放是改革开放以来我国经济发展中遇到的一个难题。此种发展模式虽然带来了经济的快速增长，但也让可持续发展变得难以为继。在深入推进西部大开发和促进民族地区跨越式发展的进程中，需要大力加快经济发展方式的转变，坚持人与自然和谐发展，努力使民族地区实现可持续发展。

目前民族地区的经济增长主要以大规模的能源消耗为特征，这样的发展方式付出了巨大的生态代价：水土流失面广、量大，问题严重。据统计，目前民族地区的水土流失面积占全国水土流失面积的 80%以上，其中西北民族地区尤为严重。土地荒漠化和沙漠化问题相当突出。据统计，民族地区荒漠化面积占全国荒漠化面积的 90%以上。青海省 1/5 以上草场发生中度以上退化，土地沙化面积已占全省总面积的 17.4%以上。新疆维吾尔自治区草场严重退化，土地沙化面积占全区总面积的比重高达 49%。水环境脆弱和水资源严重匮乏。黄河流域上中游的青海省、宁夏回族自治区等大部分地区处于半干旱地区，生态环境极为脆弱，在发展经济的过程中，破坏了水源涵养功能，从而加剧了用水紧缺状况，形成了山地植被减少与水土流失之间的恶性循环。森林资源减少，生态陷入恶性循环。乱砍滥伐、毁林开荒，造成森林植被严重破坏，出现了系列生态危机。而且由于森林植被遭到破坏，地面失去涵养水源功能，一旦降水强度增加，山区将不可避免地出现洪水灾害。这正是因为传统的粗放型经济发展方式导致了资源的不断枯竭和环境的不断恶化(姚聪莉，2009)。野生动植物数量锐减，部分种群濒临灭绝。民族地区拥有独特的地理位置和自然环境，保存了大批珍稀野生动植物资源。但是随着人们对自然界的长期掠夺和破坏，生态环境不断恶化，严重破坏了野生动植物的生存环境，部分珍稀动植物已经灭绝，现存的珍稀物种也受到巨大威胁。

生态式发展需要注意以下方面：①需要加强生态建设和环境治理，促进自然生态系统的恢复和重建，实现自然环境系统的良性循环；②推进经济系统的生态化和绿色化，走绿色生态经济发展之路，大力发展循环经济、生态农牧业、生态工业和生态型第三产业(如出版发行、动漫、会展、休闲等)；③大力培育绿色能源(风能、太阳能、水能、森林碳汇产业)，不断壮大能源、原材料加工等特色优势产业；④要把旅游作为产业发展动力，联动农业旅游、工业旅游、森林生态旅游以及第一、二、三产业，形成旅游产业链，实现文化、生态建设以及交通干线枢纽和旅游的联动。

(2) 促进民族地区从资源式到文化式发展。从经济发展看，民族地区工业化从矿产资源开发起步，形成了以资源开采、输出为依托的经济增长机制，以能源矿产资源开发为基础的资源型产业在区域经济中长期居于主导和支柱产业地位。民族地区工业增加值和工业增长主要来源于资源型产业，产业体系、贸易体系、财政体系、投资体系乃至城市化都是以资源开发为中心。目前，民族地区的发展战略仍然带有资源导向型特征，特别是西部大开发战略实施以来，许多省区都将资源开发和加工业确定为发展的重点。

但是，应该看到资源型产业的弊端。一方面，民族地区资源型产业长期依靠规模扩张发展，产业技术水平低。计划经济时期，西部和民族地区资源型产业和农业一样，承担了国家经济原始积累的任务，作为国家能源原材料基地，西部低价输出资源型初级产品，高价输入东部工业消费品。另一方面，资源浪费和环境破坏严重。民族地区较落后的技术结构决定了矿产资源开发利用的低度、粗放，造成资源的过度消耗、浪费与破坏，极大地限制了资源开发利用的经济效益。总体来说，在西部大开发的过程中，资源型产业发展的现状使后备资源日趋紧张，资源枯竭的风险突出。按资源开发程度和目前拥有可供开发的资源储备量来说，许多资源型企业的资源已经接近枯竭，资源的自给率不断下降，企业的经营成本不断上升。此时，实现发展从资源式转向文化式可能是一个最佳的选择。

民族地区有着丰富的文化资源和开发潜力。①历史文化悠久，人文景观众多。民族地区所在的西部是中华文明的重要发源地，也是中国革命的重要发源地。这里文物众多，历史文化底蕴丰厚，如敦煌莫高窟、秦始皇兵马俑、楼兰古国、布达拉宫、三星堆等历史文化遗址；这里也有着光荣的革命文化传统，留下了极其丰富的革命文物和纪念地，如延安、遵义、红岩村等。②山川风光秀丽，自然景观奇特。这里区域辽阔，地形地貌复杂，高山大川交错，自然景观优美。南有西双版纳的热带风光，北有温带的草原、戈壁、沙漠。既有奇异的高原雪域风情，又有山清水秀的桂林山水、三峡风光。在这些名山大川、高原雪山之间，众多的动植物资源以其稀有性和奇特性，具有巨大的保护价值和多样性的开发功能。③民族文化丰富多彩。这里民族众多，各民族的丰富文化形成了一个巨大的民族民间文化艺术宝库，蕴藏着极为丰富的民族民间文化。尤其是一些偏远的少数民族地区，至今仍保留着众多久远时代的艺术品种，成为一些古代艺术的活化石，如纳西古乐、各地的民间歌舞、民间文学宗教艺术等。民族文化资源丰富独特，潜力巨大，非常有利于综合开发，为民族文化产业提供了发展的平台。

但是，文化资源并不等于文化产品和文化资本，更不是文化产业，而仅是为文化产业的发展提供必不可少的资源供给和保障。因此，要立足于丰富多样的文化资源，着力创新开发利用的方式和途径，促进文化资源优势向经济优势、产业优势转化。①要发展文化产业，必须从文化产业生产的第一环节即创新开发文化资源入手，把文化资源的市场化、商品化作为文化产业生产全过程的重要手段；②开发利用这些资源，生产出受大众喜欢、有文化附加值和科技含量的文化产品；③开发生产多种衍生产品，打造文化产业链；④利用文化市场和知识产权等将这些文化产品和衍生产品销售到消费者手里，使各种文化资源的综合开发获得最大的效益；⑤要坚定地实施“走出去”的国际化战略，紧紧抓住全球文化市场不断扩大的重大机遇，积极开拓国际市场。要鼓励国家的和地方的、国有的和民营的文化力量，按照国际惯例，通过国际的文化代理和中介机构，加强国际的合作，以全新的姿态参与国际文化竞争。

(3) 有助于提升民族地区“文化软实力”。“文化软实力”是国内学界对国际学界提出的“软实力”及“文化力”概念的整合与发展，指的是一种因文化的巨大魅力而产生影响力、吸纳力的政策手段和工具。它以内藏的吸引力发挥作用，以足够的内在能量吸引他人趋近。作为国家能源储备基地及全国发展的大后方，民族地区不仅具有不可取代的政治地位，其战略地位也极其重要，而文化软实力的状况更是影响着中国文化软实力乃至国家综合国力的提升。

①制约民族地区发展的现实因素，即脆弱的地区生态、极为不便的交通运输、相对落后的基础设施、普遍不足的劳动力供给等，迫切要求将提升文化软实力放在优先发展的位置；②提升文化软实力是挖掘民族文化，倡导具有中国特色的社会主义文化体系并增强国家认同和国民凝聚力的强大动力；③提升文化软实力是促进民族地区振兴、提升国家软实力乃至综合国力的关键步骤；④广大民族地区地处祖国边疆和少数民族集中聚居的现实状况决定了要促进社会长治久安、捍卫国家主权就必须提升文化软实力。

要提升民族地区文化软实力，就要立足于现有的文化资源，借鉴东部沿海地区的发展经验，准确定位自身的文化发展优势，融通国内，放眼国际，为促进民族地区的全面发展提供智力及精神动力的支持，以文化软实力的提升推动民族地区的全面繁荣，并最终增强我国的综合国力。为此，要将文化软实力的提升落到实处，就要寻求以强大的文化产业作支撑。因为一个国家和民族的价值观念、意识形态、行为方式等，只有通过大规模运作的文化产业形态及由此产生的巨大传播能力，才能向外辐射并渗透到千千万万个家庭的日常生活中，影响他们的思想和感情，扩大自身的影响力。因此，提升民族地区文化软实力，着重点就在于要繁荣民族地区的文化产业。

大力发展民族地区文化产业的重要意义在于：①可以解放和发展民族地区的文化生产力，并由此使民族地区的文化发展观念得到进一步更新，各地政府部门的文化生产力意识得到进一步强化；文化体制改革也得到不断深化，文化产业得到进一步发展，文化市场也得到进一步繁荣。②可以增强民族地区文化的传播能力，让民族地区文化在当今时代的新发展、新成就得到外界的广泛认同和赞赏，进一步展示民族地区文化的影响力、吸引力和感召力，使得民族地区文化软实力可见、可闻、可感，将其对民族地区经济发展的推动作用落到实处。③可以推动民族地区的文化民生建设，为民族地区人民提供更多的文化产品、文化设施、文化场所、文化机遇，让民众时时处处浸润在健康的文化氛围之中，感受到文化生活的便捷和美好，并能时时享受文化消费和文化休闲的权利。

以上所述的发展民族地区文化产业将会带来的积极效用也正是我们要提升民族地区文化软实力所要达到的基本目标。在实现这些目标的基础上，我们才能推动整个国家文化产业的发展，最终形成以华人为基础的、超越国界的“文化中国”，而这对提升国家软实力乃至中国的综合国力将有重大意义。

(4) 有助于减轻民族地区就业压力。由于地理环境、经济状况、文化观念等的影响和制约，民族地区在劳动力就业方面一直存在着不容忽视的压力和问题。具体来说，同全国其他地区相比，近几年民族地区的就业状况具有以下几个特点：就业人数增长慢，劳动力参与率低；城镇从业人员数量出现了绝对减少；从业人员大部分集中在第一产业，第二产业容纳就业能力低；近几年民族地区就业弹性系数虽然有一定的提高，但是仍然低于全国平均水平。而造成民族地区就业压力的主要原因在于：人口快速增长和农业经营方式转变形成大量剩余劳动力，历史地理文化等原因造成的经济发展相对滞后，经济体制改革使国有和集体企业就业能力大幅度下降以及由于制度等原因所造成的非公有制经济、中小型企业发展困难等几个方面。

要改善民族地区就业状况、减轻就业压力，大力发展文化产业是一条现实可行的途径。文化产业的发展可以从以下几个方面缓解民族地区的就业压力：①从文化产业投资方面看，文化产业发展力度的加大，必然会带来各方面投资的大幅增长，而这必然会拉动就业的需求，并最终带动经济增长、缓解就业压力；②从文化产业的产业特征看，旅游、动漫、会展业等产业的发展必然会增加第三产业的就业需求，由此扩大就业容量，改变劳动力集中于第一产业的落后现状。以旅游业为例，据估算，旅游业的就业乘数在 4～5，即旅游部门每增加一个直接就业人员，就能创造 4～5 个就业机会。

7.2 西部大开发以来民族地区文化产业的发展研究

西部大开发以来，民族地区各级政府对文化事业和文化产业的发展特别重视。例如，云南省在 1999 年 1 月主办的“云南省建设民族文化大省研究会”，正式将民族文化大省建设目标定位为中国特色社会主义文化建设纲领在云南省的具体实践。2003 年以来，各民族地区结合自己的文化资源、文化消费市场和文化产业发展的条件，相应制定了鼓励和推动地区文化产业发展的相关政策和发展规划，促进了民族地区文化产业的快速发展。

7.2.1 民族地区文化产业的成长

1) 文化及相关产业固定资产投资

从文化及相关产业的固定资产投资看，2005 年民族八省区文化及相关产业固定资产投资为 1826008 万元，2014 年为 22041912 万元，年均(2005～2014 年)增长 31.88%，高于同期全国文化及相关产业固定资产投资年均 26.8%的平均水平。可以看出，2005 年以来，民族地区文化及相关产业固定资产投资呈现出快速增长的平均态势，其占全国文化及相关产业固定资产投资的比重从 2005 年的 6.53%提高到 2014 年的 9.30%(图 7.1 和图 7.2)。民族八省区各省区文化及相关产业固定资产投资情况见表 7.3。

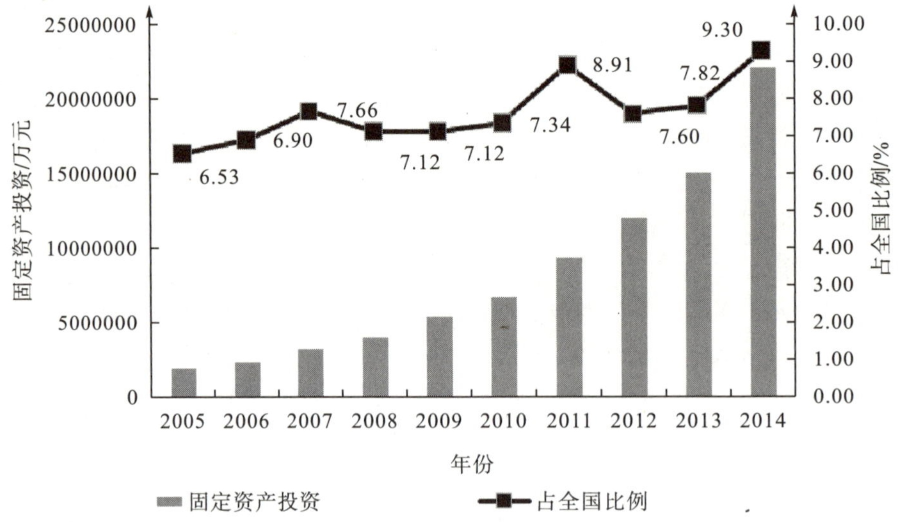

图 7.1 民族地区文化及相关产业的固定资产投资

资料来源：《中国文化及相关产业统计年鉴》(2015 年)。

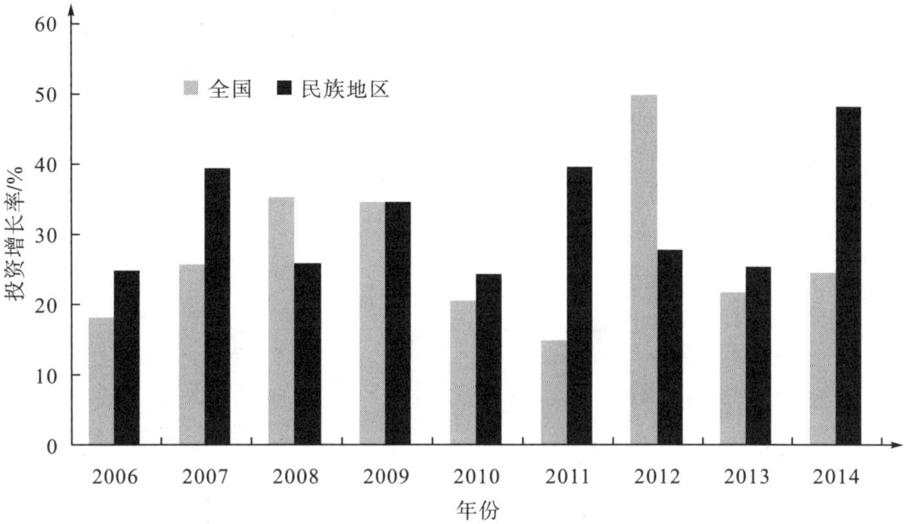

图 7.2　全国与民族地区文化及相关产业固定资产投资增长率

资料来源：《中国文化及相关产业统计年鉴》(2015 年)。

表 7.3　民族八省区文化及相关产业固定资产投资情况　(单位：万元)

年份	全国	内蒙古自治区	广西壮族自治区	贵州省	云南省	西藏自治区	青海省	宁夏回族自治区	新疆维吾尔自治区
2005	27959612	435383	479475	221668	262169	47291	36310	98825	244887
2006	33021537	565120	604003	240955	403863	50172	52626	145373	216114
2007	41468447	1017800	784185	299948	527189	54558	104951	172700	214528
2008	56089707	1016661	1150620	366132	686182	84952	121105	211118	356881
2009	75416950	1484789	1694818	347571	985359	98769	158547	184700	416076
2010	90885175	1960465	2125396	460871	1247579	118720	161868	138612	458622
2011	104455303	2689276	2844772	642014	1996848	165556	176607	169311	622876
2012	156426250	3061915	4078112	715251	2113237	320715	428814	225405	943052
2013	190460073	2947674	5398113	1063878	2711661	639234	628911	335158	1166183
2014	236950339	5608522	7109740	2205423	3704349	510105	661121	550228	1692432

资料来源：《中国文化及相关产业统计年鉴》(2015 年)。

2) 文化产业的成长

对文化产业投资的快速增长，推动了民族地区文化产业的迅速发展，规模不断扩大，使民族地区文化产业在全国的地位不断上升。

首先，从文化及相关产业的法人单位数看，2012 年民族八省区每万人拥有的文化及相关产业法人数(密度)为 2.49 个，2013 年为 3.33 个，2014 年为 3.59 个；民族八省区拥有的文化及相关产业法人数占全国比例分别为 7.15%(2012 年)、6.97%(2013 年)和 6.97%(2014 年)。全国及民族八省区各省区文化及相关产业法人单位密度如图 7.3 所示。可以看出，近年来民族地区文化及相关产业法人单位密度有了快速提高，但与全国平均水平比较，依然有较大差距，法人单位数占全国比例远低于民族八省区人口占全国的比例

(14%以上)。另外，民族八省区各省区发展不平衡。

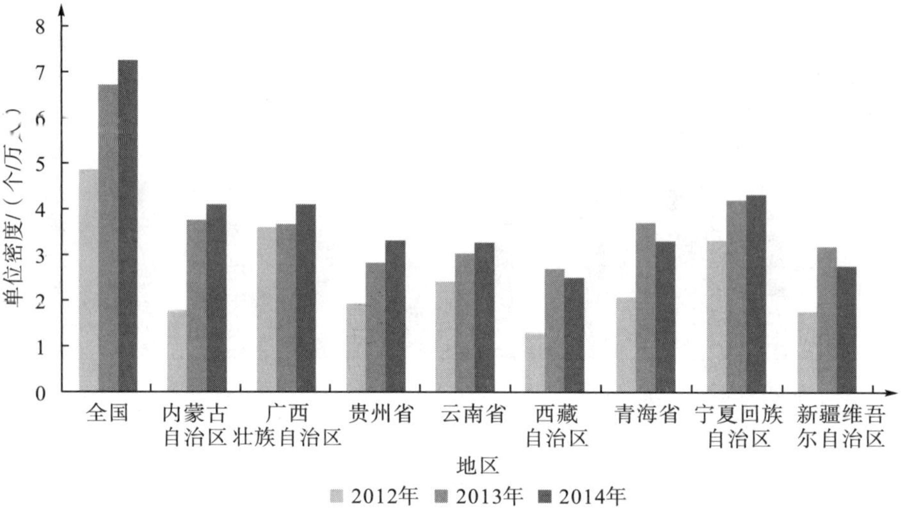

图 7.3 全国和民族八省区文化及相关产业法人单位密度(见彩图版)

资料来源：《中国文化及相关产业统计年鉴》(2013 年，2014 年，2015 年)。

从总产出看，按《中国文化文物统计年鉴》统计口径，2000 年民族八省区文化产业总产出 3040758 万元，占全国各地方总产值和的 9.15%；到 2009 年该值达到 15822089 万元，占比提高到 10.59%，年均增长率 20.11%；从文化产业增加值看，2000 年民族地区文化产业实现增加值 2028097 万元，占全国 10.25%，到 2009 年达到 1178992 万元，占比提高到 11.56%，年均增长率 21.60%。与民族地区经济总量占全国各地区和的比重比较，文化产业产值比重高于经济总量的比重(图 7.4)。

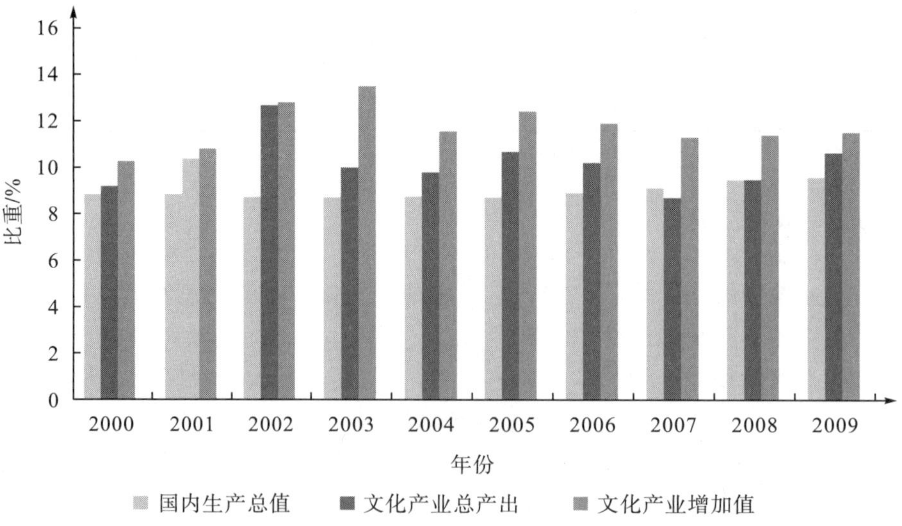

图 7.4 民族地区文化产业在全国的地位(见彩图版)

资料来源：根据《中国文化文物统计年鉴》(各年)和《中国统计年鉴》(各年)相关数据计算绘制。

表 7.4 是根据《中国文化及相关产业统计年鉴》(2015 年)整理的文化及相关产业在吸纳就业方面的数据。2004 年，民族八省区合计为 68.21 万人，到 2013 年增加到 98.1 万人，年均增长 4.12%；在总资产方面，2004 年民族八省区文化及相关产业总资产 810.6 亿元，2013 年达到 3763.6 亿元，是 2004 年民族八省区文化及相关产业总资产的 4.64 倍；营业收入从 2004 年的 579.3 亿元增加到 2013 年的 2236.5 亿元，是 2004 年营业收入的 3.86 倍。

表 7.4　全国与民族八省区文化及相关产业统计

地区	2004 年			2008 年			2013 年		
	从业人员/万人	增加值/亿元	占 GDP 比重/%	从业人员/万人	增加值/亿元	占 GDP 比重/%	从业人员/万人	资产总计/亿元	营业收入/亿元
全国	873.26	3101.7	1.94	1008.22	7166.1	2.28	1760.0	95422.1	83743.4
内蒙古自治区	10.11	32.3	1.07	9.84	111.2	1.31	13.9	558.9	346.3
广西壮族自治区	19.14	51.1	1.49	19.56	99.4	1.42	29.5	808.8	733.3
贵州省	7.69	24.1	1.43	6.41	26.6	0.75	13.1	701.6	259.8
云南省	14.66	47.3	1.54	13.27	77.2	1.36	21.6	1052.2	521.7
西藏自治区	1.50	4.6	2.08	0.96	8.7	2.21	1.7	41.2	23.1
青海省	2.93	5.1	1.09	2.06	10.3	1.01	4.1	187.4	144.5
宁夏回族自治区	3.88	9.8	1.82	2.64	13.8	1.14	4.1	165.5	53.0
新疆维吾尔自治区	8.30	24.6	1.09	6.31	30.1	0.72	10.1	248.0	154.8

资料来源：《中国文化及相关产业统计年鉴》(2015 年)。

民族地区文化产业的快速发展，带来的是各族人民文化服务获取的便利性增强及文化生活水平的提高(表 7.5 和表 7.6)。例如，2000～2014 年，西藏自治区广播节目综合人口覆盖率由 77.7%提高到 94.78%，电视节目综合人口覆盖率由 76.13%提高到 95.91%；新疆维吾尔自治区的艺术表演团体由 88 个增加到 122 个，公共图书馆由 80 个增加到 107 个。

表 7.5　全国及民族八省区居民家庭人均文化娱乐消费支出　(单位：元)

地区	2005 年	2006 年	2007 年	2008 年	2009 年	2010 年	2011 年	2012 年	2013 年	2014 年
城镇居民家庭人均文化娱乐消费支出										
全国	526.1	591.0	690.8	736.1	826.9	966.3	1101.7	1213.9	945.7	1087.9
内蒙古自治区	464.0	537.0	691.8	815.2	874.9	996.2	1071.7	1185.3	979.7	1043.1
广西壮族自治区	470.7	452.6	600.6	597.9	707.6	789.2	940.8	946.2	667.7	733.4

续表

地区	2005 年	2006 年	2007 年	2008 年	2009 年	2010 年	2011 年	2012 年	2013 年	2014 年
贵州省	428.7	514.4	546.0	498.5	710.7	760.5	844.1	896.1	797.6	1067.0
云南省	438.2	433.1	403.8	438.7	519.8	691.4	888.6	931.4	840.0	1009.0
西藏自治区	250.2	87.4	177.4	214.1	265.1	279.7	286.7	325.1	212.5	376.2
青海省	442.6	457.1	534.7	491.9	522.1	558.3	639.7	[illegible]	740.8	1068.2
宁夏回族自治区	381.7	520.3	487.4	578.6	637.5	801.8	874.5	934.8	845.0	877.6
新疆维吾尔自治区	285.1	357.7	407.8	395.3	451.6	579.0	607.6	680.8	691.2	792.8
农村居民家庭人均文教娱乐消费支出										
全国	295.5	305.1	305.7	314.5	340.6	366.7	396.4	445.5	174.8	207.0
内蒙古自治区	309.4	398.5	423.8	399.4	390.9	374.2	525.9	514.0	202.2	215.8
广西壮族自治区	226.4	198.2	172.5	172.7	192.5	182.6	218.7	270.2	102.4	119.1
贵州省	160.9	138.1	147.3	122.1	151.6	186.2	183.0	226.4	101.7	123.8
云南省	182.6	177.9	181.7	168.6	177.7	206.5	241.1	289.2	97.5	108.8
西藏自治区	28.2	64.3	65.4	62.3	61.1	51.1	40.9	40.9	28.0	29.5
青海省	109.5	118.7	135.1	148.9	173.8	198.5	265.4	283.3	127.4	160.8
宁夏回族自治区	177.9	168.9	192.0	192.6	217.2	241.1	324.4	373.4	179.4	193.9
新疆维吾尔自治区	159.3	157.0	166.3	169.0	158.1	170.2	229.7	261.7	124.1	115.3

资料来源：《中国文化及相关产业统计年鉴》(2013 年，2014 年，2015 年)。

表 7.6　民族地区文化服务获取的变化

类型	年份	内蒙古自治区	广西壮族自治区	贵州省	云南省	西藏自治区	青海省	宁夏回族自治区	新疆维吾尔自治区
艺术表演团体/个	2000	116	118	28	129	46	19	15	88
	2010	123	141	52	142	37	32	45	132
	2014	177	67	105	284	88	64	31	122
公共图书馆/个	2000	108	94	89	148	1	38	22	80
	2010	113	108	93	150	4	44	20	103
	2014	116	112	95	151	78	49	26	107
博物馆/个	2000	25	39	8	30	—	14	4	23
	2010	54	64	59	120	2	18	6	71
	2014	75	106	74	86	4	22	12	82

续表

类型	年份	内蒙古自治区	广西壮族自治区	贵州省	云南省	西藏自治区	青海省	宁夏回族自治区	新疆维吾尔自治区
广播节目综合人口覆盖率/%	2000	85.60	85.00	76.24	87.45	77.70	63.00	85.20	89.80
	2010	96.60	94.50	87.59	95.37	90.28	90.03	92.92	94.90
	2014	98.42	96.60	91.52	96.48	94.78	97.03	96.15	96.48
电视节目综合人口覆盖率/%	2000	81.40	90.00	85.34	89.00	76.13	86.00	86.00	92.20
	2010	95.38	96.5	92.55	96.39	91.41	95.03	98.20	95.28
	2014	98.57	98.20	95.39	97.48	95.91	97.51	99.11	96.94

资料来源：《新中国六十年统计资料汇编》和《中国统计年鉴》(2011 年，2015 年)。

3) 文化产业结构的演变和比较优势

(1) 从文化及相关产业法人单位结构看，《文化及相关产业分类(2012)》按业态不同，分为文化制造业、文化批发和零售业、文化服务业。据此分析文化及相关产业法人单位结构如表 7.7 所示，全国及民族八省区文化服务业占比最高，超过 2/3，文化制造业、文化批发和零售业占比 1/3 左右；与全国比较，民族八省区文化服务业比重更高，而文化制造业占比远低于全国平均水平。

表 7.7　全国与民族八省区文化及相关产业法人单位产业结构(%)

地区	文化制造业			文化批发和零售业			文化服务业		
	2012	2013	2014	2012	2013	2014	2012	2013	2014
全国	20.06	17.69	17.33	17.11	15.23	15.34	62.83	67.08	67.33
内蒙古自治区	10.04	6.09	5.99	11.36	14.80	14.79	78.60	79.11	79.22
广西壮族自治区	11.29	10.23	9.92	16.61	12.73	13.36	72.10	77.03	76.71
贵州省	10.02	19.21	18.40	14.99	11.28	7.19	74.99	69.51	74.41
云南省	7.59	6.94	7.02	13.78	12.89	13.05	78.64	80.17	79.93
西藏自治区	12.41	12.29	12.16	12.41	15.37	16.17	75.19	72.34	71.68
青海省	11.89	11.15	11.75	15.85	12.16	11.13	72.25	76.69	77.12
宁夏回族自治区	8.68	8.74	9.02	19.69	15.09	14.67	71.63	76.16	76.32
新疆维吾尔自治区	7.83	8.95	10.23	11.41	11.84	13.63	80.76	79.21	76.14

资料来源：《中国文化及相关产业统计年鉴》(2013 年，2014 年，2015 年)。

(2) 考察文化产业增加值的行业结构。图 7.5 是根据《中国文化文物统计年鉴》的分类计算绘制的民族地区文化产业结构的演变（和全国的比较），基于时间序列的可比性，这里只考虑了艺术业(包括艺术表演团体和艺术表演场馆)、图书馆业、群众文化业、文化市场(包括艺术经纪及代理业和娱乐业)和文物业的增加值的构成情况。可以看出，与全国进行比较，民族地区文化产业增加值构成的变化趋势与全国一样，随着文化体制改革，文化市场的比重在上升，目前在所考察的几个产业中，文化市场的比重占70%左右，与全国水平持平，而艺术业、图书馆业、群众文化业等均有所下降。例如，民族地区的艺术业在所考察的几个产业中，2000年占比在20%以上，2009年占比降为11.67%，图书馆业从6.95%占比下降为3.64%，群众文化业占比从12%下降为7%。与全国相比，民族地区文物业的占比偏低，且在2000～2009年有所下降，这与民族地区丰富的文物资源不相称，而艺术业和群众文化业占比高于全国水平，这可能和民族地区民族文化资源丰富、节庆活动多相关。

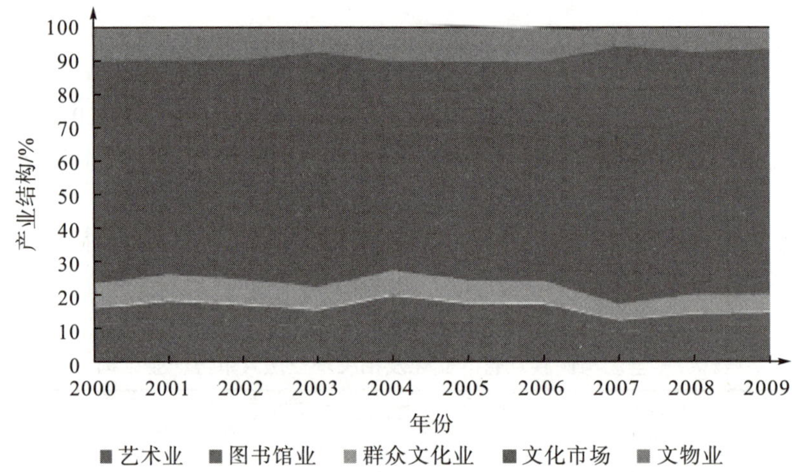

（a）全国

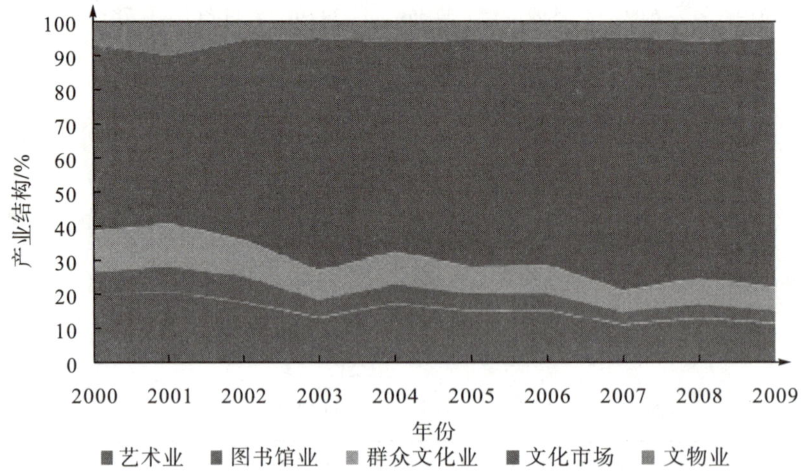

（b）民族地区

图7.5 民族地区文化产业结构的演变(和全国的比较)(见彩图版)

资料来源：根据《中国文化文物统计年鉴》(各年)相关数据计算绘制。

(3) 从就业结构看，按《文化及相关产业分类(2012)》统计[①]，2014 年民族八省区合计文化制造业就业占比为 52.06%，文化批发和零售业就业占比为 9.44%，文化服务业占比为 38.50%，全国同年的就业结构为：文化制造业为 64.02%，文化批发和零售业为 6.42%，文化服务业为 29.56%。民族八省区文化及相关产业就业的基本格局与全国类似，不同的是民族八省区文化制造业占比偏低，文化服务业占比偏高。民族八省区各省区间存在显著差异(表 7.8)。从就业的变化看，2012～2014 年文化制造业占比有所下降，文化服务业占比有所上升。

表 7.8　全国和民族八省区文化及相关产业就业结构(%)

地区	2012 年			2013 年			2014 年		
	文化制造业	文化批发和零售业	文化服务业	文化制造业	文化批发和零售业	文化服务业	文化制造业	文化批发和零售业	文化服务业
全国	65.82	7.29	26.88	66.10	6.65	27.25	64.02	6.42	29.56
内蒙古自治区	26.41	10.97	62.62	30.46	10.52	59.02	35.65	15.09	49.26
广西壮族自治区	78.83	5.30	15.87	75.94	4.56	19.50	70.69	4.77	24.54
贵州省	22.48	16.47	61.05	27.98	11.53	60.49	33.28	9.80	56.92
云南省	29.66	21.28	49.06	35.20	17.18	47.61	32.28	16.56	51.15
西藏自治区	74.65	17.97	7.38	64.38	11.59	24.03	51.59	10.94	37.46
青海省	74.06	9.72	16.22	75.58	6.08	18.34	70.10	6.69	23.21
宁夏回族自治区	60.20	11.37	28.43	55.34	7.53	37.13	51.13	7.13	41.73
新疆维吾尔自治区	19.19	32.84	47.97	19.49	23.69	56.82	15.78	17.18	67.04
民族八省区	56.46	11.62	31.93	55.79	9.48	34.74	52.06	9.44	38.50

资料来源：《中国文化及相关产业统计年鉴》(2013 年，2014 年，2015 年)。

区位熵是反映一个地区某产业是否具有优势的一个指标。区位熵的含义是一个地区特定部门的产值(就业)在地区生产总值(就业)中所占的比重与全国该部门产值(就业)在全国总产值(就业)中所占的比重之间的比值，设 q_{ij} 为 i 地区 j 部门的区位熵，e_{ij} 表示 i 地区 j 部门的产值或就业人数，e_i 表示 i 地区总产值或就业总人数，E_j 表示全国 j 部门的总产值或就业人数，E 是全国总产值或总就业人数，于是

$$q_{ij} = \frac{e_{ij} / e_i}{E_j / E}$$

如果某地区某产业的区位熵大于 1，表明该地区该产业具有比较优势；如果随着时间的推移，某地区某产业的区位熵在逐步扩大，表明该地区该产业的优势愈益突出，反之则优势减弱。

①这里分析的是规模以上文化及相关产业。

本书计算了民族地区文化产业的区位熵[①]，例如，2009 年民族地区文化产业的区位熵计算结果是：增加值相对于 GDP 的区位熵是 1.12，相对于第三产业的区位熵是 1.22，文化产业就业的区位熵相对于总就业是 1.03，相对于第三产业是 1.16。因此，总体上看，民族地区发展文化产业是具有优势的。分地区看，对各地区 2000 年以来文化产业就业相对于总就业的区位熵计算结果如表 7.9 所示。可以看出，内蒙古自治区、西藏自治区、青海省、宁夏回族自治区、新疆维吾尔自治区等地文化产业已有较明显的优势。

表 7.9 民族地区文化产业的区位熵

地区	年份										
	2000	2001	2002	2003	2004	2005	2006	2007	2008	2009	2010
内蒙古自治区	1.25	1.45	1.58	1.53	1.09	1.42	1.51	1.39	1.41	1.42	1.35
广西壮族自治区	0.85	0.87	0.89	0.95	0.81	0.94	1.01	1.01	0.95	0.95	0.87
贵州省	0.37	0.50	0.40	0.44	0.37	0.49	0.51	0.56	0.56	0.61	0.55
云南省	1.39	1.30	1.23	1.35	0.95	1.22	1.28	1.04	1.16	0.89	0.71
西藏自治区	4.42	1.73	2.05	2.37	2.22	3.65	0.71	2.98	2.41	2.00	3.10
青海省	1.07	1.15	1.18	1.43	0.86	1.07	1.17	1.21	1.06	1.28	1.19
宁夏回族自治区	1.62	1.63	1.42	1.65	1.50	1.73	1.73	1.95	2.02	1.69	1.65
新疆维吾尔自治区	1.63	1.98	1.80	2.22	1.41	1.73	1.89	1.76	1.69	1.82	1.62

资料来源：作者根据《中国文化文物统计年鉴》(各年)和《中国统计年鉴》(各年)相关数据计算。

从文化产业行业看，根据对民族地区文化产业各行业 2009 年增加值区位熵和 2010 年就业区位熵的计算，在艺术表演团体方面已有优势的地区是内蒙古自治区、云南省、西藏自治区、青海省、宁夏回族自治区和新疆维吾尔自治区；宁夏回族自治区、青海省、内蒙古自治区在图书馆业上有优势；内蒙古自治区、贵州省、云南省、青海省、宁夏回族自治区、新疆维吾尔自治区的群众文化业有优势；广西壮族自治区在文化市场方面走在民族地区的前列；西藏自治区在文物业方面有相对优势；在艺术教育、文艺科研、动漫等方面，目前民族地区不具有优势，需要特别加强民族地区的艺术教育和科学研究。广西壮族自治区、贵州省民族文化资源丰富，但此种资源优势尚未转化为产业优势和经济优势。

这里也按《文化及相关产业分类(2012)》统计口径计算了最近几年民族八省区文化产业的就业区位熵。表 7.10 分别给出了按经济普查数据计算的民族八省区文化及相关产业就业区位熵和规模以上文化及相关产业的就业区位熵，规模以上的文化及相关产业就业数据是把文化制造业、文化批发和零售业、文化服务业的就业数据相加得到的。由此可以看出，民族八省区文化产业的优势并不突出。

在文化及相关产业内部，根据《中国经济普查年鉴 2013》的数据计算，民族八省区中区位熵大于 1 的是[②]：内蒙古自治区文化服务业(1.74)，文化批发和零售业(1.51)；广西壮族自治区文化制造业(1.06)；贵州省文化服务业(1.54)，文化批发和零售业(1.05)；云

①按《中国文化文物统计年鉴》统计口径计算。
②文化及相关产业内部的区位熵计算方法是：(某地区第 i 个文化产业的就业/该地区文化及相关产业就业)/(全国第 i 个文化产业就业/全国文化及相关产业就业)。

南省文化批发和零售业(1.65)，文化服务业(1.56)；西藏自治区文化批发和零售业(1.63)，文化服务业(1.17)；青海省文化批发和零售业(1.09)，文化服务业(1.00)；宁夏回族自治区文化服务业(1.41)，文化批发和零售业(1.17)；新疆维吾尔自治区文化服务业(1.51)，文化批发和零售业(1.48)。

表 7.10　民族八省区文化及相关产业就业区位熵

地区	经济普查数据计算			中国文化及相关产业统计年鉴计算		
	2004 年	2008 年	2013 年	2012 年	2013 年	2014 年
内蒙古自治区	0.84	0.67	0.43	0.24	0.21	0.13
广西壮族自治区	0.62	0.52	0.46	0.53	0.49	0.48
贵州省	0.30	0.21	0.31	0.11	0.12	0.15
云南省	0.52	0.38	0.32	0.19	0.19	0.20
西藏自治区	0.93	0.44	0.36	0.04	0.06	0.07
青海省	0.84	0.49	0.57	0.24	0.30	0.31
宁夏回族自治区	1.11	0.65	0.51	0.32	0.25	0.26
新疆维吾尔自治区	0.95	0.56	0.40	0.16	0.13	0.16

资料来源：《中国文化及相关产业统计年鉴》(2013 年，2014 年，2015 年)。

在全国各省(区、市)中，民族八省区的文化服务业及文化批发和零售业具有一定的优势(图 7.6)。

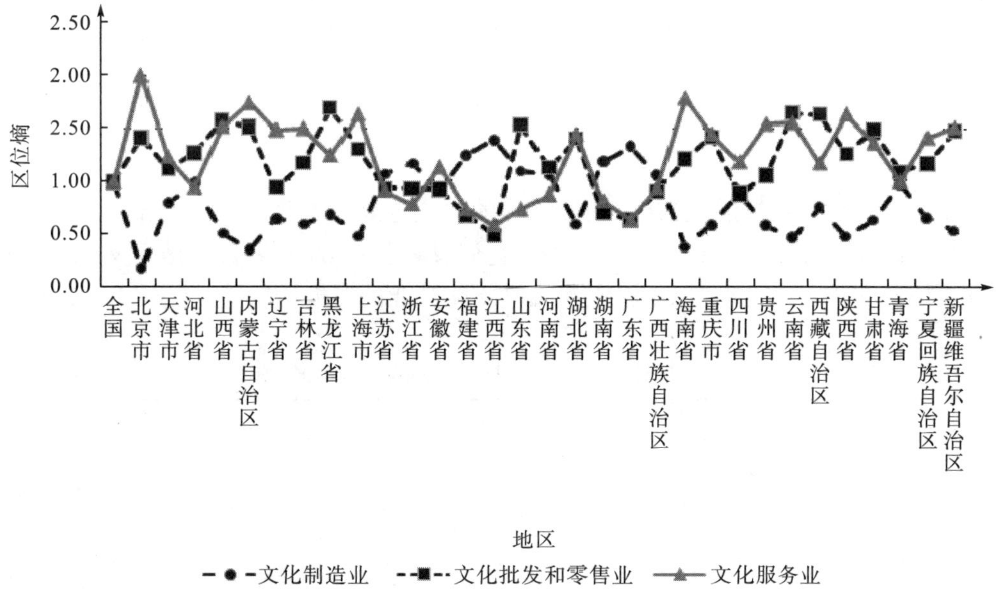

图 7.6　全国各地区文化及相关产业的就业区位熵(2013 年)

资料来源：根据《中国经济普查年鉴 2013》数据计算绘制。

表 7.11 计算的是民族八省区规模以上文化及相关产业的就业区位熵。从表 7.11 中可以看出，各地区具有比较优势的产业是：内蒙古自治区的文化服务业、文化批发和零售业；广西壮族自治区的文化制造业；贵州省的文化服务业、文化批发和零售业；云南省的文化批发和零售业、文化服务业、文化批发和零售业；西藏自治区的文化批发和零售业、文化服务业；青海省的文化制造业、文化批发和零售业；宁夏回族自治区的文化服务业、文化批发和零售业；新疆维吾尔自治区的文化批发和零售业、文化服务业。因此，总体上民族地区文化及相关产业中目前不具有优势的是文化制造业。

表 7.11　民族八省区文化及相关产业内部的比较优势(区位熵)

地区	2012 年			2013 年			2014 年		
	文化制造业	文化批发和零售业	文化服务业	文化制造业	文化批发和零售业	文化服务业	文化制造业	文化批发和零售业	文化服务业
内蒙古自治区	0.40	1.50	2.33	0.46	1.58	2.17	0.56	2.35	1.67
广西壮族自治区	1.20	0.73	0.59	1.15	0.69	0.72	1.10	0.74	0.83
贵州省	0.34	2.26	2.27	0.42	1.73	2.22	0.52	1.53	1.93
云南省	0.45	2.92	1.82	0.53	2.58	1.75	0.50	2.58	1.73
西藏自治区	1.13	2.46	0.27	0.97	1.74	0.88	0.81	1.70	1.27
青海省	1.13	1.33	0.60	1.14	0.91	0.67	1.10	1.04	0.79
宁夏回族自治区	0.91	1.56	1.06	0.84	1.13	1.36	0.80	1.11	1.41
新疆维吾尔自治区	0.29	4.50	1.78	0.29	3.56	2.09	0.25	2.68	2.27

资料来源：《中国文化及相关产业统计年鉴》(2013 年，2014 年，2015 年)。

7.2.2　文化产业与经济发展

民族地区文化产业发展快，在国民经济中的地位越来越重要。图 7.7 和表 7.12 是按《中国文化文物统计年鉴》的统计口径计算的。它们反映了 2009 年各民族地区文化产业与经济的发展情况和进入 21 世纪以来民族八省区文化产业的发展情况。

表 7.12　民族地区文化产业与全国的比较(2009 年)

地区	增加值			文化产业占比/%		就业人数			所占比重/%	
	GDP/亿元	第三产业/亿元	文化产业/千元	占 GDP	占第三产业	总人数/万人	第三产业/万人	文化产业/人	占总就业	占第三产业
全国	340902.8	148038	103756689	0.30	0.70	77995.0	26603.0	1908362	0.24	0.72
内蒙古自治区	9740.25	3696.65	2261366	0.23	0.61	1142.5	391.2	39702	0.35	1.01
广西壮族自治区	7759.16	2919.13	2731248	0.35	0.94	2862.6	719.3	66812	0.23	0.93

续表

地区	增加值			文化产业占比/%		就业人数			所占比重/%	
	GDP/亿元	第三产业/亿元	文化产业/千元	占GDP	占第三产业	总人数/万人	第三产业/万人	文化产业/人	占总就业	占第三产业
贵州省	3912.68	1885.79	1481721	0.38	0.79	2341.1	862.3	34783	0.15	0.40
云南省	6169.75	2519.62	2320159	0.38	0.92	2730.2	704.1	59226	0.22	0.84
西藏自治区	441.36	240.85	455835	1.03	1.89	169.1	58.7	8270	0.49	1.41
青海省	1081.27	398.54	502951	0.47	1.26	285.5	100.1	8941	0.31	0.89
宁夏回族自治区	1353.31	563.74	665289	0.49	1.18	328.5	113.0	13582	0.41	1.20
新疆维吾尔自治区	4277.05	1587.72	1369423	0.32	0.86	829.2	287.2	36947	0.45	1.29
民族地区	34734.83	13812.04	11787992	0.34	0.85	10688.7	3235.9	268263	0.25	0.83

资料来源：根据《中国统计年鉴》(2010 年)与《中国文化文物统计年鉴》(2010 年)计算得出。

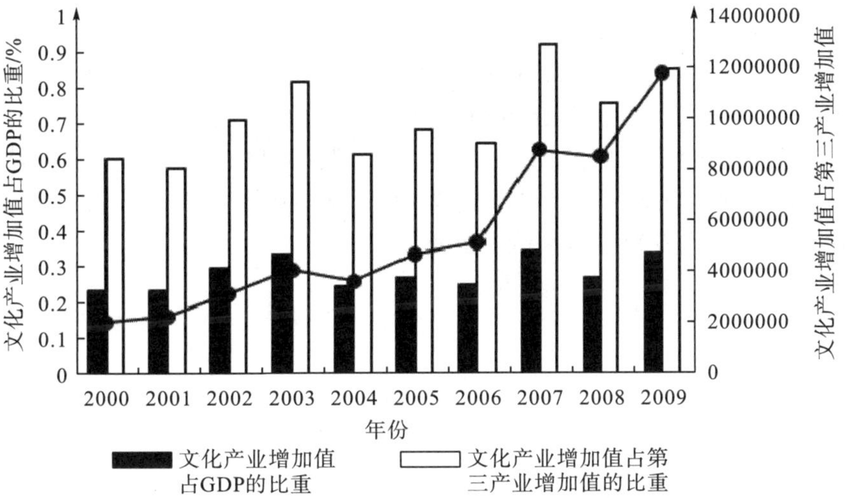

图 7.7　民族地区文化产业与经济增长

资料来源：根据《中国文化文物统计年鉴》(各年)和《中国统计年鉴》(各年)相关数据计算绘制。

(1)从文化产业提供的增加值看，2000 年民族地区文化产业增加值占 GDP 的 0.23%，到 2009 年提高到 0.34%，占第三产业增加值的比重由 0.60%增加到 0.85%。同期，全国文化产业的增加值占 GDP 和第三产业增加值的比重分别由 0.21%、0.53%提高到 0.3%和 0.7%。按照《文化及相关产业分类(2012)》统计口径计算文化及相关产业法人单位创造的增加值及占地区生产总值的比例如表 7.13 所示，民族八省区均很低。由于《中国文化及相关产业统计年鉴》未提供分地区文化及相关产业增加值数据，这里无法对近年的情况进行分析。

表 7.13　文化及相关产业法人单位创造的增加值及占地区生产总值的比例

地区	2004 年		2008 年	
	增加值/亿元	占 GDP 比重/ %	增加值/亿元	占 GDP 比重/ %
全国	3101.7	1.94	7166.1	2.28
内蒙古自治区	32.3	1.07	111.2	1.31
广西壮族自治区	51.1	1.49	99.4	1.42
贵州省	24.1	1.43	26.6	0.75
云南省	47.3	1.54	77.2	1.36
西藏自治区	4.6	2.08	8.7	2.21
青海省	5.1	1.09	10.3	1.01
宁夏回族自治区	9.8	1.82	13.8	1.14
新疆维吾尔自治区	24.6	1.09	30.1	0.72

资料来源：《中国经济普查年鉴》(2004 年，2008 年)。

(2)根据《中国文化文物统计年鉴》的统计口径，民族地区文化产业吸纳的就业占总就业人数的比例由 2000 年的 0.18%提高到 2010 年的 0.26%。按《文化及相关产业分类(2012)》统计，文化及相关产业法人单位就业占全部法人单位就业的比重：2013 年全国为 5.06%，民族八省区平均为 3.30%；2004 年全国为 4.11%，民族八省区平均为 3.72%；2008 年全国为 3.71%，民族八省区平均为 2.79%。民族八省区各省区相关数据见图 7.8。因此，文化及相关产业成为各地区就业的重要领域。

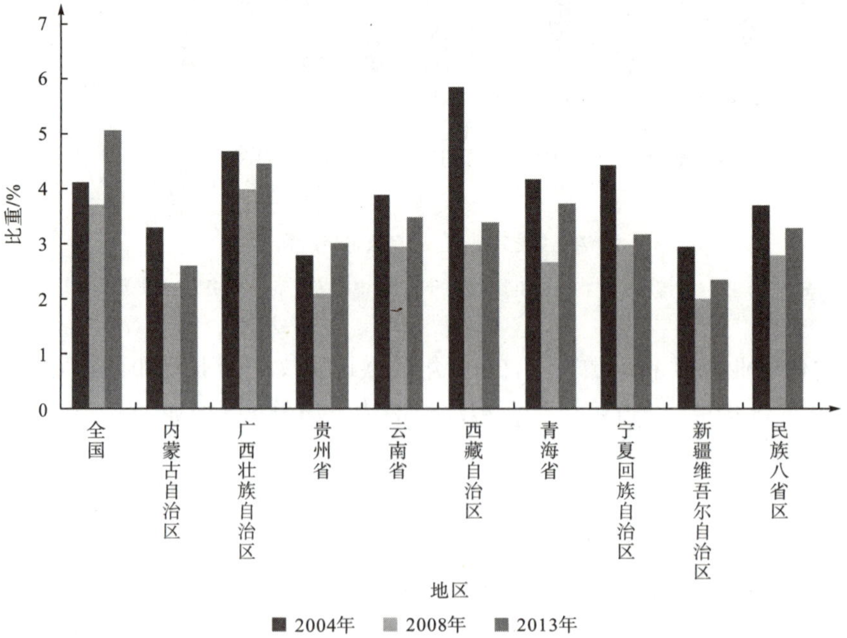

图 7.8　文化及相关产业法人单位就业占法人单位总就业比重

资料来源：根据《中国经济普查年鉴》(2004 年，2008 年，2013 年)和《中国文化及相关产业统计年鉴》(2015 年)相关数据计算绘制。

(3) 从文化及相关产业提供的税收看，根据《中国经济普查年鉴 2013》数据，2013 年全国文化及相关产业营业税金及附加占当年税收收入的 0.90%，民族八省区的占比分别为：内蒙古自治区为 0.54%，广西壮族自治区为 1.35%，贵州省为 0.79%，云南省为 0.86%，西藏自治区为 1.09%，青海省为 0.55%，宁夏回族自治区为 0.75%，新疆维吾尔自治区为 0.41%。

根据民族地区文化产业的增加值贡献、就业贡献和税收贡献，总体上，虽然民族地区文化产业发展速度快，但整体上民族地区文化产业的发展水平还很低，目前还不具备支柱产业的条件。今后，要将文化产业培育成民族地区国民经济的支柱性产业，还需要实现文化产业的跨越式发展。

事实上，一个地区的文化产业发展与经济发展密切相关。从文化消费看，图 7.9 显示的是 2014 年全国各省(区、市)人均文化娱乐消费占人均消费支出的比例与人均地区生产总值间的关系，无论是从全国居民人均文化娱乐消费占比，还是分城镇与农村分析，与各地区经济发展水平(人均地区生产总值)间呈现出显著的正相关关系。文化及相关产业增加值占地区生产总值比例、法人单位就业占比与地区经济发展水平(人均地区生产总值)间也呈现出显著的正相关关系(图 7.10)。一般地，文化消费属于中高层次消费，只有当经济发展水平达到一定阶段后，文化及相关产业才能有较大的发展，因此经济发展水平高的地区，文化及相关产业的发展水平也比较高。

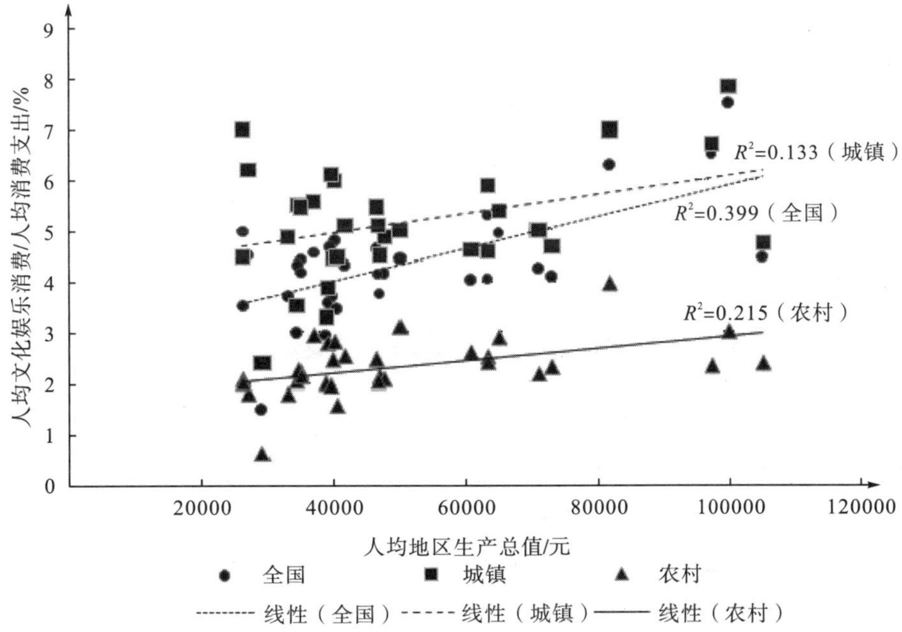

图 7.9　文化娱乐消费与人均地区生产总值的关系

资料来源：根据《中国统计年鉴》(2015 年)相关数据绘制。

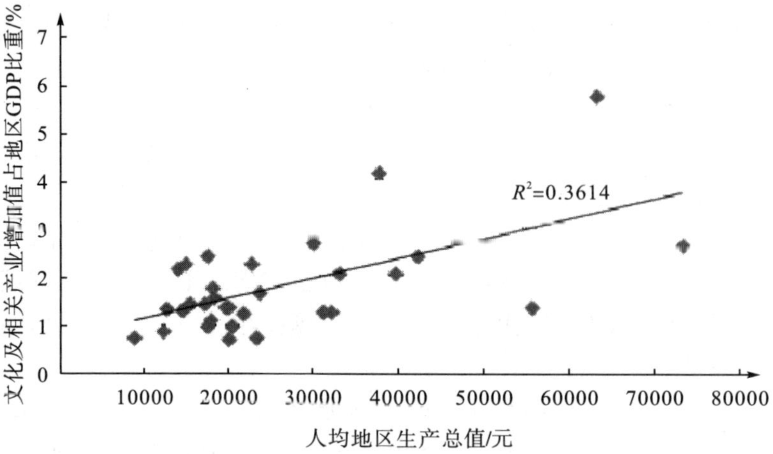

（a）根据第二次经济普查数据计算绘制

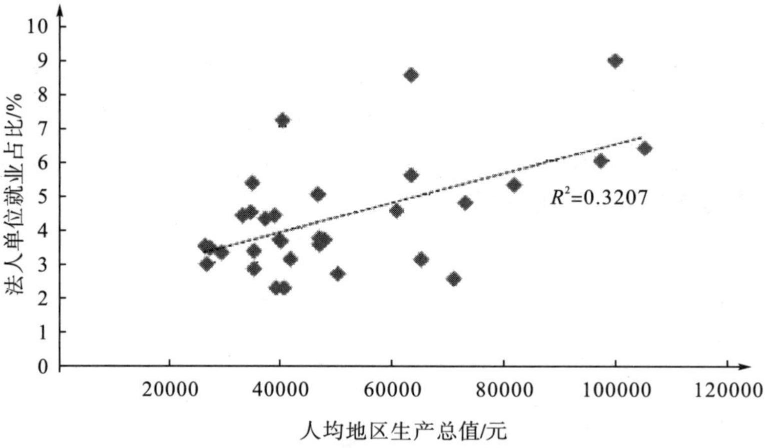

（b）根据《中国文化及相关产业统计年鉴》（2015年）数据绘制

图 7.10 文化及相关产业发展与经济发展

7.3.3 民族地区文化产业发展面临的问题与约束因素

近年来，民族地区在政府政策的引导下，借助特色的民族文化资源大力发展文化产业，速度惊人。但从国内外文化产业发展的历程来看，民族地区起步较晚。民族地区由于地处边疆、信息闭塞、观念落后，经济发展水平与科技文化水平较低，文化产业的大力发展也只是近几年的事情。当国外和国内发达地区的文化产业已经实现了“文化元素”与“高科技”相结合的时候，民族地区文化产业还处于“原生态”状态，总体发展水平不高，发展中面临市场、人才、资金等方面的约束较大。

(1)经济社会发展相对滞后，文化消费水平低，不足以支撑文化产业的整体快速发展。研究发现，居民的文化消费支出随经济发展水平的提高而增加，随居民受教育程度的提高而增加(联合国教科文组织，2000)。近 10 年来，民族地区居民的文化消费随经济发展水平的提高和教育事业的发展有了较大增加(图 7.11)。但应当看到，民族地区经济社会发展水平总体滞后，人均 GDP 与全国和发达地区差距较大，居民受教育程度也低于全国和发达地区的水平，因而居民文化消费水平不高，相应地文化消费市场就比较小，这不利于文化产业的发展。例如，2014 年全国居民人均文化娱乐消费支出占人均消费支出的比例为 4.63%，民族八省区中内蒙古自治区为 4.23%，广西壮族自治区为 3.73%，贵州省为 4.97%，云南省为 4.52%，西藏自治区为 1.49%，青海省为 4.67%，宁夏回族自治区为 4.31%，新疆维吾尔自治区为 3.47%。除贵州省和青海省外均低于全国平均水平。分城乡看，如图 7.11 所示，总体上民族地区城乡文化消费占比大都低于全国水平。

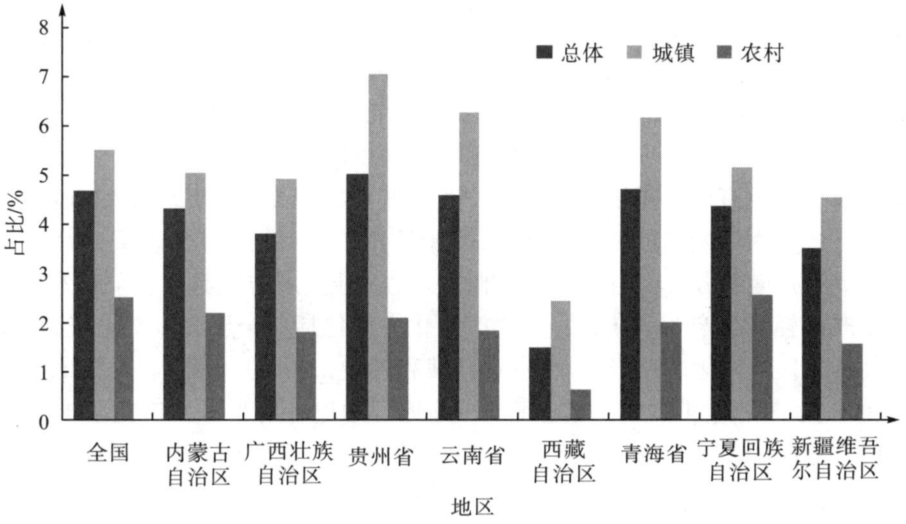

图 7.11　2014 年全国与民族八省区人均文化娱乐消费支出占人均消费支出比例

资料来源：《中国文化及相关产业统计年鉴》(2015 年)。

虽然民族地区本土文化市场有限，但全国经济一体化水平的提高、现代信息技术、全球化和旅游业的发展为民族地区带来了巨大的外来消费群体，其与本土文化消费市场相互促动，为民族地区文化产业的发展提供了较好的市场基础。

(2) 产业人才匮乏，现代技术人才、文化创意人才和市场营销人才严重短缺。文化产业属于劳动密集型、创意密集型和资源密集型相结合的产业，对人才的专业技能要求高，特别是艺术表演和创意产业，需要高水平的专业知识。由于民族地区与文化产业相关的教育发展滞后，加之经济发展水平低，市场范围小，文化产业从业人员报酬与东部发达地区相比差距较大，技能水平高的从业者往往向北京等发达的大城市流动。因此，民族地区文化产业人才供给不足。按《中国文化文物统计年鉴》统计口径统计，2010 年民族地区文化产业从业人员中，高级职称比例低于全国平均水平。例如，图书馆业，民族地区高级职称比例为 7.99%，全国为 8.23%；群众文化业，民族地区高级职称比例为 3.71%，全国为 4.43%；艺术表演场馆，民族地区高级职称比例为 2.91%，全国为 3.33%；文物业，民族地区高级职称比例为 4.87%，全国为 5.67%；只有艺术表演团体，民族地区高级职称比例 (10.39%) 略高于全国水平 (9.58%)。文化创意人才的缺乏，给文化产业的发展带来了极大的制约。

(3)资金供给不足，对文化产业的支撑和培育能力十分有限。民族地区由于经济发展水平低，支持文化产业发展的金融体系没有建立起来，文化产业的发展缺乏金融支持。①民族地区的文化企业规模小，缺乏有经济实力的大企业，其成长和其他中小微企业一样，面临严重的金融约束；而且由于文化企业提供的文化产品，外部性强，面临的金融约束更严重，这对于民营的文化企业更是如此。②民族地区受发展滞后的制约，税基弱小，政府普遍比较穷，特别是县级政府，很多是靠转移支付来维持运转，就更不用说投资于文化产业了。③如前所述，民族地区居民文化消费不足，完全依靠外来消费者的支撑，季节性强，且消费集中于少数文化产业部门。④民族地区文化企业市场化改革滞后，体制机制不适应市场需求，也是其面临金融约束的重要因素。文化企业的无形资产难以评估，流动性差，也是难以获得金融支持的重要原因(大卫·赫斯蒙德夫，2007)。

(4)民族地区文化产业发展方式粗放。发展文化产业有利于地区经济发展方式的转变以及区域经济结构的调整，这种认识已经基本得到社会各界的广泛认可，但文化产业内部发展方式的转变并没有引起重视。我们把文化产业主要依靠增加要素投入、追求产品数量扩张的增长方式称为原始粗放型的发展方式；把注重依靠科技进步和提高产品质量的增长方式，称为集约式增长方式。当前，民族地区文化产业发展方式具有以下基本特征：①重文化产品生产，轻文化产业的培育。文化产业化大体包括三个层面：文化产品丰富阶段、文化企业林立阶段、文化产业形成阶段(汤莉萍和殷俊，2006)。目前，民族地区文化产业发展整体处于第一阶段到第二阶段之间，一些地区通过各种形式生产出了丰富的文化产品，但文化产业链却没有形成，由此导致了有文化产品、无文化产业的局面。②重文化旅游业的发展，轻内容产业的发展。无论是附加值，还是科技含量，内容产业都是文化产业的主流(熊正贤和杨艳辉，2011)。③重一般文化产品的生产，轻特色产品的开发。文化产品本身属于高附加值产品，越具特色，就越容易获得高利润回报。而民族地区大量文化产品属于模仿复制产品，民族特色不鲜明，市场竞争力弱。

7.3.4 加快民族地区文化产业发展的政策建议

民族地区文化资源丰富，发展潜力巨大，近年来文化产业发展速度明显快于其他产业，但由于民族地区文化产业起步晚，总体规模小，发展方式上主要还属于依靠文化产品的低端生产、低技术含量、低附加值的数量扩张的粗放式发展。因此，必须进一步加快民族地区文化产业的发展，充分发挥民族地区文化资源的独特优势，逐步推动文化产业成为国民经济的支柱性产业。

(1)文化资源的开发与保护。文化资源是民族地区文化产业发展的重要基础，也是民族地区可持续发展、跨越式发展的重要战略资源。民族地区文化资源禀赋丰富、种类和形式多样，多种文化资源共生交融构成一个整体。同时，由于受到形成地域、特定历史、流布范围及传承等因素的影响，民族地区有些地域性强的文化资源隐含脆弱性的特征(李炎和王佳，2011)。当社会由传统向现代转型、由封闭向开放变化，特别是在文化资源的产业化过程中，那些脆弱性强的文化资源会发生不可逆的变化和变异，这些变化和变异有的可能危及民族的生存和发展，丧失掉文化多样性，因此必须保护民族文化及与之共生的民族文化生态。所以，民族地区在实施资源产业化时一定要处理好文化资源开发和保护的关系，选择恰当的发展方向和发展目标，在发展中保护，在保护中发展，走可持续发展的道路，形成开发、利用、保护的完整体系，防止片面化的产业化和表面化的产业化。具体而言，目前迫切需要做的是，加大对文化资源的梳理，明确民族文化资源保护与开发的相应规划，从发展的角度，构建系统的民族文化资源评估指标，理清不同类型的民族文化资源，包括非物质文化遗产、自然遗产、生态遗产、历史文化街区、民族民间工艺等文化资源开发的准入和退出机制，为民族文化资源的保护与开发创造严肃的、具有法律效应的政策措施。

(2) 文化市场的培育与拓展。分工受市场范围的限制。而分工是促进产业发展的重要动力机制。所以，培育和拓展市场，扩大市场范围是文化产业发展的重要基础条件。民族地区的文化市场由本土文化消费和外来文化消费构成，其中外来文化消费对文化产业的带动作用更强。因此，民族地区文化市场的培育与拓展必须以开放的视角，立足本土市场，充分利用区内外、国内外两种文化资源、两个市场，形成适应民族地区城乡经济社会与本土、外来文化消费需求的文化市场体系。一方面，发展地方经济，切实增加各族居民的收入，通过税收和补贴等手段鼓励和引导文化消费，提高城乡居民的文化消费倾向，扩大本地市场范围；另一方面，大力加强区域营销，积极开拓区外和国外市场。同时，在供给方面，应加快发展各类文化产品和要素市场。

(3) 特色文化产业体系的构建。民族地区是我国民族文化资源最为富集的地区，其文化产业的发展应建立在丰富多样的民族文化资源的基础上，“立足资源搞开发”是民族地区文化产业发展的基本模式和战略(施惟达，2011)。民族地区文化资源形式多样，内容丰富，各种文化资源相互交融，而与之对应的文化产业的表现形态也比较复杂，相互渗透。其中，最能体现其资源交融和渗透的是文化旅游业。所以，依托旅游产业，充分发挥资源优势，推动以民族文化产业为龙头的特色文化产业、传统文化产业、新兴文化产业快速协调发展，是民族地区文化产业的发展路径。近年来，许多民族地区依托旅游市场、旅游景区和中小民族文化创意城市，挖掘不同地区、不同民族的文化资源，培育中小创意城市、民族文化村镇、特色文化街区、特色民族文化消费市场，已成为民族地区文化产业发展的重要模式。今后，应继续完善这一发展模式，突出发展文化旅游业、民族民间演出业、民族民间工艺美术业、会展广告与民族节庆业，培育一批骨干文化企业，延长产业链，增强品牌意识，推动这些产业形成民族地区的特色文化产业群。

(4) 文化产业金融支持体系的构建。文化产业的快速发展迫切需要金融业的大力支持，而金融支持不足是民族地区文化产业发展的重要制约因素。为此，必须切实加大金融业支持民族地区文化产业的力度，建立健全文化产业投融资体系，推动文化产业与金融业的对接。现有金融机构应大力创新和开发适合文化企业特点的信贷产品，探索适合文化产业项目的多种贷款模式，为民族地区文化产业的发展提供有效的信贷支持；支持民族地区组建多种形式的文化产业创业、风险投资基金，充分发挥文化产业投资基金的引导作用；充分利用多层次的资本市场，鼓励民族地区具备条件的文化企业上市融资和通过债券市场融资，吸引金融资本和其他社会资本进入文化产业；积极培育和发展民族地区文化产业保险市场，提高保险在文化产业中的覆盖面和渗透度，有效分散文化产业的项目运作风险；加强和改善对民族地区文化企业，特别是中小微文化企业的金融服务；积极开发民族地区文化消费信贷产品，不断满足文化产业多层次的消费信贷需求。

(5)文化产业人才的培养和引进。人才是文化产业发展的基础。民族地区文化产业人才，不仅总量不足，更重要的是人才结构问题突出，高科技、大型文化企业管理、现代文化创意和中介、经纪人等人才尤其缺乏。解决民族地区文化产业人才短缺的问题：①要大力发展文化艺术教育，完善人才培训机制；②要重视发现和培养扎根基层的乡土文化能人、民族民间文化传承人特别是非物质文化遗产项目代表性传承人，鼓励和扶持群众中涌现出的各类文化人才和文化活动积极分子，促进他们健康成长、发挥积极作用；③根据不同地区文化产业人才的特点、规律和需求，制定相应的人才引进和智力引进的措施和办法；④实施对口支援，通过发达地区和大城市的文化企业和机构，对口支援民族地区相应的文化企业和机构，形成互利共赢的机制。

(6)构建文化产业发展成果的共享机制。研究发现，文化和文化产业的发展，不仅可以推动地区经济增长，增加收入；而且还会提高国民的创造性与竞争力，缩小社会差距，实现包容式发展(戴维·思罗斯比，2011)。民族地区贫困人口多，贫困程度深，城乡差距大。发展文化产业，特别是覆盖城乡的公共文化服务体系的建设，对于民族地区减贫和缩小差距有重要意义。为此，应以政府为主导，以公共财政为支撑，以城乡基层为重点，加强公共文化基础设施建设，形成比较完备的覆盖城乡的公共文化设施网络。通过实施重大文化惠民工程，优先安排涉及群众切身利益的文化建设项目，扩大公共文化产品和服务的有效供给。对于文化产业发展而言，民族地区除了中心城市发展文化产业生产、复制、储存、分配外，有相当一部分要依托散布于乡村的文化资源，走社会化、小规模产业发展模式。

(7)推动文化产品和服务出口，实施“走出去”发展战略。扩大文化贸易，实施“走出去”发展战略，是民族地区融入世界区域文化市场、拓展文化产业发展空间的重要环节。民族地区大多处于边疆地区，具有邻边的区位优势，而且许多民族跨界而居，具有实施文化“走出去”战略的条件。①民族地区应深入挖掘民族文化资源，充分运用高新技术手段提升文化产品的表现形式和质量，开发国外受众易于接受的文化产品和服务，积极扩大文化产品和服务出口规模，推动开拓周边国家市场和国际市场。②根据民族地区文化产业的比较优势，培育一批具有国际竞争力的外向型文化企业和中介机构，形成一批有实力的文化跨国企业和著名品牌。③加强沿边文化市场的培育和建设，鼓励沿边地区发展跨境文化交流、搭建文化市场和文化服务平台。

7.3 案例研究：羌族地区文化产业发展现状调查[①]

文化产业作为一种高附加值的朝阳产业，已成为许多发达国家和地区的支柱产业。近年来，我国正在推行积极的文化产业发展政策。中共十七届六中全会通过的《中共中央关于深化文化体制改革推动社会主义文化大发展大繁荣若干重大问题的决定》提出，要加快

① 执笔：蒋彬、任萍、张力尹、杨田华；相关数据如未注明出处，均为2011年数据。

发展文化产业，推动文化产业成为国民经济支柱性产业。就目前我国文化产业的发展而言，沿海地区的文化产业快速发展，在国民经济中占有的比重越来越高，西部民族地区的文化产业状况相对滞后，东西部差距巨大。如何加快推进西部民族地区文化产业的发展，不仅关系到国家的文化产业发展战略，也关系到西部地区的经济发展、社会稳定及民族文化传承。为此，本书对应课题组一行 4 人，于 2012 年 2 月前往“5 • 12”汶川特大地震极重灾区的羌族地区，详尽考察羌族地区 2011 年文化产业发展状况，揭示其问题与不足，提出针对性的建议，以期快速推进羌族地区文化产业的发展，并为西部其他民族地区文化产业发展提供经验性参考。

本节所指的羌族地区，包括四川省阿坝藏族羌族自治州的汶川、茂县、理县和绵阳市北川羌族自治县等主要羌族聚居县，未包括其他羌族居住的散杂居地区。

7.3.1　羌族地区文化产业的基本状况

文化产业具体分类不尽相同，本书中羌族地区文化产业的基本数据，是本书对应课题组基于文化和旅游部进行文基快统时所采用的文化产业分类。国家统计局颁布的《文化及相关产业分类(2012)》文化和旅游部文基快统中，将文化产业分为十大类，包括演艺业、动漫业、文化娱乐业、游戏业、文化会展业、文化旅游业、艺术品和工艺美术、艺术创意和设计、网络文化、文化产品数字与相关服务等。为了准确反映羌族地区文化产业的基本状况，我们将以此为基础，分别反映羌族地区各县文化产业的基本状况。

1) 演艺业

演艺业包括文艺创作、表演及演出场所，文化艺术商务代理服务，以及其他未列明的商务服务三个大类。整个羌族地区，除了文艺创作、表演及其场所外，尚未有从事文化艺术商务代理服务，以及其他未列明的商务服务。

(1) 汶川县从事文艺创作与表演的艺术团体为“羊角花”业余艺术团、花儿纳吉中老年艺术团、汶川县羌禹艺术团等，排演了《羌山情》《云云鞋》《羌家乐》《莎朗姐》《羊皮鼓舞》等舞蹈，参演大型音乐舞蹈诗《因为有了共产党——爱在汶川》，创作《尔玛对歌歌连歌》《甜甜的红樱桃》《绣花花》等音乐。汶川县的表演场馆主要有水磨西羌会等，演出场次众多，主要是接待性、慰问性演出，未有盈利。

(2) 理县从事文艺创作与表演的艺术团体为阿啧藏羌歌舞演艺团，编演羌族舞蹈两个即《羌寨之恋》《江德里学》，创作歌曲《几时回》，并协助潇湘电影制片厂拍摄《尔玛的婚礼》。理县表演场馆主要有桃坪演艺中心、理县文体中心。演出场次众多，基本为接待慰问演出，未有盈利。

(3) 茂县从事文艺创作与表演的艺术团体主要有茂县歌舞团、羌魂艺术团，创作表演了《金色的秋风》《长征路上羌山情》《羌山恋曲》《羌族羊皮鼓》等艺术作品，并协助潇湘电影制片厂拍摄《尔玛的婚礼》等。茂县没有专门的艺术表演场所，演出场次众多，基本为接待慰问演出，未有盈利。

(4) 北川羌族自治县民间艺术团体包括北川羌族歌舞团、鹦鹉合唱团、羌乡美艺术团、羌族民间歌舞团等；创作舞蹈包括《鲁川情》《禹羌部落》等剧目，创作《玛支》《尔玛西惹木》等音乐。该县先后进行过《禹羌部落》《红歌大家唱》《羌风羌韵》《风从羌山来》等文艺演出。表演场所主要有北川影剧院、北川县文化馆小剧场。表演场次众多，但主要为接待、慰问演出。2011 年，北川艺术表演团体国内演出场次 144 场，利润总额 82 万元。

总体而言，羌族地区的演艺业尚未形成具有影响力的品牌产品，未能创造出重大经济与社会效益。

2) 动漫业

动漫业包括动漫制作设计、动漫电影制作摄制、电视动画片制作播出、漫画图书、书刊出版发行服务等几类。整个羌族地区，尚未有从事动漫产业的企业与个体工商户。

3) 文化娱乐业

文化娱乐业，包括群众文化服务、娱乐文化服务、休闲健身娱乐活动、其他娱乐活动等几类。

(1) 群众文化服务。群众文化活动是指对开展群众文化活动的场所的管理和组织活动，包括综合性文化中心、工人文化馆、青(少)年宫(之家)、文化馆(站)、民间艺人交流活动、老年文化活动站、群众性文化活动(如群众性知识竞赛、歌咏比赛、老年书画展览等)。①汶川县现有文化馆 1 个，农家书屋 117 个，乡镇综合文化站 13 个，青少年活动中心 2 个，民族文化传习所 6 个。在每年春节、元旦等重大节日和重大事件的文化活动中，汶川县由群众文艺团和专业文工团负责下乡演出和接待演出。②理县现有文化馆 1 个、农家书屋 81 个、乡镇综合文化站 13 个。2011 年“三八节”，理县举办了以感恩祖国为主题的歌咏比赛；在“中国四川国际文化旅游节”上，组织了 140 人的藏羌文化展示；在第三届国际非物质文化遗产节中，进行了羌族织布、藏族剪纸、羌族木锁、羌笛、皮鼓、博巴森根的藏羌文化展示，并举办“米亚罗红叶温泉节”。③茂县现有文化馆 1 个，农家书屋 149 个，乡镇综合文化站 22 个，民族文化传习所 8 个。2011 年，茂县举办各类广场文化体育活动，如“羌年”“瓦尔俄足”“转山会”“耍龙灯”“萨朗”广场等。④北川羌族自治县现有文化馆 1 个，农家书屋 215 个，乡镇综合文化站 23 个，民族文化传习所 3 个，全县各类文化艺术团队 10 余家。以县文化馆、乡镇文化站为平台，开展羌族礼仪、羌族习俗等羌族文化常识的普及和集中培训共 4 期。举办了非遗传承人在各乡镇巡回展演，利用节日、节庆活动举办各类文化活动超过 100 场次，如“羌歌羌舞进基层”“感恩歌曲大家唱”活动、“中华经典诵读”“华西杯”红歌大家唱、“四川省第二届中老年舞蹈大赛”等。2011 年，北川羌族自治县举办新春文化活动、新县城开城、四川国际文化旅游节绵阳分会场开幕暨巴拿恰开街、“感恩奋进，喜庆羌年”等大型文化活动。

(2) 娱乐文化服务。娱乐文化服务包括室内娱乐活动、游乐园、休闲健身娱乐活动、其他娱乐活动。①汶川县有综合体育馆 1 个，健身中心 1 个，体彩销售点 18 个，音像制品及电子出版物零售 7 个，图书零售 5 家，电子游戏 4 家，歌舞娱乐 7 家。②理县有 4 家歌舞娱乐场所，6 家书刊零售，9 个音像制品(摊点)，新华书店 1 个，1 个综合健身娱乐场所，农村体育健身中心 81 个，彩票销售网点 7 个。此外，有 1 家国营的电视广播电台。③茂县有歌舞娱乐 4 家，书刊零售(含书报亭)10 家，音像零售 3 家。④北川羌族自治县有音像制品图书出租 5 家，文具用品零售 7 家，图书报刊零售出租 4 家，教学设备设施及办公用品销售 2 家，其他室内活动 15 家。综合性文化中心有北川县文化馆和青少年活动中心。

羌族地区整个室内活动规模较小，以北川羌族自治县为例，室内活动资产总计 16091 万元，从业人员 209 人，营业收入 2182 万元，利润 564 万元。

4) 游戏业

游戏业包括游戏软件设计、游戏硬件制造、游戏业服务活动等几类。整个羌族地区，尚未有从事游戏业硬件与软件开发的企业和个体工商户。

5) 文化会展业

文化会展业，即会议及展览服务，指为商品流通、促销、展示、经贸洽谈、民间交流、企业沟通、国际往来等举办的展览和会议。同样，整个羌族地区尚未开展文化会展业。

6) 文化旅游业

文化旅游业，包括旅行社、风景名胜区管理、公园管理、野生动植物保护、其他游览景区管理。①汶川县有游览景区管理 6 家，注册总资本 3960 万元；旅行社 2 家，注册总资本 60 万元；文化旅游企业 2 个，注册总资本 1872 万元；淡水鱼观赏 1 家，注册总资本 9 万元。②理县有公园和游览景区 3 家，注册总资本 89396 万元；旅行社 2 家，注册总资本 140 万元。③茂县有游览景区 3 家，注册总资本 2126 万元；旅行社 2 家，注册总资本 120 万元。④北川羌族自治县有公园和游览景区管理 3 家，注册总资本 6700 万元；旅行社与接待站点 8 家，注册总资本 160 万元。

相对而言，羌族地区的文化产业中，文化旅游业发展较好，企业规模较大，具有一定社会经济效益。

7) 艺术品和工艺美术

艺术品和工艺美术，包括工艺美术品生产、工艺美术品销售、工艺美术品出租与拍卖服务、工艺美术品鉴定服务等几类。①汶川有艺术品和工艺美术从业人员 178 人，资产总计 5557 万元，营业收入 4249 万元，利润 96.1 万元。②理县有抽纱刺绣工艺品制作(3 家)，注册总资本 93 万元，从业人员 25 人；羌绣企业 11 家，专门从事刺绣的绣工 500 人，以刺绣为主要收入的 2000 人；工艺绣品 4 家，注册总资本 21 万，从业人员 18 人。③茂县有工艺美术品及收藏 17 家，固定资产总额 3821 万元，营业收入 6026 万元，纯收入 3435 万元。④北川羌族自治县有羌绣企业 7 家，从业人员(专兼)1500 人，年创产值 1450 万元，纯收入 600 万元，2011 年纳税 18 万元。

总体而言，羌族地区艺术品和工艺美术产业规模小，产值低，利润小，但在吸收农村剩余劳动力方面具有积极意义。

8）艺术创意和设计

艺术创意和设计，包括广告业、摄影扩印服务、其他专业技术服务。羌族地区无论是企业还是个体工商户，从事艺术创意和设计业的规模都非常小，基本上是一个小经营门市，离真正的艺术创意还有一定差距。

以汶川县的广告业为例，2011 年，汶川县从事广告业的共有 6 家，其注册总资本为 42.8 万元，从业人员 6 人，利润 17.8 万元；摄影扩印服务 2 家，注册总资本 20 万元，从业人员 2 人，利润 11.4 万元。其他专业技术服务，如庆典活动策划，汶川县从事该业务的有 1 家，注册资本 8 万元，从业人员 2 人，利润 6 万元。

9）网络文化

网络文化，主要指网络文化服务，包括互联网信息与其他计算机服务等。①汶川县互联网信息服务（网吧）共有 28 家，从业人员 34 人，资产总计 175.5 万元，营业收入 101.2 万，利润 32.7 万元。②理县互联网信息服务（网吧）共有 12 家，从业人员 44 人，资产总计 203.5 万元，营业收入 113.4 万元，利润 59.5 万元。③茂县互联网信息服务（网吧）共有 16 家，从业人员 28 人，资产总计 594.1 万元，营业收入 454.6 万元，利润 112.4 万元。④北川羌族自治县互联网信息服务（网吧）共有 26 家，从业人员 65 人，资产总计 768.5 万元，营业收入 489 万元，利润 234 万元。羌族地区网络文化产业基本上主要限于网络服务（如网吧），且规模小，利润低。

10）文化产品数字与相关服务

文化产品数字与相关服务，主要指音像制品制作，是指从事录音、摄影、录像等制作活动。羌族地区尚未有从事文化产品数字与相关服务的企业与个体工商户。

7.3.2 羌族地区文化产业发展的基本特点

(1) 起步低。就文化十大产业来看，羌族地区仅有演艺业、文化娱乐业、文化旅游业等传统产业，而新兴的动漫业、游戏业、文化会展业、网络文化、艺术创意和设计、文化产品数字与相关服务等新兴产业基本上还未真正起步。即使在已有的相关产业中，也存在发育不全的现象。以演艺业为例，演艺业包括文艺创作、表演及演出场所，文化艺术商务代理服务，以及其他未列明的商务服务三个大类，而整个羌族地区的演艺业中只有文艺创作、表演及演出场所，其余的产业如文化艺术商代理服务等缺乏。其他已有的文化产业也存在同样的状况。

(2) 规模小。以 2011 年互联网信息服务（网吧）情况为例。2011 年，整个羌族地区有网吧 82 个，资产总计 1733.6 万元，营业收入 1158.2 万元，利润 438.44 万元，从业人员 171 人。每个网吧的平均资产为 21.1 万元，平均营业收入为 14.1 万元，平均利润 5.3 万元，平均从业人员 2.1 人（表 7.14）。

表 7.14　2011 年互联网信息服务(网吧)情况表

地区	数量/个	资产总计/万元	营业收入/万元	利润/万元	从业人员/人
理县	12	203.5	113.4	59.5	44
汶川县	28	177.5	101.2	32.7	34
茂县	16	594.1	454.6	112.24	28
北川县	26	758.5	489.0	234	65
合计	82	1733.6	1158.2	438.44	171

资料来源：作者调查。

实际上，羌族地区的其他文化产业也存在同样的情况，由此可见，羌族地区的文化产业规模很小。

(3) 效益差。现有的文化产业效益低。仍以北川羌族自治县为例。2011 年，北川羌族自治县文化娱乐业年收入 620 万元，同年北川羌族自治县的 GDP 为 27 亿元，文化娱乐业收入仅占全县生产总值的 0.23%；民族工艺品生产制造与销售年总收入 600 万元，占全县 GDP 的 0.22%。更多的文化产业可能没有效益，突出地表现在演艺业中。如前所述，羌族地区各县都有或多或少的演艺团体，除事业单位性质的演出团体外，更多的是民间的演艺团体，既没有排练经费，也没有演出场所，更没有经费从事文化精品的创作。它们最主要的功能就是配合相关部门接待客人、举行活动等。以北川民间艺术团为例，该艺术团基本上是通过演出来维持生存，难以产生经济效益。作者在北川羌族自治县调研时，恰逢该团打算到一个学校表演，由于没有经费，他们正在向县文化馆申请 1000 元费用(附录 2)。类似北川民间艺术团的情况，在羌族地区各县均不同程度地存在。

(4) 同质性高。地处岷江上游和涪江上游的羌族地区，具有较为一致的自然和文化环境，民族文化基本相似。因此，在开发民族文化旅游的文化产业中，不仅处于低水平、小规模的粗放经营状态，而且恶性竞争比较严重，离规模化、产业化、品牌化、连锁化、差异化的要求相距较远。

7.3.3　制约羌族地区文化产业发展的因素

(1) 自然生态环境较差。羌族地区地处岷江上游和涪江上游，山高谷深，工业用地较少。同时，羌族地区所在的龙门山断裂带又是我国地震高发地区，地震灾害严重。例如，2008 年“5·12”汶川特大地震，导致了基础设施损毁及大量的人员伤亡。地震、泥石流等自然灾害的影响给从事文化产业的企业带来阴影，企业不愿意在羌族地区投资。即使是民族文化旅游产业，也同样受到自然条件的限制。夏季本应是羌族地区的旅游旺季，由于担心泥石流以及其他灾难，到羌族地区的游客也较少，导致旅游资源的浪费。可见，自然生态环境在一定程度上不但制约了羌族地区的经济发展，也制约了羌族地区文化产业的发展。

(2) 社会发育程度低。无论是过去还是现在，羌族地区都基本上没有工业，第三产业也不发达，居民主要从事传统的农业生产。尽管羌族地区从 20 世纪 90 年代开始引进蔬菜种植并成为成都市等周边大城市或特大城市的蔬菜供应基地，但由于山高谷深，耕地稀少且

续表

较为分散，不能进行机械化农业生产，蔬菜的种植也主要是靠天吃饭，生产力低下，未能形成集约化生产，生产方式落后，社会发育程度较低，经济发展能力差。特别是地震中部分耕地被毁，灾后重建进程中部分耕地被征用为各种规划用地，人地矛盾更加突出。人们为了生存而不断奔波，没有经济也没有精力来消费所谓的文化产品，基本消费群体的文化消费能力严重不足，从而抑制了文化消费需求的快速增长，制约了羌族地区文化产业的发展。

(3) 对发展文化产业的认识不足。文化产业是一个附加值极高的朝阳产业，对区域经济社会的发展具有重要作用已是一个不争的事实。但在调查中我们发现羌族地区对于文化产业的认识存在如下明显的不足。①将发展文化产业作为一种应景的事情。当地各级领导和相关部门认为，既然全国上下都在发展文化产业，我们也要发展文化产业，并开会、发文以示重视。实际上却不知道何为文化产业，不知道如何发展文化产业。②将发展文化产业当作文化局等部门的常规工作，认为发展文化产业，理所当然应是文化局的分内之事，让文化局进行指导管理就行了。而文化局则认为，发展文化产业，不外乎就是在他们的日常工作的基础上又增加了一项工作而已。③文化产业发展规划的编制未引起足够的重视。文化产业作为一个新兴的产业，涉及面广，内涵丰富，需要对文化产业比较熟悉的专门人才根据当地的实际情况制定出一个科学完整的发展规划，方可实现预定目标。然而，在调查中我们发现，某县的文化产业发展规划，是文化局一个工作人员在年度工作计划上改编的；某县的文化产业发展规划委托了上海市一所大学编制，至今未有结果；某县根本就没有编制也没有打算编制文化产业发展规划。如此种种，如何能推进当地文化产业的发展？

(4) 缺乏产业导向，缺乏核心产品。前面的调研数据显示，羌族地区的文化产业存在基础差、规模小、效益差等问题，实际上更重要的问题还在于羌族地区的文化产业缺乏产业导向，缺乏核心产品，缺少品牌企业。以演艺业为例，尽管各县都有数量不等的演艺团队，也有一些自有特色的演出剧目，但不可否认，羌族地区的演艺业缺乏优质的、真正的适销对路的文化品牌，缺乏核心产品，市场适应度不强，其结果必然是没有叫得响的文化品牌，演艺机构仍未摆脱困境。

文化旅游业等也存在类似的情况。以北川羌族自治县为例。北川文化资源丰富，就单个而言，都具有鲜明的特色。但是，众多的特色文化资源都是一个个小的单点，略显支离破碎，没有形成方向、空间、意象等相近的网络和集群，没有形成文化产业链。因此，难以产生内生力量，难以实现空间的生产力。虽然北川文化资源得到了专家、学者、政府、社会的认可。但是，尚没有最具影响力的创意文化作为龙头文化来支撑、带动，大多文化都是静态的，活态化程度低。因此，自然得不到市场的认可，没有市场，自然不能带来人流、物流、资金流，更不能将文化产业化、商品化、货币化。羌族地区其他各县的文化旅游业也存在同样的状况。

(5) 缺少文化产业人才。文化产业人才是实施文化产业发展战略的基础，是提高文化产业竞争力的重要保障，是保证文化产业快速发展的内在动力，因此要发展文化产业，必然要拥有和培育相应的文化产业的创意人才、技术人才、经营人才、管理人才、研究人才等。然而，由于相关领导或相关部门人才观念淡薄，对文化产业发展的重要意义认识不足，对文化产业人才重视程度不够，用人机制不够完善、人才培养体制不够健全，缺乏吸引优秀人才的举措，羌族地区文化产业人才奇缺。目前，羌族地区真正从事文化产业的人才非常少。2011 年度北川艺术表演团体(事业)从业人员共 6 人，其中 5 人具有中级职称，1 人具有大专以上文化程度。缺乏能够从事集专业技术、文化创意、产业管理于一体的复合型人才，严重制约了羌族地区文化产业的发展。

7.3.4 羌族地区文化产业发展的有利因素

1)基础设施相对完善

羌族地区是 2008 年“5·12”汶川特大地震的极重灾区，灾后重建中得到了国家、省、市(州)和援建各省份的大力支持。经过重建，羌族地区的道路、通信、水电等基础设施得到了根本性的改变，如今的羌族地区，国道、省道、县道、乡道、村道畅通；固定电话与移动网络覆盖整个区域；各村各寨通水通电。可以说，经过灾后重建的羌族地区的基础设施，比许多民族地区甚至内地都要完善。相对完善的基础设施，为羌族地区文化产业的发展奠定了基础。

2)县乡(镇)村三级公共文化基础设施网络体系基本覆盖

经过灾后重建，羌族地区基本形成了公共文化基础设施网络体系。以北川羌族自治县为例，新县城是一座凝结了众多智慧、引人高度关注的新型现代化县城，文化基础设施设备先进、齐备，拥有现代化的民俗博物馆 8000m^2，图书馆 3393m^2，文化馆 3000m^2，川剧团、演艺剧场、艺术学校 7000m^2，非物质文化遗产保护中心 3000m^2，还有能同时容纳上万人的大型体育场，富有羌族特色风韵的商业步行街、抗震救灾纪念园。北川辖区 23 个乡镇分别建有综合文化站、图书发行网点、非物质文化遗产传习所，各村社建有农家书屋。在北川老县城及周边建设有地震遗址纪念馆。三级公共文化基础设施网络体系，既满足了北川未来文化事业和文化产业发展的需要，同时也为文化产业发展奠定了坚实的物质基础。

3)区位优势明显

羌族地区位于岷江上游与涪江上游，毗邻成都市、绵阳市等大中城市，发展文化产业的区位优势明显。①从城市对于乡村的辐射作用来看，成都市、绵阳市等城市的文化产业信息可以很快传递到羌族地区，推动羌族地区文化产业的发展；同时，成都市、绵阳市等地的文化产业链可以延伸到羌族地区，既可以形成完整的产业链，又可以减少相应的物流成本。②除阿坝师范学院位于汶川县外，羌族地区毗邻的成都市、绵阳市等大中城市具有众多的大专院校和科研院所，具有相对雄厚的力量对区域文化与产业进行整合、研究、提升，可以为羌族地区文化产业的发展提供强大的智力支持。③从文化产业的消费来看，羌族地区文化产品，特别是民族文化旅游产品，主要的消费者来自成都市、绵阳市等周边大中城市。以汶川县为例，汶川县紧邻成都市，属于“成都一小时经济圈”范围，汶川县提出了“融入成都经济圈”的发展目标，汶川县的文化产业发展背靠成都大市场已形成了以

续表

文化旅游为核心、统筹带动相关产业发展的格局，为未来的文化产业发展奠定了良好基础。再以茂县为例。目前，从成都前往茂县将只需 2 个多小时，成绵路 302 线茂(茂县)北(北川羌族自治县)公路建成后，茂县至北川羌族自治县的车程将从 3h 缩短到 2h。国道 213 线(九环线)茂县至松潘段、茂县至汶川段改扩建工程 2011 年底已完工，茂县不仅与德阳无缝衔接，而且还连接上成绵高速复线。将来，成兰(成都-兰州)铁路建成，成都市至茂县仅需 50min 车程，茂县将融入“成都一小时经济圈”范围。毗邻大中城市是羌族地区发展文化产业独特的区位优势。

4) 良好的机遇

一方面，文化创意产业是一个新兴的产业，从中央到地方都高度重视。振兴文化产业，将文化产业发展成为国家或区域内支柱产业，已成为当下一个重要的发展战略。羌族地区发展文化创意产业符合社会发展要求，符合人们的文化需要。另一方面，灾后羌族地区的可持续发展，同样受到了各界的高度关注，也将得到各方的大力支持。羌族地区文化产业的发展正逢其时，前景广阔。

5) 文化资源丰富

羌族地区是一个历史悠久、文化底蕴极为深厚、在历史上和当代具有重大文化影响的高品位文化资源高度聚集地区。系统梳理羌族地区丰富的文化资源，深入挖掘其代表性特色文化资源，为羌族地区文化产业的发展提供强有力的文化支撑，具有重要意义。

(1) 大禹文化。大禹是上古治水英雄，是我国历史上第一个国家夏朝的奠基人。大禹率领民众治水因势利导的科学精神、公而忘私的奉献精神、不畏艰难的坚韧精神、身先士卒的勇敢精神及其对建立国家和凝聚民族的伟大贡献，成为后世敬仰、历代颂扬的人文典范，其文化精神更被视为中华民族人文精神的象征。羌族地区作为大禹故里、大禹治水肇始的会盟誓师地，是缅怀大禹治水和凝聚中华民族之功、传承大禹精神最具标志意义的纪念地，在大禹文化中占有极为重要的位置，并有着众多与大禹传说相关的文物遗存和悠久而浓厚的大禹崇拜文化传统。

(2) 历史文化资源。羌族地区具有丰富的历史文化。汶川的土司文化、茶马古道文化、理县桃坪乡佳山村的古代石棺葬文化、薛城镇建山村新石器时期古文化遗址、杂谷脑镇兴隆村的唐代无忧城遗址、薛城筹边楼、朴头山隋唐摩崖石刻等；茂县的营盘山文化遗址；北川猿王洞有距今 2 万年的晚期智人——“北川人”遗址和古人类用火遗迹。

(3) 民族民俗文化资源。羌族地区文化遗产众多，民族民俗文化特色鲜明。羌族地区是国家级羌族文化生态保护实验区核心区，有世界性的非物质文化遗产“羌年”，有“古典叙事长诗羌戈大战”“大禹的传说”“羌笛演奏及制作技艺”“苏布士”“羌族传统刺绣工艺”“羊皮鼓舞”“羌族碉楼营造技艺”“瓦尔俄足”“水磨漆”等国家级非物质文化遗产以及众多的省级、县级非物质文化遗产。

羌族民俗文化特色鲜明。在漫长的历史岁月中，羌族人民形成了自己独特的民俗文化，表现在生产生活、衣食住行、婚嫁丧葬、节日庆典等各个方面。以服饰文化为例，羌族服饰以穿蓝布衫、麻布衫和毡衫为主。男的包头帕，穿羊皮褂，打绑腿，穿云云鞋；妇女则喜欢戴头帕，穿绣花的衣服、裤子和褂子，拴围腰。羌绣是羌族妇女精心绣制的布艺术品，在国际和国内均享有很高的声誉。羌绣图案精美，花纹细腻，构思巧妙，工艺精美，是羌民族的文化艺术精品之一。

(4)红军(红色)文化资源。中国工农红军第四方面军在今羌族地区，留下了辉煌的红军文化。在汶川，1935 年 5～8 月，红军发动了雁门关、板桥关等一系列战役，留下了包括战场遗址、各级苏维埃政权遗址、红军烈士墓、石刻和木板标语、遗物等大量红色革命遗存及红军歌谣与传说故事。今汶川草坡乡政府旁的马岭山阻击战遗址，至今保存有乡、村苏维埃驻地，红军营连指挥部，红军炊事房，红军所挖饮用水塘，红军战壕，防空掩体，当地群众以红军指挥部改建祭奠红军的红军庙，红军营长墓，红军班合葬墓，万人坑(红军撤退后当地 300 余名参加苏维埃的藏、羌族群众被反动势力活埋于此)及红军用过的家具器物等遗迹、遗物。

同样，红军在理县、茂县、北川羌族自治县的羌族地区与国民党军队和地方武装进行了激烈的战斗，并留下了大量的遗迹、遗物。如理县薛城的筹边楼、杂谷脑的营盘街等地建立过指挥部，佳山、薛城红军的医院；茂县的土门战役遗址，北川千佛山战役纪念碑、红军碑林以及延绵数十公里的千佛山战役遗址等，至今仍然保存完好。红色(红军)文化资源是进行爱国主义教育、发展“红色旅游”的重要资源。

(5)抗震救灾文化资源。“5·12”汶川特大地震抗震救灾及灾后重建，是当代中国凝聚民族精神、团结中华民族各族同胞与特大灾难抗争的最重大的抗灾重建事件，而且以卓越的成就彰显了中国特色社会主义制度的优越性，赢得了全世界的高度赞誉。羌族地区成为最能体现古今中国抗灾重建民族精神的标志地，具有世界意义的展现中国抗灾重建文化暨中华民族精神与国家形象的窗口地区。

2008 年“5·12”汶川特大地震发生后，党中央、国务院高度重视抗震救灾工作，全国各族同胞万众一心，在国际社会的大力支持下进行了大规模的抗震救灾工作，中华民族在抗震救灾中空前紧密地凝聚在一起，产生了无数感动中国的英雄人物和事迹，谱写出坚忍顽强、英勇无畏、科学救灾、大爱无私、民族团结的、可歌可泣的壮丽诗篇，形成了伟大的抗震救灾精神，取得了举世公认的卓越重建成就，积累了对口援建、志愿者帮扶、民族团结、感恩奋进和科学重建、探索创新、文化重构、灾害治理等丰富而宝贵的精神文化财富，彰显了中国发展道路、制度、模式的优越性，形成了具有时代特征和普世价值的重建文化。抗灾重建文化是汶川最具世界意义、体现中华民族精神、代表国家形象的核心文化之一。

7.3.5 羌族地区文化产业发展建议

1. 创新管理机制，健全文化产业市场

文化产业是一个新兴产业，涉及面广，具体到羌族地区各县而言，文化产业涉及县委、县政府、县发改局、县文化局、县旅游局、县规划局、县国土局、县工商局等多个部门。多头决策的现状可能导致无序管理、重复管理、无效管理等问题，影响文化产业发展战略的选择制定和政策的贯彻落实。因此，可以成立各县文化产业发展领导小组来牵头文化产

续表

业发展工作。同时制定《文化产业发展领导小组机构设置方案》以规范文化产业发展领导小组的运行。该领导小组的主要任务是：负责全县文化产业发展、文化建设的指导、组织、协调工作；安排落实文化产业发展、文化建设的重大活动；为文化企事业单位提供策划、咨询、培训、推广、实施等一系列服务；负责执行国家、省、市支持文化事业和文化产业发展的相关政策，保持文化企事业单位原有优惠政策的稳定；同时，结合各县实际，在投融资、财政、税收、土地、社会保障等方面，用足用活政策，为繁荣各县文化事业、发展文化产业提供保障。

2. 融合文化科技，发展创意农业产业

创意农业是融文化与科技于一体的新兴高附加值高端农业，具有广阔的发展前景。羌族地区地理环境以山地为主，旅游村寨众多且坡地、山林、光热、空间视觉条件普遍良好，具有将创意农业与发展文化旅游相结合的有利条件。为此，将农业产业结构调整与发展创意农业和旅游业结合起来，进一步促进农业种植养殖向产业高端领域发展。景观化、图案化种植农作物，运用立体种植、大地景观艺术，将特色文化内涵以景观化、图案化的文化创意，广泛植入生态蔬菜、果木种植生产和农产品营销等方面，通过旅游观光、认购认养、委托经营等方式吸引市场；进行特色农副产品加工，将特色农副产品生产与构建本土生态旅游食品生产基地结合起来，建设蔬菜、果品、肉品供给及副产品加工生产保障体系，带动旅游村寨及其周边乡村种养殖业发展、增加本地农户经济收入。

以北川维斯特农业科技示范园为例。该园区是由国家首批农业产业化重点龙头企业山东寿光蔬菜产业集团有限公司在北川出资1.5亿元设立，共辖有北川维斯特农业高科技园有限公司、北川维斯特农业发展有限公司、北川维斯特农产品市场有限公司、北川维斯特商品交易所有限公司、北川维斯特农产品贸易有限公司5家子公司。其主要经营范围包括现代农业示范展示；高山农业研发；高山农特产品交易、精深加工、物流配送和仓储；农业科技培训；高山农特产品基地种植、山区生态农业休闲观光和绿色生态餐饮娱乐等多个领域，是山东对口援建北川的重点农业项目。

北川维斯特农业科技集团充分地嫁接了山东寿光蔬菜产业集团有限公司的产业化运作优势，引进山东寿光农业产业化发展的先进模式与理念，将对口产业援建发展为双方优势互补和深度合作，重点围绕高山蔬菜、中药材、山野菌、花卉等高山农特产品实施产业化运作，争取用三年的时间打造一个中国西南部地区乃至全国最大最具特色的高山农业研发、农特产品交易、农业实用人才培训、现代农业展示、农业信息服务等五个中心，打造一个国家级的农业产业化重点龙头企业。

此外，新型的观光农业、集约化农业，既推动了羌族地区产业结构的升级换代，也是推动羌族地区文化科技旅游业发展的有效途径之一。

3. 壮大市场主体，培育龙头企业

任何产业的发展皆以产品和市场为基础，产品品牌和生产企业是产品能否占有市场的关键。文化产业覆盖领域广、涉及面宽，产品众多、创新性强，往往品牌多而杂、企业散而小、产品生命周期短，因而培育和壮大产品的市场品牌与市场企业主体、扶持产品创新

成为发展文化产业的关键因素。提高文化企业集约化经营水平和产业集中度，重点发展一批主业突出、核心竞争力强的文化龙头企业；放宽市场准入，形成以国有文化企业为主导，多种所有制经济共同参与，投资主体多元化，融资渠道社会化，投资方式多样化，项目建设市场化的文化产业发展新格局。

(1) 一方面，壮大中介机构，发展中小企业。文化产业的产品具有创意性强、时效性强、市场性强、劳动分散的特征，产品生产需要不断根据市场需求进行创新。产品的创新设计、生产制作要实现与市场的无缝对接，需要强有力的中介机构作为支撑，使产品的生产环节与市场消费环节有机对接，以保障生产的产品能够适应市场消费需要、消费市场能够及时获得产品信息并进行消费。为此，应积极发展壮大产品的营销推广、经营服务、信息咨询、金融服务等中介服务机构。

同时，文化产业需要产品高度多样化、市场氛围活跃化才能具有生命力，因而产品的创新设计、生产制作往往具有小规模乃至个体化的特征，因而需要一个庞大而完善的中小企业群体作为产业发展的基础。在文化产业的产业链条中，龙头企业与中小企业之间相互依存：龙头企业具有极强的产业支撑和带动作用，中小企业具有极强的产业补充作用，是创新和丰富产品的重要力量。因此，应积极鼓励和发展创意设计、产品生产、中介服务方面的中小企业，促进文化产业的健康发展，增强产业发展活力。

(2) 另一方面，组建文旅集团，培育龙头企业。文化旅游产业是羌族地区文化产业的特色优势产业，对促进羌族地区的文化事业和其他文化产业发展以及带动农业、农产品和工艺品加工业、城乡建设等发展，皆具有重要作用。文化旅游产业是推进羌族地区文化产业建设的重要抓手和最具产业关联带动作用的基础产业与核心产业。做大做强文化旅游产业，具有“一业兴而百业旺”的巨大效应。应培育龙头企业，以龙头企业推动产业发展的规模化、集约化、规范化、高端化及带动中小企业发展，做大做强文化旅游产业。羌族地区各县的文化旅游产业发展已具有良好基础和有较好的发展前景，但目前景区管理运营分属多个中小旅游企业，旅游投融资能力较弱，对文化旅游产业发展形成较大制约。为此，应利用各县特殊的品牌影响、平台优势和产业基础条件，组建各县文化旅游集团公司，构建产业发展高端平台，提高管理和运营效率，增强投融资能力并积极创造条件上市融资，逐渐向羌区旅游大型龙头企业发展、拓展管理运营范围。

4. 突出特色，塑造品牌

羌族地区地跨两州市 4 县，无论是地理环境还是人文环境，都有着较高的同质性。因此，在文化产业发展中，突出县域特色，塑造高端品牌，具有非常重要的作用。

1) 以释比文化展示区为例

汶川县着力打造重建文化产业发展区(南部)、禹羌文化产业发展区(北部)，带动文化旅游产业、休闲度假产业、演艺娱乐产业、会展培训产业、特色工艺产业等主导产业的发展。

汶川县北部五个乡镇是汶川羌族主要聚居区，是国家级羌族文化生态保护实验区的核心区组成部分，其中龙溪乡为羌族释比文化代表性传承地之一，沟内的龙溪玉矿开采历史悠久，是古蜀国“龙溪玉”玉石礼器的玉料来源地，其神秘的释比文化显示出与古蜀和冉

续表

魈巫文化一脉相承的渊源关系，龙溪峡谷因此被誉为“神秘羌人谷”。龙溪沟口的东门古寨为唐代霸州、明代保子岗河西千户所及明代中期 84 年间的威州治地，龙溪沟内的阿尔沟风景秀美，龙溪沟内的茶马古道栈道遗迹至今犹存。目前，龙溪东门寨已开发为一座具有较强文化旅游吸引力的休闲羌寨，但墙面过度装饰及入口广场的风貌降低了“神秘羌人谷”的神秘文化氛围及其文化旅游吸引力。龙溪沟内的阿尔寨目前正在建设之中，神秘文化氛围尚未呈现，秀美的阿尔沟还处于待开发之中。为此，根据龙溪羌人谷着力打造神秘释比文化旅游的定位及开发建设现状，龙溪羌人谷需大力提升神秘文化氛围，增加有吸引力的文化旅游活动；同时加强对自然生态旅游资源的开发利用，以增强文化旅游市场吸引力。

(1) 打造“古蜀巫文化源头，羌族释比文化代表”概念，在阿尔村巴夺寨村寨内外、山王塔广场周边，主要道路傍以释比图经彩绘、石刻装饰建筑墙面、石砌保坎立面，旅游旺季在村内“羊皮鼓舞传习所”外场地增加穿着释比服装跳羊皮鼓舞暨传习，演绎释比经典的文化活动，增强释比文化氛围。

(2) 创作一台释比“祭山大典”作为阿尔村文化旅游演艺活动，在汶川举办“中国羌族释比文化论坛”，并在阿尔村建设“中国释比文化研究基地”。

(3) 利用“龙溪玉”品牌资源，开发龙溪玉旅游产品。按恢复马灯村古村寨风貌，将马灯村建成龙溪玉加工专业村寨，发展特色工艺品产业。

(4) 将东门寨图腾柱广场改建为古城门广场，增加东门寨古城历史文化和龙溪古蜀文化、茶马古道文化的说明及雕塑小品，彰显东门寨和龙溪厚重的历史文化底蕴，增强神秘文化氛围。

(5) 修建阿尔村巴夺寨至阿尔寨游步道，利用游步道沿线增加对羌族释比文化的图文介绍，增加游人对释比文化的了解。

(6) 开发利用阿尔沟自然生态资源，增加徒步穿越休闲探险旅游产品。

2) 以桃坪羌寨羌族风情文化产业区为例

理县的文化产业应主要打造藏羌民族文化走廊产业带，以及桃坪羌寨羌族风情文化产业区，薛城古镇军事文化产业区，甘堡五屯藏寨风情文化产业区，古尔沟温泉养身休闲文化产业区，米亚罗红叶文化产业区。

以桃坪羌寨为核心，将老寨的保护和新寨的开发更加规范和细化，尤其是业态和空间的整合。例如，老寨存在空间的利用，最具代表性的水网、民居、巷道和业态的丰富优化。该区域以集中展现羌族历史文化，构建羌寨文化精品体验区，包括以下方面。

(1) 在对桃坪羌寨古建筑进行保护性展示的基础上，开设一个较完整的羌族民俗博物馆。

(2) 在桃坪羌寨新区羌年传习所内启动演艺中心、锅庄广场、羌文化长廊等一批文化设施。推出咂酒吧、罐茶吧、羌绣吧等项目，淋漓尽致展示羌文化的民风民俗。

(3) 在桃坪羌寨推出转山会、羌历年、对歌会等大型民族活动，调动游客的参与积极性，充分展示羌族多元的民俗文化。

(4) 组建桃坪羌寨艺术团，推出蒲溪羌族皮鼓舞、唢呐、口弦、羌笛等具有本地特色、短小精干的歌舞节目。

(5)推出羌民族的文化娱乐活动，如推杆、扭杆、秋千、蛇抱蛋、挑选天仙妹妹等参与性强的节目。

(6)推出羌族民俗活动，如羌族婚礼、羌族服装展示等。

(7)推出羌族饮食文化精品《尔玛贡宴》。

(8)加强通化汶山寨的保护力度，加大道路建设，开发汶山寨“石纽山”、大禹故里、禹王宫等景点。

3)以“羌城”为中心的羌文化产业园为例

茂县以九环线为主体的羌族文化走廊为动力，以赤不苏、沙坝、较场为核心的羌文化原生态保护区人文景观和自然景观开发为主线，以“羌城”为中心的羌文化产业园，重点充分展示羌文化和发展羌文化产业，全面推动全县羌文化恢复发展，构建具有羌文化特色的县境内文化旅游圈。

位于茂县县城岷江西岸坡地的“羌城”占地 3000 余亩，坐西朝东。羌城由城门、游客服务区、官寨、原始部落、牧业区、狩猎区、神庙、宗教祭祀、祭祀台、羌民居、民族手工业区、羌绣加工区、山寨旅馆、演绎中心、原生态保护区以及多个循环经济生态产业链等组成，并有中国羌族博物馆、羌族非物质文化遗产传习中心两大主体特色区域。羌城内将安置羌民近 1000 户，总人数不超过 4000 人的羌民按照分片集中安置，并保持古羌族原有的民风习俗、祭祀礼仪，充分体现羌族文化的原生态环境和羌民族的生息特点。羌民在城内生产、生活与娱乐，这是整座羌城的羌文化灵魂所在，城内是部落羌民(游牧民族)的原生态状态的再现，核心在于自然、生态、真实、古朴。羌城规划面积 215 万 m^2，建筑面积 25 万 m^2，建筑基础面积 14 万 m^2。

(1)茂县非物质文化传习中心。本项目建设地址于羌城规划区内，占地面积 9990 m^2，总投资 3000 万元。羌族非物质文化遗产的生存、保护和发展遇到许多新的困难和问题，许多优秀的非物质文化遗产日渐萎缩和凋零，以至于在急速泯灭、消亡和大量流失。羌族非物质文化遗产资源是极为宝贵的，“5·12”汶川特大地震后相关濒危项目不断增加，如羌族多声部、羊皮鼓舞、铠甲舞再加上羌年的原生地破坏严重，特别是释比的生活堪忧，对羌族关键文化的保护造成很大困难，急需抢救。这就是茂县羌族非物质文化遗产传习中心的神圣使命。

(2)茂县羌族博物馆。羌族博物馆重建选址在凤仪镇水西村金银龟包之间，占地 60 亩，建筑面积为 10000 m^2，总投资 13785 万元，集中展示羌族古老的历史文化内涵。

(3)神庙广场、祭祀广场。神庙广场、祭祀广场分别位于银龟包正前方和金龟包西南侧，是以中国羌族传统文化为内涵，以弘扬炎帝、大禹精神为内容，依山就势进行总体布局。祭祀礼仪：祭天神、山神、火神、地界神、六畜神、门神、仓神、碉堡神等。神庙广场以日常祭祀、宗教活动为主；祭祀广场以重大节日如祭山会、羌历年、端午节、“瓦尔俄足”节、牛王节、青苗会等为主。

(4)“金龟寨”和“官寨”。“金龟寨”和“官寨”为羌城的产权式酒店，是集休闲、餐饮、娱乐为一体的休闲度假胜地。

(5)神庙、神碉、餐饮中心、演艺中心等羌城子项目体现羌族传统文化特色，集中展示羌族古老而悠久的文化。

4) 以北川羌绣产业园区为例

北川羌族自治县重点发展新县城的文化创意产业园区，即北川羌绣产业园区；老县城与唐家山堰塞湖的“5·12”汶川特大地震遗址体验区；禹里小寨子沟的禹羌文化深度体验区；药王谷生态养生休闲度假区；云中羌寨、吉娜羌寨、石椅羌寨羌文化现代生活体验区等。

羌绣是羌族民间传统手工技艺，是羌族文化传承的重要载体。“5·12”汶川特大地震后，北川羌族自治县将羌绣产业作为民生工程大力发展，成立了羌绣协会，积极注册“北川羌绣”商标和地理标志，大范围地开展羌绣培训，不断创新特色产品，开拓市场，羌绣产业雏形已经形成。2009 年 8 月，当地成立了县羌绣产业推进办公室，由副县长分管，县文化旅游局、总工会、人力资源和社会保障局、团委、妇联、科协等为成员单位。同时，寺地成立了县羌绣协会，配置了专兼职工作人员。目前，在当地党委政府的扶持下，北川绣娘文化产业开发有限责任公司在新县城征地 400 余亩，建设羌绣产业园。目前已完成征地、规划、设计，预计投入资金 2 亿元，此项工作正在积极进行，建成后将成为北川乃至整个羌区羌绣产业发展的重要基地。

作为民族文化特色产业，全县有羌绣企业 11 家，在企业内从事羌绣的绣工 500 余人。采取公司加农户形式，吸纳羌区妇女参加刺绣，以刺绣为主要收入的绣工近 2000 人。其年创产值 1450 万元，2011 年向国家缴纳税收 18 万元。羌绣作为一种产业在北川羌族自治县基本形成规模。在北川羌绣企业中，北川绣娘文化产业开发有限责任公司、莎朗文化旅游有限责任公司、西蜀绣院、北川和谐旅游开发公司等企业在产业发展中起到了龙头作用。

(1) 加强绣工队伍培训，建立一支专业化的绣工队伍。县羌绣推进办成员单位分片包干，共开办培训班 13 期。培训工作分为普及型培训和提高型培训两个层次，共培训绣工 800 余人次，其中培养出熟练绣工 300 余人。为了搞好培训工作，县羌绣协会又编写了《羌族刺绣工艺》一书，图文并茂，并录制了光碟，免费发给学员使用。此外，县羌绣协会还应邀到陕西宁强县举办羌绣培训班 10 天，共为当地培训学员 60 余人，扩大了北川羌绣产业在外地的影响。

(2) 不断创新，研发和推出新产品。在清华大学、西南科技大学、绵阳师范学院、四川音乐学院、绵阳艺术学院等大专院校的积极支持下，研发出一批新产品，积极投入生产。该产品在题材上大大创新，融入了地方文化、羌民族文化因素。反映地震题材的作品如《危难时刻》《再造一个新北川》《敬礼娃娃》《生死救援》《震前北川》《震后北川》《崛起》等生动地再现了“5·12”汶川特大地震爆发以后党中央、国务院对灾区人民的深切关怀和全国人民的无私援助；“5·12”汶川特大地震灾后重建题材如《新生》《永昌巴拿恰》《禹王桥》《新北川》《涅槃羌乡》等反映了灾后重建的巨大成果和灾区人民的新家园、新生活、新气象；反映羌民族美好生活的如《幽谷恋歌》《羌女》《绣女》《羌笛和口弦》《羌寨之夜》《金丝猴》《生命之光》等具有浓烈民族和地域特征的作品；反映羌民族古老生活的作品如《索桥》《茶马道上的背夫》《过溜索》等生动地再现了古羌人的劳动生活；以禹生北川为题材的作品如《大禹治水》《禹王像》《羌山禹庙》《石纽停云》等具有浓烈的禹羌文化特征。以上作品画幅巨大，题材新颖，紧扣时代脉搏，弘扬主旋律，无论从内容还是技法上都大大创新，深受群众喜爱，极大地丰富了文化旅游市场，丰富了群众生活。

(3) 羌绣在传统技法上不断革新。现代羌绣既保留了古老羌绣粗犷、色彩鲜明的特征，又吸纳了蜀绣、苏绣、湘绣等做工细腻、画面生动逼真的优势，使羌绣被更多的人接受，开辟了崭新的市场前景。北川羌绣产品除在本地销售外，更多的是销往外地，通过参加国内展销会，将产品销往北京、上海、台湾等地。仅北川绣娘文化产业开发有限责任公司，一年销往外地的产品就达 600 万元以上。

尽管羌绣产业园存在经费短缺、营销不畅、绣工队伍不稳定、高端产品不足等问题，但无论如何，就目前而言，不仅取得了较好的经济与社会效益，同时也传承了羌族文化。

5. 积极引进与培育人才

文化产业是“创意产业”，创意的关键在人才。羌族地区从事文化产业的各类人才十分紧缺，严重地制约了羌族地区文化产业的发展。

(1) 羌族地区各县要强化文化人才资源是第一文化资源的认识，重点抓好文化企业家、文化创作人、文化经纪人的队伍建设，改进人才管理和使用制度，建立规范的人才流动机制，单位自主用人，人员自主择业，政府依法管理。

(2) 制定相关政策，建立健全文化人才创业机制、分配机制、创意成果转化机制。鼓励一些拥有特殊才能和自主知识产权的人才以知识产权入股。探索建立以知识产权无形资产、技术成果等参与分配的新路。允许个人以其拥有的文化品牌、创作成果和科技成果、管理经验等作价入股。

(3) 积极探索文化馆（站）向兼有文化产品策划、中介、营销（公司）职能部门转型的体制创新。

(4) 大力培养文化名人名家、文化艺术创作人才以及优秀的文化产业管理者和经营者。

(5) 深化合作，助推羌族地区文化产业人才建设，开展省内合作。依托四川省内科研机构和高等院校的人才优势、技术优势积极开展专家咨询、人才进修、技术合作、技术入股、共建中心等形式多样的产学研联合，形成“优势互补、风险分担、利益均沾”的文化产业发展联合模式。省内合作的优势在于省内专家既因地缘优势较为了解羌族地区情况，又可以着眼全局提出适用于本地的文化发展的建设性对策。

①国内省外合作。和北京市、上海市等地建立高端人才共享机制。这些地区文化发展较快，整体实力雄厚，其节目、经营、人才、资本等溢出资源需要扩张消化，西部正好成为最理想的承载地。因此，一方面可以积极联系并创造条件让东部人才进入羌族地区；另一方面可以运用当前先进的通信技术，拓宽人才运作途径，即使文化人才不是身在羌族地区，也可以利用网络、电话等媒介展开信息交流辅助培养人才，或者让他们通过网络会议、电子邮件等手段为羌族的文化发展服务，从而不断提高羌族地区人才的质量和水平。国内省外合作的优势在于省外专家能够以新的内涵填充羌族地区文化内涵，可以拓展性地丰富思想，开拓视野。

②国际合作。羌族地区各县可以结合本地资源优势，主动与国际著名文化机构、跨国

续表

公司对接，吸引他们来羌族地区设立自己在中国(西部)地区的子中心(或分中心)。羌族地区还可与国外文化领域的代表性人物联系，为他们认识羌族地区、理解羌族地区搭建桥梁。另外，羌族地区各县要注重发挥民间外交多样、灵活的长处，利用民间对外文化交流渠道，宣传羌族地区特色文化资源和文化产品。国际合作的优势在于借助国外著名文化机构和文化名人的巨大影响力，提升羌族文化走向世界的能力。

6. 多渠道筹集资金

文化产业发展资金的来源主要有：①靠政府投入；②招商引资；③职工和村民自愿集资，组成文化产业开发股份公司，按股分红；④集中景区门票收入投入自身项目建设。坚持“谁投资，谁受益”的原则，让出近期利益，让出优势资源，让出优势产权，以政策引资金，以资源引资金，以项目引资金，逐步建立起促进文化产业发展的多渠道、多元化投资融资机制。财政应视其财力，安排一定专款，建立文化产业发展专项基金，并制定相应的使用和管理办法。各相关部门要按照规划的要求，尽快完成项目论证规划，实施项目招商；要鼓励社会各方面力量独资、合资开发文化产业项目，组建文化产业股份有限公司；要加大对文化产业发展基础和启动资金的投入；对文化产业开发资金采取倾斜政策；在工商注册、土地使用、税收等方面给予优惠。

7. 加强宣传促销，大力拓展销售市场

①拓展销售市场、打通销售渠道是发展壮大文化产业的重要因素。因此，羌族地区各县宣传、文化、旅游、广播电视部门，要经常性地开展宣传促销活动。②充分发挥广播电视、新闻出版、宣传文化部门的自身优势，在各级媒体、各种媒体上制作影视、图片、广告、图书、画册、书籍等宣传资料，多渠道全方面开展宣传促销工作，为推动羌族地区文化产业的不断发展做出应有的贡献。③通过举办产品展销会、经贸洽谈会、新闻发布会，举办节庆活动，营造强烈的文化氛围，展开强大的宣传攻势，努力提高文化旅游产品的知名度。④组织文化企业、旅行社、新闻媒体到本地区实地考察，为他们提供优质的服务、优惠的政策和宣传营销第一手资料。

7.4 案例研究：甘孜藏族自治州文化产业发展研究

7.4.1 案例研究背景

甘孜藏族自治州位于四川省西部，青藏高原东南缘，东连阿坝州和雅安地区，南接凉山州，北接青海省玉树藏族自治州、果洛藏族自治州。全州辖区面积 15.3 万 km^2，辖 18 个县、1 个县级行政管理区(海螺沟景区管理局)，325 个乡(镇)，2458 个行政村，总人口 93 万人(其中：藏族占总人口的 78.4%)，人口密度为 5.84 人/km^2，是全省面积最大、人口密度最低的市(州)[①]。全州平均海拔在 3500m 以上。作为我国三大藏族聚居区中康巴藏族聚居区的核心地区，甘孜州自古以来一直在政治、军事上发挥着东屏四川省、南控云南省、西摄西藏自治区、北啸青海省的重要作用，乃“入藏之咽喉”“治藏之依托”“控驭青滇之锁钥”，清康熙时期就有了“治藏必先安康”之说。

甘孜藏族自治州是全国第二大藏族聚居区四川的重要组成部分，系我国第一个成立的专区级少数民族自治州。由于地处川藏高原战略要地，相邻不同的民族区域，加之特定的人文地理环境，甘孜藏族自治州文化资源极其丰富。近年来，甘孜州委、州政府十分重视文化产业的发展，取得了显著的成绩。但是，由于甘孜藏族自治州境内地广人稀，气候恶劣，条件艰苦，经济社会发育程度低，色达、石渠、新龙、雅江、理塘五县目前仍为国定贫困县，贫困人口占全州总人口的 1/2 以上，是典型的“老、少、边、穷”地区。文化产业的发展还处于浅层次、低水平、低效益的状态，与发达地区相比还存在相当大的差距，丰富的文化资源优势尚未完全凸显出来。

目前，甘孜藏族自治州文化产业发展面临重大的历史机遇。一方面，21 世纪以来，文化产业巨大的经济潜力已经为众多国家所认同，作为一种新的经济形态，其迅速崛起之势锐不可当。党的十七大报告明确提出要推动社会主义文化大发展大繁荣，增强文化软实力。2009 年，我国第一部文化产业专项规划——《文化产业振兴规划》由国务院常务会议审议通过。中共十七届五中全会则提出要推动文化产业成为国民经济支柱性产业。由此可见，文化产业在今后相当长一段时间里将处于国家战略性行业地位。另一方面，在 2010 年的中央第五次西藏工作会议和四川省涉藏工作会议上，提出了加快藏族聚居区发展的一系列政策措施和重大项目，为藏族聚居区发展创造了千载难逢的历史机遇。甘孜藏族自治州在全国涉藏工作州县中具有重要的战略地位，随着国家各项政策措施的落实，必将为甘孜藏族自治州跨越式发展注入强劲动力。“十二五”是甘孜藏族自治州全面建成小康社会承前启后、极为关键的时期，也是经济社会发展转型的关键时期，更是深入推进经济社会跨越式发展、又好又快发展的重要战略机遇时期。甘孜藏族自治州必须抓住机遇，充分认识发展文化产业的重要意义，繁荣发展文化产业。

本节在对甘孜藏族自治州文化产业发展现状概况的基础上分析其优劣势，旨在深化对州情的认识、对文化产业发展的重新定位。这对消除瓶颈制约、盘活文化资源、构架产业布局、加快结构调整、推进甘孜藏族自治州文化产业发展具有重要的现实意义。

7.4.2　甘孜藏族自治州文化产业发展的资源基础

甘孜藏族自治州作为我国藏族聚居区的重要组成部分，悠久的历史孕育了丰富的文化资源，并在漫长的人类历史发展进程中通过不断衍变、传承，形成了独有的民族性、历史性和唯一性特征。

(1) 人文自然资源的极大丰富性。自古以来，甘孜藏族自治州就是民族迁徙的走廊，吐蕃人、西夏人、蒙古人、回族人、羌人、满人、汉人乃至西方人及其文化不断进入这一

① 截至本案例研究时数据。

续表

地区，在相互冲突和交融中得以进化和升华。同时，由于地处汉藏结合部的特殊地理位置而形成的地缘文化以及不同的治理方式，使得这一地区既封闭又开放。因此，人类演进不同阶段的母系文化、父系文化和部落文化等众多人类活化石能够保存至今，又促使这一地区的经济文化出现了复合性和相对卫藏地区的先进性。此外，横断山独特而多样化的地质地貌、自然气候、生物物种、自然风光、人文景观和丰富的水能矿藏，使甘孜藏族自治州成为当之无愧的人类学文化宝库和天然的自然博物馆。

(2) 民族文化形态的开放性与多元性。历史上，在康巴地区有众多古代族群和少数民族，随着相互间的经贸往来和文化交融互动，逐渐形成了有本地特色的藏文化、汉文化、纳西文化，之后又融入了其他外来文化（如西亚文化、印度文化、东南亚文化）。同时，甘孜藏族自治州地域文化也呈现出特色鲜明的文化多样性，主要有情歌文化、嘉绒文化、木雅文化、帕措文化、雅砻文化、游牧文化等。

(3) 拥有作为康巴文化重要特征的强悍进取的英雄主义和达观豪放的浪漫主义精神。由此发端的格萨尔文化，就是这种勇敢、豪爽、乐观、坚韧精神的集中代表。甘孜藏族自治州是“格萨尔”的故乡，是“格萨尔文化走廊”的核心地区，区内有大量的格萨尔历史遗迹，丰富的“格萨尔”文化资源，特别是民间说唱史诗《格萨尔》遍布全州，倍受藏民族喜爱，这有待于进一步深入发掘。

(4) 民族文艺特色浓郁。在甘孜藏族自治州以藏民族为主体的民歌、舞蹈种类繁多，风格各异，多姿多彩：主要有情歌、牧歌、酒歌、嫁歌、颂歌、悲歌、送别歌；有锅庄、弦子、踢踏、热巴、祭祀舞、寺庙神舞等；还有历史悠久、影响广泛的藏戏，内容丰富的民间文学，包括民间故事、谚语、说唱艺术；以及源远流长、艺术风格独特的藏画、新唐卡画和雕塑，包括泥塑、金属雕铸、石刻、木刻、油塑、面具制作等。藏文刻石经文、汉文石刻和碑刻也极为丰富，其中泸定桥“康熙御碑”等极负盛名。此外，文物及文献典籍收藏丰富，仅州藏博物馆就藏有 1290 余件各类出土文物、宗教文物、民俗文物，其中国家一、二级文物 32 件；德格印经院是我国藏族聚居区目前保存藏文文献典籍最多的地方，藏量约达整个藏族文献典籍的 70%。

(5) 建筑工艺精湛、产品形态丰富。民居、古碉、古桥建筑艺术历史悠久、风格各异，其中，民居建筑有“康巴名片”之称。全州有 11 个县保存有高碉遗迹，是我国高碉分布最广、类型最齐全、数量最多的地区，仅丹巴就有“千碉之国”的美誉，现正在申报世界文化遗产；泸定县铁索桥和新龙县藏式伸臂桥盛名远播，德格印经院等一大批古建筑被列为国家级和省级文物保护单位；民族手工艺精湛，主要有制陶、纺织、木作、造纸、雕版印刷、建筑装饰、金银饰品加工锻造、皮革手工艺等。其中，白玉县手工艺驰名中外。

(6) 源远流长的宗教文化传统。在甘孜藏族自治州境内，有藏传佛教、天主教、基督教、伊斯兰教、道教等多种宗教文化，从民族社会的发展历史来看，宗教文化影响广泛而深刻。特别是藏传佛教，它在藏民族与民族性格的形成、丰富，独特文化的创造、积淀与传承，以及人与特殊地理环境的适应等方面起到了一定的作用。其中，寺庙的建筑、法事活动、宗教节日、文物典籍中的神秘性和吉祥性文化内涵具有很强的吸引力。

(7) 在文化资源的空间分布上，甘孜藏族自治州形成了几个特色鲜明的文化圈（西南民族大学民族研究院编写组，2010）。①以德格为中心的康文化圈。大体包括德格、白玉、石渠等地。德格话成为康方言的标准话，德格印经院是藏族聚居区三大印经院之一，也是藏族文化的宝库。②大、小金川流域的嘉绒文化圈。地域包括丹巴、康定的部分地区。嘉绒话与其他藏语方言有较大差异。嘉绒人多建高碉，从服饰、风俗等方面能看到某些古民族文化的遗存。③以木雅贡嘎山为中心的木雅文化圈。其地域包括贡嘎山周围的康定、道孚、九龙、雅江等部分地区。该地区的人被称为“木雅”，其语言被称为“木雅语”，介于汉藏语族与古羌语之间，为融入藏语的古代党项羌人的后裔。文化上与嘉绒较接近，亦建高碉，风俗、习惯、服饰、民居与其他藏族聚居区有明显的差别。④以康定为代表的商贸文化圈。其地位于甘孜藏族自治州东部，历来为汉藏贸易的重要口岸，四方商贾与外来移民较多，使其文化因之呈现一种多元整合的特征。⑤以高原草场地为中心的游牧文化圈。其地包括北部石渠、色达以及甘孜、炉霍、道孚等县的部分地区。崇信本教与宁玛派，崇尚自然洒脱为其文化特征。⑥以大道河雅砻江河谷为中心的“西番”文化圈。其地包括泸定、康定、九龙等大渡河沿岸及其附近河谷地带。居处分散，村寨各具文化特色，居民有贵琼、罗汝、多续、帕木依、纳木依等多种历史上被称为“西番”的族群，现属藏族。其语言、风俗、生活方式、宗教信仰等均有不同，为民族走廊中遗存的古民族后裔。⑦大渡河中下游地带的彝文化圈。在泸定、九龙等地的彝族聚居区内，保持与凉山彝区基本一致的彝文化传统。“家支”制度、崇信毕摩，为其文化的一大特点。

在文化资源统计上，甘孜州现有全国文物保护单位 6 项，省级重点文物保护单位达到 55 项，州级重点文物保护单位 131 项，县级文物保护单位 139 项，以上四级文物保护单位共计 331 项。据第三次全国文物普查，全州共有不可移动文物点 5878 处(新发现 5463 处，复查 415 处)，国家级“非遗”保护项目 21 个，省级“非遗”保护项目 56 个，州级“非遗”保护项目 86 个；国家级“非遗”代表性传承人 7 名，省级“非遗”代表性传承人 51 名，州级“非遗”代表性传承人 124 名。从资源形式来分，甘孜州文化资源可以分为 10 大类，见表 7.15。

表 7.15　甘孜州文化资源情况

类别	主要资源
1. 文物古迹资源	包括：①建筑古迹，如高碉建筑、桥梁建筑、寺庙建筑、民居建筑；②古遗址、重要文物资源，如古遗址、文献典籍、出土文物
2. 民族艺术资源	包括：①民间文学，如民间故事、民间谚语、《格萨尔王传》等；②传统民歌，如《康定情歌》、九龙玛达咪山歌、德格劳动歌曲等；③传统舞蹈，如巴塘旋弦子、真达锅庄、木雅锅庄等；④传统戏剧，如德格藏戏、色达藏戏、康巴藏戏；⑤曲艺，如六弦琴弹唱、色达等；⑥传统游艺、杂技和竞技，如赛马、骑射、摔跤、藏棋、藏牌等；⑦传统美术，包括绘画艺术和雕塑艺术
3. 民俗资源	包括：①传统服饰，如农区服饰、牧区服饰；②传统饮食，如牧区以牛羊肉、奶制品为主，农区以小麦、玉米、荞麦为主；③传统民族节庆，如新龙藏历十三节、康定“四月八”转山会、藏历年等
4. 民间手工艺资源	主要包括制陶、纺织、编织、木作、造纸、雕版印刷、金银加工、铜铁工艺品、皮革手工艺术品及酒类、食品、建筑等民间工艺
5. 宗教文化资源	藏传佛教五大教派寺庙、文物、法师活动场所等
6.《格萨尔》文化资源	格萨尔历史遗迹、格萨尔藏戏和绘画艺术等
7. 地域文化资源	情歌文化、嘉绒文化、帕措文化、木雅文化、扎巴文化和游牧部落文化等

续表

类别	主要资源
8. 红色文化资源	泸定桥历史博物馆、格达活佛与朱德泸定居住旧址、红军飞夺泸定桥纪念碑等
9. 土司文化资源	土司传奇故事、土司官寨遗址、丹巴巴底土司官寨等
10. 茶马古道文化资源	泸定的化林坪、磨西、康定的炉城镇等

资料来源：西南民族大学民族研究院编写组(2010)。

甘孜藏族自治州丰富的文化资源为地区文化产业提供了宝贵的发展源泉，这也是甘孜藏族自治州发展文化产业的潜力所在。如果利用得当，甘孜藏族自治州文化产业的发展空间将十分宽广。

7.4.3 甘孜藏族自治州文化产业发展的现状特点

1)甘孜藏族自治州文化产业发展概况

近年来，甘孜藏族自治州委、州政府十分重视文化产业的发展，把民族文化产业作为"六大支柱"产业之一，奋力推进甘孜藏族自治州民族文化产业跨越式发展。在文化产业的发展上，坚持以构建社会主义民主和谐文化这个根本；紧紧围绕公益性文化事业和经营性文化产业两条主线；切实抓好文化遗产保护、文化艺术生产、文化资源开发利用工作三项任务；加大基层文化建设的投入、加快农牧区文化基础设施建设步伐、加强基层文化艺术人才的培养和基层文化活动的开展；着力推进文化资源向文化资本转变，促进文化强州跨越，着力推进文化事业向文化产业转变，促进文化体制改革跨越，着力推进文化艺术产品向文化产业品牌转变，促进民族文化产业跨越，着力推进文化建设由县城向广大农村牧区转变，促进基层文化建设跨越，着力"文化扬州"向"文化强州"转变，促进文化强州富民的跨越；实施"文化乐民"和"文化惠民"工程、农牧区乡(镇)村文化建设工程、"文化艺术优秀人才"建设工程、"文化艺术精品生产"工程、"文化遗产保护"等五大工程。加强"文化信息资源共享"、农村电影"2131"放映、"文化扎根基层""一县一品一特一队一台一中心"文化产业品牌打造和"送文化下乡"活动等工作，广泛开展"文化惠民"活动，深入推进"百乡千村"送歌舞、送电影、送图书下乡活动，使甘孜藏族自治州文化服务功能明显增强、文化设施明显改善、文化产品更加丰富、文化影响力进一步扩张、文化发展的水平与全州经济社会相适应，推进了全州文化事业新跨越。

据统计，2009 年甘孜藏族自治州文化及相关文化产业实现增加值 22294 万元，占全州 GDP 比重为 2.16%，同比增长 13.9%，对全州经济增长的贡献率为 3.7%。全州从事文化及相关产业的单位共有 214 个，其中执行行政事业会计制度单位有 165 个，执行企业会计的单位有 49 个；其中从事新闻出版发行及制作的单位 17 个，广播电视电影业单位 60 个，文化艺术服务单位 100 个，网络文化服务单位 3 个，体育文化休闲娱乐业单位 14 个，文化用品销售业单位 18 个。文化产业单位从业人员 1675 人，其中文化产业行政事业从业人员 1158 人，文化产业企业从业人员 517 人。根据一次性调查资料显示，2009 年全州从事文化产业个体户 1201 户，从业人员达到 4987 人。2009 年，全州文化及相关产业实现经营性收入 19745.1 万元，比上年同比增长 6.56%。其中，文化及相关产业企事业单位实现经营收入 6000 万元，同比增长 11.6%；个体户实现经营收入 13745 万元，同比增长 4.49%；上缴各类税金 655.2 万元，同比增长 4.46%。其中，企事业单位上缴税金 369 万元，同比增长 4.3%。

2009 年末，甘孜藏族自治州全州拥有艺术表演团体 2 个，文化馆 19 个，公共图书馆 3 个，文化站 202 个，博物馆 2 个。全州现有州级广播电视台 1 个，县级广播电视台 18 个。有线电视网站 19 座，发展有线电视用户 4.9 万户。广播、电视人口综合覆盖率分别达 85.11%和 85.03％。康巴语电视频道于 2009 年 10 月 28 日上星试播，结束了康巴语无上星节目的历史。全州现有各种期刊 8 种，总印数达 3.7 万册；报纸 3 种，总印数 376.85 万份。优秀传统民族文化得到保护、继承和发展。“康定溜溜调”“甘孜踢踏”“川甘孜州族山歌”“真达锅庄”等入选国家或省级非物质文化遗产保护名录。

2) 发展思路明确，文化产业布局合理

观念落后、思路不清曾一度成为甘孜藏族自治州文化产业发展的瓶颈，影响了州文化产业的发展进程。近年来，甘孜藏族自治州政府十分重视文化产业的发展，2004 年甘孜藏族自治州就文化产业发展做过专题规划，又做了《甘孜州自治州民族文化产业发展规划修编》。这有利于领导和管理人员对文化产业的发展思路进一步清晰明朗，对文化产业的认识进一步深化。目前，甘孜藏族自治州文化产业的发展思路基本形成了以下共识：依托一个中心——康定，重点推进和发展康定情歌文化园区，将康定建设成甘孜藏族自治州文化产业支撑中心。重点发展康东多元文化产业区，将其建设成为甘孜藏族自治州文化产业的示范区。依托甘孜藏族自治州丰富的文化资源，大力发展文化旅游业、演艺娱乐会展业、文博及工艺品制造业三大主导产业，推进音响和影视制作业、新闻出版业、动漫以及网络文化产业、创意和文化服务业四个产业群的发展(西南民族大学民族研究院编写组，2010)。

从空间开发思路上，甘孜藏族自治州强化一个中心，突出三大园区。其中，强化一个中心，即以康定为中心，紧紧围绕“东部一圈”，加快和提高康定、泸定、海螺沟、丹巴、道孚、九龙等县和区内文化产业发展的速度和质量，加快基础设施建设步伐，加大特色文化产业可开发力度，加强文化产业人才培养，使之成为州文化产业发展的核心和发挥示范龙头作用。突出三大园区：根据甘孜藏族自治州藏文化资源的分布与组合特征，将文化产业分为：康东多元文化产业园区、康北格萨尔文化产业园区和康南香巴拉(香格里拉)文化产业园区。①康东多元文化产业园区：就是要充分发挥康东片区内多元文化汇聚，藏风情特异，自然景观与历史文化叠合，文化形态丰富的特点，将康东多元文化产业园区培育成为康巴文化产业的龙头，其布局上重点突出：一个中心——康定情歌城；三大产业带——泸定和海螺沟长征文化产业带，丹巴嘉绒古碉风情文化产业带，塔公、新都桥、沙德和道孚、雅江雅砻江峡谷木雅文化产业带。②康北格萨尔文化产业园区：康北是康巴文化集中体现的地区，具有浓郁的康巴宗教文化特色、藏族民居建筑文化特色和白玉山岩戈巴“帕错”文化特色，以及草原文化特色，主要依据格萨尔王诞生地，推出格萨尔文化产业；依托世界闻名的藏族文化宝库德格印经院，推出康巴文化产业。③康南香巴拉(香格里拉)文化产业园区：布局上以稻城亚丁为中心，依托“香巴拉”文化品牌，加强歌舞及藏风情的挖掘，通过这一品牌将乡城、得荣、巴塘、理塘、雅江等县串联为香巴拉文化产业园区。

由此可见，甘孜藏族自治州在文化产业发展思路上比较明确，文化产业分区也比较合理，这是甘孜藏族自治州文化产业发展的优势所在。

3）甘孜藏族自治州文化产业发展面临的困难与问题

甘孜藏族自治州民族文化产业发展虽然取得了上述成绩，但其发展还是浅层次、低水平、低效益的，与严格意义上的文化产业还存在较大的差距。这除了具有对文化产业认识上的不成熟，文化资源尚未得到充分有效的利用，文化产业总量和规模偏小，新兴产业门类发展不快，门类结构不均衡，产业和产品结构不尽合理，科技含量低，文化事业单位缺乏活力等全国、全省的共性问题外，还有制约甘孜藏族自治州民族文化产业发展的特殊性问题，如观念落后、基础薄弱、发展要素缺乏以及外来文化产业对本地文化产业产生的“挤压”等。

（1）文化产业基础设施落后。甘孜藏族自治州在文化产业基础设施方面比较落后，甚至说严重制约了文化产业的发展。①甘孜藏族自治州交通条件不畅。甘孜藏族自治州地处青藏高原东南端与四川盆地、云贵高原的过渡地带，地势由东南向西北逐步抬升，平均海拔 3500m 左右。既有草原，又有雪山，既有起伏的丘陵，又有河谷盆地。该州属于“蜀道难，难于上青天”的典型地区。虽然近年来四川省和甘孜藏族自治州政府在改善交通条件方面做了很多工作，如通州区油路的建设，极大地改善了甘孜藏族自治州主干线的交通状况，也为开发建设文化旅游景区景点奠定了重要基础。但景区内的交通及直达景点的必要而安全的游道不畅的现状，直接导致了一些重要的文化资源难以充分而有效地开发利用。②能源不足，信息不畅。目前，甘孜藏族自治州一些文化企事业单位，除较早开发的个别地区（如海螺沟）基本具备解决通信条件外，其余地方都不同程度地存在着无电、无通信手段的问题，这种状况在很大程度上限制了文化企事业单位各项服务能力的形成与提高，对文化企业的发展产生较大的制约。③群众性文化设施缺乏，文化产业的发展离不开文化设施的支撑，甘孜藏族自治州在文化旅游的基础设施方面虽然有了较大的改善，但群众性文化消费的公共设施方面仍然相当缺乏，如文化博物馆、公共图书馆等还是较少。④基层文化设施建设严重滞后。全州原有乡镇综合文化站和村级文化活动室 50 余个，自 20 世纪 90 年代以来，由于缺少投入和有效的支持，农牧区文化阵地出现了部分逐渐萎缩现象。全州乡（镇）村基层文化工作已普遍处于“三无”（即无活动场所、无活动设施设备、无活动经费）境地。加之文化建设项目少，上级部门投入的文化建设专项资金也是有限的，县乡公共文化服务体系建设存在一定困难。

（2）资金匮乏导致文化产品开发不力。甘孜藏族自治州地处西部，与东部沿海省市相比，经济发展较为滞后，且体制不完善、资源分布不均，州内经济总体发展也不平衡，文化产业发展资金相当短缺。如很多国有文化企业因土地属国家划拨，因而不能以土地等资产向金融机构贷款，无法筹集流动资金。甘孜藏族自治州经济发展水平在全省属相对滞后的地区，靠自身财力难以对文化资源进行成片开发。由于缺乏资金无力进行资源普查和科学规划，资源开发的前期工作不能满足投资商的要求。要大规模、高起点、高质量成功地引进外来资金开发甘孜藏族自治州文化产业还需要一个比较长的时间。资金短缺已成为甘孜藏族自治州文化企业改制、发展的一大难题，直接影响了文化产业的发展速度。

(3) 文化产业起步晚，丧失了发展先机。文化资源丰富与文化产业脆弱之间的矛盾，是甘孜藏族自治州发展文化产业所面临的主要困境之一。甘孜藏族自治州虽然文化资源丰富，但文化产业起步晚，目前还处于发展的初级阶段，所生产的文化产品审美质量不高、人文含量偏低、大众化产品较多，在全国和世界上具有较高知名度的品牌比较少，因此资源丰富的优势并没有得到有效的开发和利用。例如，泸沽湖作为当今世界上唯一还保存着的母系氏族文化，以摩梭人的民族习俗和秀丽的自然景色而闻名天下。四川省直到 1997 年才开始关注这一地区，虽然近几年投入很大，但在开发的广度与深度上与云南省相比，还存在着很多不足，未能有效突出该地区的文化优势。

(4) 人才缺少、素质偏低成为文化产业发展的瓶颈。北京大学教授祁述裕(2008)认为人是最重要的文化资源，创造力是文化产业的精髓和关键因素。作为一种“创意产业”，文化产业发展的灵魂是“人”。这需要一大批既熟悉市场又懂文化的经营者，既要了解不同种类文化的特点，更要懂得市场营销，这样才能准确地找到文化产业的生长点(张杰，2006)。目前，甘孜藏族自治州文化队伍结构不合理。全州文化队伍门类不齐，中高级专业人才严重不足。这主要表现在：各县级文化单位普遍缺乏专业文艺编创人员；乡镇从事文化工作的专职人员专业素质低、流动快；全州文博系统从专业院校毕业的专业人才偏少；文化队伍建设缺少投入，人才培养机制不健全；由于工作条件差、待遇低，专业人才引进难度大，现有的本地专业人员的工作积极性和创作热情也不高。这些因素在很大程度上制约了甘孜藏族自治州文化事业的发展。

(5) 文化遗产保护亟待加强。随着对外开放的不断深入，经济社会的快速发展，珍贵的人类文化遗产也在不断流失和消亡。由于缺少专项经费，众多文物点难以得到及时抢救维修、散落在民间的文物不能实施征集保护，民族民间艺术、传统工艺制作和民风习俗等濒临灭绝和失传。

(6) 文化创新意识需要进一步加强。由于存在认识上的差异和受传统文化发展观的制约，工作侧重文化的公益属性，而忽视文化的经济属性；侧重文化意识形态属性，抓文化产业发展的力度不够，文化品牌的打造还缺乏强有力的经济投入和文化产品支撑。

7.4.4　进一步加快甘孜藏族自治州文化产业发展的政策建议

根据中央和四川省关于加快推进四川涉藏工作重点州县经济社会发展政策措施的要求，结合中共中央办公厅、国务院办公厅《关于加强公共文化服务体系建设的若干意见》(中办发〔2007〕21 号)和四川省“富民安康工程”的实施，以及甘孜藏族自治州文化产业发展的实际，现就进一步加快甘孜藏族自治州文化产业发展提几点建议。

(1) 突出本土文化，开发特色文化产品。这些年，甘孜藏族自治州虽然推出了一些文化项目，但效果不太好，更多的是为发展旅游业做广告，缺乏实质性收益。从文化产业发达地区的成功经验来看，推出文化产品：①找到适合自己的正确定位；②为目标消费群体量身定做；③突出自己的特色，没有特色，很难造就优势产品。甘孜藏族自治州是康巴腹地，古代为吐蕃猛将之乡，而后是文人巨匠之域，格萨尔圆了康巴人的英雄梦，德格印经院展示了康巴人的包容胸怀。与周边藏族聚居区相比，甘孜藏族自治州有多教派共存共荣的藏传佛教文化，独具特殊魅力的传统绘画书法艺术，婀娜多姿的弦子锅庄舞蹈，享誉全藏的民间手工艺产品，这里有彪壮的康巴汉子，还有迷人的丹巴姑娘。甘孜藏族自治州给自己的文化产品加一点本土特色并不困难，关键是不但要有这种意识，并且要懂得在设计中加入这种理念，并将这种理念融入文化旅游业之中。

(2)加大人力资源培养，提高从业人员素质。得天独厚的文化资源是甘孜藏族自治州新经济发展的基础，但人才的缺乏严重制约了甘孜藏族自治州文化产业的发展。目前甘孜藏族自治州各级机关里面有很多德才兼备的行政领导和工作人员，但是搞产业开发，需要一批具备专门知识和经验的专才，产业规划和产品设计从来都是技术要求很高的工种，不具备专门知识的人来做这项工作，肯定做不好。甘孜藏族自治州要让文化实现产业化，就必须吸引高端和实用型人才。应该大胆选用专门人才，突破一些条条框框，让优秀人才脱颖而出。①善于组织和开发人力资源，调动高层次人才参与文化产业的热情和智力。把那些高智商的人才从书斋里拉出来，引导一批从事基础研究的人才转入经济与社会发展急需的应用课题研究中来。②形成实施人才整合战略，文化产业涉及各方面的人才，要把甘孜藏族自治州的人才资源整合起来，把政府单位、企事业单位、民间能人等调动起来合力发展文化产业。③大力引进民营和外资企业人才，促进当地文化产业的智力投入与资本运作，逐步扩大文化产业规模。从甘孜藏族自治州实际情况来看，可以聘请外面的专家来做指导，也可以短暂聘用业界精英，但本土人才依然是各项事业赖以发展的基础，尤其是对本土文化颇有研究的人才及具备产业开发能力的人才，是文化产业发展的关键。

(3)拓展融资渠道，保证最基本的资金投入。市场经济最明显的规律是有投入才会有产出，不出一分一毫想搞文化产业开发是困难的，就是蛇吞大象式的经典资本运作项目，也要保证最基本的资金投放。资金投入既可以是政府注资和银行贷款，也可以是招商引资和民间资本的介入。甘孜藏族自治州文化产业融资结构不合理。国家政府的投资比重过大，缺乏社会资本和外资的投入。要改变社会资金来源较少、用途单一的状况，就必须采取措施鼓励社会资金多渠道、多用途地投入。当然，对于一些特殊类型的文化企业，应当并且只能够由国家、政府独资或者只允许国内法人承办。而对于一般类型的文化业，则既可以由国家独资经营，也可以采取民营、私营、中外合资、中外合作等形式；既可以成立有限责任公司，也可以组建股份有限公司。应该鼓励民营等混合型文化企业的发展，力争早日建立起以公有制为主体、多种所有制并存的布局合理、门类齐全的文化产业经营体系。

(4)发展文化市场产业链群。发展文化产业不但表现在生产具有较高市场价值的文化产品，更体现在主动创建文化市场发展的产业链群。就传统文化资源而言，甘孜藏族自治州不可谓不丰富，但这仅仅为文化产业的发展提供了潜在的可能，却不是直接的现实，必须以市场为导向，生产出优秀的文化产品，并形成市场化的产业链群才能将文化资源有效转化为文化资本。传统历史文化资源的表现形式不仅有实物遗存，还可以通过复制、仿制等技术手段转化为文化产品，以满足现代社会市场的需求，这是文化资源作为文化产业发展基础的一个重要方面。例如，被称为“中国好莱坞”的浙江横店，原本是一个名不见经传的小镇，近年来却吸引了大批国内外游客，主要就得益于其影视基地的建设，已形成集影视拍摄、制作以及旅游为一体的相对完善的产业链。再如，上海东方明珠股份有限公司旗下的其他 20 多个子公司，先后投资建设了东方绿舟青少年教育基地、松江大学城的学生公寓，引入了上海城市历史发展陈列馆、开发了浦江水上旅游，并在全国首创了移动电视。这些新兴的产业主营收入近 10 亿元，形成了一个令人耳目一新的东方明珠文化产业群。甘孜藏族自治州发展文化产业必须要合理配置和有效整合文化资源，促进文化产业集群的形成。从目前甘孜藏族自治州文化的空间布局来看，就是围绕“一园三区”培育文化产业的区域集聚，即康定情歌文化园区、康东多元文化产业区、康北格萨尔文化产业区、康南香格里拉文化产业区。以适度的手段融合影视、动漫及网络等文化资源，使之形成完善的产业链群，以适合当今社会的现实与发展。

第8章　新时期民族地区反贫困问题研究*

由于区位条件、资源禀赋以及历史原因，民族地区历来是我国贫困减缓工作的重点和难点所在。从1986年国务院扶贫开发领导小组办公室成立以来，各项反贫困政策均将民族地区作为重点瞄准区域。随着“贫困县政策”、《国家八七扶贫攻坚计划(1994～2000年)》以及《中国农村扶贫开发纲要(2001—2010年)》等政策的实施，民族地区贫困现象得到了极大缓解。但横向比较，民族地区贫困形势依然严峻：民族地区因灾因病返贫人口依然较多，返贫率较高；民族地区贫困深度和广度均高于同期全国整体水平；并且民族地区贫困人口自我发展能力不足，既往减贫成果对政策性扶贫、转移支付的倚重较大。在经济增长减贫效应趋于下降的背景下，民族地区有陷入慢性贫困和空间贫困陷阱的风险。如何实现民族地区可持续减贫，实现2020年全面建成小康社会的奋斗目标，是民族地区在21世纪第二个十年面临的艰巨任务。因此，无论是基于保证人最基本权利的构建性目标，还是基于现实的工具性需要，我们都需要对民族地区的贫困问题给予更多关注，通过寻找和实施更有效的减贫政策措施，实现民族地区的全面彻底脱贫。

基于厘清民族地区贫困发展趋势及寻找有效减贫措施的目的，本章的主要内容包括四个方面：①对民族地区的贫困减缓的经济社会背景进行全面回顾；②对民族地区城乡贫困状况进行量化测度，并对贫困演化进程进行横纵向比较分析；③对民族地区特殊贫困现象进行理论和实证分析，包括贫困的空间集聚、慢性贫困与贫困代际传递和妇女贫困；④对民族地区反贫困政策进行系统回顾，并结合民族地区贫困现状和特殊表现从四个维度给出民族地区反贫困的政策建议。

在民族地区减贫历程的分析中，首先从民族地区经济发展、产业结构演变、贫困人口收入、各收入组的收入、消费差异等方面，对影响民族地区贫困减缓的经济背景进行描述；然后构建贫困测度指数，从贫困发生率、贫困距、平方贫困距等方面对民族地区贫困进行量化测度，并分阶段详细分析贫困演化趋势和规律。

在民族地区贫困空间集聚的分析中，对中国贫困空间分布的总体趋势进行了判定，总体呈现出相对聚集，在民族地区贫困空间集聚现象明显；并对民族地区的四个主要空间集聚类型集中连片特困地区、人口较少民族地区、边境地区、牧区进行了各自的空间分布研究。贫困空间集聚主要表现为：首先，从全国来看，贫困人口主要集聚在中西部地区，尤其是西部民族地区。其次，贫困人口空间集聚于扶贫开发重点县。然后，“十一五”期间，贫困人口空间分布上向少数民族自治地方、民族八省区集聚的趋势没有得到根本的扭转。再次，民族地区贫困呈现出空间贫困的特征，边缘化地理区位特征明显。最后，民族地区的贫困人口空间分布呈现出与国家重点生态功能区的高度耦合现象。

* 本章研究截止时间为2016年。

在民族地区慢性贫困与贫困代际传递的研究中，针对我国民族地区的慢性贫困现象，结合贫困代际传递的突出现实，以民族地区典型田野调查(四川省大小凉山彝区)为依托，借鉴国外慢性贫困研究的分析框架，对民族地区的慢性贫困问题进行分析。同时重点强调了贫困代际传递在慢性贫困家庭中的表现。结合大小凉山彝区的调研，对样本的村级贫困的决定因素和慢性贫困与贫困代际传递进行了相应的实证分析。

在民族地区妇女贫困的研究中，有以下方面内容。①从多维贫困的视角对民族地区妇女贫困现状进行了分析，当前民族地区妇女贫困主要体现在五个方面，包括妇女的收入贫困、妇女参与社会发展的能力贫困、妇女地位的贫困、妇女生存健康的贫困和主体性缺失下的民族地区妇女贫困。②分析了民族地区妇女贫困的三个原因，包括政府的反贫困行动对社会性别问题敏感度缺乏充分关注、政府实施的反贫困项目从关注度到对女性的利益和愿望充分关注以及针对少数民族妇女的扶贫行动缺乏文化敏感性和适应性。③基于性别视角，从产业扶贫政策、小额信贷扶贫政策、劳动力转移培训政策等方面提出了民族地区妇女反贫困的政策建议。

在民族地区反贫困政策分析时：①对民族地区五类特殊反贫困政策的实施情况和实施效果进行了分析；②基于反贫困战略转型的视角、摆脱空间贫困陷阱的视角、阻断贫困代际传递的视角、民族地区反贫困的社会性别视角等不同视角对民族地区反贫困政策设计进行了政策分析。

本章主要政策建议包括以下方面。①反贫困战略转型的视角。推进机制上由政策扶贫向制度扶贫转型；传递方式上由纵向扶贫向横向扶贫转型；扶贫目标上由扶持地区向扶持人口转型。②摆脱空间贫困陷阱的视角。立足国家主体功能区规划，创新和完善开发式扶贫；立足民族地区生态屏障和脆弱性现实，统筹优化贫困人口的空间分布；打破行政壁垒，做好少数民族集中连片特殊困难地区的扶贫攻坚；摆脱“扶贫陷阱”，对扶贫开发重点县进行动态管理。③阻断贫困代际传递的视角。实施“第二代”发展式扶贫政策；充分重视妇女在反贫困中的特殊作用，对民族地区女童教育实施“优先”发展计划；加强民族地区的卫生健康教育，实施学龄前儿童营养和健康干预计划。④民族地区反贫困的社会性别视角。努力将社会性别意识纳入少数民族地区的扶贫政策的制定与实施过程；将民族地区妇女发展改善状况纳入扶贫项目评估重要指标；提升少数民族妇女的反贫困政策的文化适应度；从社会性别角度论证和评估少数民族地区实行的反贫困项目；扶贫项目应该建立一套以性别为口径的统计指标和数据。

8.1　导　　论

8.1.1　问题的提出

中华人民共和国成立以来，我国政府一直关注少数民族地区的贫困减缓问题。针对民族地区经济、社会、生态环境的特殊性，我国政府制定了一系列针对民族地区的特惠政策。随着经济的发展和扶贫特惠政策的持续稳步推进，民族地区贫困状况得到了极大缓解(表 8.1)。据统计，按照 2010 年 2300 元的不变价计算，民族八省区农村贫困人口由 2010 年的 5040 万人下降到了 2014 年的 2205 万人，4 年间民族地区农村贫困人口减少 2835 万人，降幅为 56.3%；减贫人数占同期全国农村减贫总规模的 29.7%；年均减少农村贫困人口约 709 万人[①]。

表 8.1 民族地区贫困状况的变化

年份	贫困线/元	贫困发生率/%		民族地区农村贫困人口占全国贫困人口的比例/%
		民族地区	全国	
2005	683	6.9	2.5	49.5
2006	1196	18.9	6.0	44.5
2007	1196	18.6	4.6	52.2
2008	1196	17.6	4.2	52.5
2009	1196	16.4	3.6	54.3
2010	1274	8.7	2.8	38.5
2011	2536	26.5	12.7	32
2012	2625	21.1	10.2	31.5
2013	2736	17.1	8.5	31.1
2014	2800	14.7	7.2	31.4

资料来源：作者根据国家民族事务委员会扶贫办发布的少数民族地区农村贫困监测结果(各年)相关数据整理。国家民族事务委员会网站(www.neac.gov.cn)。

民族地区减贫取得显著成效的同时，由于区内和区际经济发展的不平衡以及民族地区独特的生态环境、经济发展水平和社会环境，民族地区的贫困减缓还面临着一些关键问题，主要体现在以下几个方面。

(1)贫困深度和广度均高于同期全国整体水平。2010～2015 年，八省区农村贫困人口占全国的比重保持在 30%以上，而同期八省区农村人口占全国的比重为 17%左右，民族地区贫困相对于全国平均水平更严峻。从减贫率来看，2011～2015 年，八省区减贫率分别为 22.3%、20.3%、17.9%、13.9%、17.8%，全国同期为 26.1%、19.1%、16.7%、14.9%、20.6%，民族地区贫困广度与全国整体水平相比仍然较大。并且民族地区因灾因病返贫人数较多，贫困人口脆弱性较强。

(2)贫困呈现贫困的空间集聚特征，集中连片特殊困难地区的扶贫任务较重，扶贫难度更大。随着贫困人口数量的快速降低，扶贫效果的边际递减现象显示了贫困人口地理分布上的边缘化倾向。这些地区主要集中在西部地区，尤其是民族地区，这些地区是中国贫困问题最为突出的区域。贫困人口向西部的集中自然会对贫困减少的速度产生负面影响(林毅夫和刘培林，2001)，并且民族地区的贫困分布具有明显的边缘性(李周，2007)。新疆维吾尔自治区南疆三地州贫困的基本特征之一就是“边境性、贫困性、民族性”明显(李学军，2016)。新疆维吾尔自治区贫困地区的贫困人口中，少数民族贫困人口高达 96%，且贫困发生率达 12.6%，贫困强度大，贫困人口分布呈现出极强的民族性特征。新形势下，

①资料来源：《中国农村贫困监测报告》(2015 年)。

集中连片特困地区的矛盾越来越突出，2015 年广西壮族自治区、贵州省、云南省三省区贫困人口为 1430 万人，占民族八省区贫困人口的 79%，主要分布在滇桂黔石漠化片区、滇西边境山区和乌蒙山片区。全国 832 个片区和重点县中民族自治地方县 421 个，占 51%。民族地区、贫困人口、生态脆弱地区、边远地区在空间上的耦合和叠加，强化了贫困的空间集聚，如四川省汶川县、青海省玉树藏族自治州等。

(3) 贫困代际传递问题。贫困问题在第一代和第二代之间的传递蔓延越来越突出。贫困代际传递的恶性循环问题开始突出。Knight 等 (2009) 利用 2002 年的中国农村住户调查数据对贫困与教育之间的因果关系进行了细致分析，得出：家庭收入和贫困不仅影响教育机会，而且影响到受教育的质量，收入低和家庭贫困的子女的学习成绩明显低于其他家庭的子女。一方面是低收入和家庭贫困的父母文化程度较低使得其子女家庭教育不足；另一方面，受到家庭生活所迫，低收入和家庭贫困的子女劳动时间多于其他家庭子女，学习时间少于其他家庭子女。并且，低收入家庭和贫困家庭的教育投入明显少于较为富裕的家庭，尽管前者教育支出在其家庭支出中的比例明显高于后者。

(4) 贫困人口自我发展能力不足，既往减贫成果对政策性扶贫、转移支付的倚重较大。其自我发展能力不足体现在民族地区贫困人口教育、健康、生活水平同期落后于全国整体水平，并且在生态环境硬约束的背景下，民族地区所处的自然地理环境也决定了民族地区不能借鉴工业化背景下其他地区的成功减贫经验。

(5) 减贫速度存在明显放缓，体现出民族地区存在陷入贫困陷阱的可能。统计数据表明，民族地区无论是经济增长还是教育支出的减贫弹性均落后于全国平均水平，并且民族地区的贫困存在显著的跨期相关性。

(6) 贫困体现出明显的群体差异性。该差异性体现在两个层面：①不同民族的贫困状况体现了较大的差异，按照 1274 元的贫困线标准，少数民族人口的平均收入贫困发生率为 14.1%；但平均水平之下，各民族的贫困状况却存在显著的差异。汉族、土家族和侗族的贫困发生率分别为 11.4%、13.1%和 13.9%，同期藏族、维吾尔族和回族的贫困发生率却高达 24.9%、19.4%和 18.7%。②不同人口学特征的人群之间也存在显著的贫困状况差异，如妇女贫困、儿童贫困、老年贫困等。这些不同人口学特征的群体其致贫因素、自身禀赋、贫困持续时间和贫困表现各不相同，因此需要对其贫困的异质性进行剥离，寻找针对性的减贫策略。并且，现有研究也表明民族地区的贫困存在代际传递的可能，贫困人口很可能将本代人的贫困状况经由健康、食品、教育等方面传递给下一代。

综上分析来看，随着国家对民族地区贫困问题的持续关注和民族地区人民的自我努力，民族地区的经济持续稳定增长，包括贫困人口在内的收入明显增加，由此带来了显著的减贫效果。但由于历史原因和受自然地理条件约束，民族地区的贫困问题也表现出一系列独有的特征，如贫困深度和广度高于全国平均水平、贫困脆弱性较强、存在多维贫困导致自我发展能力不足、各项减贫政策边际效用递减导致减贫速度趋于放缓、贫困存在组间异质性以及存在陷入贫困陷阱和贫困代际传递的可能等。这些问题的存在对民族地区实现全面彻底脱贫带来了挑战。同样民族地区的贫困问题关乎民族团结和社会稳定，并且关系着全面建成小康社会目标的实现。因此，无论是基于保证人最基本权利的构建性目标，还是基于现实需要，都需要对民族地区的贫困问题给予更多关注，并且通过寻找和实施更有效的减贫政策措施，实现民族地区的全面彻底脱贫。为此，我们需要对民族地区的减贫历程进行全面回顾，分析影响民族地区贫困减缓的因素，并识别各因素影响减贫的机制。

现有研究对民族地区的贫困问题进行了大量研究，但总体来看存在四个方面的不足：①现有研究主要基于农村贫困监测报告中的数据进行分析，在贫困测度上仅给出了民族地区的贫困人口数量变动，缺乏对民族地区贫困更为科学的测度；②现有研究在分析民族地区贫困状况变动时，仅从绝对贫困的角度进行了分析，缺乏基于相对贫困的贫困测度；③现有文献在研究民族地区贫困时重点分析了民族地区的农村贫困，而对于城市贫困这一具有显著经济转型痕迹并且正在逐渐凸显的贫困现象分析不够；④现有研究在分析民族地区减贫影响因素时，偏重描述性分析，缺乏基于理论框架和计量模型的实证分析。

因此，本章的研究意义体现在两个方面：①从理论价值来看，本书基于民族八省区的城乡收入分组数据，利用洛伦兹曲线对城乡绝对贫困和相对贫困进行了量化测度，不仅能够体现贫困发生率的变动，而且能够体现贫困深度的变动和贫困人口内部收入分配结构的演化。本章还强调对相对贫困和城市贫困现象的研究，从而能够更为全面地界定民族地区的贫困状况。基于实证框架的减贫因素分析也能够更为科学地分析各相关因素与民族地区贫困减缓的关系，对现有的描述性研究提供实证检验和补充。②从现实意义来看，本章能够厘清民族地区城乡贫困的演化历程和贫困现状，从而为确定下一步扶贫对象提供依据。具体来看，民族地区目前的贫困深度和贫困人口内部收入分配结构表明民族地区剩余贫困人口的脱贫难度更大，并且较高的相对贫困指数表明应该从更为广义的角度实现贫困人口的脱贫，而非简单的收入或者消费脱贫。城市贫困问题的凸显则意味着未来的减贫政策同样应该关注城市贫困人口的致贫因素和减贫策略。本章对减贫影响因素的实证分析，能够为制定更为有效的减贫政策提供借鉴。

8.1.2 本研究范围与相关概念界定

1) 研究范围

本章研究的民族地区，即“中国少数民族地区”的简称，主要指民族自治地方和民族八省区。第五次全国人口普查资料显示，中国 55 个少数民族，其中 44 个建立了自治地方，总面积 611.7 万平方千米，民族自治地方的面积占全国陆地总面积的 64%，全国 71%的少数民族人口实行了民族区域自治[①]。

按照 2010 年 2300 元不变价，2015 年末，民族八省区农村贫困人口为 1813 万人，贫困发生率为 12.1%，同期全国整体贫困发生率为 5.7%。

2) 相关概念的界定

(1) 贫困。国内外学者对贫困的概念进行了大量研究[②]，虽然不同的学者、研究机构和政府部门使用的贫困定义各有不同，但大多数贫困的界定都可以归入如下三个类别中：

① 国务院新闻办公室. [2005-02-28].《中国的民族区域自治》白皮书[EB/OL]. http://politics.people.com.cn/GB/1026/3206981.html.

② 在研究贫困概念和内涵的文献中，较有代表性的论述见郭熙保和罗知(2005)、叶普万(2006)、杨国涛等(2012)。

①贫困是指所拥有的低于某个客观界定的最低值；②贫困是指所拥有的低于社会的平均水平；③贫困是指所拥有的与期望值有所差距。与第一个方面有关的贫困被称为绝对贫困，第二个类别下的贫困为相对贫困，这两类贫困又可以看作是客观贫困。第三个类别的贫困则介于绝对贫困和相对贫困之间，属于主观贫困。以上三个类别的贫困因内涵界定的不同，会导致贫困测度结果存在差异，这些贫困概念之间并不存在绝对的优劣比较，而是相互补充、相互对照的一组概念。在现实应用中，具体概念的界定受数据来源的限制和同类可比的约束，从而在现实操作中贫困概念的选择以可行性为主，而忽略其他的贫困概念。

(2)绝对贫困：所拥有的低于某个客观界定的最低值。该客观界定的最低值有三种度量方法，包括基于基本需要的度量、基于食品支出占收入比重的度量和基于总支出占收入比重的度量。Rowntree(1901)和 Orshansky(1965)将基于基本需要的客观最低值定义为基本需要，如食品、服装以及住房。如果某个群体的所得低于设定的基本需要即为贫困人口。根据基本需要的内容和数量，可以设定识别贫困人口的贫困线。基于食品支出占收入比重的度量源于恩格尔法则(Engel law)，即随着收入增加，食品支出在收入中的比重将下降。Watts(1968)以及 Love 和 Oja(1977)利用食品支出占收入的比重作为识别标准对贫困进行了测度。在该测度中识别贫困的指标以比例形式给出，如 1/3。这意味着如果某个家庭的食品消费支出超过了家庭总收入的 1/3，那么该家庭为贫困人口。Watts(1968)认为该种识别贫困的方法优点在于规避了不同家庭规模和构成的扰动。基于总支出占收入比重的度量则认为如果某人的总支出超过了其总收入，那么可以将其识别为贫困人口，即该比例大于 1。另外一个同类的度量思路是利用固定支出在总收入中的比重，如果一个家庭的固定支出超过了 0.5，即可将该家庭界定为贫困家庭。

(3)相对贫困：所拥有的低于社会的平均水平。Townsend(1979)利用这一思路对贫困进行了识别，认为如果一个家庭缺乏社会普通家庭所普遍拥有的日用品，那么可以将其界定为贫困家庭。在操作层面可以根据社会消费情况，设定一篮子普通日用品，然后计算各家庭拥有这些产品的比重，拥有日用品的比重越小，则其陷入贫困的概率越大。

(4)主观贫困：所拥有的低于期望值。主观贫困的测度有以下两种方法：①基于最低主观收入的度量。Goedhart 等(1977)对该种贫困的测度进行了研究，其关键在于对社会主观贫困线的调查确定。在操作过程中可以对“最低期望值”和“不足收入”进行大样本抽样调查，然后取其几何平均数作为社会平均最低期望值，从而识别贫困人口。该种测度方法的前提假设是不同人群所设定的期望收入值所对应的福利水平相同，即不同人群的无差异曲线相同。②基于最低主观消费的度量。该种方法的思路是：调查人们主观认为的基本需要，并让其明确满足基本需要所对应的消费。实际操作中可以设定单一产品的主观消费量，如食品，也可以设定一篮子产品所对应的消费量。

8.1.3　研究意义

1)新时期研究民族地区贫困问题的重要意义

精准扶贫、精准脱贫是民族地区在“十三五”规划阶段扶贫攻坚的基本方略。进一步提升扶贫绩效，需要对民族地区的贫困现状和致贫原因进行细致考察。在大规模减贫阶段，涉及贫困减缓研究主要盯住收入贫困，认为经济增长是贫困减缓的主要致贫因素和动力来源，将减贫问题近似等同于落后地区的经济发展问题，在减贫政策设计上倾向于通过“大水漫灌”引导资本在落后地区的集聚，通过经济增长实现间接减贫。该种政策极大契合了当时中国贫困主体的致贫原因，取得了全世界最大规模的减贫成效，并实现了经济增长和贫困减缓的双向促进作用。但在新一轮扶贫攻坚阶段，贫困人口的空间分布和致贫原因体现出结构性变迁，体现为贫困在集中连片特困地区，尤其是民族地区的空间集聚以及经济增长减贫弹性的变化等。

新阶段，民族地区贫困问题体现出与落后地区经济发展问题的几点显著不同，有以下方面。①从宏观视角来看，经济新常态背景下同质化供给亟须转向有效供给，既往盯住需求侧的大规模投资策略并不能有效转化为贫困地区生产力，因此“减贫政策—经济增长—贫困减缓”链条的第一环无法实现有效转化。②从中观视角来看，贫困的空间集聚和民族地区的离散分布，使得贫困地区的致贫原因体现出更为现实的多样化特征，难以依托同质化的经济增长政策应对差异化的减贫事实。③从微观视角来看，贫困人口禀赋和行为方式也体现出与一般意义上低收入人口的显著差异，经济增长中的低收入人口主要体现为生产函数中的要素投入能力和产出效率较低，通过放松资本约束即可参与经济活动，分享经济增长对其收入提升的正向溢出。但当前的贫困人口却面临着信贷需求不足的现象，并且在引入经济波动和外部风险的情况下，贫困人口并非根据利润最大化进行减贫参与的决策，而是根据“极大化极小策略”在所有选项中选择使其损失最小的选项。当面临风险冲击时，风险冲击对贫困人口的影响是非均质的，负向风险冲击对贫困人口的影响大于正向风险冲击，因此贫困人口倾向于做风险规避者，贫困人口并非基于利润最大化进行决策，这是贫困人口贫困减缓和一般意义上的收入提升存在的根本性不同。因此，新一轮扶贫攻坚阶段，不应将集中连片特困地区和民族地区的贫困问题等同于贫困问题和落后地区的经济发展问题，而应对民族地区的致贫原因和贫困现状进行更具针对性的分析，并通过差异性的扶贫政策设定对不同贫困地区和贫困主体进行精准“滴灌”，提升减贫政策绩效。

2)新时期民族地区减贫的重要意义

经济新常态背景下，民族地区减贫进程的推进能够为中国整体经济增长提供新的动力。新常态下，产品同质化供给和差异化需求之间的矛盾导致了产能过剩，但民族地区在生产结构和经济发展阶段上都滞后于全国整体水平，民族地区能够为东部地区的过剩产业提供底部支撑，从而摆脱其他国家在减贫进程中的零和结果。因此，民族地区减贫不仅是消除绝对贫困的政策诉求，而且是新常态下中国经济增长的重要动力来源，能够从底部需求层面给供给侧结构性改革创造空间，拉伸供给侧结构性改革的时间窗口。

8.1.4 研究框架与研究方法

1)研究框架

基于厘清民族地区贫困发展趋势及寻找有效减贫措施的目的，本研究的主要内容包括：

①全面测度民族地区的贫困情况；②分析民族地区贫困发展的特殊表现，如空间贫困、慢性贫困等；③研究影响民族地区贫困减缓的因素，并识别各因素影响减贫的机制。

8.2 节是民族地区经济社会发展和贫困演化的总体变动，主要对民族地区的经济发展、产业结构、民族地区贫困人口数量、民族地区的教育发展等因素进行总体描述，概略分析民族地区的减贫背景。

8.3 节是民族地区城乡贫困测度，主要基于 FGT 贫困测度指数，研究民族地区城乡贫困的动态演化过程，全面把握 2000 年以来民族地区城镇贫困的收入变动、贫困发生率、贫困距以及平方贫困距的变动，并从细分省区的角度对其贫困的差异进行比较，识别民族地区内部贫困演化的差异性。

8.4 节是民族地区贫困的空间集聚，主要对我国贫困地区空间分布动态演进的过程进行以时间为序列的分析，得出我国的贫困空间分布呈现出相对聚集，在民族地区贫困空间集聚现象明显，并对民族地区的四个主要空间集聚类型集中连片特困地区、边境地区、人口较少民族地区、牧区进行了各自的空间分布研究。

8.5 节是民族地区的贫困代际传递：以四川省大小凉山彝区为例，主要研究贫困研究前沿慢性贫困与贫困代际传递问题。在梳理归纳慢性贫困特征和成因的基础上，结合大小凉山彝区的调研，对样本的村级贫困的决定因素和慢性贫困与贫困代际传递进行了相应的实证分析。

8.6 节是民族地区的妇女贫困问题。该节首先论述多维度视角下少数民族妇女的贫困，包括收入贫困、能力贫困、地位低下、生存健康贫困、主体性缺失等；其次，对民族地区妇女贫困的因素进行深入分析，重点评述民族地区反贫困政策和措施中社会性别视角的缺失导致妇女贫困的问题；最后，分析性别视角下的民族地区妇女反贫困政策，重点对产业扶贫、小额信贷扶贫、劳动力转移培训等进行分析。

8.7 节是民族地区反贫困政策的演变历程回顾，重点论述中国少数民族地区反贫困政策的演变历程，并结合政策实践进行评价。

8.8 节是新时期民族地区反贫困的政策建议。这部分首先梳理改革开放以来我国农村扶贫开发的历程，接着对新时期民族地区反贫困面临的挑战进行深入分析，最后探讨新时期民族地区摆脱贫困“空间陷阱”和“贫困代际传递”的政策建议。

8.9 是案例，即藏族聚居区农牧民贫困状况的调查与分析。

2) 研究方法

在方法论上，以马克思主义的唯物辩证法、科学发展观和习近平新时代中国特色社会主义思想为指导，从民族地区的实际情况出发，研究民族地区贫困的现状及影响因素。坚持理论与实践相结合的原则，把发展经济学、民族学、区域经济学的理论与民族地区的现实相结合，实证分析与规范研究相结合，定性分析方法与计量方法相结合。在研究中采用的主要方法有以下几种。

(1) 文献检索和阅读。文献检索是指将信息按一定的方式组织和存储起来，并根据信息用户的需要找出有关的信息过程。研究即探寻和发现的过程。文献检索和阅读是从事研究工作的第一步。目前关于民族地区和西部农村贫困问题的研究成果较多，既有公开出版的学术专著和公开发表的学术论文，又有博士学位论文和硕士学位论文，还有大量的调研报告和新闻资料。通过对这些文献的检索和阅读，了解前人关于民族地区贫困问题的相关研究成果、存在的不足、需要加强研究的地方等内容，有利于突出重点。

(2) 田野调查。田野调查被公认为是人类学学科的基本方法论，也是最早的人类学方法论。实地调查是民族学，也是经济学行之有效的研究方法。在写作过程中，作者于 2010 年暑假深入内蒙古自治区的呼伦贝尔市鄂温克族自治旗，了解牧区经济社会状况和牧民生活水平。本书对应课题组分别于 2011 年 2 月和 7 月，两次深入四川省凉山彝族自治州、乐山市(大小凉山彝区)进行调研，同调查地区的政府相关部门负责人座谈交流，到这些地区的典型乡村与村民交流，到相关部门收集资料，完成相关问卷近 1000 份。

(3) 计量经济学方法。运用计量经济学方法，对收集到的数据进行分析处理，建立模型，从中得到研究变量间的内在联系和变化规律，这是目前国际经济学界进行实证分析时用到的最主要的方法。本书在研究过程中，也大量使用了这一研究方法。进行计量经济分析使用的相关统计数据，除了本书对应课题组实地采集得到的外，其余来自官方统计部门，包括相关年份的《中国统计年鉴》《中国农村贫困监测报告》《中国农村住户调查年鉴》《中国卫生统计年鉴》《中国人口统计年鉴》等。在对这些数据进行分析处理时，使用的统计软件是 SPSS17.0、EXCEL 等。

(4) 比较分析方法。比较分析方法，又称对比分析方法，就是将研究对象加以对比研究，从而揭示研究对象的本质和发展规律，并做出客观评价的一种方法。对比分析方法一般把相互联系的两个或两个以上的指标数据进行对比研究。在比较分析中，选择合适的比较标准是十分关键的步骤，只有选择合适，最后才能客观评价。在研究民族地区的贫困问题时，本书与全国、扶贫开发重点县、少数民族扶贫开发重点县、革命老区县、陆地边境地区县等比较，有利于更加准确地分析民族地区的贫困状况。

8.1.5 研究结论

(1) 民族地区贫困人口数量持续下降，但下降速度低于全国平均水平，且贫困减速呈逐年下降态势，这也导致民族地区贫困人口占全国贫困人口的比重逐渐上升。因此，民族地区依然是全国贫困深度和广度最大的地区，且各项减贫政策的边际效用开始步入递减区间，减贫难度开始持续增加，民族地区的减贫进程滞后于全国整体水平，民族地区正在或者将要步入真正的减贫攻坚阶段。

(2) 民族地区城市的绝对贫困整体呈下降态势，并且体现出阶段性。外部推动的高速经济增长并非先天益贫，更有效的减贫政策需要收入分配效应的配合。并且绝对贫困减贫速度的下降意味着民族地区的减贫开始真正步入攻坚阶段，离贫困线较远的贫困人口尤其是深度贫困人口将是未来实现贫困减缓的重点和难点。同时，民族地区城市的相对贫困呈上升态势，城市的相对贫困问题在民族地区开始凸显，相对贫困的理念应纳入未来减贫政策的理念中，并且以贫困距和平方贫困距度量的相对贫困也呈现明显的恶化。这表明民族地区不仅在总体经济增长方面表现出不均等，在贫困人口内部的分配也存在越来越显著的差异。

(3) 民族地区农民收入的内部差异呈现出明显的波动性，内部差异的演化过程表明在外部政策冲击的背景下，各省区的农村居民融入新经济体系的能力和机会存在差异，主要是基础设施、人力资本的差异，导致各省区农村居民从政策红利中分享的程度不同。通过完善基础设施和提升人力资本存量是民族地区农村居民分享经济增长收益，并形成收入内部趋同的关键所在。

(4)民族地区贫困呈现出空间贫困的特征，边缘化地理区位特征明显。民族地区贫困人口主要分布在高寒山区、石山区、荒漠区、地方病高发区、人口较少民族地区、边境地区以及容易忽视的广大牧区。这些地区大多远离中心城市，交通基础设施建设历史欠账较多，社会发展滞后，是我国剩存农村贫困人口典型的空间聚集区。并且，民族地区的贫困人口空间分布呈现出与国家重点生态功能区的高度耦合现象。全国 14 个集中连片特困地区分布在 592 个国家扶贫工作重点县集中连片分布的核心区内，更是我国的重要生态功能区。

(5)民族地区存在贫困的代际传递，并有陷入贫困陷阱的风险。当父辈贫困时，大小凉山彝区的贫困家庭，贫困时间持续 5 年或者 5 年以上的概率大大增加；而父辈不贫困时，即便现在已经陷入贫困，但这些贫困往往属于暂时性贫困或者短期贫困，陷入 5 年以上慢性贫困的家庭概率只有父辈贫困组的 10%左右。当家庭多子女时，多子女家庭陷入慢性贫困概率大增，几乎增加了 2.8 倍，是原来的 3.859 倍。

(6)政府主导的反贫困战略需要转型，尤其在推进机制、传递方式等方面需要有所改善。新时期，政策扶贫已经难以适应贫困地区的发展需要，新型的农村反贫困战略必须在推进机制上实现由政策扶贫向制度扶贫转型，在传递方式上实现由纵向扶贫向横向扶贫转型，扶贫范围上实现由局部扶贫向整体扶贫转型，扶贫目标上实现由扶持地区向扶持人口转型。

(7)鉴于民族地区大多属于限制开发和禁止开发区的现实，反贫困政策制定应该立足国家主体功能区规划，不断完善开发式扶贫，可以通过实施“益贫式”(pro-poor)开发、加大生态补偿力度等措施来解决贫困问题；并立足少数贫困地区的生态重要屏障和极度脆弱性的现实，统筹优化贫困人口的空间分布，在征求当地贫困人口意愿的前提下，加大生态移民的力度，在人口承载能力较强地区开展民族地区中小城镇(中心村)建设，有利于人们开阔视野，转变观念，解决移民的后续发展问题。

(8)“第一代”基于当代(父辈)的扶贫开发政策，从长远角度看，存在着短视倾向，民族地区应该实施“第二代”发展式扶贫政策。以“第二代”为中心的发展式扶贫政策，实际上是对“第一代”为中心的开发式扶贫政策的有效弥补，不是取代，需要“第一代”为中心的开发式扶贫政策与“第二代”为中心的发展式扶贫政策两者通力协作。

(9)民族地区女童教育实施“优先”发展，摆脱“母亲受教育少—子女人力资本偏低—子女陷入贫困”的贫困代际恶性循环。切实提高民族地区的师资力量，加强民族地区生源的大学生就业工作。可以采取诸如在现有师范类免费教育的体制下，把那些在大城市、享受免费教育、重点大学毕业的师范生优先配置到民族地区来；大力提高民族地区、艰苦地区农村中小学教师的待遇；强化民族地区大学生的“读大学”的脱贫致富功能，提升民族地区大学生就业质量。

(10)新时期，民族地区反贫困工作的重心：一方面是通过改善民族地区的生存空间、社会环境，构建生态效益的市场价值转化机制，从而提高民族地区的自我发展能力，摆脱贫困的“空间陷阱”；另一方面，更为重要的是通过实施以“第二代”为中心的发展式扶贫开发等政策措施，提升民族地区下一代人口的自我发展能力，降低贫困代际传递的风险，摆脱贫困代际传递的恶性循环。同时，政府在涉及反贫困政策时，急需纳入社会性别视角，只有通过建立更加有效的基于性别平等视角的少数民族妇女扶贫开发，才能有助于更好地实现中国广大少数民族地区的减贫目标。

8.2 民族地区经济社会发展和贫困演化的总体变动

贫困是一连串事件，要考察贫困问题需将其置入当地经济社会发展的大背景之中，剔除转移支付等再分配手段对贫困的瞬时冲击。从微观贫困主体入手，其减贫进程可以通过如下流程实现：经济增长－就业－收入分配－收入提升(贫困减缓)。因此影响减贫进程的关键节点是贫困人口的就业问题。具体而言，影响微观主体减贫的因素可以分为如下几个方面：①从需求层面影响贫困人口就业的因素，主要包括经济增长和产业结构，经济增长能够通过扩散作用对贫困人口的就业产生作用，而产业结构则主要通过决定劳动力的就业层次来影响贫困人口就业，一种低技能密集度较高的产业结构体系和增速更快的经济体其减贫效用将更为明显；②从供给层面影响贫困人口就业的因素，主要体现在贫困人口的人力资本方面，受教育年限更长以及教育质量更高的贫困人口将更容易在经济体中进行就业，并获得更高的人力资本回报；③从收入分配层面影响贫困人口从产出中获益的因素，主要体现在产品市场和劳动力市场加成能力两个方面，产品市场加成能力更强意味着资方和劳方有一个更高的议价存量，同时劳动市场加成所代表的劳动力讨价还价能力决定着议价在劳方和资方的分配情况。在产品加成能力更强且劳动力讨价还价能力更强的生产过程中，劳动者在收入分配中占优，更有利于劳动者的收入增加。通过以上分析，影响贫困人口收入增加的宏观变量主要包括：经济增长(地区生产总值、人均地区生产总值)、产业结构(三次产业结构、劳动密集度)、贫困人口人力资本(平均受教育年限、教育质量、人均教育经费支出)、产品市场加成(市场竞争情况、非公企业比重)、劳动力市场加成(就业政策、工会势力)。产品市场和劳动市场加成能力在一个同质区域内部、在一个相对较短的时间内属于稳定变量，故本书并没有着重分析这两个方面对贫困的影响。下面将重点对经济增长、产业结构、劳动力受教育情况进行整体描述，以了解民族地区概略性减贫背景。

8.2.1 民族地区经济发展情况

民族地区各省区地区生产总值和人均地区生产总值均呈稳步快速增长态势(表 8.2 和表 8.3)，2000～2014 年年均增速分别为 13.07%和 12.20%。同时民族地区内部也体现出了明显的经济增长差异。从图 8.1 和图 8.2 中可以看出，无论是经济总量还是经济增长速度，民族八省区内部均表现出明显差异，并且差异呈扩大趋势。

表 8.2　民族八省区地区生产总值　（单位：亿元）

年份	内蒙古自治区	广西壮族自治区	贵州省	云南省	西藏自治区	青海省	宁夏回族自治区	新疆维吾尔自治区
2000	1539.1	2080.0	1029.9	2011.2	117.8	263.7	295.0	1363.6
2001	1703.6	2265.7	1113.2	2157.7	138.9	292.5	332.1	1434.2
2002	1886.0	2531.5	1233.8	2338.5	161.1	324.6	373.5	1560.0
2003	2270.8	2799.0	1398.5	2553.8	182.3	364.5	443.4	1817.5
2004	2809.9	3263.0	1581.8	2904.9	211.4	421.9	504.3	2072.5
2005	3515.0	3782.5	1847.3	3228.2	237.4	487.9	560.7	2426.1
2006	4304.3	4423.6	2084.3	3655.0	269.6	565.2	645.0	2800.7
2007	5176.8	5142.6	2365.2	4084.1	306.6	649.7	765.6	3071.3
2008	6240.9	5744.4	2672.4	4645.2	335.6	725.3	871.8	3389.7
2009	7852.5	6351.3	3177.5	5008.1	369.0	794.6	1066.1	3423.8
2010	9117.9	7606.5	3631.3	5653.0	415.1	942.0	1279.0	4172.1
2011	10624.7	8796.7	4278.7	6636.8	472.0	1097.9	1496.4	4787.0
2012	11396.3	9476.6	5006.1	7489.1	527.7	1207.5	1633.4	5235.0
2013	11701.7	10227.3	5704.6	8257.1	587.1	1289.0	1730.5	5610.0
2014	12006.2	10952.5	6482.4	9006.5	650.8	1382.1	1829.5	6134.3

资料来源：整理自历年《中国统计年鉴》和《新中国六十年统计资料汇编》，以 2000 年为基期进行了价格调整。

表 8.3　民族八省区人均地区生产总值　（单位：元）

年份	内蒙古自治区	广西壮族自治区	贵州省	云南省	西藏自治区	青海省	宁夏回族自治区	新疆维吾尔自治区
2000	6502.0	4652.0	2759.0	4770.0	4572.0	5138.4	5375.7	7372.0
2001	7173.0	5027.8	2947.0	5060.5	5313.4	5627.5	5943.9	7639.4
2002	7930.9	5575.0	3231.7	5425.6	6080.5	6171.9	6582.1	8180.8
2003	9544.8	6120.6	3628.7	5864.8	6790.7	6861.3	7529.9	9469.2
2004	11796.4	7090.4	4069.9	6609.2	7772.9	7867.7	8636.7	10635.9
2005	14735.8	8155.8	4715.7	7283.0	8613.5	9019.6	9471.1	12211.9
2006	18014.4	9432.7	5285.8	8182.6	9664.0	10361.4	10750.4	13795.2
2007	21581.2	10841.0	5965.0	9079.1	10850.7	11819.9	12612.4	14818.6
2008	25901.9	11987.8	7074.1	10257.7	11750.9	13117.8	14200.1	16042.0
2009	32475.2	13133.8	8372.0	10989.9	12786.4	14297.1	17155.1	15963.7
2010	36986.5	16070.8	10351.3	12326.2	14166.8	16821.9	20331.6	19208.1
2011	42894.2	19007.7	12316.5	14377.2	15641.6	19402.6	23521.0	21788.9
2012	45846.2	20321.2	14399.8	16123.0	17263.5	21159.8	25389.7	23573.0
2013	46924.0	21757.6	16330.9	17670.3	18948.1	22398.4	26594.5	24949.5
2014	48001.5	23123.9	18494.2	19161.9	20674.1	23804.8	27810.2	26888.2

资料来源：整理自历年《中国统计年鉴》和《新中国六十年统计资料汇编》，以 2000 年为基期进行了价格调整。

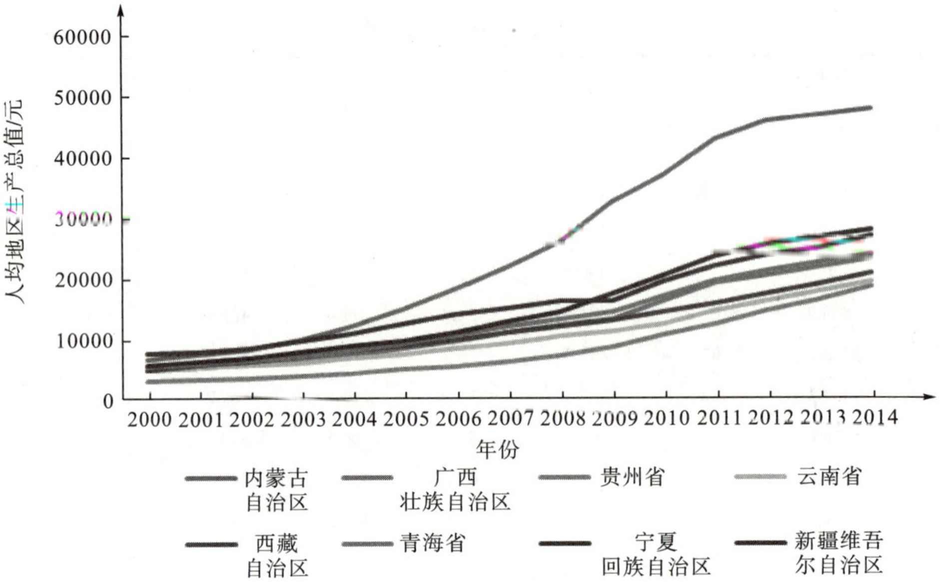

图 8.1 民族八省区人均地区生产总值曲线图(2000～2014 年)(见彩图版)

资料来源：同表 8.3

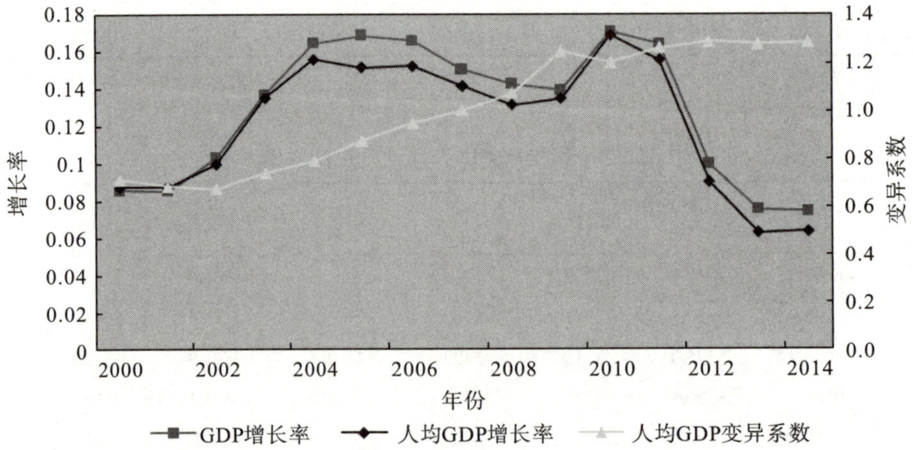

图 8.2 民族地区生产总值、人均地区生产总值及变异系数(2000～2014 年)(见彩图版)

资料来源：同表 8.3

通过计算民族八省区内部历年变异系数发现，民族地区内部经济增长差异程度不断扩大，变异系数从 2000 年的 0.7 扩大至 2014 年的 1.3；分时间段来看，受西部大开发政策刺激，民族地区经济增长从 2002 年开始加速增长，在 2007 年、2008 年世界金融危机期间略有下降，然后随着中国扩张性财政、货币手段的迅速有力介入，增速又开始加快。从中可以大体判断民族地区由于其总量基础较小，整体呈快速增长态势，但经济增长受外生因素影响较大。这也表明民族地区尚未构建较为完善和稳健合理的经济增长方式。

8.2.2　民族地区产业结构变迁

为反映经济发展方式的演变，对民族地区 2000～2014 年经济增长的产值结构(图 8.3)、就业结构(图 8.4)以及劳动力密集程度[①](图 8.5)进行了分析。

(1)从经济增长的产值结构来看。图 8.3 显示，在西部大开发全面推进阶段，国家从政策层面在投资项目、税收政策和财政转移支付等方面加大对西部地区的支持。受政策和大项目激励，非农产业快速发展。第一产业的产值比重从 2000 年的 23.2%下降到 2014 年的 12.8%，下降了 10.4 个百分点。第二产业迅速发展，产值比重从 2000 年的 38.3%，上升至 2014 年的 47.1%，提高了 8.8 个百分点。开始受需求不足以及产业链条较短的影响，第三产业产值比重仅略有上升，产值比重从 2000 年的 38.4%上升至 2014 年的 40.1%，提高了 1.7 个百分点。

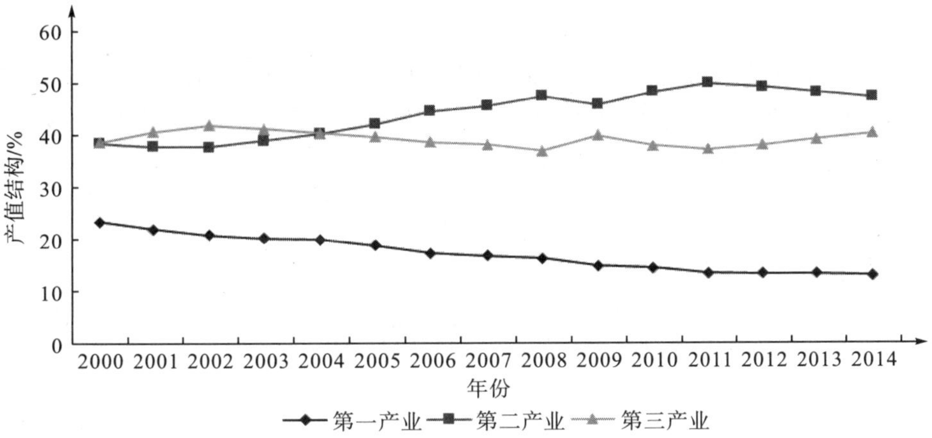

图 8.3　民族地区经济增长的产值结构(2000～2014 年)(见彩图版)

资料来源：同表 8.3

(2)从经济增长的就业结构来看。图 8.4 显示，2000～2014 年民族地区三次产业就业结构调整速度大幅上升。具体表现为：第一产业就业比重加速下降，第二产业就业比重开始缓慢上升，第三产业就业比重加速上升。值得注意的是，第二产业就业比重的变化，全球金融危机之前的这段时间里，民族地区第二产业的就业比重实际上是保持不变的，但随着金融危机之后我国开始实施稳健的货币政策和扩张的财政政策，对民族地区投资和支持力度加大，第二产业产出规模开始扩张，受此影响民族地区第二产业就业结构在最近几年有了加速调整的态势。

① 劳动力密集度是相应产业的产值比重与就业比重之比。

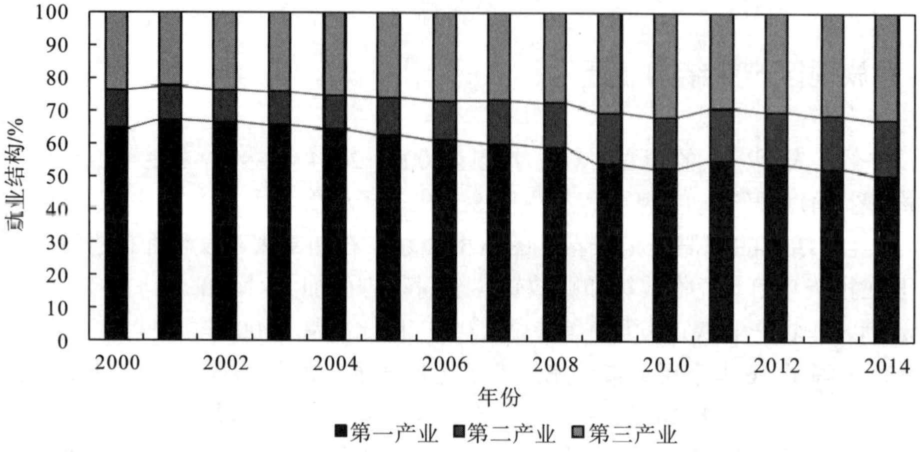

图 8.4 民族地区经济增长的就业结构(2000～2014 年)(见彩图版)

资料来源：同表 8.3

(3)从经济增长的劳动力密集程度来看(图 8.5)。第一产业劳动力密集程度最高，第三产业次之，第二产业劳动力密集程度最低。动态来看，第一产业和第三产业的劳动力密集程度均有所上升，第二产业保持较低水平。

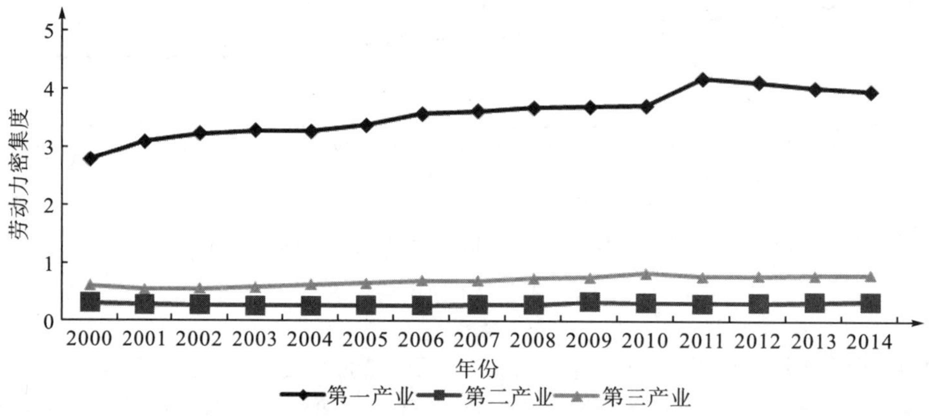

图 8.5 民族地区三次产业劳动力密集程度(2000～2014 年)(见彩图版)

资料来源：同表 8.3

总体来看，2000 年以来民族地区第二产业在经济增长中的比重大幅上升，但第二产业的劳动力密集度却相应较低，这导致民族地区就业吸纳能力存在不足，第二产业在当前的产业结构体系中无法吸纳第一产业转移出来的劳动力以及尚未转移的冗余就业人口。

8.2.3 民族地区的教育发展

教育发展决定了民族地区的人力资本积累，并进而影响劳动力市场供给与需求的匹配。受教育程度更高的人群参加就业以及获取更高劳动回报的能力更强。接下来使用平均受教育年限来描述民族地区教育发展情况。

从平均受教育年限来看(表 8.4)，2000～2014 年民族地区平均受教育年限从 5.9 年上升到 8.0 年，年均增长率为 2.20%，增长速度高于全国同期水平(0.84%)。民族地区人口平均受教育程度有了显著改善，但与全国水平以及东部地区平均水平相比还存在较大的差距。

表 8.4　民族地区及全国平均受教育年限(2000～2014 年)　(单位：年)

年份	内蒙古自治区	广西壮族自治区	贵州省	云南省	西藏自治区	青海省	宁夏回族自治区	新疆维吾尔自治区	民族地区	全国
2000	7.2	6.9	5.4	5.7	3.0	5.6	6.3	7.0	5.9	8.0
2001	8.1	8.1	6.6	6.3	3.5	6.1	7.6	8.4	6.8	8.1
2002	8.3	8.0	6.8	6.3	3.9	6.4	7.7	8.9	7.0	8.2
2003	8.2	8.2	7.1	6.2	3.0	7.0	7.6	8.9	7.0	8.3
2004	8.6	8.5	7.2	7.1	4.0	7.1	8.1	8.9	7.4	8.5
2005	8.7	8.2	6.4	6.5	3.5	6.9	7.7	8.7	7.1	8.2
2006	8.4	8.4	6.6	6.7	3.7	7.1	7.8	8.6	7.2	8.3
2007	8.5	8.4	6.8	6.8	4.3	7.2	7.9	8.8	7.3	8.4
2008	8.6	8.4	7.1	7.0	4.3	7.3	8.3	8.9	7.5	8.5
2009	8.7	8.5	7.2	7.0	4.1	7.5	8.4	8.9	7.5	8.6
2010	9.2	8.8	7.5	7.6	5.1	7.8	8.8	9.3	8.0	9.0
2011	9.2	8.6	7.6	7.7	5.5	7.8	8.4	9.2	8.0	8.8
2012	9.2	8.4	7.6	7.8	5.1	7.6	8.4	9.0	7.9	8.9
2013	9.0	8.6	8.0	7.8	4.4	8.0	8.7	9.0	7.9	9.0
2014	9.0	8.7	8.1	7.8	4.2	8.0	8.5	9.2	8.0	9.0

资料来源：历年《中国统计年鉴》及 2010 年第六次全国人口普查数据。

总体来看，民族地区的教育发展表现为如下几个方面：①教育经费投入增速较快，体现了国家和各省区对民族地区教育问题的高度关注；②从教育的结构来看，民族地区平均受教育年限显著增加，但教育质量未能同步改善；③民族地区教育数量和教育质量与全国平均水平以及东部发达地区相对差距还较为明显；④民族地区内部教育发展也体现出较为明显的差异性，内蒙古自治区和新疆维吾尔自治区等地的教育状况均超过全国平均水平，而西藏自治区的人均受教育年限低于全国平均水平接近 4 年，虽然政府加大了教育经费的投入力度，但需要长期的努力才能弥补现有差距。

8.2.4　民族地区贫困演化的基本情况

从贫困人口数量的变化来看，2000～2015 年民族八省区贫困人口呈持续下降态势。由于 2010 年前后贫困线标准的变动，本章重点分析 2010 年以来，民族地区以 2010 年不变价格 2300 元作为贫困线的贫困人口数量变化情况。

2010～2015 年，民族八省区贫困人口数量分别为 5040 万人、3917 万人、3121 万人、2562 万人、2205 万人和 1813 万人。表 8.5 给出了 2010～2015 年民族地区以及全国贫困人口数量。总体来看，民族地区贫困人口持续下降，但下降速度低于全国平均水平。这也导致民族地区贫困人口数量占全国的比重呈现上升态势，2010～2015 年民族八省区贫困人口占全国比重从 2010 年的 30.4%上升至 2015 年的 32.5%。民族地区贫困发生率也持续高于全国整体水平，2010～2015 年民族八省区贫困发生率分别比全国高 16.9、13.8、10.6、8.6、7.5 和 6.4 个百分点，如图 8.6 所示。分地区农村贫困人口和贫困发生率的变化如表 8.6 所示。

表 8.5　民族地区以及全国贫困人口数量（2010～2015 年）

年份		2010	2011	2012	2013	2014	2015
贫困标准/元		2300	2536	2625	2736	2800	2855
贫困人口	八省区/万人	5040	3917	3121	2562	2205	1813
	全国/万人	16567	12238	9899	8249	7017	5575
	八省区占全国比重/%	30.4	32	31.5	31.1	31.4	32.5
贫困发生率/%	民族八省区	34.1	26.5	20.8	17.1	14.7	12.1
	全国	17.2	12.7	10.2	8.5	7.2	5.7
	八省区与全国对比	高 16.9 个百分点	高 13.8 个百分点	高 10.6 个百分点	高 8.6 个百分点	高 7.5 个百分点	高 6.4 个百分点

资料来源：2015 年《中国农村贫困监测报告》。

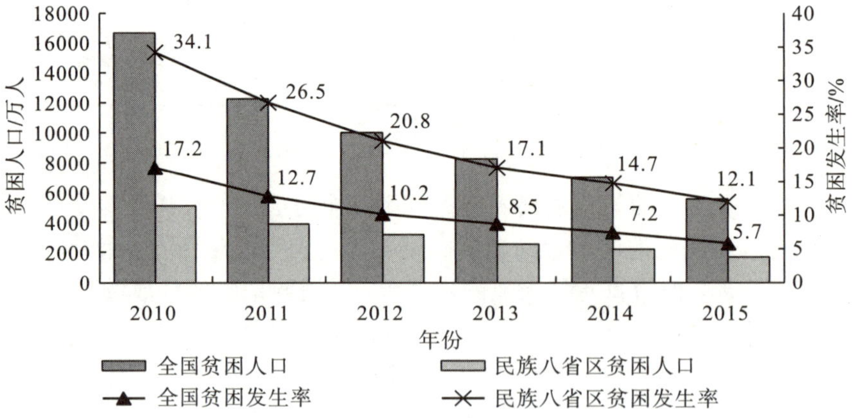

图 8.6　民族地区贫困人口占全国贫困人口的比重（见彩图版）

资料来源：国家民族事务委员会经济发展司

总体来看，民族地区贫困人口的收入变动特点为：①各地区农村贫困人口收入增速较为稳健，且各地区的农村贫困表现出高度同质性；②各地区城镇贫困人口收入变动差异较大，但总体表现出稳定的减贫态势；③民族地区贫困人口数量持续下降，但下降速度低于全国平均水平，且贫困减速呈逐年下降态势，这也导致民族地区贫困人口占全国贫困人口的比例逐渐上升。因此，民族地区依然是全国贫困深度和广度最大的地区，且各项减贫手段的边际效用开始步入递减区间，减贫难度开始持续增加，正在或者将要步入真正的减贫攻坚阶段。

表 8.6　全国和民族八省区农村贫困人口和贫困发生率的变化

地区	2010 年		2011 年		2012 年		2013 年		2014 年	
	贫困人口/万人	贫困发生率/%	贫困人口/万人	贫困发生率/%	贫困人口/万人	贫困发生率/%	贫困人口/万人	贫困发生率/%	贫困人口/万人	贫困发生率/%
全国	16567	17.2	12238	12.7	9899	10.2	8249	8.5	7017	7.2
内蒙古自治区	258	19.7	160	12.2	139	10.6	114	8.5	98	7.3
广西壮族自治区	1012	24.3	950	22.6	755	18	634	14.9	540	12.6
贵州省	1521	45.1	1149	33.4	923	26.8	745	21.3	623	18
云南省	1468	40	1014	27.3	804	21.7	661	17.8	574	15.5
西藏自治区	117	49.2	106	43.9	85	35.2	72	28.8	61	23.7
青海省	118	31.5	108	28.5	82	21.6	63	16.4	52	13.4
宁夏回族自治区	77	18.3	77	18.3	60	14.2	51	12.5	45	10.8
新疆维吾尔自治区	469	44.6	353	32.9	273	25.4	222	19.8	212	18.6

资料来源：《中国农村贫困监测报告》。

8.3　民族地区城乡贫困测度

8.3.1　贫困测度方法

本书在研究过程中采用了 Foster 等(1984)构建的 FGT 贫困指数，其优点在于能够包含贫困发生率、贫困距等单项贫困测度指标，能够对深度贫困人群灵活赋予权重，并且易于将贫困变动分解为经济增长的总量效应和收入分配的调整效应。FGT 指数被定义为

$$P_\alpha = \int_0^z \left[\frac{z-x}{z}\right]^\alpha f(x)\mathrm{d}x$$

式中，$\alpha \geqslant 0$；x 为家庭的收入或者消费支出；$f(x)$ 为收入的分布密度；z 为贫困线。α 是一个非负参数，代表对深度贫困或者对贫困者收入分配的敏感程度，α 越大表示在贫困测度中对深度贫困人口赋予的权重越大，在价值判断上体现对贫困者收入不平等的更强烈厌恶。当 $\alpha = 0, 1, 2$ 时，FGT 指数分别代表贫困发生率指数(H)、贫困距指数(PG)和平方贫困距指数(SPG)。本节将使用世界银行给出的 POVCAL 软件对民族地区的城乡贫困进行测度。

8.3.2 民族地区城市贫困的测度

在研究贫困的过程中贫困的识别是对贫困进行测度的关键，在收入贫困的内涵界定下，贫困的识别主要依赖于贫困线的确定。本节选择了中国城市贫困研究课题组 2001 年的研究结果，将 2310 元作为城市贫困线标准，与每天两美元相对应。同时为了体现贫困人口基本需求的不断变化，并纳入更为广义的相对贫困概念，本节还在使用两条固定绝对贫困线的同时，引入了相对贫困线。具体设定方法是将人均可支配收入的 50%作为相对贫困线①(高云虹和刘强，2011)。

(1)民族地区城市绝对贫困。本节利用不同的城市贫困线测度了民族地区 FGT 贫困指标和基尼(GINI)系数，详见表 8.7 和图 8.7。值得说明的是，2010 年之后，受益于社会保障制度托底覆盖力度的加大以及收入水平的稳步提升，按照 2310 元的绝对贫困线，民族地区城镇贫困发生率为 0，民族地区的绝对贫困主要体现为农村地区的绝对贫困，以及因贫困城乡流动引致的绝对贫困。

表 8.7 民族地区城市绝对贫困变动(贫困线=2310 元)(%)

指数	2000年	2001年	2002年	2003年	2004年	2005年	2006年	2007年	2008年	2009年	2010年
H	8.83	7.83	5.51	5.45	5.21	5.03	4.44	1.63	1.26	−1.45	−3.39
PG	1.80	1.34	0.78	0.79	0.81	0.84	0.55	0.08	0.05	0.07	0.40
SPG	0.52	0.32	0.15	0.16	0.17	0.19	0.09	0.005	0.003	−0.005	−0.06
GINI	21.59	21.71	23.26	24.52	24.05	25.13	25.90	24.83	25.47	25.96	25.08

注：贫困测度指标利用 POVCAL 软件计算得到。
资料来源：作者根据《中国统计年鉴》(各年)和各地区统计年鉴计算。

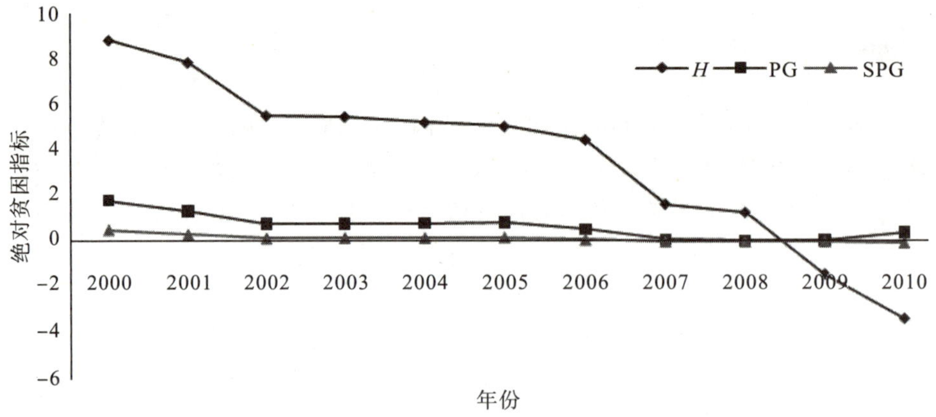

图 8.7 民族地区绝对贫困指标变动(贫困线=2310 元)

资料来源：同表 8.7

① 也有学者使用分组数据中收入中位数的 50%作为相对贫困线，见高云虹和刘强(2011)。

从贫困发生率来看，2000～2010 年民族地区贫困发生率呈持续下降趋势，并且表现出显著的阶段性。2000～2002 年民族地区的贫困发生率下降较为明显，从 2000 年的 8.83%下降到 2002 年的 5.51%。2003～2006 年，民族地区贫困发生率则表现出相对稳定的态势，一直维持在 5%左右。从 2007 年开始，民族地区的贫困发生率又开始加速下降；但受全球金融危机的影响，在 2008 年该数据略有波动。进一步比较贫困发生率与经济增长的相对变动情况，结果显示，2003～2006 年虽然民族地区的贫困发生率相对保持不变，但其经济增速却是相对较高的阶段。这表明这一时间段的高速经济增长并没有形成有效减贫结果，对比历年的基尼系数发现这一时期恰恰是民族地区基尼系数达到峰值的阶段。因此，2002 年西部大开发战略实质性展开并没有即时有效减贫，是因为经济增长过程中收入分配不平等状况迅速增加，收入分配对贫困减缓形成了较为明显的抑制作用，抵消了经济增长扩散效应带来的减贫成果。收入分配不平等情况的恶化虽然是导致减贫效果不尽如人意的直接原因，但收入分配不平等本身也是一个过程，为此我们应该追溯国家对西部的外部刺激与基尼系数增加之间关联的根本原因，这也是未来提升经济增长减贫效率的关键。本书认为其根本原因在于民族地区的经济发展方式导致了经济增长对贫困者的排异反应①。

贫困距指标能够有效反映贫困人口的收入与贫困线的距离，贫困距越大则表明贫困深度越大，减贫努力的临界点越大，减贫难度越大。在两种不同的绝对贫困线设定下，民族地区的贫困距变动趋势相同，均表现出阶段性。2000～2002 年贫困距显著下降，但之后的几年中一直保持相对稳定，并且在 2008 年之后贫困深度有所增加。民族地区贫困深度长时间保持不变的主要原因在于贫困线附近的贫困人口已经在现有经济增长和政策扶持下实现了有效脱贫；剩余的贫困人口则离贫困线较远，处于深度贫困之中。现有减贫政策对深度贫困人口的忽视导致贫困距的长期不变以及 2008 年之后的贫困距上升。贫困距的变动趋势可以与平方贫困距的变动形成比照，平方贫困距能够反映贫困人口内部的不平等状况。从平方贫困距来看，民族地区的平方贫困距整体较小，且变动缓慢。这表明民族地区贫困人口内部的不平等状况并没有缓解，其主要原因依然在于深度贫困人口的减贫成效不明显。

综上对民族地区绝对贫困变动的分析，2000～2010 年民族地区的绝对贫困呈现如下特点：①随着贫困厌恶系数的增大，即较贫困人口权重的上升，民族地区贫困程度下降的趋势有所减弱，这表明民族地区贫困深度越大的群体在经济增长过程中的收益程度越低，最贫困人口的贫困状况没有得到有效缓解；②民族地区的贫困发生率实现了显著下降，但呈现出较为明显的阶段性，主要体现在西部大开发战略实施和全球金融危机之后积极经济政策干预两个时间段上，在外部政策冲击时，民族地区的经济增长会在瞬时体现出不利于贫困者的特征；③2002～2006 年的高速经济增长并没有带来民族地区 FGT 各项贫困测度指标的显著变动，这体现了民族地区经济增长减贫的扩散效应受收入分配效应抑制的可能，即民族地区的经济增长并非是先天有益于贫困人口的，着眼于民族地区经济增长的减

① 排异反应是个医学术语，主要指的是给某种血型的人输入不同血型的血液而导致的身体排异反应。本书借鉴该术语的思想是：经济增长方式转变存在内生演化和外力植入两种来源，如果是内生演化的自然结果，那么其经济增长方式必然是基于市场产品需求和本地要素供给的，能够实现对贫困人口等既往闲置要素的有效利用，从而有益于减贫。但如果本地经济增长方式是外力移植的结果，那么其要素投入和收入分配将更多地体现要素来源地的技术条件和资源禀赋，在贫困人口劳动力供给质量和资本占有较低的情况下，形成经济增长过程对贫困人口的挤出。

贫政策需要考虑政策实施中的本地要素融入和获益渠道；④在绝对贫困线设定下，民族地区贫困线附近的贫困人口已经实现了明显脱贫，后续深度贫困人口的可持续脱贫将是未来民族地区减贫实践的重点，选择盯住深度贫困人口的减贫政策将是提升减贫效率的关键。

(2) 民族地区的相对贫困。我们利用城镇人口人均可支配收入的 50%作为贫困线标准，对民族地区 2000～2010 年的相对贫困状况进行了测度，具体结果见表 8.8 和图 8.8。

表 8.8　民族地区城市相对贫困变动(%)

指数	2000 年	2001 年	2002 年	2003 年	2004 年	2005 年	2006 年	2007 年
H	15.27	17.86	17.35	19.43	20.00	21.32	27.36	28.03
PG	3.52	4.07	3.81	4.58	5.01	5.66	7.21	7.15
SPG	1.18	1.32	1.20	1.54	1.80	2.16	2.69	2.56
GINI	21.59	21.71	23.26	24.52	24.05	25.13	25.90	24.83
指数	2008 年	2009 年	2010 年	2011 年	2012 年	2013 年	2014 年	
H	28.56	29.32	29.00	20.35	18.45	19.93	20.34	
PG	7.44	7.25	6.98	6.50	5.43	6.15	6.87	
SPG	2.73	2.50	2.33	2.93	2.25	2.70	3.36	
GINI	25.47	25.96	25.08	32.66	30.88	32.31	32.64	

注：根据《新中国六十年统计资料汇编》及历年民族八省区统计年鉴整理计算得到，由于相对贫困线的变动，相对贫困指数存在增加可能。

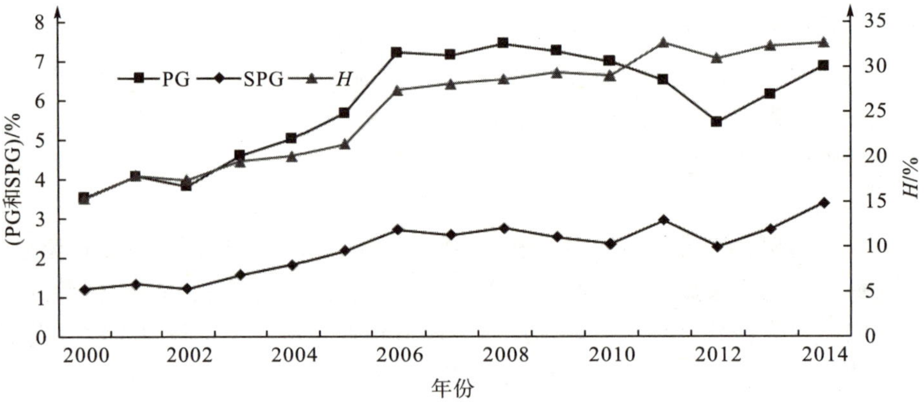

图 8.8　民族地区相对贫困指标变动

资料来源：同表 8.8

民族地区的相对贫困变动与上文中的绝对贫困指标有很大不同。民族地区相对贫困的贫困发生率整体呈上升趋势，从 2000 年的 15.27%上升到 2010 年的 29%，年均增长率为 6.6%。相对贫困距和平方贫困距的变动态势与贫困发生率一致，其中贫困距从 2000 年的 3.52%上升到 2010 年的 6.98%，年均增长率为 7.1%；2000～2010 年民族地区平方贫困距的年均增长率为 7.0%，从 2000 年的 1.18%上升到 2010 年的 2.33%。并且，民族地区的 FGT

相对贫困变动也呈现出明显的阶段性，2000～2002 年的各项贫困指标均保持相对稳定，2002～2006 年各项指标开始显著上升，并在 2006 年达到峰值，2006 年之后各项贫困指数开始缓慢下降。

民族地区相对贫困指标的总体变动表明，如果以相对贫困来界定贫困，民族地区的贫困状况呈上升态势，这表明民族地区的收入分配格局导致了社会各收入阶层的显著分化。如果将贫困人口的收入分配以及贫困人口离贫困线的距离考虑在内，民族地区的平方贫困距和贫困距均呈显著上升，这进一步表明了民族地区相对贫困深度的加深，以及贫困人口中的最低收入者相对状况的恶化。

同时，相对贫困指标的分段变动情况表明，2002～2006 年随着经济的高速发展，民族地区的收入分配导致各收入组的收入差距显著扩大，从而导致了该时间段内各项相对贫困指标的快速上升。但随着本地经济对植入经济的涵化，以及政策层面对收入分配调节的重新审视，2006 年之后民族地区的相对贫困状况有所缓解，但就现阶段的情况来看，其相对贫困的缓解速度还较低，且相对贫困的程度较高。

总体来看，虽然 2000～2014 年民族地区的高速经济增长实现了绝对贫困的有效减缓，但民族地区的相对贫困程度却表现出较大的提升，尤其是在 2002～2006 年。收入差距的扩大，使得民族地区相对贫困问题越来越突出。因此，如何在经济增长的同时谋求收入分配调节，实现相对贫困的实质性减缓是未来民族地区贫困减缓中面临的另一个重要问题。

(3) 民族地区内部贫困演化的差异性。为了反映民族地区贫困演化的差异，选择 2000 年、2006 年和 2010 年三个年份对民族八省区的 FGT 绝对贫困状况进行测度，结果见表 8.9。

表 8.9　民族八省区绝对贫困(贫困线=2310 元)(%)

省份	2000 年			2006 年			2010 年		
	H	PG	SPG	*H*	PG	SPG	*H*	PG	SPG
内蒙古自治区	13.15	2.74	0.82	6.0	1.17	0.31	−4.86	1.29	−0.44
广西壮族自治区	6.17	0.97	0.21	−0.54	0	0	−8.8	2.85	−1.19
贵州省	12.63	2.36	0.62	3.0	0.26	0.03	0.70	0.02	0
云南省	3.73	0.38	0.05	4.17	0.59	0.11	0	0	0
西藏自治区	9.02	6.08	6.74	6.97	1.34	0.35	0.73	0.02	0
青海省	13.02	2.85	0.89	9.75	2.82	1.14	4.75	0.65	0.12
宁夏回族自治区	2.10	0.05	0	1.59	0.08	0.01	−3.01	0.46	−0.09
新疆维吾尔自治区	8.9	2.26	0.84	4.62	0.94	0.27	1.10	0.06	0

资料来源：根据 2000 年、2006 年、2010 年各省区统计年鉴计算得到。再次说明，之所以贫困指标在部分时期出现负值，是贫困线的设定低于洛伦兹曲线所要求的最低值，这进一步表明了使用相对贫困对贫困线动态调整的必要性。但由于本书使用绝对贫困时主要分析贫困指标的变动趋势，虽然贫困指标负值无任何现实意义，但在横纵向比较中依然可比。

从2000年的初始贫困状况来看，内蒙古自治区、青海省、贵州省的贫困发生率较高，均在12%以上；如果在计算FGT贫困指数时提高贫困厌恶系数，增加最贫困人口在贫困测度中的比重，那么西藏自治区的贫困距和平方贫困距均最大；各项贫困指数均较小的是云南省和宁夏回族自治区。根据其初始贫困状况可以将民族八省区分为三类：①贫困发生率较高且贫困人口分布也较为不平衡的地区，包括内蒙古自治区、贵州省、青海省和新疆维吾尔自治区；②各项贫困指标均低于平均水平的地区，包括广西壮族自治区、云南省和宁夏回族自治区；③贫困人口内部不平等程度较大，且贫困人口相对较多的地区，主要是指西藏自治区。通过识别不同省区在初始贫困以及贫困演化过程的差异有助于提升减贫政策的针对性。针对初始贫困发生率较高的第一类地区，在减贫实践中应重点强调扩散效应和收入分配效应的配合；针对第二类地区，重点强调经济增长的扩散效应；针对第三类地区，则应重视通过改善收入分配寻求减贫的数量和结构变化。

从2010年各省区的贫困状况来看，贫困发生率最高的是青海省，在2310元的贫困线设定下，其贫困发生率为4.75%；其次是新疆维吾尔自治区、西藏自治区和贵州省，分别为1.10%、0.73%和0.70%，其他地区均在固定贫困线设定下实现了有效脱贫。并且，各省区的贫困距和平方贫困距所表示的贫困状况也都有所缓解。

从2000～2010年各省区贫困指标的变动来看，各省区的贫困状况都有了显著缓解。贫困发生率下降速度最快的是宁夏回族自治区和广西壮族自治区，年均下降速度达到24.33%和24.26%；下降速度最为缓慢的是青海省，年均下降速度为6.35%。对比各省区的经济增速发现，2000～2010年内蒙古自治区人均地区生产总值的年均增速高达19%，同期贫困发生率的年均下降速度为13.7%。但内蒙古自治区的贫困距依然相对较高。这表明，内蒙古自治区的贫困减缓主要来源于高速经济增长所带来的扩散效应。在资源型产业外部需求不确定以及产能过剩的背景下，内蒙古自治区未来依然存在通过调整贫困人口收入来实现有效贫困减缓的机会。在民族八省区中，云南省在该时间段内的人均地区生产总值年均增长速度最小，但其贫困发生率的下降速度却位于第四位，达到年均10%的降速，云南省较好地利用了收入分配的减贫作用。从最终的减贫结果来看，青海省的减贫速度最低，仅为6.35%，远低于青海省12.57%的年均经济增速，并且2010年的各项贫困指标均高于平均水平。这些数据均表明，与其他省区相比，青海省在经济增速相对较快的情况下，并没有取得理想的减贫成效，一方面贫困发生率依然较高；另一方面一些地区贫困人口内部的不平等依然严重，平方贫困距显著高于其他省区。并且，这一点在接下来相对贫困的测度中也得到了验证。

通过以上对民族地区分省区绝对贫困的横纵向比较，民族地区的贫困减缓呈现出如下特点：①各省区的绝对贫困均显著改善，但各省区的减贫历程呈现显著的不均等性，内蒙古自治区和广西壮族自治区的贫困减缓较为明显，而青海省的减贫速度和2010年的贫困状况与其他省区项目表现出明显差距；②贫困人口的收入分配是影响民族地区相对贫困减缓的关键因素，尤其是对青海省和西藏自治区两个省区而言。

8.3.3　民族地区农村贫困测度

1) 民族地区农村贫困的变动及内部差异

受数据可得性的限制，在测度农村贫困时采取的思路是，对广西壮族自治区、内蒙古自治区、青海省和云南省的农村贫困依据统一的绝对贫困线和相对贫困线分别进行测度；在纵向分析和横向比较的基础上，计算这四个省区的算术平均值，作为民族地区农村总体贫困的近似值。广西壮族自治区、内蒙古自治区、青海省和云南省的农村贫困状况如表 8.10～表 8.13 所示。

(1) 从民族地区的绝对贫困来看，不同省区之间的农村贫困发生率有较为显著的差异。表 8.10～表 8.13 给出了四省区以绝对贫困线测度的贫困发生率，从 2000 年的初始贫困状况来看，内蒙古自治区、青海省和云南省的贫困发生率接近，均在 90%左右，但 2000 年广西壮族自治区的贫困发生率仅为 57.94%，如此大的内部差异与四省区的经济发展水平和农村居民人均纯收入情况不符，因此，广西壮族自治区与其他三省区在基期的贫困发生率差异更可能是农村居民收入分组差异所致。广西壮族自治区涉及农村居民的收入分组数据将农村居民等分为五个收入分组和对应分组的平均收入。而其他省区则给出了更为细分的收入分组和各收入分组的人口比重。仅从内蒙古自治区、青海省和云南省三省区的绝对贫困发生率来看，随着不同的经济增长速度和经济增长方式变化，三省区的初始绝对贫困状况开始逐渐分化，内蒙古自治区的绝对贫困发生率下降速度最快，2000～2007 年内蒙古自治区、青海省和云南省三省区的贫困发生率下降速度分别为 17.5%、9.5%和 9.6%，2007 年三省区对应的贫困发生率分别为 23.28%、46.37%和 46.48%，已经表现出明显的差异。结合三省区的其他绝对贫困指标，可以看出内蒙古自治区的绝对贫困减缓不仅体现在绝对贫困人口数量的快速下降，同时还表现为贫困人口内部收入分配更快速地改善。内蒙古自治区贫困发生率更快速下降的主要原因在于其更为快速的经济增长，尤其是 2003 年以来内蒙古自治区的经济增速显著高于其他省区。贫困距和平方贫困距指标相对快速下降的主要原因在于内蒙古自治区的经济增长方式能够吸纳相对更多的贫困人口参与经济活动。

表 8.10　内蒙古自治区农村贫困测度 (2000～2008 年) (%)

年份	绝对贫困			相对贫困			基尼系数
	H	PG	SPG	*H*	PG	SPG	GINI
2000	89.72	46.1	27.6	38.3	11.95	5.22	36.94
2001	90.78	50.3	32.2	47.47	17.69	9.21	38.52
2002	85.49	43.53	26.46	41.63	14.69	7.15	37.54
2003	79.44	37.49	21.87	36.93	12.84	6.16	39.37
2004	61.39	24.89	13.32	24.81	7.93	3.49	38.9
2005	47.41	18.41	9.85	20.24	6.98	3.34	39.82
2006	35.76	13.51	6.99	17.38	5.73	2.59	40.17
2007	23.28	8.78	4.6	13.09	4.59	2.21	39.28
2008	15.53	6	3.19	10	3.65	1.82	36.16

资料来源：根据《内蒙古统计年鉴》历年数据计算。

表 8.11 青海省农村贫困测度(2000～2010 年)(%)

年份	绝对贫困			相对贫困			基尼系数
	H	PG	SPG	*H*	PG	SPG	GINI
2000	93.51	59.05	41.1	63.16	25.63	13.33	41.41
2001	90.95	53.92	36.15	55.84	21.95	11.33	41.87
2002	90.82	51.11	32.85	54.02	19.99	9.95	39.22
2003	86.92	45.18	27.78	48.07	17.54	8.76	39.06
2004	80.71	37.21	21.06	40.46	13.31	6.03	38.06
2005	72.8	29.75	15.66	34.06	10.63	4.64	35.31
2006	64.76	25.14	12.85	33.05	10.31	4.46	37.95
2007	46.37	16.9	8.63	25.08	8.46	4.03	39.02
2008	34.23	12.71	6.93	20.38	7.69	4.21	38.85
2009	27.48	10.05	5.25	19	6.83	3.47	40.45
2010	19.42	6.97	3.5	16.25	5.72	2.8	41.8

资料来源：根据《青海统计年鉴》历年数据计算。

表 8.12 广西壮族自治区农村贫困测度(2000～2010 年)(%)

年份	绝对贫困			相对贫困			基尼系数
	H	PG	SPG	*H*	PG	SPG	GINI
2000	57.94	18.81	8.39	8.15	1.44	0.35	28
2001	54.05	16.87	7.45	7.86	1.57	0.43	27.49
2002	51.35	16.31	7.11	8.81	1.49	0.34	28.34
2003	48.52	15.73	7.05	10.86	2.24	0.64	28.79
2004	43.77	14.08	6.26	11.62	2.47	0.72	28.62
2005	36.16	10.5	4.37	9.61	2.03	0.6	25.87
2006	31.35	9.39	4.07	11	2.75	0.96	28.52
2007	27.51	8.37	3.58	12.71	3.2	1.11	29.16
2008	25.26	8.13	3.71	14.13	4.15	1.71	30.87
2009	19.83	5.1	1.82	11.71	2.49	0.73	29.34
2010	16.68	4.51	1.7	13.14	3.31	1.15	29.93

资料来源：根据《广西统计年鉴》历年数据计算。

表 8.13 云南省农村贫困测度(2000～2007 年)(%)

年份	绝对贫困			相对贫困			基尼系数
	H	PG	SPG	*H*	PG	SPG	GINI
2000	94.12	55.57	37.18	56.36	21.6	10.67	59.23
2001	92.09	53	34.99	54.18	20.84	10.36	60.2
2002	89.2	48.89	31.34	51.18	19.4	9.58	60.96
2003	89.52	44.58	26.7	46.83	16.29	7.59	60.28
2004	81.1	38.85	22.75	44.04	15.32	7.05	61.51
2005	78.64	34.27	18.73	41.64	13.42	5.81	61.16
2006	64.17	26.93	14.7	36.06	12.57	5.91	62.83
2007	46.48	16.49	8.12	24.91	7.9	3.48	63.06

资料来源：根据《云南统计年鉴》历年数据计算。

(2) 从民族地区内部的相对贫困来看，各省区的相对贫困表现出较为明显的初始差异和持久差异。图 8.9 给出了四省区的相对贫困发生率，在计算过程中虽然不同时点上使用了不同的相对贫困线标准，但同一时点上各省区在计算相对贫困时使用同一贫困线标准。同样由于农村居民收入分组的差异，广西壮族自治区的相对贫困发生率与其他省区表现出较大差异。从其他三个省区的贫困发生率来看，内蒙古自治区的初始贫困发生率为 38.3%，显著低于青海省(63.16%)和云南省(56.36%)。从三省区类似的初始绝对贫困状况可以看出，初始相对贫困差异的主要来源是不同省区初始平均收入的差异。分时间段来看，2005 年之后内蒙古自治区与青海省、云南省的相对贫困发生率差距逐渐缩小，主要原因不在于青海省和云南省相对贫困发生率的快速下降，而是随着内蒙古自治区的经济发展，内蒙古自治区农村居民整体平均收入增速高于贫困人口收入增速，从而导致相对贫困发生率变动速度减缓。

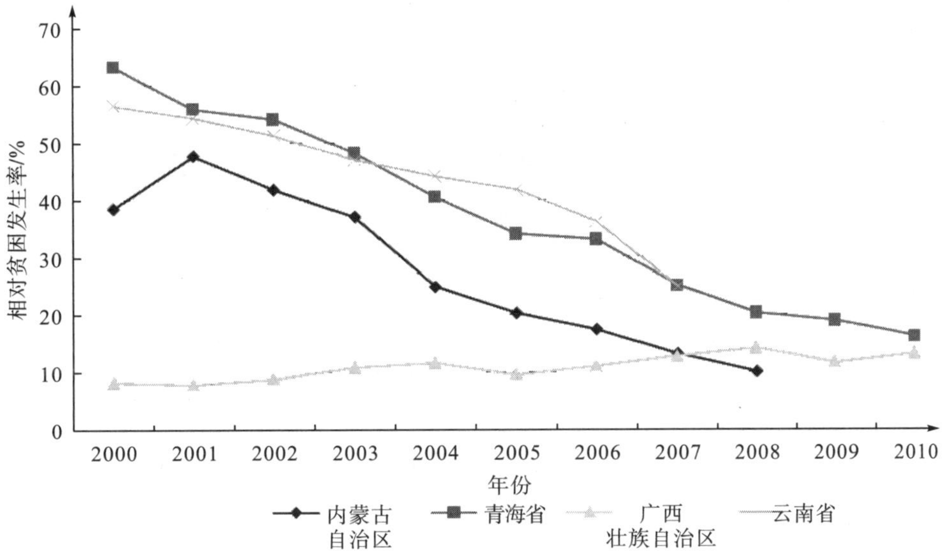

图 8.9　民族地区农村相对贫困发生率的内部比较

资料来源：表 8.10～表 8.13。

2) 民族地区城乡贫困差异

表 8.14 给出了内蒙古自治区、广西壮族自治区、青海省和云南省四省区 2000 年和 2006 年的城乡绝对贫困比较。民族地区城乡贫困差异体现在如下几个方面：①四省区历年城市贫困指数显著低于农村贫困指数，2000 年四省区农村贫困发生率分别高于城市贫困发生率 76.57、51.77、80.49 和 90.39 个百分点。城乡贫困人口数、贫困人口收入与贫困线的距离和贫困人口内部的收入分配均表现出较为明显的差距，其主要原因在于城乡经济发展水平的差异。②随着城乡经济增长，城乡贫困指数差距趋于缩小，2006 年四省区乡村与城市的贫困发生率差距分别缩小为 29.76、31.89、55.01 和 60.0 个百分点，2006 年城乡差距比 2000 年下降了 46.81、19.88、25.48 和 30.39 个百分点。

表 8.14 民族地区城乡绝对贫困差异(%)

省区	年份	农村贫困			城市贫困		
		H	PG	SPG	*H*	PG	SPG
内蒙古自治区	2000	89.72	46.1	27.6	13.15	2.74	0.82
	2006	35.76	13.51	6.99	6.00	1.17	0.31
广西壮族自治区	2000	57.04	18.81	8.39	6.17	0.97	0.21
	2006	31.35	9.39	4.07	−0.54	0	0
青海省	2000	93.51	59.05	41.1	13.02	2.85	0.89
	2006	64.76	25.14	12.85	9.75	2.82	1.14
云南省	2000	94.12	55.57	37.18	3.73	0.38	0.05
	2006	64.17	26.93	14.7	4.17	0.59	0.11

注：根据城乡收入分组比重和平均收入计算得到。城市贫困中出现负数的主要原因在于较低的绝对贫困线设定，仅供横纵向比较，无具体经济意义。

资料来源：根据相关省区统计年鉴数据计算。

3)精准扶贫阶段，民族地区农村贫困现状

上述对 2000～2010 年农村绝对贫困的测度，主要体现了贫困测度的方法论问题以及城乡贫困的差异问题，与国家统计标准有所出入。2013 年精准扶贫思想提出以来，中国的减贫进程从大规模减贫阶段进入精准扶贫阶段，工作重心从靠经济增长和转移致富脱贫，转向根据各地区贫困现状和致贫原因的不同而因地施策，精准扶贫。为了体现精准扶贫阶段民族地区贫困的现状，表 8.15 和表 8.16 列出了 2010～2014 年民族地区各省区的贫困人口数和贫困发生率，民族地区与全国以及民族地区内部差异依然巨大，这也为精准扶贫思想提供了数据支撑。

表 8.15 民族地区各省区农村贫困人口(2010～2014 年) (单位：万人)

地区	2010 年	2011 年	2012 年	2013 年	2014 年
民族地区	16567	12238	9899	8249	7017
内蒙古自治区	5040	3917	3121	2562	2205
广西壮族自治区	258	160	139	114	98
贵州省	1012	950	755	634	540
云南省	1521	1149	923	745	623
西藏自治区	1468	1014	804	661	574
青海省	117	106	85	72	61
宁夏回族自治区	118	108	82	63	52
新疆维吾尔自治区	77	77	60	51	45

资料来源：《中国农村贫困监测报告 2015》。

表 8.16　民族地区各省区农村贫困发生率(2010～2014 年)(%)

地区	2010 年	2011 年	2012 年	2013 年	2014 年
民族地区	17.2	12.7	10.2	8.5	7.2
内蒙古自治区	34.1	26.5	20.8	17.1	14.7
广西壮族自治区	19.7	12.2	10.6	8.5	7.3
贵州省	24.3	22.6	18	14.9	12.6
云南省	45.1	33.4	26.8	21.3	18
西藏自治区	40	27.3	21.7	17.8	15.5
青海省	49.2	43.9	35.2	28.8	23.7
宁夏回族自治区	31.5	28.5	21.6	16.4	13.4
新疆维吾尔自治区	18.3	18.3	14.2	12.5	10.8

资料来源：《中国农村贫困监测报告 2015》。

8.4　民族地区贫困的空间集聚

8.4.1　集中连片特困地区与民族地区贫困的空间集聚

根据《中国农村扶贫开发纲要(2011—2020 年)》的精神，按照“集中连片、突出重点、全国统筹、区划完整”的原则，以 2007～2009 年三年的人均县域生产总值、人均县域财政一般预算收入、县域农民人均纯收入等与贫困程度高度相关的指标为基本依据，这 3 项指标均低于同期西部平均水平的县(市、区)，将自然地理相连、气候环境相似、传统产业相同、文化习俗相通、致贫因素相近的县划分为连片特困地区。考虑对革命老区、民族地区、边疆地区加大扶持力度的要求，国家在全国共划分了 11 个集中连片特殊困难地区，加上已明确实施特殊扶贫政策的西藏自治区、四省藏族聚居区、新疆维吾尔自治区南疆三地州，共 14 个片区，作为新阶段扶贫攻坚的主战场。进入以上 14 个片区的县共有 680 个，其中国家扶贫开发工作重点县有 440 个，民族自治地方县 371 个，革命老区县 252 个，陆地边境县 57 个。

集中连片特困地区与我国的少数民族地区高度重合，且相对于集中连片特困地区整体，集中连片特困民族地区的经济社会发展阶段和致贫因素更为一致。集中连片特困民族地区行政区域的空间分布情况详见表 8.17。当前，集中连片特殊困难民族地区的空间分布：六盘山区、乌蒙山区、武陵山区、大小凉山地区、秦巴山区、滇西边境及哀牢山区、滇桂黔石漠化区、南疆三地州、西藏自治区和四省藏族聚居区。

以云南省为例，云南省涉及滇黔桂石漠化区、藏族聚居区、乌蒙山区、滇西边境山区四个连片特困地区(总人口 2784 万人)，占全省总人口的 63%；2010 年底，按照农民纯收入 1274 元的扶贫标准，四个片区有贫困人口 288 万人，占全省贫困人口总数的 89%；农民人均纯收入 3081 元，仅为全省平均水平的 77.9%，是全国农民人均纯收入的 52%。

表 8.17 新时期集中连片特困民族地区行政区域的空间分布情况

民族地区	集中连片特困区	连片贫困县数量/个	贫困县合计/个
内蒙古自治区	燕山—太行山区	3	8
	大兴安岭南麓山区	5	
广西壮族自治区	滇桂黔石漠化区	29	29
贵州省	武陵山区	15	65
	滇桂黔石漠化区	40	
	乌蒙山区	10	
青海省	六盘山区	7	40
	四省藏族聚居区	33	
云南省	滇桂黔石漠化区	11	85
	四省藏族聚居区	3	
	乌蒙山区	15	
	滇西边境山区	56	
宁夏回族自治区	六盘山区	7	7
西藏自治区	西藏自治区片区	74	74
新疆维吾尔自治区	南疆三地州	24	24
四川省	四省藏族聚居区	32	44
	大小凉山地区	12	
甘肃省	四省藏族聚居区	9	9

资料来源：根据相关资料整理。

8.4.2 集中连片特困民族地区的类型

(1)生态脆弱型集中连片民族贫困地区。贾若祥和侯晓丽(2011)通过将我国的贫困地区和禁止开发区、限制开发区、平原、丘陵、山区县等进行对比研究发现，我国民族地区的贫困状况伴随着严重的生态环境脆弱性问题。其中，滇黔桂石漠化区、三江源地区、乌蒙山区等少数民族贫困地区，限制开发区的数量超过了50%以上。根据全国主体功能区规划，这些地区属于重要的生态功能区，是我国的重要生态屏障；根据中国农村贫困空间分布，这些地区又属于特殊困难集中连片地区。

以滇黔桂石漠化区为例，该地区主要包括云南省、广西壮族自治区、贵州省三省(区)的 80 个县，其中 73 个民族县，是我国壮族、瑶族等少数民族聚集区。这些县集中连片分布在有“生态癌症”之称的西南石漠化地区，地形地貌复杂，生态环境极其脆弱，自然灾害高发。2010 年，滇黔桂石漠化区农民人均纯收入 3279 元，是全国平均水平(5919 元)的 55.4%。2006 年，如果按照原来的贫困标准，滇黔桂石漠化区农村贫困发生率为 18.5%，按照新的标准①，贫困发生率为 65.5%，基本呈现出整体贫困的现状。

(2)生存条件亟须改善型集中连片民族贫困地区。南疆地区、六盘山区、武陵山区、

① “新标准”即根据 2011 年 10 月国家公布的 2300 元贫困标准线，用农村消费者价格指数退回到 2006 年则为 1984 元，国家统计局取 2000 元整数作为新标准的可比价进行统计。

横断山区、大小兴安岭南麓、横断山区，这些地区大部分是山区，只有极少数的平原地区。总体来说，这些地区具有一定的适宜产业聚集和人口集聚的空间。上述民族地区可以通过不断改善当地的生产、生活条件，稳步推进人口向中心小城镇集聚，最终脱贫致富。这些民族地区称为生存条件急需改善型地区，“点状开发、面上保护”是这些民族地区经济社会发展的基本思路。

以六盘山区为例，该地区主要包括宁夏回族自治区、青海省、甘肃省三省区的 61 个县，其中民族县 20 个，是我国信奉伊斯兰教少数民族的主要聚居区之一。2010 年，六盘山区农民人均纯收入 3037 元，是全国平均水平(5919 元)的 51.3%。2006 年，如果按照原来的贫困标准，六盘山区农村贫困发生率为 18.3%，按照新的标准，贫困发生率为 67.5%，贫困人口占全国农村贫困人口的 3.4%。

8.4.3　民族地区边境贫困带

中国陆地边境线从广西壮族自治区防城港市的北部湾畔起，到辽宁省丹东市的鸭绿江口止，纵横穿越云贵高原、横断山脉、喜马拉雅山、喀喇昆仑山、帕米尔高原、天山、阿尔泰山、内蒙古高原、大兴安岭、长白山等十几座高大山脉和高原。在这些高原和山脉之间，横卧着巨大的草原、森林以及荒漠，还有蜿蜒曲折淌流的元江、澜沧江、怒江、雅鲁藏布江、伊犁河、额尔齐斯河、额尔古纳河、黑龙江、乌苏里江、图们江、鸭绿江等大小数十条边界和出境河流。

我国是统一的多民族国家，边境地区绝大部分是少数民族聚居地区。全国 2.2 万多千米边境线，有 1.9 万 km 在民族自治地方；全国 136 个边境县(市、旗、市辖区)[①]与越南、老挝、缅甸、不丹、尼泊尔、巴基斯坦、印度、阿富汗、塔吉克斯坦、吉尔吉斯斯坦、哈萨克斯坦、蒙古、俄罗斯、朝鲜等十几个国家相接壤。

所有陆地边境县中，民族自治地方 107 个，占 78.7%，3/4 的陆地边境县分布在民族八省区，分布在内蒙古自治区、新疆维吾尔自治区、西藏自治区、云南省、广西壮族自治区 5 个省和自治区的，共 102 个县，占我国所有陆地边境县的 75%。边境地区总人口 2200 多万，少数民族人口将近 1/2，有 30 多个民族与国外同一民族相邻而居。截至本书写作完成时，全国 592 个扶贫开发重点县中，有 42 个属于边境县贫困县，占我国陆地边境县总数的 31%。

西藏自治区地处祖国西南边陲，有 18 个边境县，110 个边境乡镇，边境线长达 4000 多千米，这些县分布在日喀则、山南、林芝、阿里 4 个地区，总人口超过 35 万人，占全区总人口的 13.54%。珞巴族、门巴族等人口较少民族主要居住在边境地区。

新疆维吾尔自治区分别与俄罗斯、哈萨克斯坦、蒙古、巴基斯坦、吉尔吉斯斯坦、印度、塔吉克斯坦、阿富汗等 8 个国家接壤，全区边境线长 5600 多千米，占全国陆地边境的 1/4。全区有 10 个边境地州，32 个边境县市，30 个边境乡镇，412 个边境村，边境县市总面积 60 多万平方千米。截至 2009 年底，边境总人口 492.58 万人，其中少数民族 343.01

① 统计口径以沿陆地国境县的县级行政区划为单位；资料截止时间为 2006 年 12 月 31 日；新疆生产建设兵团 56 个边境团场暂未列入本表。

万人，包括维吾尔族、哈萨克族、蒙古族、柯尔克孜族、锡伯族、塔吉克族、塔塔尔族、达斡尔族、乌孜别克族等民族。

表 8.18　我国少数民族地区边境县空间分布概况

民族八省区	陆地边境县	边境县/个	百分比/%
内蒙古自治区	达尔罕茂明安联合旗、四子王旗、二连浩特市、阿巴嘎旗、东乌珠穆沁旗、苏尼特左旗、苏尼特右旗、满洲里市、额尔古纳市、陈巴尔虎旗、新巴尔虎左旗、新巴尔虎右旗、乌拉特中旗、乌拉特后旗、阿拉善左旗、阿拉善右旗、额济纳旗、阿尔山市、科尔沁右翼前旗	19	14
广西壮族自治区	防城港市防城区、东兴市、凭祥市、大新县、宁明县、龙州县、靖西县、那坡县	8	5.9
云南省	澜沧拉祜族自治县、西盟佤族自治县、江城哈尼族彝族自治县、孟连傣族拉祜族佤族自治县、镇康县、沧源佤族自治县、耿马傣族佤族自治县、龙陵县、腾冲县、麻栗坡县、马关县、富宁县、绿春县、金平苗族瑶族傣族自治县、河口瑶族自治县、景洪市、勐海县、勐腊县、潞西市、瑞丽市、盈江县、陇川县、泸水县、福贡县、贡山独龙族怒族自治县	25	18.4
西藏自治区	洛扎县、错那县、浪卡子县、定结县、定日县、康马县、聂拉木县、吉隆县、亚东县、岗巴县、仲巴县、萨嘎县、噶尔县、普兰县、日土县、札达县、墨脱县、察隅县	18	13.2
新疆维吾尔自治区	哈密市、伊吾县、巴里坤哈萨克自治县、和田市、皮山县、温宿县、乌什县、叶城县、塔什库尔干塔吉克自治县、阿图什市、阿合奇县、乌恰县、阿克陶县、奇台县、木垒哈萨克自治县、博乐市、温泉县、昭苏县、霍城县、察布查尔锡伯自治县、塔城市、额敏县、裕民县、托里县、和布克赛尔蒙古自治县、阿勒泰市、青河县、吉木乃县、富蕴县、布尔津县、福海县、哈巴河县	32	23.5
合计		102	75

内蒙古自治区毗邻蒙古国和俄罗斯，4221km 的边境线上，分布着 19 个边境旗市，少数民族人口 58.27 万人，占全区少数民族人口的 10.78%，是内蒙古自治区少数民族主要聚居区之一。

沿广西壮族自治区东兴市出发，穿越崇山峻岭，经防城、宁明、凭祥、龙州、大新、靖西、那坡 8 个边境县(市、区)，绵延 1020 多千米，在中国广西壮族自治区与越南交界的山水之间，聚居着壮、汉、瑶、苗等 12 个世居民族。

云南省边境线长达 4061km，跨越 8 个地州，25 个县市，其中 22 个是民族自治县或民族自治地方县，国家扶贫开发重点县 17 个。云南省边境县总人口 656 万人。其中，阿昌族、布朗族、基诺族、拉祜族、佤族、傣族等少数民族人口 385 万人，16 个民族跨境而居。

例如，广西壮族自治区的 8 个边境县包括防城港市防城区、东兴市、凭祥市、大新县、宁明县、龙州县、靖西县和那坡县，除了东兴市外，靖西县、那坡县、龙州县等 3 个为国家扶贫开发工作重点县，防城港市防城区和宁明县、大新县、凭祥市等 4 个为自治区扶贫开发工作重点县。宁明县、龙州县、靖西县、那坡县和大新县属于国家新时期纳入扶贫攻坚主战场的滇黔桂石漠化集中连片特困地区(表 8.19)。

表 8.19　全国兴边富民行动重点县情况

地区	2000 年重点县数/个	2004 年重点县数/个	2008 年重点县数/个
全国	9	37	120
内蒙古自治区	2	5	19
新疆维吾尔自治区	2	6	32
西藏自治区	—	5	18
广西壮族自治区	—	4	8
云南省	2	6	25
民族五省区	6	26	102

8.4.4　人口较少民族聚居区

根据各民族共同繁荣、共同富裕、共享改革开放发展成果的原则，2005 年 5 月，首次将人口在 10 万人以下的 22 个少数民族称为人口较少民族。2011 年，国家再次对人口较少民族进行了界定，将全国总人口在 30 万人以下的 28 个民族统称为人口较少民族，比 2005 年增加了 6 个少数民族。

人口较少民族自中华人民共和国成立以来，政治上当家做主，经济、社会快速发展，各族人民群众的生活得到了显著的提高。但是，由于历史、自然条件、生态环境等多方面的深层原因，人口较少民族总体上发展比较落后，呈现出大面积的整体贫困现象，贫困问题复杂突出，少数民族群众的生活与其他地区比较差距较大。为帮助人口较少民族尽快脱贫致富，2005 年 5 月，国家正式开始实施第一个人口较少民族发展规划，即《扶持人口较少民族发展规划(2005—2010 年)》。实施人口较少民族发展规划的根本目的：集各方合力，对人口较少民族的聚居区采取特殊政策，扶持人口较少民族显著加快经济社会发展步伐，摆脱贫困，走向富裕，增强各民族大团结，维护边疆稳定，保证国家安全。

第一个人口较少民族发展规划所指的 22 个人口较少民族分别是珞巴族、赫哲族、高山族、独龙族、塔塔尔族、门巴族、鄂伦春族、乌孜别克族、俄罗斯族、裕固族、德昂族、保安族、京族、基诺族、怒族、普米族、鄂温克族、塔吉克族、阿昌族、撒拉族、布朗族、毛南族。根据 2000 年第五次全国人口普查数据，总人口 63 万人。22 个人口较少民族空间上主要分布在云南省、广西壮族自治区、新疆维吾尔自治区、西藏自治区、内蒙古自治区、青海省、贵州省、甘肃省、福建省、黑龙江省等 10 省(区)中的 86 个县、640 个人口较少民族聚居行政村。

2011 年颁布实施的《扶持人口较少民族发展规划(2011—2015 年)》所称的人口较少民族是指全国总人口在 30 万人以下的 28 个民族，比 2005 年增加了 6 个人口较少民族，分别是景颇族、达斡尔族、柯尔克孜族、锡伯族、仫佬族、土族。根据全国第五次人口普查，28 个人口较少民族总人口为 169.5 万人。

28 个人口较少民族主要分布在内蒙古自治区、广西壮族自治区、西藏自治区、新疆维吾尔自治区、云南省、贵州省、青海省、甘肃省、辽宁省、吉林省、黑龙江省、福建省、江西省等 13 个省(区)和新疆生产建设兵团的人口较少民族聚居区，包括 2 个人口较少民族的自治州，16 个人口较少民族的自治县，71 个人口较少民族的民族乡，2119 个人口较少民族聚居的行政村。这些地区人口较少民族合计 153.5 万人，占 28 个民族全国总人口的 90.6%。2119 个聚居村总人口 272.7 万人，其中人口较少民族有 136.0 万人，占 49.9%；71 个民族乡总人口 68.4 万人，其中人口较少民族有 20.5 万人，占 30.0%；16 个自治县总人口 378.1 万人，其中人口较少民族有 69.3 万人，占 18.3%；2 个自治州总人口 172.7 万人，其中人口较少民族有 33.4 万人，占 19.3%。

新时期，28 个人口较少民族主要的空间分布情况如下：云南省的人口较少民族最多，有 8 个人口较少民族居住在云南省边远地区，它们是独龙族、德昂族、基诺族、阿昌族、布朗族、普米族、怒族、景颇族；其次是新疆维吾尔自治区，新疆维吾尔自治区拥有 6 个人口较少的民族，在全国位居第二，它们分别是乌孜别克族、塔吉克族、塔塔尔族、俄罗斯族、柯尔克孜族以及锡伯族；内蒙古自治区、广西壮族自治区都分别居住着 3 个人口较少民族，其中鄂温克族、鄂伦春族、达斡尔族 3 个人口较少民族主要分布在内蒙古自治区，毛南族、京族以及仫佬族 3 个人口较少民族主要分布在广西壮族自治区；西藏自治区、青海省分别都居住着 2 个人口较少民族，其中珞巴族、门巴族是西藏自治区的世居少数民族；撒拉族、土族 2 个人口较少民族主要分布在青海省。

民族八省区分布着 24 个人口较少民族，其他 4 个人口较少民族分布区为：保安族、裕固族主要分布在甘肃省，赫哲族主要分布在黑龙江省，高山族主要分布在台湾地区、福建省。

综上，民族地区贫困空间集聚的主要特征表现为以下方面。①从全国来看，贫困人口主要集聚在中西部地区，尤其是西部民族地区。贫困人口在东部等沿海发达地区，空间分布上呈离散化趋势。但对于西部民族地区来说，则出现相反的势头，经过多年扶贫开发之后，民族地区的剩存贫困人口空间集聚特征明显，“集中连片”“特别(特殊)困难”是典型特征。②贫困人口空间集聚于扶贫开发重点县。2002～2010 年，全国农村的贫困人口在空间分布上呈现出向国家确定的 592 个扶贫开发重点县聚集的趋势。2002 年，592 个扶贫开发重点县农村贫困人口为 4828 万，占全国农村贫困人口的 55.85%；2005 年，592 个扶贫开发重点县农村贫困人口为 3611 万，占全国农村贫困人口的 56.14%；2006 年，扶贫开发重点县的比重略有降低，但仍然占全国农村贫困人口的 54.58%；2007 年，迅速反弹，占全国农村贫困人口突破 60%，达到 60.65%；2010 年，592 个扶贫开发重点县农村贫困人口为 1693 万，占全国农村贫困人口的 62.98%。③ “十一五”期间，贫困人口空间分布上向少数民族民族自治地方、民族八省区集聚的趋势没有得到根本的扭转。2006～2010 年，民族自治地方农村贫困人口占全国农村贫困人口的比重分别为 2006 年的 44.50%、2007 年的 52.19%、2008 年的 52.47%、2009 年的 54.34%。2010 年民族自治地方农村贫困人口占全国农村贫困人口的比重为 55.1%，比 2006 年(44.5%)增加了 10.6 个百分点，贫困人口向民族地区集聚的趋势非常明显。民族八省区贫困人口比重在 2006～2009 年呈逐步增长态势，不过 2010 年有所下降。④民族地区贫困呈现出空间贫困的特征，边缘化地理区位特征明显。民族地区贫困人口主要分布在高寒山区、石山区、荒漠区、地方病高发区、人口较少民族地区、边境地区以及容易忽视的广大牧区。这些地区大多远离中心城市，交通基础设施建设历史欠账较多，社会发展滞后，是我国剩存农村贫困人口典型的空间聚集区。

⑤民族地区的贫困人口空间分布呈现出与国家重点生态功能区的高度耦合现象。全国 14 个集中连片特困地区分布在 592 个国家扶贫工作重点县集中连片分布的核心区内，这些地区同时是我国的重要生态功能区。

8.5 民族地区的贫困代际传递：以四川省大小凉山彝区为例

8.5.1 大小凉山彝区贫困概况

大小凉山彝区是指除木里藏族自治县以外的凉山彝族自治州（简称凉山州）的所有地区（大凉山彝区）以及乐山市的马边县、峨边县和金口河区（小凉山彝区），主要分布于四川省西南部、青藏高原东南部和长江上游，区内以高原山地为主，平原面积狭小，山高坡陡、沟壑纵横、水土流失严重。它是我国最为贫困的地区之一，这里的贫困范围广、贫困程度深、扶贫难度大、返贫现象严重，2010 年凉山州农村居民人均纯收入为 4565 元，低于四川省的 5140 元和全国的 5919 元。

2010 年底凉山州有农村贫困人口 54.21 万，贫困发生率为 28.1%，昭觉县和布拖县分别高达 35.68%和 35.58%[①]，远高于全国的农村贫困发生率 2.8%。

凉山州的一些贫困人口长期处于贫困状态，难以摆脱贫困或者摆脱贫困后不久又陷入贫困，带有慢性贫困的特征，是新时期我国扶贫开发的重点区域之一，是国家集中连片特困地区——乌蒙山区的重要组成部分。

8.5.2 数据来源与统计描述

1) 抽样简介及数据来源

为了研究大小凉山彝区慢性贫困状况，作者选取了大小凉山彝区的 6 个国家级贫困县和 1 个省级贫困县，调研时根据各个县的人口、经济、社会等因素确定各个县的抽样数量。在确定各个县的抽样数量后再采取随机、等距抽样的方法抽取调研乡镇和村，之后在实际调研中对各村采取随机抽取 10～30 户的方法进行调查。最终，调研组对大小凉山彝区 7 个县的 21 个乡镇 50 个行政村的 1000 余住户进行了调查，填制问卷 1000 余份并回收 985 份，其中有效问卷 925 份，有效率为 93.91%。此次问卷分为村级和家庭两种，其中村级问卷主要涉及自然、经济和社会等情况，而家庭问卷主要涉及人口、性别、年龄、受教育程度、劳动力、外出务工等情况。

2) 统计描述

(1) 自然特征方面。被调查的村绝大部分为丘陵、半山地和山地地形，平原地形的较少。在被调查的 50 个村中有 54%为山地地形，38%为丘陵和半山地地形，仅 8%的村为平

① 凉山彝族自治州人民政府. http://www.lsz.gov.cn/.2011-11-15.

原、坝区地形。

(2)经济社会发展方面。被调查的50个村中人均纯收入为1823.94元，远低于2011年刚确定的贫困线2300元。被调查的50个村中通电的村为48个，2个村未通电；通电话的村为46个，4个村未通电话；通公路的村为48个，有2个村未通公路；设有小学的村为18个，32个村没有小学；设有初中的村为23个，27个村未设中学；设有敬老院的村为4个，46个村未设有敬老院；设有卫生院的村为22个，28个村未设卫生院。此外，在生活能源上，58%的村以柴草为主、20%的村以煤炭为主、2%的村以天然气为主，其他形式的生活能源占20%；在所处位置上，有32%的村距县城20km以上，24%的村距县城10～20km，距县城2km以下的为16%。

(3)家庭、人口情况描述。此次调查涉及925户有效住户，户籍总人口4012人，平均每户4.34人，高于全国平均每户3.10人和四川省的平均每户2.95人，主要情况如下。①贫困户构成情况。所调查的925户家庭，其中贫困家庭778户，占有效样本的84%；非贫困户家庭147户，占16%。②贫困的持续经历时间情况。778户贫困家庭，198户贫困经历时间在1年及以下，占全部贫困户的25.45%；451户贫困家庭持续贫困时间在5年及以上，占全部贫困家庭的58%；123户家庭经历了2～4年的持续贫困，占贫困户的15.81%。③慢性贫困家庭父辈贫困情况。451户持续5年或5年以上的慢性贫困家庭，父辈也是贫困的424户，占比94%；父辈不贫困的27户，占比6%。

由上面的描述性统计可总结出大小凉山彝区贫困有如下几个特点：①贫困持续经历的时间长，具有典型的慢性贫困特征；②处于父辈贫困家庭的子女非常容易陷入贫困状态，贫困的代际传递现象非常严重；③大小凉山彝区贫困面广、贫困程度深，房屋、家电、农用机械等资产状况不良；④自然条件差，大多数村为丘陵(半山区)、山区地形，平原(坝区)面积狭小，处于边际地理区位，基础设施建设欠账严重；⑤“一步跨千年”的社会制度变革，社会发展严重滞后，教育、医疗卫生等社会公共和基础事业发展缓慢，未得到较大和根本性改变。

8.5.3 基于Probit模型的村级贫困决定因素分析

上面的统计分析让我们大致了解到了大小凉山彝区贫困的一些具体影响因素，下面运用Probit对陷入贫困的村进行影响因素分析，确定影响贫困的决定因素。

1)模型设定

使用二值响应模型(binary response model’s probit)，即令贫困村为1，非贫困村为0：

$$P(\text{poverty}=1/X)=G(\beta_0+\beta_i X)$$

式中，poverty为贫困村，poverty只能取0或1；X为影响贫困的因素，如地形、距县城距离、是否有卫生院、是否有乡镇企业、是否少数民族村等因素。

为了确保概率在0～1，采用一种非线性的函数G，G为标准正态分布的累积函数。根据以上假设，决定农户贫困的Probit模型：

$$P(\text{poverty}=1/X)=P(\text{Income}<1196|X)=P[\mu_i>-(\beta_0+\beta_i X|X)]$$
$$=1-G-(\beta_0+\beta_i X)=G(\beta_0+\beta_i X)$$

2) 变量描述统计与模型估计

村级模型的分析主要通过 Probit 模型对调查村的一些自然、经济、社会因素进行分析，包括村所处地形、距县城距离、是否有卫生院、家庭规模、是否有乡镇企业、平均牧草地面积、平均家禽只数这些变量。具体情况如表 8.20 所示。通过 Stata10.0 软件对上面变量进行 Probit 回归分析，分析结果如表 8.21 所示。

表 8.20　村级模型相关变量描述

项 目	说明	频率	均值	标准差	预期作用方向
是否为贫困村	1=是 0=否	15 35	0.30	0.4629	-
村所在地形	1=山地 0=非山地 (坝区、丘陵)	26 24	0.54	0.5035	+
距县城距离	1=20km 以上 0=20km 以下	16 34	0.32	0.4712	+
是否有卫生院	1=是 0=否	22 28	0.44	0.5014	-
户平均女性比例	实际观测值	—	0.4615	0.0705	不确定
家庭规模/人	实际观测值	—	4.5252	1.3598	+
是否有乡镇企业	1=是 0=否	9 41	0.18	0.3880	
平均每户家禽只数	实际观测值	—	8.484	3.4133	-
平均每户牧草地面积/亩	实际观测值	—	4.099	3.1482	-
平均纯收入/元	实际观测值	—	1823.94	913.0814	

注：1 亩≈666.67m²。

表 8.21　村级模型估计结果

变量	系数	Z 值	P 值
本村地形 (x_1)	1.775**	2.46	0.014
本村距县城距离 (x_2)	0.159	0.24	0.810
本村是否有卫生院 (x_3)	−0.073	−0.09	0.926
家庭女性比例 (x_4)	14.776**	2.21	0.027
家庭规模 (x_5)	0.586**	1.98	0.047
是否有乡镇企业 (x_6)	−0.965	−0.88	0.379
平均每户家禽只数 (x_7)	−0.0430	−0.42	0.671

续表

变量	系数	Z值	P值
平均每户牧草地面积(x_8)	-0.290**	-2.05	0.040
Log likelihood	—	—	-14.420
Pseudo R^2	—	—	0.528
Prob > Chi2	—	—	0.0001

注：**表示在5%的水平上显著。

3）模型结果说明

根据模型设定的理论可知，如果各变量系数为正，则表示随着变量值的增加贫困程度高的概率会提高，而贫困程度低的概率会下降；反之，如果变量系数为负，则表示随着变量的增加贫困程度高的概率会下降，而贫困程度低的概率会上升。由模型估计结果可知，各变量实际作用方向与预期作用方向基本一致。下面就一一对估计结果进行说明。

(1)经济发展因素方面。经济发展情况对贫困程度的影响均与预期的方向一致，但是从结果上看只有平均牧草地面积(x_8)对贫困程度的影响显著，而是否有乡镇企业(x_6)、平均每户家禽只数对贫困的影响均不显著。①平均每户牧草地面积对贫困程度的影响显著说明牲畜饲养在四川省彝区人民的收入中占有一定的比重，对收入影响较大。②是否有乡镇企业对贫困的影响不显著，表明虽然乡镇企业有利于减小贫困程度，但是由于乡镇企业数量较少，对经济发展和家庭收入的影响不甚明显。③值得注意的是，平均每户家禽只数对贫困程度的影响并不显著，这可能与四川省彝区家禽粗放的饲养方式以及将家禽主要用于食用的生活习惯有关，但其作用方向与预期是一致的。

(2)社会发展方面。本村是否有卫生院(x_3)对贫困程度影响不显著，而本村各户女性比例(x_4)、家庭规模(x_5)对贫困程度影响显著。①是否有卫生院对贫困程度影响不显著，这可能由于受四川省彝区人民观念和态度的影响，其在医疗上的支出占家庭收入比重较小有关，但其估计结果与预期一致。②女性比例对贫困程度的影响显著且系数为正，表明随着女性比例的扩大贫困程度会逐步增加，这可能与受教育程度低、人力资本存量低而使女性在家庭收入中的贡献较小，家庭女性的增加不仅不能使收入得到相应的增加反而加重了家庭负担有关。③家庭规模对贫困程度影响明显表明家庭规模越大、人口越多越容易造成贫困，这与许多研究结论相同，如段庆林(2003)、樊胜根等(2010)对中国少数民族地区贫困问题的研究。

(3)自然因素方面。本村地形(x_1)对贫困程度影响显著，本村距县城距离(x_2)对贫困程度影响不显著。①本村地形对贫困程度影响显著且其作用方向与预期一致，表明相对于平原地形而言山地面积越大，村发展所受限制越大，贫困程度越深。②本村距县城距离对贫困程度的影响不显著，这说明了随着乡村公路的发展，道路对收入的影响缩小，但其作用方向与预期一致说明距县城远近对贫困仍有较大影响。

8.5.4　基于 Logistic 模型的慢性贫困实证分析

Logistic 回归分析常用于因变量为二分变量的回归拟合，在很多研究分析中，都会遇到因变量只能取两值的情形，如是与否、有效与无效等。对这种问题建立回归模型，通常先将取值在实数范围内的值通过 Logit 变换转化为目标概率值，然后进行回归分析。

Logistic 回归参数的估计通常采用最大似然法，得到的估计值就是参数的最大似然估计值。在这里，要对调研所得的数据进行整理转换。研究慢性贫困家庭的贫苦是否与父辈贫困相关，是否与贫困家庭的子女数量有关，它们之间的关系如何，有必要对相关变量进行定义。

其中，家庭陷入慢性贫困与否定义为(0=非慢性贫困户，1=慢性贫困户)；父辈是否贫困(a_2)定义为(0=父辈不贫困，1=父辈贫困)；是否属于多子女家庭(a_3)定义为(1=家里有≥3 个子女；否则=0)。利用 SPSS17.0 进行回归分析，结果见表 8.22。

表 8.22　基于 Logistic 模型的变量

变量		B	S.E	Wals	df	Sig.	Exp（B）
步骤 1[a]	a_2	2.352	1.187	3.922	1	0.023	10.486
	a_3	0.857	0.461	5.620	1	0.018	3.859
	(Constant)	−4.379	0.346	160.436	1	0.000	0.013

a：在步骤中输入变量 a_2、a_3 。

表 8.22 提供了各自变量的回归系数及检验情况。从显著水平(Sig.)看，所有自变量都是显著的($\alpha < 0.05$)，说明肯定了各自变量的作用。对于回归系数(B)，两个自变量的 B 都是正值，分别为 2.352 和 0.857，说明父辈贫困的家庭更加容易陷入持续的慢性贫困，而子女多于 3 个(包括 3 个)的贫困家庭，成为慢性贫困家庭的概率更大。实际上，可以通过最后一个指标 Exp(B)(发生比率)，得出大小凉山彝区的贫困家庭，当父母也是贫困时，陷入慢性贫困(5 年以上持续贫困)的概率是那些父辈不贫困而现在贫困家庭的 10.486 倍，即父辈贫困的贫困家庭比父辈不贫困的贫困家庭陷入慢性贫困的概率高出 9.5 倍左右。同样的，当家庭多子女时，多子女家庭陷入慢性贫困概率大增，几乎增加了 2.8 倍，是原来的 3.859 倍。

实证研究表明，当父辈也贫困时，大小凉山彝区的贫困家庭，贫困时间持续 5 年或者 5 年以上的概率大大增加；而父辈不贫困时，即便现在已经陷入贫困，但这些贫困往往属于暂时性贫困或者短期贫困，陷入 5 年以上慢性贫困的家庭概率只有父辈贫困组的 10%左右。

8.5.5　大小凉山彝区贫困代际传递的解释

根据上述的实证分析，下面对大小凉山彝区慢性贫困做一个尝试性解释、分析和说明。

1) 物质资本——大小凉山彝区基于“木牛威克”的代际转移

彝语将习惯法称为 “木牛威克”或“木牛节威”，“木牛”意为婚姻和劳动，即人与人的关系及纠纷；“威克”直译为责任或者“负担找来了”，或者是有“克茨克哈” 即口舌纠纷；“节威” 即“规矩”“制度”之意，指一种按规矩执行的制度，即解决纠纷的规矩。

与其他地方一样，当父辈陷入贫困后，大小凉山彝区的后代们得到的遗产继承就要少得多，甚至没有。与其他地方不一样的是，凉山彝区的财产继承，尤其在广大农村贫困地区，上述这些“木牛威克”占据了主导支配作用。

在大小凉山彝区，嫁妆和聘礼是一种比较重要的生前资本代际传递形式，这可以为新建立的家庭提供“启动资产”。凉山彝谚说：“有圆根(萝卜)不会挨饿，有羊子不会受穷。”又说：“羊是发展的财富，儿子是发展的氏族。”羊是财富的象征。彝族亲戚之间赠羊和还羊是一种无法推卸的义务。赠羊和还羊的互动过程，强化了亲戚之间的密切关系，由此也在亲戚之间形成了“羊债务”。例如，“我家先后收了亲戚的十只羊，亲戚没有红白喜事前，我家无偿还的必要，只好记着十只羊的债务，待亲戚有婚丧事时，一一偿还”。如果孩子尚幼，父母亲会告诉我们家的亲戚关系以及曾欠哪些家的羊礼物；实际不欠债务的亲戚，也说清哪些亲戚应赠予羊，哪些亲戚不在赠羊之列。这样，孩子们懂得并牢记所负的“羊债务”。亲戚之间的羊债务一般在三代内还清，三代以上来往逐渐减少，“羊债务”又建立在新的亲戚关系中，层出不穷。

以“羊债务”为代表的贫困家庭“负面的、消极的遗产”在大小凉山彝区也会被传递给下一代，使得很多父辈贫困的彝区后代不仅没有遗产，甚至是得到“负资产”。

2) 人力资本——艾滋病、麻风病等代际“遗传”

艾滋病作为凉山彝区特殊的致贫困素之一，是近年来当地发展的一个挑战。大小凉山彝区是我国艾滋病较为严重的地区之一，而艾滋病也与慢性贫困有着密切的联系。据调查，大小凉山彝区的艾滋病是慢性贫困的又一重要原因，艾滋病通过多种途径传染给家庭的其他人员，即便不传染给家庭其他成员，对家庭经济以及精神上造成的负担也足以导致人们的长期贫困。

艾滋病的母婴传染是经医学证明的，但是，麻风病的子女“遗传”经医学证明是不科学的，麻风病不是遗传病，且有95%的人天生对这种病免疫，也就是说，麻风病的子女与麻风病患者是两个概念。虽然仍有部分免疫能力较差的孩子会感染得麻风病，但是绝大部分父辈麻风病患者的孩子受到严重的歧视。在凉山州，麻风病人又称为“麻风鬼”，受严重歧视，麻风病患者的子女没法到一般学校上学。2000 年，凉山州才有了专门为麻风村子女开设的学校。

实际上，在大小凉山彝区，当父母一方或者双方如果感染艾滋病毒或者患上麻风病，那么其子女的交际范围和活动空间将会大大缩小，甚至连享受义务教育的权利也容易在外部环境压力下“自愿”地放弃。

3) 人力资本——“家支”影响下的家庭教育代际传递

调研中还发现“家支”对于贫困的影响。大小凉山彝区贫困家庭的父辈或祖辈，在家支中多数属于“曲伙”(白彝)或者“呷西”，而这些家支教育与其他家支比较严重失衡。

家支，彝语称为“措加”或“措西”，主要分为：一无所有、毫无人身自由的“呷西”、依附他人的“曲伙”（白彝，大多数彝族）、血统高贵的贵族——“诺伙”（黑彝统治阶层）、至高无上的“兹”（彝族土司）。家支林立的凉山彝族地区，主要包括白彝的家支教育、黑彝的家支教育、彝族土司的家支教育，“呷西”没有家支，就无从谈起家支教育。在中华人民共和国成立之前，凉山州处于奴隶社会，相较于彝族土司和黑彝贵族，白彝政治地位上属于被统治阶级，因其人口占彝族总人口的60%左右，虽然，白彝家支一直是土司、黑彝千方百计笼络、收买的对象，但是白彝子弟进官府所设学校是绝对没有资格的，因为在奴隶制度下，即使再怎么强大的白彝也必须获得黑彝主子的保护和支持。

4）人力资本——“男尊女卑”下的代际转移

在大小凉山地区的传统中，重男轻女思想非常严重。在凉山彝族家庭生活中，由于人们认为妻子是花钱买来的，丈夫对其有支配权，更加重了彝族人们的“男尊女卑”的观念。

凉山彝族“男尊女卑”观念严重，严重影响了女童受教育的机会。落后的教育观念使他们把教育机会让给家长认为未来将挑起维持全家生计重担的男孩。彝区女孩即使上了学，也经常因帮忙从事农田和家务劳动而负担过重，导致学业不佳和中途辍学。调查发现女性受教育程度明显低于男性，在文盲半文盲的人口中女性人口占绝大多数。工作方面，虽然男女普遍从事体力劳动，但是女性多从事家庭农活和家务，外出务工少，如在此次被调查的人口中 70%～80%的女性不懂普通话，尤其是农村女性。

Weir（2000）对邻里受教育水平对子女入学的影响进行了研究，发现母亲的受教育程度对子女的入学，尤其是女孩的入学，能够产生正面的、积极的影响。

正是因为大小凉山彝区的女性教育受到传统观念的严重影响，一些家庭子女教育观念落后，凉山地区人口受教育程度相对低，人口文化素质水平相对不高。由表 8.23 可知，大小凉山彝区无论是在校学生还是参加劳动者，其受教育程度都主要集中在初中和小学及以下，而在初中以上的人口数少、比例低，大小凉山彝区人口受教育程度普遍偏低，其中女性的受教育问题尤为严重。

表 8.23　样本人口受教育情况

类别	程度	人数	占对应人口比例/%	占被调查人口比例/%
在校学生	小学	470	48.9	11.7
	初中	278	28.9	6.9
	初中以上	213	22.2	5.3
参加劳动者	文盲半文盲	816	40.2	20.3
	小学	650	32.0	16.2
	初中	440	21.7	11.0
	初中以上	125	6.1	3.1

资料来源：根据调研收集问卷整理而成。

更为重要的是，当地人普遍存在教育观念落后的情况。此次调查了解到，虽然许多人愿意让其孩子上学，但是在遇到经济等方面的困难时一些人就不愿意让其孩子继续上学，从而造成孩子辍学。此外，调查发现，人们不太愿意让其孩子进入高中及以上的层级的学校学习。

5) 社会资本——彝区传统文化影响下的贫困文化代际传递

贫困是一种结果，但是贫困也可以是一种原因。由于长期的贫困，慢性贫困人口集中区域衍生出了一种贫困文化，这种贫困文化长期存在并制约经济发展和人们脱贫，对慢性贫困的形成起到巨大作用。厘清大小凉山彝族地区的贫困问题，离不开对贫困文化的研究。

(1)“多子多福”的生育观。当地的人口增长率远远高于其他地区，加之传统观念的影响，一些彝族家族生育的孩子远远超过三个，平均家庭人口数大于全国和全省平均人口数，有许多家庭子女人口达到了 5 人及以上。上述生育观一方面使多子女家庭的抚育成本大大增加，导致父辈贫困；另一方面，导致原本稀缺的父辈财产代际传递越来越少。

(2) 及时行乐的消费观阻碍了资本的积累。彝族历史上连续不断的战乱，导致彝族没有储蓄的传统，总是今朝有酒今朝醉，对于生活从无长远计划。调查中发现，80%的彝族家庭全年的肉类消耗都是一个月内完成，其他的 11 个月的食物只是土豆和玉米。而 85%的家庭，有了钱的第一件事就是买酒喝。在调查的 900 多个彝族家庭发现，买酒是 60%的家庭日常生活中重要的开支。豪饮是最普遍的集体性行为，这种过度酒精滥用不仅有害健康影响劳动，及时行乐的消费观也严重阻碍了资本的积累。将所有的收入花在吃喝上，导致了根本没有资金用来扩大再生产，从而也使摆脱贫困更加困难。

(3) 厚葬及婚嫁陋习是许多家庭贫困的直接原因。在彝族，葬礼被视为高于其他一切礼仪的大事。无论贫富贵贱，彝族家庭每逢死人都要举行隆重的葬礼祭祀礼仪，费用相对收入水平严重偏高，且攀比现象严重，葬礼使有的贫困家庭负债累累。另外，彝族适婚女子往往按家族背景、学历、长相等明码标价从几千到十万不等，男方娶亲往往需要耗尽全家甚至整个家族的财产，此类支出至少影响了贫困家庭脱贫所需要的原始资本积累的规模和速度。

(4) 忠守故土的乡土观。近些年来，政府在凉山地区开始了一系列的“迁移扶贫”工程，即把处于高寒山区、交通不便、土地贫瘠地区的彝族家庭迁移到相对交通便利和土地肥沃的地区，但是这些工程常常遭到受助者的强烈抵制。另外，当地政府屡次组织青壮年外出打工，每次都是政府联系好用人单位且帮助其买好外出的车票，但是响应者极少，而且每次都是有人到了车站也坚决不愿出发。究其原因，彝族是一个崇拜火和太阳的民族，传统上喜欢世世代代住在离太阳近的地方(高山上)，而且由于受教育程度相对较低，对外面陌生的世界也充满了莫名的恐惧，宁愿一辈子在自己熟悉的地方生活，而不愿意背井离乡。

6) 大小凉山彝区的自然资本代际传递

生活在农村地区的慢性贫困群体需要面对特殊的资源匮乏，这同生态和气候有关，也同老一辈的发展方式有关，如粗放式资源开发，尤其是对不可再生资源的破坏性开发甚至是掠夺式的开发。环境恶化通常以污染的形式出现，污染将使子孙后代付出更加昂贵的财政代价。例如，由于当地的地下水被污染，人们不得不购买饮用水。

目前，凉山彝区的资源能源消耗量大，资源利用率低、污染物排放强度大，资源环境绩效落后全国平均水平 2~3 年，结构型污染突出[①]。凉山彝区小流域环境问题很突出，南河、尼日河、甘洛河、大桥河、城河等部分支流特别是流经矿区的河流污染非常严重。少数靠近矿产开发重点区的湖库面临矿山开采废水及重金属污染影响，湖库生态服务功能受到水质污染影响较为严重，特别是饮用水源服务功能受污染影响大，区域生态环境整体不佳。

调研还发现，大小凉山彝区慢性贫困人口主要分布在距县城较为偏远的山区，这里经济水平低、发展相对落后，人口密度低、人口社会网络狭小。首先，慢性贫困人口主要分布在距县城较远的山区及半山区，平原面积狭小，大多距县城较远。其次，慢性贫困人口集中的地区经济发展相对落后，以农业和畜牧业为支柱产业。最后，慢性贫困人口主要分布区域，人口分布较为分散，相互联系不密切，社会网络狭小且贫富差距不大。

地区经济、社会等发展长期滞后，导致慢性贫困地区的各种资产相对薄弱，而一些地区脱贫人口返贫的现象也十分严重。此次调查发现，部分大小凉山彝区贫困地区的人口，很容易因为自然灾害、经济波动等问题而陷入贫困或者再次陷入贫困，因此造成他们脱贫难、增收难。

8.6　民族地区的妇女贫困

8.6.1　多维度视角下民族地区的妇女贫困

(1)民族地区妇女的收入贫困。民族地区妇女的收入贫困和她们的经济参与、就业状况等紧密相连。虽然中国在贫困人口的性别比例上缺乏相关的明确数据，但是从贫困地区不同侧面的数据我们可以看到贫困在性别上的特征。不少观察和研究反映，第一产业有绝对数量最多的妇女参与农业劳动，其次是第三产业服务业，最后才是第二产业工业。民族地区妇女大部分就业于生产效率偏低的农业部门，实现劳务输出的机会较少。目前城市向农民工开放的主要是体力劳动市场，男性比女性有更多的选择机会。而适合于女性就业的家务劳动和服务业市场，对年龄、语言等要求比较严格，也限制了很多少数民族妇女劳动力转移就业的机会。少数民族妇女在就业上存在的问题是：显性就业人数少，就业层次低，在就业过程中明显处于弱势地位。上述问题也决定了她们收入上的贫困。

对农村贫困的民族地区妇女来说，土地分配中的性别不平等问题也是造成她们收入和地位低下的直接原因。土地分配中的性别平等虽然看似在法律上和经济制度上得到了保障，但是这些制度在细节上的漏洞，使离婚妇女缺少地权保障，错过村社土地调整机会的婚嫁迁移妇女及其子女暂时无地。这种现象虽然还没有对妇女在家庭内部的“谈判地位”产生显著影响，却足以使她们的家庭陷入贫困(朱玲，2000)。所以，从制度性安排的角度看，

---

① 凉山彝族自治州发展和改革委员会.凉山州十二五环境保护规划。

广大贫困地区农村的少数民族妇女在获得参与经济活动的资源方面总是受到一定的制约。

以宁夏回族自治区南部山区的回族妇女为例，因为她们参与家庭农业生产和家务劳动，但家务劳动价值不被承认，参与的农业劳动产出控制在家庭的“掌柜的”(男性)手中，再加上没有出外打工的可能，所以这些回族妇女几乎没有任何经济来源，更谈不上拥有和支配财产了。回族妇女自出嫁那天起，便可能失去了自己的那份土地。当地回族妇女没有继承遗产的权利(虽然伊斯兰教规定妇女有继承权，但在世俗生活中其继承权早已失去)，即使丈夫早逝，女性也不能名正言顺地继承。如果她决意改嫁，就只能两手空空离开奋斗了若干年的家，以“赤贫者”的身份进入另一个丈夫的家。这些制度和传统都造成了少数民族妇女在经济上的贫困。由于经济上的贫困和社会、家庭地位上的“贫困”，少数民族妇女参与经济活动和获得金融信贷服务的机会也被淹没在婚姻关系中(张建娥，2005)。因为中国农村习惯上以家庭作为一个整体经济单位，一般是以男性为户主，因此，大部分办理贷款和签订合同的任务都由男性承担，而妇女很难得到公平的机会。所以，少数民族贫困妇女的收入贫困在传统、体制、制度、资源占有和社会评价等诸多因素循环作用下不断加深。

(2)民族地区妇女参与社会发展的能力贫困。传统刻板的性别角色规范以及传统的民族文化和社会现代化之间的不协调，阻碍着少数民族妇女接受文化素质教育，从而影响她们对社会经济发展的参与度和自我发展能力。一般而言，“重男轻女”的观念在很多少数民族地区中存在，“从夫居”的家庭形式和男子继承制，决定了“女孩是人家的，男孩才是自己的”这种观念，传统的性别分工模式又强化了男性的主导地位，“重男轻女”的观念就这样根深蒂固地保留了下来。因此，人们在判断事物时，往往以男性为本位，以男性的尊严和男性的权利作为价值评价标准，女性被剥夺了平等的参与机会。时至今日，在很多少数民族地区，无论因贫困而使孩子上不起学，还是因缺少劳动力而让孩子辍学，首先受到影响的总是女孩。甚至有的家庭既不穷也不缺劳力，女孩却仅仅因为性别原因而没有上学的机会。这是民族地区女性文盲率高于男性，女童入学率低于男童而辍学率高于男童的根本原因所在。如果连基本的文化水平都不具备，当然也就谈不上接受更高层次的教育了。

表 8.24 是民族地区 6 岁及 6 岁以上未上过学的人口比例，从表 8.24 不难发现，虽然 2001～2009 年，民族地区 6 岁及 6 岁以上未上过学的人口比例明显下降。但是除新疆维吾尔自治区外，民族地区 6 岁及 6 岁以上未上过学的女性人口比例都高于该地区的男性未上学的人口比例。以贵州省为例，2009 年，贵州省 6 岁及 6 岁以上未上过学的女性人口比例 17.87%，而其对应的男性未上过学的人口比例仅为 6.31%；西藏自治区 2009 年 6 岁及 6 岁以上未上过学的女性人口比例高达 44.18%，是全国平均水平(10.25%)的 4.3 倍。

表 8.24　民族地区 6 岁及 6 岁以上未上过学的人口比例(%)

地区	性别	2001 年	2002 年	2003 年	2004 年	2005 年	2006 年	2007 年	2008 年	2009 年
全国	男性	5.78	5.80	5.55	5.25	5.64	4.77	4.36	4.11	4.04
	女性	14.63	14.80	13.95	13.17	15.14	12.87	11.73	10.96	10.25
内蒙古自治区	男性	8.18	7.60	7.99	6.32	6.31	5.21	4.91	4.67	4.65
	女性	17.67	16.51	16.79	12.74	15.03	12.75	11.11	11.21	10.78

续表

地区	性别	2001 年	2002 年	2003 年	2004 年	2005 年	2006 年	2007 年	2008 年	2009 年
广西壮族自治区	男性	3.78	4.07	4.25	3.74	3.82	2.85	2.90	2.82	2.86
	女性	11.27	13.44	12.21	11.09	12.57	9.16	8.50	8.53	8.02
贵州省	男性	9.99	9.65	10.57	8.94	9.69	8.75	7.69	6.79	6.31
	女性	25.62	23.21	23.61	20.62	27.92	23.94	20.91	19.01	17.87
云南省	男性	11.66	12.24	12.22	9.34	11.09	9.38	8.78	7.36	8.12
	女性	24.53	28.82	25.60	19.81	25.28	21.09	20.11	17.38	18.02
西藏自治区	男性	31.18	29.45	36.66	28.42	37.00	31.14	27.25	26.06	30.18
	女性	45.71	45.82	52.36	45.52	53.86	50.17	41.37	42.09	44.18
青海省	男性	17.42	13.77	13.46	12.57	14.70	11.48	10.39	9.12	7.82
	女性	36.12	31.15	29.25	27.42	30.67	24.68	23.15	21.27	19.94
宁夏回族自治区	男性	9.89	9.35	9.23	8.24	9.81	8.18	6.97	5.30	5.84
	女性	21.53	20.84	21.26	18.47	22.56	19.45	17.21	12.83	13.02
新疆维吾尔自治区	男性	6.38	6.30	5.15	5.44	6.22	5.28	3.58	3.93	3.33
	女性	9.44	9.21	8.04	7.84	9.98	7.62	5.63	5.79	4.44

资料来源：国家统计数据库中的人口年度数据。

同样，在 2010 年四川省凉山彝族自治州昭觉县谷曲乡拉哈村的调查中，全村调查的 50 个妇女样本中，只有 1 个高中生(还是从云南省嫁过来的媳妇)，3 个初中生，7 个有小学三四年级文化程度，其余的都是文盲。许多妇女认为自己陷入贫困的原因是：“我们这里的人书念得少，给公家干事的人少，体力劳动的多，脑力劳动的少。”对女性教育问题，调查地区的人们普遍的观念是：“姑娘迟早是人家的人，给姑娘念几年书，睁睁眼睛就行了。”能把姑娘送进学校的大门已经是“有责任”的家长了，义务教育法在这里形同虚设，当地妇女重蹈着“出生、被抚养(养活)、出嫁、为人母”的单线生活。她们走不出大山沟，即使走出去，也没有能力应对外面的世界。

所以，在走向市场经济的今天，如果不具备相应的教育基础和科技文化知识，在竞争中就只能处于劣势。无论经营家庭农牧业，还是从事工商、服务业，科技文化水平的高低，将决定其参与水平的高低。因此，当前少数民族妇女的文化水平，直接影响着她们的经济参与和发展情况。

(3) 民族地区妇女地位的贫困。受经济地位低下、刻板的传统性别角色定位和主体意识与独立精神缺乏等因素的影响，农村少数民族妇女在政治发展方面存在更大的障碍。村寨公共事务主要是男子的领域，妇女往往是无权过问的，更不用说参与决策了，甚至进入该领域都遭到禁止。景颇族俗语说“弯弓不能射大鸟，女人不能讲大事”，一些场合不允许女性参加，否则被认为是不吉利。许多村寨的寨老、长老等村寨头人基本由男性担当，“女人不能当寨老”的古训为绝大多数少数民族群体所遵循，妇女基本不参与村寨事务的决策。其他如社会公益活动、村寨纠纷解决、选举与被选举，甚至有些村社民众大会，也主要由男子参与。农村少数民族妇女基本上被排斥在公共事务之外。

由于缺乏对公共事务的参与，农村少数民族妇女也基本丧失了话语权，其社会影响也无从谈起。不要说妇女几乎没有对家庭重大事务的决策权，在家庭事务中她们甚至没有表达自己观点的发言权，在许多少数民族传统文化中，女性家庭成员，尤其婚姻晚辈女性成员不能与家庭男性成员同坐，共同进餐，在男性成员商讨家庭事务时，不能插话。

(4)民族地区妇女生存健康的贫困。从少数民族人口死亡率和出生率的变化中，可以看出少数民族妇女的健康水平已经有了很大的提高，但是由于地区条件的不同，各民族地区的经济文化水平不发达、医疗卫生服务不足以及人口分散、交通不便等诸多因素，加上一些习俗如早婚、早育、多育等，都阻碍着少数民族妇女健康水平的快速提高。在一些偏远的少数民族聚居区，至今仍没有训练有素的医务人员。在少数民族妇女居住的山区，食品种类较少，加之食物禁忌，妇女所需的营养品不能足量供给，母亲患贫血病和其他妇科疾病的现象较为普遍。较差的健康状况，一定程度上影响了妇女的经济收入，而治疗费用昂贵等原因，使得她们的生活更加贫困。

受一些民族禁忌文化的影响，少数民族妇女自身缺乏保健意识，也使她们的健康状况处于贫困状态。有学者在对凉山妇女的相关调查中看到，凉山彝族妇女的生育习俗落后，有不上医院分娩的习惯，一般在畜圈内坐或蹲着自产自接，或直接躺在堂屋的阴暗处分娩(冯敏和罗凉昭，2000)。旧法接生一般无人助产，彝族妇女有一套传统的接生方法，一般断脐以卡长(拇指与食指张开所形成的长度)为度，用未经过消毒的剪刀剪断，甚至有用石砸、牙咬断脐的，脐带也不进行任何包扎。由于居室卫生差，易感染引起新生儿破伤风，新生儿成活率低，有些彝族妇女生 8 胎只成活 2 胎，生产环境不卫生，致使当地许多妇女妇科病多发。

传统的四川省凉山彝族的人畜混居环境，给妇女带来了不少间接性疾病，即妇科病严重。凡是人畜混居的家庭，卫生状况都极差，易使妇女在不卫生的生活条件下患慢性盆腔炎、阴道炎、子宫内膜炎、附件炎等妇科病。昭觉县妇女的妇科病占妇女疾病的 55%。布拖县 30～40 岁的已婚彝族妇女，50%有妇科病，主要为宫颈糜烂、宫颈炎、附件炎、阴道炎，其中霉菌性阴道炎发病率相当高，占总发病率的 20%～30%。据凉山州当地卫生部门分析，其病因之一是农村 30 岁以上的妇女多不穿内裤，直接与环境接触，裙子清洗时间极少，习惯随地而坐，引起霉菌感染(冯敏和罗凉昭，2001)。

妇女健康被损害直接影响家庭的脱贫与发展。妇女是家庭的主要劳动力，是“庭院经济”的生产者，相当多的少数民族妇女患病后，对疾病的态度大多是能忍则忍，能拖则拖，不到病情十分严重不上医院，常将小病拖成大病、重病，严重影响生活和劳作，而且医疗费用相对家庭收入巨大，致使脱贫的家庭返贫，贫困的家庭更加贫困。

(5)主体性缺失下的民族地区妇女贫困。少数民族妇女的贫困除了体现在收入低、参与社会发展能力弱、健康水平差和社会及家庭地位低外，助长并支持社会性别制度习俗对妇女歧视的文化传统和更为复杂的民族关系等因素也交织在一起相互作用。少数民族妇女无论在生产生活实践中，还是在反贫困的行动过程中，都受到具体地域、具体民族传统社会文化和观念的制约。有研究者就此尖锐地指出，少数民族贫困或其中的妇女贫困与该民族固有的宗教信仰、生活习惯和文化传统紧密相关，由于这是一个很难利用实证方法证实的命题，自然引起其他研究者特别是该民族研究者的反对与责问，但是其中隐含的一个问题可能也是外来制度改造乏力后的过激反应(叶普万，2004)。

助长并支持社会性别制度习俗中对妇女歧视的还有文化传统和更为复杂的民族关系等因素，且诸种因素是交织在一起相互作用的。少数民族无论在生产生活实践中，还是在反贫困的行动过程中，都受到社会文化的制约，一个连接受采访都需要经男性许可、没有接受任何教育也没有任何社会流动经历的群体，很难想象仅仅凭借制度的移入能完成赋权的实践，如果有，那最可能是外来者的一厢情愿(焦若水，2006)。研究者在对西北回族贫困妇女的调研过程中深切感受到妇女的主体性缺失的现象。在整体贫困的大背景下，由于歧视性的性别观念、性别分工、性别关系和传统习俗的影响和制约，她们的家务劳动不仅得不到承认和肯定，而且不能自由地支配自己的生产劳动所得。在家庭和社区的决策与管理过程中的低参与程度不仅潜移默化地影响回族妇女参与家庭建设及社会劳动的积极性和创造性，而且进一步强化了其自抑、自卑、自我封闭、依附被动等消极的性格特征。这从她们的自称与他称中可见一斑：当地农村回族妇女一般婚前自称“某某的女子”或“某某的妹妹”，婚后一般称“某某家里的”或“某某屋里的”，年岁大了以后又自称“某某(儿子姓名)的妈”，别人一般也这样称呼她们(王婧，2003)。她们甚至对自己作为一个独立完整的人的身份不能确认，当有人在门外问“家里有人吗”时，她们普遍的回答是“没人”。事实上，西北农村回族地区现行的充满歧视与偏见的性别原则早已深深内化为回族女性自身思想观念的一部分，成为她们自我觉醒、积极进取的内在障碍。

在反贫困行动中，关于主体发展能动性的问题，有些学者指出，由于许多少数民族长期处于本民族相对独立的文化体系中，与其他民族尤其是汉族文化的交流和借取相对有限，在接受外来置入文化如汉族式的生产生活方式时，缺少相对冲突、碰撞等自然融合的过程。而国家在实施扶助政策的时候往往以自上而下的方式置入，造成不同文化系统与价值体系难以对接，同时也造成被扶助者主体地位的错位和主体意识的缺失，最终出现受助者对国家扶助的不认同，把国家帮助其缓贫和发展的努力与改变自身处境分割开来，从而造成虽然资源丰富但却难以得到有效利用与开发，虽然投入不少但发展却仍然有限的状况。所以，少数民族反贫困的关键在于如何构建主体发展的能动性机制，以及如何实现传统少数民族文化与现代文化的对接，激发其内源发展动力，使外援帮助与内源发展能够有机结合，从而实现少数民族自身的自我发展与进步。

8.6.2 民族地区妇女贫困的因素分析

(1)政府的反贫困行动对社会性别问题敏感度较低。长期以来，贫困人口被假设为家庭均质或社区均质的人口群体，个体差异和性别差异被忽略。我国反贫困实践经历了体制改革推动扶贫开发(1978～1985 年)、大规模开发式扶贫开发(1986～1993 年)、扶贫攻坚(1994～2000 年)和新阶段扶贫开发(2001～2010 年)等阶段。从各阶段反贫困实践来看，政府宏观上采取的是以区域性扶贫为主导的策略，在微观操作上以家庭户或社区为单位划分贫困人口，贫困人口被假设为家庭均质或社区均质的人口群体，贫困中的性别问题一直没有被视为一个突出问题而加以重视，更谈不上在反贫困措施中充分体现应有的性别意识。

例如，少数民族地区的政府扶贫行动，很少有项目或活动考虑妇女参与和性别公平；

反贫困政策出台时很少考虑性别因素，即使考虑了也仅仅把性别作为一项特定的内容来讨论而没有将其融入政策目标及政策措施中，直接造成了扶贫政策和发展计划的性别盲点。正是由于政府的扶贫计划很少考虑性别，并把能够提高收入的就业职位和培训项目几乎都提供给男性，妇女仍然是贫困经济中最脆弱的人群。

(2)政府实施的反贫困项目很难关注到女性的利益和愿望。从性别角度看，大多数反贫困实践不具备性别意识，而且许多反贫困项目由于目标和实现途径设计的缺陷，很难关注女性的利益和愿望。例如，农业技术推广培训是通过提高农民的生产技术水平以提高生产效益而达到治贫目的的，其中很多技术是关于种植、养殖的内容。目前，少数民族地区越来越多的妇女从事种养业，农户学习养殖更主要是由妇女来参加，劳动力流动中男性占多数，已出现农业劳动的女性化趋势。如果农业技术推广培训不考虑培训对象多数是妇女，不按照妇女的时间特点、学习特点采取适当的教学方式，将不可避免地降低培训效果。

再如，贫困与环境密切相关，生态可持续性是经济、社会可持续发展的前提条件。研究表明，少数民族地区贫困既是生态环境恶化的原因，又是生态环境恶化的结果。大多数贫困人口生活在自然资源贫乏、生态环境脆弱的偏远地区，由于性别分工，少数民族妇女通常是食物、燃料、饲料和饮水的主要提供者，生态环境恶化更加剧了她们的贫困状况。反过来说，掠夺式的开发带来的环境破坏，使妇女受影响，时间和劳动投入增加。这使得少数民族妇女在贫困—环境恶化—进一步贫困的“恶性循环”中处于重要地位，妇女的行为对可持续发展产生直接的影响。

(3)针对少数民族妇女的扶贫行动缺乏文化敏感性和适应性。中国55个少数民族都有自己区别于其他民族的文化和传统，越是在边远贫困地区，其文化特性保持得就越完整。但是在扶贫领域，部分机构并不考虑这种文化差别甚至忽视少数民族文化对经济和社会发展的决定性影响。少数民族文化中蕴涵着很多生存智慧，他们就是用这样的生存智慧对付恶劣的生存环境，使自己生存下来的。但是，如何展示不同民族的摆脱贫困的智慧和差异也是一个挑战。事实上，了解地方文化是开展更适合当地发展项目的关键。外来价值观在民族地区的强力跨文化实践，一定会招致文化排斥和文化挫折，不但不能解决贫困问题，反而可能带来其他问题。例如，现在有些东部大城市出现了“保姆荒”“民工荒”，西部一些贫困地区就积极组织妇女培训，劳务输出，取得了一定的减贫成效。但这样的减贫措施对西北地区信仰伊斯兰教的妇女是不适合的。许多信仰伊斯兰教的妇女说：“外面，媳妇们出不去，媳妇们要在家里照顾老人和孩子，要种庄稼，就是媳妇们要出去，家里的也不允许媳妇们一个人出去，‘教门’(伊斯兰教对妇女的规范)上也不合适。除非男人出去时媳妇跟上，做个饭。”

相关调查研究指出，调查地区代际年龄差小，一般女孩子在十七八岁，甚至十五六岁就出嫁，在二十几岁就已经是好几个孩子的母亲了。当大城市一些三十五六岁的女性为自己的学业、事业积极努力的时候，这些农村的早婚的回族妇女却扮演着奶奶或者外婆的角色(赵群和王云仙，2011)。在访谈中，研究者问一位35岁的妇女是否愿意参加扫盲班学习文化或参加培训外出打工时，她则回答：“我都是当奶奶的人，我已经老了，学文化个人(自己)学不会，学了也没有用。我也不参加培训，我出去打工，掌柜的和儿子不同意，就是他们同意，放着他们男人们不出去，我一个老奶奶出去，人们笑话死呢!”从中可以看出当地传统文化中的性别意识。所以，即使当地政府对她们进行外出打工的相关职业培训，她们自己也会反对，而且这种内化了的意识阻碍她们走出大山，即使走出去了，她们也应付不了外面的世界。马东平和罗彦莲(2008)在“西北农村回族妇女反贫困问题及对策研究”的行动研究中没有尝试那种“休克式”或者“冲突式”妇女扶贫措施，而是充分考虑当地少数民族的文化传统，尽量和少数民族传统习惯减少冲突，设计适合西北农村回族妇女的反贫困措施。在研究中，研究人员指出让少数民族妇女改变观念思想是循序渐进的，一个好的扶贫结果会不断促进她们观念的革新和对新事物的接受。

8.6.3　性别视角下的民族地区妇女反贫困政策分析

(1)产业扶贫政策。产业化扶贫，就是以市场为导向，以龙头企业为依托，利用贫困地区特有的资源优势，逐步形成“贸工农一体化、产供销一条龙”的产业化经营体系，持续稳定地带动贫困农民脱贫增收。推进的产业化扶贫模式在一些以少数民族妇女为对象的实践中取得了新成效、新突破。

宁夏回族自治区的海原县利用妇女的刺绣技术，开发相关产业，增加妇女收入是一个适合少数民族妇女减贫的成功个案。海原县位于宁夏回族自治区南部山区，全县总人口43.8 万人，其中女性占 48.6%，回族人口占 70%，农村妇女 20.8 万人，占妇女总数的 90.7%。海原县回族刺绣剪纸历史悠久，具有鲜明的地域特色。在政府的高度重视和关怀下，以及相关部门的支持下，2008 年 12 月 1 日，成立了海原县民间刺绣剪纸开发研究协会。之后，该协会刺绣剪纸产业不断发展壮大，采取“协会+农户”的发展模式，让广大农村妇女“炕头”从事的刺绣剪纸活动走向市场。通过直接培训、间接培训、辐射培训等形式，开办刺绣剪纸培训班 18 期，培训妇女 3600 人，使她们掌握了一技之长，把资源优势转化为经济优势，使更多的农村妇女增加了收入，也使海原县刺绣、剪纸这项民间民俗文化得到了更好的保护和传承。

对于这类与民俗文化联结的扶贫手段，有学者指出，“这种民族文化的传承发展的社会性别定位依据依然是男主外女主内、男耕女织，依然巩固传统的角色分工……它满足的是妇女的现实性需求，而不是战略性需求。但是，这样的一种起点，最终却能够带来两种需求满足的转换。因为家务劳动和民间工艺从家用到市场化的过程，虽然也是家务劳动、‘男耕女织’分工的一种延伸，但是妇女从家庭走向市场的这种结果，最后却颠覆了男主外女主内的角色分工，妇女也扮演了主外的角色。同时也因为妇女能够经济独立，在家庭和社会中有了更多的自主权，提高了其家庭和社会地位。所以类似项目对性别角色的干预，虽然以维护传统性别分工为开端，最终也能一定程度地瓦解角色的刻板印象和推动性别的平等。民族民间传统文化的保护和传承对于各民族农村妇女是一条反贫困的路径，也是一个反贫困和促进性别平等的策略”(张晓和张寒梅，2007)。

这些能力建设项目中，妇女在参与妇女小组、技能培训等赋权活动中得到了很大的改变，她们的文化水平和在日常生活中运用知识的能力与意识得到了提高，她们获得了家庭的协商权和决策权，她们能在社区事务中发出自己的声音，这些都表明妇女的家庭和社区地位提高了。值得进一步关注的是，妇女在走向市场的过程中，如何摆脱仅仅成为产业化的价值链条上付出大量劳动但获取微利的小生产者的现状？妇女需要在生产者小组的基础上逐步发展成为生产销售的独立的合作社，这样才能增强讨价还价能力。通过支持贫困妇女的互助发展和提供公平参与市场的机会，激发她们自我决策、自我管理、自我组织、自我发展的独立意识。

(2)小额信贷扶贫政策。借鉴孟加拉乡村银行成功的信贷扶贫方式，中国于 20 世纪 90 年代引进小额信贷。小额信贷方式表现出明确的性别取向，能够有效帮助贫困妇女获得能力和自信，成为扶贫和发展的主体。在传统社会中一般贫困妇女很难获得贷款的信息和贷款权，她们的信贷能力遭到普遍怀疑，而针对民族妇女小额贷款则是对她们信贷能力的肯定，其实也是对她们独立人格的肯定。所以，社会学学者认为，贫困妇女摆脱贫困是新的社会化过程，促使其精神和人格的独立化，是对传统性别角色的一次改造。运用如小额信贷这样的扶贫方式，以贫困妇女为目标主体，使扶贫成为一种赋权女性的过程(赵捷，2004)。

尽管也有一些人批评小额信贷对女性的负面影响，如加重了妇女的劳动负担和精神压力，但事实证明小额信贷是瞄准贫困家庭、个人尤其女性的十分有效的做法。关于西北农村回族妇女的贫困问题及减贫措施的研究取得了一定的实践成果和经验。本书对应课题组于 2008 年通过调查：首先，对西北农村回族妇女的贫困现状、致贫困素等进行了研究分析；其次，根据当地的地理、生态环境，以及回族妇女所承载的传统文化等因素，确定了对回族妇女采用不外出、在家圈养羊的小额贷款项目。2009 年对近 60 名回族妇女进行了小额圈养羊贷款；2010 年初，近 50 名妇女在有了 100%甚至 200%的收益基础上，还清了贷款(赵群和王云仙，2011)。本书对应课题组将继续沿着这个方向和思路走下去，让更多的贫困少数民族妇女从小额贷款中受益。吴国宝对中国 10 个小额信贷项目进行了案例研究。作者从其研究结果中发现下面两个趋势：当负责机构为非政府组织(Non-Governmental Organization，NGO)或妇联而不是政府和项目管理办公室时，贷款的还款率较高；当借贷者统一是女性而非男女混合群体时，还款率也较高。使用贴息贷款作为小额贷款基金来直接面向贫困家庭和贫困妇女得到了广泛的认可，包括政府部门的认可(吴国宝，2001)。这个研究结果在马东平的相关研究中也得到了证实。所以，对少数民族妇女的扶贫措施最重要的是根据她们具体所处的地域、民族文化特征和全面的素质来确定适合于她们的项目。

(3)劳动力转移培训政策。少数民族妇女作为少数民族地区的劳动力主体，承担着生产和生活的双重责任，为了使妇女在保健、教育、正规和非正规工作及各级决策方面获得更广泛的机会而进行的投资，绝不仅仅是在妇女身上的投资，同时还是在她们家庭和社会方面的投资。这是一种使人们摆脱贫困的方式，也是一种踏上合理、可持续发展道路的方式。针对少数民族妇女的劳动力培训是这种投资的表现方式，而劳务输出则是许多培训的目的和结果。在这个过程中少数民族妇女获得了知识和技能，增加了收入，树立了自信。

云南省文山壮族苗族自治州妇女联合会 2009 年发布的信息显示，该州为了促进民族妇女的全面发展，启动劳务输出工作。针对广大农村妇女观念陈旧、缺乏技能、缺乏“走出去”的信心和勇气的状况，从培训入手，将实用技术培训和帮助妇女树立自尊、自信、自立、自强的精神结合起来，帮助妇女解放思想、转变观念，勇敢走出家门、走出大山。

文山壮族苗族自治州妇女联合会积极主动走出去了解劳动用工信息，与广东省东莞等地用工单位取得联系，签订了劳务合同，回来后深入村寨了解农村劳务情况，宣传发动广大农村妇女走出山门求发展，积极协调有关部门帮助解决她们遇到的问题，认真总结工作经验，逐步探索出了一条有序的劳务输出新路子。

但正如本书一直强调的，劳务输出作为一种扶贫手段，无论在组织还是在培训中都需要更多地了解、尊重和融入各民族的文化与习俗以及差异，使妇女做出知情的选择。劳务输出的组织者也需要做出创新，在输入地创造条件让劳务妇女形成相互支持的小组和网络。

(4)其他针对少数民族妇女的反贫困政策措施。除此之外，各级妇联和许多非政府组织也在积极开展关注贫困妇女的扶贫工作，内容包括：中华全国妇女联合会(简称全国妇联)开展的以小额信贷、连环脱贫、劳务输出、拉手结对以及东西互助等为主要内容的“巾帼扶贫行动”；全国妇联、国务院扶贫开发领导小组办公室、农业农村部、科学技术部等共同推出的“巾帼科技致富工程”；中国人口福利基金会以救助贫困母亲为宗旨的“幸福工程”，帮助贫困母亲开展卫生保健和识字等活动；中国妇女发展基金会启动的“大地之爱・母亲水窖”项目，为西北缺水地区修建 9 万多眼蓄积雨水的水窖，建设小型集中供水工程 1100 处；福特基金会赞助的凉山彝族农村妇女“参与功能性脱盲脱贫试点项目”；通过参与式培训等方法增强妇女的参与能力和自信以打破贫困循环的“农家女文化发展中心”计划(郭佩霞，2007)；等等。

从实施效果看，这些项目极大地改善了少数民族妇女的生存环境，在一定程度上减轻了她们的贫困程度；而且职业技术文化培训，也促使贫困女性在精神面貌上得以提升。

8.7　民族地区反贫困的特殊政策

自从开展有组织、有计划、大规模的扶贫工作以来，党和政府十分重视对少数民族贫困地区的扶持和开发，针对少数民族贫困地区的特殊情况，在对一般贫困地区的扶持政策的基础上，制定了一系列的特殊优惠政策。

(1)放宽标准，扩大对少数民族地区的扶持范围。20 世纪 80 年代中期，中国政府在全国范围内开展了有计划、有组织和大规模的开发式扶贫。1986 年中央政府决定以县为单位，对贫困落后地区进行重点扶贫，并公布了国家重点贫困县的标准：一般贫困地区 1985 年全县农民人均纯收入 150 元以下，但对民族自治地方县放宽到 200 元(牧区 300 元)以下。全国通过放宽标准而列入国家重点扶持的贫困县有 62 个。其中，少数民族自治地方有 51 个，占 82%。当时确定的 331 个国家重点扶持贫困县中有少数民族贫困县 141 个，占总数的 42.6%(刘江，1992)，加上陆地边境县，超过国家级贫困县总数的 50%。

1994 年，政府开始实施《国家八七扶贫攻坚计划》，重新调整了国家重点扶贫县对象，在确定的 592 个国家重点扶持贫困县中，有 257 个少数民族县，占总数的 43.4%；西部民族地区贫困县 366 个，占 61.82%，覆盖贫困人口 5408 多万人，占当年全国贫困总人口的 68%。另外，民族地区还确定了一批省(区)级贫困县。全国 18 个集中连片贫困地区中，属于边疆民族地区的就有内蒙古自治区的努鲁儿虎山地区，甘肃省的定西地区，宁夏回族自治区的西海固地区，滇东南河、文山壮族苗族自治州，桂西北百色、河池地区、九万大山地区等。上述地区的贫困人口占全国贫困人口的50%以上。

西部大开发战略的实施极大地推动了西部少数民族贫困地区的发展。对未列入西部大开发范围的民族自治县，由其所在的省级人民政府在职权范围内比照西部大开发的有关政策予以扶持。从 2001 年开始实施的《中国农村扶贫开发纲要》，国家将中西部地区扶贫开发、贫困人口相对集中的 592 个县(旗、自治县、市辖区)确定为扶贫开发工作重点县，再次把少数民族地区确定为重点扶持对象，民族自治地方(不含西藏自治区)增加为 267 个，占重点县总数的 45.1%。同时，西藏自治区整体被列为国家扶贫开发重点扶持范围①。2002 年，国务院为进一步做好扶贫开发工作，按照新的标准确定了 592 个国家扶贫开发工作重点县。新的低收入测定标准中按人均 1300 元为标准，而少数民族地区为 1500 元。

(2)扶贫资金和物资重点向少数民族贫困地区倾斜。国家在分配扶贫资金和物资时对少数民族贫困地区予以重点扶持。对少数民族贫困地区的银行贷款规模和化肥、柴油、农膜等农用生产资料的安排优先给予照顾。国家新增加的农业投资、教育基金、以工代赈、温饱工程等扶贫资金和物资，少数民族贫困地区的分配比例明显高于其他地区。据统计，1995～1997 年，国家对民族八省区共计安排 142 亿元扶贫资金，加快了民族地区的脱贫步伐。“八七”扶贫攻坚期间，国家扶贫资金的分配重点向五个自治区以及云南省、贵州省、青海省等少数民族人口较多的省份倾斜。据统计，1994～2000 年，国家共向内蒙古自治区、广西壮族自治区、西藏自治区、宁夏回族自治区、新疆维吾尔自治区 5 个自治区和云南省、贵州省、青海省等 3 个少数民族人口较多的省投入资金 432.53 亿元，占全国总投资的 38.4%。其中，财政资金 194.15 亿元(含以工代赈资金 127.22 亿元)，占全国的 40%；信贷资金 238.38 亿元，占全国的 37.8%。据不完全统计，仅 1996～1998 年国家共向 257 个少数民族贫困县投入中央扶贫资金 169.5 亿元，占扶贫资金总数的 45%。西藏自治区 1995～2001 年来，国家和地方政府先后投入资金 12.2 亿元，实施了多个扶贫开发建设项目②。2001 年国家对少数民族地区的扶贫资金注入达到 98.5 亿元，加上西部大开发的投资安排，投资数量急剧增大。

国家在安排“以工代赈”资金时，将中、西部地区和少数民族贫困地区作为投放的重点。通过实物投入的方式，使少数民族贫困地区的基础条件得以改善，为脱贫致富创造了良好的外部环境。据统计，1995～1997 年，国家对民族八省区共投入以工代赈资金 50 亿元，占全国以工代赈资金总数的 41％。少数民族地区大多集中在西部地区，国家为加快西部地区的发展，缩小地区间发展差距，从 2000 年起开始实施西部大开发战略。国家在西部地区优先安排基础设施、生态环境和资源开发等建设项目，并不断加大对西部地区的投入和财政转移支付力度，为推动西部地区发展和贫困人口解决温饱问题发挥了重要作用。

(3)针对少数民族的特殊困难，安排专项扶贫资金。国家财政从 1955 年起就设立“民族地区补助费”，1964 年又设立“民族地区机动金”，并通过采取提高民族地区财政预

① 中华人民共和国国务院新闻办公室. [2005-03-01].中国的民族区域自治[N].人民日报.
② 中华人民共和国国务院新闻办公室. [2001-10-16].中国的农村扶贫开发[N].人民日报.

备费的设置比例等优惠财政政策，帮助少数民族地区发展经济和提高人民生活水平。据统计，仅上述三项优惠政策，到 1998 年国家就对少数民族地区累计补助达 168 亿元。1980 年，中央财政又对五个民族自治区及贵州省、云南省、青海省三个少数民族比较集中的省实行定额补助制度，上述三项优惠政策也计入定额补助中继续予以保留。1980～1998 年，少数民族自治地区获中央财政定额补助达 1400 多亿元。1983～2002 年，中央政府每年拨出 2 亿元专款用于甘肃省和宁夏回族自治区少数民族比较集中的“三西”（甘肃省的定西地区、河西地区和宁夏回族自治区的西海固地区）干旱地区的农业建设[①]。

针对国家当时重点扶持的 141 个少数民族自治地方贫困县的特殊问题和困难，为了帮助他们尽快解决温饱问题，国家从 1990 年开始设立“少数民族贫困地区温饱基金”，由中华人民共和国国家民族事务委员会同有关部门共同按项目管理实施。1990～1993 年，国家共安排温饱基金 2.1286 亿元，实施扶贫开发性项目 221 个，这些项目覆盖了 141 个少数民族贫困县中的 117 个县（占 82%）。这些项目的实施，使 30 万贫困群众解决了温饱问题，有 100 万贫困群众不同程度地增加了收入，促进了民族地区的扶贫工作。1994 年，《国家八七扶贫攻坚计划》开始实施，“温饱基金”的使用范围从 141 个少数民族自治地方贫困县增加到 257 个，资金规模也相应增加，从 1990 年的 4500 万元增加到 1997 年的 1 亿元，1990～1997 年，温饱基金共计安排 54035 万元，实施项目 563 个。“温饱基金”的设立，极大地改善了少数民族贫困地区的基础设施和基本生产条件，促进了当地支柱产业的形成和发展，有效地带动了少数民族贫困群众解决温饱问题。

此外，国家还设立了许多专用基金项目以促使少数民族的经济权利全面实现，其中包括：边境和少数民族地区教育补助费、边境建设事业补助费、少数民族贫困地区温饱基金、西藏自治区援建项目等。国家还对民族贸易实行优惠政策，扶持其发展，为尊重少数民族的风俗习惯和宗教信仰，适应和满足各少数民族对生产生活特殊用品的需要，国家采取建立专门生产基地、优先保证生产资金和原材料供应、减免税收、低息贷款、运费补贴等优惠政策。1997 年 6 月，国家出台了新的民族贸易和民族用品生产的优惠政策，其中包括在“九五”期间（1996～2000 年）每年由中国人民银行安排 1 亿元贴息贷款用于民族贸易网点建设和民族用品定点生产企业的技术改造，对县以下（不含县）国有民族贸易企业和基层供销社免征增值税等。2003 年，国家又下达 4 亿元少数民族发展资金，解决少数民族地区特殊生产生活困难，民族贸易和民族用品生产企业享受优惠政策的资金达 6 亿元[②]。

（4）组织东部沿海发达省、市对口帮扶少数民族地区。从 20 世纪 70 年代末开始，中国政府开始组织东部沿海发达地区对西部地区的支援，帮助少数民族地区发展经济和社会事业。1996 年，国家进一步明确对口帮扶，确定北京市帮扶内蒙古自治区、山东省帮扶新疆维吾尔自治区、福建省帮扶宁夏回族自治区、广东省帮扶广西壮族自治区，全国支援西藏自治区。近年来，逐步形成了完善的帮扶机制：北京市帮扶内蒙古自治区，天津市帮扶甘肃省，上海市帮扶云南省，广东省帮扶广西壮族自治区，江苏省帮扶陕西省，浙江省帮扶四川省，山东省帮扶新疆维吾尔自治区，辽宁省帮扶青海省，福建省帮扶宁夏回族自治区，大连市、青岛市、深圳市、宁波市帮扶贵州省。协作双方根据“优势互补、互惠互

① 中华人民共和国国务院新闻办公室. [1999-09-28].中国的少数民族政策及其实践[N].人民日报.
② 中华人民共和国国务院新闻办公室. [2005-03-01].中国的民族区域自治[N].人民日报.

利、长期合作、共同发展”的原则，在企业合作、项目援助、人才交流等方面开展了多层次、全方位的扶贫协作。东西部扶贫协作以改变贫困地区生产条件和生态环境，解决贫困地区群众温饱问题为重点，遵循市场经济规律，充分运用科学技术，广泛动员社会各界力量，在努力扩大对口帮扶的同时，开展各种形式的经济合作。

1994～2001 年，13 个对口支援省市和中央各部委无偿援建西部贫困地区 716 个项目，资金投入 31.6 亿元人民币(除中央政府投资外，下同)。第十个五年计划期间，全国各地支援西藏建设项目 71 个，无偿投入资金 10.62 亿元人民币。近年来，东部 13 个省市政府和社会各界累计捐款、捐物折款近 21.4 亿元，双方签订项目协议 5745 个，协议投资 280 多亿元，实现投资 40 多亿元，从贫困地区输出劳动力 51.7 万人。此外，东西部地区在干部交流、人才培训、学校援建、基本农田建设、公路修筑、人畜饮水困难解决等方面也开展了协作。1992 年以来，原国家教育委员会、国家民族事务委员会组织发达省市对口支援民族、贫困地区教育工作，新建、改建中小学 1400 所，救助失学儿童近 4 万人，培养和培训中小学教师 1.6 万人次。

除了组织东部沿海发达省市对口支援帮扶少数民族贫困地区外，政府也发动全社会力量参与民族地区的扶贫工作。自 20 世纪 80 年代中期以来，包括中央国家机关、企事业单位、民主党派及人民团体等社会各界参与扶贫开发的部门、单位不断增多，规模不断扩大。各帮扶部门和单位都有特定的帮扶对象和明确的任务，要求没有脱贫就不脱钩。到 2000 年底，定点帮扶的部门和单位达到 138 个，共派出 3000 多名干部到贫困县挂职扶贫，直接投入资金 44 亿元，帮助贫困地区引进国内外各种资金 105 亿元。中共中央统一战线工作部、国家民族事务委员会联合各民主党派、工商联，利用自身的优势，开展智力支边活动，帮助少数民族贫困地区培训人才、制订规划、进行项目论证和咨询、提高项目管理水平等，重点联系广西壮族自治区的左右江地区、贵州省的黔西南布依族苗族自治州和毕节地区，帮助这些地区解决了许多扶贫工作中的实际问题和困难，提高了少数民族贫困县干部的科技素质，为促进贫困地区的脱贫致富做出了积极的贡献。

(5)同国际社会在少数民族贫困地区开展扶贫开发合作。20 世纪 80 年代后期以来，我国政府一直争取国际组织和发达国家援助性扶贫项目，其中大部分项目集中在西部民族地区。在少数民族地区的扶贫开发领域，世界银行与中国的合作最早，投入规模最大。世界银行与中国目前已经开展的西南、秦巴、西部三期扶贫贷款项目，援助总规模达 6.1 亿美元，覆盖 9 个省区、91 个贫困县，800 多万贫困人口。其中，中国西南世界银行贷款项目于 1995 年 7 月开始在云南省、贵州省、广西壮族自治区三省区最贫困的 35 个国定贫困县实施。项目总投资 42.3 亿元，其中利用世界银行贷款 2.475 亿美元，国内相应的配套资金为 21.8 亿元。项目建设主要包括大农业、基础设施建设、第二产业、第三产业开发、劳务输出、教育卫生和贫困监测等方面。到 2001 年该项目区的广西壮族自治区、云南省、贵州省三省区农村贫困发生率从 31.5%下降到 12.9%，贫困强度由 1.23%下降到 1.04%，贫困深度由 5.8%下降到 3%，人均纯收入由 939.45 元提高到 1422.05 元，极大地改善了贫困乡村的生产生活条件，稳定地解决了 280 多万贫困人口的温饱问题。项目实施过程中的成功经验和有效做法，对 21 世纪扶贫开发方针、政策的调整都产生了积极的影响，有些已经成为《中国农村扶贫开发纲要(2001～2010 年)》的政策要点，在全国范围内实施推广。该项目是中国第一个跨省区、跨行业、综合性的扶贫开发项目，也是利用外资规模较大的扶贫项目。此外，一些国家、国际组织和非政府组织也与中国在扶贫领域开展了广泛的合作。联合国开发计划署在中国开展了一些扶贫开发项目和研究项目。欧盟、英国政府、荷兰政府、日本政府、德国技术合作公司、亚洲开发银行、福特基金会、日本凯尔、日本国际协力银行、世界宣明会、香港乐施会等也都在中国开展了扶贫开发项目，并取得了很好的成效。

此外，国家还鼓励与外国接壤的少数民族自治地方依法与周边国家开展区域经济技术合作和边境贸易，来促进少数民族地区的经济社会发展。经国务院批准，可以在与外国接壤的民族自治地方边境地区设立边境贸易区。国家对边境地区与接壤国家边境地区之间的贸易以及边民互市贸易，采取灵活措施，给予优惠和便利。

通过十多年的扶贫开发，中国少数民族地区人民的生产和生活条件得到了明显改善。少数民族群众有着独特的文化习俗、生活习惯、行为方式，其贫困问题有着特殊性。要做好少数民族地区扶贫开发工作，就要充分考虑其特殊性，因地制宜，因族举措，采取不同于其他地区的特殊扶贫措施，切实有效地帮助少数民族贫困群众加快脱贫致富的步伐，早日实现全面建成小康社会的目标，促进民族团结进步事业的繁荣和发展。

8.8　新时期民族地区反贫困的政策建议

8.8.1　反贫困战略转型的视角

(1) 推进机制上由政策扶贫向制度扶贫转型。依靠政策计划同行政传递实施扶贫开发是民族地区反贫困战略的主要特色，一系列扶持贫困地区的开发政策、财政税收政策、信贷优惠政策、以工代赈政策的出台和实施对于减缓农村贫困起到了巨大的促进作用。相应地，在中国农村反贫困的推进机制上便形成了鲜明的政策推进机制特色。政策扶贫虽然具有直接性强、灵活性高和针对性广的优点，但也具有明显的非刚性的弱点，在扶贫实践中，广泛存在政策制定随意性大、执行权责不统一、执行力欠缺、执行扭曲甚至执行死角、长官意志强化、缺乏监督评估等问题，在社会主义市场经济体制逐步建立的历史背景下，政策扶贫已经难以适应贫困地区的发展需要，新型的农村反贫困战略必须在推进机制上实现由政策扶贫向制度扶贫转型。

制度扶贫就是由法律的形式界定贫困标准、扶持对象、扶持主体、扶持方式，并按照法律制度实施扶贫，这对于减少乃至完全避免现行政策扶贫中的人为干扰、资源渗漏、方式异化等问题有着刚性的约束力。制度扶贫的核心建议是要制定国家扶贫法等反贫困专门法，并建议通过国家扶贫法明确界定贫困地区的功能定位，在明确的各贫困地区功能定位的基础上确定区域差别化的反贫困的宗旨、主体、对象、标准、目标、内容、途径、方式、措施，明确规定执法的主体、执法的程序、违法的处罚等，以法制的强制力推进反贫困活动，同时辅以相应的政策以弥补法律的不足。在法律制度的统一指导下，制度扶贫要求创新管理体制以建立统一而高效的管理机构，形成多层次的、规范的反贫困政策体系，建立国内外机构及广大民众共同参与扶贫的参与机制，建立透明的、高效的扶贫资源传递机制以及依靠全社会的力量组成的强大的扶贫评估、监督机制，从而真正建立制度规制下的反贫困治理机构。

(2)传递方式上由纵向扶贫向横向扶贫转型。中国政府有组织的农村反贫困行动是在传统的计划经济体制下起步的，再加上反贫困的政府强力主导以及政策推进机制，这在反贫困的传递方式上便形成了典型的纵向传递特征，即主要依靠中央政府和省级政府的财政扶贫收入，而社会扶贫资金和国际扶贫资金投入份额极少。这会导致扶贫资金极低的减贫效率，扶贫资源配置也无法得到市场机制校正而实现优化，严重制约了贫困人口接受、认同和运用市场机制的意识与能力，不能确立适应市场的发展机制。因此，现行的扶贫传递方式急需由纵向扶贫向横向扶贫转型，其基本目标是通过制度安排和机制设计形成规范的反贫困传递系统，把社会各界、国际机构特别是非政府机构作为反贫困战略的重要实施主体，特别要通过社会服务和人力投资加强对贫困人口的素质改造和环境建设，把反贫困由传统的纵向传递行为转变为贫困人口自觉参与的社会行为，把贫困人口从接受援助的被动脱贫者转变为自觉参与脱贫、自觉寻找脱贫机会的主动脱贫者，从而把传统政府主导、纵向单一传递的行政性扶贫行为转变为政府部门、社会和贫困地区人民共同参与的反贫困行为。

(3)扶贫目标上由扶持地区向扶持人口转型。现行贫困瞄准机制主要依托行政区域界定，而推进政策性扶贫政策，在20世纪80年代中期，这种区域扶持方式取得了很大成效。但是，从公平、公正的角度评判，这种贫困瞄准机制的问题和实践中产生的矛盾也是非常明显的。在贫困地区发展中片面强调经济开发不仅加剧了区域经济结构的扭曲和二元结构的强化(发展要素的缺乏导致了资源的严重浪费和环境的严重破坏，扶贫资源的非公平分配使大多数贫困人口无法享受经济开发成果等)，而且贫困地区的经济开发往往掩盖了贫困地区人口真实的生存状态(片面追求物质资本投资的热情日益高涨，对贫困人口的人力资本投资被广泛地忽视)。因此，按照以人为本的发展理念把所有贫困人口纳入反贫困进程就要求在中国农村反贫困目标上尽快实现由扶持贫困地区向扶持贫困人口转型。

8.8.2 摆脱空间贫困陷阱的视角

(1)立足国家主体功能区规划，创新和完善开发式扶贫。开发式扶贫是我国农村反贫困的总体方针，在20世纪90年代以后的贫困地区发展中，开发扶贫取得了很多的成就，但是由于中国一些农村贫困地区的复杂性及部分对开发扶贫内涵的片面理解，在部分开发扶贫实践上可能出现了三大偏差：①把开发扶贫片面地理解为资源开发；②把资源开发又片面地理解为自然资源开发；③把自然资源开发片面地理解为矿产资源开发。此外，现有的开发式扶贫往往“益贫”(pro-poor)效果欠佳。一些开发工程项目，本地居民特别是贫困户参与项目困难，造成贫困户家庭增收有限，“仅开发但没实现扶贫”的情况时有发生。相反，一些低水平的开发方式对贫困地区的生态环境造成了严重的破坏。在很多的贫困地区，由于生产要素的短缺、市场的狭小、交通不便，进行经济开发往往事倍功半甚至完全失败。最后，开发扶贫计划的实施重点有些集中在帮助农民和农村企业投资生产性项目以及基础设施建设上，而对教育和卫生方面直接关系农村贫困人口人力资本素质的投资，显得非常薄弱，这是中国有些农村扶贫效益较低和贫困人口“返贫率”较高的重要原因。因此，进一步推进中国农村反贫困战略必须要重视开发式扶贫模式的偏差，走“益贫式”开发道路。

由于民族地区的贫困落后地区大多属于限制开发和禁止开发区，这些地区大多不适宜进行大规模高强度工业化城镇化开发，对少数民族地区的扶贫开发政策执行制造了“两难困境”，既不能不开发，又不能大规模高强度的开发。一方面，创新扶贫开发模式，如在禁止开发区进行异地开发的试点，借鉴西藏民族学院办学模式，在其他地区设立工业园区，而税收收入归民族地区。另一方面，国家应该在坚持开发式扶贫的前提下，在限制开发和禁止开发的少数民族贫困地区，实施发展式的扶贫开发政策，通过提升民族地区贫困人口的自我发展能力来解决贫困问题。

扶贫模式上由开发扶贫向发展扶贫的转型就是依据经济发展的科学内涵，把重视培育、提升贫困人口的基本发展能力作为发展扶贫模式的核心。基于少数民族贫困地区生态平衡与生态重要屏障、民族文化多样性传承与创新、国家战略资源储备、国防安全防卫以及革命贡献感恩等功能定位，农村反贫困战略重点不应仅仅局限于贫困地区的经济增长上，而需上升到促进贫困地区全面发展的战略高度，即从生态、经济、社会、文化全面协调发展的战略高度来设计反贫困路径。

(2) 立足民族地区生态屏障和脆弱性现实，统筹优化贫困人口的空间分布。少数民族地区作为我国的重要生态功能区，一方面，政府需要抓紧研究制定与“产生的生态效益”相挂钩的国家重点生态功能区转移支付制度；另一方面，要立足各地人口实际承载能力，政府需要统筹优化人口的空间布局。

当前，民族地区的贫困人口在区域上相对集中，但空间分布上广而散，贫困人口大多分布在边际地理区位，生态脆弱问题突出。民族地区的生态脆弱地区主要包括四个地区：北方农牧交错生态脆弱区、西南岩溶山地石漠化生态脆弱区、西南山地农牧交错生态脆弱区和青藏高原复合侵蚀生态脆弱区。对于贫困人口空间集聚、生态承载压力巨大的民族地区，需要统筹优化人口的空间分布。①在征求当地贫困人口意愿的前提下，进行生态移民安置人口，以达到优化配置的目的。②在生态移民地区大力安置好生态移民贫困人口。例如，在人口承载能力较强地区开展民族地区“中小城镇建设”“中心村规划建设”，一方面使得新聚集的人口能够通过城镇化获得更加均等的公共服务；另一方面，也解决了长期以来贫困人口居住空间分散，劳动分工不足，导致生产效率处于劣势的问题。③更为重要的是，生态移民往往能够使得贫困人口开阔视野，转变观念，克服贫困文化的约束。④对于那些生活在自然环境恶劣、基础设施极差地区的贫困人口，整合各方资源，优先满足住房建设用地指标，实行整体搬迁移民，加大移民人口的劳动技能培训投入，重视迁移人口的后续发展问题。

(3) 打破行政壁垒，做好少数民族集中连片特殊困难地区的扶贫攻坚。以连片特困地区推进扶贫开发，是中国扶贫开发体制机制及方式的系统创新。连片特困地区是民族地区全面建成小康社会进程中的短板。我国长期以来在计划经济体制下形成了以行政辖区为基本单位空间的扶贫开发模式。由于大多数集中连片地区横跨几个省，如何建立有效的协调机制成为最突出的问题。谁来协调，如何协调，规划如何编制，由谁审批，如何加大投入和相关政策的支持力度，都需要深入探索。

片区扶贫攻坚要充分体现片区发展与扶贫的联动。片区扶贫攻坚首先需要体现出扶贫与发展的联系和区别。“发展带动扶贫，扶贫促进发展”，扶贫不能简单等同于发展。如果片区规划定位于发展，则更像是区域发展规划，而不是带有特定扶贫目标的扶贫攻坚。但是，如果片区规划仅仅满足于扶贫甚至大扶贫的要求，也难以实现片区贫困问题的最终解决。因此，片区扶贫攻坚需要站在区域经济社会发展全局的高度，实现区域发展扶贫；需要把扶贫开发与区域城镇化、工业化、市场化、信息化、国际化紧密联系起来，以工促农、以城带乡、加快片区整体脱贫致富步伐；需要在区域发展扶贫的格局下，加强行业部门之间的协调与配合，加强区域内重大基础设施建设和直接民生工程建设结合、加强重大产业发展与带动贫困户稳定增收结合，整合资源，加大投入，形成合力。

(4)摆脱“扶贫陷阱”，对扶贫开发重点县进行动态管理。“扶贫陷阱”是指政府在分配扶贫资源时，瞄准了那些名义上的贫困地区而不是事实上的贫困地区，其原因是一些地方政府在执行扶贫开发政策时，有些挪用扶贫资金，而法律、政治等风险偏低，所以各级地方政府争当“贫困地区”。有些地方政府可能陷入如下套路：①套路一，向上面尤其是中央政府“哭穷”现象伴随着招商引资过程中的“炫富”(主要指一些地区宣扬当地如何如何好等)；②套路二，在做每年的扶贫开发总结时，有些地方政府官员在汇报取得脱贫成绩时，往往感觉“丰功伟绩”，而面临挑战时，又完全一边倒地提出“困难重重”。

经济学家米尔顿·弗里德曼区分了四种花钱的方式：“用自己的钱为自己办事，用自己的钱为别人办事，用别人的钱为自己办事，用别人的钱为别人办事”。这四种花钱方式取得的效率依次序递减。政府主导型的财政转移支付扶贫正是第四种最没有效率的花钱方式。在这一扶贫模式中，政府的主导地位不仅仅体现在资金的来源，还体现在扶贫政策的制定与执行，资源的控制与决策方面。简而言之，这笔扶贫的钱，来自政府，同样由政府官员决定怎么花，带有很浓重的计划经济色彩。在扶贫实践中，有时可能出现资源错误配置、扶贫效率低下的现象。近年来，一些地方政府出现“热烈祝贺某某县成功纳入国家集中连片特困地区，成为新时期国家扶贫攻坚的主战场”的现象也就不难理解了。

政府应该公正、公平、客观地建立起国家扶贫重点县的进入退出机制，这将有利于调动贫困县扶贫开发工作的积极性。可以通过建立以结果为导向的扶贫资金分配机制，从而保护和激励做好扶贫开发工作的积极性，来达到激励贫困县愿意摘帽的目的；可以对减贫效果好、工作实效高的县，在其退出国家扶贫开发重点县范围的几年内，依次递减资金扶持规模，最后实现完全退出。更为重要的是，对国家和省级扶贫资金，要加强监督和管理，坚持专款专用，严防挤占挪用、长官支配或“衙门”支配等现象，充分利用财政扶贫资金监测信息系统，强化财政扶贫资金监管。

8.8.3 阻断贫困代际传递的视角

(1)实施“第二代”发展式扶贫政策。我国的扶贫开发，尤其是开发式扶贫，大多数是面向当下具有劳动能力的贫困人口，从代际的关系来看，实际上扶贫政策设计时主要瞄准“父母辈”，以解决“第一代”(父代)贫困人群的贫困问题为主，从短期来看，这种效果明显。但是随着扶贫减贫的边际效应递减，以“第一代”为特征的反贫困战略面临着严峻的挑战。

以农村剩余劳动力转移培训为例，我国当前实行的“雨露计划”就是专门为此设立的。一方面，“父代”在经过长时间的成长环境影响下，以知识资本、社会资本、健康资本为核心的人力资本提升空间将会变得越来越小，而人力资本提升的难度越来越大，人力资本投资的“成本-收益”分析中，成本显著增加，年老“父代”的获取收入时间随着年龄增加而越来越短。相反，如果将同样的扶贫资源用于“子代”(第二代)，其未来的预期收益将会变得更加乐观，因为本质上说，孩童时期是开发一个人的人力资本的最关键也是最佳时期，由于作为子辈的第二代相对第一代来说，可塑性要强很多，后天的营养状况、卫生状况、教育状况等对孩子具有终生的影响。与其对剩存贫困人口“脱贫拔穷根”困难重重，还不如从长远计，对其家庭进行开发，尤其是对“第二代”进行人力资本开发。这将有效提升贫困地区的自我发展能力，改善扶贫效果的稳健性(图 8.10)。

实施以“第二代”为中心的发展式扶贫政策，实际上是对以“第一代”为中心的开发式扶贫政策的有效弥补，不是取代，需要以“第一代”为中心的开发式扶贫政策与以“第二代”为中心的发展式扶贫政策两者通力协作。

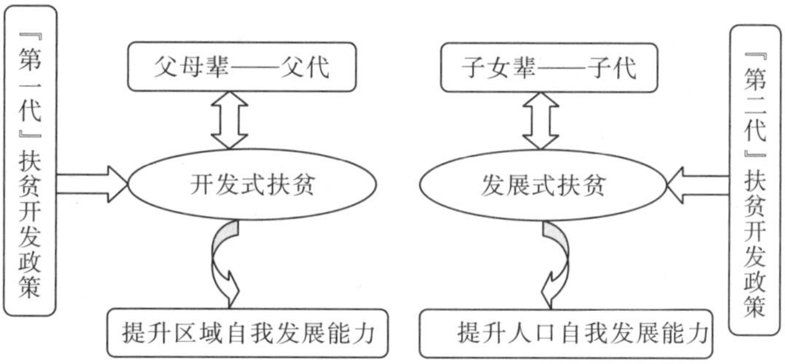

图 8.10　实施“第二代”发展式扶贫政策

(2)充分重视妇女在反贫困中的特殊作用，对民族地区女童教育实施“优先”发展计划。政府在反贫困政策设计时，应该着眼长远，从保证女童的受教育权利着手，更为重要的是，提高女性的知识文化水平。例如，可以参照农村养老保险做法，对于“只生一胎女儿的父母，年老之后每月多领取社会保险”。例如，在民族地区实行“女童教育优先发展计划”，对那些超额完成义务教育阶段的女童家庭，政府可以设立专项经费，给予父辈奖励，如女儿高中毕业，年老后的父母每月多领 100 元的养老金，家里如果有女儿大学毕业，年老后的父母每月多领 200 元的养老金。

这些做法可以鼓励父母从长远考虑，也可以改变“女大不中用”“女儿嫁人是泼出去的水”等落后观念，激励贫困家庭对女童的教育投资，从而有效提升“第二代”母亲的文化程度，摆脱“母亲受教育少—子女人力资本偏低—陷入贫困”的恶性循环。

(3)加强民族地区的卫生健康教育，实施学龄前儿童营养和健康干预计划。贫困家庭往往因为经济状况所限以及营养知识相对缺乏等原因，儿童营养不良现象突出，孩子身体健康状况堪忧。目前，国家在集中连片特殊困难地区 680 个县开展了中小学“免费午餐”

项目试点。实际上，学龄前的儿童营养与健康干预同样非常重要，尤其是对贫困家庭来说。例如，贫困家庭父母“有病不能及时就医”比例相对较高，孩子健康受到威胁的概率更大。儿童的营养和健康出现问题，一方面导致看病、吃药等费用支出显著增加，导致贫困更加严重；另一方面，营养不良等又会导致孩子学习效率、学习质量下降，人力资本积累缓慢，成年之后陷入贫困风险大大高于营养健康的同龄人，从而导致贫困代际传递。

8.8.4 民族地区反贫困的社会性别视角

(1)努力将社会性别意识纳入少数民族地区的扶贫政策的制定与实施过程。新时期，民族地区反贫困工作中应该推进社会性别平等的主流化。整体上看，我国的妇女扶贫工作，主要由政府机构和非政府机构两个方面推行。政府机构方面，又依托国务院扶贫开发领导小组办公室开展；非政府组织方面，则由妇联推动。对于贫困和性别的研究与实践，部分研究人员及组织机构(如妇联)走在了前面，对该问题的认识比较深入，不断倡导性别平等的政策措施。但目前国内反贫困政策、措施的制定中还未充分将性别因素考虑在内。例如，主要针对边疆少数民族扶贫的兴边富民行动的宗旨就是振兴边境、富裕边民。它更多的是从国家安全战略出发实施的规划。所以，这个行动中就缺少具体的或从一部分群体利益(妇女的发展)出发而制定的反贫困措施。

(2)将民族地区妇女发展改善状况纳入扶贫项目评估重要指标。应该积极将性别意识纳入专门针对少数民族地区的扶贫项目“民族特色村村寨保护与发展项目”中去，将少数民族妇女的发展和“民族特色村村寨保护与发展项目”紧密结合起来，将少数民族妇女的发展作为“民族特色村村寨保护与发展项目”成败的一个关键指标。

以云南省为例，在“十二五”期间，要完成100个民族特色示范村寨建设，全面推进1000 个重点特色村寨建设，要进行民居保护与发展工程、特色村寨民生扶持工程、民族村寨特色产业培育工程、民族文化保护传承与发展工程，这些具体的政策和措施，应该以少数民族妇女收益与否作为项目的出发点之一，把妇女的参与率作为一个衡量具体项目是否达标的指标，将少数民族妇女的发展作为“民族特色村村寨保护与发展项目”成败的一个关键指标。

(3)提升少数民族妇女的反贫困政策的文化适应度。在扶贫手段上，扶贫机构也应以政府主导型的方式参与，注重挖掘少数民族妇女的人文特性及其在社区发展中的作用，在项目实施过程中也应该能够为少数民族妇女提供表达建议的机会，让少数民族妇女充分参与项目全过程。

在对少数民族妇女的培训方式选取上，要照顾到具体少数民族妇女的理解能力与接受方式、水平。例如，在回民聚居区传播“社会性别”的观念，就可以从当地回族妇女所承载的伊斯兰文化中寻找和讲解性别平等的“权威”表述(伊斯兰教经典中涉及的性别平等)，然后从国家的法律制度中印证性别平等，最后带出社会性别概念。这样，让受培训的少数民族妇女认识到社会性别概念其实在自己的文化和国家制度中都存在，是“合法的”，只是没有被传统社会加以专门梳理和理解，从而避免了对少数民族妇女的冲击，使她们更容易接受。

(4) 从社会性别角度论证和评估少数民族地区实行的反贫困项目。充分分析论证反贫困措施是否考虑了少数民族妇女的性别利益、性别需求，是否有利于少数民族妇女脱贫、发展，如教育培训中是否保证了女性对教育资源的获取；技术推广培训是否考虑到实际使用者是妇女，能否满足妇女知识更新、技术进步的要求；信贷资源的分配中是否存在性别歧视，是否考虑到妇女对信贷的可得性；劳动力流动中是否存在性别不平等，应如何采取措施增加少数民族妇女的就业供给，减少就业差距；等等。这些问题不仅需要在理论上进行探讨，而且需要政府、专家和具体受益人参与深入分析和评估，以保证少数民族妇女真正受益。

(5) 扶贫项目应该建立一套以性别为口径的统计指标和数据。我国国民经济、社会发展和相关贫困、反贫困的以性别为口径的统计资料相当稀缺。统计数据作为扶贫政策制定和项目选取的重要依据，分性别贫困统计数据的缺失也使得带有社会性别视角的反贫困工作难以开展。因此，在发展少数民族妇女反贫困内容和项目的基础上，少数民族地区的扶贫工作人员也要加强性别贫困统计数据的收集，以指导妇女扶贫工作的有效开展。

8.9 案例研究：藏族聚居区农牧民贫困状况的调查与分析

西藏自治区和四川省、青海省、甘肃省、云南省四省藏族聚居区是我国藏族的主要聚居区。藏族聚居区是中国贫困发生率最高的区域之一，也是中国乃至世界最重要的生态区域之一，更是少数民族贫困地区最具典型意义的区域之一。多年来，党中央、国务院十分重视西藏自治区与四省藏族聚居区的扶贫开发，制定了一系列的优惠扶持政策，政府对藏族聚居区扶贫资金投入逐年增加，在国家大力支持和藏族聚居区各族人民共同努力下，藏族聚居区农牧民收入逐步增加，贫困人口数量逐年减少。但由于藏族聚居区地处高寒缺氧地带，生态环境脆弱，自然灾害频繁，基础设施薄弱，自我发展能力不强，脱贫人口返贫率较高，农牧民生计的维持还存在很多亟待解决的问题。党的十七届五中全会、2011 年中央政府工作报告、2010 年中央第五次西藏工作座谈会、2008 年国务院《关于支持青海等省藏区经济社会发展的若干意见》等都对藏族聚居区农牧民的贫困问题相当重视。在“十二五”和“十三五”时期，中国政府还把消除绝对贫困作为扶贫减贫战略的首要目标；把连片特困地区（少数民族聚居区、生态特别脆弱的地区等）作为实施扶贫减贫计划的主战场。总之，切实解决藏族聚居区农牧民的贫困问题，积极推进藏族聚居区跨越式发展和长治久安，不仅是一个经济社会难题，更是一个重大的政治问题。

多数情况下，帮助藏族聚居区贫困农牧民使他们以自己的方式来减缓贫困，是最好的减贫方法。但我们需要信息，以便清楚如何帮助他们。所以，为了有效地解决藏族聚居区贫困问题，使当地贫困农牧民能够过上有意义和有价值的生活，我们必须掌握他们所面临的主要贫困障碍信息。由于藏族聚居区贫困具有多面性并极其复杂，收入（或经济增长）不能作为衡量贫困可靠的代用尺度。绝大多数情况下，多维贫困评估是更负责和可靠的替代方法。本节将运用联合国国际农业发展基金（the UN International Fund for Agricultural Development，IFAD）开发的多维贫困评估工具（multidimensional poverty assessment tool,

MPAT)，测量与藏族聚居区农牧民的最根本和基础需求相关的指标体系，致力于揭示藏族聚居区农牧民生计和生活相关的根本、普遍的层面，进而揭示藏族聚居区农牧民贫困的核心层面。

8.9.1 调查研究的框架与方法

1)研究框架

现有国内外文献中关于贫困的定义非常多。一般认为，贫困是指勉强度日的状态，缺乏再生产和抵抗风险的能力。世界银行(World Bank)在《1990 年世界发展报告》中，对基于收入贫困定义进行了扩充，加入了能力因素，将贫困界定为“缺少达到最低生活水准的能力”。世界银行(2001)在《2000/2001 年世界发展报告》中进一步扩充了贫困的概念，加入了关系自己命运的重要决策上的话语权、脆弱性和无助性等因素。诺贝尔经济学奖获得者 Sen(1985)将贫困概念从收入贫困扩展到权利贫困、可行能力贫困，指出“贫困人口之所以贫困是他们获取收入的能力受到剥夺以及机会的不平等。疾病、人力资本不足、社会保障系统的软弱无力、社会歧视等都是造成人们收入能力丧失的不可忽视的因素”。

国际上比较常用的贫困评估标准包括国际相对贫困线法、恩格尔系数法、马丁法、数学模型法和社会指标法等。例如，联合国开发计划署使用了人文发展指数(human development index，HDI)来综合测量世界各国贫困状况；Smeeding 等(2001)提出，如果人们缺乏或不能享有社会风俗及一般认为应该享有的食物、基本设施和服务，那么他们就是贫困的。联合国开发计划署进一步提出衡量贫困的多维贫困指数(multidimensional poverty index，MPI)，包括教育、健康和生活水平三个维度。

在众多贫困评估工具中，多维贫困评估工具(the multidimensional poverty assessment tool，MPAT)是由联合国国际农业发展基金(International Fund for Agricultural Development，IFAD)牵头，为基层农村贫困评估开发、测试和试点的新工具。MPAT 设计的贫困指标带有足够的普遍性，几乎可用于衡量世界上所有农村的贫困状况。目前，很多农村贫困评估方式要么过于简单，不能生成可以立即用于准确瞄准各地方具体部门干预活动的数据；要么过于复杂和深刻，生成的数据笨拙而不便于使用(或开展调查的成本过高，且过于耗时)。MPAT 框架则寻求一个中间点：针对人类的基础需要以及与 21 世纪农村扶贫相关的关键领域，从分析人最根本的需求入手，评估对农户生计十分重要的 10 个影响因子(图 8.11)，致力于揭示 21 世纪农村贫困的核心层面。这 10 个影响因子中，前 6 个指标反映了人类的根本需求，后 4 个指标则代表着 21 世纪农村扶贫的关键领域。本书将借用 IFAD 提出的多维贫困评估工具(MPAT)来评估藏族聚居区农牧民的基本贫困状况。

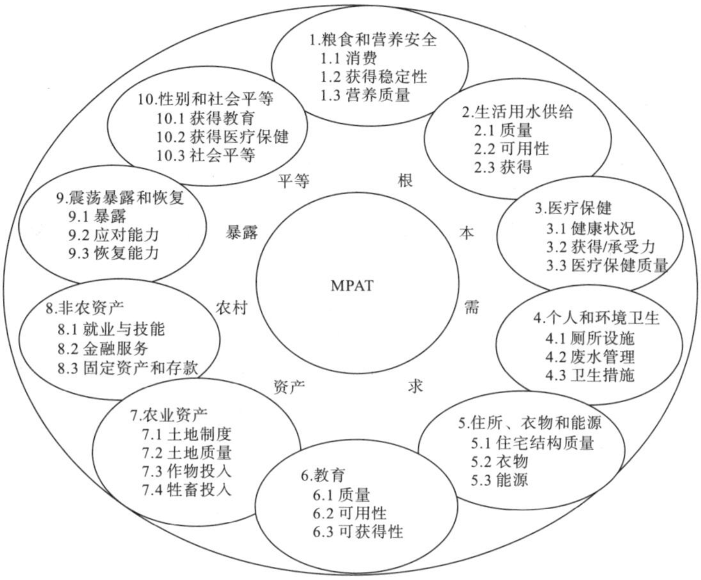

图 8.11 多维贫困评估工具(MPAT)的指标构成图

资料来源:Cohen(2009)

2)研究方法

本书主要采取定量研究的方法评估藏族聚居区贫困农牧民的基本贫困状况,在测量方法上借鉴了 Cohen (2009)、Saisana (2009)关于多维贫困评估工具(MPAT)的研究成果。评估藏族聚居区农牧民贫困状况的过程主要分为三步(图 8.12)。

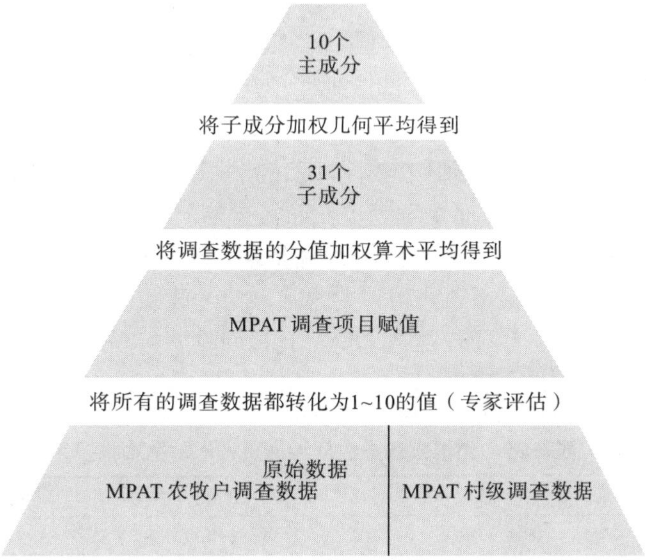

图 8.12 MPAT 的调查数据如何转换成指标分值

资料来源:Cohen(2009)

(1)调查数据的录入和赋值。将通过2013年暑期调查收集到的农户和村级调查数据录入Excel 表单(MPAT提供的Excel 表单已经设计好公式，自动进行计算)，通过过滤机制对其逻辑一致性进行检查/修正。这些数字然后被转换成 1～10 尺度的值。一旦完成了村级调查数据的录入，从村级调查表中获得的计算值自动应用于该村所有农户。

(2)31 个子成分要素指标的计分。调查问卷所包含的各个调查项目分别归属于 31 个子成分因子。应用加权算数平均公式，计算各个子成分的分值，进而将各个子成分指标转换成 10～100 的分值(MPAT 赋值单提供这一步所使用的权重)。通过这种方式，就获得31个子成分要素指标的分值。加权算术平均计算公式如下：

$$y_{jk}=\sum_{i=1}^{L} w_{ik} x_{ijk} \qquad \left(\sum_{i} w_{ik}=1,\ 0 \leqslant w_{ik} \leqslant 1\right) \tag{8.1}$$

式中，y_{jk}为因素 k 中农户 j 的计分；w_{ik}为因素 k 中赋予调查问题 i 的权重；x_{ijk}为农户 j 在因素 k 中问题 i 中按比例的计分。

(3)10 个主成分要素指标的计分。31 个子成分因子分别归属于 10 个主成分因子。应用加权几何平均公式，计算这些子成分的合计，进而求出 10 个主成分指标的分值(MPAT 赋值单提供这一步所使用的权重)。加权几何平均计算公式如下：

$$y_{jk}=\prod_{i=1}^{L} x_{ijk}^{w_{ik}} \qquad \left(\sum_{i} w_{ik}=1;\ 0 \leqslant w_{ik} \leqslant 1\right) \tag{8.2}$$

式中，y_{jk}为因素 k 中农户 j 的计分；w_{ik}为因素 k 中赋予调查问题 i 的权重；x_{ijk}为农户 j 在因素 k 中问题 i 中按比例的计分。

3)数据来源

本书所使用的数据主要来自作者与其研究调研组成员利用暑期在西藏自治区、四川省藏族聚居区和青海省藏族聚居区等 3 个区域的 30 个村所做的问卷调查。这 30 个村是：西藏自治区昌都地区左贡县 5 个村、日喀则地区定结县 5 个村、山南地区扎囊县 2 个村；四川省甘孜藏族自治州雅江县 5 个村、四川省阿坝藏族羌族自治州若尔盖县 5 个村、四川省木里藏族自治县 4 个村；青海省海北藏族自治州门源县 4 个村。

需要检讨的是，由于藏族聚居区农牧区涉及的面积大、人口多，本次暑期调查并未采取严格的随机抽样方法来开展，而是主观上在西藏自治区、四川省藏族聚居区和青海省藏族聚居区等 3 个区域选取了 30 个藏族村作为调查范围。调查时在每个村各发放了 1 份村级调查问卷，30 份农户问卷，采用入户访谈的方式，共发放了调查问卷 900 份，问卷调查于 2012 年暑期完成，最终回收有效问卷 863 份，有效回收率为 95.9%。问卷调查样本的基本情况如表 8.25 所示。

表 8.25　受访人和户主问卷调查样本的基本情况

项目		频次	百分比/%
性别	男性受访者	483	56
	女性受访者	380	44
户主	男性户主	716	83
	女性户主	147	17

续表

项目		频次	百分比/%
户主的婚姻状况	已婚	708	82
	未婚	43	5
	离异	35	4
	鳏寡	78	9
年龄/岁	受访者平均年龄	44	
	户主平均年龄	41	

8.9.2　藏族聚居区农牧民贫困指标测量

表 8.26 是运用 MPAT 测算出来的反映藏族聚居区农牧民不同贫困层面的 31 个子成分指标的得分。不同颜色显示各个子成分指标的不同得分，得分高于 80.0 分的子成分指标显示为绿色，得分在 60～80 分的子成分指标显示为黄色，得分在 30～60 分的子成分指标显示为橙色，得分在 30 分以下的子成分指标则显示为红色。

表 8.26　MPAT 的 31 个子成分指标及其分值

MPAT 主成分指标	MPAT 子成分指标	分值
粮食和营养安全	消费	89.8
	获得稳定性	80.1
	营养质量	74.5
生活用水供给	质量	69.3
	可用性	88.5
	获得	47.6
医疗保健	健康状况	66.3
	获得/承受力	48.4
	医疗保健质量	53.6
个人和环境卫生	厕所设施	56.9
	废水管理	43.1
	卫生措施	50.3
住所、衣物和能源	住宅结构质量	81.5
	衣物	48.7
	能源	45.2
教育	质量	54.9
	可用性	85.1
	可获得性	75.3
农业资产	土地制度	78.4
	土地质量	38.8
	作物投入	50.1
	牲畜投入	88.5

续表

MPAT 主成分指标	MPAT 子成分指标	分值
非农资产	就业与技能	30.3
	金融服务	41.5
	固定资产和存款	50.6
震荡暴露和恢复	暴露	32.5
	应对能力	59.8
	恢复能力	56.4
性别和社会平等	获得教育	78.9
	获得医疗保健	80.2
	社会平等	88.7

从表 8.26 中可以看出，衡量藏族聚居区贫困的各个子成分因子得分情况整体偏低，反映藏族聚居区各个贫困层面的数据还不容乐观。在 31 个子成分指标中，得分 60.0 分以上的指标仅有 14 个，而且整体得分不算高；得分在 30～60 分的指标就有 17 个，超过了 1/2，占 55%。其中得分最低的 4 个指标分别是：就业与技能(30.3 分)、暴露(32.5 分)、土地质量(38.8 分)、金融服务(41.5 分)，排名靠后的 4 个指标也基本反映了当前藏族聚居区农牧民面临的主要贫困障碍。

(1)藏族聚居区大多分布在偏远、交通不便、信息闭塞区域，教育资源特别是职业技能教育相对缺乏，贫困农牧民缺乏必要的劳动技能，主动接受实用技术意识不强，结合实际利用科技的能力较弱，具有受教育程度低、发展能力差、组织化程度散的共性。而本次测量中“就业与技能”指标得分最低，为 30.3 分。

(2)藏族聚居区农牧民主要生活在高寒缺氧地带，雪灾、水灾、风灾、雹灾、泥石流、地震等自然灾害常有发生，面临的震荡、冲击的风险较大，因而其生计表现出极大的脆弱性。在我们所调查的村落，除了少数的家庭之外，绝大多数家庭都处于维持生存的经营状态，他们的农牧业经营规模一般极小，同时生产上又极大地依赖于变化无常的天气。另外，藏族聚居区农牧区次级社会组织发育程度低下，农牧民参与各类社会组织的比例比较低，大多数农牧民仍然处于分散的原子化状态，这就造成了他们在生计创造空间上的低效能和抵御生计风险上的脆弱性。因此，本次测量中“暴露”指标得分低也就不足为怪，其得分仅为 32.5 分。

(3)藏族聚居区的土地质量非常差，很多是陡坡地、山地，基本属于劣质地，因而“土地质量”指标得分为 38.8 分。藏族聚居区农牧民的土地，很多都是肥力差、位置远的劣质地，这些劣质地所产粮食甚少，“种一坡，收一箩，煮一锅”便是这种情况的最形象的反映。

(4)对藏族聚居区农牧民而言，其获得的金融服务水平整体较低，表现为“金融服务”指标得分为 41.5，甚至不到 50 分。整体而言，藏族聚居区的正规农村金融体系对农牧民信贷的覆盖是不足的，而能够从正规金融机构借款则主要得益于国家的扶贫政策，非正规渠道如亲戚朋友、私人放贷等仍然是农牧民获得资金的主要补充渠道。另外，调查结果也表明，藏族聚居区农牧民的正规贷款需求较少，还不到 30%；而农牧民认为利率太高，缺乏抵押品和贷款手续烦琐占其不申请贷款因素的 60%以上。这也说明藏族聚居区的农村金融服务体系尚缺乏农牧民能够贷得起、无须抵押并且手续简单的小额信贷金融产品。

8.9.3　藏族聚居区农牧民贫困状况分析

对评估藏族聚居区农牧民总体贫困状况的 10 个贫困指标的结果，可以通过表 8.27 和图 8.13 做一个归纳。表 8.27 反映了藏族聚居区农牧民总体贫困状况的测量指标和具体结果，而图 8.13 则描绘了评估藏族聚居区农牧民贫困的各项指标的构成和优劣。10 个 MPAT 主成分指标得分可以捕捉在藏族聚居区农牧民贫困的不同方面，并为分析农牧民贫困提供了有用的材料。较高的 MPAT 主成分指标得分意味着特定的农牧民已经克服了那些得分较低的人们所面临的贫困问题。通过 MPAT 工具，我们希望能促进讨论哪些维度是可能的最需要给予支持、干预或者援助的。从藏族聚居区农牧民的贫困状况的总体测算结果来看，情况也不乐观。

(1) 从反映人的基本需求层面来看，藏族聚居区农牧民的一些基本需求还得不到满足。MPAT 指标的前六个组成部分，代表人民群众的根本需求，即在粮食和营养安全(82.3 分)，教育(69.9 分)，生活用水供给(61.5 分)，医疗保健(55.4 分)，住所、衣物和能源(55.3 分)，个人和环境卫生(50.1 分)等 6 个方面，没有一个指标的得分达到完美的 100 分。仅有“粮食和营养安全”一项指标得分超过 80 分，而“教育”和“生活用水供应”2 个指标得分不到 70 分，“医疗保健”和“住所、衣物和能源”2 个指标得分还不到 60 分，“个人和环境卫生”指标得分最低，仅为 50.1 分。

表 8.27　藏族聚居区农牧民总体贫困状况的 MPAT 的 10 个主成分指标及其分值

项目	MPAT 主成分指标	分值
根本需求	粮食和营养安全	82.3
	教育	69.9
	生活用水供给	61.5
	医疗保健	55.4
	住所、衣物和能源	55.3
	个人和环境卫生	50.1
资产、暴露与平等	非农资产	37.9
	震荡暴露和恢复	47.5
	农业资产	60.3
	性别和社会平等	81.8

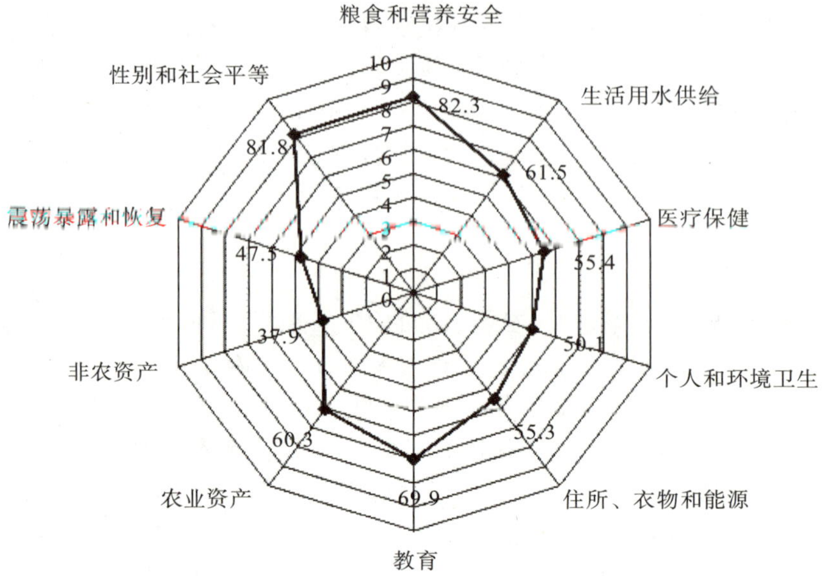

图 8.13 藏族聚居区农牧民 MPAT 主成分指标的构成和优劣比较

此次调研发现，藏族聚居区农牧民卫生状况是个非常严峻的问题，其中大约 14%的农牧民没有任何厕所类型；而比例最高的则是“开放式蹲坑”，所占比例达到 53%。废水管理和卫生习惯(如刷牙、饭前便后洗手)这些基本生活情况尤其令人担忧，因为 470 多户得分不到 50 分，超过了调查总数的 1/2。因而，藏族聚居区农牧民的“个人和环境卫生”等方面的维度，也是需要政府各部门重点干预或援助的。

(2) 从反映 21 世纪贫困的关键层面来看，21 世纪背景下藏族聚居区农牧民贫困问题依然突出。MPAT 指标的后四个组成部分，反映 21 世纪农村贫困的关键领域，即在非农资产(37.9 分)，震荡暴露和恢复(47.5 分)，农业资产(60.3 分)，性别和社会平等(81.8 分)等 4 个方面。总的来说，后四个指标的得分要低于前六个指标的得分。尤其是“非农资产”“震荡暴露和恢复”2 项指标的得分均不到 50 分。因此，在增加藏族聚居区农牧民的“非农资产” 和提高其“应对能力和恢复能力”方面，迫切需要政府各部门干预或援助。

上述结果表明，MPAT 有能力提供囊括所有与农村贫困和人类福祉相关的 10 个贫困评估维度，并快速找出哪些方面是最需要干预或者援助的。因此，正如 MPAT 开发人员所说的那样，MPAT 开发工具“鼓励项目管理人员、政府官员和其他人确定哪些贫困层面(或维度)需要得到支持和帮助，以及确定当前的环境是否有利于农村居民追求自己的生活目标”是有道理的。

8.9.4 结论与政策启示

通过对藏族聚居区 30 个藏族村农牧民的问卷调查，本章对农牧民的基本贫困层面进行了测算和分析。研究发现，反映藏族聚居区农牧民贫困状况的十大指标——粮食和营养安全，性别和社会平等，教育，生活用水供给，农业资产，医疗保健，住所、衣物和能源，个人和环境卫生，震荡暴露和恢复，非农资产的总水平分别为 82.3 分，81.8 分，69.9 分，61.5 分，60.3 分，55.4 分，55.3 分，50.1 分，47.5 分，37.9 分，除了前两项指标得分超过 80 分外，其他指标的分值都相对较低，说明农牧民贫困的脆弱性十分突出。总的来看，藏族聚居区农牧民贫困问题比较严峻，大多数指标的分值处于相对较低的水平，特别是“非农资产”“震荡暴露和恢复”“个人和环境卫生”等领域的得分更低，这很大程度上制约了藏族聚居区农牧民的生计策略和生计行动，也增加了藏族聚居区农牧民返贫的风险和摆脱贫困的难度。这里需要说明的是，由于调查区域的限制、抽样方法的问题，本章所测算的藏族聚居区农牧民的贫困状况并不具备普遍的代表性。

为了有效地解决藏族聚居区贫困问题，使当地贫困农牧民能够过上有意义和有价值的生活，作者认为政府应从以下方面发挥主导作用。①政府要解决多维贫困，而不单是收入贫困。调查研究表明，藏族聚居区的贫困不单是收入贫困，而是多维度的贫困，特别是“非农资产”“震荡暴露和恢复”“个人和环境卫生”3 个维度的贫困状况最为突出。因此，在实际工作中，在抓藏族聚居区农牧民增收的同时，也要特别注重建立健全防范自然灾害的一系列机制体制，增强农牧民抵抗风险的能力，积极投资于贫困人口的健康、教育和培训，加快推进藏族聚居区厕所改造工程，积极整治藏族聚居区农村的卫生环境。②政府有必要进一步扩大正规农村金融体系对藏族聚居区农牧民信贷的覆盖面，完善农村金融服务体系，提高农村金融服务水平，同时在信贷政策方面给予贫困农牧民适当的倾斜，创立藏族聚居区农牧民能够贷得起、无须抵押并且手续简单的小额信贷金融产品。③政府要针对藏族聚居区农牧民劳动技能弱、发展能力低的实际，创新培训机制，深化培训内容，采取定点培训、定单培训、创业培训等形式，多渠道、多层次开展贫困劳动力转移培训。积极为藏族聚居区农牧民开展有针对性、实效性强的农业实用技术培训和劳务培训服务，提高藏族聚居区农牧民的专业技能和就业能力，努力增加其非农资产。④政府要完善防灾减灾体系，提高藏族聚居区农牧民抵御自然灾害的能力，最大限度地避免因灾致贫返贫，帮助突发事件造成临时生活困难的农牧民，确保其衣食有着落、生病有救助、遇灾有补偿。

8.10 本 章 附 录

附录 1 农户调查表

农户调查表			
调查员：____________	时间 ___:___ 至 ___:___	日期(年/月/日)：20__/__/__	
县(市)：________	乡(镇)：___________	行政村：___________	自然村：___________
受访者年龄:	性别=男/女	户编码:	同意声明:
户主年龄:	性别=男/女/男和女	婚姻状况=已婚/未婚/离异/鳏寡	

编号	问题			
1	本户有几个成年男女每年在本户居住 9 个月以上(年龄在 15 岁或以上)？			
	女性成人 □	男性成人 □	不清楚(-1)	
2	本户有几个成人每年**在外**居住和工作 9 个月以上?			
	成人：□			
3.1	按分钟计算， 本户学龄儿童(5～14 岁)一般去学校需要多长时间(走路、骑自行车、骑摩托车或坐公共车等)？[如果孩子在一个以上学校就读，调查员记录平均时间]			
	本户无学龄儿童 (1)		孩子通常住校(2)	
	#分钟= □	不清楚(3)	本户没有孩子(4)	
3.2	本户能负担得起孩子的学费和学习用品费用吗?			
	不能负担(1)	很少能(2)	有时能(3)	通常能(4)
	能(5)	本户不负担学费而且无法负担学习用品费用(6)		
	本户不负担学费但能负担学习用品费用(7)		家庭不负担学费或学习用品费用(8)	
4.1	你认为本户女童可能接受到的最高教育程度是什么?		1.无正规教育	
	本户无女童(1)	不清楚(2)	2.小学(5 或 6 岁～11 或 12 岁)	
	可能接受的最高教育程度= □		3. 初中(11 或 12 岁～14 或 15 岁)	
			4. 高中(14 或 15 岁～18 或 19 岁)	
4.2	你认为你家庭男童可能接受的最高教育程度是什么?		5. 技校或职校(初中或高中毕业后，通常为 2 年)	
	家庭中没有男童(1)	不清楚(2)	6. 大专或大学(高中毕业后，3～5 年)	
	可能接受的最高教育程度= □		7.高级学位(硕士，工商管理硕士或博士)	
5.1	在过去 12 月中，本户成员生了几次病(指任何一种非严重疾病)?			
	从不(1)	一或两次(2)	每月一次(3)	每月几次(4)
	约每周一次(5)	每周几次(6)	每天(7)	不清楚(8)
5.2	在过去 12 月中，本户成员生了几次重病(指病情过重卧床不起或卧床两天以上)?			
	从不(1)	一或两次(2)	每月一次(3)	每月几次(4)
	约每周一次(5)	每周几次(6)	每天(7)	不清楚(8)
6.1	本户成员到最近的可诊断简单疾病或处理简单创伤并开具基本药物的医疗保健中心就诊需要多长时间?			
	如患一般疾病，在家自行诊断并服用药物(1)		本地区无医疗保健中心(2)	
	医疗保健中心距离过远，无法就诊(3) [如果没有或者距离太远，跳转到问题 7.1]		#分钟= □	

6.2 上述医疗保健中心拥有足够的供给提供充足的治疗吗?

从不(1)	很少(2)	有时(3)	经常(4)	总是(5)	不清楚(-6)

6.3 本户成员到最近的可以诊断并治疗复杂或严重疾病或创伤(可进行手术)的医疗保健中心就诊需要多长时间(按分钟算)?

本地区无医疗保健中心(1)	医疗保健中心距离过远，无法就诊(2)	不清楚(3)	#分钟=	

7.1 本户成员能负担得起非严重疾病或创伤的专业治疗费用吗(如果家庭选择如此)?

不能负担(1)	能，但需要借钱(2)	能，但困难很大(3)	能，但有些困难 (4)
能，政府或雇主帮助(5)		本户能负担(6)	

7.2 本户成员能负担得起严重疾病或创伤的专业治疗费用吗(如果家庭选择如此)?

不能负担(1)	能，但需要借钱(2)	能，但困难很大(3)	能，但有些困难 (4)
能，政府或雇主帮助(5)		本户能负担(6)	

8.1 对你村/地区的大多数农户来说，你认为在需要时，女人或是男人谁有更好的机会获得医疗保健?

女人(1)	男人(2)	大致相同(3)	不清楚(4)

8.2 你认为你村/地区的医疗保健中心(距离两个小时之内)通常能在女性需要时为其提供充足的医疗保健服务吗?

我所在的村/地区没有医疗保健中心(1)		从不(2)	很少(3)
有时(4)	经常(5)	总是(6)	能，但妇女不愿去，因为医生是男性(7)

9.1 [调查员将通过观察家庭状况收集信息(仅在无法通过视觉确定答案时提出问题)]。
住房外墙的**主要**建筑材料是什么?

1.石头和砂浆	2.金属板	3.钢筋混凝土	4.砖
5.圆木	6.土	7.泥(土)砖	8.泥浆和稻草
9.枝条	10.竹子	11.厚塑料	12.薄塑料
13.芦苇	14.厚纺织物	15.薄纺织物	16.其他，请指明:

9.2 [访问员将通过观察家庭状况收集信息(仅在无法通过视觉确定答案时提出问题)]。
住房主屋顶的**主要**建筑材料是什么?

1.石头和砂浆	2.瓦片或木瓦	3.合成屋顶材料	4.金属板
5.钢筋混凝土	6.薄木	7.厚木	8.竹子
9.厚塑料	10.薄塑料	11.稻草或芦苇	12.其他，请指明:

9.3 你的房子能抵御强风、暴雨、雪或冰雹而不会造成严重损坏吗?

不能(1)	能(2)	能，会造成轻度损坏(3)	也许能，但可能会造成严重损坏(4)
该地区几乎没有极端天气灾害(5)			无法确定(6)

10.1 天黑后本户的**主要**光源是什么?

10.2 本户的**主要**炊事燃料是什么?

10.3 本户的**主要**采暖燃料是什么?

1.无	2.采用低压电网供电(合法或非法连接)
3.采用中高压电网供电(合法或非法连接)	
4.采用发电机发电	5.采用太阳能电池、风力发电或小型地方水坝发电
6.液体燃料(汽油、煤油等)	7.气体燃料(油箱中的甲烷、生物燃料如沼气等)
8.煤炭或木炭	9.植物或动物脂肪或油类
10.蜡烛，石蜡或电池驱动(手电筒)	11.木头、锯末、干草或其他自然材料.
12.区域不用暖气	13.不清楚

11.1 本户通常使用哪种厕所设施?

无(在外边大便) (1)	公共开放式蹲坑(2)
公共封闭式蹲坑(3)	公共封闭式改进型通风蹲坑(4)
公共封闭式倒水马桶(5)	公共封闭式抽水马桶(6)
公共封闭式混合肥料或沼气(7)	私人开放式蹲坑(8)
私人封闭式蹲坑(9)	私人封闭式改进型通风蹲坑(10)
私人封闭式倒水马桶(11)	私人封闭式抽水马桶(12)
私人混合肥料或沼气(13)	其他，请指明: (14)

“开放式”是指无建筑结构，或无顶式建筑结构。“封闭式”是指具有任何形式屋顶的建筑结构。
“公共”是指该设施由 3 户以上共同使用。“私人”是指该设施由 1～2 户共同使用。

11.2	[如果本户使用其中一种的厕所，请问：]本户用的厕所经常无法使用吗？ 从不(1) | 很少(2) | 有时(3) | 经常(4) | 总是(5) | 不清楚(6)
12.1	本户通常如何处理食物残渣/剩下的食物(未被本户成员食用的任何部分)？
12.2	本户通常如何处理非食物的残渣/垃圾？
12.3	本户通常如何处理废水(例如，来自沐浴、清洁、厕所)？

调查员应该再告诉受访者，会对所有回答保密

1.在住所旁边倾倒(25m以内)	2.在住所附近倾倒(距离住所25米至75米之25～75m)
3.到距离住所较远处倾倒(75m或以上)	4.喂给牲畜食用 | 5.燃烧
6.喂给宠物食用	7.混合肥料
8.用于制作沼气	9.出售给小贩
10.在住所附近(75m之内)定期收集	11.在距离住所较远处(75m以上)定期收集
12.排入下水道[管道系统]	13.用于浇灌牲畜饲料作物

13.1	本户大多数成员每周刷牙几次？ 从不(1) | 很少(2) | 每周一或两天(3) | 每周大部分天数(4) 通常每天一次(5) | 通常每天两次(6) | 通常每天三次(7)
13.2	吃饭之前，本户成员一般洗手吗？ 从不(1) | 很少(2) | 有时(3) | 经常(4) | 总是(5)
13.3	上厕所之后，本户成员一般洗手吗？ 从不(1) | 很少(2) | 有时(3) | 经常(4) | 总是(5)
14	本户用于饮用、炊事、洗浴和清洁的主要水源（指水源未使用前的出产地）是什么？ 雨季期间 | 旱季期间 | 一年中大多数时间 我们所在地区无雨季(1) | 我们所在地区无旱季(2) | 不清楚(3)

1.私有*井眼(<20m深)	2.水处理厂
3.公共井眼(<20m深)	4.泉水
5.私有*井眼(>20m深)	6.河水
7.公共井眼(>20m深)	8.溪水
9.私有水井(<20m深)	10.池水
11.公共水井(<20m深)	12.水贩子
13.私有水井(>20m深)	14.雨水收集装置(开放式)
15.公共水井(>20m深)	16.雨水收集装置(封闭式)
17.大坝(由政府、公司和集体修建并管理)	18.小坝(由1～5户家庭修建并管理)
19.灌溉渠	20.其他，请指明：

“私有”指主要由一户使用，但也可能与其他2～4户共同使用，位于住所100m范围以内。
“公共”指由5户或以上共同使用。

15	平常一天，本户成员平均大约要花多长时间(分钟)打水供本户饮用、炊事、洗浴和清洁？ [如果从本户内自来水管打水，记录“1”分钟] 雨季期间 | 旱季期间 | 一年中多数时间 我们所在地区无雨季(1) | 我们所在地区无旱季(2) | 不清楚(3)
16	饮水之前本户一般处理水吗？（所有水处理方式：化学处理、煮水、滤水器、微粒沉底等） 从不(1) | 很少(2) | 有时(3) | 经常(4) 总是(5) | 不用处理水(6)
17.1	在过去12个月中，本户主要水源能够充分满足本户饮用、炊事、洗浴和清洁需求的时间为几个月？ 月#: | 不清楚 (1)
17.2	你是否常常担心本户的主要水源将无法满足本户饮用、炊事、洗浴和清洁的需求？ 从不(1) | 很少(2) | 有时(3) | 经常(4) | 总是(5)
18	本户能负担得起主要水源的水费吗？（仅支付直接费用，无须支付维护管理费） 不能(1) | 很少(2) | 有时(3) | 经常(4) | 总是(5) | 家庭不用付水费(6)

19 总体而言，你认为本户的水质如何？

不清楚(1)	非常糟糕(2)	差(3)	一般(4)
满意(5)	良好(6)	非常好(7)	

20 本户有农业用地吗(包括农作物用地，草场和林地)？

是 (1)	否 (2)	[如果“否”，跳转到问题 28]

21 本户的农业用地有多少(包括农作物用地，草场和林地)？

公顷:		不清楚(1)	[调查员应该把本地面积单位换算公顷， 1 公顷=15 亩]。]

22.1 本户大多数土地是平地、缓坡还是陡坡地?

不清楚 (1)	陡坡(2)	缓坡(3)	平地(4)	梯田(5)	混合型 (6)

22.2 本户大多数土地的土壤类型是什么?

不清楚(1)	严重石化(2)	黏土(3)	壤土(黏土、沙子和/或淤泥混合而成)(4)	
沙土(5)	湿土(6)	旱土(7)	混合型土壤，指明：(8)	其他，指明：(9)

23.1 过去两年中各生长季节内，本户能不能购买或自产足够的堆肥/粪肥或化肥?

本户认为不需要使用堆肥、粪肥或化肥 (1)		不能 (2)	很少 (3)
有时 (4)	经常 (5)	总是 (6)	

23.2 过去两年中各作物种植期内，本户能不能购买足够的种子?

不用，因为本户已经储存了种子(1)	不能(2)	很少(3)	有时(4)
经常(5)	总是(6)	其他，指明：(7)	

23.3 本户一般能获得充足的农作用水吗?

旱季	
其他时候	

从不(1)	很少 (2)		有时 (3)
经常(4)	总是(5)	我们所在地区无旱季(6)	很少或没有农作(7)

24.1 本户一般能为牲畜获得充足的饮水吗?

旱季	
其他时候	

很少或者没有牲畜(1)			从不 (2)	
很少(3)	有时(4)	经常(5)	总是(6)	我们所在地区无旱季(7)

24.2 过去的两年中，本户一般能种植、收集或购买足够的饲料吗?

从不(1)	很少(2)	有时(3)	经常(4)	总是(5)

25.1 本户一般能获得水产养殖用充足的水吗?

旱季	
其他时候	

很少或没有水产养殖(1)		从不 (2)	很少 (3)
有时 (5)	经常(6)	总是 (7)	我们所在地区无旱季(8)

25.2 过去的两年中，本户一般能生产或购买足够的鱼饲料吗?

从不(1)	很少(2)	有时(3)	经常(4)	总是(5)

26 本户一般有足够的人力耕作/管理本户的农地吗?

从不(1)	很少(2)	有时(3)	经常(4)	总是(5)

27 本户土地的拥有形式是什么?

1.非法侵占	2.租期 10～20 年
3.合租/合种	4.租期 21～30 年
5.租期少于 12 个月	6.租期 31～40 年
7.租期少于 5 年	8.租期 40 年以上
9.租期少于 10 年	10.永久性占有(合法占有)

28	未来 12 个月内可能发生的所有自然或社会经济负面事件中，你最担心哪 5 项事件(会对本户、本户的生计和/或农业生产和/或牲畜造成负面影响？) [调查员按照从“最担心的事件”(-1-)到“最不担心的事件”的顺序一一列举少于 5 项事件。只有在问题念了两遍后，受访者还不明白，调查员才能列举具体事件的例子]。
29	你觉得这些事件对本户的影响会多严重? [“可能严重程度”]
30	你觉得在未来 12 个月内有发生这些事件可能性有多大? [“可能频率”]

不清楚(-1)	并未对任何负面事件过分担心(-2)		
可能严重程度=	低-较小(1)	中-适中(2)	高-较大(3)
可能频率=	不太可能(1)	有可能 (2)	很有可能(3)

-1-		事件# =		可能严重程度=		可能频率=	
-2-		事件# =		可能严重程度=		可能频率=	
-3-		事件# =		可能严重程度=		可能频率=	
-4-		事件# =		可能严重程度=		可能频率=	
-5-		事件# =		可能严重程度=		可能频率=	

1.干旱	2.旱季	3.洪水	4.降雨不稳定
5.酸雨	6.霜冻	7.冰雹	8.雪灾或暴风雪
9.地震	10.火山爆发	11.台风/飓风	12.龙卷风
13.强风	14.沙尘暴	15.高温	16.低温
17.零下低温	18.火灾	19.病虫害	20.农作物病虫害
21.肥料匮乏和/或价格高	22.坏种子	23.土地问题	24.牲畜疾病
25.灌溉问题	26.劳动力短缺	27.盗窃	28.市场农作物或牲畜价格偏低
29.市场准入情况糟糕	30.家庭疾病	31.债务	32.地方冲突
33.民族冲突	34.税收	35.失业	36.失去房屋
37.人身暴力	38.腐败	39.入狱	40.其他，请指明：

31 如果你刚刚提到的[在问题 28 中]5 项负面事件中有 2 或 3 项会在未来 12 个月内发生，本户会采取哪三项主要应对措施?

不清楚(1)	首要策略是		第二项策略是		第三项策略是	

1.寻求非农就业	2.孩子比平常承担更多家务劳动	3.请朋友协助农场劳动或生意	4. 请家人协助农场劳动或生意
5.削减医疗保健支出	6.减少酒类消费	7.减少肉类消费	8.减少燃料消耗
9.使用存款或出卖首饰	10.出售牲畜	11.出售存储的谷物	12.出售耐用消费品
13.在下一生长期内播种更少量农作物	14.推迟偿还债务	15.向亲戚借款	16.向朋友借款
17.送孩子外出工作	18.向银行或金融机构借款	19.向合作社或村基金借款	20.让孩子辍学并工作
21.出租农田	22.出售农田	23.出售生意	24.乞讨金钱/食物
25.出售/离开住所(同当地的亲戚一起居住)	26.出售/离开住所(搬往另一个地区)	27.依赖团体保险	28.依赖私人保险
29.依赖地方政府	30.依赖国家政府	31.依赖援助机构	32. 寻求技术员援助
33.做两个工作	34.开始新营业	35.去看病	36.其他，请指出：

32.1 如果你刚刚提到的[在问题 28 中]负面事件中有 1 或 2 项会在未来 12 个月内发生，你认为需要多长时间才能使本户恢复到满意的状况? [按月算，如 2 年=24 个月]

不清楚(-1)	不到一个月(-2)	月 =		本户无法恢复(-3)

32.2 如果本户的房屋在一次极端灾害事件中(任何种类)完全毁坏，但是本户成员安然无恙，你认为需要多长时间才能使本户重建家园? [按月算，如 2 年=24 个月]

不清楚(-1)	我们会搬家(-2)	月 =		本户无法重建(-3)

32.3	如果你刚刚提到的[在问题 28 中]负面事件中有 1 或 2 项会在未来 12 个月内发生，你认为谁最有可能对本户提供援助?

1. 无人	2. 亲人	3. 朋友	4. 保险公司
5. 金融机构	6. 地方政府	7. 国家政府	8. 各级政府
9. 援助机构	10. 不清楚	11. 其他，请指明：	

33.1	在过去 12 个月中，由于食物缺乏，本户成员比平常少吃餐数或食物减量的频率是多大?

从不(1)	一或两次(2)	每月一次(3)	每月几次(4)
约每周一次(5)	每周几次(6)	每天(7)	不清楚(8)

33.2	在过去 12 个月中，本户成员晚上饿着肚子睡觉的频率是多大?

从不(1)	一或两次(2)	每月一次(3)	每月几次(4)
约每周一次(5)	每周几次(6)	每天(7)	不清楚(8)

33.3	在过去 12 个月中，本户缺乏食物的时期是否超过了 2 周(如果回答“是的”，那么这种时期出现了多少次)?

没有(1)	是的，1 次(2)	是的，2 次(3)	是的，3 次(4)
是的，4 次(5)	是的，4 次以上(6)	不记得(7)	其他，指明：(8)

33.4	在过去 12 个月中，本户有过一整天没有任何食物的这种情况吗?

从来没有经过(1)	一或两次(2)	约每月一次(3)	
约每两周一次(4)		经常(5)	不清楚(6)

34	在过去 12 个月中，本户大多数成员食用下列食物种类的频率?
.1	谷物(麦片、面包、稻谷、面食)
.2	根和/或茎类(土豆)
.3	蔬菜
.4	水果
.5	奶制品和/或蛋类
.6	肉类和/或鱼类
.7	坚果(如：花生)和/或豆类和/或豆类食品(如：豆腐)

1.从不	2. 很少
3.每月一次	4. 每月几次
5.约每周一次	6. 每周几次
7. 每天	8.不吃这种食品因为宗教/文化原因

35.1	在过去 12 个月里，本户是否有任何成员管理/经营非农产业？如果有，几个月(过去的 12 个月里)?

无(1)	是，1～2 个月(2)	是，3～4 个月 (3)	是，5～6 个月(4)	是，7 个月以上(5)

35.2	在过去 12 个月里，本户任何成员是否以钱物(物物)交换的形式，为他人提供有偿技能服务(例如设备修理、裁缝或建筑)?

否(1)	是的，有过几次(2)	是的，大约每月一次(3)	是的，每月几次(4)
是的，每周几次(5)		是的，通常每天(6)	

36	如果本户希望从银行或其他金融服务提供商那里借款(不包括朋友或亲戚)，借款是否容易?

否 (1)	可能不是 (2)	可能是 (3)	肯定是 (4)	不清楚(5)

37.1	[调查员应再次告诉受访谈者，会对所有回答保密]。本户目前是否欠债?

否 (1)	是的，欠了一些 (2)	是的，债务适中 (3)	是的，债务非常多 (4)

37.2	本户大多数债务是从哪里借来?

1. 亲戚	2. 朋友	3. 村基金
4. 村政府	5. 农村信用合作社	6. 私人放款人
7. 小额融资机构	8. 政府银行	9. 私人银行
10. 农村及银行联合基金	11.发展项目及银行联合基金	12.其他，请指明：

38.1	本户有多少人(成年人和儿童)通常有足够的鞋穿?

无(1)	一半以下成员(2)	大约一半(3)
多数人(4)	所有成员都有(5)	不清楚(6)

38.2	本户有多少人(成年人和儿童)通常有足够的衣物抵御严峻天气(如，非常热和强烈日光，非常冷或非常潮湿天气，取决于地区)?

无(1)	一半以下成员(2)	大约一半(3)
多数人(4)	所有成员都有(5)	不清楚(6)

39	本户拥有多少台电视机?		
	电视机数量		
40.1	你村/区域中有没有一些农户因为宗教、种族/少数群体的原因只能得到较少的经济或政治机会?		
	没有(1)	是的，有少数户(2)	是的，有少于半数的户(3)
	是的，有大约1/2的户(4)	是的，有多于1/2的户(5)	不清楚(6)
40.2	[如果受访者回答问题40.1“是”。则提问：] 在过去的两年中，情况(不平等)有什么变化吗?		
	稍稍改善(1)	中度改善(2)	改善很多(3)
	稍稍恶化(4)	中度恶化(5)	恶化很多(6)
	没有显著改变(7)	不清楚(8)	其他，请指明(9)

附录2 村级调查表

村级调查表				
调查督导员：________			日期(年/月/日)：20__/__/__	
县(市)：________	乡(镇)：________	行政村：________	自然村：________	
从与村/地方政府官员访谈中收集信息				
41	你村/地区大约有多少人口？多少户?			
	总人口		总户数	不清楚(-1)
42	过去五年内发生的负面事件中(自然或社会经济)，哪5项事件对给村/地区农民造成了最大的损失(对他们的家庭、生计和/或农业/畜牧生产造成负面影响)?			
	1.干旱	2.旱季	3.洪水	4.降雨不稳定
	5.酸雨	6.霜冻	7.冰雹	8.雪灾或暴风雪
	9.地震	10.火山爆发	11.台风/飓风	12.龙卷风
	13.强风	14.沙尘暴	15.高温	16.低温
	17.零下低温	18.火灾	19.病虫害	20.农作物病虫害
	21.肥料匮乏和/或价格太高	22.坏种子	23.土地问题	24.牲畜疾病
	25.灌溉问题	26.劳动力短缺	27.盗窃	28.市场农作物或牲畜价格偏低
	29.市场准入情况糟糕	30.家庭疾病	31.债务	32.地方冲突
	33.民族冲突	34.税收	35.失业	36.失去房屋
	37.人身暴力	38.腐败	39.入狱	40.其他，请指明：
	按照上面的编码， 记录各负面事件的相关详情(尤其是：什么时候发生，持续时间，对农户的影响，恢复情况)			
事件		详情		
事件		详情		
事件		详情		
事件		详情		
事件		详情		

从与村/地方学校校长（或在场的最年长的老师）访谈中收集信息.

43 你村/地区中共有多少学校（招收 5～14 岁的学生）？他们的名字是什么？

学校名字	备注
1.	
2.	
3.	
4.	

对于所有这些学校

44.1 这些学校中共有多少全职（几乎每个开课日都工作）和代课（工作时间约为开课日的 1/2）老师？

全职老师		代课老师	

44.2 所有全职老师是否有住房补贴，或者免费的住房？如果是，住房的质量如何？

没有(1)	是的，提供了低质量的住房(2)	是的，提供了质量适中的住房(3)
是的，提供高于平均水平的住房(4)	是的，提供了高质量的住房(5)	

45 定期（每周 5 天中至少 4 天）到校上课的男女学生（5～14 岁）总数是多少？

女学生总数		男学生总数	

46 教师是否有充足的教学用品进行有效的教学？

没有(1)	一些教师有(2)	约一半教师有(3)
大部分教师有(4)	是的，所有教师都有(5)	不清楚 (6)

47 学生是否有充足的用品进行有效的学习？

没有(1)	一些学生有(2)	约一半学生有(3)
大部分学生有(4)	是的，所有学生都有(5)	不清楚 (6)

48 在过去两个教学年内，你村/地区大多数学生的全面成绩有什么变化？

有点提高 (1)	中等提高 (2)	很多提高 (3)
有点变差了 (4)	中等变差了 (5)	变得差多了 (6)
没什么改变 (7)	不清楚 (8)	其他，指明：(9)

49 因为学校容量（或者宿舍容量）不够和/或教学用品不够，村/地区学校是否因此少接收了一定数量的学生？

没有 (-1)	还应该上学的学生数		不清楚 (-2)

50 您的村/区域中有没有一些家庭因为宗教、种族/少数群体的原因只能得到较少的经济或政治机会？

没有(1)	是的，有少数家庭(2)	是的，有少于半数的家庭(3)
是的，有大约 1/2 的家庭(4)	是的，有多于 1/2 的家庭(5)	不清楚(6)

51 在过去的两年中，情况（不平等）发生了什么变化？

稍稍改善(1)	中度改善(2)	改善很多(3)
稍稍恶化(4)	中度恶化(5)	恶化很多(6)
没有显著改变(7)	不清楚(8)	其他，请指明(9)

从与村/地方医疗保健中心人员（和/或行政村委员）访谈中收集信息

52 在你村/地区中心区 5km 以内有几所（公共的和私人的）医疗保健中心？

医疗保健中心总数	

其名称是什么（填写下表）？

53 各医疗保健中心每天能（看）治疗多少病人（最大容量）？

54 各医疗保健中心是不是经常具备充足医疗用品以提供足够的医疗保健服务？

医疗保健中心名称	最大日处理病人量	充足的医疗用品*	注释
1	#		

2	#		
3	#		
4	#		
5	#		
* 从不(1)，很少(2)，有时(3)，经常(4)，总是(5)			

55 这些医疗保健中心共有多少位全职(在大多数工作日上班)和兼职(每周工作 1～3 天)医疗保健员工？

全职员工总数		兼职员工总数	

56 他们已工作了多少年(总年限，你村/地区以及其他地区)？

57 他们一共接受了几年的正规教育？

	工作年限	教育年限		工作年限	教育年限
全职员工 1	#	#	兼职员工 1	#	#
全职员工 2	#	#	兼职员工 2	#	#
全职员工 3	#	#	兼职员工 3	#	#
全职员工 4	#	#	兼职员工 4	#	#
全职员工 5	#	#	兼职员工 5	#	#
…	…	…	…	…	…

58 在过去 24 个月内，你村/地区大多数人的全面健康状况有什么变化？

有一点改善 (1)	中等改善 (2)	更坏改善 (3)
有一点更坏 (4)	中等更坏 (5)	更坏得多 (6)
没什么改变 (7)	不清楚 (8)	其他，指明：(9)

59 你村/区域中有没有一些家庭因为宗教、种族/少数群体的原因只能得到较少的经济或政治机会？

没有(1)	是的，有少数家庭(2)	是的，有少于半数的家庭(3)
是的，有大约 1/2 的家庭(4)	是的，有多于 1/2 的家庭(5)	不清楚(6)

60 在过去的两年中，情况(不平等)发生了什么变化？

稍稍改善(1)	中度改善(2)	改善很多(3)
稍稍恶化(4)	中度恶化(5)	恶化很多(6)
没有显著改变(7)	不清楚(8)	其他，请指明(9)

第 9 章　推动基本公共服务均等化供给，显著加快民族地区保障和改善民生进程研究

实现基本公共服务均等化供给是民族地区全面建成小康社会的关键。本章在对基本公共服务界定的基础上，首先对民族地区基本公共服务的供给进行总体分析和评估，然后分别就基本公共教育、基本医疗卫生进行了专题研究。主要结论包括以下方面。

(1) 对民族地区基本公共服务的评估表明，现阶段民族八省区基本公共服务的主要短板所在：①内蒙古自治区，居住环境、公共教育；②广西壮族自治区，公共文化、社会保险；③贵州省，基本社会服务、居住环境；④云南省，基本社会服务、居住环境；⑤西藏自治区，基本社会服务、居住环境；⑥青海省，居住环境、基本社会服务；⑦宁夏回族自治区，基本社会服务、居住环境；⑧新疆维吾尔自治区，基本社会服务、居住环境。

(2) 西部大开发已进入了一个新的阶段，新阶段的西部大开发以增强自我发展能力为主线，而教育的优先发展是增强自我发展能力的一个核心支柱。本章对民族地区基础教育的发展及其存在的问题进行了深入的分析，并对四川省凉山彝族自治州的基础教育进行了专题调查。主要结论是：改革开放以来，民族地区基础教育实现了快速发展，取得了令人瞩目的教育成果，但依然存在很多挑战，与地区国民经济和社会发展的要求还不完全适应，与全国平均水平和发达地区平均水平相比，差距还很大。基础教育供给能力的不足，影响了民族地区自我发展能力的增强和经济社会的协调快速发展。因此，要实现民族地区的跨越式包容性绿色发展，必须切实确保基础教育的优先发展。①要进一步强化对基础教育的战略地位的认识，把党政一把手作为推进基础教育优先发展的第一责任人，把基础教育发展作为政府考核的重要的不可替代和具有否决权的指标，这样优先发展基础教育，才能做到规划优先、投入优先和资源配置优先；②切实增加教育投入，建成覆盖城乡的基本公共教育服务体系，逐步实现基本公共教育服务均等化，缩小城乡区域差距；③加强教师队伍建设，促进教师资源的合理优化配置；④加快发展民族教育事业；⑤学校布局调整应充分考虑民族地区特殊的地理环境；⑥借鉴对口支援机制，全面实行对民族地区基础教育的对口援教机制。

(3) 民族地区乡村医疗卫生服务是我国医疗卫生服务体系中的重要组成部分，是建设社会主义新农村的重要内容。本章通过对现有卫生统计数据的对比分析，发现我国民族地区乡村医疗卫生服务在乡村卫生资源、基本医疗保障、基层医疗卫生服务等方面发展较快，政府卫生费用支出也不断增长。但与国内其他地区相比，民族地区乡村医疗卫生事业仍然存在基础设施差、卫生技术人员匮乏、卫生支出不足、新型农村合作医疗的逆向选择及卫生服务区域差异等问题。

针对这些问题提出国家应继续加大扶持力度，加强卫生人员的培养，提高对乡镇和村卫生室人员的补助，并全面推进新型农村合作医疗制度等相关政策建议：①要继续加大扶持力度，国家在卫生经费投入中坚持“民族地区倾斜政策”，建立专门的“民族地区乡村医疗卫生基金”；②要采取切实措施加强卫生人员的培养，建议保护民族乡村地区的“赤脚医生”，兴办民族地区的医学院校，实施好对民族乡村地区卫生人员的定向培养；③要提高乡镇和村卫生室人员的补助；④要全面推进新型农村合作医疗制度。

9.1 民族地区基本公共服务均等化供给：综合评估

总体实现基本公共服务的均等化供给，是民族地区全面建成小康社会的最基本要求。《国家基本公共服务体系“十二五”规划》提出：“建立健全基本公共服务体系，促进基本公共服务均等化，是深入贯彻落实科学发展观的重大举措，是构建社会主义和谐社会、维护社会公平正义的迫切需要，是全面建设服务型政府的内在要求，对于推进以保障和改善民生为重点的社会建设，对于切实保障人民群众最关心、最直接、最现实的利益，对于加快经济发展方式转变、扩大内需特别是消费需求，都具有十分重要的意义”①。中华人民共和国成立以来，特别是改革开放和西部大开发战略实施以来，民族地区基本公共服务供给取得了长足的进展，但与全国平均水平和发达地区比较，与各族人民对基本公共服务的需要比较，民族地区基本公共服务的供给总体不足，区域间、城乡间、不同职业间供给均等化程度还不高，供给质量的差距还很大。给各地区各族人民均等化提供优质高效的基本公共服务，是社会主义国家政府的基本职能，关系到各族人民对发展成果共享的程度和获得程度。“发展是解决民族地区各种问题的总钥匙”，“关键是实现什么样的发展”，“发展经济的根本目的就是要让各族群众过上好日子”②。为此，“十三五”时期，民族地区“要以推进基本公共服务均等化为重点，着力改善民生”，“既要坚持不懈抓发展，不断扩大经济总量，为民生改善提供坚实基础，也要大力推进基本公共服务均等化，促进社会公平”。

本章在对基本公共服务界定的基础上，首先对民族地区基本公共服务的供给进行总体分析和评估，然后分别就基本公共教育、基本医疗卫生进行专题研究。

9.1.1 基本公共服务均等化：概念界定

(1)基本公共服务的含义与范围。根据《国家基本公共服务体系“十二五”规划》，基本公共服务，指建立在一定社会共识基础上，由政府主导提供的，与经济社会发展水平和阶段相适应，旨在保障全体公民生存和发展基本需求的公共服务。享有基本公共服务属于公民的权利，提供基本公共服务是政府的职责。这一界定说明，基本公共服务是建立在一定社会共识基础上的，能满足居民基本需求，一国全体公民不论其民族、收入和地位及

① 《国务院关于印发国家基本公共服务体系“十二五”规划的通知》，国发〔2012〕29号。
② 中央民族工作会议暨国务院第六次全国民族团结进步表彰大会在京举行。

居住地区，都应该普遍享有的公平可及的服务。基本公共服务具有公共品的性质，具有非竞争性、非排他性，由于基本公共服务的高度的正外部性，成本与收益不对称，如果完全由市场供应，就存在供给不足、分享不均、匹配效率低等问题。因此，一般情况下，基本公共服务应由政府供给。

基本公共服务范围，一般包括保障基本民生需求的教育、就业、社会保障、医疗卫生、计划生育、住房保障、文化体育等领域的公共服务，广义上还包括与人民生活环境紧密关联的交通、通信、公用设施、环境保护等领域的公共服务，以及保障安全需要的公共安全、消费安全和国防安全等领域的公共服务。具体地讲，现阶段我国基本公共服务范围包括：①通过为全体公民提供平等的公共就业服务、基本养老保险、基本生活保障和基本住房保障等基本公共服务，保障人的基本生存权；②通过提供公共医疗卫生和基本医疗保险等基本公共服务，保障人的基本健康权；③通过提供公共教育、文化体育、公共基础设施、环境保护和公共安全等基本公共服务，保障人的自我发展权。综上，可将基本公共服务范围划分为以下 9 类：社会保障和就业、医疗卫生、公共教育、公共管理、文体传媒、城乡社区、环境保护、公共安全、交通运输。

(2)基本公共服务均等化的含义。基本公共服务均等化，根据《国家基本公共服务体系“十二五”规划》，是指全体公民都能公平可及地获得大致均等的基本公共服务，其核心是机会均等，而不是简单的平均化和无差异化。

根据“十二五”规划纲要，为突出体现“学有所教、劳有所得、病有所医、老有所养、住有所居”的要求，并考虑与其他子课题的关系及数据的可得性，本书确定的基本公共服务范围为：公共教育、劳动就业服务、社会保险、基本社会服务、基本医疗卫生、公共文化和居住环境等领域的基本公共服务。

9.1.2　民族地区基本公共服务供给现状分析

本节以民族八省区为范围，分析近年来民族地区基本公共服务供给的现状。概括起来，主要有以下方面。

(1)基本公共教育服务水平明显提升。到 2014 年民族八省区已全面普及九年义务教育，基础教育生均公共财政教育经费不断提高，全面实施“两免一补”和营养改善计划，生师比有明显改进，6 岁及以上人口平均受教育程度有了显著提高(表 9.1 和表 9.2)。

表 9.1　全国和民族八省区公共教育情况(2005 年)

地区	教育支出/GDP	生均公共财政教育经费/元			小学			生师比/人			平均受教育年限/年
		小学	初中	高中	行政村覆盖率/%	小学平均就学半径/km	小学综合密度	普通小学	初中	普通高中	
全国	2.17	1361.09	1561.69	2111.4	58.21	3.84	32.69	19.43	17.80	18.54	7.83
内蒙古自治区	2.02	1926.04	1999.8	1969.53	47.85	10.67	11.01	13.42	15.24	19.64	8.22

续表

地区	教育支出/GDP	生均公共财政教育经费/元			小学			生师比/人			平均受教育年限/年
		小学	初中	高中	行政村覆盖率/%	小学平均就学半径/km	小学综合密度	普通小学	初中	普通高中	
广西壮族自治区	2.58	1069.79	1127.13	1542.59	107.95	2.94	46.58	22.11	19.97	19.85	7.66
贵州省	4.72	894.51	1039.17	1633.22	71.18	2.64	55.62	25.79	21.11	19.31	6.42
云南省	3.52	1282.19	1526.38	2404.46	152.81	3.44	44.76	20.13	18.81	16.23	6.38
西藏自治区	8.11	2797.19	5190.30	4565.00	15.49	27.57	4.88	22.95	19.38	17.35	3.74
青海省	3.74	1970.69	2179.02	2996.58	69.93	11.80	14.68	18.45	16.84	15.30	6.76
宁夏回族自治区	3.22	1204.28	1710.20	2603.05	108.55	3.84	40.17	20.53	18.43	17.97	7.37
新疆维吾尔自治区	2.79	1755.68	1932.56	2690.58	58.39	13.30	9.08	15.91	15.58	15.42	8.20
民族八省区	3.06	—	—	—	82.33	6.92	20.36	—	—	—	7.15

资料来源：根据《中国统计年鉴》(2006 年)、《中国社会统计年鉴》(2006 年)、《中国教育经费统计年鉴》(2005 年)相关数据计算得到。

表 9.2　全国和民族八省区公共教育情况(2014 年)

地区	教育支出/GDP	生均公共财政教育经费/元			小学			生师比/人			平均受教育年限/年
		小学	初中	高中	行政村覆盖率/%	小学平均就学半径/km	小学综合密度	普通小学	初中	普通高中	
全国	3.62	7681.02	10359.33	9024.96	29.52	5.18	17.57	16.78	12.57	14.44	9.04
内蒙古自治区	2.69	10181.40	11954.80	10613.62	16.19	17.50	3.99	12.09	11.02	14.40	9.00
广西壮族自治区	4.21	5945.96	7360.62	6835.22	80.00	3.21	38.52	19.87	16.56	17.33	8.75
贵州省	6.87	6789.79	6924.70	6820.40	49.43	3.27	37.31	17.96	17.29	18.00	8.09
云南省	5.27	6200.67	7586.92	6796.01	88.55	4.19	29.25	16.94	15.49	15.53	7.79
西藏自治区	15.43	17905.94	16631.68	20187.23	15.17	28.56	4.24	14.56	13.08	12.64	4.22
青海省	6.79	9438.49	11949.57	11726.99	24.18	19.03	5.44	18.28	13.81	14.19	8.04
宁夏回族自治区	4.46	6470.11	9689.53	8622.80	64.32	4.60	26.60	17.65	14.59	15.92	8.55
新疆维吾尔自治区	6.12	11292.19	14452.18	11991.78	30.37	16.11	5.79	13.39	10.47	12.25	9.18
民族八省区	4.86	9278.07	10818.75	10499.26	50.81	8.45	13.43	16.74	14.70	15.67	8.38

资料来源：根据《中国统计年鉴》(2015 年)、《中国社会统计年鉴》(2015 年)、《中国教育经费统计年鉴》(2014 年)相关数据计算得到。

(2)医疗卫生事业取得新进步。覆盖城乡的医疗卫生服务体系逐步完善，疾病防控能力不断增强，基本医疗保障制度建设稳步推进(表 9.3 和表 9.4)。如表 9.3 所示，财政卫生支出占地区生产总值比重，2005 年民族八省区为 0.95%，到 2014 年达到 2.31%，提高了 1.43 倍。医疗卫生投入增加，民族八省区医疗卫生条件得到有效改善，各族人民健康状况得到提高，预期寿命较大幅度增加①。

表 9.3　全国和民族八省区基本医疗卫生情况(2005 年)

地区	财政卫生支出/地区生产总值/%	每万人口医疗卫生机构数/个	每千人口医疗卫生机构床位数/个	每千农业人口乡镇卫生院床位数/个	每千人口卫生技术人员/人	每千农业人口乡镇卫生院人员数/人	设卫生室的村数占行政村数比例/%	平均每村村卫生室人员数/人	每千农业人口村卫生室人员数/人	平均预期寿命(2000年)/岁
全国	0.57	2.29	2.45	0.78	3.49	1.16	85.80	1.46	1.05	71.40
内蒙古自治区	0.54	3.20	2.71	0.93	4.36	1.40	100.00	1.39	1.20	69.87
广西壮族自治区	0.64	2.02	1.78	0.53	2.64	0.84	100.00	2.52	0.91	71.29
贵州省	1.30	1.76	1.51	0.43	2.11	0.58	93.90	1.21	0.75	65.96
云南省	1.29	2.27	2.31	0.68	2.77	0.69	100.00	2.87	0.99	65.49
西藏自治区	2.83	4.97	2.40	0.88	3.33	0.84	62.40	0.43	1.09	64.37
青海省	1.63	2.72	2.93	0.58	3.87	0.76	100.00	1.20	1.40	66.03
宁夏回族自治区	0.89	2.45	2.86	0.55	3.88	0.91	100.00	1.52	0.94	70.17
新疆维吾尔自治区	0.99	4.02	3.87	1.15	4.91	1.47	53.70	0.72	0.57	67.41
民族八省区	0.95	2.47	—	—	—	—	—	—	—	—

资料来源：根据《中国统计年鉴》(2006 年)、《中国社会统计年鉴》(2006 年)、《中国卫生统计年鉴》(2006 年)相关数据计算得到。

表 9.4　全国和民族八省区基本医疗卫生情况(2014 年)

地区	卫生总费用占GDP比例/%	人均卫生总费用/元	财政卫生支出/地区生产总值/%	每万人口医疗卫生机构数/个	每千人口医疗卫生机构床位数/个	每千农业人口乡镇卫生院床位数/个	每千人口卫生技术人员/人	每千农业人口乡镇卫生院人员数/人	设卫生室的村数占行政村数比例/%	平均每村村卫生室人员数/人	每千农业人口村卫生室人员数/人	平均预期寿命(2010年)/岁
全国	5.39	2327.37	1.60	7.18	4.83	1.34	5.55	1.43	93.27	2.26	1.67	74.83
内蒙古自治区	4.15	2798.11	1.28	9.35	5.15	1.31	6.17	1.4	100.00	1.91	1.83	74.44
广西壮族自治区	5.89	1795.64	2.27	7.29	4.24	1.44	5.44	1.65	100.00	2.27	1.23	75.11
贵州省	6.90	1577.7	3.27	8.27	5.19	1.06	4.84	0.91	100.00	1.98	1.15	71.1
云南省	7.23	1808.68	2.75	5.15	4.77	1.32	4.43	0.98	100.00	3.21	1.31	69.54

① 具体分析见本书第 3 章。

续表

地区	卫生总费用占GDP比例/%	人均卫生总费用/元	财政卫生支出/地区生产总值/%	每万人口医疗卫生机构数/个	每千人口医疗卫生机构床位数/个	每千农业人口乡镇卫生院床位数/个	每千人口卫生技术人员/人	每千农业人口乡镇卫生院人员数/人	设卫生室的村数占行政村数比例/%	平均每村村卫生室人员数/人	每千农业人口村卫生室人员数/人	平均预期寿命(2010年)/岁
西藏自治区	9.14	2366	3.31	21.40	3.76	1.24	4.06	1.36	100.00	2.16	4.35	68.17
青海省	7.74	2813.15	3.48	10.70	5.66	1.40	5.82	1.56	100.00	2.16	3.21	69.96
宁夏回族自治区	6.55	2568.91	2.37	6.43	4.91	0.70	6.02	1.08	100.00	2.22	1.35	73.38
新疆维吾尔自治区	7.98	2945.97	2.18	8.21	6.22	1.81	6.67	1.67	100.00	2.07	1.64	72.35
民族八省区	6.20	2091.16	2.31	7.63	4.95	1.32	5.34	1.27	100.00	2.25	2.00	

资料来源：根据《中国统计年鉴》(2015 年)、《中国社会统计年鉴》(2015 年)、《中国卫生统计年鉴》(2015 年)相关数据计算得到。

(3)文化体育事业快速推进。农家书屋、文化站、图书馆、流动电影放映、文化信息资源共享、广播电视“村村通”、全民体育健身等重点文化惠民工程建设加快推进。到2014年广播节目综合人口覆盖率：内蒙古自治区为98.42%，广西壮族自治区为96.60%，贵州省为91.52%，云南省为96.48%，西藏自治区为94.78%，青海省为97.03%，宁夏回族自治区为96.15%，新疆维吾尔自治区为96.48%；电视节目综合人口覆盖率分别为内蒙古自治区为98.57%，广西壮族自治区为98.20%，贵州省为95.39%，云南省为97.48%，西藏自治区为95.91%，青海省为97.51%，宁夏回族自治区为99.11%，新疆维吾尔自治区为96.94%(表 9.5)。非物质文化遗产保护等项目稳步推进，实现了文化传承保护与开发利用相结合；公共文化基础设施网络逐步形成，区域间文化项目合作开始起步；体育基础设施不断改善，公共体育设施和服务一体化进程加快。着力支持基层公共文化设施建设，积极推动重大公共文化工程实施，加快发展影视动漫等新型文化产业，文化强省建设稳步推进。

表 9.5 全国和民族八省区公共文化情况(2014 年)

地区	广播节目综合人口覆盖率/%	电视节目综合人口覆盖率/%	有线广播电视用户数占家庭总户数的比重/%	艺术表演团体/(个/100万人)	艺术表演场馆/(个/100万人)	文化馆(站)/(个/100万人)	博物馆/(个/100万人)
全国	97.99	98.60	54.82	0.78	0.12	3.95	0.33
内蒙古自治区	98.42	98.57	40.59	0.86	0.09	5.59	0.36
广西壮族自治区	96.60	98.20	40.86	0.17	0.04	3.29	0.27
贵州省	91.52	95.39	30.79	0.36	0.02	5.82	0.26
云南省	96.48	97.48	34.40	0.73	0.04	4.00	0.22
西藏自治区	94.78	95.91	30.50	3.36	0.53	29.47	0.15
青海省	97.03	97.51	40.69	1.33	0.33	8.58	0.46

续表

地区	广播节目综合人口覆盖率/%	电视节目综合人口覆盖率/%	有线广播电视用户数占家庭总户数的比重/%	艺术表演团体/(个/100万人)	艺术表演场馆/(个/100万人)	文化馆(站)/(个/100万人)	博物馆/(个/100万人)
宁夏回族自治区	96.15	99.11	46.66	0.57	0.05	4.63	0.22
新疆维吾尔自治区	96.48	96.94	34.97	0.64	0.08	6.66	0.43

资料来源：根据《中国社会统计年鉴》(2015 年)数据计算。

(4)社会保障体系更加完善。近年来，民族地区社会保障得到较快发展，2010 年民族八省区用于社会保障和就业的支出达到 1377.8 亿元，2014 年达到 2454 亿元，占地方一般预算支出的比重分别为 11.73%和 11.06%。城乡居民基本养老保险、城镇基本养老保险、失业保险、工伤保险、生育保险、新型农村合作医疗等社会保障参加人数、保障水平均有较大幅度进展。2014 年末民族八省区参加城镇职工基本养老保险人数为 2593.9 万，城镇基本医疗保险人数为 5601.4 万，失业保险人数为 1339.6 万，工伤保险人数为 1724.6 万，生育保险人数为 1544.9 万，新型农村合作医疗人数为 15654.4 万。分别较 2010 年增加了 553.3 万人、1199.1 万人、171.8 万人、541.6 万人、407.6 万人和 2221.7 万人(表 9.6 和图 9.1)。以城乡最低生活保障制度为基础，以医疗救助、五保供养、流浪乞讨人员救助为主要内容，以临时救助为补充，与慈善、住房、教育、司法等专项救助衔接配套、覆盖城乡的新型社会救助体系基本建立。

表 9.6　全国和民族八省区社会保障参保人数　(单位：万人)

地区	城乡居民养老保险	城镇职工基本养老保险	城镇基本医疗保险	失业保险	工伤保险	生育保险	新型农村合作医疗
2010 年							
全国	—	25707.3	43262.9	13375.6	16160.7	12335.9	83560
内蒙古自治区	—	430.7	886.4	230.9	207.5	233.9	1214.6
广西壮族自治区	—	449.3	935.2	238.4	235.7	218.5	3811.3
贵州省	—	257.3	602.5	152.5	162.2	164.3	3029.2
云南省	—	317.4	820.5	209.6	227.4	210.2	3412.2
西藏自治区	—	9.9	38.6	9.3	8.8	14.8	233.6
青海省	—	74.4	140.3	36.6	43.2	6.4	340.8
宁夏回族自治区	—	107.8	188.3	47.6	48.9	39.8	372
新疆维吾尔自治区	—	393.8	790.5	242.9	249.3	249.4	1019
民族八省区	—	2040.6	4402.3	1167.8	1183.0	1137.3	13432.7
2014 年							
全国	50107.5	34124.4	59746.9	17042.6	20639.2	17038.7	73627.3
内蒙古自治区	761.9	524.9	998.1	236.3	289.9	293.7	1289.3
广西壮族自治区	1713.9	557.6	1067.3	259.0	338.2	280.2	4159.2
贵州省	1586.6	361.5	687.1	191.9	275.4	248.8	3247.4

续表

地区	城乡居民养老保险	城镇职工基本养老保险	城镇基本医疗保险	失业保险	工伤保险	生育保险	新型农村合作医疗
云南省	2160.5	397.9	1135.9	236.9	341.7	279.3	3304.5
西藏自治区	140.9	15.2	58.9	12.5	24.3	22.8	253.0
青海省	224.6	94.6	190.4	39.3	54.7	45.8	1922.9
宁夏回族自治区	182.1	151.4	378.0	73.5	82.2	71.3	360.0
新疆维吾尔自治区	545.2	490.8	885.1	290.2	318.2	303.0	1118.1
民族八省区	7315.7	2593.9	5601.4	1339.6	1724.6	1544.9	15654.4

注：“—”表示缺数据。

资料来源：根据《中国社会统计年鉴》(2011 年，2015 年)数据计算。

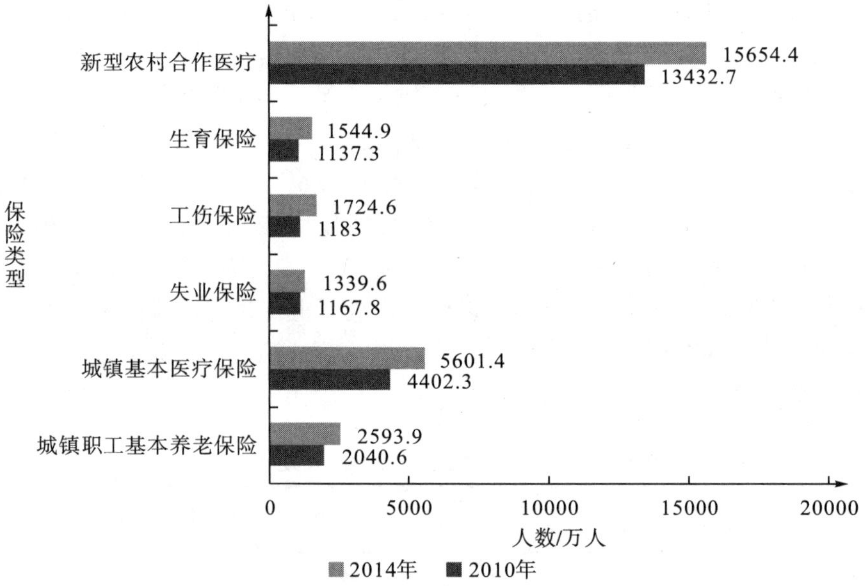

图 9.1 民族八省区社会保障参保人数(见彩图版)

资料来源：根据《中国社会统计年鉴》(2011 年，2015 年)数据计算绘制。

(5)城乡环境建设稳步推进，居住环境显著改善。2014 年民族八省区用于城乡社区支出、交通运输支出和住房保障支出占地方一般公共预算支出的 22.65%，达到 5027.38 亿元。各地区城市公共交通、市容环境卫生、城市绿化水平、城市设施水平、乡公用设施、农村改水改厕、村庄公共设施等有了较大改进(表 9.7～表 9.10)。

表 9.7 全国和民族八省区城市设施水平情况

地区	城市用水普及率/%	城市燃气普及率/%	每万人拥有公共交通车辆/标台	人均城市道路面积/m²	人均公园绿地面积/m²	每万人拥有公共厕所/个
			2010 年			
全国	96.68	92.04	9.71	13.21	11.18	3.02
内蒙古自治区	87.97	79.26	6.89	14.89	12.36	4.73

续表

地区	城市用水普及率/%	城市燃气普及率/%	每万人拥有公共交通车辆/标台	人均城市道路面积/m^2	人均公园绿地面积/m^2	每万人拥有公共厕所/个
广西壮族自治区	94.65	92.35	8.07	14.31	9.83	1.76
贵州省	94.10	69.72	8.46	6.65	7.33	2.21
云南省	96.50	76.4	9.74	10.90	9.30	2.26
西藏自治区	97.42	79.83	20.91	13.25	5.78	4.16
青海省	99.87	90.79	18.3	11.42	8.53	4.65
宁夏回族自治区	98.23	88.01	10.63	17.35	16.18	4.18
新疆维吾尔自治区	99.17	95.8	11.66	13.19	8.61	3.23
2014 年						
全国	97.64	94.57	12.99	15.34	13.08	2.79
内蒙古自治区	97.79	92.28	9.01	21.10	18.80	4.67
广西壮族自治区	94.40	92.99	9.19	15.75	11.19	2.15
贵州省	94.47	76.30	10.61	10.33	12.50	2.17
云南省	97.85	76.18	12.36	17.12	11.00	2.87
西藏自治区	89.07	57.13	8.43	14.44	10.80	4.51
青海省	99.71	88.81	14.40	11.08	10.78	4.04
宁夏回族自治区	97.26	89.23	13.17	23.16	17.91	2.51
新疆维吾尔自治区	98.15	96.87	15.54	16.46	10.74	3.36

资料来源：根据《中国社会统计年鉴》(2011 年，2015 年)数据计算。

表 9.8　全国和民族八省区乡公用设施水平情况(2014 年)

地区	人口密度/(人/km^2)	人均日生活用水量/L	供水普及率/%	燃气普及率/%	人均道路面积/m^2	排水管道暗渠密度/(km/km^2)	人均公园绿地面积/m^2	绿化覆盖率/%	绿地率/%
全国	4428	83.08	69.26	20.32	12.63	3.83	1.07	12.98	5.50
内蒙古自治区	2781	53.69	54.21	12.24	11.70	0.94	0.36	7.48	3.52
广西壮族自治区	7239	99.40	83.76	55.42	10.52	6.40	0.36	10.31	5.71
贵州省	4346	87.00	79.05	5.94	10.83	2.81	0.47	9.43	4.12
云南省	5151	93.71	81.51	9.60	10.62	5.01	0.29	5.63	2.93
西藏自治区	—	—	—	—	—	—	—	—	—
青海省	5236	61.40	46.78	—	11.15	0.56	—	6.04	2.47
宁夏回族自治区	3913	60.73	73.13	18.84	15.73	4.33	0.20	9.89	4.59
新疆维吾尔自治区	3064	76.14	77.62	5.45	22.82	1.05	1.30	16.23	11.50

注：“—”表示缺数据。

资料来源：根据《中国社会统计年鉴》(2015 年)数据计算。

表 9.9 全国和民族七省区村庄公共设施情况(2014 年)

地区	集中供水的行政村/%	村内自建集中供水设施的行政村/%	供水普及率/%	人均日生活用水量/L	燃气普及率/%	对生活污水进行集中处理的行政村/%	有生活垃圾收集点的行政村/%	对生活垃圾进行处理的行政村/%
全国	62.50	11.20	61.55	72.75	20.58	10.00	64.00	48.20
内蒙古自治区	53.50	9.50	50.05	43.80	4.68	2.40	15.80	6.80
广西壮族自治区	48.10	5.40	52.05	87.39	30.07	4.80	96.30	93.10
贵州省	57.80	10.90	57.87	71.66	1.89	4.50	29.40	18.00
云南省	69.00	14.80	65.96	84.12	3.52	5.70	39.90	25.10
青海省	65.20	0.20	81.45	64.34	1.68	1.00	33.50	17.50
宁夏回族自治区	78.80	1.60	69.88	59.60	7.02	1.20	14.30	6.70
新疆维吾尔自治区	78.00	4.10	75.57	62.15	1.80	7.40	63.50	39.40

资料来源：根据《中国社会统计年鉴》(2015 年)数据计算。

表 9.10 分地区农村引用自来水人口占农村总人口比重(%)

地区	2000 年	2005 年	2010 年	2011 年	2012 年	2013 年	2014 年
全国	55.2	61.3	71.2	72.1	74.6	76.4	79.0
内蒙古自治区	30.8	34.6	50.5	58.4	65.3	61.2	66.0
广西壮族自治区	47.6	75.0	65.7	54.5	61.0	68.3	74.9
贵州省	43.6	53.4	61.8	61.4	65.7	73.3	73.2
云南省	54.3	63.0	64.1	66.1	67.9	70.0	70.3
西藏自治区	—	—	—	—	—	—	—
青海省	55.2	77.2	76.9	78.0	79.9	78.7	80.9
宁夏回族自治区	29.6	40.3	68.0	77.4	79.8	84.3	86.7
新疆维吾尔自治区	80.1	58.0	78.4	87.6	92.8	91.9	96.6

资料来源：根据《中国社会统计年鉴》(2015 年)数据计算。

(6)就业率高，就业人员受教育程度显著提升，就业公共服务体系建设进展明显。2014 年民族八省区城镇登记失业率均低于全国水平，就业人员受教育程度中，大专及以上的比例(技能劳动力)占比，内蒙古自治区、青海省和新疆维吾尔自治区均超过全国水平，平均受教育年限虽只有内蒙古自治区超过全国平均受教育年限 9.85 年的水平，其他地区也有较大幅度提升。就业服务质量(定义为本期介绍成功人数/本期登记求职人数)除广西壮族自治区和贵州省外，其余地区均超过全国平均水平(表 9.11)。

表 9.11 全国和民族八省区就业与就业服务情况

地区	城镇登记失业率/ %		就业人员平均受教育年限/年		就业服务质量/ %	技能劳动力/ %	
	2014 年	2010 年	2014 年	2010 年	2014 年	2014 年	2010 年
全国	4.09	4.10	9.85	9.05	42.00	16.11	10.05

续表

地区	城镇登记失业率/ %		就业人员平均受教育年限/年		就业服务质量/ %	技能劳动力/ %	
	2014 年	2010 年	2014 年	2010 年	2014 年	2014 年	2010 年
内蒙古自治区	3.60	3.90	9.97	9.23	51.79	18.53	12.41
广西壮族自治区	3.20	3.70	9.41	8.77	28.7	10.47	7.36
贵州省	3.30	3.60	8.48	7.47	35.15	10.22	7.08
云南省	4.00	4.20	8.45	7.62	61.03	10.27	6.49
西藏自治区	2.50	4.00	6.42	5.13	77.16	5.85	7.10
青海省	3.20	3.80	9.21	7.77	91.84	16.47	11.51
宁夏回族自治区	4.00	4.40	8.95	8.78	95.93	15.37	12.74
新疆维吾尔自治区	3.20	3.20	9.75	9.26	66.83	17.64	13.86

资料来源：根据《中国社会统计年鉴》(2011 年，2015 年)数据计算。

9.1.3 民族地区基本公共服务供给均等化综合评估

基本公共服务供给均等化综合评估方法与框架如图 9.2 所示。为了综合评价民族地区基本公共服务均等化供给状况，这里借鉴柯布-道格拉斯函数方法，构建基本公共服务供给指数(BPS)，评估的基本公共服务包括基本公共教育(PE)、劳动就业服务(LE)、社会保险(SR)、基本社会服务(SS)、基本医疗卫生(HC)、公共文化(PC)、居住环境(LC)。

$$\mathrm{BPS}=\sqrt[7]{\mathrm{PE}\cdot\mathrm{LE}\cdot\mathrm{SR}\cdot\mathrm{SS}\cdot\mathrm{HC}\cdot\mathrm{PC}\cdot\mathrm{LC}}$$

各分项指数的构建类似，具体指标的选择见下面相应部分的分析。为了反映民族地区基本公共服务的相对水平，各指标均取的是相对于全国平均水平的相对值。

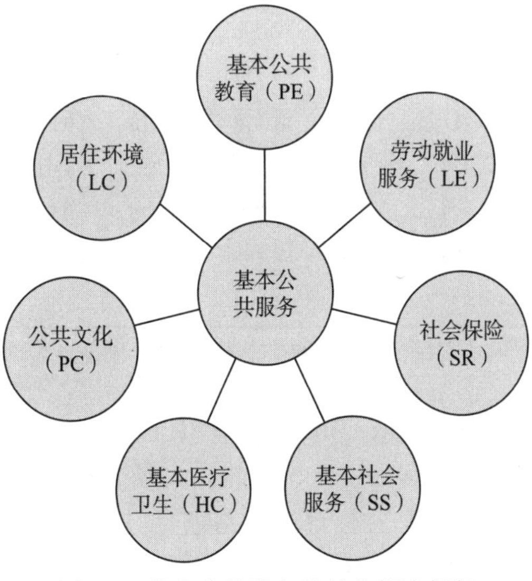

图 9.2 基本公共服务均等化概念框架

(1)基本公共教育。基本公共教育包括学前教育、九年义务教育和高中阶段教育。如表9.12所示，选取了如下指标，计算其与全国平均水平的相对值：公共财政教育支出/地区生产总值占比，生均公共财政预算教育事业费(包括小学、初中和高中)，小学综合密度(定义为小学校数/$\sqrt{面积\cdot人口}$)，师生比(以教师人数与学生人数之比计，包括普通小学、初中、普通高中)，人口平均受教育年限(6岁及其以上人口不同受教育程度人口比例与不同教育程度年限的加权平均)。综合来看，除内蒙古自治区和新疆维吾尔自治区外，其余6省区基本公共教育发展在全国平均水平之上(全国平均水平计为1)。分项比较，各地区教育内部发展不平衡：①内蒙古自治区，主要限制因素是小学综合密度(这与内蒙古自治区特殊的自然地理环境相关，地域辽阔，人口密度低，人口的集聚程度不高，西藏自治区、青海省、新疆维吾尔自治区的情况类似)、师生比；②广西壮族自治区，教育投入是主要限制因素；③贵州省，教育投入是主要限制因素，其次是人口平均受教育年限较低；④云南省，教育投入与人口平均受教育年限是短板；⑤西藏自治区，除小学综合密度外，人口平均受教育年限及普通小学和普通高中的师生比是制约因素；⑥青海省，除小学综合密度外，人口平均受教育年限及普通高中师生比是主要限制因素；⑦宁夏回族自治区，教育投入是重要限制因素；⑧新疆维吾尔自治区，除小学综合密度外，各类学校师生比是主要因素。

表9.12 民族八省区基本公共教育综合评估

指标		内蒙古自治区	广西壮族自治区	贵州省	云南省	西藏自治区	青海省	宁夏回族自治区	新疆维吾尔自治区
公共财政教育支出/地区生产总值占比		0.743	1.163	1.898	1.456	4.262	1.876	1.232	1.691
生均公共财政预算教育事业费	小学	1.326	0.774	0.884	0.807	2.331	1.229	0.842	1.47
	初中	1.154	0.711	0.668	0.732	1.605	1.154	0.935	1.395
	高中	1.176	0.757	0.756	0.753	2.237	1.299	0.955	1.329
小学综合密度		0.227	2.192	2.124	1.665	0.241	0.310	1.514	0.330
师生比	普通小学	0.721	1.185	1.070	1.010	0.868	1.090	1.052	0.798
	初中	0.877	1.318	1.376	1.232	1.040	1.099	1.161	0.833
	普通高中	0.998	1.201	1.247	1.075	0.876	0.983	1.102	0.849
人口平均受教育年限		0.996	0.968	0.895	0.862	0.467	0.889	0.946	1.015
基本公共教育综合指数		0.832	1.076	1.128	1.025	1.137	1.013	1.067	0.985

资料来源：根据《中国社会统计年鉴》(2015年)、《中国教育经费统计年鉴》(2014年)数据计算。

与发达地区比较，如图9.3所示，可以看出民族八省区基本公共教育总体水平不高，需要进一步加大投入，特别是加强师资队伍建设，大幅度提高教师待遇，吸引优秀人才加入教师队伍，实现民族地区基本公共教育的新跨越。

另外，民族地区内部城乡间、县域间基本公共教育发展不平衡，特别是乡村基本公共教育供给数量不足，供给质量不高，这是需要特别注意的。

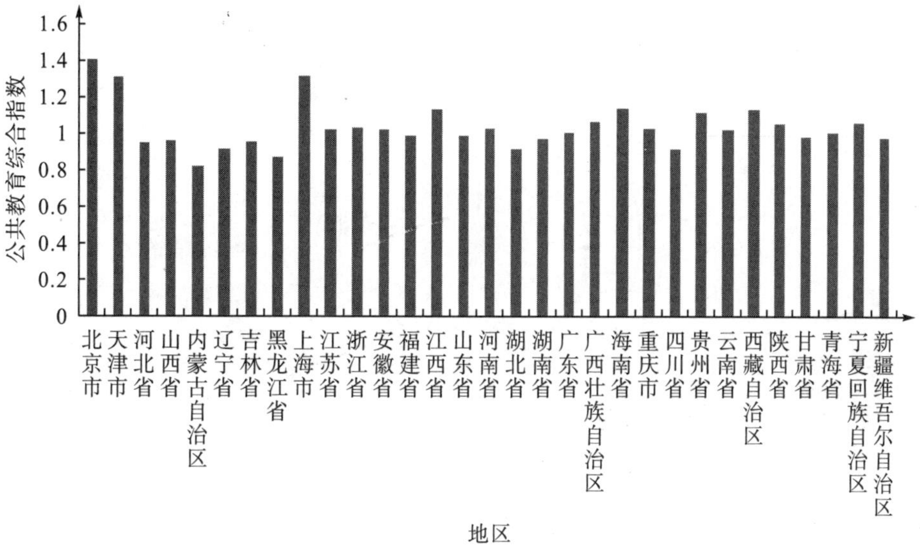

图 9.3　全国各地区基本公共教育供给综合指数

资料来源：同表 1.10；港澳台未统计。

(2) 劳动就业服务。劳动就业服务方面选取的评估指标有：城镇登记失业率{城镇登记失业人员/[城镇单位就业人员(扣除使用的农村劳动力、聘用的离退休人员、港澳台及外方人员)、城镇单位中的不在岗职工+城镇私营业主+个体户主、城镇私营企业和个体就业人员+城镇登记失业人员之和]}，就业人员受教育程度(就业人员中不同受教育程度人口比例用不同教育年限加权平均)、就业服务质量(本期介绍成功人数/本期登记求职人数)，劳动力技能构成(就业人员中大专及以上教育程度人口比例)。计算结果见表 9.13 和图 9.14。因此，大力发展职业技术教育，提高就业人员的受教育程度和技能水平，是民族地区劳动就业服务供给的主攻方向。

表 9.13　民族八省区劳动服务供给

地区	城镇登记失业率指数	就业人员受教育程度指数	就业服务质量指数	劳动力技能构成指数	综合指数	劳动就业服务的最重要限制因素
内蒙古自治区	1.1393	1.0122	1.2331	1.1502	1.1309	就业人员受教育程度
广西壮族自治区	1.2984	0.9553	0.6833	0.6499	0.8615	劳动力技能
贵州省	1.2508	0.8609	0.8369	0.6344	0.8695	劳动力技能
云南省	1.0276	0.8579	1.4531	0.6375	0.9506	劳动力技能
西藏自治区	1.6559	0.6518	1.8371	0.3631	0.9212	劳动力技能
青海省	1.2984	0.9350	2.1867	1.0223	1.2835	受教育程度
宁夏回族自治区	1.0174	0.9086	2.2840	0.9541	1.1914	受教育程度
新疆维吾尔自治区	1.2902	0.9898	1.5912	1.0950	1.2213	受教育程度

资料来源：根据《中国社会统计年鉴》(2015 年)数据计算。

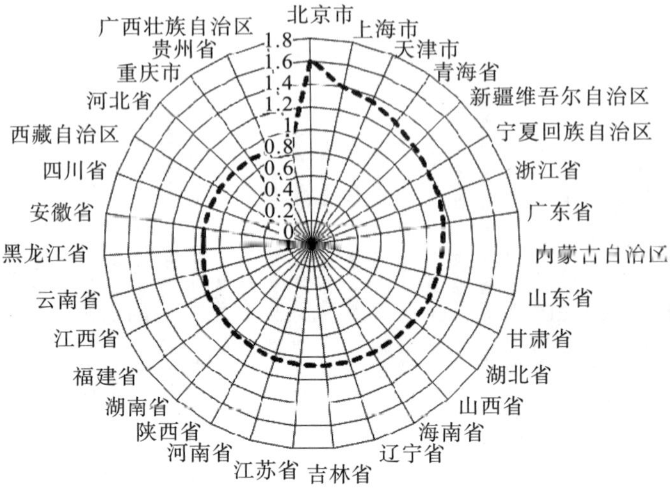

图 9.4 全国各地区就业服务相对水平

资料来源：《中国社会统计年鉴》(2013 年)；港澳台未统计。

(3) 社会保险。社会保险内容丰富。根据资料可得性，这里选取如下指标进行评估：城镇基本医疗保险参保率(年末参保人数/城镇人口)，城乡居民养老保险覆盖率(参保人数/总人口)，城镇失业保险参保率(年末参加失业保险人数/城镇就业人数)，工伤保险参保率(年末参加工伤保险人数/城镇就业人数)，新农合人均筹资，城市居民最低生活保障支出水平，农村居民最低生活保障支出水平。计算结果如表 9.14 和图 9.5 所示。民族地区社会保险整体水平低，覆盖人群需要进一步扩大，保障深度需要进一步加强。

表 9.14 民族八省区社会保险综合评估

地区	城镇基本医疗保险参保率	城乡居民养老保险覆盖率	城镇失业保险参保率	工伤保险参保率	新农合人均筹资	城市居民最低生活保障支出水平	农村居民最低生活保障支出水平	综合指数
内蒙古自治区	0.840	0.830	0.738	0.747	1.023	1.374	1.538	0.974
广西壮族自治区	0.612	0.984	0.802	0.865	0.956	0.901	0.805	0.838
贵州省	0.614	1.235	0.903	1.070	0.958	0.948	0.798	0.913
云南省	0.724	1.251	0.637	0.759	0.942	0.911	0.944	0.862
西藏自治区	0.903	1.211	0.362	0.580	1.018	1.331	0.650	0.796
青海省	0.822	1.051	0.773	0.888	0.920	0.942	1.200	0.933
宁夏回族自治区	2.046	0.752	1.144	1.055	1.215	0.792	1.010	1.088
新疆维吾尔自治区	1.048	0.648	1.250	1.132	1.072	0.984	0.995	1.001

资料来源：根据《中国社会统计年鉴》(2015 年)数据计算。

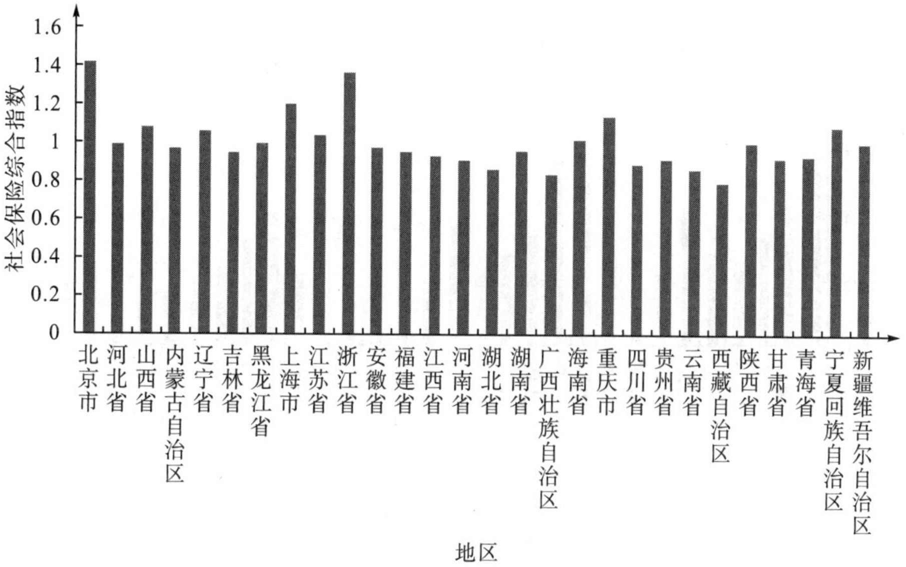

图 9.5　全国部分地区社会保险综合评估指数

资料来源：同表 9.14；港澳台未统计。

(4) 基本社会服务。从全国来看，基本社会服务供给是基本公共服务供给的短板所在。根据数据的可得性，这里选取的指标包括：每万人口社会工作师累计合格人数，每千人口社会服务床位数、社区服务机构覆盖率(每万人口社区服务机构数)、每千老年人口养老床位数和城乡社区支出/地区生产总值。如表 9.15 和图 9.6 所示，基本社会服务供给不足是民族地区基本公共服务供给的明显短板所在。

表 9.15　民族八省区基本社会服务供给综合评估

地区	每万人口社会工作师累计合格人数	每千人口社会服务床位数	社区服务机构覆盖率	每千老年人口养老床位数	城乡社区支出/地区生产总值	综合指数
内蒙古自治区	0.372	1.683	0.484	1.802	1.494	0.960
广西壮族自治区	0.355	0.725	0.104	0.806	0.845	0.449
贵州省	0.109	0.748	2.728	0.824	0.537	0.630
云南省	0.234	0.387	0.179	0.411	0.699	0.342
西藏自治区	0.045	0.750	0.067	1.017	3.583	0.382
青海省	0.335	0.738	0.253	0.980	2.028	0.659
宁夏回族自治区	0.650	0.444	0.662	0.555	1.859	0.723
新疆维吾尔自治区	0.434	0.620	0.545	0.772	1.520	0.703

资料来源：根据《中国社会统计年鉴》(2015 年) 数据计算。

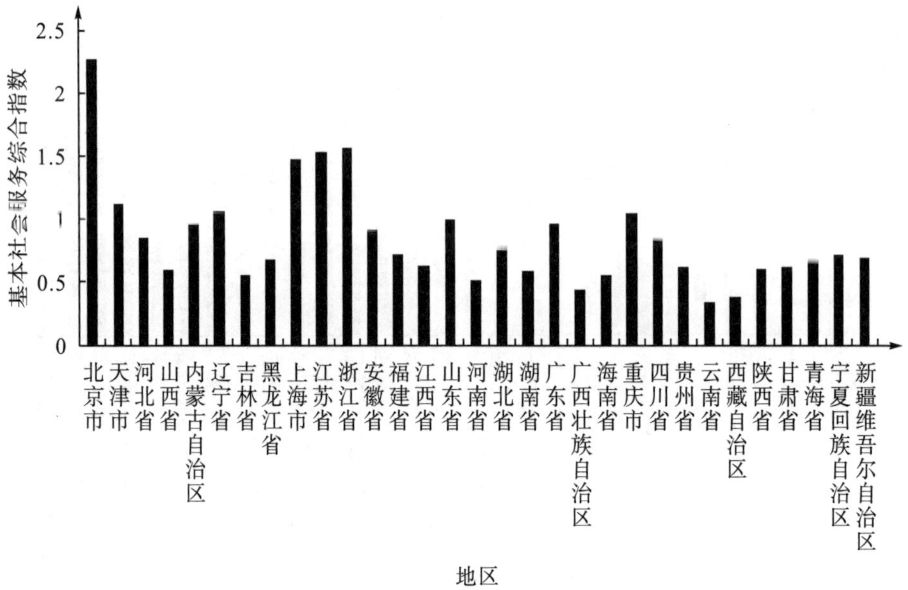

图 9.6　全国各地区基本社会服务综合评估

资料来源：同表 9.15；港澳台未统计。

(5)基本医疗卫生。在基本医疗卫生方面，本书选取的评价指标包括：财政卫生支出/地区生产总值、每千人口医疗卫生机构床位数、每千农业人口乡镇卫生院床位数、每千人口卫生技术人员、每千农业人口乡镇卫生院人员数、设卫生室的村数占行政村数、每千农业人口村卫生室人员数、预期寿命。结果如表 9.16 和图 9.7 所示。可以看出，民族八省区整体水平基本与全国持平，但与发达地区比较差距还很明显。民族地区内部的城乡差距明显。大城市与中心城市及城镇的差距也较大，优质资源集中于大城市。

表 9.16　民族八省区基本医疗卫生供给指数

指标	内蒙古自治区	广西壮族自治区	贵州省	云南省	西藏自治区	青海省	宁夏回族自治区	新疆维吾尔自治区
财政卫生支出/地区生产总值	0.801	1.417	2.045	1.719	3.317	2.174	1.482	1.364
每千人口医疗卫生机构床位数	1.063	0.875	1.072	0.985	0.774	1.169	1.013	1.284
每千农业人口乡镇卫生院床位数	0.981	1.076	0.788	0.987	0.926	1.046	0.519	1.354
每千人口卫生技术人员	1.109	0.978	0.871	0.797	0.729	1.047	1.081	1.201
每千农业人口乡镇卫生院人员数	0.979	1.154	0.636	0.685	0.951	1.091	0.755	1.168
设卫生室的村数占行政村数	1.072	1.072	1.072	1.072	1.072	1.072	1.072	1.072
每千农业人口村卫生室人员数	1.096	0.736	0.686	0.780	2.596	1.918	0.809	0.977
预期寿命	0.995	1.004	0.950	0.929	0.911	0.935	0.981	0.967
综合指数	1.007	1.022	0.951	0.958	1.196	1.247	0.926	1.164

资料来源：根据《中国社会统计年鉴》(2015 年)数据计算。

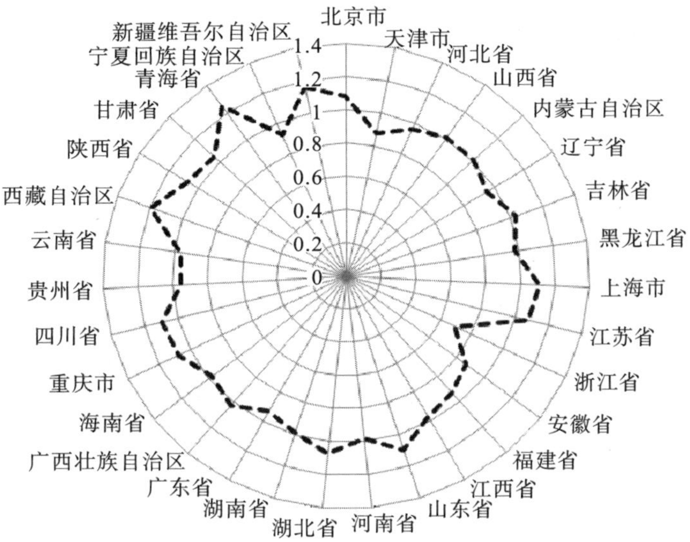

图 9.7　全国各地区基本医疗卫生综合评估

资料来源：同表 9.16；港澳台未统计。

(6) 公共文化。公共文化方面选择的指标包括：广播节目综合人口覆盖率、电视节目综合人口覆盖率、有线广播电视入户率、文化事业费占财政支出比重、人均公共图书馆藏量(册)、每万人拥有公共图书馆建筑面积、每百万人艺术表演团体、每百万人艺术表演场馆、每百万人文化馆(站)、每百万人博物馆。如表 9.17 和图 9.8 所示，广西壮族自治区、贵州省和云南省的民族文化资源丰富，但发展不足，同时需要加强公共文化的建设。

表 9.17　民族八省区公共文化综合评估

指标	内蒙古自治区	广西壮族自治区	贵州省	云南省	西藏自治区	青海省	宁夏回族自治区	新疆维吾尔自治区
广播节目综合人口覆盖率指数	1.004	0.986	0.934	0.985	0.967	0.990	0.981	0.985
电视节目综合人口覆盖率指数	1.000	0.996	0.967	0.989	0.973	0.989	1.005	0.983
有线广播电视入户率指数	0.741	0.745	0.562	0.628	0.557	0.742	0.851	0.638
文化事业费占财政支出比重指数	1.290	1.105	0.790	1.026	1.132	1.237	1.237	1.184
人均公共图书馆藏量指数	1.000	0.897	0.603	0.690	0.672	1.155	1.793	0.966
每万人拥有公共图书馆建筑面积指数	1.522	0.781	0.692	0.807	1.491	0.864	1.857	1.083
艺术表演团体指数	1.098	0.219	0.465	0.936	4.307	1.705	0.728	0.825
艺术表演场馆指数	0.772	0.364	0.203	0.367	4.491	2.793	0.461	0.665
文化馆(站)指数	1.416	0.832	1.474	1.014	7.458	2.172	1.173	1.687
博物馆指数	1.115	0.831	0.786	0.680	0.469	1.405	0.676	1.329
文化综合指数	1.069	0.707	0.670	0.779	1.447	1.293	0.992	0.994

资料来源：作者根据《中国社会统计年鉴》(2015 年)数据计算。

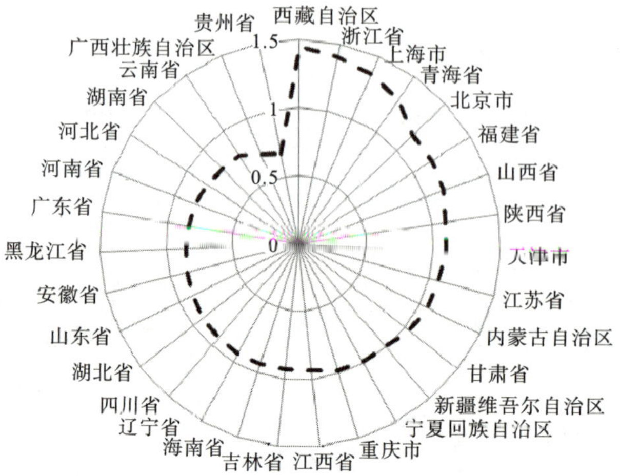

图 9.8 全国各地区文化综合发展指数(2014 年)

资料来源：同表 9.17；港澳台未统计，后同。

(7) 居住环境。居住环境考虑了城市、县城、建制镇、乡及村庄。评价指标包括以下内容。①城市。城市用水普及率、城市燃气普及率、每万人拥有公共交通车辆、人均城市道路面积、人均公园绿地面积、每万人拥有公共厕所。②县城。用水普及率、燃气普及率、建成区供水管道密度、人均道路面积、建成区排水管道密度、污水处理率、人均公园绿地面积、建成区绿地率、生活垃圾处理率。③建制镇。供水普及率、燃气普及率、人均道路面积、排水管道暗渠密度、人均公园绿地面积、绿地率。④乡。供水普及率、燃气普及率、人均道路面积、排水管道暗渠密度、人均公园绿地面积、绿地率。⑤村庄。集中供水的行政村、供水普及率、燃气普及率、对生活污水进行集中处理的行政村、有生活垃圾收集点的行政村、对生活垃圾进行处理的行政村。

表 9.18 和图 9.9 给出了综合评估的结果。可以看出，内蒙古自治区需要加强农村居住环境的建设；广西壮族自治区需要进一步改善城市居住环境；贵州省、云南省城乡居住环境建设均显滞后，特别需要加强农村居住环境建设；青海省、宁夏回族自治区县城、建制镇及乡和村庄的居住环境建设滞后。

表 9.18 民族八省区居住环境综合评估(2014 年)

地区	城市	县城	建制镇	乡	村庄
内蒙古自治区	1.192	1.157	0.505	0.589	0.428
广西壮族自治区	0.885	0.982	0.905	1.303	1.166
贵州省	0.833	0.652	0.548	0.702	0.541
云南省	0.957	0.960	0.584	0.767	0.677
西藏自治区	0.925	0.325	—	—	—
青海省	1.010	0.718	0.681	0.359	0.573
宁夏回族自治区	1.122	0.998	0.729	0.897	0.537
新疆维吾尔自治区	1.054	1.022	0.837	1.129	0.852

资料来源：根据《中国社会统计年鉴》(2015 年)数据计算。

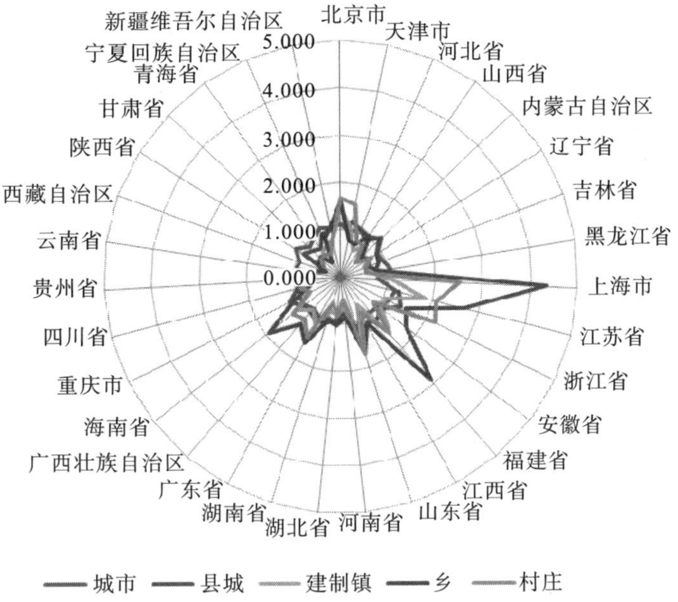

图 9.9　全国各地区居住环境的综合评估(见彩图版)

资料来源：同表 9.18。

把上面的分项评价综合，结果如表 9.19、图 9.10 和图 9.11 所示。可以看出，现阶段民族八省区基本公共服务的主要短板所在：①内蒙古自治区，居住环境，公共教育；②广西壮族自治区，基本社会服务，公共文化；③贵州省，基本社会服务，居住环境；④云南省，基本社会服务，基本公共服务，居住环境；⑤西藏自治区，基本社会服务，居住环境；⑥青海省，居住环境，基本社会服务；⑦宁夏回族自治区，基本社会服务，居住环境；⑧新疆维吾尔自治区，基本社会服务，居住环境。

表 9.19　民族八省区基本公共服务综合评估(相对于全国平均水平)

地区	公共教育	劳动就业服务	社会保险	基本社会服务	基本医疗卫生	公共文化	居住环境	基本公共服务
内蒙古自治区	0.8320	1.1309	0.9740	0.9600	1.007	1.0693	0.7060	0.9440
广西壮族自治区	1.0760	0.8615	0.8380	0.4490	1.022	0.7070	1.0360	0.8250
贵州省	1.1280	0.8695	0.9130	0.6300	0.951	0.6704	0.6470	0.8120
云南省	1.0250	0.9506	0.8620	0.3420	0.958	0.7793	0.7750	0.7740
西藏自治区	1.1370	0.9212	0.7960	0.3820	1.196	1.4469	0.5480	0.8430
青海省	1.0130	1.2835	0.9330	0.6590	1.247	1.2928	0.6330	0.9710
宁夏回族自治区	1.0670	1.1914	1.0880	0.7230	0.926	0.9917	0.8300	0.9620
新疆维吾尔自治区	0.9850	1.2213	1.0010	0.7030	1.164	0.9938	0.9720	0.9930

资料来源：根据《中国社会统计年鉴》(2015 年)数据计算。

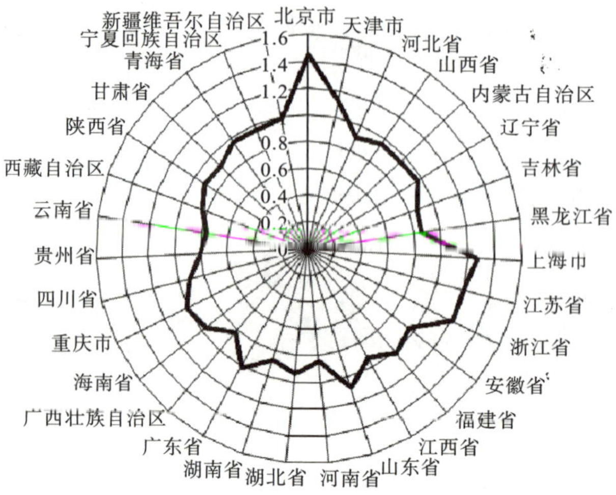

图 9.10　全国各地区基本公共服务供给均等化指数

资料来源：同表 9.19。

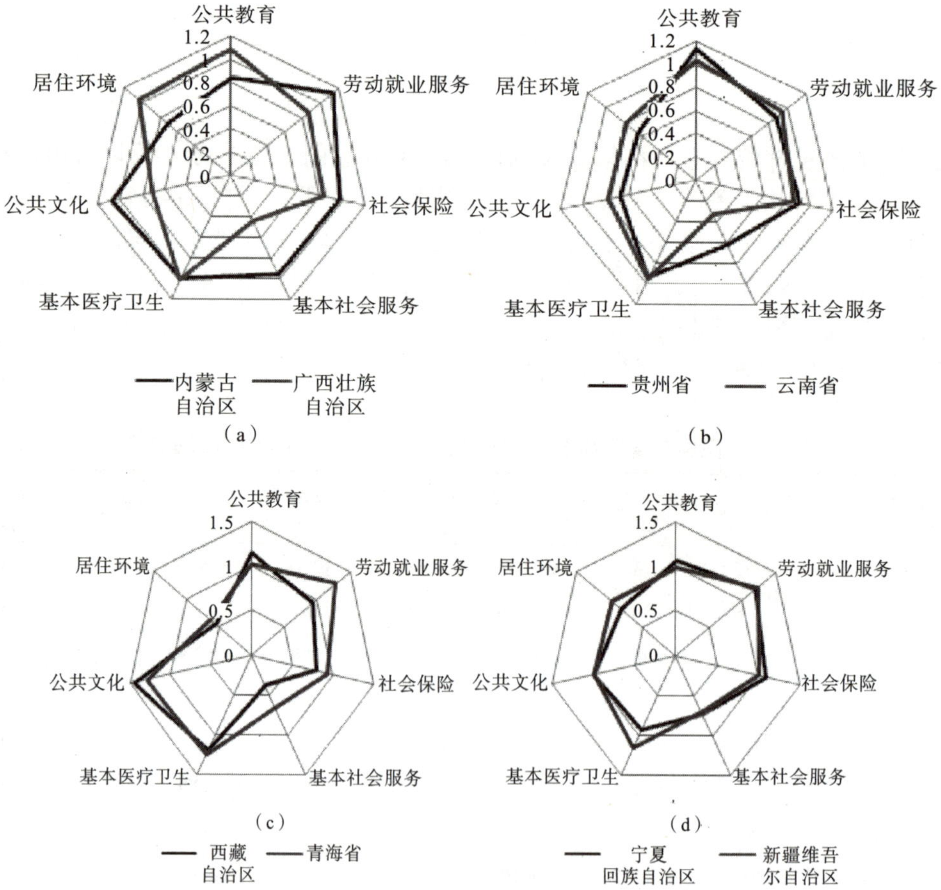

图 9.11　民族八省区基本公共服务均等化供给指数(见彩图版)

资料来源：同表 9.19。

9.2　民族地区基础教育事业发展研究

民族教育是我国教育体系中的一个重要组成部分。《国家中长期教育改革和发展规划纲要(2010—2020 年)》第九章要求“重视和支持民族教育事业”，认为“加快民族教育事业发展，对于推动少数民族和民族地区经济社会发展，促进各民族共同团结奋斗、共同繁荣发展，具有重大而深远的意义”[①]。中华人民共和国成立以来，特别是改革开放以来，党和政府充分重视民族教育事业的发展，民族教育事业取得了很大成就。但是，由于历史、自然禀赋等因素的影响，少数民族和民族地区的教育发展水平与东部地区比较，仍然存在着相当大的差距，离各族人民群众的要求还有一定的距离。其中，重要的一个方面就是民族地区基础教育的发展问题。事实上，民族地区基础教育一直是我国教育事业发展中的难点[②]。

本节通过对民族地区基础教育发展的大量数据的统计分析，并结合作者在四川省甘孜藏族自治州(简称甘孜州)的典型调查，对民族地区基础教育的发展进行了深入的分析。本节对西部大开发战略实施以来，民族地区基础教育发展所取得的成效进行了评估，分析了民族地区基础教育存在的问题和发展差距，最后就实现民族地区基础教育优先发展提出了政策建议。

9.2.1　民族地区基础教育取得的长足发展

西部大开发战略实施以来，民族地区大力推进《国家西部地区“两基”攻坚计划》，并率先在民族地区实行“两免一补”政策，民族地区基础教育事业在规模、质量、结构和效益上有了快速发展。

1)“两基”工作取得明显进展，农村劳动力受教育程度进一步提高

截至 2014 年，民族地区“两基”人口覆盖率达到 99%以上，比 1998 年提高了 30 多个百分点，民族地区人口的受教育水平有了很大提高。据测算，农村劳动力平均受教育年限 2012 年较 2000 年，全国增长了 0.65 年，八个民族省份中，内蒙古自治区增长了 0.63 年，广西壮族自治区增长了 0.74 年，贵州省增长了 1.19 年，云南省增长了 1.06 年，西藏自治区增长了 1.68 年，青海省增长了 1.08 年，宁夏回族自治区增长了 0.46 年，新疆维吾尔自治区增长了 1.40 年(表 9.20)。由此可见，民族地区农村教育事业的发展推动了农村劳动力文化素质的普遍提高。而农村劳动力素质的提高是减贫和增收的长期动力。图 9.12 说明农民平均受教育年限与减贫和增收间存在显著的关系。

---

① 《国家中长期教育改革和发展规划纲要(2010－2020 年)》，2010 年 07 月 29 日，新华社。

② 本书所指的基础教育是指以提高受教育者科学文化素质程度为目的的教育，主要指九年义务教育(包括小学和初中教育)、普通高中教育和扫除青壮年文盲教育。

表 9.20 全国平均和民族八省区农村劳动力平均受教育年限

地区	2000 年	2012 年	增长额/年
全国	7.65	8.30	0.65
内蒙古自治区	7.73	8.36	0.63
广西壮族自治区	7.76	8.50	0.74
贵州省	6.02	7.21	1.19
云南省	6.22	7.28	1.06
西藏自治区	2.39	4.07	1.68
青海省	5.32	6.40	1.08
宁夏回族自治区	6.70	7.16	0.46
新疆维吾尔自治区	6.88	8.28	1.4

资料来源：根据《中国农村住户调查年鉴》(2001 年)和《中国住户调查年鉴》(2013 年)相关数据计算得到。

注：计算方法是用农村劳动力各种受教育程度的比例与相应受教育年限加权平均，其中受教育年限分别为：不识字或识字很少(0 年)、小学(6 年)、初中(9 年)、高中(12 年)、中专(11 年)、大专及大专以上(16 年)。

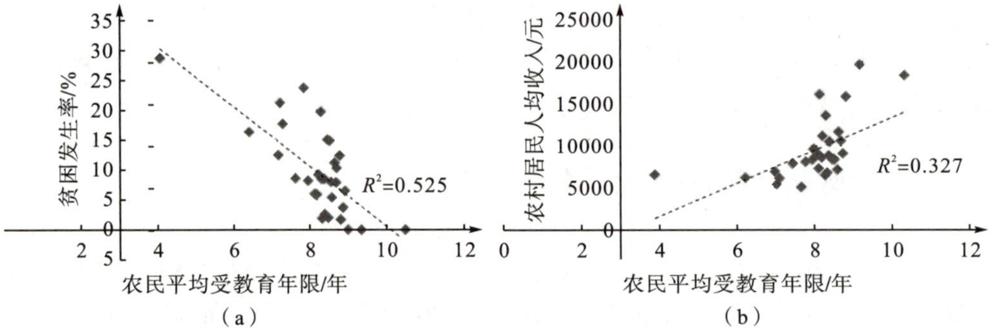

图 9.12 农民平均受教育年限与减贫、增收的关系

资料来源：根据《中国统计年鉴》(2013 年)和《中国住户调查年鉴》(2013 年)数据绘制。

2) 办学规模扩大，义务教育普及程度提高

截至 2014 年，民族地区“普九”人口覆盖率达到 95%以上，实现全面普及九年义务教育的目标。1978 年民族八省区基础教育(小学和普通中学)在校学生数 2787 万人，2014 年为 2813 万人， 1998～2009 年每年均突破 3000 万人。从占全国基础教育在校学生数的比重看，1978 年为 13.17%，到 2014 年提高到 17.33%。

3) 教育投入大幅度增长，办学条件有明显改善

西部大开发战略实施以来，民族地区教育投入明显增加。一方面中央财政加大了对西部教育的转移支付力度和专项投入，主要面向西部地区实施了“国家贫困地区义务教育工程”“中小学危房改造工程”等一系列重大工程。另一方面，民族地区各级地方政府也都不同程度地加大了对教育的投入力度。2014 年民族八省区教育经费为 4006.7 亿元，占全国教育经费的 13.20%，其中国家财政性教育经费为 3540.3 亿元，占全国的 14.46%，同年

民族八省区地区生产总值占全国的 10.13%，财政收入占全国的 5.93%。民族地区教育经费占财政收入与地区生产总值比例如表 9.21 所示，可以看出，除内蒙古自治区教育经费总收入占地区生产总值比例低于全国水平外，其余地区教育经费占财政收入和地区生产总值比例均高于全国水平，甚至高出许多，如西藏自治区，教育经费是其一般预算收入的 97%以上。

随着教育投入的增多，民族地区各级各类学校的办学条件得到逐步改善，教师待遇稳步提高，教育、教学手段不断改进，教育信息化也有了较大发展。

表 9.21　全国和民族八省区教育经费占财政收入与地区生产总值比例(2014 年)(%)

地区	教育经费/一般预算收入	国家财政性教育经费/一般预算收入	教育经费总收入/地区生产总值	国家财政性教育经费/地区生产总值
全国	21.63	17.45	4.77	3.85
内蒙古自治区	33.20	30.09	3.44	3.12
广西壮族自治区	54.80	45.99	4.97	4.17
贵州省	49.75	43.57	7.34	6.43
云南省	53.04	46.06	7.03	6.10
西藏自治区	97.11	95.11	13.10	12.84
青海省	62.36	58.36	6.81	6.38
宁夏回族自治区	46.46	40.77	5.74	5.04
新疆维吾尔自治区	46.71	42.92	6.46	5.94
民族八省区合计	48.11	42.51	5.66	5.00

资料来源：《中国统计年鉴》(2015 年)。

4) 教师队伍建设不断加强，教师整体素质进一步提高

西部大开发以来，民族地区教师队伍建设不断得到改善和加强，专职教师的数量、负担的学生数和学历合格率都有所改善。据统计，民族地区小学的专任教师数，2000 年为 920388 人，2014 年为 967212 人，占全国普通小学专任教师数的比例分别为 15.71%和 17.17%；普通中学(包括初中和普通高中)专任教师数，2000 年为 510426 人，2014 年为 796018 人，占全国比例分别为 12.74%和 15.45%。由此可见，民族地区基础教育专任教师数有了较大的增长。

(1) 生师比：随着专任教师数量的增加，每位专任教师所负担的学生数开始有所下降。2000～2014 年，民族地区普通小学与普通中学的生师比均有较大幅度下降，各地区生师比情况见表 9.22。

表 9.22　全国和民族八省区基础教育生师比的变化

地区	普通小学		普通中学		
	2000 年	2014 年	2000 年	2014 年	
				普通初中	普通高中
全国	22	16.78	18	12.57	14.44
内蒙古自治区	16	12.09	16	11.02	14.40
广西壮族自治区	27	19.87	23	16.56	17.33
贵州省	29	17.96	19	17.29	18.00
云南省	22	16.94	18	15.49	15.53
西藏自治区	24	14.56	13	13.08	12.64
青海省	18	18.28	13	13.81	14.19
宁夏回族自治区	19	17.65	16	14.59	15.92
新疆维吾尔自治区	19	13.39	15	10.47	12.25

资料来源：《中国统计年鉴》(2001 年，2015 年)。

(2) 专任教师学历结构：表 9.23 列出了全国和民族八省区基础教育专任教师学历结构的变化。可以看出，近年来，无论全国还是民族八省区，基础教育教师学历结构都有了较大提升。例如，民族八省区中，小学教师中，研究生毕业的教师比重 2009 年只有 0.04%，2014 年提高到 0.21%；本科毕业的教师比重从 2009 年的 14.98%提高到 2014 年的 33.95%；而高中毕业的教师比重从 2009 年的 25.12%下降到 2014 年的 10.81%。初中和高中教师的学历结构变化类似。2014 年民族地区基础教育专任教师学历结构见表 9.24。

表 9.23　全国和民族八省区基础教育专任教师学历结构的变化(%)

地区			研究生毕业	本科毕业	专科毕业	高中毕业	高中毕业以下
全国	2014 年	小学	0.48	41.2	48.16	10.04	0.12
		初中	1.57	76.32	21.64	0.46	0.02
		高中	6.36	90.89	2.7	0.05	0.00
	2009 年	小学	0.08	19.71	55.04	24.57	0.60
		初中	0.50	58.94	38.84	1.68	0.04
		高中	2.81	90.79	6.26	0.13	0.01
民族八省区	2014 年	小学	0.21	33.95	54.7	10.81	0.33
		初中	0.84	74.77	23.88	0.50	0.02
		高中	4.23	92.43	3.29	0.05	0.00
	2009 年	小学	0.04	14.98	58.56	25.12	1.29
		初中	0.28	57.03	41.14	1.51	0.04
		高中	2.11	89.88	7.84	0.16	0.01

资料来源：《中国教育统计年鉴》(2014 年)。

表 9.24 2014 年全国和民族八省区基础教育专任教师学历结构(%)

地区	研究生毕业	本科毕业	专科毕业	高中阶段毕业	高中阶段毕业以下
			小学		
全国	0.48	41.2	48.16	10.04	0.12
内蒙古自治区	0.59	50.28	42.94	6.16	0.03
广西壮族自治区	0.22	29.71	56.41	13.52	0.14
贵州省	0.09	27.37	60.09	11.77	0.68
云南省	0.19	32.94	54.58	11.72	0.57
西藏自治区	0.09	31.33	63.39	4.83	0.36
青海省	0.44	47.35	46.57	5.55	0.09
宁夏回族自治区	0.24	44.51	47.01	8.09	0.14
新疆维吾尔自治区	0.10	34.15	55.80	9.85	0.10
			普通初中		
全国	1.57	76.32	21.64	0.46	0.02
内蒙古自治区	2.31	78.69	18.67	0.33	0.00
广西壮族自治区	0.80	74.65	23.86	0.67	0.02
贵州省	0.33	71.06	28.11	0.48	0.03
云南省	0.65	78.64	20.03	0.65	0.03
西藏自治区	1.20	83.20	14.95	0.61	0.04
青海省	1.53	76.00	22.02	0.43	0.01
宁夏回族自治区	1.21	86.88	11.63	0.27	0.02
新疆维吾尔自治区	0.58	68.04	31.12	0.25	0.01
			普通高中		
全国	6.36	90.89	2.70	0.05	0.00
内蒙古自治区	8.30	88.94	2.76	0.00	0.00
广西壮族自治区	5.84	91.17	2.96	0.03	0.00
贵州省	2.57	93.89	3.48	0.06	0.00
云南省	3.29	94.44	2.20	0.07	0.01
西藏自治区	4.59	93.60	1.82	0.00	0.00
青海省	3.25	89.78	6.88	0.09	0.00
宁夏回族自治区	4.20	93.31	2.37	0.12	0.00
新疆维吾尔自治区	2.24	92.71	5.00	0.05	0.00

资料来源：《中国教育统计年鉴》(2014 年)。

(3) 专任教师职称结构。如图 9.13 所示，小学教师中，2014 年民族八省区中，中学高级占 3.25%，小学高级占 49.67%，小学一级占 32.07%，小学二级占 4.84%，小学三级占 0.22%，未定职级占 9.94%。2014 年全国的比例分别为：中学高级为 2.26%，小学高级为 51.66%，小学一级为 33.13%，小学二级为 3.16%，小学三级为 0.22%，未定职级为 9.57%。两相比照，可以看出民族八省区小学教师职级结构与全国基本类似，甚至还优于全国。

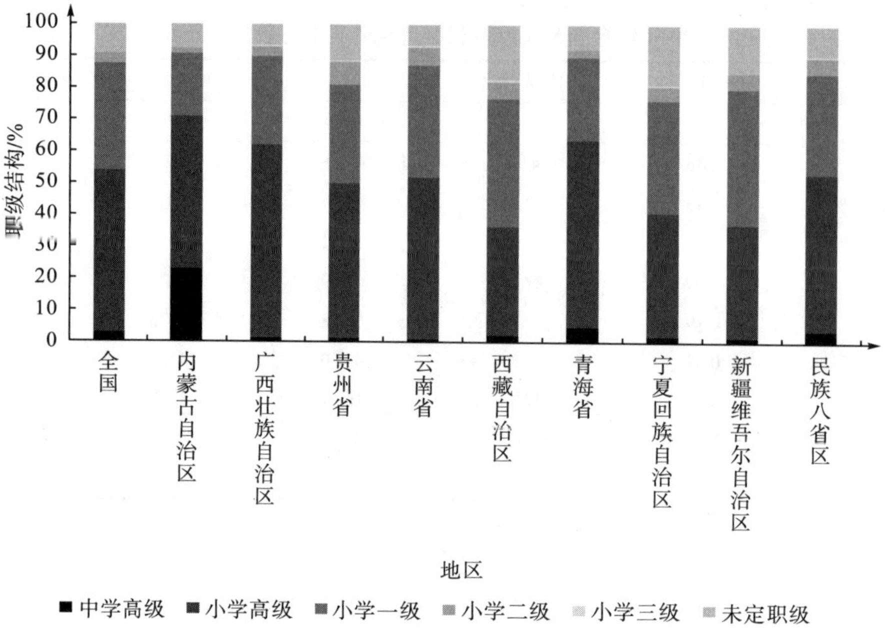

图 9.13 全国和民族八省区小学教师职级结构(2014 年)(见彩图版)

资料来源：同表 9.24。

初中和高中教师的职级结构如表 9.25 所示。可以看出，总体来看，民族八省区初中和高中教师职级结构与全国基本相同，略有差异。例如，民族八省区中，中学高级和中学一级的比重稍低于全国水平，中学二级的比重稍高于全国。初中和高中教师的职级结构对教学质量有重要影响。简单地把全国各省区中学高级教师比例与初中升高中比率和 2014 年各地区本科第一批次录取率进行拟合，发现两者间有明显的正相关关系(图 9.14)。

表 9.25 全国和民族八省区初中和高中教师职级结构(2014 年)(%)

地区	中学高级	中学一级	中学二级	中学三级	未定职级
	初中				
全国	16.80	43.25	31.37	1.46	7.12
内蒙古自治区	30.97	39.27	22.23	0.29	7.24
广西壮族自治区	10.58	53.77	28.11	1.61	5.93
贵州省	11.32	34.36	36.86	2.63	14.83
云南省	17.60	38.38	34.71	2.36	6.95
西藏自治区	4.27	39.23	41.53	2.09	12.88
青海省	23.06	40.56	27.98	0.81	7.58
宁夏回族自治区	16.12	31.94	37.75	1.14	13.05
新疆维吾尔自治区	16.72	29.88	41.66	2.71	9.03
民族八省区	15.94	39.40	33.52	2.00	9.13

续表

地区	中学高级	中学一级	中学二级	中学三级	未定职级
			高中		
全国	26.90	36.47	28.89	0.73	7.02
内蒙古自治区	32.98	32.96	25.69	0.32	8.05
广西壮族自治区	21.22	41.49	28.68	1.23	7.38
贵州省	20.99	29.53	32.63	1.19	15.65
云南省	28.18	31.10	32.54	0.20	7.97
西藏自治区	11.36	37.41	34.25	0.39	16.60
青海省	30.67	33.98	23.59	1.95	9.80
宁夏回族自治区	26.03	27.76	35.33	1.07	9.81
新疆维吾尔自治区	24.17	26.13	31.73	0.61	17.36
民族八省区	24.99	32.38	30.58	0.79	11.26

资料来源：《中国教育统计年鉴》（2014 年）。

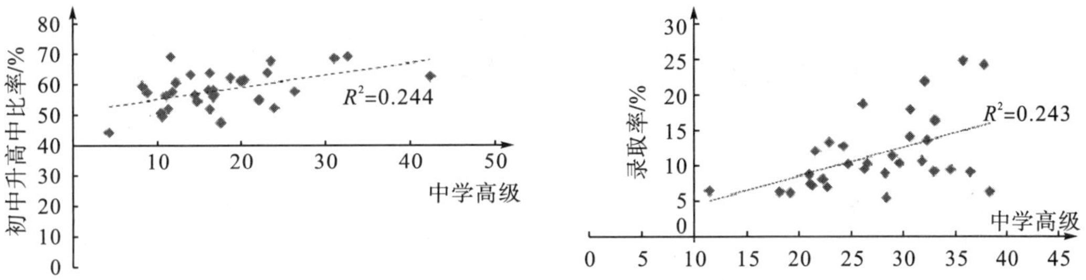

图 9.14　中学高级与升学率间的关系

资料来源：同表 9.25。

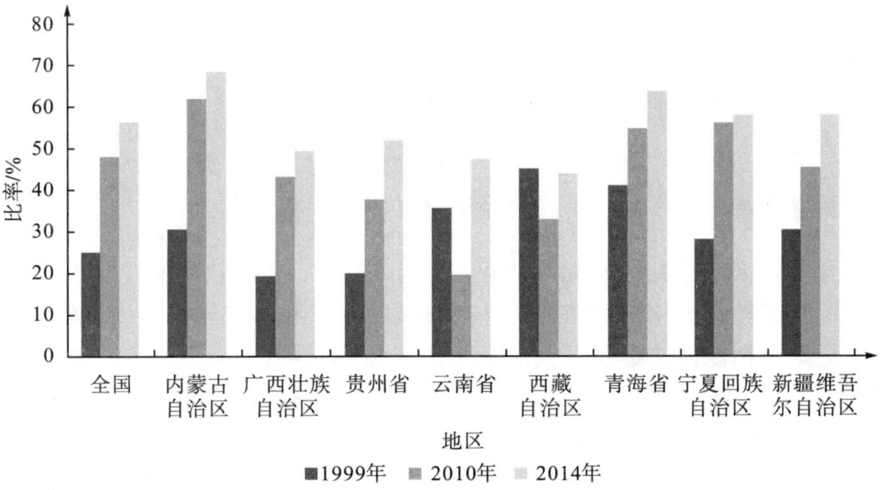

图 9.15　全国和民族八省区初中升高中的比率(见彩图版)

资料来源：《中国统计年鉴》(2000 年，2011 年)。

随着教师队伍整体素质的改善，教学质量明显得到了提高。初中升学率(高中招生数/初中毕业生数)指标可以反映出这个特点。民族八省区初中升学率 1999 年平均为 23.40%，2010 年为 42.77%，2014 年达到 52.71%。分地区初中升学率如图 9.15 所示。

5)民族教育快速发展

对于民族地区，积极发展少数民族教育是其基础教育发展的基础。例如，四川省甘孜藏族自治州，以藏族为主的少数民族人口占总人口的 78.37%。近年来，该州大力实施《四川省民族地区教育发展十年行动计划(2011—2020 年)》和四川省涉藏工作重点州县教育“9+3”免费教育计划，民族教育有了快速发展。2014 年，学龄儿童入学率为 99.02%。

双语教学是我国在少数民族聚居地区学校教育中采取汉语和少数民族语言对学生进行教学的一种特殊教育方法。双语教学在提高民族地区基础教育、社会扫盲、成人教育、职业教育水平等方面起到了积极的作用。以云南省为例，据统计，云南省有 15 个州市 74 个县(市) 4056 所学校开展双语教学，学历教育在校生中共有少数民族学生达 300 多万人，少数民族教师有 13 万多人，各级各类学校少数民族在校生比例稳步增长，少数民族适龄儿童入学率达到约 98%以上。又如，甘孜州的双语教学分为两类模式：以汉语文教学为主(Ⅰ类)；以藏语文教学为主(Ⅱ类)。Ⅰ、Ⅱ两类模式之间的学生比例为 1∶0.25，两类教育模式学生数占民族学生总数的 49.48%。以学习藏文模式为主的学生是可以 100%升入大学的。

9.2.2 民族地区基础教育存在的问题和差距

民族地区基础教育取得长足发展的同时，还存在不少问题。总体上看，民族地区教育发展水平还相对落后，教育发展不均衡，教育发展还不能完全满足经济社会发展和各族人民接受良好教育的要求。经济社会发展对高质量多样化人才需要与教育培养能力不足的矛盾、人民群众期盼良好教育与优质资源相对短缺的矛盾、增强教育活力与体制机制约束的矛盾还较为突出，学校办学活力不足，总体办学质量不高，教育投入缺口仍然较大，投入机制和管理体制上存在不少问题和矛盾。民族地区基础教育存在的问题主要表现在以下方面。

1)基础教育发展水平不能满足社会经济发展的需要

西部大开发以来，民族地区经济实现了跨越式发展，基础教育的发展正处于快速发展的重要时期，基础教育不完全适应经济社会发展的要求和各族居民接受良好教育的需要，与全国和发达地区相比，差距还很大。表 9.26 是根据《中国 2010 年人口普查资料》的数据计算得到的。可以看出，民族地区人口受教育程度和技能劳动力占比都较全国水平有较大差距，更不用说与相对发达的东部和东北地区比较了，即使与西部地区比较，差距也很明显。根据对四川省甘孜藏族自治州的调查，第六次人口普查表明，甘孜州 6 岁及以上人口平均受教育年限为 5.78 年，其中男性为 6.26 年，女性为 5.27 年；文盲人口占 15 岁以上人口比重合计 30.17%，其中男性为 25.03%，女性为 35.68%。甘孜州小学文化程度的人口数占 6 岁及以上人口数的 42.18%，初中文化程度的人口数占 15.35%，高中文化程度的人口数仅占 6.56%。

表 9.26　全国各区域人口受教育程度比较

区域	6 岁及以上人口平均受教育程度/年			技能劳动力占比/%		
	合计	男性	女性	合计	男性	女性
全国	8.76	9.11	8.39	9.53	10.18	8.85
东部	9.10	9.47	8.71	11.24	11.93	10.51
中部	8.67	9.05	8.28	8.10	8.84	7.33
西部	8.21	8.56	7.83	8.07	8.63	7.48
东北	9.26	9.44	9.08	10.94	11.35	10.51
民族八省区	8.06	8.41	7.68	7.69	8.10	7.25
内蒙古自治区	8.93	9.21	8.63	10.80	11.07	10.51
广西壮族自治区	8.40	8.72	8.06	6.58	7.03	6.08
贵州省	7.41	7.95	6.84	5.82	6.56	5.05
云南省	7.54	7.89	7.15	6.21	6.56	5.82
西藏自治区	5.25	5.79	4.67	6.11	6.72	5.47
青海省	7.58	8.06	7.06	9.35	9.99	8.67
宁夏回族自治区	8.44	8.85	8.02	10.12	10.80	9.42
新疆维吾尔自治区	8.85	8.96	8.74	11.60	11.51	11.69

资料来源：根据《中国 2010 年人口普查资料》计算得到。

注：6 岁及以上人口平均受教育年限的计算方法是用各种受教育程度的人口占 6 岁及以上人口的比例与相应受教育年限的加权平均，其中受教育年限分别为：不识字或识字很少(0 年)、小学(6 年)、初中(9 年)、高中(12 年)、中专(11 年)、大专(15 年)、本科(16 年)、研究生(19 年)。技能劳动力占比是大学专科及以上受教育程度人口占 6 岁及以上人口比例。

2) 民族地区调整学校布局出现的问题

民族地区地域辽阔，自然环境和地形条件复杂，农村居民居住分散，人口密度低，单纯根据人口进行追求规模效应的学校布局调整，产生了一系列新的问题。

20 世纪 90 年代中后期，在全国绝大多数地区完成了义务教育普及任务的背景下，“中小学布局调整”列入教育政策议程。从 1998 年教育部颁发《关于认真做好“两基”验收后巩固提高工作的若干意见》的通知，要求“合理调整中小学校布局”开始，到 2001 年《国务院关于基础教育改革与发展的决定》颁布实施，我国农村中小学开始了新一轮学校布局大调整，重点解决农村学校“布局分散、规模小”的问题。布局调整的结果是，从全国来看，2000 年 86.91%的行政村有小学，到 2010 年只有 40.41%的行政村有小学，2014 年进一步下降为 31.61%的行政村有小学；2000 年每 100 个乡镇约有 153 所初中，到 2010 年每 100 个乡镇约有 134 所初中，2014 年每 100 个乡镇约有 130 所初中；2000 年全国每 100 个县约有 702 所高中，到 2010 年减少为约 492 所，2014 年每 100 个县约有 464 所高中。表 9.27 和表 9.28 列出了民族八省区 2000 年、2010 年和 2014 年各级各类学校的覆盖率。首先从小学学校覆盖的行政村的比例看，随着学校布局调整的进行，除西藏自治区外，小学覆盖的行政村的比例都大幅度下降。例如，内蒙古自治区从 2000 年的 86.88%下降到 2014 年的 18.61%，初中学校覆盖的乡镇覆盖率类似。

表 9.27 全国和民族八省区基础教育的变化 1（学校覆盖行政区划的比率）(%)

地区	小学/行政村区域			初中/乡镇级区域		
	2000 年	2010 年	2014 年	2000 年	2010 年	2014 年
全国	86.91	40.41	31.61	153.29	134.02	130.32
内蒙古自治区	86.88	23.69	18.61	154.11	96.64	71.78
广西壮族自治区	108.93	94.28	87.54	207.05	159.97	148.27
贵州省	90.89	62.78	46.87	105.64	137.69	155.16
云南省	169.35	107.48	96.39	133.09	126.79	120.23
西藏自治区	14.36	14.87	14.14	11.99	13.44	13.83
青海省	82.25	42.98	26.72	71.46	79.55	67.17
宁夏回族自治区	137.67	85.42	74.29	138.72	113.62	99.16
新疆维吾尔自治区	71.90	38.51	38.01	120.18	113.61	105.97

资料来源：根据《中国统计年鉴》(2001 年，2011 年，2015 年)、《中国第二次全国农业普查资料综合提要》相关数据计算得到。

表 9.28 全国和民族八省区基础教育的变化 2（学校覆盖行政区划的比率）(%)

地区	高中/县级			高中/乡镇级		
	2000 年	2010 年	2014 年	2000 年	2010 年	2014 年
全国	702.22	492.23	464.37	35.60	34.37	32.82
内蒙古自治区	448.81	286.14	272.55	43.68	33.49	27.52
广西壮族自治区	572.84	424.77	404.55	37.60	37.52	35.80
贵州省	391.03	504.55	497.73	19.55	28.46	31.38
云南省	348.33	349.61	345.74	30.60	33.02	32.11
西藏自治区	20.83	39.73	39.19	2.17	4.19	4.18
青海省	423.08	276.74	237.21	41.67	30.05	25.56
宁夏回族自治区	629.41	318.18	277.27	45.53	29.79	25.74
新疆维吾尔自治区	569.41	392.86	352.43	47.40	37.71	34.97

资料来源：根据《中国统计年鉴》(2001 年，2011 年，2015 年)、《中国第二次全国农业普查资料综合提要》相关数据计算得到。

表 9.29 分别计算了全国和民族八省区每 100km^2 学校数、每万人学校数和综合密度。之所以计算综合密度，主要是考虑到民族地区地广人稀，作为基本公共服务的基础教育不能仅仅考虑人口数，还要考虑覆盖的面积数。这些计算都表明，学校布局调整的结果是，不论从哪个角度考虑，学校密度均有大幅度下降。

表 9.29　全国和民族八省区的学校密度

地区	小学			初中			高中		
	2000 年	2010 年	2014 年	2000 年	2010 年	2014 年	2000 年	2010 年	2014 年
	每 100km^2 学校数/所								
全国	5.77	2.68	2.10	0.65	0.57	0.55	0.15	0.15	0.14
内蒙古自治区	0.86	0.23	0.18	0.11	0.07	0.06	0.03	0.02	0.02
广西壮族自治区	6.78	5.87	5.45	1.08	0.83	0.78	0.20	0.19	0.19
贵州省	10.21	7.05	5.27	0.94	1.22	1.23	0.17	0.25	0.25
云南省	5.62	3.57	3.20	0.46	0.44	0.42	0.11	0.11	0.11
西藏自治区	0.07	0.07	0.07	0.01	0.01	0.01	0.00	0.00	0.00
青海省	0.48	0.25	0.16	0.04	0.04	0.04	0.02	0.02	0.01
宁夏回族自治区	4.92	3.05	2.66	0.49	0.40	0.35	0.16	0.11	0.09
新疆维吾尔自治区	0.41	0.22	0.22	0.07	0.07	0.07	0.03	0.02	0.02
	每万人学校数/所								
全国	4.37	1.92	1.47	0.49	0.41	0.38	0.11	0.10	0.10
内蒙古自治区	4.28	1.12	0.87	0.56	0.34	0.29	0.16	0.12	0.11
广西壮族自治区	3.39	3.02	2.72	0.54	0.43	0.39	0.10	0.10	0.09
贵州省	4.79	3.57	2.64	0.44	0.62	0.62	0.08	0.13	0.12
云南省	5.22	3.06	2.67	0.43	0.38	0.35	0.10	0.10	0.09
西藏自治区	3.26	2.90	2.61	0.32	0.31	0.30	0.06	0.10	0.09
青海省	6.63	3.18	1.91	0.55	0.56	0.46	0.32	0.21	0.17
宁夏回族自治区	5.90	3.20	2.66	0.59	0.42	0.36	0.19	0.11	0.09
新疆维吾尔自治区	3.63	1.65	1.54	0.66	0.53	0.48	0.26	0.18	0.16
	综合密度(学校数/$\sqrt{面积（单位：万km^2）\cdot 万人}$)								
全国	50.19	22.69	17.57	5.68	4.83	4.59	1.32	1.24	1.16
内蒙古自治区	19.16	5.12	3.99	2.51	1.54	1.33	0.71	0.53	0.51
广西壮族自治区	47.95	42.13	38.52	7.60	5.96	5.48	1.38	1.40	1.32
贵州省	69.92	50.18	37.31	6.41	8.68	8.71	1.19	1.79	1.76
云南省	54.18	33.01	29.25	4.45	4.07	3.87	1.02	1.06	1.03
西藏自治区	4.78	4.59	4.24	0.47	0.49	0.49	0.09	0.15	0.15
青海省	17.80	8.91	5.44	1.47	1.57	1.31	0.86	0.59	0.50
宁夏回族自治区	53.87	31.27	26.60	5.38	4.12	3.55	1.76	1.08	0.92
新疆维吾尔自治区	12.21	6.01	5.79	2.23	1.94	1.79	0.88	0.64	0.59

资料来源：同表 9.28。

学校布局调整的一个结果是学生就学半径扩大。据计算，学校布局开始调整前，民族地区学生就学半径就大于全国平均水平，例如，内蒙古自治区 2000 年小学生的就学半径是 8.1km，布局调整后，普遍扩大了学生到学校的路程，如表 9.30 所示。原来半小时就可到学校，现在需要 1 个小时，甚至更久。原来的就学半径只有 2～3km，现在扩大到 4～6km，使得学生上学的路程更远，有的学生上学往返要走几个小时，早上不能按时到校，下午放学到家太晚，起早摸黑现象比较普遍，在秋冬季问题更为突出。路上时间增加，相应地学习时间缩短，就学的风险增加。

表 9.30 全国和民族八省区平均就学半径 （单位：km）

地区	小学			初中			高中		
	2000年	2010年	2014年	2000年	2010年	2014年	2000年	2010年	2014年
全国	3.12	4.58	5.18	4.58	9.92	10.13	19.26	19.60	20.19
内蒙古自治区	8.10	15.51	17.50	15.51	28.25	30.30	42.01	47.98	48.93
广西壮族自治区	2.88	3.10	3.21	3.10	8.23	8.52	16.97	16.99	17.33
贵州省	2.35	2.82	3.27	2.82	6.79	6.76	18.02	14.94	15.04
云南省	3.16	3.97	4.19	3.97	11.31	11.52	23.03	22.17	22.30
西藏自治区	28.34	27.85	28.56	27.85	85.28	83.94	212.34	152.71	152.71
青海省	10.85	15.01	19.03	15.01	35.79	38.81	49.46	58.24	62.90
宁夏回族自治区	3.38	4.29	4.60	4.29	11.83	12.61	18.68	23.10	24.74
新疆维吾尔自治区	11.71	16.00	16.11	16.00	28.18	28.94	43.63	48.92	50.38

资料来源：同表 9.28。

注：本书就学半径是根据公式 $d = 0.75 \cdot \sqrt{A}$ 计算的，A 是每个学校服务的面积(=土地面积/学校数)。

学校布局的调整对教育水平有重要影响。表 9.31 给出了 2014 年全国各省级行政区教育水平(用平均受教育年限、技能劳动力占比和文盲率代表)与就学距离的相关系数，表 9.32 给出了 2014 年全国各省级行政区学校密度与教育发展水平的关系。这两个表的数据说明，就学距离与平均受教育年限和技能劳动力占比间呈现出负相关关系，与文盲率呈现正相关关系；学校密度总体上与平均受教育年限和技能劳动力占比存在正相关关系，而与文盲率呈现负相关关系。因此，总体上看，学校布局调整对基础教育的发展是不利的。

表 9.31 2014 年全国各省级行政区教育水平与就学距离的相关系数

项目		小学	初中	高中
平均受教育年限	总人口	−0.6250	−0.7453	−0.7831
	男	−0.6624	−0.7770	−0.8143
	女	−0.5809	−0.7051	−0.7427
技能劳动力占比	总人口	−0.2447	−0.3036	−0.3546
	男	−0.2885	−0.3398	−0.3896

续表

项目		小学	初中	高中
	女	-0.1972	-0.2618	-0.3126
文盲率	总人口	0.7233	0.8675	0.8865
	男	0.7535	0.8961	0.9146
	女	0.6953	0.8404	0.8595

表 9.32　2014 年全国各省级行政区学校密度与教育发展水平的相关系数

项目		每 100km² 学校数/所			每万人学校数/所			综合密度		
		小学	初中	高中	小学	初中	高中	小学	初中	高中
平均受教育年限	总人口	0.3950	0.4914	0.5691	-0.5925	-0.3176	0.0961	0.0793	0.4584	0.6871
	男	0.4063	0.5047	0.5657	-0.5927	-0.3255	0.0675	0.0976	0.4834	0.6867
	女	0.3802	0.4738	0.5665	-0.5869	-0.3068	0.1197	0.0600	0.4296	0.6797
技能劳动力占比	总人口	0.2910	0.5389	0.7558	-0.5739	-0.5343	0.2452	-0.1843	0.2491	0.8075
	男	0.3195	0.5793	0.7771	-0.5934	-0.5716	0.1925	-0.1689	0.2870	0.8242
	女	0.2582	0.4902	0.7206	-0.5434	-0.4898	0.2880	-0.1955	0.2077	0.7749
文盲率	总人口	-0.3142	-0.2590	-0.2270	0.3934	0.0384	0.0043	-0.2471	-0.4230	-0.3596
	男	-0.3128	-0.2529	-0.2094	0.3708	0.0141	0.0117	-0.2693	-0.4360	-0.3464
	女	-0.3142	-0.2619	-0.2374	0.4077	0.0535	0.0011	-0.2299	-0.4120	-0.3653

是学生接近学校，还是学校接近学生？目前的学校布局调整遵循的是让学生接近学校，追求规模经济的方法。基础教育具有很强的公共物品性质，保障公民获得基本的公共服务的均等供给是现代政府的重要职能。而在宪法和法律允许范围内，公民有权利自由选择在哪居住。在学校布局调整，甚至在新农村建设中，部分地区强制居民搬迁，虽然在基础设施建设方面因规模经济可能会节约一定的成本，但却一定程度上损失了基本的公平。这些做法是值得深思的。

3）升学率低、流失率高、辍学率高，“两基”巩固提高难度大

民族地区小学高年级和初中生辍学现象严重，特别是女童。据统计，2010 年小学毕业生人数占 2004 年小学招生人数的比例，全国平均为 99.58%，民族八省区平均为 96.13%，其中青海省为 83.26%，西藏自治区为 85.65%，宁夏回族自治区为 88.88%，广西壮族自治区为 94.83%，贵州省为 95.42%。2014 年该情况有较大好转，表 9.33 列出了 2014 年全国和民族八省区小学升初中、初中升高中及毕业情况。

表 9.33 全国各区域基础教育升学率、毕业率比较(2014 年)

地区	升学率		毕业率		
	小学升初中	初中升高中	小学(2014 年毕业/2008 年招生)	初中(2014 年毕业/2011 年招生)	高中(2014 年毕业/2011 年招生)
全国	98.05	56.36	87.08	86.47	93.99
内蒙古自治区	99.30	[illegible]	88.39	88.68	95.79
广西壮族自治区	98.37	49.25	88.21	89.82	89.41
贵州省	100.37	51.78	92.08	90.39	86.01
云南省	96.94	47.22	95.03	82.61	90.92
西藏自治区	92.21	43.94	90.91	93.96	96.78
青海省	94.26	63.54	83.85	80.57	91.49
宁夏回族自治区	94.90	58.00	91.32	88.90	102.62
新疆维吾尔自治区	98.90	57.97	94.05	92.02	90.31
民族八省区	98.29	52.71	91.42	88.21	90.64

资料来源：根据《中国统计年鉴》相关年份数据计算得到。

根据对甘孜州的调查，2014 年小学毕业生人数占 2008 年小学招生人数的 70.59%。2014 年初中毕业生人数占 2011 年招生人数的 69.60%，2014 年高中毕业生人数占 2011 年招生人数的 96.62%。学前教育发展缓慢，公办幼儿园建设发展不够，学前一年教育占幼儿教育比重很大，未能建立学前教育的发展机制。据统计，2010 年甘孜州共有 320 所幼儿园，2012 年以来，随着精准扶贫精准脱贫工作的大规模展开，甘孜州大力实施“一村一幼”计划，学前教育得到了快速发展。截至 2014 年底，甘孜州幼儿园数已达到 356 所，但与甘孜州 2789 个社区、村、居委会比较，幼儿园覆盖率只有 12.76%。

造成这种局面的原因很多。部分地区因其地理环境所限，当地居民大多以农牧业为主，经济收入低下，受新的读书无用论影响，许多家庭对送子女入学的态度较消极，不少适龄儿童不愿入学或中途辍学，或进入寺庙。家庭背景不同，导致孩子接受教育的机会不均等。那些低收入家庭的子女常常因为贫穷、付不起相关费用而面临上学或升学的困难。越贫困的家庭，子女入学率越低，失学率越高。这样就使其子女在社会生存和发展中处于不利地位，受教育水平低下、依赖于救济、早孕、婚姻不稳定等，这一切从上一代沿袭到下一代，贫困代际传递严重。尤其是多子女家庭中重男轻女思想依然存在，许多适龄女童因其自身性别问题、家庭背景问题、家庭生活中帮扶作用，而过早地终止就学。部分人信奉宗教，影响其子女参与宗教活动，部分地区人们对学校的热情低于对宗教的热情。教育质量低、观念陈旧、家庭经济收入低与教育期望值低等因素相互影响，使得孩子的基础教育缺失。因为这些人很少读书，难以形成一定的行为规范和价值观、良好的工作生活习惯，也很难制定与之相适应的政策来帮助他们，使其未来生存存在很大风险。此外，因为优质教育资源匮乏，教学质量总体水平较低，人们对教育质量的信赖度降低，这也是一些经济条件较好的家庭把子女送到教育文化发达的地区(如成都、雅安等地)入学的一个重要原因。

4) 区域之间的教育发展不平衡

民族地区地域辽阔，基础教育发展在空间上是不平衡的，集中表现在城乡之间和县市间的不平衡。首先从城乡间基础教育的发展看，差距是全面的和持久的。城市(镇)的基础教育发展要优于农村，农村优质教育资源匮乏，农村学校的办学条件仍然薄弱。表 9.34 列出了中国各区域及民族八省区 2010 年 6 岁及以上人口平均受教育年限在城市、镇和乡村间的差别。可以看出，民族地区人口受教育年限与全国及其他区域的差距主要体现在乡村的差距上，其次是镇的差距；女性人口受教育的差距大于男性人口；民族地区内部城市、镇和乡村受教育差距居全国前列。例如，与乡村相比，民族地区城市受教育程度相差 3.22 年，其中男性人口相差 2.98 年，女性人口相差 3.49 年。

表 9.34 全国各区域城市、镇、乡村 6 岁及以上人口平均受教育年限 （单位：年）

地区	城市			镇			乡村		
	合计	男性	女性	合计	男性	女性	合计	男性	女性
全国	10.49	10.72	10.24	9.02	9.37	8.65	7.57	7.99	7.12
东部	10.46	10.70	10.20	8.92	9.30	8.51	7.80	8.28	7.32
中部	10.56	10.81	10.29	9.12	9.48	8.75	7.74	8.18	7.29
西部	10.39	10.60	10.17	8.99	9.32	8.64	7.11	7.54	6.66
东北	10.63	10.79	10.47	9.28	9.47	9.09	7.85	8.07	7.62
民族八省区	10.25	10.44	10.05	8.85	9.18	8.50	7.03	7.46	6.56
内蒙古自治区	10.28	10.44	10.11	9.42	9.71	9.12	7.69	8.08	7.24
广西壮族自治区	10.43	10.64	10.22	8.99	9.28	8.69	7.54	7.92	7.13
重庆市	10.33	10.55	10.11	8.79	9.09	8.49	7.11	7.46	6.75
四川省	10.25	10.48	10.01	9.01	9.32	8.69	7.08	7.47	6.69
贵州省	9.91	10.17	9.64	8.45	8.93	7.95	6.50	7.13	5.83
云南省	10.06	10.26	9.86	8.45	8.79	8.09	6.69	7.11	6.24
西藏自治区	8.72	9.22	8.21	7.88	8.50	7.16	4.32	4.84	3.79
陕西省	11.22	11.44	10.99	9.57	9.89	9.23	7.91	8.30	7.49
甘肃省	10.56	10.86	10.24	9.28	9.76	8.76	6.79	7.39	6.17
青海省	10.04	10.29	9.77	8.62	9.11	8.09	6.05	6.64	5.43
宁夏回族自治区	10.34	10.56	10.11	8.70	9.12	8.25	7.13	7.65	6.59
新疆维吾尔自治区	10.55	10.65	10.44	9.54	9.67	9.40	7.80	7.92	7.66

资料来源：根据《中国 2010 年人口普查资料》相关数据计算。

区域间人口受教育程度的差距反映的是区域间教育水平的差距。此种差距的一个重要表现是专任教师的差距。民族地区专任教师总体数量是不足的，特别是县镇以下农村中小学专任教师短缺严重，这可从很多志愿者到民族地区支教情况中反映出来。除了数量不足外，从专任教师的学历结构上看，民族地区基础教育专任教师学历结构的城乡差距显著。表 9.35 和表 9.36 列出了民族地区普通小学、普通初中和普通高中专任教师在城市、县镇及农村间的学历结构情况，并与全国进行了比较，可以看出城乡差距明显。

表 9.35 民族地区基础教育专任教师学历结构的城乡差距(2009 年)(%)

学历结构		城市		县镇		农村	
		全国	民族地区	全国	民族地区	全国	民族地区
普通小学	研究生毕业	0.36	0.22	0.05	0.03	0.02	0.02
	本科毕业	43.25	38.09	22.16	17.85	12.03	10.07
	专科毕业	46.98	49.95	60.00	63.52	55.19	58.25
	高中阶段毕业	9.30	11.52	17.55	18.20	31.87	29.87
	高中阶段毕业以下	0.12	0.22	0.24	0.40	0.88	1.79
普通初中	研究生毕业	1.64	1.18	0.28	0.16	0.15	0.06
	本科毕业	78.14	74.69	58.62	57.96	49.24	48.28
	专科毕业	19.64	23.5	39.54	40.28	48.13	49.78
	高中阶段毕业	0.57	0.63	1.53	1.56	2.42	1.81
	高中阶段毕业以下	0.02	0.01	0.03	0.04	0.05	0.06
普通高中	研究生毕业	4.71	3.51	1.73	1.34	1.34	0.50
	本科毕业	91.65	90.85	90.57	89.68	88.13	83.53
	专科毕业	3.55	5.49	7.55	8.79	10.31	15.79
	高中阶段毕业	0.09	0.13	0.14	0.18	0.20	0.18
	高中阶段毕业以下	0.01	0.02	0.01	0.00	0.02	0.00

资料来源：根据《中国教育统计年鉴》(2009 年)相关数据计算得到。因数值修改，各区域类别下教师学历占比之和可能不正好为 100%。

表 9.36 民族地区基础教育专任教师学历结构的城乡差距(2014 年)(%)

学历结构		城区		城乡接合区		镇区		镇乡接合区		乡村	
		全国	民族地区	全国	民族地区	全国	民族地区	全国	民族地区	全国	民族地区
普通小学	研究生毕业	1.29	0.77	0.78	0.33	0.21	0.14	0.21	0.13	0.14	0.07
	本科毕业	60.13	54.39	50.50	41.30	39.40	35.38	37.24	31.19	28.92	26.17
	专科毕业	35.07	40.50	43.04	50.31	51.68	56.32	52.07	57.79	54.53	58.45
	高中阶段毕业	3.48	4.29	5.65	7.97	8.64	8.03	10.40	10.68	16.17	14.75
	高中阶段毕业以下	0.02	0.05	0.03	0.09	0.07	0.13	0.09	0.21	0.24	0.55
普通初中	研究生毕业	3.72	2.68	2.34	1.27	0.62	0.37	0.66	0.37	0.50	0.28
	本科毕业	84.09	83.07	80.30	77.40	74.28	74.53	73.87	74.35	68.97	68.47

续表

学历结构		城区		城乡接合区		镇区		镇乡接合区		乡村	
		全国	民族地区	全国	民族地区	全国	民族地区	全国	民族地区	全国	民族地区
普通初中	专科毕业	12.01	14.08	17.08	21.02	24.59	24.56	24.93	24.66	29.72	30.51
	高中阶段毕业	0.17	0.17	0.27	0.31	0.50	0.52	0.53	0.60	0.79	0.71
	高中阶段毕业以下	0.01	0.00	0.01	0.00	0.02	0.02	0.02	0.01	0.03	0.03
普通高中	研究生毕业	8.94	6.59	7.66	4.56	3.90	2.62	3.93	2.10	4.82	2.68
	本科毕业	89.23	91.17	90.37	92.9	92.49	93.31	92.42	94.36	91.47	93.01
	专科毕业	1.79	2.21	1.94	2.44	3.53	4.00	3.57	3.49	3.62	4.27
	高中阶段毕业	0.03	0.03	0.04	0.08	0.07	0.06	0.07	0.04	0.09	0.04
	高中阶段毕业以下	0.00	0.00	0.00	0.01	0.00	0.00	0.00	0.00	0.00	0.00

资料来源：根据《中国教育统计年鉴》（2014 年）相关数据计算得到。

甘孜州的情况如表 9.37 所示，可以看出该州基础教育发展的不平衡性非常显著。

表 9.37 甘孜州基础教育发展的县市间不平衡（2014 年）

地区	人均 GDP/元	有小学的村委会比例/%	有初中的乡镇比例/%	学龄儿童入学率/%	小学毕业升入初中的比率/%
全州	18096	19.90	10.15	99.02	84.88
康定市	37793	10.66	23.81	99.85	109.11
泸定县	21101	34.21	41.67	99.92	97.60
丹巴县	17462	17.84	20.00	99.75	102.24
九龙县	35319	50.77	16.67	99.41	96.80
雅江县	17469	28.95	5.88	99.61	95.06
道孚县	11915	26.25	9.09	95.18	96.87
炉霍县	10778	13.71	12.50	99.67	89.37
甘孜县	11021	15.91	4.55	99.43	97.86
新龙县	14813	16.67	5.26	99.06	63.44
德格县	8021	21.84	3.85	99.21	36.13
白玉县	17199	12.50	5.88	96.93	29.58
石渠县	7228	25.88	4.55	96.70	85.83
色达县	9357	13.14	0.00	99.63	75.31
理塘县	12688	17.21	8.33	99.33	86.85
巴塘县	21066	31.71	10.53	99.71	90.14
乡城县	21264	16.30	8.33	100.00	90.02
稻城县	17264	14.52	7.14	99.46	90.66
得荣县	21724	17.83	8.33	99.67	96.28

资料来源：根据《甘孜藏族自治州统计年鉴》（2015 年）数据计算；康定县于 2015 年撤县设市。

除了这些差距之外，学校和学校间，甚至各阶段教育之间的发展也存在较大差距。民族地区基础教育发展差距的存在，既有各地区自然环境的原因，如有的县地处山区，山高谷深，位置偏远，交通不便，信息流通不畅，基础教育成本高，学生就学半径大，影响了教育的发展，也与这些地区经济发展水平低，教育投资总量受经济发展水平的限制，相对日益膨胀的教育投资需求明显不足有关。

5)少数民族受教育水平有待进一步提高，双语教育的师资欠缺、教材开发困难

根据人口普查资料，计算了汉族与少数民族6岁及以上人口平均受教育年限和不同受教育程度人口的构成，如表9.38和表9.39所示。可以看出，无论是总人口还是汉族和少数民族人口，随着教育事业的发展，人口受教育程度有了较大幅度提高，但相比之下，少数民族人口受教育程度还较低。从不同受教育程度的比例看，一方面，无论是总人口，还是汉族人口和少数民族人口，未上过学和小学的人口比重均有大幅度的下降，而初中及以上的各种学历受教育人口占比都有较大幅度上升。例如，2000～2010年，6岁及以上少数民族人口中，未上过学的人口比重从15.77%下降到8.27%，小学从44.97%下降到39.35%，初中则从27.68%上升到35.32%，高中从8.86%上升到9.95%，大学专科从1.82%上升到4.18%，大学本科从0.87%上升到2.76%，研究生从0.04%上升到0.18%。另一方面，与总人口和汉族人口比较，少数民族人口中低学历人口比重大，而高学历人口比重偏低。2010年少数民族人口中，未上过学的人口比重为8.27%，远高于总人口的5%和汉族人口的4.71%，小学和初中学历占比接近75%，而同年总人口和汉族人口中，小学和初中占比约为70%，民族人口中，高中及以上学历占比为17.07%，而同年总人口和汉族人口中高中及以上学历占比约为25%左右(郑长德，2015)。

表9.38 平均受教育年限 (单位：年)

项目	总人口			男性			女性		
	2000年	2010年	变动	2000年	2010年	变动	2000年	2010年	变动
总人口	7.65	8.76	1.11	8.16	9.11	0.95	7.11	8.39	1.28
汉族	7.73	8.84	1.11	8.24	9.20	0.96	7.19	8.47	1.28
少数民族	6.73	7.84	1.11	7.27	8.17	0.90	6.16	7.49	1.33

资料来源：根据《中国2010年人口普查资料》《中国2000年人口普查资料》计算。

表9.39 不同受教育程度人口构成(%)

受教育程度	总人口		汉族人口		少数民族人口	
	2000年	2010年	2000年	2010年	2000年	2010年
未上过学(含扫盲班)	9.55	5.00	8.98	4.71	15.77	8.27
小学	38.18	28.75	37.57	27.80	44.97	39.35
初中	36.52	41.70	37.31	42.27	27.68	35.32
高中(中专)	11.96	15.02	12.24	15.47	8.86	9.95

续表

受教育程度	总人口		汉族人口		少数民族人口	
	2000 年	2010 年	2000 年	2010 年	2000 年	2010 年
大学专科	2.51	5.52	2.57	5.64	1.82	4.18
大学本科	1.22	3.67	1.26	3.75	0.87	2.76
研究生	0.08	0.33	0.08	0.35	0.04	0.18

资料来源：根据《中国 2010 年人口普查资料》《中国 2000 年人口普查资料》计算。因数值修改，各类别人口各统计年份下各类受教育程度占比之和可能不刚好为 100%。

另外，从双语教育方面看，目前民族地区的双语教育普遍面临着师资短缺、专业化程度低、学历低等问题。

9.2.3　促进民族地区基础教育优先发展的政策建议

西部大开发已进入了一个新的阶段，新阶段的西部大开发以增强自我发展能力为主线，而教育的优先发展是增强自我发展能力的一个核心支柱。改革开放以来，民族地区基础教育实现了快速发展，取得了令人瞩目的教育成果，但依然存在很多挑战，与地区国民经济和社会发展的要求还不完全适应；与全国平均水平和发达地区平均水平相比，差距还比较大。基础教育供给能力不足，影响了民族地区自我发展能力的增强和经济社会的协调快速发展。因此，要实现民族地区的跨越式发展，必须切实确保基础教育的优先发展。

(1)进一步强化基础教育的战略地位的认识。无论是学者，还是政府文件，都对基础教育的重要战略地位进行深入的阐述，但在实际中，由于基础教育作为公共产品的外部性和收益实现的长期性特征，以追求地区经济增长绩效和任期有限的政府，基础教育的重要战略地位往往体现于标语口号上，没有全部和部分落到实处。根据中国国情，强化基础教育重要战略地位的措施就是把党政一把手作为推进基础教育优先发展的第一责任人，把基础教育发展作为政府考核的重要的不可替代和具有否决权的指标，这样优先发展基础教育，才能做到规划优先、投入优先和资源配置优先。

(2)切实增加教育投入，建成覆盖城乡的基本公共教育服务体系，逐步实现基本公共教育服务均等化，缩小城乡区域差距。近年来，民族地区教育投入虽有较大幅度增长，但应该认识到有部分投入是弥补以前投入不足的补偿性投入，教育投入占经济总量的比例达到 4%也仅是最近几年的事，如果按累计投入计算，教育投入依然很低。因此，必须进一步切实增加教育投入，形成以政府投入为主、多渠道筹措教育经费的机制，确保财政教育拨款增长高于财政经常性收入增长，确保按在校学生人数平均的教育费用逐年增长，确保教师工资和学生人均公用经费逐年增长，保证教育经费占地区生产总值的比例稳定在 4%以上的水平。

(3)加强教师队伍建设，促进教师资源的合理优化配置。民族地区特别是少数民族聚居的山区师资队伍数量不足，队伍不稳定，其主要原因是地方财政投入不足，教师工资待遇偏低，工作环境、工作条件差。政府应加大对这些地区师资队伍建设的财政投入力度，并设立相关专项补助基金，努力提高教师的工资和福利待遇，设定农村教师工资稳定增长机制，健全农村教师成长的长效激励机制(据调查，民族地区现有的相关教师的激励制度，实际上导致了大量的优秀骨干教师流向县城或者经济发达地区)，解决教师自身的生存问题，让教师能够安心工作，甘愿扎根于民族地区。在菲律宾，农村教师除享有基本工资外，还享有艰苦工作津贴。而俄罗斯一直实行农村教师工资待遇比城市教师高25%的政策。这些都是可以借鉴的经验。加大对教师素质培养的投入，提高教师学历层次，优化教师队伍结构。

(4)加快发展民族教育事业。制定并有效实施民族地区教育发展的行动计划(《四川省民族地区教育发展十年行动计划》)，加快民族地区寄宿制学校建设，逐步扩大寄宿制学生补助范围和补助标准。积极推进双语教学，建立多种类型的双语教育体制，加强双语师资建设，着力培养合格的“双语”“三语”师资人才，提高民族地区语文教师的业务水平。少数民族聚居的山区教育不能机械地按照全国统一教学大纲进行教学安排，应该强化政治、汉语、生活知识、法律常识和劳动技能的教学。以改变落后的生活习惯、提高村民生活技能为出发点，在偏远地区形成讲文明、重教育、懂法律的氛围。加强这些地区职业技术培训，在九年义务教育之后，再进行三年免费职业技能培训，从而提高各少数民族青少年的综合素质。

(5)学校布局调整应充分考虑民族地区特殊的地理环境。随着人口增长和结构的变化，随着经济空间布局的调整和城乡统筹发展，确有必要对学校布局进行调整，但学校布局的调整必须考虑民族地区的实际，尤其是少数民族聚居区特殊地理环境、文化习俗和经济状况。片面追求规模效应的撤点并校，根本不顾及这些地区山高路远、居住分散的现实，势必增加孩子上学的成本和风险，最终影响基础教育的发展。实际上，像基础教育这样的公共服务，实现均等化供给是要服务对象接近公共服务设施，还是公共服务设施接近服务对象，是很值得决策者深入思考的问题。就民族地区基础教育空间布局而论，应该根据其特殊地理环境分散办学。

(6)借鉴对口支援机制，全面实行对民族地区基础教育的对口援教机制。由于民族地区，特别是少数民族聚居的偏远地区和山区条件较为艰苦，经济基础薄弱，没有条件吸引人才，可以借鉴对口支援机制，实行一个地区对一个地区、一个学校对一个学校的对口援教机制，提升这些地区的基础教育水平。

9.3 案例研究：四川省凉山彝族自治州基础教育发展调查

为了更深入地了解民族地区基础教育发展的现状和存在的问题，本书以四川省凉山彝族自治州(简称凉山州)为例，在实地调研的基础上，对该州基础教育的发展及其存在的问题进行了深入的分析，并提出了相关政策建议①。

凉山州是全国最大的彝族聚居区，是四川省民族类别最多、少数民族人口最多的地区。

① 作者调研过程中得到凉山彝族自治州教育局、昭觉县教育局及当地学校和老师的大力支持，在此表示感谢！

全州辖区面积 60249km^2，辖 17 个县市，有彝族、汉族、藏族、回族、蒙古族等 14 个世居民族，2014 年末，全州总人口 511.78 万，少数民族人口 282.30 万人，占 55.16%，其中彝族人口 264.78 万，占 51.74%。近年来，凉山州经济持续快速增长，社会事业全面进步，进入了历史上重要的发展时期。2014 年，全州实现地区生产总值 1314.30 亿元，较上年增长 8.2%；财政一般公共预算总收入 160.10 亿元，增长 6.5%；城镇居民人均可支配收入 23609 元，增长 8.8%；农民人均纯收入 8264 元，增长 12.3%[①]。

9.3.1　凉山州基础教育的发展

西部大开发战略实施以来，凉山州大力实施《四川省民族地区教育发展十年行动计划》和《国家西部地区“两基”攻坚计划》，深入实施大凉山彝区教育振兴行动计划，推进西部彝区、藏聚居区“9+3”免费职业教育。教育事业在规模、质量、结构和效益上有了快速的发展。

(1) 办学规模扩大，义务教育普及程度提高。2009 年随美姑县基本普及义务教育，至此全州全面实现了基本普及九年义务教育目标。截至 2010 年，全州有幼儿园 217 所，入园(班)人数 76737 人，学前教育三年毛入园率为 16.84%；全州共有小学 1773 所，另有校点 939 个，在校学生 548333 人，小学学龄人口净入学率为 98.05%，小学巩固率为 95.46%，辍学率为 4.79%；初中 172 所，在校学生 194078 人，初中学龄人口净入学率为 72.61%，学龄人口毛入学率为 83.02%，初中巩固率为 94.25%，辍学率为 6.32%；高中 36 所，在校学生 55921 人，普通高中巩固率为 98.17%，高中阶段毛入学率为 37.08%[②]。2010 年基础教育总规模(小学和普通中学在校学生数)位列四川省 21 个地市州的第 4 位，同年凉山州人口数位居四川省第 8 位，地区生产总值位居四川省第 7 位。

2014 年全州学龄儿童入学率为 98.48%，其中女童入学率为 98.29%，少数民族儿童入学率为 98.06%。全州共有小学 1422 所，普通中学 209 所，其中初中 172 所，高中 37 所。小学和普通中学在校学生规模位列四川省第 2 位，仅次于成都市。

从比较静态看，改革开放以来，凉山州小学在校学生从 1978 年的 443377 人，增加到 2010 年的 548333 人，增加了 23.67%，2014 年为 539893 人；同期普通中学在校学生从 117511 人，增加到 249999 人，增加了 112.75%，2014 年为 251302 人。1978 年小学入学率原西昌地区为 92.70%，凉山州为 87.20%，到 2010 年全州提高到 98.05%，2014 年进一步提高到 98.70%；每万人在校中学生规模大幅度上升，由 1978 年的 385 人，增加到 2010 年的 522 人，2014 年为 543 人[③]。表 9.40 列出了主要年份凉山州基础教育的发展情况。

① 本书关于凉山州的数据，除特别声明，均来自《凉山彝族自治州统计年鉴》(凉山彝族自治州统计局编)。
② 凉山彝族自治州人民政府. http://www.lsz.gov.cn/.
③ 注：这里是初中生和高中生合计平均数。

表 9.40　凉山州基础教育的发展情况

类别		1978 年	2007 年	2010 年	2014 年
幼儿教育	幼儿园	71	197	217	420
	在园幼儿	7310	60053	76737	155029
小学教育	学校数/所	6022	3173	1773	1422
	在校学生/人	443377	573705	548333	539893
	小学入学率/%	原西昌地区 92.70%；凉山州 87.20%	99.26	98.05	98.7
初中教育	学校数/所	118	178	172	172
	在校学生/人	95673	177320	194078	181535
	每万人在校生/人	原西昌地区 376，凉山州 262	406.00	428.14	392.93
	初中净入学率/%	—	69.02	72.61	—
高中教育	学校数/所	66	39	36	37
	在校学生/人	21838	46620	55921	69767
	每万人在校生/人	原西昌地区 85，凉山州 55	116.00	123.36	151.01

资料来源：根据《凉山彝族自治州改革开放三十年》《凉山彝族自治州统计年鉴》数据计算得到。

(2)教育投入大幅度增长，办学条件明显改善。2006 年以来，各级政府加大对教育经费的投入，2009 年全州教育经费总收入 34.2 亿元，比 2005 年的 13.7 亿元增长 20.5 亿元，增长幅度达 149.6%，其中，国家财政性教育经费收入 32.7 亿元，比 2005 年增长 11.8 亿元，增长幅度达 177.1%。另外，从凉山州财政一般预算支出中用于教育的比例看，2006 年教育支出占当年地区生产总值的 3.37%，占当年一般预算支出的 16.34%，2010 年教育支出占当年地区生产总值和一般预算支出的比例分别提高到 4.08%和 16.77%(同年四川省教育支出占地区生产总值的 3.15%，占一般预算支出的 12.7%)。

2014 年凉山州地方财政一般预算支出中用于教育的为 651317 万元，占总支出的 19.56%，占当年地区生产总值的 4.96%。自 2014 年起，凉山州启动实施大凉山彝区教育振兴行动计划，州财政每年安排 1 亿元，彝区 10 县在原有基础上每年安排不少于 2000 万元投入，用于改善彝区学校办学条件和提高教师待遇。

教育经费增加及政策的实施保证了义务教育学校的正常运转，极大地改善了农村和民族地区中小学办学条件。2009 年，全州中小学校舍建筑面积为 406 万 m^2，较 2005 年的 350 万 m^2 增长了 16%。混合结构校舍占 70%以上，进一步提高校舍建设标准和质量，学校的防灾抗灾能力得以加强。全州 17 县市全部普及了实验教学，各学校都有实验室、图书室，教学仪器基本达到了四川省教育厅制定的“2000 配备标准”①。“十二五”期间，全州累计投入州级以上资金 42 亿元，建设校舍面积 254 万 m^2，中小学 D 级危房已全面拆除。

(3)教师队伍建设不断加强，教师整体素质进一步提高。凉山州紧紧围绕教学中心工作，以提高教师素质能力为核心，采取了充实数量、提高素质等措施加强师资队伍建设。2010 年，全州小学和普通中学的专任教师 35260 人，其中小学专任教师 23017 人，初中专任教师 9412 人，高中专任教师 2831 人；2014 年全州小学和普通中学的专任教师 41371

①凉山彝族自治州教育局.《凉山州教育事业发展“十二五”规划(2010—2015 年)》。

人，其中小学专任教师 24088 人，初中专任教师 10319 人，高中专任教师 6964 人。全州小学、初中、高中教师学历合格率由 2005 年的 98.45%、97.00%、70.00%提高到 2010 年的 99.71%、98.90%和 91.38%。“十二五”期间，凉山州共招聘特岗教师 4383 人，面向社会公开招聘中小学教师 4242 人，参加国家、省、州、县四级培训的中小学校教师达 12 万人次。

(4) 民族教育快速发展。凉山州是一个多民族地区，以彝族、藏族为主的少数民族人口占总人口的 53.15%。积极发展少数民族教育是凉山州基础教育发展的基础。近年来，凉山州大力实施《四川省民族地区教育发展十年行动计划》，民族教育有了快速发展。截至 2014 年，少数民族儿童入学率达到 98.06%，全州基础教育(小学和普通中学)少数民族在校学生数 513327 人，占全州基础教育在校学生数的 64.88%，高于人口比重，其中少数民族小学在校生占全州小校在校生的 71.78%，少数民族普通中学在校生占全州普通中学在校生的 50.06%。截至 2014 年，凉山州全州开展彝汉、藏汉双语教学学校 742 所，在校学生 254806 人。

9.3.2　凉山州的基础教育：存在的问题和差距

凉山州基础教育在取得显著进步的同时，应该看到在凉山州经济步入快速发展的时期，凉山州基础教育面临的新挑战和新困难。基础教育的发展还不能完全适应经济社会发展的要求和各族人民接受良好教育的需求，教育发展存在城乡间、区域间的不均衡。

(1) 基础教育发展水平不能满足社会经济发展的需要。西部大开发以来，凉山州经济实现了跨越式发展，基础教育的发展正处于快速发展的重要时期，基础教育不完全适应经济社会发展的要求和各族居民接受良好教育的需要，与全国和四川省相比，差距还比较大。截至 2014 年，凉山州有小学 1422 所，只覆盖 36.76%的村委会；有初中 172 所，只覆盖 28.48%的乡镇，学校供给不足。目前，全州受教育年限为 6.7 年，彝区受教育年限不足 6 年；凉山州贫困地区小学文化程度的人口数占农村总人口数的 19%，初中文化程度的人口数占农村总人口数的 6.5%，高中文化程度的人口数仅占农村总人口数的 1.5%。表 9.41 将凉山州基础教育发展情况与全国和四川省进行了对比，可以看出凉山州基础教育存在的差距。

表 9.41　凉山州基础教育发展情况：与全国和四川省的比较

指标	2010 年			2014 年		
	凉山州	四川省	全国	凉山州	四川省	全国
学前三年毛入园率/%	16.84	20.51	50.90	50.00	74.70	70.50
学龄儿童入学率/%	98.05	—	99.70	98.70	99.20	99.80
九年义务教育巩固率/%	50.57	67.20	90.80	90.00	93.70	92.60
小学升入初中的比率/%	91.93	100.25	98.70	96.21	100.45	98.05
初中升入高中的比率/%	38.37	46.19	87.50	42.99	54.22	56.36

续表

指标		2010年			2014年		
		凉山州	四川省	全国	凉山州	四川省	全国
每万人在校学生数/人	小学	1209.65	736.29	741.34	1168.60	652.71	690.96
	初中	428.14	427.60	393.46	392.94	317.35	320.55
	高中	123.36	181.83	181.02	151.01	183.02	175.50
平均受教育年限/年		6.41	8.35	8.76	6.70	8.35	9.04

说明：①小学升入初中的比率为州内初中招生人数与小学毕业人数之比，初中升入高中的比率为州内高中招生人数与初中毕业人数之比。因为经济条件较好的家庭把子女送到教育文化发达的地区(如成都、绵阳等地)入学，这里对凉山州的计算可能会有一定的低估。

资料来源：凉山州教育局；《四川省统计年鉴》(2011年，2015年)、《中国统计年鉴》(2011年，2015年)。

(2)升学率低、流失率高、辍学率高，“两基”巩固提高难度大。凉山州小学高段和初中辍学现象严重，特别是女童。据统计，2010年小学毕业生人数占2004年小学招生人数的74.60%，2010年初中毕业生人数占2007年招生人数的81.86%，2010年高中毕业生人数占2007年招生人数的90.62%。2014年小学毕业生人数占2008年小学招生人数的67.99%。2014年初中毕业生人数占2011年招生人数的79.84%，2014年高中毕业生人数占2011年招生人数的94.77%。

学前教育发展缓慢，没有建立学前教育的发展机制，公办幼儿园建设发展滞后，学前一年教育占幼儿教育比重较大。据统计，2010年凉山州共有217所幼儿园，私立的有175所，占80.65%；有幼儿班1814个，其中学前班848个，占46.75%。在园幼儿人数76737，学前班就占52.88%。2012年以来，随着精准扶贫精准脱贫工作的大规模展开，凉山州大力实施“一村一幼”计划，学前教育得到了快速发展。截至2014年底，凉山州幼儿园数已达到420所，但只占全州3868个村(居)委会的10.86%。

(3)学校布局与就学半径矛盾，寄宿制办学条件与受教育者需求的矛盾突出。2001年《国务院关于基础教育改革与发展的决定》提倡开办寄宿制学校，10年来，随着全国农村中小学布局调整的深入，撤点并校的展开，寄宿制学校逐渐成为农村义务教育主流。2000年凉山州有小学2579所，经过撤点并校，2010年有小学1773所，撤并的结果之一是小学的平均规模由2000年的120人/校提高到2010年的309人/校，规模效应有所凸显。2014年凉山州的小学数进一步下降为1422所，平均每所学校的在校学生规模达到380人。但另一个结果是撤并后，就学半径扩大，途中风险上升，学习时间减少。据统计，2010年凉山州有52.66%的村委会没有小学，有71.9%的乡镇没有初中，2014年这两个比例分别为63.24%和71.52%。2014年凉山州小学平均就学半径为4.88km，各县市的就学半径如图9.16所示。昭觉县、雷波县等山区民族县，有很多学生上学要走2～3小时路程，有的村，很多十四、五岁的孩子在读完小学二年级之后，就不再读书了。主要原因是小学三年级之后要到乡里的中心小学读书，来回步行要走四五个小时的山路。就学半径的扩大使得很多学生获得基础教育服务的风险增加，加上学校办学条件有限，学生的午餐得不到保障，大多数学生只能饿着肚子接受教育。

从寄宿制学校发展看，凉山州教育资源有限与办学条件较差和寄宿生需求之间的矛盾十分突出。目前全州有 70%的寄宿制学校还未达到标准化建设的要求。中、小学学生寄宿制指标数有限，生活补助偏低，寄宿制办学条件与受教育者需求的矛盾突出，特别是农村和边远贫困山区的贫困生和特困生多，仍有 50%的农村贫困学生未享受寄宿制生活补助，近年来物价上涨幅度大，现行的寄宿制学生的生活补助标准为小学生 50 元/月、初中生 75 元/月，难以维持寄宿制学生的正常学习和生活。

(4) 双语教育的师资欠缺、教材开发困难，少数民族受教育水平有待进一步提高。尽管凉山州民族教育的发展成效显著，但如表 9.42 所示，少数民族在校学生中，小学生和初中生的比例偏高，而高中及以上的比例偏低。一些彝族山村的实际文盲率甚至高达 80%，30 岁以上的彝族群众基本没读过书，20 岁的年轻人一般最多读过小学就辍学了，不认识汉字的女孩子比比皆是。

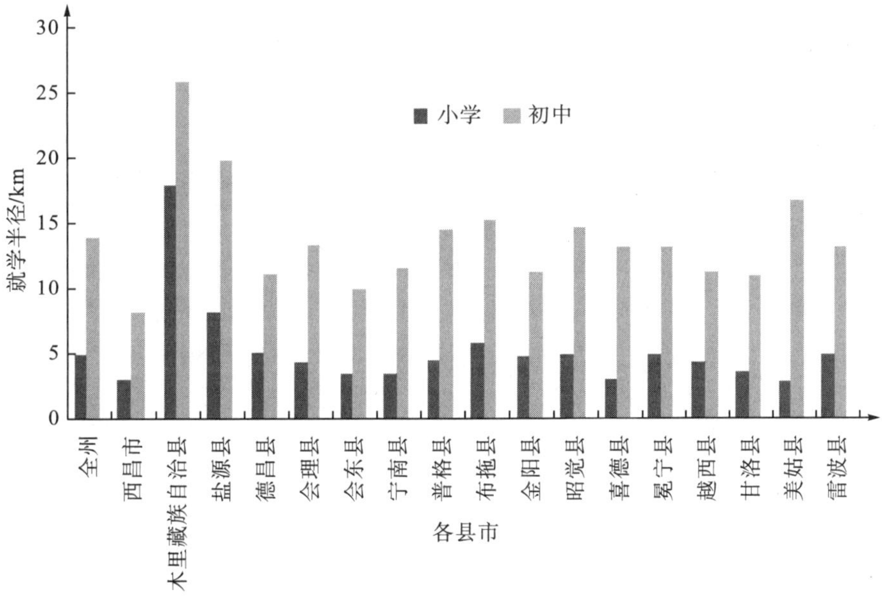

图 9.16　凉山州各县市小学和初中就学半径（2014 年）

表 9.42　凉山州少数民族在校学生数

年份		在校学生数	小学	普通中学	初中	高中	中专	职业中学	技校	普通高校
2010 年	全州(1)/人	839375	548333	249999	194078	55921	11249	15477	602	13715
	少数民族(2)/人	465824	363530	100453	83239	17214	—	—	42	1799
	[(2)/(1)]/%	55.50	66.30	40.18	42.89	30.78	—	—	6.98	13.12
2014 年	全州(3)/人	820198	539893	251302	181535	69767	11224	17779	—	15503
	少数民族(4)/人	529925	387519	125808	98835	26973	5788	10810	—	2614
	[(4)/(3)]/%	64.61	71.78	50.06	54.44	38.66	51.57	60.80	—	16.86

资料来源：《凉山彝族自治州统计年鉴》(2011 年，2014 年，2015 年)。

根据第六次人口普查，凉山州主要民族人口受教育程度如表 9.43 所示。可以看出，以彝族为主的少数民族人口受教育程度较低。

表 9.43　凉山州主要民族人口受教育程度（2010 年）

民族	6 岁及以上人口平均受教育年限/年			15 岁及以上人口文盲率/%		
	合计	男性	女性	合计	男性	女性
总人口	6.25	6.74	5.73	19.31	13.33	25.56
汉族	7.67	7.99	7.32	7.84	5.12	10.81
彝族	4.77	5.40	4.12	32.70	23.26	40.00
藏族	5.10	5.64	4.57	36.96	28.72	44.95
蒙古族	6.10	6.69	5.52	24.75	17.60	31.77
回族	8.95	9.10	8.80	5.33	3.55	7.18
苗族	4.99	5.40	4.56	33.15	27.42	39.36
傈僳族	6.32	6.56	6.07	7.01	5.03	8.99
纳西族	4.78	5.36	4.15	31.25	21.64	41.43

资料来源：根据《凉山彝族自治州第六次人口普查资料》相关数据计算。

从双语教育看，凉山州彝族地区的双语教学有两种形式，“一类模式”（一类模式是把汉语作为一门主科开设，其余各门学科均用彝语教学）和“二类模式”（二类模式是把彝语作为一门主科开设，其余各门学科均用汉语教学）。目前面临的主要问题是师资紧缺。仅以昭觉县为例，根据川编办〔2008〕20 号、凉编办〔2008〕84 号文件精神，按照《四川省中小学教职工编制标准试行办法》（川府办发电〔2002〕46 号），对昭觉县中小学教职工编制进行测算，需达到编制 3163 名，目前只有 1989 名编制，净差 1174 名。编制少，导致补充教师困难，仅“一类模式”初、高中就缺教师 29 名（其中，汉语文 6 名、彝语文 6 名、双语数学 7 名、双语物理 3 名、双语化学 3 名、双语生物 4 名）。县级财政困难，双语教学教研无专项经费，在很大程度上限制了双语教学教研活动的开展。教学内容不适应地区经济发展的实际，教材开发困难。其结果是，教学内容与学生的生活环境差距很大，学生难以理解教学内容，更谈不上提高为经济发展、生活服务的能力。再加上部分学生家长对双语教学存有偏见，导致推行双语教育被群众接受存在一定难度。

（5）教师队伍数量不足，师资结构不合理。凉山州的经济文化发展水平相对落后，加上教师待遇偏低，造成基础教育师资队伍总体水平偏低，力量薄弱。主要表现为：与其他地区相比，师资队伍稳定性差，教师流失率高，部分地区教师严重缺乏，只能依靠志愿者或外聘本地稍有文化的人来勉强维持学校运转；教师队伍的学历合格率偏低。师生比反映了教育资源和师资配备的使用效益。根据国务院办公厅国办发〔2001〕74 号文件有关规定，农村中小学教职工的编制标准是：小学教职工与学生比为 1∶23，初中教职工与学生比为 1∶18（《最新中小学教师政策问答》编写组，2003）。凉山州的师生比都超过了国家的相关规定，教师队伍数量不足，教育资源配备使用效益未达到平均水平（表 9.44）。近年来，由于学生人数的大幅度增长、寄宿制学生增多以及双语教学的发展，凉山州教师紧缺状况尤为突出。如果按照高中 1∶14.3、初中 1∶17.2、小学 1∶22.4 的师生比计算，综合考虑寄宿制学校管理人员、双语教师配备等因素，初步估算，凉山州尚缺教师编制 5500 余个①。

同时，从学历结构来看，凉山州农村小学和初中的高学历教师所占比例远远低于城市教师。加上地域条件及经济条件限制，优质教学资源不断地向城市流动，骨干教师大部分集中在城市中小学。

表 9.44　凉山州专任教师数及师生比

项目	2007 年		2008 年		2009 年		2010 年		2014 年	
	小学	初中	小学	初中	小学	初中	小学	初中	小学	初中
专任教师/人	22568	8430	22979	8823	22699	9079	23017	9412	24088	10319
在校人数/人	573705	177320	568405	176433	557762	182172	548333	194078	539893	181535
师生比	1∶25	1∶21	1∶25	1∶20	1∶25	1∶20	1∶24	1∶21	1∶22.41	1∶17.59

资料来源：根据《凉山彝族自治州统计年鉴(2007～2011 年)》数据计算。

另外，教师资源不足、教育经费紧缺、教师再学习机会少，导致部分教师教育教学观念陈旧，知识更新过慢，教育教学能力得不到提高，教育科研能力、运用现代教育技术的能力等普遍欠缺。另外，教师学科结构不合理，失衡严重。由于缺乏相应的学科教师，虽然课程表上体现出课程齐全，但是音乐、美术、劳动与技术、信息技术等课程均未开设，相关学校只开设了语文、数学及体育课程。其他课程知识的教授只能依靠志愿者或者其他老师兼任。

(6)区域之间的教育发展不平衡。凉山州基础教育发展在空间上是不平衡的，集中表现在城乡之间和县市间的不平衡。首先从城乡间基础教育的发展看，城市(镇)的基础教育发展要优于农村，农村优质教育资源匮乏，农村学校的办学条件仍然薄弱。

以幼儿教育为例，2010 年凉山州共有幼儿园 217 所，其中城市 47 所，县镇 94 所，农村只有 76 所；在园幼儿 76737 人，其中城市 10808 人，县镇 32300 人，农村 33629 人；幼儿园教职工 2414 人，其中城市 698 人，县镇 1296 人，农村 420 人；城市和县镇的幼儿园数、在园幼儿数和教职工数分别占总数的 64.98%、56.18%和 82.60%。2010 年凉山州有镇 75 个，村委会 3745 个，每个镇都有幼儿园，但只有 2%的村委会有幼儿园。据调查，2014 年的情况是：幼儿园 420 所，其中城市 68 所，县镇 265 所，农村 87 所；在园幼儿 86931 人，其中城市占 21.30%，县镇占 12.39%，农村占 66.31%；幼儿园教职工 5211 人，其中城市 1524 人，县镇 3191 人，农村 496 人。2014 年凉山州有村委会 3747 个，有幼儿园的村委会占村委会总数的 2.32%。城乡差异一目了然。

从县市间的差距看，凉山州基础教育发展的不平衡性非常显著。表 9.45 和表 9.46 显示，凉山州基础教育发展和经济发展格局类似(郑长德，2008)，安宁河谷五县一市的发展要优于其余 11 个国家扶贫开发重点扶持县。

①四川凉山教育调查：凉山教育，一场艰难的攻坚，光明日报，[2015-09-08].

表 9.45 凉山州基础教育发展的县市间不平衡(2010 年)

地区		人均GDP/元	有小学的村委会比例/%	有初中的乡镇比例/%	学龄儿童入学率/%			小学毕业升入初中的比率/%	初中毕业升入高中的比率/%
					合计	女童入学率/%	少数民族儿童入学率/%		
全州		17560	47.34	28.10	98.05	97.63	95.78	91.93	38.37
安宁河谷地区	西昌市	33125	71.00	70.27	98.75	98.43	97.79	109.92	60.50
	会理县	29830	46.86	28.00	97.62	97.32	98.60	96.62	31.70
	会东县	23008	51.57	33.96	99.87	99.84	100.00	94.24	35.81
	宁南县	15311	75.20	28.00	100	100	99.23	93.45	38.74
	德昌县	17647	60.58	47.83	98.83	98.77	100.00	89.39	37.64
	冕宁县	14560	45.54	39.47	97.55	97.11	99.94	89.05	34.44
国家扶贫开发重点扶持县	木里县	11483	20.35	37.93	99.73	99.58	91.56	75.31	26.60
	盐源县	14505	27.94	32.35	99.86	99.78	96.37	92.64	58.01
	普格县	9701	34.64	14.71	99.88	99.89	95.70	79.55	39.83
	布拖县	9376	14.74	13.33	96.82	96.12	92.42	107.39	1.94
	金阳县	11245	22.03	17.65	90.60	85.79	94.39	89.35	11.52
	昭觉县	5876	94.40	14.89	99.25	98.83	99.61	101.10	25.75
	喜德县	8443	74.12	29.17	99.99	100.00	98.89	81.72	28.45
	越西县	8680	34.60	17.07	99.36	99.37	85.01	84.84	34.99
	甘洛县	11943	43.61	32.14	90.10	89.47	95.14	72.07	29.90
	美姑县	6166	57.88	13.89	99.82	99.83	97.32	66.80	17.08
	雷波县	12511	23.13	18.37	96.70	96.78	98.74	81.49	36.38
变异系数		0.5405	0.4852	0.5182	0.0313	0.0406	0.0410	0.1331	0.4448

资料来源：根据《凉山彝族自治州统计年鉴 2011》相关数据计算得到。

表 9.46 凉山州基础教育发展的县市间不平衡(2014 年)

地区		人均 GDP/元	有小学的村委会比例/%	有初中的乡镇比例/%	学龄儿童入学率/%			小学毕业升入初中的比率/%	初中毕业升入高中的比率/%
					合计	女童入学率/%	少数民族儿童入学率/%		
全州		28556	36.76	28.48	98.70	98.64	98.00	96.21	42.99
安宁河谷地区	西昌市	56011	56.46	52.38	100.00	100.00	100.00	110.31	62.91
	会理县	49313	45.34	32.56	99.8	99.79	99.78	98.69	42.97
	会东县	32679	42.15	38.30	99.87	99.85	99.86	95.58	44.94
	宁南县	27479	54.89	30.43	99.53	99.46	99.65	95.08	47.20
	德昌县	26669	33.80	45.45	99.43	99.43	98.89	94.15	42.75
	冕宁县	26498	43.97	36.84	96.55	97.15	96.01	91.37	34.22

续表

地区		人均 GDP/元	有小学的村委会比例/%	有初中的乡镇比例/%	学龄儿童入学率/%			小学毕业升入初中的比率/%	初中毕业升入高中的比率/%
					合计	女童入学率/%	少数民族儿童入学率/%		
国家扶贫开发重点扶持县	木里县	19866	19.83	37.93	100.00	100.00	96.40	97.25	40.17
	盐源县	23880	27.78	35.29	99.21	99.24	99.22	91.25	41.26
	普格县	13777	32.92	14.71	99.68	99.61	99.01	91.30	51.76
	布拖县	14543	14.58	13.33	98.87	98.75	97.60	96.89	1.80
	金阳县	16755	21.35	20.59	94.96	93.78	97.99	94.99	19.56
	昭觉县	9385	22.63	14.89	99.22	99.22	99.22	91.95	63.80
	喜德县	11499	71.10	29.17	99.78	99.82	99.79	90.39	29.54
	越西县	12340	22.79	24.39	96.55	97.15	96.01	94.20	39.66
	甘洛县	12781	37.55	35.71	96.05	96.64	95.80	95.03	22.06
	美姑县	8570	52.20	13.89	98.00	97.98	98.42	89.03	17.45
	雷波县	24347	22.07	18.75	95.74	95.56	95.33	92.12	41.82
变异系数		0.5895	0.4336	0.4047	0.0176	0.0183	0.0168	0.0509	0.4227

资料来源：根据《凉山彝族自治州统计年鉴(2014～2015)》整理计算。

除了这些差距之外，学校和学校间，甚至各阶段教育之间的发展也存在较大差距。凉山州内基础教育发展的这些区域差距的存在，既有各地区自然因素，如有的县地处山区，山高谷深，位置偏远，交通不便，信息流通不畅，基础教育成本高，学生就学半径大，影响了教育的发展；也与这些地区经济发展水平低，教育投资总量受经济发展水平的限制，相对日益膨胀的教育投资需求明显不足有关。

9.3.3　促进凉山州基础教育优先发展的政策建议

西部大开发已进入了一个新的阶段，新阶段的西部大开发以增强自我发展能力为主线，而教育的优先发展是增强自我发展能力的一个核心支柱。改革开放以来，凉山州基础教育实现了快速发展，取得了令人瞩目的教育成果，但依然存在很多挑战，与地区国民经济和社会发展的要求还不完全适应，与全国平均水平和四川省平均水平相比，差距还比较大。基础教育供给能力的不足，影响了凉山州自我发展能力的增强和经济社会的协调快速发展。因此，要实现凉山州的跨越式发展，必须切实确保基础教育的优先发展。

(1) 进一步强化基础教育的战略地位的认识。根据中国国情，建议强化基础教育重要战略地位的措施就是把党政一把手作为推进基础教育优先发展的第一责任人，把基础教育发展作为政府考核的重要的不可替代和具有否决权的指标，这样优先发展基础教育，才能做到规划优先、投入优先和资源配置优先。

(2) 切实增加教育投入，建成覆盖城乡的基本公共教育服务体系，逐步实现基本公共教育服务均等化，缩小城乡区域差距。近年来，凉山州教育投入虽有较大幅度增长，但应该认识到有部分投入是弥补以前投入不足的补偿性投入，教育投入占经济总量的比例达到4%也仅是最近两年的事，如果按累计投入计算，教育投入依然很低。因此，必须进一步切实增加教育投入，形成以政府投入为主、多渠道筹措教育经费的机制，确保财政教育拨款增长高于财政经常性收入增长，确保按在校学生人数平均的教育费用逐年增长，确保教师工资和学生人均公用经费逐年增长，保证教育经费占地区生产总值的比例稳定在4%以上的水平。

(3)加强教师队伍建设，促进教师资源的合理优化配置。凉山州特别是彝区师资队伍数量不足，队伍不稳定，其主要原因是地方财政投入不足，教师工资待遇偏低，工作环境、工作条件差。政府应加大对凉山州师资队伍建设的财政投入力度，并设立相关专项补助基金，提高教师的工资和福利待遇，使之高于城市和同级公务员的工资和福利待遇，持续坚持艰苦工作津贴制度，设定农村教师工资稳定增长机制，使农村教师工资待遇比城市教师高出25%左右(这可以看成是在民族地区农村从事教育工作的“劳动溢价”)；健全农村教师成长的成效激励机制(据调查，凉山州现有的相关教师的激励制度，实际上导致了大量的优秀骨干教师流向县城或者经济发达地区，或者流向政府机关等)，加大对教师素质培养的投入，提高教师学历层次，优化教师队伍结构，在职称评定和评优等锦标赛中给予优先考虑。通过提高薪酬和非薪酬激励水平，做到激励相容，这样才能让教师安心工作，扎根于民族地区，并持续吸引优秀人才到艰苦地区从事教育事业。

(4)加快发展民族教育事业。全面实施第二轮民族地区教育发展十年行动计划，加快民族地区寄宿制学校建设，逐步扩大寄宿制学生补助范围和补助标准，积极推进双语教学。彝区的教育不能机械地按照全国统一教学大纲进行教学安排，应该强化政治、汉语、生活知识、法律常识和劳动技能的教学。以改变落后的生活习惯、提高村民生活技能为出发点，在偏远彝区形成讲文明、重教育、懂法律的氛围。加强彝区职业技术教育，借鉴藏族聚居区的“9+3”政策，在九年义务教育之后，再进行三年免费职业技能教育，从而提高彝族青少年的综合素质。

(5)学校布局调整应充分考虑凉山州特殊的地理环境。随着人口增长和结构的变化，随着经济空间布局的调整和城乡统筹发展，确有必要对学校布局进行调整，但学校布局的调整必须考虑凉山州的实际，尤其是彝区特殊地理环境、文化习俗和经济状况，片面追求规模效应的撤点并校，根本不顾及彝区山高路远、居住分散的现实，势必增加彝区孩子上学的成本和风险，最终影响基础教育的发展。实际上，像基础教育这样的公共服务，实现均等化供给是要服务对象接近公共服务设施，还是公共服务设施接近服务对象，是很值得决策者深入思考的问题。就凉山州基础教育空间布局而论，应该根据凉山彝区特殊地理环境分散办学。

(6)借鉴对口支援机制，充分利用“互联网+”，实行汉区对彝区的对口援教机制。由于凉山彝区条件较为艰苦，经济基础也较为薄弱，没有条件吸引人才，可以借鉴对口支援机制，实行一个地区对一个地区、一个学校对一个学校的汉区对彝区的对口援教机制，提升彝区的教育水平。同时加快互联网基础设施建设，大力发展远程教育，构建凉山彝区共享教育发达地区资源的可持续发展机制。

9.4　民族地区乡村医疗卫生服务发展研究

民族地区乡村医疗卫生服务是我国医疗卫生服务体系的重要组成部分，完善民族地区乡村医疗卫生服务体系，实施新型农村合作医疗是建设社会主义新农村、统筹城乡区域发展、构建社会主义和谐社会的重要举措。中华人民共和国成立以来，特别是改革开放以来，党和政府充分重视民族地区医疗卫生事业的发展，民族地区乡村医疗卫生事业取得了很大的成就，但与国内其他地区相比较，仍然差距较大。少数民族事业“十二五”规划指出，要“加强民族地区公共卫生服务体系建设”，“不断提高民族地区基本公共服务水平”。本书通过对民族地区乡村医疗卫生相关指标分析，探讨了民族地区乡村医疗卫生事业发展现状，并对完善我国民族地区乡村医疗卫生服务体系提出了政策建议。

9.4.1　民族地区医疗卫生的发展

改革开放以来，特别是西部大开发以来，在中央政府和发达地区地方政府的大力帮助下，通过民族地区地方政府和各族人民的努力，医疗卫生条件得到极大地改进，人民群众看病难的问题得到一定程度的缓解，各种疾病的发病率大幅度下降，人民群众的健康水平有了大幅度提高。

1) 卫生费用

卫生总费用是指一个国家或地区在一定时期内(通常指 1 年)，全社会提供卫生保健服务所消耗的活劳动和物化劳动的货币表现(田国栋和程晓明，2006)。它反映政府、社会及个人对卫生和健康的投入规模与结构，是衡量卫生保健筹资水平及其利用程度的重要指标。我国卫生总费用包括政府支出、社会卫生支出和居民个人支出。经济条件比较落后地区，卫生费用中的政府支出对其卫生事业的发展意义重大。一般公共财政预算支出中，医疗卫生支出可以作为政府医疗卫生支出的代理变量。进入 21 世纪以来，全国和各地区医疗卫生支出不断增加，民族地区公共财政预算支出中医疗卫生支出总体上均呈现出上升的态势(图 9.17)。到 2014 年，国家财政支出中医疗卫生与计划生育支出为 10176.81 亿元，占国内生产总值的 1.60%，其中地方合计的医疗卫生与计划生育支出占地方地区生产总值的 1.47%。民族八省区 2014 年的这个比例分别为：内蒙古自治区为 1.28%，广西壮族自治区为 2.27%，贵州省为 3.27%，云南省为 2.75%，西藏自治区为 5.31%，青海省为 3.48%，宁夏回族自治区为 2.37%，新疆维吾尔自治区为 2.18%，除内蒙古自治区外均高于全国平均水平(表 9.47)。在各省级行政区中，民族地区这一比例也是居于前列的(图 9.18)。

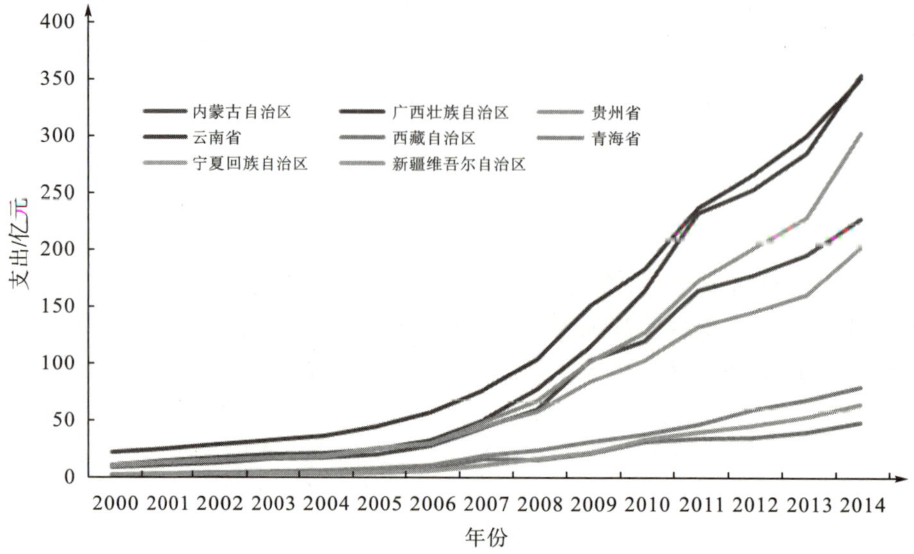

图 9.17 民族八省区一般公共财政预算支出中医疗卫生与计划生育支出情况(见彩图版)

资料来源:《中国统计年鉴》相关年份数据。

表 9.47 民族八省区医疗卫生与计划生育支出占地区生产总值的比例(%)

年份	内蒙古自治区	广西壮族自治区	贵州省	云南省	西藏自治区	青海省	宁夏回族自治区	新疆维吾尔自治区	全国地方合计
2000	0.65	0.57	1.11	1.14	2.76	1.07	0.89	0.78	0.50
2001	0.73	0.70	1.25	1.21	2.81	1.38	1.32	0.93	0.52
2002	0.71	0.73	1.30	1.29	3.01	1.30	1.13	0.98	0.53
2003	0.79	0.77	1.28	1.33	2.86	1.36	1.16	0.97	0.56
2004	0.57	0.64	1.17	1.17	2.89	1.36	0.81	0.88	0.50
2005	0.54	0.64	1.30	1.29	2.83	1.63	0.89	0.99	0.51
2006	0.58	0.69	1.32	1.43	2.78	1.81	0.99	0.98	0.56
2007	0.72	0.85	1.78	1.63	5.02	2.49	1.28	1.30	0.71
2008	0.70	1.12	1.89	1.84	4.14	2.42	1.42	1.40	0.81
2009	1.06	1.50	2.63	2.45	5.00	3.00	1.69	1.99	1.08
2010	1.03	1.73	2.77	2.54	6.31	2.88	2.01	1.90	1.08
2011	1.15	1.99	3.04	2.66	5.83	2.84	1.95	2.00	1.22
2012	1.12	1.94	2.93	2.59	5.15	3.17	1.97	1.94	1.24
2013	1.16	1.98	2.83	2.54	4.94	3.23	2.09	1.91	1.29
2014	1.28	2.27	3.27	2.75	5.31	3.48	2.37	2.18	1.47

资料来源:《中国统计年鉴》(2001～2015 年)。

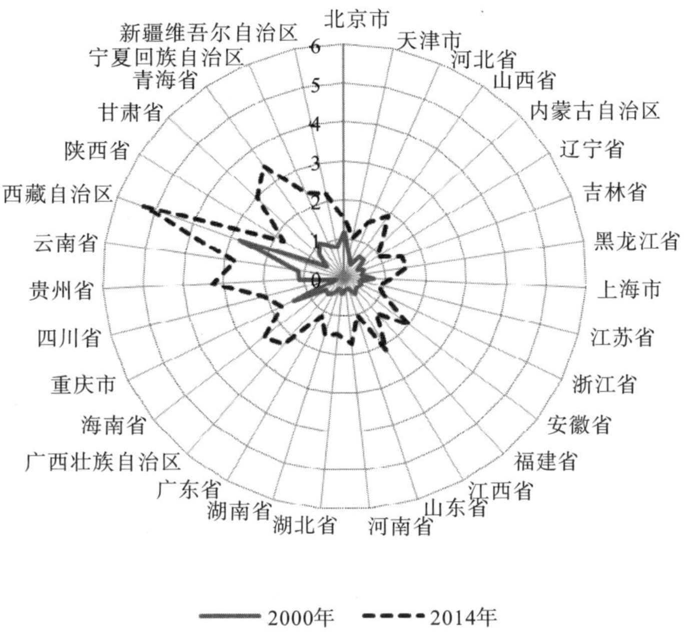

图 9.18　全国各地区公共财政预算支出中医疗卫生与计划生育支出占地区生产总值的比例

资料来源：《中国统计年鉴》(2001 年，2015 年)

2) 卫生资源

由于有了较大规模的投入，医疗卫生条件有了较大改善。如表 9.48 所示，与 2000 年比较，2014 年每万人拥有的卫生机构数、每千人拥有的卫生机构床位数和每千人拥有的卫生技术人员数，全国和民族八省区都有了较大幅度增长。例如，每万人拥有的医疗卫生机构数，2000～2014 年，全国从 2.51 个增加到 7.18 个，增长率为 186.06%；内蒙古自治区从 3.3 个增加到 9.35 个，增长率为 183.33%；广西壮族自治区从 3.05 个增加到 7.29 个，增长率为 139.02%；贵州省从 2.55 个增加到 8.27 个，增长率为 224.31%；云南省从 3.11 个增加到 5.15 个，增长率为 65.59%；西藏自治区从 4.72 个增加到 21.4 个，增长率达 353.39%；青海省从 3.57 个增加到 10.7 个，增长率为 199.72%；宁夏回族自治区从 2.42 个增加到 6.43 个，增长率为 165.70%；新疆维吾尔自治区从 3.48 个增加到 8.21 个，增长率为 135.92%。每千人床位数和每千人卫生技术人员数的增长态势见表 9.48。

表 9.48　全国和民族八省区医疗卫生条件的变化

地区	每万人卫生机构/个		增长率/ %	每千人床位数/张		增长率/ %	每千人卫生技术人员数/人		增长率/ %
	2000 年	2014 年		2000 年	2014 年		2000 年	2014 年	
全国	2.51	7.18	186.06	2.45	4.85	97.96	3.47	5.56	60.23
内蒙古自治区	3.30	9.35	183.33	2.82	5.15	82.62	4.51	6.17	36.81
广西壮族自治区	3.05	7.29	139.02	1.90	4.24	123.16	2.83	5.44	92.23

续表

地区	每万人卫生机构/个		增长率/%	每千人床位数/张		增长率/%	每千人卫生技术人员数/人		增长率/%
	2000年	2014年		2000年	2014年		2000年	2014年	
贵州省	2.55	8.27	224.31	1.66	5.19	212.65	2.42	4.85	100.41
云南省	3.11	5.15	65.59	2.27	4.77	110.13	2.89	4.43	53.29
西藏自治区	4.72	21.4	353.39	2.42	3.75	54.96	3.42	4.05	18.42
青海省	3.57	10.7	199.72	3.19	5.66	77.43	4.15	5.82	40.24
宁夏回族自治区	2.42	6.43	165.70	2.46	4.91	99.59	3.80	6.01	58.16
新疆维吾尔自治区	3.48	8.21	135.92	3.66	6.22	69.95	5.05	6.68	32.28

资料来源：《中国统计年鉴》(2001年，2015年)。

3) 乡村医疗卫生服务

自1951年8月召开第一次全国少数民族卫生工作会议以来，我国民族地区医疗卫生事业在数量和质量上均取得了长足进展，为保障各族群众健康做出了重大贡献。如表9.49所示，2014年民族八省区有乡镇卫生院7639个，占全国的20.70%，高于人口占比；卫生室92951个，占全国的14.40%。民族八省区中100%的行政村设有村卫生室，高于全国93.3%的水平；农村每千人口医疗卫生机构床位数，全国为3.54张，民族八省区中高于全国平均水平的有新疆维吾尔自治区、云南省、青海省和内蒙古自治区，其余地区低于全国平均水平；每千农业人口乡镇卫生院床位数，全国为1.34张，新疆维吾尔自治区、广西壮族自治区、青海省高于全国平均水平，其余地区低于全国平均水平；每千农业人口乡镇卫生院人员数，全国为1.43人，新疆维吾尔自治区、广西壮族自治区、青海省高于全国平均水平，其余五省区低于全国平均水平。

表9.49　全国和民族八省区乡村卫生机构与床位数(2014年)

地区	乡镇卫生院/个	村卫生室/个	设卫生室的村数占行政村数/%	农村每千人口医疗卫生机构床位数/个	每千农业人口乡镇卫生院床位数/个	每千农业人口乡镇卫生院人员数/人
全国	36902	645470	93.30	3.54	1.34	1.43
内蒙古自治区	1332	13835	100.00	3.75	1.31	1.40
广西壮族自治区	1270	21917	100.00	3.11	1.44	1.65
贵州省	1427	20945	100.00	3.44	1.06	0.91
云南省	1376	13364	100.00	4.12	1.32	0.98
西藏自治区	678	5366	100.00	3.21	1.24	1.36
青海省	404	4481	100.00	3.88	1.40	1.56
宁夏回族自治区	223	2455	100.00	2.64	0.70	1.08
新疆维吾尔自治区	929	10588	100.00	5.67	1.81	1.67

资料来源：《中国卫生和计划生育统计年鉴》(2015年)。

4) 医疗卫生可得性大幅度增加，各族人民健康水平显著提高

医疗卫生投入的增加和医疗卫生条件的改善，使得各族人民医疗卫生的可得性大幅度增加。表 9.50 给出了全国和民族八省区 2000 年和 2014 年的平均就医半径和卫生机构及医院综合密度。可以看出，随着机构及医院数的增加，就医半径有较大幅度缩小，当然需要说明的是各地区新增医疗卫生机构，特别是医院和卫生院，有的可能在县乡所在地，有的可能就在省级政府驻地，这样农村居民就医半径并未有实质性的下降。医疗卫生机构及医院密度，这里分别考虑了面积密度、人口密度和综合密度，其中面积密度是每 100km^2 的医疗卫生机构数和医院数，人口密度是每万人拥有的医疗卫生机构和医院数，之所以计算综合密度是考虑各地区人口和地域的差异，综合密度定义为

$$综合密度=医疗卫生机构或医院数/\sqrt{面积（万km^2）\times 人口（万人）}$$

表 9.50 的材料说明，2000 年以来，综合来看，无论从哪个角度考虑，全国和民族八省区的医疗卫生机构及医院密度均有大幅度上升。

表 9.50　全国和民族八省区医疗卫生可得性变化

项目	年份		全国	内蒙古自治区	广西壮族自治区	贵州省	云南省	西藏自治区	青海省	宁夏回族自治区	新疆维吾尔自治区
平均就医半径/km	2000	机构	4.08	9.21	3.12	3.32	4.07	23.38	14.78	5.24	11.72
		医院	17.96	37.51	15.55	15.58	19.19	80.26	50.07	19.62	41.77
	2014	机构	2.35	5.33	1.96	1.85	3.02	9.98	8.04	2.96	6.99
		医院	14.45	32.27	16.58	9.64	14.46	77.71	46.71	15.23	32.39
每 100 km^2 的医疗卫生机构数和医院数/个	2000	机构	3.38	0.66	5.77	5.10	3.39	0.10	0.26	2.05	0.41
		医院	0.17	0.04	0.23	0.23	0.15	0.01	0.02	0.15	0.03
	2014	机构	10.22	1.98	14.59	16.46	6.16	0.57	0.87	6.41	1.15
		医院	0.27	0.05	0.20	0.61	0.27	0.01	0.03	0.24	0.05
每万人拥有的医疗卫生机构数和医院数/个	2000	机构	2.51	3.30	3.05	2.55	3.11	4.72	3.57	2.42	3.48
		医院	0.13	0.20	0.12	0.12	0.14	0.40	0.31	0.17	0.27
	2014	机构	7.18	9.35	7.29	8.27	5.15	21.4	10.7	6.43	8.21
		医院	0.19	0.26	0.10	0.30	0.22	0.35	0.32	0.24	0.38
综合密度	2000	机构	29.12	14.81	41.97	36.09	32.49	6.97	9.58	22.28	11.94
		医院	1.50	0.89	1.69	1.64	1.46	0.59	0.84	1.59	0.94
	2014	机构	85.65	43.03	103.15	116.64	56.33	34.77	30.5	64.2	30.76
		医院	2.26	1.17	1.45	4.29	2.46	0.57	0.90	2.43	1.43

资料来源：根据《中国统计年鉴》(2001 年，2015 年)、《中国区域经济统计年鉴》(2010 年) 计算。

医疗卫生可得性的提高，使得各族人民健康状况得到根本改进，具体表现在 1990～2010 年民族地区各族人民的预期寿命都有了较大提高(表 9.51 和表 9.52)，表 9.51 是全国和民族八省区人口预期寿命的变化，如内蒙古自治区预期寿命从 1990 年的 65.68 岁提高

到2000年的69.87岁，2010年为74.44岁，西藏自治区的预期寿命从1990年的59.64岁提高到2000年的64.37岁，2010年达到68.17岁。根据第六次人口普查，四川省三个民族自治州，随着医疗卫生条件的改善和生活质量的提高，人口平均预期寿命不断提高，2010年阿坝藏族羌族自治州人口平均预期寿命达到72.13岁，甘孜州为72.10岁，凉山州为72.26岁，均比10年前增加了5岁左右①。表9.52是部分民族人口的预期寿命，可以看出1990～2010年各民族人口预期寿命都有较大幅度提高。

表9.51　全国和民族八省区人口预期寿命的变化　（单位：岁）

地区	1990年			2000年			2010年		
	总人口	男性	女性	总人口	男性	女性	总人口	男性	女性
全国	68.55	66.84	70.47	71.40	69.63	73.33	74.83	72.38	77.37
内蒙古自治区	65.68	64.47	67.22	69.87	68.29	71.79	74.44	72.04	77.27
广西壮族自治区	68.72	67.17	70.34	71.29	69.07	73.75	75.11	71.77	79.05
贵州省	64.29	63.04	65.63	65.96	64.54	67.57	71.10	68.43	74.11
云南省	63.49	62.08	64.98	65.49	64.24	66.89	69.54	67.06	72.43
西藏自治区	59.64	57.64	61.57	64.37	62.52	66.15	68.17	66.33	70.07
青海省	60.57	59.29	61.96	66.03	64.55	67.70	69.96	68.11	72.07
宁夏回族自治区	66.94	65.95	68.05	70.17	68.71	71.84	73.38	71.31	75.71
新疆维吾尔自治区	62.59	61.95	63.26	67.41	65.98	69.14	72.35	70.30	74.86

资料来源：《中国统计年鉴》(2012年)。

表9.52　部分民族人口预期寿命的变化　（单位：岁）

民族	1990年	2000年	2010年	民族	1990年	2000年	2010年
总人口	68.55	71.40	78.63	傣族	64.81	66.66	73.67
汉族	70.46	73.34	78.91	黎族	66.32	70.36	77.12
少数民族	66.24	69.03	75.85	傈僳族	57.98	59.58	69.56
蒙古族	66.43	68.55	76.55	佤族	50.80	56.80	68.03
回族	70.56	73.36	78.59	畲族	70.35	72.41	77.90
藏族	61.66	66.00	71.31	拉祜族	54.36	56.38	67.61
维吾尔族	63.43	68.14	72.59	水族	64.25	67.18	70.33
苗族	64.37	66.52	75.01	东乡族	67.40	67.48	76.97
彝族	61.74	63.96	72.21	纳西族	65.74	67.60	76.11
壮族	68.60	71.94	78.17	景颇族	56.91	60.56	68.05
布依族	62.74	65.63	73.08	柯尔克孜族	61.04	67.89	74.14
朝鲜族	67.61	73.77	80.70	土族	62.39	67.81	71.49
满族	71.98	74.77	79.06	达斡尔族	62.58	66.80	77.65

① 中国广播网. [2016-01-20]四川人口平均预期寿命达74.75岁接近全国水平. http://native.cnr.cn/city/201209/t20120918_510938147.shtml

续表

民族	1990 年	2000 年	2010 年	民族	1990 年	2000 年	2010 年
侗族	66.55	67.96	75.89	仫佬族	72.85	73.21	80.65
瑶族	65.67	69.62	76.74	羌族	66.96	72.26	77.25
白族	66.75	69.15	75.53	撒拉族	66.39	71.67	78.47
土家族	66.81	70.43	77.78	毛南族	68.82	69.35	77.45
哈尼族	57.94	59.04	71.57	仡佬族	64.47	67.01	74.76
哈萨克族	62.55	67.39	72.94	锡伯族	72.97	75.61	80.3

资料来源：郑长德(2015)。

简单地把各地区2010年人口预期寿命与2000年的平均就医半径和医疗卫生机构密度进行拟合和相关分析，结果如图 9.19 和图 9.20 所示，发现预期寿命与平均就医半径呈现出显著的负相关关系，而与每 100km^2 的医疗机构数和医院数及综合密度间呈现出显著的正相关关系，与每万人拥有的医疗卫生机构数和医院数关系不明显。同时，还给出了 2000 年医疗卫生条件(万人机构数、千人床位数和千人卫生技术人员数)与 2014 年人口预期寿命的拟合关系(图 9.21)，可以看出，千人床位数和千人卫生技术人员数与 2014 年人口预期寿命间存在明显的正相关关系。从因果关系看，医疗卫生获得性的增强是预期寿命提高的主要因素。因此，改善医疗卫生条件，提高医疗卫生可得性，是健康水平改善的最重要决定因素。

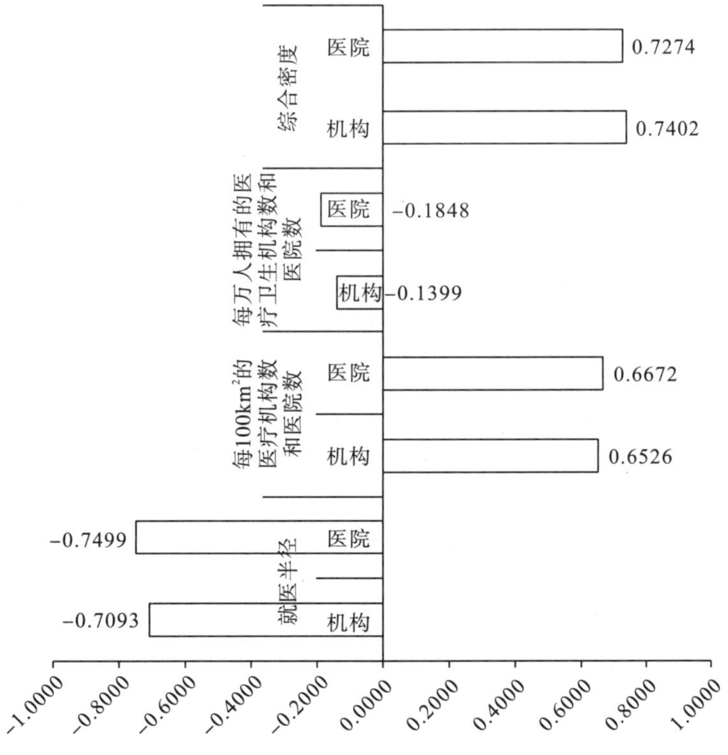

图 9.19　2010 年人口预期寿命与 2000 年医疗卫生可得性间的相关系数

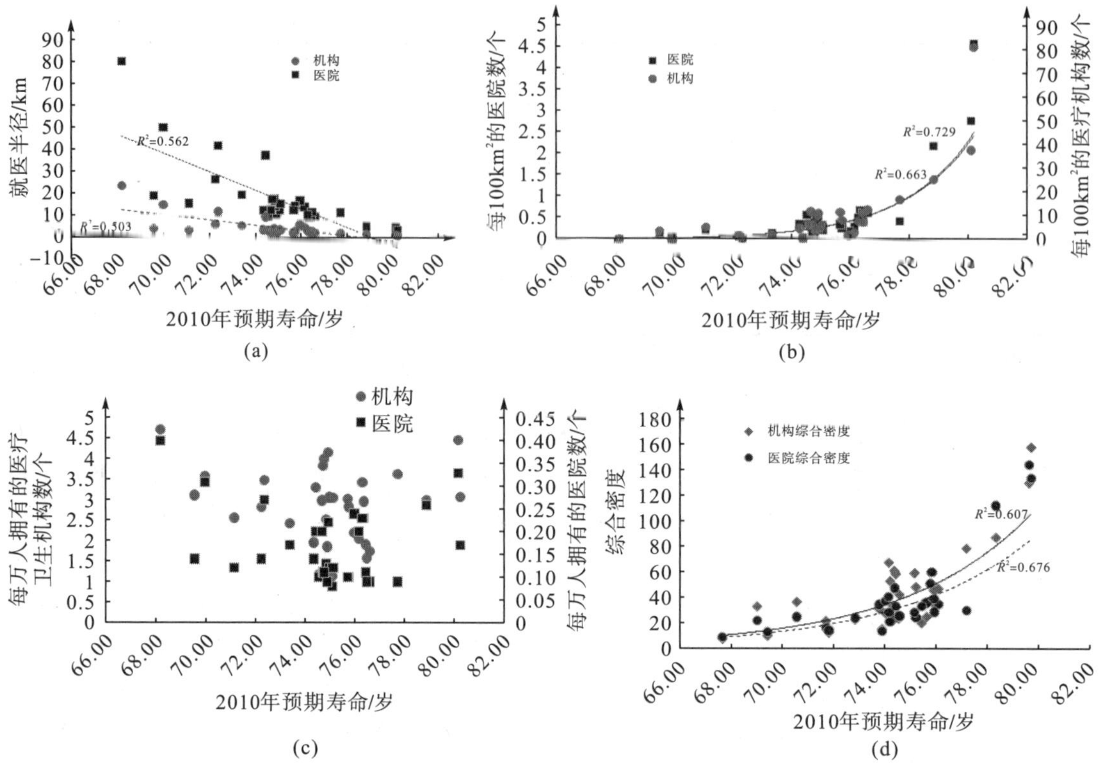

图 9.20　医疗卫生可得性与人口预期寿命

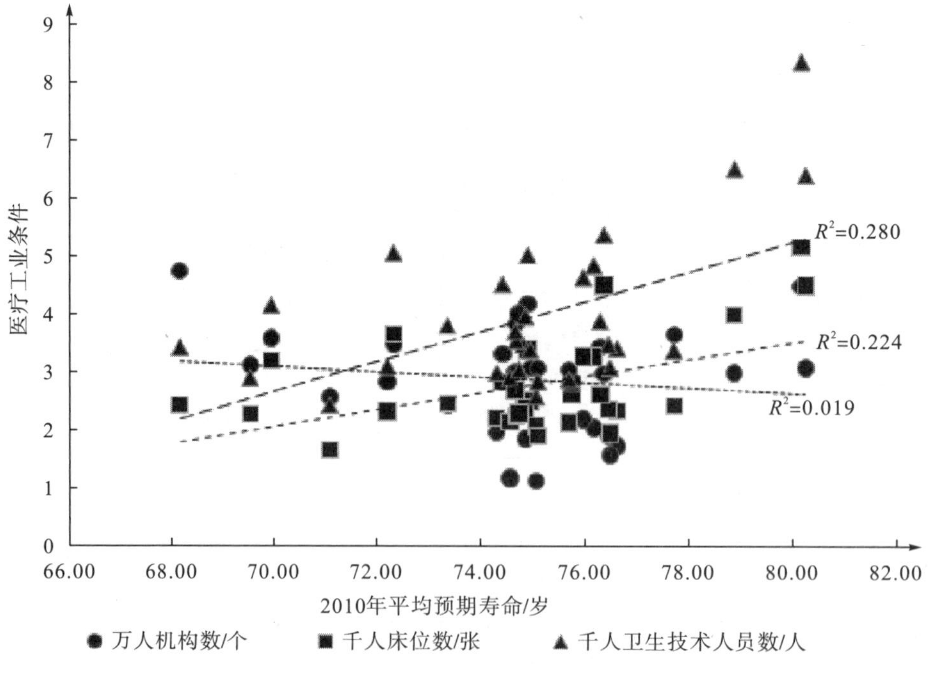

图 9.21　2000 年各地区医疗卫生条件与 2014 年预期寿命的拟合关系

9.4.2　民族地区医疗卫生存在的问题

民族地区医疗卫生服务得到了前所未有的发展，但是，更应该看到的是，民族地区医疗卫生的发展与人民群众的需要相比，与发达地区相比，差距还很大，看病难、就医难的问题尚未得到根本解决。

1) 医疗卫生可得性有待进一步加强，看病难、看病远的问题尚未得到根本解决

图 9.22 报告的是全国和各地区卫生机构及医院综合密度，一方面 2000 年以来各地区综合密度都有大幅度提升；另一方面由于基础不同，发展速度差异，各地区发展参差不齐，特别是民族地区由于地域辽阔，人口密度低，聚居程度也不高，加之经济基础薄弱，医疗卫生投入有限，卫生机构及医院综合密度处于全国后列，如青海省、新疆维吾尔自治区、西藏自治区、内蒙古自治区、云南省、宁夏回族自治区等 2014 年卫生机构综合密度低于全国平均水平，青海省最低，只相当于最高水平的 14.39%；医院综合密度方面，最低的西藏自治区(0.57)是全国水平的 1/4，是最高水平(北京市 10.23)的 5.57%。青海省、内蒙古自治区、新疆维吾尔自治区、广西壮族自治区等都低于全国平均水平。

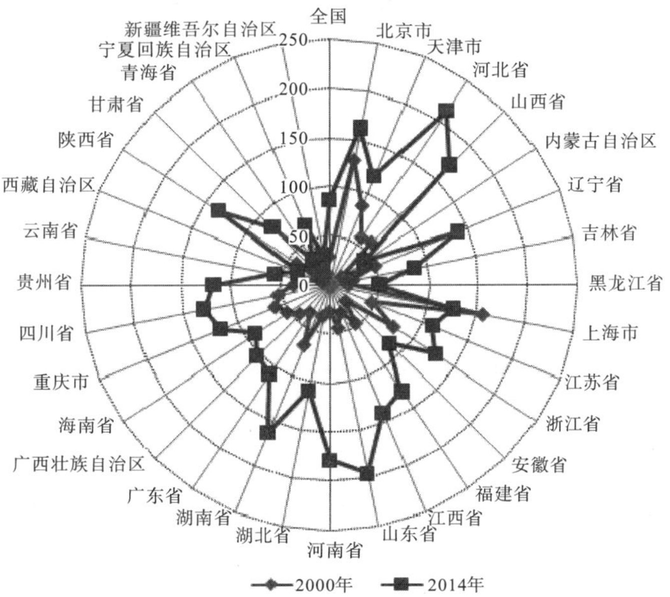

(a)卫生机构密度

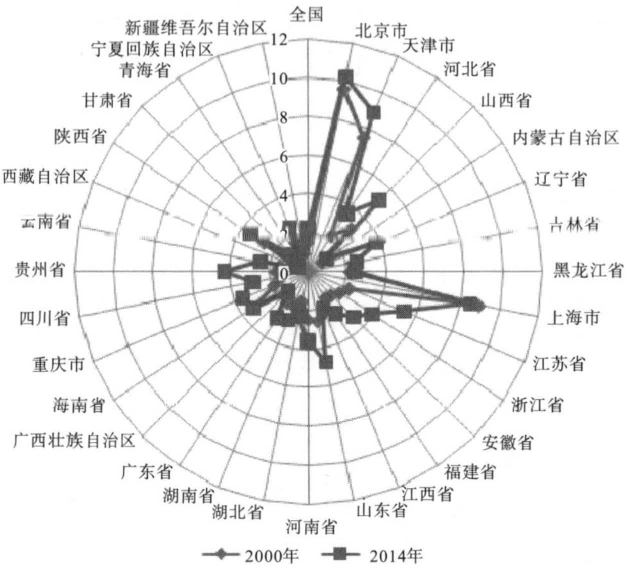

(b)医院密度

图 9.22 全国及各地区卫生机构及医院综合密度比较

与之对应的是民族地区就医半径大。图 9.23 报告了 2014 年全国及各地区的就医半径。从机构半径看，西藏自治区最远(9.98km)，上海市最近(0.85km)，两者相差 11 倍以上。民族八省区中，西藏自治区、青海省、新疆维吾尔自治区、内蒙古自治区、云南省、宁夏回族自治区的机构半径都超过全国平均水平。从医院半径看，西藏自治区最远(77.71km)，是最近(上海市 3.28km)的 23 倍多。民族八省区中，青海省(46.71km)、新疆维吾尔自治区(32.39km)、内蒙古自治区(32.27km)、广西壮族自治区(16.58km)、宁夏回族自治区(15.23km)、云南省(14.46km)都超过了全国平均水平(14.45km)。由于就医半径远，特别是边远山区的民族地区，本身又是贫困地区，乡村基础设施建设滞后，支付能力弱，严重影响了疾病的治疗和人民的健康改善。

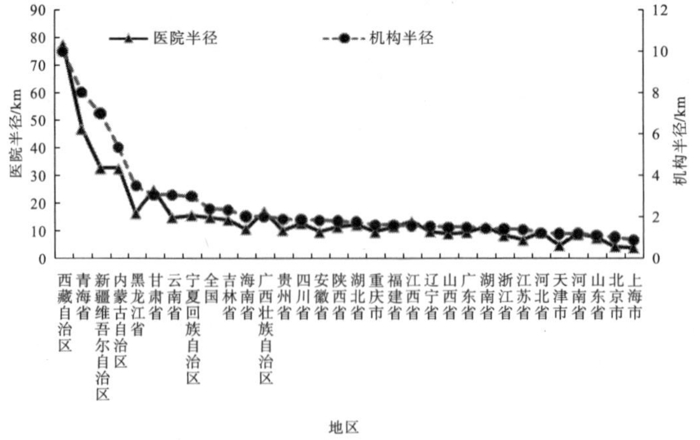

图 9.23 全国及各地区就医半径(2014 年)

资料来源：根据《中国卫生与计划生育统计年鉴》(2015 年)计算绘制。

2) 卫生资源配置城乡差异显著，乡村医疗服务滞后

卫生资源分城乡的配置情况如表 9.53 和表 9.54 所示。从每千人医疗卫生机构床位数看，全国农村是城市的 45.15%，民族八省区中，内蒙古自治区为 40.98%，广西壮族自治区为 58.68%，贵州省为 34.19%，云南省为 43.23%，西藏自治区为 30.40%，青海省为 25.85%，宁夏回族自治区为 33.38%，新疆维吾尔自治区为 45.65%。每千农业人口乡镇卫生院床位相对于城市每千人口医疗卫生机构床位，全国为 17.09%，内蒙古自治区为 14.32%，广西壮族自治区为 27.17%，贵州省为 10.54%，云南省为 13.85%，西藏自治区为 11.74%，青海省为 9.33%，宁夏回族自治区为 8.85%，新疆维吾尔自治区为 14.57%。

表 9.53　全国和民族八省区每千人医疗卫生机构床位数(2014 年)

地区	每千人口医疗卫生机构床位/张			每千农业人口乡镇卫生院床位(4)/张	[(3)/(2)]/%	[(4)/(2)]/%
	合计(1)	城市(2)	农村(3)			
全国	4.85	7.84	3.54	1.34	45.15	17.09
内蒙古自治区	5.15	9.15	3.75	1.31	40.98	14.32
广西壮族自治区	4.24	5.30	3.11	1.44	58.68	27.17
贵州省	5.19	10.06	3.44	1.06	34.19	10.54
云南省	4.77	9.53	4.12	1.32	43.23	13.85
西藏自治区	3.75	10.56	3.21	1.24	30.40	11.74
青海省	5.66	15.01	3.88	1.40	25.85	9.33
宁夏回族自治区	4.91	7.91	2.64	0.70	33.38	8.85
新疆维吾尔自治区	6.22	12.42	5.67	1.81	45.65	14.57

资料来源：《中国统计年鉴》(2015 年)。

表 9.54　全国和民族八省区每千人口卫生技术人员(2014 年)

地区	卫生技术人员/人			执业(助理)医师/人			注册护士/人			(农村/城市)/%		
	合计	城市	农村	合计	城市	农村	合计	城市	农村	卫生技术人员	执业(助理)医师	注册护士
全国	5.56	9.70	3.77	2.12	3.54	1.51	2.20	4.30	1.31	38.87	42.66	30.47
内蒙古自治区	6.17	11.19	4.40	2.48	4.17	1.90	2.26	4.79	1.36	39.32	45.56	28.39
广西壮族自治区	5.44	7.91	3.58	1.82	2.70	1.18	2.19	3.52	1.31	45.26	43.70	37.22
贵州省	4.85	10.99	2.99	1.65	3.93	0.99	1.92	5.02	1.09	27.21	25.19	21.71
云南省	4.43	10.97	3.49	1.60	4.17	1.23	1.76	4.73	1.33	31.81	29.50	28.12
西藏自治区	4.05	13.96	3.29	1.76	6.15	1.43	0.85	4.78	0.57	23.57	23.25	11.92
青海省	5.82	17.50	3.58	2.22	6.35	1.43	2.19	8.09	1.05	20.46	22.52	12.98
宁夏回族自治区	6.01	9.70	3.21	2.27	3.53	1.31	2.28	4.01	0.98	33.09	37.11	24.44
新疆维吾尔自治区	6.68	15.50	5.82	2.38	5.88	2.04	2.60	6.65	2.19	37.55	34.69	32.93

资料来源：《中国统计年鉴》(2015 年)。

从每千人口卫生技术人员看，如表 9.54 所示，全国层面，农村相当于城市的 38.87%，其中执业医师 42.66%，注册护士 30.47%。民族八省区的具体情况见表 9.54。

从全国及各地区看，如表 9.55 所示，民族八省区医疗卫生条件的城乡差异居全国前列。表 9.55 给出了每千人口拥有的医疗卫生机构床位数、卫生技术人员数、执业(助理)医师和注册护士的城乡差异，用的是城市数与农村数的比值，数值越大，说明城乡差异越大。每千人口医疗卫生机构床位数城乡差异最大的是青海省(3.87)，最小的是重庆市(1.47)；每千人口卫生技术人员城乡差异最大的也是青海省(4.88)，最小的是上海市(1.53)；每千人口专业(助理)医师城乡差异最大的还是青海省(4.43)，最小的是上海市(1.01)；每千人口注册护士城乡差异最大的是西藏自治区(8.44)，最小的是上海市(2.20)。

表 9.55 全国及各地区每千人口医疗卫生条件的城乡差距(2014 年)

地区	医疗卫生机构床位	卫生技术人员	执业(助理)医师	注册护士	地区	医疗卫生机构床位	卫生技术人员	执业(助理)医师	注册护士
全国	2.21	2.57	2.35	3.29	河南省	2.94	3.12	2.62	4.44
北京市	2.26	2.03	1.63	2.63	湖北省	1.98	2.07	1.86	2.51
天津市	1.60	1.62	1.23	2.37	湖南省	2.70	2.99	2.54	4.18
河北省	2.91	3.37	2.85	5.22	广东	2.92	3.41	2.99	4.30
山西省	2.44	2.94	2.52	4.14	广西壮族自治区	1.71	2.21	2.29	2.68
内蒙古自治区	2.44	2.54	2.19	3.52	海南省	2.06	2.37	2.31	2.76
辽宁省	2.31	2.72	2.44	3.60	重庆市	1.47	1.87	1.65	2.50
吉林省	2.36	1.88	1.81	2.38	四川省	1.75	2.13	1.84	2.83
黑龙江省	2.80	2.37	2.09	3.60	贵州省	2.92	3.68	3.97	4.61
上海市	1.85	1.53	1.01	2.20	云南省	2.31	3.14	3.39	3.57
江苏省	2.03	2.09	1.77	2.53	西藏自治区	3.29	4.24	4.30	8.44
浙江省	2.25	1.99	1.82	2.38	陕西	1.91	2.03	2.29	2.74
安徽省	2.26	2.38	2.00	3.21	甘肃省	1.82	2.16	2.20	3.02
福建省	2.2	2.71	2.69	3.10	青海省	3.87	4.88	4.43	7.69
江西省	2.65	2.94	2.60	3.77	宁夏回族自治区	3.00	3.02	2.70	4.08
山东省	1.74	1.92	1.86	2.32	新疆维吾尔自治区	2.19	2.67	2.89	3.03

资料来源：根据《中国统计年鉴》(2015 年)数据计算。

从全国层面看，对医疗卫生条件相关指标的区域差异计算结果表明，总体上农村的地区差异最大的，如每千人口执业(助理)医师，农村的变异系数为 0.41；每千人口注册护士，农村的变异系数为 0.32；每千人口卫生技术人员，农村的变异系数为 0.31。它们都超过了城市的变异系数和合计的变异系数(表 9.56)。

表 9.56　全国医疗卫生条件的区域差异分析

相关指标		统计的省（区、市）个数	最小值	最大值	均值	标准差	变异系数
每千人口医疗卫生机构床位	合计	31	3.75	6.22	4.86	0.63	0.13
	城市	31	5.3	15.01	8.37	1.97	0.23
	农村	31	2.57	5.67	3.61	0.62	0.17
每千农业人口乡镇卫生院床位数		29	0.47	1.92	1.31	0.33	0.26
每千人口卫生技术人员	合计	31	4.05	9.91	5.66	1.06	0.19
	城市	31	6.06	17.5	10.34	2.61	0.25
	农村	31	2.78	8.09	4.14	1.27	0.31
每千人口执业(助理)医师	合计	31	1.6	3.72	2.15	0.40	0.19
	城市	31	2.17	6.35	3.82	1.07	0.28
	农村	31	0.99	4.20	1.71	0.71	0.41
每千人口注册护士	合计	31	0.85	4.11	2.22	0.52	0.23
	城市	31	2.72	8.09	4.53	1.10	0.24
	农村	31	0.57	2.60	1.38	0.45	0.32

民族地区农村卫生条件的滞后不仅表现在数量上，更表现在质量上。一些民族地方乡镇卫生院地处偏僻的经济欠发达地区，医疗设备陈旧、简陋，即使卫生院有医疗设备，由于利用率低，不能正常开展检测业务，也不利于医疗诊断的准确性和安全性；有的卫生院的医疗设备接近报废，但由于业务量有限，业务收入少，没有资金更换新设备，更谈不上发展。

近年来全国村卫生室数量不断减少，而民族地区村卫生室数量基本呈增加趋势。其中最主要的原因是自 2003 年开始启动新型农村合作医疗试点以来，很多东部沿海地区和经济条件比较好的东、中、西部农村参加新农合率达到了 90%以上，更多的人更愿意去乡镇卫生所和县级医院看病，许多村卫生室收入降低就停止经营了。而一些民族地区的经济条件比较落后、信息闭塞，加之对新农合的宣传力度不够，参加新农合率与发达地区农村相比就低得多。另外，民族地区大多地广人稀，由于居住地离县镇医院很远，人们更愿意在村卫生室看病。加之国家对医疗卫生事业的重视，民族村卫生室的数量就随之增加。村卫生室数量的增加并不能表明民族地区医疗机构基础设施得到了实质性的改善。尽管卫生室的数量增加了，但卫生室房屋简陋、药品种类少，有的卫生室不具有专业的消毒设施。

由于民族地区村落分布广、偏远，自然条件相对恶劣，经济条件相对落后，物质、文化水平相对低，一些人缺乏健康意识和医疗卫生常识，加上卫生宣传力度不够，一方面乡村医疗卫生水平落后，卫生机构和卫生人员匮乏；另一方面，极少的卫生机构也难以发挥应有的效能。

更重要的在于，民族地区乡村医疗卫生服务人员力量薄弱。在全国卫生室数量减少、卫生人员数量增加的情况下，民族地区的村卫生室和村卫生人员都有所增加，但村卫生人员数量的增长速度却低于全国平均水平。主要原因是全国大部分地区通过村卫生室的改组后，卫生室数量减少，单位卫生室的卫生人员数增加，提高了卫生服务质量，但民族地区由于其特殊性，村卫生室并没有得到全面的改组，单位卫生室配备的卫生人员比较少，乡村卫生人员技术力量薄弱。2002 年全国每千农业人口乡镇卫生院人员数为 0.74，民族地区只有 0.63。2014 年全国平均水平是 1.43，其中东部为 1.66，中部为 1.39，民族八省区为 1.27。随着一些有声望的名老医药人员相继谢世，后续的卫生人员缺乏经验、业务水平低，他们有相当一部分是半路出家、子承父业的医务人员，其中有不少难以独立、及时、有效地救治病人(翁坚克和谢红莉，2008)。同时还面临人才引进难、医疗类毕业生到民族地区就业比例较低、人才流失的局面。造成这种局面的主要原因，在于民族地区乡村经济发展滞后，人均收入水平低，卫生人员的待遇较差。乡村卫生技术人才的严重匮乏，已成为制约民族乡村卫生服务体系完善的最大瓶颈。

因此，卫生资源城乡差异和区域差异说明，实现公共卫生服务均等化供给的核心是改善农村的公共卫生服务。

3)公共卫生投入虽有较大提高，但总体投入依然不足

民族地区由于经济发展水平低，税收基础薄弱，财政收入难以满足财政支出，长期以来依靠转移支付维持政府运转，大规模基础设施建设也主要是靠中央政府和区外的对口支援和投资。近年来，随着转移支付和对口支援力度的加大，民族地区政府卫生支出绝对数额和相对比重都不断提高。2014 年民族八省区医疗卫生和计划生育支出占地方一般公共预算支出的 7.37%，占地区生产总值的 2.31%，同年全国医疗卫生与计划生育支出占一般公共预算支出的 6.70%，占国内生产总值的 1.60%，其中中央医疗卫生与计划生育支出占中央一般公共预算支出的 0.40%，地方为 7.81%(表 9.57)。考虑民族地区地方政府财政收入与支出的实际及基本公共卫生服务的公共品性质，还需要进一步加大中央政府的投入和对口援助。另外，各地区人均卫生总费用与各地区居民可支配收入间呈现出很强的正相关性，但人均可支配收入与个人卫生支出占卫生总费用的比例间关系不显著，存在不对称现象(图 9.24)：收入低的，个人占比高；收入高的，个人占比低。民族地区个人可支配收入低，但承担的卫生费用比例有些偏高。

表 9.57　全国和民族八省区卫生总费用及其构成(2014 年)

地区	卫生总费用/亿元				卫生总费用构成 /%			卫生总费用占GDP/%	人均卫生总费用 /元
	合计	政府卫生支出	社会卫生支出	个人卫生支出	政府卫生支出	社会卫生支出	个人卫生支出		
全国	31668.95	9545.81	11393.79	10729.34	30.10	36.00	33.90	5.39	2327.37
内蒙古自治区	698.86	223.00	208.31	267.55	31.90	29.80	38.30	4.15	2798.11
广西壮族自治区	847.36	322.49	267.91	256.96	38.10	31.60	30.30	5.89	1795.64
贵州省	552.54	278.00	124.77	149.78	50.30	22.60	27.10	6.90	1577.70
云南省	847.66	322.14	241.43	284.09	38.00	28.50	33.50	7.23	1808.68
西藏自治	73.83	47.56	20.75	5.52	64.40	28.10	7.50	9.14	2366.00

续表

地区	卫生总费用/亿元				卫生总费用构成 /%			卫生总费用占GDP/%	人均卫生总费用 /元
	合计	政府卫生支出	社会卫生支出	个人卫生支出	政府卫生支出	社会卫生支出	个人卫生支出		
区									
青海省	162.54	78.10	43.06	41.37	48.10	26.50	25.50	7.74	2813.15
宁夏回族自治区	168.06	60.44	48.91	58.72	36.00	29.10	34.90	6.55	2568.91
新疆维吾尔自治区	667.06	208.68	269.55	188.83	31.30	40.40	28.30	7.98	2945.97

资料来源：《中国卫生和计划生育统计年鉴》(2015 年)。

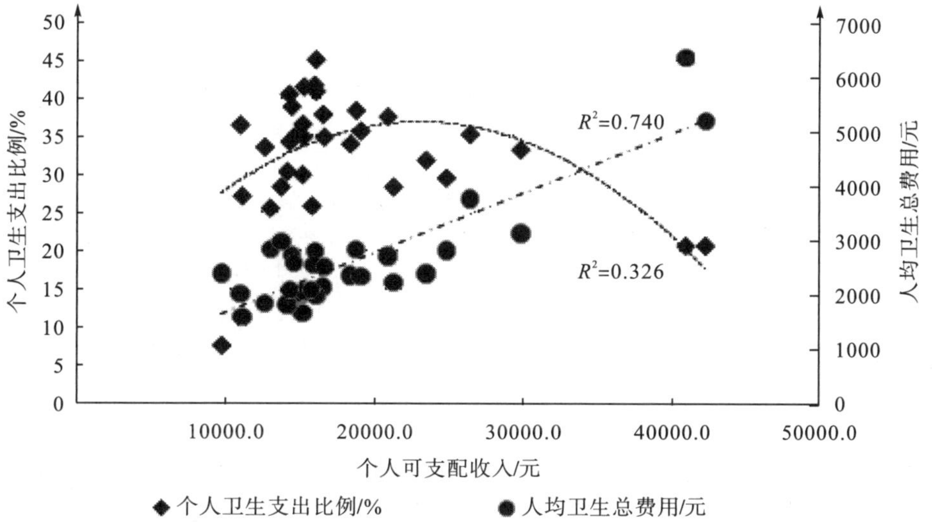

图 9.24　个人卫生支出与个人可支配收入的不对称性

资料来源：根据《中国卫生与计划生育统计年鉴》(2015 年)、《中国统计年鉴》(2015 年)相关数据计算绘制。

4) 农村医疗保障供给不足，因灾致贫成为贫困地区的主要致贫因素之一

目前，我国“因病致贫、因贫致病”现象十分严重。根据国务院扶贫开发领导小组办公室的调查，2014 年底全国贫困人口中，因病致贫的比例高达 38.5%，成为最主要的致贫原因。而民族地区是全国贫困人口的集中分布地区。根据对四川省连片特困民族地区的调查，全省贫困人口中因病致贫的占 53.9%，因残致贫的占 5.2%，民族自治地方为主的大小凉山彝区和高原藏族聚居区因病致贫和因残致贫的比例分别为：凉山州 16.5%和2.3%；阿坝州 26.7%和 2.9%；甘孜州 27.7%和 1.1%。阿坝州、甘孜州和凉山州各县因病致贫和因残致贫的情况如表 9.58 所示。简单地把四川省建档立卡贫困县的贫困发生率与因病致贫比率进行拟合，发现两者间有明显的负相关关系［图 9.25(a)］，说明贫困发生率越低的地区，因病致贫比率可能越高，贫困治理的难度和瞄准政策与其他地区应有差异。图 9.25 右边是四川省建档立卡贫困县每千人口医疗卫生机构床位数与贫困发生率间的关系，两者呈现出显著的负相关关系，说明医疗卫生的发展能够促进贫困减缓。

表 9.58 四川省民族地区县建档立卡贫困户致贫原因分析(2014 年)

县市	因病比例/%	因残比例/%	县市	因病比例/%	因残比例/%	县市	因病比例/%	因残比例/%
汶川县	7.0	1.4	九龙县	32.2	1.4	木里县	17.2	2.1
理县	34.7	3.1	雅江县	30.1	1.1	盐源县	7.4	2.0
茂县	46.2	8.4	道孚县	24.7	1.1	德昌县	46.2	9.2
松潘县	4.5	1.3	炉霍县	17.6	0.9	会理县	31.6	2.2
九寨沟县	25.6	3.2	甘孜县	27.4	0.2	会东县	40.1	4.8
金川县	29.8	3.9	新龙县	0.6	0.0	宁南县	2.5	4.2
小金县	31.9	4.6	德格县	15.7	0.5	普格县	8.8	1.4
黑水县	23.4	1.2	白玉县	30.4	2.0	布拖县	21.6	1.5
马尔康市	97.1	0.0	石渠县	59.8	0.4	金阳县	0.2	0.4
壤塘县	0.0	0.0	色达县	7.8	0.0	昭觉县	12.9	1.2
阿坝县	40.1	0.8	理塘县	18.7	0.4	喜德县	0.7	0.7
若尔盖县	5.7	0.0	巴塘县	43.9	0.4	冕宁县	13.7	3.3
红原县	21.0	6.1	乡城县	38.5	3.1	越西县	10.9	2.1
康定县	35.9	3.0	稻城县	28.1	0.5	甘洛县	37.9	4.4
泸定县	23.0	1.4	得荣县	25.4	4.0	美姑县	5.9	1.3
丹巴县	50.9	6.7	西昌市	31.9	2.0	雷波县	19.1	2.6

资料来源：根据全国扶贫建档立卡信息管理平台数据计算。

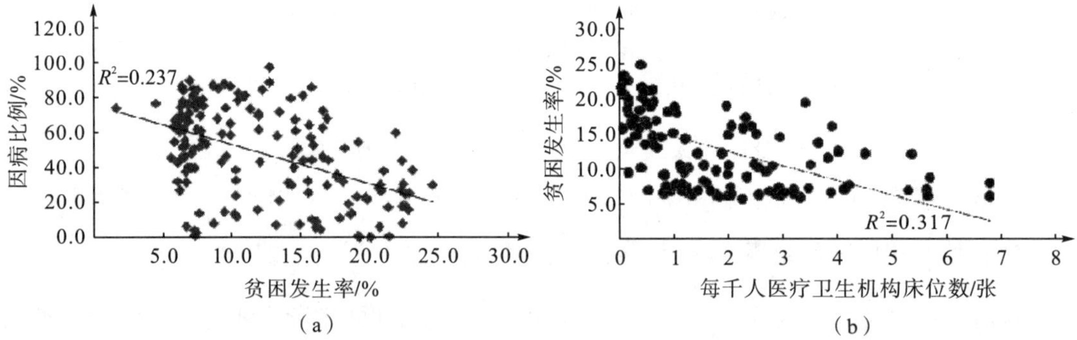

图 9.25 四川省建档立卡贫困县的贫困发生率与因病致贫比率及每千人医疗卫生机构床位数间的关系

“因病致贫、因贫致病”形成“贫困—疾病”间的恶性循环。一方面，因病致贫是指疾病或健康不佳使收入能力下降，家庭收入减少而陷入贫困。另一方面，因贫致病指贫困而引致的健康状况的恶化，这样形成：①疾病→供给方，资本(包括物质资本、人力资本和社会资本)积累能力下降，家庭收入减少；②需求方，医疗支出增加，动用储蓄，变卖资产及生产工具，收入和资产减少→贫困状态→进一步影响，资本(包括物质资本、人力资本和社会资本)积累不足，抵抗能力下降，健康状况恶化，因贫致病，形成持续贫困。形成“贫困—疾病”恶性循环的主要外部因素是农民的医疗需求得不到有效满足，农村医疗保障和医疗保险制度滞后。

此外，新型农村合作医疗也出现了道德风险和逆向选择，弱化了农村医疗的保障作用。新型农村合作医疗虽然强调政府投入责任，但规定农民自愿参加，一方面民族地区农村居民的人均收入较低，这就使得农村青壮年不愿参加新农合，年老体弱者却争先恐后地参加，从而导致了逆向选择问题；另一方面，最贫困的农民因为缺乏缴费能力而无法参加新农合，参加的一般都是相对富裕或者具有一定支付能力的群体，导致逆向转移支付问题(李俊丹和张清芙，2007)。此外，新型农村合作医疗报销手续烦琐，也影响了一些群众的参保积极性。

9.4.3　促进民族地区医疗卫生优先发展的政策建议

1)继续加大扶持力度

鉴于民族地区的特殊性，要继续实行向民族地区倾斜的政策，加大卫生投入力度。民族地区基层卫生人员普遍认为现在的卫生事业都是重城市轻农村，优秀的医疗卫生人员纷纷涌向条件和待遇好的城市地区，这样民族地区乡村医疗卫生事业就难以进一步发展。因此，应将民族地区乡村卫生事业纳入当地经济发展的规划中，并作为干部任职期间的考核指标。政府财政应加大对民族地区乡村医疗卫生支出比例，使医疗卫生支出与经济发展同步增长。国家在卫生经费投入中坚持“民族地区倾向政策”，建立专门的“民族地区乡村医疗卫生基金”，用于帮助无钱治病的群众。帮助乡镇和村级卫生机构购入较为先进的新的医疗设备，逐步淘汰陈旧的设备，使医疗设备进一步健全。

2)加强卫生人员的培养

(1)保护民族乡村地区的“赤脚医生”。民族乡村地区有一些医术高明的“赤脚医生”，由于历史原因和制度的不完善，他们没有国家认证的医生从业资格证，但其医术已经达到相对较高的水平。这些人员在民族乡村地区的医疗卫生中已经不可或缺，他们也将在未来民族乡村地区的医疗卫生事业发展中起到重要的作用。因此，有关部门应该根据实际情况，为其颁发相应水平的从医证书，并允许其带学徒，将其医术传承下去，继续为民族地区的卫生事业做贡献。

(2)兴办民族地区的医学院校。各民族地区都要把西医、传统医(包括中医和民族医)的医、教、研基地建设好。有条件的地、州、盟，要允许办医学类大专学校。同时，要积极发展中等医学教育和职业教育，培养短期专业技术人才。要特别重视民族医药人才在职进修教育，采取短期(不少于半年)和长期培训(2～3 年)相结合的办法进行。在职人员可以带薪学习，学校经费不足的，政府应该给予补助。

(3)实施好对民族乡村地区卫生人员的定向培养。我国对于民族地区人才定向培养的战略已经实施了好多年，但效果并不是很明显，大多数定向培养的人才并没有扎根于民族地区。这主要是因为民族地区条件艰苦、环境恶劣，并且卫生人员的待遇、其子女教育等问题并没有得到较好的解决。因此，国家在培养定向民族地区的卫生人员时，应建立与此相对应的保障制度，使引进的人才能安心工作，扎根于民族地区。

3）提高乡镇和村卫生室人员的补助

近年来，虽然逐渐提高了乡镇和村卫生室人员的补助，但补助额度较低，这就很容易造成优秀的卫生人员流向待遇较好的县级医院。事实上，乡镇和村卫生室人员基本都是当地人，如果工作补助的额度适中，他们会更愿意留在当地。因此，当地财政部门应增加乡镇和村卫生人员的补助，稳定乡村地区的卫生队。

4）全面推进新型农村合作医疗制度

新型农村合作医疗制度直接关系广大农民的健康和切身利益，对于城乡统筹发展、构建和谐社会有重大意义。乡镇卫生院是实施新农合的关键环节，并且新农合的乡镇医院报销比例最高，这能鼓励农民到乡镇卫生院看病。但是，一般乡镇卫生院的硬件设施等比较差，如果农民看不好病，这项政策的作用就打了折扣。因此，要全面推行新型农村医疗制度，房屋建设、设备、资金和人员等都要到位，否则这种惠农的政策就会遭遇瓶颈。要简化新农合报销手续，或开通新农合报销专用通道或绿色通道，做到病前或病中报销，减轻病人预付医疗费的负担，提高受理人员的服务质量和专业能力。

5）发展流动医院，同时加快互联网基础设施建设，大力发展网络医院，构建民族地区共享发达地区医疗卫生资源的可持续发展机制

民族地区居民就医半径相对较大，“病人找医院”，这对城市和城镇居民而言,是没问题的。对民族地区广大的山区和农村，若是小病，这也是没问题的。但若是大病，特别是卧床不起的病人，要到医院就诊，难度是很大的，有的几乎是不可能的。流动医院制度能很好地解决这些问题。建议民族地区的县医院或中心医院，建立流动医院，配备基本医疗设备，定期到乡村巡诊，做到“医生找病人”。

民族地区，特别是县级以下地区的医疗卫生技术人员的平均技术水平低于发达地区，特别是城市，应加大对他们的继续教育，提高其技术水平。可以充分利用互联网，发展在线医疗。大城市和发达地区的医护人员可以通过互联网在线指导民族地区山区和农村的医护人员，一方面提高其技术水平，另一方面使这些地区能够共享发达地区的医疗卫生资源。

第 10 章　民族地区低碳经济发展模式研究

在全面建成小康社会的过程中，民族地区由于其特殊的地缘生态区位，生态保护与经济社会的协调发展极为重要。本章从民族地区能源消费、碳排放与经济增长相关关系研究入手，对民族地区的碳排放变化的驱动因素、分解模型与实证研究进行构建和验证，提出民族地区低碳产业发展的基本思路和建立路径。

本章对碳排放、碳经济及碳驱动等基本概念进行梳理和分析，特别是对民族地区碳排放的特征进行探索性研究，认为民族地区各地和各产业的碳排放强度都呈现出下降的趋势，这个趋势总体来说较平稳。从碳排放驱动因素分析，人均 GDP 是碳排放增加的最大拉动因素，人口仅有微弱的拉动作用，能源强度对碳排放具有较强的抑制作用，产业结构对碳排放具有一定的作用，但其作用方向尚不稳定。

通过对区域低碳经济发展战略经验的借鉴研究，提出新形势下加快民族地区低碳经济发展的战略重点，对于以民族地区低碳基地、低碳项目建设为突破口发展低碳工业的路径进行论证分析，在明确低碳经济发展的战略定位与奋斗目标前提下，提出民族地区相关省区低碳经济发展战略研究的基本框架。

对民族地区能源消费碳排放量、不同产业的碳排放量和碳排放强度进行估算，运用 LMDI 分解模型对民族地区碳排放驱动因素进行分析，对民族地区发展低碳经济面临的诸多新问题进行探讨，最后提出民族地区构建低碳经济发展体系的措施和对策。

本章的主要结论与政策建议是：民族地区发展阶段和发展基础及资源禀赋的特殊性，决定了“发展是第一要务”。发展不足、发展水平低是目前民族地区面临的最主要问题，因此发展是解决民族地区各种问题，包括碳排放问题的关键和“总钥匙”。坚持“共同而有区别的责任原则”，给予民族地区适当的碳排放空间；在产业转移的背景下，要统筹安排民族地区碳减排与经济增长；要加大对民族地区发展低碳经济的政策扶持力度，帮助民族地区实现低碳经济发展转型。

(1) 民族地区要把发展放在第一位，在发展中减排。不同发展水平地区在减排中应遵循“共同而有区别的责任原则”，在碳排放指标的分配中应当给予民族地区适当的碳排放空间，支持民族地区适度发展具有资源、能源优势的清洁载能产业，促进民族地区资源优势转化为经济优势。

(2) 建立有利于民族地区发展的公平的生态利益共享与责任分担机制和生态补偿机制。国家应利用碳汇林的概念，在对森林生态服务价值进行科学计量和评估的基础上，按照“受益者付费、损害者赔偿”的原则，在完善政府财政转移支付制度的同时，应逐步完善生态环境产权机制、交易机制、价格机制，发挥市场机制对生态环境资源供求的引导作用，建立公平、公开、公正的生态利益共享及相关责任分担机制，允许民族地区新增森林固碳容量置换地区碳排放指标。根据开发者付费、受益者补偿、破坏者赔偿的原则，从国家、区域、产业三个层面，通过财政转移支付、项目支持等措施，建立生态补偿机制。

(3)进一步优化民族地区能源生产和能源消费结构。内蒙古自治区、新疆维吾尔自治区适合发展风能；西藏自治区、内蒙古自治区、新疆维吾尔自治区适合发展太阳能；广西壮族自治区、云南省、贵州省则适合发展生物质能、水能，如“西电东送”工程。

(4)低碳经济发展的产业选择：建设低碳产业体系。在具有优势的矿产品的精深加工、农牧产品精深加工、水能资源有序开发、中医药业等产业，构造具有上、下游关系的合理的低碳产业价值链，扩大优势低碳产业的规模，使低碳产业所形成的价值得以在产业间不断传递和增值，发挥低碳产业的辐射和带动作用，获得民族地区经济发展和生态环境保护双重目标。

(5)大力发展低碳技术。东部发达地区要帮助和扶持民族地区改善能源经济效率，对民族地区实行对口技术援助，积极宣传和传授先进的节能办法与管理经验。同时民族地区也应大力开展低碳技术创新。

(6)发展低碳金融，加大对民族地区低碳经济的金融支持。

10.1 导 论

全球气候变暖已经成为至今为止人类面临的影响范围最广、影响面最大、最为严峻的问题。因此，应对气候变化是实现全球可持续发展的核心任务。在这种背景下发展低碳经济已成为各国应对气候变化的共识和世界经济发展的大趋势。

民族地区经济发展是关系到民族团结、民族稳定和国家长治久安的战略问题。目前，民族地区正处在工业化与城市化的发展进程中，经济发展面临着严重的环境制约，低碳经济是民族地区转变经济发展方式的必然选择，而选择合适的低碳产业是民族地区实现经济发展与低碳经济的重要途径。积极推进低碳经济发展，是民族地区认真落实贯彻科学发展观、习近平新时代中国特色社会主义思想的具体体现。民族地区在推进全面建成小康社会和构建社会主义和谐社会的进程中，必须根据当地实际，深入研究和深化发展低碳经济的理论与实践。民族地区在经济社会发展过程中，探索从以资源高消耗、环境高污染为主要特征的“高碳”模式向“低碳”模式转型，具有重大的理论价值和实践意义。

10.1.1 民族地区的资源与生态

1)民族地区拥有丰富的自然资源

(1)森林和草原资源。目前我国森林和草原资源大多集中在少数民族地区，2010 年中国的森林面积为 19545.22 万 hm^2，森林覆盖率达 20.36%。其中，少数民族地区的森林资源面积就达 5648 万 hm^2，占全国森林面积的 28.90%；林木蓄积量 53 亿 m^3，占全国林木总蓄积量的 56.30%。并且，少数民族地区也是草原资源的集中区，少数民族地区草原面积约占全国草原面积的 94%，其中可利用的草原面积达 32 亿亩（1 亩≈$666.67m^2$），占全国的 95%①。

(2) 矿产资源。丰富的矿产资源是民族地区重要的优势之一。据有关资料统计，民族地区拥有的稀土、钾盐、镁、铬矿资源储量占全国 90%以上，云母、盐矿资源储量占全国 80%以上，汞、锡、锰、石棉、砷矿资源储量占全国 60%以上，煤、铜、铅、锌、锑矿等资源储量也占到全国的 35%以上，例如，西藏自治区有丰富的铬铁矿，甘肃省有丰富的镍、铜、锌，贵州省有丰富的汞，云南省有丰富的锡、磷、铜、铅、锌，青海省有丰富的钾、铝、石棉，新疆维吾尔自治区有丰富的煤炭和石油天然气等，这些都是国家经济建设宝贵的、急需的财富(国家民族事务委员会经济发展司和国家统计局国民经济综合统计司, 2011)。

(3) 生物资源。生物资源包括植物资源、医药资源、农作物资源及动物资源等，我国的生物资源具有种类繁多、地域性显著、特有性突出、资源丰富等特点，在世界上占有非常重要的地位。仅以中医药为例，在四川省甘孜藏族自治州境内就有主要药材 51 种，其中大宗药材有冬虫夏草、黄芪、秦艽、贝母、天麻、羌活、大黄、赤芍、麻黄、雪莲花等。另外，还有食用、药用菌近百种之多。

(4) 水能资源。我国民族地区有着丰富的水能资源，如长江、黄河、澜沧江、怒江、雅鲁藏布江、黑龙江等都发源于民族地区，民族地区是我国水能资源最为富集的地区。据有关资料统计，民族地区水能资源蕴藏量为 5.57 亿 kW，占全国的 82%；可开发的水能资源为 2.743 亿 kW，占全国的 72%。民族地区有着著名的金沙江水电基地、雅砻江水电基地、大渡河水电基地、乌江水电基地、澜沧江水电基地、黄河上游水电基地等②。

(5) 旅游资源。民族地区尚未发现的潜在资源还相当丰富，加上有待列入国家级的风景名胜区，各地方政府公布的省级、地市级风景名胜区，形成了庞大的民族地区旅游资源体系；并且民族地区旅游资源品位极高。我国民族地区许多旅游资源为全国甚至世界所瞩目。被称为世界屋脊的青藏高原，连绵的雪山冰峰，其山体的高度、长度是世界其他国家所无法相比的；广西壮族自治区的桂林山水，早以“桂林山水甲天下”而闻名世界；湘西张家界，融国内大小名山特色为一体，大片的森林和各种珍稀动物，是我国乃至世界不可多得的森林公园。此外，云南省的路南石林、四川省的九寨沟、新疆维吾尔自治区的天鹅湖、内蒙古自治区的阿尔山温泉等，均是著名的佳景胜地。

民族地区除了以自然美而成景的奇山、险峰、雪原、大瀑、溶洞、古遗生物等，还有丰富的人文旅游资源。民族地区不仅有距今久远的古人类遗址、古墓葬和众多的壁画石窟、寺院佛塔，而且有各民族在发展过程中形成的生动活泼、丰富多彩的民风民俗、传统节日、集会活动、民族歌舞、民族服饰等。少数民族地区的这些人文资源，对于发展旅游业来说是一种优势，不同民族有不同的传统习俗和文化源流，这种个性上的独特性必然构成总体上的多样性，因而从总体上看，我国广袤的少数民族地区客观上可以为旅游者提供多种多样的旅游环境和旅游活动内容。

① 中国林业网.[2016-01-20]. 2011 年中国林业基本情况. http://www.forestry.gov.cn/uploadfile/main/2011-12/file/2011-12-21.
② 民族地区水电工程建设与移民文化遗产保护[N]. 中国民族报.[2011-11-11].

2)生态环境脆弱

民族地区又是我国生态环境脆弱区。我国有七大生态环境脆弱区，其中有五个分布在西部(表10.1)：北方半干旱-半湿润区、西北干旱区、西南山地区、西南石灰岩山地区、青藏高原区，占生态环境脆弱区总面积的 82%。

表 10.1 我国西部生态环境脆弱区生态成因及特征

区域	成因	主要判别指标	脆弱主要特征
北方半干旱-半湿润区	降水少而不稳定；干旱；水蚀；风蚀；过垦；过牧；矿山开发	400mm 降水量保证率≤75%；350mm 降水量保证率≥50%；干燥度≥1.5；侵蚀强度≥2000 t·(km^{-2}·a^{-1})；年尘、沙暴日数≥3d；陡坡耕垦、沙地耕垦；草地超载≥30%	水土流失；风蚀沙化；草地退化；土壤次生盐碱化；自然灾害频繁
西北干旱区	干旱缺水；水源保证不稳定；过牧、植被破坏；风蚀堆积	年降水量≤300mm；径流散失区径流变率+50%或-50%；草地超载；植被覆盖率<10%，防护林网面积<10%	草地退化；土壤风蚀沙化和石砾化；土壤次生盐碱化；土地生物量低、波动大；干旱；风沙暴等灾害频繁
西南山地区	流水侵蚀；干旱；过牧；过垦；过伐	侵蚀强度≥1500 t·(km^{-2}·a^{-1})；干燥度≥1.5；坡地耕垦；植被覆盖率<30%	水土流失；土壤肥力下降；滑坡、泥石流灾害频繁
西南石灰岩山地区	溶蚀；水蚀；冬春干旱；水土浅薄；过垦、植被破坏	侵蚀强度≥1000t/km^{-2}；冬春季节干燥度≥1.5；坡地耕垦；植被覆盖率<30%	水土流失；土地石漠化；塌陷和崩塌灾害多发；干旱、洪涝灾害加剧
青藏高原区	干旱；低温冷害；强风、过牧；过樵	年降水量<500mm；干燥度≥1.5；4～10 月霜冻日数≥1d；年大风日数≥5d；植被覆盖率<30%；草地超载	风蚀沙化；草地退化；土地生物量低、波动大；土壤石砾化；大风沙尘暴和冰雹等灾害频繁

资料来源：赵跃龙. 2009.中国脆弱生态环境类型分布及其综合整治。

北方半干旱-半湿润区，北起呼伦贝尔，向西南深至河西走廊东端，是我国范围最大的一个脆弱区，也是特征最为显著的一条过渡带，如内蒙古自治区、宁夏回族自治区、甘肃省等地。它是我国内陆干旱、半干旱气候向东南湿润、半湿润气候的过渡带，也是森林边缘带、梯度连接带、沙漠边缘带等两类生态环境过渡带，使生态经济系统的结构、物质、能量的交换处于非均衡状态，变化速率快，恢复原状机会小，抗干扰能力差，历史上农牧界线变化频繁，水土流失严重，风蚀沙化及各种自然灾害不断。

西北干旱区，包括天山南麓和昆仑山北麓沙漠边缘区；东部呈条状带，从祁连山以北的河西走廊至罗布泊，如甘肃省、新疆维吾尔自治区等民族地区。该区是我国西部内陆腹地，干旱缺水，植被覆盖率低，大风频繁，风蚀沙化严重，对水资源条件最为敏感。

西南山地区、西南石灰岩山地区，包括贵州省、云南省、广西壮族自治区、四川省等，该区山高坡陡，喀斯特地貌集中。主要问题是干旱及流水侵蚀导致的生态退化及资源利用程度低。尤其是石灰岩山地，其地表保水能力差，土层瘠薄，水土容易流失，土地生产能力易受到干扰而降低或丧失。

青藏高原区处于半干旱向半湿润过渡地域，多干旱、低温冷害及强风，土壤风蚀退化及过牧超载严重。

10.1.2　相关文献综述

BP 最新发布的数据显示，2010 年我国化石能源消费导致的 CO_2 排放量为 83.3 亿吨，占全球 CO_2 排放总量的 25.1%，居世界第 1 位①，凸显出我国碳减排形势不容乐观。针对碳排放效应、碳减排措施和低碳经济发展模式的研究也随着严峻的国际国内形势而方兴未艾。从低碳经济发展的历史过程来看，在低碳经济出现以前就有相关的研究出现。

从历史发展来看，对低碳经济的研究可以分为三个阶段：①第一阶段，是低碳经济的萌芽时期，时间是 21 世纪之前。在这一时期，随着工业化的发展，环境保护、生态安全开始引起越来越多的人关注，生态经济学(环境经济学)、可持续发展经济学与循环经济学开始兴起；②第二阶段，是低碳经济发展阶段，时间是 2000～2006 年，随着温室效应的加剧，很多学者对碳排放、低碳生产方式进行探讨，各国也开始了实践摸索；③第三阶段，是低碳经济兴盛阶段，时间大约是 2006 年至今，国内外大量学者对低碳经济的必要性、实现条件、实现路径等问题纷纷进行了探讨，各国在探索低碳经济的道路上也有所收获。

1)低碳经济的萌芽时期

生态经济学理论又称环境经济学，是生态学和经济学的交叉融合，美国生态学家蕾切尔・卡森在 1962 年出版的《寂静的春天》，指出生物界以及人类所面临的危险，第一次从经济社会角度进行生态学研究。几年后，美国经济学家鲍尔丁在《一门科学——生态经济学》正式提出生态经济学的概念等。它的主要内容有：①生态经济的基本理论。主要研究经济社会发展同资源、生态环境的关系；研究人类的生存、发展条件与生态需求，以及研究生态经济效益和生态价值理论等。②生态经济区划、规划与优化模型。主要研究如何在生态和经济共同发展的前提下进行社会经济建设，如何根据不同地区城市和农村的不同特点，研究其最佳生态经济模式和模型。③生态经济管理。生态经济学为制定国家生态环境标准和生态指标提供理论基础；对国家和企业从事重大项目建设，进行生态环境评价提供理论支持；以及改革与生态相适应的管理体制提供理论依据。④生态经济史。生态经济学理论认为，经济发展应遵循生态学的五个主要规律：物质循环规律、供给有限规律、和谐规律、相生相克规律、空间相宜规律。生态经济学改变了传统经济学研究思路，促进了循环经济、低碳经济等新观念的产生。

“循环经济”一词，首先由美国经济学家鲍尔丁提出，主要指在人、自然资源和科学技术的大系统内，在资源投入、企业生产、产品消费及其废弃的全过程中，把传统的依赖资源消耗的线形增长经济，转变为依靠生态型资源循环来发展的经济。其“宇宙飞船经济理论”可以作为循环经济的早期代表。大致内容是：地球就像在太空中飞行的宇宙飞船，要靠不断消耗自身有限的资源而生存，如果不合理开发资源、破坏环境，就会像宇宙飞船那样走向毁灭。因此，宇宙飞船经济要求一种新的发展观：必须改变过去那种“增长型”经济为“储备型”经济；改变传统的“消耗型”经济，而代之以休养生息的经济；实行福

① Statistical Review of World Energy 2011[EB/OL].http://www.bp.com/ 2012-01-12.

利量的经济，摒弃只着重生产量的经济；建立既不会使资源枯竭，又不会造成环境污染和生态破坏、能循环使用各种物资的“循环式”经济，以代替过去的“单程式”经济。

2) 低碳经济的发展阶段

自从工业革命以来，工业化和城市化得到迅猛发展，伴随着科技水平的提高，人类的生活水平也获得大幅度提高。但随着工业化的发展，生态破坏和环境污染问题日益严重，尤其是人类活动导致大气层中的二氧化碳浓度不断升高，进而导致全球气温升高。全球气温升高可能会给人类带来毁灭性的影响。2003 年英国政府发布能源白皮书——《我们能源的未来：创建低碳经济》，首次明确提出发展“低碳经济”，也就是低排放、低能耗、低污染、经济效益、社会效益和生态效益相统一的新的经济发展模式。作为资源并不丰富的一个国家，英国已经充分认识到全球气候变化给英国带来的威胁，所以在此背景下，英国率先提出了低碳经济，也就是改变过去长期以来的传统经济增长模式，通过科学技术创新和管理机制创新，实现低碳经济和低碳生活，从而实现能源和经济的可持续发展。

2006 年，世界银行前首席经济学家尼古拉斯·斯特恩牵头的《斯特恩报告》也呼吁全球向低碳经济转型，并且指出：全球现在 GDP 以每年 1%投入环境治理，则可以在未来避免 GDP 每年 5%～20%的损失。2007 年 7 月，美国参议院出台了《低碳经济法案》，明确表明了美国未来的重要战略选择就是发展低碳经济。2007 年 11 月，英国前首相布朗指出，全球温室气体排放在未来 10～15 年内会达到最高值，要实现到 2050 年减少 1/2，维持全球气温升高不超过 2℃，就要求建立全球低碳排放的经济模式，通过提高能源利用效率和降低碳排放量，以应对全球气候变暖。德国则希望在 2020 年国内的低碳产业要超过其汽车产业。

2007 年 12 月 3 日，在印尼巴厘岛举行了联合国气候变化大会，大会制订了著名的“巴厘岛路线图”，并为应对气候变化谈判的关键议题确立了议程。在该“路线图”中要求发达国家在 2020 年前将温室气体减排 25%～40%。“巴厘岛路线图”为全世界推进低碳经济起到了一定的积极作用。2009 年底的哥本哈根大会通过的《哥本哈根协议》延续了“巴厘岛路线图”的谈判进程。尽管最后由于发达国家和发展中国家在减排责任和承担义务上存在着巨大的分歧，相关工作排行的进程缓慢，取得的实质性成果有限，但也可以看出，推行低碳已经成为世界经济发展的大趋势。

在这个低碳经济的背景下，“碳源”“碳足迹”“碳汇”“碳交易”“碳中和”“碳税”等与低碳经济相关的一系列新概念、新术语也相伴而生，这些概念与术语从不同的层面揭示了低碳经济的内涵与特征。

3) 低碳经济兴盛阶段

国外学者对低碳经济的研究起步较早，研究成果也颇为丰富。总结国外现有的研究成果，主要可以归纳为三个方面：碳排放与经济增长关系的研究；为了实现低碳经济需要的金融等制度安排；发达国家与发展中国家发展低碳经济的实践研究。

(1) 碳排放与经济增长关系的研究。国外学者研究内容主要是碳排放的影响因素研究、碳排放与经济增长的关系的研究等。“低碳经济”的一个重要方面就是对碳排放量的控制，碳排放量受到哪些因素的影响一直是学者研究的一个热点。通过对现有文献的分析可以发现，碳排放量的影响因素不仅包括 Kaya 公式所揭示的人口、GDP 和能源消耗，还包括国际贸易。两国的商品贸易为碳排放创造了一种转移机制。

(2)为了实现低碳经济需要的金融等制度安排。为了实现经济与社会可持续发展模式，环境金融的概念应运而生。Salazar(1998)最先提出环境金融的概念，并对环境金融的功能进行了研究。他认为，金融业和环境产业各自具有自己的体系、语言、方法和对于成功、失败的界定，而环境金融是金融业和环境产业的桥梁，通过分析金融业和环境产业的差异，可以寻求保护环境、保护生物多样性的金融创新。Jeucken(2001)分析了银行业和可持续发展的关系，认为作为经济系统一部分的银行业与环境是互相影响的关系，金融机构尤其是银行越来越多通过金融激励(financial in-centives)等手段鼓励经济主体参与环境保护，在可持续发展中起着十分重要的作用；同时，将银行对待可持续发展的态度分为四个阶段：抗拒(defensive)阶段，银行对环境问题的关注只能增加成本而没有任何收益，因而采取抗拒态度；规避(preventive)阶段，银行环境影响的外部性逐步得以内部化，因而必须关注环境问题带来的负面影响以降低运营风险，这时候规避环境风险的策略最受欢迎；积极(offensive)阶段，银行已经从环境保护的行为中发现商机，因而会采取一些积极的手段开展环境友好的业务；可持续发展 (sustainable development)阶段，银行的一切商业活动都与社会可持续发展相一致，整个经济系统已经发展到一个非常理想的可持续发展阶段。

(3)发达国家与发展中国家发展低碳经济的实践。为了应对全球气候变化和能源危机，减少碳排放，不少发达国家都已经开始调整发展战略，开始进行向低碳经济转型的行动。英国把发展低碳经济置于国家战略高度，2008 年颁布的《气候变化法案》使英国成为世界上第一个为减少温室效应而立法的国家。日本也在向低碳经济发展模式转变，日本内阁会议于 2008 年 7 月通过的“低碳社会行动计划”阐述了在未来三五年内将家用太阳能发电系统的成本减少 1/2 等多项有关减排的措施，其重要内容都与开发新能源有关。为带动欧盟经济向高能效、低排放的方向转型，2007 年 3 月欧盟委员会提出一揽子能源计划，承诺到 2020 年将可再生能源占能源消耗总量的比例提高到 20%，将煤炭、石油、天然气等一次能源的消耗量减少 20%，将生物燃料在交通能耗中所占的比例提高到 10%。

综观发达国家推行低碳经济的实践，具有代表性的主要有：法国考虑设立二氧化碳排放税，提高风能、核能及太阳能等可再生能源的使用比重，大力发展低碳交通工具，预计到 2025 年，纯电动汽车（电池供能）与混合动力充电汽车将占新产汽车市场 30%～40%的份额，通过各种方式探索低碳生活方式；由于交通是排放温室气体的重要源头，所以瑞典大力推行环保车计划，加大对环保车研发的资金投入，鼓励人们购买环保车，为了减少二氧化碳排放，瑞典还推行食品标注二氧化碳排放量计划，鼓励人们多食用鸡肉和蔬菜，少吃牛肉和温室种植的黄瓜、西红柿；德国自 1999 年 4 月起分阶段实行以能源消耗为对象的生态税，由于传统能源还会在一定时期内使用，所以德国还大力投入对碳捕集与封存(carbon capture and storage, CCS)技术的开发，CCS 技术可将二氧化碳气体分离并存储起来，另外德国还通过发展生态工业来推行低碳经济，为了让汽车摆脱对石油的依赖，德国大力推行新能源汽车的发展；丹麦政府大力提高风能、太阳能、生物质能源利用比例，提出了 2050～2070 年完全摆脱对化石能源的依赖的远景目标，形成了由政府、企业、科研、市场为一体的绿色能源技术开发体系；日本由于资源匮乏，很早就开始关注节能减排，2004年日本环境省就提出了《面向2050年的日本低碳社会情景》研究计划，2007年日本内阁会议制定《21世纪环境立国战略》，2008年日本首相福田康夫提出了著名的“福田蓝图”(即日本的新的防止全球气候变暖的政策，日本不仅有发展低碳经济的完善的法律规范，更是将“低碳”观念植入民众心中，让每个人从生活日常做起)；挪威提出的减排目标是，到2050年温室气体减排2/3，并提出从以下四个方面实现减排目标：提高各个行业的能源利用效率、用可再生能源代替不可再生能源、投资开发CCS技术以及减少砍伐森林；澳大利亚提出在2050年温室气体排放量在2000年的基础上减少60%，2007年发布的《减少碳排放计划》政策绿皮书，提出了三大减碳目标：以成本最低、最灵活的方式实现国家减少排放的目标，支持一个有效的全球气候变化机制，推动全球实施减排措施，为大多数受到影响的企业和家庭提供援助。

4)对我国和民族地区发展低碳经济研究

由于各地区资源禀赋和发展条件的差异，各国低碳经济模式有很强的异质性，减排政策也应该具有区域的针对性。不少学者针对我国和民族地区发展低碳经济进行了深入研究。

(1)区域低碳经济发展战略。齐绍洲和李锴(2010)通过对不同地区能源利用效率的分析，指出不发达省区与发达省区能源利用效率存在明显的差距，提出政府在制定区域经济发展战略时，要重点考虑促进各省区充分利用能源禀赋，以及能源利用效率方面的差异进行合作，走能源节约型的可持续的区域平衡增长道路。林伯强和孙传旺(2011)认为未来一段时期，我国减少碳排放的主要措施应该是提高能源效率，低碳经济转型战略应以节能为主、发展清洁能源为辅。王锋等(2010)运用对数平均 Divisia 指数分解法，将1995～2007年中国能源消费的二氧化碳排放增长率分解为11种驱动因素的加权贡献，并对这一时期中的6个时间段和每一种驱动因素进行了研究，结论认为我国生产部门能源强度下降是抑制二氧化碳排放增长的最重要因素，因此降低生产部门的能源强度是实现碳减排的关键措施。

(2)区域能源消费、碳排放与经济增长关系。谭丹和黄贤金(2008)从中国三大地区的碳排放着手，分析了碳排放与地区生产总值的相互关系，比较了我国三大地区碳排放的特征和差异；郑长德和刘帅(2011)采用空间计量经济学的方法对我国各省份的经济增长与碳排放之间的关系进行了实证分析，得出了我国各省份的碳排放在空间分布上表现出一定的空间正自相关性，各省份的碳排放在空间分布上存在一定的空间集群效应，作为民族地区的西藏自治区、新疆维吾尔自治区、青海省表现出低碳排放的空间集群效应等结论。环境与工业增长的协调性方面，涂正革(2008)根据我国各地区要素资源投入、工业产出和污染排放数据，计算各地区环境技术效率，衡量环境与工业增长的协调性。研究发现，区域间环境工业协调性极不平衡。东部沿海地区工业发展与环境关系较为和谐，但是中、西部地区环境技术效率普遍较低，作为民族地区的广西壮族自治区和宁夏回族自治区地区工业与环境关系严重失衡。

(3)民族地区碳排放效应及低碳发展模式。成艾华和雷振扬(2011)考察了民族地区工业化水平、碳排放总量及人均碳排放量、碳排放强度等指标，运用LMDI分解模型对影响民族地区低碳经济发展的因素进行了分析，同时对民族地区碳减排效果进行了评价，还对新时期民族地区低碳经济发展的制度创新进行了探讨。杨嵘和常烜钰(2012)的研究发现1995～2009 年西部地区经济增长与碳排放呈现出倒 N 形的三次曲线；西部地区产业碳排放中，工业占主导；地区碳排放量居首位的是内蒙古自治区，内蒙古自治区同时也是碳排放增长最快的自治区，西部地区经济增长、能源消费、碳排放呈现出同向增加的趋势。李磊(2011)运用 LMDI 分解模型全面分析了 1994～2007 年新疆维吾尔自治区经济发展中与能源消耗相关的碳排放变动的驱动因素，得出了新疆维吾尔自治区经济部门碳排放量增长的主要原因是经济快速增长和能耗强度上升的结论。苏方林等(2010)对广西壮族自治区碳排放量及影响因素间关系进行了实证研究，主要结论是广西壮族自治区碳排放量对经济增长状况和产业结构的冲击反应十分敏感，能源价格、人均收入水平和外商直接投资随时期变化的响应比较稳定。钱贵霞等(2010)应用对数平均 Divisia 指数分解法即 LMDI 模型，建立了碳排放因素分解模型，并定量分析了 1999～2008 年内蒙古自治区的经济产出规模、人口规模、产业结构、能源结构及能源强度等因素对碳排放的影响。王礼刚(2010)研究了贵州经济增长与碳排放以及其他生产要素之间的关系。王磊和宋乃平(2011)在研究宁夏回族自治区 1990～2008 年经济增长及产业结构变化与能源消费关系的基础上，分析了宁夏回族自治区碳排放的演变过程与趋势，并预测了宁夏回族自治区 2020 年的碳排放量。

(4)另外，还有研究者就民族地区低碳经济的发展路径(李鸿，2010)、民族地区发展低碳经济的原则(华金科，2011b)、民族地区发展低碳经济的制约因素及对策(华金科，2011a)、民族地区发展低碳经济的机遇与挑战(王红曼和张方，2010)、民族地区参与碳排放贸易现状与面临的问题(向佳，2011)、高原民族地区不同放牧管理方式下的碳排放(王君等，2008)、在民族地区建立碳汇功能区(王天津，2008)等方面做了深入探析。

10.1.3　小结

上述研究者针对区域碳排放及低碳经济发展等问题已开展诸多有益的探究，已有相关研究虽然对我国区域碳减排具有宏观指导意义，但由于我国区域差异显著，特别是民族地区兼具“欠发达地区”和“生态脆弱地区”的特殊性，其他地区区域碳减排相关研究对于制定民族地区碳减排措施和低碳经济发展方略的指导意义不是很强。作者认为，我国民族地区的首要任务还是发展，虽然近年来民族地区的碳排放量持续增长，但是仍然需要给予民族地区适当的碳排放空间和容量来支持民族地区的工业化、城市化和现代化发展。遵循“共同但有区别的原则”来指导民族地区发展低碳经济至关重要。

10.2　民族地区的能源消费

生态文明建设需要生产方式低碳化，而且低碳生产方式已成为 21 世纪全球面临的共同问题，而能源消费模式的改变是建设生态文明的必由之路。本章从能源消费开始，分析民族地区的能源消费总量和结构的变化。

10.2.1 中国能源生产与能源消费概要

中国是世界能源生产与消费的大国。据统计，2013 年中国终端能源消费量为 1822.70 百万吨标准油，占世界的 19.87%，超过美国的 16.30%，是世界最大能源消费国；同年的能源生产总量为 2613.70 百万吨标准油，占世界的 19.16%，超过美国的 13.79%。实际上，从 2010 年开始，中国就已成为世界最大能源消费国，2010 年中国终端能源消费总量为 1533.93 百万吨标准油，占世界的 17.58%；美国当年的终端能源消费总量是 1500.77 百万吨标准油，占世界的 17.20%(表 10.2)。

表 10.2 中国能源生产与能源消费占世界比重的变化

年份	能源生产		终端能源消费	
	百万吨标准油	占世界/%	百万吨标准油	占世界/%
2005	1664.62	14.38	1162.38	14.64
2006	1724.41	14.64	1171.91	14.51
2007	1820.65	15.19	1252.97	15.12
2008	1950.58	15.81	1369.86	16.29
2009	2044.83	16.72	1431.92	17.22
2010	2261.11	17.58	1533.93	17.58
2011	2431.56	18.40	1635.13	18.40
2012	2525.28	18.76	1708.01	19.08
2013	2613.70	19.16	1822.70	19.87

资料来源：《中国能源统计年鉴》(2015 年)。

中国的能源生产与消费受资源禀赋结构的影响。中国常规能源中，煤炭资源占绝对优势，因此能源生产与消费结构中，煤炭的生产与消费占比最大，虽然太阳能、风能等新能源资源丰富，但受技术条件和开发成本的制约，占比还比较低。2014 年的一次能源生产结构中，原煤占 79.2%，原油占 9.0%，天然气占 5.0%，一次电力及其他能源占 6.8%(表 10.3)。2014 年全国能源消费结构中，原煤占 69.8%，原油占 18.5%，天然气占 6.0%，一次电力及其他能源占比为 5.7%。动态地看，改革开放以来，在全国能源消费结构中，原煤的消费占比呈现出逐步下降的趋势，原油的消费占比相对比较稳定，天然气和一次电力及其他能源的消费逐年提高(表 10.4)。随着新能源的开发，可以预计中国能源消费结构会继续朝着多元化方向发展。

表 10.3　中国一次能源生产总量和构成(电热当量计算法)

年份	一次能源生产量/万吨标准煤	占能源生产总量的比重/%			
		原煤	原油	天然气	一次电力及其他能源
1980	62046	71.4	24.4	3.0	1.2
1981	61364	72.4	23.6	2.7	1.3
1982	64686	73.5	22.6	2.5	1.4
1983	68877	74.1	22.0	2.4	1.5
1984	75493	74.7	21.7	2.2	1.4
1985	83005	75.1	21.5	2.1	1.3
1986	85523	74.7	21.8	2.1	1.4
1987	88524	74.9	21.6	2.1	1.4
1988	92809	75.5	21.1	2.0	1.4
1989	98418	76.5	20	2.0	1.5
1990	100487	76.8	19.7	2.0	1.5
1991	101490	76.5	19.9	2.1	1.5
1992	103771	76.9	19.6	2	1.5
1993	107059	76.8	19.4	2.2	1.8
1994	114009	77.7	18.3	2.3	2.2
1995	123519	78.7	17.4	1.9	2.0
1996	127404	78.3	17.6	2.1	2.0
1997	127431	77.8	18.0	2.2	2.0
1998	123713	76.9	18.6	2.3	2.2
1999	126264	77.2	18.1	2.7	2.1
2000	132384	76.3	17.6	2.7	3.4
2001	139928	76.5	16.7	2.9	3.9
2002	148450	77.0	16.1	2.9	4.0
2003	170305	79.3	14.2	2.7	3.8
2004	196418	80.5	12.8	2.8	3.9
2005	218355	81.2	11.9	3.0	3.9
2006	233269	81.4	11.3	3.3	4.0
2007	251772	81.6	10.6	3.7	4.1
2008	262992	81.0	10.3	4.1	4.6
2009	271067	81.0	10	4.2	4.8
2010	294807	80.7	9.8	4.3	5.2
2011	323045	81.9	9.0	4.3	4.8
2012	330203	81.0	9.0	4.4	5.6
2013	336452	80.4	8.9	4.7	6.0
2014	336149	79.2	9.0	5.0	6.8

资料来源：《中国能源统计年鉴》(2015 年)。

表 10.4　中国能源消费总量和构成(电热当量计算法)

年份	能源消费总量/万吨标准煤	占能源消费总量的比重/%			
		原煤	原油	天然气	一次电力及其他能源
1980	58587	74.2	21.4	3.2	1.2
1981	57577	75.1	20.6	2.9	1.4
1982	59966	76.3	19.6	2.6	1.5
1983	63635	77.0	18.8	2.5	1.7
1984	68495	77.8	18.1	2.5	1.6
1985	74112	78.5	17.7	2.3	1.5
1986	77776	78.2	17.9	2.4	1.5
1987	83850	78.7	17.6	2.2	1.5
1988	89963	78.8	17.6	2.1	1.5
1989	93666	79.3	17.1	2.0	1.6
1990	95384	79.0	17.2	2.1	1.7
1991	100413	78.7	17.7	2.1	1.5
1992	105602	78.3	18.1	2.0	1.6
1993	111490	79.0	17.1	2.1	1.8
1994	118071	79.5	16.2	2.2	2.1
1995	123471	77.0	18.6	1.9	2.5
1996	129665	76.7	19.5	1.9	1.9
1997	130082	74.9	21.3	1.8	2.0
1998	130260	74.2	21.8	1.9	2.1
1999	135132	73.6	22.3	2.1	1.9
2000	140993	71.5	22.9	2.3	3.3
2001	148264	71.5	22.2	2.5	3.8
2002	161935	71.8	22.0	2.4	3.8
2003	189269	73.2	20.9	2.4	3.5
2004	220738	73.2	20.8	2.4	3.6
2005	250835	75.4	18.6	2.5	3.5
2006	275134	75.5	18.2	2.8	3.5
2007	299271	75.6	17.6	3.1	3.7
2008	306455	75.0	17.4	3.5	4.1
2009	321336	74.9	17.2	3.7	4.2
2010	343601	72.7	18.3	4.2	4.8
2011	370163	73.4	17.6	4.8	4.2
2012	381515	72.2	17.9	5.1	4.8
2013	394794	71.3	18.0	5.6	5.1
2014	400299	69.8	18.5	6.0	5.7

资料来源：《中国能源统计年鉴》(2015 年)。

10.2.2　民族地区的能源消费

考虑到数据的可得性和完整性，这里分析的民族地区包括内蒙古自治区、广西壮族自治区、贵州省、云南省、青海省、宁夏回族自治区和新疆维吾尔自治区，西藏自治区由于数据不全，暂未包括在这里的分析中。上述 7 个省(自治区)，是我国常规能源的集中分布地区，同时也是新能源的集中地区，这样的能源禀赋结构决定了各省(自治区)能源生产与消费的基本特点。

(1)能源消费总量与结构。首先从能源消费总量看，随着经济发展，特别是资源型产业的发展，民族地区能源消费总量快速增长，如图 10.1 所示。表 10.5 给出了 1990～2014 年民族地区能源消费总量及年均增长率。2014 年各省(自治区)的能源消费总量相对于 1990 年均剧烈增长：内蒙古自治区为 7.55 倍，广西壮族自治区为 7.27 倍，贵州省为 4.56 倍，云南省为 5.35 倍，青海省为 7.91 倍，宁夏回族自治区为 7.52 倍，新疆维吾尔自治区为 7.76 倍。

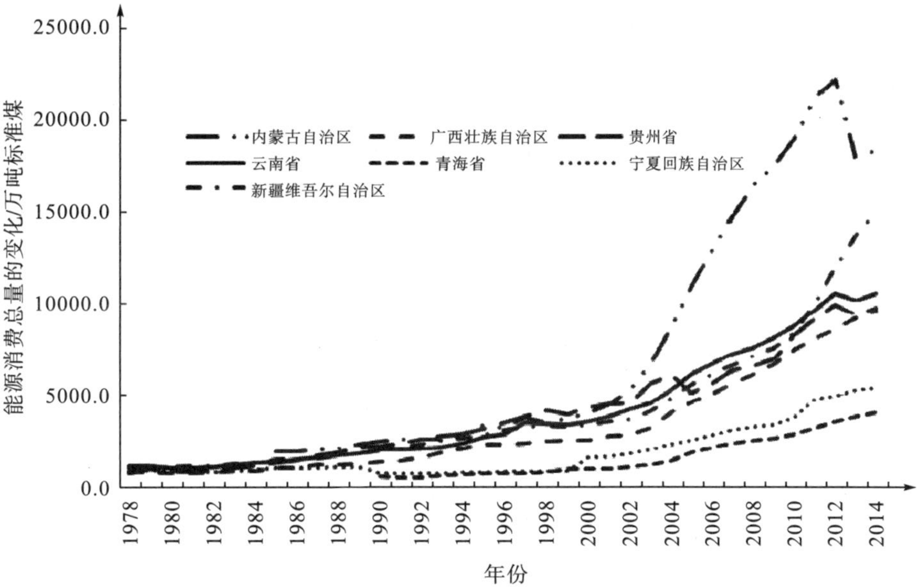

图 10.1　民族地区能源消费总量的变化/万吨标准煤

资料来源：《新中国六十年统计资料汇编》、相关省(自治区)统计年鉴。

从年均增长率看，1990～2000 年民族地区能源消费总量的年均增长率分别为：内蒙古自治区为 4.97%，广西壮族自治区为 6.64%，贵州省为 7.23%，云南省为 5.90%，青海省为 5.93%，宁夏回族自治区为 7.94%，新疆维吾尔自治区为 5.59%。2000～2014 年民族地区能源消费年均增长率分别为：内蒙古自治区为 11.60%，广西壮族自治区为 10.06%，贵州省为 6.03%，云南省为 8.20%，青海省为 11.25%，宁夏回族自治区为 9.37%，新疆维吾尔自治区为 11.34%，除贵州省外，其余地区在实施西部大开发战略以来的能源消费增长率均快于 1990～2000 年。

表 10.5　民族地区能源消费总量（万吨标准煤）及年均增长率（%）

年份	内蒙古自治区	广西壮族自治区	贵州省	云南省	青海省	宁夏回族自治区	新疆维吾尔自治区
1990	2423.50	1308.21	2129.30	1954.18	504.35	707.30	1924.40
1991	2505.20	1386.88	2313.10	1961.92	474.29	694.40	2071.40
1992	2555.0	1549.30	2518.80	2016.61	499.29	705.00	2260.80
1993	2676.10	1809.21	2545.50	2089.80	559.98	715.80	2497.00
1994	2812.20	2047.95	2819.70	2282.80	625.30	740.80	2605.70
1995	3268.40	2256.52	3078.80	2640.55	687.71	775.20	2733.00
1996	3144.40	2301.11	3442.60	2819.43	698.25	808.80	3045.20
1997	3709.00	2327.74	3738.70	3428.98	706.78	814.00	3208.20
1998	3440.10	2417.68	4087.90	3364.49	738.88	816.90	3279.80
1999	3634.90	2472.73	3854.40	3287.97	938.68	823.10	3215.00
2000	3937.50	2487.40	4278.60	3468.33	897.23	1518.60	3316.00
2001	4453.50	2700.97	4437.90	3741.03	939.33	1578.80	3496.40
2002	5190.10	2778.58	4469.90	4131.31	1018.83	1771.10	3622.40
2003	6612.80	3187.66	5534.50	4449.97	1122.7	1986.50	4064.40
2004	8601.80	4014.56	6021.00	5209.81	1364.38	2249.90	4784.80
2005	10788.37	4536.74	5067.31	6023.97	1830.48	2470.40	5506.50
2006	12835.27	5022.95	5574.99	6620.57	2085.84	2762.70	6047.30
2007	14703.32	5588.61	6278.96	7132.63	2295.91	3014.70	6575.90
2008	16407.63	6054.22	6486.30	7510.82	2497.74	3183.30	7069.40
2009	17473.68	6592.74	6918.98	8032.06	2573.44	3307.20	7525.56
2010	18882.66	7379.23	8175.43	8674.17	2814.57	3684.20	8290.20
2011	21148.52	8005.79	9067.85	9540.28	3145.28	4719.90	9926.50
2012	22103.30	8530.55	9878.38	10433.68	3475.88	4895.20	11831.62
2013	17681.37	9100.37	9298.54	10072.09	3768.16	5186.80	13631.79
2014	18309.06	9515.34	9708.78	10454.83	3991.7	5319.40	14926.08
1990～2000	4.97	6.64	7.23	5.90	5.93	7.94	5.59
2000～2014	11.60	10.06	6.03	8.20	11.25	9.37	11.34
1990～2014	8.79	8.62	6.53	7.24	9.00	8.77	8.91

资料来源：《新中国六十年统计资料汇编》、相关省（自治区）统计年鉴。

从能源消费结构看，七省区与全国的基本趋势类似，如表 10.6 所示。表 10.6 是根据《中国能源统计年鉴》（2015 年）相关数据计算的。可以看出，煤炭占比最高，其中内蒙古自治区达到 84.19%，宁夏回族自治区和贵州省接近 80.00%，云南省和新疆维吾尔自治区接近 65.00%，广西壮族自治区接近 60.00%，煤炭消费占比最低的是青海省（为 42.93%）。除煤炭之外，消费占比排第 2 的能源，各地区有差异。图 10.2 给出了民族地区 2005 年以来能源消费结构的变化。从图 10.2 中可以看出，各地区能源消费结构的变化各有特点，总体趋势是高碳能源的消费占比在下降，低碳和清洁能源的消费占比在上升，能源消费多元化格局正在形成。

表 10.6　2014 年一次能源消费结构(%)

地区	煤炭	石油	天然气	电力
内蒙古自治区	84.19	4.47	1.75	9.60
广西壮族自治区	59.60	19.46	1.23	19.72
贵州省	78.63	8.19	1.08	12.10
云南省	64.23	15.72	0.58	19.47
青海省	42.93	11.36	16.31	29.39
宁夏回族自治区	79.89	4.20	2.74	13.17
新疆维吾尔自治区	64.85	10.24	11.64	13.28

资料来源：《中国能源统计年鉴》(2015 年)。

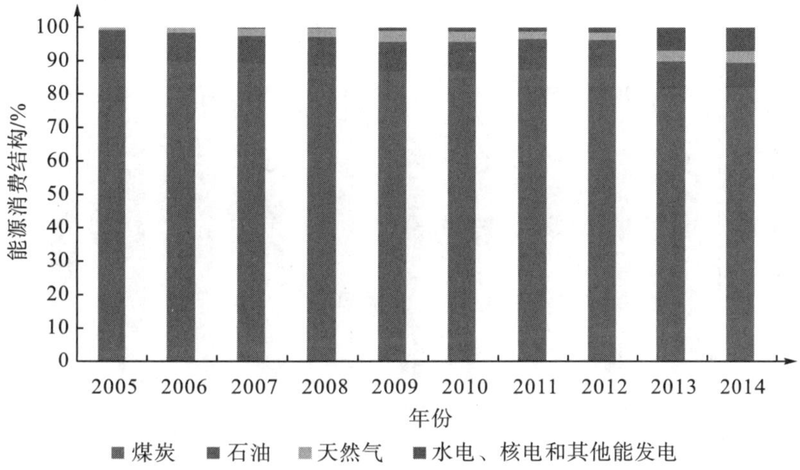

(a) 内蒙古自治区能源消费结构

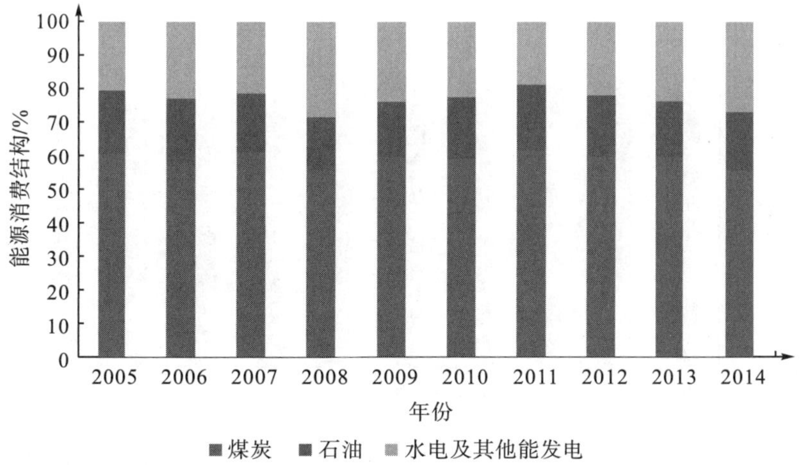

(b) 广西壮族自治区能源消费结构

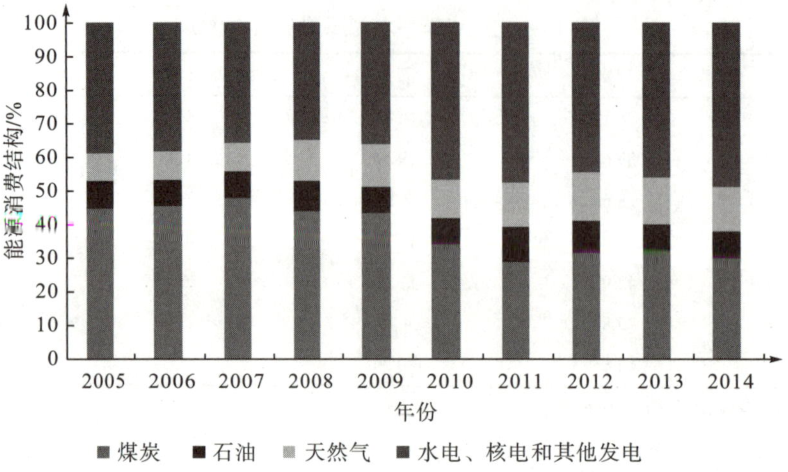

(c) 青海省能源消费结构

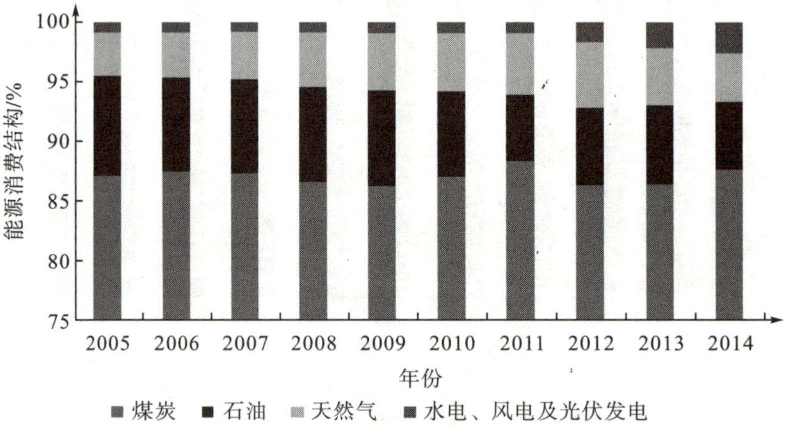

(d) 宁夏回族自治区能源消费结构

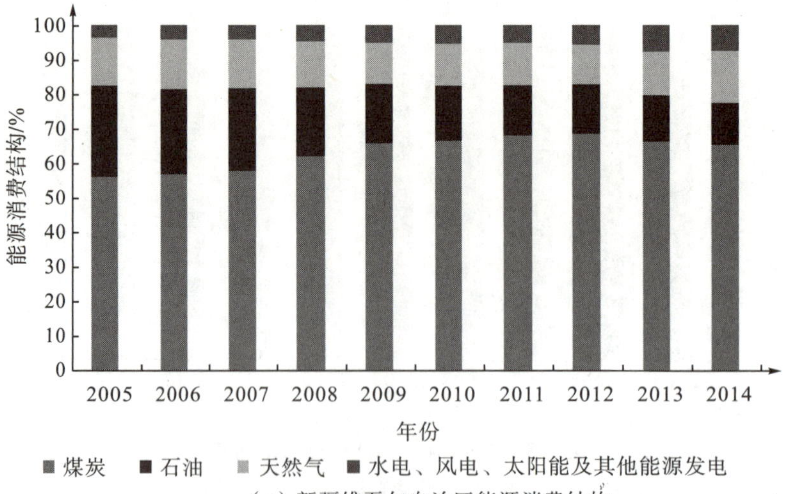

(e) 新疆维吾尔自治区能源消费结构

图 10.2　民族地区能源消费结构(见彩图版)

资料来源：相关省(自治区)统计年鉴(2015 年)。

(2)能源利用效率。能源利用效率反映了利用能源进行各种活动时效率的高低，可以用于判断一个国家或地区生产技术水平或能力高低。能源强度是用于评价一个国家(地区)能源综合利用效率的常用指标之一，体现了一个国家地区经济发展过程中所付出的资源环境代价。能源强度定义为能源消费量(吨标准煤)与地区生产总值的比值，即单位地区生产总值的能源消费。表 10.7 给出了全国和民族地区(七省区)2000 年以来的能源强度。从表 10.7 中可以看出，无论是按当年价计算还是按 2000 年不变价计算，西部大开发战略实施以来，全国和民族地区能源利用效率总体趋势是在提高(新疆维吾尔自治区除外)，这与中央政府和各地方政府积极倡导环境友好型和资源节约型经济发展方式及能源利用技术的改进有紧密的关系。表 10.7 显示的另一个特点是，民族地区单位地区生产总值的能耗高于全国水平(广西壮族自治区除外)，而且有的地区还高出许多，这与这些地区资源型产业结构和资源利用比较粗放相关。与全国其他地区比较，图 10.3 显示了 2000 年和 2014 年各地区能源强度，基本特征是：一方面，2000 年以来，各地区能源利用效率在提高，能源强度在下降；另一方面，民族地区的能源强度居全国前列，能源利用效率有待进一步提高。图 10.3 绘出了 2000 年以来全国和民族地区能源强度各年的变化趋势，基本特征与前述相同。

电力强度和万元工业增加值能源消费也是反映能源利用效率的重要指标，电力强度是单位生产总值的电力消费，即 kW·h/万元，万元工业增加值能源消费=能源消费/工业增加值。表 10.8 给出了全国与民族地区电力消费强度与工业增加值能源消费，以 2000 年价格为不变价。图 10.5 和图 10.6 显示的是 21 世纪以来相关选项逐年的变化情况。可以看出，进入 21 世纪以来，按可比价格计算，每万元地区生产总值的电力消费在逐年上升，而万元工业增加值能源消费在逐年下降，民族地区的电力消费强度和工业增加值能源消费均高于全国水平。

表 10.7　全国和民族地区(七省区)2000 年以来的能源强度

地区	能源强度/(吨标准煤/万元地区生产总值，当年价)				能源强度/(吨标准煤/万元地区生产总值，2000 年价)			
	2000 年	2005 年	2010 年	2014 年	2000 年	2005 年	2010 年	2014 年
全国	1.41	1.35	0.84	0.63	1.41	1.58	1.27	1.08
内蒙古自治区	2.53	2.48	1.44	1.03	2.53	3.12	2.42	1.76
广西壮族自治区	1.30	1.22	0.83	0.61	1.30	1.46	1.21	0.97
贵州省	4.31	3.25	1.78	1.05	4.31	3.99	2.80	2.04
云南省	1.77	1.73	1.20	0.82	1.77	2.00	1.66	1.28
青海省	3.40	3.07	1.90	1.73	3.40	3.59	2.98	3.01
宁夏回族自治区	4.44	4.14	2.18	1.80	4.44	5.60	4.52	4.10
新疆维吾尔自治区	2.44	2.11	1.52	1.61	2.44	2.50	2.28	2.68

资料来源：《中国能源统计年鉴》(各年)、《中国统计年鉴》(各年)。

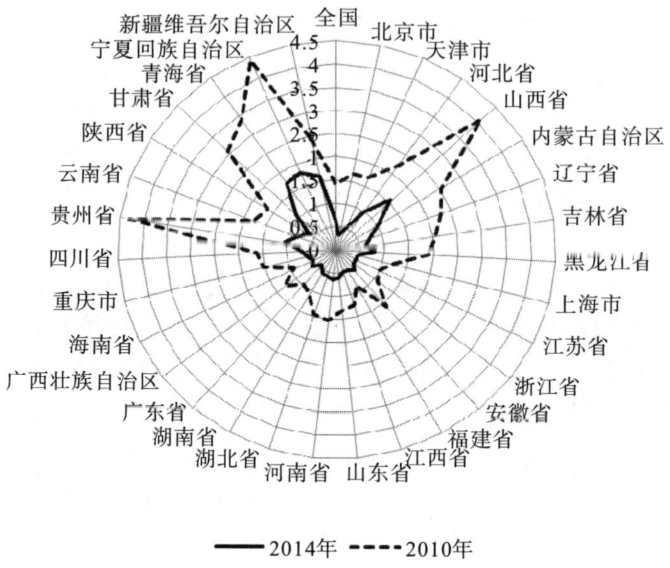

图 10.3 全国及各地区能源强度的文化趋势(单位：吨标准煤/万元地区生产总值)

资料来源：《中国能源统计年鉴》《中国统计年鉴》相关年份。

上述分析表明，进入 21 世纪以来，民族地区能源利用效率有所提高，但与全国和东部发达地区相比，民族地区能源利用效率较低，提高能源利用效率的空间较大。

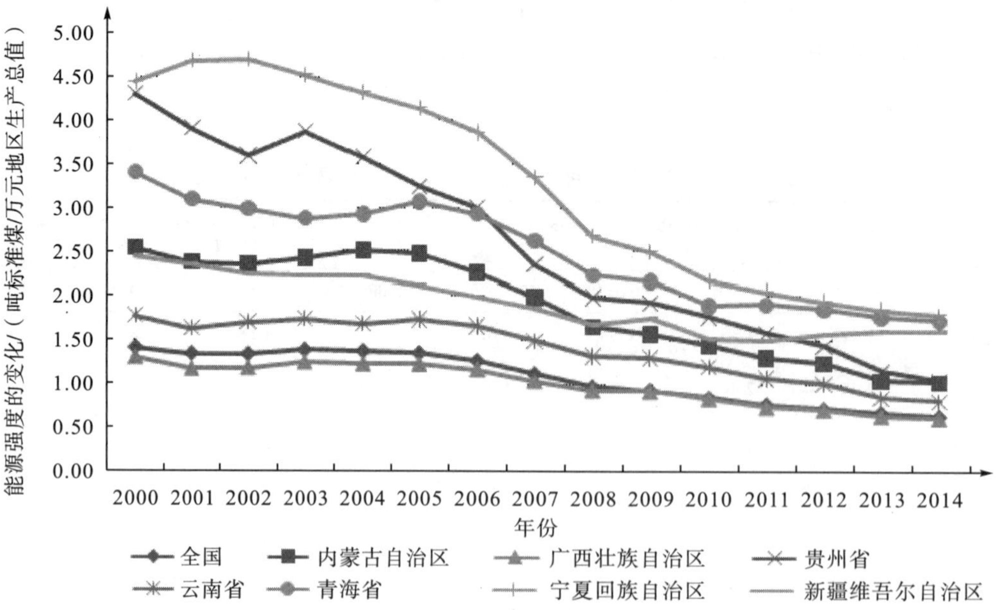

（a）名义地区生产总值

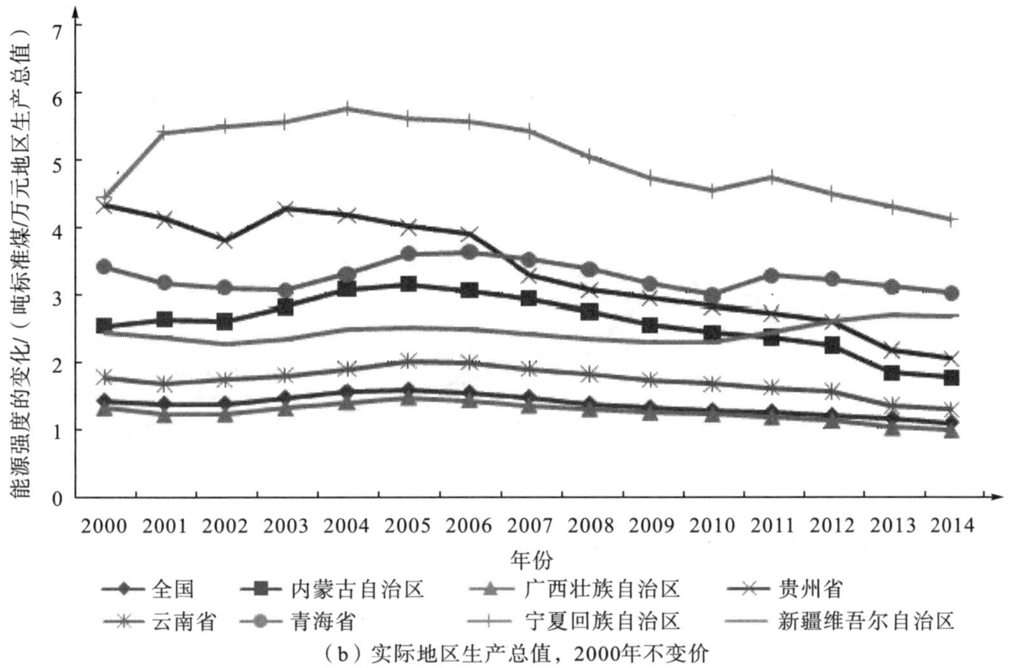

图 10.4　21 世纪以来全国和民族地区（七省区）能源强度的变化

资料来源：《中国能源统计年鉴》（各年）、《中国统计年鉴》（各年）。

表 10.8　全国和民族地区（七省区）电力消费强度和工业增加值能源消费（2000 年不变价）

地区	电力消费强度/(kW·h/万元地区生产总值)				工业增加值能源消费/(吨标准煤 / 万元工业增加值)			
	2000 年	2005 年	2010 年	2014 年	2000 年	2005 年	2010 年	2014 年
全国	1350.16	1568.93	1547.42	1526.82	3.24	3.44	2.70	2.29
内蒙古自治区	1827.75	2163.32	2214.21	2325.71	7.33	7.53	4.46	3.00
广西壮族自治区	1570.72	1490.58	1512.35	1332.88	4.36	4.26	2.80	2.07
贵州省	3369.40	3019.74	2862.42	2468.66	13.02	10.77	7.40	5.13
云南省	1622.69	1853.95	1915.95	1875.34	4.93	5.71	4.18	3.13
青海省	4399.26	4468.42	5396.63	5444.78	11.38	9.59	6.75	6.42
宁夏回族自治区	4342.36	6853.42	6722.49	7037.58	12.19	12.77	9.27	7.71
新疆维吾尔自治区	1341.14	1409.21	1819.93	3439.83	7.18	6.95	5.91	6.88

资料来源：《中国能源统计年鉴》（各年）、《中国统计年鉴》（各年）。

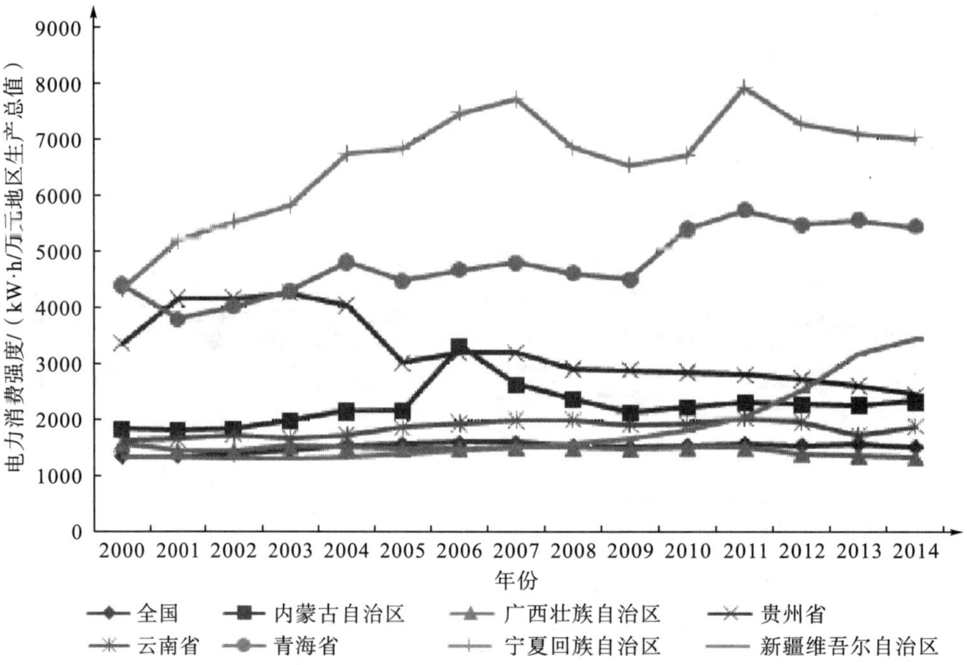

图 10.5 21 世纪以来全国和民族地区（七省区）电力消费强度（2000 年不变价）

资料来源：《中国能源统计年鉴》（各年）、《中国统计年鉴》（各年）。

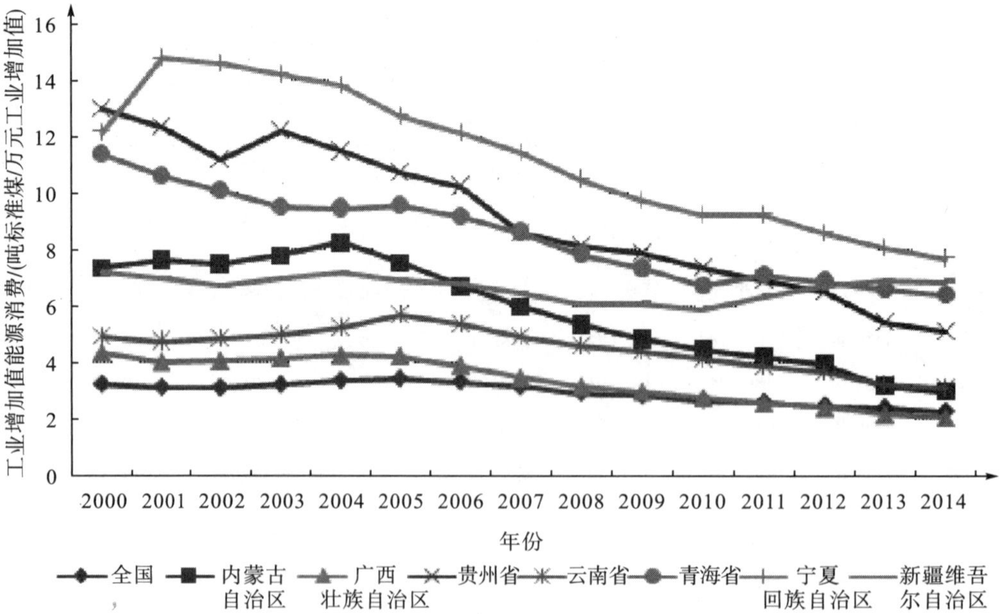

图 10.6 21 世纪以来全国和民族地区（七省区）工业增加值能源消费（2000 年不变价）

资料来源：《中国能源统计年鉴》（各年）、《中国统计年鉴》（各年）。

(3)能源消费与经济增长。能源与经济发展存在着相互依存和制约的数量关系。图 10.7 是 2014 年全国各省级行政区能源强度与电力消费强度和人均地区生产总值间的简单拟合关系。可以看出，能源强度与人均地区生产总值间存在着负向关系：经济发展水平高的地区，能源强度较小，经济发展总体水平低的地区，能源强度较高；电力消费的基本趋势亦是如此。这种关系从另一个侧面反映了各地区能源利用效率间的差异。

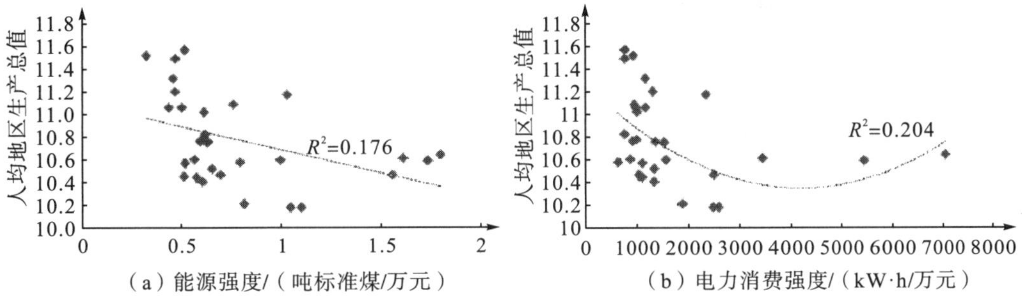

图 10.7　全国各省级行政区能源利用与经济发展的关系

资料来源：根据《中国能源统计年鉴》(2015 年)绘制。

为研究能源在社会经济发展中的作用，分析能源消费的增长对经济增长的影响，这里计算了全国和民族地区能源消费弹性系数。能源消费弹性系数是一个国家或地区某一年度一次能源消费量增长率与经济增长率之比，是反映能源消费增长速度与国民经济增长速度之间比例关系的指标。计算公式为：能源消费弹性系数=能源消费量年平均增长速度/国民经济年平均增长速度。图 10.8 是全国能源消费弹性系数与电力消费弹性系数的变化轨迹，其显著特点是呈现出周期性的变化。

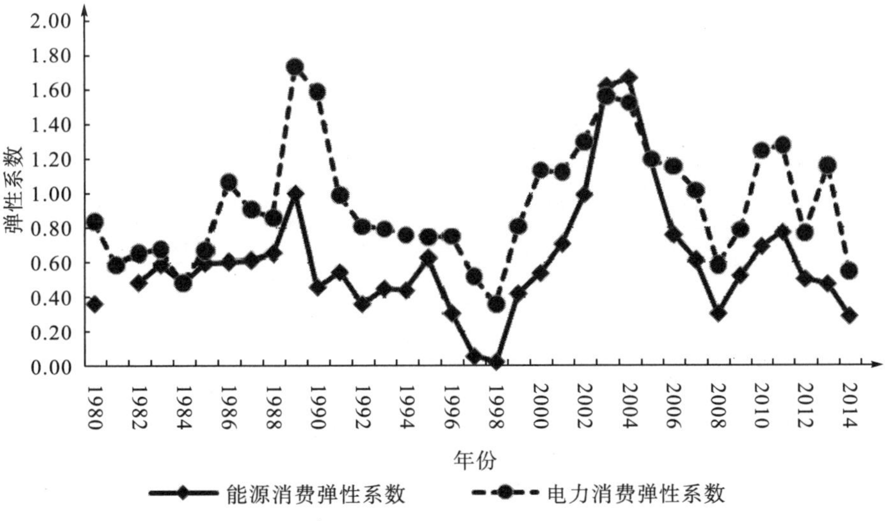

图 10.8　全国能源消费弹性系数与电力消费弹性系数

资料来源：《中国能源统计年鉴》(2015 年)。

对 21 世纪以来全国和民族地区能源消费弹性系数和电力消费弹性系数的计算见表 10.9 和表 10.10。这些指标可反映出能源的发展与社会经济的发展相互适应的关系以及发展趋势和规律。

表 10.9 21 世纪以来全国和民族地区(七省区)能源消费弹性系数

年份	全国	内蒙古自治区	广西壮族自治区	贵州省	云南省	青海省	宁夏回族自治区	新疆维吾尔自治区
2001	0.62	1.39	0.00	0.42	0.09	0.31	3.36	0.59
2002	1.02	0.91	1.11	0.08	1.43	0.79	1.19	0.44
2003	1.68	1.52	1.78	2.36	1.47	0.86	1.08	1.36
2004	1.65	1.53	1.63	0.77	1.51	1.74	1.36	1.54
2005	1.20	1.11	1.40	0.58	1.74	1.84	0.74	1.12
2006	0.76	0.83	0.79	0.75	0.88	1.05	0.92	0.89
2007	0.62	0.75	0.58	−0.23	0.61	0.75	0.77	0.72
2008	0.25	0.58	0.65	0.37	0.50	0.65	0.39	0.68
2009	0.53	0.52	0.64	0.60	0.57	0.30	0.41	0.80
2010	0.65	0.64	0.84	0.63	0.65	0.61	0.64	0.96
2011	0.81	0.80	0.69	0.73	0.73	1.79	1.43	1.65
2012	0.40	0.49	0.58	0.66	0.72	0.86	0.50	1.60
2013	0.45	−1.18	−0.06	−0.47	−0.29	0.64	0.49	1.38
2014	0.19	0.46	0.54	0.41	0.47	0.65	0.43	0.95

资料来源：《中国能源统计年鉴》(2015 年)。

表 10.10 21 世纪以来全国和民族地区(七省区)电力消费弹性系数

年份	全国	内蒙古自治区	广西壮族自治区	贵州省	云南省	青海省	宁夏回族自治区	新疆维吾尔自治区
2001	1.12	0.87	0.00	3.90	1.38	−0.31	3.14	0.94
2002	1.30	1.11	1.03	1.05	1.49	1.54	1.74	0.91
2003	1.56	1.53	1.60	1.20	0.47	1.64	1.46	0.94
2004	1.53	1.52	0.85	0.51	1.41	2.11	2.56	1.17
2005	1.19	1.04	0.89	−1.42	1.92	0.34	1.15	1.53
2006	1.15	4.33	1.00	1.52	1.37	1.38	1.82	1.35
2007	1.02	−0.26	1.16	1.01	1.27	1.24	1.29	1.40
2008	0.58	0.29	0.91	0.13	1.06	0.67	0.00	1.36
2009	0.78	0.33	0.90	0.91	0.61	0.75	0.58	1.77
2010	1.25	1.29	1.13	0.90	1.03	2.48	1.21	1.96
2011	1.27	1.35	0.97	0.86	1.45	1.53	2.69	2.23
2012	0.76	0.87	0.34	0.80	0.70	0.60	0.20	3.12
2013	1.16	0.91	0.71	0.62	−0.06	1.14	0.73	3.56
2014	0.55	1.38	0.66	0.38	2.12	0.75	0.84	1.95

资料来源：《中国能源统计年鉴》(2015 年)。

10.3　民族地区的碳排放

10.3.1　民族地区碳排放量的估算

本节根据 10.2 节对民族地区的能源消费分析，计算二氧化碳排放量(简称碳排放量)，进一步分析民族地区碳排放的特征。本节利用的数据主要是《中国能源统计年鉴》(1991～2015 年)和《中国统计年鉴》(1989～2015 年)以及《新中国六十年统计资料汇编》(1949～2008 年)，研究对象是内蒙古自治区、广西壮族自治区、贵州省、云南省、青海省、宁夏回族自治区和新疆维吾尔自治区，西藏自治区由于数据不完整，未包括在内。

国际上的环境统计工作中，估算气体排放量的计算方法与污染物排放量计算方法相似，主要有实测法、物料衡算法、排放系数法和模型法等。本书对民族地区碳排放量的估算采用排放系数法。根据 2006 年联合国政府间气候变化专门委员会(IPCC)为《联合国气候变化框架公约》及《京都协议书》所制定的《国家温室气体清单指南》第 2 卷(能源)第六章提供的参考方法，碳排放总量可以根据各种能源消费导致的碳排放估算量加和得到[①]。具体公式如下：

$$\text{碳排放总量}=\sum_{i=1}^{3}\text{碳排放系数}_i\times\text{能源消费量}_i$$

式中，$i=1$，2，3 分别代表三种一次能源，1 代表原煤，2 代表原油，3 代表天然气。

由于能源消耗单位的不统一，必须换算成我国能源度量的统一热量单位标准煤，各种能源消费的标准煤折算系数为：原煤为 0.7143kg 标准煤/kg，原油为 1.4286kg 标准煤/kg，天然气为 12.143t 标准煤/万 m^3。碳排放估算所用的参考系数以及中国原煤、原油和天然气的碳排放系数估算量，不同的作者有差异，本书采用的碳排放系数分别为：原煤 0.7559t/标准煤，原油 0.5857t/标准煤，天然气 0.4483t/标准煤。

利用上面的方法和指标，计算民族地区的碳排放总量，结果见表 10.11～表 10.14。表 10.11 是 21 世纪以来民族地区原煤消费的碳排放量；表 10.12 是 21 世纪以来民族地区原油消费的碳排放量；表 10.13 是 21 世纪以来民族地区天然气消费的碳排放量；表 10.14 是 21 世纪以来民族地区一次能源消费的碳排放量。

表 10.11　21 世纪以来民族地区(七省区)煤炭消费的碳排放量　(单位：万 t)

年份	内蒙古自治区	广西壮族自治区	贵州省	云南省	青海省	宁夏回族自治区	新疆维吾尔自治区
2000	3189.96	1202.98	2778.53	1653.29	281.85	562.62	1458.92
2001	3382.72	1202.98	2670.54	1674.35	346.64	576.55	1476.19
2002	3706.14	1151.69	2807.14	1809.88	334.76	648.18	1564.74

① IPCC2006，《2006年IPCC国家温室气体清单指南》. 国家温室气体清单计划编写. Eggleston H S, Buendia L, Miwa K, Ngara T, Tanabe K.日本全球环境战略研究所。

续表

年份	内蒙古自治区	广西壮族自治区	贵州省	云南省	青海省	宁夏回族自治区	新疆维吾尔自治区
2003	4872.95	1415.18	3668.35	2491.28	364.46	1600.92	1719.17
2004	6150.45	1817.98	4316.28	3071.72	367.16	1490.77	1961.06
2005	7534.31	1954.04	4276.86	3607.87	512.40	1769.38	2080.93
2006	12009.33	2148.96	4856.75	4039.83	584.21	1900.05	2395.17
2007	10046.65	2522.06	5168.84	4114.34	697.06	2207.81	2669.46
2008	12009.33	2524.76	5254.69	4274.16	710.56	2314.72	3082.51
2009	12983.92	2807.14	5891.82	4797.90	707.32	2581.45	4005.27
2010	14580.52	3351.40	5889.66	5047.89	686.26	3112.75	4376.75
2011	18727.26	3797.39	6525.17	5217.97	814.23	4290.90	5261.71
2012	19772.58	3922.12	7196.31	5318.40	1003.75	4349.21	6494.39
2013	18852.37	3965.37	7370.57	5282.28	1119.38	4607.58	7670.11
2014	19689.41	3669.7	7082.71	4683.80	980.81	4782.24	8686.56

资料来源：根据《中国能源统计年鉴》(各年)计算。

表 10.12 21 世纪以来民族地区(七省区)原油消费的碳排放量 (单位：万 t)

年份	内蒙古自治区	广西壮族自治区	贵州省	云南省	青海省	宁夏回族自治区	新疆维吾尔自治区
2000	105.65	51.38	0.00	0.00	52.02	77.50	896.38
2001	111.34	51.38	0.00	0.00	54.72	99.28	900.61
2002	105.47	58.77	0.00	0.00	52.24	111.49	943.84
2003	107.80	61.24	0.00	0.00	55.84	167.68	994.99
2004	110.61	68.91	0.00	0.05	69.79	133.12	1099.57
2005	110.31	81.76	0.00	0.06	79.53	139.78	1362.84
2006	158.35	98.91	0.00	0.06	87.26	145.94	1517.53
2007	119.50	128.00	0.00	0.09	92.17	131.18	1567.51
2008	158.35	111.54	0.00	0.05	91.37	153.75	1623.70
2009	160.45	136.41	0.00	0.06	68.64	152.83	1671.70
2010	117.76	331.36	0.00	0.05	107.08	147.07	1931.54
2011	99.29	890.33	0.00	0.02	130.74	76.74	2174.21
2012	72.81	1232.50	0.00	0.02	121.69	354.87	2171.19
2013	343.96	1084.51	0.00	0.03	122.32	387.67	2142.67
2014	344.20	1163.45	0.00	0.03	119.94	356.58	2253.36

资料来源：同表 10.11。

表 10.13　21 世纪以来民族地区(七省区)天然气消费的碳排放量　　(单位：万 t)

年份	内蒙古自治区	广西壮族自治区	贵州省	云南省	青海省	宁夏回族自治区	新疆维吾尔自治区
2000	0.05	0.00	31.14	28.14	21.28	0.65	127.60
2001	0.76	0.00	32.66	28.80	31.85	13.06	188.57
2002	1.20	0.00	29.83	27.98	61.35	14.64	188.19
2003	11.11	0.00	29.67	30.48	82.47	54.98	220.74
2004	24.06	0.11	27.16	31.36	97.50	36.85	294.01
2005	34.57	6.1	27.49	33.32	59.99	36.09	305.07
2006	166.20	6.64	27.11	29.67	72.24	43.22	354.06
2007	144.31	7.29	27.98	29.89	77.85	48.94	380.03
2008	166.20	5.50	25.80	28.74	124.66	59.88	380.19
2009	241.10	6.59	22.75	24.61	133.70	65.22	369.79
2010	246.71	9.91	22.81	19.82	129.12	84.27	436.31
2011	222.32	13.77	25.91	22.86	174.47	101.14	517.26
2012	205.99	17.31	28.63	23.41	218.35	111.49	554.99
2013	236.86	24.77	45.84	23.24	226.24	106.53	693.58
2014	242.40	44.92	57.79	25.20	220.98	97.34	924.71

资料来源：同表 10.11。

表 10.14　21 世纪以来民族地区(七省区)一次能源消费的碳排放量　　(单位：万 t)

年份	内蒙古自治区	广西壮族自治区	贵州省	云南省	青海省	宁夏回族自治区	新疆维吾尔自治区	合计
2000	3295.66	1254.36	2809.67	1681.43	355.15	640.77	2482.90	12519.94
2001	3494.82	1254.36	2703.20	1703.15	433.21	688.89	2565.37	12843.00
2002	3812.81	1210.46	2836.97	1837.86	448.35	774.31	2696.77	13617.53
2003	4991.86	1476.42	3698.02	2521.76	502.77	1823.58	2934.9	17949.31
2004	6285.12	1887.00	4343.44	3103.13	534.45	1660.74	3354.64	21168.52
2005	7679.19	2041.90	4304.35	3641.25	651.92	1945.25	3748.84	24012.70
2006	12333.88	2254.51	4883.86	4069.56	743.71	2089.21	4266.76	30641.49
2007	10310.46	2657.35	5196.82	4144.32	867.08	2387.93	4617.00	30180.96
2008	12333.88	2641.80	5280.49	4302.95	926.59	2528.35	5086.40	33100.46
2009	13385.47	2950.14	5914.57	4822.57	909.66	2799.50	6046.76	36828.67
2010	14944.99	3692.67	5912.47	5067.76	922.46	3344.09	6744.60	40629.04
2011	19048.87	4701.49	6551.08	5240.85	1119.44	4468.78	7953.18	49083.69
2012	20051.38	5171.93	7224.94	5341.83	1343.79	4815.57	9220.57	53170.01
2013	19433.19	5074.65	7416.41	5305.55	1467.94	5101.78	10506.36	54305.88
2014	20276.01	4878.07	7140.50	4709.03	1321.73	5236.16	11864.63	55426.13
2000～2014 年均增长率/%	13.86	10.19	6.89	7.63	9.84	16.19	11.82	11.21

资料来源：同表 10.11。

10.3.2 民族地区碳排放特征分析

从碳排放的总量及增长、结构和效率等几方面展开分析。首先从碳排放总量看，2000 年民族地区碳排放总量为 12519.94 万 t，占全国地区和的 12.68%；2014 年民族地区碳排放总量为 55426.13 万 t，占全国地区和的 19.38%(图 10.9)。2000～2014 年民族地区碳排放总量增长了 42906.19 万 t，年均增长率 11.21%，超过全国地区和年均增长率 7.89%的 3.32 个百分点，因此整体上看，民族地区碳排放增长很快，经济增长具有典型的高碳经济特征。民族地区碳排放总量及其增长情况如表 10.15 和图 10.10。从碳排放弹性系数(碳排放弹性系数=碳排放增长率/地区生产总值增长率)看，2000～2014 年，全国为 0.77，内蒙古自治区为 0.90，广西壮族自治区为 0.86，贵州省为 0.58，云南省为 0.71，青海省为 0.80，宁夏回族自治区为 1.42，新疆维吾尔自治区为 1.12，各年的碳排放弹性系数如表 10.15 所示。可以看出，北方民族地区高碳经济特征显著。

表 10.15 全国和民族地区(七省区)碳排放弹性系数

年份	全国	内蒙古自治区	广西壮族自治区	贵州省	云南省	青海省	宁夏回族自治区	新疆维吾尔自治区
2001	0.25	0.57	0.00	−0.43	0.19	1.88	0.74	0.39
2002	0.67	0.69	−0.33	0.55	0.88	0.29	1.21	0.63
2003	1.66	1.76	2.16	3.01	4.22	1.02	10.67	0.79
2004	1.57	1.24	2.35	1.53	2.03	0.51	−0.80	1.26
2005	0.95	0.93	0.62	-0.08	1.93	1.81	1.57	1.08
2006	0.77	3.17	0.77	1.05	1.01	1.06	0.58	1.26
2007	0.58	−0.85	1.18	0.43	0.15	1.23	1.13	0.67
2008	0.29	1.10	−0.05	0.14	0.36	0.51	0.47	0.92
2009	0.55	0.50	0.84	1.05	1.00	−0.18	0.90	2.33
2010	0.42	0.78	1.77	0.00	0.41	0.09	1.44	1.09
2011	0.81	1.92	2.22	0.72	0.25	1.58	2.78	1.49
2012	0.27	0.46	0.89	0.76	0.15	1.64	0.67	1.33
2013	0.39	−0.34	−0.18	0.21	−0.06	0.86	0.61	1.27
2014	1.67	0.56	−0.46	−0.34	−1.39	−1.08	0.33	1.29
2000～2014 年均增长率/%	0.77	0.90	0.86	0.58	0.71	0.80	1.42	1.12

资料来源：同表 10.11。

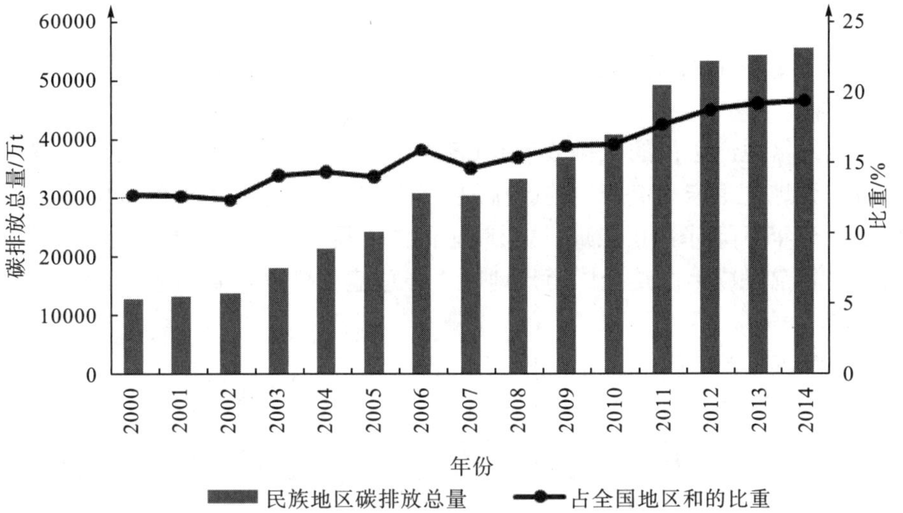

图 10.9　民族地区碳排放总量与占全国地区和的比重

资料来源：同表 10.10。

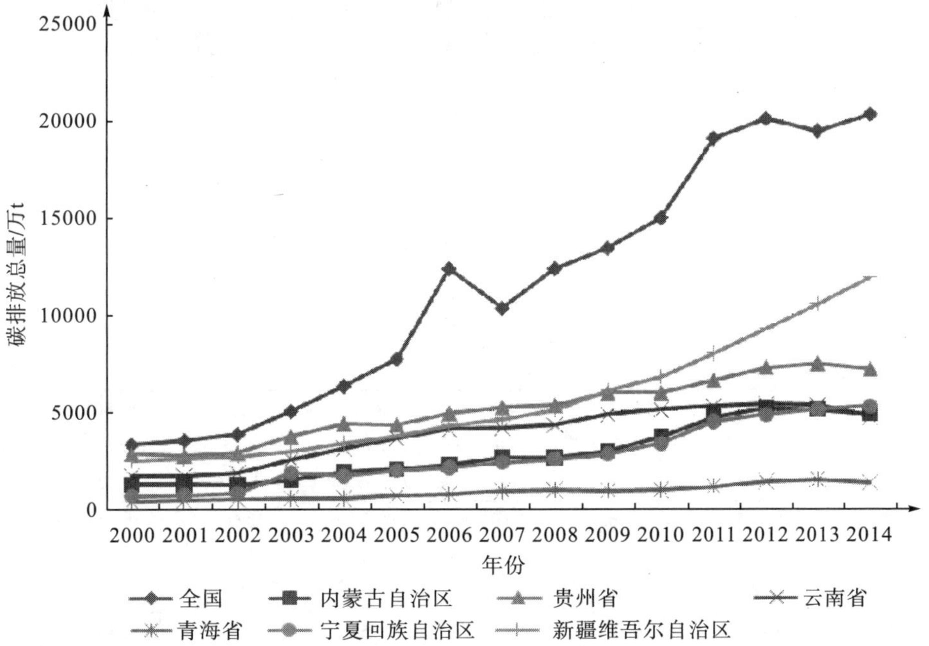

图 10.10　民族地区(七省区)的碳排放总量

资料来源：同表 10.10。

从碳排放结构看，整体上，煤炭消费的碳排放比例最高，2000～2014 年民族地区(七省区)煤炭消费碳排放占比平均超过 88%，个别年份超过 90%。其次是原油消费，占比为 6%～10%，最低的是天然气消费的碳排放，小于 3%(图 10.11)。此种碳排放结构是由能源消费结构决定的。各民族地区(七省区)的能源消费碳排放结构存在明显差异，见表 10.16。

从每万元地区生产总值的碳排放效率(表 10.17)看，无论按当年价还是按 2000 年不变价计算，每万元地区生产总值产生的碳排放，除宁夏回族自治区和新疆维吾尔自治区外，其余地区都在逐年下降(图 10.12)，这反映了能源利用效率有所提高，但与全国比较，提高速度较慢，目前民族地区是全国万元地区生产总值碳排放较高的地区(图 10.13)。

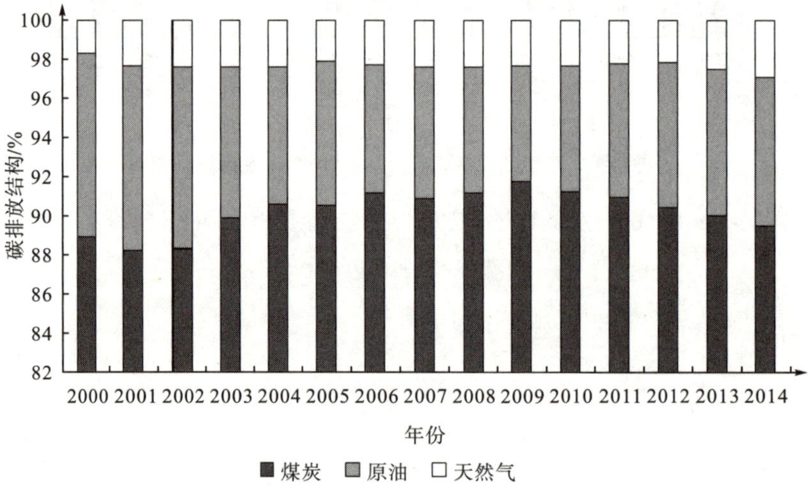

图 10.11　民族地区碳排放结构

资料来源：同表 10.11。

表 10.16　21 世纪以来主要年份民族地区(七省区)能源消费碳排放结构

年份		内蒙古自治区	广西壮族自治区	贵州省	云南省	青海省	宁夏回族自治区	新疆维吾尔自治区
2000	煤炭	96.79	95.90	98.89	98.33	79.36	87.80	58.76
	原油	3.21	4.10	0.00	0.00	14.65	12.09	36.10
	天然气	0.00	0.00	1.11	1.67	5.99	0.10	5.14
2005	煤炭	98.11	95.70	99.36	99.08	78.60	90.96	55.51
	原油	1.44	4.00	0.00	0.00	12.20	7.19	36.35
	天然气	0.45	0.30	0.64	0.92	9.20	1.86	8.14
2010	煤炭	97.56	90.76	99.61	99.61	74.39	93.08	64.89
	原油	0.79	8.97	0.00	0.00	11.61	4.40	28.64
	天然气	1.65	0.27	0.39	0.39	14.00	2.52	6.47
2014	煤炭	97.11	75.23	99.19	99.46	74.21	91.33	73.21
	原油	1.70	23.85	0.00	0.00	9.07	6.81	18.99
	天然气	1.20	0.92	0.81	0.54	16.72	1.86	7.79

资料来源：同表 10.16。

表 10.17　21 世纪以来全国和民族地区（七省区）部分年份碳排放效率　（单位：t/万元）

区域	按名义值计算				按 2000 年不变价格计算			
	2000 年	2005 年	2010 年	2014 年	2000 年	2005 年	2010 年	2014 年
全国	0.97	0.85	0.52	0.42	0.97	0.98	0.77	0.72
内蒙古自治区	2.35	1.97	1.28	1.14	2.35	2.49	2.15	1.95
广西壮族自治区	0.61	0.50	0.39	0.31	0.61	0.60	0.56	0.50
贵州省	2.83	2.17	1.28	0.77	2.83	2.67	2.02	1.50
云南省	0.86	1.05	0.70	0.37	0.86	1.21	0.97	0.58
青海省	1.35	1.20	0.68	0.57	1.35	1.40	1.07	1.00
宁夏回族自治区	2.41	3.21	1.98	1.90	2.41	4.34	4.11	4.34
新疆维吾尔自治区	1.82	1.44	1.24	1.28	1.82	1.70	1.85	2.13

资料来源：同表 10.11。

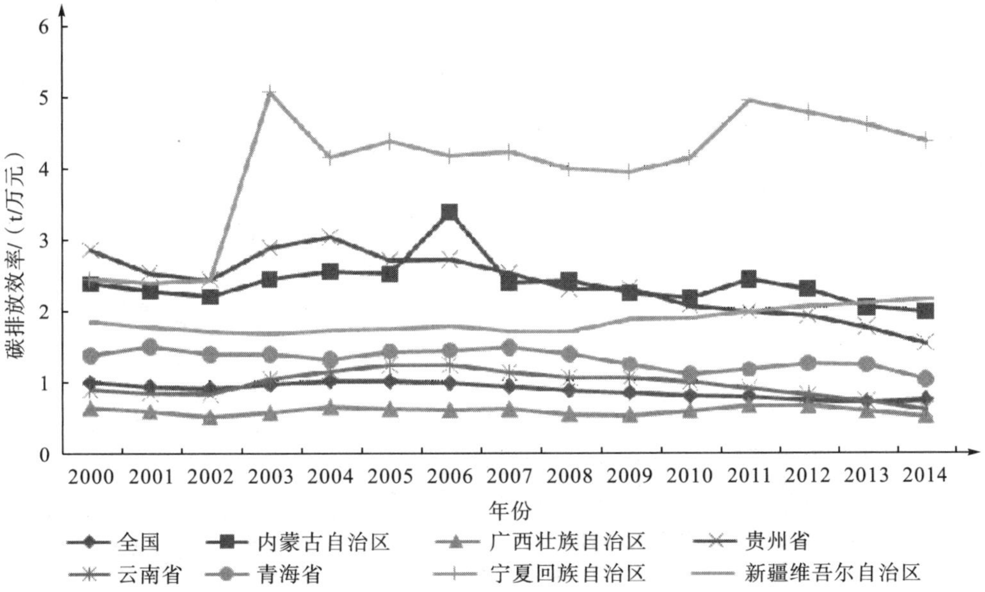

图 10.12　全国和民族地区（七省区）碳排放效率（2000 年不变价）

资料来源：同表 10.11。

人均碳排放量是国际广为认可的测量碳排放的数据指标。对全国和民族地区计算结果表明，2000 年以来全国和民族地区人均碳排放均有不同程度的增加，如图 10.14 所示。2014 年全国人均碳排放平均为 1.95t/人，民族地区中内蒙古自治区为 8.09t/人，广西壮族自治区为 1.03t/人，贵州省为 2.04t/人，云南省为 1.00t/人，青海省为 2.27t/人，宁夏回族自治区为 7.92t/人，新疆维吾尔自治区为 5.26t/人。

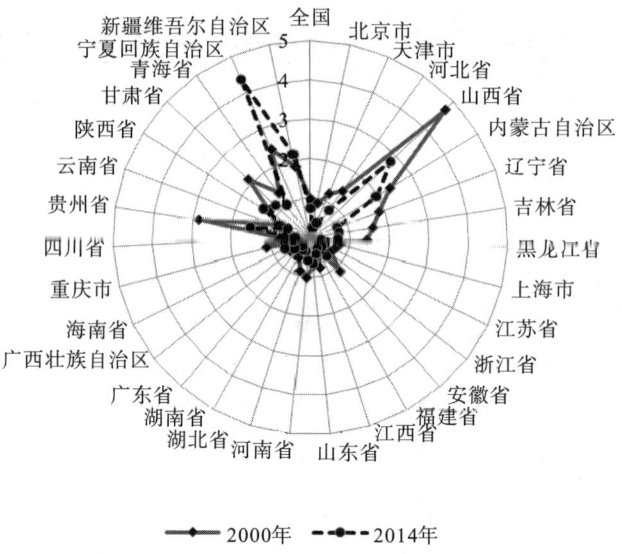

图 10.13 全国及各地区碳排放强度比较(单位：t/万元)

资料来源：同表 10.12。

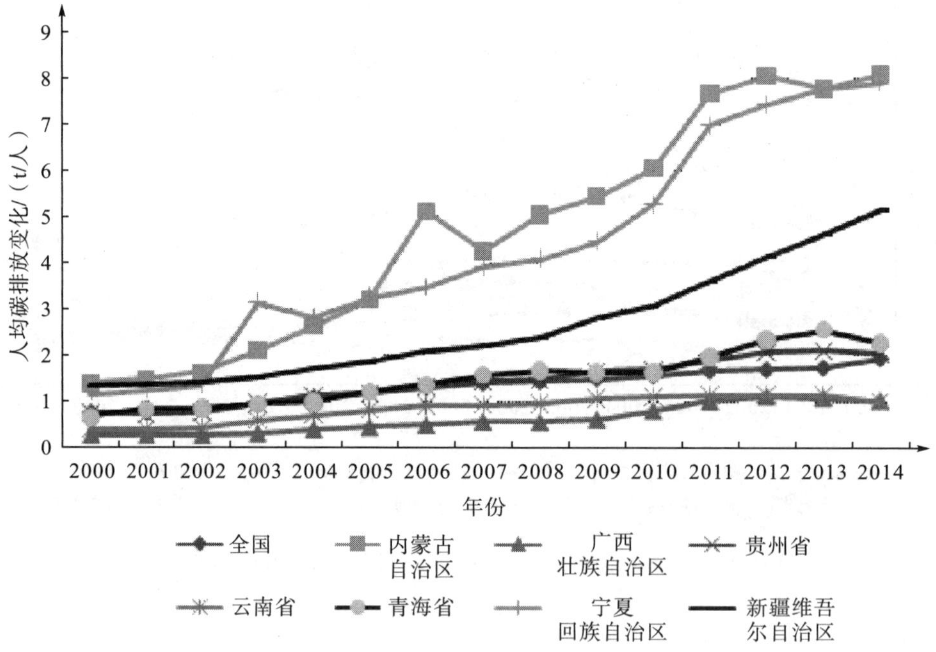

图 10.14 全国和民族地区(七省区)2000 年以来人均碳排放变化

资料来源：同表 10.10。

10.3.3　碳排放的产业行业构成

根据各地区 2015 年统计年鉴公布的资料，这里计算了部分民族地区能源消费的产业与行业结构，如表 10.18 所示。可以看出，各地区中工业的能源消费占比最高，青海省超过 80%，内蒙古自治区、广西壮族自治区、新疆维吾尔自治区等地超过 70%，贵州省稍低（也在 56%以上）。除了工业外，就是城乡居民生活、交通运输储运业和邮政业。动态地看，此种能源消费结构趋势基本稳定。图 10.15～图 10.17 分别给出了广西壮族自治区、贵州省和青海省能源消费的产业与行业结构的变化趋势。

表 10.18　部分民族地区能源消费的产业结构（2014 年）（%）

行业与产业结构	内蒙古自治区	广西壮族自治区	贵州省	云南省	青海省	新疆维吾尔自治区
1.农、林、牧、渔业及水利业	2.96	2.30	1.51	1.98	0.54	4.73
2.工业	70.86	71.97	56.95	68.08	83.1	75.77
3.建筑业	1.95	0.53	1.43	2.02	1.09	1.16
4.交通运输储运业和邮政业	6.33	9.21	7.33	10.95	3.94	5.81
5.批发、零售业和住宿、餐饮业	4.85	2.27	8.41	2.71	1.6	1.83
6.其他行业	5.06	2.91	11.36	3.56	3.65	2.14
7.城乡居民生活	8.00	10.81	13.01	10.69	6.08	8.56

资料来源：各相关地区统计年鉴（2015 年）。

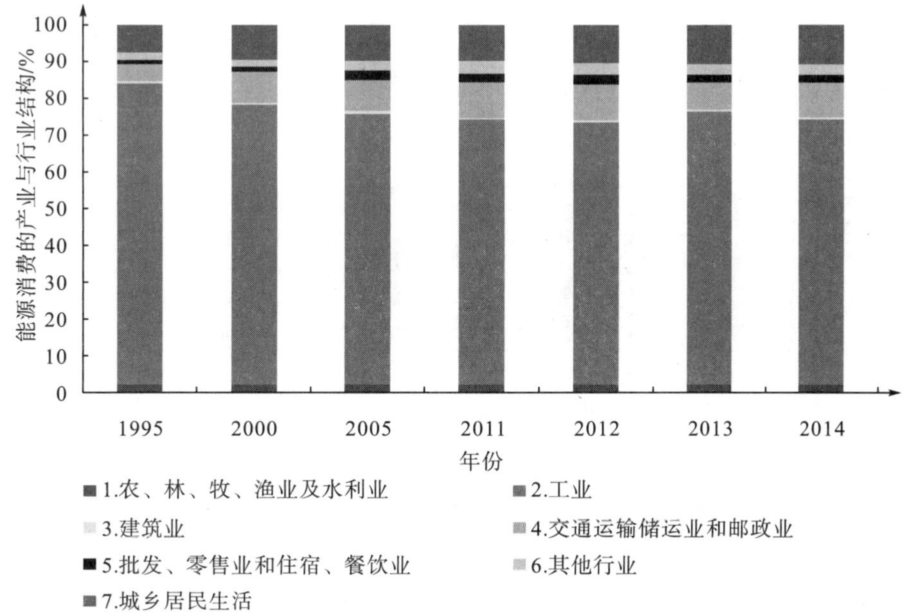

图 10.15　广西壮族自治区能源消费的产业与行业结构（见彩图版）

资料来源：《广西统计年鉴》（2015 年）。

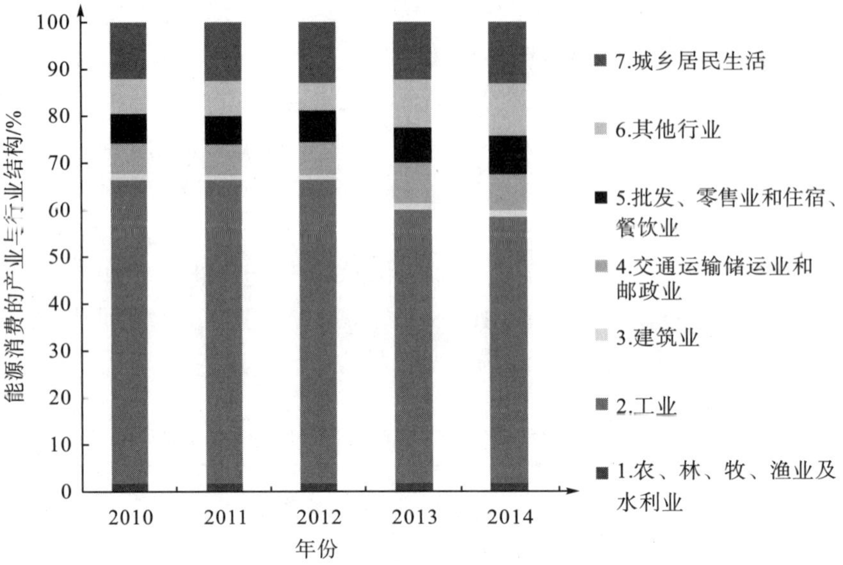

图 10.16 贵州省能源消费的产业与行业结构(见彩图版)

资料来源：《贵州统计年鉴》(2015 年)。

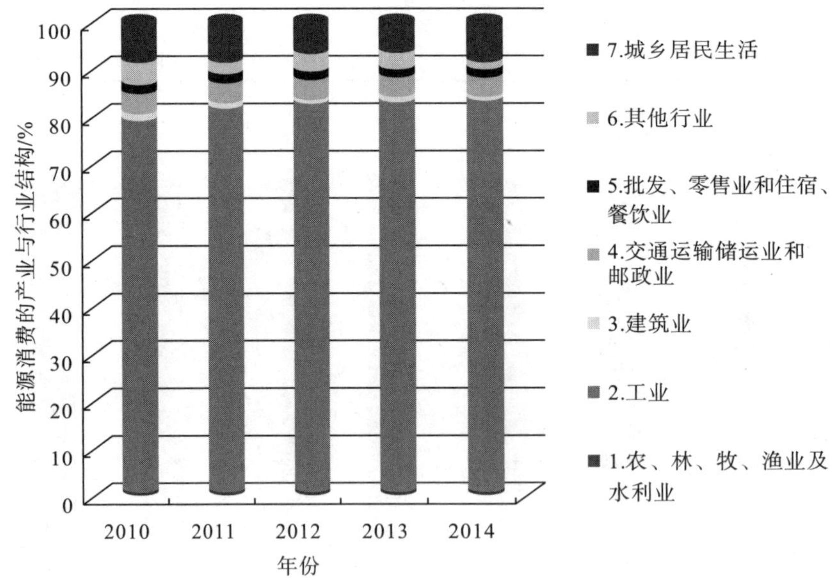

图 10.17 青海省能源消费的产业与行业结构(见彩图版)

资料来源：《青海统计年鉴》(2015 年)

根据各行业与产业分品种一次能源消费数据，可以计算出各行业和产业的碳排放水平。表 10.19 是根据《中国能源统计年鉴》(2011 年，2015 年)全国和民族地区能源平衡数据计算得到的。因此，从行业和产业看，工业是碳排放的主体，全国工业碳排放占比超过 60%。2014 年民族地区（七省区）中工业碳排放中碳排放比例，内蒙古自治区为 45.92%，广西壮族自治区为 68.53%，贵州省为 41.91%，云南省为 58.93%，青海省为 64.91%，宁夏回族自治区为 82.12%，新疆维吾尔自治区为 65.89%。

从碳排放边际贡献（碳排放边际贡献=某产业碳排放增量/全部产业碳排放增量）看，2010～2014 年碳排放边际贡献最大的依然是工业，七省区中除了云南省和贵州省外，其余地区工业对碳排放边际贡献均超过了全国平均水平，如内蒙古自治区工业碳排放边际贡献达到 247.89%，宁夏回族自治区也超过 100%（表 10.20）。

表 10.19　全国和民族地区（七省区）碳排放的行业与产业结构(%)

行业与产业结构	全国	内蒙古自治区	广西壮族自治区	贵州省	云南省	青海省	宁夏回族自治区	新疆维吾尔自治区
	2014 年							
1.农、林、牧、渔业及水利业	2.57	6.68	3.50	2.51	4.60	1.25	0.89	4.50
2.工业	61.28	45.92	68.53	41.91	58.93	64.91	82.12	65.89
#用作原料、材料	10.80	12.27	4.65	8.72	9.90	11.88	27.94	0.00
3.建筑业	2.97	4.51	0.06	1.17	2.25	1.57	2.04	2.01
4.交通运输储运业和邮政业	15.89	14.50	18.99	9.95	19.40	10.00	8.67	13.78
5.批发、零售业和住宿、餐饮业	2.50	11.59	2.10	14.19	2.71	2.92	0.70	2.83
6.其他	4.57	10.95	1.18	18.00	2.35	6.91	1.86	2.84
7.城乡居民生活	10.23	5.85	5.63	12.27	9.77	12.43	3.73	8.15
城镇	5.18	2.37	3.73	3.02	2.27	5.10	1.41	4.39
乡村	5.05	3.48	1.90	9.25	7.50	7.33	2.32	3.76
	2010 年							
1.农、林、牧、渔业及水利业	2.50	5.12	1.51	2.83	5.49	1.90	1.33	5.19
2.工业	61.37	36.87	67.20	50.08	60.11	49.76	75.92	66.44
#用作原料、材料	7.64	6.78	4.70	8.35	8.20	6.44	10.55	0.00
3.建筑业	3.53	4.33	0.14	0.99	2.23	1.88	1.82	1.38
4.交通运输储运业和邮政业	15.71	15.24	18.25	9.68	18.64	13.08	9.11	12.66
5.批发、零售业和住宿、餐饮业	1.94	15.04	2.95	10.50	2.21	4.23	1.53	2.98
6.其他	4.04	5.61	2.61	12.15	1.55	11.01	4.10	2.90
7.城乡居民生活	10.90	17.79	7.33	13.76	9.77	18.14	6.19	8.45
城镇	5.24	11.22	5.64	3.81	3.03	6.56	2.03	3.69
乡村	5.66	6.57	1.69	9.96	6.73	11.58	4.15	4.75

表 10.20 全国和民族地区行业与产业碳排放边际贡献（2010～2014 年）（%）

行业与产业结构	全国	内蒙古自治区	广西壮族自治区	贵州省	云南省	青海省	宁夏回族自治区	新疆维吾尔自治区
1.农、林、牧、渔业及水利业	2.76	41.44	23.58	1.56	−0.43	0.15	−0.81	2.85
2.工业	60.99	217.80	81.87	17.82	52.22	90.96	105.81	64.57
#用作原料、材料	20.52	134.84	4.12	9.81	19.48	21.25	94.37	0.00
3.建筑业	1.22	8.53	−0.74	1.69	2.34	1.02	2.88	3.53
4.交通运输储运业和邮政业	16.41	−2.11	26.47	10.76	23.65	4.71	6.96	16.43
5.批发、零售业和住宿、餐饮业	4.22	−65.43	−6.42	25.07	5.53	0.69	−2.48	2.47
6.其他	6.20	130.16	−13.28	35.23	6.88	−0.14	−6.70	2.69
7.城乡居民生活	8.19	−260.46	−11.48	7.87	9.81	2.62	−5.65	7.44
城镇	4.99	−195.09	−15.44	0.70	-2.02	2.59	−0.96	6.04
乡村	3.20	−65.37	3.96	7.17	11.83	0.03	−4.69	1.40

资料来源：同表 10.11。

10.4 民族地区碳排放变化的驱动因素分解

影响区域碳排放强度的因素很多，如能源消费结构、能源利用效率、经济发展水平、产业结构（特别是工业结构）、人口等都会影响一个地区的碳排放。本节首先给出一个分析框架，然后利用此框架对民族地区碳排放的影响因素进行简要分析。

10.4.1 分析框架

日本学者 Yoichi Kaya 于 1989 年在 IPCC 研讨会上提出了一个碳排放恒等式（Graciela and Geoffrey，1993）（Graciela，2008）。该等式通过一种简单的数学公式将经济、人口和政策等因素与人类活动产生的二氧化碳建立起一种数学联系，该等式的基本公式如下：

$$C=\sum_{i=1}^{n}C_i=\sum_{i=1}^{n}\frac{E_i}{E}\times\frac{C_i}{E_i}\times\frac{E}{Y}\times\frac{Y}{P}\times P,\quad i=1,2,\cdots,n$$

式中，C 为碳排放量；i 为消费能源的种类；C_i 为能源 i 的碳排放量；E 为一次能源的消费量；E_i 为对能源 i 的消费量；Y 为国内生产总值（GDP）；P 为人口数量。

由这个恒等式可分析出影响碳排放的几个因素，并给出如下定义：①能源消费结构因素 $S_i=\frac{E_i}{E}$，表示对能源 i 的消费在一次能源消费中所占的比重；②各类能源的排放强度 $F_i=\frac{C_i}{E_i}$，表示消费单位能源 i 中的碳排放量；③能源效率因素 $I=\frac{E}{Y}$，表示单位 GDP 的能源消耗量，也可以理解为能源的消耗系数；④经济发展因素 $R=\dfrac{Y}{P}$，表示人均 GDP。

因此，上述恒等式可以简化为

$$C=\sum_{i=1}^{n}C_i=\sum_{i=1}^{n}S_i\times F_i\times I\times R\times P,\quad i=1,2,\cdots,n$$

这样一个地区的碳排放量就和该地区的能源消费结构因素、各类能源的排放强度、能源效率因素、经济发展因素及人类的活动联系到一起。

我国学者宋杰鲲(2012)、王俊松等(2010)、宋德勇和卢忠宝(2009)、朱勤等(2009)等研究者在研究区域碳排放驱动因素中借鉴此种方法的推导，运用 LMDI 方法将能源消费的碳排放分解为人口、人均 GDP、产业结构、能源强度和能源消费结构五方面效应：

$$\Delta C=\Delta C_{\text{p}}+\Delta C_{\text{a}}+\Delta C_{\text{s}}+\Delta C_{\text{e}}+\Delta C_{\text{n}}$$

式中，ΔC 为能源消费碳排放增量；ΔC_{p} 为人口效应；ΔC_{a} 为人均 GDP 效应；ΔC_{s} 为产业结构效应；ΔC_{e} 为能源强度效应；ΔC_{n} 为能源消费结构效应。

10.4.2　民族地区碳排放影响因素分析

下面利用上面的框架，对碳排放强度的影响因素进行分析。考虑到地区数据样本问题的能源消费的空间溢出效应，这里主要基于 2014 年全国数据进行分析，分析的空间范围涉及各省(直辖市、自治区，不包括西藏自治区和港澳台地区)，结果如图 10.18～图 10.24 所示。

(1)如图 10.18 所示，能源强度与碳排放强度间具有强相关性，考虑这里所考查的问题的因果性，能源强度是碳排放强度的重要决定因素。能源强度高的地区，也就是单位地区生产总值消耗能源多的地区，在现有能源消费结构锁定的条件下，自然碳排放强度就高。民族地区目前是我国高能源强度地区，碳排放强度也高。

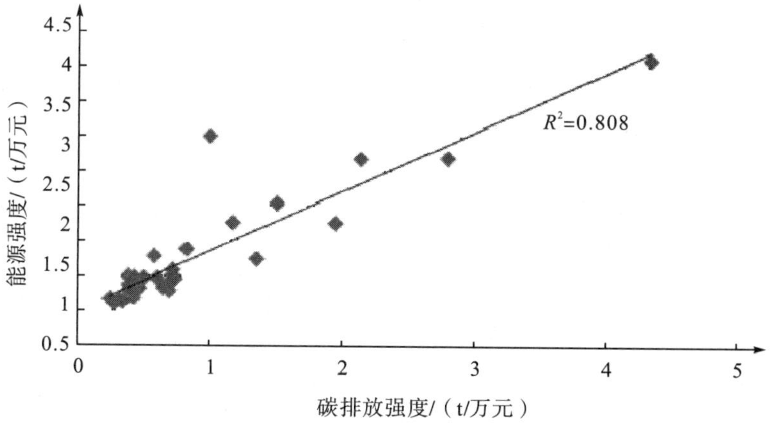

图 10.18　各地区碳排放强度与能源强度的关系

资料来源：根据《中国能源统计年鉴》(2015 年)和《中国统计年鉴》(2015 年)数据计算绘制。

(2)碳排放强度与经济发展水平间存在密切的关系。首先从碳排放强度与人均地区生产总值的关系看，仅就一年的数据拟合[图 10.19(a)]，发现碳排放强度与人均地区生产总值间呈现出 U 形关系，而不呈现出环境库兹涅茨曲线所预言的倒 U 形关系。2000～2014 年的面板数据呈现出的也并非倒 U 形关系[图 10.19(b)]，而反映出的是，高收入水平下，低碳排放强度的可能性更高。

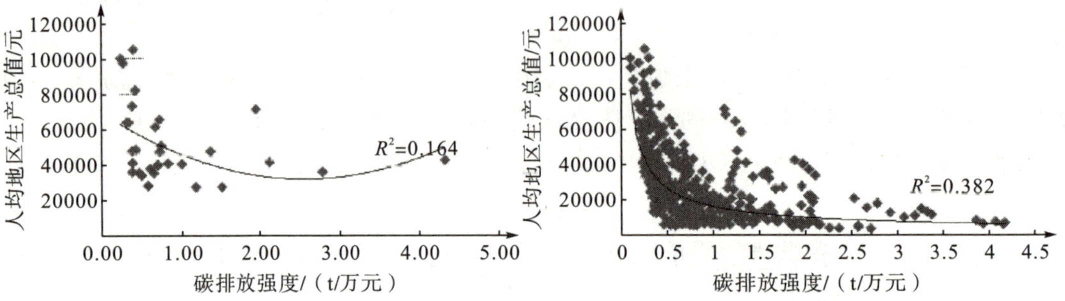

（a）2014年　　（b）2000~2014年

图 10.19　各地区碳排放强度与人均地区生产总值的关系

资料来源：根据《中国能源统计年鉴》(2015 年)和《中国统计年鉴》(2015 年)数据计算绘制。

如果分析人均碳排放水平与经济发展指标(人均地区生产总值)间的关系，2014 年的数据拟合表明两者间倒 U 形关系不明确[图 10.20(a)]，但若利用 2000～2014 年面板数据拟合，可以发现两者间存在倒 U 形关系[图 10.20(b)]，拟合模型见表 10.21。

表 10.21　人均碳排放与经济发展(面板数据)：模型总结与参数估计

因变量:人均碳排放/(t/元)								
方程	模型总结					参数估计		
	R^2	F	df1	df2	符号	常数	*b*1	*b*2
二次型	0.195	54.167	2.000	447.000	0.000	0.934	$5.296E\times10^{-5}$	$-3.962E\times10^{-10}$

注：自变量为人均地区生产总值(单位：元)。

(3)工业化反映了产业结构变化的重要方面。对工业化率(工业增加值占地区生产总值的比例)与碳排放强度的拟合关系表明，两者间存在非线性关系[图 10.21(a)]，工业化水平越高，并不意味着碳排放强度就越高。实际上工业化与碳排放强度的关系中，万元工业增加值消耗的能源数与碳排放强度间正相关关系显著[图 10.21(b)]，而且拟合关系最好的是正线性关系，说明工业对能源利用的效率对碳排放影响很显著。

工业结构对碳排放强度有重要影响。根据《中国经济普查年鉴》(2013 年)的数据，计算了全国各地区工业销售产值在采矿业、制造业和电力、燃气和水的生产和供应业间的分布，并与各地区碳排放强度进行拟合，如图 10.22 所示。采矿业占比与碳排放强度间呈现出显著的正相关关系，电力、燃气和水的生产和供应业占比与碳排放强度间正相关关系也比较显著，而制造业占比与碳排放强度间则呈现出强的负相关关系。民族地区在工业结构方面的典型特征是高排放的采矿业和资源型产业占比高，而高技术产业和制造业的发展有限。

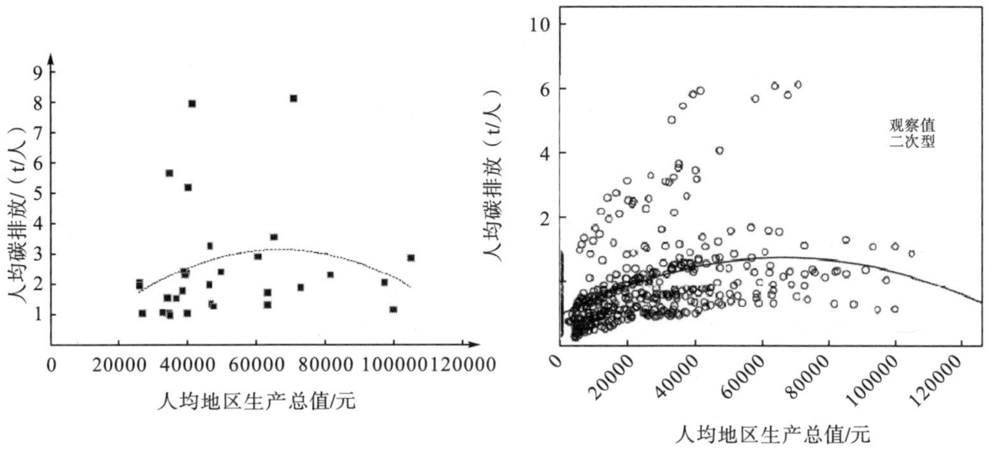

（a）利用2014年的数据拟合　（b）利用2000～2014年面板数据拟合

图 10.20　各地区人均碳排放与经济发展间的关系

资料来源：根据《中国能源统计年鉴》(2015 年)和《中国统计年鉴》(2015 年)数据计算绘制。

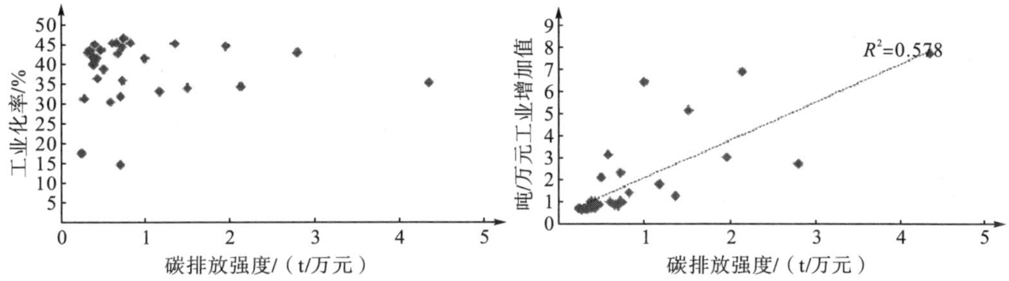

(a)对工业化率与碳排放强度的拟合关系　(b)万元工业增加值消耗的能源数与碳排放强度间的正相关关系

图 10.21　各地区工业与碳排放强度的关系

资料来源：作者根据《中国能源统计年鉴》(2015 年)和《中国统计年鉴》(2015 年)数据计算绘制。

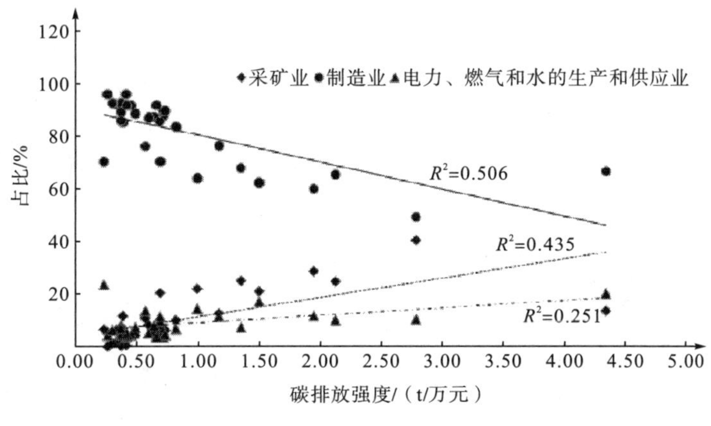

图 10.22　各地区工业结构与碳排放强度的拟合关系

资料来源：根据《中国能源统计年鉴》(2015 年)和《中国经济普查年鉴》(2013 年)数据计算绘制。

(4)各地区碳排放强度与能源消费结构密切相关。图 10.23 中用煤炭消费占比作为能源消费结构的代理变量，可以列出各地区煤炭消费占比与碳排放强度间呈现出显著的正相关关系。由于能源消费结构取决于各地区的资源禀赋和生产结构，因此煤炭消费占比是各地区碳排放强度的重要解释变量。煤炭是高碳能源，消费占比高的地区，自然碳排放强度就高。

(5)碳排放强度与人口密度间的负相关关系表明(图 10.24)，碳排放具有集聚效应。人口密度高的区域，可以实现能源的集约利用，碳排放强度较低。而民族地区人口密度低，集聚水平低，碳排放强度高。

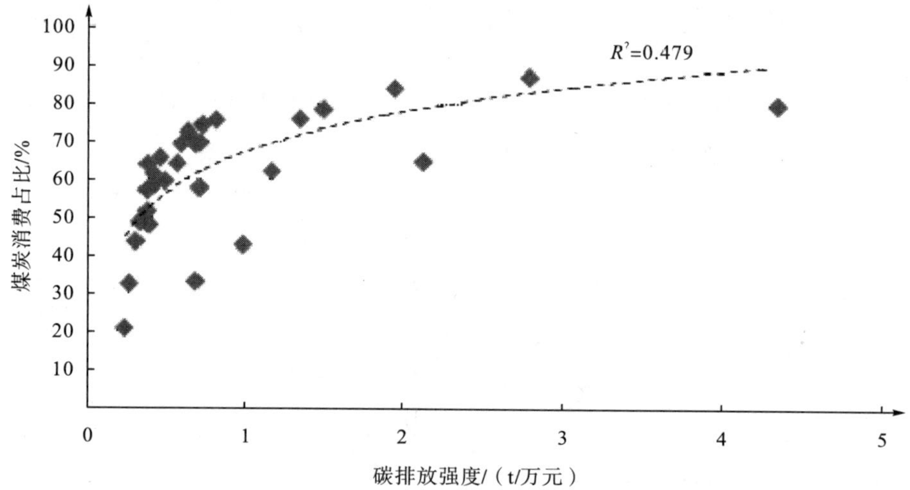

图 10.23 各地区碳排放强度与能源消费结构的关系

资料来源：根据《中国能源统计年鉴》(2015 年)和《中国统计年鉴》(2015 年)数据计算绘制。

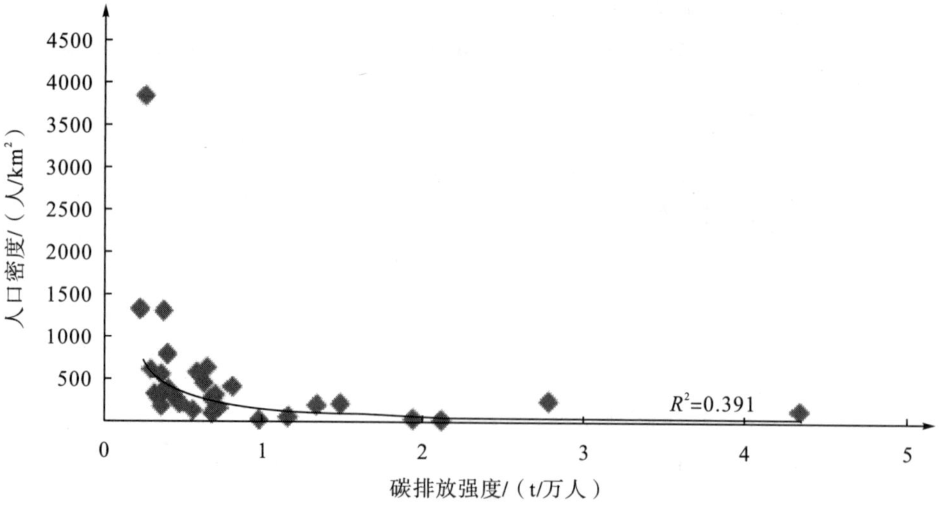

图 10.24 各地区碳排放强度与人口密度的关系

资料来源：根据《中国能源统计年鉴》(2015 年)和《中国统计年鉴》(2015 年)数据计算绘制。

10.5　民族地区发展低碳经济的战略意义与客观因素分析

10.5.1　民族地区碳排放特征与发展低碳经济

前述的研究表明，民族地区，特别是北部的内蒙古自治区和西北部的青海省、宁夏回族自治区和新疆维吾尔自治区，由于资源禀赋(特别是能源禀赋结构)和发展阶段的因素，目前碳排放具有如下特征。

在总量上，民族地区碳排放总量占全国各地区和的比重远远超过了人口和经济总量的占比，碳排放强度较大，经济增长具有典型的高碳经济特征。

在碳排放结构上，尽管存在区域间的差异，但整体上，煤炭消费的碳排放比例最高，平均占比超过 80%。这是由民族地区能源禀赋结构及由此形成的产业结构决定的。

虽然 2000 年以来碳排放强度(每万元地区生产总值的碳排放)逐年在下降，但降速较低，目前民族地区是全国碳排放强度较高的地区。

特定的禀赋结构和发展阶段决定经济发展的高排放特征，碳排放和地区生产总值增速大大快于人口增速，所以人均碳排放强度 2000 年以来各地区均有所增加。

碳排放在各产业间分配不平衡，工业是碳排放的主体，总贡献和边际贡献都很高。在工业内部，民族地区采矿业和资源型工业占比高是民族地区工业碳排放高的重要因素。

在碳排放决定因素中，能源强度、能源消费结构及工业结构等是影响民族地区碳排放强度和人均碳排放水平的重要因素。

根据民族地区在全国的生态位和发展位，实现绿色发展，建设生态文明的重要选择是在经济发展中降低碳排放强度，一方面发展低碳经济，转变经济发展方式，努力实现低碳驱动型的经济增长；另一个相互联系的重要方面是通过低碳产业的发展，优化产业结构，走低碳驱动型的产业结构调整之路。

10.5.2　发展低碳经济的战略意义

发展低碳经济对于我国而言具有重要的意义。我国的能源储量十分有限，如果还是以目前的高碳发展模式支撑经济增长，必将会难以持续下去。从全球的角度来看，传统的高碳模式必将走向没落，低碳经济必将成为全球下一次经济变革的主导之一。我国的经济发展迅速，碳排放量增长很快。所以，这会使我国在国际上遭受越来越大的压力，特别是当一些发达国家将气候变化当作一个政治问题之后。我国要建设社会主义和谐社会，追求人与自然的和谐发展，在客观上就要求必须走低能耗、低污染、环境友好的发展道路。作为负责任的大国，积极践行科学发展观，大力实行节能减排，是我国勇于担当世界公民责任的必然之举。具体来说，对于中国而言，发展低碳经济有以下几个方面的益处。

(1) 发展低碳经济是我国优化资源结构，提高资源利用效率的重要途径。我国资源的基本特征是富煤、缺油、少气。因此，这决定了在未来，煤炭仍然是主要的一次性能源，煤炭在我国一次能源消耗中的比例将长时间保持在70%以上。相对于石油、天然气等，煤炭属于高碳能源。因此，对于我国，优化能源结构，大力发展替代能源，开发利用包括核能、太阳能、风能、潮汐能等在内的新能源，提高新能源在一次能源结构中的比例，具有重要的意义。目前，我国的能源利用效率普遍较低，与发达国家相比还有很大的差距，据测算，平均每增加一个单位GDP的废水排放量要大于1倍，单位工业产值所产出的固体废弃物要超过10倍。

(2)发展低碳经济是我国抢抓，并且实现跨越式发展的战略机遇。气候变化和经济危机等，为中国实现跨越式发展提供了难得的机会。科学技术是第一生产力。然而，低碳技术对于全球来说，仍然属于新兴技术。低碳经济被认为是未来经济最具发展潜力的增长点，它具有节能减排、经济增长、劳动就业三重效应。发展低碳经济需要大力调整产业结构，发展新产业、新技术和新市场。中国应该利用好这次机会，摒弃发达国家走过的“先污染后治理”的老路，实行自主创新的模式，实现经济发展方式和产业结构的转型。通过核心技术的开发和运用，实现生产力的发展，实现劳动就业、节能减排、经济增长的新型产业，使得环境、社会、经济等协调发展。

(3)发展低碳经济是我国参与全球气候治理，承担大国责任的必然选择。尽管我国的历史排放量较少，人均排放量较低，但是作为负责任的大国，积极参与全球气候治理，对于树立负责任的发展中大国形象具有重要意义。为了避免气候变化的负面影响，保持人类经济社会的可持续发展，全球各国必须要团结一致，采取切实有效的措施来控制大气中温室气体的浓度变化，以保证全球气候的稳定。作为世界第三大经济体、人口第一大国，以及全球第二大能源消费国，我国的能源对外依存度越来越高，从而导致我们在全球化的大背景之下，在全球气候治理和气候谈判中越来越被动。随着中国国际地位的逐渐上升，在这一方面的态度和措施等，会影响我国的国际形象和国际竞争力。

(4)发展低碳经济是我国实现可持续发展的必由之路。传统的高碳经济从根本上来说是一种不可持续的经济增长模式，因为高碳经济所依靠的化石燃料并不是无穷尽的。而且，理论上来说，全球的化石燃料在未来几十年内就将枯竭，煤预期可持续利用两百年左右。发展低碳经济已经成为我国可持续发展战略的重要组成部分之一。“低碳”意味着经济发展必须极力减少或停止对碳基燃料的依靠，实现经济、能源利用转型。“经济”则意味着要在前面工作的基础之上，继续保持经济发展的可持续性。中国既要减少对化石燃料的过于依靠，降低国际资源市场的压力，成功实现经济转型，又要保持适度而又快速的增长，破解发展中的问题。因此，走低碳之路是我国实现可持续发展的必然要求。

10.5.3 民族地区发展低碳经济的优势与制约因素分析

民族地区较落后的经济发展水平和良好的生态环境，相对于国内其他地区，其低碳经济发展具有减排、自然环境、政策等后发优势；同时，这些因素在另一方面也制约了低碳经济发展，具体表现在经济基础、技术水平以及社会观念等方面。

1) 优势分析

民族地区发展低碳经济的优势主要表现在内在的资源禀赋和外在的政策优势等方面。

(1) 资源禀赋优势：从发展低碳经济角度分析，民族地区的资源禀赋具有两方面的重要优势：①低碳资源优势，包括水能资源和各种新能源；②碳汇资源丰富。

从能源资源看，2014 年民族八省区高碳能源煤炭资源占全国的 35.57%，碳排放居第二的石油资源量占全国的 22.45%，碳排放居第三的天然气资源量占全国的 39.60%(表 10.22)。重要的是民族地区山高谷深，而且落差大，水能丰富，理论蕴藏量占全国总量接近 60%，可开发量占全国的 50%左右(表 10.23)。

更重要的是，民族地区太阳能、风能、地热能等资源丰富，潜力巨大。①太阳能是一种清洁的、环保的可再生能源。我国属太阳能资源丰富的国家之一，全国总面积 2/3 以上地区年日照时数大于 2000h，年辐射量在 5000MJ / m^2 以上。据统计资料分析，中国陆地面积每年接收的太阳辐射总量为(3.3×10^3～8.4×10^3) MJ/m^2，相当于 2.4×10^4 亿吨标准煤的储量。根据国家气象局风能太阳能资源评估中心划分标准，我国太阳能资源地区分为四类地区：一类地区是资源丰富带，包括青藏高原的青海省和西藏自治区、宁夏回族自治区、内蒙古自治区及新疆维吾尔自治区南部等地；二类地区属于资源较富带，云南省和新疆维吾尔自治区北部属于此类地带。一、二类地区，年日照时数不小于 2200h，是我国太阳能资源丰富或较丰富的地区，具有利用太阳能的良好资源条件。②风能资源取决于风能密度和可利用的风能年累积小时数。风能资源受地形的影响较大，我国风能资源比较丰富，开发潜力巨大，必将成为未来能源结构中一个重要的组成部分。根据全国 900 多个气象站将陆地上离地 10m 高度资料进行估算，全国平均风功率密度为 100W/m^2，风能资源总储量约 32.26 亿 kW，可开发和利用的陆地上风能储量有 2.53 亿 kW，近海可开发和利用的风能储量有 7.5 亿 kW，共计约 10 亿 kW。我国的风能资源分布广泛，其中民族地区中，广西壮族自治区属于沿海及其岛屿地区风能丰富带，内蒙古自治区、宁夏回族自治区和新疆维吾尔自治区等属于北部地区风能丰富带。

民族地区还有极具特色的旅游资源。由于地貌、气候的特殊条件，民族地区拥有各种各样的生物资源、药用植物、工业植物等。这些资源有待进一步开发和利用，为发展低碳经济打下了坚实的基础。

表 10.22　民族地区一次性常规能源资源

地区	石油		天然气		煤炭	
	资源量/万 t	占全国/%	资源量/亿 m^3	占全国/%	资源量/亿 t	占全国/%
全国	343335.00	100.00	49451.78	100.00	2399.93	100
内蒙古自治区	8354.40	2.43	8098.14	16.38	490.02	20.42
广西壮族自治区	131.60	0.04	1.32	0.00	2.27	0.09
贵州省	—	0.00	6.31	0.01	93.98	3.92
云南省	12.20	0.00	0.80	0.00	59.47	2.48
西藏自治区	—	0.00	—	0.00	0.12	0.01

续表

地区	石油		天然气		煤炭	
	资源量/万 t	占全国/%	资源量/亿 m^3	占全国/%	资源量/亿 t	占全国/%
青海省	7524.50	2.19	1457.94	2.95	11.82	0.49
宁夏回族自治区	2180.60	0.64	272.76	0.55	38.04	1.59
新疆维吾尔自治区	58878.60	17.15	9746.20	19.71	158.01	6.58
民族八省区合计	77081.90	22.45	19583.47	39.60	853.73	35.57

资料来源：《中国统计年鉴》(2015 年)。

表 10.23 民族地区水能资源

地区	水能蕴藏量			可开发水能资源			
	/万 kW	亿 kW·h/年	占全国/%	装机容量/万 kW	占全国/%	年发电量/(亿 kW·h)	占全国/%
全国	67604.71	59221.80	100.00	37853.24	100.00	19233.04	100.00
内蒙古自治区	497.64	435.90	0.74	244.29	0.65	83.50	0.43
广西壮族自治区	1751.83	1534.60	2.59	1418.31	3.75	639.47	3.32
贵州省	1874.47	1642.00	2.77	1291.76	3.41	652.44	3.39
云南省	10364.00	9078.90	15.33	7116.79	18.80	3944.53	20.51
西藏自治区	20055.93	17569.00	29.67	5659.27	14.95	3300.48	17.16
青海省	2156.66	1886.60	3.19	1799.08	4.75	772.08	4.01
宁夏回族自治区	207.30	181.60	0.31	79.50	0.21	31.62	0.16
新疆维吾尔自治区	3355.45	2939.40	4.96	853.51	2.25	459.75	2.39
民族八省区合计	40263.28	352680	59.56	18462.51	48.77	9883.87	51.39

资料来源：李润田和李永文(2007)。

碳汇(carbon sink)，一般是指从空气中清除二氧化碳的过程、活动、机制，主要是指森林吸收并储存二氧化碳的多少，或者说是森林吸收并储存二氧化碳的能力。森林是陆地生态系统中最大的碳库，在降低大气中温室气体浓度、减缓全球气候变暖中，具有十分重要的独特作用。森林面积的多少就决定着一个地区碳封存能力的高低。民族地区森林覆盖面积较大，在很大程度上为碳封存做出了很大的贡献。第八次全国森林资源清查表明，民族八省区林业用地面积占全国的 42.10%，森林面积占全国的 43.51%，活立木总蓄积量占全国的 42.55%，森林蓄积量占全国的 42.91%。广西壮族自治区、贵州省、云南省等森林覆盖率均大大超过全国平均水平(表 10.24)。

表 10.24 民族地区的森林碳汇资源

地区	林业用地面积		森林面积		森林覆盖率			活立木总蓄积量	
	/万 hm^2	占全国/%	/万 hm^2	占全国/%	/%	/万 m^3	占全国/%	/万 m^3	占全国/%
全国	31259.00	100.00	20768.73	100.00	21.63	1643280.60	100.00	1513729.7	100.00
内蒙古自治区	4398.89	14.07	2487.9	11.98	21.03	148415.92	9.03	134530.48	8.89

续表

地区	林业用地面积		森林面积		森林覆盖率			活立木总蓄积量	
	/万 hm^2	占全国 /%	/万 hm^2	占全国 /%	/%	/万 m^3	占全国 /%	/万 m^3	占全国 /%
广西壮族自治区	1527.17	4.89	1342.7	6.47	56.51	55816.60	3.40	50936.80	3.36
贵州省	861.22	2.76	653.35	3.15	37.09	34384.40	2.09	30076.43	1.99
云南省	2501.04	8.00	1914.19	9.22	50.03	187514.27	11.41	169309.19	11.18
西藏自治区	1783.64	5.71	1471.56	7.09	11.98	228812.16	13.92	226207.05	14.94
青海省	808.04	2.58	406.39	1.96	5.63	4884.43	0.30	4331.21	0.29
宁夏回族自治区	180.10	0.58	61.80	0.30	11.89	872.56	0.05	660.33	0.04
新疆维吾尔自治区	1099.71	3.52	698.25	3.36	4.24	38679.57	2.35	33654.09	2.22
民族八省区合计	13159.81	42.11	9036.14	43.53	—	699379.91	42.55	649705.58	42.91

注：1.本表为第八次全国森林资源清查（2009～2013）资料。2.全国总计数包括台湾地区和香港、澳门特别行政区数据。资料来源：《中国统计年鉴》(2015 年)。

(2) 政策优势。民族地区所处的西部地区在国家宏观区域发展战略中具有十分重要的战略地位。西部大开发战略的实施和“一带一路”倡议，中央政府已经和正在对一系列针对西部地区的政策进行支持和倾斜，为民族地区发展低碳经济提供了重要的政策资源。

首轮西部大开发从 2000 年开始，十多年来在国家政策的支持下，民族地区经济、社会、生活、环境等方面都取得了很大的成就，主要的宏观经济指标十年间都翻了一番以上，基础设施建设取得了突破性的进展，像青藏铁路、西气东输、西电东送这些标志性的工程相继建成，环境建设也取得了良好的进展。西部大开发进入第二个十年以来，中华人民共和国国民经济和社会发展第十二个五年规划和第十三个五年规划都表明，深化西部大开发，政府要坚持“三不”方针，即国家推动西部大开发的决心不动摇，国家扶持西部大开发的政策不改变，国家支持西部大开发的投入力度不减弱。

2011 年 12 月 1 日，国务院发布“十二五”控制温室气体排放工作方案，要求“十二五”期间要大幅度降低单位国内生产总值二氧化碳排放；开展低碳发展试验试点；各试点地区要编制低碳发展规划，积极探索具有本地区特色的低碳发展模式，率先形成有利于低碳发展的政策体系和体制机制，加快建立以低碳为特征的工业、建筑、交通体系，践行低碳消费理念，成为低碳发展的先导示范区。逐步扩大试点范围，鼓励国家资源节约型和环境友好型社会建设综合配套改革试验区等开展低碳试点示范。

在资金方面，自 2008 年全球金融危机之后，国家启动 4 万亿元的经济刺激计划，其中直接用于节能减排、发展低碳经济项目的资金就有 2100 多亿元。在广西壮族自治区、云南省等地，吸引国际碳汇资金发展植树造林的一些项目顺利实施。

在制度建设上，“十二五”时期完成的集体林权制度改革，放活林地使用权，把林地承包给农户，并通过核发林权证，以法律的形式保障造林大户、造林专业队。以内蒙古自治区杭锦后旗为例，2009～2012 年，该旗共完成重点工程造林 15.9 万亩，建设速生丰产林基地 7.23 万亩，特别是在乌兰布和沙漠的治理中，抓住退耕还林工程的有利时机，沿沙漠前沿营造了宽 800m、曲线长 48km 的林带，并在长势良好的人工梭林上成功嫁接肉苁蓉，不仅起到了防风固沙的作用，而且经济效益也非常好。同时，通过人工种植杨柴、花棒等，大力发展畜牧业。

(3)宏观环境优势。当前全球都在讨论低碳经济的发展，中国发展低碳经济面临巨大的市场机遇，在此背景下，特别需要加强西部地区和民族地区可再生能源及绿色能源的开发工作，构建低碳型产业体系。同时，国际社会为了降低碳排放，应对气候变化，要求发达国家按照清洁发展机制条款，向发展中国家提供碳汇项目。因此，这就能够将更多的低碳技术用于发展民族地区的低碳经济。

(4)后发优势。民族地区正处在经济发展的提升时期，所以可以借鉴一些国家或地区发展低碳经济的经验与教训，例如借鉴其他地区在节能产品的开发和利用等方面的成功之处，同时，还要认真总结其失败的教训。

2)制约因素

(1)经济发展水平较低。民族地区的经济实力比较弱，工业化和城市化等水平也比较低。同时，工业反哺农业、城市支持农村的力量更为不足。民族地区人均国内生产总值大大低于全国平均水平，经济实力制约了低碳经济的发展。

(2)教育水平比较落后，人口素质较低。目前，我国民族地区的教育发展水平总体比较落后。根据第六次人口普查，景颇族、独龙族、怒族、拉祜族等 18 个少数民族，平均所受教育的年限还不到 7 年；彝族、哈尼族、傈僳族、布依族等 19 个少数民族的文盲率高达 20%以上。民族地区严重缺乏发展低碳经济的人才资源。

(3)科技发展较为落后。总体而言，民族地区的科技发展水平明显低于东部地区。从 2014 年各地区综合科技进步水平指数来看，全国平均指数为 63.55%，民族八省区中，内蒙古自治区为 45.13%，广西壮族自治区为 40.30%，贵州省为 37.29%，云南省为 39.10%，西藏自治区为 29.54%，青海省为 41.87%，宁夏回族自治区为 43.29%，新疆维吾尔自治区为 38.41%，均低于全国平均指数。因此，这就使得民族地区在发展低碳经济的时候，缺少必要的科技支持。

(4)观念陈旧。我国大部分的民族地区，传统观念浓厚，许多外来的新思想对其影响很小。30 多年来，改革开放对民族地区的影响很多，但不少陈旧、落后的思想观念仍然根深蒂固，并且还存在严重的“等、靠、要”思想。这给开展低碳知识宣传等带来了很大的难度。

综上所述，民族地区发展低碳经济有着自己的特殊性，从经济基础上来说，民族地区的工业经济正处于起步阶段，虽然具有后发优势，但资源禀赋所决定的工业结构属于高碳型结构，减排压力大；在低碳资源和碳汇资源禀赋方面，民族地区发展低碳经济确有资源优势，但低碳能源的开发面临着远离能源消费中心和经济技术的约束，不具有价格优势；国际环境和国家对民族地区低碳经济发展的政策支持，确实是民族地区低碳经济发展的一大优势，但很多政策实际上具有普惠的特色，专门针对民族地区低碳经济发展的政策支持并未显示出显著的政策溢价；同时，人才供给不足、环保意识不强、高碳资源的消费比例高等一系列的因素，导致民族地区的低碳经济发展面临着严峻的局面。

10.6　民族地区低碳经济发展的路径选择

针对民族地区发展阶段和发展基础及资源禀赋的特殊性，确定了“发展是第一要务”。发展不足、发展水平低是目前民族地区面临的最主要问题，因此发展是解决民族地区各种问题，包括碳排放问题的关键和“总钥匙”。坚持“共同而有区别的责任原则”，给予民族地区适当的碳排放空间；在产业转移的背景下，要统筹安排民族地区碳减排与经济增长；要加大对民族地区发展低碳经济的政策扶持力度，帮助民族地区实现低碳经济发展转型。

10.6.1　民族地区要把发展放在第一位，在发展中减排

民族地区属于欠发达地区，发展经济、解决贫困问题是首要任务，所以必须发展优先。当前，民族地区整体上仍处于工业化初期的中后阶段，重工业化特征明显，工业资源消耗高、污染排放强度大，加上西部资金、技术、管理等方面的劣势，无法像东部发达地区那样发展高端服务业来实现产业的低碳发展。因此，在一定时间内这种以重工业为主的产业结构很难发生根本改变。这就决定了在未来减排政策的安排中，对于人均碳排放低、工业化水平低、正处于工业化进程中的民族地区，要有特殊的政策支持。按照人文发展理念，不同发展水平地区在减排中应遵循“共同而有区别的责任原则”，在碳排放指标的分配中应当给予民族地区适当的碳排放空间，支持民族地区适度发展具有资源、能源优势的清洁载能产业，促进民族地区资源优势转化为经济优势。

10.6.2　建立有利于民族地区发展的公平的生态利益共享与责任分担机制

一直以来，民族地区实施的退耕还林、退牧还草政策，为国家生态建设做出了巨大贡献，保障了国家生态战略安全。《中华人民共和国民族区域自治法》第六十六条明确规定，“民族自治地方为国家的生态平衡、环境保护做出贡献的，国家给予一定的利益补偿”。国际碳交易市场的兴起，使得通过市场实现森林生态效益价值成为可能。国家应利用碳汇林的概念，在对森林生态服务价值进行科学计量和评估的基础上，按照“受益者付费、损害者赔偿”的原则，在完善政府财政转移支付制度的同时，应逐步完善生态环境产权机制、交易机制、价格机制，发挥市场机制对生态环境资源供求的引导作用，建立公平、公开、公正的生态利益共享及相关责任分担机制，允许民族地区新增森林固碳容量置换地区碳排放指标。

10.6.3　进一步优化民族地区能源生产和能源消费结构

民族地区有丰富的一次能源(如煤炭、石油、天然气等)，这些能源的开采和利用产生

大量的二氧化碳排放。同时，民族地区低碳可再生能源资源又很丰富。优化能源生产和消费结构，大力开发和利用可再生能源，促进民族地区能源消费从高碳能源为主向低碳能源为主的结构转变，加快传统化石能源为主向清洁和可再生能源为主的结构转变。在可再生能源中，生物质能有一定的碳强度，而水能、风能、太阳能、地热能等都是零碳强度。内蒙古自治区、新疆维吾尔自治区适合发展风能；西藏自治区、内蒙古自治区、新疆维吾尔自治区适合发展太阳能；广西壮族自治区、云南省、贵州省则适合发展生物质能、水能，如“西电东送”工程。这些可再生能源的生产和推广，必将促进低碳经济的发展，有效减缓民族地区碳排放增长速度，使民族地区能源结构向低碳能源方向发展。

10.6.4 低碳经济发展的产业选择：建设低碳产业体系

民族地区要分析独特的资源优势，做好资源转化，培育优势低碳产业，在具有优势的矿产品的精深加工、农畜产品精深加工、水能资源有序开发、中医药业开发等产业，构造具有上、下游关系的合理的低碳产业价值链，扩大优势低碳产业的规模，使低碳产业所形成的价值得以在产业间不断传递和增值，发挥低碳产业的辐射和带动作用，获得民族地区经济发展和生态环境保护双重目标。

(1)农畜产品加工产业。我国民族地区具有其他地区不具备的农畜产品优势，如新疆维吾尔自治区的长绒棉、西藏自治区的牦牛肉和青稞酒、宁夏回族自治区的枸杞、内蒙古自治区的牛羊肉和奶制品，以及民族地区特有的优质粮油和无公害蔬菜等，这些资源优势与其他发达地区的产品相比，具有一定地域垄断性，避开了在传统工业产品上的激烈竞争，从而有着较好的市场前景以及较高的利润效益和收入、就业效应。通过大力发展农畜产品加工业，并逐步将其培育成民族地区的支柱产业，改变一直以来民族地区以种植业为主的局面，最终形成以农畜产品加工产品为特色的低碳产业结构。

(2)旅游产业。旅游业不但污染少，而且具有很强的关联带动作用。开发民族地区的旅游资源，要突出民族地区旅游业特色。民族地区都有独具特色的旅游资源，广西壮族自治区的桂林山水甲天下；四川省民族地区拥有举世闻名的九寨沟、黄龙等世界自然文化遗产和多处国家级风景名胜区；贵州省有奇特的自然风光、浓郁的民族风光、灿烂的历史文化和宜人的气候条件；云南省有美丽的自然风光和多姿多彩的民风民情；西藏自治区有独特的高原风光和藏族文化等。各民族地区应该发挥各地得天独厚的旅游资源。另外，民族地区要加强合作，实现资源共享和客源互送。例如，云南省、四川省共同打造香格里拉品牌，共同把泸沽湖打造成国际旅游精品名牌旅游区，共同打造丝绸之路文化旅游路线等。各个省区在发展各自有特色的旅游业的同时，应加强区域的合作，并且要注重旅游商品系列化的开发，在旅游产业化链条上做文章。生产能反映民族地区特色的、具有纪念意义的商品，如藏刀、特色食品、民族手工艺品等。

(3)医药(中藏药)产业。民族地区有着丰富的生物资源，如大宗药材有冬虫夏草、贝母、黄芪、秦艽、天麻、羌活、大黄、赤芍、麻黄、雪莲花，但是由于民族地区的药品深加工能力有限，许多名贵药材都是以原料的形式被沿海及内地的一些药品加工企业廉价收购走，民族地区并没有从卖药材方面得到太多的实惠，却成了沿海地区药品加工企业的原料供应基地。所以民族地区要加强汉藏药材资源基地建设，按生物多样性保护要求，建立大宗野生药材抚育保护基地和野生汉藏药材资源保护基地；并且，以企业为主体，逐步建立藏药研究开发体系，鼓励企业开发以中藏药资源为原料的中藏药产品；另外，还应通过有效的营销手段，加强对名牌的宣传，提高产品的知名度。

(4)矿产品加工产业。民族地区要发挥矿产资源优势，要鼓励和引导民族地区资源就地加工转化。以现有企业为基础，加快建设冶炼基地，积极培育龙头企业，按照国家产业政策、产业准入条件和相关规划，上规模，上水平，进一步扩大生产规模，延伸产业链，另外抓好资源综合利用和新技术、新产品开发，在钒、钛、金、银等伴生贵重金属的综合回收、稀土单一金属的分离等方面要有新的突破。

(5)水电开发产业。民族地区有丰富的水能资源，要大力开发水电资源，并将其培育成为特色产业；要解决制约这一产业的“瓶颈”问题，即卖电难的问题。所以，要加快电力体制改革步伐，打破地域封锁和地方垄断，实行厂网分开，竞价上网，打通“西电东送”的通道。在一定区域范围内，实施跨流域集中开发，在较短时间内形成较大规模电力，形成产业集群和产业优势。坚持流域、梯级、整体、综合、有序开发方针，加快各流域梯级开发步伐。

(6)加强对转移产业项目的筛选和识别。民族地区在利用外资方面应注重选择性和针对性，由引资数量转向引资质量，加强对转移产业项目的筛选和识别，加强传统产业的改造与升级，形成具有创新开发能力的产业群、产业链，更好地吸引发达地区的资本密集型和技术密集型高新技术产业，加快循环经济的发展。同时，加大环境保护宣传力度，提高全民环境保护意识，加强对环境保护的立法和监督，有效防治污染转移。

10.6.5　大力发展低碳技术

民族地区资源优势与低碳经济相结合，需要技术上的突破。而对于民族地区来说，相关的技术还很薄弱，这也是制约民族地区经济发展的主要瓶颈。目前世界上很多发达国家和发达地区在污染治理与预防、节能减排技术上，都有着较为先进的技术。考虑到民族地区与发达地区存在的技术缺口，在发展低碳技术方面，首先是引进和吸收发达国家和地区的先进技术，加强能源技术领域的研发力度以及与东部发达地区的合作。东部发达地区要帮助和扶持民族地区改善能源经济效率，对民族地区实行对口技术援助，积极宣传和传授先进的节能办法和管理经验。

同时民族地区也应大力开展低碳技术创新。技术创新是发展低碳经济的必然之路，能源效率的提高、新一代低碳技术的应用等都是技术创新的体现；技术创新通过产品创新、工艺的改善达到提高能源利用效率的目的，如新能源的研发、可再生能源的开发和利用、捕获及埋存、整体煤气化联合循环(integrated gasification combined cycle，IGCC)等技术，从而增加低碳供应，减少社会对化石能源的依赖，使气候变暖减缓。同时制定低碳技术发展战略，从政策层面构建低碳技术发展框架，进而对低碳技术的研发、应用、推广进行激励，构建低碳技术体系，发展民族地区低碳经济。

另外，还要进一步加强民族地区科技发展能力建设和人才队伍建设，不断提升民族地区的自主研发能力，鼓励民族地区企业进行节能降耗技术开发与推广，为民族地区发展低碳经济提供技术支撑。

10.6.6 发展低碳金融，加大对民族地区低碳经济的金融支持

要进一步加大对民族地区低碳技术引进与应用的资金投入力度，使得民族地区能充分利用东部发达地区的低碳技术，降低单位产值的能耗水平。同时，建立财政科技投入的稳定增长机制，支持民族地区低碳技术的研发，支持太阳能、风能等新能源产业和低能耗、高效益的产业发展。民族地区各地方政府和企业也应充分考虑对低碳技术进行战略投资，规模应用低碳技术，注重科技创新和对先进低碳技术的推广。

10.6.7 分类指导

民族地区地域辽阔，各地区禀赋结构差异显著，低碳经济的发展要因地制宜，分类指导。

(1) 对于高碳资源富集的地区，如内蒙古自治区、宁夏回族自治区、新疆维吾尔自治区，首先要淘汰落后企业、落后产能。对那些高污染、高能耗、低产出的企业，要不折不扣地实行关、停、并、转，尤其是火电、水泥、造纸、铁合金、皮革、化工、小型锰矿领域的落后企业，要作为治理的重点；对于明令关停的企业，如在规定的时间内完成，给予一定的经济补偿帮助其建立新厂，并提供相应的技术支持。其次，大力发展新兴产业。这些地区发展太阳能、风能和生物质能等清洁能源产业有着先天的优势，要逐步用清洁能源和低污染、低能耗、高产出的产业来代替高污染、高能耗、低产出的传统企业。发展这些新兴能源虽然前期投资会比较多，但是从长远来看，能够有效控制温室气体排放，只有从根本上改变能源利用方式和消费方式，才能推动民族地区低碳经济事业的发展。

(2) 对于绿色旅游资源丰富的地区，如贵州省、广西壮族自治区、云南省等，应大力发展绿色产业，包括旅游业、健康产业、生态产业等。

10.6.8 倡导低碳消费

民族地区由于受到地理区位因素和人口素质的影响，环保、节能意识等薄弱。因此，要实现民族地区低碳经济的发展，首先就得从民众开始，通过社会组织、民间组织、非政府组织的宣传，增强民族地区对低碳环保的意识，使得各民族参与到低碳建设中来，不断完善公众对节能减排的监督机制，使每一个公民理解发展低碳经济的重要性，促使他们在平时的生活、工作中，从节约出发，尽到自己在发展低碳社会中的责任和义务。

公众参与是创新低碳机制、技术、产品和生活的必要条件，进而引导他们低碳消费。低碳消费从日常生活做起，当前推广节能灯的使用就是实例。在同等条件下，节能灯发光效率是普通白炽灯的 3.5～4.0 倍，设想一下全中国每个家庭都使用节能灯，将节省不少的电力。全民参与一起致力于低碳经济的发展，将使得整个社会有效实现可持续发展。

在制定民族地区低碳经济发展的公共政策中，应该征求民族地区公民的意见和建议，对每一项关于低碳经济发展的公共政策实行公开化，增强民众的参与意识，使得政策的实施得以有效进行。

10.7　本 章 附 录

附录 1　2014 年各地区能源消费碳排放及其决定因素

地区	碳排放/(t/万元)	能源强度/(t/万元)	人均地区生产总值/元	工业化率/%	煤炭消费占比/%	人口密度/(人/km^2)	工业能源强度/(t/万元工业增加值)
全国	0.72	1.08	46629	35.86	69.80	142.48	2.29
北京市	0.24	0.68	99995	17.57	20.79	1311.07	0.68
天津市	0.39	0.75	105231	45.01	48.12	1289.80	0.75
河北省	0.82	1.38	39984	45.31	75.73	393.40	1.38
山西省	2.79	2.69	35070	42.87	87.25	232.78	2.69
内蒙古自治区	1.95	1.76	71046	44.48	84.19	21.17	3.00
辽宁省	0.72	1.01	65201	44.21	57.88	296.69	1.01
吉林省	0.74	0.96	50160	46.55	74.46	145.57	0.96
黑龙江省	0.70	0.89	39226	31.81	69.25	84.28	0.89
上海市	0.27	0.61	97370	31.24	32.50	3825.39	0.61
江苏省	0.42	0.69	81874	41.43	61.45	775.83	0.69
浙江省	0.38	0.70	73002	41.75	51.69	541.06	0.70
安徽省	0.65	0.83	34425	45.35	72.68	436.28	0.83
福建省	0.34	0.64	63472	43.34	48.88	306.94	0.64
江西省	0.46	0.83	34674	43.58	65.77	272.09	0.83
山东省	0.67	0.86	60879	42.64	71.42	622.89	0.86
河南省	0.60	0.97	37072	45.25	69.39	565.03	0.97
湖北省	0.38	0.80	47145	40.15	57.24	312.71	0.80
湖南省	0.38	0.87	40271	39.76	63.98	318.05	0.87
广东省	0.31	0.66	63469	42.98	43.70	596.40	0.66
广西壮族自治区	0.50	0.97	33090	38.70	59.60	200.88	2.07
海南省	0.70	0.80	38924	14.69	33.16	255.55	0.80
重庆市	0.43	0.98	47850	36.29	58.66	363.02	0.98
四川省	0.38	0.99	35128	41.53	48.37	168.17	0.99
贵州省	1.50	2.04	26437	33.90	78.63	199.13	5.13
云南省	0.58	1.28	27264	30.43	64.23	119.64	3.13
陕西省	1.36	1.25	46929	45.19	76.02	183.44	1.25
甘肃省	1.17	1.77	26433	33.10	62.24	56.97	1.77

续表

地区	碳排放/(t/万元)	能源强度/(t/万元)	人均地区生产总值/元	工业化率/%	煤炭消费占比/%	人口密度/(人/km^2)	工业能源强度/(t/万元工业增加值)
青海省	1.00	3.01	39671	41.43	42.93	8.13	6.42
宁夏回族自治区	4.34	4.10	41834	35.37	79.89	127.33	7.71
新疆维吾尔自治区	2.13	2.68	40648	34.29	64.85	14.03	6.88

注：西藏自治区及港、澳、台数据暂缺。

参 考 文 献

阿尔弗雷德·韦伯. 2009. 工业区位论[M]. 李刚剑, 等, 译. 北京：商务印书馆.

阿马蒂亚·森. 2002. 以自由看待发展[M]. 任赜, 于真, 译. 北京: 中国人民大学出版社.

阿玛蒂亚·森. 2001. 贫困与饥荒[M]. 王宇, 等, 译. 北京：商务印书馆.

埃德加·M. 胡佛. 1990. 区域经济学导论[M]. 王翼龙, 译. 北京: 商务印书馆.

艾伯特·赫希曼. 1991. 经济发展战略[M]. 曹征海,等, 译. 北京:经济科学出版社.

安果. 2005. 新型工业化道路中国特色研究[M]. 乌鲁木齐:新疆人民出版社.

安虎森, 蒋涛. 2006. 块状世界的经济学——空间经济学点评[J]. 南开经济研究, 5:92-103.

安虎森. 2004. 区域经济学通论[M]. 北京：经济科学出版社.

安虎森. 2005. 空间经济学原理[M]. 北京：经济科学出版社.

安虎森. 2006. 空间经济学教程[M]. 北京：经济科学出版社.

奥古斯特•勒施. 1995. 经济空间秩序——经济财货与地理间的关系[M]. 王守礼, 译. 北京:商务印书馆.

奥古斯特•勒施. 2010. 经济空间秩序[M]. 王守礼, 译. 北京：商务印书馆.

保罗·克鲁格曼. 2000a. 发展、地理学与经济理论[M]. 北京：北京大学出版社, 中国人民大学出版社.

保罗·克鲁格曼. 2000b. 地理与贸易[M]. 张兆杰,译. 北京:北京大学出版社, 中国人民大学出版社.

布坎南, 塔洛克. 2000. 同意的计算——立宪民主的逻辑基础[M]. 陈光金, 译. 北京：中国社会科学出版社.

布伦南, 布坎南. 2004. 宪法经济学(规则的理由)[M]. 冯克利, 等, 译. 北京：中国社会科学出版社.

蔡文春, 杨永平 , 杨德刚 . 2008 . 新疆区域发展的空间模式研究[J]. 干旱区资源与环境, (09) : 14-19.

曹霞. 2009. 西部民族地区经济增长与城乡差距——以内蒙古为例[M]. 北京:经济科学出版社.

查尔斯 · I. 琼斯, 2002. 经济增长导论[M]. 北京：北京大学出版社.

陈达云. 2006. 中国少数民族地区的经济发展：实证分析与对策研究[M]. 北京：民族出版社.

陈达云. 2007. 在实现民族区域发展中促进民族院校管理创新[J]. 中央民族大学学报(哲学社会科学版), (4) ： 73-76.

陈栋生. 2005. 论区域协调发展[J]. 北京社会科学, 24(2):2-6.

陈刚, 张解放. 2001. 区际产业转移的效应分析及相应政策建议[J]. 华东经济管理, 2：24-26.

陈纪, 攸频. 2010. 城市化进程中民族地区经济发展的困境分析[J]. 大连理工大学学报(社会科学版), 31(1):49-54.

陈建军. 2002. 产业区域转移与东扩西进战略[M]. 北京：中华书局.

陈丽新. 2004. 甘肃民族地区经济发展研究[M]. 北京:中国社会科学出版社.

陈涛涛. 2003. 影响中国外商直接投资溢出效应的行业特征[J]. 中国社会科学, 4：33-43.

陈伟. 2011. 城镇化促进经济发展方式转变的理性思考[J]. 改革与开放, 5：4-5.

陈秀山, 张可云. 2003. 区域经济理论[M]. 北京：商务印书馆.

陈秀山. 2006. 西部开发重大工程项目区域效应评价[M]. 北京：中国人民大学出版社.

陈勇. 2007. FDI 路径下的国际产业转移与中国的产业承接[M]. 大连：东北财经大学出版社.

陈宗兴. 1989. 经济活动的空间分析[M]. 西安：陕西人民出版社.

成艾华,雷振扬. 2007. 自治县经济发展的差异性与分类指导研究[J]. 民族研究,2:29-37.

成艾华,雷振扬. 2011. 民族地区碳排放效应分析与低碳经济发展[J]. 民族研究,6:13-20.

成升魁, 谷树忠, 王礼茂, 等. 2003. 2002 中国资源报告[M]. 北京：商务印书馆.

大卫·赫斯蒙德夫. 2007. 文化产业[M]. 张菲娜, 译. 北京：中国人民大学出版社.

戴维·思罗斯比. 2011. 经济学与文化[M]. 王志标,张峥嵘,译. 北京：中国人民大学出版社.

邓艾. 2005. 青藏高原草原牧区生态经济研究[M]. 北京：民族出版社.

邓玲. 2007. 国土开发与城镇建设[M]. 成都：四川大学出版社.

邓正琦. 2009. 武陵山民族地区城镇体系结构优化探讨[J]. 重庆师范大学学报（哲学社会科学版）, (06) : 95-100.

狄方耀, 程志碧, 罗华. 2006. 西藏经济学导论[M]. 拉萨：西藏人民出版社.

丁任重. 2005. 西部经济发展与资源承载力研究[M]. 北京：人民出版社.

丁任重. 2006. 中国大香格里拉经济圈研究[M]. 成都:西南财经大学出版社.

杜发春. 2000. 民族经济发展论纲[M]. 北京：中国物价出版社.

杜肯堂, 戴士根. 2004. 区域经济管理学[M]. 北京：高等教育出版社.

段庆林. 2003. 少数民族地区农民收入差距及非正式约束影响研究——以宁夏回族为例[J]. 宁夏社会科学, (9)：32.

段学军, 虞孝感, 陆大道. 2010. 克鲁格曼的新经济地理研究及其意义[J]. 地理学报, 65(2):131-138.

樊胜根,邢鹂,陈志刚. 2010. 中国西部地区公共政策和农村贫困研究[M]. 北京：科学出版社.

范剑勇. 2004. 市场一体化、地区专业化与产业集聚趋势——兼谈对地区差距的影响[J]. 中国社会科学, (06) : 39-51.

范剑勇. 2006. 产业集聚与地区间劳动生产率差异[J]. 经济研究, (11) : 72-81.

范剑勇. 2008. 产业结构失衡、空间集聚与中国地区差距变化[J]. 上海经济研究, (02) : 3-13.

范小建. 2011. 完善国家扶贫战略和政策体系研究[M]. 北京：中国财政经济出版社.

方敏. 2007. 青藏铁路经济带的空间结构演化模式——共轭双核结构[J]. 经济地理, (07) : 661-664.

冯·杜能. 1986. 孤立国同农业和国民经济的关系[M]. 吴衡康,译. 北京：商务印书馆.

冯敏, 罗凉昭. 2000. 凉山彝族生活环境改革与妇女的健康发展考察[J]. 西南民族学院学报(哲学社会科学版), (10)：32-33.

冯敏, 罗凉昭. 2001. 从居住环境文化透视妇女的健康发展——以凉山彝族的田野考察为例[J]. 妇女研究论丛, (3)：17.

弗朗索瓦·佩鲁. 1987. 新发展观[M]. 张宁,丰子义, 译. 北京:华夏出版社.

弗朗索瓦•佩鲁. 1988. 增长极概念[J]. 赵人伟,译. 经济学译丛, (9) : 67-72.

冈纳・缪尔达尔. 1992. 亚洲的戏剧:对一些国家贫困问题的研究[M]. 谭力文,等, 译. 北京:北京经济学院出版社.

高汝嘉,罗明义. 1998. 城市圈域经济论[M]. 昆明:云南大学出版社.

高新才,滕堂伟. 2006. 西北民族地区经济发展差距及其产业经济分析[J]. 民族研究,1:21-30.

高永久. 2004. 论民族地区实施城市梯度推移战略的效应及功能[J]. 甘肃社会科学, (4) : 44-46.

高永久,刘庸. 2004. 西北民族地区城市地域空间结构研究[J]. 中南民族大学学报（人文社科版）, (6).: 24-28

高云虹, 刘强. 2011. 收入增长和收入分配对城市减贫的影响[J]. 财经科学, (12)：90-98.

葛忠兴. 2001. 兴边富民行动[M]. 北京：民族出版社.

龚荫. 2006. 中国民族政策史[M]. 成都：四川人民出版社.

顾朝林, 甄峰, 张京祥. 2000. 集聚与扩散——城市空间结构新论[M]. 南京:东南大学出版社.

郭佩霞. 2007. 民族地区妇女扶贫工作评介与理性选择——以昭觉县为例[J]. 中华女子学院学报, (6)：40.

郭熙保, 罗知. 2005. 论贫困概念的演进[J]. 江西社会科学, (11)：38-43.

郭旭红. 2007. 我国西部地区生态环境建设问题的制约因素及对策[J]. 青海民族研究, 18(1): 130-134.

国家民族事务委员会. 2008. 在中国特色社会主义道路上共同团结奋斗共同繁荣发展——改革开放30年民族工作成就[M]. 北京：民族出版社.

国家民族事务委员会. 2014[2015-10-16]. 2014年少数民族地区农村贫困监测结果[EB/OL]. www. seac. gov. cn.

国家民族事务委员会经济发展司, 国家统计局国民经济综合统计司. 2011. 中国民族统计年鉴(2010) [M]. 北京：民族出版社.

国家统计局, 环境保护部. 2013. 中国环境统计年鉴2013 [M]. 北京：中国统计出版社.

国家统计局, 环境保护部. 2015. 中国环境统计年鉴2015 [M]. 北京：中国统计出版社.

国家统计局国民经济综合统计司. 2010. 新中国六十年统计资料汇编[M]. 北京：中国统计出版社.

国家统计局农村社会经济调查司. 2011. 中国农村贫困监测报告2010[M]. 北京：中国统计出版社.

国家统计局住户调查办公室, 国务院扶贫办外资项目管理中心. 2011. 贫困监测终期报告[M]. 北京：经济科学出版社.

国务院扶贫开发领导小组办公室主管《中国扶贫开发年鉴》编委会. 2010. 中国扶贫开发年鉴2010[M]. 北京：中国财政经济出版社.

国务院人口普查办公室, 国家统计局人口和就业统计司. 2012. 中国2010年人口普查资料[M]. 北京：中国统计出版社.

哈·麦金德. 1985. 历史的地理枢纽[M]. 林尔蔚, 陈江, 译. 北京：商务印书馆.

哈特. 1996. 法律的概念[M]. 张文显, 等, 译. 北京：中国大百科全书出版社.

韩延玲. 2009. 中国区域可持续协调发展的聚类分析[J]. 统计与决策, 18:106-108.

何雄浪, 李国平. 2009. 产业集群演进机理与区域发展研究[M]. 北京：中国经济出版社.

何雄浪,李国平. 2007. 专业化产业集聚、空间成本与区域工业化[J]. 经济学（季刊）, (7)：1021-1040.

贺灿飞, 魏后凯. 2001. 信息成本、集聚经济与中国外商投资区位[J]. 中国工业经济, 9：38-45.

贺灿飞, 肖晓俊. 2012. 产业集聚产业共聚与中国制造业生产率[J]. 哈尔滨工业大学学报(社会科学版), 1：111-120.

洪济. 2013. 全国连片特困地区区域发展与扶贫攻坚规划研究[M]. 北京：人民出版社.

胡鞍钢, 温军. 2004. 西部开发与民族发展[J]. 西北民族大学学报(哲学社会科学版), 3：30-58.

胡佛. 1990. 区域经济学导论[M]. 王翼龙 ,译. 北京：商务印书馆.

胡锦涛. [2004-3-11]. 在中央人口资源环境工作座谈会上的讲话[N]. 人民日报,4.

胡锦涛. 2005. 在中央民族工作会议暨国务院第四次全国民族团结进步表彰大会上的讲话[2005-5-27]. http://guoqing. china. com. cn/2012-09/11/content_26748351. htm.

胡锦涛. 2007. 高举中国特色社会主义伟大旗帜、为夺取全面建设小康社会新胜利而奋斗——在中国共产党第十七次全国代表大会上的报告[M]. 北京：人民出版社.

胡明星, 李建. 2009. 空间信息技术在城镇体系规划中的应用研究[M]. 南京：东南大学出版社.

胡玉鸿. 2004. 试论法律位阶划分的标准[J]. 中国法学,(3)：22-32.

华金科. 2011a. 民族地区发展低碳经济的制约因素及对策研究[J]. 科技管理研究,31(15):57-60.

华金科. 2011b. 民族地区发展低碳经济的原则及几个关键问题[J]. 改革与战略, 27(3):18-20.

荒山裕行. 1995. 三次产业部门两地区模式中的所得转移[J]. 日本问题研究, (1)：24-30.

黄健英. 2003. 起飞——西部民族地区大开发的新思维[M]. 北京：民族出版社.

黄健英. 2009. 论少数民族经济与少数民族地区经济[J]. 学术探索, (1): 38-43.

黄毅. 2005. 中国少数民族地区新型工业化道路研究[M]. 成都：四川人民出版社.

黄毅. 2007. 民族地区经济发展与民营经济发展相关性分析——来自四川省甘孜、阿坝、凉山自治州的实证研究[J]. 农村经济, 2：42-44.

霍利斯·钱纳里, 莫尔塞斯·塞尔昆. 1989. 发展的格局1950—1970[M]. 李小青, 等, 译. 北京：中国财政经济出版社.

加布里艾尔. A · 阿尔蒙德, G. 宾戈姆 · 小鲍威尔. 1987. 比较政治学：体系、过程和政策[M]. 曹沛霖, 等,译. 上海: 上海译文出版社.

贾若祥, 侯晓丽. 2011. 我国主要贫困地区分布新格局及扶贫开发新思路[J]. 中国发展观察, (7):27-30.

江曼琦. 2009a. 民族地区城市经济发展的特点及对策研究[J]. 中央民族大学学报(哲学社会科学版), 5:36-42.

江曼琦. 2009b. 少数民族经济发展与城市化问题研究[M]. 北京：经济科学出版社.

江曼琦, 翁羽. 2009. 我国民族地区空间优化的战略与措施研究[J]. 西南民族大学学报(哲学社会科学版), 12:72

江曼琦, 翟义波. 2009. 西部民族地区经济发展的空间陷阱[J]. 内蒙古大学学报(哲学社会科学版), 41(3):26-32.

江小娟. 2004. 吸引外资对推进中国产业技术进步的影响[J]. 煤炭企业管理, 5：16-18.

江小娟, 李蕊. 2002. FDI 对中国工业增长和技术进步的贡献[J]. 中国工业经济, 7：5-16.

江泽民. 1997. 高举邓小平理论伟大旗帜, 把建设有中国特色社会主义事业全面推向二十一世纪, 1997 年 9 月 12 日在中国共产党第十五次全国代表大会上的报告[M]. 北京：人民出版社.

姜太碧. 2004. 统筹城乡发展研究[M]. 北京：经济日报出版社.

蒋清海. 1995. 区域经济协调发展的若干理论问题[J]. 财经问题研究, 6:49-54.

焦若水. 2006. 民族妇女贫困:制度与文化的双重解释[J]. 青海民族研究, 4：56.

教育部财务司国家统计局社会和科技统计司. 2010. 2009 中国教育经费统计年鉴[M]. 北京：中国统计出版社.

解洪. 2008. 攀西新跨越——攀西地区区域规划研究[M]. 成都：四川大学出版社.

金炳镐. 2009. 新中国民族政策 60 年[M]. 北京：中央民族大学出版社.

凯尔森. 1996. 法与国家的一般理论[M]. 沈宗灵, 译. 北京:中国大百科全书出版社.

李昌明. 2009. 西部民族地区经济空间结构演进研究[J]. 延边大学学报(社会科学版), 1:90-95.

李春华. 2006. 新疆绿洲城镇空间结构的系统研究[D]. 南京:南京师范大学.

李皓, 杨海燕. 2008. 区域空间结构演进机制再认识[J]. 西南民族大学学报(人文社科版), 29(2):116-120.

李皓. 2006. 转型与跨越——民族地区经济结构研究[M]. 北京：民族出版社.

李红, 罗晓芹. 2002. 西部民族地区大开发与人力资源[M]. 成都：四川民族出版社.

李宏艳,齐俊妍. 2008. 跨国生产与垂直专业化：一个新经济地理学分析框架[J]. 世界经济, 09(09)：30.

李鸿. 2010. 民族地区低碳经济的发展路径[J]. 中南民族大学学报(人文社会科学版), 30(5):30-34.

李锦, 罗凉昭. 2001. 西部生态经济建设[M]. 北京：民族出版社.

李锦. 2002. 建立民族地区生态资源产业的理论探讨[J]. 西南民族学院学报(哲学社会科学版), (12)：76-80.

李俊丹, 张清芙. 2007. 我国农村医疗保障的现状及对策构想[J]. 邯郸学院学报, (2):87-89.

李澜. 2006. 潜藏的力量——西部农村女性人力资源开发[M]. 北京: 中国经济出版社.

李澜. 2007. 人口较少民族经济发展模式转型研究——以广西壮族自治区京族经济发展模式为例[J]. 学术论坛, (5):91-96.

李磊. 2011. 新疆经济发展中碳排放变动的因素分析[J]. 干旱区资源与环境,25(8):7-12.

李庆春. 2007. 基于区域自生能力的中部崛起战略[J]. 特区经济,02: 176-177.

李润田, 李永文. 2007. 中国资源地理[M]. 北京：科学出版社：68-69.

李维汉. 1987. 关于民族理论和民族政策的若干问题[M]. 北京：民族出版社.

李维汉选集编写组. 1987. 有关民族政策的若干问题 [M]. 北京：人民出版社.

李小云, 张雪梅, 唐丽霞. 2006. 中国财政扶贫资金的瞄准与偏离[M]. 北京：社会科学文献出版社.

李新春. 2000. 企业联盟与网络[M]. 广州:广东人民出版社.

李学军. 2016. 新疆南疆三地州精准扶贫与精准脱贫问题研究[J]. 新疆社科论坛, (06)：32-40.

李炎，王佳. 2011. 空间、布局与特色：云南文化产业现状与对策[M]. 昆明：云南大学出版社.

李义平. [2010-11-8]. 把西部大开发推向新高度 应着力增强西部自我发展能力[N]. 西安日报.

李长文. 2008. 少数民族地区公共政策失灵问题分析[J]. 延边大学学报,41(2):69-72.

李忠斌,陈全功. 2008. 特殊扶贫开发政策助推少数民族脱贫致富:30 年改革回顾[J]. 中南民族大学学报(人文社会科学版)，6:17-22.

李周. 2007. 中国反贫困与可持续发展[M]. 北京：科学出版社.

联合国教科文组织. 2000. 世界文化报告——文化、创新与市场. 关世杰，译[M]. 北京:北京大学出版社.

联合国开发计划署. 1993[2015-12-10]. 1993 年人文发展报告[EB/OL]. http://ch. undp. org. cn/.

凉山彝族自治州人民政府. 2011[2015-12-8]. 2011 凉山彝族自治州国民经济和社会发展第十二个五年规划纲要[EB/OL].

梁科. 1989. 民族间事实上不平等不完全是一种历史产物[J]. 广西民族研究，(3)：14-18.

梁琦. 2004. 产业集聚论[M]. 北京：商务印书馆.

廖国民，王永钦. 2003. 论比较优势与自生能力的关系[J]. 经济研究,09: 32-39.

林伯强，孙传旺. 2011. 如何在保障中国经济增长前提下完成碳减排目标[J]. 中国社会科学,1:64-76.

林大泽，闫旭骞，张永德. 2007. 青藏高原矿产资源开发与区域可持续发展[M]. 北京：冶金工业出版社.

林凌. 2005. 共建繁荣：成渝经济区发展思路研究报告——面向未来的七点策略和行动计划[M]. 北京：经济科学出版社.

林毅夫，谭国富. 2000. 自生能力,政策性负担,责任归属和预算软约束[J]. 经济社会体制比较,04: 54-58.

林毅夫,刘培林. 2001. 自生能力和国企改革[J]. 经济研究, 9:60-67.

林毅夫. 1999. 要素禀赋比较优势与经济发展[J]. 中国改革,08:3-5.

刘江. 1992. 中国西部地区开发年鉴(1979—1992)[M]. 北京：改革出版社.

刘世锦. 2014. 中国经济增长十年展望(2014—2023)：在改革中形成增长新常态[M]. 北京:中信出版社.

刘卫东. 2003. 中国西部开发重点区域规划前期研究[M]. 北京：商务印书馆.

刘晓鹰，唐永智，胡双梅. 2005. 中国少数民族地区国土资源开发研究[M]. 成都：四川人民出版社.

刘晓鹰. 2006. 中国少数民族地区国土资源开发研究[M]. 成都：四川人民出版社.

刘晓鹰. 2008. 中国西部发达地区城镇化道路及小城镇发展研究[M]. 北京：民族出版社.

刘兴全. 2001. 中国西部开发史话[M]. 北京：民族出版社.

刘兴全. 2005. 中国少数民族地区全面建设小康社会研究[M]. 成都：四川人民出版社.

刘秀兰，付强，刘兴全. 2002. 西部民族地区大开发与科技创新[M]. 成都：四川民族出版社.

刘秀兰. 2005. 西部地区工业结构存在的问题[J]. 西南民族大学学报（人文社会科学版），26(9)：49-52.

刘艳. 2004. 论东部产业集群对西部开发的影响——对传统“梯度转移”理论的一种质疑[J]. 经济问题探索，1：22-25.

刘艳涛. 2014. 拉萨探索净土资源共享式发展道路——专访中共西藏自治区党委常委、拉萨市委书记齐扎拉[N]. 农民日报， 09:24.

刘易斯. 1984. 国际经济秩序的演变[M]. 乔依德，译. 北京：商务印书馆.

刘易斯. 1994. 经济增长理论[M]. 梁小民,译. 上海：上海人民出版社.

龙远蔚. 2004. 中国少数民族经济研究导论[M]. 北京：民族出版社.

卢根鑫. 1994a. 国际产业转移论[M]. 上海：上海人民出版社.

卢根鑫. 1994b. 试论国际产业转移的经济动因及其效应[J]. 上海社会科学院学术季刊，4：33-42.

卢根鑫. 1997. 国际产业转移论[M]. 上海:上海人民出版社.

陆大道. 2001. 论区域的最佳结构与最佳发展[J]. 地理学报，56(2):127-135.

罗布江村，杨正文，杨嘉铭. 2002. 西部民族地区大开发与宗教习俗[M]. 成都：四川民族出版社.

罗崇敏. 2006. 中国边政学新论[M]. 北京:人民出版社.

罗浩, 刘志铭. 2003. 广东省区域经济差距变动的实证[J]. 中国人口・资源与环境, 6: 81-85.

罗莉. 2004. 寺庙经济论: 兼论道观清真寺教堂经济[M]. 北京: 宗教文化出版社.

罗晓芹. 2004. 统筹经济社会发展研究[M]. 北京: 经济日报出版社.

马丁·瑞沃林. 2005. 贫困的比较[M]. 赵俊超, 等, 译. 北京: 北京大学出版社.

马东平, 罗彦莲. 2008. 西北农村回族妇女反贫困中的致贫因素分析及对策研究——以临夏县麻尼寺沟乡回族妇女为例[J]. 开发研究, 137(04):81-84.

马江. 2005. 中国少数民族地区发展循环经济研究[M]. 成都: 四川人民出版社.

马江. 2009. 西部欠发达地区发展循环经济研究[M]. 北京: 民族出版社.

马克思. 1975a. 资本论:第1卷(上)[M]. 北京: 人民出版社.

马克思. 1975b. 资本论:第1卷(下)[M]. 北京: 人民出版社.

马克思. 1983. 资本论[M]. 北京: 中共中央党校出版社.

马林. 2004. 内蒙古草原生态旅游开发战略探讨[J]. 干旱区资源与环境, 18(4): 65-71.

马林诺夫斯基. 1987. 文化论[M]. 费孝通, 译. 北京:中国民间文艺出版社.

马启智. 2012. 我国的民族政策及其法制保障[J]. 中国人大, 1:41-46.

马涛, 李东, 杨建华, 等. 2009. 地区分工差距的度量: 产业转移承接能力评价的视角[J]. 管理世界, 9: 168-169.

马艳霞, 范钛. 2005. 中国少数民族地区旅游经济研究[M]. 成都: 四川人民出版社.

玛丽-弗朗索瓦·杜兰, 伯努瓦·马丁, 戴尔凡·普拉西迪, 等. 2007. 全球化地图: 认识当代世界空间[M]. 北京: 社会科学文献出版社.

南文渊, 卢守亭. 2006. 少数民族城市化研究综述[J]. 中南民族大学学报(人文社会科学版), 26(5):13-17.

南文渊. 2007. 注重民族区域差异加速民族地区新农村建设[J]. 西南民族大学学报(人文社科版), 3. :176-181.

倪鹏飞. 2004. 中国城市竞争力报告(2003年)述评定位: 让中国城市共赢[J]. 中国城市经济, 4: 4-10.

诺斯. 1994. 经济史中的结构与变迁[M]. 罗华平, 等, 译. 上海: 上海人民出版社.

诺斯. 2002a. 经济变迁的过程[J]. 经济学(季刊),3:797-802.

诺斯. 2002b. 新制度经济学及其发展[J]. 路平,何玮, 译. 经济社会体制比较,5:5-10.

诺斯. 2008a. 理解经济变迁过程[M]. 钟正生, 等, 译. 北京: 中国人民大学出版社.

诺斯. 2008b. 制度、制度变迁与经济绩效[M]. 杭行, 译. 上海: 格致出版社.

欧泽高, 冉光荣. 2000. 四川藏区的开发之路[M]. 成都: 四川人民出版社.

潘久艳, 杨明洪. 2003. 四川民族地区传统型发展方式评价与新跨越式发展内涵探析[J]. 天府新论, (3): 41-44.

潘乃谷, 马戎. 2000. 中国西部边区发展模式研究[M]. 北京:民族出版社.

彭震伟. 2004. 区域研究与区域规划[M]. 上海: 同济大学出版社.

皮建才. 2005. 企业理论的进展:交易成本与自生能力[J]. 经济社会体制比较,02.

齐绍洲,李锴. 2010. 区域部门经济增长与能源强度差异收敛分析[J]. 经济研究,2:109-122.

祁述裕. 2008. 中国文化产业发展战略研究[M]. 北京:社会科学出版社.

钱贵霞,张一品,邬建国. 2010. 内蒙古能源消费碳排放变化的分解分析[J]. 技术经济,29(12):77-84.

钱文荣. 2005. 中国农村妇女土地权利问题的实证研究[J]. 浙江大学学报(人文社会科学版), 5: 22.

曲木史哈, 唐勇智. 2004. 统筹人与自然和谐发展研究[M]. 北京: 经济日报出版社.

冉光荣. 2003. 西部开发中西藏及其他藏区特殊性研究[M]. 哈尔滨: 黑龙江人民出版社.

荣仕星. 2009. 中国民族地区公共政策研究[M]. 北京：人民出版社.

塞缪尔·亨廷顿，劳伦斯·哈里森. 2002. 文化的重要作用——价值观如何影响人类进步[M]. 程克雄，译. 北京：新华出版社.

沈茂英. 2007. 四川少数民族地区农村劳动力转移研究[J]. 淮阴师范学院学报(哲学社会科学版)，29(2)：177-182.

施惟达. 2011. 文化与经济：民族文化与产业化发展[M]. 昆明：云南大学出版社.

施雯. 2006. 产业集群及其实证分析方法——以广东省为例[J]. 工业技术经济，2：61-66.

施正一. 1988. 中国西部民族地区经济开发研究[M]. 北京：民族出版社.

时光. 2002. 西部民族地区大开发与资本市场[M]. 成都：四川民族出版社.

时光. 2004. 西部民族地区资本形成及资本市场发展战略[M]. 长春：吉林人民出版社.

时光. 2005. 中国少数民族地区资本形成研究[M]. 成都：四川人民出版社.

世界银行. 1991. 1990年世界发展报告[R]. 北京：中国财政经济出版社.

世界银行. 1997. 变革世界中的政府[M]. 北京：中国财经经济出版社.

世界银行. 2001. 2000年世界发展报告[R]. 北京：中国财政经济出版社.

世界银行. 2009. 2009年世界发展报告：重塑世界经济地理[M]. 北京:清华大学出版社.

世界银行增长与发展委员会. 2008. 增长报告——持续增长和包容性发展的战略[M]. 北京：中国金融出版社.

舒尔茨. 1990. 论人力资本投资[M]. 北京：北京经济学院出版社.

舒燕飞. 2010. 中国少数民族地区经济增长研究[M]. 北京：新华出版社.

斯蒂凡·H. 罗伯克. 1990. 区域经济发展的战略[J]. 陈耀，译. 经济译文，4: 49-54.

宋德勇，卢忠宝. 2009. 中国碳排放影响因素分解及其周期性波动研究[J]. 中国人口·资源与环境，3:18-24. .

宋泓明. 2004. 中国产业结构高级化分析[M]. 北京：中国社会科学出版社.

宋杰鲲. 2012. 基于LMDI的山东省能源消费碳排放因素分解[J]. 资源科学，1:35-41.

苏方林,宋帮英,侯晓博. 2010. 广西碳排放量与影响因素关系的VAR实证分析[J]. 西南民族大学学报(人文社会科学版),31(9):140-144.

苏华，胡田田，黄麟堡. 2011. 中国各区域产业承接能力的评价[J]. 统计与决策，5：41-43.

孙伯鍨,张一兵. 2001. 走进马克思[M]. 南京：江苏人民出版社.

孙海鸣，刘乃全. 2000. 区域经济理论的历史回顾及其在20世纪中叶的发展[J]. 外国经济与管理，8：2-6.

孙久文,胡安俊. 2013. 产业转入、转出的影响因素与布局特征——基于中国城市四位数制造业的分析[J]. 南开学报(哲学社会科学版)，5:97-104.

谭丹，黄贤金. 2008. 我国东、中、西部地区经济发展与碳排放的关联分析与比较[J]. 中国人口资源与环境,18(3):54-57.

汤莉萍，殷俊. 2006. 世界文化产业案例选析[M]. 成都：四川大学出版社.

唐奇甜. 1990. 增强民族地区自我发展能力的若干思考[J]. 中南民族学院学报(哲学社会科学版),02:1.

唐新民. 2008. 民族地区农村社会保障研究[M]. 北京：人民出版社.

陶诚，耿光颖，王春贤. 2009. 安徽省承接东部沿海产业转移效应分析及相关建议[J]. 金融纵横，1：30-33.

藤田昌久，保罗·克鲁格曼，安东尼·J. 维纳布尔斯. 2005. 空间经济学——城市、区域与国际贸易[M]. 梁琦，译. 北京：中国人民大学出版社.

藤田昌久，雅克-弗朗科斯·蒂斯. 2004. 集聚经济学：城市产业区位与区域增长[M]. 刘峰，等，译. 成都：西南财经大学出版社.

天域北斗数码科技有限公司. 2012. 中国高速公路及城乡公路网里程地图集[M]. 北京：中国地图出版社.

田钒平，王允武. 2009. 民族自治地方经济社会发展的核心问题及其制约因素与对策研究——以《民族区域自治法》与相关法律的关联分析为视角[J]. 社会科学研究，(5)：67-71.

田钒平, 王允武. 2010. 民族地区经济增长视阈下习俗变迁的意义与路径分析[J]. 西南民族大学学报,31(8):159-163.

田钒平. 2009. 民族自治地方自治立法权限的法律实证研究[J]. 云南大学学报, 22(1):15-21.

田钒平. 2010. 论民族自治地方自治机关协商民主决策机制的完善[J]. 民族研究,4:12-21.

田钒平. 2011. 西部民族地区经济与生态协调发展的理念转换与制度建构[J]. 民族学刊, 2(1):23-27.

田广,韩国良, 普永生. 1987.选择与发展——中国不发达地区经济振兴断想[M]. 北京：时事出版社.

田国栋, 程晓明. 2006. 卫生总费用与国民经济和职工收入增长规律的比较研究[J]. 中国卫生资源, (3):122-124.

涂裕春. 2001. 中国西部的对外开放[M]. 北京：民族出版社.

涂裕春. 2005. 中国少数民族地区对外贸易研究[M]. 成都：四川人民出版社.

涂正革. 2008. 环境、资源与工业增长的协调性———基于方向性环境距离函数对规模以上工业的分析[J]. 经济研究,2:93-105.

托达罗. 1988. 第三世界经济发展(上)[M]. 于同申, 等, 译. 北京:中国人民大学出版社.

汪斌,赵张耀. 2003. 国际产业转移理论述评[J]. 浙江社会科学,(06):45-49.

汪德根,陆林,陈田,等. 2005. 基于点-轴理论的旅游地系统空间结构演变研究——以呼伦贝尔-阿尔山旅游区为例[J]. 经济地理, 25(6): 904-909.

汪三贵,李文. 2005. 中国农村贫困问题研究[M]. 北京：中国财政经济出版社.

汪三贵. 2008. 在发展中战胜贫困——对中国30年大规模减贫经验的总结与评价[J]. 管理世界, 11:78-86.

王恩涌, 胡兆亮, 周尚意, 等. 2008. 中国文化地理[M]. 北京：科学出版社.

王锋,吴丽华,杨超. 2010. 中国经济发展中碳排放增长的驱动因素研究[J]. 经济研究,2:123-136.

王国刚. 2010. 城镇化: 中国经济发展方式转变的重心所在[J]. 经济研究, 2:43-59.

王海霞. 2009. 西部地区承接东部产业转移存在的问题和对策[J]. 商业时代. 3：96-97.

王红曼,张方. 2010. 西部民族地区发展低碳经济的机遇与挑战[J]. 西北民族大学学报,5:92-96.

王洪光. 2008. 收益递增、运输成本与贸易模式[J]. 经济学（季刊）, 7(4): 1231-1246.

王婧. 2003. 边缘与困境中的女性——妇女贫困问题的社会与文化分析[J]. 妇女研究论丛, (12)：52.

王俊松, 贺灿飞. 2010. 能源消费、经济增长与中国 CO_2 排放量变化基于 LMDI 方法的分解分析[J]. 长江流域资源与环境, 19(01):18-23.

王孔敬. 2010. 渝东南民族地区城镇体系规划研究[J]. 重庆三峡学院学报, (03):50-54.

王来喜. 2006. 资源转换论[M]. 北京：中国经济出版社.

王来喜. 2008. 内蒙古经济发展研究[M]. 北京：民族出版社.

王磊,宋乃平. 2011. 宁夏经济增长过程中的碳排放分析与预测[J]. 干旱区资源与环境,25(7):23-27.

王礼刚. 2010. 碳排放与经济增长的实证研究——基于贵州的面板数据[J]. 西南民族大学学报(人文社会科学版), 31 (9):145-148.

王明黔,王娜. 2011. 西部民族贫困地区反贫困路径选择辨析——基于空间贫困理论视角[J]. 经济研究年,4:141-145.

王绍光, 胡鞍钢. 1993. 中国国家能力报告[M]. 沈阳:辽宁人民出版社.

王天津. 2008. 建立西藏碳汇功能区的若干设想[J]. 西南民族大学学报：人文社会科学版, 7: 143-147.

王文长, 李曦辉, 李俊峰. 2001. 西部特色经济开发[M]. 北京：民族出版社.

王先庆. 1998. 产业扩张[M]. 广州:广东经济出版社.

王小刚, 王建平. 2011. 走新型城镇化道路——我党社会主义建设理论的重大创新和发展[J]. 社会科学研究, 5:40-42.

王晓莉. 2015. [2016-01-28]. 驶入经济发展“快车道”——拉萨市2015年经济社会发展综述[N]. 西藏日报.

王岩, 赵海东. 2008. 矿产资源型产业循环经济发展[M]. 北京：经济科学出版社.

王一鸣. 2009. 调整和转型：对“十二五”规划思路的思考[J]. 浙江经济, 20：29-31.

王翼. 2009. Matlab 基础及在经济学与管理科学中的应用[M]. 北京：机械工业出版社.

王玉玲. 2006. 少数民族地区基本经济结构问题研究[M]. 北京:中央民族大学出版社.

王允武, 田钒平. 2005. 中国少数民族自治地方立法研究[M]. 成都：四川人民出版社.

王赞信. 2011. 西部边疆少数民族地区人口经济、资源与环境的协调发展[J]. 西北人口, 32(4):115-120.

王君,沙丽清,李检舟. 2008. 云南香格里拉地区亚高山草甸不同放牧管理方式下的碳排放[J]. 生态学报, 8: 58-62.

威廉·A. 哈维兰. 1987. 当代人类学[M]. 王铭铭, 译. 上海:上海人民出版社.

韦伯. 2010. 工业区位论[M]. 李刚剑 ,译 . 北京：商务印书馆.

韦森. 2000. 习俗的本质与生发机制探源[J]. 中国社会科学,5:39-50.

卫鹏鹏. 2009. 中国区域经济协调发展机制研究[M]. 武汉：中国地质大学出版社.

魏后凯. 2003. 对产业集群与竞争力关系的考察[J]. 经济管理, 6：4-11.

魏后凯. 2008. 中国国家区域政策的调整与展望[J]. 西南民族大学学报,(10)：62-64.

温军. 1993. 中国少数民族地区人口、资源、环境与社会协调发展问题研究[J]. 资源科学, 21(2):36-43.

温军. 2004. 民族与发展：新的现代化追赶战略[M]. 北京：清华大学出版社.

翁坚克, 谢红莉. 2008. 我国少数民族农村医疗保障现状浅析[J]. 中国初级卫生保健, 22(12):14-15.

沃尔特·克里斯塔勒. 1998. 德国南部中心地原理[M]. 常正文,王兴中, 等, 译. 北京:商务印书馆.

沃尔特·艾萨德. 2011. 区位与空间经济[M]. 杨开忠, 等, 译. 北京:北京大学出版社.

巫文强. 2011. 社会生产和分配的方式与人生存和发展条件结合的实现——人全面自由发展的经济基础和实现途径选择研究[J]. 改革与战略,27(3):1-6.

吴大华, 徐杰. 2001. 西部大开发中的法律保障[M]. 北京：民族出版社.

吴国宝. 2001. 扶贫模式研究——中国小额信贷扶贫研究[M]. 北京：中国经济出版社

吴海鹰, 陶源, 马学恕. 2005. 宁夏经济社会形势分析与预测 2004-2005 年[M]. 银川：宁夏人民出版社.

吴海鹰, 张盛林. 2005. 西部地区经济发展与环境质量关系的实证研究[J]. 宁夏社会科学,(5):29-33.

吴海鹰,马夫. 2005. 我国人口较少民族的贫困与扶贫开发[J]. 云南社会科学,1:80-85.

吴建国. 2004. 现代化视角下的西部民族地区非公有制经济[M]. 成都：天地出版社.

吴映梅. 2006. 西部少数民族聚居区经济发展及机制研究[M]. 北京：人民出版社.

吴玉鸣. 2005. 空间溢出、经济增长趋同及成因分析[J]. 西部发展评论, (03):101.

吴玉鸣. 2006. 空间计量经济模型在省域研发与创新中的应用研究[J]. 数量经济技术经济研究, 23(05)：74-85,130.

吴玉宗. 2002. 西部民族地区大开发与政策支持[M]. 成都：四川民族出版社.

西奥多・W・舒尔茨. 1990. 论人力资本投资[M]. 吴珠华, 等, 译. 北京: 北京经济学院出版社.

西南民族大学民族研究院编写组. 2010. 甘孜藏族自治州民族文化产业发展规划修编[Z]. 内部资料：8.

习近平. 2012. 在首都各界纪念现行宪法公布施行 30 周年大会上的讲话[EB/OL]. http://www.gov.cn/ldhd/2012-12/04/content_2282522. htm.

习近平. 2015. 加快建设社会主义法治国家[J]. 理论学习, (2)：3-8.

向佳. 2011. 新疆参与碳排放贸易现状分析[J]. 合作经济与科技,13:76.

肖金成, 高国力. 2008. 中国空间结构调整新思路[M]. 北京：经济科学出版社.

谢丽霜. 2009. 西部地区承接东部产业转移的环境风险及防范对策[J]. 商业研究, 1：95-99.

新华网. 2014. 2014 年中央民族工作会议,转载中国社会科学网 http://www. cssn. cn/zt/zt_xkzt/zt_fxzt/mzgzhgyzw /2014nzymzg

zhytw/201501/t20150113_1476567. shtml.
熊正贤，杨艳辉. 2011. 中国少数民族地区文化产业发展方式转变研究[J]. 民族学刊, 1:28-35, 84-85.
徐康宁，王剑. 2006. 要素禀赋、地理因素与新国际分工[J]. 中国社会科学，(11)65-77.
徐月宾,刘凤芹,张秀兰. 2007. 中国农村反贫困政策的反思——从社会救助向社会保护转变[J]. 中国社会科学,3:40-53,203-204.
许学强，周一星，宁越敏. 2009. 城市地理学[M]. 北京：高等教育出版社.
亚当·斯密. 1994. 国民财富的性质和原因的研究（上卷）[M]. 郭大力，王亚南，译. 北京：商务印书馆.
严薇，赵宏宇，夏恩君. 2009. 国际产业转移效应影响因素分析及理论模型构建[J]. 商业时代, 30：99-100.
杨国涛,周慧洁,李芸霞. 2012. 贫困概念的内涵、演进与发展述评[J]. 宁夏大学学报（人文社会科学版）, 34（6）：139-143.
杨军. 2006. 现状与对策：西北少数民族基础教育均衡发展研究[J]. 西北师范大学学报（社会科学版）,2006（5）: 21-27.
杨明洪. 2002. 外部性校正之争与建立退耕还林还草补偿机制[J]. 财经科学,（3）: 6-9.
杨明洪. 2005. 西藏农户经济演化特征: 基于农村住户调查资料的实证分析[J]. 中国藏学, （3）: 72-81.
杨嵘,常烜钰. 2012. 西部地区碳排放特征及发展低碳经济途径分析[J]. 西南石油大学学报（社会科学版）,14（1）:17-22.
杨维军，李文瑞. 2005. 西部民族经济可持续发展研究[M]. 北京：民族出版社.
杨小凯，张定胜. 2003. 经济学—新兴古典与新古典框架[M]. 北京：社会科学文献出版社.
杨玉帧. 2007. FDI 对河北省技术外溢效应的实证分析[J]. 河北工业大学学报, 3：58-63.
姚聪莉. 2009. 基于生态环境建设的西部经济发展方式转变[J]. 贵州社会科学, 3: 58-62.
姚慧琴，任宗哲. 2010. 中国西部经济发展报告（2010）[M]. 北京：社会科学文献出版社.
姚士谋. 2001. 中国城市群[M]. 北京：中国科学技术大学出版社.
姚顺增. 2002. 云南少数民族宗教信仰的现状分析[J]. 云南社会科学：增刊, 000（OS1）.
叶普万. 2004. 制度变迁中的利益冲突及解决途径[J]. 经济体制改革, （4）：50.
叶普万. 2006. 贫困概念及其类型研究述评[J]. 经济学动态, （7）：67-70.
殷光卫. 2009. 新经济地理学视角下的产业集聚机制研究——兼论近十多年我国区域经济差异的成因[D]. 天津：南开大学.
郁鸿胜. 2005. 崛起之路：城市群发展与制度创新[M]. 长沙：湖南人民出版社.
约瑟夫·熊彼特. 1997. 经济发展理论[M]. 何畏，易家翔，译. 北京：商务印书馆.
增长与发展委员会. 2008. 增长报告：可持续增长和包容性发展的战略[M]. 北京：中国金融出版社.
詹姆斯·布坎南. 1988. 自由、市场和国家[M]. 吴良健，等，译. 北京：北京经济学院出版社.
詹姆斯·布坎南. 1989. 自由、市场与国家[M]. 平新乔，等，译. 上海:上海三联书店.
张佰瑞. 2007. 我国区域协调发展度的评价研究[J]. 工业技术经济, 26（9）:90-93.
张炳根. 1990. 生态学数学模型[M]. 青岛：中国海洋大学出版社.
张冬梅. 2006. 少数民族经济发展中的财政政策[M]. 北京：中央民族大学出版社.
张冬梅. 2008. 西部地区产业承接能力研究[J]. 延边大学学报（社会科学版），12：56-58.
张海翔. 2005. 新型工业化对民族文化变迁的影响——云南省富源县古敢水族乡调查[J]. 思想战线，31（2）: 54-59.
张鸿雁，陈俊峰. 2004. 中国民族地区城市化发展战略与对策创新[J]. 社会科学, 6:64-74.
张建娥. 2005. 小额信贷在农村贫困妇女能力建设中的作用——以爱德宁夏盐池县小额信贷项目为例[J]. 妇女研究论丛，12：46.
张杰. 2006. 四川文化产业发展的三重困境与突围[J]. 四川省情, （8）:18.
张可云. 2001. 区域大战与区域经济关系[M]. 北京：民主与建设出版社.
张雷，张茂聪. 2010. 城乡义务教育师资配置不合理诱因及破解策略[J]. 中国教育学刊,（1）:57.

张丽君, 王玉芬. 2008. 民族地区和谐社会建设与边境贸易发展研究[M]. 北京：中国经济出版社.

张为波. 2002. 西部民族地区大开发与社会稳定[M]. 成都：四川民族出版社.

张为付. 2005. 国际产业资本转移与中国世界制造中心研究[M]. 北京：中国财政经济出版社.

张唯实. 2009. 区域产业结构优化与我国西部经济发展[J]. 统计与决策, 23：40-42.

张文山. 2007. 突破传统思维的瓶颈——民族区域自治法配套立法问题研究[M]. 北京:法律出版社.

张文秀. 2007. 川西北藏族牧区草地退化的社会经济驱动力分析——以理塘县为例[J]. 西部发展评论: 79-86.

张晓,张寒梅. 2007. 民族民间文化保护传承对妇女反贫困的意义[R]. 贵州大学民族与妇女发展研究中心.

张孝锋. 2006. 产业转移的理论与实证研究[D]. 南昌：南昌大学.

张毅. 2011. 民族经济学前沿述评[J]. 知识经济, 18：43.

赵海东. 2007. 资源型产业集群与中国西部经济发展研究[M]. 北京：经济科学出版社.

赵建吉,王艳华,苗长虹. 2007. 基于区域自生能力的胶新铁路经济带构建[J]. 河南科学,03:499-502.

赵捷. 2004. 社会性别与发展:实践者的足迹与反思[J]. 山西师大学报(社会科学版), (4):120-127.

赵奇伟. 2009. 东道国制度安排、市场分割与 FDI 溢出效应：来自中国的证据[J]. 经济学(季刊), 3：891-924.

赵群,王云仙. 2011. 社会性别与妇女反贫困[M]. 北京：社会科学文献出版社.

赵伟, 藤田昌久, 郑小平. 2009. 空间经济学：理论与实证新进展[M]. 杭州：浙江大学出版社.

赵文科, 王琪. 2002. 试论我国民族地区城市化现状及发展[J]. 黑龙江民族丛刊, 1:54-55.

赵曦. 2001. 中国西部贫困地区扶贫攻坚难点问题与战略选择研究[M]. 成都：西南财经大学出版社.

赵曦. 2002. 21 世纪中国西部发展探索[M]. 北京：科学出版社.

赵曦. 2004. 中国西藏扶贫开发战略研究[M]. 北京：中国藏学出版社.

赵曦. 2009. 中国西部农村反贫困模式研究[M]. 北京：商务印书馆.

赵曦. 2010. 中国西部大开发战略前沿研究报告[M]. 成都：西南财经大学出版社.

郑胜利. 2002. 复制群居链——台商在祖国大陆投资的“集群”特征分析[J]. 特区经济, 7：34-36.

郑长德, 刘帅. 2011. 基于空间计量经济学的碳排放与经济增长分析[J]. 中国人口・资源与环境, 21(5):80-86.

郑长德, 刘晓鹰. 2008. 民主改革与四川羌族地区经济发展研究[M]. 北京：民族出版社.

郑长德, 刘兴全. 2012. 中国少数民族地区经济发展报告(2012)[M]. 北京：中国经济出版社.

郑长德, 刘兴全. 2013. 中国少数民族地区经济发展报告(2013)[M]. 北京：中国经济出版社.

郑长德, 罗布江村. 2010. 中国少数民族地区经济发展方式转变研究[M]. 北京：民族出版社.

郑长德, 钟大能. 2005. 中国少数民族地区发展财政研究[M]. 成都：四川人民出版社.

郑长德, 钟海燕. 2007. 现代西方城市经济理论[M]. 北京：经济日报出版社.

郑长德, 钟海燕. 2011a. “十二五”时期促进民族地区经济社会全面发展的基本思路与政策建议[C]//第二届全国空间经济讨论文集西南民族大学, 2010: 296-305.

郑长德, 钟海燕. 2011b. 西部民族地区工业结构的逆向调整与政策干预研究[C]//第二届全国空间经济学研讨会论文集. 西南民族大学, 2010:296-305.

郑长德, 周兴维. 2008. 民主改革与四川藏族地区经济发展研究[M]. 北京：民族出版社.

郑长德. 2001. 世界不发达地区开发史鉴[M]. 北京：民族出版社.

郑长德. 2002. 西部民族地区大开发与经济发展[M]. 成都：四川民族出版社.

郑长德. 2003a. 论西部民族地区产业结构的优化和产业竞争力的再造[J]. 西南民族大学学报（人文社会科学版）, (9): 1-6.

郑长德. 2003b. 中国西部民族地区贫困问题研究[J]. 人口与经济, (1):7-11.

郑长德. 2003c. 论民族地区产业结构的优化和产业竞争力的再造[J]. 西南民族大学学报, 9:1-6.

郑长德. 2006a. 中国少数民族地区的经济发展：实证分析与对策研究[M]. 北京：民族出版社.

郑长德. 2006b. 中国西部民族地区生态补偿机制研究[J]. 西南民族大学学报(人文社科版), 26(2): 5-10.

郑长德. 2007. 中国西部地区金融发展与经济增长[M]. 北京：民族出版社.

郑长德. 2008. 民主改革与四川彝族地区经济发展研究[M]. 北京：民族出版社.

郑长德. 2009a. 新经济地理学与中国少数民族地区的经济发展[J]. 黑龙江民族丛刊, 3:57-65.

郑长德. 2009b. 中国西部民族地区的经济发展[M]. 北京：科学出版社.

郑长德. 2009c. 空间经济学与中国区域经济发展[M]. 北京:光明日报出版社.

郑长德. 2011. 中国民族地区自我发展能力构建研究[J]. 民族研究, 4:15-24, 107.

郑长德. 2013. 转型期民族地区产业结构动态优化与就业能力同步提升研究[M]. 北京：经济科学出版社.

郑长德. 2014. 中国少数民族地区的后发赶超与转型发展[M]. 北京：经济科学出版社.

郑长德. 2014. 中国少数民族地区经济发展报告(2014)[M]. 北京：中国经济出版社.

郑长德. 2015. 中国少数民族人口经济研究[M]. 北京：中国经济出版社.

政治局研究深入实施西部大开发战略[N]. 2010 年 05 月 29 日,人民日报。

中共中央, 国务院. 2011. 中国农村扶贫开发纲要(2011—2020 年) [M]. 北京：人民出版社.

中共中央, 国务院. 2014. 关于加强和改进新形势下民族工作的意见[EB/OL]. http://www. gov. cn/zhengce/2014-12/22/content_2795307. htm.

中共中央马克思恩格斯列宁斯大林著作编译局. 1995a. 马克思恩格斯选集:第 1 卷[M]. 北京：人民出版社.

中共中央马克思恩格斯列宁斯大林著作编译局. 1995b. 马克思恩格斯选集:第 2 卷[M]. 北京：人民出版社.

中国发展研究基金会. 2007. 在发展中消除贫困：中国发展报告 2007[M]. 北京：中国发展出版社.

中国科学院-国家计划委员会自然资源综合考察委员会. 1990. 中国自然资源手册[M]. 北京：科学出版社.

中国科学院可持续发展研究组. 1999. 1999 中国可持续发展战略报告[M]. 北京：科学出版社.

中国人口较少民族发展研究丛书编委会. 2007. 中国人口较少民族经济和社会发展调查报告[M]. 北京：民族出版社.

中华人民共和国国家统计局. 2001. 中国统计年鉴(2001)[M]. 北京：中国统计出版社.

中华人民共和国国家统计局. 2013. 中国统计年鉴(2013)[M]. 北京：中国统计出版社.

中华人民共和国国家统计局. 2015. 中国统计年鉴(2015)[M]. 北京：中国统计出版社.

中华人民共和国教育部发展规划司. 2010. 中国教育统计年鉴 2009 [M]. 北京：人民教育出版社.

中央编译局. 1960. 马克思恩格斯全集:第 3 卷[M]. 北京：人民出版社.

中央编译局. 1972. 马克思恩格斯全集:第 23 卷[M]. 北京：人民出版社.

中央编译局. 1974. 马克思恩格斯全集:第 25 卷[M]. 北京：人民出版社.

中央编译局. 1979. 马克思恩格斯全集:第 47 卷[M]. 北京：人民出版社.

中央编译局. 1980. 马克思恩格斯全集:第 46 卷(下)[M]. 北京：人民出版社.

中央编译局. 1995. 马克思恩格斯全集:第 30 卷[M]. 北京：人民出版社.

钟大能. 2008a. 生态产品经营效益的财政补偿机制研究——以西部民族地区生态环境建设为例[J]. 西南民族大学学报(人文社科版), 29(9): 233-238.

钟大能. 2008b. 西部少数民族地区生态环境建设进程与其财政补偿机制的形成[M]. 北京：经济科学出版社.

钟海燕,郑长德. 2013. 中国少数民族地区空间结构优化与区域协调发展研究[M]. 北京:经济科学出版社.

钟海燕. 2007. 成渝城市群研究[M]. 北京：中国财政经济出版社.

周定庆. 1999. 我国区域经济发展中“适度差异”界限探析[J]. 湖南商学院学报, 2:15-16.

周恩来. 1984. 周恩来选集[M]. 北京：人民出版社.

周伟. 2002. 民族区域自治法解释案例实证问题研究[J]. 西南民族学院学报,23(7):149-156.

周兴维. 2001. 战略重心的西移[M]. 北京：民族出版社.

周兴维. 2002. 西部民族地区大开发与可持续发展[M]. 成都：四川民族出版社.

周兴维. 2006. 神权农奴制的起源和终结——中国传统藏区的一个宗教经济学解读以及在现代藏区发展发展中引入“宗教经营”的问题[J]. 西南民族学院学报(哲学社会科学版). 27(6): 61-70.

周毅. 2010. 城镇化机制创新与城乡区域经济发展方式转变[J]. 西北师大学报(社会科学版), 47(6):116-123.

朱玲. 2000. 农地分配中的性别平等问题[J]. 经济研究, (9)：41-42.

朱勤, 彭希哲, 陆志明. 2009. 中国能源消费碳排放变化的因素分解及实证分析[J]. 资源科学, 12:2072-2079.

朱文. 2004. 统筹区域经济发展研究[M]. 北京：经济日报出版社.

朱英明. 2004. 城市群经济空间分析[M]. 北京：科学出版社.

住房和城乡建设部城乡规划司, 中国城市规划设计研究院. 2010. 全国城镇体系规划(2006-2020)[M]. 北京：商务印书馆.

庄万禄. 2008. 水电工程移民群体事件化解机制与和谐社会建设——以四川民族地区为例[J]. 西南民族大学学报(人文社科版), 29(1): 67-74.

卓玛措,罗正霞, 马占杰, 等. 2008. 青海省区域发展空间模式研究[J]. 青海民族学院学报, (04).

《最新中小学教师政策法规问题》编写组.2003. 最新中小学教师政策法规问答 2003[M]. 北京: 新华出版社.

曾菊新. 1996. 空间经济：系统与结构[M]. 武汉：武汉出版社.

曾庆芬. 2006. 西部民族地区非公有制经济发展现状及对策——以四川省马边彝族自治县为例[J]. 商业研究,(16):160-163.

ABHIJIT S. 2007. Presidential address delivered at the 66th annual conference of the Indian journal of agricultural economics in Indian[J]. Journal of Agricultural Economics, 62(1):1-12.

ADB. 2007. Eminent persons group report[R]. Manila: Asian Development Bank.

ADDISON T , CENTRE C P. 2008. The chronic poverty report 2008-09: escaping poverty traps[J]. Chronic Poverty Research Centre, 21 (2) :159-159.

AGHION P, CAROLI E, GARCIA-PENALOSA C. 1999. Inequality and economic growth: the perspective of the new growth theories[J]. Journal of Economic Literature, 37(4):1615–1660.

AHLUWALIA M S. 2007. Planning in Kaushik Basu[M]. New Delhi: Oxford University Press.

AITKEN B J, HARRISON A E. 1999. Do domestic firms benefit from direct foreign investment? evidence from venezuela[J]. American Economic Review, 28(2):6-16. .

ALCHIAN A A, Demsetz H. 1972. Production, Information costs, and Economic Organization [M]. New York:American Economic Review.

ALESINA A, PEROTTI R. 1996. Income distribution, political instability and investment[J]. European Economic Review, 40(6): 1203-1228.

ALESINA A, RODRIK D. 1994. Distributive politics and economic growth[J]. Quarterly Journal of Economics,109(2):465–490.

ALI I , ZHUANG J. 2007. Inclusive growth toward a prosperous Asia: policy implications[R]. Asian Development Bank.

ALI I , ZHUANG J. 2015. Inclusive growth toward a prosperous Asia: Policy implications[R]. Asian Development Bank.

ALI I , SON H H. 2007a. Defining and measuring inclusive growth:application to the Philippines [R]. ERD Working Paper,98.

ALI I, SON H H. 2007b. Measuring inclusive growth[J]. Asian Development Review, 24 (1):11–31.

ALI I. 2011. Inequality and the imperative for inclusive growth in Asia[J]. Comparative Economic & Social Systems,24(2):1-16.

ANANTATMULA V S. 2007. Linking KM effectiveness attributes to organizational performance[J]. Vine,37(2):133-149.

ANDREW B, Bernand J, Bradford J, et al. 2002. Survival of the best fit:competition from low wage countries and the growth of us manufacturing plants[C]. NBER Working Paper No. 9170.

ASIAN DEVELOPMENT BANK. 2012[2014-1-8]. Framework of inclusive growth indicators 2012:key indicators for Asia and the pacific special supplement[EB/OL]. www. adb. org.

AWAN M S, MALIK N. 2011. Impact of education on poverty reduction[J]. International Journal of Academic Research, 3:660-666.

BALDWIN R , FORSLID R, MARTIN P, et al. 2003. Economic geography and public policy[M]. Princeton: Princeton University Press.

BALDWIN R, FORSLID R, MARTIN P, et al. 2001. Public policies and economic geography [R]. Geneva:Graduate Institute of International Studies.

BALDWIN R, FORSLID R, MARTIN P, et al. 2003. Economic geography and public policy[J]. Princeton University Press,4(5):597-602.

BALDWIN R, MARTIN P. 2003. Agglomeration and regional growth[J]. Handbook of Regional and Urban Economics, 4(04):2671-2711.

BALDWIN R. 2000. Regulatory protectionism, developing nations and a two-tier world trading system [R]. Brookings Trade Forum: 237-293. Washington DC: The Brookings Institution.

BALDWIN, R, MARTIN P. 2004. Agglomeration and Regional Growth[C]//:H, V J, T J F. Handbook of Regional and Urban Economics. vol. 4: Cities and Geography. North-Holland Elsevier,.

BANERJEE A V, DUFLO E. 2003. Inequality and growth: what can the data say[J]. Journal of Economic Growth, 8(3):267-99.

BARRO R J. 1990. Government spending in a simple model of endogeneous growth[J]. Journal of Political Economy, 98(5): 103-25.

BARRO R J. 1999. Inequality, growth and investment [R]. NBER Working Paper,5(35):1770-1807.

BARRO R J. 2000. Inequality and growth in a panel of countries[J]. Journal of Economic Growth, 5(1):5-32

BEHRENS K. 2004. Agglomeration without trade:hownon-tra-ded goods shape the space-economy [J]. Journal of UrbanEconomics, 55(1):68-92.

BEHRENS K. 2005. Howendogenous asymmetries in interregionalmarket access trigger regional divergence [J]. Regional Scienceand Urban Economics , 35(5):471-492.

BELTRATTI A. 1998. Model of ecomomic growth with environmental assets[J]. Fondazione ENI Enrico Mattei series on Economics

BENABOU R. 2000. Unequal societies: income distribution and the social contract[J]. American Economic Review, 90(1):96-129.

BENHABIB J. 2003. The tradeoff between inequality and growth[J]. Annals of Economics and Finance,4(2):491-507.

BERG A, OSTRY J D, ZETTELMEYER J. 2012. What makes growth sustained[J]. Journal of Development Economics, 98(2):149-166.

BESLEY T, BURGESS R, ESTEVE-VOLART B. 2007. The policy origins of growth and poverty in India, in Besley, Timothy and Lousie J[R]. New York :Delivering on the Promise of Pro-Poor Growth, Palgrave Macmillan and the World Bank:59-78.

BESLEY T, BURGESS R. 2003. Halving Global Poverty[J]. Journal of Economic Perspectives,17:3-22.

BLOCK S A, MASTERS W A, BHAGOWALIA P. 2012. Does child undernutrition persist despite poverty reduction in developing countries? Quantile regression results[J]. The Journal of Development Studies,48:1699-1715.

BLOMSTROM M, PERSSON H. 1983. Foreign investment and spillover efficiency in an underdevelopment economy:evidence from the mexican manufacturing industry[J]. World Development, 11 : 493-501.

BLOMSTROM M, WOLFF E N. 1989,Multinational Corporations and Productivity Convergence in Mexico [R] . NBER Working Paper No. 3141.

BORGHESI S. 1999[2013-7-10]. The environmental Kuznets curve: a survey of the literature[J]. https://ssrn. com/abstract=200556 .

BORGHESI S. 2000[2013-7-10]. Inequality, growth and the environment: a steady-state analysis of the Kuznets curve and the environmental Kuznets curve[J]. https://ssrn. com/abstract=238780.

BOURGUIGNON F, FERREIRA F H G, WALTON M. 2006. equity, efficiency and inequality traps: a research agenda[R]. Washington D C: The World Bank.

BOURGUIGNON F. 2003. The growth elasticity of poverty reduction: explaining heterogeneity across countries and time periods[C]// Eicher T, Turnovsky J. Inequality and Growth: Theory and Policy Implications. Cambridge: MIT Press：3-26.

BOYCE J K. 1994. Inequality as a cause of environmental degradation[J]. Ecological Economics, 11: 169-178.

BOYCE J K. 2003. Inequality and environmental protection, political economy research institute, workingpaper series [D]. Amherst：University of Massachusetts Amherst.

BUCHANAN J M. 1984. Constitutional Restrictions on the Power of Government[M]. The Theory of Public Choice II, Ann Arbor: University of Michigan Press.

BUCHANAN J M. 1987. Economics-Between Predictive Science and Moral Philosophy[M]. College Station: Texas A & M University Press.

BUCHANAN J M. 1989. Explorations into Constitutional Economics[M]. College Station：Texas A&M University Press.

BUCKLEY P J,CASSON M C. 1976. The future of the multinational enterprise[M]. London: Homes and Meier Press.

BUCKLEY P J, CASSON M C. 1998. Models of the multinational enterprises[J]. Journal of International Business Studies, 29(1).

CALDWELL, LYNTON K. 1996. International Environmental Policy [M]. North Carolina:Duke University Press.

CANTWELL J, TOLENTINO P E. 1990. Technological accumulation and third world multinationals[R]. International Investment and Business Studies.

CAVES R E. 1974. Multinational firms, competition and productivity in host-country markets[J]. Economica, 41 :176-193.

COASE R H. 1964. The regulated industries [J]. American Economic Review, 54(3) : 194-197.

COASE R H. 1984. The new institutional economics [J]. Zeitschrift Für Die Gesamte Staatswissenschaft , 140 (1) :229-231.

COHEN A. 2009. The multidimensional poverty assessment tool: design, development and application of a new framework for measuring rural poverty[R]. Rome: IFAD.

COMBES P P , MAYER T , JACQUES-FRANÇOIS THISSE. 2008. Economic geography: the integration of regions and nations[M]. Princeton :Princeton University Press.

CONSOLI F, ALLEN D, BOUSTEA D.1993. Guidelines for life-cycle assessment: a code of practice[J]. Society of Environmental Toxicology and Chemistry (SETAC) Brussels: SETAC, (11) : 2.

COTE R P, COBEN-ROSENTHAL E. 1998. Designing Eco-industrial parks: a synthesis of some experiences[J]. Journal of Cleaner Production, 6 (3) :181-188.

DALIA S,HAKURA D, NSOULI S M. 2006. The millennium development goals, the emerging framework for capacity building, and the role of the IMF [R]. IMF Working Paper.

DEININGER K, SQUIRE L. 1996. A new data set measuring income inequality[J]. The World Bank Economic Review,10(3)：565-91.

DEMSETZ H. 1967. Toward a theory of property rights [J]. American Economic Review, 57(2):347-359.

DÉMURGER S, SACHS J D, WOO W T, et al. 2002[2013-7-10]. Geography, economic policy, and regional development in China[J]. https://www. nber. org/papers/w8897. pdf.

DIXIT A K, STIGLITZ J E. 1977. Monopolistic competition and optimum production diversity[J]. AER, 67(3): 297-308.

DOWLING M, CHEANG C T. 2000. Shifting comparative advantage in Asia:New tests of the "flying greese" model[J]. Journal of Asia Economics, 11 (4) :443-463.

EASTERLY W. 2007. Inequality does cause underdevelopment: insights from a new instrument[J]. Journal of Development Economics, 84(2):755–776.

Éloi LAURENT. 2013. Inequality as pollution,pollution as inequality: the social-ecological nexus [EB/OL]. https://ces. fas. harvard. edu/files.

EMEST L. 1997. Eco-Industrial Parks: A Foundation for Sustainable Communities[J]. Indigo Development, 58:63.

FINDLAY R. 1978. Relative backwardness direct foreign investment and the transfer of technology:a simple dynamic model[J]. Quarterly Journal of Economics, 92 : 1-16.

FINGLETON B. 2007. New directions in economic geography[J]. Books , 1999 (80) :5-27.

FORBES K J. 2000. A reassessment of the relationship between inequality and growth[J]. American Economic Review, 90(4):869-887.

FORSLID R. 2004. Regional Policy, Integration and the Location of Industry in a Multiregion Framework [J]. CEPR Discussion papers, 7:4630.

FOSTER J, GREER J, THORBECKE E. 1984. A class of decomposable poverty measures[J]. Econometrica,52:761-766.

FRIEDMANN J, ALONSO W. 1964. Regional development planning: a reader[M]. Cambridge: Mass. The MII Press.

FUJITA M , KRUGMAN P, VENABLES A J. 1999. The Spatial Economy: Cities, Regions, and International trade[J]. MIT Press Books, 1(1): 283-285.

FUJITA M ,THISSE J F. 2002. Economics of agglomeration-cities, industrial location, and regional growth[M]. Cambridge :Cambridge University Press.

FUJITA M, KRUGMAN P R, ANTHONY J. 2001. Venables, The Spatial Economy: Cities, Regions, And International Trade [M]. Cambridge: The MIT Press.

FUJITA M, THISSE J F. 1986. Spatial competition with a land market: hotelling and von thunen unified[J]. RES, 53 (5) :819-841.

FUJITA M, THISSE J F. 2003. Economics of agglomeration-cities, industrial location, and regional growth[J]. Economic Journal , 113 (488) :584-592.

GABAIX X. 1999. Zipf's law for cities: an explanation[J]. Quarterly Journal of Economics, 114 (3) :739-767.

GALOR O, Moav O. 2004. From physical to human capital accumulation: inequality and the process of development[J]. Review of Economic Studies, 71(4): 1001–1026.

GERSBACH H A, SCHMUTZLER A. 1999. External spillovers, internal spillovers and the geography of production and innovation[J]. Regional Science and Urban Economics, 29(6): 679-696.

GINSBURG N, KOPPEL B, MCGEE T G , etal. 1991. The extended metropolis. Settlement transition in Asia[M]. Honolulu: University of Hawaii Press.

GIRMA S, WAKELIN K. 2001. Regional underdevelopment: is fdi the solution? a semiparametric analysis [R]. GEP Research Paper, No. 11, University of Nottingham.

GLAESER E L, GLAERH D, KALLAL H D. 1992. Growth in cities[J]. Journal of Political Economy, 100(6): 1126-1152.

GLOBERMAN S. 1979 . Foreign direct investment and "Spillover" efficiencybenefits in Canadian manufacturing industries[J]. The Canadian Journal ofEconomics/Revue Canadienned Economique, 12 (1):42-56.

GLOBERMAN S. 1979. Foreign direct investment and spillover efficiency benefits in Canadian manufacturing industries[J]. Canadian Journal of Economics, 12 : 42-56.

GOEDHART TH , HALBERSTADT V, KAPTEYN A, etal. 1977. The poverty line: Concept and measurement[J]. The Journal of Human Resources, 12:503–520.

GOTTMANN J, HARPER R A. 1990. Since megalopolis, the urban writings of Jean Gottmann[M]. Baltimore and London: Johns Hopkins University Press.

GOUNDER R, XING Z. 2012. Impact of education and health on poverty reduction: monetary and non-monetary evidence from Fiji[J]. Economic Modelling,29:787–794.

GRACIELA C, GEOFFREY H. 1993. Who should abate carbon emissions? An International viewpoint [R]. National Bureau of Economic Research Working Paper No. 4425.

GRACIELA C. 2008. The abatement of carbon emissions in industrial and developing countries [R]. Munich Personal RePEc Achive Paper No. 83901.

GROSSMAN G M, KRUEGER A B. 1994. Economic growth and the environment[M]//NBER Working Paper n. 4634; also in Quarterly Journal of EconomicsVol [J]. 110 (1995) : 353-377.

GROSSMAN G M, KRUEGER A B. 1995. Economic growth and the environment[J]. Quarterly Journal of Economics ,5: 368.

GROSSMAN G M. 1995. Pollution and growth: what do we know? [C]// Goldin I, Winters L A. The Economics Of Sustainable Development. London: Cambridge University Press, 848: 19-45.

HADDAD A, HARRISON M. 1994 . Are there dynamic externauties from direct foreign investmenl evidence for morocco[R]. Industry and energy department working paper industry series paper no. 48.

HADDAD M, HARRISON A. 1994. Are there positive spillovers from foreign direct investment? Evidence form panel date for morocco[J]. Journal of Developing Economics, 42:1-74.

HALTER D, OECHSLIN M, ZWEIMÜLLER J. 2010. Inequality and growth: the neglected time dimension[J]. Journal of Economic Growth,19(1):81-104.

HANSMAN H. 1988. Ownership of the firm [J]. Journal of Law Economics and Organization,4(2):267-304.

HARMAN W. 1992. Reassessing the Economic Assumption [J]. The Futurist, 13-16.

HASKEL J E, PEREIRA S C, SLAUGHTER M J . 2002. Does inward foreign direct investment boost the productivity of domestic firms? [R]. NBER Working Paper No. 8724.

HAUSMANN R, RODRIK D, VELASCO A. 2005. Growth diagnostics[C]//Kennedy J F. School of Government, Harvard University. Cambridge. Massachusetts.

HAUSMANN R, Rodrik D, Velasco A. 2004. Growth diagnostics [J]. Harvard University, 12: 1-25.

HILL E W. 2000. A methodology for identifying the drivers industrial clusters: the foundation of regional competitive advantage[J]. Economic Development Quarterly, 14(1): 65-96.

HOLTZ-EAKIN D, SELDEN T M. 1995. Stoking the fires? CO_2 emissions and economic growth[J]. Journal of Public Economics, 57:85-101.

HYMER S H. 1960. The International Operations Of National Firms: a Study of Foreign Direct Investment[M]. Cambndge MA: MIT

Press.

IANCHOVICHINA E ,LUNDSTROM S. 2009. Inclusive growth analytics： framework and application [R]. Policy Research Working Paper.

JAFFE A B , TRAJTENBERG M , HENDERSON R. 1993. Geographic localization of knowledge spillovers as evidenced by patent citations[J]. Quarterly Journal of Economics ,108 (3) :577-98.

JAIMOVICH N, REBELO S, 2012. Non-linear effects of taxation on growth[J]. Cepr Discussion Papers,125 (1) .

JAMES F, GREER J, THORBECKE E. 1984. A class of decomposable poverty measures[J]. Econometrica ,52: 761-765.

JEUCKEN M. 2001. Sustainable Banking and Finance : The Financial Sector and the Future of the Planet[M]. London :Routledge,

JOSEPH E. 1969. Readings in Modern Theory of Economic Growth [M]. Cambridge: MIT Press.

KAKWANI N, PERNIA E. 2000. What is pro-poor growth[J]. Asian Development Review ,16 (1) :1-22.

KALDOR N. 1957. A model of economic growth[J]. The Economic Journal, 67 (268) :591-624.

KALI R. 2003. The city as a giant component: a random graph approach to Zipf's law[J]. Applied Economics Letters, 10: 717–720.

KARL N. 1989. Llewellyn, the Case Law System in American[M]. Chicago: University of Chicago Press.

KAUFMANN R K , DAVIDSDOTTIR B , GARNHAM S , et al. 1998. The determinants of atmospheric SO_2 concentrations: reconsidering the environmental Kuznets curve[J]. Ecological Economics,25:209-220.

KLASEN S. 2003. In search of the holy grail: how to achieve pro-poor growth?[R]. To be Appeared in proceedings of ABCDE-Europe.

KNIGHT J , SHI L , QUHENG D . 2009. Education and the poverty trap in rural China: closing the trap[J]. Oxford Development Studies, 37 (4) :311-332.

KOJIMA K. 1973. Reorganization of north-south trade: Japan’s foreign economic policy for the 1970’s[J]. Hitotsubashi Journal of Economics, 13 (2) : 59-129.

KOKKO A. 1994. Technology, market characteristics, and spillovers[J]. Journal of Development Economics, 43: 279-293.

KOKKO A. 1996. Productivity spillovers from FDI in the uruguayan manufacturing sector[J]. Journal of Development Studies, 32: 602-611.

KRUGMAN P R. 1980. Scale economies, product differentiation, and the pattern of trade[J]. American Economic Review,70 (5) :950-959.

KRUGMAN P R. 1991a. Geography and Trade[M]. Leuven, Belgium:Leuven University Press.

KRUGMAN P R. 1991b. Increasing returning and economic geography[J]. The Journal of Political Economy, 99 (3) : 483-499.

KRUGMAN P R. 1995. Development, geography, and economic theory[J]. Paul Krugman , 63 （252） :701.

KRUGMAN P, VENABLESE A J. 1995. Globalization and the inequality of nations[J]. Quarterly Journal of Economics,110 (4) :857-880.

KUZNETS S. 1955. Economic growth and income inequality[J]. American Economic Review, 45: 1-28.

LAZEAR E P, ROSEN S. 1981. Rank-order tournaments as optimum labor contracts[J]. Journal of Political Economy, 89 (5) :841–864.

LEONTIEF W W. 1936. Quantitative input and output relations in the economics systems of the united states[J]. The Review of Economics Statistics, 18: 53-136.

LIPSEY R E. 2002. Home and host country effect of FDI[C]. NBER Working Paper No. 9293.

LIU X , SILER P, WANG C ,etal. 2000. Productivity spillovers from foreign direct investment: evidence from UK industry level panel data[J]. Journal of International Business Studies, 31:407-425.

LLEWELLYN K N. 1989. The Case Law System in American[M]. Chicago:University of Chicago Press.

LOPEZ J H,SERVÉN L. 2006. A normal relationship? Poverty, growth, and inequality[R]. World Bank Policy Research Working Paper.

LOVE R , OJA G . 1977. Low income in canada[J]. Review of Income & Wealth, 23 (1) :39-61.

LUO X B. 2004. The role of infrastructure, investment location in China's western development[R]. Policy Research Working Paper.

LUO X B. 2010. Growth spillover effects and regional development patterns : the case of Chinese provinces[R]. Policy Research Working Paper.

MACDOUGALL D. 1960. The benefits and costs of private investment from abroad:a theoretical approach[J]. Economic Record, 36: 13-35.

MAGNANI E. 2000. The environmental Kuznets curve, environmental protection policy and income distribution[J]. Ecological Economics, 32:431-443.

MAGNUS B, DENIS K. 2005. FDI in the restructuring of the Japanese economy[R]. NBER Working Paper No. 7693.

MAGNUS B, KONAN D, LIPSEY R E. 2000. FDI in the restructuring of the Japanese economy[R]. NBER Working Paper No. 7693.

MARKUSEN A. 2004. Targeting occupations rather than industries in regional and community economic development[J]. Journal of the American Planning Association ,70 (3) :253-268

MARKUSEN J R. 1997. Trade versus investment liberalization[R]. NBER Working Paper No. 6231. .

MARKUSEN J R. 2004. Multinational Firms and the Theory of International Trade[M]. MA: MIT Press.

MARLAND G, ROTTY R M. 1984. Carbon dioxide emissions from fossil fuels: a procedure for estimation and results for 1950-1982[J]. Tellus, 36B:232-261.

MARSILIANI L, RENSTRÖM T I. 2000. Inequality, environmental protection and growth[R]. Center Working Paper No.34.

MARTIN P, ROGERS C A. 1995. Industrial location and public infrastructure[J]. Journal of International Economics,39 (3/4) : 335-351.

MATOS G R,SULLIVAN D E. 1998. Materials and energy flows in the earth science century [J]. USGS, 21.

MCGEE T G . 1991. The emergence of Desakota regions in Asia: expanding a hypothesis[J]. Extended Metropolis Settlement Transition in Asia.

MCKEON H, JOHNSTON K, HENRY C. 2004. Multinational companies as a source of entrepreneurial learning[J]. Education&Training, 46: 433-443.

MELTZER A, RICHARD S. 1981. A rational theory of the size of government[J]. Journal of Political Economy, 89 (5) :914–927.

MORI T, NISHIKIMI K , SMITH T E. 2002. Some empirical regularities of spatial economies: a relationship between industrial location and city size[R]. Kier Working Papers.

OKUN A M. 1975. Equality and Efficiency: the Big Trade-Off [M]. Washington D C: Brookings Institution Press.

ORSHANSKY M. 1965. Counting the poor: another look at the poverty profile[J]. Social Security Bulletin ,28 (1) :3–29.

OSTRY D, BERG A, TSANGARIDES C G. 2014. Redistribution, inequality, and growth[R]. IMF Staff Discussion Note, Paper No.4.

OTTAVIANO G I P, TABUCHI T, THISSE J. 2002. Agglomeration and trade revisited[J]. International Economic Review, 43:409-436.

OTTAVIANO G I P. 2001. Monopolistic competition, trade, and endogenous spatial fluctuations[J]. Regional Science and Urban Economics, 31:51-77.

OTTAVIANO G I P. 2002a. Models of "New economics geography" : factor mobility vs. vertical linkages[R]. Mimeo, Graduate Institute of International Studies.

OTTAVIANO G I P. 2002b. Regional policy in the global economy: insights from new economic geography [R]. HWWA Discussion

Paper No. 211.

OTTAVIANO M G I P. 1999. Growing locations: Industry location in a model of endogenous growth,European Economic Review ,43:281-302.

OZAWA T. 2002. Flying-greese-style comparative advantage recycling and regional clusters growth:theoretical implications of the East Asia experience. economics at different stages of development[R]. Workshop Paper.

PANAYOTOU T. 1993. Empirical test and policy analysis of environmental degradation at different stages of economic development[R]. World Employment Programme Research, Working Paper 238, International Labour O¢ce, Geneva.

PANAYOTOU T. 1997. Demystifying the environmental Kuznets curve: turning a black box into a policy tool[J]. Environment and Development Economics,2:465-484.

PERNIA E M. 2003. Pro-poor growth: what is it and how is it important?[R]. ERD Policy Brief No. 17.

PEROTTI R. 1996. Growth, income distribution, and democracy: what the data say[J]. Journal of Economic Growth, 1 (2) :149–187.

PERSSON T, TABELLINI G. 1994. Is inequality harmful for growth[J]. The American Economic Review, 84 (3) : 600–621.

PORTER M E. 1998. On Competition[M]. Boston:Harvard Business School Press.

RACO M. 1999. Competition, collaboration and the new industrial districts: examining the institutional turn in local economic development[J]. Urban Economics, 36 (5) : 951-968.

RAMSEY F. 1928. A mathematical theory of saving[J]. Economic Journal 38, 152:543-559.

RAVALLION M, CHEN S. 2003. Measuring pro-poor growth[J]. Economics Letters, 78:93-99.

RAVALLION M, CHEN S. 2007. China’s (uneven) progress against poverty[J]. Journal of Development Economics,82:1-42.

RAVALLION M, DATT G. 2002. Why has economic growth been more pro-poor in some states of India than others[J]. Journal of Development Economics ,68 (2) :381-400.

RAVALLION M, HEIL M, JALAN J. 2000. Carbon emissions and income inequality[D]//Oxford Economic Papers, forthcoming; previously pubblished as “A less poor world, but a hotter one?”, 1997, The poverty, environment and growth working paper series, working paper n. 13, The World Bank, Washington D. C.

RICHARDS D J, ALLENBY B R, FROSCH R A. 1994. The Greening of Industrial Ecosystems[M]. Washington DC: National Academy Press.

RIKARD FORSLID R. 2004[2013-11-10]. Regional policy, integration and the location of industry in a multiregion framework[EB/OL], http://www. cepr. org/meets/wkcn/2/2333/papers/forslid. pdf.

ROBERTS J T, GRIMES P E. 1997. Carbon intensity and economic development 1962-91: a brief exploration of the environmental Kuznets curve[J]. World Development,25 (2) :191-198.

RODRIK D. 1999. Where did all the growth go? external shocks, social conflict, and growth collapses [J]. Journal of Economic Growth ,4 (4) :385-412.

ROEMER J E. 2006. Economic development as opportunity equalization [R]. Cowles Foundation Discussion Paper , No. 1583.

ROJAS M. 2008. Experience poverty and income poverty in Mexico : a subjective well-being approach[J]. World Development ,36 (6) :1078-1093.

ROWNTREE B S. 1901. Poverty: a study of town life[M]. London: Macmillan.

ROWTHOM R,RAMASWAMY R. 1997. Deindustrialization: causes and implications[J]. IMF Working Paper, WP/97/42.

ROWTHORN R E, RAMASWAMY R. 2006. Deindustrialization: causes and implications[R]. IMF Working Paper, WP/97/42.

RUGMAN A M. 1979. International Diversification And The Multinational Enterprise Lexington[M]. MA: Lexington Books.

SAINT-PAUL G, VERDIER T. 1993. Education, democracy and growth[J]. Journal of Development Economics, 42(2):399–407.

SAINT-PAUL G, VERDIER T. 1997. Power, distributive conflicts, and multiple growth paths[J]. Journal of Economic Growth, 2(2):155-168.

SAISANA M. 2009. The multidimensional poverty assessment tool (MPAT): robustness issues and critical assessment[R]. JRC Scientific and Technical Reports 8(8):2-18.

SALAZAR J. 1998. Environmental finance: Linking two world [J]. presented at a workshop on Financial Innovations for Biodiversity Bratislava,Slovakia.

SCHMIDHEINY S. 1992. Changing Course [M]. Cambridge: MIT Press.

SCOTT TAYLOR W A B S. 2004[2013-12-10]. The Green Solow Model, www. ssc. wisc. Edu.

SCRUGGS L A. 1998. Political and economic inequality and the environment[J]. Ecological Economics, 26:259-275.

SELDEN T M, Song D. 1994. Environmental quality and development: is there a Kuznets curve for air pollution emissions[J]. Journal of Environmental Economics and Management, 27: 147-162.

SEN A. 1985. Commodities and Capabilities[M]. Amsterdam: North-Holland.

SEN, ABHIJIT. 2007. Presidential address delivered at the 66th Annual Conference of the Indian Journal of Agricultural Economics in Indian[J]. Journal of Agricultural Economics, 62, 1:1-12.

SHAFIK N. 1994. Economic development and environmental quality: an econometric analysis[J]. Oxford Economic Papers, 46:757-773.

SHAHID YUSUF. 2008[2013-11-10]. Development economics through the decades: a critical look at 30 years of the world development report [R]. http://publications. worldbank. org/ecommerce/catalog/product?item_id=7014177.

SIDDHARTHA M. 2007. Inclusive growth in india: budgeting and monitoring[J] Ssrn Electronic Journal, 10: 21-39.

SIMONE B. 2000. Inequality, growth and the environment:a steady-state analysis of the Kuznets curve and the environmental Kuznets curve[J]. Ssrn Electronic Journal.

SJOHOLM F. 1999. Technology gap, competition and spillovers from direct foreign investment:evidence from establishment data[J]. The Journal of Development Studies,36(1): 53-73.

SMEEDING T M, RAINWATER L, BURTLESS G. 2001. "United States poverty in a crossnational context", in S. H. Danziger and R. H. Haveman, editors, Understanding Poverty[M]. Cambridge, MA: Harvard University Press.

STIGLITZ J E. 2012. The price of inequality: how today's divided society endangers our future[J]. W. W. Norton & Company, 75(6):892-900.

SURI V, CHAPMAN D. 1998. Economic growth, trade and energy: implications for the environmental Kuznets curve[J]. Ecological Economics, 25:195-208.

SURYANARAYANA M H. 2008. Inclusive growth:what is so exclusive about it? [R]. Macroeconomics Working Papers.

TAN Z A. 2002. Product cycle theory and telecommunications industry-foreign direct investment, government policy and indigenous manufacturing in China[J]. Telecommunications Policy,26(1/2): 17-30.

TORRAS M, BOYCE J K. 1998. Income, inequality and pollution: a reassessment of the environmental Kuznets curve[J]. Ecological Economics, 25:147-160.

TOWNSEND P. 1979. Poverty in the united kingdom: a survey of household resources and standards of living[M]. Berkeley: University of California Press.

UNITED NATIONS DEVELOPMENT PROGRAM. 1998. Capacity Assessment and Development in Systems and Strategic

Management Context, Technical Advisory Paper No. 3[R]. Nev York: United Nations Development Program, Management Development and Governance Division, Bureau for Development Policy.

UNITED NATIONS DEVELOPMENT PROGRAM. 2008. Social enterprise: a new model for poverty reduction and employment generation[R]. 2.

UNITED NATIONS DEVELOPMENT PROGRAMME. 2008. A million dollar question: what is inclusive growth?[R]. Report prepared by Uyanga Gankhuyag from a learning event orgnaised by the UNDP Learning Resource Centre, Poverty Reduction News Update, Issue # 13, UNDP t.

UNITED NATIONS. 2000. A better world for all[R]. New York: United Nations.

UNRUH G C, MOOMAWW R. 1998. An alternative analysis of apparent EKCtype transitions[J]. Ecological Economics, 25:221-229.

USMAN A, MALIK M I, AHMAD S. 2011. Role of micro finance in reducing poverty: a look at social and economic factors[J]. International Journal of Business and Social Science,21:138-144.

VERNON R. 1966. International investment and international trade in the product cycle[J]. Quarterly Journal of Economics, 80: 190-207.

VINCENT J R. 1997. Testing for environmental Kuznets curves within a developing country[J]. Environment and Development Economics, 2:417-431.

WALZ U. 1996. Transport costs, intermediate goods and localized growth[J]. Regional Science and Urban Economic, 6: 671-695.

WATTS H. 1968. An economic definition of poverty, in: d. moynihan（ed.）, on understanding poverty[M]. New York :Basic Books.

WEIR S. 2000. Intergenerational Transfers of Human Capital: Evidence on Two Types of Education Externalities [D]. Oxford, Centre for the Study of African Economies, Department of Economics, University of Oxford, WPS, 15.

WHITE H, ANDERSON E. 2001. Growth Versus Distribution: Does the Pattern of Growth Matter? [M]. Brighton: IDS.

WORLD BANK. 1990. World development report 1990 –poverty: world development indicators[R]. London: Oxford University Press.

彩 图 版

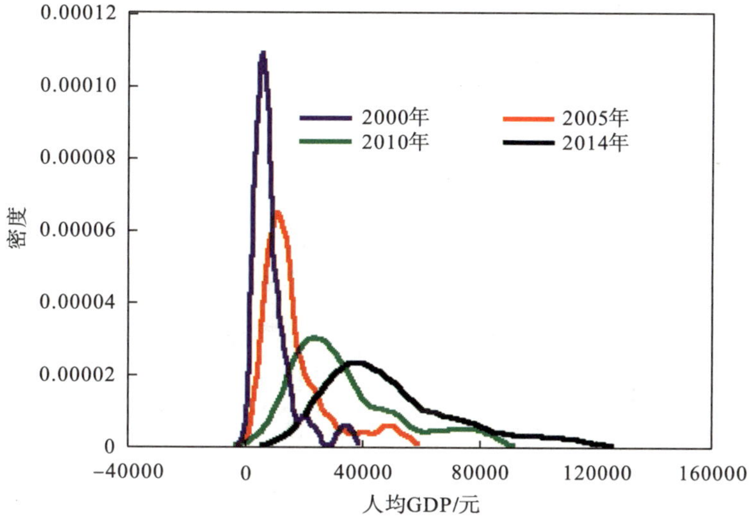

图 1.4　中国人均 GDP 的 Kernel 密度图

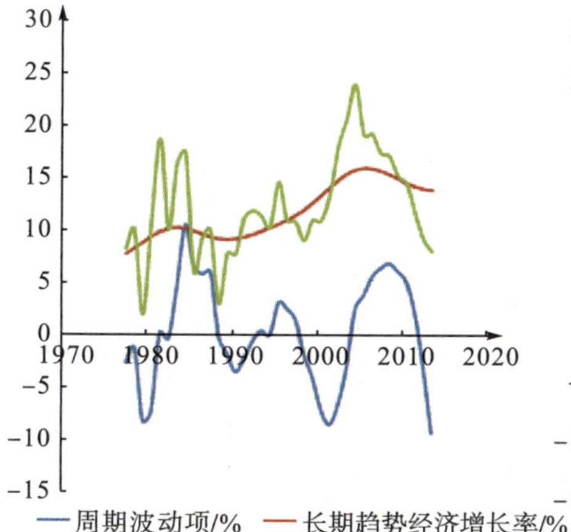

(a)内蒙古自治区

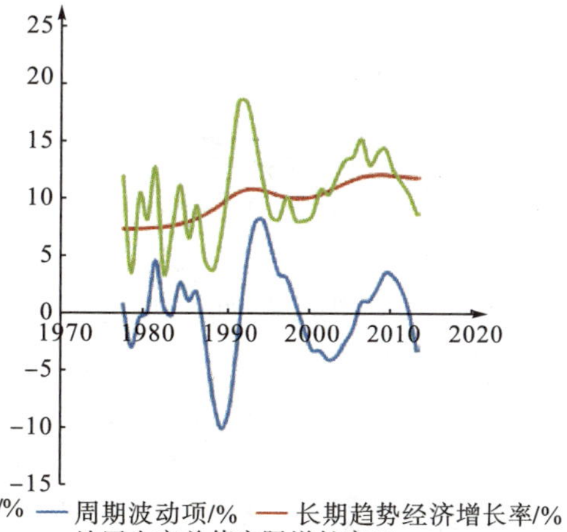

(b)广西壮族自治区

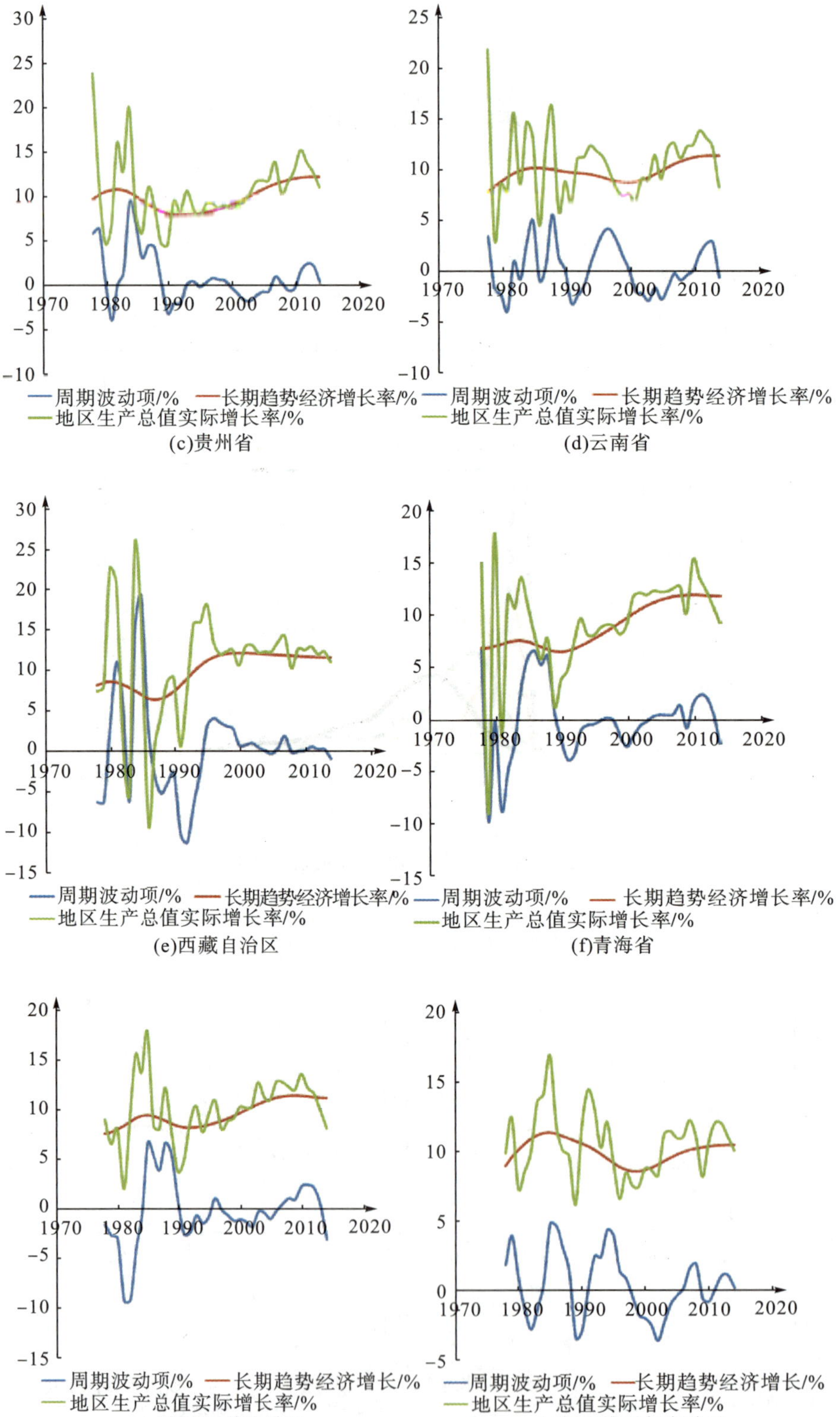

(c)贵州省　(d)云南省

(e)西藏自治区　(f)青海省

(g)宁夏回族自治区　(h)新疆维吾尔自治区

图 1.5　民族八省区经济增长的 HP 滤波分解

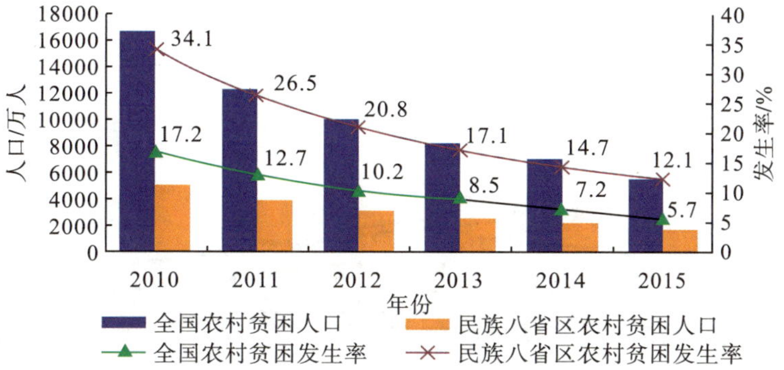

图 2.3 2010～2015 年民族八省区和全国农村减贫情况

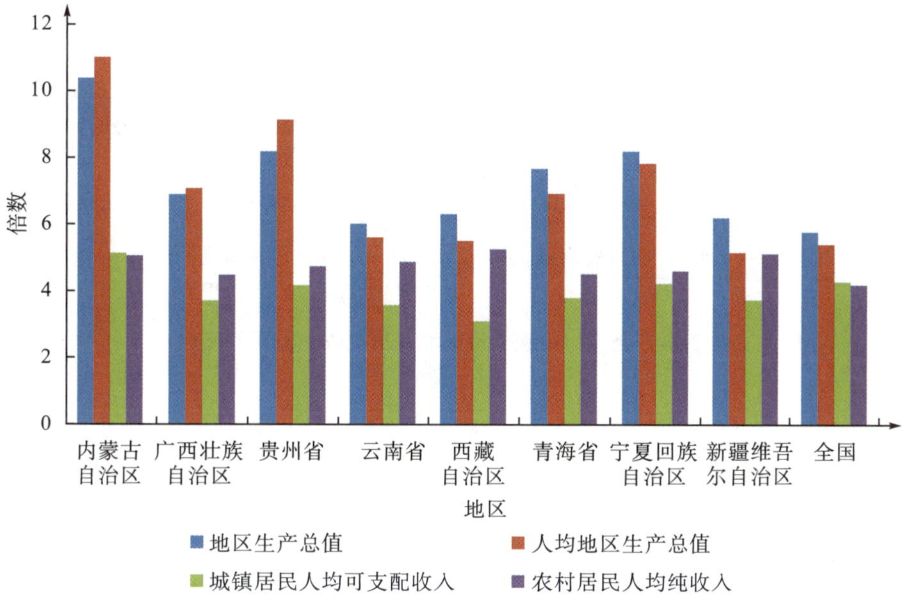

图 2.24 全国和民族八省区的经济增长与收入增长(2014 年相当于 2001 年倍数)

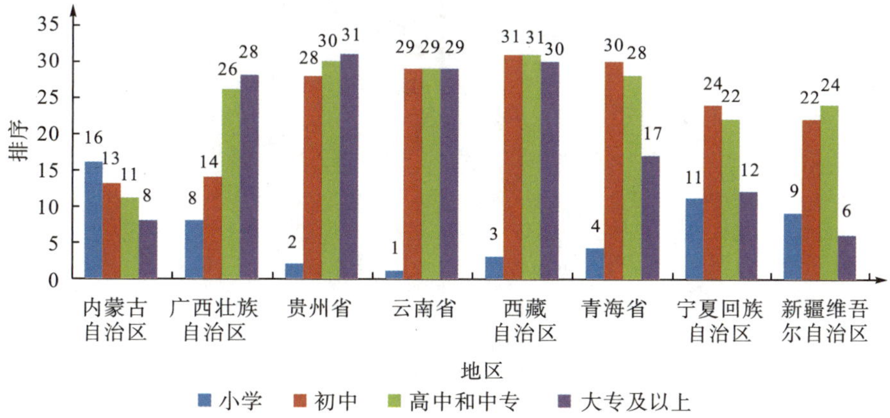

图 2.28 民族八省区每 10 万人口各种文化程度人口在全国的排序(降序)

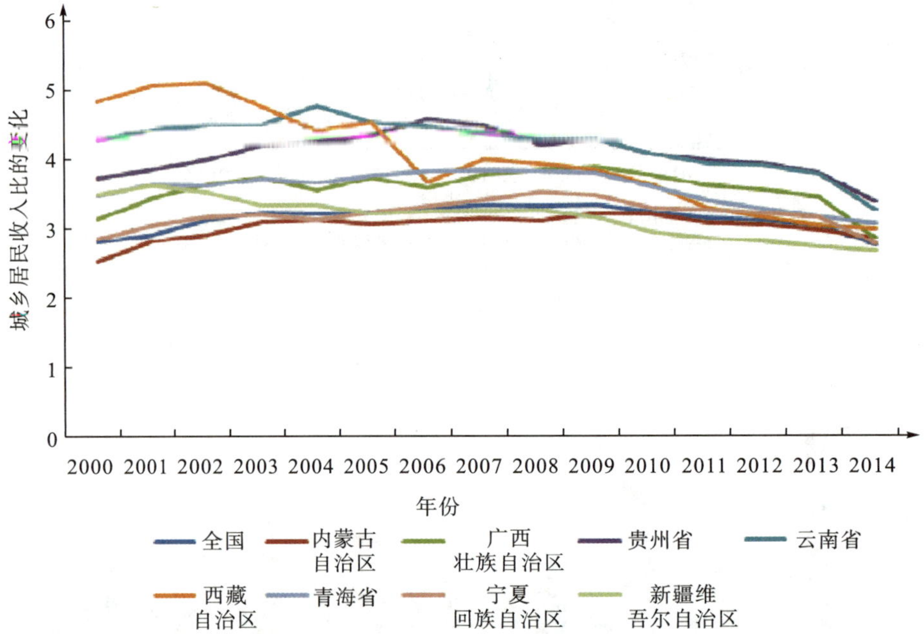

图 2.33 全国与民族八省区城乡居民收入差距的变化

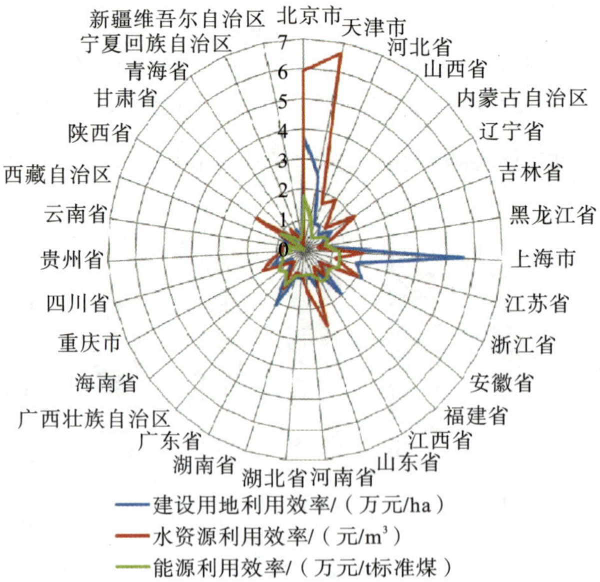

图 2.36 中国各地区资源利用效率(2014 年，与全国比较)

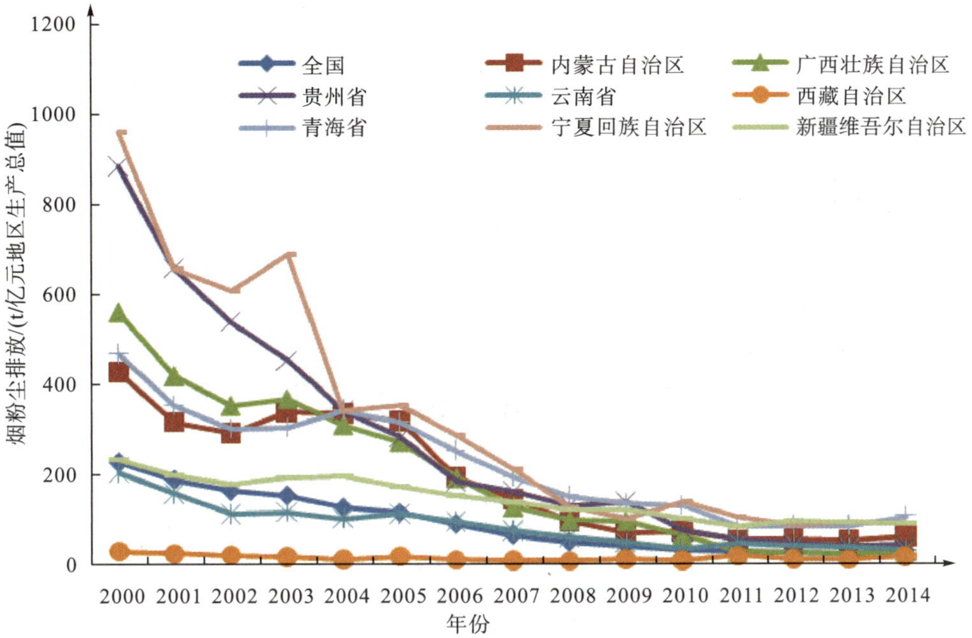

图 2.39　全国及民族八省区烟粉尘排放

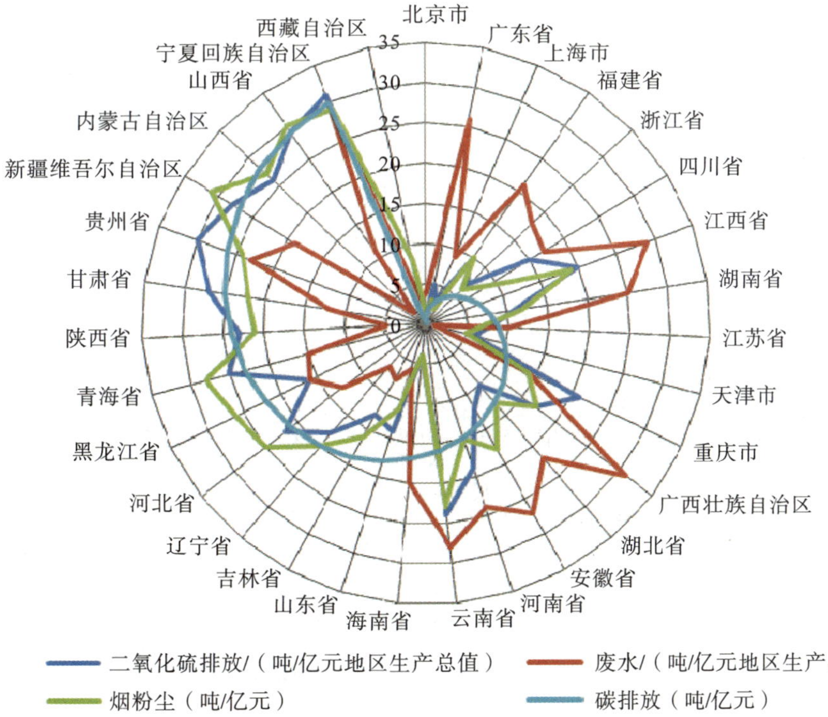

图 2.41　2014 年各地区污染物排放排序(升序)

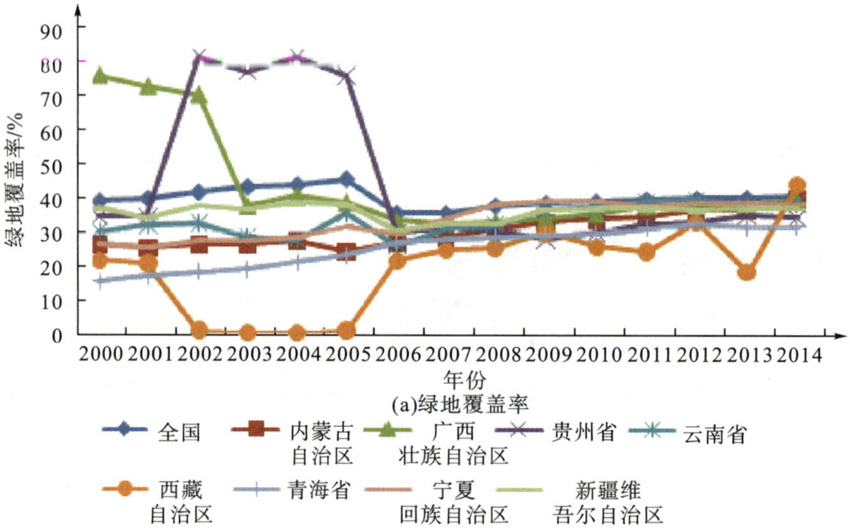

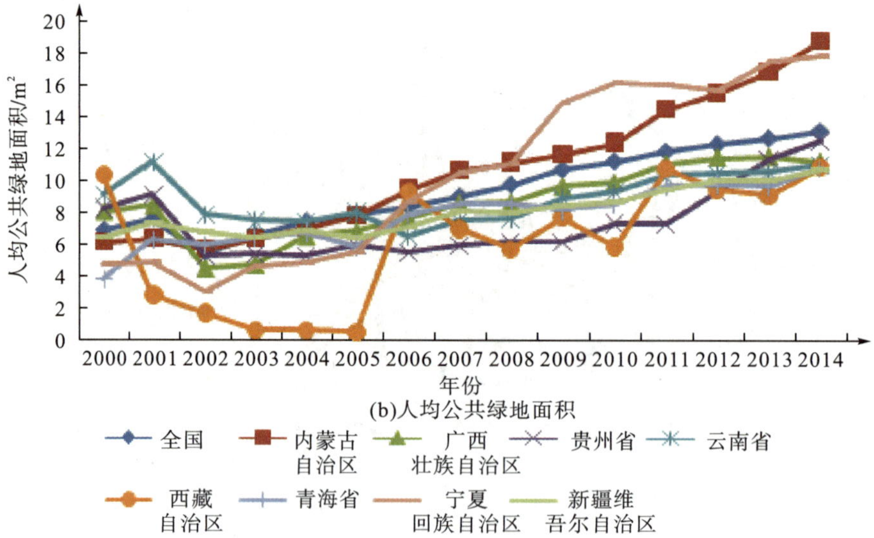

图 2.44 全国与民族八省区城市绿化情况

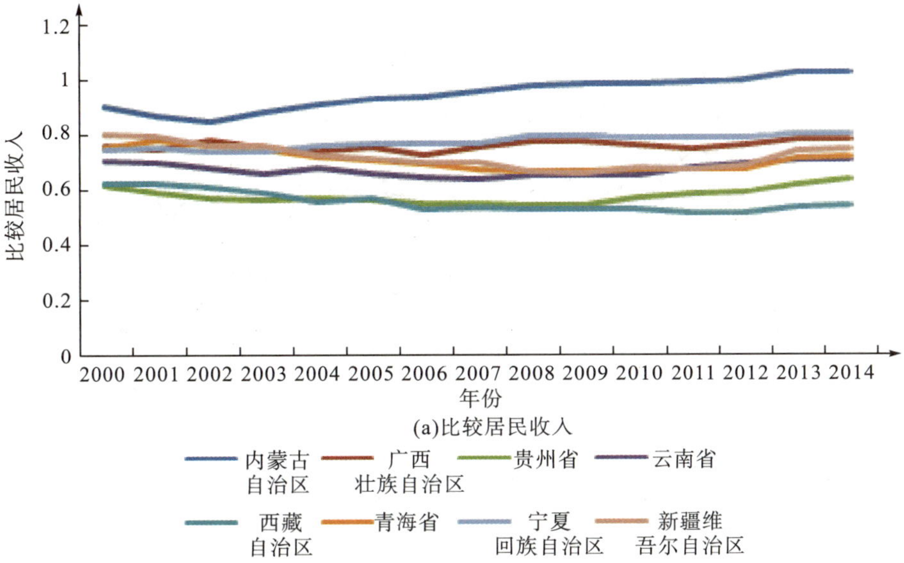

(a)比较居民收入

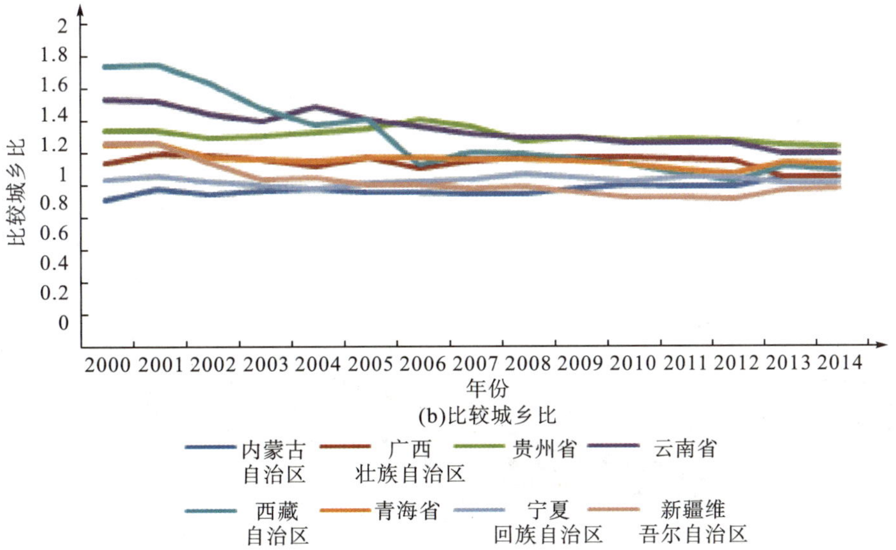

(b)比较城乡比

图 2.45　民族八省区比较居民收入与比较城乡比(全国当年为 1)

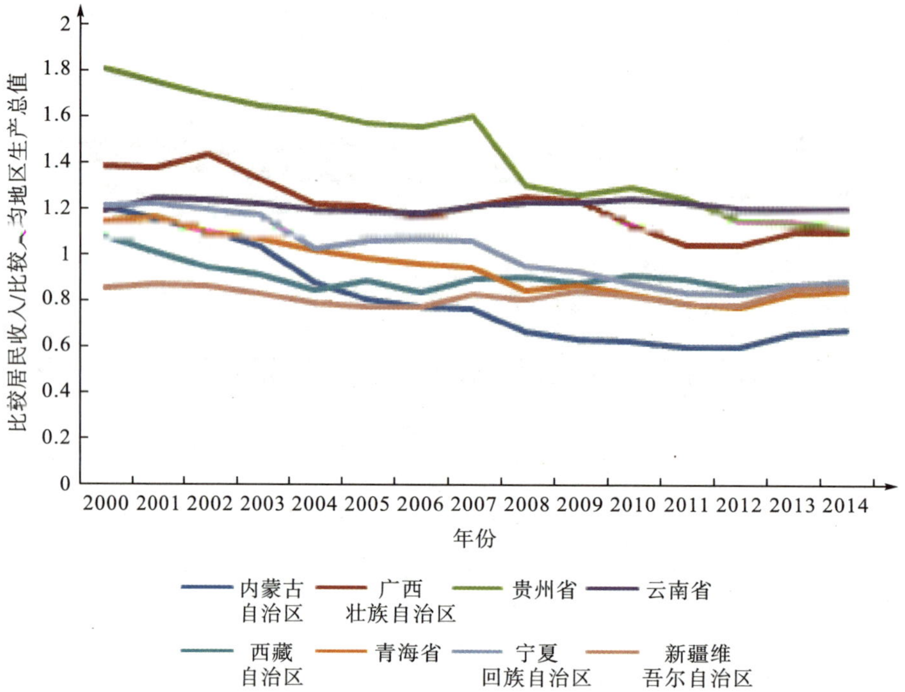

图 2.46　民族八省区比较居民收入与比较人均地区生产总值的比

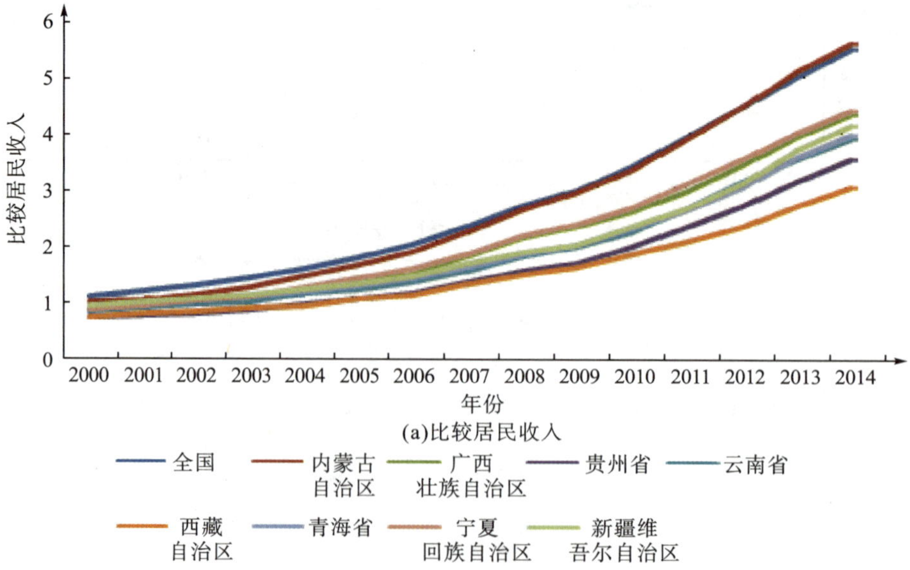

(a)比较居民收入

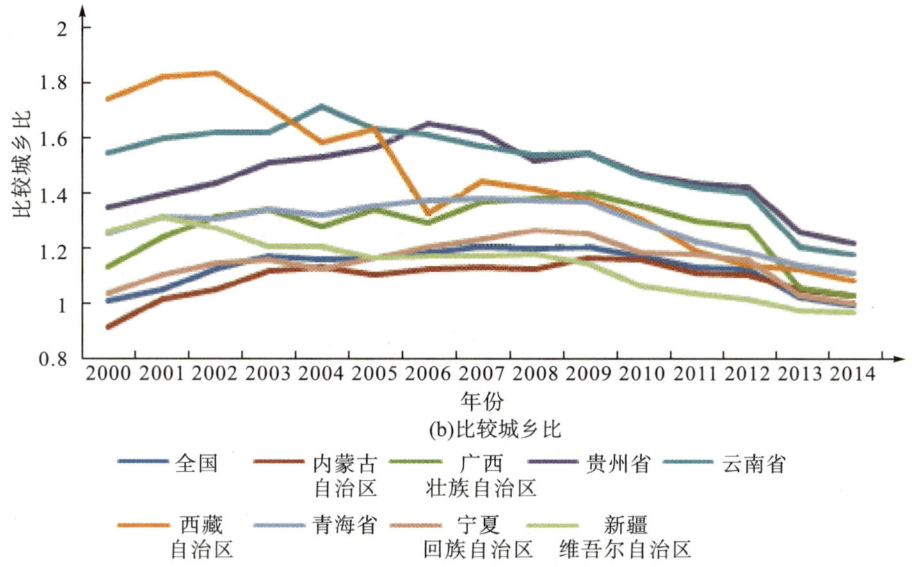

图 2.48 民族地区比较居民收入与比较城乡比(全国 2000 年为 1)

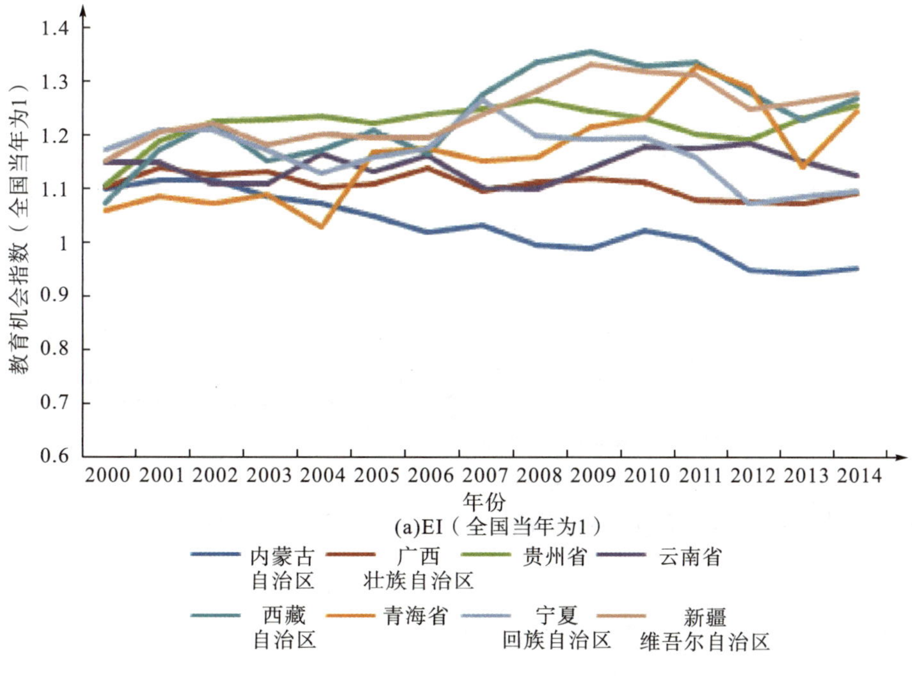

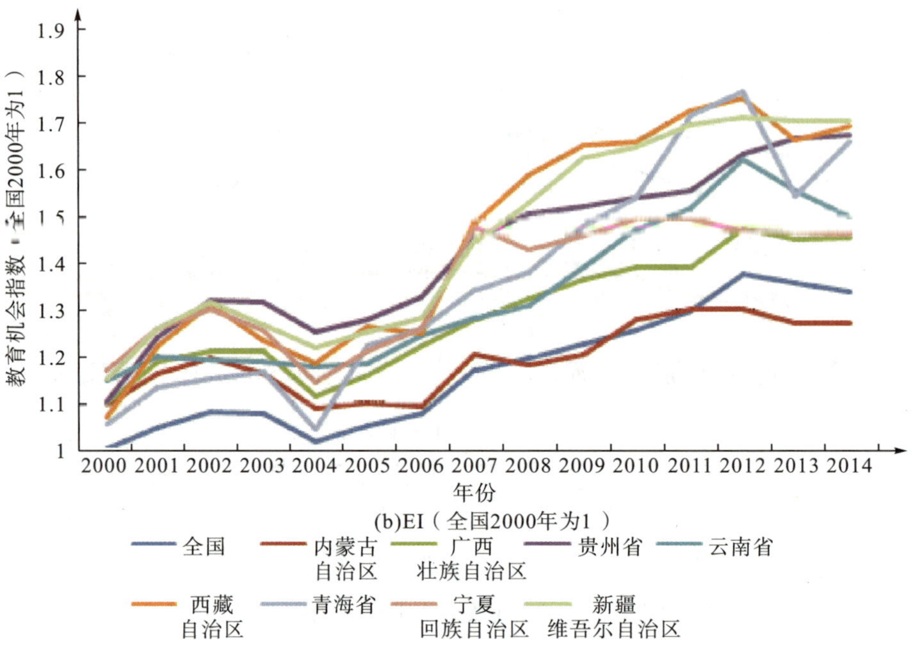

图 2.49　民族地区的教育机会指数

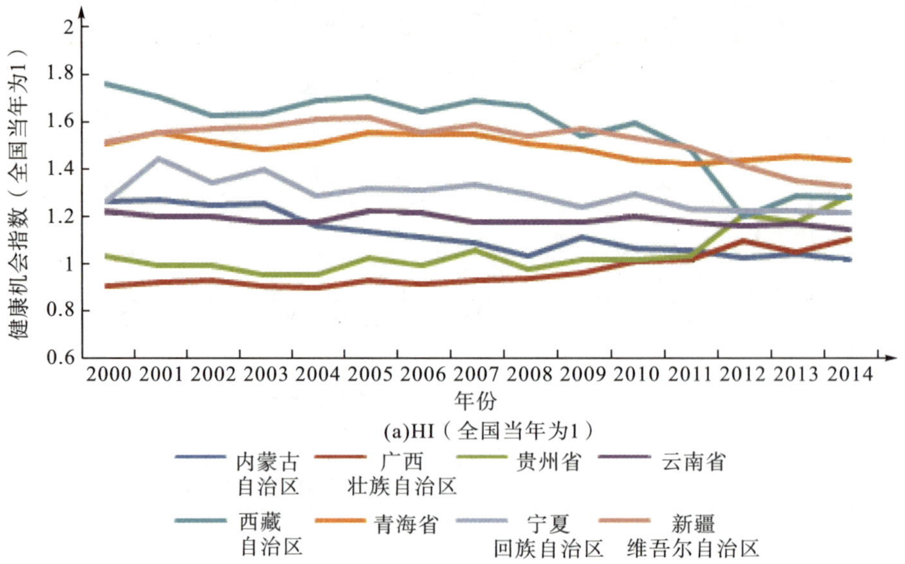

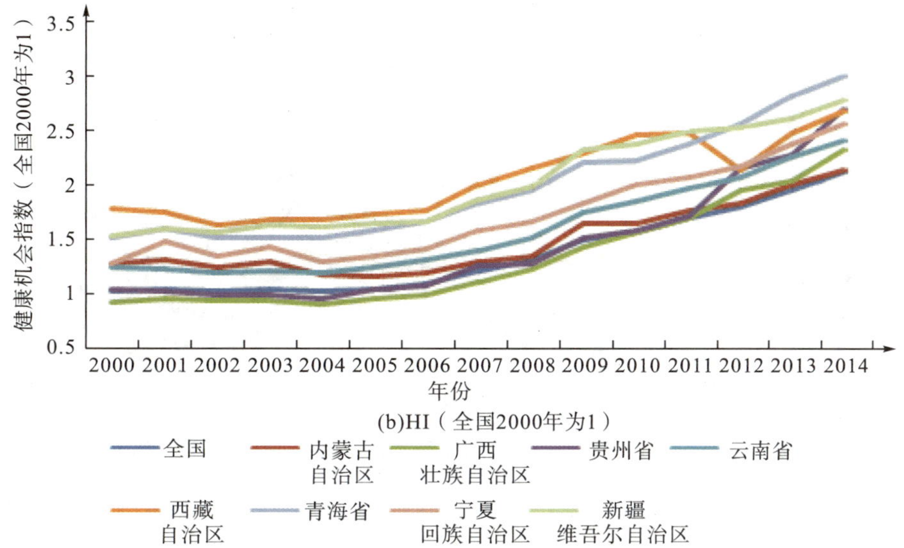

(b)HI（全国2000年为1）

图 2.50　全国和民族八省区的健康机会指数

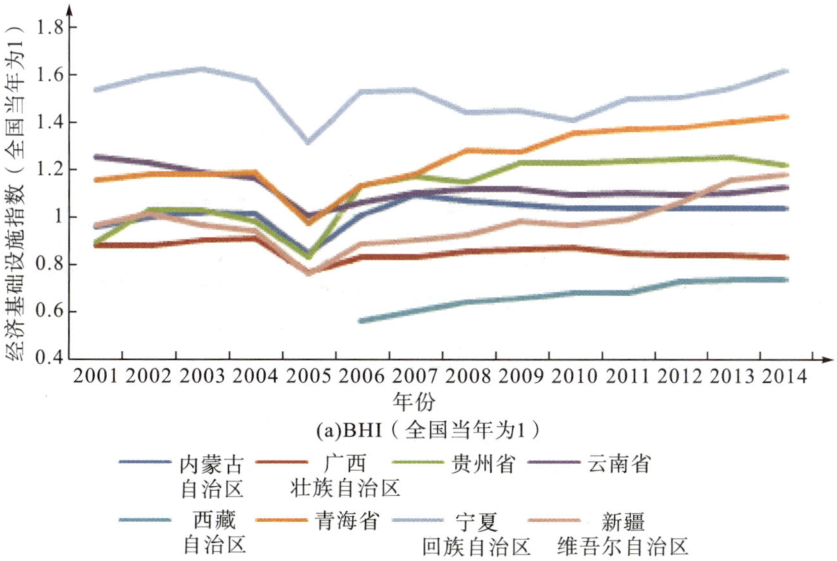

(a)BHI（全国当年为1）

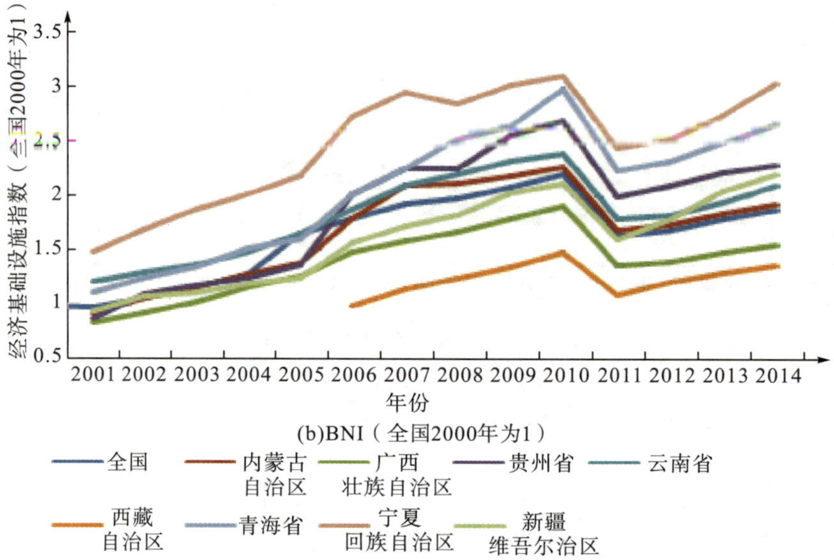

图 2.51　全国和民族八省区经济基础设施指数

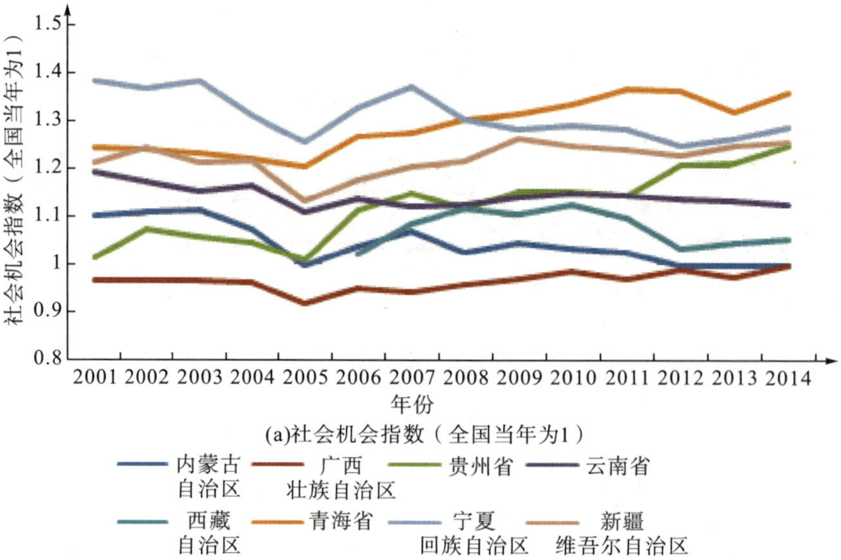

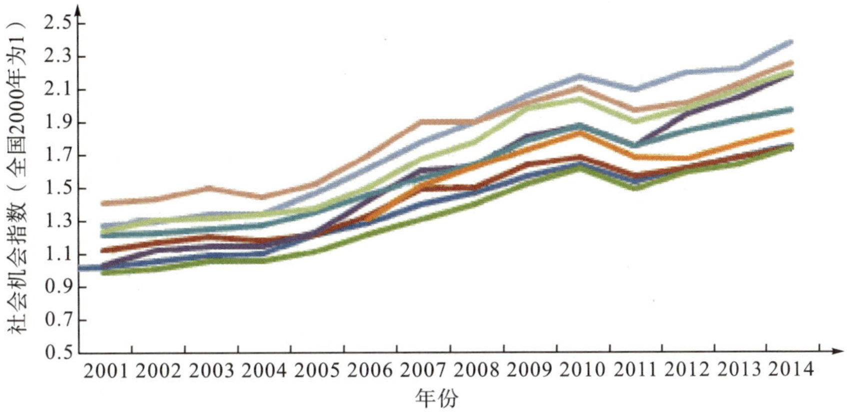

(b)社会机会指数（全国2000年为1）

图 2.52 全国和民族八省区社会机会指数

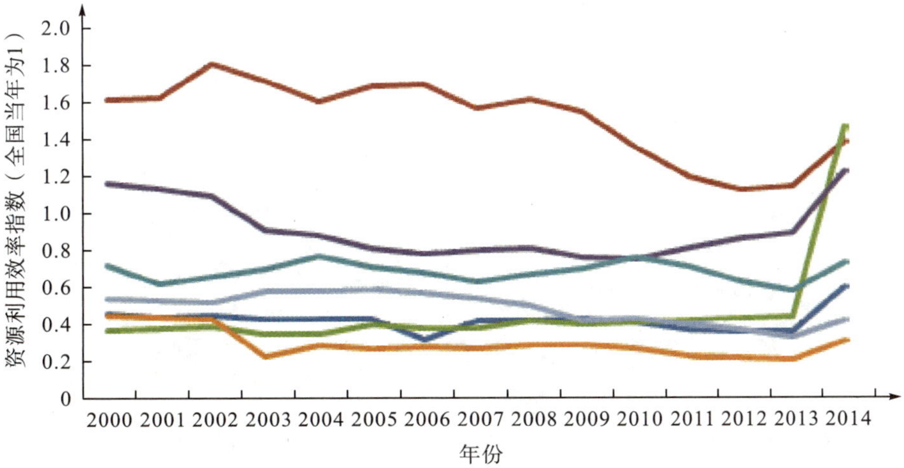

(a)以全国当年为基准

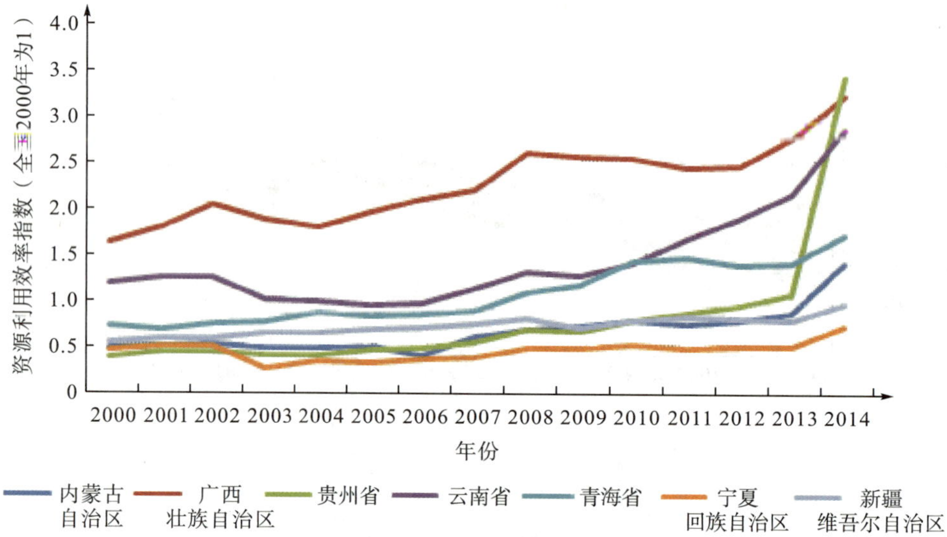

(b)以全国2000年为基准

图 2.53 民族地区(七省区)资源利用效率指数

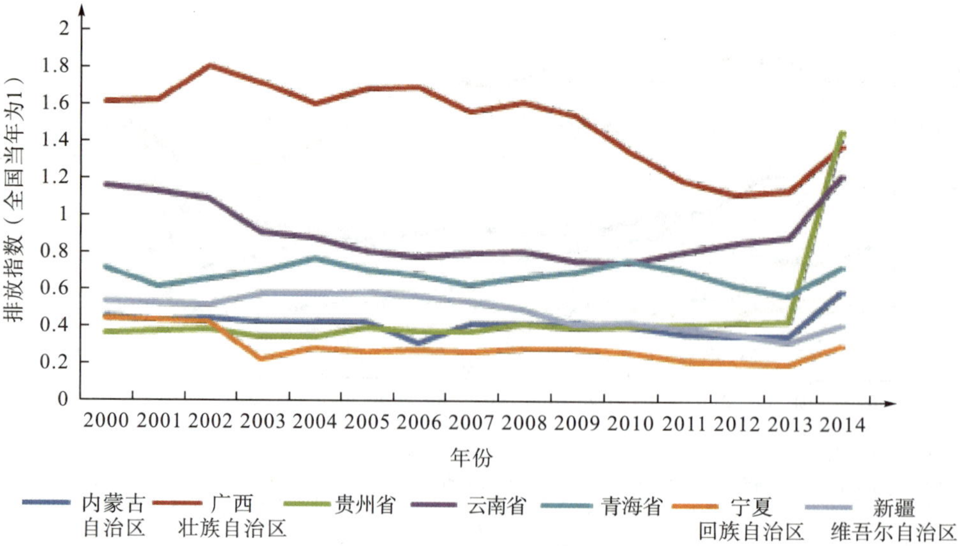

(a)以全国当年为基准

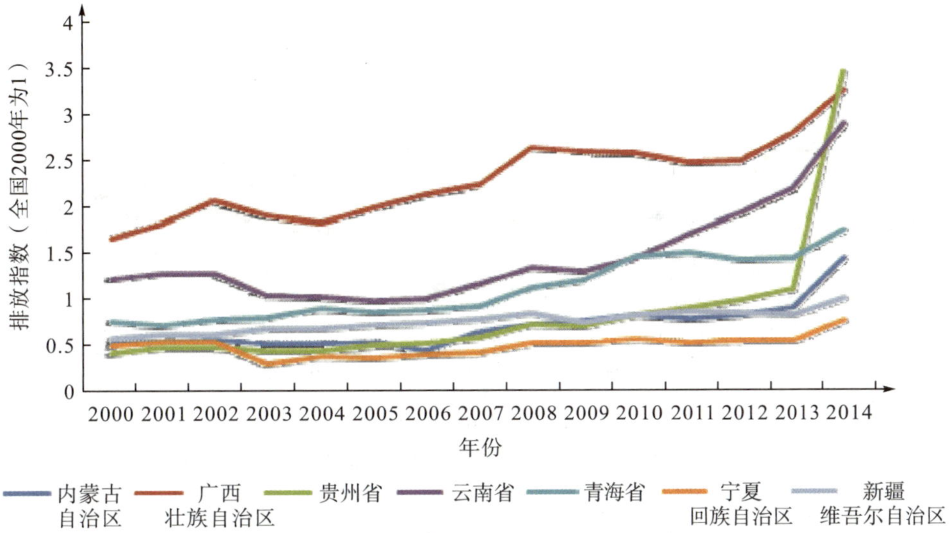

(b)以全国2000年为基准

图 2.54 民族地区(七省区)的排放指数

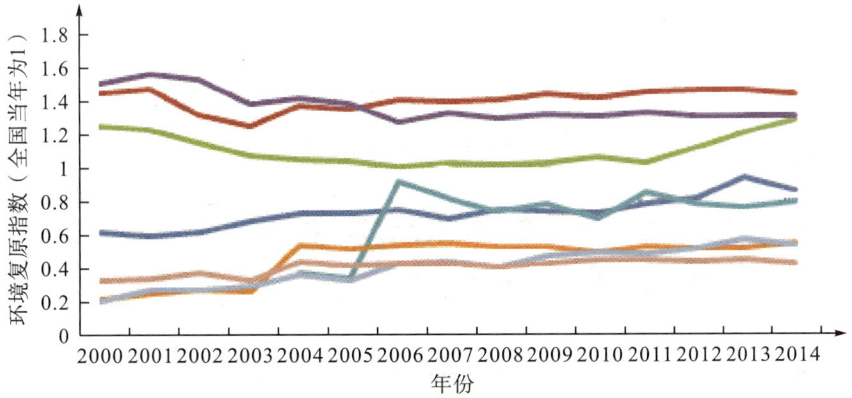

(a)以全国当年为基准

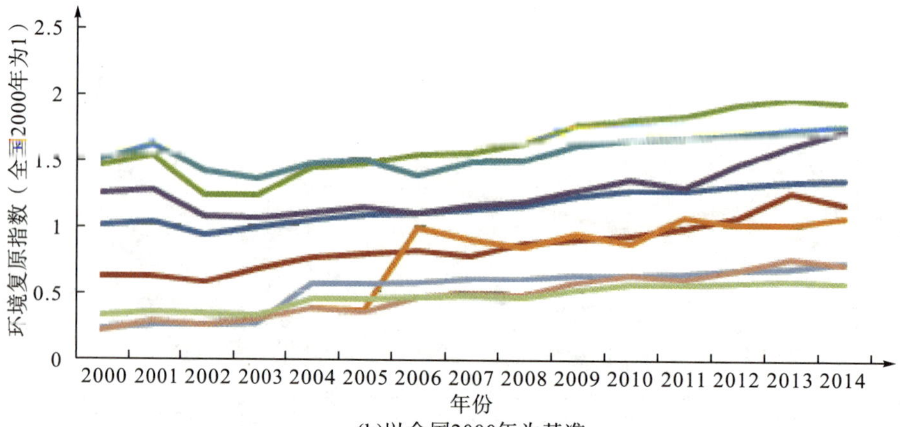

(b)以全国2000年为基准

图 2.55　全国和民族八省区环境复原指数

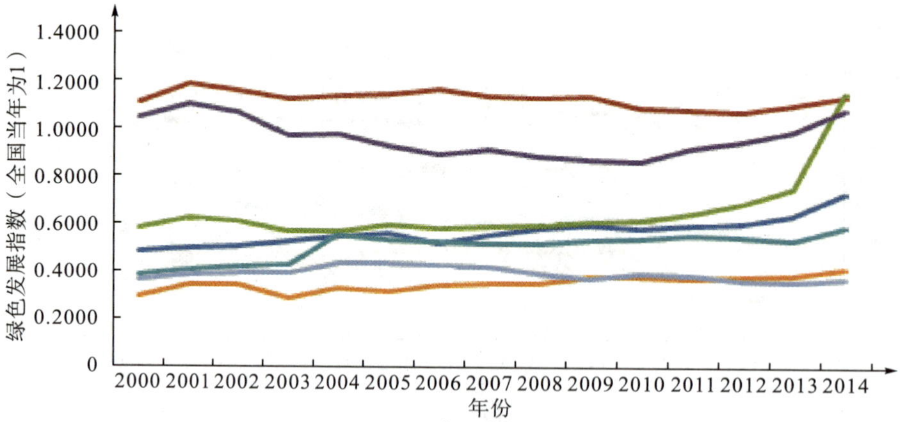

(a)以全国当年为基准

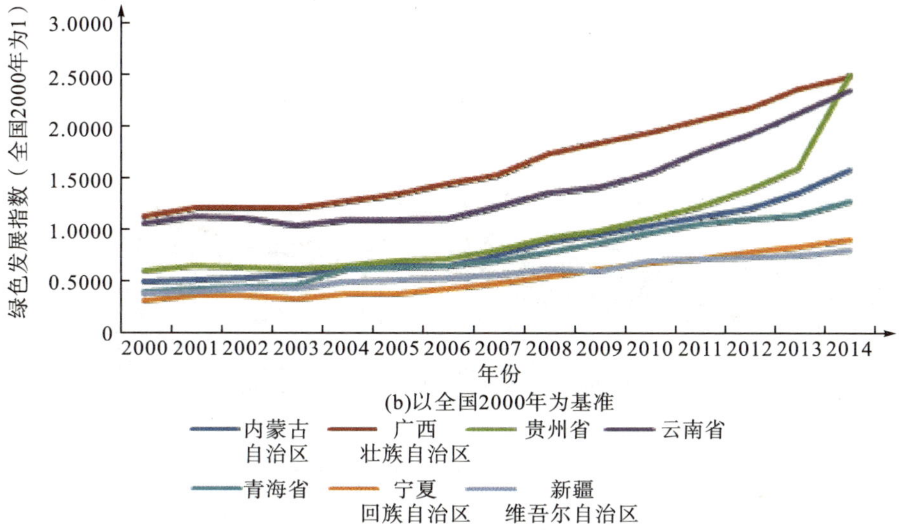

图 2.56 民族地区(七省区)的绿色发展指数

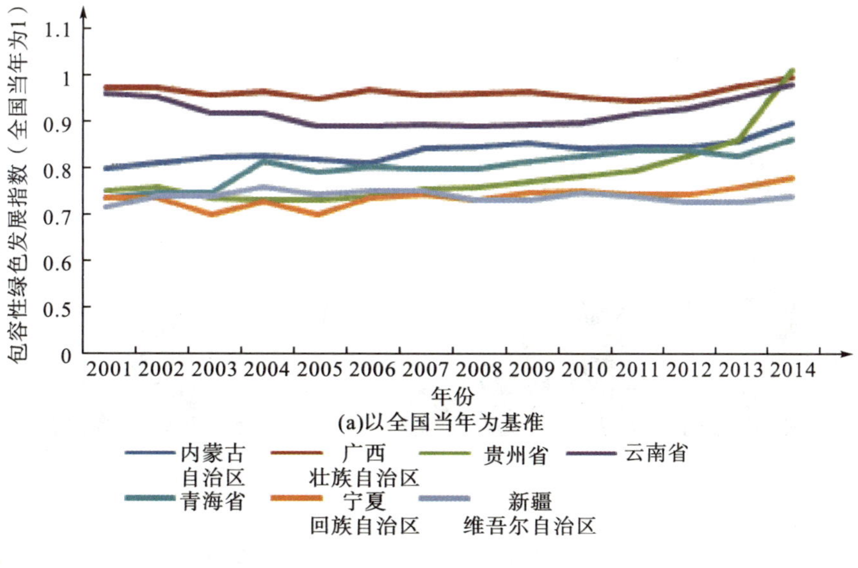

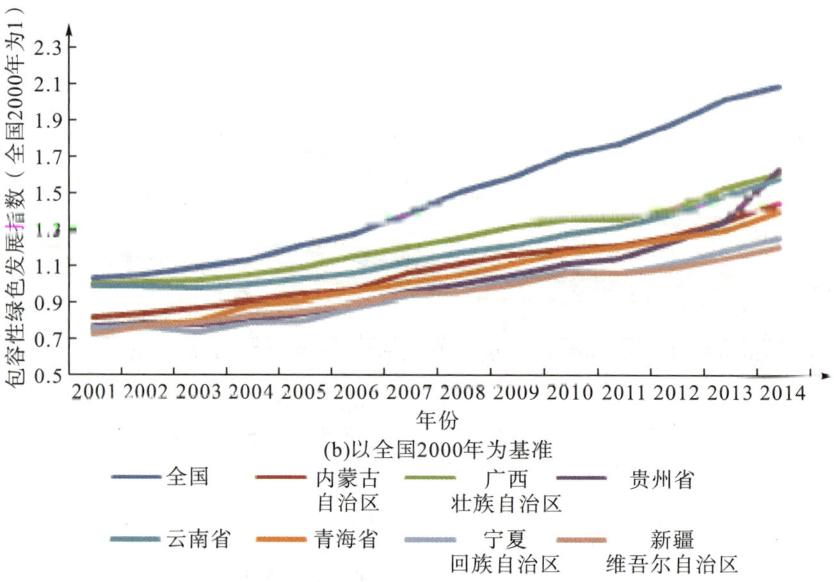

图 2.57 民族地区的包容性绿色发展指数

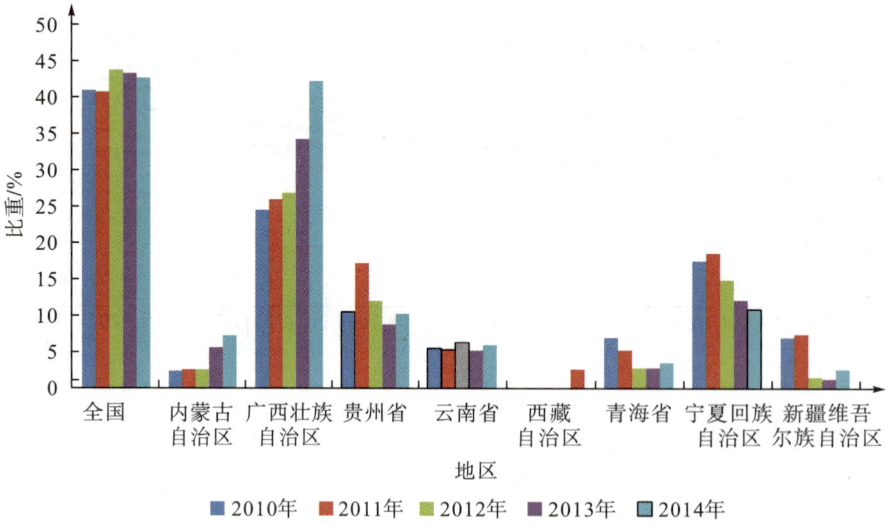

图 4.4 全国与民族八省区高技术出口交货值占规模以上工业出口交货值的比重

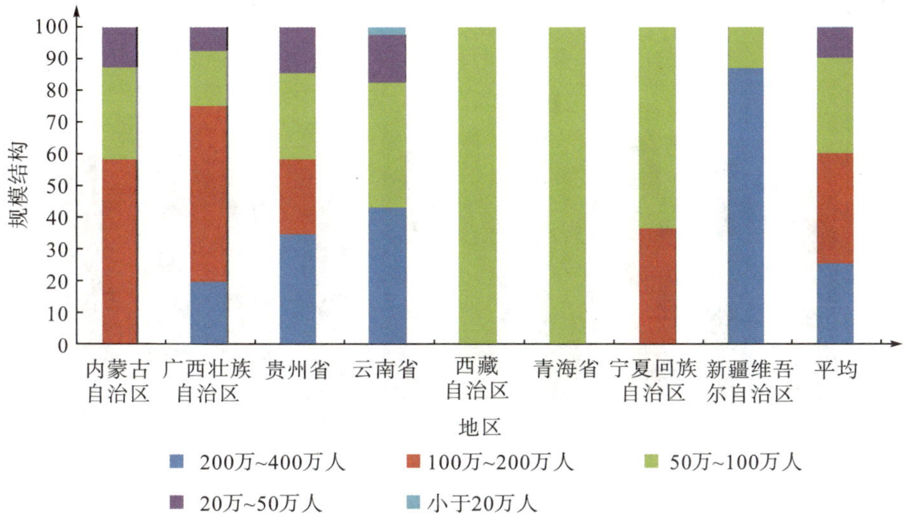

图 5.16 民族地区地级及以上城市市辖区人口规模结构

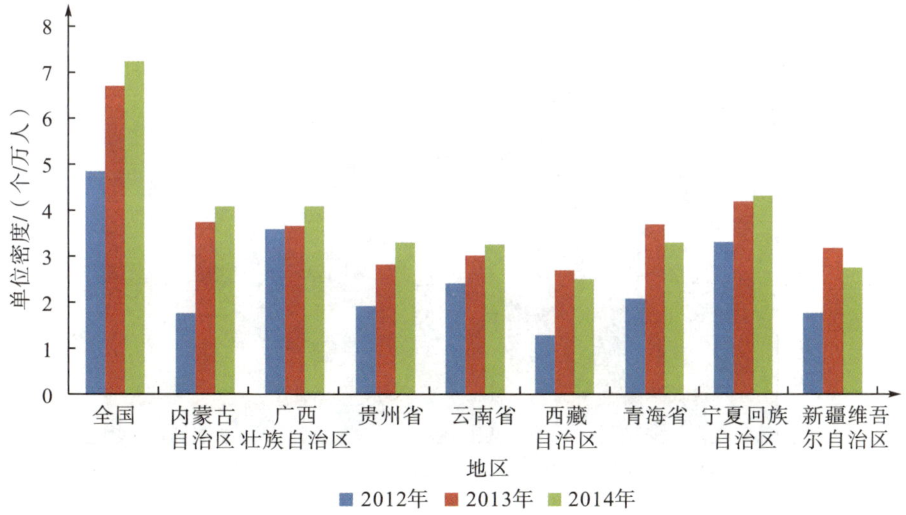

图 7.3 全国和民族八省区文化及相关产业法人单位密度

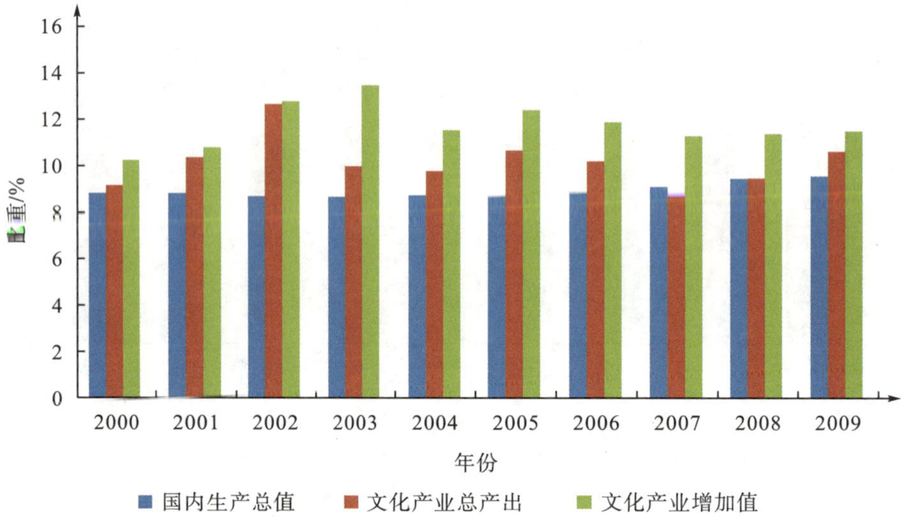

图 7.4　民族地区文化产业在全国的地位

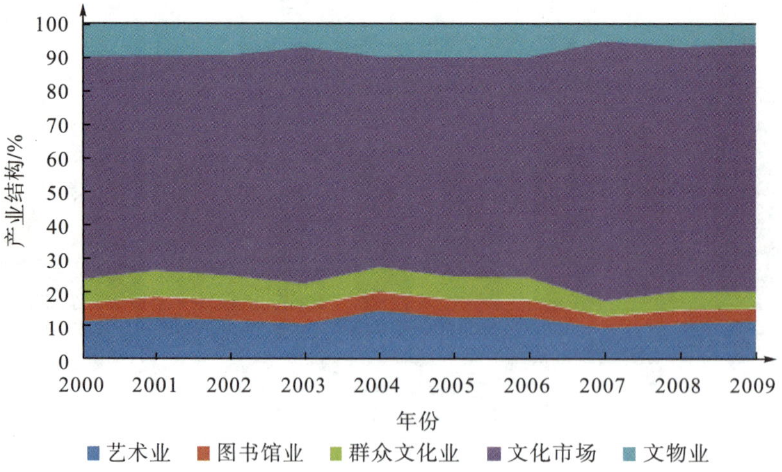

（a）全国

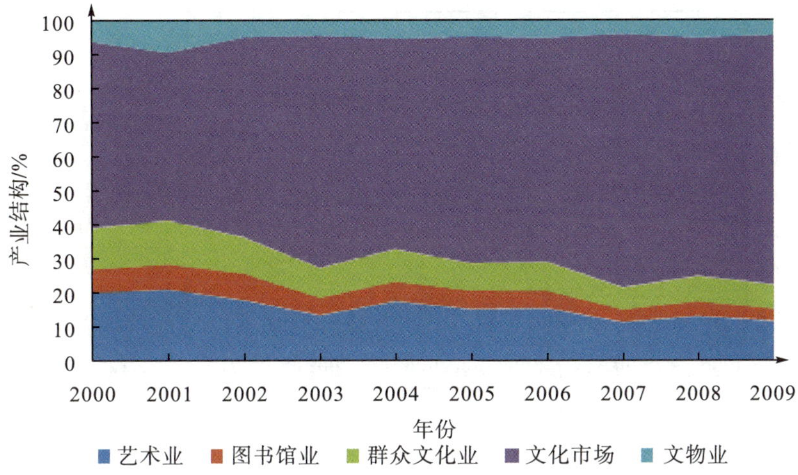

（b）民族地区

图 7.5 民族地区文化产业结构的演变(和全国的比较)

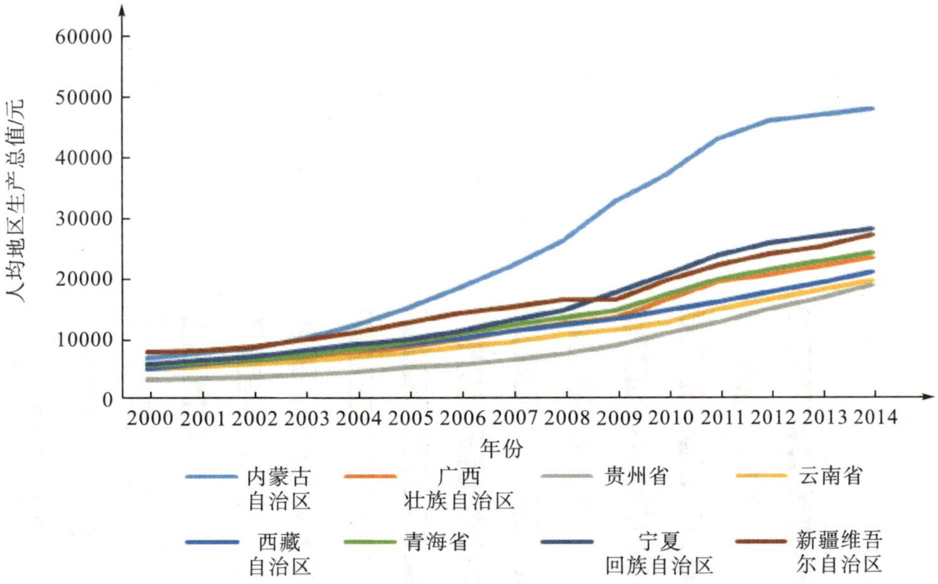

图 8.1 民族八省区人均地区生产总值曲线图(2000～2014 年)

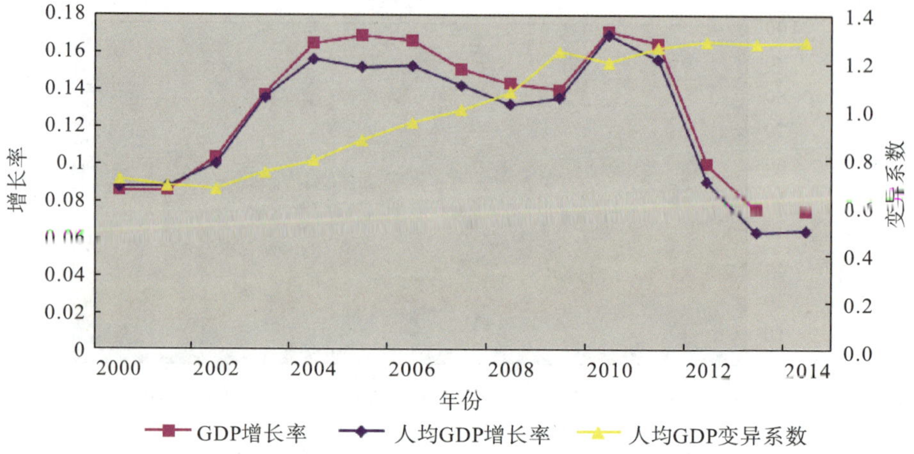

图 8.2 民族地区生产总值、人均地区生产总值及变异系数(2000～2014 年)

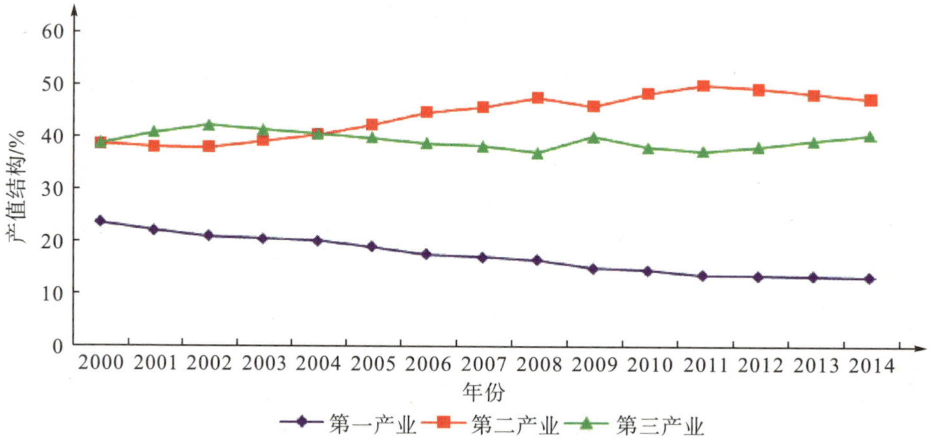

图 8.3 民族地区经济增长的产值结构(2000～2014 年)

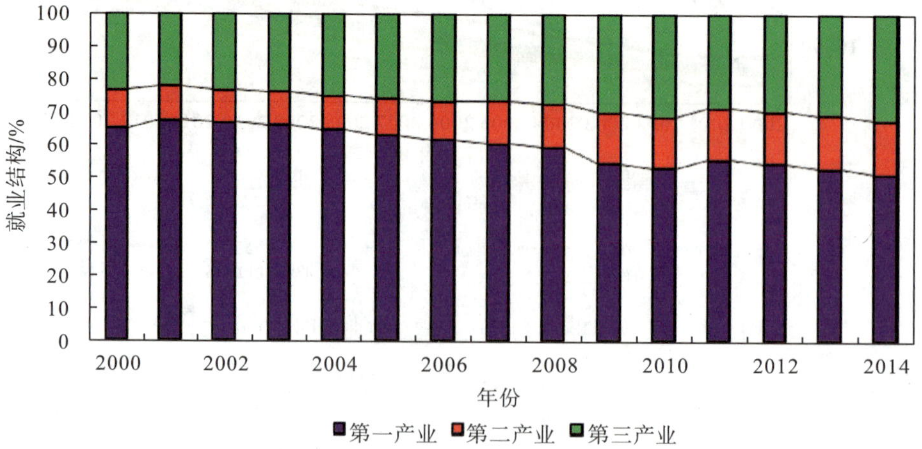

图 8.4 民族地区经济增长的就业结构(2000～2014 年)

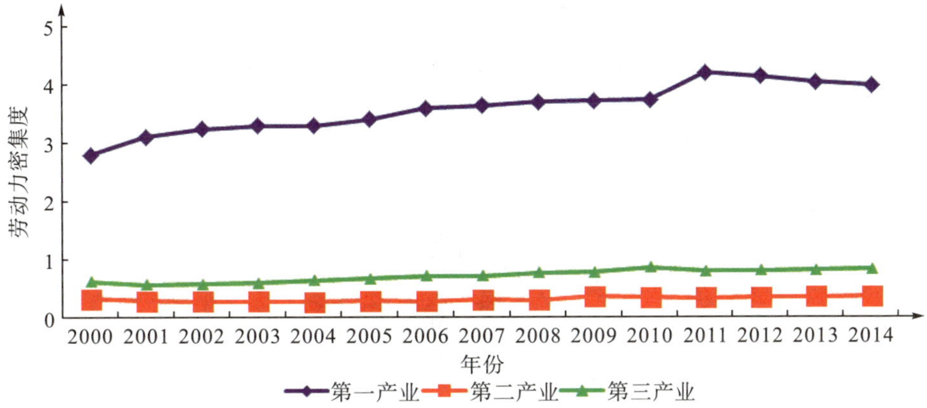

图 8.5 民族地区三次产业劳动力密集程度(2000～2014 年)

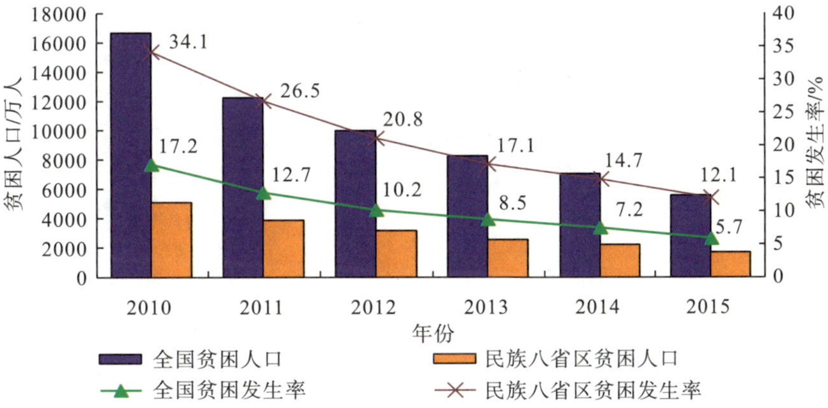

图 8.6 民族地区贫困人口占全国贫困人口的比重

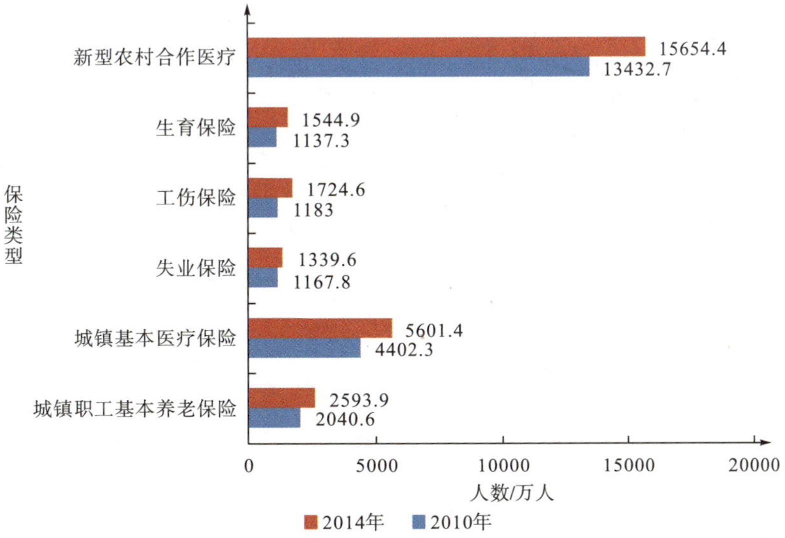

图 9.1 民族八省区社会保障参保人数

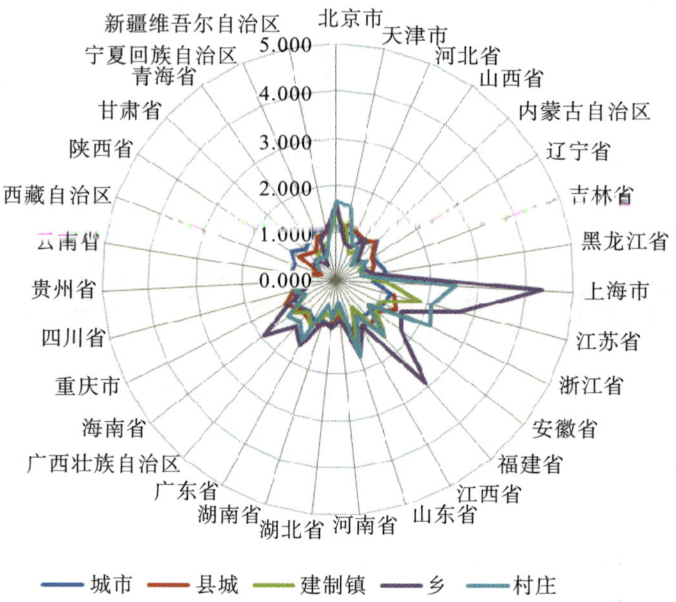

图 9.9 全国各地区居住环境的综合评估

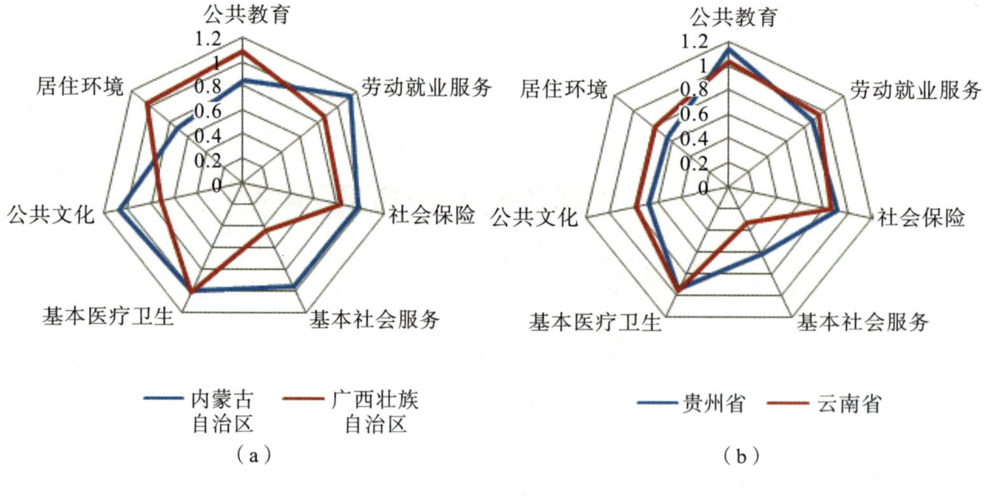

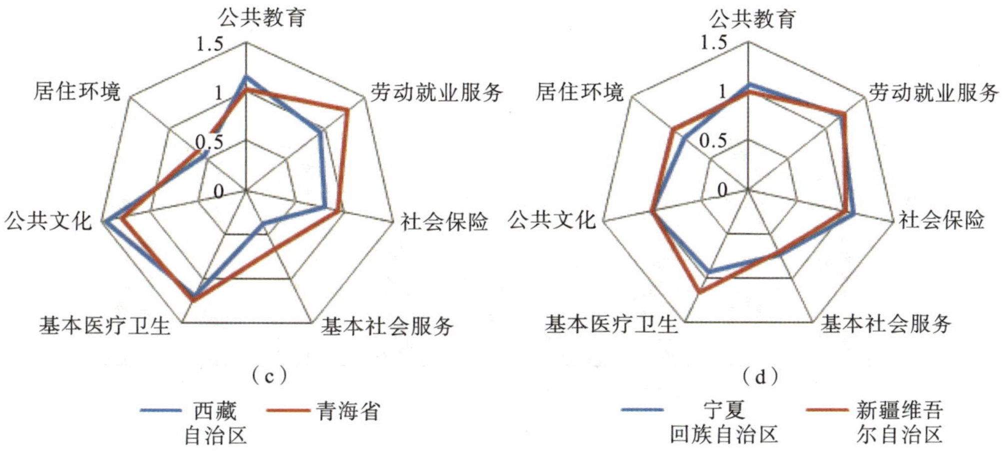

图 9.11 民族八省区基本公共服务均等化供给指数

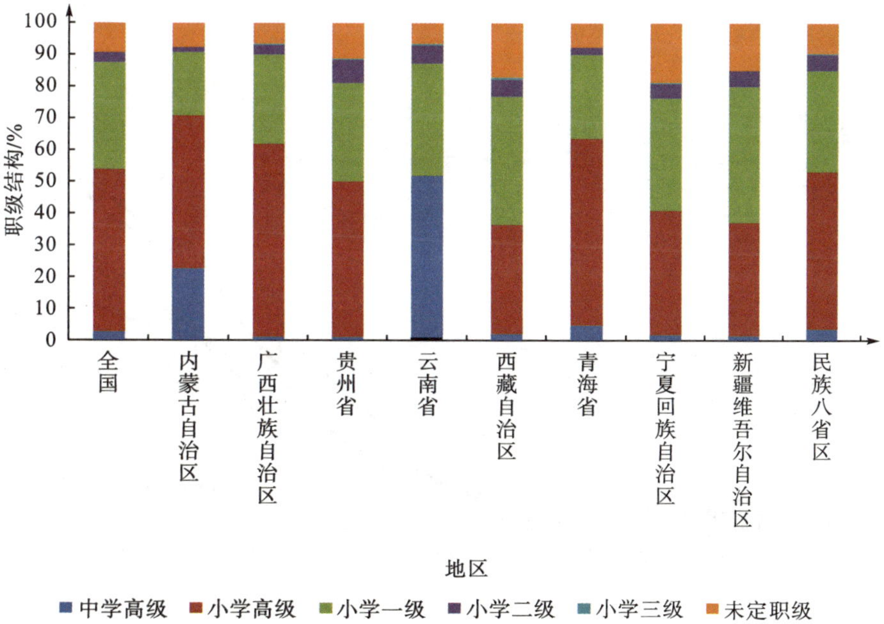

图 9.13 全国和民族八省区小学教师职级结构(2014 年)

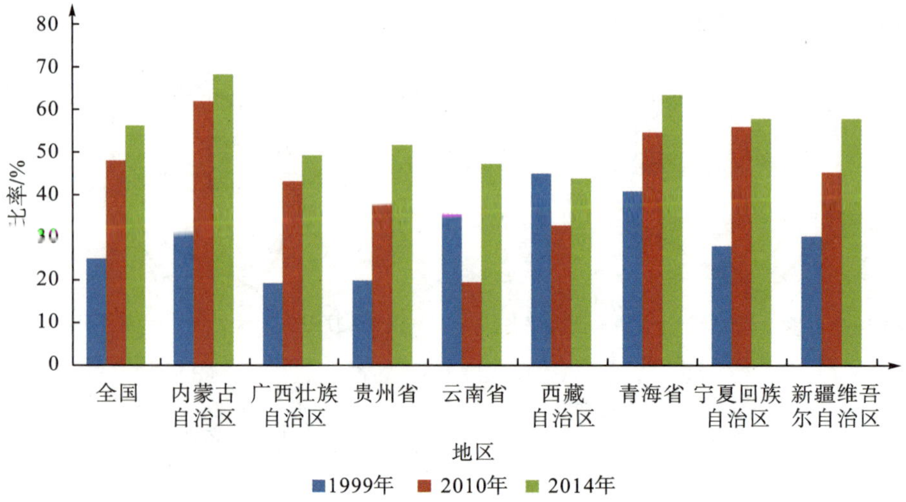

图 9.15　全国和民族八省区初中升高中的比率

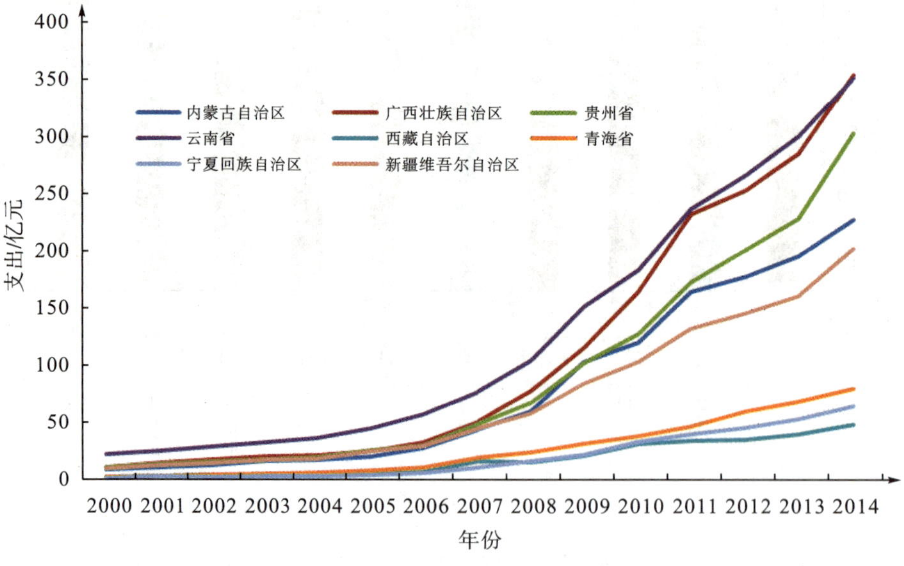

图 9.17　民族八省区一般公共财政预算支出中医疗卫生与计划生育支出情况

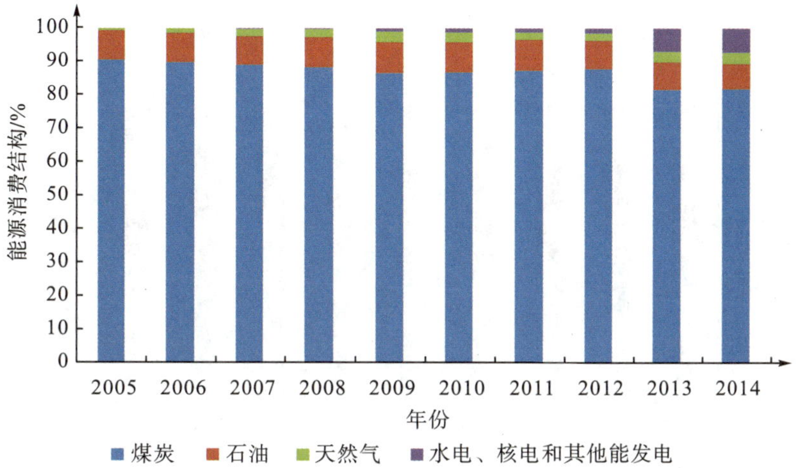

(a) 内蒙古自治区能源消费结构

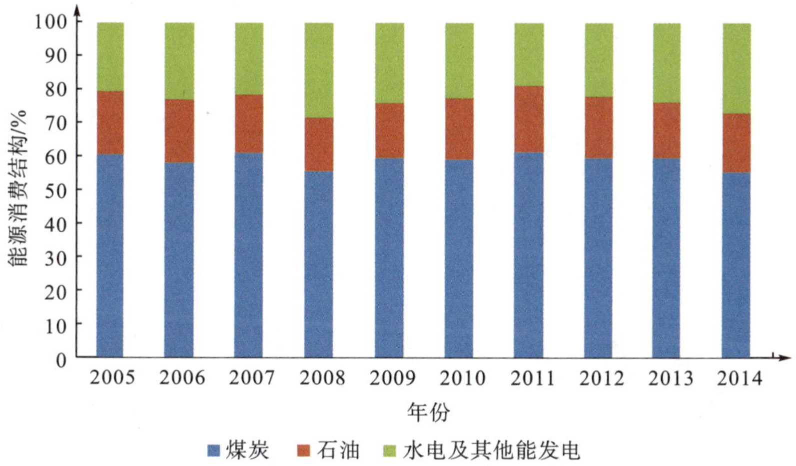

(b) 广西壮族自治区能源消费结构

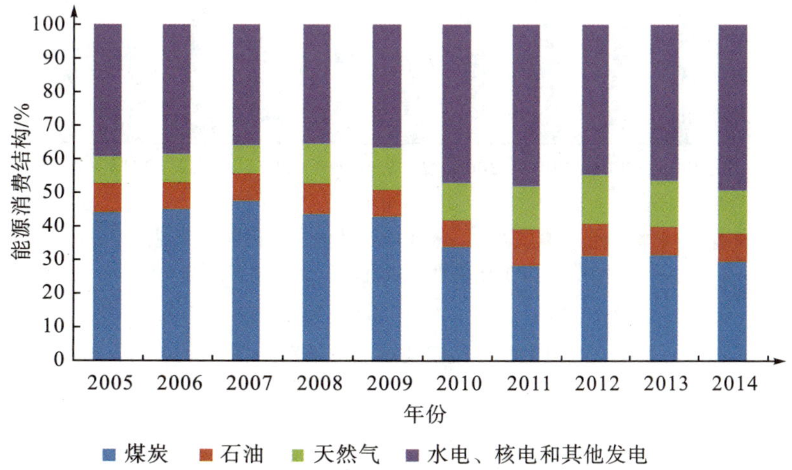

(c) 青海省能源消费结构

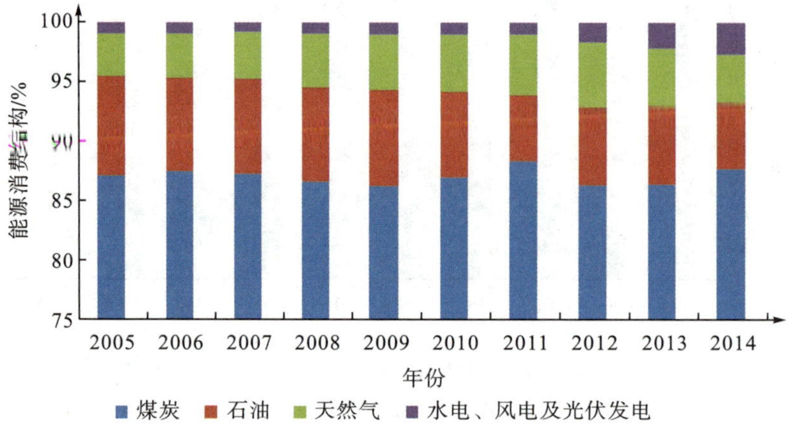

（d）宁夏回族自治区能源消费结构

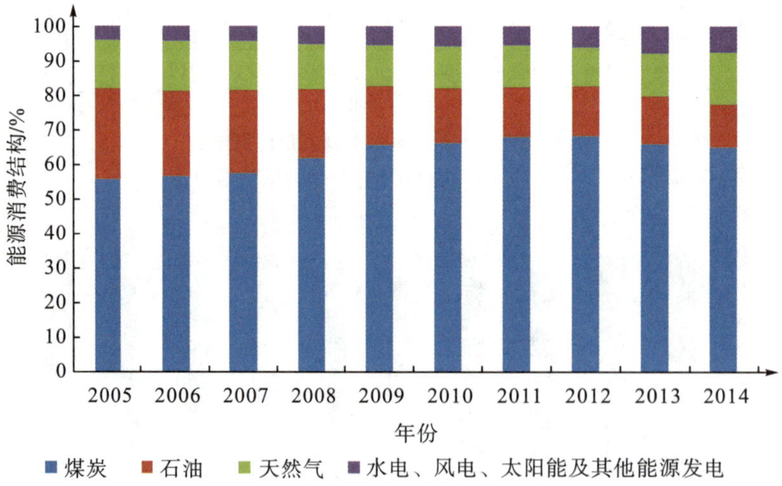

（e）新疆维吾尔自治区能源消费结构

图 10.2 民族地区能源消费结构

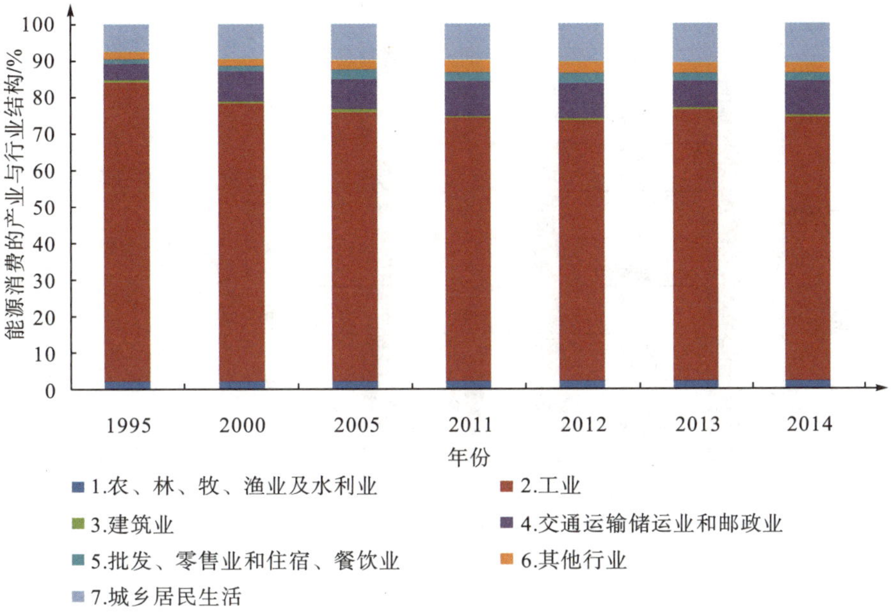

图 10.15 广西壮族自治区能源消费的产业与行业结构

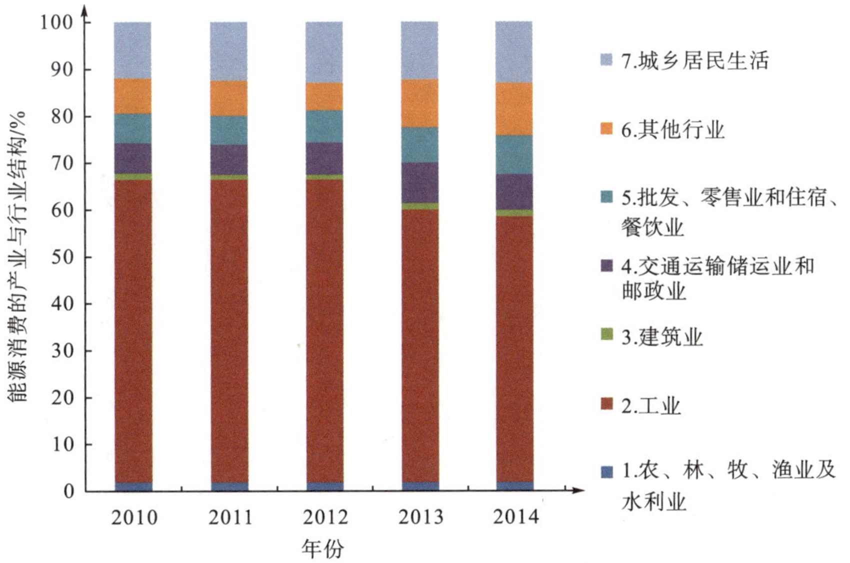

图 10.16 贵州省能源消费的产业与行业结构

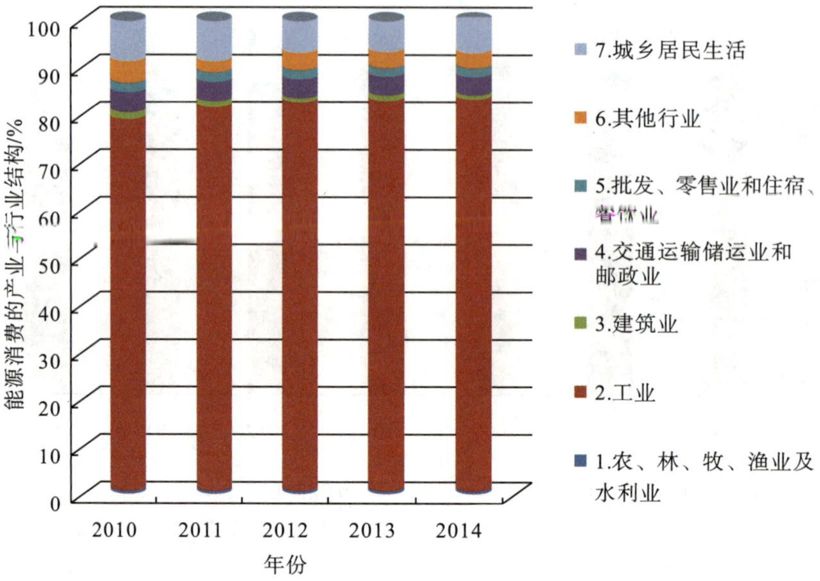

图 10.17　青海省能源消费的产业与行业结构